에듀윌과 함께 시작하면,
당신도 합격할 수 있습니다!

대학 진학 후 진로를 고민하다 1년 만에
서울시 행정직 9급, 7급에 모두 합격한 대학생

직장생활과 병행하며 7개월간 공부해
국가공무원 세무직에 당당히 합격한 51세 직장인까지

누구나 합격할 수 있습니다.
시작하겠다는 '다짐' 하나면 충분합니다.

마지막 페이지를 덮으면,

**에듀윌과 함께
공무원 합격이 시작됩니다.**

공무원 1위

70개월 베스트셀러 1위
에듀윌 공무원 교재

기초부터 확실하게 기본 이론

기본서
국어 독해

기본서
국어 문법

기본서
영어 독해(생활영어·어휘 포함)

기본서
영어 문법

기본서
한국사

기본서
행정법총론

기본서
행정학

다양한 출제 유형 대비 문제집

유형별 문제집
국어

유형별 문제집
영어 독해·생활영어

유형별 문제집
영어 문법·어휘

단원별 기출&예상 문제집
한국사

단원별 기출&예상 문제집
행정법총론

단원별 기출문제집
행정학

* YES24 수험서 자격증 공무원 베스트셀러 1위 (2017년 3월, 2018년 4월~6월, 8월, 2019년 4월, 6월~12월, 2020년 1월~12월, 2021년 1월~12월, 2022년 1월~12월, 2023년 1월~12월, 2024년 1월~7월, 9월~10월 월별 베스트, 매월 1위 교재는 다름)
* YES24 국내도서 해당분야 월별, 주별 베스트 기준

에듀윌 공무원

출제경향 파악 기출문제집

9급공무원 기출문제집
영어

9급공무원 기출문제집
한국사

9급공무원 기출문제집
행정학

9급공무원 기출문제집
행정법총론

7급 대비 PSAT 교재

실전 대비 모의고사

민간경력자
PSAT 기출문제집

기출 품은 모의고사
국어

더 많은
공무원 교재

* 교재 이미지는 변경될 수 있습니다.

eduwill

공무원 1위

1초 합격예측
모바일 성적분석표

1초 안에 '클릭' 한 번으로 성적을 확인하실 수 있습니다!

활용 GUIDE

실시간 성적분석 방법!

STEP 1 QR 코드 스캔 ▶ STEP 2 모바일 OMR 입력 ▶ STEP 3 자동채점 & 성적분석표 확인

STEP 1

QR 코드 스캔

- 교재의 QR 코드를 모바일로 스캔 후 에듀윌 회원 로그인
- QR 코드 하단의 바로가기 주소로도 접속 가능

STEP 2

모바일 OMR 입력

- 회차 확인 후 '응시하기' 클릭
- 모바일 OMR에 답안 입력
- 문제풀이 시간까지 측정 가능

STEP 3
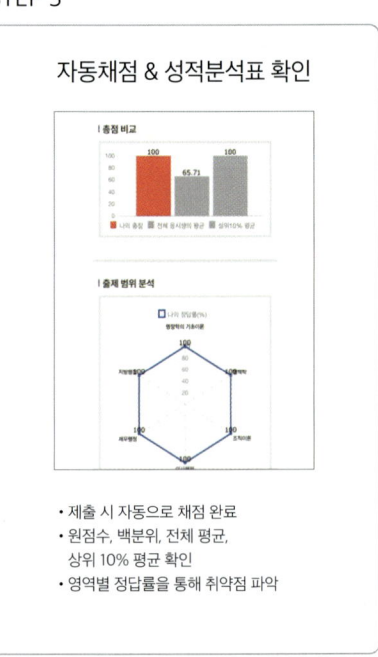

자동채점 & 성적분석표 확인

- 제출 시 자동으로 채점 완료
- 원점수, 백분위, 전체 평균, 상위 10% 평균 확인
- 영역별 정답률을 통해 취약점 파악

※ 본 서비스는 에듀윌 공무원 교재(연도별, 회차별 문항이 수록된 교재)를 구입하는 분에게 제공됨.

공무원, 에듀윌을 선택해야 하는 이유

합격자 수 수직 상승
2,100%

명품 강의 만족도
99%

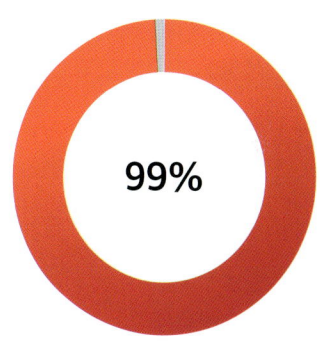

공무원

베스트셀러 1위
70개월(5년 10개월)

5년 연속 공무원 교육
1위

* 2017/2022 에듀윌 공무원 과정 최종 환급자 수 기준   * 9급공무원 대표 교수진 2023년 7월 ~ 2024년 4월 강의 만족도 평균(배영표, 혜더진, 한유진, 이광호, 김용철)
* YES24 수험서 자격증 공무원 베스트셀러 1위 (2017년 3월, 2018년 4월~6월, 8월, 2019년 4월, 6월~12월, 2020년 1월~12월, 2021년 1월~12월, 2022년 1월~12월, 2023년 1월~12월, 2024년 1월~7월, 9월~10월 월별 베스트, 매월 1위 교재는 다름)
* 2023, 2022, 2021 대한민국 브랜드만족도 7·9급공무원 교육 1위 (한경비즈니스) / 2020, 2019 한국브랜드만족지수 7·9급공무원 교육 1위 (주간동아, G밸리뉴스)

공무원 1위

1위 에듀윌만의
체계적인 합격 커리큘럼

원하는 시간과 장소에서
온라인 강의

① 업계 최초! 기억 강화 시스템 적용
② 과목별 테마특강, 기출문제 해설강의 무료 제공
③ 초보 수험생 필수 기초강의와 합격필독서 무료 제공

쉽고 빠른 합격의 첫걸음 **합격필독서 무료** 신청

최고의 학습 환경과 빈틈 없는 학습 관리
직영 학원

① 현장 강의와 온라인 강의를 한번에
② 확실한 합격관리 시스템, 아케르
③ 완벽 몰입이 가능한 프리미엄 학습 공간

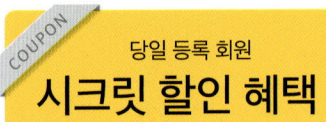

COUPON 당일 등록 회원
시크릿 할인 혜택

합격전략 설명회 신청 시 **당일 등록 수강 할인권** 제공

친구 추천 이벤트

" **친구 추천**하고 한 달 만에
920만원 받았어요 "

친구 1명 추천할 때마다 현금 10만원 제공
추천 참여 횟수 무제한 반복 가능

※ *a*o*h**** 회원의 2021년 2월 실제 리워드 금액 기준
※ 해당 이벤트는 예고 없이 변경되거나 종료될 수 있습니다.

친구 추천 이벤트
바로가기

* 2023 대한민국 브랜드만족도 7·9급공무원 교육 1위 (한경비즈니스)

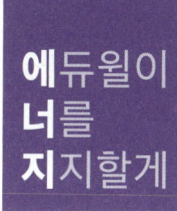

세상을 움직이려면
먼저 나 자신을 움직여야 한다.

– 소크라테스(Socrates)

설문조사에 참여하고 스타벅스 아메리카노를 받아가세요!

에듀윌 7·9급공무원 단원별 기출문제집 행정학을 선택한 이유는 무엇인가요?
소중한 의견을 주신 여러분들에게 더욱더 완성도 있는 교재로 보답하겠습니다.

- **참여 방법** 좌측 QR코드 스캔 ▶ 설문조사 참여(1분만 투자하세요!)
- **이벤트 기간** 2025년 8월 12일~2026년 7월 31일
- **추첨 방법** 매월 1명 추첨 후 당첨자 개별 연락
- **경품** 스타벅스 아메리카노(tall size)

2026

에듀윌 7·9급공무원
단원별 기출문제집

행정학

저자의 말

합격으로 가는 가장 확실한 길을 열어 드립니다.

공무원 시험을 준비하는 수험생 여러분, 반갑습니다.
방대한 양과 끊임없이 진화하는 이론으로 행정학은 수험생 여러분에게 가장 많은 노력을 요구하는 과목 중 하나일 것입니다. 쏟아부은 시간과 노력에도 불구하고 좀처럼 점수가 오르지 않아 고민하고 있다면, 이제는 '학습의 방향성'을 점검해야 할 때입니다.
무작정 많은 문제를 푸는 것이 능사가 아닙니다. 합격의 문을 열기 위해서는 출제자의 의도를 꿰뚫는 '전략적 학습'이 필요합니다. 이 문제집은 바로 그 전략적 학습을 위해 탄생했습니다. 수많은 기출문제 속에서 길을 잃지 않고, 가장 효율적인 방법으로 최고 득점을 향해 나아갈 수 있도록 모든 노하우를 이 한 권에 담았습니다.
본서는 다음과 같은 확실한 기준으로 여러분의 합격을 돕겠습니다.

첫째, 출제 경향의 본질을 담았습니다.
최신 시험의 흐름을 가장 정확하게 반영하고 있는 인사혁신처 주관 최신 기출 1,000문제를 엄선하여 수록했습니다. 실제 시험과 가장 유사한 문제들을 통해 실전 감각을 극대화하고, 앞으로 출제될 문제를 예측하는 통찰력을 기를 수 있습니다.

둘째, 모든 선지에 생명을 불어넣었습니다.
정답만 알려주는 해설은 절반의 공부에 불과합니다. 저희는 정답은 물론, 모든 오답 선지 하나하나가 왜 틀렸는지, 어떤 개념을 변형한 것인지 명쾌하게 분석했습니다. 하나의 문제를 풀어도 네 개의 문제를 학습하는 효과를 통해 어설픈 암기가 아닌 완벽한 이해의 길로 안내합니다.

셋째, 강약 조절을 위한 나침반을 제시합니다.
방대한 행정학의 모든 문제에 동일한 노력을 쏟을 수는 없습니다. 각 단원의 시작에 '이것만은 반드시' 풀어야 할 필수 문제를 엄선하여 지정했습니다. 이를 통해 학습의 우선순위를 정하고, 시간이 부족한 수험생도 핵심만큼은 절대 놓치지 않도록 설계했습니다.

넷째, 고득점을 위한 최종 병기를 장착했습니다.
합격의 당락은 결국 헷갈리는 문제에서 정답을 골라내는 힘에서 결정됩니다. 본서는 수많은 수험생을 함정에 빠뜨렸던 '매력적 오답'을 심층 분석하여 고득점을 가로막는 포인트를 명확히 제시합니다. 실수를 유발하는 함정을 미리 피해 가는 훈련을 통해, 아는 문제를 틀리는 안타까움을 없애고 안정적인 고득점 기반을 다지게 될 것입니다.

수험생 여러분,
합격까지의 여정이 때로는 외롭고 고되다는 것을 잘 압니다. 하지만 올바른 방향으로 설계된 좋은 도구와 함께라면 그 길은 분명 단축될 수 있습니다.
이 문제집이 여러분의 땀과 노력이 합격이라는 결실로 이어지는 가장 든든하고 확실한 동반자가 되어 드릴 것을 약속합니다.
여러분의 빛나는 최종 합격을 진심으로 응원합니다.

편저자 이준모

출제 경향 & 학습 전략

어떻게 출제되나요?

* 2025~2021 국가직/지방직 9급 기준

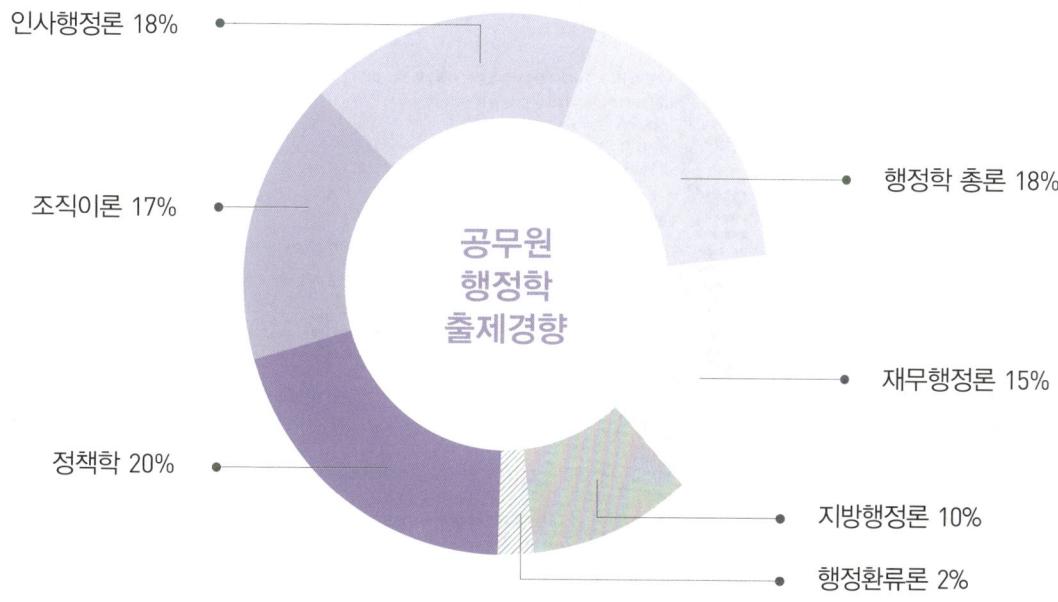

- 인사행정론 18%
- 조직이론 17%
- 정책학 20%
- 행정학 총론 18%
- 재무행정론 15%
- 지방행정론 10%
- 행정환류론 2%

공무원 행정학 출제경향

- ✓ 행정 관련 법령 문제가 꾸준히 높은 비중을 차지하며, 단순 암기를 넘어선 구체성 요구
- ✓ 최근 학계에서 논의되거나 행정 현장에서 새롭게 도입된 개념을 묻는 '신경향 문제' 등장
- ✓ 지방행정론, 인사행정론, 재무행정론과 같은 '전통 파트'의 심화 및 복합적 문제 증가

어떻게 학습해야 되나요?

POINT 1 개별 개념은 핵심 키워드와 짝지어 암기하자!

행정학 문제의 대부분은 "A 개념은 B라는 특징을 가진다." 형식의 정오(O/X)를 판단하는 문제입니다. 따라서 특정 개념이 나오면 반사적으로 떠올라야 하는 핵심 단어(키워드)를 연결해 암기하는 것이 가장 중요합니다.

POINT 2 헷갈리는 개념들은 반드시 상호 비교하면서 정리하자!

행정학 출제위원들이 가장 선호하는 문제 유형은 서로 비슷해서 헷갈리는 개념들을 섞어 놓고, 차이점을 정확히 아는지 물어보는 것입니다. 따라서 각 개념을 개별적으로 공부하는 데 그치지 말고, 반드시 유사 개념들을 한데 모아 비교하며 공부해야 합니다.

에듀윌 단원별 기출문제집의
전략적 구성

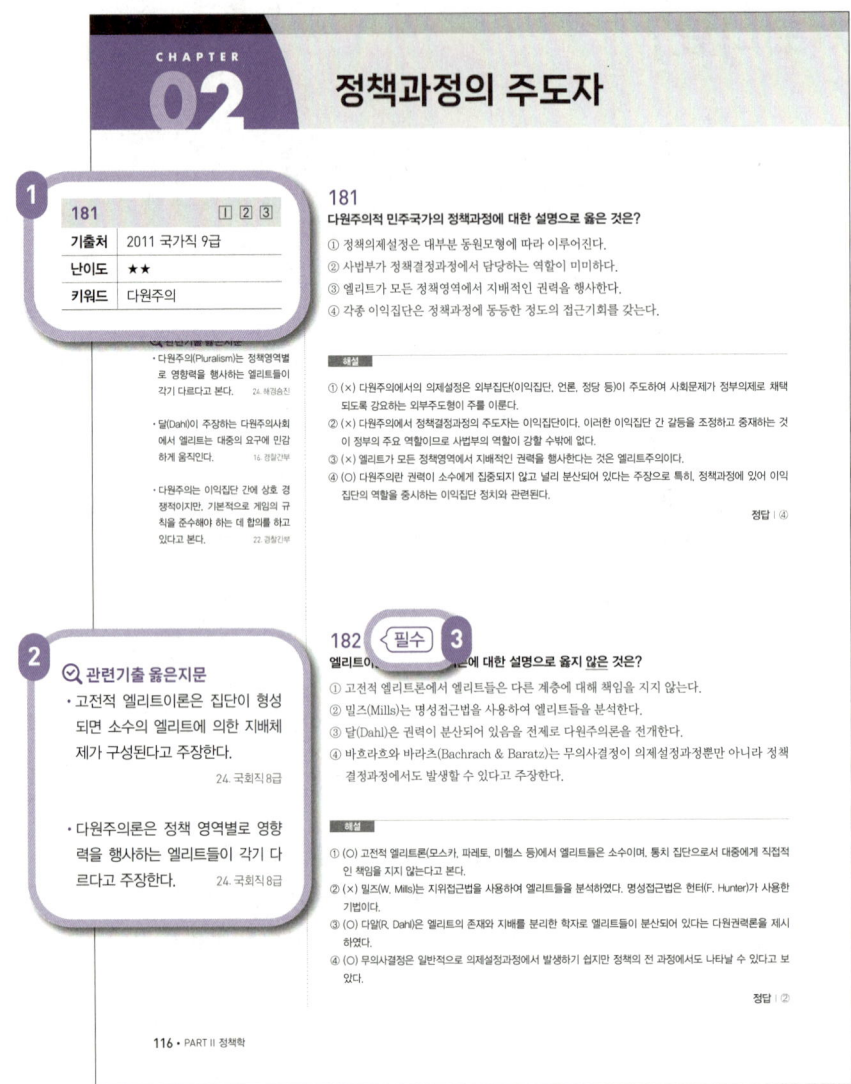

1 3회독 체크 & 문제 DATA
3회독 체크 박스로 회독 수를 체크할 수 있습니다. 기출처, 난이도, 키워드 등의 문제 DATA를 통해 문제를 객관적으로 분석하고 약점을 파악할 수 있도록 하였습니다.

2 관련기출 옳은지문
문제와 관련된 기출 옳은지문을 보조단에 수록하여 변형 지문도 한번에 익힐 수 있도록 구성하였습니다.

3 필수 문제 300선
시간이 부족해도 꼭 풀어봐야 할 필수 문제 300선을 선정하여 표시하였습니다.

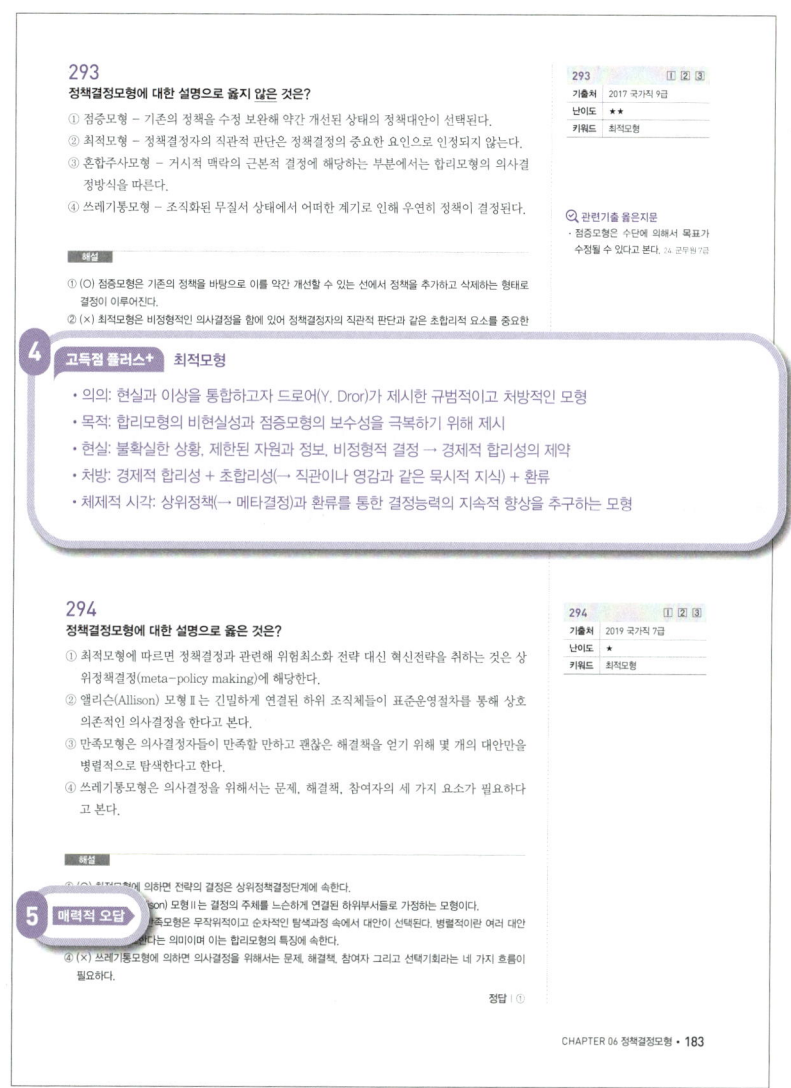

4 고득점 플러스
문제와 관련하여 알아두면 좋을 이론을 정리하여 고득점 플러스로 수록하였습니다.

5 매력적 오답 표시
오답률을 높게 만든 오답 선택지를 짚어 주고, 함정 문제의 유형을 파악하여 확실하게 정답을 고를 수 있게 '매력적 오답'을 표시하였습니다.

에듀윌 단원별 기출문제집의
추가 혜택

1 최신기출 해설특강

2025 국가직 9급, 2025 지방직 9급 시험 해설특강으로 최신 경향을 파악하세요.

수강경로

① 에듀윌 도서몰(book.eduwill.net) 접속
② 동영상강의실
③ 공무원 → [최신기출 해설특강] 9급공무원 행정학(국가직/지방직) 또는 우측 QR코드를 통해 바로 접속

2 OMR 카드(PDF)

실전처럼 마킹 연습을 할 수 있는 OMR 카드를 제공합니다.

수강경로

① 에듀윌 도서몰(book.eduwill.net) 접속
② 도서자료실
③ 부가학습자료
④ '공무원 행정학' 검색 또는 우측 QR코드를 통해 바로 접속

3 3회독 플래너(PDF)

효율적으로 3회독을 할 수 있는 플래너를 제공합니다.

수강경로

① 에듀윌 도서몰(book.eduwill.net) 접속
② 도서자료실
③ 부가학습자료
④ '공무원 행정학' 검색 또는 우측 QR코드를 통해 바로 접속

이 책의 차례

PART I　행정학 총론	PAGE
CHAPTER 01　행정의 의의	12
CHAPTER 02　현대행정의 이해	16
CHAPTER 03　공공서비스 공급주체	36
CHAPTER 04　행정학의 접근방법	57
CHAPTER 05　행정학의 주요이론	72
CHAPTER 06　행정이 추구하는 가치	98

PART IV　인사행정론	PAGE
CHAPTER 01　인사행정의 기초	338
CHAPTER 02　공직의 분류	356
CHAPTER 03　임용	377
CHAPTER 04　능력발전	383
CHAPTER 05　사기	403
CHAPTER 06　공무원의 행동규범	422

PART II　정책학	PAGE
CHAPTER 01　정책학의 의의	112
CHAPTER 02　정책과정의 주도자	116
CHAPTER 03　정책의제론	142
CHAPTER 04　정책결정론	152
CHAPTER 05　정책분석론	163
CHAPTER 06　정책결정모형	167
CHAPTER 07　정책집행론	188
CHAPTER 08　정책평가론	209

PART V　재무행정론	PAGE
CHAPTER 01　재무행정의 기초	444
CHAPTER 02　예산결정이론	467
CHAPTER 03　예산의 과정	479
CHAPTER 04　예산개혁론	508

PART VI　행정환류론	526

PART III　조직이론	PAGE
CHAPTER 01　조직이론의 기초	234
CHAPTER 02　조직의 유형	247
CHAPTER 03　조직구조론	250
CHAPTER 04　관료제와 탈관료제	264
CHAPTER 05　개인 수준의 조직행동	276
CHAPTER 06　집단 수준의 조직행동	292
CHAPTER 07　조직 수준의 조직행동	307
CHAPTER 08　조직개혁론	312
CHAPTER 09　정보체계론	318

PART VII　지방행정론	PAGE
CHAPTER 01　지방행정의 기초	540
CHAPTER 02　정부 간 관계	550
CHAPTER 03　지방자치의 의의	559
CHAPTER 04　지방자치의 구조	564
CHAPTER 05　지방재정	591

PART

I

행정학 총론

에 듀 윌 공 무 원 행 정 학

CHAPTER 01	행정의 의의
CHAPTER 02	현대행정의 이해
CHAPTER 03	공공서비스 공급주체
CHAPTER 04	행정학의 접근방법
CHAPTER 05	행정학의 주요이론
CHAPTER 06	행정이 추구하는 가치

CHAPTER 01 행정의 의의

001
- 기출처: 2020 국가직 9급
- 난이도: ★★
- 키워드: 정치행정이원론

관련기출 옳은지문
- 정치행정이원론은 특히 미국에서는 1880년대의 공무원제도 개혁의 중심이론으로 작용했다. 08. 국회직 8급

001 필수
정치·행정이원론에 대한 설명으로 옳은 것은?

① 정당정치의 개입으로부터 자유로운 행정 영역을 강조하였다.
② 1930년대 뉴딜정책은 정치·행정이원론이 등장하게 된 중요배경이다.
③ 과학적 관리론과 행정개혁운동은 정치·행정이원론의 한계를 지적하였다.
④ 정치·행정이원론을 대표하는 애플비(Appleby)는 정치와 행정이 단절적이라고 보았다.

해설

① (○) 윌슨(W. Wilson)의 정치행정이원론은 엽관주의(정당정치)로부터 행정을 분리시키기 위한 노력이다.
② (×) 정부의 적극적 시장개입을 강조하였던 1930년대 뉴딜정책은 정치행정일원론이 등장하게 된 배경이다.
③ (×) 정치행정이원론을 배경으로 과학적 관리론의 도입과 행정개혁운동(실적주의 도입)이 전개되었다.
④ (×) 애플비(P. Appleby)는 「정책과 행정」(1949)에서 정치행정일원론을 주장한 학자이다.

정답 | ①

002
- 기출처: 2024 국가직 7급
- 난이도: ★★
- 키워드: 정치행정이원론

관련기출 옳은지문
- 정치행정이원론은 정당정치 및 엽관주의의 폐해를 극복하기 위한 이론적 기초를 제시하고자 했다. 23. 경찰승진

002 필수
정치·행정이원론에 대한 설명으로 옳지 않은 것은?

① 엽관주의 극복을 위한 반엽관주의(anti-spoils system) 움직임에 따라 대두되었다.
② 부패한 정치로부터 행정의 분리를 주장했다.
③ 행정의 정책형성기능 강화로 인해 기능적 행정학을 추구했다.
④ 윌슨(W. Wilson)은 행정을 관리와 경영의 영역으로 규정했다.

해설

① (○) 엽관주의는 공직 임용의 기준으로 개인적인 충성이나 정치적 지지를 삼는 관행을 의미한다. 엽관주의로 인해 공무원의 전문성이 저해되고 행정의 비효율성이 심화되자, 이를 극복하기 위한 반엽관주의 움직임이 대두되었고, 이 과정에서 행정을 정치와 분리하여 전문성을 확보하려는 정치행정이원론이 등장했다.
② (○) 정치행정이원론은 부패하고 당파적인 정치로부터 행정의 독립과 중립성을 강조했다. 이는 행정이 정치적 영향으로부터 벗어나 효율적이고 객관적인 관리에 집중해야 한다는 주장으로 이어졌다.
③ (×) 행정의 정책형성기능 강화로 인해 기능적 행정학을 추구한 것은 정치행정일원론의 특징이다.
④ (○) 윌슨(W. Wilson)은 「행정의 연구(The Study of Administration)」에서 행정을 정치의 영역에서 분리하여 독자적인 연구 대상으로 삼아야 한다고 주장했다. 그는 행정을 "정부의 업무를 수행하는 가장 효율적이고 경제적인 방법을 찾는 것"으로 보았으며, 관리와 경영의 영역으로 규정했다.

정답 | ③

003 필수

정치행정이원론에 대한 설명으로 옳지 않은 것은?

① 행정과 경영이 차이가 없음을 강조하는 공사행정일원론의 입장을 취한다.
② 의사결정 역할을 하는 정치와 결정된 의사를 집행하는 행정의 역할을 엄격하게 구분할 것을 주장하였다.
③ 윌슨(Wilson)은 행정을 전문적·기술적 영역으로 규정하고, 정부는 효율성과 전문성을 갖추어야 한다고 주장하였다.
④ 대공황 이후 각종 사회문제를 해결하기 위해서 행정의 정책결정·형성 및 준입법적 기능 수행을 정당화하였다.

003
기출처	2022 국가직 7급
난이도	★★
키워드	정치행정이원론

관련기출 옳은지문
- 윌슨은 행정의 영역을 전문적(專門的) 기술적(技術的) 영역으로 인식한다. 21. 경찰승진

해설

① (○) 정치행정이원론은 행정을 경영과 유사한 것으로 본다.
② (○) 정치행정이원론은 결정과 집행을 분리한 후 행정의 역할을 집행에 국한할 것을 주장하였다.
③ (○) 윌슨(W. Wilson)은 행정을 정치와 구분되는 전문적·기술적 영역을 간주하고 행정의 대표성보다는 능률성이나 전문성을 강조하였다.
④ (×) 대공황 이후 행정의 정책결정이나 준입법적 기능수행을 강조한 것은 정치행정일원론이다.

정답 | ④

004 필수

정치행정일원론에 대한 설명으로 옳은 것은?

① 행정국가의 등장과 연관성이 깊다.
② 윌슨(Wilson)의 「행정연구」가 공헌하였다.
③ 정치는 의사결정의 영역이고, 행정은 결정된 내용을 집행한다고 보았다.
④ 행정은 경영과 비슷해야 하며, 행정이 지향하는 가치로 절약과 능률을 강조하였다.

004
기출처	2021 지방직 9급
난이도	★★★
키워드	정치행정일원론

해설

① (○) 행정국가의 등장으로 행정기관이 실질적으로 정책결정까지 담당하는 정치행정일원론이 등장하였다.
② (×) 윌슨(W. Wilson)의 「행정의 연구」는 정치행정이원론의 이론적 근거이다.
③ (×) 정치가 결정의 영역이고, 행정은 이를 집행하는 것으로 보는 입장은 정치행정이원론이다.
④ (×) 행정을 경영과 유사하게 보고, 행정의 가치로서 절약과 능률을 강조한 것은 정치행정이원론이다.

정답 | ①

005	① ② ③
기출처	2022 지방직 7급
난이도	★
키워드	애플비(P. Appleby)

005 〈필수〉

애플비(Appleby)가 주장한 정치행정일원론의 내용에 해당하는 것은?

① 행정은 효율성을 추구하는 관리를 핵심으로 한다.
② 행정은 민의를 중시해야 하며 정책결정과 집행의 혼합작용이다.
③ 시간과 동작연구를 통한 직무의 전문화는 행정조직의 생산성을 극대화할 수 있다.
④ 고위관료가 능률적으로 관리해야 할 행정원리는 기획, 조직, 인사, 지휘, 조정, 보고, 예산 등이 있다.

해설

① (×) 행정을 효율성을 추구하는 관리로 보는 것은 정치행정이원론의 입장이다.
② (○) 애플비(P. Appleby)는 정치와 행정이 연속적·정합적이기에 양자를 구분하는 것은 어렵다고 주장한 정치행정일원론자이다.
③ (×) 시간과 동작연구를 통해 행정의 생산성을 극대화하고자 한 것은 과학적 관리법이고, 이는 정치행정이원론과 관련된다.
④ (×) 고위관리가 관리해야 할 행정원리로 기획, 조직, 인사, 지휘, 조정, 보고, 예산 등을 강조한 학자는 귤릭(L. Gulick)이며, 그는 정치행정이원론자이다.

정답 | ②

006	① ② ③
기출처	2016 지방직 7급
난이도	★★
키워드	윌슨(W. Wilson)

006

윌슨(Wilson)의 '행정연구(The Study of Administration, 1887)'에 대한 설명으로 옳지 않은 것은?

① 정부개혁을 통해 특정 지역 및 계층 중심의 관료파벌을 해체하고자 했다.
② 행정과 경영의 유사성을 강조했다.
③ 정치와 행정을 분리하고자 했다.
④ 효율적 정부 운영에 관심을 두었다.

관련기출 옳은지문

• 윌슨(W. Wilson)은 행정을 관리와 경영의 영역, 그리고 전문적·기술적 영역으로 규정했다. 23. 국회직 9급

• 윌슨(W. Wilson)은 19세기 말엽 미국 정부의 규모가 그 이전과 비교도 안 될 정도로 커지고, 행정의 수요가 급증한 상황에서 행정학 연구의 중요성을 역설하였다. 19. 서울시 7급(상)

해설

① (×) 특정 지역 및 계층 중심의 관료파벌을 해체하는 것은 엽관주의와 관련된다. 윌슨(W. Wilson)은 엽관주의의 폐해를 제거하기 위하여 실적주의를 도입하고자 한 학자이다.
②, ③, ④ (○) 윌슨(W. Wilson)은 행정의 본질을 관리로 파악하여, 정치와는 구별되는 전문적이고 기술적인 영역으로 인식하였으며, 행정의 영역이 경영과 다르지 않다고 보면서 능률성을 높이기 위하여 경영적 행정의 필요성을 강조하였다.

고득점 플러스+ 윌슨(W. Wilson)의 정치행정이원론(→「행정의 연구」)

• 행정의 본질: 정치(→ 엽관주의)와 구별되는 전문적·기술적 영역 → 관리 또는 비즈니스
• 행정학의 연구목적: 행정의 탈정치화(→ 정당정치로부터 행정의 독자성 확보), 능률성 추구(→ 최소의 비용, 최대의 효과)
• 정치는 미국(→ 국민주권의 완성)이 유럽보다 우수, 행정은 유럽(→ 프랑스와 독일)의 선진 행정체제(→ 관료제)의 도입
• 미국의 민주적 정치체제와 유럽의 비민주적 관료제의 결합 근거 → 정치행정이원론
• 공헌: 분과학문으로서 행정학의 탄생, 실적주의 도입의 이론적 근거[→ 펜들턴법(1883)의 이론적 근거]

정답 | ①

007

경영과 구분되는 행정의 속성이라고 보기 어려운 것은?

① 행정은 사익이 아닌 공익을 우선적으로 추구한다.
② 행정은 모든 시민을 평등하게 대우하여야 한다.
③ 행정조직 구성원은 원칙상 법령에 의해 신분이 보장된다.
④ 행정은 효과적인 업무수행을 위해 관리성이 강조된다.

해설

① (O) 행정은 불특정 다수의 이익 혹은 사회 전체의 이익이라는 공익을 추구하지만 경영은 원칙적으로 사익을 추구한다.
② (O) 민주주의를 전제로 하는 현대행정은 모든 국민을 법 앞에 평등하게 대하여야 한다는 규범이 강하게 적용된다. 그러나 경영은 이윤을 추구하는 과정에서 고객들 간 차별대우가 용인된다.
③ (O) 행정은 공적 업무의 공정한 수행을 위하여 직업공무원들의 정치적 중립을 강조하며 이를 위해 신분보장이 뒷받침된다.
④ (×) 관리란 목적을 합리적으로 달성하기 위한 수단의 선택과정을 의미한다. 이러한 관리적 특성은 행정과 경영의 유사점이다.

정답 | ④

007
기출처	2014 국가직 9급
난이도	★★★
키워드	행정과 경영

관련기출 옳은지문

- 행정과 경영은 어느 정도 관료제적 성격을 지니고 있다. 21. 군무원 9급

- 행정과 경영은 관리기술이 유사하다. 21. 군무원 9급

- 행정조직의 구성원은 원칙상 법령에 의해 신분이 보장된다. 14. 국가직 9급

CHAPTER 02 현대행정의 이해

008	① ② ③
기출처	2019 지방직 7급
난이도	★
키워드	파킨슨의 법칙

🔍 **관련기출 옳은지문**

- 파킨슨의 법칙은 상승하는 피라미드의 법칙(the law of rising pyramid)이라고도 불린다. 　10. 지방직 9급

- 파킨슨의 법칙은 주로 관료제와 공공 조직의 비효율성을 설명하는 데 사용된다. 　24. 국회직 9급

- '부하배증의 법칙'은 A라는 공무원이 과중한 업무에 허덕이게 될 때 자기의 동료 B를 보충받기보다는 자기를 보조해줄 부하 C를 보충받기를 원한다는 것이다. 　13. 서울시 9급

008

파킨슨의 법칙(Parkinson's Law)에 대한 설명으로 옳지 않은 것은?

① 관료는 본질적인 업무가 증가하지 않으면 파생적인 업무도 줄이려는 무사안일의 경향을 가진다.
② 업무의 강도나 양과는 관계없이 공무원의 수는 항상 일정한 비율로 증가한다.
③ 공무원은 업무의 양이 증가하면 비슷한 직급의 동료보다 부하 직원을 충원하려는 경향이 강하다.
④ 브레낸과 뷰캐넌(Brennan & Buchanan)의 리바이어던가설(Leviathan Hypothesis)처럼, 관료제가 '제국의 건설'을 지향한다는 입장이다.

▎해설▕

① (×) 파킨슨의 법칙은 업무의 강도나 양과는 관계없이 공무원의 수가 항상 일정한 비율로 증가한다는 것이다.
② (○) 파킨슨의 법칙은 공무원 수가 본질적 업무의 증가 즉, 새로운 행정수요의 증가와 관계없이 심리적 요인에 의해 증가한다는 것이다.
③ (○) 동료는 승진의 경쟁자이므로 동료보다는 부하 직원의 충원을 원하며 이를 부하배증의 법칙이라 한다.
④ **매력적 오답** (○) 리바이어던가설은 공공부문의 총체적 규모는 중앙정부의 조세 및 지출권한의 분권화와 반비례한다는 가설이다. 이는 공공지출에 대한 통제 권한이 집중화될 경우, 정치인·관료·특수 이익 로비스트들의 선호가 재정정책에 반영됨으로써, 정부의 재정지출이 늘어나고 규모가 과도하게 팽창하게 된다는 것을 의미한다.

▎고득점 플러스+▕ **파킨슨의 법칙(Parkinson's Law)**

- 의의: 본질적 업무의 증가가 아닌 심리적 요인에 의한 공무원 수의 팽창 현상을 설명하는 이론
- 영국 해군성의 실증적 검증: 본질적 업무와 무관하게 매년 5.75%씩 증가 → 부하배증의 법칙×업무배증의 법칙
- 부하배증의 법칙: 동료보다는 부하를 선호하는 심리 → 상승하는 피라미드 법칙
- 업무배증의 법칙: 신설된 직위에 파생되는 업무(→ 지시나 보고)가 의도적으로 창조되는 현상

정답 | ①

009	① ② ③
기출처	2021 국가직 9급
난이도	★★★
키워드	시장실패

009 〈필수〉

정부개입의 근거가 되는 시장실패의 원인으로 옳지 않은 것은?

① 외부효과 발생
② 시장의 독점 상태
③ X-비효율성 발생
④ 시장이 담당하기 어려운 공공재의 존재

해설

① (○) 대가 없이 타인에게 손해를 주거나 이득을 주는 외부효과는 시장실패의 원인이다.
② (○) 가격의 자동 조절기능을 저해하는 독점은 시장실패의 원인이다.
③ (×) 독점이나 성과파악의 어려움으로 인해 조직이 최선을 다하지 않아 나타나는 X-비효율성은 정부실패의 원인이다.
④ (○) 대가를 받을 수 없는 공공재는 시장실패의 원인이다.

정답 | ③

010 필수
시장실패에 대한 설명으로 옳지 않은 것은?

① 민영화를 강조하는 작은 정부론은 시장실패에 대한 대응으로 제기되었다.
② 시장기구를 통해 자원을 효율적으로 배분할 수 없는 상태를 말한다.
③ 정부는 시장개입 및 규제를 통해 시장실패를 교정한다.
④ 공공재의 존재는 시장실패를 야기하는 요인이다.

해설

① (×) 작은 정부론은 정부실패에 대한 대응으로 제기되었다.
② (○) 시장기구란 가격을 의미한다. 결국 시장실패란 가격을 통한 자원배분이 사회적으로 바람직한 수준에 이르지 못한 현상을 말한다.
③ (○) 시장실패에 대한 정부의 대응책에는 공적공급, 공적유도, 정부규제 등이 있다.
④ (○) 비배제성과 비경합성으로 인해 시장에서 공급되기 어려운 공공재의 존재는 시장실패를 야기하는 요인이다.

정답 | ①

010
- 기출처: 2024 국가직 9급
- 난이도: ★★
- 키워드: 시장실패

관련기출 옳은지문
- 비배제성과 비경합성의 특성을 갖는 공공재의 생산은 시장실패의 원인이다. 09. 서울시 9급
- 불완전한 경쟁에 의한 시장의 비효율성은 시장실패의 원인이다. 24. 국회직 9급

011
정부실패(government failure)의 원인 중 다음 설명에 해당하는 것은?

> 비공식적 목표가 공식적 조직목표를 대체하는 현상으로서, 관료 자신이 개인적 이익이나 소속기관의 이익을 사회적 목표보다 우선 고려함으로써 사회 전체의 목표와 조직 내부목표 간 괴리가 발생하는 것이다.

① 파생적 외부효과
② X-비효율성
③ 권력의 편재
④ 내부성

해설

① (×) 파생적 외부효과는 정부 개입이 의도하지 않은 부작용을 초래하는 현상을 말한다.
② (×) X-비효율성은 독점적 지위 등으로 경쟁 압력이 없어 효율성을 추구할 유인이 부족하여 발생하는 비효율성을 의미한다.
③ (×) 권력의 편재는 권력이 특정 집단이나 개인에게 집중되어 발생하는 문제를 의미한다.
④ (○) 다음 설명에 해당하는 것은 내부성이다. 내부성이란 정부 관료들이 공익보다는 자신이나 소속 부서의 이익을 우선시하여 발생하는 정부실패 현상을 말한다.

정답 | ④

011
- 기출처: 2025 국가직 9급
- 난이도: ★★★
- 키워드: 정부실패

관련기출 옳은지문
- 외부효과 발생 시 정부는 조세와 보조금 등을 사용하여 외부효과를 제거할 수 있다. 23. 군무원 9급

012

기출처	2017 지방직 7급
난이도	★★★
키워드	정부실패

관련기출 옳은지문

- 비용과 편익의 분리(괴리)는 정부실패의 원인에 해당한다. 22. 경찰간부

- 'X-비효율성'은 경쟁적 압박을 받지 않는 상황에서 발생하는 관리상의 비효율성이다. 24. 경찰승진

- 행정조직 내부목표와 사회적 목표의 불일치는 정부실패의 원인이다. 08. 국가직 9급

012
정부실패의 요인에 해당하지 않는 것은?

① 공공서비스에서의 비용과 편익의 분리
② 경제활동에 영향을 주는 외부불경제(external diseconomy)
③ 비공식적 목표가 공식적 조직목표를 대체하는 현상
④ 의도하지 않은 파생적 외부효과

해설

① (○) 비용부담자와 편익수혜자가 분리되는 비용과 편익의 절연은 정부낭비를 가져오는 원인이다.
② (×) 대가를 지불하지 않고 타인에게 손해를 주는 외부불경제는 시장실패의 원인이다.
③ **매력적 오답** (○) 비공식적 목표가 공식적 목표를 대체하는 현상을 사적 목표 추구라 하며, 이는 정부실패의 원인이다.
④ (○) 민간행동에 대한 예측의 어려움으로 인해 나타나는 의도하지 않은 부작용인 파생적 외부효과는 정부개입의 한계이다.

정답 | ②

013

기출처	2022 국가직 7급
난이도	★★
키워드	정부실패

관련기출 옳은지문

- 파생적 외부효과로 인한 정부실패는 정부 보조 삭감, 규제 완화 등의 방식으로 해결하는 것이 일반적이다. 23. 경찰승진

013 〈필수〉
정부실패의 요인에 대한 설명으로 옳지 않은 것은?

① 'X-비효율성'은 정부가 가진 권력을 통해 불평등한 분배가 이루어지는 현상이다.
② '지대추구'는 정부개입에 따라 발생하는 인위적 지대를 획득하기 위해 자원을 낭비하는 활동이다.
③ '파생적 외부효과'는 시장실패를 해결하기 위해 정부가 개입하지만 의도하지 않은 부작용을 초래하는 것이다.
④ '내부성(internalities)'은 공공조직이 공익적 목표보다는 관료 개인이나 소속기관의 이익을 우선적으로 고려하는 것이다.

해설

① (×) 권력을 통해 불평등한 분배가 이루어지는 것을 권력적 특혜라 한다.
② **매력적 오답** (○) 지대란 정부의 개입으로 인해 야기된 추가적 이득을 말하고 이를 추구하는 과정을 지대추구활동이라 한다.
③ (○) 파생적 외부효과는 민간 활동에 대한 예측의 부재로 인해 나타나는 정부개입의 문제점을 말한다.
④ (○) 내부성은 공적 이익보다는 부서의 이익이나 개인적 이익에 집착하는 정부실패 현상을 말한다.

고득점 플러스+ 정부실패의 원인

- 비용과 수익의 절연: 비용부담자와 편익수혜자가 일치하지 않아 발생하는 재화의 과잉소비 현상
- 파생적 외부효과: 민간의 행동에 대한 잘못된 예측으로 인한 정책의 부작용
- X-비효율성(→ 심리적·기술적 비효율성): 독점과 성과기준의 모호성으로 인해 최선의 노력을 다하지 않아서 발생하는 현상
- 사적 목표의 추구: 개인 혹은 조직 내부의 목적과 사회적 목적의 괴리(→ 내부성)
- 권력의 편재(→ 권력적 특혜)와 복대리 문제(→ 누층적 대리관계로 인한 통제의 어려움)

정답 | ①

014
다음 상황을 설명하는 데 가장 적합한 용어는?

> 정부는 특정 지역의 주택가격이 과도하게 상승하자 이를 해결하기 위해 투기과열지구로 지정하였다. 그러나 투기과열지구로 지정된 이후 주택가격은 오히려 급등하였다. 이는 주택 수요자들이 정부의 의도와 달리 투기과열지구의 지정으로 인해 그 지역의 주택가격이 더 오를 것이라고 예상하였기 때문이었다.

① X-비효율성
② 공공조직의 내부성
③ 비경합성
④ 파생적 외부효과

014 | 기출처 2020 지방직 7급 | 난이도 ★★ | 키워드 파생적 외부효과

관련기출 옳은지문
- 파생적 외부효과로 인한 정부실패는 규제완화의 방식으로 대응할 수 있다. 22. 경찰승진

해설

① (×) X-비효율성이란 독점이나 성과기준의 모호성으로 인하여 최선의 노력을 다하지 않아서 발생하는 심리적·기술적 비효율성을 의미한다.
② (×) 내부성이란 관료의 사익추구 등과 같은 내부목표와 사회목표의 괴리현상을 말한다.
③ (×) 비경합성이란 특정인의 소비가 다른 사람의 소비량이나 소비의 효용을 감소시키지 않은 현상을 말한다.
④ (○) 정부의 정책이 민간의 행동을 변화시켜 원래 의도하지 않은 부작용을 초래하는 현상을 파생적 외부효과라 한다.

정답 | ④

015
시장실패와 정부실패에 대한 설명으로 적절하지 않은 것은?

① 시장실패는 시장기구를 통해 자원배분의 효율성을 달성할 수 없는 경우를 의미한다.
② 비배제성과 비경합성을 가진 공공재의 존재는 시장실패의 주요 원인 중 하나이다.
③ X-비효율성으로 인해 시장실패가 야기되어 정부의 시장개입 정당성이 약화된다.
④ 정부실패는 시장실패에 대응하는 개념으로 행정서비스의 비효율성을 야기한다.

015 | 기출처 2016 지방직 9급 | 난이도 ★★ | 키워드 X-비효율성

관련기출 옳은지문
- 경제주체가 독점적 지위를 가지는 경우 관리효율성을 극대화하려는 유인이 부족해 생산의 평균비용이 증가하는 현상은 정부실패의 원인이다. 16. 경찰승진

해설

① (○) 시장실패는 시장이 자원을 효율적으로 배분하지 못하는 상황을 의미한다. 외부효과, 공공재, 정보의 비대칭성, 독과점 등이 시장실패의 주요 원인이다.
② (○) 공공재는 비배제성으로 인해 가격을 부과하기 어렵고 비경합성으로 인해 가격을 부과하는 것이 바람직하지도 않으므로 시장에서 적정하게 공급되기 어렵다.
③ (×) X-비효율성은 정부실패의 원인이다. 또한 시장실패가 야기된다면 정부의 시장개입의 정당성은 강화된다.
④ (○) 정부실패란 정부의 각종 정책이나 활동이 의도했던 목표나 기대를 충족시키지 못한 현상 또는 시장실패를 교정하기 위한 정부의 개입이 효율적 자원배분을 더 저해하는 상황을 말한다.

정답 | ③

016

016	① ② ③
기출처	2016 국가직 9급
난이도	★★
키워드	정부실패

🔍 관련기출 옳은지문

• 수혜자와 비용부담자의 분리로 인해 비용에 대해 둔감해지고 자원이 효율적으로 활용되지 못하는 현상은 정부실패의 원인이다. 16. 경찰승진

• 파생적 외부효과는 민영화를 통해 효과적으로 해결하기 어려운 정부실패의 유형이다. 11. 서울시 9급

시장실패 및 정부실패에 대한 설명으로 옳지 않은 것은?

① 시장실패를 초래하는 요인은 공공재의 존재, 외부효과의 발생, 불완전한 경쟁, 정보의 비대칭성 등이다.
② 시장실패를 교정하기 위한 정부 역할은 공적공급, 공적유도, 정부규제 등이다.
③ 정부개입에 의해 초래된 의도하지 않은 결과 때문에 자원배분 상태가 정부개입이 있기 전보다 오히려 더 악화될 수 있다.
④ 정부실패는 관료나 정치인들의 개인적 요인 때문에 발생하며, 정부라는 공공조직에 내재하는 구조적 요인 때문에 발생하는 것은 아니다.

해설

① (O) 시장실패란 시장기구(가격)를 통한 자원의 배분이 효율적(배분적 효율성)이지 못하거나 공평(개인의 정당한 몫)하지 못한 상태로, 공공재, 외부효과, 불완전경쟁, 정보비대칭 등이 그 원인으로 거론된다.
② (O) 시장실패를 교정하기 위한 정부의 역할에는 정부가 직접 공공서비스를 생산하는 공적공급, 바람직한 재화에 대한 보조금의 지급, 바람직하지 못한 행동에 대한 정부규제 등이 있다.
③ (O) 정부개입에 의해 초래된 의도하지 않은 부작용을 파생적 외부효과라 한다. 이는 민간의 행동을 정확히 예측하지 못한 근시안적 정부활동으로 인해 야기된 잠재적이고 비의도적인 부작용이다.
④ (×) 정부실패는 시장실패보다 더 보편적이고 구조적인 현상으로, 관료나 정치인들 때문에 발생하는 것이라기보다는 정부라는 공공조직에 내재하는 구조적 요인 때문에 발생하기 쉽다.

정답 | ④

017

017	① ② ③
기출처	2017 국가직 9급
난이도	★★★
키워드	X-비효율성

🔍 관련기출 옳은지문

• 울프(C. Wolf)는 정부실패의 원인으로 X-비효율성, 사적 목표의 설정, 파생적 외부효과, 분배의 불공정을 제시하였다. 25. 경찰간부

정부의 규모와 역할에 대한 행정이론의 설명으로 옳지 않은 것은?

① X-비효율성은 과열된 경쟁에서 나타나는 정부의 과다한 비용발생을 의미한다.
② 지대추구이론은 규제나 개발계획과 같은 정부의 시장개입이 클수록 지대추구행태가 증가하고 그에 따른 사회적 손실도 증가한다고 주장한다.
③ 거래비용이론에서는 당사자 간의 협상 및 커뮤니케이션 비용과 계약의 준수를 감시하는 비용도 거래비용으로 포함한다.
④ 대리인이론은 주인-대리인 사이에 정보비대칭성이 있고 대리인이 기회주의적으로 행동하는 경우 역선택(adverse selection) 문제가 발생할 수 있다고 주장한다.

해설

① (×) X-비효율성은 독점이나 성과기준의 모호성으로 인해 최선의 노력을 다하지 않아 발생하는 심리적·기술적·관리적 비효율성을 말한다.
② **매력적 오답** (O) 권력에 의해 공급량이 고정된 재화나 서비스의 독점적 공급으로 인해 얻어지는 추가적 이익을 지대라 하며, 이를 얻기 위한 노력을 지대추구행위라 한다.
③ (O) 거래비용이론은 거래비용의 최소화를 효율성의 관건으로 인식하는 이론이다. 이러한 거래비용은 제한된 합리성(정보의 불충분성과 비대칭성)과 기회주의 행동 등과 같은 인적 요인 그리고 자산의 특정성, 불확실성, 거래의 발생빈도 등과 같은 환경적 요인에 의해 발생한다.
④ (O) 대리인이론은 주인-대리인의 관계에 대한 경제학적 모형을 조직연구에 적용한 이론으로, 주인과 대리인의 정보비대칭성으로 인해 야기되는 역선택과 도덕적 해이 현상을 설명하며, 이러한 대리손실을 해소(최소화)하고자 노력한다.

정답 | ①

018 〈필수〉
정부관의 변천에 대한 설명으로 옳지 않은 것은?

① 19세기 근대 자유주의국가는 '야경국가'를 지향하였다.
② 대공황 이후 케인스주의, 루즈벨트 대통령의 뉴딜정책은 큰 정부관을 강조하였다.
③ 영국의 대처리즘, 미국의 레이거노믹스는 작은 정부를 지향하였다.
④ 하이에크(Hayek)는 『노예의 길』에서 시장실패를 비판하고 큰 정부를 강조하였다.

018	① ② ③
기출처	2022 국가직 9급
난이도	★
키워드	하이에크(F. Hayek)

해설

① (O) 야경국가란 국가의 임무를 대외적인 국방과 대내적인 치안의 확보 및 최소한의 공공사업에 국한하고, 경제활동 등 나머지는 개인의 자유에 맡기는 것이 바람직하다는 근대의 자유주의적 국가관을 말한다.
② (O) 케인스주의 경제학과 이에 기반을 둔 뉴딜정책은 대표적인 큰 정부와 관련된 사업들이다.
③ (O) 대처리즘이란 영국의 대처 수상의 취임 이후 실시되었던 정부재정지출 삭감, 공기업의 민영화, 규제완화와 경쟁의 촉진 등 공공부문 개혁을 말하며, 미국의 레이거노믹스와 함께 대표적인 신자유주의 정책으로 작은 정부를 지향하였다.
④ (X) 하이에크(F. Hayek)는 『노예의 길』에서 정부실패를 비판하고 작은 정부를 강조하였다.

정답 | ④

🔍 관련기출 옳은지문

- 야경국가인 19세기 자유주의 국가에서 정부는 소극적인 질서 유지만을 담당하고 나머지 국민생활 부문에서는 최대한으로 개인의 자유를 인정해야 한다고 보았다. **23. 국회직 9급**

- 1930년대 대공황 이후 케인스주의, 루즈벨트 대통령의 뉴딜정책은 큰 정부관을 강조하였다. **23. 국회직 9급**

- 1979년에 취임한 영국의 대처 수상은 공기업 민영화, 공공주택 민간매각 등 정부의 기능 축소를 지향하였다. **23. 국회직 9급**

019
큰 정부론과 작은 정부론의 논쟁에 대한 설명으로 옳지 않은 것은?

① 작은 정부론은 민영화의 확대를 주장하지만, 또 다른 시장실패를 유발할 수 있다는 점에서 네트워크 거버넌스의 필요성이 제기되기도 한다.
② 공공재는 시장에서 적절하게 제공되지 못하므로 정부가 제공해야 한다는 주장은 시장에 대한 정부의 개입을 강조한다.
③ 작은 정부론은 정부의 개입이 초래하는 대표적 정부실패의 사례로 독점으로 인해 발생하는 X-비효율성을 제시한다.
④ 큰 정부론자는 "비용과 편익이 괴리되어 시장실패가 발생하는 경우, 정부가 시장에 개입해야 한다"고 주장한다.

019	① ② ③
기출처	2014 지방직 9급
난이도	★★
키워드	비용과 편익의 괴리

해설

① (O) 작은 정부론은 민영화, 규제 완화 등을 통해 정부의 역할을 축소하고 시장의 기능을 강조한다. 그러나 민영화 확대는 또 다른 시장실패(예: 독과점, 정보 비대칭)를 유발할 수 있으며, 이에 대한 보완책으로 정부, 시장, 시민사회 간의 협력을 강조하는 네트워크 거버넌스의 필요성이 제기되기도 한다.
② (O) 공공재는 비배제성과 비경합성의 특성으로 인해 시장에서 효율적으로 공급되지 못하는 시장실패의 대표적인 사례이다. 따라서 공공재의 공급을 위해 정부가 개입해야 한다는 주장은 큰 정부론의 입장을 대변한다.
③ (O) 작은 정부론은 정부의 비효율성과 낭비를 비판하며 정부실패의 사례로 독점적 지위를 가진 공기업이나 관료 조직에서 발생하는 X-비효율성을 자주 제시한다. 이는 정부의 크기가 비대해질수록 관료제의 경직성과 비효율성이 증가하여 비능률적인 운영이 초래된다는 주장과 연결된다.
④ (X) 비용과 편익의 괴리 혹은 절연은 비용부담자와 편익수혜자가 분리되는 현상으로 이는 원칙적으로 정부실패의 원인이다. 시장은 가격에 의한 등가교환을 원칙으로 하지만 정부는 세금으로 비용을 징수하므로 수혜자와 비용부담자가 분리되기 때문이다.

정답 | ④

020	① ② ③
기출처	2013 국가직 9급
난이도	★★
키워드	케인즈 경제학

🔍 **관련기출 옳은지문**

- 신자유주의가 등장하면서 큰 정부에서 작은 정부로의 전환이 이루어졌다.　　　　　22. 경찰간부

- 작은 정부를 주장하는 하이에크는 케인즈의 주장을 반박하며, 정부의 시장 개입은 단기적 경기 부양에는 효과적일 수 있어도 장기적으로는 시장의 효율성을 심각하게 훼손한다고 주장하였다.　19. 서울시 7급(상)

- '작지만 효율적인 정부'는 기본적으로 시장지향적 경쟁 원리를 효율성 제고의 중요한 수단으로 삼는다.　　　　　24. 군무원 7급

020
신자유주의 정부이념 및 관리수단과 연관성이 적은 것은?

① 시장실패의 해결사 역할을 해오던 정부가 오히려 문제의 유발자가 되었다는 인식을 바탕으로 다시 시장을 통한 문제해결을 강조하며 '작은 정부(small government)'를 추구한다.
② 민간기업의 성공적 경영기법을 행정에 접목시켜 효율적인 행정관리를 추구할 뿐 아니라 개방형 임용, 성과급 등을 통하여 행정에 경쟁원리 도입을 추진한다.
③ 케인즈(Keynes) 경제학에 기반을 둔 수요 중시 거시 경제정책을 강조하므로 공급 측면의 경제정책에 대하여는 반대 입장을 견지한다.
④ 정부의 민간부문에 대한 간섭과 규제는 최소화 또는 합리적으로 축소·조정되어야 한다는 입장에서 규제완화, 민영화 등을 강조한다.

해설

① (O) 신자유주의는 정부실패를 인식하고 이의 해결책으로 작은 정부를 지향한다.
② (O) 신자유주의는 전통적인 관료제의 독점적 공급과 폐쇄형 임용 및 연공급 등은 성과 향상에 장애가 될 수 있으므로 공공서비스의 경쟁적 공급, 개방형 임용 및 성과급 제도의 도입을 통해 이를 개선하고자 한다.
③ (X) 케인즈 경제학에 기반을 둔 수요 중시 경제정책은 진보주의 혹은 큰 국가(행정국가)에서 강조한 경제정책이다. 신자유주의는 신고전파 경제학에 기반을 둔 공급 중시 경제정책을 추구한다.
④ (O) 신자유주의는 시장에 대한 신뢰를 기반으로 규제완화와 민간화 및 시장기법의 정부 도입을 강조한다.

정답 | ③

021	① ② ③
기출처	2011 국가직 9급
난이도	★
키워드	감축관리

021
감축관리 방안으로 적절하지 않은 것은?

① 영기준예산(ZBB) 도입
② 일몰법(sunset law) 시행
③ 위원회(committee) 설치
④ 정책종결(policy termination)

해설

① (O) 영기준예산은 전년도 사업과 예산에 구애받지 않고, 근본적 재평가를 통해 예산을 편성하는 제도로, 감축관리의 주요 수단이다.
② (O) 일몰법은 특정한 사업·규제·조직 등이 일정한 기간 지나면 자동적으로 폐지되도록 하는 법률로, 축소를 통해 전체 효성을 높이고자 하는 감축관리의 수단이다.
③ (X) 각종 위원회는 행정 현상의 복잡성과 이에 대한 입법부와 사법부의 한계로 인해 등장한 제도로, 이는 큰 국가와 관련된다.
④ (O) 정책종결은 문제가 소멸되어 다른 정책에 의한 대체 없이 기존 정책을 폐지하는 것으로, 감축관리의 주요 수단에 해당한다.

정답 | ③

022

경합성과 배제성을 고려할 때 공공재(public goods)에 가장 가까운 것은?

① 국립도서관
② 고속도로
③ 등대
④ 올림픽 주경기장

해설

① (×) 국립도서관은 경합(유한)하지만 배제가 곤란(무료)한 공유재이다.
② (×) 고속도로는 비경합성과 배제성을 지닌 요금재이다.
③ (○) 공공재는 비경합성과 비배제성의 특성을 지닌 재화로 등대가 이에 해당한다.
④ (×) 올림픽 주경기장은 국립경기장으로 이는 경합(유한)하지만 배제가 곤란(무료)한 공유재이다.

정답 | ③

022		1 2 3
기출처	2014 국가직 9급	
난이도	★★	
키워드	공공재	

🔍 **관련기출 옳은지문**

• 집합재는 비경합성과 비배타성(비배제성)을 모두 가진 재화이다.
  23. 군무원 7급

• 집합재는 비경합성과 비배제성의 특징 때문에 과소공급과 과다공급의 쟁점을 야기하는 만큼 원칙적으로 공공부문에서 공급해야 할 서비스이다.
  12. 국회직 8급

023

사바스(Savas)가 구분한 네 가지 공공서비스 유형과 내용의 연결이 옳지 않은 것은?

① 요금재(toll goods) - 대가를 지불하지 않는 소비자를 배제할 수 없다.
② 집합재(collective goods) - '무임승차'의 문제가 생길 수 있다.
③ 시장재(private goods) - 경합성과 배제성을 동시에 갖는 서비스이다.
④ 공유재(common pool goods) - 과잉소비의 문제가 발생할 수 있다.

해설

① (×) 요금재는 배제성과 비경합성을 특징으로 하는 재화이다. 즉, 대가를 지불하지 않을 경우 재화의 이용에서 배제할 수 있다.
② (○) 집합재는 공공재를 말하며 비배제성의 특징으로 인하여 무임승차 문제가 발생한다.
③ (○) 시장재는 경합성과 배제성을 동시에 갖는 사적재를 말한다.
④ (○) 공유재는 비배제성을 띠고 있어 과잉소비의 문제를 발생시킨다.

정답 | ①

023		1 2 3
기출처	2015 국가직 7급	
난이도	★★★	
키워드	요금재	

🔍 **관련기출 옳은지문**

• 의료, 교육 등의 가치재는 경합적이므로 시장을 통한 배급도 가능하지만 정부가 개입할 수도 있다.
  17. 경찰간부

024		1 2 3
기출처	2024 지방직 7급	
난이도	★★	
키워드	공유재	

🔍 **관련기출 옳은지문**

• 요금재는 공동으로 소비하지만 요금을 지불하지 않으면 배제가 가능하기 때문에 공기업 등이 주로 공급을 담당한다. 　　22. 소방간부

• 공유재는 잠재적 사용자의 배제가 불가능 또는 곤란한 자원이다. 　　14. 서울시 7급

024 〈필수〉

사바스(Savas)의 공공서비스 유형에 대한 설명으로 옳지 않은 것은?

① 요금재는 자연독점 등으로 인한 시장실패에 대응하기 위하여 정부가 직접 공급하거나 공기업이 공급하는 경우가 많다.
② 집합재는 비용부담에 따라 서비스 혜택을 차별화하거나 서비스에서 배제할 수 없어 무임승차 문제가 일어날 수 있다.
③ 시장재는 주로 시장에서 제공되어 공공부문의 개입이 최소화되는 서비스이다.
④ 공유재는 비경합성과 비배제성을 특징으로 하며 국방, 외교 등이 여기에 속한다.

해설

① **매력적 오답** (○) 요금재는 배제성과 비경합성을 특징으로 하는 재화로, 수도, 전기, 유료 도로 등이 해당된다. 이러한 요금재는 자연독점의 특성을 가지는 경우가 많아 시장실패의 가능성이 있다. 따라서 정부가 직접 공급하거나 공기업을 통해 공급하여 효율적인 자원 배분과 공공성을 확보하려는 경우가 많다.
② (○) 집합재는 비배제성과 비경합성을 특징으로 하는 공공재를 의미한다. 이는 모든 사람에게 서비스 혜택이 주어지며, 특정인을 서비스에서 배제할 수 없다. 또한, 한 사람의 소비가 다른 사람의 소비를 감소시키지 않는다. 이로 인해 비용을 부담하지 않고도 서비스를 이용하려는 무임승차(Free-rider) 문제가 발생할 수 있다.
③ (○) 시장재는 배제성과 경합성을 모두 가진 재화로, 일반적인 사적 재화와 서비스(예: 음식, 의류)를 의미한다. 이는 주로 시장에서 공급되며, 가격 메커니즘을 통해 자원 배분이 이루어지므로 공공부문의 개입이 최소화된다.
④ (×) 비경합성과 비배제성을 특징으로 하는 국방, 외교 등은 공공재이다.

정답 | ④

025		1 2 3
기출처	2023 지방직 7급	
난이도	★★	
키워드	요금재	

🔍 **관련기출 옳은지문**

• 공유재는 '공유재의 비극'을 초래하는 서비스로서 공급비용 부담 규칙과 무분별한 사용에 대한 규제 장치가 요구된다. 　　20. 경찰간부

025 〈필수〉

사바스(Savas)의 재화 및 서비스 유형에 대한 설명으로 옳지 않은 것은?

① 시장재(private goods)는 소비자 보호와 서비스 안전을 위해 행정의 개입도 가능하다.
② 공유재(common pool goods)는 과다 소비와 공급비용 귀착 문제가 발생한다.
③ 요금재(toll goods)는 X-비효율성으로 인해 발생할 수 있는 문제 때문에 대부분 정부가 공급한다.
④ 집합재(collective goods)는 비용부담에 따라 서비스 혜택을 차별화하거나 배제할 수 없기 때문에 무임승차 문제가 발생한다.

해설

① **매력적 오답** (○) 공공서비스 중 시장재 성격을 가진 경우(의료, 교육 등), 시장에서 공급돼서 정부의 개입은 최소화되지만, 소비자 보호를 위해 정부가 부분적으로 개입할 수 있다.
② (○) 공유재는 소유권이 없으므로 과다 소비가 나타나고 이에 대응하기 위한 공급비용을 누가 부담할 것인가에 대한 논쟁이 발생한다.
③ (×) 요금재는 배제가 가능하므로 시장에서 공급이 가능하다. 다만 자연독점의 문제가 발생하므로 정부의 개입이 나타난다.
④ **매력적 오답** (○) 집합재는 비경합성과 비배제성을 지니므로 무임승차의 문제가 야기된다.

정답 | ③

026

재화를 배제성과 경합성 여부에 따라 네 가지 유형(A~D)으로 분류할 경우, 유형별 사례를 모두 바르게 짝지은 것은?

경합성 여부 \ 배제성 여부	배제성	비배제성
경합성	A	B
비경합성	C	D

	A	B	C	D
①	구두	해저광물	고속도로	등대
②	라면	출근길 시내도로	일기예보	상하수도
③	자동차	공공낚시터	국방	무료TV방송
④	냉장고	케이블TV	목초지	외교

해설

A. 민간재이며, 구두, 라면, 자동차, 냉장고 등이 이에 해당한다.
B. 공유재이며, 해저광물, 출근길 시내도로, 공공낚시터, 목초지 등이 이에 해당한다.
C. 요금재이며, 고속도로, 케이블TV, 상하수도 등이 이에 해당한다.
D. 공공재이며, 등대, 일기예보, 국방, 무료TV방송, 외교 등이 이에 해당한다.

정답 | ①

026
- 기출처: 2018 지방직 7급
- 난이도: ★★
- 키워드: 재화의 유형

027

'공유지의 비극(the tragedy of the commons)'에 대한 설명으로 적절하지 <u>않은</u> 것은?

① 개인적으로는 합리적인 선택이 사회 전체적으로는 비효율을 초래한다.
② 소유권이 불분명하게 규정되어 자원이 낭비되는 현상이다.
③ 한 사람의 선택 행위가 다른 사람에게 긍정적인 외부효과를 초래한다.
④ 외부효과를 내부화함으로써 어느 정도 해결할 수 있다.

해설

① (○) 공유지의 비극이란 개인적으로는 합리적 선택이 사회 전체로는 바람직하지 못한 결과를 초래하는 현상으로, 공멸로 인해 전체가 부담하는 비용보다는 이용자 개인의 편익이 크다고 인식할 때 즉, 비용의 분산과 편익의 집중 관계가 나타날 때 발생한다.
② (○) 공유지의 비극은 소유권이 불분명하거나 이용규칙이 부재할 때 발생하기 쉽다.
③ (×) 공유지의 비극은 한 사람의 행위가 다른 사람에게 부정적 외부효과를 초래하는 현상이다.
④ (○) 외부효과를 내부화한다는 의미는 결국 사용한 만큼 대가를 지불하게 만들겠다는 의미이며, 합병, 소유권의 부여, 정부규제, 이용규칙의 제정 등을 통해 대가를 지불하게 할 수 있다.

고득점 플러스+ 공유재(common goods)
- 의의: 경합성(→ 혼잡)과 비배제성(→ 무임승차)의 특징을 지닌 한정된 공유자원
- 예: 천연자원, 연안어장, 목초지, 국립공원, 국립도서관, 하천, 국유산림, 정부예산, 경찰안심귀가 서비스 등
- 공유지의 비극: 과다(→ 비배제성) 이용으로 인한 재화의 고갈(→ 경합성) 현상
- 외부불경제: 편익의 집중(→ 과다 수요) + 비용의 분산 → 외부불경제로 인한 시장실패 → 정부개입의 근거
- 해결책: 정부규제, 배출부담금(→ 피구세), 배출권거래제도, 소유권 확립(→ 코우즈 정리)
  - 하딘(G. Hardin): 소유권의 설정, 면허와 같은 정부규제 등
  - 오스트롬(E. Ostrom): 사유화나 정부관리는 반대 → 지역공동체의 자율적 관리 강조

정답 | ③

027
- 기출처: 2012 지방직 9급
- 난이도: ★★
- 키워드: 공유지의 비극

🔍 **관련기출 옳은지문**
- 하딘(G. Hardin)은 소유권을 명확하게 하여 공유상태를 근본적으로 제거하는 것이 가장 바람직하다고 보았다. 18. 경찰승진
- 공유지의 비극은 개인의 이익극대화 활동의 결과가 집단 전체에는 최선의 이익이 될 수 없다는 사실을 보여주는 사례이다. 11. 국회직 8급

028

기출처	2015 지방직 9급
난이도	★★
키워드	공유지의 비극

관련기출 옳은지문
- 어획자 수나 어획량에 대해서 아무런 제한이 없는 개방어장의 경우 공유의 딜레마 또는 공유의 비극이라는 문제가 발생한다. 14. 국회직 8급

028
다음 〈보기〉 내용의 시장실패에 대한 설명으로 옳지 않은 것은?

| 보기 |

한 마을에 적당한 크기의 목초지가 있었다. 그 마을에는 열 가구가 오순도순 살고 있었는데, 각각 한 마리의 소를 키우고 있었고 그 목초지는 소 열 마리가 풀을 뜯는 데 적당한 크기였다. 소들은 좋은 젖을 주민들에게 공급하면서 튼튼하게 자랄 수 있었다. 그런데 한 집에서 욕심을 부려 소 한 마리를 더 키우면서 문제가 시작되었다. 다른 집들도 소 한 마리, 또 한 마리 등 욕심을 부리기 시작하면서 목초지는 풀뿌리까지 뽑히게 되었고, 결국 소가 한 마리도 살아갈 수 없는 황폐한 공간으로 바뀌고 말았다.

① 위에서 나타나는 시장실패의 주된 요인은 무임승차자 문제이다.
② 〈보기〉의 사례에 나타난 재화는 배제불가능성과 함께 소비에서의 경합성을 특징으로 한다.
③ 〈보기〉의 사례는 '공유지의 비극(tragedy of the commons)'에 대한 설명이다.
④ 이러한 시장실패를 해결하기 위한 방법의 하나는 재화의 재산권을 명확히 하는 것이다.

해설

① (×) 사례는 공유지의 비극에 관한 내용이다. 공유지의 비극은 비배제성으로 인한 무임승차의 문제와도 관련된다. 다만 주된 원인은 유한성에 따른 고갈의 문제로 보아야 한다. 공공재처럼 무임승차가 있어도 혼잡의 문제가 발생하지 않는다면 공유지의 비극은 발생하지 않기 때문이다.
② (○) 〈보기〉의 사례에 나타난 목초지는 누구나 이용할 수 있어 '배제불가능성'을 가지지만(소를 키우는 것을 막을 수 없음), 소가 풀을 뜯는 행위는 다른 소가 풀을 뜯을 기회를 줄이는 '소비에서의 경합성'을 특징으로 한다. 즉, 공유재의 특성을 나타낸다.
③ (○) 〈보기〉의 사례는 하딘(G. Hardin)이 제시한 '공유지의 비극(tragedy of the commons)'을 전형적으로 보여주는 예시이다. 이는 개별 합리성이 집단 비합리성을 초래하는 대표적인 시장실패 사례이다.
④ (○) 공유지의 비극과 같은 시장실패를 해결하기 위한 방법 중 하나는 재화의 재산권을 명확히 설정하는 것이다. 즉, 목초지에 대한 소유권을 특정 개인이나 집단에게 부여하여 관리·책임을 지게 함으로써 자원의 남용을 방지하고 지속 가능한 이용을 유도할 수 있다. 코즈 정리(Coase Theorem)에 따르면, 재산권이 명확히 정의되면 외부효과 문제가 시장 메커니즘을 통해 해결될 수 있다고 본다.

정답 | ①

029

기출처	2012 지방직 9급
난이도	★
키워드	문화행사

관련기출 옳은지문
- 의료, 교육과 같은 가치재(worthy goods)는 경합적이므로 시장을 통한 배급도 가능하지만 정부가 개입할 수도 있다. 14. 국회직 8급

029
공공재와 행정서비스에 관한 설명으로 적절하지 않은 것은?

① 비배제성과 비경합성으로 인해 무임승차(free-riding)가 발생하기 쉽다.
② 시장실패의 발생 가능성은 정부개입을 합리화하는 정당성을 제공한다.
③ 문화행사와 같이 사회 구성원에게 일정 수준까지 공급되어야 바람직하다고 판단되는 것이다.
④ 공동체를 유지하기 위한 국방은 일반적으로 정부가 공급한다.

해설

① (○) 무임승차(free-rider)는 누구나 자유롭게 소비할 수 있기 때문에 구성원들이 대가를 지불하지 않고 소비하려고 하는 현상(1/n, n-1)으로, 이는 소비의 비배제성에서 나오는 특징이다.
② (○) 시장실패는 시장 메커니즘만으로는 자원을 효율적으로 배분하지 못하는 상황을 의미한다. 공공재 공급의 실패, 외부효과, 정보의 비대칭성 등이 대표적인 시장실패 사례이며, 이러한 시장실패는 정부가 시장에 개입하여 자원 배분의 효율성을 높이고 사회적 후생을 증대시켜야 한다는 정당성을 제공한다.

③ (×) 문화행사와 같이 사회 구성원에게 일정 수준까지 공급되어야 바람직하다고 판단되는 것은 가치재이다. 가치재는 원칙적으로 민간에서 공급이 가능한 사적재의 일종이나, 그 소비가 바람직하다고 판단되어 정부가 소비를 권장할 목적으로 일정 부분 개입하는 재화이다.
④ (○) 국방은 대표적인 공공재이다. 등대와 같은 서비스는 민간위탁을 통한 공급도 가능하겠지만 공공성이 가장 극대화되는 영역인 국방은 정부가 직접 담당해야 할 서비스이다.

정답 | ③

030

규제는 해결할 수단, 관리방식, 최종 성과를 대상으로 설계될 수 있는데, 이들을 각각 수단규제, 관리규제, 성과규제라고 한다. 그 사례를 바르게 연결한 것은?

> ㄱ. 식품안전을 위해 그 효용이 부각되는 위해요소중점관리기준(HACCP: Hazard Analysis Critical Control Point)을 지킬 것을 요구하는 것
> ㄴ. 인체건강을 위해 개발된 신약에 대해 부작용의 허용 가능한 발생 수준을 요구하는 것
> ㄷ. 환경오염을 방지하기 위해 기업에 특정한 유형의 환경 통제기술을 사용할 것을 요구하는 것

	수단규제	관리규제	성과규제
①	ㄱ	ㄴ	ㄷ
②	ㄱ	ㄷ	ㄴ
③	ㄷ	ㄴ	ㄱ
④	ㄷ	ㄱ	ㄴ

030
기출처: 2016 국가직 7급
난이도: ★★
키워드: 규제의 수단

🔍 관련기출 옳은지문

- 규제기관이 행정력 부족으로 인하여 실질적으로 기업들의 규제 순응 여부를 추적·점검하기 어려운 경우에 자율규제의 방법을 취할 수 있다. 17. 국회직 8급

- 관리규제는 성과규제를 적용하기 어려울 때 적합하다. 19. 경찰간부

- 수단규제는 작업장 안전확보를 위한 안전장비 착용처럼 투입을 규제한다. 18. 서울시 7급(하)

해설

ㄱ. 정부가 원재료 생산에서부터 제조, 가공, 보존, 유통 단계를 거쳐 최종 소비자가 섭취하기 전까지의 각 단계에서 발생할 우려가 있는 위해요소를 규명하고 중요 관리점을 결정해 체계적인 위생관리 체계를 갖추도록 요구하는 것은 관리규제(과정규제)이다.
ㄴ. 대기오염을 방지하기 위해 이산화탄소 농도를 일정 수준으로 유지할 것으로 요구하거나 건강을 위해 개발된 신약에 허용 가능한 부작용 수준을 요구하는 것은 정부가 문제해결에 대한 목표를 설정하고 규제의 대상자에게 이를 달성할 것을 요구하는 성과규제(산출규제)이다.
ㄷ. 환경오염을 방지하기 위해 기업에 특정한 유형의 환경 통제기술을 사용할 것을 요구하거나 작업장 안전을 확보하기 위해 반드시 안전장비를 착용하게 하는 것 등은 목표를 달성하기 위해 필요한 기술이나 행위와 같은 투입 요소를 사전적으로 제한하는 수단규제(투입규제)이다.

고득점 플러스+ 규제의 대상

- 수단규제(→ 투입규제): 투입 요소(→ 기술이나 장비 등)의 사전적 제한
- 성과규제(→ 산출규제): 정부에 의해 설정된 목표(→ 수준)의 자율적 달성 → 수단 선택의 자율성
- 관리규제(→ 과정규제): 규제대상자가 스스로 세운 목표와 그 추진계획의 타당성을 평가하고 그 이행을 확인하는 방식
  - 투입규제보다는 수단 선택의 자율성 존재, 강제적·획일적 기준을 제시하는 성과규제의 문제점 보완
  - 사례(→ 식품위해요소 중점관리기준), 장점(→ 규제대상자의 특성을 고려한 유연한 규제의 가능성 제시)

정답 | ④

031

기출처	2015 국가직 9급
난이도	★★
키워드	직접적 규제

관련기출 옳은지문
- 교정적 조세(피구세: Pigouvian tax)는 부정적 외부효과를 유발하는 경우에 조세로써 비용을 부담하게 하는 것이다. 　19. 국회직 9급

031
외부효과를 교정하기 위한 방법에 대한 설명으로 옳지 않은 것은?

① 교정적 조세(피구세: Pigouvian tax)는 사회 전체적인 최적의 생산수준에서 발생하는 외부효과의 양에 해당하는 만큼의 조세를 모든 생산물에 대해 부과하는 방법이다.
② 외부효과를 유발하는 기업에게 보조금을 지급하여 사회적으로 최적의 생산량을 생산하도록 유도한다.
③ 코우즈(R. Coase)는 소유권을 명확하게 확립하는 것이 부정적 외부효과를 줄이는 방법이라고 주장했다.
④ 직접적 규제의 활용 사례로는 일정한 양의 오염허가서(pollution permits) 혹은 배출권을 보유하고 있는 경제주체만 오염물질을 배출할 수 있게 허용하는 방식이 있다.

해설

① **매력적 오답** (O) 피구세(Pigouvian tax) 혹은 배출부담금은 환경오염의 한계비용만큼 부담금을 부과하는 방법이다. 즉, 환경재의 이용에 대한 대가를 지불하게 하여 외부불경제를 막고자 하는 제도이다. 다만, 환경재의 이용가치가 정확하게 얼마인지 계산하는 것이 어렵고 이를 부과하기 위해 완벽한 감시체계가 확립되어야 한다는 어려움이 있다.
② (O) 긍정적 외부효과를 유발하는 경우 보조금을 지급하여 사회적으로 최적의 생산량을 생산하도록 유도할 수 있다.
③ (O) 코우즈(R. Coase)는 정보와 교섭 등의 거래비용(transaction cost)을 발생시키지 않는다는 전제 하에 계량(비용과 편익의 계산)이 곤란해서 거래대상의 밖에 있었던 외부효과도 소유권에 관한 명확한 법해석이 되어있다면 소유권이 누구에게 귀속되는지와 상관없이 시장에서 자발적 거래가 가능하다고 주장하였다.
④ (X) 오염허가서(pollution permits)나 오염배출권제도는 간접적 규제에 속한다. 간접적 규제는 기준과 관련된 규칙은 정부가 정하지만 그 준수 여부는 민간에게 자율성을 부여하는 방식이다.

정답 | ④

032

기출처	2017 지방직 9급
난이도	★★
키워드	경제적 규제

관련기출 옳은지문
- 사회적 규제는 소비자, 환경, 노동자 등을 보호할 목적으로 안전, 위생, 오염, 고용 등에 관한 규제가 주를 이룬다. 　23. 군무원 9급

032
정부규제를 사회적 규제와 경제적 규제로 나눌 경우 경제적 규제의 성격이 가장 강한 것은?

① 진입규제
② 환경규제
③ 산업재해규제
④ 소비자안전규제

해설

① (O) 경제적 규제는 기업의 설립과 개시, 가격과 생산량, 거래조건 등과 같은 기업의 본원적 활동에 대한 직접적 개입을 의미하고 사회적 규제는 사회에 중대한 영향을 끼치는 행위에 대해 사회적 책임을 강제하기 위해 활용되는 규제이다. 진입규제가 경제적 규제에 해당한다.
②, ③, ④ (X) 환경규제, 산업재해규제, 소비자안전규제는 모두 기업의 사회적 책임성을 강화시키기 위한 사회적 규제에 해당한다.

정답 | ①

033

다음 설명에 해당하는 정책현상은?

> 어떤 하나의 규제가 시행된 결과, 원래 규제설계 당시에는 미리 예기하지 못한 또 다른 문제점이 나타나게 되면 규제기관은 그 문제의 해결을 위해 또 다른 규제를 하게 됨으로써 결국 규제가 규제를 낳는 결과를 초래한다.

① 타르 베이비 효과(Tar-Baby effect)
② 집단행동의 딜레마
③ 규제의 역설(regulatory paradox)
④ 지대추구행위

해설

① (O) 타르 베이비 효과란 새로운 규제를 도입할 때 당초 예상하지 못했던 문제점이 드러나게 되면, 이를 시정하기 위해 또 다른 규제를 추가적으로 도입하는 현상으로, 규제가 규제를 낳는 악순환을 초래한다.
② (X) 집단행동의 딜레마란 공통의 이해관계가 걸려 있는 문제를 스스로의 노력으로 해결하지 못하는 상황을 말한다. 이는 집단의 공동문제에 개인적으로 시간이나 노력 등을 투입하지 않으려고 하는 구성원들의 무임승차(free-rider) 성향 때문에 발생한다.
③ (X) 규제의 역설이란 불합리한 규제로 인해 민간의 행동을 비효율적으로 유도하여 사회적 자원의 왜곡을 가져오는 부작용을 말한다.
④ (X) 권력에 의해 공급량이 고정된 재화나 서비스의 독점적 공급으로 얻는 추가적 이익을 지대라 하며, 이를 얻기 위한 낭비를 지대추구행위라 한다.

정답 | ①

033
- 기출처: 2016 지방직 9급
- 난이도: ★
- 키워드: 타르 베이비 효과

🔍 **관련기출 옳은지문**

- 규제피라미드는 피규제자의 규제 불응에 대해 정부가 새로운 규제를 도입해 피규제자의 규제 부담이 증가하는 현상을 말한다. 23. 경찰승진

- 규제의 역설이란 규제가 의도하지 않은 부작용을 초래하여 규제가 가진 본래 목적과 상반된 결과를 초래하는 현상을 말한다. 23. 경찰승진

034 〈필수〉

규제유형에 대한 설명으로 옳지 않은 것은?

① 오염배출부과금제도, 이산화탄소 배출권거래제도는 시장유인적 규제유형에 속한다.
② 포지티브 규제방식은 네거티브 규제방식에 비해 피규제자의 자율성을 더 보장한다.
③ 명령지시적 규제는 시장유인적 규제에 비해 일반 국민이 이해하기 쉽고 직관적 설득력이 높다는 장점이 있다.
④ 사회적 규제는 주로 사회적 영향을 야기하는 기업행동에 대한 규제를 말하며, 작업장 안전규제·소비자 보호규제 등이 있다.

해설

① (O) 시장유인적 규제는 개인이나 기업에게 의무를 부과하되 준수 여부는 자율에 맡기는 방법으로 오염배출부과금제도, 이산화탄소 배출권거래제도 등이 이에 속한다.
② (X) 원칙적으로 금지되는 포지티브 규제방식보다 원칙적으로 허용되는 네거티브 규제방식이 피규제자의 자율성이 더 높다.
③ **매력적 오답** (O) 명령지시적 규제는 위반 시 처벌이 이루어지므로 국민의 이해 및 국민에 대한 호소력이 높다.
④ (O) 사회적 규제는 바람직한 사회질서를 유지하기 위하여 기업의 사회적 책임을 강요하는 규제로, 삶의 질 확보, 인간의 기본적 권리의 신장, 경제적 약자의 보호, 사회적 형평성의 확보 등을 위해 활용된다.

정답 | ②

034
- 기출처: 2024 국가직 9급
- 난이도: ★★
- 키워드: 포지티브 규제

🔍 **관련기출 옳은지문**

- 네거티브규제는 피규제자의 자율성을 더 보장해 주는 측면에서 포지티브규제보다 바람직하다는 평가를 받고 있다. 23. 소방간부

035		1 2 3
기출처	2018 지방직 9급	
난이도	★★	
키워드	포지티브 규제	

🔍 **관련기출 옳은지문**

- 공동규제는 정부로부터 위임을 받은 민간집단에 의해 이뤄지는 규제로 자율규제와 직접규제의 중간 성격을 띤다. 21. 국회직 8급

- 규제 일몰제(Sunset law)는 규제를 신설하거나 강화하려는 경우에 존속시켜야 할 명백한 사유가 없는 규제는 존속기한 또는 재검토기한을 설정하는 것이다. 23. 국회직 9급

035

규제의 유형에 대한 설명으로 옳지 않은 것은?

① 리플리와 프랭클린(Ripley & Franklin)은 보호적 규제와 경쟁적 규제로 구분하고 있다.
② 경제규제는 주로 시장의 가격 기능에 개입하고 특정 기업의 시장 진입을 배제하거나 억압하는 방식으로 작동된다.
③ 포지티브 규제는 네거티브 규제보다 피규제자의 자율성을 더 보장한다.
④ 자율규제는 피규제자가 스스로 합의된 규범을 만들고 이를 구성원들에게 적용하는 형태의 규제방식이다.

해설

① (○) 경쟁적 규제는 희소자원의 분배와 관련하여 경쟁의 범위를 제한하는 정책이고, 보호적 규제는 기업의 활동조건을 설정하여 대중을 보호하는 정책이다.
② **매력적 오답** (○) 경제적 규제는 기업의 본원적 활동에 대한 규제로, 이는 기업의 운영이나 재화의 생산량 또는 가격 등에 대한 직접적인 개입의 형태로 나타난다.
③ (×) 원칙적으로 허용되는 네거티브 규제가 원칙적으로 금지되는 포지티브 규제보다 규제대상자의 자율성이 높다.
④ (○) 자율규제는 규제대상자가 스스로 준수해야 할 규칙을 만들고 운용하는 형태를 취한다.

정답 | ③

036		1 2 3
기출처	2024 국가직 7급	
난이도	★★	
키워드	수단규제	

🔍 **관련기출 옳은지문**

- 네거티브 리스트(Negative list)는 규제로 인하여 제한되는 권리나 부과되는 의무는 한정적으로 열거하고, 그 밖의 사항은 원칙적으로 허용하는 방식이다. 23. 국회직 9급

036 <필수>

규제유형에 대한 설명으로 옳지 않은 것은?

① 투입규제(수단규제)는 관리규제에 비해 피규제자에게 더욱 많은 자율성을 부여한다.
② 성과규제는 사회문제 해결목표(규제목표)에 대한 달성 수준을 정하고 피규제자에게 이를 달성하도록 요구하는 것이다.
③ 직접규제는 정부가 규제주체인 반면 자율규제는 민간이 규제주체가 된다.
④ 네거티브 규제는 포지티브 규제보다 피규제자의 자율성을 더욱 보장해 준다.

해설

① (×) 사전에 투입요소를 지정하는 투입규제보다는 수준의 설정과 이의 달성계획을 자율적으로 설정할 수 있는 관리규제가 피규제자의 자율성을 더 보장하는 방법이다.
② (○) 성과규제는 정부가 규제의 최종 목표나 달성해야 할 성과 수준을 명시하고, 그 목표를 달성하는 방식은 피규제자에게 자율적으로 맡기는 방식이다. 예를 들어, 오염물질 배출 총량만 정해주고 어떤 기술을 사용하여 그 목표를 달성할지는 기업이 결정하게 하는 것이다.
③ (○) 직접규제는 정부가 법률이나 명령을 통해 직접적으로 특정 행위를 금지하거나 의무를 부과하는 방식으로, 정부가 주된 규제주체가 된다. 반면, 자율규제는 피규제자 스스로(예 업계 단체, 전문가 협회) 규제 기준을 설정하고 집행하는 방식으로, 민간이 규제주체가 된다.
④ (○) 네거티브 규제는 법률이나 규제에 특별히 금지된 사항이 아니면 모두 허용하는 방식이다("원칙 허용, 예외 금지"). 반면 포지티브 규제는 법률이나 규제에 명시적으로 허용된 사항만 가능하게 하는 방식이다("원칙 금지, 예외 허용"). 따라서 네거티브 규제가 포지티브 규제보다 피규제자의 자율성과 창의성을 더욱 보장해 준다.

정답 | ①

037
정부규제에 대한 설명으로 옳은 것만을 모두 고르면?

> ㄱ. 포지티브(positive) 규제가 네거티브(negative) 규제보다 자율성을 더 보장해준다.
> ㄴ. 환경규제와 산업재해규제는 사회규제의 성격이 강하다.
> ㄷ. 공동규제는 정부로부터 위임을 받은 민간집단에 의해 이뤄지는 규제를 의미한다.
> ㄹ. 수단규제는 정부의 목표를 달성하기 위해 필요한 기술이나 행위에 대해 사전적으로 규제하는 것을 의미한다.

① ㄱ, ㄴ ② ㄷ, ㄹ ③ ㄱ, ㄴ, ㄷ ④ ㄴ, ㄷ, ㄹ

037
기출처	2019 국가직 9급
난이도	★★
키워드	네거티브 규제

해설
ㄱ. (×) 원칙적으로 금지되는 포지티브 규제가 원칙적으로 허용되는 네거티브 규제보다 규제대상자의 자율성이 낮다.
ㄴ. (○) 환경규제와 산업재해규제는 기업의 사회적 책임성을 담보하기 위한 사회적 규제에 해당한다.
ㄷ. **매력적 오답** (○) 공동규제는 정부로부터 권한을 위임받은 민간집단에 의해 이루어지는 규제이다.
ㄹ. (○) 수단규제는 목표를 달성하기 위해 필요한 기술이나 행위와 같은 투입요소를 사전적으로 제한하는 규제이다.

정답 | ④

038
정부규제(행정규제)에 대한 설명으로 옳은 것만을 모두 고르면?

> ㄱ. 정부규제는 파생적 외부효과를 해결한다는 장점이 있다.
> ㄴ. 경제적 규제에서는 피규제산업에 의한 규제기관의 포획현상이 나타날 수 있다.
> ㄷ. 리플리와 프랭클린(R. Ripley & G. Franklin)은 규제정책의 유형을 경쟁적 규제와 보호적 규제로 구분하였다.
> ㄹ. 시장유인적 규제는 규제효과를 담보할 수 있다는 장점이 있으나 기업에 불필요한 비용부담을 주는 단점이 있다.

① ㄱ, ㄴ ② ㄴ, ㄷ ③ ㄴ, ㄹ ④ ㄷ, ㄹ

038
기출처	2014 국가직 9급
난이도	★★
키워드	시장유인적 규제

🔍 관련기출 옳은지문
· 공동규제는 정부로부터 위임을 받은 민간집단에 의해 이루어지는 규제를 의미한다. 19. 국가직 9급

해설
ㄱ. (×) 파생적 외부효과는 근시안적 정부활동으로 인하여 야기된 잠재적이고 비의도적인 부작용으로, 이는 정부규제의 한계점을 의미한다. 파생적 외부효과를 방지하기 위해서는 규제와 같은 정부의 시장개입을 줄이는 것이 바람직하다.
ㄴ. (○) 포획이란 보호를 필요로 하는 개인이나 기업이 이익집단을 형성하여 정부에 대해 로비함으로써 자신들이 필요로 하는 각종 규제 즉, 관세장벽이나 비관세장벽 등을 획득하는 것으로, 규제로 인하여 특권이 주어지는 경제적 규제에서 주로 발생하기 쉽다.
ㄷ. (○) 경쟁적 규제는 희소자원의 분배와 관련하여 경쟁범위를 제한하는 정책으로, 특정 개인이나 집단에게 특권을 부여하되 대신 서비스의 질이나 요금에 대한 규제가 부과되는 정책이고, 보호적 규제는 기업의 활동조건을 설정하여 일반대중을 보호하는 정책으로, 공중에게 해로운 활동은 금지하고 이로운 활동은 허용하는 방식을 취한다.
ㄹ. **매력적 오답** (×) 반드시 준수해야 하는 명령지시적 규제가 규제효과를 담보할 수 있다. 다만, 그 기준이 사회적으로 가장 효율적이라는 것을 보장하지는 않는다. 규제의 효율성은 선택권이 주어지는 시장유인적 규제가 더 높다.

정답 | ②

039

기출처	2024 국가직 7급
난이도	★★
키워드	고객정치

039 〈필수〉

윌슨(J. Wilson)의 규제정치이론에서 수입규제가 유발하는 정치경제적 상황은?

① 대중정치
② 기업가정치
③ 고객정치
④ 이익집단정치

🔍 **관련기출 옳은지문**

- 편익은 소수의 집단에게 집중되고 비용은 다수 국민에게 분산된 경우는 윌슨(J. Wilson)의 규제정치모형에서 말하는 고객정치(client politics) 상황이다. 　17. 소방간부

- '고객의 정치' 상황에서는 조직화된 소수 수혜자 집단의 논리가 투입될 가능성이 높다. 　18. 경찰간부

해설

① (×) 대중정치는 편익과 비용이 모두 광범위하게 분산되는 경우를 말한다.
② (×) 기업가정치는 편익은 광범위하게 분산되지만, 비용은 소수에게 집중되는 경우를 말한다.
③ (○) 수입규제는 편익은 좁게 집중되고 비용은 넓게 분산되는 고객정치 상황에 해당한다.
④ (×) 이익집단정치는 편익과 비용이 모두 소수에게 집중되는 경우를 말한다.

고득점 플러스+ 　윌슨(J. Wilson)의 규제정치모형

- 규제에 관한 공익이론과 사익이론에 대한 비판, 감지되는 편익과 비용의 분포에 따른 정치과정의 상이성 강조
- 비용과 편익이 분산되는 경우보다 집중되는 경우 정치과정이 활발함
- 다만, 비용과 편익이 분산되는 경우에도 공익단체가 있다면 정치과정이 활성화될 수 있음

구분		편익	
		좁게 집중(→ 사익을 위한 규제)	넓게 분산(→ 공익을 위한 규제)
비용	좁게 집중	이익집단정치	운동가정치 또는 기업가정치
	넓게 분산	고객정치	대중정치 또는 다수정치

정답 | ③

040

기출처	2018 지방직 9급
난이도	★★
키워드	이익집단정치

040

윌슨(Wilson)의 규제정치 유형과 예시를 연결한 것으로 옳지 않은 것은?

① 고객정치 – 농산물에 대한 최저가격 규제
② 이익집단정치 – 신문·방송·출판물의 윤리규제
③ 대중정치 – 낙태에 대한 규제
④ 기업가정치 – 식품에 대한 위생규제

🔍 **관련기출 옳은지문**

- 교통체증 완화를 위한 차량 10부제 운행은 윌슨(Wilson)이 제시한 규제정치이론의 네 가지 유형 중 대중정치에 해당한다. 　18. 국회직 8급

해설

① (○) 농산물에 대한 최저가격 규제는 상대적으로 소수의 농민에게 편익이 집중되고 일반대중에게 비용이 분산되는 고객정치의 사례에 해당한다. 반면, 분양가 상한제와 같은 최고가격 규제는 비용은 집중되고 편익은 분산되는 기업가정치로 분류될 수 있다.
② (×) 신문·방송·출판물의 윤리규제는 편익과 비용이 모두 분산되는 대중정치의 사례이다.
③ (○) 낙태에 대한 규제는 편익과 비용이 모두 분산되는 대중정치의 사례이다.
④ (○) 식품에 대한 위생규제는 비용은 소수의 기업이 부담하고 그 편익을 일반대중이 누리는 기업가정치의 사례이다.

정답 | ②

041
다음 사례에 가장 부합하는 윌슨(Wilson)의 규제정치 유형은?

> A시와 검찰은 지난해부터 올 2월까지 B상수원 보호구역 내 불법 음식점 70곳을 단속해 7명을 구속기소하고 12명을 불구속기소하는 한편 45명을 벌금 500만~3천만 원에 약식 기소했다. 이에 해당 유역 8개 시·군이 참여하는 '특별대책지역 수질보전정책협의회' 상인대표단은 11일 "B상수원 환경정비구역 내 휴게·일반음식점 규제·단속은 형평성이 결여됐다"며 중앙정부 차원의 해결책을 요구했다.

① 고객정치
② 대중정치
③ 이익집단정치
④ 기업가정치

041	
기출처	2017 국가직 7급
난이도	★★
키워드	기업가정치

관련기출 옳은지문
- 이익집단정치는 규제로부터 예상되는 비용과 편익이 모두 소수의 동질적 집단에 귀속된다. 25. 경찰간부
- 자동차 배출가스 평균 배출량 관리제도는 윌슨(J. Q. Wilson)의 규제정치론에서 기업가적 정치 유형에 해당한다. 12. 국회직 8급

해설
① (×) 고객정치는 편익은 집중되고 비용이 분산되는 상황이다.
② (×) 대중정치는 편익과 비용이 모두 분산되는 상황이다.
③ (×) 이익집단정치는 편익과 비용이 모두 집중되는 상황이다.
④ (○) 환경오염에 대한 단속은 편익은 분산되고 비용은 집중되는 기업가정치에 해당한다.

정답 | ④

042 〈필수〉
윌슨(Wilson)의 규제정치 유형 중 다음 설명에 해당하는 것은?

> 정부규제로 발생하게 될 비용은 상대적으로 작고 이질적인 불특정 다수에게 부담된다. 그러나 편익은 크고 동질적인 소수에 귀속된다. 이런 상황에서 상당한 이익을 얻을 수 있는 소수집단은 정치조직화하여 편익이 자신들에게 제도적으로 보장될 수 있도록 정치적 압력을 행사한다.

① 대중정치
② 고객정치
③ 기업가정치
④ 이익집단정치

042	
기출처	2022 국가직 9급
난이도	★★
키워드	고객정치

관련기출 옳은지문
- 윌슨의 규제정책에서는 비용과 편익이 분산될지라도 관련 정책에 관한 공익활동을 하는 단체가 있다면 정치활동이 활발해질 수 있다. 11. 국회직 8급

해설
① (×) 대중정치는 편익과 비용이 모두 불특정 다수에게 분산되는 상황이다.
② (○) 비용이 다수에게 분산되고 편익이 소수에게 귀속되는 것은 고객정치이다.
③ (×) 기업가정치는 비용은 소수에게 집중되고 편익이 다수에게 분산되는 상황이다.
④ (×) 이익집단정치는 비용과 편익이 모두 소수에게 집중되는 상황이다.

정답 | ②

043

기출처 2014 지방직 9급
난이도 ★★
키워드 윌슨(J. Wilson)의 규제정치 유형

🔍 관련기출 옳은지문

• 규제의 편익과 비용이 모두 이질적인 불특정 다수에게 분산되는 것은 다수의 정치(대중적 정치) 모형에 해당한다.   17. 경찰간부

• 기업가정치는 의제채택이 가장 어려우며 극적인 사건이나 재난, 위기의 발생이나 운동가의 활동에 의하여 규제가 채택된다.   20. 경찰간부

043

다음은 윌슨(Wilson)의 규제정치 유형에 대한 설명이다. 각 유형별 사례를 바르게 짝지은 것은?

> ㄱ. 정부규제로 인해 발생되는 비용은 상대적으로 이질적인 불특정 다수집단에 부담되나, 그 편익은 매우 크며 동질적인 소수집단에게 귀속되는 상황
> ㄴ. 정부규제로 인해 감지된 비용과 편익이 쌍방 모두 이질적인 불특정 다수에게 미치기 때문에, 개개인으로 보면 그 크기가 작은 상황
> ㄷ. 규제로부터 예상되는 비용과 편익이 모두 소수의 동질적인 집단에 국한되고, 쌍방이 모두 조직적인 힘을 바탕으로 이익 확보를 위해 첨예하게 대립하는 상황
> ㄹ. 피규제집단에게는 비용이 좁게 집중되지만, 규제로 인한 편익이 일반시민을 포함하여 넓게 분포되는 상황

	ㄱ	ㄴ	ㄷ	ㄹ
①	수입규제	음란물규제	한약규제	원자력발전규제
②	원자력발전규제	수입규제	한약규제	음란물규제
③	한약규제	원자력발전규제	수입규제	음란물규제
④	수입규제	한약규제	음란물규제	원자력발전규제

해설

ㄱ. 고객정치이며, 수입규제, 직업면허 등 경제적 규제와 주로 관련된다.
ㄴ. 대중정치로, 음란물규제, 독과점규제, 낙태규제, 종교규제, 신문이나 방송규제 등이 이에 속한다.
ㄷ. 이익집단정치로, 노사규제, 의약분업, 의사와 한의사의 마찰(한약규제), 대기업과 중소기업의 영역 설정 등이 이에 속한다.
ㄹ. 기업가정치로, 환경오염규제, 원자력발전규제, 약자보호규제 등과 같은 주로 사회적 규제와 관련된다.

정답 | ①

044

정부규제에 대한 설명으로 옳지 않은 것은?

① 「행정규제기본법」은 규제 법정주의를 규정하고 있다.
② 규제개혁위원회는 위원장 2명을 포함한 20명 이상 25명 이하의 위원으로 구성한다.
③ 규제영향분석이 필요한 이유 중 하나는 관료에게 규제비용에 대한 관심과 책임성을 갖도록 유도한다는 점이다.
④ 정부의 규제정책을 심의·조정하고 규제의 심사·정비 등에 관한 사항을 종합적으로 추진하기 위하여 국무총리 소속으로 규제개혁위원회를 두고 있다.

044	1 2 3
기출처	2016 지방직 7급
난이도	★★
키워드	규제개혁위원회

관련기출 옳은지문

- 규제의 존속기한은 원칙적으로 5년을 초과할 수 없다. 14. 국회직 8급

- 중앙행정기관의 장은 소관 규제의 명칭·내용·근거 등을 규제개혁위원회에 등록하여야 한다. 22. 경찰간부

해설

① (○) 「행정규제기본법」은 규제는 법률에 근거하여야 하며, 그 내용은 알기 쉬운 용어로 구체적이고 명확하게 규정되어야 한다는 규제 법정주의를 규정하고 있다.
② **매력적 오답** (○) 규제개혁위원회는 위원장 2명을 포함한 20명 이상 25명 이하의 위원으로 구성하고, 위원장은 국무총리와 학식과 경험이 풍부한 사람 중에서 대통령이 위촉하는 사람이 된다.
③ (○) 규제영향분석은 규제의 시행에 따라 규제를 받는 집단과 국민이 부담하여야 할 비용과 편익을 사전에 비교·분석하는 것이다.
④ (×) 정부의 규제정책을 심의·조정하고 규제의 심사·정비 등에 관한 사항을 종합적으로 추진하기 위하여 대통령 소속으로 규제개혁위원회를 둔다.

고득점 플러스+ 「행정규제기본법」

- 적용제외
  - 국회, 법원, 헌법재판소, 선거관리위원회 및 감사원이 하는 사무
  - 과징금, 과태료의 부과 및 징수에 관한 사항, 조세의 종목·세율·부과 및 징수에 관한 사항 등
- 원칙: 우선허용·사후규제 원칙 → 출시 후에 권리를 제한하거나 의무를 부과하는 규정 방식(→ 규제샌드박스)
- 규제영향분석: 규제를 신설하거나 강화(→ 규제의 존속기한 연장 포함)할 때
  - 규제의 신설 또는 강화의 필요성, 규제 목적의 실현 가능성, 규제 외의 대체수단 존재 여부 및 기존 규제와의 중복 여부
  - 규제로 인한 비용과 편익의 비교 분석, 규제의 시행이 중소기업에 미치는 영향, 경쟁 제한적 요소의 포함 여부
  - 규제 내용의 객관성과 명료성, 행정기구·인력 및 예산의 소요, 관련 민원사무의 구비서류 및 처리절차 등
- 규제의 존속기한 및 재검토기한: 최소한의 기간 내에서 설정, 원칙적으로 5년 초과 금지
- 신산업 규제정비 기본계획: 규제개혁위원회가 3년마다 수립
- 규제개혁위원회 → 중앙행정기관은 아님
  - 소속: 대통령 소속
  - 구성: 위원장 2명을 포함한 20명 이상 25명 이하의 위원
  - 위원장: 국무총리와 학식과 경험이 풍부한 사람 중에서 대통령이 위촉하는 사람

정답 | ④

CHAPTER 03 공공서비스 공급주체

045	① ② ③
기출처	2023 지방직 9급
난이도	★
키워드	와그너(A. Wagner) 법칙

🔍 **관련기출 옳은지문**

• 피콕-와이즈만(Peacock-Wiseman)은 공공지출과정을 분석하여 공공지출이 불연속적으로 증대되는 과정을 설명하였다. 22. 군무원 7급

• 와그너(A. Wagner) 법칙은 1인당 국민소득이 증가할 때 국민경제에서 차지하는 공공부문의 크기가 상대적으로 증대하는 현상이다. 25. 경찰간부

• 머스그레이브(R. Musgrave)는 공공재의 경우 세금납부자인 시민이 자신이 부담한 것에 비해 적은 편익이 돌아간다고 인식하는데, 이러한 재정착각의 상황에서 조세에 대한 저항이 발생하여 공공재가 과소 공급된다고 주장한다. 23. 경찰승진

045 〈필수〉

정부 예산팽창이론에 대한 설명으로 옳지 않은 것은?

① 바그너(Wagner)는 경제발전에 따라 국민의 욕구 부응을 위한 공공재 증가로 인해 정부예산이 증가한다고 주장한다.
② 피코크(Peacock)와 와이즈맨(Wiseman)은 전쟁과 같은 사회적 변동이 끝난 후에도 공공지출이 그 이전 수준으로 되돌아가지 않는 데에서 예산팽창의 원인을 찾고 있다.
③ 보몰(Baumol)은 정부부문과 민간부문 간의 생산성 격차를 통해 정부예산의 팽창원인을 설명하고 있다.
④ 파킨슨(Parkinson)은 관료들이 자신들의 권력 극대화를 위해 필요 이상으로 자기 부서의 예산을 추구함에 따라 정부예산이 지속적으로 증가한다고 주장한다.

해설

① **매력적 오답** (O) 와그너(A. Wagner) 법칙이란 경제의 성장 속도보다 공공재 수요의 증가가 빨라 정부예산이 증가되는 현상을 말한다.
② (O) 피콕(A. Peacock)과 와이즈만(J. Wiseman)에 의하면 위기 시 팽창된 예산은 단속효과 또는 톱니효과가 나타나 위기 상황이 끝난 후에도 원래 상태로 복귀되지 않는다.
③ **매력적 오답** (O) 보몰효과(Baumol's effect)란 정부부문은 생산성이 낮음에도 불구하고 임금 수준이 민간부문과 유사한 비율로 증대하여 정부예산에서 인건비가 차지하는 비중이 계속적으로 증대하는 현상을 말한다.
④ (X) 자신들의 권력 극대화를 위해 필요 이상으로 자기 부서의 예산을 추구한다는 이론은 니스카넨(W. Niskanen)의 예산극대화 가설이다.

고득점 플러스+ 공공재의 적정 규모 논쟁

• 과소공급설: 갈브레이스 의존효과(→ 선전), 듀젠베리 전시효과(→ 체면), 머스그레이브 조세저항, 다운스 합리적 무지
• 과다공급설
  - 다수결투표와 리바이어던가설(→ 정치권력의 집중), 전위효과·대체효과(→ 위기 때 예산이 팽창하는 현상)
  - 와그너 법칙(→ 도시화와 공공재 수요의 증가), 니스카넨의 예산극대화가설, 지출한도의 부재
  - 보몰의 병(→ 정부업무의 생산성 저하), 할거적(→ 분권적) 예산구조, 재정착각(→ 공채발행이나 간접세 중심)

정답 | ④

046
국무총리 소속기관이 아닌 것은?

① 공정거래위원회
② 금융위원회
③ 방송통신위원회
④ 국민권익위원회

| 046 | 기출처 2012 국가직 9급 / 난이도 ★★ / 키워드 방송통신위원회

해설

① (○) 공정거래위원회는 독점규제 및 공정거래에 관한 사무를 독립적으로 수행하기 위하여 국무총리 소속으로 설치된 중앙행정기관이다.
② (○) 금융위원회는 금융정책, 외국환업무 취급기관의 건전성 감독 및 금융감독에 관한 업무를 수행하기 위하여 국무총리 소속으로 설치된 중앙행정기관이다.
③ (×) 방송통신위원회는 방송과 통신에 관한 규제와 이용자 보호 등의 업무를 수행하기 위하여 대통령 소속으로 설치된 중앙행정기관이다.
④ (○) 국민권익위원회는 고충민원의 처리와 이에 관련된 불합리한 행정제도를 개선하고, 부패의 발생을 예방하며 부패행위를 효율적으로 규제하기 위하여 국무총리 소속으로 설치된 중앙행정기관이다.

정답 | ③

🔍 관련기출 옳은지문

- 개인정보보호위원회는 현재 그 설치와 직무범위를 법률로 정하고 있는 우리나라의 중앙행정기관이다. 23. 군무원 7급

- 방송통신위원회는 대통령 직속의 행정위원회에 해당한다. 21. 경찰간부

- 원자력안전위원회와 금융위원회는 국무총리 소속기관이다. 19. 행정사

047
우리나라의 정부조직과 기능 간 연결이 바르지 않은 것은?

① 과학기술정보통신부 – 원자력 연구
② 기획재정부 – 예산편성지침 수립
③ 국무조정실 – 공기업 평가
④ 문화체육관광부 – 국정의 홍보

| 047 | 기출처 2012 국가직 9급 변형 / 난이도 ★ / 키워드 공기업의 평가

해설

① (○) 과학기술정보통신부는 과학기술정책의 수립·총괄·조정·평가, 과학기술의 연구개발·협력·진흥, 과학기술인력 양성, 원자력 연구·개발·생산·이용, 국가정보화 기획·정보보호·정보문화, 방송·통신의 융합·진흥 및 전파관리, 정보통신산업, 우편·우편환 및 우편대체업무 등을 담당한다.
② (○) 기획재정부는 중장기 국가발전전략수립, 경제·재정정책의 수립·총괄, 예산·기금의 편성·집행·성과관리, 화폐·외환·국고·정부회계·내국세제·관세·국제금융, 공공기관 관리, 경제협력·국유재산·민간투자 및 국가채무에 관한 사무를 관장한다.
③ (×) 공기업의 평가는 기획재정부의 소관 사무이다. 기획재정부장관은 계약의 이행에 관한 보고서, 경영목표와 경영실적보고서를 기초로 하여 공기업과 준정부기관의 경영실적을 평가한다.
④ (○) 문화체육관광부는 문화·예술·영상·광고·출판·간행물·체육·관광, 국정에 대한 홍보 및 정부발표에 관한 사무를 관장한다.

※ 출제 당시, "① 교육과학기술부, ③ 국무총리실"이었으나, 정부조직 변경으로 선택지를 수정하였습니다.

고득점 플러스+ 사무관할

- 기획재정부: 예산 및 기금, 성과관리, 공공기관의 관리, 민간투자 및 국가채무
- 인사혁신처: 인사, 윤리, 복무, 공무원 연금
- 과학기술정보통신부: 과학기술, 원자력, 국가정보화, 정보보호, 방송통신, 정보통신
- 행정안전부: 정부조직과 정원, 정부혁신, 행정능률, 전자정부, 개인정보보호, 지방자치

정답 | ③

048

기출처: 2018 지방직 9급
난이도: ★★
키워드: 특허청

048
「정부조직법」상 행정기관의 소속으로 옳지 않은 것은?

① 법제처 – 국무총리
② 국가정보원 – 대통령
③ 소방청 – 행정안전부장관
④ 특허청 – 기획재정부장관

해설

① (○) 법제처와 인사혁신처, 식품의약품안전처는 국무총리 소속이다.
② (○) 국가정보원과 감사원은 대통령 소속이다.
③ (○) 행정안전부에는 경찰청과 소방청이 속해 있다.
④ (×) 특허청은 산업통상자원부 소속이다. 기획재정부에는 국세청, 관세청, 조달청, 통계청 등이 속해 있다.

정답 | ④

관련기출 옳은지문
- 국무총리가 특별히 위임하는 사무를 수행하기 위하여 부총리 2명을 두고, 기획재정부장관과 교육부장관이 각각 겸임한다. 24. 소방간부
- 행정안전부의 안전·재난 업무 담당은 소방공무원으로 보할 수 있다. 24. 소방간부

049

기출처: 2018 국가직 9급
난이도: ★
키워드: 부속기관

049
행정기관에 대하여 관계법령에 규정된 내용으로 옳은 것은?

① 방송통신위원회, 공정거래위원회, 소청심사위원회 등은 행정기관의 소관 사무에 관하여 자문에 응하거나 조정, 협의, 심의 또는 의결 등을 하기 위해 복수의 구성원으로 이루어진 합의제 기관으로서 행정기관이 아니다.
② 하부기관이란 중앙행정기관에 소속된 기관으로서, 특별지방행정기관과 부속기관을 말한다.
③ 보조기관이란 행정기관이 그 기능을 원활하게 수행할 수 있도록 그 기관장을 보좌함으로써 행정기관의 목적달성에 공헌하는 기관을 말한다.
④ 부속기관이란 행정권의 직접적인 행사를 임무로 하는 기관에 부속하여 그 기관을 지원하는 행정기관을 말한다.

해설

① (×) 방송통신위원회, 공정거래위원회, 소청심사위원회 등은 모두 합의제 행정기관에 해당한다.
② **매력적 오답** (×) 하부기관은 행정기관의 보조기관과 보좌기관을 의미하고, '소속기관'은 부속기관과 특별지방행정기관을 의미한다.
③ (×) 보조기관은 행정기관의 의사 또는 판단의 결정이나 표시를 보조함으로써 행정기관의 목적달성에 공헌하는 기관을 말한다. 반면, '보좌기관'은 행정기관이 그 기능을 원활하게 수행할 수 있도록 그 기관장이나 보조기관을 보좌함으로써, 행정기관의 목적달성에 공헌하는 기관을 말한다.
④ (○) 부속기관이란 행정권의 직접적인 행사를 임무로 하는 기관에 부속되어 그 기관을 지원하는 행정기관으로, 시험연구기관, 교육훈련기관, 문화기관, 의료기관, 제조기관 및 자문기관 등이 이에 속한다.

정답 | ④

050
중앙행정기관의 소속기관으로만 묶은 것은?

> ㄱ. 지방자치인재개발원
> ㄴ. 공정거래위원회
> ㄷ. 특허청
> ㄹ. 국가기록원
> ㅁ. 국립중앙박물관
> ㅂ. 국가유산청

① ㄱ, ㅂ
② ㄴ, ㄹ
③ ㄷ, ㅁ
④ ㄹ, ㅁ

050	
기출처	2018 국가직 7급 변형
난이도	★
키워드	중앙행정기관의 소속기관

🔍 **관련기출 옳은지문**
- 재외동포에 관한 사무를 관장하기 위하여 외교부장관 소속으로 재외동포청을 둔다. 24. 소방간부

해설

ㄱ. (○) 지방자치인재개발원은 행정안전부의 소속기관에 해당한다.
ㄴ. (×) 공정거래위원회는 국무총리 소속의 중앙행정기관이다.
ㄷ. (×) 특허청은 산업통상자원부 소속의 중앙행정기관이다.
ㄹ. (○) 국가기록원은 행정안전부의 소속기관이다.
ㅁ. (○) 국립중앙박물관은 문화체육관광부의 소속기관이다.
ㅂ. (×) 국가유산청은 문화체육관광부 소속의 중앙행정기관이다.
※ 출제 당시, "ㅂ. 문화재청"이었으나, 정부조직 변경으로 내용을 수정하였습니다.

정답 | ④

051 필수
책임운영기관에 대한 설명으로 옳지 <u>않은</u> 것은?

① 기관장에게 기관 운영의 자율성을 보장하고, 기관 운영 성과에 대해 책임을 지도록 한다.
② 공공성이 크기 때문에 민영화하기 어려운 업무를 정부가 직접 수행하기 위해 고안된 것이다.
③ 객관적이고 신뢰할 수 있는 성과평가시스템 구축은 책임운영기관의 성공 여부를 결정짓는 요건 중의 하나이다.
④ 1970년대 영국에서 집행기관(executive agency)이라는 이름으로 처음 도입되었고, 우리나라는 1990년부터 운영하고 있다.

051	
기출처	2020 국가직 9급
난이도	★★
키워드	책임운영기관

🔍 **관련기출 옳은지문**
- 책임운영기관은 정부가 직접 생산하되 수단은 민간의 시장요소를 도입한 것이다. 19. 경찰간부

- 책임운영기관 제도는 집행·서비스 전달 기능을 정책 기능으로부터 분리한다. 17. 국회직 9급

해설

① (○) 책임운영기관은 공공성을 유지하면서도 경쟁원리에 따라 운영하는 것이 바람직한 사무에 대해 책임운영기관의 장에게 행정 및 재정의 자율성을 부여하고 그 운영의 성과에 대해 책임을 지도록 하는 행정기관이다.
② 매력적 오답 (○) 책임운영기관은 공공성이 강하여 민영화나 공기업의 추진이 곤란한 사무에 적용된다.
③ (○) 책임운영기관은 성과 중심의 조직이므로 그 성과를 평가할 수 있는 시스템의 확보가 중요하다.
④ (×) 책임운영기관은 영국의 Next Steps(1988)에서 국방, 보건, 교도소 등 140개 부서를 지정하면서 도입되었고, 우리나라는 김대중 정부(1999) 때 「책임운영기관의 설치·운영에 관한 법률」을 제정하면서 도입되었다.

정답 | ④

052

기출처	2017 국가직 9급 변형
난이도	★
키워드	중앙책임운영기관

🔍 **관련기출 옳은지문**
- 우리나라 책임운영기관 중 중앙책임운영기관으로 특허청이 있다.
  20. 행정사

052
정부조직에 대한 설명으로 옳은 것은?

① 감사원은 「정부조직법」에서 정하는 합의제 행정기관에 해당한다.
② 금융감독원은 「정부조직법」에 따라 설치된 중앙행정기관이다.
③ 소청심사위원회는 행정안전부 소속으로 행정기관 소속 공무원의 징계처분에 관한 사무를 관장한다.
④ 특허청은 행정 및 재정상의 자율성이 부여되고 성과에 대해 책임을 지도록 하는 책임운영기관에 해당한다.

해설

① (×) 감사원은 「헌법」에 근거를 둔 정부조직이다.
② (×) 금융감독원은 「금융위원회의 설치 등에 관한 법률」에 근거를 두고 설립된 특수 법인으로, 금융위원회의 지도·감독을 받아 금융기관에 대한 검사·감독업무 등을 수행한다.
③ (×) 소청심사위원회는 인사혁신처 소속이며, 공무원의 불이익 처분에 대한 구제를 담당한다.
④ (○) 특허청은 우리나라의 정부부처 중 유일한 중앙책임운영기관이다.
※ 출제 당시, "③ 소청심사위원회는 행정자치부~"이었으나, 정부조직 변경으로 선택지를 수정하였습니다.

정답 | ④

053

기출처	2019 국가직 9급
난이도	★
키워드	소속책임운영기관

🔍 **관련기출 옳은지문**
- 책임운영기관의 성격은 정부기관이며 구성원은 공무원이다.
  13. 서울시 9급
- 책임운영기관은 각각의 기관은 분리된 활동분야에 대해 구체적인 목표를 설정한다.
  05. 서울시 9급

053
「책임운영기관의 설치·운영에 관한 법률」상 책임운영기관에 대한 설명으로 옳지 않은 것은?

① 책임운영기관은 기관장에게 재정상의 자율성을 부여하고 그 운영성과에 대해 책임을 지도록 하는 행정기관의 특성을 갖는다.
② 소속책임운영기관에 두는 공무원의 총 정원 한도는 총리령으로 정하며, 이 경우 고위공무원단에 속하는 공무원의 정원은 부령으로 정한다.
③ 소속책임운영기관 소속 공무원의 임용시험은 기관장이 실시함을 원칙으로 한다.
④ 기관장의 근무기간은 5년의 범위에서 소속중앙행정기관의 장이 정하되, 최소한 2년 이상으로 하여야 한다.

해설

① (○) 책임운영기관은 행정기관이지만, 기관장에게 인사·재정·조직 운영에 대한 상당한 자율성을 부여하고, 그 대신 미리 설정된 성과 목표 달성에 대한 책임을 지도록 하는 특성을 가진다. 이는 공공부문에도 민간 기업의 경영 방식을 도입하여 효율성을 높이려는 취지이다.
② (×) 소속책임운영기관에 두는 공무원의 총 정원 한도는 대통령령으로 정하고 공무원의 종류별·계급별 정원 또는 고위공무원단에 속하는 공무원의 정원은 총리령이나 부령으로 정하되, 대통령령으로 정하는 바에 따라 통합하여 정할 수 있다.
③ (○) 「책임운영기관의 설치·운영에 관한 법률」에 따르면, 소속책임운영기관 소속 공무원의 임용시험은 기관장이 실시함을 원칙으로 한다.
④ (○) 「책임운영기관의 설치·운영에 관한 법률」에 따르면, 기관장의 근무기간은 5년의 범위에서 소속중앙행정기관의 장이 정하되, 최소한 2년 이상으로 하여야 한다.

> **고득점 플러스+** 우리나라 책임운영기관 → 대통령령으로 설치

- 지위별 구분
  - 소속책임운영기관: 중앙행정기관의 소속기관, 기관장(→ 임기제 공무원, 임기 2~5년) 목표부여(→ 소속장관)
  - 중앙책임운영기관: 중앙행정기관으로서 특허청, 기관장(→ 정무직 공무원, 임기 2년 보장), 목표부여(→ 국무총리)
- 사무별 구분: 조사연구, 교육, 문화, 의료, 시설관리
- 회계유형별
  - 일반회계: 주된 사무가 사업적·집행적 성질의 서비스를 제공하고 성과 측정이 가능한 사업
  - 특별회계: 기관 운영에 필요한 재정수입의 전부 또는 일부를 자체적으로 확보할 수 있는 사업 → 정부기업으로 간주
    └ 「책임운영기관의 설치·운영에 관한 법률」: 국립과학관, 국립정신건강센터, 국립병원, 국립재활원, 경찰병원 등
    └ 다른 법률: 국립생물자원관, 화학물질안전원, 국립아시아문화전당

정답 | ②

054 〈필수〉
우리나라의 책임운영기관 제도에 대한 설명으로 옳지 않은 것은?

① 행정안전부장관은 기획재정부 및 해당 중앙행정기관의 장과 협의하여 책임운영기관을 설치하거나 해제할 수 있다.
② 기관의 지위에 따라 중앙책임운영기관과 소속책임운영기관으로 구분된다.
③ 소속책임운영기관의 장은 공개모집 절차에 따라 「국가공무원법」상 임기제 공무원으로 임용된다.
④ 책임운영기관은 「공공기관의 운영에 관한 법률」상 종합평가의 대상이다.

054
기출처	2024 지방직 7급
난이도	★
키워드	책임운영기관의 평가

해설
① (O) 책임운영기관의 설치와 해제에 관한 권한은 행정안전부장관이 보유한다.
② (O) 책임운영기관은 그 지위에 따라 중앙행정기관의 지위를 갖는 '중앙책임운영기관'과 중앙행정기관에 소속된 '소속책임운영기관'으로 구분된다. 현재 대부분의 책임운영기관은 소속책임운영기관의 형태이다.
③ (O) 「책임운영기관의 설치·운영에 관한 법률」 및 「국가공무원법」에 따르면, 소속책임운영기관의 장은 공개모집 절차를 거쳐 「국가공무원법」상 임기제 공무원으로 임용된다. 이는 기관장의 전문성과 자율성을 확보하기 위함이다.
④ (×) 책임운영기관의 종합평가는 「책임운영기관의 설치·운영에 관한 법률」에 근거하여 행정안전부에 설치된 책임운영기관운영위원회에 실시한다.

정답 | ④

🔍 관련기출 옳은지문
- 우리나라 책임운영기관은 인사의 자율성은 있으나, 운영성과에 대한 평가를 받아야 한다. 17. 소방간부

- 책임운영기관은 성과를 중시하는 신공공관리론의 원리에 따라 등장한 제도이다. 24. 군무원 9급

- 중앙책임운영기관의 장의 임기는 2년으로 하되, 한 차례만 연임할 수 있다. 15. 국회직 8급

055

기출처: 2021 국가직 9급
난이도: ★★
키워드: 주식회사형 공기업

055 〈필수〉

공기업에 대한 설명으로 옳지 않은 것은?

① 공공수요가 있으나 민간부문의 자본이 부족한 경우 공기업 설립이 정당화된다.
② 시장에서 독점성이 나타나는 경우 공기업 설립이 정당화된다.
③ 전통적인 자본주의적 사기업 질서에 반하여 사회주의적 간섭을 하는 것으로 볼 수 있다.
④ 주식회사형 공기업은 특별법 혹은「상법」에 의해 설립되지만 일반행정기관에 적용되는 조직·인사원칙이 적용된다.

해설

① (○) 공공수요의 충족, 민간자본의 부족, 사기업의 부실 등이 공기업의 설립배경으로 거론된다.
② (○) 요금재와 같은 자연독점이 강한 사업은 공기업으로 운영할 수 있다.
③ (○) 정부에 의한 기업의 운영은 전통적인 자유주의 사상을 수정한 것이다.
④ (×) 주식회사형 공기업은 독립된 법인으로 운영되므로 일반행정기관에 적용되는 원칙이 적용되지 않는다.

정답 | ④

056

기출처: 2023 지방직 7급
난이도: ★
키워드: 공공기관 기업지배구조

056

공공기관 기업지배구조의 이념형적 모델인 주주(shareholder) 자본주의 모델과 이해관계자(stakeholder) 자본주의 모델에 대한 설명으로 옳지 않은 것은?

① 주주 자본주의 모델은 주주가 기업의 주인이라고 보며, 주주의 이익 극대화가 경영목표이다.
② 주주 자본주의 모델의 기업규율방식에는 이사회의 경영감시, 시장에 의한 규율 등이 있다.
③ 이해관계자 자본주의 모델은 기업을 하나의 공동체로 보며, 이해관계자의 이익 극대화가 경영목표이다.
④ 이해관계자 자본주의 모델에서 근로자의 경영 참여는 종업원 지주제도 등을 통해서 이루어지며 단기 업적주의를 추구한다.

해설

① (○) 주주 자본주의 모델은 기업의 소유권이 주주에게 있다고 보며, 따라서 기업 경영의 궁극적인 목표는 주주의 부를 극대화하고 주식 가치를 높이는 것이다. 이는 주로 미국과 영국의 기업 문화에서 강하게 나타난다.
② (○) 주주 자본주의 모델에서는 주주 이익 극대화를 위해 다양한 기업규율 방식이 활용된다. 대표적으로 이사회는 주주의 대리인으로서 경영진을 감시하고 통제하는 역할을 수행하며, 주식 시장의 활성화를 통해 기업 가치가 평가되고 효율적인 자원 배분이 이루어지도록 한다. 주식 시장에서의 기업 인수합병(M&A) 또한 중요한 규율 수단이 될 수 있다.
③ (○) 이해관계자 자본주의 모델은 기업을 단순히 주주만의 재산이 아닌 근로자, 소비자, 공급업체, 지역사회 등 다양한 이해관계자들의 복합적인 이해관계를 가진 하나의 공동체로 본다. 따라서 기업 경영의 목표는 이들 모든 이해관계자의 이익과 복리를 조화롭게 추구하고 극대화하는 것이다. 이는 주로 독일, 일본 등 대륙 유럽 국가에서 강조된다.
④ (×) 근로자의 경영 참여가 종업원 지주제도 등을 통해 이루어지며 단기 업적주의를 추구하는 것은 주주 자본주의 모델이다.

정답 | ④

057
우편사업, 우체국예금사업, 양곡관리사업, 조달사업을 수행하기 위한 특별회계예산의 운용에 관한 사항을 규정하고 있는 현행법은?
① 「공공기관의 운영에 관한 법률」
② 「정부기업예산법」
③ 「예산회계법」
④ 「정부산하기관관리기본법」

057	1 2 3
기출처	2017 지방직 9급
난이도	★
키워드	「정부기업예산법」

해설

① (×) 「공공기관의 운영에 관한 법률」은 기타공공기관, 준정부기관, 공기업 등에 적용된다.
② (○) 우편사업, 우체국예금사업, 양곡관리사업, 조달사업 등 정부기업에 적용되는 법률은 「정부기업예산법」이다.
③, ④ (×) 「예산회계법」과 「정부산하기관관리기본법」은 현재 폐지된 법률이다.

정답 | ②

058
「공공기관의 운영에 관한 법률」의 내용에 대한 설명으로 옳지 않은 것은?
① 공공기관의 자율경영 및 책임경영체제의 확립, 경영합리화, 투명성 제고를 목적으로 한다.
② 기획재정부장관은 매년 직원 정원 100인 이상의 공공기관 중에서 공기업과 준정부기관을 지정한다.
③ 공기업은 시장형과 준시장형으로, 준정부기관은 위탁집행형과 기금관리형으로 구분된다.
④ 공기업과 준정부기관은 신규 지정된 해를 제외하고 매년 경영실적 평가를 받는다.

058	1 2 3
기출처	2017 국가직 7급
난이도	★
키워드	공공기관

해설

① (○) 「공공기관의 운영에 관한 법률」은 공공기관의 운영에 관한 기본적인 사항과 자율경영 및 책임경영체제의 확립에 관하여 필요한 사항을 정하여 경영을 합리화하고 운영의 투명성을 제고함으로써 공공기관의 대국민 서비스 증진에 기여함을 목적으로 한다.
② (×) 공기업과 준정부기관의 지정기준은 직원 정원 300명 이상, 총수입액 200억 원 이상, 자산규모 30억 원 이상이다.
③ (○) 「공공기관의 운영에 관한 법률」에 따르면, 공기업은 시장성 또는 자체수입액을 기준으로 '시장형 공기업'과 '준시장형 공기업'으로 구분된다. 준정부기관은 사업의 성격에 따라 '위탁집행형 준정부기관'과 '기금관리형 준정부기관'으로 구분된다.
④ (○) 기획재정부장관은 연차별 보고서, 계약의 이행에 관한 보고서, 경영목표와 경영실적보고서를 기초로 하여 공기업·준정부기관의 경영실적을 평가한다. 다만, 신규 지정된 해에는 경영실적을 평가하지 않는다.

정답 | ②

관련기출 옳은지문
- 우리나라의 공공기관 중 준정부기관은 기금관리형과 위탁집행형으로 구분할 수 있다. 20. 경찰간부
- 한국농어촌공사는 위탁집행형 준정부기관이다. 11. 지방직 9급
- 한국전력공사와 인천국제공항공사 등은 시장형 공기업에 속한다. 09. 서울시 9급

059

기출처	2018 국가직 7급 변형
난이도	★★
키워드	공공기관

🔍 **관련기출 옳은지문**

• 기획재정부장관은 「방송법」에 따른 한국방송공사를 공기업이나 준정부기관으로 지정할 수 없다.

  23. 소방간부

• 준정부기관은 영리추구가 아닌 공익실현의 목표를 가진다.

  12. 국회직 8급

059

「공공기관의 운영에 관한 법률」상 공공기관에 대한 설명으로 옳지 않은 것은?

① 위탁집행형 준정부기관은 기금관리형 준정부기관이 아닌 준정부기관을 의미한다.
② 기금관리형 준정부기관은 「국가재정법」에 따라 기금을 관리하거나 기금의 관리를 위탁받은 준정부기관을 의미한다.
③ 기획재정부장관은 공공기관을 공기업·준정부기관과 기타공공기관으로 구분하여 지정하되, 공기업과 준정부기관은 직원 정원이 300인 이상인 공공기관 중에서 지정한다.
④ 기획재정부장관은 지방자치단체가 설립하고 그 운영에 관여하는 기관을 공공기관으로 지정할 수 있다.

해설

①, ② (O) 「국가재정법」에 따라 기금을 관리하거나 기금의 관리를 위탁받은 준정부기관을 기금관리형 준정부기관이라고 하며, 기금관리형 준정부기관이 아닌 준정부기관을 위탁집행형 준정부기관이라고 한다.
③ **매력적 오답** (O) 공기업과 준정부기관의 지정기준은 직원 정원 300명 이상, 총수입액 200억 원 이상, 자산규모 30억 원 이상이다.
④ (×) 지방자치단체가 설립하고 그 운영에 관여하는 공공기관은 「공공기관의 운영에 관한 법률」상 공공기관으로 지정할 수 없다. 「지방공기업법」이 별도로 적용되기 때문이다.
※ 출제 당시, "③ ~직원 정원이 50인 이상인 공공기관 중에서 지정한다."이였으나, 2022년 12월 「공공기관의 운영에 관한 법률 시행령」이 개정되어 선택지를 수정하였습니다.

정답 | ④

060

기출처	2011 지방직 9급
난이도	★
키워드	공기업의 상임이사

060

「공공기관의 운영에 관한 법률」의 적용을 받는 공기업의 상임이사(상임 감사위원 제외)에 대한 원칙적인 임명권자는?

① 대통령
② 주무기관의 장
③ 해당 공기업의 장
④ 기획재정부장관

해설

① (×) 대통령은 공기업의 장(원칙), 준정부기관의 장(대규모), 감사(대규모) 등을 임명한다.
② (×) 주무기관의 장은 공기업의 장(소규모), 준정부기관의 장(원칙), 준정부기관의 비상임이사 등을 임명한다.
③ (O) 공기업의 상임이사는 공기업의 장이 임명한다. 다만, 감사위원회의 감사위원이 되는 상임이사는 대통령 또는 기획재정부장관이 임명한다.
④ (×) 기획재정부장관은 공기업의 비상임이사와 감사(원칙) 등을 임명한다.

정답 | ③

061
우리나라 공공기관 및 지방공기업에 대한 설명으로 옳지 않은 것은?

① 「지방공기업법」에 근거하여 지방공기업 경영평가가 시행되고 있다.
② 지방직영기업은 지방자치단체가 직접 운영하는 지방공기업으로 하수도, 주택사업, 토지개발사업 등의 사업을 수행한다.
③ 「공공기관의 운영에 관한 법률」에 근거하여 공공기관운영위원회를 설치하며, 행정안전부장관이 위원장이 된다.
④ 준정부기관에는 기금관리형과 위탁집행형이 있다.

해설
① (O) 「지방공기업법」에 따라 행정안전부장관이 지방공기업에 대한 경영평가를 실시한다.
② (O) 지방직영기업은 지방자치단체의 조례에 따라 직접 설치·운영하며, 상수도, 하수도, 공업용수도, 주택, 토지개발 등의 사업을 할 수 있다.
③ (×) 공공기관운영위원회는 기획재정부에 설치하며, 위원장은 기획재정부장관이다.
④ (O) 준정부기관은 기금관리형과 위탁집행형으로 구분된다.

정답 | ③

061
- 기출처: 2025 국가직 9급
- 난이도: ★
- 키워드: 공공기관운영위원회

관련기출 옳은지문
- 공기업에는 시장형과 준시장형이 있고, 자산규모는 두 형태를 구분하는 기준의 하나이다. 23. 소방간부
- 공공기관의 운영에 관하여 공기업·준정부기관의 지정 및 지정해제 등에 관한 사항을 심의·의결하기 위하여 기획재정부장관 소속 하에 공공기관운영위원회를 둔다. 22. 경찰간부

062
공공서비스 공급주체의 유형과 예시를 바르게 연결한 것은?

① 준시장형 공기업 – 한국방송공사
② 시장형 공기업 – 한국마사회
③ 기금관리형 준정부기관 – 한국연구재단
④ 위탁집행형 준정부기관 – 한국소비자원

해설
① (×) 한국방송공사와 한국교육방송공사는 「공공기관의 운영에 관한 법률」상 공공기관에서 제외된다.
② (×) 한국마사회는 준시장형 공기업이다.
③ (×) 한국연구재단은 학술연구 및 국내외 교류와 협력 등 학술활동을 지원·육성하기 위하여 설립한 위탁집행형 준정부기관이다.
④ (O) 한국소비자원은 소비자의 권익을 증진하고, 소비생활의 향상을 도모하기 위하여 1987년에 한국소비자보호원으로 발족하여 2007년 한국소비자원으로 명칭을 변경한 위탁집행형 준정부기관이다.

정답 | ④

062
- 기출처: 2017 국가직 9급
- 난이도: ★★
- 키워드: 위탁집행형 준정부기관

063

기출처	2011 지방직 9급
난이도	★★
키워드	시장형 공기업

관련기출 옳은지문
- 한국마사회는 준시장형 공기업이다. 14. 서울시 9급
- 위탁집행형 준정부기관의 사례로는 도로교통공단이 있다. 19. 국회직 8급

063
우리나라 공공기관의 유형과 그 사례가 잘못 연결된 것은?

① 시장형 공기업 – 한국마사회
② 준시장형 공기업 – 한국토지주택공사
③ 위탁집행형 준정부기관 – 한국농어촌공사
④ 기금관리형 준정부기관 – 국민연금공단

해설

① (×) 한국마사회는 준시장형 공기업이다.
② (○) 한국토지주택공사, 한국조폐공사, 한국수자원공사, 한국철도공사 등은 준시장형 공기업이다.
③ (○) 한국농어촌공사, 한국연구재단, 국민건강보험공단, 한국소비자원, 한국도로교통공단 등은 위탁집행형 준정부기관이다.
④ (○) 국민연금공단, 공무원연금공단, 신용보증기금, 예금보험공사 등은 기금관리형 준정부기관이다.

고득점 플러스+ 법률상 공공기관

- 시장형 공기업(14): 한국가스공사, 한국석유공사, 한국전력공사, 한국지역난방공사, 한국수력원자력, 5대 발전소(남동·남부·서부·중부·동서), 인천국제공항공사, 한국공항공사, ㈜강원랜드, 한국도로공사 등
- 준시장형 공기업(17): 한국철도공사, 한국마사회, 한국수자원공사, 한국광해광업공단, 한국조폐공사, 한국토지주택공사 등
- 기금관리형 준정부기관(12): 공무원연금공단, 국민연금공단, 예금보험공사, 한국무역보험공사, 한국주택금융공사, 한국자산관리공사, 신용보증기금, 기술보증기금, 국민체육진흥공단, 근로복지공단 등
- 위탁집행형 준정부기관(45): 건강보험심사평가원, 국민건강보험공단, 한국농어촌공사, 한국소비자원, 한국연구재단, 한국관광공사, 한국도로교통공단, 한국교통안전공단, 한국가스안전공사, 한국전기안전공사 등
- 기타공공기관(243): 부산항만공사, 인천항만공사, 사립학교교직원연금공단, 대한석탄공사 등

정답 | ①

064

기출처	2015 국가직 9급
난이도	★★★
키워드	민간위탁

관련기출 옳은지문
- 민간위탁은 책임소재 불분명으로 인한 책임회피 현상이 야기될 수 있다. 23. 경찰승진

064
최근 쓰레기 수거와 같이 전통적으로 정부의 고유영역으로 간주되어온 서비스를 민간에 위탁하는 경우가 있는데, 그 목적이라고 보기 힘든 것은?

① 행정의 효율성 향상
② 행정의 책임성 확보
③ 경쟁의 촉진
④ 작은 정부의 실현

해설

① (○) 민간위탁을 통해 민간의 전문성과 기술성을 활용하므로 업무의 능률성과 효과성을 높일 수 있다.
② (×) 공공서비스를 민간에 위탁할 경우 그 결과에 대한 책임소재가 모호하므로 행정에 대한 책임성의 확보가 어려워질 수 있다.
③ (○) 민간위탁은 경쟁을 통해 소비자의 선택기회를 확대하고 행정서비스의 질을 높일 수 있다.
④ (○) 민간위탁은 정부재정의 건전화 및 감축관리의 일환으로, 작은 정부를 구현하기 위한 수단이다.

정답 | ②

065 필수

민간위탁(contracting out)에 대한 설명으로 옳지 않은 것은?

① 정부가 제공하는 서비스를 민간부문에 맡기고 비용을 지불하는 방식이다.
② 비영리단체는 민간위탁의 대상이 되지 않는다.
③ 정부의 직접 공급에 비해 고용과 인건비의 유연성 확보가 용이하다.
④ 대표적인 예로는 쓰레기수거업무나 도로건설업무가 있다.

해설

① (○) 민간위탁은 정부가 비용을 전액 지불하고 생산을 민간에 맡기는 형식의 공공서비스 생산방식이다.
② (×) 민간위탁은 정부가 비용을 전액 지불하므로 민간 기업뿐만 아니라 비영리단체도 그 대상이 될 수 있다.
③ (○) 민간위탁은 민간의 인력을 활용하므로 신분이 보장되는 공무원을 활용하는 것보다 고용이나 인건비의 운영에 있어 유연성을 확보하기 쉽다.
④ (○) 쓰레기수거업무나 도로건설업무와 같이 단순 사실행위이거나 민간의 전문기술이 활용될 필요가 있는 분야는 민간위탁의 대상이 될 수 있다.

정답 | ②

065
- 기출처: 2022 지방직 7급
- 난이도: ★
- 키워드: 민간위탁

관련기출 옳은지문

• 민간위탁은 민간기관들 간 경쟁을 유도하여 생산비용을 절감하거나 양질의 공공서비스를 지속적으로 공급하게 한다. 23. 경찰승진

• 일정한 구역 내에서 특정 공공서비스를 제공하는 권리를 민간조직에 인정하는 공공서비스 공급방식은 면허(Franchises)다. 08. 국회직 8급

066

공기업 민영화 과정에서 발생할 수 있는 문제점에 대한 설명으로 옳지 않은 것은?

① 민영화 과정에서 특혜, 정경유착 등의 부패가 발생할 수 있다.
② 공기업에서 제공하던 공공서비스가 사적 서비스로 변환되기 때문에 서비스 배분의 형평성 문제가 제기될 수 있다.
③ 민영화를 통해 정부의 지분이 다수 국민에게 지나치게 분산되면 대주주는 없고 다수의 소액주주만 있어서 공기업에 대한 효과적인 감시가 어려워질 수 있다.
④ 시장성이 큰 서비스를 다루는 공기업을 민영화하게 되면 지나친 경쟁체제에 노출되기 때문에 민영화의 실익이 없다.

해설

① (○) 민간위탁이나 면허 및 보조금 등은 특정 기업에게 특혜를 주는 경우가 많으므로 부패로 연결될 가능성이 높다.
② (○) 민영화된다는 것은 가격에 의해 재화공급이 이루어진다는 것을 의미한다. 이로 인하여 서비스의 효율성은 높아질 수 있겠지만 가격에 따른 차별적 서비스가 나타나므로 서비스 배분의 형평성은 낮아질 수 있다.
③ (○) 다수의 소액 주주들에게 주식이 분할되었을 경우 집단행동의 딜레마로 인한 통제의 어려움이 발생할 가능성이 크다. 이는 소액 주주에게 민영화된 기업을 통제할 유인책이 낮기 때문이다.
④ (×) 시장성이 강하다는 것은 자연독점의 가능성은 낮고 가격의 탄력성이 높아 가격에 의한 자율적 조정이 가능하다는 것을 의미한다. 즉, 시장성이 큰 서비스가 민영화된다면 자율적인 시장의 경쟁체제에 노출될 가능성이 크므로 민영화의 실익 또한 높다.

정답 | ④

066
- 기출처: 2015 국가직 7급
- 난이도: ★
- 키워드: 공기업 민영화

067		1 2 3
기출처	2016 지방직 7급	
난이도	★★	
키워드	민간화	

🔍 **관련기출 옳은지문**

• 전자 바우처(vouchers) 방식은 개별적인 바우처 사용행태를 분석하여 실제 이용자의 실시간 모니터링이 가능하다. 　　　　15. 서울시 7급

067

민간부문의 자율성을 높이고 그 역할을 확대하는 민간화(privatization) 방법과 거리가 먼 것은?

① 진입규제 강화
② 바우처 제공
③ 정부계약(contracting out) 활용
④ 공동생산(co-production)

해설

① (×) 규제의 완화가 민간화의 방안이다. 민간화는 공공서비스의 제공에 있어 정부의 역할은 줄이고 민간의 역할을 늘리는 것이다.
② (○) 바우처(voucher)는 정부가 특정 서비스 구매 권한을 개인에게 부여하여 개인이 민간 서비스 제공자로부터 원하는 서비스를 선택하여 구매할 수 있도록 하는 방식이다. 이는 소비자의 선택권을 확대하고 민간 공급자 간의 경쟁을 유도하여 서비스의 질을 높이는 민간화의 한 방법이다.
③ (○) 정부계약은 정부가 직접 서비스를 생산하지 않고, 민간 기업이나 비영리 단체와 계약을 맺어 공공서비스를 생산하거나 제공하도록 하는 방식이다. 이는 공공서비스 생산에 민간의 효율성을 도입하는 대표적인 민간화 방법이다.
④ (○) 공동생산은 공공서비스의 생산 또는 제공 과정에 시민(이용자)이 직접 참여하여 공공부문과 협력하는 방식이다. 예를 들어, 주민들이 자원봉사로 공원 관리나 치안 유지 활동에 참여하는 것이 이에 해당한다. 이는 서비스의 효율성 제고와 시민 참여를 통한 민주성 확보에 기여하며, 넓은 의미에서 민간(시민)의 역할을 확대하는 민간화의 한 형태로 볼 수 있다.

정답 | ①

068		1 2 3
기출처	2017 지방직 9급	
난이도	★	
키워드	공기업 민영화	

068

공기업 민영화에 대한 설명으로 옳지 않은 것은?

① 공공기관 경영평가에서 3년 연속 최하등급을 받은 공기업은 「공공기관의 운영에 관한 법률」상 민영화하여야 한다.
② 공공 영역을 일정 부분 축소하는 것으로 볼 수 있다.
③ 공기업을 민영화하면 국민에 대한 보편적 서비스의 제공이 약화될 수 있다.
④ 공기업 매각 방식의 민영화를 통해 공공재정의 확충이 가능하다.

해설

① (×) 부실 공기업에 대한 임원의 해임요구나 건의는 가능하지만 이를 민영화하여야 한다는 규정은 없다. 공기업의 민영화 여부는 공공성과 기업성을 비교하여 판단하는 것이지 경영의 부실과 직접 관련된 사항은 아니다.
② (○) 공기업이 민영화되면 공적 영역이 사적 영역으로 이전되므로 공적 영역이 축소된 것으로 볼 수 있다.
③ (○) 민영화되면 가격과 경쟁의 영역으로 나가는 것이므로 보편적 서비스의 제공이라는 형평성의 요구와 상충될 수 있다.
④ (○) 공기업이 매각되면 그로인해 매각 대금이 들어오므로 공공재정의 확충이 가능하다고 볼 수 있다.

정답 | ①

069

지방정부의 행정서비스 공급체계 및 방식에 대한 설명으로 옳지 않은 것은?

① 정부의 직접적 공급이 아닌 대안적 서비스 공급체계(ASD: Alternative Service Delivery)는 생활쓰레기 수거, 사회복지사업 운영, 시설관리 등의 분야에 적용되고 있다.
② 과잉생산과 독점 등이 야기한 공공부문 비효율의 해결책으로 계약 방식을 통한 서비스 공급이 도입되고 있다.
③ 사용자 부담 방식의 활용은 재정부담의 공평성 제고에 기여한다.
④ 사바스(E. Savas)가 제시한 공공서비스 공급 유형론에 따르면, 자원봉사(voluntary service) 방식은 민간이 결정하고 정부가 공급하는 유형에 속한다.

069	
기출처	2018 국가직 9급
난이도	★★
키워드	자원봉사

관련기출 옳은지문

- 자원봉사자 방식은 서비스 생산과 관련된 현금지출에 대해서만 보상받고 직접적인 보수는 받지 않는 방식이다. 16. 경찰간부

- 계약 및 면허 방식은 모두 정부가 민간기업에 재화나 서비스의 공급권을 부여한다. 11. 서울시 7급

해설

① (O) 생활쓰레기 수거, 사회복지사업 운영, 시설관리 등은 전문성이 요구되거나 단순사실 행위로, 민간위탁의 대상으로 삼기에 적합하다.
② (O) 계약 방식은 경쟁 입찰을 통해 전문적이고 저렴한 서비스 공급 주체를 결정하므로 공공부문의 비효율성을 극복할 수 있는 대안이 된다.
③ (O) 사용자 부담 혹은 수익자 부담은 사용한 양에 혹은 수익에 비례하여 비용을 부담하므로 재정부담의 공평성 제고에 기여할 수 있다.
④ (×) 사바스(E. Savas)의 분류에 따르면 '자원봉사(voluntary service)' 방식은 민간이 결정하고 민간이 생산하여 공급하는 유형에 속한다.

정답 | ④

070	① ② ③
기출처	2012 지방직 9급
난이도	★★
키워드	자조활동

🔍 관련기출 옳은지문

- 민간위탁(contracting-out)은 인력 운영의 유연성을 제고해서 관료조직의 팽창을 억제할 수 있다.
  22. 군무원 7급

- 바우처(voucher)제도는 구매대금의 실질 지급대상에 따라 명시적 바우처와 묵시적 바우처로 구분된다.
  17. 경찰승진

- 바우처(voucher)제도는 수요자와 공급자 간의 결탁 또는 바우처 전매 등으로 정책효과가 제대로 발생하지 않을 수 있다.
  21. 경찰간부

070

민간위탁 방식에 대한 설명으로 옳지 않은 것은?

① 자조활동(self-help) 방식은 서비스의 생산과 관련된 현금 지출에 대해서만 보상받고 직접적인 보수는 받지 않으면서 공익을 위해 봉사하는 사람들을 활용하는 것이다.
② 보조금 방식은 민간조직 또는 개인이 제공한 서비스 활동에 대해 정부가 재정 또는 현물을 지원하는 것이다.
③ 바우처(voucher) 방식은 공공서비스의 생산을 민간부문에 위탁하면서 시민들의 구입부담을 완화시키기 위해 금전적 가치가 있는 쿠폰(coupon)을 제공하는 것이다.
④ 면허 방식은 민간조직에게 일정한 구역 내에서 공공서비스를 제공하는 권리를 인정하는 것이다.

해설

① (×) 서비스의 생산과 관련된 현금 지출에 대해서만 보상받고 직접적인 보수는 받지 않으면서 공익을 위해 봉사하는 사람들을 활용하는 것은 자원봉사이다. 자조활동은 서비스의 수혜자와 제공자가 같은 집단에 소속되어 서로 돕는 형식으로 활동하는 경우로 자율방법활동, 보육사업, 고령자 대책, 문화예술사업 등에서 주로 활용된다.
② (○) 보조금 방식은 외부경제효과를 갖는 활동을 장려하는 방법으로, 서비스의 요건을 구체적으로 명시하기 곤란하거나 기술적으로 복잡하고, 수요의 예측이 곤란한 경우에 사용하기 적합하다.
③ (○) 바우처(voucher) 방식은 다수의 공급자가 있는 경우에 유용하게 활용될 수 있으며, 소비자의 선택으로 공급 주체가 결정되므로 비리가 적고 공급 주체의 난립을 방지하기 용이하다.
④ (○) 면허 방식은 다수 업체의 난립을 방지하여 규모의 경제를 실현할 수 있고, 민간의 전문성을 활용하면서도 정부가 서비스의 요금과 질을 통제할 수 있다는 장점이 있다.

고득점 플러스+ 사바스(E. Savas)의 공공서비스 공급방식(1982)

구분		공급(결정자) → 주선자·배열자	
		정부	민간
생산 (집행자)	정부	직접 공급 정부 간 협약(→ 사무위탁)	정부판매(→ 정부응찰)
	민간	민간위탁, 보조금 면허(→ 독점면허, 경쟁면허)	바우처(→ 구매권), 시장공급 자원봉사, 자조활동(→ 자기생산)

정답 | ①

071

사회기반시설에 대한 민간투자사업에 있어서 사업시행자가 시설을 건설한 후 해당 시설의 소유권 및 운영권을 사업시행자가 가지는 방식은?

① BTL(Build-Transfer-Lease)
② BTO(Build-Transfer-Operate)
③ BLT(Build-Lease-Transfer)
④ BOO(Build-Own-Operate)

071	1 2 3
기출처	2017 국가직 9급(하)
난이도	★
키워드	BOO

해설

① (×) BTL(Build-Transfer-Lease)은 민간이 건설하고 소유권을 정부에 넘긴 후 정부로부터 임대료를 받는 방식이다.
② (×) BTO(Build-Transfer-Operate)는 민간이 건설하고 소유권을 정부에 넘긴 후 민간이 직접 사업을 운영하여 소비자에게 사용료를 받는 방식이다.
③ (×) BLT(Build-Lease-Transfer)는 민간이 건설하고 일정 기간 민간이 소유권을 보유하면서 정부에게 임대료를 받는 방식이다.
④ (○) 사업시행자가 시설을 건설한 후 해당 시설의 소유권 및 운영권을 사업시행자가 가지는 방식은 BOO(Build-Own-Operate)이다.

정답 | ④

관련기출 옳은지문

• 임대형 민자사업(Build-Transfer-Lease)은 정부가 통상적으로 연간 예산으로 건설하기에는 소요시간이 많이 드는 긴요한 공공시설을 민간자본을 통해 조기에 공급할 수 있다.
09. 서울시 9급

• BTL은 최종수요자에게 부과되는 사용료만으로 투자비 회수가 어려운 시설에 대해서 실시하는 경우가 일반적이다.
16. 국회직 8급

072

공공서비스 공급을 확대하는 과정에서 정부예산이 부족한 경우 활용되는 수익형 민자사업(BTO)에 대한 설명으로 옳지 않은 것은?

① BTO는 민간이 자금을 투자해 공공시설을 건설하고 소유권을 정부로 이전하지만, 그 대가로 민간사업자는 일정 기간 사용수익권을 인정받게 된다.
② BTO의 경우 민간사업자는 시설을 운영하면서 사용료 징수로 투자비를 회수하는데, 주로 도로·철도 등 수익창출이 가능한 영역에 적용된다.
③ BTO의 경우 시설에 대한 수요변동 위험은 정부에서 부담하며, 정부는 사전에 약정한 수익률을 포함한 리스료를 민간사업자에게 지출한다.
④ BTO는 일반적으로 임대형 민자사업(BTL)에 비해 사업리스크와 수익률이 상대적으로 더 높고, 사업기간도 상대적으로 더 길다.

072	1 2 3
기출처	2018 지방직 7급
난이도	★
키워드	BTO

해설

① (○) BTO는 민간이 건설한 후 소유권을 정부에게 이전하고 민간이 직접 운용하는 방식이다.
② 매력적 오답 (○) BTO는 사용자에게 사용료를 받을 수 있는 수익사업에 주로 활용된다.
③ (×) 수요변동의 위험을 정부가 부담하고 민간업자에게 리스료를 지출하는 것은 BTL 혹은 BLT 방식이다.
④ (○) BTO는 고속도로나 다리처럼 투자비가 많고 사업리스크가 크므로 사업기간이 상대적으로 긴 편이다.

정답 | ③

관련기출 옳은지문

• BTO방식은 민간투자기관이 민간자본으로 공공시설을 건설하고 시설 완공과 동시에 소유권을 정부에 이전하는 대신, 민간투자기관이 일정 기간 시설을 운영하여 투자비를 회수하는 방식이다.
20. 군무원 7급

073

기출처	2020 지방직 9급
난이도	★★
키워드	BTL

🔍 **관련기출 옳은지문**
- BTL에서는 정부의 시설임대료를 통하여 투자비를 회수한다.
  16. 국회직 8급

073 〈필수〉
민간투자사업자가 사회기반시설 준공과 동시에 해당 시설 소유권을 정부로 이전하는 대신 시설관리운영권을 획득하고, 정부는 해당 시설을 임차 사용하여 약정기간 임대료를 민간에게 지급하는 방식은?

① BTO(Build-Transfer-Operate) ② BTL(Build-Transfer-Lease)
③ BOT(Build-Own-Transfer) ④ BOO(Build-Own-Operate)

해설

① (×) BTO는 민간이 시설을 건설(Build)하고, 소유권을 정부에 이전(Transfer)한 후, 민간이 일정 기간 시설을 직접 운영(Operate)하여 수익을 회수하는 방식이다. 이 방식은 민간이 운영 수익을 통해 투자비를 회수하므로, 정부가 직접 임대료를 지급하는 방식과는 다르다.
② (○) 준공과 동시에 해당 시설 소유권을 정부로 이전하는 대신 시설관리운영권을 획득하고, 정부는 해당 시설을 임차 사용하여 약정기간 임대료를 민간에게 지급하는 방식은 BTL(Build-Transfer-Lease)이다.
③ (×) BOT는 민간이 시설을 건설(Build)하고, 일정 기간 소유권까지 포함하여 시설을 직접 운영(Own/Operate)하면서 투자비를 회수한다. 이후 운영 기간이 종료되면 소유권을 정부에 이전(Transfer)하는 방식이다. BTO와 유사하지만, 운영 기간 동안 민간이 소유권을 갖는다는 점에서 차이가 있다.
④ (×) BOO는 민간이 시설을 건설(Build)하고, 소유권을 계속 보유(Own)하면서 시설을 직접 운영(Operate)하는 방식이다. 소유권을 정부에 이전하지 않으므로 문제의 설명과 다르다. 이는 주로 발전소 등 민간의 자율적인 운영이 중요한 분야에 적용된다.

정답 | ②

074

기출처	2012 국가직 9급
난이도	★★
키워드	BTO

🔍 **관련기출 옳은지문**
- BTO의 사업운영주체는 민간사업시행자이다.
  16. 국회직 8급

074
새로운 공공서비스 공급방식으로 제시된 BTO(Build-Transfer-Operate)와 BTL(Build-Transfer-Lease)에 대한 설명으로 옳지 <u>않은</u> 것은?

구분	BTO 방식	BTL 방식
ㄱ. 실제운영의 주체	민간	정부
ㄴ. 운영 시 소유권	정부	민간
ㄷ. 투자비 회수방법	사용료	임대료
ㄹ. 소유권 이전시기	준공	준공

① ㄱ   ② ㄴ   ③ ㄷ   ④ ㄹ

해설

ㄱ. (○) BTO 방식은 민간업자가 투자를 담당하고, 시설운영까지 담당하며, BTL 방식은 민간업자가 투자를 담당하고, 정부가 시설운영을 담당한다.
ㄴ. (×) BTO 방식과 BTL 방식은 모두 시설을 준공할 때 정부로 소유권이 이전된다.
ㄷ. (○) BTO 방식은 소비자로부터 사용료를 징수하는 수익사업이지만, BTL 방식은 수익성이 약하므로 정부에게 임대해주고 정부로부터 받는 임대료를 통해 투자비를 회수하는 방식이다.
ㄹ. (○) 둘 다 준공 후 소유권을 정부에 이양한다는 점은 같다.

고득점 플러스+ 사회간접자본(SOC) 민간투자제도

- 추진방식: BOT, BTO, BLT, BTL, BOO
- 민간투자사업심의위원회: 기획재정부장관 소속
- 민간투자대상사업의 지정: 주무관청

구분	BOT	BTO	BLT	BTL
개념	민간이 운영하는 방식		정부가 운영하는 방식	
사례	소비자로부터 사용료 징수		정부로부터 임대료 징수	
위험부담	민간		정부	
소유권 이전	운영종료 시점	준공 시점	운영종료 시점	준공 시점

정답 | ②

075 〈필수〉

정부신뢰 및 시민참여에 대한 설명으로 옳은 것만을 모두 고르면?

ㄱ. 도덕성 확보, 정책 내용의 일관성 유지, 정부 역량은 모두 정부신뢰의 구성인자이다.
ㄴ. 정부와 시민 간의 신뢰 유형 중 신탁적 신뢰는 대칭적 관계에서 형성된다.
ㄷ. 시민들이 기피하는 시설의 건설 추진 여부에 대한 공론조사에서 시민대표단을 구성하여 토론하는 것은 숙의민주주의의 사례이다.

① ㄱ   ② ㄱ, ㄷ   ③ ㄴ, ㄷ   ④ ㄱ, ㄴ, ㄷ

075
기출처: 2023 국가직 7급
난이도: ★
키워드: 정부신뢰

🔍 관련기출 옳은지문
- 행정에 참여하는 시민의 전문성 결여로 인한 의사결정의 지연과 부실은 시민의 행정참여로 인한 역기능이다. 14. 서울시 7급
- 시민의 행정참여는 행정에 참여하는 시민의 대표성과 공정성 확보의 어려움이 있다. 14. 서울시 7급

해설

ㄱ. (O) 신뢰성의 차원은 피신뢰자(정부) 측면과 신뢰자(국민) 측면으로 나뉘는데 정부능력, 권력의 정당성, 정책의 일관성, 행정의 공개성 등은 피신뢰자 측면의 구성요소이다.
ㄴ. (X) 신뢰는 신탁적 신뢰와 상호적 신뢰로 나뉜다. 신탁적 신뢰는 주인-대리인 관계에서 나타나는 신뢰처럼 정보비대칭에 기반하여 주인이 대리인에게 전적으로 의존하는 신뢰를 말하고, 상호적 신뢰는 지속적인 교환과 대면접촉으로 형성되므로 정보비대칭성이 상대적으로 약하다.
ㄷ. (O) 숙의민주의란 투표 혹은 선택 이전에 이루어지는 이성과 논리 등에 근거한 깊이 있는 숙고의 과정으로 대표성, 참여, 정보와 지식, 숙의시간 등을 구성요소로 하며, 공론조사, 협의회의, 시민회의, 주민배심 등이 이에 속한다.

정답 | ②

076

기출처	2024 국가직 9급
난이도	★
키워드	비영리민간단체

076

「비영리민간단체지원법」상 정부의 비영리민간단체 지원에 대한 설명으로 옳지 않은 것은?

① 비영리민간단체는 영리가 아닌 공익활동을 수행하는 것을 주된 목적으로 하는 민간단체이어야 한다.
② 등록비영리민간단체는 공익사업의 소요경비를 지원받을 수 있으며, 소요경비의 범위는 사업비를 원칙으로 한다.
③ 등록비영리민간단체가 공익사업 추진의 보조금을 교부받고자 할 때에는 사업의 목적과 내용, 소요경비, 기타 필요한 사항을 기재한 사업계획서를 제출해야 한다.
④ 등록비영리민간단체는 보조금을 받아 수행한 공익사업을 완료한 때에는 사업보고서를 대통령에게 제출해야 하며, 사업평가, 사업보고서 및 평가결과의 공개 등에 필요한 사항은 대통령령으로 정한다.

해설

① (O) 「비영리민간단체지원법」에서 정의하는 비영리민간단체의 개념이다.
② (O) 행정안전부장관, 시·도지사나 특례시의 장은 등록된 비영리민간단체에 다른 법률에 따라 보조금을 교부하는 사업 외의 사업으로서 공익활동을 추진하기 위한 사업(공익사업)의 소요경비를 지원할 수 있으며, 지원하는 소요경비의 범위는 사업비를 원칙으로 한다.
③ (O) 등록비영리민간단체가 공익사업을 추진하기 위하여 보조금을 교부받고자 할 때에는 사업의 목적과 내용, 소요경비, 기타 필요한 사항을 기재한 사업계획서를 해당 회계연도 2월 말까지 행정안전부장관, 시·도지사나 특례시의 장에게 제출하여야 한다.
④ (×) 등록비영리민간단체는 사업계획서에 따라 사업을 완료한 때에는 다음 회계연도 1월 31일까지 사업보고서를 작성하여 행정안전부장관, 시·도지사나 특례시의 장에게 제출하여야 하며, 사업평가, 사업보고서 및 평가결과의 공개 등에 필요한 사항은 행정안전부령으로 정한다.

정답 | ④

077

기출처	2013 국가직 9급
난이도	★
키워드	사회적 자본

077

'사회 자본'(social capital)이 형성되는 모습으로 보기 어려운 것은?

① 지역주민들의 소득이 지속적으로 증가하고 있다.
② 많은 사람들이 알고 지내는 관계를 유지하는 가운데 대화·토론하면서 서로에게 도움을 준다.
③ 이웃과 동료에 대한 기본적인 믿음이 존재하며 공동체 구성원들이 서로 신뢰한다.
④ 지역 구성원들이 삶과 세계에 대한 도덕적·윤리적 규범을 공유하고 있다.

해설

① (×) 지역주민들의 소득이 지속적으로 증가되는 것은 사회적 자본이 형성된 이후 나타나는 결과물로 보아야 한다. 소득이 증가하였다고 해서 사회적 자본이 높아진 것은 아니다.
② (O) 사회적 자본은 공동체 구성원의 지속적이고 장기적인 상호작용 속에서 형성되며, 호혜적 성격을 지니고 있어 구성원 모두에게 궁극적으로 도움이 될 수 있는 자본이다.
③ (O) 사회적 자본은 신뢰를 핵심으로 한다. 즉, 이웃과 동료에 대한 기본적인 믿음이 사회적 자본의 핵심이다.
④ (O) 사회적 자본은 공동체를 구성함에 있어 기본적인 규범을 제시하고 이를 구성원들이 공유하도록 하는 매개체이다.

정답 | ①

관련기출 옳은지문

- 사회자본을 형성하기 위해서는 정부에 대한 시민의 신뢰를 회복시키려는 노력을 해야 한다. 13. 서울시 7급
- 사회적 자본은 장기간에 걸친 사회 구성원 간의 상호작용이나 학습 과정을 통해 형성되는 특징을 갖고 있다. 23. 국회직 9급
- 사회적 자본은 개인, 집단, 지역공동체, 국가 등 상이한 수준에서 정의될 수 있다. 17. 서울시 7급

078

사회적 자본에 대한 설명으로 옳은 것은?

① 사회적 자본이 증가하면 제재력이 약화되는 역기능이 있다.
② 타인에 대한 신뢰는 사회적 자본의 구성요소가 아니다.
③ 호혜주의는 사회적 자본에 영향을 미치지 않는다.
④ 사회적 자본은 거래비용을 감소시키는 순기능이 있다.

해설

① (×) 사회적 자본이 증가하면 정부가 개입하지 않아도 사회적 통제력이 강화되는 효과가 나타난다.
② (×) 신뢰, 수평적 네트워크, 호혜적 규범 등이 사회적 자본의 구성요소이다.
③ (×) 구성원 모두에게 이득이 된다는 호혜주의는 사회적 자본의 중요한 구성요소이다.
④ (○) 사회적 자본의 존재는 상호 신뢰에 의해 거래비용을 감소시켜주는 효과가 있다.

고득점 플러스+ 사회적 자본(social capital)

- 개념: 공동문제의 해결에 있어 자발적이고 적극적으로 참여하게 만드는 사회적 조건
  - 거시적: 신뢰에 기반을 둔 사회적 연계망 → 호혜적 규범, 신뢰, 수평적 네트워크
  - 미시적: 연계망에 참여할 수 있는 개인적 능력이나 참여를 통해 얻을 수 있는 자산
- 유형: 결속적 자본(→ 집단 내, 강한 유대)과 교량적 자본(→ 집단 간, 약한 유대)
- 특징: 관계 자본(→ 무형적), 친사회적 규범, 공동체주의 속성, 자기강화적 속성, 공공재 속성
- 유용성: 거래비용의 감소(→ 경제의 활성화), 가외성의 필요성 감소, 정보의 공유(→ 창의성과 학습)
- 한계: 집단 간 배타주의, 동조성(conformity)의 강요(→ 사적 선택의 제약)

정답 | ④

078
기출처: 2021 국가직 7급
난이도: ★
키워드: 사회적 자본

관련기출 옳은지문
- 사회적 자본은 측정이 용이하지 않다는 지적을 받는다. 24. 군무원 7급
- 사회적 자본은 거래비용을 감소시키고 효과적인 사회적 제재력을 갖는다. 19. 소방간부

079

사회자본이론(social capital theory)에 대한 설명으로 옳지 않은 것은?

① 사회자본은 참여자들이 협력하도록 함으로써 공유한 목적을 보다 효과적으로 성취하게 만드는 신뢰, 규범, 네트워크와 같은 사회조직의 특징으로 정의할 수 있다.
② 푸트남(R. D. Putnam) 등은 이탈리아에서 사회자본(시민공동체의식)이 지방정부의 제도적 성과 차이를 잘 설명한다고 주장했다.
③ 정밀한 사회적 연결망은 신뢰를 강화하고, 거래비용을 낮추며, 혁신을 가속화함으로써 경제발전을 촉진할 수 있다.
④ 신뢰와 네트워크를 통한 과도한 대외적 개방성에 대하여 많은 비판을 받고 있다.

해설

① (○) 사회자본이란 공동의 이해관계가 걸린 문제를 해결함에 있어 구성원들을 자발적이고 적극적으로 참여하게 만드는 사회적 조건을 말한다.
② (○) 푸트남(R. Putnam)은 이탈리아 지방정부들의 사회프로그램들을 연구하여, 같은 정책이라 해도 지방정부에 따라 상이한 결과가 나타난다는 점을 지적하면서 그 원인으로 사회적 자본을 제시하였다.
③ (○) 상호 신뢰를 기반으로 하는 사회적 자본은 거래비용을 낮추어 경제를 활성화하는 촉매제가 될 수 있다.
④ (×) 사회적 자본에서 강조하는 '결속적 자본'은 외부 다른 집단과의 관계에서 폐쇄성이라는 부정적 상황을 야기할 수 있다는 비판을 받는다.

정답 | ④

079
기출처: 2017 국가직 9급(하)
난이도: ★★
키워드: 사회적 자본

관련기출 옳은지문
- 퍼트남(R. Putnam)의 사회자본론은 이탈리아 지방정부의 제도적 성과와 관련하여 남부의 성공하지 못한 지역과 북부의 성공적인 지역을 비교 연구한 결과이다. 21. 경찰간부

080

지방공공서비스 공급과 관련된 설명으로 옳지 않은 것은?

① 영국에서는 의무경쟁 입찰제도가 최고가치 경쟁으로 전환되었다.
② 사바스(E. S. Savas)의 분류에 따르면, 계약·허가·보조금 등은 지방정부가 공급을 결정하고 민간부문이 생산을 담당하는 공급유형에 속한다.
③ 니스카넨(W. Niskanen)의 예산극대화 모형에 따르면, 관료들의 행태 때문에 지방정부의 예산규모가 사회적으로 효율적인 수준보다 더 커질 수 있다.
④ 시민공동생산 논의는 시민과 지역주민을 정규생산자로 파악하는 데에서 출발한다.

해설

① (O) 영국의 대처 수상에 의해 도입된 의무경쟁 입찰제도는 2000년 최고가치제도(Best Value)로 전환되었다. 최고가치제도(Best Value)는 지방정부의 공공서비스를 중앙정부가 매년 성과를 평가하여 우수 기관에는 권한 및 재정을 이양하고 미달된 기관은 공공서비스 공급권한을 축소하는 방식이다. 강제경쟁이 아닌 자율적 경쟁 입찰 방식을 채택하여 지방정부는 서비스 공급을 민간에 의해 수행할 것인지 아니면 행정조직에 의해 수행할 것인지를 선택한다. 다만 매년 성과평가를 통해 기준에 미달한 지방정부는 서비스 공급권한을 민간에 이양하여야 한다.
② (O) 사바스는 공공서비스 공급에서 공급의 결정(provision)과 생산(production)을 구분했다. 계약(민간위탁), 허가(프랜차이즈), 보조금 방식은 정부가 서비스 공급을 결정하고 재원을 부담하지만(provision), 서비스의 실제 생산(production)은 민간 부문이 담당하는 유형에 해당한다.
③ (O) 니스카넨(W. Niskanen)의 예산극대화 모형은 관료들이 자기 부서의 예산 규모를 극대화하려는 경향이 있다고 주장한다. 이는 관료들이 자신의 권력, 명성, 승진 기회 등을 예산 규모와 연관시키기 때문이며, 이러한 관료들의 행태는 지방정부(뿐만 아니라 중앙정부도)의 예산 규모가 사회적으로 효율적인 수준보다 과도하게 커지는 비효율성을 초래할 수 있음을 설명한다.
④ (×) 시민공동생산은 소비자인 시민이 생산에 참여하는 것이지 시민이 공공서비스의 정규생산자는 아니다.

정답 | ④

CHAPTER 04 행정학의 접근방법

081 〈필수〉
다음 글의 저자와 그의 주장으로 옳은 것은?

> 격언에 대한 일반적인 사실의 하나는, 예를 들어 "뛰기 전에 살펴라"라는 격언과 "지체하는 자는 진다"라는 격언에서 볼 수 있듯이, 상호모순적인 경우가 많다는 것이다. 이러한 격언과 같이 기존 행정학의 내용을 구성하고 있는 수많은 원리는 상호모순성이 많다.

① 윌슨(Wilson)은 행정의 탈정치화를 통해 자유로운 행정 영역을 확립하려고 했다.
② 애플비(Appleby)는 정치와 행정의 관계는 연속·순환적이기 때문에 양자를 구별하는 것은 적절하지 않다고 했다.
③ 굿노(Goodnow)는 정치를 국가의지의 표명으로, 행정을 국가의지의 집행으로 정의했다.
④ 사이먼(Simon)은 사실과 가치를 구분해 사실만을 다루는 과학으로서의 행정학을 주장했다.

해설

① (×) 윌슨(W. Wilson)은 「행정의 연구」에서 행정을 정치로부터 분리하여 독자적인 과학적 연구 대상으로 삼아야 한다고 주장했다. 그는 행정의 탈정치화를 통해 행정의 효율성을 추구했지만, 이는 '원리가 상호모순적이다'라는 글의 비판적 관점과는 직접적인 관련이 없다. 윌슨은 오히려 행정에 과학적 원리가 있다고 보았다.
② (×) 애플비(P. Appleby)는 정치와 행정의 연속성을 주장하며, 양자를 명확히 구분하는 것이 불가능하다고 보았다. 그는 행정이 정책 결정 과정에 깊이 관여하며, 정치적 성격을 띨 수밖에 없다고 강조했다.
③ (×) 굿노(F. Goodnow)는 정치행정이원론의 초기 주창자 중 한 명으로, 정치를 국가의지의 표명(정책 결정)으로, 행정을 국가의지의 집행(정책 집행)으로 정의하여 정치와 행정의 분리를 주장했다. 이는 윌슨과 함께 초기 행정학의 학문적 독립성을 확립하는 데 기여했다.
④ (○) 사이먼(H. Simon)의 행정행태론에 대한 설명이다. 사이먼은 고전적 행정학에 강조하였던 행정의 원리를 검증되지 않은 속담이라고 비판하였다.

정답 | ④

---

081 1 2 3
- 기출처: 2023 지방직 7급
- 난이도: ★
- 키워드: 사이몬(H. Simon)

🔍 관련기출 옳은지문

- 행정학은 다른 학문으로부터 많은 이론과 지식을 받아들여 종합학문적인 성격을 지니고 있다. 19. 행정사

- 윌슨(W. Wilson) 등 초기 행정학자들은 관리기술이나 행정의 원리 등을 발견하려는 데 초점을 두고 행정학의 기술성을 강조하였다. 20. 군무원 9급

- 굿노우(F. Goodnow)도 정치와 행정의 차이를 주장하였다. 21. 경찰승진

082	① ② ③
기출처	2018 국가직 7급
난이도	★★
키워드	행태적 접근방법

🔍 **관련기출 옳은지문**

- 행태주의(behavioralism)는 인간의 행태를 중심으로 사회현상 속에서 일정한 규칙성을 찾고자 한다.
  19. 경찰승진

- 행태주의(behavioralism)는 복잡한 사회현상으로부터 분명하고 정확한 지식을 얻기 위해, 때로는 모호한 질적 정보를 양적 정보로 전환할 필요가 있다.
  19. 경찰승진

- 행태주의 연구방법에서 법칙 발견을 위해 인과관계에 대한 가설을 설정하고 이를 검증하여야 하는데, 설정되는 가설은 이미 확립된 기존의 이론으로부터 연역적으로 도출되어야 한다.
  16. 경찰간부

082
행태적 접근방법에 대한 설명으로 옳지 않은 것은?

① 집단의 고유한 특성을 인정하지 않는 방법론적 개체주의의 입장을 취한다.
② 행태의 규칙성, 상관성 및 인과성을 경험적으로 입증하고 설명할 수 있다고 본다.
③ 연구에서 가치와 사실을 구분하지 않는다.
④ 사회현상을 관찰 가능한 객관적 대상으로 보며, 인간의 주관이나 의식을 배제하고 인식론적 근거로서 논리실증주의를 신봉한다.

해설

① (O) 방법론적 개체주의란 전체는 개체의 합이라는 관점 하에 개체를 분석의 기초단위로 삼는 연구방법이다.
② (O) 행태주의는 결정론적 세계관을 바탕으로 현상의 규칙성을 경험적으로 입증할 수 있다는 입장을 취한다.
③ (×) 행태주의는 검증가능성을 기준으로 가치와 사실을 구분하는 논리실증주의를 기반으로 한다.
④ (O) 논리실증주의는 개념의 조작적 정의를 통해 현상을 계량적이고 미시적으로 분해하여 분석하고자 하였다.

고득점 플러스+ 논리실증주의
- 검증 가능성을 기준으로 가치와 사실을 구분한 후 검증 가능한 사실 중심의 가치중립적 연구
- 전개방식: 기존 이론, 가설의 설정, 경험적 검증, 새로운 이론 순
- 한계: 연구대상과 범위의 지나친 제약, 목적 없는 기법과 통계(→ 본질보다 도구 중심), 경험적 보수주의 등

정답 | ③

083	① ② ③
기출처	2012 국가직 9급
난이도	★
키워드	가우스(J. Gaus)

083
가우스(J. M. Gaus)가 지적한 행정에 영향을 미치는 환경요인에 포함되지 않는 것은?

① 국민(people)
② 장소(place)
③ 대화(communication)
④ 재난(catastrophe)

해설

①, ②, ④ (O) 가우스(J. Gaus)는 주민(people), 인물(personality), 장소(place), 사상·이념(ideas), 재난(catastrophe), 물리적 기술(physical technology), 사회적 기술(social technology) 등을 환경변수로 제시하였다.
③ (×) 의사전달 또는 대화(communication)는 리그스(F. Riggs)가 사용한 환경변수이다. 리그스(F. Riggs)는 행정의 환경변수로 경제적 기초, 사회구조, 이념적 요인, 의사전달체제(대화) 및 정치체제라는 다섯 가지 요인을 제시하였다.

정답 | ③

084

리그스(Riggs)의 프리즘적 모형(Prismatic Model)에서 설명하는 프리즘적 사회의 특성으로 옳지 않은 것은?

① 고도의 이질혼합성
② 형식주의
③ 고도의 분화성
④ 다규범성

해설

① (O) 이질혼합성(heterogenity)이란 전통적 요소와 현대적 요소의 혼재를 말한다.
② (O) 형식주의(formalism)란 형식적 법규와 사실상 법규의 적용과 집행의 불일치를 말한다.
③ (×) 고도의 분화(↔ 융합)는 선진국 행정체제의 특징이다.
④ (O) 다규범성 또는 모순상용성(ambivalence)이란 현대적 규범과 전통적 규범의 중첩과 판단의 일관성 결여를 말한다.

정답 | ③

084	
기출처	2015 국가직 7급
난이도	★
키워드	프리즘적 모형

관련기출 옳은지문
- 리그스(F. Riggs)가 제시한 프리즘 사회의 특성으로는 고도의 이질성, 형식주의 등이 있다. 22. 경찰간부

085 〈필수〉

체제이론에서 제시하는 개방체제의 특징으로 옳지 않은 것은?

① 목적 달성을 위한 유일 최선의 방법은 없으며 다양한 방법이 존재한다.
② 환경의 변화에 맞도록 구조와 기능이 다양하게 분화될 것을 요구한다.
③ 체제의 에너지 소모로 인한 소멸 가능성을 강조한다.
④ 환경과 끊임없는 상호작용을 강조한다.

해설

① (O) 등종국성에 대한 설명이다.
② (O) 필수다양성에 대한 설명이다.
③ (×) 개방체제는 부정적 엔트로피를 특징으로 한다. 이는 소멸을 막기 위해 외부로부터 지속적으로 에너지를 충원하는 현상을 말한다.
④ (O) 개방체제의 가장 핵심적인 특징은 환경과 끊임없이 상호작용(투입 – 변환 – 산출 – 환류 과정)하면서 에너지를 교환하고 정보를 주고받는다는 점이다. 이러한 상호작용을 통해 체제는 환경 변화에 적응하고 자신을 재조직하며 생존과 성장을 도모한다.

정답 | ③

085	
기출처	2024 국가직 7급
난이도	★★
키워드	개방체제

관련기출 옳은지문
- 체제론에 따르면 체제의 변화나 성장은 기존의 균형상태에서 일어나지 않고 구성요소 중 어느 하나에 변화가 생기거나 새로운 이질적 요소가 투입될 때 발생한다고 본다. 15. 서울시 7급

CHAPTER 04 행정학의 접근방법 • 59

086

기출처 2017 국가직 7급(하)
난이도 ★★
키워드 현상학적 행정연구

086
현상학적 행정연구에 대한 설명으로 옳지 않은 것은?

① 행정현상은 사람들의 의식, 생각, 언어, 개념 등을 통해 구성된 것이다.
② 행정연구에서는 행정활동과 관련된 사람들 사이의 상호작용에 의해 구성된 상호주관적 경험이 중요하다.
③ 행정연구에서 가치와 사실의 구별을 인정하며, 현상을 개체적으로 파악하고자 한다.
④ 기존의 관찰이나 믿음에 영향을 받지 않기 위해 '괄호 안에 묶어두기' 또는 '현상학적 판단정지'가 중요하다.

해설

① (O) 현상학에 의하면 행정현상을 포함한 모든 사회현상은 사람들의 주관성이 개입된 의식, 생각, 언어, 개념 등으로 구성된다. 그러므로 사회현상을 이해하기 위해서는 객관적 검증보다는 그 사람들이 사용하는 언어나 개념의 해석이 필요하다.
② (O) 현상학에 의하면 사회현상은 그 사회를 구성하는 구성원들이 공유하는 주관적 경험으로 만들어진다.
③ (×) 현상학은 현상의 본질을 대상으로 하고 그 대상을 형성하는 의식작용을 기술하려는 선험적 관념론으로, 인간의 의식 또는 마음이 빠진 객관적 존재의 서술을 인정하지 않으며, 현상을 분해하여 분석하는 것도 반대한다. 또한 가치와 사실의 구별도 거부하고 현상을 본질적인 전체로 파악해야 한다고 주장한다. 가치와 사실의 구별을 인정하며, 현상을 개체적으로 파악하고자 한 것은 논리실증주의에 바탕을 둔 행태주의이다.
④ (O) 현상학적 판단정지란 외부세계에 대한 믿음, 특히 외부세계가 인간의 의식과 무관하게 자립적으로 실재한다는 믿음을 중단하는 것을 말한다.

고득점 플러스+ 현상학적 접근방법(phenomenological approach)
- 현상: 인식의 주체에 의해 의미가 부여된 모든 것 또는 인식의 주체에게 의미 있게 다가온 것
- 배경: 행태주의 및 논리실증주의에 대한 반대명제, 사회과학과 자연과학 간 상이성 강조
- 학자: 후설(E. Husserl), 슈츠(A. Schhutz), 하몬(M. Harmon)(→ 행위이론)
- 특징: 선험적 관념론, 상호주관으로서의 세계, 해석학적 접근(→ 내면적 의미의 이해)
- 행태주의와 현상학
  - 행태주의: 실재론, 결정론, 수동적·원자적 자아, 방법론적 개체주의, 일반적 법칙, 관료제, 합리성과 능률성
  - 현상학: 유명론, 임의론, 능동적·사회적 자아, 방법론적 개체주의, 개별적 사례, 반관료제, 대응성과 책임성

정답 | ③

관련기출 옳은지문

- 현상학적 접근방법은 행정현상의 본질, 인간인식의 특성, 이론의 성격 등 사회과학 연구의 본질적 문제에 대해 실증주의와 행태주의적 연구방법에 반대한다. **10. 지방직 7급**

- 현상학적 접근방법은 실증주의와 행태주의를 비판하는 입장으로서 인간의 주관적 관념, 의식 및 동기의 의미를 해석하고 가치평가적인 연구를 할 수 있게 한다. **24. 국회직 8급**

- 현상학적 접근방법은 주관적인 철학의 범주를 벗어나기 어렵다는 비판을 받는다. **07. 서울시 7급**

087
다음과 같은 비판이 제기되고 있는 행정학의 접근방법은?

> • 인간은 경제적 이해관계로만 움직이지 않는다.
> • 정부활동의 성과를 지나치게 시장적 가치로 환원하려는 경향이 있다.

① 체제론적 접근방법
② 공공선택론적 접근방법
③ 현상학적 접근방법
④ 생태론적 접근방법

087 ① ② ③
기출처 | 2017 지방직 7급
난이도 | ★★
키워드 | 공공선택론

해설

① (×) 체제론적 접근방법은 조직이나 사회를 상호작용하는 부분들의 집합체로 보고, 환경과의 상호작용을 통해 균형을 유지하려는 관점이다.
② (○) 인간은 경제적 이해관계로만 움직이지 않으며, 정부활동의 성과를 지나치게 시장적 가치로 환원하려는 경향이 있다는 비판을 받는 것은 공공선택론이다.
③ (×) 현상학적 접근방법은 객관적 실재보다는 인간의 주관적 의식과 경험에 초점을 맞추어 행정현상의 의미를 이해하려는 관점이다.
④ (×) 생태론적 접근방법은 행정 체제가 놓여 있는 사회적, 문화적, 물리적 환경의 영향을 강조하는 관점이다.

정답 | ②

관련기출 옳은지문

• 공공선택론은 정부와 시민을 각각 공급자와 소비자로 간주하고, 행정 및 정치를 이들 간에 이루어지는 재화의 거래를 위한 장치로 이해한다.
18. 소방간부

• 현상학적 접근방법은 행정현상이 사람들의 의식, 생각, 언어, 개념 등으로 구성되며, 상호주관적인 경험으로 이루어진 것으로 본다.
22. 소방간부

088
공공선택론(public choice theory)에 대한 설명으로 옳은 것은?

① 관할권이 다른 지방정부로 이주하는 것은 개인의 지방정부에 대한 선호 표시와는 관련이 없다.
② 집권적이며 계층제적 구조를 강조하는 정부 관료제가 시민의 요구에 민감하게 반응한다고 주장한다.
③ 공공선택론의 대표적인 학자들 중에는 뷰캐넌(Buchanan), 오스트롬(Ostrom), 니스카넨(Niskanen)이 있다.
④ 개인이 아닌 공공조직을 분석의 기초단위로 채택함으로써 방법론적 개체주의에 반대한다.

088 ① ② ③
기출처 | 2017 국가직 7급(하)
난이도 | ★
키워드 | 공공선택론

해설

① (×) 티부가설에 의하면 개인은 다른 지방정부로의 이주를 통해 지방공공서비스에 대한 자신의 선호를 표시할 수 있다.
② (×) 공공선택론에 의하면 집권적이며 계층제적 구조를 강조하는 정부 관료제는 독점적 구조를 지니므로 시민의 요구나 선호에 민감하게 반응하지 않는다.
③ (○) 공공선택론은 뷰캐넌(J. Buchanan)과 털럭(G. Tullock)에 의해 개척되었고, 오스트롬(V. Ostrom)은 『미국 행정학의 지적위기』(1973)라는 저서를 통해 이를 도입하였다.
④ (×) 공공선택론은 개인을 분석하여 사회현상을 설명하는 방법론적 개체주의 입장이다.

정답 | ③

관련기출 옳은지문

• 공공선택론의 주요 학자로 뷰캐넌(Buchanan)과 털럭(Tullock)이 있다.
23. 경찰승진

• 공공선택론(public choice theory)은 개인 선호를 중시하여 공공서비스 관할권을 중첩시킬 수도 있다.
21. 군무원 9급

089

기출처 2024 지방직 9급
난이도 ★★
키워드 공공선택론

089 〈필수〉
공공선택이론에 대한 설명으로 옳지 않은 것은?

① 인간을 이기적이고 합리적인 경제인으로 본다.
② 비시장적 의사결정을 경제학적 관점에서 연구한다.
③ 뷰캐넌(Buchanan), 털럭(Tullock), 오스트롬(Ostrom) 등이 대표적인 학자이다.
④ 경제주체의 집단적 선택행위를 중시하는 방법론적 집단주의 입장이다.

해설

① (○) 공공선택론은 인간을 철저하게 자신의 이익을 추구하고, 모든 대안들에 대하여 등급을 매길 수 있는 합리적 존재로 가정한다.
② (○) 공공선택론은 비시장적 의사결정의 경제학적 연구 혹은 정치학에 경제학을 응용하는 이론으로, 경제학적 분석도구를 이용하여 비시장적 영역인 국가이론, 투표행태, 정당정치, 관료행태, 이익집단 등을 연구하는 접근방법이다.
③ (○) 공공선택론은 뷰캐넌(J. Buchanan)과 털럭(G. Tullock)에 의해 개척되었고, 오스트롬(V. Ostrom)이 『미국 행정학의 지적위기』(1973)라는 저서를 통해 이를 도입하였다.
④ (×) 공공선택론은 분석의 기본단위를 개인에게 두는 방법론적 개체주의를 취한다.

정답 | ④

관련기출 옳은지문
· 공공선택론적 접근방법은 정당이나 국가, 사회전체적 선호를 연구대상으로 하는 유기체적 접근법보다는 개인의 선호나 개인들을 연구대상으로 한다. 17. 경찰간부

· 공공선택론은 개인은 기본적으로 이기적이며, 합리적인 행위자라고 가정한다. 16. 경찰간부

090

기출처 2016 지방직 9급
난이도 ★★
키워드 공공선택론

090
공공선택론에 대한 설명으로 옳지 않은 것은?

① 공공선택론은 역사적으로 누적 및 형성된 개인의 기득권을 타파하기 위한 접근이다.
② 공공선택론은 공공재의 공급에서 경제학적인 분석도구를 적용한다.
③ 공공선택론에서는 공공서비스를 독점 공급하는 전통적인 정부 관료제가 시민의 요구에 민감하게 대응할 수 없는 장치라고 본다.
④ 공공선택론은 공공서비스의 효율적 공급을 위해서 분권화된 조직 장치가 필요하다는 입장이다.

해설

① (×) 공공선택론은 기존의 배분상태를 사회의 합리적 선택으로 간주하는 보수적 이론으로 평가받는다.
② (○) 공공선택론은 공공재의 공급이라는 공적 문제를 경제학적 분석도구로 설명하는 이론이다.
③ (○) 공공선택론에 의하면 전통적 관료제는 서비스를 독점 공급하므로 시민의 요구에 민감하게 반응하지 않을 수 있다.
④ (○) 공공선택론에 의하면 독점 상황보다는 경쟁적이고 분권적인 상황에서 서비스 공급의 효율성이 높아진다.

정답 | ①

관련기출 옳은지문
· 공공선택론은 분석의 기본단위를 개인에게 두는 방법론적 개체주의를 취한다. 16. 경찰간부

· 공공선택이론은 시민들의 요구와 선호에 민감하게 부응하는 제도 마련으로 민주행정의 구현에도 의의가 있다. 18. 지방직 9급

091
공공선택이론에 대한 설명으로 옳지 않은 것은?

① 사회의 비시장적인 영역들에 대해서 경제학적 방식으로 연구한다.
② 시민들의 요구와 선호에 민감하게 부응하는 제도 마련으로 민주행정의 구현에도 의의가 있다.
③ 전통적 관료제를 비판하고 그것을 대체할 공공재 공급방식의 도입을 강조한다.
④ 효용극대화를 추구한다는 합리적 개인에 대한 가정은 현실적합성이 높다고 평가받는다.

해설

① (O) 공공선택론은 비시장적 의사결정의 경제학적 연구 혹은 정치학에 경제학을 응용하는 이론으로, 경제학적 도구로 국가이론, 투표행태, 정당정치, 관료행태, 이익집단 등을 연구하는 접근방법이다.
② (O) 오스트롬(V. Ostrom)은 능률성 중심의 윌슨-베버 패러다임의 한계를 지적하면서, 정부혁신의 새로운 패러다임으로 '민주행정 패러다임'을 제시하였다.
③ (O) 공공선택론은 전통적 관료제가 서비스의 독점적 공급으로 인하여 시민의 요구에 민감하게 반응하지 않을 수 있음을 지적하면서, 고객의 요구에 대한 대응력을 높일 수 있는 제도적 장치를 설계하고자 하였다.
④ (×) 공공선택론은 인간을 합리적 경제인으로 보는데, 이는 비현실적이다. 인간은 다양한 법·제도의 영향을 받으며, 감정과 같은 사회심리적 요인도 인간행동에 미치는 영향이 크다.

정답 | ④

---

091 1 2 3
기출처 2018 지방직 9급
난이도 ★★
키워드 공공선택론

092
행정학의 접근방법에 대한 설명으로 옳지 않은 것은?

① 생태론적 접근방법은 외부환경이 행정체제에 영향을 미친다는 시각으로 환경에 대한 행정의 주체적인 역할을 경시했다는 비판을 받는다.
② 후기행태주의는 적실성(relevance)과 실천(action)을 강조하고, 가치중립적인 과학적 연구보다는 가치평가적인 정책연구를 지향하였다.
③ 공공선택이론은 권한이 분산된 여러 작은 조직들에 의해 공공서비스가 공급되는 것보다 단일의 대규모 조직에 의해 독점적으로 공급되는 것을 선호한다.
④ 역사적 제도주의에서 제도는 경로의존성과 관성적인 성향으로 인해 새로운 환경의 변화에 적절히 대응하지 못할 수도 있다.

해설

① (O) 생태론적 접근방법은 환경결정론적 시각을 지니고 있어 행정이 환경에 영향을 미칠 수 있다는 행정의 독립변수적 성격을 간과하고 있다.
② (O) 후기행태주의는 사회문제를 해결하기 위한 규범적이고 가치평가적인 연구를 주장한 학문적 패러다임이다.
③ (×) 공공선택론은 분권이나 관할의 중첩을 통한 경쟁적 공공서비스의 생산을 강조하는 이론이다.
④ (O) 역사적 신제도주의에 의하면 새롭게 채택된 정책이나 제도들이 기존의 경로나 관성으로부터 영향을 받기에 원래 의도했던 효과가 나오지 않을 수 있음을 강조한다.

정답 | ③

---

092 1 2 3
기출처 2021 지방직 7급
난이도 ★★
키워드 공공선택론

관련기출 옳은지문
· 행정생태론은 문화적·환경적 차이에 따른 행정의 특수성 파악을 내용으로 한다. 21. 경찰승진

093

기출처	2018 지방직 9급
난이도	★
키워드	관청형성모형

던리비(Dunleavy)의 관청형성모형에 대한 설명으로 가장 옳은 것은?

① 고위관료의 선호에 맞지 않는 기능을 민영화나 위탁계약을 통해 지방정부나 준정부기관으로 넘긴다.
② 합리적인 고위직 관료들은 소속기관의 예산극대화를 추구한다.
③ 중하위직 관료는 주로 관청예산의 증대로 이득을 얻는다.
④ 관료들이 정책결정을 할 때 사적 이익보다는 공적 이익을 우선시 한다.

관련기출 옳은지문

• 던리비(Dunleavy)의 '관청형성모형'에서 합리적 관료들은 소규모의 엘리트 중심적이고, 정치권력의 중심에 접근해 있는 부서에서 참모 기능 수행을 원한다. 　16. 국회직 8급

• 던리비(Dunleavy)는 예산의 성격과 기관유형 등에 따라 고위관료들이 예산극대화 행동에 소극적일 수 있다고 주장한다. 　23. 경찰간부

해설

① (○) 고위관료들은 일상적이며 자율성이 낮은 계선기관보다 자율성이 높은 참모기관을 선호한다. 즉, 결정기능이나 권력 중심적 기능 또는 참모기능만 수행하고자 한다. 이에 따라 책임이나 통제가 수반되는 일상적인 집행기능(계선기능)은 준정부나 외부계약으로 이전된다.
② (×) 던리비(P. Dunleavy)는 예산증가에 따른 관료의 효용은 예산의 유형과 부서의 유형에 따라 상이하다고 보았으며 특히, 소속기관의 예산이 확대될 경우 그 기관을 통제해야 할 책임이 증가하므로 합리적인 고위관료들은 소속기관의 예산증대를 무작정 추구하지는 않는다.
③ **매력적 오답** (×) 중하위직 관료는 주로 기관의 운영비인 핵심예산의 증대로 이익을 얻는다. 관청예산의 증대로 이득을 얻는 것은 주로 고위관료이다.
④ (×) 관청형성모형은 니스카넨(W. Niskanen)의 예산극대화가설을 비판하지만 관료의 사적이익 극대화 가설은 수용하였다.

고득점 플러스+ 던리비(P. Dunleavy)의 관청형성론(1991)

• 의의: 니스카넨(W. Niskanen)의 예산극대화가설에 대한 반론 → 관료의 사익 추구 가정은 수용
• 특징: 예산의 유형과 부서의 유형에 따른 편익의 상이성 강조
• 고위관료의 성향: 금전적 효용보다는 업무적 효용의 강조
  – 계선기관보다는 참모기관의 선호, 외부와의 계약을 통한 계선 업무의 이전(→ 통제와 책임성의 약화)
  – 관청예산의 증대까지는 선호하지만, 사업예산의 증대는 선호하지 않음
• 예산의 유형
  – 선호: 핵심예산(→ 기관운영비, 중·하위관료의 선호), 관청예산(→ 민간에 직접 지출하는 예산, 고위관료의 선호)
  – 비선호: 사업예산(→ 다른 공공기관에 이전하는 예산, 통제기관), 초사업예산

정답 | ①

094

기출처	2020 국가직 7급
난이도	★
키워드	예산극대화 이론

니스카넨(Niskanen)의 예산극대화 이론과 던리비(Dunleavy)의 관청형성 이론에 대한 설명으로 옳지 않은 것은?

① 니스카넨(Niskanen)에 따르면 최적의 서비스 공급 수준은 한계편익(marginal benefit)과 한계비용(marginal cost)이 일치하는 수준에서 결정된다.
② 두 이론 모두 관료를 자신의 이익과 효용을 추구하는 인간으로 가정한다.
③ 던리비(Dunleavy)에 따르면 관청형성의 전략 중 하나는 내부조직 개편을 통해 정책결정 기능과 수준을 강화하되 일상적이고 번잡스러운 업무는 분리하고 이전하는 것이다.
④ 니스카넨(Niskanen)에 따르면 예산극대화 행동은 예산유형과 직위의 관계, 기관유형, 시대적 상황 등의 측면에서 다양하게 나타날 수 있다.

관련기출 옳은지문

• 던리비(Dunleavy)의 '관청형성모형'에서 고위직 관료는 금전적 편익보다는 수행하는 업무의 성격과 업무환경에서 오는 효용을 증진시키는 데 더 큰 관심을 갖는다. 　16. 국회직 8급

해설

① (O) 니스카넨(W. Niskanen)에 따르면 사회적으로 최적의 서비스 공급 수준은 한계편익과 한계비용이 일치하는 수준이다. 그러나 관료는 자신의 이익을 극대화하기 위하여 총편익과 총비용이 일치하는 점까지 공공서비스 공급의 규모를 확대시킨다.
② (O) 니스카넨(W. Niskanen)의 예산극대화모형이나 던리비(P. Dunleavy)의 관청형성 이론은 모두 합리적 경제인에 바탕을 두고 이론을 전개한다.
③ (O) 던리비(P. Dunleavy)에 따르면 고위관료들은 일상적이며 자율성이 낮은 계선기관보다 자율성이 높은 참모기관을 선호한다. 즉, 결정기능이나 권력 중심적 기능 또는 참모기능만 수행하고자 한다. 이에 따라 책임이나 통제가 수반되는 일상적 집행기능은 준정부나 외부계약으로 이전된다. 결국, 정부의 기능이 다양한 관청으로 분봉(분권화)되어 정부팽창은 은폐되고 통제와 책임은 약화된다.
④ (×) 예산유형과 직위의 관계, 기관유형, 시대적 상황 등의 측면을 고려한 것은 던리비(P. Dunleavy)의 관청형성 이론이다.

정답 | ④

095 필수
행정학의 접근방법에 대한 설명으로 옳은 것은?

① 법적·제도적 접근방법은 개인이나 집단의 속성과 행태를 행정현상의 설명변수로 규정한다.
② 신제도주의 접근방법에서는 제도를 공식적인 구조나 조직 등에 한정하지 않고, 비공식적인 규범 등도 포함한다.
③ 후기행태주의 접근방법은 행정을 자연·문화적 환경과 관련하여 이해하면서 행정체제의 개방성을 강조한다.
④ 툴민(Toulmin)의 논변적 접근방법은 환경을 포함하여 거시적인 관점에서 행정현상을 분석하고, 확실성을 지닌 법칙 발견을 강조한다.

095
기출처 2020 국가직 9급
난이도 ★★
키워드 신제도주의

관련기출 옳은지문
· 합리적 선택 제도주의는 경제학에 이론적 배경을 두고 있다.
21. 군무원 7급

· 역사적 제도주의는 제도의 경로의 존성을 강조한다. 22. 경찰간부

· 신제도주의는 접근방법의 범위가 넓고 경계는 느슨한 경향이 있으며 그 안에는 개별적 특성이 서로 다른 이론들이 들어 있다. 11. 국회직 8급

해설

① (×) 개인이나 집단의 속성과 행태를 행정현상의 설명변수로 규정하는 것은 행태론적 접근방법이다.
② (O) 신제도주의는 구제도주의와 달리 제도의 개념을 법률로 규정된 공식적 정부로 한정하지 않으며, 제도를 중심으로 정책현상 등 다른 변수들과의 관계를 분석하고자 한다.
③ (×) 행정을 자연·문화적 환경과 관련하여 이해하면서 행정체제의 개방성을 강조하는 것은 생태론이나 체제론이다.
④ **매력적 오답** (×) 툴민(S. Toulmin)의 논변적 접근방법은 주장, 근거, 보증, 보강, 배제사유, 적용범위라는 6개의 논증도식을 통해 주장의 정당성을 확보하고자 하는 이론이다. 이는 이론의 보편적 법칙보다는 당해 주장의 정당성을 입증하기 위한 방법이다. 반면, 환경을 포함하여 거시적인 관점에서 행정현상을 분석하고, 확실성을 지닌 법칙의 발견을 강조하는 것은 체제론적 접근방법이다.

정답 | ②

096	① ② ③
기출처	2015 지방직 9급
난이도	★★
키워드	역사적 신제도주의

🔍 **관련기출 옳은지문**

• '역사적 신제도주의'는 역사적 조망과 거시구조적 분석을 결합하여 정책에 대한 맥락적 접근을 강조한다.

17. 경찰승진

096

역사적 신제도주의의 특징으로 옳지 않은 것은?

① 행정기관, 의회, 대통령, 법원 등 유형적인 개별 정치제도가 주된 연구대상이다.
② 제도를 이해하는 데 있어 역사적·사회적 맥락의 중요성을 강조한다.
③ 제도가 형성되면 안정성과 경로의존성을 갖는다고 본다.
④ 제도란 공식적 법규범뿐만 아니라 비공식적 절차, 관례, 관습 등을 포함한다.

해설

① (×) 의회, 대통령, 법원 등 유형적인 개별 정치제도를 주된 연구대상으로 삼는 것은 구제도주의이다. 신제도주의는 제도와 제도의 관계, 혹은 제도가 작동하는 제도의 장에 관심을 두고 있다.
② (○) 신제도론은 제도의 외생성과 합리성을 가정하여 제도의 영속성과 맥락성 그리고 인간행위에 대한 제도의 영향력을 간과했던 다원주의·합리주의·행태주의 등의 한계를 극복하고자 등장한 이론이다.
③ (○) 역사적 신제도주의는 제도가 형성되면 안정성과 경로의존성을 갖는다는 것을 강조한다.
④ (○) 신제도론은 제도의 개념을 법률로 규정된 공식적 정부로 한정하지 않으며, 제도를 중심으로 다른 변수들과의 관계분석도 추구하므로 구제도론보다는 더 동적(dynamic)이다.

정답 | ①

097	① ② ③
기출처	2019 국가직 7급
난이도	★
키워드	시차이론

097

다음 행정이론에 대한 설명으로 옳지 않은 것은?

> 변화 시작의 시간적 전후관계나 동반관계, 변화과정의 시간적 장단(長短)관계를 사회현상 연구에 적용하는 접근방법이다. 정책이 실제로 실행되는 타이밍, 정책대상자들의 학습시간, 정책의 관련요인들 간 발생순서 등이 정책효과를 다르게 할 수 있다고 주장한다.

① 원인변수와 결과변수 간 인과관계가 원인변수들이 작용하는 순서에 따라 달라지지는 않는다고 본다.
② 정책이나 제도의 도입 이후 어느 시점에서 변경을 시도해야 바람직한 결과를 낳을 것인지에 주목한다.
③ 정책이나 제도의 효과는 어느 정도 숙성시간이 지난 후에 평가하는 것이 보다 합리적이라고 본다.
④ 시차적 요소에 대해 적절하게 고려하지 않아 정부개혁의 실패가 나타난다고 본다.

해설

① (×) 시차적 접근법은 원인변수의 작용 순서에 따라 결과변수와의 인과관계가 달라진다고 본다.
② (○) 시차적 접근법은 정책학 연구에서 시간변수를 중요한 분석요소로 도입하여 원인변수 작동의 시차, 변수들의 역사와 인과관계의 상이성, 인지상의 시차, 업무완결에 걸리는 시차 등을 강조한 이론이다.
③ (○) 시차적 접근법은 현상을 발생시키는 속성이나 행태가 주체에 따라 시간적 차이를 두고 변화되는 사실을 사회현상에 적용하는 연구방법으로, 같은 정책이라 해도 주체에 따라 시간적 차이가 발생할 수 있으므로 새로운 제도의 효과성을 평가하기 위해서는 어느 정도의 숙성기간을 고려하는 것이 바람직하다고 본다.
④ (○) 시차적 접근법은 외국의 제도를 도입하려는 정부개혁이 효과를 거두지 못한 원인을 파악하는 과정에서 도입된 이론이다.

정답 | ①

098

사회학적 신제도주의에 대한 설명으로 옳지 않은 것은?

① 개인의 행위는 고립된 상태에서 선택되는 것이 아니라 사회관계에 의하여 영향을 받는다는 의미에서 '배태성(embeddedness)'이라는 개념을 사용한다.
② 조직들이 시장의 압력 속에서 생존하기 위해 경쟁력 있는 조직형태나 조직관리기법을 합리적으로 선택하는 것은 규범적 동형화(normative isomorphism)의 예이다.
③ 정부의 규제정책에 따라 기업들이 오염방지장치를 도입하거나 장애인 고용을 확대하는 것은 강압적 동형화(coercive isomorphism)의 예이다.
④ 정부의 제도개혁에 선진국의 제도를 도입하여 적용하는 것은 모방적 동형화(mimetic isomorphism)의 예이다.

098	
기출처	2020 지방직 7급
난이도	★
키워드	사회학적 신제도주의

관련기출 옳은지문

- 사회학적 신제도주의는 제도가 국가나 조직의 경계를 넘어 유사한 형태로 수렴된다고 본다. 18. 행정사

- 사회학적 신제도주의는 제도 간 동형화(isomorphism)를 인정한다. 12. 국회직 8급

- 사회학적 제도주의는 제도의 변화에서 개인의 역할을 전혀 인정하지 않는다. 22. 군무원 7급

해설

① (○) 배태성이란 어떤 현상이나 사물이 발생하거나 일어나는 원인을 담고 있다는 의미로, 무엇인가를 야기할 수 있는 능력과 관련된다.
② (×) 시장의 압력 속에서 생존하기 위해 경쟁력 있는 조직형태나 조직관리기법을 선택하는 것은 강압적 동형화이다.
③ (○) 정부의 규제정책과 같은 압력에 의해 동형화되는 것은 강압적 동형화이다.
④ **매력적 오답** (○) 모방적 동형화는 불확실한 상황에서 성공사례를 벤치마킹하여 모방하는 과정과 관련된다.

정답 | ②

099

기출처	2017 지방직 9급
난이도	★
키워드	제도적 동형화

관련기출 옳은지문
- 사회학적 제도주의는 인간의 표준화된 행동 코드가 제도 내에 배태되어(embedded) 있다고 본다.
  22. 소방간부

099
조직의 배태성(embeddedness)과 제도적 동형화(isomorphism)에 대한 설명으로 옳지 않은 것은?

① 조직 배태성의 특징은 조직 구성원들이 정당성보다 경제적 이익을 추구하는 행위를 하려는 것이다.
② 조직의 제도적 동형화는 특정 조직이 환경에 있는 다른 조직을 닮는 것을 말한다.
③ 제도적 동형화에는 강압적 동형화, 모방적 동형화, 규범적 동형화 등이 있다.
④ 제도적으로 조직이 동형화될 경우 조직이 교란되는 것을 막을 수 있다.

해설

① (×) 제도를 생성하거나 기존의 제도를 닮아가는 배태성은 사회학적 신제도주의에서 강조하는 개념이다. 사회학적 신제도주의에 의하면 구성원들은 경제적 이익보다는 정당성을 획득하기 위해 기존의 제도를 채택하게 된다.
② (○) 동형화란 처음에는 달랐지만 시간이 지나면서 서로 닮아가는 현상으로, 사회학적 신제도주의에서 강조하는 개념이다.
③ (○) 동형화에는 자신이 속한 조직사회 또는 자원을 통제하는 다른 조직들로부터 가해지는 공식·비공식 압력에 순응하는 강압적 동형화, 불확실한 상황에서 성공사례를 벤치마킹하여 모방하는 과정인 모방적 동형화, 전문직업에서 작업조건과 방법을 통제하고, 직업적 자율성과 정당성을 획득하기 위한 집합적 노력인 규범적 동형화 등이 있다.
④ (○) 동형화란 다양한 형태의 유형으로 출발하지만, 시간이 지나 어느 정도 안정화 단계에 이르면 유사한 형태로 변하는 현상이므로, 조직이 교란되는 것을 막을 수 있다.

고득점 플러스+ 동형화의 유형
- 강제적 동형화: 압력 혹은 사회의 문화적 기대에 의한 동형화 현상
- 모방적 동형화: 불확실한 상황에서 정당성을 인정받고 있거나 성공적이라고 평가받는 조직을 닮아가는 현상
- 규범적 동형화: 전문가들 사이에 조직 형태에 대한 규범이 보편화되는 현상

정답 | ①

100

기출처	2019 지방직 7급
난이도	★
키워드	역사적 제도주의

관련기출 옳은지문
- 합리적 선택 신제도주의 계열에는 거래비용 경제학, 공공선택이론, 공유재 이론 등이 있다. 15. 서울시 9급

100
신제도주의의 주요 분파에 대한 설명으로 옳은 것은?

① 합리적 선택 제도주의는 개인이 합리적이며 선호는 제도와 밀접하게 연관되어 변화하는 것으로 가정한다.
② 사회학적 제도주의는 제도의 변화과정을 설명할 때 경로의존성을 강조하며, 제도의 운영 및 발전과 관련하여 권력의 비대칭성에 초점을 맞춘다.
③ 역사적 제도주의는 중범위적 제도 변수가 개별 행위자의 행동과 정치적 결과를 어떻게 연계시키는지에 대해 초점을 맞춘다.
④ 사회학적 제도주의는 사회적 딜레마를 해결하기 위해 사람들이 스스로 만드는 게임의 규칙을 제도로 본다.

해설

① (×) 합리적 선택 제도주의는 인간 선호의 외생성을 가정한다. 선호가 제도와 밀접하게 연관되어 있어 변화된다는 것은 선호의 내생성을 의미한다.
② (×) 제도의 변화과정을 설명할 때 경로의존성을 강조하고 제도의 운영 및 발전과 관련하여 권력의 비대칭성에 초점을 맞추는 것은 역사적 신제도주의이다.
③ (○) 역사적 신제도주의에서 사용하는 제도변수는 마르크스의 계급이론이나 근대화론과 같은 거시적 수준이 아닌 중범위적 수준의 제도변수를 설정한 후 다른 제도와의 관련성을 연구하는 이론이다.
④ (×) 사회적 딜레마를 해결하기 위해 사람들이 스스로 만드는 게임의 규칙을 제도로 보는 것은 합리적 선택 제도주의이다.

정답 | ③

101
신제도주의 이론에 대한 설명으로 옳지 않은 것은?

① 신제도주의는 원자화된 개인이 아니라 제도라는 맥락 속에서 전개되는 개인 행위에 초점을 맞춘다.
② 신제도주의에서 제도는 독립변수일 수도 있고 종속변수일 수도 있다.
③ 합리적 선택 제도주의에 의하면 행위자의 선호는 개인들 간 상호작용을 통해 형성된다.
④ 역사적 신제도주의는 전체주의(holism) 입장을 취하며 주로 중범위 수준에서 분석을 수행한다.

101	
기출처	2013 지방직 7급
난이도	★★
키워드	신제도주의

관련기출 옳은지문
- 사회학적 제도주의는 제도의 변화에서 개인의 역할을 인정하지 않고, 개인은 자신의 의도에 따라 제도를 만들거나 변화시킬 수 없으며 제도에 종속될 뿐이라고 본다. 21. 국회직 8급
- 역사적 신제도주의(historical institutionalism)는 전체주의(holism) 입장을 취하며 주로 중범위 수준에서 분석을 수행한다. 19. 경찰승진
- 역사적 신제도주의(historical institutionalism)는 제도의 변화를 설명함에 있어 역사적 전환점(historical juncture)에 주목한다. 19. 경찰승진

해설

① (○) 신제도주의에 의하면 인간의 행위는 제도라는 맥락 속에서 형성되므로 인간의 행위를 이해함에 있어 제도의 영향력을 파악하는 것이 중요하다.
② **매력적 오답** (○) 신제도주의는 제도와 제도, 제도와 인간의 상호작용을 강조하므로 제도는 다른 제도나 인간의 행위에 영향을 주는 독립변수일수도 있고 영향을 받는 종속변수일수도 있다.
③ (×) 합리적 선택 제도주의는 개인의 선호를 안정적이며 선험적으로 주어진 것으로 가정한다.
④ (○) 역사적 신제도주의는 역사적 과정과 거시구조적 맥락을 강조하는 방법론적 전체주의 입장이지만 모든 제도를 연구하는 것이 아니라 보건이면 보건, 교육이면 교육과 관련된 제도만을 분석하는 중범위적 수준의 연구이다.

정답 | ③

102

기출처	2021 지방직 9급
난이도	★★
키워드	사회학적 제도주의

관련기출 옳은지문
- 사회학적 제도주의에서는 개인이나 조직의 제도적 환경에 대한 적응력이 강조되고, 사회적으로 표준화된 규칙 또는 규범에 적절하게 순응하는 개인이나 조직은 사회로부터 정당성을 부여받는다. 21. 국회직 8급

102 〈필수〉

신제도주의에 대한 설명으로 옳지 않은 것은?

① 제도는 법률, 규범, 관습 등을 포함한다.
② 역사적 제도주의는 제도가 경로의존성을 따른다고 본다.
③ 사회학적 제도주의는 적절성의 논리보다 결과성의 논리를 중시한다.
④ 합리적 선택 제도주의는 제도가 합리적 행위자의 이기적 행태를 제약한다고 본다.

해설

① (O) 신제도주의는 제도의 범위에 법률과 같은 공식적 제도뿐만 아니라 규범이나 관심과 같은 비공식적 제도까지 포함하고 있다.
② (O) 경로의존성이란 과거의 선택이 관성(inertia) 때문에 쉽게 변화되지 않는 현상을 말한다. 이러한 경로의존성과 권력의 불균형성을 중시한 이론은 역사적 신제도주의이다.
③ (×) 사회학적 신제도주의는 제도변화 이유로 결과성의 논리(기능주의 관점)보다는 적절성의 논리를 강조한다.
④ **매력적 오답** (O) 합리적 선택 제도주의는 행위자 간 전략적 행위와 균형 상태의 유지에 있어 제도의 역할을 강조하며, 제도가 합리적 행위자의 전략이나 보상함수에 영향을 미쳐 다시 그들의 행위를 제약하는 현상을 설명한다.

정답 | ③

103

기출처	2013 지방직 9급
난이도	★★
키워드	신제도주의

관련기출 옳은지문
- 역사적 제도주의에 의하면, 제도는 환경의 변화가 크지 않으면 안정적인 균형상태를 유지하다가 외부의 충격을 겪으면서 근본적 변화를 경험하고 새로운 경로에서 다시 균형상태를 이루는 단절적 균형의 특성을 보인다. 21. 국회직 8급

- 역사적 신제도주의에서 개인의 선호는 내생적으로, 즉 정치체제가 개인의 선호를 형성하고 제약한다. 20. 경찰간부

103

신제도주의에 대한 설명으로 옳은 것만을 모두 고른 것은?

ㄱ. 합리적 선택 신제도주의가 형성되는 데 거래비용접근법이 많은 영향을 미쳤다.
ㄴ. 사회학적 신제도주의는 문화가 제도의 형성에 미치는 영향을 간과한다.
ㄷ. 역사적 신제도주의는 행위자 간의 상호작용을 제약하는 제도의 영향력과 제도적 맥락을 강조한다.

① ㄱ, ㄴ
② ㄱ, ㄷ
③ ㄴ, ㄷ
④ ㄱ, ㄴ, ㄷ

해설

ㄱ. (O) 거래비용이론은 거래비용의 최소화를 효율성의 관건으로 인식하는 경제학적 이론으로, 거래비용을 줄이기 위한 제도적 장치의 모색을 강조한다는 점에서 합리적 선택 신제도주의로 분류된다.
ㄴ. (×) 사회학적 신제도주의는 제도를 가장 넓게 인식하여 상징체계나 도덕적 틀과 같은 문화적 차원까지 확대한 이론이다. 특히, 제도의 채택에 있어 규범적 측면보다는 인지적 측면을 중시하여, 조직의 사회적 정당성 확보를 위해 문화적 인지 속에서 제도를 채택한다고 보았다.
ㄷ. (O) 역사적 신제도주의는 역사적 관점과 거시 구조적 관점을 결합한 접근법으로, 개인의 행동을 형성하고 제약하는 제도의 지속성과 이러한 제도가 형성되어 온 역사적 과정을 중시하는 이론이다.

정답 | ②

104
신제도주의 유형과 그 특징을 바르게 연결한 것은?

	합리적 선택 제도주의	역사적 제도주의	사회학적 제도주의
①	중범위 수준 제도분석	제도동형성	경로의존성
②	거래비용	경로의존성	제도동형성
③	전략적 상호작용	중범위 수준 제도분석	거래비용
④	경로의존성	전략적 상호작용	중범위 수준 제도분석

104
- 기출처: 2020 국가직 7급
- 난이도: ★★
- 키워드: 신제도주의

해설

① (×) 중범위 수준의 제도분석과 경로의존성은 역사적 신제도주의의 특징이고, 제도의 동형성은 사회학적 신제도주의의 특징이다.
② (○) 거래비용은 합리적 선택 제도주의의 주요 개념이고 경로의존성은 역사적 제도주의의 핵심 개념이며, 제도의 동형성은 사회학적 제도주의의 핵심 개념이다.
③ (×) 거래비용의 개념은 합리적 선택 제도주의의 특징이다.
④ (×) 전략적 상호작용은 합리적 선택 제도주의의 특징이다.

고득점 플러스+ 신제도주의의 유파 → 홀(P. Hall)

구분	합리적 선택 제도주의	역사적 신제도주의	사회학적 신제도주의
모학문	경제학	정치학	조직사회학
제도	공식적 측면의 강조 제도의 범위가 좁음	공식적 측면의 강조 제도의 범위가 넓음	비공식적 측면의 강조 제도의 범위가 가장 넓음
개인선호	안정적·외생적	제한적·내생적	제한적·내생적
제도채택	합리적·전략적 선택 균형점으로서의 제도	경로의존성	제도의 인지적 측면
제도변화	전략적 선택의 결과 비용과 편익의 비교	외부적 충격 단절된 균형	유질동형화 과정 적절성의 논리
접근법	연역적(→ 일반이론) 방법론적 개체주의	귀납적(→ 비교 및 사례연구) 방법적 전체주의	귀납적(→ 해석학적 방법) 방법론적 전체주의

관련기출 옳은지문
- 사회학적 신제도주의는 경제적 효율성이 아니라 사회적 정당성 때문에 새로운 제도적 관행이 채택된다고 주장한다. 　15. 서울시 9급

정답 | ②

CHAPTER 05 행정학의 주요이론

105
기출처: 2017 국가직 7급
난이도: ★
키워드: 제퍼슨주의

관련기출 옳은지문
- 매디슨(J. Madison)은 이익집단을 중요시하였으며 정치활동의 원천으로 인식하였다. 19. 서울시 9급(상)

- 고전적 행정학은 행정의 중립성·수단성을 강조하였다. 06. 서울시 7급

105
미국 민주주의의 규범적 관료제 모형에 대한 설명으로 옳은 것은?

① 제퍼슨주의(Jeffersonianism)는 개인의 자유를 극대화하기 위한 행정책임을 강조하고 소박하고 단순한 정부와 분권적 참여과정을 중시한다.
② 잭슨주의(Jacksonianism)는 행정의 탈정치화를 통해 정당정치의 개입으로부터 자유로운 행정을 강조한다.
③ 매디슨주의(Madisonianism)는 국가 이익의 증진을 위해 강한 행정부의 적극적 역할과 행정의 유효성을 지향한다.
④ 해밀턴주의(Hamiltonianism)는 다원적 과정을 통한 이익집단 요구의 조정과 이를 가능하게 하는 견제와 균형을 중시한다.

해설

① (O) 제퍼슨주의는 자유주의 사상으로 지방분권과 민주성을 강조하며, 19세기 말 민중주의와 진보주의운동, 1960년대 참여를 강조하는 신행정학에 영향을 주었다.
② (×) 행정의 탈정치화를 통해 정당정치의 개입으로부터 자유로운 행정을 강조한 학자는 윌슨(W. Wilson)이다.
③ (×) 국가 이익의 증진을 위해 강한 행정부의 적극적 역할과 행정의 유효성을 지향하는 것은 해밀턴주의이다.
④ (×) 다원적 과정을 통한 이익집단 요구의 조정과 이를 가능하게 하는 견제와 균형을 중시하는 것은 매디슨주의이다.

정답 | ①

106
기출처: 2019 지방직 7급
난이도: ★
키워드: 뉴욕시정조사연구소

106
미국 행정의 발달과정과 행정학의 태동에 대한 설명으로 옳은 것은?

① 잭슨(Jackson)이 도입한 엽관주의는 정치지도자의 행정통솔력을 약화함으로써 국민의 요구에 대한 관료적 대응성의 후퇴 및 정책수행과정에서의 비효율성을 초래하였다.
② 건국 직후 미국 정치체제는 행정의 효율성을 지향하는 해밀턴주의(Hamiltonianism)가 지배했다.
③ 1906년에 설립된 뉴욕시정조사연구소(The New York Bureau of Municipal Research)는 좋은 정부를 구현하기 위한 능률과 절약의 실천방안을 제시하고 시정에 대한 과학적 연구를 수행했다.
④ 미국 행정학의 학문적 초석을 다진 애플비(Appleby)는 행정에 대한 지나친 정당정치의 개입이 정책의 능률적 집행을 저해한다고 보았다.

해설

① (×) 잭슨(A. Jackson)의 엽관주의는 정치지도자의 행정통솔력을 강화시켜 중대한 정책변동에 대한 대응력을 높이는 데 기여하였다.
② 매력적 오답 (×) 미국은 건국 초기에 대체로 자유주의와 민주주의 이념을 상징하는 제퍼슨-잭슨 철학이 지배하였다.
③ (O) 뉴욕시정조사연구소는 시정의 과학적 연구를 통해 행정개혁의 근거를 제공하기 위해 1906년 뉴욕에 설치된 행정연구소이다.
④ (×) 애플비(P. Appleby)는 정치행정일원론자이다. 행정에 대한 지나친 정당정치의 개입을 비판한 학자는 윌슨(W. Wilson)이다.

고득점 플러스+ 미국 행정학

- 사상적 기초
  - 해밀턴주의: 연방주의, 중앙집권, 능률적 국가관, 뉴딜정책에 영향, 실천가로서 관료
  - 제퍼슨주의: 분권주의, 지방분권, 민중주의와 시민참여, 신행정학에 영향, 공복으로서 관료
  - 매디슨주의: 다원주의와 점증주의, 심판자로서 국가, 삼권분립에 의한 견제와 균형, 협상과 타협의 전문가로서 관료
- 전개과정
  - 고전적 행정학: 정치행정이원론, 기술적 행정학, 과학적 관리법, 관료제론, 합리적 경제인, 기계적 능률성, 폐쇄체제 등
  - 신고전적 행정학: 정치행정일원론, 기능적 행정학, 인간관계론, 사회인관, 비공식적 요인, 사회적 능률성, 폐쇄체제 등

정답 | ③

관련기출 옳은지문

- 고전적 행정학은 절약과 능률을 강조하여 투입을 산출로 전환시키는 과정에서의 손실을 최소화시키는 데 관심이 높았다. 06. 서울시 7급

- 1960년대 신행정학은 행정학의 실천적 성격과 적실성을 회복하기 위해 정책지향적인 행정학을 강조했다. 16. 국가직 7급

107
행정학의 발달과정에 대한 설명으로 옳지 않은 것은?

① 1960년대 신행정학은 행정학의 실천적 성격과 적실성을 회복하기 위해 정책지향적인 행정학을 강조했다.
② 사이먼(Simon)은 인간행태에 연구의 초점을 두었고 행정이론의 과학화에 기여하였다.
③ 애플비(Appleby)는 정치는 국가의 의지를 표명하고 정책을 구현하는 것이며 행정은 이를 실천하는 것으로 정치와 행정의 차이를 명확히 구별했다.
④ 미국 행정학은 테일러(Taylor)의 과학적 관리법에 근거를 둔 조직이론으로부터 영향을 받았다.

107
기출처	2016 국가직 7급
난이도	★
키워드	애플비(P. Appleby)

관련기출 옳은지문

- 사이먼(H. Simon)은 고전적 조직원리들을 검증되지 않은 속담이나 격언에 불과하다고 비판하였다. 21. 경찰간부

- 테일러(F. Taylor)는 시간과 동작에 관한 연구를 통해 효율적 관리를 위한 최선의 방법을 찾고자 하였다. 21. 경찰간부

해설

① (O) 정책지향이란 정부의 정책을 통해 사회문제를 해결하고자 하는 학문적 경향을 말한다. 신행정론은 1960년대 미국 사회의 격동기를 해결하고자 등장한 정책지향적이고 처방적인 학문이다.
② (O) 사이먼(H. Simon)은 논리실증주의를 기반으로 가치와 사실을 분리한 후 사실 중심의 과학성을 추구한 학자이다. 특히, 제도나 이념이 아닌 행태 중심의 연구를 강조하였다.
③ (×) 정치는 국가의 의지를 표명하고 정책을 구현하는 것이며 행정은 이를 실천하는 것으로, 정치와 행정의 차이를 명확히 구별한 학자는 굿노(F. Goodnow)이다. 애플비(P. Appleby)는 『정책과 행정』(1949)에서 정치행정일원론을 주장한 학자이다.
④ (O) 미국의 행정학은 유럽의 관료제이론과 테일러(F. Taylor)의 과학적 관리법이라는 고전적 조직이론으로부터 영향을 받아 성립하였다.

정답 | ③

108

기출처	2016 지방직 7급
난이도	★★
키워드	비교행정론

관련기출 옳은지문

- 비교행정론은 생태론적 접근방법을 취한다. 23. 군무원 9급

- 비교행정론은 후진국의 국가발전에 대한 비관적 숙명론으로 귀결된다. 23. 군무원 9급

- 다양한 문화와 국가에 적용 가능한 행정이론을 도출하기 위한 노력은 비교행정론의 태동과 발달에 직접적인 영향을 준 요인이다. 18. 소방간부

108

비교행정의 한계에 대한 설명으로 옳지 않은 것은?

① 독자적인 연구대상을 획정하기가 어렵다.
② 환경과 행정의 교류적 관계를 경시한 정태적 접근이다.
③ 처방성과 문제해결성을 강조함에 따라 행정의 비과학화를 초래하였다.
④ 행정을 지나치게 과소평가함으로써 행정의 독자성을 무시하고 행정의 종속성을 강조하고 있다.

해설

① **매력적 오답** (O) 비교행정론은 무엇을 비교할 것인지 그리고 어디까지 비교의 대상에 포함시킬 것인지에 대한 구체적 합의점이 없다는 것에 한계가 있다. 비교행정학회지에 실린 논문의 주제 중 가장 많은 영역이 정책인데 그 비율이 14% 정도에 머문다는 것은 비교행정을 지배하는 유일한 연구대상이 명확하지 않다는 것을 의미한다.
② (O) 비교행정론은 환경에 의한 일방적 영향만을 강조하므로 행정이 환경에 영향을 미칠 수 있음은 간과하고 있다. 즉, 환경과 행정의 교류적 관계(쌍방적 관계)를 경시한 정태적 접근이다.
③ (X) 비교행정론은 선진국과 후진국의 행정을 비교하여 모든 국가에 보편적으로 적용될 수 있는 이론을 발견하고자 했던 과학적 노력이다. 즉, 행정의 처방성과 문제해결보다는 과학성을 강조한 이론이다.
④ (O) 비교행정은 행정이 환경에 의해 상당한 영향을 받는다는 점을 강조하면서, 행정의 환경에 대한 종속성을 부각시켰다. 이로 인해 행정이 환경의 피동적인 산물로 간주되어 행정의 주체적인 역할이나 독자성이 과소평가될 수 있다는 비판을 받았다.

고득점 플러스+ 비교행정론과 발전행정론

- 비교행정론: 과학성 강조, 보편적 이론의 구축, 정태적 균형이론, 종속변수로서 행정, 전이적 변화
- 발전행정론: 처방성 강조, 개발도상국의 특수성 강조, 동태적 불균형이론, 독립변수로서 행정, 계획적 변동

정답 | ③

109

기출처	2025 국가직 9급
난이도	★★
키워드	신행정론

관련기출 옳은지문

- 신행정론은 현실의 사회문제 해결을 강조하였다. 24. 소방간부

109

신행정론에 대한 설명으로 옳지 않은 것은?

① 미국의 시민권 운동, 빈곤문제 등에 대응하여 행정이 사회의 실질적 문제를 해결하지 못하고 있다는 비판에서 대두되었다.
② 논리실증주의와 행태주의를 계승하였다.
③ 행정능률 지상주의에서 탈피하여 적실성, 사회적 형평성 등 가치를 중요시한다.
④ 정치와 행정의 긴밀한 관계를 주장한 점에서 정치·행정일원론적 관점에 가깝다.

해설

① (O) 신행정론은 미국 사회의 실질적 문제해결을 촉구하며 등장한 이론이다.
② (X) 신행정론은 학문적 실천력이 부족하였던 논리실증주의와 행태주의에 대한 비판으로 등장한 이론이다.
③ (O) 신행정론은 효율성보다는 사회적 형평성, 적실성, 변화, 시민참여 등의 가치를 강조했던 이론이다.
④ (O) 신행정론은 행정의 적극적인 가치 지향적 역할을 주장하며 정치행정일원론적 시각을 가지고 있다.

정답 | ②

110
미국에서 등장한 행정이론인 신행정학(New Public Administration)에 대한 설명으로 옳지 않은 것은?

① 신행정학은 미국의 사회문제해결을 촉구한 반면 발전행정은 제3세계의 근대화 지원에 주력하였다.
② 신행정학은 정치행정이원론에 입각하여 독자적인 행정이론의 발전을 이루고자 하였다.
③ 신행정학은 가치에 대한 새로운 인식을 기초로 규범적이며 처방적인 연구를 강조하였다.
④ 신행정학은 왈도(Waldo)가 주도한 1968년 미노브룩(Minnowbrook)회의를 계기로 태동하였다.

110	① ② ③
기출처	2019 지방직 9급
난이도	★★
키워드	신행정론

관련기출 옳은지문
- 신행정론은 가치지향적인 관리를 중시하였다. 24. 소방간부
- 신행정학은 행정이 사회적 형평성의 증진을 위해 앞장설 것을 주장했다. 24. 경찰승진

해설

① (O) 신행정학은 미국 사회의 격동기를 해결하기 위해 등장한 이론이고, 발전행정론은 개발도상국의 경제발전을 촉진하기 위해 도입된 이론이다.
② (×) 신행정론은 사회문제의 해결을 위해 적극적인 가치판단을 강조하는 정치행정일원론이다.
③ (O) 신행정학은 행태주의가 가치 문제를 도외시하고 사실 위주의 연구만을 강조한 것을 비판하며, 행정학이 가치 문제에 적극적으로 개입하고 사회적 형평성, 사회 정의와 같은 가치 실현에 기여해야 한다고 주장했다. 이로 인해 규범적(어떠해야 하는가)이고 처방적(어떻게 해야 하는가)인 연구를 강조하게 되었다.
④ (O) 미노브룩회의는 왈도(D. Waldo)가 주관한 논리실증주의에 입각한 행태주의의 한계와 처방성의 강조에 따른 행정학의 정체성 위기를 제기하고 이를 극복하고자 한 회의이다.

정답 | ②

111
신행정학(New Public Administration)에 대한 설명으로 옳지 않은 것은?

① 왈도(Waldo), 마리니(Marini), 프레드릭슨(Frederickson) 등이 주도하였다.
② 기업식 정부운영을 주장하면서 신자유주의적 행정개혁에 앞장섰다.
③ 행태주의의 한계를 지적하면서 가치문제와 처방적 연구를 강조하였다.
④ 고객인 국민의 요구를 중시하는 행정을 강조하고 시민참여의 확대를 주장하였다.

111	① ② ③
기출처	2011 국가직 9급
난이도	★★
키워드	신행정론

관련기출 옳은지문
- 신행정론은 가치·규범주의, 형평성을 강조한다. 10. 국회직 8급

해설

① (O) 신행정학은 왈도(D. Waldo)가 주관한 미노브룩회의(1968)를 통해 등장하였으며, 마리니(F. Marini)는 신행정학의 공통점으로 적실성, 탈행태주의, 탈관료제, 고객 중심주의 등을 지적하였다. 특히, 새로운 행정이념으로 사회적 형평성을 강조하였는데, 프레드릭슨(H. Fredrickson)은 사회적 형평성의 구성요소로 참여와 대응 및 책임을 제시하였다.
② (×) 기업식 정부운영을 주장하면서 신자유주의적 행정개혁에 앞장선 이론은 신공공관리론이다.
③ (O) 신행정학은 1960년대 말 등장한 가치지향적인 학문으로, 논리실증주의와 이에 입각한 행태론적 접근방식을 비판하면서, 사회문제 해결을 위해 적실성(relevance)과 실천성(action)을 갖는 처방적 학문의 필요성을 강조하였다.
④ (O) 신행정학은 정치적 중립성과 전문성에 입각한 전문직업적 관료보다는 행정의 대응성과 고객의 참여 등 수요자 중심의 행정을 추구하였다.

정답 | ②

112

112		1 2 3
기출처	2017 국가직 9급	
난이도	★★	
키워드	신행정론	

신행정학(New Public Administration)의 핵심 내용으로 옳은 것만을 모두 고른 것은?

┌───┐
│ ㉠ 효율성 강조   ㉡ 실증주의적 연구지향 │
│ ㉢ 적실성 있는 행정학 연구   ㉣ 고객중심의 행정 │
│ ㉤ 기업식 정부운영   │
└───┘

① ㉠, ㉡   ② ㉡, ㉢
③ ㉢, ㉣   ④ ㉣, ㉤

🔍 **관련기출 옳은지문**
- 신행정론은 정치행정일원론이며 사회적 형평성을 강조한다. 18. 경찰간부

해설

㉠ (×) 신행정론은 효율성보다는 사회적 형평성을 강조하는 이론이다.
㉡ (×) 실증주의 연구는 행태주의와 관련된다. 신행정론은 규범적 연구를 강조한다.
㉢ (O) 신행정론은 적실성과 처방성으로 대변되는 규범적 이론이다.
㉣ (O) 신행정론은 공급자 중심의 전통적 관리방식에서 탈피하여 고객 중심의 관리방식을 채택한다.
㉤ (×) 기업식 정부운영은 정부실패 이후 그 대안으로 등장한 신공공관리론과 관련된다.

정답 | ③

113 〈필수〉

113		1 2 3
기출처	2022 국가직 7급	
난이도	★★	
키워드	신행정론	

다음의 역사적 배경을 바탕으로 태동한 행정학 연구에 대한 설명으로 옳지 않은 것은?

┌───┐
│ • 월남전 패배, 흑인 폭동, 소수민족 문제 등 미국사회의 혼란을 해결하지 못하는 학문의 무력함에 대한 반성으로 나타났다. │
│ • 1968년 미국 미노브룩회의에서 왈도의 주도 하에 새로운 행정학의 방향모색으로 태동하였다. │
└───┘

① 고객 중심의 행정, 시민의 참여, 가치문제 등을 중시했다.
② 행정학의 실천적 성격과 적실성을 회복하기 위한 정책 지향적 행정학을 요구하였다.
③ 행정의 능률성을 강조했으며, 논리실증주의 및 행태주의의 주장을 지지하였다.
④ 소외계층을 위한 복지서비스를 확대해 사회적 형평을 실현해야 한다는 행정의 적극적 역할을 강조했다.

🔍 **관련기출 옳은지문**
- 신행정학(New Public Administration) 운동은 기존의 능률 지향적이고 가치중립적인 행정학의 적실성 부족을 비판하면서 가치문제를 중요하게 다루었다. 21. 소방간부

해설

① (O) 신행정론은 기존의 관료제론과 행태주의에 대한 반론으로 공급자보다는 고객이나 시민의 참여, 가치의 중립보다는 가치평가적인 행정연구를 강조하였다.
② (O) 신행정론은 사회문제의 해결을 위한 실천적이고 적실성 있는 학문을 추구하였고, 사회문제의 해결이라는 정책학의 발전에 기여하였다.
③ (×) 신행정론은 능률성보다는 사회적 형평성을 강조하였고, 논리실증주의와 행태주의에 대한 반론적 성격이 강하다.
④ (O) 신행정학의 핵심 가치 중 하나는 사회적 형평성(social equity)이다. 당시 미국 사회의 소수민족, 빈곤층 등 소외계층이 겪는 불평등과 차별을 해결하는 데 행정이 적극적으로 개입하여 복지서비스를 확대하고 사회적 정의를 실현해야 한다고 강조했다. 이는 행정의 적극적이고 개입주의적인 역할을 주장하는 것이다.

정답 | ③

114 필수

행정이론에 대한 설명으로 옳은 것은?

① 과학적 관리론은 최고관리자의 운영원리로 POSDCoRB를 제시하였다.
② 행정행태론은 가치와 사실을 구분하고 가치에 기반한 행정의 과학화를 시도하였다.
③ 신행정론은 실증주의적 방법론을 비판하고 사회적 형평성과 적실성을 강조하였다.
④ 신공공관리론은 민간과 공공부문의 파트너십을 강조하고 기업가 정신보다 시민권을 중요시하였다.

해설

① 매력적 오답 (×) 과학적 관리론은 테일러(F. Taylor)의 이론으로 주로 노동자의 과업활동에 대한 연구를 수행하였다. 반면, 최고관리자의 운영원리로 POSDCoRB를 제시한 학자는 귤릭(L. Gulick)이다.
② (×) 행정행태론은 논리실증주의에 기반을 두고 가치와 사실을 분리한 후 사실 중심의 과학적 연구를 시도한 이론이다.
③ (○) 신행정론은 당시 미국 사회의 격동기를 해결하기 위한 처방적 연구를 수행한 이론이다.
④ (×) 민간과 공공부문의 파트너십을 강조하고 기업가 정신보다 시민권을 중요시하는 이론은 뉴거버넌스나 신공공서비스론이다.

정답 | ③

114
- 기출처: 2023 국가직 9급
- 난이도: ★★
- 키워드: 신행정론

115 필수

블랙스버그 선언(Blacksburg Manifesto)과 행정재정립운동(refounding movement)에 대한 설명으로 옳지 않은 것은?

① 블랙스버그 선언은 행정의 정당성을 침해하는 정치·사회적 상황을 비판했다.
② 행정재정립운동은 직업공무원제도를 옹호했다.
③ 행정재정립운동은 정부를 재창조하기보다는 재발견해야 한다고 주장했다.
④ 블랙스버그 선언은 신행정학의 태동을 가져왔다.

해설

① (○) 블랙스버그 선언은 국가와 행정의 정당성을 부정하는 후기관료제모형과 신공공관리론에 대한 반발로 등장하였다.
② 매력적 오답 (○) 블랙스버그 선언은 기존의 정치행정이원론을 재해석하여 정책과정에서 직업공무원의 적극적 역할을 옹호하는 행정우위 정치행정이원론을 주장하였다.
③ (○) 블랙스버그 선언은 행정의 정당성을 회복하기 위한 공동선언(1987)으로, 신행정론의 정신을 계승하여 정부재창조보다는 행정재정립을 주장하였다.
④ (×) 신행정학의 태동은 1968년 미노브룩회의이다. 블랙스버그 선언은 1987년 신행정론의 정신을 계승한 행정재정립운동이다.

고득점 플러스+ 미노브룩회의와 블랙스버그 선언

- 미노브룩회의(1968)
  - 배경: 논리실증주의와 행태주의 비판
  - 특징: 전문직업성, 적실성, 탈행태주의, 탈관료제, 사회적 형평성(→ 참여, 대응, 책임)
- 블랙스버그 선언(1987)
  - 배경: 후기관료제모형과 신공공관리론 비판(→ 행정의 정당성 회복 운동), 신행정론의 계승(→ 행정의 전문성과 윤리성)
  - 특징: 행정재정립(→ 정부재창조)운동, 행정우위 정치행정이원론

정답 | ④

115
- 기출처: 2023 지방직 9급
- 난이도: ★
- 키워드: 블랙스버그 선언

🔍 관련기출 옳은지문

- 행정재정립운동(refounding movement)은 기존의 정치행정이원론을 재해석하여 정책과정에서 공무원의 적극적인 역할을 옹호하였다.

20. 군무원 7급

116

116	
기출처	2017 국가직 7급(하)
난이도	★★★
키워드	신공공관리론

다음과 같은 내용의 공통적인 특성을 갖는 행정이론은?

- 공익을 사적 이익의 총합으로 파악한다.
- 기업가적 목표 달성을 위해 폭넓은 행정 재량을 공무원에게 허용할 수 있다.
- 경영학의 성과관리와 경제학의 신제도주의가 혼합되어 영향을 주었다.

① 신공공관리론
② 뉴거버넌스
③ 신공공서비스론
④ 신행정론(신행정학)

관련기출 옳은지문
- 신공공관리론은 시장주의와 신관리주의를 결합한 이론이다. 20. 소방간부
- 신공공관리론은 현대국가의 팽창과 복지국가에 대한 비판의 성격이 강하다. 22. 군무원 7급

해설

① (O) 공익을 사적 이익의 총합으로 파악하고, 경영학의 성과관리와 경제학의 신제도주의가 혼합된 이론은 신공공관리론이다.
② (X) 뉴거버넌스는 일반적으로 공공문제의 해결을 위해 정부와 시민사회 등 여러 공·사조직들의 협력적 통치를 강조하는 네트워크 통치방식을 지칭한다.
③ (X) 신공공서비스론은 소유주로서 시민의 권리를 회복하고 공적 문제의 해결에 있어 공동체 의식의 복원에 초점을 둔 새로운 국정운영방식이다.
④ (X) 신행정론은 논리실증주의와 이에 입각한 행태주의를 비판하면서, 사회문제의 해결을 위해 적실성(relevance)과 실천성(action)을 갖는 학문의 필요성을 강조한 이론이다.

정답 | ①

117

117	
기출처	2014 지방직 9급
난이도	★★
키워드	신공공관리론

다음 중 신공공관리론자들이 지향하는 가치와 거리가 먼 것을 모두 고른 것은?

ㄱ. 하이예크의 『노예에로의 길』
ㄴ. 미국의 '위대한 사회(The Great Society)' 정책
ㄷ. 성과에 의한 관리
ㄹ. 오스본과 게블러의 『정부재창조』
ㅁ. 유럽식의 '최대의 봉사자가 최선의 정부'

① ㄱ, ㄴ   ② ㄱ, ㄷ   ③ ㄴ, ㄹ   ④ ㄴ, ㅁ

관련기출 옳은지문
- Hayek의 '노예로의 길'은 신공공관리론의 철학적 기초가 되었다. 17. 경찰승진

해설

ㄱ. (O) 하이에크(F. Hayek)의 『노예에로의 길』은 국가의 기획이 독재의 초래와 자유의 위축, 시장경제의 저해 및 의회제도의 파괴 등을 가져올 것으로 보는 신자유주의의 이론적 근거이다.
ㄴ. (X) 미국의 '위대한 사회(The Great Society)'는 존슨 대통령이 1960년대에 추진된 빈곤 추방정책으로, 이는 큰 국가와 관련된다.
ㄷ. (O) 전통적 관료제는 투입에 대한 관리를 강조하였지만 신공공관리론은 성과에 의한 관리를 강조한다.
ㄹ. (O) 오스본(D. Osborne)과 게블러(T. Gaebler)는 『정부재창조』를 통해 기업가적 정부 모델을 제시했다. 이는 미국적 의미의 신공공관리론이다.
ㅁ. (X) 유럽식의 '최대의 봉사자가 최선의 정부'는 큰 국가를 추구한 진보주의와 관련된다.

정답 | ④

118 〈필수〉
신공공관리론의 특징으로 옳지 않은 것은?

① 성과에 의한 관리를 중요시한다.
② 신관리주의와 시장주의가 결합된 개념이다.
③ 수익자 부담원칙을 강조한다.
④ 분절화의 축소와 조직구조의 통합, 조정을 강조한다.

---해설---

① (O) 신공공관리론은 성과에 의한 관리를 매우 중요시한다. 이는 목표 설정, 성과 측정, 평가 및 보상을 통해 정부 부문의 효율성과 책임성을 높이려는 접근 방식이다.
② (O) 신공공관리론은 크게 두 가지 흐름이 결합된 개념이다. 하나는 정부 운영에 기업의 관리 기법을 도입하려는 신관리주의이고, 다른 하나는 공공서비스 공급에 경쟁, 민영화 등 시장 원리를 적용하려는 시장주의이다.
③ (O) 신공공관리론은 정부의 재정 부담을 줄이고 서비스의 효율성을 높이기 위해 수익자 부담 원칙을 강조한다. 이는 공공서비스의 혜택을 받는 사람이 그 비용을 직접 지불하도록 하여 자원배분의 효율성을 높이려는 시도이다.
④ (×) 분절화의 축소와 조직구조의 통합, 조정을 강조하는 것은 탈신공공관리론이다. 신공공관리론은 결정과 집행의 분리를 강조한다.

정답 | ④

118
- 기출처: 2024 국가직 7급
- 난이도: ★★
- 키워드: 신공공관리론

관련기출 옳은지문
- 신공공관리론(New Public Management)은 행정의 관리적 측면을 강조한다. 10. 서울시 9급
- 신공공관리론(New Public Management)은 공공서비스 제공에 대한 민간부문의 적극적인 역할분담을 강조한다. 10. 서울시 9급

119
미국, 영국 등 영미국가에서 강조하고 있는 신공공관리 행정개혁의 방향과 거리가 먼 것은?

① 정책기능과 집행기능의 통합에 의한 책임행정체제의 확립
② 정부와 시장기능의 재정립을 통한 정부역할 축소
③ 공공부문 내에 경쟁원리와 시장기제의 도입
④ 행정서비스의 질 향상 노력을 통한 고객지향적 행정체제의 확립

---해설---

① (×) 신공공관리론은 정책결정과 정책집행을 분리하고자 한다. 즉, 방향잡기 또는 공급결정은 정부가 담당하지만 노젓기 혹은 공공서비스의 생산(집행)은 민간의 다양한 힘을 활용하고자 한다.
② (O) 신공공관리론은 시장성테스트를 통해 정부와 시장기능의 재정립을 추구한다. 특히, 정부의 기능을 다양한 방법으로 민간에게 이양하고자 하는 작은 정부를 강조한다.
③ (O) 신공공관리론은 전통적 관료제의 독점성에 의해 초래되는 문제를 해결하고자 공공부문 내에 가격이나 경쟁과 같은 시장기제의 도입을 강조한다.
④ (O) 전통적 관료제의 독점적 공급은 행정서비스의 질을 떨어뜨릴 수 있다. 이에 따라 신공공관리론은 경쟁체제의 도입을 통해 행정서비스의 질을 향상시키는 고객 중심의 행정체제를 확립하고자 한다.

정답 | ①

119
- 기출처: 2012 국가직 9급
- 난이도: ★★
- 키워드: 신공공관리론

관련기출 옳은지문
- 신공공관리론은 시장메커니즘을 정부에 적용하고자 한다. 22. 경찰간부

120 〈필수〉

기출처: 2024 국가직 9급
난이도: ★★
키워드: 신공공관리론

신공공관리론에 입각한 정부개혁의 내용으로 옳지 않은 것은?

① 효율성 대신 형평성에 초점을 맞춘 고객지향적 정부 강조
② 수익자 부담원칙의 강화
③ 정부부문 내의 경쟁원리 도입
④ 결과 혹은 성과 중심주의 강조

해설

① (×) 신공공관리론은 효율성을 강조하는 이론으로, 형평성을 간과한다는 평가를 받는다.
② (○) 수익자 부담원칙은 가격을 의미한다. 이는 행정의 효율성을 높이기 위해 신공공관리론에서 강조하는 개혁기법이다.
③ (○) 신공공관리론은 정부 서비스 공급의 독점적 비효율성을 개선하기 위해 정부 부문 내에 경쟁원리를 도입하는 것을 강조한다. 이는 민간 위탁(contracting out), 책임운영기관 도입, 내부 시장화 등을 통해 실현된다.
④ (○) 신공공관리론은 전통적인 투입 중심의 관리에서 결과 또는 성과 중심의 관리로 전환할 것을 강조한다.

정답 | ①

관련기출 옳은지문

- 신공공관리론은 거래비용이론, 공공선택론, 주인-대리인이론 등을 이론적 기반으로 한다. 19. 국회직 8급

- 신공공관리는 시장성 테스트, 경쟁의 도입, 민영화나 규제완화 등 일련의 정부개혁 아이디어가 적용된다. 21. 군무원 9급

121

기출처: 2018 국가직 9급
난이도: ★★
키워드: 신공공관리론

신공공관리론(NPM)에 대한 비판적 논의에 해당하지 않는 것은?

① 정치적 논리를 우선하여 내부관리적 효율성을 경시하는 경향이 있다.
② 고객 중심 논리는 국민을 관료 주도의 행정서비스 제공에 의존하는 수동적 존재로 전락시킬 우려가 있다.
③ 민주적 책임성과 기업가적 재량권 간의 갈등으로 인하여 정부 관료제의 효율성을 제고하기 어렵다.
④ 공공부문은 민간부문과 다르기 때문에 민간부문의 관리기법을 공공부문에 그대로 적용하는 데에는 한계가 있다.

해설

① (×) 신공공관리론은 효율성 중심의 관리기법이다. 이에 따라 타협이나 협상과 같은 정치적 논리를 간과할 수 있다는 비판을 받는다.
② 매력적 오답 (○) 신공공관리론은 국민을 수동적 고객(소비자)으로 간주하므로 공적 영역에 대한 주인으로서 권리와 의무를 간과할 우려가 있다.
③ 매력적 오답 (○) 국민에 대한 대응성을 강조하는 민주적 책임성과 기업가적 재량권을 강조하는 창조성 간에 상충관계가 발생할 수 있으므로 관료제의 효율성 제고에 장애가 될 수 있다.
④ (○) 시장기법을 통한 생산성의 강조는 가외성·민주성 등의 중요성과 행정의 특수성을 약화시키며, 지나친 결과지향적 사고는 참여와 같은 정치적 합리성이나 절차적 정당성을 무시할 수 있다.

정답 | ①

관련기출 옳은지문

- 신공공관리론은 시장과 민간부문에 지나치게 의존한다는 비판을 받는다. 07. 서울시 9급

- 신공공관리론은 효율성을 지나치게 강조하는 과정에서 민주주의의 책임성이 결여될 수 있는 한계가 있다. 19. 국회직 8급

122
다음 신공공관리론에 대한 설명 중 옳은 것만을 모두 고르면?

> ㄱ. 행정서비스 공급의 경쟁체제를 선호한다.
> ㄴ. 예측과 예방을 통한 미래지향적 정부를 강조한다.
> ㄷ. 투입 중심의 예산제도를 통해 예산을 관리한다.
> ㄹ. 행정관리의 이념으로 효율성을 강조한다.
> ㅁ. 집권적 계층제를 통해 행정의 책임성을 확보한다.

① ㄱ, ㄹ
② ㄱ, ㄴ, ㄹ
③ ㄴ, ㄷ, ㄹ
④ ㄴ, ㄷ, ㅁ

122	
기출처	2019 지방직 7급
난이도	★★
키워드	신공공관리론

해설

ㄱ. (O) 신공공관리론은 정부 서비스 공급의 독점적 비효율성을 해소하기 위해 민간 위탁, 책임운영기관 도입 등을 통해 경쟁 체제를 선호한다. 이는 시장 원리를 공공부문에 도입하는 대표적인 방식이다.
ㄴ. (O) 신공공관리론은 사후적 대처보다는 사전 예방적 관리를 강조한다.
ㄷ. (×) 신공공관리론은 투입보다는 성과 중심의 예산제도를 선호한다.
ㄹ. (O) 신공공관리론은 정부의 비효율성을 비판하며, 민간 경영 기법 도입과 시장 원리 적용을 통해 효율성을 행정관리의 핵심 이념으로 강조한다.
ㅁ. (×) 신공공관리론은 책임성의 확보방안으로 (구성원의) 참여적 대응성을 강조한다. 집권적 계층제를 통해 행정의 책임성을 확보하는 것은 전통적 관료제이다.

고득점 플러스+ 관료제 정부와 신공공관리론

- 관료제: 노젓기, 행정가, 독점, 행정메커니즘, 공급자 중심, 규칙과 투입, 지출 지향, 사후 대처, 계층적 책임성
- 신공공관리론: 방향잡기, 기업가, 경쟁, 시장메커니즘, 수요자 중심, 임무와 성과, 수입 확보, 예측과 예방, 참여적 대응성

정답 | ②

123 〈필수〉
신공공관리론에서 지향하는 '기업가적 정부'의 특성에 해당하지 <u>않는</u> 것은?

① 경쟁적 정부
② 노젓기 정부
③ 성과지향적 정부
④ 미래 대비형 정부

123	
기출처	2021 지방직 9급
난이도	★★★
키워드	신공공관리론

해설

① (O) 경쟁적 정부는 신공공관리론이 지향하는 기업가적 정부의 주요 특성이다. 독점적인 공공서비스 공급에서 벗어나 민간 위탁, 바우처 제도, 책임운영기관 등을 통해 서비스 공급자 간의 경쟁을 유도하여 효율성과 서비스 품질을 높이고자 한다.
② (×) 기업가적 정부는 정부의 역할로 노젓기보다는 방향잡기를 강조한다.
③ (O) 성과 지향적 정부는 신공공관리론의 핵심 특성이다. 투입 중심이 아닌 결과와 성과를 중시하여, 목표 설정, 성과 측정, 평가 및 보상을 통해 정부 부문의 효율성과 책임성을 확보하려 한다.
④ (O) 미래 대비형 정부는 신공공관리론이 강조하는 혁신적이고 예측 가능한 정부의 특성 중 하나이다. 단순히 현재 문제에 대응하는 것을 넘어, 미래의 변화를 예측하고 선제적으로 대응하여 위험을 관리하고 새로운 가치를 창출하려 한다. 이는 기업이 미래 시장을 예측하고 투자하는 방식과 유사하다.

정답 | ②

관련기출 옳은지문

- 기업가적 정부는 법규나 규정에 의한 관리보다는 목표와 임무를 중심으로 조직을 운영하고 결과를 중시한다. 19. 경찰간부
- 기업가적 정부는 규칙보다는 결과를 중시하는 임무지향적(missiondriven) 정부를 강조하고 있다. 12. 서울시 9급
- 기업가적 정부는 서비스 공급자보다는 촉매작용자, 중개자, 그리고 촉진자 역할을 수행해야 한다. 21. 군무원 7급

124 필수
행정이론에 대한 설명으로 옳지 않은 것은?

① 신행정학은 행정의 적실성 회복을 강조한다.
② 발전행정론은 환경이 행정에 미치는 영향에 주목한다.
③ 공공선택론은 시민들의 다양한 요구와 선호에 민감하게 부응할 수 있는 제도적 장치 마련을 강조한다.
④ 신공공관리론은 지역사회 문제를 해결하는 과정에서 시민들의 공유된 가치를 관료가 협상하고 중재해야 한다고 주장한다.

기출처: 2022 지방직 7급
난이도: ★★
키워드: 신공공관리론

해설

① (O) 신행정론은 사회문제의 해결을 위한 적실성 있고 실천력 있는 학문을 추구하였다.
② (O) 발전행정론은 개방체제를 전제로 하므로 환경이 행정에 영향을 미칠 수 있음을 인정한다. 그리고 더 나아가 행정에 의한 능동적인 환경변화의 가능성도 강조한다.
③ (O) 공공선택론은 분권이나 관할권의 중첩을 가능하게 하는 제도적 장치를 통해 고객의 요구에 민감할 수 있는 공공서비스 공급체계를 구축하고자 하였다.
④ (×) 시민들의 공유된 가치를 관료가 협상하고 중재해야 한다고 주장하는 이론은 신공공서비스론이다. 신공공관리론은 정부의 방향잡기 역할을 강조한다.

정답 | ④

125
행정학의 접근방법에 대한 설명으로 옳은 것은?

① 법률적·제도론적 접근방법은 공식적 제도나 법률에 기반을 두고 있기 때문에 제도 이면에 존재하는 행정의 동태적 측면을 체계적으로 파악할 수 있다.
② 행태론적 접근방법은 후진국의 행정현상을 설명하는 데 크게 기여했으며, 행정의 보편적 이론보다는 중범위이론의 구축에 자극을 주어 행정학의 과학화에 기여했다.
③ 합리적 선택 신제도주의는 방법론적 전체주의(holism)에, 사회학적 신제도주의는 방법론적 개체주의(individualism)에 기반을 두고 있다.
④ 신공공관리론은 기업경영의 원리와 기법을 그대로 정부에 이식하려고 한다는 비판을 받는다.

기출처: 2015 국가직 9급
난이도: ★★
키워드: 신공공관리론

🔍 관련기출 옳은지문
- 신공공관리론은 행정 효율성을 향상시키기 위해 기업가적 재량권을 선호하므로 공공책임성의 문제를 야기할 수 있다. <small>15. 서울시 9급</small>

해설

① (×) 법률적·제도론적 접근방법은 공식적 제도의 정태적 기술에 초점을 두므로 제도의 이면에 존재하는 동태적 측면을 파악하기 곤란하다.
② (×) 후진국의 행정현상을 설명하는 데 크게 기여하였고, 중범위이론의 구축에 자극을 주어 행정학의 과학화에 기여한 이론은 생태론적 접근방법이다.
③ (×) 합리적 선택 신제도주의가 방법론적 개체주의에 기반을 두며, 사회학적 신제도주의는 방법론적 전체주의에 기반을 두고 있다.
④ (O) 신공공관리론은 민간의 경영기법을 행정에 도입하려는 노력이다. 그러나 시장기법을 통한 생산성의 강조는 형평성·가외성·민주성 등의 중요성과 행정의 특수성을 약화시킬 수 있다.

정답 | ④

126
행정이론의 발달을 오래된 순서대로 바르게 나열한 것은?

(가) 과학적 관리론 – 테일러(Taylor)
(나) 신공공관리론 – 오스본과 게블러(Osborne & Gaebler)
(다) 신행정론 – 왈도(Waldo)
(라) 행정행태론 – 사이먼(Simon)

① (가) – (다) – (라) – (나)
② (가) – (라) – (다) – (나)
③ (라) – (가) – (나) – (다)
④ (라) – (다) – (나) – (가)

126	
기출처	2023 지방직 9급
난이도	★★
키워드	행정이론의 발달

관련기출 옳은지문
- 행정이론은 행정(조직) 관리론(POSDCoRB) → 행태주의 → 공공선택론 → 정부재창조론 → 신공공서비스론 순으로 등장했다. 25. 경찰간부

해설
(가) 테일러(F. Taylor)의 과학적 관리론은 고전적 이론에 속한다.
(라) 사이먼(H. Simon)의 행정행태론은 1940년대 중반 이후 등장하였다.
(다) 왈도(D. Waldo)의 신행정론은 1960년 후반에 해당한다.
(나) 오스본(D. Osborne)과 개블러(T. Gaebler)의 신공공관리론은 1990년대 초에 해당한다.

정답 | ②

127
탈신공공관리(Post NPM)에 대한 설명으로 옳지 않은 것은?

① 성과보다는 공공책임성을 중시하는 인사관리 강조
② 탈관료제 모형에 기반을 둔 경쟁과 분권화 강조
③ 구조적 통합을 통한 분절화의 축소와 조정의 증대
④ '통(通) 정부(whole of government)'적 접근

127	
기출처	2020 지방직 7급
난이도	★
키워드	탈신공공관리

관련기출 옳은지문
- 탈신공공관리론(Post-NPM)은 공공서비스 제공방식에 있어 민간 공공부문의 파트너십을 강조한다. 22. 경찰승진
- 탈신공공관리론(Post-NPM)은 정치·행정 체제의 통제와 조정을 개선하기 위하여 재집권화와 재규제를 주창한다. 22. 경찰승진

해설
① (O) 성과를 강조하는 것은 신공공관리론이다. 반면 탈신공공관리론은 자율성과 함께 공적 책임성의 증대를 강조한다.
② (X) 탈관료제 모형에 기반을 둔 경쟁과 분권화 강조는 신공공관리론의 특징이다. 탈신공공관리론은 관료제와 탈관료제의 조화 그리고 분권과 집권의 조화를 강조한다.
③ (O) 탈신공공관리론은 분절화의 축소를 통한 총체적 정부를 강조한다.
④ (O) 분절화가 축소된 것을 통 정부적 접근이라 한다.

고득점 플러스+ 탈신공공관리론
- 정부의 정치적·행정적 역량의 강화, 민주성과 형평성 등 전통적 행정가치의 동시적 고려
- 민간화와 민영화의 신중한 접근, 민간과 공공부문의 파트너십(→ 경쟁) 강조
- 관료제 모형과 탈관료제 모형의 조화, 재집권화(→ 분권과 집권의 조화), 분절화의 축소(→ 자율성과 책임성 증대)
- 환경적·역사적·문화적 맥락의 고려

정답 | ②

128

거버넌스(Governance)에 기반한 서비스 연계망의 단점으로 옳지 않은 것은?

① 분절화로 인해 집행통제가 어려움
② 정보부족으로 인해 조정이 어려움
③ 서비스의 공동생산에 따라 책임소재가 불분명
④ 이해당사자 간 상호 의존적인 교환의 필요성 증가

해설

① **매력적 오답** (O) 거버넌스는 공공서비스 생산이 여러 주체에 의해 추진되므로 행정의 분절화와 이로 인한 통제의 어려움이 나타날 가능성이 높다.
② **매력적 오답** (O) 거버넌스는 응집력이 약한 다양한 주체에 의한 연합적인 서비스 생산이므로 각 당사자에 대한 정보부족과 이로 인한 조정의 어려움이 나타날 가능성이 높다.
③ (O) 거버넌스는 다양한 주체의 협력에 의한 공공서비스 생산을 강조하므로 그 책임소재가 모호해질 수 있다.
④ (X) 이해당사자 간 상호 의존적인 교환의 필요성 증가는 거버넌스의 대두배경이다.

정답 | ④

129

뉴거버넌스(new governance)에 대한 설명으로 옳지 않은 것은?

① 조정자로서 관료의 역할 상을 강조한다.
② 분석단위로 조직 내(intra-organization) 연구를 강조한다.
③ 경쟁적 작동원리보다는 협력적 작동원리를 중시한다.
④ 공공문제 해결의 기제로써 네트워크의 활용을 중시한다.

해설

① (O) 뉴거버넌스는 네트워크를 형성하고 이를 촉진하는 조정자로서 관료의 역할을 강조한다.
② (X) 뉴거버넌스는 조직 간의 관계에 초점을 맞춘다. 조직 내 연구는 신공공관리론과 관련된다.
③ (O) 뉴거버넌스는 공공문제의 해결을 위해 정부와 시민사회 그리고 여러 공·사조직들의 협력적 통치를 강조한다. 경쟁적 작동원리를 강조하는 것은 신공공관리론이다.
④ (O) 뉴거버넌스는 공공문제의 해결에 있어 정부의 독점성을 비판하고 시민사회나 지역공동체와 같은 다양한 네트워크의 활용을 강조한다.

정답 | ②

관련기출 옳은지문

• 뉴거버넌스(New Governance)는 국민을 고객으로만 보는 것을 넘어 국정의 파트너로 본다. 23. 군무원 9급

• 뉴거버넌스는 부문 간 협력에 중점을 두고 있다. 05. 서울시 9급

130
행정학의 주요 접근법, 학자, 특성을 바르게 연결한 것은?

① 행정생태론 – 오스본(Osborne)과 게블러(Gaebler) – 환경 요인 중시
② 후기행태주의 – 이스턴(Easton) – 가치중립적·과학적 연구 강조
③ 신공공관리론 – 리그스(Riggs) – 시장원리인 경쟁을 도입
④ 뉴거버넌스론 – 로즈(Rhodes) – 정부·시장·시민사회 간 네트워크

130	① ② ③
기출처	2022 지방직 9급
난이도	★
키워드	뉴거버넌스

해설

① (×) 행정생태론의 주요 학자는 리그스(F. Riggs)이다.
② (×) 가치중립적이고 과학적인 연구를 강조했던 것은 행태주의이다.
③ (×) 신공공관리론의 주요 학자는 오스본(D. Osborne)과 게블러(T. Gaebler)이다.
④ (○) 로즈(R. Rhodes) 등과 같은 뉴거버넌스론은 시민사회를 포함한 공적 네트워크의 능동적 참여를 강조한다.

정답 | ④

131 필수
신공공관리와 뉴거버넌스에 대한 설명으로 옳은 것은?

① 뉴거버넌스가 상정하는 정부의 역할은 방향잡기(steering)이다.
② 신공공관리의 인식론적 기초는 공동체주의이다.
③ 신공공관리가 중시하는 관리가치는 신뢰(trust)이다.
④ 뉴거버넌스의 관리기구는 시장(market)이다.

131	① ② ③
기출처	2021 국가직 9급
난이도	★★★
키워드	뉴거버넌스

관련기출 옳은지문
- 뉴거버넌스와 신공공관리론의 공통점은 정부역할이다. 11. 서울시 9급
- 신공공관리론의 관리 기구로 시장을, 뉴거버넌스론은 연계망(네트워크)을 강조한다. 24. 경찰승진
- 신공공관리론이 결과에 초점을 두고 있는 데 비해 뉴거버넌스론은 과정에 초점을 맞추고 있다. 08. 지방직 7급

해설

① (○) 두 이론 모두 정부의 방향잡기(steering) 역할을 강조한다.
② (×) 신공공관리의 인식론적 기초는 신자유주의이다.
③ (×) 신뢰(trust)를 중시하는 것은 뉴거버넌스이다.
④ (×) 관리기구로 시장(market)을 강조하는 것은 신공공관리론이다.

정답 | ①

132	
기출처	2013 지방직 9급
난이도	★★★
키워드	뉴거버넌스

관련기출 옳은지문

- 신공공관리는 경쟁과 선택을 중시하는 반면, 뉴거버넌스는 네트워크나 협력을 강조한다. 23. 경찰간부

- 신공공관리론과 뉴거버넌스는 모두 정부실패를 이념적 토대로 설정하여 그 대응책을 마련하고자 하며, 투입보다는 산출에 대한 통제를 강조한다. 18. 경찰간부

- 신공공관리론(NPM)은 행정의 경영화에 의한 정치행정 이원론의 성격이 강하지만, 뉴거버넌스는 담론이론 등을 바탕으로 한 행정의 정치성을 중시한다고 볼 수 있다. 10. 국회직 8급

132

신공공관리론과 뉴거버넌스론에 대한 설명으로 옳은 것은?

① 신공공관리론에서 관료의 역할은 조정자이고, 뉴거버넌스론에서 관료의 역할은 공공기업가이다.
② 신공공관리론과 뉴거버넌스론에서는 정부의 역할로서 노젓기(rowing)보다는 방향잡기(steering)를 강조한다.
③ 신공공관리론과 뉴거버넌스론에서는 산출(output)보다는 투입(input)에 대한 통제를 강조한다.
④ 신공공관리론에서는 부문 간 협력에, 뉴거버넌스론에서는 부문 간 경쟁에 역점을 둔다.

해설

① (×) 신공공관리론은 관료의 역할을 창의성을 지닌 기업가로 보지만 뉴거버넌스론은 시민들의 담론과정을 조정하고 중재하는 조정자로서의 관료를 강조한다.
② (○) 두 이론 모두 정부실패를 이념적 토대로 하며, 정부의 주요 역할을 노젓기가 아닌 방향잡기에 둔다. 또한 대의민주주의와 공급자 중심의 관료제를 비판한다. 다만, 그 대안으로 뉴거버넌스는 직접 참여를 강조하고 신공공관리론은 시장의 선호를 중시한다.
③ (×) 신공공관리론과 뉴거버넌스론 모두 투입보다는 산출을 강조한다. 즉, 주어진 규칙이나 절차의 준수보다는 주어진 목표 또는 임무의 달성을 강조한다. 다만, 신공공관리론이 그 목표나 임무를 고객의 요구에 둔다면 뉴거버넌스론은 시민의 요구에 둔다.
④ (×) 다양한 주체 간의 협력을 강조하는 것은 뉴거버넌스론이다. 신공공관리론은 부문 간 경쟁을 강조한다.

고득점 플러스+ 신공공관리론과 뉴거버넌스

- 유사점: 거버넌스적 행정, 공적 영역의 정부독점에 대한 비판, 노젓기가 아닌 방향잡기 강조, 관료제 비판
- 차이점
  - 신공공관리론: 신자유주의, 시장, 결과 중심, 기업가, 경쟁, 민영화와 민간위탁, 고객 지향, 조직 내(→ 행정의 경영화)
  - 뉴거버넌스: 공동체주의, 연계망, 과정 중심, 조정자, 신뢰와 협력, 공동생산, 임무 중심, 조직 간(→ 행정의 재정치화)

정답 | ②

133 필수

신공공관리론과 뉴거버넌스에 대한 설명으로 옳은 것은?

① 신공공관리론은 신뢰를 기반으로 조정의 원리를 강조하고, 뉴거버넌스는 시장지향적 경쟁원리를 강조한다.
② 신공공관리론은 국민을 덕성을 지닌 시민으로 보고, 뉴거버넌스는 국정의 대상인 고객으로 본다.
③ 신공공관리론은 정부의 역할로 방향잡기(steering)를 중시하고, 뉴거버넌스는 방향잡기보다 노젓기를 중시한다.
④ 신공공관리론은 행정의 효율성을 보다 중시하고, 뉴거버넌스는 행정의 민주성에 더 초점을 둔다.

해설

① (×) 시장지향적 경쟁원리를 강조하는 것은 신공공관리론이고, 신뢰를 기반으로 조정의 원리를 강조하는 것이 뉴거버넌스이다.
② (×) 국민을 덕성을 지닌 시민으로 보는 것이 뉴거버넌스이고 고객으로 보는 것이 신공공관리론이다.
③ (×) 신공공관리론과 뉴거버넌스 모두 정부의 역할로 방향잡기(steering)를 중시한다.
④ (○) 신공공관리론은 정부의 비효율성을 극복하고 생산성을 높이는 데 초점을 맞추어 행정의 효율성을 가장 중요한 가치로 강조한다. 반면, 뉴거버넌스는 다양한 이해관계자들의 참여와 합의를 통해 정책을 형성하고 집행하려 하므로, 행정의 민주성과 함께 형평성, 책임성 등에 더 많은 초점을 둔다.

정답 | ④

133 ① ② ③
기출처 | 2024 지방직 7급
난이도 | ★★
키워드 | 뉴거버넌스

관련기출 옳은지문

- 뉴거버넌스는 신공공관리론에 비해 자원이나 프로그램 관리의 효율성보다 국가차원에서의 민주적 대응성과 책임성을 강조한다.
  15. 국회직 8급

- 신공공관리론의 관리기구는 시장이고 뉴거버넌스론은 네트워크이다.
  16. 경찰간부

- 신공공관리론은 인식론적 기초가 신자유주의이고 뉴거버넌스론은 공동체주의이다.
  14. 행정사

134

정부실패 및 행정개혁에 대한 설명으로 부적절한 것은?

① 내부성 문제는 정부실패를 초래할 수 있다.
② 경쟁적 환경을 조성하여 정부실패 문제를 완화할 수 있다.
③ 뉴거버넌스적 접근은 공공부문과 민간부문 간 협력을 중시한다.
④ 신공공관리적 개혁은 경제적 효율성과 민주주의 책임성을 제고한다.

해설

① (○) 사적 이익의 추구라는 내부성은 정부실패의 원인이다.
② (○) 서비스의 독점적 공급과 성과기준의 모호성은 X-비효율성이라는 기술적·심리적 비효율성을 초래할 수 있다. 이를 해결하기 위해서는 공공서비스의 공급에 있어 경쟁적 환경을 조성하고 명확한 성과평가시스템을 도입하는 것이 중요하다.
③ (○) 뉴거버넌스는 공공문제의 해결을 위해 여러 공·사조직들의 협력적 통치를 강조하는 이론이다.
④ (×) 신공공관리론은 가격이나 경쟁과 같은 시장기법의 도입을 통해 공공서비스 공급의 효율성을 높이고자 하는 이론이다. 그러나 시장기법을 통한 효율성의 강조는 형평성이나 민주성 등과 같은 전통적 가치를 간과할 우려가 있다.

정답 | ④

134 ① ② ③
기출처 | 2013 지방직 7급
난이도 | ★★
키워드 | 신공공관리론

관련기출 옳은지문

- 뉴거버넌스론(New Governance)은 다양한 이해관계자들과의 협력적 해결을 중요시하기 때문에 사회적 자본에 기초한 시민의 집단적 역량과 참여를 강조한다.
  23. 경찰승진

135 〈필수〉

(가)~(라)의 행정이론이 등장한 시기를 순서대로 바르게 나열한 것은?

> (가) 정부와 공공부문에 참여하는 다양한 참여자들의 네트워크를 중시하고, 정부는 전체 네트워크를 관리하는 조정자의 입장에 있다고 하였다.
> (나) 미국 행정학의 '지적 위기'를 지적하면서 인간을 이기적·합리적 존재로 전제하고, 공공재의 공급이 서비스기관 간 경쟁과 고객의 선택에 의해 이루어지는 시스템을 제안하였다.
> (다) 정치는 국가의 의지를 표명하고 정책을 구현하는 것이며, 행정은 이를 실천하는 관리활동으로서 정치와 행정의 차이를 분명히 하였다.
> (라) 왈도(Waldo)를 중심으로 가치와 형평성을 중시하면서 사회의 문제해결에 대한 현실 적합성을 갖는 새로운 행정학의 정립을 시도하였다.

① (다)-(라)-(가)-(나)
② (다)-(라)-(나)-(가)
③ (라)-(다)-(가)-(나)
④ (라)-(다)-(나)-(가)

해설

(다) 정치행정이원론에 대한 설명으로, 이는 고전적 행정관에 속한다.
(라) 신행정론에 대한 설명으로, 1960년대 후반부터 강조된 이론이다.
(나) 공공선택론에 대한 설명으로, 이는 1970년대 초반부터 행정학에 도입되었다.
(가) 뉴거버넌스론에 대한 설명으로, 이는 1990년대 이후에 등장하였다.

정답 | ②

136

피터스(B. Guy Peters)가 제시한 정부개혁모형에 대한 설명으로 옳은 것은?

① 시장모형(market model)에서는 조직의 통합을 통한 집권화를 처방한다.
② 참여정부모형(participatory model)에서는 조직 하층부 구성원이나 고객들의 의사결정 참여기회가 확대될수록 조직이 효과적으로 기능한다고 본다.
③ 신축적 정부모형(flexible government)에서는 정규직 공무원의 확대를 통하여 비용을 절감하고 공익을 증진시킬 수 있다고 본다.
④ 탈규제적 정부모형(deregulated government)에서는 경제적 규제 완화를 통한 시장 활성화를 추구하기 위하여 정부의 권한을 축소해야 한다고 본다.

해설

① (×) 시장모형은 관료제의 집권적 성향을 비판하면서 분권적인 조직구조를 처방하는 모형이다.
② (○) 참여적 정부모형은 관료제의 계층제를 문제의 기준으로 삼는다. 이를 해결하기 위해서 계층제가 타파된 평면구조를 강조한다.
③ (×) 신축적 정부모형은 문제의 진단기준을 영속성에 두며, 이의 개혁방안으로 가변적 인사관리를 제안한다. 이는 신분보장이 강한 정규직 공무원의 확대보다는 신축적 임용제도의 확대를 강조하는 것이다.
④ (×) 탈규제 정부모형은 내부규제를 완화하자는 것이지 경제적 규제를 완화하자는 주장은 아니다.

고득점 플러스+ 피터스(G. Peters)의 모형(1996)

구분	전통적 정부	시장모형	참여모형	신축모형	탈내부규제모형
문제 진단	전근대적 권위	독점	계층제	영속성 경직성	과다한 내부규제
구조개혁	계층제	분권화	평면조직	가상조직	-
관리개혁	직업공무원제 절차적 통제	성과급 민간기법	팀제 TQM	임시관리	관리적 재량권 확대
정책결정	정치와 행정의 구분	내부시장 시장적 유인	협의와 협상	실험적 추진	기업가적 정부
공익기준	안정성, 평등	저비용	참여와 합의	저비용과 조정	창의성, 활동성
오류수정	-	시장적 선호	정치적 선호	오류의 제도화 방지	더 많은 오류의 수용

정답 | ②

관련기출 옳은지문

- 피터스(B. Guy Peters)의 저통제정부 모형의 공익 기준은 창의성과 활동주의이다. 16. 서울시 9급

- 피터스(B. Guy Peters)가 제시한 참여정부모형에서 정책결정의 개혁방안은 협의·협상이다. 19. 소방간부

- 피터스의 저통제 모형(deregulated government)은 공직사회 내부 통제 완화를 통해 공직자의 잠재력과 창의성이 고양되면 관료제는 역동적으로 기능할 것으로 가정한다. 18. 경찰간부

137

피터스(Peters)가 『미래의 국정관리(The Future of Governing)』에서 제시한 정부개혁 모형에 해당하지 않는 것은?

① 시장모형
② 자유민주주의 모형
③ 참여모형
④ 탈규제모형

137 | 1 | 2 | 3 |
기출처	2024 지방직 9급
난이도	★★
키워드	피터스(G. Peters)

해설

① (○) 시장모형은 정부 활동에 시장 메커니즘과 경쟁원리를 도입하여 효율성을 증진하려는 모형이다. 민영화, 민간 위탁, 책임운영기관 등을 통해 정부 부문 내 경쟁을 유도한다.
② (×) 피터스(G. Peters)는 뉴거버넌스 모형으로, 시장모형, 신축모형, 탈내부규제모형, 참여모형을 제시하였다. 자유민주주의 모형은 이에 속하지 않는다.
③ (○) 참여모형은 시민과 이해관계자들의 정부 의사결정 과정 참여를 확대하여 정부의 투명성, 민주성, 정당성을 높이려는 모형이다. 풀뿌리 민주주의, 숙의 민주주의, 공동생산 등을 강조한다.
④ (○) 탈규제모형은 정부의 지나친 규제를 완화하거나 제거하여 민간 부문의 자율성과 창의성을 제고하고 경제활성화를 도모하려는 모형이다. 관료제의 형식주의와 경직성을 비판하고, 재량권 확대를 통해 유연성을 추구한다.

정답 | ②

관련기출 옳은지문

- 피터스(Peters)의 전통적 정부모형의 문제 진단 기준은 전근대적인 권위에 있으며, 구조 개혁 방안으로 계층제를 제안한다. 13. 국회직 8급

- 피터스(Peters)의 신축적 정부모형의 문제 진단 기준은 영속성에 있으며, 관리 개혁 방안으로 가변적 인사관리를 제안한다. 13. 국회직 8급

138	① ② ③
기출처	2019 국가직 7급
난이도	★
키워드	참여모형

🔍 **관련기출 옳은지문**

• 시장적 정부모형은 공공서비스에 대한 정부의 독점적 공급으로 인한 정부관료제의 비효율성을 문제삼으며 시장의 효율성에 대한 신뢰를 전제로 한다. 　　16. 경찰승진

138
피터스(G. Peters)의 정부모형에 대한 설명으로 옳은 것은?

① 참여모형에서는 조직의 고위층과 최하위층 간에 계층 수가 많지 않아야 한다.
② 유연정부모형은 변화하는 정책수요에 맞춰 탄력적으로 구성원들을 활용함으로써 이들의 조직과 업무에 대한 몰입도를 높인다.
③ 시장모형은 정치지도자들의 권력을 약화시키고 기업가적 관료들의 정책결정자로서의 역할을 제고하는 결과를 가져왔다.
④ 탈규제모형은 정부 역할의 적극성 및 개입성이 높으면 공익 구현이 어렵다는 인식을 전제한다.

해설

① (O) 참여모형은 전통적 정부의 문제점으로 계층제를 지목한다. 계층제를 참여를 제약하는 요인으로 보고 그 개혁처방으로 계층제가 약화된 평면조직을 강조한다.
② (×) 정책수요에 맞춰 탄력적으로 구성원들을 활용한다면 구성원들의 업무가 자주 바뀌게 되므로 업무에 대한 몰입은 저하될 위험이 있다.
③ **매력적 오답** (×) 정치지도자들의 권력을 약화시키고 기업가적 관료들의 정책결정자로서의 역할을 제고하는 결과를 가져올 위험이 있는 것은 탈규제모형의 특징이다.
④ (×) 탈규제모형은 공무원을 창의성을 지닌 능동적 존재로 간주한다. 그러므로 이들에게 재량권을 부여함으로써 신축적이고 능동적으로 공익 구현에 기여할 것으로 본다.

정답 | ①

139	① ② ③
기출처	2012 지방직 9급
난이도	★★
키워드	신공공서비스론

🔍 **관련기출 옳은지문**

• 담론이론은 신공공서비스론의 지적 기반이 된다. 　　16. 경찰간부

• 신공공서비스론(NPS)은 정책과정에 있어서 전략적으로 생각하고 민주적으로 행동해야 한다고 강조한다. 　　16. 서울시 7급

139
신공공서비스론(New Public Service)에 대한 설명으로 적절하지 않은 것은?

① 민주주의이론, 비판이론, 포스트모더니즘 등이 인식론적 토대이다.
② 공익은 공유하고 있는 가치에 대하여 대화와 담론을 통해 얻은 결과물이다.
③ 시장의 가격메커니즘과 경쟁의 원리를 적극적으로 도입한다.
④ 내외적으로 공유된 리더십을 갖는 협동적인 구조가 바람직하다.

해설

① (O) 민주주의이론은 시민의 선택을 강조하고, 비판이론은 성찰적 재해석에 입각한 주체적 수용을 강조한다. 또한 포스트모더니즘은 다양성을 강조한다. 이러한 이론들은 다양한 시민들의 능동적 참여와 담론과정을 통한 공익 도출을 강조하는 신공공서비스론의 이론적 근거로 유용하다.
② (O) 신공공관리론은 사익의 총합, 또는 사익의 부산물로 공익을 파악하지만 신공공서비스론은 공익을 공유하고 있는 가치에 대한 대화와 담론의 결과물로 파악한다.
③ (×) 신공공서비스론은 가격메커니즘보다는 공동체 가치와 공공문제에 대한 책임성의 강화를 중요하게 여긴다. 시장의 가격메커니즘과 경쟁의 원리를 강조하는 것은 신공공관리론이다.
④ (O) 신공공서비스론은 다양한 시민들의 능동적 참여와 이러한 참여 속에서 형성된 공유된 담론의 결과물로서 공익을 강조하므로 다양한 주체의 협력을 바탕으로 하는 공유된 리더십이 요구된다.

정답 | ③

140

덴하트와 덴하트(J. V. Denhardt & R. B. Denhardt)가 제시한 신공공서비스론(new public service)의 일곱 가지 기본원칙에 대한 설명으로 옳지 않은 것은?

① 민주적으로 생각하고 전략적으로 행동해야 한다.
② 방향을 잡기보다는 시민에 대해 봉사해야 한다.
③ 공익을 공유된 가치를 창출하는 담론의 결과물로 인식해야 한다.
④ 기업주의 정신보다는 시민의식의 가치를 받아들여야 한다.

140	1 2 3
기출처	2018 지방직 7급
난이도	★★
키워드	신공공서비스론

관련기출 옳은지문
- 신공공서비스론은 기업가적 정신보다는 시민정신이 지니는 가치가 상위개념임을 강조한다. 07. 국가직 7급
- 신공공서비스이론은 공유가치에 대한 담론의 결과를 공익으로 본다. 15. 서울시 9급

해설

① (×) 신공공서비스론은 전략적 생각과 민주적 행동을 강조한다.
② (○) 신공공서비스론은 정부가 단순히 방향만 제시하는 것을 넘어, 시민들의 필요와 요구에 적극적으로 응답하고 시민에 대해 봉사하는 역할을 해야 한다고 강조한다.
③ (○) 신공공서비스론은 공익을 특정 집단의 이익이나 효율성의 총합으로 보는 것이 아니라, 시민들 간의 개방적이고 민주적인 담론과 숙의 과정을 통해 공동으로 창출되는 공유된 가치의 결과물로 인식해야 한다고 주장한다.
④ (○) 신공공서비스론은 신공공관리론이 강조하는 기업주의 정신, 즉 정부를 기업처럼 운영하려는 경향을 비판한다. 대신, 공익에 헌신하고 시민에게 봉사하는 시민의식(citizenship)의 가치를 받아들이고 이를 행정의 중심에 두어야 한다고 강조한다.

정답 | ①

141 필수

신공공서비스론의 특성에 대한 설명으로 옳지 않은 것은?

① 정부의 역할은 시민에 대한 봉사여야 한다.
② 공익은 개인적 이익의 집합체이기 때문에 시민들과 신뢰와 협력의 관계를 확립해야 한다.
③ 책임성이란 단순하지 않기 때문에 관료들은 「헌법」, 법률, 정치적 규범, 공동체의 가치 등 다양한 측면에 관심을 기울여야 한다.
④ 생산성보다는 사람에게 가치를 부여하기 때문에 공공조직은 공유된 리더십과 협력의 과정을 통해 작동되어야 한다.

141	1 2 3
기출처	2021 국가직 9급
난이도	★★
키워드	신공공서비스론

관련기출 옳은지문
- 신공공서비스론(New Public Service)의 기본 원리는 고객이 아니라 시민에게 봉사한다. 21. 경찰승진

해설

① (○) 신공공서비스론은 관료의 역할로 방향잡기보다는 시민들로 하여금 공유된 가치를 표명하고 그것을 충족시킬 수 있도록 도와주는 데 봉사해야 함을 강조한다.
② (×) 공익을 개인적 이익의 집합체로 보는 것은 신공공관리론이다. 신공공서비스론은 공익을 담론의 결과물로 본다.
③ (○) 신공공서비스론은 정부의 책임을 단순한 생산성의 제고에서 「헌법」, 법률, 공동체 가치, 정치규범, 전문직 업적 기준, 시민들의 이해 등을 도모하는 데까지 그 범위를 확장한다.
④ (○) 신공공서비스론은 조직 운영에 있어 인간 중심적인 가치를 강조하며 협동과 공유된 리더십으로 운영할 때 성공할 수 있다고 본다.

정답 | ②

142		1 2 3
기출처	2024 지방직 9급	
난이도	★★	
키워드	신공공서비스론	

142 필수

신공공서비스론에 대한 설명으로 옳지 않은 것은?

① 신공공관리론을 극복하기 위해 등장하였으며, 비판이론과 포스트모더니즘을 활용한다.
② 공익은 시민의 공유된 가치에 대한 담론의 결과이다.
③ 정부는 '노젓기'보다 '방향잡기'에 집중하면서 시민에게 더 많은 권력을 부여해야 한다.
④ 정부 관료는 「헌법」과 법률, 정치 규범, 시민에 대한 대응성을 중요시해야 한다.

🔍 **관련기출 옳은지문**
- 신공공관리론의 대상이 고객이라면 신공공서비스론의 대상은 시민이다.
  14. 국회직 8급

해설

① (○) 신공공서비스론은 실증주의, 해석학, 비판이론, 포스트모더니즘 등 다양한 접근법을 포괄하며, 특히 시민 행정학, 인간 중심 조직이론, 신행정학, 포스트모던 행정학 등에 기반을 두고 있다.
② (○) 신공공서비스론에 의하면 공익은 사익의 부산물이 아니라 담론과정을 통해 형성되는 목표이다.
③ (×) 정부가 노젓기보다 방향잡기에 집중하면서 시민에게 더 많은 권력을 부여해야 한다는 주장은 기업가적 정부에 관련된다. 신공공서비스론은 노젓기나 방향잡기보다는 봉사를 강조한다.
④ (○) 신공공서비스론에 의하면 책임성이란 단순하지 않기 때문에 관료들은 「헌법」 법률, 정치적 규범, 공동체 가치 등 다양한 측면에 관심을 기울여야 한다.

고득점 플러스+ 신공공서비스론

구분	전통적 행정이론	신공공관리론	신공공서비스론
인식기준	초기 사회과학	신고전파 경제학 성과관리론	민주주의, 실증주의, 해석학 비판이론, 포스트모더니즘
합리성	개괄적 합리성	기술적·경제적 합리성	전략적 합리성
공익	정치적으로 정의 법률적으로 표현	사익의 총합	담론의 결과물
반응대상	고객과 유권자	고객	시민
정부역할	노젓기	방향잡기	봉사
수단	기존의 정부기구	민간기관 비영리기구 유인체계의 창출	공공기관, 비영리 민간기관의 연합
책임성 확보	위계적 정치지도자에게 책임	시장지향 사익의 총합	다면적 법, 공동체, 전문성 등
행정재량	제한적 재량	폭넓은 재량	재량 + 책임
조직구조	상명하복 관료제 조직	조직 내 통제권 유보 분권화된 조직	리더십의 공유 협동적 조직
동기유발	보수와 편익, 신분보장	기업가 정신	사회봉사 욕구

정답 | ③

143

행정이론에 대한 설명으로 옳지 않은 것은?

① 행정관리론(사무관리론·조직관리론)에서는 계획과 집행을 분리하고 권한과 책임을 명확히 규정할 것을 강조하였다.
② 신행정학에서는 정부의 적극적인 역할과 적실성 있는 정책의 수립을 강조하였다.
③ 뉴거버넌스론에서는 공공참여자의 활발한 의사소통, 수평적 합의, 네트워크 촉매자로서의 정부역할을 강조하였다.
④ 신공공서비스론에서는 시민을 주인이 아닌 고객의 관점으로 볼 것을 강조하였다.

143	
기출처	2015 국가직 9급
난이도	★★
키워드	신공공서비스론

관련기출 옳은지문
• 신공공서비스론(New Public Service)은 공무원들은 고객이 아니라 시민에게 봉사해야 한다고 본다.
18. 서울시 7급(상)

해설

① (○) 행정관리론은 계획과 집행을 분리하고 권한과 책임을 명확하게 규정할 것을 처방하는 고전적 행정이론이다.
② (○) 신행정학에서는 미국 사회의 격동기를 해결하기 위하여 정부의 적극적 역할과 적실성 있는 정책의 수립을 강조하였다.
③ (○) 뉴거버넌스는 공공문제의 해결을 위한 공·사조직들의 협력적 통치로, 수평적 네트워크로 연결된 다양한 주체들에 의한 사회문제해결시스템을 강조한다.
④ (×) 시민을 고객으로 보는 것은 신공공관리론이다. 신공공서비스론은 시민을 고객이 아닌 주인으로 파악하고, 관료는 이러한 주인들이 담론을 통해 공익을 형성할 수 있도록 봉사하여야 한다고 주장한다.

정답 | ④

144 〈필수〉

무어(Moore)의 공공가치창출론(creating public value)적 시각에 대한 설명으로 옳지 않은 것은?

① 행정의 정당성 위기를 극복하기 위한 대안적 접근이다.
② 전략적 삼각형 개념을 제시한다.
③ 신공공관리론을 계승하여 행정의 수단성을 강조한다.
④ 정부의 관리자들은 공공가치 실현에 힘써야 한다고 주장한다.

144	
기출처	2023 지방직 9급
난이도	★★
키워드	공공가치창출론

해설

① (○) 무어(M. Moore)의 공공가치창출론은 신공공관리론이 야기한 행정의 공공성 약화를 극복하기 위한 대안적 패러다임이다.
②, ④ (○) 무어(M. Moore)의 공공가치창출론은 민주적으로 선출되어 정당성을 부여 받은 정부의 관리자들이 공공자산을 활용해 공공가치를 창출해야 한다는 주장으로, 이를 위해 외부환경으로부터의 정당성과 지원, 공적 가치의 형성, 운영 역량의 형성이라는 전략적 삼각형 모형을 제시하였다.
③ (×) 무어(M. Moore)의 공공가치창출론은 수단 중심의 신공공관리론을 비판한 이론이다.

정답 | ③

145 〈필수〉

공공가치론에 대한 설명으로 옳은 것만을 모두 고르면?

> ㄱ. 무어(Moore)는 공공가치 실패를 진단하는 도구로 '공공가치 지도그리기(mapping)'을 제안한다.
> ㄴ. 보즈만(Bozeman)은 공공기관에 의해 생산된 순(純) 공공가치를 추정하는 '공공가치 회계'를 제시했다.
> ㄷ. '전략적 삼각형' 모델은 정당성과 지지, 운영 역량, 공공가치로 구성된다.
> ㄹ. 시장과 공공부문이 공공가치 실현에 필수적으로 요구되는 재화와 서비스를 제공하지 못할 때 '공공가치 실패'가 일어난다.

① ㄱ, ㄴ　　② ㄱ, ㄹ　　③ ㄴ, ㄷ　　④ ㄷ, ㄹ

기출처: 2024 지방직 9급
난이도: ★★
키워드: 공공가치론

해설

ㄱ. **매력적 오답** (×) 공공가치 실패를 진단하는 도구로 '공공가치 지도그리기(mapping)'를 제안한 학자는 보즈만(B. Bozeman)이다.

ㄴ. **매력적 오답** (×) 공공기관에 의해 생산된 순(純) 공공가치를 추정하는 '공공가치 회계'를 제시한 학자는 무어(M. Moore)이다.

ㄷ. (O) 무어(M. Moore)의 핵심 모델인 '전략적 삼각형'은 공공관리자가 공공가치를 창출하기 위해 고려해야 할 세 가지 필수 요소로 구성된다. 공공가치 그 자체(바람직한 결과), 그 가치를 실현하기 위한 운영 역량, 그 가치와 운영 역량에 대한 외부 환경으로부터의 정당성과 지지. 이 세 요소가 상호작용하며 공공가치 창출의 기반이 된다.

ㄹ. (O) '공공가치 실패(Public Value Failure)'는 시장 실패나 정부 실패와 유사한 개념으로, 시장과 기존의 공공부문(정부)이 사회적으로 필수적으로 요구되는 공공가치나 재화·서비스를 효율적으로 또는 적절하게 제공하지 못할 때 발생하는 상황을 의미한다. 이는 새로운 형태의 공공부문 개입이나 공공가치 창출의 필요성을 제기하는 근거가 된다.

고득점 플러스+ 공공가치창출론

- 무어(M. Moore)의 공공가치창출론(1995) → 전략적 삼각형 모형
  - 민주적으로 선출되어 정당성을 부여 받은 정부의 관리자들이 공공자산을 활용해 공공가치를 창출해야 한다는 주장
  - 전략적 삼각형: 외부환경으로부터의 정당성과 지원, 공적 가치의 형성, 운영 역량의 형성
- 보즈만(B. Bozeman)의 공공가치실패론(2002)
  - 공공실패: 시장 혹은 공공부문의 행위자가 공공가치에 부합하는 재화나 서비스를 제공하지 못하는 현상
  - 핵심가치: 인간의 존엄성, 지속가능성, 시민참여, 개방성과 기밀성, 타협, 온전성, 강건성 등

정답 | ④

146 필수

넛지(Nudge)이론에 대한 설명으로 옳은 것은?

① 자유주의적 개입주의 원리에 따라 시장기반의 경제적 인센티브 수단을 선호한다.
② 행동경제학에 기반하여 실험을 통한 귀납적 분석보다는 가정에 기초한 연역적 분석을 지향한다.
③ 정부의 역할 및 정책수단으로서 선택설계의 개념을 도입한다.
④ 인간의 휴리스틱은 인지적 오류와 행동편향을 방지한다.

146
- 기출처: 2024 지방직 7급
- 난이도: ★
- 키워드: 넛지이론

🔍 관련기출 옳은지문

- 넛지란, 어떤 선택을 금지하거나 경제적 유인을 크게 변화시키지 않으면서 예측 가능한 방향으로 사람들의 행동을 변화시키는 선택설계의 제반 요소를 의미한다. 23. 군무원 7급

해설

① (×) 자유주의적 개입주의 원리에 따라 시장기반의 경제적 인센티브 수단을 선호하는 것은 신공공관리론이다.
② **매력적 오답** (×) 행동경제학은 가정에 기초한 연역적 분석보다는 실험을 통한 귀납적 분석을 지향한다.
③ (○) 넛지이론은 정부가 국민의 복리 증진을 위해 선택설계의 개념을 도입해야 한다고 주장한다. 선택 설계란 사람들이 결정을 내리는 환경을 설계하여 특정 선택을 유도하는 것을 의미한다. 예를 들어, 식판에 건강한 음식을 먼저 배치하거나, 기부의 기본값을 '찬성'으로 설정하는 것 등이 선택 설계에 해당한다. 이는 정부의 중요한 역할이자 정책 수단으로 제시된다.
④ (×) 인간의 휴리스틱은 인지적 오류와 행동편향을 야기할 수 있다.

정답 | ③

147

다음 대화에서 옳지 않은 말을 한 사람은?

A: 신공공관리론의 학문적 토대는 신고전학파 경제학인데, 넛지이론은 공공선택론이야.
B: 신공공관리론은 효율성을 증대하여 고객 대응성을 높이자는 목표를 가지는데, 넛지이론은 행동변화를 통해서 삶의 질을 높이는 것이 목표야.
C: 신공공관리론에서는 경제적 합리성을 가정하지만, 넛지이론에서는 제한된 합리성을 가정하지.
D: 신공공관리론에서는 공무원이 정치적 기업가가 되길 원하지만 넛지이론에서는 선택설계자가 되길 바라지.

① A ② B ③ C ④ D

147
- 기출처: 2023 국가직 7급
- 난이도: ★
- 키워드: 넛지이론

해설

A. (×) 넛지이론의 학문적 토대는 행동경제학이다. 공공선택론은 신공공관리론의 이론적 토대이다.
B. (○) 신공공관리론은 정부 부문에 시장 원리를 도입하여 효율성을 증대시키고, 시민을 고객으로 바라보며 고객 대응성을 높이는 것을 목표로 한다. 반면, 넛지이론은 인간의 제한된 합리성을 전제로 부드러운 개입을 통해 사람들의 행동 변화를 유도하여 삶의 질을 높이는 것을 목표로 한다.
C. (○) 신공공관리론은 인간을 자신의 이익을 극대화하기 위해 합리적 선택을 하는 경제인(homo economicus)으로 가정한다. 반면, 넛지이론은 인간이 항상 합리적으로 판단하고 행동하는 것이 아니라, 인지적 편향이나 부족한 정보 등으로 인해 비합리적인 선택을 할 수 있다는 제한된 합리성을 가정한다.
D. (○) 신공공관리론은 관료들에게 시장의 기업가처럼 성과 중심적이고 혁신적인 역할을 수행하는 '정치적 기업가'가 되기를 기대한다. 반면, 넛지이론은 정책 결정자들이 사람들이 더 나은 선택을 할 수 있도록 선택 환경을 설계하는 '선택설계자'의 역할을 강조한다.

정답 | ①

148		1 2 3
기출처	2022 지방직 7급	
난이도	★	
키워드	넛지이론	

🔍 관련기출 옳은지문

• 전통경제학에서는 명령지시적 정부규제나 경제적 유인을 정책수단으로 활용하지만, 넛지는 기본적으로 간접적이고 유도적인 방식의 정부 개입방식으로서 촉매적 정책수단의 성격을 띠고 있다.   23. 군무원 7급

148 〈필수〉
넛지(nudge)의 특성으로 옳은 것만을 모두 고르면?

> ㄱ. 넛지 방식으로 정책을 설계하는 것을 선택설계라고 한다.
> ㄴ. 정책대상집단의 행동에 개입하지만 개인의 자유로운 선택을 허용한다.
> ㄷ. 넛지는 디폴트 옵션 설정 방식처럼 사람들의 인지적 편향을 전략적으로 활용하는 정책수단이다.

① ㄱ, ㄴ   ② ㄱ, ㄷ   ③ ㄴ, ㄷ   ④ ㄱ, ㄴ, ㄷ

해설

ㄱ. (O) 넛지란 어떤 선택을 금지하거나 경제적 유인을 크게 변화시키지 않으면서 예측 가능한 방향으로 사람들의 행동을 변화시키는 선택설계의 제반 요소를 의미한다.
ㄴ. (O) 넛지는 개인이 올바른 선택을 하도록 개입한다는 측면에서 개입주의를 표방하고 있으나, 개인에게 선택의 옵션을 제공하고, 특정한 선택을 강요하지 않는다는 점에서 자유주의적이다.
ㄷ. (O) 선택설계는 개인의 인지 오류를 이용한 선택설계와 개인의 합리적 선택을 제약하는 환경적 요인의 개선을 통한 개인의 의지적 판단을 통해 행동 변화를 유도하는 선택설계로 구분할 수 있다.

고득점 플러스+ 넛지이론과 신공공관리론

• 넛지이론
  - 행동경제학, 제한된 합리성, 생태적 합리성, 자유주의적 개입주의, 행동적 시장실패와 정부실패
  - 선택설계자로서 관료, 행동변화를 통한 삶의 질 제고, 넛지의 활용
• 신공공관리론
  - 신고전파 경제학, 공공선택론, 완전한 합리성, 경제적 합리성, 신자유주의, 시장주의, 시장실패와 제도실패, 정부실패
  - 정치적 기업가로서 관료, 고객주의, 개인의 이익 증진, 경제적 인센티브의 강조

정답 | ④

149
파머(Farmer)가 주장한 포스트모더니티 행정이론의 내용으로 옳지 않은 것은?

① 나 아닌 다른 사람을 인식적 객체가 아닌 도덕적인 타자(他者)로 인정한다.
② 관점에 따라 다양한 가능성이 허용되는 상상(imagination)보다는 과학적 합리성(rationality)이 더 중요하다.
③ 행정에서도 지식과 학문의 영역 간 경계가 사라지는 탈영역화(deterritorialization)가 나타난다.
④ '행정은 객관적으로 연구될 수 있다'는 설화는 해체(deconstruction)를 통해 더 잘 이해할 수 있다.

149	
기출처	2020 지방직 7급
난이도	★
키워드	포스트모더니티 행정이론

관련기출 옳은지문
- 포스트모더니즘에 기초한 행정이론은 지배를 야기하는 권력을 거부한다. 18. 서울시 9급
- 포스트모더니티이론에 입각한 행정은 객관적으로 연구될 수 있다는 설화를 해체해야 한다고 본다. 16. 서울시 7급
- 포스트모더니티(postmodernity) 행정이론은 상대적이고 다원주의적이며, 동시에 해방주의적 성격의 세계관을 지니고 있다. 11. 지방직 7급

해설

① (○) 나 아닌 다른 사람을 인식적 객체가 아닌 도덕적 타자(他者)로 인정하는 것을 타자성이라 한다.
② (×) 포스트모더니즘은 과학적 합리성보다는 상상을 강조한다. 상상이란 소극적으로는 규칙이나 관례로부터 해방 가능성을 주장하며, 적극적으로는 합리성으로부터 벗어나 직관의 가능성 또는 문제의 특수성을 강조하는 것을 말한다.
③ (○) 영역해체에 관한 설명이다. 영역해체란 학문 간의 경계를 타파하고자 하는 것으로, 이는 행정학의 고유 영역이라고 믿는 지식의 성격이 변화됨을 의미한다.
④ (○) 해체란 이론 및 설화가 되는 텍스트의 근거를 파헤쳐 보자는 것이다. '경제발전이 역사발전의 원동력이다.' 혹은 '행정의 실무는 능률적이어야 한다.'는 주장을 당연한 것으로 받아들이지 않고 그 근거를 파헤쳐 보자는 것과 관련된다.

정답 | ②

150
혼돈이론(chaos theory)에 대한 설명으로 옳지 않은 것은?

① 현실의 복잡성과 불확실성을 극복하기 위해 단순화, 정형화를 추구한다.
② 비선형적, 역동적 체제에서의 불규칙성을 중시한다.
③ 전통적 관료제 조직의 통제 중심적 성향을 타파하도록 처방한다.
④ 조직의 자생적 학습능력과 자기조직화 능력을 전제한다.

150	
기출처	2011 지방직 9급
난이도	★
키워드	혼돈이론

관련기출 옳은지문
- 혼돈이론은 안정된 운동상태를 보이는 계(系)가 어떻게 혼돈상태로 바뀌는가를 설명하고, 또 혼돈상태에서 숨겨진 질서를 찾으려는 시도이다. 21. 국회직 8급

해설

① (×) 혼돈이론은 현실의 복잡성과 불확실성을 당연한 것으로 수용하며, 이러한 복잡성과 불확실성을 새로운 질서를 형성할 수 있는 기회의 장으로 활용할 것을 주장한다. 즉, 단순화나 정형화를 추구하지 않는다.
② (○) 혼돈이론은 불규칙한 무질서 현상의 배후에 감추어져 있는 규칙성을 찾는 이론적 접근이다. 즉, 비선형적이고 역동적인 상태에서 질서를 발견하려는 과학적 노력이다.
③ (○) 규칙 중심적이고 통제 중심적인 관료제는 현실의 복잡성에 숨겨진 다양한 질서를 발견함에 있어 제약요인이 될 수 있으며, 사전에 정해진 규칙에 의한 운영은 상황의 불확실성에 대처할 수 없게 하는 요인이다.
④ (○) 복잡하고 불확실한 혼돈의 상황에서는 미리 정해진 조직구조가 아닌 스스로의 학습을 통해 자신을 형성해 나가는 자기조직화 능력이 중시된다.

정답 | ①

CHAPTER 06 행정이 추구하는 가치

151	1 2 3
기출처	2018 지방직 9급
난이도	★★
키워드	절약과 능률성

151
행정이론의 패러다임과 추구하는 가치를 바르게 연결한 것은?

① 행정관리론 – 절약과 능률성
② 신행정론 – 형평성과 탈규제
③ 신공공관리론 – 경쟁과 민주성
④ 뉴거버넌스론 – 대응성과 효율성

> 해설

① (○) 행정관리론은 엽관주의 폐해를 극복하기 위해 제시된 고전적 행정관이다.
② (×) 신행정론은 형평성과 책임성을 중시한다. 탈규제는 정부실패 이후 강조되었다.
③ (×) 신공공관리론은 탈규제 및 경쟁과 효율성의 강화를 중시한다.
④ (×) 뉴거버넌스론은 효율성보다는 참여와 대응성을 중시한다.

정답 | ①

152	1 2 3
기출처	2015 지방직 9급
난이도	★★
키워드	본질적 가치

152
행정에 대한 설명으로 옳지 않은 것은?

① 행정은 정부의 단독행위가 아니라 사회의 다양한 주체들이 함께 참여하는 협력행위로 변해가고 있다.
② 행정은 사회의 공공가치 실현을 목적으로 한다.
③ 행정은 민주주의의 원칙에 따라 재원의 확보와 사용에 있어서 국회의 통제를 받는다.
④ 행정의 본질적 가치로는 능률성, 책임성 등이 있으며 수단적 가치로는 정의, 형평성을 들 수 있다.

🔍 관련기출 옳은지문

• 행정이념은 행정 수행에 필요한 지도원리나 지침의 역할을 수행한다.
23. 군무원 7급

• 평등한 가치 배분은 행정가치 중 본질적 가치에 해당한다. 23. 소방간부

> 해설

① (○) 최근 정부의 독점적 통치에 따른 부작용을 해소하고자 시장과 시민사회 등 다양한 주체의 협력을 통해 공공문제를 해결하려는 거버넌스 개념이 강조되고 있다.
② (○) 행정은 규범적으로 공공가치의 실현을 목적으로 하며, 공공문제 해결을 통해 국민 삶의 질적 향상을 도모하는 활동이다.
③ (○) 현대행정은 민주주의를 기본 전제로 하며, 이에 따라 정부의 활동은 국민에 대한 책임성을 확보해야 한다. 그 대표적인 수단이 예산에 대한 국회의 통제권이다.
④ (×) 능률성과 책임성 등이 수단적 가치이고, 정의와 형평성은 본질적 가치에 속한다.

정답 | ④

153

행정이념 중에서 수단적 가치로만 묶인 것은?

① 효과성, 형평성, 합법성, 공익성
② 합법성, 평등성, 효과성, 공익성
③ 형평성, 합법성, 가외성, 능률성
④ 가외성, 능률성, 효과성, 합법성

153	1 2 3
기출처	2024 국가직 7급
난이도	★★
키워드	수단적 가치

해설

① (×) 형평성, 공익성은 행정이 추구해야 할 본질적 가치에 해당한다. 효과성과 합법성은 수단적 가치이다.
② (×) 평등성, 공익성은 본질적 가치에 해당한다. 합법성과 효과성은 수단적 가치이다.
③ (×) 형평성은 본질적 가치에 해당한다. 합법성, 가외성, 능률성은 수단적 가치이다.
④ (○) 가외성, 능률성, 효과성, 합법성 등이 수단적 가치로 분류된다.

고득점 플러스+ 본질적 가치와 수단적 가치

- 본질적 가치: 공익, 정의, 자유, 평등, 형평, 복지
- 수단적 가치: 합리성, 능률성, 효과성, 생산성, 민주성, 합법성, 투명성, 가외성 등

정답 | ④

154 (필수)

공익에 대한 설명으로 옳은 것은?

① 실체설은 사익들의 타협과 조정의 산물로서 실체를 드러내는 가치를 공익이라고 본다.
② 과정설은 정부 또는 행정관료가 공익결정과정에서 주체로서 적극적인 역할을 수행한다고 본다.
③ 공익은 정책의 비용과 편익 등 자원배분원칙의 가치기준을 제공한다.
④ 공익은 자유, 형평, 평등과 같이 수단적 행정가치에 해당한다.

154	1 2 3
기출처	2024 지방직 7급
난이도	★★
키워드	공익

해설

① (×) 사익들의 타협과 조정의 산물을 공익이라고 보는 것은 과정설이다.
② (×) 정부 또는 행정관료가 공익결정과정에서 주체로서 적극적인 역할을 수행한다고 보는 것은 실체설이다.
③ (○) 공익 역시 자원배분의 기준으로 작용한다.
④ (×) 공익은 자유, 형평, 평등과 같이 본질적 가치에 해당한다.

관련기출 옳은지문

- 공익 과정설은 공익은 하나의 실체라기보다 다수의 이익들이 조정되면서 얻어진 결과로 본다. 22. 군무원 9급

- 공익의 실체설은 엘리트주의의 관점을 취하는 반면, 공익의 과정설은 다원주의의 관점을 취한다.
  20. 경찰승진

정답 | ③

155			
기출처	2019 국가직 9급		
난이도	★		
키워드	공익		

🔍 **관련기출 옳은지문**
- 공익의 과정설은 공익을 수많은 사익 간의 조정과 타협의 산물이라고 본다. 11. 국회직 8급
- 공익의 실체설은 관료의 독자적·적극적 역할을 강조한다. 11. 국회직 8급

155
공익에 대한 설명으로 옳은 것은?

① 「국가공무원법」은 제1조에서 공무원은 국민 전체의 봉사자로서 공익을 추구해야 함을 명시하고 있다.
② 「공무원 헌장」은 공무원이 실천해야 하는 가치로 공익을 명시하고 있다.
③ 신공공서비스론에서는 공익을 행정의 목적이 아닌 부산물로 보아야 한다는 점을 강조한다.
④ 공익에 대한 실체설에서는 공익을 사익 간 타협 또는 집단 간 상호작용의 산물로 본다.

해설

① (×) 「국가공무원법」 제1조는 '각급 기관에서 근무하는 모든 국가공무원에게 적용할 인사행정의 근본기준을 확립하여 그 공정을 기함과 아울러 국가공무원에게 국민 전체의 봉사자로서 행정의 민주적이며 능률적인 운영을 기하게 하는 것을 목적으로 한다.'고 규정하고 있을 뿐 공익에 관한 내용은 없다.
② (○) 「공무원 헌장」은 '공익을 우선시하며 투명하고 공정하게 맡은 바 책임을 다한다.'는 규정을 두고 있다.
③ (×) 신공공서비스론은 공익을 행정의 부산물이 아닌 목적으로 보아야 하며, 관료와 국가는 시민들이 공유할 수 있는 공익 개념을 구축해야 할 의무가 있다고 주장한다.
④ (×) 공익을 사익 간 타협 또는 집단 간 상호작용의 산물로 보는 것은 공익 과정설이다. 공익 실체설은 공익을 사익이나 특수 이익의 단순한 집합을 초월한 선험적 이익으로 보는 입장이다.

정답 | ②

156			
기출처	2020 국가직 9급		
난이도	★★★		
키워드	공리주의		

156 〈필수〉
공리주의적 관점에서 공익을 설명한 것으로 옳은 것만을 모두 고르면?

ㄱ. 사회 전체의 효용이 증가하면 공익이 향상된다.
ㄴ. 목적론적 윤리론을 따르고 있다.
ㄷ. 효율성(efficiency)보다는 합법성(legitimacy)이 윤리적 행정의 판단기준이다.

① ㄱ
② ㄷ
③ ㄱ, ㄴ
④ ㄴ, ㄷ

해설

ㄱ. (○) 공리주의는 최대 다수의 최대 행복을 강조한다. 이는 사회 전체의 효용이 증가하면 사회적 공익이 향상된다는 주장이다. 다만, 사회 전체의 효용을 높이는 방법은 개개인의 효용을 극대화함으로써 달성된다.
ㄴ. (○) 공리주의는 결과를 기준으로 옳고 그름을 판단하는 가치상대론으로, 이를 목적론 혹은 결과론적 시각이라 한다.
ㄷ. (×) 공리주의는 사회 전체의 효율성을 강조하는 이론이다. 즉, 효율성의 극대화 여부를 기준으로 옳고 그름을 판단한다.

정답 | ③

157

공익 개념을 설명하는 접근방법들 중에서 정부와 공무원의 소극적 역할과 관련 깊은 것은?

① 사회의 다양한 집단 간에 상호 이익을 타협하고 조정하여 얻어진 결과가 공익이다.
② 사회 구성원의 개별적 이익을 모두 합한 전체 이익을 최대화한 것이 공익이다.
③ 정의 또는 공동선과 같은 절대가치가 공익이다.
④ 특정인이나 집단의 특수 이익이 아니라 사회 구성원이 보편적으로 공유하는 이익이 공익이다.

157	① ② ③
기출처	2015 지방직 9급
난이도	★★★
키워드	공익

해설

① (O) 정부와 공무원의 소극적 역할과 관련된 공익관은 과정설이며, 사회의 다양한 집단 간에 상호 이익을 타협하고 조정하여 얻어진 결과를 공익으로 보는 것이 이에 속한다.
② **매력적 오답** (×) 전체 이익의 존재를 가정하고 이를 최대화하고자 하는 것은 공익 실체설의 입장이다. 다만 개별적 이익이 합쳐진 것이 전체 이익이라는 의미라면 과정설적 표현으로 볼 수 있다.
③ (×) 정의 또는 공공선과 같은 절대적 가치는 공익 실체설에서 강조하는 개념이다.
④ (×) 특수 이익이 아닌 구성원들이 보편적으로 공유하는 이익은 공익 실체설과 관련된다.

정답 | ①

🔍 관련기출 옳은지문

- 적법절차의 준수에 의한 공익의 보장은 공익 과정설에 가깝다.
  23. 국회직 8급

- 기초주의(foundationalism) 인식론은 공익 실체설에 가깝다.
  23. 국회직 8급

- 공공재의 존재와 공유지 비극의 문제는 공익 실체설의 근거가 될 수 있다.
  23. 국회직 8급

158

공익(public interest) 개념의 실체설과 과정설에 대한 설명으로 옳은 것은?

① 실체설은 집단 간 상호작용의 산물을 공익이라고 본다.
② 과정설의 대표적인 학자에는 플라톤(Plato)과 루소(Rousseau)가 있다.
③ 실체설은 공익이라는 미명하에 개인의 이익이 침해될 수 있는 위험요소를 내포하고 있다.
④ 과정설은 공익과 사익이 명확히 구분된다는 입장이다.

158	① ② ③
기출처	2017 국가직 9급
난이도	★★★
키워드	공익 실체설과 과정설

해설

① (×) 집단 간 상호작용의 산물을 공익으로 보는 것은 공익 과정설이다.
② **매력적 오답** (×) 플라톤과 루소 등은 공익 실체설의 대표적인 학자이다.
③ (O) 실체설은 사회 전체의 이익을 강조하는 전체주의 속성이 강하므로 개인의 이익을 침해할 수 있는 위험요소를 내포하고 있다.
④ (×) 공익과 사익을 명확히 구분하는 것은 공익 실체설의 입장이다.

🔍 관련기출 옳은지문

- 플라톤(Platon)과 루소(Rousseau)는 공익을 선험적으로 주어진 것으로 본다.
  20. 경찰승진

고득점 플러스+ 공익의 본질

- 과정설: 과정적·절차적 측면의 강조, 선진국의 공익관, 소극설
  - 특징: 선험적 실체의 부정, 경험적 산물, 조정과 타협, 이익집단 주도, 소극적 정부, 다원주의·개인주의, 점증주의
  - 학자: 홉스, 흄, 벤담, 베르그송, 새뮤엘슨, 리틀, 애로우, 벤틀리, 헤링, 슈버트, 소라우프, 트루먼 등
- 실체설: 내용적 측면의 강조, 개발도상국 또는 전체주의 공익관(→ 비민주적 공익관), 적극설
  - 특징: 선험적 실체의 존재(→ 도덕, 정의, 양심, 자연법 등), 능동적 정부, 합리모형 또는 엘리트모형
  - 학자: 플라톤, 아리스토텔레스, 루소, 헤겔, 마르크스, 플라스맨, 벤디트, 리프먼, 카시넬리, 오펜하이머 등

정답 | ③

159 〈필수〉

공익에 대한 설명으로 옳은 것만을 모두 고르면?

> ㄱ. 실체설에 의하면 공익은 사익을 초월한 것이다.
> ㄴ. 과정설에 의하면 공익은 사익 간 갈등을 조정·타협하는 과정에서 산출되는 것이다.
> ㄷ. 실체설은 다원적 민주주의에 도움을 준다.
> ㄹ. 플라톤(Plato)과 루소(Rousseau) 모두 공익 실체설을 주장하였다.

① ㄱ, ㄴ
② ㄴ, ㄷ
③ ㄱ, ㄴ, ㄹ
④ ㄱ, ㄷ, ㄹ

[기출처] 2022 지방직 9급
[난이도] ★★★
[키워드] 공익

관련기출 옳은지문

- 공익의 과정설은 개인주의적·다원주의적 시각에 가깝다. 11. 국회직 8급
- 민주적 조정 과정을 중시하는 입장은 개발도상국보다는 선진국에서 설명력이 더 높다. 19. 국회직 9급
- 실체설은 개개인의 이익은 공동체의 공동선에 종속되며, 공익과 사익 간의 갈등은 있을 수 없다고 한다. 22. 경찰승진
- 「지방재정법」에 규정된 주민참여예산제도의 준수를 통해 지방자치단체의 예산을 배분하는 것은 과정설에 해당된다. 23. 행정사

해설

ㄱ. (O) 공익 실체설은 공익을 선험적으로 존재하는 본원적 가치로 간주한다.
ㄴ. (O) 공익 과정설에 의하면 공익은 사익 간의 갈등과 조정에 의해 얻어지는 경험적 산물이다.
ㄷ. (X) 다원적 민주주의에 도움을 주는 것은 공익 과정설이다.
ㄹ. (O) 플라톤과 루소 그리고 칸트와 롤스 등이 대표적인 공익 실체설의 학자들이다.

정답 | ③

160

행정가치에 대한 설명으로 옳지 않은 것은?

① 디목(Dimock)은 과학적 관리론에 입각한 기계적 효율관을 비판하며 사회적 효율성을 강조했다.
② 프레데릭슨(Frederickson)과 왈도(Waldo) 등 신행정학의 학자들은 사회적 형평성이 행정가치로 주목받는 데 크게 기여하였다.
③ 롤즈(Rawls)가 제시한 정의론의 차등조정의 원리는 다시 차등 원리와 기회균등의 원리로 나뉜다.
④ 슈버트(Schubert)는 공익 실체설의 입장에서 공익이 민주적 정부 이론의 중심에 놓여 있다고 주장했다.

[기출처] 2019 지방직 7급
[난이도] ★
[키워드] 공익 실체설

해설

① (O) 디목(M. Dimock)은 인간적 가치의 구현과 사회적 목적의 실현을 위하여 사회적 능률성을 제시하였다.
② (O) 사회적 형평성은 미국의 격동기를 배경으로 등장한 신행정론 이후 주목받기 시작한 행정이념이다.
③ (O) 정의의 제2원리인 차등조정의 원리는 누구에게나 평등한 기회가 주어져야 한다는 기회균등의 원리와 약자에게 우선적 혜택이 주어져야 한다는 차등의 원리로 구성된다.
④ (X) 슈버트(G. Schubert)는 공익 이론가들을 합리주의자, 이상주의자, 현실주의자로 삼분한 학자이다. 합리주의자는 윌슨(W. Wilson)의 정치행정이원론의 패러다임을 반영한 것이고, 이상주의자는 엘리트주의 견해를, 현실주의자들은 다원주의 견해를 반영한 것이다. 이처럼 슈버트(G. Schubert)는 개인의 가정에 출발하여 공익 개념을 구축하고 있으므로 공익 과정설로 분류된다.

정답 | ④

161
롤스(J. Rawls)의 정의론과 거리가 먼 것은?

① 기본적 자유의 평등원리
② 최대극대화의 원리
③ 차등의 원리
④ 공정한 기회균등의 원리

161	
기출처	2013 지방직 7급
난이도	★★
키워드	롤스(J. Rawls)의 정의론

해설

① (O) 롤스(J. Rawls)의 정의론은 타인의 자유와 상충되지 않는 범위에서 기본적 자유에 대한 동등한 권리를 보장하여야 한다는 평등한 자유의 원칙을 제1원칙으로 한다.
② (×) 롤스(J. Rawls)는 원초적 상태에서 합리적인 인간은 최소극대화(maximin)의 원리를 따른다고 가정한다.
③ (O) 차등의 원칙은 최소 수혜자에게 최대 이익을 보장하여야 한다는 원칙으로 기존의 불평등을 시정하기 위한 논리로 활용된다.
④ (O) 공정한 기회균등의 원칙은 정당한 불평등을 허용하기 위한 전제조건에 해당한다. 즉, 공정한 기회를 주지 않고 행해지는 불평등은 정의롭지 못하다는 것이다.

고득점 플러스+ 롤스(J. Rawls)의 정의론
- 개념: 원초적 상황 속에서 사람들이 합의한 기본원칙
- 조건: 원초적 상황(→ 무지의 베일 상태), 합리적·이기적 인간(→ 사회계약론의 전통)
- 결정기준: 최악의 상황(min)에서의 최선의 대안(max)을 선택 → 최소극대화(maximin)
- 원칙: 제1원칙(→ 평등한 자유의 원칙) 제2원칙[→ 정당한 불평등의 조건: 기회균등의 원칙 + 차등의 원칙]
- 우선순위: 제1원칙이 제2원칙보다 우선, 기회균등의 원칙이 차등의 원칙보다 우선

관련기출 옳은지문
- 롤스(John Rawls)의 사회정의론은 정의를 공정성(fairness)으로서 보았다. 09. 서울시 7급
- 롤스(Rawls)는 정의의 제1원리로서 기본적 자유의 평등원리를 들고 있다. 10. 서울시 7급

정답 | ②

162
롤스(J. Rawls)의 정의론에 대한 설명으로 옳지 않은 것은?

① 자유와 평등의 조화를 추구하는 중도적 입장보다는 자유방임주의에 의거한 전통적 자유주의 입장을 취하고 있다.
② 사회의 모든 가치는 평등하게 배분되어야 하며, 불평등한 배분은 그것이 사회의 최소 수혜자에게 유리한 경우에 정당하다고 본다.
③ 현저한 불평등 위에서는 사회의 총체적 효용 극대화를 추구하는 공리주의가 정당화될 수 없다고 본다.
④ 원초적 자연 상태(state of nature) 하에서 구성원들의 이성적 판단에 따른 사회형태는 극히 합리적일 것이라고 가정하는 사회계약론적 전통에 따른다.

162	
기출처	2018 국가직 9급
난이도	★★
키워드	롤스(J. Rawls)의 정의론

해설

① (×) 롤스(J. Rawls)의 정의론은 자유와 평등의 조화를 추구하는 중도적 입장이다.
② (O) 정당한 불평등과 관련된 개념이다. 롤스(J. Rawls)에 의하면 어떠한 불평등이 정당하기 위해서는 우선 기회가 공정하게 제공되어야 하며, 그 다음은 최소의 수혜자에게 유리해야 한다.
③ (O) 롤스(J. Rawls)의 정의론은 사회의 총체적 효용만을 추구했던 공리주의에 대한 반론이다. 현저한 불평등 위에서는 효율성의 추구만으로는 사회문제를 해결할 수 없다는 의미이다.
④ **매력적 오답** (O) 사회계약론이란 사회가 이성적인 구성원들의 합의에 의해 만들어진다는 학설이다. 롤스(J. Rawls) 역시 합리적 경제인관을 바탕으로 원초적 상태에서 합의한 이성적 규칙이 바람직할 것이라는 가정하여 이론을 전개하였다.

관련기출 옳은지문
- 롤스의 정의관은 자유와 평등의 조화를 추구하고 있다. 17. 서울시 7급

정답 | ①

163	① ② ③
기출처	2024 지방직 9급
난이도	★★
키워드	사회적 형평성

관련기출 옳은지문

• 정부의 환경보존사업에 필요한 비용을 공채 발행으로 조달하여 다음 세대에게 그 부담을 전가하는 것은 수직적 형평성에 해당한다.
22. 군무원 7급

• '사회적 형평성' 이념은 1960년대 후반 미국사회의 혼란과 더불어 제기된 신행정학의 주요이념의 하나이다.
18. 경찰승진

• 정부의 공채발행, 대표관료제는 수직적 형평성에 해당한다. 18. 경찰승진

163 〈필수〉

사회적 형평성(social equity)에 대한 설명으로 옳지 않은 것은?

① 1968년 개최된 미노부룩회의(Minnowbrook Conference)에서 태동한 신행정론에서 강조하였다.
② 롤스(Rawls)의 『정의론』은 사회적 형평성 논의에 영향을 주었다.
③ 수직적 형평성(vertical equity)은 '동등한 여건에 있지 않은 사람을 동등하게 취급'함을 의미하며, 누진세가 그 예이다.
④ 수평적 형평성(horizontal equity)은 '동등한 여건에 있는 사람을 동등하게 취급'함을 의미하며, 동일노동 동일임금이 그 예이다.

해설

① (O) 미노브룩회의(1968)는 왈도(D. Waldo)가 주관한 회의로, 논리실증주의에 입각한 행태주의 한계와 처방성의 강조에 따른 행정학의 정체성 위기를 제기하고 이를 극복하고자 소집된 회의이다.
② (O) 존 롤스(J. Rawls)는 그의 저서 『정의론』에서 '정의의 제2원칙(차등의 원칙)'을 통해, 사회·경제적 불평등은 그것이 사회의 최소수혜자에게 최대의 이익이 될 때에만 정당화될 수 있다고 주장했다. 이는 결과의 평등을 중시하는 사회적 형평성 논의에 강력한 철학적 기반을 제공했다.
③ (X) 수직적 형평성(vertical equity)은 동등하지 않은 사람들을 다르게 취급하는 것을 의미한다.
④ (O) 수평적 형평성은 '같은 것은 같게' 취급하는 것을 의미한다. 즉, 성별, 인종, 종교, 지역 등 합리적 이유 없이 동일한 조건에 있는 사람들을 동등하게 대우하는 것을 말한다. '동일노동 동일임금' 원칙은 대표적인 수평적 형평성의 예이다.

정답 | ③

164	① ② ③
기출처	2020 지방직 9급
난이도	★
키워드	파레토 최적

관련기출 옳은지문

• 파레토 최적(Pareto optimum) 상태는 효율성을 이론적으로 뒷받침하는 기준으로, 이는 자원 배분의 효율성을 의미한다. 23. 경찰승진

• 사회적 효율성은 행정의 사회목적 실현과 다원적 이익들 간의 통합조정 및 구성원의 인간가치의 실현 등을 강조한다. 20. 소방간부

164 〈필수〉

행정가치에 대한 설명으로 옳지 않은 것은?

① 공익 과정설에 따르면 사익을 초월한 별도의 공익이란 존재할 수 없다.
② 롤스(Rawls)는 사회정의의 제1원리와 제2원리가 충돌할 경우 제1원리가 우선이라고 주장한다.
③ 파레토 최적 상태는 형평성 가치를 뒷받침하는 기준이다.
④ 근대 이후 합리성은 목표를 달성하는 수단과 관련된 개념이다.

해설

① (O) 공익 과정설은 공익을 '사익 간의 조정과 타협의 산물' 혹은 '경쟁적 이익 집단들 간의 상호작용 결과'로 본다. 따라서 이 관점에서는 다양한 사익들을 초월하여 객관적으로 존재하는 별도의 공익(실체)은 인정하지 않는다.
② (O) 롤스(J. Rawls)에 의하면 제1원리인 평등한 자유의 원칙이 제2원리인 정당한 불평등의 원칙에 우선한다.
③ (X) 파레토 최적이란 다른 사람의 후생을 감소시키지 않고는 누구의 후생도 증대시키는 것이 불가능한 상황을 뜻하며, 이는 효율성을 이론적으로 뒷받침하는 기준이다.
④ **매력적 오답** (O) 합리성은 근대 이전에는 목적 그 자체, 궁극적 가치 또는 궁극적 목적과 관련된 개념으로 이해되어 왔다. 그러나 베버(M. Weber) 이후 합리성은 어떤 행위가 궁극적 목표 달성의 수단이 되느냐의 여부로 이해되고 있다.

정답 | ③

165
디목(Dimock)이 제창한 사회적 능률에 해당하지 않는 것은?

① 인간적 능률
② 합목적적 능률
③ 상대적 능률
④ 단기적 능률

165 1 2 3
기출처 | 2011 국가직 9급
난이도 | ★★
키워드 | 사회적 능률성

> **해설**

① (○) 사회적 능률은 능률성뿐만 아니라 인간가치의 구현도 강조한다는 점에서 인간적 능률로 불린다.
② (○) 사회적 능률은 다양한 가치를 포괄한다는 점에서 합목적적 능률로 불린다.
③ (○) 사회적 능률은 수량적 가치라는 절대적이고 객관적인 능률과는 다르다는 측면에서 상대적 능률로 표현되기도 한다.
④ (×) 단기적 능률은 기계적 능률성이다. 사회적 능률이란 인간가치의 구현과 사회목적의 실현을 중시하는 장기적이고 인간적인 능률로, 민주성 혹은 민주성과 능률성의 조화개념으로 인식된다. 반면, 기계적 능률성이란 기계적·금전적·물리적 측면을 중시하는 가치중립적, 기술적, 객관적인 능률을 말한다.

> **고득점 플러스+** 기계적 능률성과 사회적 능률성
> - 기계적 능률성: 귤릭(L. Gulick), 금전적·물리적 측면, 가치중립·객관적 능률성, 대차대조표식 능률성, 절대적 능률성
> - 사회적 능률성: 디목(M. Dimock), 인간가치의 구현, 사회목적의 실현, 장기적·사회적·인간적 능률성, 상대적 능률성

관련기출 옳은지문
- 기계적 능률성은 정치행정이원론 시대에 과학적 관리론이 행정학에 도입되면서 귤릭(Gulick)이 강조한 개념이다. 19. 경찰승진

- 사이먼(H. A. Simon)은 기계적 효율성을 대차대조표적 효율성이라고 하면서 성과를 계량화하여 객관적인 기준에 따라 효율성을 평가한다고 보았다. 12. 국회직 8급

정답 | ④

166 〈필수〉
행정가치에 대한 설명으로 옳지 않은 것은?

① 합리성은 어떤 행위가 궁극적 목표달성의 최적 수단이 되느냐의 여부를 가리는 개념이다.
② 효율성은 목표의 달성도를 나타내고, 효과성은 투입 대비 산출의 비율을 의미한다.
③ 자율적 책임성은 공무원이 직업윤리와 책임감에 기초해 전문가로서 자발적인 재량을 발휘할 때 확보된다.
④ 행정의 민주성은 국민과의 관계뿐만 아니라 관료조직의 내부 의사결정과정의 측면에서도 고려된다.

166 1 2 3
기출처 | 2023 지방직 9급
난이도 | ★★
키워드 | 효율성과 효과성

> **해설**

① (○) 합리성은 목적에 부합하는 행동이나 대안의 선택을 의미한다.
② (×) 목표의 달성도가 효과성을 의미하고, 투입 대비 산출의 비율은 효율성을 의미한다.
③ (○) 자율적 책임성은 공무원 스스로 직업윤리와 책임감을 가지고 전문가적 판단에 따라 자율적으로 행동할 때 확보된다.
④ (○) 국민과의 관계는 대외적 민주성을, 내부 의사결정과정에서의 참여는 대내적 민주성을 의미한다.

관련기출 옳은지문
- 사회적 효율성은 구성원의 인간적 가치의 실현 등을 내용으로 하는 효율관으로, 민주성의 개념으로 이해되기도 한다. 23. 경찰승진

정답 | ②

167

행정이 추구하는 가치에 대한 설명으로 옳지 않은 것은?

① 합리성은 어떤 행위가 궁극적인 목표달성을 위한 최적의 수단이 되느냐를 가리키는 개념이다.
② 효과성은 투입 대비 산출의 비율을, 능률성은 목표의 달성도를 나타내는 개념이다.
③ 행정의 민주성은 대외적으로 국민 의사의 존중·수렴과 대내적으로 행정조직의 민주적 운영이라는 두 가지 측면이 있다.
④ 수평적 형평성이란 동등한 것을 동등하게 취급하는 것, 수직적 형평성이란 동등하지 않은 것을 서로 다르게 취급하는 것을 의미한다.

해설

① (○) 합리성은 주어진 목표를 달성하기 위한 최적의 수단을 선택하는 것을 의미한다.
② (×) 투입 대비 산출의 비율이 능률성이고, 목표의 달성도가 효과성이다.
③ (○) 행정의 민주성은 국민에 대한 반응성 및 통제(대외적 민주성)와 행정조직 내부의 의사결정 과정의 민주화(대내적 민주성)를 모두 포괄한다.
④ (○) 수평적 형평성은 같은 것을 같게, 수직적 형평성은 다른 것을 다르게 취급하는 것을 의미한다.

정답 | ②

168

우리나라의 행정정보공개제도에 대한 설명으로 옳지 않은 것은?

① 국정에 대한 국민의 참여와 국정운영의 투명성 확보를 목적으로 한다.
② 중앙행정기관의 경우 전자적 형태의 정보 중 공개대상으로 분류된 정보는 공개청구가 없더라도 공개하여야 한다.
③ 정보의 공개 및 우송 등에 드는 비용은 실비 범위에서 청구인이 부담한다.
④ 정보공개 청구는 말로써도 할 수 있으나 외국인은 청구할 수 없다.

해설

① (○) 「공공기관의 정보공개에 관한 법률」은 공공기관이 보유·관리하는 정보에 대한 국민의 공개청구 및 공공기관의 공개의무에 관하여 필요한 사항을 정함으로써 국민의 알권리를 보장하고 국정에 대한 국민의 참여와 국정운영의 투명성을 확보함을 목적으로 한다.
② (○) 공공기관 중 중앙행정기관 및 대통령령으로 정하는 기관은 전자적 형태로 보유·관리하는 정보 중 공개대상으로 분류된 정보를 국민의 정보공개 청구가 없더라도 정보통신망을 활용한 정보공개시스템 등을 통해 공개하여야 한다.
③ (○) 정보의 공개 및 우송 등에 드는 비용은 실비의 범위에서 청구인이 부담한다. 다만, 공개를 청구하는 정보의 사용 목적이 공공복리의 유지·증진을 위하여 필요하다고 인정되는 경우에는 비용을 감면할 수 있다.
④ (×) 정보의 공개를 청구하는 자는 해당 정보를 보유하거나 관리하고 있는 공공기관에 정보공개 청구서를 제출하거나 말로써 정보의 공개를 청구할 수 있다. 모든 국민은 정보의 공개를 청구할 권리를 가지며, 외국인의 정보공개 청구에 관하여는 대통령령으로 정한다. 즉, 외국인도 정보공개를 청구할 수 있다.

정답 | ④

169 필수

우리나라 공공기관의 정보공개제도에 대한 설명으로 옳지 않은 것은?

① 당시 법률의 구체적 위임은 없었으나 청주시에서 우리나라 최초로 행정정보공개조례가 제정되었다.
② 청구에 의한 공개도 가능하지만 특정 정보는 별도의 청구 없이도 사전에 공개해야 한다.
③ 비공개 대상 정보를 제외한 모든 정보를 공개 대상으로 하는 네거티브 방식을 취하고 있다.
④ 정보목록은 비공개 대상 정보가 포함된 경우라도 공공기관이 작성, 공개하여야 한다.

169	1 2 3
기출처	2022 국가직 7급
난이도	★
키워드	정보공개제도

해설

① (O) 우리나라는 1991년 청주시에서 정보공개조례가 먼저 제정된 후 1996년 「공공기관의 정보공개에 관한 법률」이 제정되었다.
② (O) 국민생활에 매우 큰 영향을 미치는 정책에 관한 정보, 국가의 시책으로 시행하는 공사 등 대규모 예산이 투입되는 사업에 관한 정보, 예산집행의 내용과 사업평가 결과 등 행정감시를 위하여 필요한 정보 등은 청구가 없어도 사전적으로 공개되어야 하는 정보들이다.
③ **매력적 오답** (O) 네거티브 방식이란 금지되는 사항을 법률에 규정한 후 나머지는 허용하는 방식을 말한다.
④ (×) 「공공기관의 정보공개에 관한 법률」에 의하면 비공개 대상 정보가 포함된 경우에는 정보목록에 해당 부분을 갖추어 두지 아니하거나 공개하지 아니할 수 있다.

관련기출 옳은지문
- 국민생활에 매우 큰 영향을 미치는 정책에 관한 정보는 공개의 구체적 범위와 공개의 주기, 시기 및 방법 등을 미리 정하여 공표하여야 한다.
  16. 소방간부
- 공공기관은 부득이한 사유가 없는 한 정보공개 청구를 받은 날부터 10일 이내에 공개여부를 결정해야 한다.
  10. 지방직 9급

고득점 플러스+ 「공공기관의 정보공개에 관한 법률」

- 목적: 국민의 알권리 보장, 국민의 참여, 국정운영의 투명성 확보
- 공공기관: 국가기관, 지방자치단체, 「공공기관의 운영에 관한 법률」에 따른 공공기관, 「지방공기업법」에 따른 공사 및 공단
- 정보공개 청구권자: 모든 국민 + 외국인(→ 대통령령으로 규정)
- 정보공개의 청구방법: 청구서(→ 원칙), 구두(→ 예외)
- 정보공개 여부의 결정: 청구를 받은 날부터 10일 이내 + 10일의 범위에서 연장 가능
- 정보공개위원회: 행정안전부장관 소속으로 설치
- 제도총괄: 행정안전부장관

정답 | ④

---

170 필수

행정PR(public relations)에 대한 설명으로 옳지 않은 것은?

① 행정민주화의 요청에 따라 그 필요성이 제기되고 있다.
② 정부가 잘못된 정보를 국민에게 투입하는 것은 행정PR의 객관성에 반하는 것이다.
③ 개발도상국가에서는 국민들에 대한 계몽적·교육적 성격을 갖는다.
④ 국민의 알 권리에 대한 정부의 도덕적·법적 의무로 이해되기 때문에 일방적·명령적이어야 한다.

170	1 2 3
기출처	2023 국가직 7급
난이도	★
키워드	행정PR

해설

① (O) 행정PR은 행정의 민주화와 인간화 요구, 정책집행의 순응 확보, 정책의 공익성과 객관성 요구 등으로 인해 등장하였다.
② (O) 행정PR은 객관적 사실에 기반을 둔 활동이므로, 과장·은폐·왜곡 및 감정에 호소하는 선전과 구별된다.
③ (O) 개발도상국의 경우 행정PR은 국민에 대한 계몽적 기능을 수행한다.
④ (×) 행정PR은 듣고(공청) 알리는(공보) 쌍방적 과정이다.

정답 | ④

171		1 2 3
기출처	2019 지방직 7급	
난이도	★	
키워드	합리성	

🔍 **관련기출 옳은지문**

• Simon이 주장하는 실질적 합리성은 목표에 비추어 적합한 행동이 선택되는 정도를 의미한다. 11. 서울시 7급

• 사이먼(Simon)은 인간이 실질적 합리성을 사실상 포기하고, 만족할 만한 대안을 선택하려는 절차적 합리성을 추구한다고 주장한다. 19. 지방직 7급

171
합리성의 개념과 유형에 대한 설명으로 옳지 않은 것은?

① 사이먼(Simon)의 실질적(substantive) 합리성은 행위자가 합리적인 선택을 할 수 있는 모든 지식과 능력을 소유하고 있다고 가정한다.
② 디징(Diesing)은 합리성을 기술적 합리성, 경제적 합리성, 사회적 합리성, 법적 합리성, 진화론적 합리성으로 나누어 설명한다.
③ 기술적 합리성은 일정한 수단이 목표를 얼마만큼 잘 달성시키는가, 즉 목표와 수단 사이에 존재하는 인과관계의 적절성을 의미한다.
④ 사이먼(Simon)은 인간이 실질적 합리성을 사실상 포기하고, 만족할 만한 대안을 선택하려는 절차적 합리성을 추구한다고 주장한다.

해설

① (O) 사이먼(H. Simon)의 실질적(substantive) 합리성은 내용적 합리성을 의미한다. 내용적 합리성은 명확한 인과관계를 바탕으로 최선의 대안을 선택할 때 나타나는 합리성이다.
② (X) 디징(P. Diesing)은 합리성을 정치적 합리성, 경제적 합리성, 사회적 합리성, 법적 합리성, 기술적 합리성으로 나누었다. 한편, 진화론적 합리성은 환경에 적응해가면서 바람직한 대안을 찾아가는 것과 관련된다.
③ (O) 기술적 합리성은 목표와 수단 간의 인과관계가 명확해야 한다. 즉, 최선의 수단을 선택하는 합리성을 기술적 합리성이라 한다.
④ (O) 실질적 합리성은 인간의 완전한 합리성을 전제할 때 가능한 합리성이다. 사이먼(H. Simon)은 현실적으로 인간이 완전하지 못하므로 실질적 합리성을 포기하고 인지능력에 비추어 최선의 대안을 찾고자 하는 과정적 합리성을 강조하였다.

고득점 플러스+ 내용 합리성과 과정 합리성

• 내용 중심: 객관적 합리성, 목표와 대안의 비교, 수단의 합목적성, 사이먼(H. Simon)(→ 내용적 합리성)
• 과정 중심: 주관적 합리성, 인지력과 대안 또는 행위의 비교, 의식적 사유과정의 산물, 사이먼(H. Simon)(→ 절차적 합리성)

정답 | ②

172		1 2 3
기출처	2016 국가직 9급	
난이도	★★	
키워드	가외성	

🔍 **관련기출 옳은지문**

• 다양한 정책대안들이 요구되는 것도 가외성의 개념으로 설명할 수 있다. 24. 군무원 7급

172
다음 설명에 해당하는 것은?

> 이것은 불확실한 상황에서의 오류 발생 가능성을 최소화 하고 체제의 신뢰성을 높이기 위해 강조되는 행정가치이며, 여러 기관에 한 가지 기능이 혼합되는 중첩성(overlapping)과 동일 기능이 여러 기관에서 독립적으로 수행되는 중복성(duplication) 등을 포괄하는 개념이다.

① 가외성(redundancy)
② 합리성(rationality)
③ 효율성(efficiency)
④ 책무성(accountability)

해설

① (O) 불확실한 상황에서의 오류 발생 가능성을 최소화 하고 체제의 신뢰성을 높이기 위해 강조되는 행정가치는 가외성(redundancy)이다.
② (X) 합리성(rationality)이란 일반적으로 주어진 여건 속에서 가능한 최선의 대안을 선택하는 행위 또는 목표에 비추어 적합한 행동이 선택되는 정도를 의미한다.
③ (X) 효율성(efficiency)이란 투입 대비 산출의 극대화를 의미한다.
④ (X) 행정학에 있어서 책무성(accountability)이란 법령에 따라 직무를 수행하여야 할 제도적 책임을 말한다.

정답 | ①

173
다음과 관련 있는 행정가치에 대한 설명으로 옳은 것은?

> - 안전을 위하여 자동차의 제동장치를 이중적으로 설계하였다.
> - 정전에 대비하여 건물 자체적으로 자가발전시설을 갖추도록 하였다.

① 형평성과 상충관계에 있다.
② 행정체제의 신뢰성과 안정성을 저하시킨다.
③ 수단적 가치보다는 행정의 본질적 가치로서의 성격이 더 강하다.
④ 창의성이 제고될 수 있다.

173	
기출처	2019 국가직 7급
난이도	★
키워드	가외성

🔍 **관련기출 옳은지문**
- 가외성은 불확실한 상황 하에서 조직의 신뢰성과 안전성을 증진한다.
  16. 소방간부

해설

① (×) 가외성은 능률성과 상충된다.
② (×) 가외성은 실패의 가능성을 줄여 체제의 안정성과 신뢰성을 제고하는 장치이다.
③ (×) 가외성은 수단적 가치로 분류된다.
④ (○) 가외성은 업무처리의 다양성을 가져오므로 창의성 향상에 도움이 될 수 있다.

정답 | ④

174 필수
행정가치에 대한 설명으로 옳은 것은?

① 가외성은 예측하지 못한 행정수요에 대응이 가능하게 함으로써 행정에 대한 신뢰성을 제고한다.
② 공익 실체설은 공익을 사익의 총합이거나 사익 간 타협 또는 집단 간 상호작용의 산물로 본다.
③ 기계적 효율성은 행정의 사회목적 실현과 다차원적 이익들 간의 통합 조정 등을 내용으로 한다.
④ 수평적 형평성은 '다른 사람은 다르게 취급한다'는 원칙으로, 실적과 능력의 차이로 인한 상이한 배분을 용인한다.

174	
기출처	2023 지방직 7급
난이도	★★
키워드	가외성

🔍 **관련기출 옳은지문**
- 가외성은 행정 체제 운영의 안정성을 확보하고 신뢰성을 높여주는 기능을 한다.
  24. 군무원 7급

해설

① (○) 가외성은 조직의 실패 확률을 감소시켜 체제의 신뢰성과 안정성을 높여준다.
② (×) 공익을 사익의 총합이거나 사익 간 타협 또는 집단 간 상호작용의 산물로 보는 것은 공익 과정설이다.
③ (×) 행정의 사회목적 실현과 다차원적 이익들 간의 통합 조정 등을 내용으로 하는 것은 사회적 효율성(능률성)이다.
④ (×) 다른 사람은 다르게 취급하고, 실적과 능력의 차이로 인한 상이한 배분을 용인하는 것은 수직적 형평성과 관련된다.

정답 | ①

PART

II

정책학

에 듀 윌 공 무 원 행 정 학

CHAPTER 01	정책학의 의의
CHAPTER 02	정책과정의 주도자
CHAPTER 03	정책의제론
CHAPTER 04	정책결정론
CHAPTER 05	정책분석론
CHAPTER 06	정책결정모형
CHAPTER 07	정책집행론
CHAPTER 08	정책평가론

CHAPTER 01 정책학의 의의

175	① ② ③
기출처	2024 지방직 9급
난이도	★★
키워드	라스웰(H. Lasswell)

🔍 **관련기출 옳은지문**
- 현대적 정책학은 1951년에 발표된 Lasswell의 '정책지향(Policy Orientation)' 이라는 논문에서 시작되었다.
  18. 경찰간부

- 라스웰(Lasswell)의 '정책지향'(policy orientation)은 다양한 연구방법의 사용을 장려한다. 18. 서울시 7급(상)

175 〈필수〉
정책학의 발달에 대한 설명으로 옳지 않은 것은?

① 1951년 「정책지향(Policy Orientation)」이라는 논문은 정책학의 정체성 확립에 기여하였다.
② 라스웰(Lasswell)은 1971년 『정책학 소개(A Pre-View of Policy Sciences)』에서 맥락지향성, 이론지향성, 연합학문지향성을 제시하였다.
③ 1980년대 정책학의 연구는 정책형성, 집행, 평가, 변동 등 다양한 분야로 확대되었다.
④ 드로(Dror)는 정책결정 단계를 상위정책결정(meta-policymaking), 정책결정(policymaking), 정책결정 이후(post-policymaking)로 나누는 최적모형을 제시하였다.

> **해설**

① (O) 1951년 라스웰(H. Lasswell)과 르너(D. Lerner)가 공저한 「정책지향」은 정책학의 정체성 확립에 중요한 기여를 하였다.
② (×) 라스웰(H. Lasswell)은 정책학의 특징으로 문제지향성, 맥락성, 범학문성, 규범지향성 등을 들고 있다.
③ (O) 1980년대 이후 정책학은 정책형성, 집행, 평가, 변동 등 정책과정의 전반에 걸쳐 연구 분야가 확대되고 심화되었다.
④ (O) 드로어(Y. Dror)의 최적모형은 합리주의적 접근과 직관적, 창의적, 평가적 요소를 통합하여 최적의 정책결정을 추구하는 규범적 모형이다.

정답 | ②

176	① ② ③
기출처	2022 지방직 7급
난이도	★
키워드	드로어(Y. Dror)

🔍 **관련기출 옳은지문**
- 라스웰(Lasswell)의 '정책지향'(policy orientation)에 따르면 정책학은 사회문제의 해결을 지향해야 한다.
  18. 서울시 7급(상)

176 〈필수〉
정책학의 발전과정에 대한 설명으로 옳은 것은?

① 드로어(Dror)는 정책결정의 방법, 지식, 체제에 관심을 두어야 한다고 주장하고, 정책결정체제에 대한 이해와 정책결정의 개선을 강조하였다.
② 정책의제설정이론은 정책의제의 해결방안 탐색을 강조하며, 문제가 의제로 설정되지 않는 비결정(nondecision making) 상황에 관하여는 관심이 적다.
③ 라스웰(Lasswell)은 정책과정에 관한 지식보다 정책에 필요한 지식이 더 중요하며, 사회적 가치는 분석대상에서 제외해야 함을 강조하였다.
④ 1950년대에는 담론과 프레임을 통한 문제구조화에 관심이 높아 OR(operation research)과 후생경제학의 기법 활용에는 소홀하였다.

> 해설

① (○) 정책결정의 방법, 지식, 체제에 관심, 정책결정체제에 대한 이해 등은 모두 상위정책에서 검토되는 내용들이다.
② (×) 정책의제설정이론은 특정 문제가 정부정책에서 배제되는 현상을 설명한 무의사결정론의 논의과정을 배경으로 등장하였다.
③ 매력적 오답 (×) 라스웰(H. Lasswell)은 정책과정에 관한 지식과 그 과정에 필요한 지식을 모두 강조하였으며, 사실에 대한 객관적 연구뿐만 아니라 규범적 가치에 관한 연구 또한 정책학의 연구대상에 포함시키고자 하였다.
④ (×) 담론과 프레임을 통한 문제구조화는 1970년대 이후 등장하였다. 1950년대에는 운영연구라는 관리과학의 발달과 후생경제학을 기반으로 하는 계량적 분석이 행정학에 적극적으로 도입된 시기이다.

> 고득점 플러스+ 라스웰(H. Lasswell)과 드로어(Y. Dror) 패러다임의 비교

- 라스웰 패러다임[→ '정책지향'(1951)]: 문제지향성, 규범성, 거시적·맥락적, 방법론적 다양성, 인본주의(→ 민주주의 정책학)
- 드로어 패러다임(1967): 범학문적 연구, 사회지도체제의 강조, 묵시적 지식(→ 초합리성), 최적모형, 시간적 요인의 강조

정답 | ①

177

정책과정 참여자에 대한 설명으로 옳지 않은 것은?

① 의회는 중요한 정부 정책을 결정하는 공식적 참여자이다.
② 헌법재판소는 위헌심사를 통해 정책과정 전반에 영향을 미친다.
③ 정책전문가는 정책을 분석·평가하여 정책대안을 제시한다.
④ 정당은 공식적 참여자로서 정책을 통제하기 위해 노력한다.

177
기출처: 2017 지방직 7급
난이도: ★★
키워드: 공식적 참여자

> 해설

① (○) 의회는 입법권, 예산심의권, 국정감사권 등의 권한을 지닌 정책과정의 공식적 참여자이다.
② (○) 헌법재판소의 위헌심사는 정책과정에 영향을 주는 중요한 변수이다.
③ (○) 정책전문가는 정책에 대한 합리적 분석과 평가를 통해 정책과정에 영향을 주는 비공식적 참여자이다.
④ (×) 정당은 정책과정의 비공식적 참여자로 분류된다.

정답 | ④

관련기출 옳은지문
- 정당, 이익집단, 언론, 전문가집단은 비공식적 참여자이다. 23. 경찰간부
- 시민단체는 비공식적 참여자로서 시민여론을 동원해 정책의제설정, 정책대안제시, 정부의 집행활동 감시 등 정책과정 전반에 영향을 미친다. 24. 국가직 9급

178

기출처	2017 지방직 9급
난이도	★
키워드	정책과정의 참여자

🔍 **관련기출 옳은지문**
• 대통령은 헌법기관 구성 등 제도적 권한인 공식적 자원과 국민의 지지 등 비공식적 자원을 갖는다.
23. 소방간부

178
우리나라의 정책과정 참여자에 대한 설명으로 옳지 않은 것은?

① 대통령은 국회와 사법부에 대한 「헌법」상의 권한을 통하여 영향력을 행사하며, 행정부 주요 공직자에 대한 임면권을 통하여 정책과정에서 주도적 역할을 수행한다.
② 행정기관은 법률 제정과 사법적 판단을 통하여 정책집행과정에서 실질적인 영향력을 행사한다.
③ 국회는 국정조사나 예산심의 등을 통하여 행정부를 견제하고, 국정감사나 대정부질의 등을 통하여 정책집행과정을 평가한다.
④ 사법부는 정책집행으로 인한 사회적 갈등상황이 야기되었을 때 판결을 통하여 정책의 합법성이나 정당성을 판단한다.

해설

① (○) 대통령은 법률이 정하는 바에 의하여 사면·감형 또는 복권 등과 같은 권한을 통해 사법부에 영향력을 행사할 수 있다.
② (×) 법률의 제정은 국회의 권한이고 사법적 판단은 사법부의 권한이다. 행정부는 법률의 시행과 위원회 조직을 통한 준입법적 또는 준사법적 행위를 통해 집행과정에서 실질적인 영향력을 행사한다.
③ (○) 국회는 국정을 전반적으로 감사하거나 특정한 사안에 대하여 조사할 수 있으며, 이에 필요한 서류의 제출 또는 증인의 출석과 증언이나 의견의 진술을 요구할 수 있다.
④ (○) 사법부는 정책집행으로 인해 발생하는 법적 분쟁이나 사회적 갈등에 대해 최종적인 사법적 판단을 통해 정책의 합법성, 정당성, 그리고 국민의 권리 침해 여부 등을 결정함으로써 정책과정에 영향을 미친다.

정답 | ②

179

기출처	2024 국가직 9급
난이도	★★
키워드	비공식적 참여자

🔍 **관련기출 옳은지문**
• 정당은 비공식적 참여자로서 정책의제설정 및 정책결정에서 중요한 역할을 한다.
23. 소방간부

179 필수
정책참여자에 대한 설명으로 옳지 않은 것은?

① 시민단체(NGO)는 비공식적 참여자로서 시민여론을 동원해 정책의제설정, 정책대안제시, 정부의 집행활동 감시 등 정책과정 전반에 영향을 미친다.
② 정당은 공식적 참여자로서 대중의 여론을 형성하고 일반 국민에게 정책 관련 주요 정보를 제공하는 역할을 통해 정책과정에 영향을 미친다.
③ 사법부는 공식적 참여자로서 정책과 관련된 법적 쟁송이 발생한 경우 그 정책의 타당성에 대한 판결을 통해 정책에 영향을 미친다.
④ 이익집단은 비공식적 참여자로서 특정 이해관계를 공유하는 사람들의 모임이며, 구성원들의 이익을 실현하기 위해 정부에 압력을 가함으로써 정책에 영향을 미친다.

해설

① (○) 시민단체는 정부 조직에 속하지 않는 비공식적 참여자이다.
② (×) 정당 역시 언론과 같이 대중의 여론을 형성하고 일반 국민에게 정책 관련 주요 정보를 전달하는 역할을 수행한다.
③ (○) 사법부는 헌법과 법률에 따라 정책의 합법성, 타당성을 판단하고 판결을 내리는 공식적인 참여자이다.
④ (○) 이익집단은 특정 직업, 산업, 사회적 가치 등을 공유하는 사람들이 모여 자신들의 이익을 대변하기 위해 정부에 압력을 행사하는 비공식적 참여자이다.

정답 | ②

180

공론조사(deliberative polling)에 대한 설명으로 옳지 않은 것은?

① 조사 대상자들을 한곳에 모아 일정 기간 동안 공론화 과정을 거쳐야 하기 때문에 비용과 시간이 많이 든다.
② 공론조사는 조사 대상자가 중간에 탈락하는 경우가 적기 때문에 대표성 측면에서 일반 여론조사보다 우위에 있다.
③ 공론조사는 여론조사에 숙의와 토론과정을 보완한 것으로, 정제된 국민여론을 수렴하는 방법이라고 할 수 있다.
④ 우리나라에서도 공공정책 결정과정에서 공론조사를 도입하여 활용한 사례가 있다.

180	① ② ③
기출처	2018 지방직 7급
난이도	★
키워드	공론조사

해설

① (○) 공론조사는 복잡한 절차로 인해 비용과 시간이 많이 든다.
② (×) 공론조사는 조사 기간이 상대적으로 장기이므로 조사 중간에 대상자가 탈락할 가능성이 높다.
③ (○) 공론조사는 여론조사를 거쳐 선정된 대표자들이 숙의와 토론과정을 통해 의견을 교환하고 수정하므로 여론조사에 비하여 정제된 국민여론을 수렴하기 용이하다.
④ (○) 우리나라의 경우 신고리 5·6호기 원자력발전소 공사의 중단을 놓고 공론조사를 활용하였다.

고득점 플러스+ 여론조사와 공론조사

- 여론조사
  - 순간적인 인식 수준의 진단, 수동적 참여, 고정된 선호의 단순 취합
  - 많은 수의 시민을 대상으로 의견수렴, 단순하고 피상적인 의견수렴, 대표성과 정확성 결여
- 공론조사
  - 설문 → 학습 및 토론 → 2차 설문 순으로 진행, 과학적 표본추출기법, 학습 및 토론과 능동적 참여
  - 신중한 의사결정, 많은 비용 및 시간, 복잡한 절차, 탈락자의 발생, 적은 표본과 다수 의견의 동조현상

정답 | ②

CHAPTER 02 정책과정의 주도자

181	① ② ③
기출처	2011 국가직 9급
난이도	★★
키워드	다원주의

181
다원주의적 민주국가의 정책과정에 대한 설명으로 옳은 것은?

① 정책의제설정은 대부분 동원모형에 따라 이루어진다.
② 사법부가 정책결정과정에서 담당하는 역할이 미미하다.
③ 엘리트가 모든 정책영역에서 지배적인 권력을 행사한다.
④ 각종 이익집단은 정책과정에 동등한 정도의 접근기회를 갖는다.

🔍 관련기출 옳은지문

- 다원주의(Pluralism)는 정책영역별로 영향력을 행사하는 엘리트들이 각기 다르다고 본다. 24. 해경승진

- 달(Dahl)이 주장하는 다원주의사회에서 엘리트는 대중의 요구에 민감하게 움직인다. 16. 경찰간부

- 다원주의는 이익집단 간에 상호 경쟁적이지만, 기본적으로 게임의 규칙을 준수해야 하는 데 합의를 하고 있다고 본다. 22. 경찰간부

해설

① (×) 다원주의에서의 의제설정은 외부집단(이익집단, 언론, 정당 등)이 주도하여 사회문제가 정부의제로 채택되도록 강요하는 외부주도형이 주를 이룬다.
② (×) 다원주의에서 정책결정과정의 주도자는 이익집단이다. 이러한 이익집단 간 갈등을 조정하고 중재하는 것이 정부의 주요 역할이므로 사법부의 역할이 강할 수밖에 없다.
③ (×) 엘리트가 모든 정책영역에서 지배적인 권력을 행사한다는 것은 엘리트주의이다.
④ (○) 다원주의란 권력이 소수에게 집중되지 않고 널리 분산되어 있다는 주장으로 특히, 정책과정에 있어 이익집단의 역할을 중시하는 이익집단 정치와 관련된다.

정답 | ④

182	① ② ③
기출처	2023 지방직 9급
난이도	★★
키워드	명성접근법

182 〈필수〉
엘리트이론과 다원주의이론에 대한 설명으로 옳지 않은 것은?

① 고전적 엘리트론에서 엘리트들은 다른 계층에 대해 책임을 지지 않는다.
② 밀즈(Mills)는 명성접근법을 사용하여 엘리트들을 분석한다.
③ 달(Dahl)은 권력이 분산되어 있음을 전제로 다원주의론을 전개한다.
④ 바흐라흐와 바라츠(Bachrach & Baratz)는 무의사결정이 의제설정과정뿐만 아니라 정책결정과정에서도 발생할 수 있다고 주장한다.

🔍 관련기출 옳은지문

- 고전적 엘리트이론은 집단이 형성되면 소수의 엘리트에 의한 지배체제가 구성된다고 주장한다. 24. 국회직 8급

- 다원주의론은 정책 영역별로 영향력을 행사하는 엘리트들이 각기 다르다고 주장한다. 24. 국회직 8급

해설

① (○) 고전적 엘리트론(모스카, 파레토, 미헬스 등)에서 엘리트들은 소수이며, 통치 집단으로서 대중에게 직접적인 책임을 지지 않는다고 본다.
② (×) 밀즈(W. Mills)는 지위접근법을 사용하여 엘리트들을 분석하였다. 명성접근법은 헌터(F. Hunter)가 사용한 기법이다.
③ (○) 다알(R. Dahl)은 엘리트의 존재와 지배를 분리한 학자로 엘리트들이 분산되어 있다는 다원권력론을 제시하였다.
④ (○) 무의사결정은 일반적으로 의제설정과정에서 발생하기 쉽지만 정책의 전 과정에서도 나타날 수 있다고 보았다.

정답 | ②

183

㉠, ㉡에 해당하는 권력모형을 옳게 짝지은 것은?

- (㉠)은 전국적 차원이 아니라 지역사회의 지배구조에 초점을 맞추면서, 소수 엘리트가 강한 응집성을 가지고 정책을 결정하고 정치에 무관심한 일반대중들은 비판 없이 이를 수용한다고 설명한다.
- (㉡)은 정치권력에 두 얼굴(two faces of power)이 있음을 주장하는 입장으로부터 권력의 어두운 측면이 갖는 영향력에 대해 관심을 가지지 않았다는 점을 비판받았다.

	㉠	㉡
①	밀즈의 지위접근법	달의 다원주의론
②	밀즈의 지위접근법	바흐라흐와 바라츠의 무의사결정론
③	헌터의 명성접근법	달의 다원주의론
④	헌터의 명성접근법	바흐라흐와 바라츠의 무의사결정론

기출처: 2019 지방직 7급
난이도: ★★
키워드: 명성접근법

해설

㉠ 지역사회의 지배구조에 초점을 맞추면서, 소수 기업엘리트가 강한 응집성을 가지고 정책을 결정하고 정치에 무관심한 일반대중들은 비판 없이 이를 수용한다고 설명하는 이론은 헌터(F. Hunter)의 명성접근법이다.
㉡ 정치권력에 두 얼굴(two faces of power)이 있음을 주장하는 입장(신엘리트론)으로부터 비판을 받는 것은 다알(R. Dahl)의 다원론이다.

고득점 플러스⁺ 미국의 통치 엘리트론 → 누가 엘리트인가에 대한 실증적 검증

- 헌터(F. Hunter): 지역의 권력구조(1953), 명성접근법, 소수의 기업엘리트에 의한 지역 정책의 지배
- 밀즈(W. Mills): 파워엘리트론(1956), 미국 전체의 연구, 지위접근법, 군산복합체에 의해 정책의 독점(→ 군사, 기업, 정치)

정답 | ③

184

184	① ② ③
기출처	2018 국가직 7급
난이도	★
키워드	신엘리트이론

🔍 **관련기출 옳은지문**
- 신엘리트이론은 사회의 지배 엘리트가 허용하는 문제만이 정책의제로 형성된다고 본다. 18. 소방간부

신엘리트이론에 대한 설명으로 옳지 않은 것은?

① 엘리트들에게 안전한 이슈만을 논의하고 불리한 문제는 거론조차 못하게 봉쇄하는 무의사결정론과 밀접하게 연결되어 있다.
② 모스카(Mosca)나 미헬스(Michels) 등에 의해 대표되는 고전적 엘리트이론과 달리 밀즈(Mills)의 지위접근법이나 헌터(Hunter)의 명성적 접근방법을 도입하였다.
③ 정책결정에 영향을 미치는 정치권력은 두 가지 얼굴이 있다고 주장하며, 이 가운데 하나의 측면만을 고려하는 다원주의를 비판하였다.
④ 엘리트는 정책문제의 정의와 의제설정과정에서 은밀한 영향력을 행사하기 때문에 실증적 분석방법론의 활용이 어렵다고 주장하였다.

해설

① (○) 신엘리트이론은 주로 바흐라흐(P. Bachrach)와 바라츠(M. Baratz)의 무의사결정론과 연결된다. 이는 엘리트들이 자신들에게 불리하거나 기존의 권력 구조를 위협하는 이슈들이 아예 공론화되지 못하도록 봉쇄하는 방식으로 권력을 행사한다는 주장이다.
② (×) 밀즈(W. Mills)와 헌터(F. Hunter)는 엘리트가 존재한다는 가정을 근거로 엘리트의 존재와 이러한 엘리트가 행사하는 힘의 원천에 초점을 둔 연구를 수행한 학자들이다. 반면 신엘리트론은 엘리트의 존재에 대한 연구보다는 이러한 엘리트들이 어떻게 권력을 행사하는가에 초점을 둔 이론이다.
③ (○) 신엘리트론은 정책문제의 채택과정에서 행사되는 어두운 권력을 간과한 다원론을 비판하면서 엘리트의 가치나 이익에 대한 잠재적·현재적 도전이 억압되고 좌절되는 현상을 무의사결정이라고 설명한다.
④ **매력적 오답** (○) 신엘리트론에 따르면 다알의 다원론은 실증적 사례를 대상으로 이론을 전개하였는데, 무의사결정은 실제의 정책에서 배제되게 하는 권력이므로 실증적 사례를 중심으로 연구했던 다알의 이론은 이러한 현상을 설명하기 어렵다.

정답 | ②

185

185	① ② ③
기출처	2023 국가직 9급
난이도	★★
키워드	무의사결정론

🔍 **관련기출 옳은지문**
- 넓은 의미의 무의사결정은 정책의 전 과정에서 일어난다. 09. 국가직 9급

185 〈필수〉
바흐라흐(Bachrach)와 바라츠(Baratz)의 무의사결정론에 대한 설명으로 옳지 않은 것은?

① 무의사결정의 행태는 정책과정 중 정책문제 채택단계 이외에서도 일어난다.
② 기존 정치체제 내의 규범이나 절차를 동원하여 변화 요구를 봉쇄한다.
③ 정책문제화를 막기 위해 폭력과 같은 강제력을 사용하기도 한다.
④ 엘리트의 두 얼굴 중 권력행사의 어두운 측면을 고려하지 못한다고 비판했기 때문에 신다원주의로 불린다.

해설

① (○) 무의사결정은 주로 정책의제설정 단계에서 발생하지만 정책의 전 과정에서도 나타날 수 있다.
② (○) 기존 정치체제 내의 규범이나 절차를 동원하여 변화 요구를 봉쇄하는 것을 편견의 동원이라고 한다.
③ (○) 무의사결정의 가장 직접적인 수단이 폭력이다.
④ (×) 바흐라흐(P. Bachrach)와 바라츠(M. Baratz)의 무의사결정론은 신엘리트론과 관련된다.

정답 | ④

186
정책과정에 대한 설명으로 옳지 않은 것은?

① 콥(R. W. Cobb)은 주도집단에 따라 정책의제설정 유형을 외부주도형, 동원형, 내부접근형으로 분류하였다.
② 바흐라흐(P. Bachrach)와 바라츠(M. Baratz)는 신다원론(neo-pluralism) 관점에서 정치권력의 두 개의 얼굴 중 하나인 무의사결정을 주장하였다.
③ 킹던(J. Kingdon)은 어떤 중요한 시점에서 문제, 정책, 정치 등 세 가지 흐름(streams)의 결합에 의하여 정책의제가 설정된다고 주장하였다.
④ 달(R. Dahl)은 다원론(pluralism) 관점에서 미국은 민주주의 국가이기 때문에 특정한 어느 개인이나 집단도 주도권을 행사하기 어렵다고 주장하였다.

해설

① (O) 콥(R. Cobb)과 로스(J. Ross)는 정책의제설정 유형을 외부주도형, 동원형, 내부접근형으로 분류하였다. 외부주도형은 민간 집단이 주도하여 의제화하는 방식, 동원형은 정부가 주도하여 의제화하는 방식, 내부접근형은 정부 내 특정 엘리트가 주도하는 방식이다.
② (X) 바흐라흐(P. Bachrach)와 바라츠(M. Baratz)는 신엘리트론의 관점에서 다원론을 비판하였다.
③ (O) 킹던(J. Kingdon)은 정책의제설정을 설명하는 모형으로 '쓰레기통 모형'을 발전시킨 '정책 흐름 모형'을 제시했다. 그는 문제의 흐름, 정책의 흐름, 정치의 흐름이라는 세 가지 독립적인 흐름이 '정책의 창'에서 우연히 결합될 때 정책의제가 설정될 가능성이 높아진다고 주장하였다.
④ (O) 다알(R. Dahl)은 다원론(pluralism)의 대표적인 학자로, 그의 연구를 통해 미국 사회에서 권력이 다양한 집단들 사이에 분산되어 있으며, 특정 소수 엘리트나 집단이 독점적으로 권력을 행사하기 어렵다고 주장하였다.

정답 | ②

186
기출처 | 2012 국가직 9급
난이도 | ★★
키워드 | 무의사결정론

관련기출 옳은지문
- 무의사결정은 기득권의 정치권력에 존재하는 두 얼굴 중 어두운 측면의 얼굴에 해당한다. 24. 군무원 9급
- 미국과 같은 다원적 사회에서는 이익집단의 영향력이 강하기 때문에 이익집단으로 인한 무의사결정의 가능성이 크다. 06. 국가직 7급

187
무의사결정(non-decision making)에 대한 설명으로 옳은 것은?

① 지배적인 엘리트집단은 자신들의 이해관계와 부합하지 않는 이슈라도 정책의제설정단계에서 논의하려고 한다.
② 무의사결정은 중립적인 행동으로 다원주의이론의 관점을 반영한다.
③ 집행과정에서는 무의사결정이 일어나지 않는다.
④ 정책문제 채택과정에서 기존 세력에 도전하는 요구는 정책문제화하지 않고 억압한다.

해설

① (X) 무의사결정이란 지배적인 엘리트집단들이 자신의 이해관계와 부합하지 않는 이슈를 억압하려는 현상을 말한다.
② (X) 무의사결정은 신엘리트론에서 주장한 이론이다.
③ (X) 무의사결정은 정책의제설정 과정에서 주로 나타나지만 정책의 전 과정에서도 발생할 수 있다.
④ (O) 무의사결정은 엘리트에게 불리한 결과를 가져올 수 있는 문제를 공식적 거론조차 없이 방치되도록 엘리트가 비밀에 행사하는 권력이다.

정답 | ④

187
기출처 | 2017 국가직 9급
난이도 | ★★
키워드 | 무의사결정론

관련기출 옳은지문
- 무의사결정은 특정 사회적 쟁점이 공식적 정책과정에 진입하지 못하도록 막는 엘리트집단의 행동이다. 10. 지방직 9급
- 무의사결정은 기득권 세력의 특권이나 이익 그리고 가치관이나 신념에 대한 잠재적 또는 현재적 도전을 좌절시키려는 것을 의미한다. 15. 지방직 9급

188	① ② ③
기출처	2020 국가직 9급
난이도	★
키워드	무의사결정론

🔍 관련기출 옳은지문

- 무의사결정의 수단과 방법으로 폭력이나 테러 행위도 사용된다.
  25. 경찰간부

- 무의사결정을 추진하기 위하여 폭력이 동원되기도 한다. 23. 행정사

188 〈필수〉

무의사결정론에 대한 설명으로 옳지 않은 것은?

① 정치체제 내의 지배적 규범이나 절차가 강조되어 변화를 위한 주장은 통제된다고 본다.
② 엘리트들에게 안전한 이슈만이 논의되고 불리한 이슈는 거론조차 못하게 봉쇄된다고 한다.
③ 위협과 같은 폭력적 방법을 통해 특정한 이슈의 등장이 방해받기도 한다고 주장한다.
④ 조직의 주의집중력과 가용자원은 한계가 있어 일부 사회문제만이 정책의제로 선택된다고 주장한다.

해설

① (O) 정치체제 내의 지배적 규범이나 절차를 강조하여 변화의 주장을 통제하는 것을 편견의 동원이라고 한다.
② (O) 무의사결정론은 지배가치에 대한 도전을 억압하고 좌절시키는 현상을 말한다.
③ (O) 폭력적 방법이 무의사결정의 가장 직접적인 수단이다.
④ (X) 조직의 주의집중력의 한계로 인해 일부 사회문제만이 의제로 선택된다는 것은 사이먼(H. Simon)의 의사결정론이고, 조직의 가용자원 즉, 내부능력의 한계로 인해 일부 사회문제만이 의제로 채택된다는 것은 체제문지기 이론이다.

정답 | ④

189	① ② ③
기출처	2015 지방직 9급
난이도	★★
키워드	무의사결정론

🔍 관련기출 옳은지문

- 무의사결정론에 의하면 기득권 세력은 때때로 정책의제 또는 정책대안의 범위·내용을 제한하여 집행의 의미가 없는 상징적 의제 또는 대안만 채택할 수 있도록 하기도 한다.
  24. 군무원 9급

189

무의사결정(non-decision making)에 대한 설명 중 옳지 않은 것은?

① 사회문제에 대한 정책과정이 진행되지 못하도록 막는 행동이다.
② 기득권 세력이 그 권력을 이용해 기존의 이익배분 상태에 대한 변동을 요구하는 것이다.
③ 기득권 세력의 특권이나 이익 그리고 가치관이나 신념에 대한 잠재적 또는 현재적 도전을 좌절시키려는 것을 의미한다.
④ 변화를 주장하는 사람으로부터 기존에 누리는 혜택을 박탈하거나 새로운 혜택을 제시하여 매수한다.

해설

① (O) 무의사결정은 사회문제 중 엘리트에 불리한 문제는 정책과정에 진입하지 못하도록 막는 결정이다.
② (X) 무의사결정은 기득권 세력이 그 권력을 이용해 기존의 이익배분 상태의 변동을 막으려는 노력이다.
③ (O) 무의사결정은 공익보다는 지배자 자신의 이익을 위해 특정 문제가 쟁점화되는 것을 막는 결정이다.
④ (O) 기존에 누리는 혜택을 박탈하거나 새로운 혜택을 제시하여 매수하는 것을 권력의 행사라 한다.

> **고득점 플러스+** 무의사결정론 → 어떻게 지배하는가?

- 바흐라흐(P. Bachrach)와 바라츠(M. Baratz): '권력의 두 얼굴'(1962) → 밝은 얼굴 + 어두운 얼굴(→ 무의사결정)
- 다알(R. Dahl)의 다원론에 대한 반론: 검증이 어려운 어두운 얼굴의 간과
- 무의사결정: 지배 엘리트들이 기득권의 옹호를 위해 이에 반하는 이슈를 억압하는 현상
- 특징: 은밀하고 의도적인 현상, 주로 정책의제설정에서 행사되나 정책의 전 과정에서도 발생 가능
- 수단
  - 폭력의 행사(→ 가장 직접적), 권력의 행사(→ 설득과 회유, 적응적 흡수 등)
  - 편견의 동원(→ 지배적 규범이나 절차의 강조), 규범과 절차의 수정과 보완(→ 가장 간접적)

정답 | ②

190
다음은 정책과정을 바라보는 이론적 관점들 중 하나를 제시한 것이다. 그 내용과 부합하는 것은?

> 사회의 현존 이익과 특권적 분배 상태를 변화시키려는 요구가 표현되기도 전에 질식·은폐되거나, 그러한 요구가 국가의 공식 의사결정 단계에 이르기 전에 소멸되기도 한다.

① 정책은 많은 이익집단의 경쟁과 타협의 산물이다.
② 정책연구는 모든 행위자들이 이기적인 존재라는 기본 전제하에서 경제학적인 모형을 적용한다.
③ 실제 정책과정은 기득권의 이익을 수호하려는 보수적인 성격을 나타낼 가능성이 높다.
④ 정부가 단독으로 정책을 결정·집행하는 것이 아니라 시장(market) 및 시민사회 등과 함께 한다.

190
기출처 2013 국가직 9급
난이도 ★
키워드 무의사결정론

관련기출 옳은지문
- 엘리트주의는 지배계층은 모든 정책과정을 장악하고 영향력을 행사하며 정책의 혜택을 누린다고 본다.
  24. 행정사
- 엘리트주의는 정책은 동질적이고 폐쇄적인 엘리트들의 자율적인 가치배분에 의해 결정된다고 본다.
  20. 경찰승진

해설
① (×) 정책을 많은 이익집단의 경쟁과 타협의 산물로 보는 것은 다원주의 관점이다.
② (×) 모든 행위자들이 이기적인 존재라는 기본 전제하에서 경제학적 모형을 적용한 것은 공공선택론이다.
③ (○) 사례는 무의사결정론을 설명하는 것이다. 이는 소수의 엘리트가 지배하며 엘리트의 이익에 부합하는 정책만이 의제로 채택된다는 주장으로, 혁신적인 정책보다는 기득권을 옹호하는 보수적인 정책만이 나타날 가능성이 높음을 의미한다.
④ (×) 정부가 단독으로 정책을 결정·집행하는 것이 아니라 시장(market) 및 시민사회 등과 함께 한다는 것은 정책네트워크 혹은 거버넌스적 정책과정이다.

정답 | ③

191

기출처 2014 국가직 9급
난이도 ★★
키워드 정책의제설정의 제약

관련기출 옳은지문

- 다원주의는 개별집단의 이익을 추구하고, 조합주의는 사회적 책임과 조화의 가치를 추구한다. 25. 경찰간부

- 다원주의는 소수의 개인이나 집단이 아니라 다수의 집단이 정책결정의 장을 주도하고 이들이 정치적 조정과 타협을 거쳐 도달한 합의가 정책이 된다고 본다. 21. 군무원 9급

191
정책의제설정과 관련된 이론과 설명이 바르게 연결된 것은?

A. 사이먼(H. Simon)의 의사결정론   B. 체제이론
C. 다원주의론   D. 무의사결정론

ㄱ. 조직의 주의 집중력은 한계가 있어 일부의 사회문제만이 정책의제로 선택된다.
ㄴ. 문지기(gate-keeper)가 선호하는 문제가 정책의제로 채택된다.
ㄷ. 이익집단들이나 일반 대중이 정책의제설정에 상당한 영향력을 행사한다.
ㄹ. 대중에 대한 억압과 통제를 통해 엘리트들에게 유리한 이슈만 정책의제로 설정된다.

	A	B	C	D
①	ㄱ	ㄴ	ㄷ	ㄹ
②	ㄱ	ㄷ	ㄴ	ㄹ
③	ㄹ	ㄴ	ㄷ	ㄱ
④	ㄹ	ㄷ	ㄴ	ㄱ

해설

A. 사이먼(H. Simon)은 의사결정을 주의집중, 설계, 선택의 단계 순으로 전개된다고 보았으며, 주의집중을 정책의제설정 단계로 간주하였다. 그리고 인간의 주의집중력의 한계 때문에 소수의 문제만이 정책의제가 된다고 주장하였다.
B. 체제이론은 체제의 부담을 줄이고 체제의 안정을 위하여 체제의 문지기(→ 대통령 등 정책결정권자)가 선호하는 소수의 문제만이 정책의제가 된다고 주장하였다.
C. 다원주의는 권력이 소수에게 집중되지 않고 널리 분산되어 있다고 주장한다. 즉, 각종 이익집단은 정책과정에의 동등한 접근성을 지니며, 정부는 중립적 입장에서 각 집단의 이익을 조정하는 심판자의 역할을 수행한다.
D. 무의사결정론은 엘리트의 가치나 이익에 대한 잠재적·현재적 도전이 억압되고 좌절되는 현상을 설명하는 이론이다. 즉, 엘리트들에게 유리한 이슈만이 정책의제로 설정된다.

정답 | ①

192

기출처 2016 국가직 7급
난이도 ★
키워드 조합주의

192
조합주의(corporatism)에 대한 설명으로 옳지 않은 것은?

① 정부활동은 다양한 이익집단 간 이익의 소극적 중재자 역할에 한정된다.
② 이익집단은 단일적·위계적인 이익대표체계를 형성한다.
③ 정부는 사회적 공동선을 달성하기 위해 중요 이익집단과 우호적 협력관계를 유지한다.
④ 이익집단은 상호 경쟁보다는 국가에 협조함으로써 특정 영역에서 자신의 요구를 정책과정에 투입한다.

> **해설**

① (×) 정부활동을 다양한 이익집단 간 이익의 소극적 중재자 역할에 한정하는 것은 다원주의의 특징이다.
② (○) 조합주의란 국가가 중심이 되어 사회 각 분야의 독점적 이익대표를 조정하는 메커니즘이다. 분야별로 단일의 독점적 이익대표체계를 형성하며, 각 분야 내에서는 위계적으로 서열화된다.
③ (○) 조합주의는 다원주의와는 달리 국가를 사회 각 분야 이익집단과의 협력을 통해 사회목적을 달성하고자 하는 전문적이고 능동적인 주체로 본다.
④ (○) 이익집단 역시 상호 경쟁보다는 각 이익집단의 독점적 이익을 보장받는 조건으로 국가에 협조하는 행위주체로 간주된다.

정답 | ①

> **관련기출 옳은지문**
- 조합주의론(corporatism)은 국가의 비중립성을 주요 내용으로 한다.
  10. 서울시 7급
- 우리나라의 경제사회노동위원회(구 노사정위원회)는 조합주의에 따른 정책조정방식이다.
  22. 경찰간부

193

정책참여자의 권력관계 모형에 대한 설명으로 옳지 않은 것은?

① 국가조합주의는 국가가 민간부문의 집단들에 대하여 강력한 주도권을 행사한다고 보는 모형이다.
② 다원주의는 주로 개발도상국가에서 경제개발과정에서의 이익집단에 대한 통제를 설명하기 위한 이론으로 활용되었다.
③ 사회조합주의는 사회경제체제의 변화에 순응하려는 이익집단의 자발적 시도로부터 생성되었다.
④ 다원주의는 이익집단 간의 영향력 차이를 인정하지만 전반적으로 균형이 유지되고 있다는 입장을 지닌다.

193
기출처 | 2020 지방직 7급
난이도 | ★
키워드 | 조합주의

> **해설**

① (○) 국가조합주의는 국가의 강제력을 기반으로 형성된 조합으로, 사회분야의 이익들이 일방적이고 독점적으로 표출되고 대표되는 방식이다.
② (×) 개발도상국가에서 경제개발과정에서의 이익집단에 대한 통제를 설명하기 위한 이론으로 활용된 것은 조합주의와 관련된다.
③ (○) 사회조합주의는 노동과 자본의 자발적 참여와 합의를 기반으로 형성된 조합으로, 각 분야의 정상조직에 의해 대표·협의·조정되는 의회민주주의에서의 사회적 협약체제이다.
④ (○) 다원주의는 권력이 소수에게 집중되지 않고 널리 분산되어 있다고 주장한다. 특정 집단에 의한 정책과정의 독점을 부정하며, 다양한 이익집단들의 상호작용을 통해 합의가 이루어지는 정치적 균형을 강조한다.

> **관련기출 옳은지문**
- 조합주의(corporatism)에서 각 사회의 구성단위인 이익집단은 단일성·강제성·비경쟁성을 띤다. 19. 경찰승진
- 국가조합주의는 국가가 민간부문의 집단들에 대하여 강력한 주도권을 행사한다고 보는 모형이다.
  22. 경찰간부

> **고득점 플러스+ 조합주의**
- 조합: 국가에 의해 독점적 권한을 부여받은 공식적 참여자
- 조합주의: 국가가 중심이 되어 사회 각 분야 독점적 이익을 조정하는 메커니즘
- 유형: 국가조합주의(→ 국가에 의한 조합의 형성), 사회조합주의(→ 노동과 자본의 자발적 참여, 선진국의 사회협약체제)
- 조합주의와 다원주의
  - 조합주의: 강제적·비경쟁적·위계적, 공식적 참여자
  - 다원주의: 자율적·경쟁적·수평적, 비공식 참여자

정답 | ②

194	① ② ③
기출처	2019 지방직 7급
난이도	★★
키워드	로위(T. Lowi)

194
로위(Lowi)의 정책유형 분류에서 강제력이 행위의 환경에 직접적으로 적용되는 것은?

① 재분배정책(redistributive policy)
② 규제정책(regulatory policy)
③ 구성정책(constituent policy)
④ 분배정책(distributive policy)

해설

① (○) 강제력이 행위의 환경에 직접적으로 적용되는 것은 재분배정책이다.
② (×) 규제정책은 개별적 행위를 대상으로 강제력이 직접적으로 적용되는 정책이다.
③ (×) 구성정책은 행위의 환경에 강제력이 간접적으로 적용되는 정책이다.
④ (×) 분배정책은 개별적 행위를 대상으로 강제력이 간접적으로 적용되는 정책이다.

정답 | ①

관련기출 옳은지문
- 로위(T. Lowi)는 1972년 논문에서 강제력의 행사방법(직접 또는 간접)과 적용대상(개별적 행위 또는 행위의 환경)이라는 두 가지 분류기준을 제시하였다. 21. 경찰승진

195	① ② ③
기출처	2016 지방직 7급
난이도	★★
키워드	로위(T. Lowi)

195
로위(Lowi)는 강제력의 행사방법과 강제력의 적용영역 차이에 따라 정책을 네 가지(A~D)로 유형화하고, 정책유형별 특징과 사례를 제시하였다. 이에 대한 설명으로 옳지 <u>않은</u> 것은?

강제력의 행사방법 \ 강제력의 적용영역	개별적 행위	행위의 환경
간접적	A	B
직접적	C	D

① A에서는 정책내용이 세부단위로 쉽게 구분되고 각 단위는 다른 단위와 별개로 처리될 수 있다.
② B에는 선거구 조정, 정부조직이나 기구 신설, 공직자 보수 등에 관한 정책이 포함된다.
③ C에서는 피해자와 수혜자가 명백하게 구분되며 정책결정자와 집행자가 서로 결탁하여 갈라먹기식(log-rolling)으로 정책을 결정하는 것이 어렵다.
④ D에서는 지방적 수준에서 분산적인 정책결정이 이루어진다.

관련기출 옳은지문
- 택지분양은 로위(T. Lowi)의 정책분류 중 분배정책에 해당한다. 10. 서울시 9급

해설

① (○) A는 배분정책이다. 배분정책은 정책내용이 세부단위로 구분되고 각 단위별로 표준운영절차(SOP)에 따라 개별적인 처리가 가능하다.
② (○) B는 구성정책이다. 대외적 가치배분에는 영향을 주지 않고 대내적 게임의 규칙과 관련된 정책으로, 선거구 조정, 정부기구 개편, 공무원의 보수와 연금, 법원의 관할구역 설정 등이 이에 속한다.
③ (○) C는 규제정책이다. 비용부담집단과 편익 수혜집단이 명백하게 구분되는 제로섬 게임이 나타난다. 정책결정자와 집행자가 서로 결탁하여 갈라먹기식(log-rolling)으로 정책을 결정하는 것은 배분정책의 특징이다.
④ (×) D는 재분배정책을 의미한다. 재분배정책은 중앙정부 차원에서 통합적으로 이루어진다.

고득점 플러스+ 로위(T. Lowi)의 정책유형

구분		강제의 적용영역	
		개별적 행위	행위의 환경
강제 가능성	간접적	배분정책	구성정책
	직접적	규제정책	재분배정책

정답 | ④

196
로위(Lowi)가 제시한 구성정책의 사례로 옳지 않은 것은?

① 공직자 보수에 관한 정책
② 선거구 조정 정책
③ 정부기관이나 기구 신설에 관한 정책
④ 국유지 불하 정책

해설

①, ②, ③ (○) 구성정책은 헌정의 수행에 필요한 운영규칙을 정하는 정책으로, 대외적 가치배분에는 영향을 주지 않고 정부 내부의 규칙 설정에 중점을 둔다. 공직자의 보수, 선거구의 조정, 정부기관이나 기구 신설에 관한 정책 등이 이에 속한다.
④ (×) 국유지 불하 정책은 배분정책에 속한다.

정답 | ④

196	
기출처	2019 지방직 9급
난이도	★★
키워드	구성정책

관련기출 옳은지문
• 구성정책은 정부기관의 신설과 선거구 조정 등과 같이 정부기구의 구성 및 조정과 관련된 정책이다.
14. 지방직 9급

197
로위(Lowi)의 정책분류와 그 특징을 연결한 것 중 옳지 않은 것은?

① 배분정책 – 재화와 서비스를 사회의 특정 부분에 배분하는 정책으로 수혜자와 비용부담자 간 갈등이 발생한다.
② 규제정책 – 특정 개인이나 집단에 대한 선택의 자유를 제한하는 유형의 정책으로 정책 불응자에게는 강제력을 행사한다.
③ 재분배정책 – 고소득층으로부터 저소득층으로의 소득이전을 목적으로 하기 때문에 계급 대립적인 성격을 지닌다.
④ 구성정책 – 정부기관의 신설과 선거구 조정 등과 같이 정부기구의 구성 및 조정과 관련된 정책이다.

해설

① (×) 배분정책은 불특정 다수가 비용을 부담하므로 이는 승자(수혜자)와 패자(피해자) 간 정면 대립이 없는 논제로섬 게임이다. 이에 따라 갈등이나 타협보다는 상호불간섭 내지 상호수용의 특징이 나타난다.
② (○) 규제정책은 특정한 사람의 행동을 제한하고 억제하여 다른 사람을 보호하는 정책으로, 기본권을 침해하므로 반드시 법적 근거가 필요하다.
③ (○) 재분배정책은 부유층으로부터 저소득층으로 소득이나 부를 이전하는 것을 목적으로 하는 정책이다 (⑩ 누진세, 사회복지 정책). 이는 계층 간 이해관계가 첨예하게 대립하는 계급 대립적인 성격을 지닌다.
④ (○) 구성정책은 정부 기관의 신설, 폐지, 조직 개편, 선거구 조정, 공무원 보수 결정 등 정부 기구의 구성 및 운영과 관련된 정책이다. 이는 다른 정책 유형을 수행하기 위한 기본적인 틀을 마련하는 성격을 가진다.

정답 | ①

197	
기출처	2014 지방직 9급
난이도	★★
키워드	배분정책

관련기출 옳은지문
• 분배정책은 로그롤링(log-rolling)이나 포크 배럴(pork barrel)과 같은 정치적 현상이 나타날 수 있다.
23. 경찰승진

198

198	① ② ③
기출처	2020 국가직 7급
난이도	★★
키워드	분배정책

로위(Lowi)의 정책유형에 대한 설명 중 분배정책에 해당하는 것만을 모두 고르면?

> ㄱ. 정책과정에서 이해당사자들 간의 협상을 통해 비교적 안정적인 연합을 형성한다.
> ㄴ. 누진소득세와 같이 이데올로기적인 기반에서 정책결정이 이루어진다.
> ㄷ. 로그롤링(log-rolling)이나 포크배럴(pork barrel)과 같은 정치적 현상이 나타난다.
> ㄹ. 집단 사이의 갈등 수준이 상당히 높은 편이며, 개인이나 집단의 행위를 통제하기 위하여 정부의 강제력이 직접적으로 동원된다.

① ㄱ, ㄴ
② ㄱ, ㄷ
③ ㄴ, ㄷ
④ ㄷ, ㄹ

관련기출 옳은지문
- 구성정책은 모든 국민을 대상으로 하므로 대외적 가치배분에는 직접 영향을 주지 않지만 대내적으로는 게임의 법칙이 일어나는 특징이 있다. 20. 경찰간부

해설

ㄱ. (O) 수혜자 중심의 배분정책은 정책내용이 세부단위로 구분되어 다른 단위와 별개로 처리될 수 있어 각 단위별로 표준운영절차나 일반적인 절차를 확립하여 원활하게 집행할 가능성이 상대적으로 높다.
ㄴ. (X) 누진소득세와 같이 이데올로기적인 기반에서 정책결정이 이루어지는 것은 재분배정책이다.
ㄷ. (O) 로그롤링이란 당신이 나의 안건에 대해 찬성하면 내가 당신의 안건에 대해 찬성해 주겠다는 지지 혹은 표의 교환현상이고, 포크배럴은 이권법안을 둘러싸고 벌어지는 정치게임을 지칭하는 개념이다.
ㄹ. (X) 집단 사이의 갈등 수준이 상당히 높은 편이며, 개인이나 집단의 행위를 통제하기 위하여 정부의 강제력이 직접적으로 동원되는 정책은 규제정책이다.

정답 | ②

199

199	① ② ③
기출처	2021 국가직 9급
난이도	★★
키워드	로위(T. Lowi)

로위(Lowi)의 정책유형과 그에 대한 설명으로 옳은 것만을 모두 고르면?

> ㄱ. 규제정책은 특정 개인이나 집단에 대한 선택의 자유를 제한하는 유형의 정책으로 강제력이 특징이다.
> ㄴ. 분배정책의 사례에는 FTA 협정에 따른 농민피해 지원, 중소기업을 위한 정책자금 지원, 사회보장 및 의료보장정책 등이 있다.
> ㄷ. 재분배정책은 고소득층으로부터 저소득층으로 소득이전을 목적으로 하기 때문에 계급대립적 성격을 지닌다.
> ㄹ. 재분배정책의 사례로는 저소득층을 위한 근로장려금 제도, 영세민을 위한 임대주택 건설, 대덕 연구개발 특구 지원 등이 있다.
> ㅁ. 구성정책은 정부기관의 신설과 선거구 조정 등과 같이 정부기구의 구성 및 조정과 관련된 정책이다.

관련기출 옳은지문
- 정책과정에서 이해당사자들 간의 협상을 통해 비교적 안정적인 연합을 형성하는 것은 분배정책에 해당한다. 20. 국가직 7급

- 규제정책은 특정 개인이나 집단에 대한 선택의 자유를 제한하는 유형의 정책으로 정책 불응자에게는 강제력을 행사한다. 14. 지방직 9급

① ㄱ, ㄴ, ㄷ
② ㄱ, ㄷ, ㅁ
③ ㄴ, ㄹ, ㅁ
④ ㄷ, ㄹ, ㅁ

해설

ㄱ. (○) 규제정책은 특정인의 행동을 제한하고 억제하여 다른 사람을 보호하는 정책으로, 정부의 정책유형 중 가장 많은 영역을 차지하며, 정책의 불응자에게 강제력이 행사된다는 것을 특징으로 한다.
ㄴ. (×) 중소기업을 위한 정책자금지원은 분배(배분)정책이지만, 사회보장 및 의료보장정책 등은 재분배정책이다. FTA 협정에 따른 농민피해 지원이 약자에 대한 지원이라면 재분배정책이지만, 특정 농산물의 생산을 위한 지원이라면 분배(배분)정책이다.
ㄷ. (○) 재분배정책은 고소득층으로부터 저소득층으로의 소득이전을 목적으로 하는 계급대립적인 성격을 지닌 정책으로, 재산권행사가 아닌 재산 그 자체에, 평등한 대우가 아닌 평등한 소유에 초점을 둔다.
ㄹ. (×) 대덕 연구개발 특구 지원은 분배(배분)정책이다.
ㅁ. (○) 구성정책은 헌정의 수행에 필요한 운영규칙과 관련된 정책으로, 총체적인 기능을 규정하며 권위적 성격을 띤다. 이는 정책 위의 정책 혹은 상위정책으로 불린다.

정답 | ②

200
리플리(Ripley)와 프랭클린(Franklin)이 제시한 경쟁적 규제정책에 해당하는 것은?
① 특정 기업에게 특정 노선의 항공 운항권 부여
② 공공요금 책정
③ 최저임금제도 및 근로시간 제한
④ 환경문제를 개선하기 위한 규제

200	① ② ③
기출처	2025 국가직 9급
난이도	★★
키워드	경쟁적 규제정책

해설

① (○) 경쟁적 규제정책은 특정 개인이나 기업에게 시장에 진입하여 경쟁할 수 있는 권리나 자격을 부여하는 규제로, 이는 특정 소수에게 이익(특권)을 부여하는 성격을 가진다. 진입 장벽을 설정하여 경쟁을 제한하는 효과가 있으며, 특정 노선의 항공 운항권, 방송 사업권, 택시 면허 등이 대표적인 예이다.
②, ③, ④ (×) 공공요금 책정(소비자 보호), 최저임금제도 및 근로시간 제한(근로자 보호), 환경 규제(공중보건 및 환경보호)는 모두 보호적 규제정책에 해당한다.

정답 | ①

201

기출처	2022 국가직 7급
난이도	★★
키워드	경쟁적 규제정책

201 필수

리플리(Ripley)와 프랭클린(Franklin)의 경쟁적 규제정책에 대한 설명으로 옳지 않은 것은?

① 국가가 소유한 희소한 자원에 대해 다수의 경쟁자 중에서 지정된 소수에게만 서비스나 재화를 공급하도록 규제한다.
② 선정된 승리자에게 공급권을 부여하는 대신에 이들에게 규제적인 조치를 하여 공익을 도모할 수 있다.
③ 경쟁적 규제정책의 예로는 주파수 할당, 항공노선 허가 등이 있다.
④ 정책집행 단계에서 규제받는 자들은 규제기관에 강하게 반발하거나 저항하기도 한다.

해설

①, ② **매력적 오답** (O) 경쟁적 규제는 희소한 자원은 특정 기업에게 배분하고 일반대중을 위한 규제를 함께 부과하는 형태의 규제방식이다.
③ (O) 경쟁적 규제는 주파수 할당이나 항공노선처럼 재화가 유한할 때 주로 사용된다.
④ (×) 경쟁적 규제는 소수에게 혜택이 집중되므로 일반대중을 위한 보호적 규제보다 갈등이나 저항이 약하다.

정답 | ④

202

기출처	2018 지방직 7급
난이도	★★
키워드	경쟁적 규제정책

🔍 **관련기출 옳은지문**
• 보호적 규제정책은 일반 대중의 보호를 목적으로 하는 규제정책이다.
21. 국회직 9급

202

리플리와 프랭클린(Ripley & Franklin)이 구분한 네 가지 정책유형에 대한 설명으로 옳지 않은 것은?

① 배분정책(distributive policy) – 정책과정에서 이해당사자들 간에 로그롤링(log-rolling) 또는 포크배럴(pork barrel)과 같은 정치적 현상이 나타나기도 한다.
② 재분배정책(redistributive policy) – 이념적 논쟁과 소득계층 간 갈등이 첨예하게 대립되어 표준운영절차(SOP)나 일상적 절차의 확립이 비교적 어렵다.
③ 경쟁적 규제정책(competitive regulatory policy) – 배분정책적 성격과 규제정책적 성격을 동시에 지니고 있고 규제정책은 거의 대부분 이러한 경쟁적 규제정책에 해당된다.
④ 보호적 규제정책(protective regulatory policy) – 소비자나 일반대중을 보호하기 위해 특정 집단을 규제하므로 규제집행조직과 피규제집단 간 갈등의 가능성이 높다.

해설

① (O) 배분정책은 특정 개인이나 집단에 혜택을 부여하는 정책으로, 각자의 몫을 확보하기 위해 이해당사자들이 서로 지지를 교환하는 '로그롤링(log-rolling)'이나 특정 지역에 혜택을 집중하는 '포크배럴(pork barrel)'과 같은 정치적 현상이 흔히 나타난다.
② (O) 재분배정책은 계층 간 소득의 이전을 목적으로 하므로 이념적 논쟁이 발생한다. 또한 피해자의 반발로 인하여 정책이 안정적으로 집행되기 어렵다.
③ (×) 희소한 자원의 분배와 관련된 경쟁적 규제는 사회적으로 희소한 공유재 혹은 자연독점과 관련된 요금재와 관련되므로 그 예가 그리 많지 않다. 오히려 모든 재화와 관련된 사회적 규제나 독과점 규제와 관련된 보호적 규제의 예가 더 많다.
④ (O) 보호적 규제정책은 경쟁적 규제정책보다는 재분배적 성격(약자 보호)이 강하다. 편익은 다수에게 분산되고 비용이 소수에게 집중되므로 채택되기 어려우며, 채택되기 위해서는 공익단체의 활발한 활동이 필요한 영역이다.

> **고득점 플러스+** 경쟁적 규제와 보호적 규제

- 경쟁적 규제정책
  - 의의: 희소한 자원의 분배와 관련하여 경쟁의 범위를 제한하는 정책
  - 특징: 특정인에게 특권 부여 + 대중의 보호를 위한 정부규제 → 배분정책과 보호적 규제정책의 양면성
  - 사례: 방송국 설립허가, 항공노선 취항허가, 이동통신사업자 허가 등
- 보호적 규제정책
  - 의의: 기업의 활동조건의 설정을 통한 일반대중의 보호 → 공중에게 해로운 활동은 금지, 이로운 활동은 허용
  - 특징: 대부분의 규제 유형에 해당, 경쟁적 규제정책보다는 재분배적 성격이 강함
  - 사례: 사회적 규제(→ 식품의약품허가, 근로기준법, 최저임금제, 개발제한구역의 지정 등), 독과점규제

정답 | ③

203

리플리와 프랭클린(Ripley & Franklin)은 정책유형에 따라 집행과정의 특징이 다르다고 주장한다. 다음과 같은 특징이 있는 정책유형은?

- 집행과정의 안정성과 정형화의 정도가 높다.
- 집행에 대한 갈등의 정도가 낮다.
- 집행을 둘러싼 이념적 논쟁의 정도가 낮다.
- 참여자 간 관계의 안정성이 높다.
- 작은 정부에 대한 요구와 압력의 정도가 낮다.

① 분배정책
② 경쟁적 규제정책
③ 보호적 규제정책
④ 재분배정책

203

기출처	2017 국가직 7급
난이도	★★
키워드	분배정책

관련기출 옳은지문
- 재분배정책은 표준운영절차나 상례적 절차를 확립하여 원활하게 집행할 가능성이 상대적으로 낮다.
  13. 지방직 7급

해설

① (O) 다음과 같은 특징이 있는 정책유형은 분배정책이다. 분배정책은 정책내용이 세부단위로 구분되고 각 단위별로 표준운영절차(SOP)에 따라 개별적인 처리가 가능하기에 정책과정의 안정성이 높고, 집행에 있어 갈등이나 이념적 논쟁의 정도가 낮은 것이다. 또한 수혜자 중심의 정책이므로 이를 줄이자는 작은 정부에 대한 요구와 압력도 낮다.
② (×) 경쟁적 규제정책은 희소자원의 분배와 관련하여 경쟁의 범위를 제한하는 정책으로, 특정 개인이나 집단에게 특권을 부여한다. 동시에 일반대중을 보호하기 위하여 서비스 질이나 요금에 대한 규제를 부과한다.
③ (×) 보호적 규제정책은 기업의 활동조건을 설정하여 일반대중을 보호하는 정책으로, 공중에게 해로운 활동은 금지하고 이로운 활동은 허용하는 정책이다.
④ (×) 재분배정책은 수혜집단과 피해집단이 모두 특정되는 제로섬 게임으로, 계급대립 성격이 강하여 갈등이 심하며, 정책은 주로 정상 조직 간의 합의에 의해 결정되는 엘리트론적 정치상황이 나타난다.

정답 | ①

204 〈필수〉

로위(Lowi)의 정책유형과 리플리와 프랭클린(Ripley & Franklin)의 정책유형에는 없지만, 앨먼드와 파월(Almond & Powell)의 정책유형에는 있는 것은?

① 상징정책
② 재분배정책
③ 규제정책
④ 분배정책

해설

① (O) 로위(T. Lowi)는 정책의 유형을 규제, 배분(분배), 재분배, 구성으로 분류하였고, 리플리(R. Ripley)와 프랭클린(G. Franklin)은 경쟁적 규제, 보호적 규제, 배분, 재분배로 구분하였다. 반면, 알몬드(G. Almond)와 포웰(G. Powell)은 추출, 규제, 배분(분배), 상징으로 분류하였다.

정답 | ①

관련기출 옳은지문
- 재분배정책은 정책참여자들 간 이해 대립으로 갈등이 발생할 가능성이 높다. 　13. 지방직 7급

205

재분배정책에 대한 설명으로 옳지 않은 것은?

① 표준운영절차나 상례적 절차를 확립하여 원활하게 집행할 가능성이 상대적으로 낮다.
② 부나 권리의 편중을 해소하기 위하여 정부가 가진 자와 못 가진 자의 분포를 인위적으로 변화시키려고 하는 정책이다.
③ 누진세·사회보장·사회간접자본정책 등이 그 예이다.
④ 정책참여자들 간 이해 대립으로 갈등이 발생할 가능성이 높다.

해설

① (O) 재분배정책은 계급대립 성격이 강하여 갈등이 심하므로 표준운영절차나 일반적인 절차를 확립하기 곤란하다. 정책집행의 루틴화 가능성이 높고 반발이 없어 가장 집행하기 용이한 정책은 배분정책이다.
② (O) 재분배정책은 고소득층에서 저소득층으로 소득을 이전하여 소득의 분포를 인위적으로 변화시키려고 하는 정책이다.
③ (X) 누진세와 사회보장은 재분배정책이지만 사회간접자본은 배분정책이다.
④ (O) 재분배정책은 정책이 결정되기 전에 이미 수혜자와 피해자가 정해져 있으며, 갈등의 과정 속에서도 권력구조(피해자와 수혜자 관계)는 안정적이라는 점에서 규제정책과 구분된다. 누진세제도, 부의 소득세제도, 공공근로사업, 영세민 취로사업, 임대주택건설 등이 재분배정책에 해당한다.

정답 | ③

관련기출 옳은지문
- 리플리와 플랭클린(Ripley & Franklin)의 재분배정책은 정책집행을 위한 안정적 절차화 가능성이 낮고 집행을 둘러싼 이데올로기 논쟁 강도는 높다. 　23. 경찰간부

206

정책의 유형 중에서 정책목표에 의해 일반 국민에게 인적·물적 자원을 부담시키는 정책은?

① 추출정책
② 구성정책
③ 분배정책
④ 상징정책

206	
기출처	2022 국가직 9급
난이도	★★
키워드	추출정책

해설

① (○) 일반 국민에게 인적·물적 자원을 부담시키는 것은 추출정책이다.
② (×) 구성정책은 헌정의 수행에 필요한 운영규칙과 관련된 정책으로 선거구 조정, 정부기구 개편, 공무원의 보수와 연금, 법원의 관할구역 설정 등이 이에 속한다.
③ (×) 분배정책은 국민에게 재화나 서비스를 제공하는 정책이다.
④ (×) 상징정책은 정치체제의 정당성, 국민적 일체감, 사회의 통합 등을 위한 정책이다.

정답 | ①

관련기출 옳은지문

- 영세민을 위한 임대주택 건설은 재분배정책, 재정경제부와 기획예산처를 기획재정부로 통합하는 것은 구성정책, 기업의 대기오염 방지시설의 의무화는 규제정책, 광화문 복원은 상징정책이다.   11. 국가직 9급

207

정책유형 중 국민들에게 권리나 혜택 또는 서비스를 나누어 주는 배분정책(distributive policy)에 속하는 것은?

① 고속도로, 항만, 공항 등 사회간접자본을 구축하는 정책
② 그린벨트 내 공장 건설을 금지하는 정책
③ 계층 간의 소득을 재분배하여 소득격차를 해소하는 정책
④ 정부체제를 유지하기 위하여 인적, 물적 자원을 동원하는 정책

207	
기출처	2013 국가직 7급
난이도	★★
키워드	배분정책

해설

① (○) 고속도로, 항만, 공항 등과 같은 사회간접자본의 구축이 배분정책에 해당한다.
② (×) 그린벨트 내 공장 건설을 금지하는 정책은 보호적 규제정책이다.
③ (×) 계층 간의 소득을 재분배하여 소득격차를 해소하는 정책은 재분배정책이다.
④ (×) 정부체제를 유지하기 위하여 인적, 물적 자원을 동원하는 정책은 추출정책이다.

정답 | ①

관련기출 옳은지문

- 배분정책은 참여자 간 갈등의 정도가 낮고 재분배정책은 참여자 간 갈등의 정도가 높다.   05. 서울시 7급

208

208	
기출처	2017 지방직 7급
난이도	★★
키워드	로그롤링과 포크배럴

🔍 관련기출 옳은지문

- 로그롤링(log rolling)이나 포크배럴(pork barrel)과 같은 정치적 현상이 나타나기 쉬운 정책유형은 분배정책이다. 23. 군무원 7급

- 배분정책(distributive policy)은 한정된 자원을 여러 대상에게 배분하는 것이므로 소위 갈라먹기 다툼(pork barrel)을 특징으로 한다. 23. 소방간부

208
다음 괄호 안에 들어갈 용어를 옳게 짝지은 것은?

> (㉠)은/는 의회에서 이권과 관련된 법안을 해당 의원들이 서로에게 이익이 되도록 협력하여 통과시키거나, 특정이익에 대한 수혜를 대가로 상대방이 원하는 정책에 동의해 주는 방식으로 이루어진다. 반면, (㉡)은/는 각종 개발사업과 관련된 법안이나 정책 교부금을 둘러싸고 의원들이 그 혜택을 서로 나누어 가지려고 노력하는 현상을 말한다.

	㉠	㉡
①	로그롤링(log rolling)	포크배럴(pork barrel)
②	로그롤링(log rolling)	지대추구(rent seeking)
③	지대추구(rent seeking)	로그롤링(log rolling)
④	포크배럴(pork barrel)	로그롤링(log rolling)

해설

㉠ 로그롤링(log-rolling)은 이권(利權)이 결부된 몇 개의 법안을 관련 의원들이 서로 협력해서 통과시키는 행태를 가리키는 말이다.
㉡ 포크배럴(pork barrel)은 이권 또는 정책 교부금을 얻으려고 모여드는 의원들이 마치 남부의 농장에서 농장주가 돼지고기 통에서 한 조각의 고기를 던져 줄 때 모여드는 노예와 같다는 뜻에서 나온 말이다.

정답 | ①

209

209	
기출처	2015 지방직 9급
난이도	★★
키워드	재분배정책

209
정책을 규제정책, 분배정책, 재분배정책, 추출정책으로 분류할 때 저소득층을 위한 근로장려금 제도는 어느 정책으로 분류하는 것이 타당한가?

① 규제정책
② 분배정책
③ 재분배정책
④ 추출정책

해설

① (×) 규제정책은 특정인의 행동을 제한하고 억제(비용부담자)하여 다른 사람을 보호(수혜자)하는 정책이다.
② (×) 분배정책은 정부가 특수한 대상 집단에게 각종 재화나 서비스 등을 나누어주는 정책을 말한다.
③ (○) 저소득층이라는 표현은 재분배정책과 관련된다. 재분배정책은 정책이 결정되기 전에 이미 수혜집단과 피해집단이 정해져 있다는 것과 갈등의 과정 속에서도 권력구조(피해자와 수혜자 관계)는 안정적이라는 점이 규제정책과 다르다.
④ (×) 추출정책은 조세징수나 징병 또는 노동력 동원 등과 같이 국가가 국민들로부터 필요한 인적·물적 자원을 뽑아가는 정책을 말한다.

> **고득점 플러스+** 재분배정책
>
> - 의의: 고소득층에서 저소득층으로의 소득이전 정책 → 2차 배분
> - 특징
>   - 수혜자와 피해자의 사전 구분, 제로섬 게임(→ 계급 간 대립), 갈등 속에서도 수혜자와 피해자 간 권력구조는 안정적
>   - 엘리트주의 정치: 계급의 정상 조직 간 합의에 의한 결정
> - 배분정책(→ 자원배분)과 재분배정책(→ 소득재분배)
>   - 배분정책: 사회간접자본 건설, 보조금 정책, 주택자금대출, 국유지 불하, 정보의 제공, 군수품의 구입 등
>   - 재분배정책: 임대주택의 건설, 부(-)의 소득세, 누진세 제도, 공공근로사업, 공적 부조 등

정답 | ③

210
정책유형과 그 사례를 바르게 연결한 것은?

① 분배정책(distribution policy) - 사회간접자본의 구축, 환경오염방지를 위한 기업규제
② 경쟁적 규제정책(competitive regulatory policy) - TV·라디오 방송권의 부여, 국공립학교를 통한 교육서비스
③ 보호적 규제정책(protective regulatory policy) - 작업장 안전을 위한 기업규제, 국민건강보호를 위한 식품위생규제
④ 재분배정책(redistribution policy) - 누진세를 통한 사회보장 지출의 확대, 항공노선 취항권의 부여

210
- 기출처: 2013 지방직 9급
- 난이도: ★★
- 키워드: 보호적 규제정책

관련기출 옳은지문
- 국경일, 한일월드컵, 국군의 날 등은 상징정책이다. 23. 군무원 9급
- 환경규제, 금연정책, 마약단속 등은 규제정책이다. 23. 군무원 9급

해설

① (×) 사회간접자본의 구축은 분배정책이지만 환경오염방지를 위한 기업규제는 보호적 규제정책이다.
② (×) TV·라디오 방송권의 부여는 경쟁적 규제정책이지만 국공립학교를 통한 교육서비스는 분배정책이다.
③ (○) 작업장 안전을 위한 규제나 건강보호를 위한 식품위생 등은 일반대중을 보호하기 위한 보호적 규제정책이다.
④ (×) 누진세를 통한 사회보장 지출의 확대는 재분배정책이지만 항공노선 취항권의 부여는 경쟁적 규제정책이다.

정답 | ③

211 필수

정책의 유형에 대한 설명으로 옳은 것은?

① 로위(Lowi)의 분배정책은 돈이나 권력 등을 많이 소유하고 있는 집단으로부터 그렇지 못한 집단으로 이전시키는 정책이다.
② 리플리(Ripley)와 플랭클린(Franklin)의 보호적 규제정책은 국민을 보호하기 위해 개인이나 집단의 행동을 통제하는 정책이다.
③ 아몬드(Almond)와 파월(Powell)의 상징정책은 정책목표를 달성하기 위해 민간에게 인적·물적 자원을 부담시키는 정책이다.
④ 로위(Lowi)가 제시한 정책유형론은 포괄성과 상호배타성을 확보하고 있다.

해설

① (×) 돈이나 권력 등을 많이 소유하고 있는 집단으로부터 그렇지 못한 집단으로 이전시키는 정책은 재분배정책이다.
② (○) 보호적 규제정책은 소수자나 사회적 약자, 그리고 일반대중을 보호하기 위해서 개인이나 집단의 권리 행사나 행동의 자유를 제한하는 정책이다.
③ (×) 정책목표를 달성하기 위해 민간에게 인적·물적 자원을 부담시키는 정책은 추출정책이다.
④ **매력적 오답** (×) 로위(T. Lowi)의 정책유형 구분은 상호배타성이라는 분류의 요건을 만족시키지 않고 있다는 평가를 받는다. 즉, 정책 간의 명확한 구분이 곤란하다는 의미이다.

정답 | ②

211
- 기출처: 2023 지방직 7급
- 난이도: ★★
- 키워드: 보호적 규제정책

관련기출 옳은지문
- 규제정책은 특정 개인이나 집단에 대해 자유를 통제, 제한하는 정책이다. 16. 경찰승진

---

212 필수

로위(Lowi)의 정책유형에 대한 설명으로 옳지 않은 것은?

① 정부 혹은 정치체제의 정통성과 정당성을 확보하고, 국민의 단결력이나 자부심을 높여줌으로써 정부의 정책활동을 원활하게 하기 위한 정책은 구성정책에 해당한다.
② 기초생활보장 대상자에 대한 생활보조금 지급 등과 같이 소득이전과 관련된 정책은 재분배정책에 해당한다.
③ 도로건설, 하천·항만 사업과 같이 국민에게 공공서비스나 혜택을 제공하기 위한 정책은 분배정책에 해당한다.
④ 사회 구성원이나 집단의 활동을 통제해 다른 사람이나 집단을 보호하려는 목적을 가진 정책은 규제정책에 해당한다.

212
- 기출처: 2024 국가직 9급
- 난이도: ★★
- 키워드: 구성정책

관련기출 옳은지문
- 로위(Lowi)는 최초의 분류 때 구성정책을 포함하지 않았다. 23. 소방간부

해설

① (×) 정통성과 정당성을 확보하고, 국민의 단결력이나 자부심을 높여 줌으로써 정부의 정책활동을 원활하게 하기 위한 정책은 상징정책이다.
② (○) 기초생활보장 대상자에 대한 생활보조금 지급과 같이 고소득층으로부터 저소득층으로 소득을 이전하거나 부의 재분배를 목적으로 하는 정책은 재분배정책에 해당한다.
③ (○) 도로 건설, 하천·항만 사업과 같이 특정 개인이나 집단이 아닌 광범위한 국민에게 공공서비스나 혜택을 제공하는 정책은 분배정책에 해당한다. 이는 특정 개인이나 집단에게 혜택이 분배되는 형태를 띠지만, 본질적으로는 사회 전반에 대한 혜택 제공이다.
④ (○) 사회 구성원이나 집단의 활동을 통제하여 다른 사람이나 집단을 보호하려는 목적을 가진 정책은 규제정책으로, 불공정경쟁이나 사기광고 규제가 이에 해당된다.

고득점 플러스+ 구성정책

- 의의: 국가운영에 필요한 규칙과 관련된 정책 → 정부조직의 구조 또는 기능과 관련
- 특징
  - 상위정책: 게임의 규칙, 총체적 기능, 권위적 성격
  - 대외적 가치배분과는 무관 → 일반대중의 무관심, 주로 정당이나 고위정치권의 관심 대상
- 구성정책과 상징정책
  - 구성정책: 정부기구의 개편, 선거구의 조정, 공무원과 군인의 보수와 연금, 법원의 관할구역 설정 등
  - 상징정책: 국경일, 국기와 애국가, 조형물과 기념일, 월드컵과 올림픽 등 축제, 4대강 사업 등

정답 | ①

213
정부규제에 대한 설명으로 옳지 않은 것은?

① 종합편성 채널의 운영권을 부여하고, 이를 확보한 방송사에 대한 규제는 리플리와 프랭클린(Ripley & Franklin)의 보호적 규제정책을 시행한 것으로 볼 수 있다.
② 네거티브 규제(negative regulation)는 포지티브 규제(positive regulation)보다 자율성을 적극적으로 부여한다는 측면에서 피규제자가 선호하는 방식이다.
③ 우리나라는 신기술과 신산업을 육성하기 위하여 규제샌드박스 제도를 도입하였다.
④ 윌슨(Wilson)의 규제정치 이론에 따르면, 대체로 경제적 규제는 고객정치의 상황으로 분류되며 사회적 규제는 기업가정치의 상황으로 분류된다.

213
기출처	2021 지방직 7급
난이도	★★
키워드	보호적 규제정책

🔍 **관련기출 옳은지문**
- 상품의 정보 제공, 식품위생법, 공해 배출부과금제도 등은 규제정책이다.
  23. 국회직 9급

- 규제 샌드박스(regulatory sandbox)란 일정한 조건 하에서 기존 규제의 한시적 면제 또는 유예를 통해 새로운 제품이나 서비스를 출시하고 테스트해볼 수 있도록 허용하는 제도이다.
  22. 경찰승진

해설

① (×) 종합편성 채널의 운영권을 부여하고 이를 확보한 방송사에게 일반대중을 위한 규제가 더해지는 것은 경쟁적 규제이다.
② (○) 네거티브 규제는 원칙적으로 허용되는 것이므로 원칙적으로 금지되는 포지티브 규제보다 피규제자들이 선호하는 방식이다.
③ **매력적 오답** (○) 규제샌드박스란 신기술·서비스가 국민의 생명과 안전에 저해되지 않을 경우 기존 법령이나 규제에도 불구하고, 실증(실증특례) 또는 시장 출시(임시허가)할 수 있도록 지원하는 것이다.
④ (○) 경제적 규제는 편익이 집중되고 비용이 분산되는 형태로 나타나므로 고객정치와 유사하고, 사회적 규제는 비용은 집중되고 편익이 분산되는 형태로 나타나므로 기업가 정치와 유사하다.

정답 | ①

214

기출처	2011 국가직 9급
난이도	★★
키워드	정책의 유형

관련기출 옳은지문
- 저소득층의 소득안정화 정책은 재분배정책이다. 21. 경찰간부

214
정책과 정책유형이 바르게 짝지어진 것은?

> ㄱ. 영세민을 위한 임대주택 건설
> ㄴ. 재정경제부와 기획예산처를 기획재정부로 통합
> ㄷ. 기업의 대기오염 방지시설의 의무화
> ㄹ. 광화문 복원

	ㄱ	ㄴ	ㄷ	ㄹ
①	분배정책	구성정책	추출정책	상징정책
②	상징정책	추출정책	규제정책	구성정책
③	규제정책	재분배정책	추출정책	상징정책
④	재분배정책	구성정책	규제정책	상징정책

해설

ㄱ. 영세민을 위한 임대주택 건설은 고소득층에서 저소득층으로 소득을 이전하는 재분배정책이다.
ㄴ. 재정경제부와 기획예산처를 기획재정부로 통합하는 정책은 대외적인 가치배분에는 영향을 주지 않고 대내적 게임의 규칙과 관련된 구성정책이다.
ㄷ. 기업의 대기오염 방지시설의 의무화는 기업의 활동조건을 설정하여 일반대중을 보호하는 보호적 규제정책이다.
ㄹ. 광화문 복원 정책은 정치체제의 정당성, 국민적 일체감, 사회통합 등을 위한 상징정책이다.

정답 | ④

215

기출처	2024 국가직 7급
난이도	★★
키워드	하위정부모형

관련기출 옳은지문
- '정책네트워크(policy network)'는 정책형성뿐만 아니라 정책집행까지 설명하는 유용한 도구이다. 12. 국가직 7급
- 정책공동체의 경우 모든 참여자가 자원을 가지며 참여자 사이의 관계는 교환관계이다. 20. 경찰간부

215 〈필수〉
다음과 같은 특징이 나타나는 정책네트워크의 유형은?

> - 의회의 상임위원회 또는 분과위원회, 행정부처, 이익집단이 형성하는 정책네트워크를 의미한다.
> - 네트워크의 자율성과 안정성이 비교적 높다.
> - '철의 삼각' 개념과 거의 동일한 의미를 지닌다.

① 정책공동체 모형
② 하위정부모형
③ 이슈네트워크 모형
④ 협력적 거버넌스 모형

해설

① (×) 정책공동체 모형은 하위정부모형보다 참여자의 범위가 넓어 관련 전문가, 학자, 언론인 등도 포함하며, 모든 참여자가 공동의 신념과 가치를 공유하는 특징이 있다.
② (○) 의회의 상임위원회 또는 분과위원회, 행정부처, 이익집단으로 구성되고, 네트워크의 자율성과 안정성이 높으며, 철의 삼각과 같은 개념으로 사용되는 것은 하위정부모형이다.
③ (×) 이슈네트워크 모형은 특정 이슈를 중심으로 다양한 참여자들이 일시적으로 형성하는 개방적이고 유동적이며 불안정한 네트워크이다.
④ (×) 협력적 거버넌스 모형은 정부, 시장, 시민사회가 함께 국정운영에 참여하고 협력하는 방식을 의미하는 포괄적인 개념으로, 특정 정책네트워크 유형을 지칭하는 것은 아니다.

정답 | ②

216

하위정부모형(subgovernment model)에서 정책 영역별로 정책의 결정과 집행에 영향을 미치는 3자 연합에 해당하지 <u>않는</u> 것은?

① 시민사회단체
② 소관 부처(관료조직)
③ 관련 이익집단
④ 의회의 위원회

216	
기출처	2017 국가직 9급(하)
난이도	★★★
키워드	하위정부모형

해설

① (×) 시민사회단체는 하위정부의 구성원이 아니다.
②, ③, ④ (○) 하위정부는 특정 이익집단, 관련 부처(관료), 의회의 해당 상임위원회가 상호 간 이해관계를 보호하기 위하여 특정 분야의 정책과정을 배타적으로 지배하는 현상을 설명하는 모형이다.

정답 | ①

관련기출 옳은지문
- 하위정부(sub-government)모형은 폐쇄적 관계를 강조하고 다른 이익집단의 참여를 배제한다.
  12. 지방직 9급

217

정책네트워크의 유형 중 하위정부(sub-government)모형에 대한 설명으로 옳지 <u>않은</u> 것은?

① 상대적으로 자율성과 안정성이 높다.
② 폐쇄적 관계를 강조하고 다른 이익집단의 참여를 배제한다.
③ 행정수반의 관심이 약하거나 영향력이 적은 재분배정책 분야에서 주로 형성된다.
④ 헤클로(H. Heclo)는 이익집단이 늘어나고 다원화됨에 따라 적용의 한계가 있다고 지적한다.

217	
기출처	2012 지방직 9급
난이도	★★
키워드	하위정부모형

해설

① (○) 하위정부모형은 참여자들 간 관계의 안정성이 높고, 타 정책으로부터 분리되어 자율적으로 운영되는 모형이다.
② (○) 하위정부모형은 특정 이익집단, 해당 관료, 해당 상임위원회라는 특정 세력이 특정 정책을 배타적으로 지배하는 모형이다.
③ (×) 하위정부모형은 모든 정책분야에 걸쳐서 가능한 것은 아니며 대통령과 대중의 관심이 낮고 일상화 수준이 높은 배분정책과 주로 관련된다.
④ (○) 이익집단의 수적 증대와 다원화 경향에 따라 하위정부모형의 설명력이 약화되면서 이에 대한 비판적 관점에서 헤클로(H. Heclo)에 의해 이슈네트워크가 제기되었다.

고득점 플러스+ 하위정부모형(1960년대)
- 의의: 특정 이익집단, 관련 부처, 해당 상임위원회의 장기적·안정적·자율적·호혜적 동맹을 묘사하는 이론
- 특징: 소수의 특정 세력에 의한 특정 정책의 배타적·자율적 지배 → 주로 배분정책과 관련
- 함의: 철의 삼각 혹은 삼자동맹은 부정적 의미로 사용, 정책분야별로 다양한 하위정부의 존재 → 다원주의 측면
- 한계: 환경의 복잡성과 관할권의 중첩 등으로 인해 설명력 약화 → 1970년대 말 이슈네트워크의 등장

정답 | ③

관련기출 옳은지문
- 하위정부는 모든 정책분야에 걸쳐서 가능한 것이 아니라 대통령의 관심이 덜하거나 영향력이 비교적 적은 분배정책 분야에서 주로 형성되고 있다.
  20. 경찰간부

218

기출처	2016 국가직 9급
난이도	★★
키워드	정책커뮤니티

🔍 관련기출 옳은지문

• 하위정부는 결정과정에 대한 접근이 폐쇄적이고 이슈네트워크는 개방적이다. 17. 국회직 9급

• 하위정부와 이슈네트워크 모두 집단 참여는 자발적이다. 17. 국회직 9급

• 이슈네트워크의 행위자 간 관계는 경쟁적·갈등적이고, 정책공동체는 의존적·협력적이다. 20. 경찰승진

218
정책커뮤니티와 이슈네트워크를 비교한 것으로 옳지 않은 것은?

① 네트워크 내 자원배분과 관련하여 정책커뮤니티는 근본적인 관계가 교환관계이고 모든 참여자가 자원을 보유하고 있으나, 이슈네트워크는 근본적인 관계가 제한적 합의이고 어떤 참여자는 자원보유가 한정적이다.
② 참여자 수와 관련하여 정책커뮤니티는 극히 제한적이며 의식적으로 일부 집단의 참여를 배제하기도 하나, 이슈네트워크는 개방적이며 다양한 행위자들이 참여한다.
③ 이익의 종류와 관련하여 정책커뮤니티는 경제적 또는 전문 직업적 이익이 지배적이나, 이슈네트워크는 관련된 모든 이익이 망라된다.
④ 합의와 관련하여 정책커뮤니티는 어느 정도의 합의는 있으나 항상 갈등이 있고, 이슈네트워크는 모든 참여자가 기본적인 가치관을 공유하며 성과의 정통성을 수용한다.

> **해설**

① (O) 정책커뮤니티는 모든 참여자가 자원을 가지고 교환관계를 형성하므로 균형적 권력관계를 유지하고 상호 협력할 가능성이 높지만, 이슈네트워크는 참여자 간 권력과 정보의 불균등한 배분과 접근권을 특징으로 하므로 참여자들 사이의 갈등이 존재하는 제로섬 상황이 나타난다.
② (O) 정책커뮤니티는 의식적으로 일부 집단(단순한 이해관계자)의 참여를 배제하므로 누구나 참여할 수 있는 이슈네트워크에 비해 참여자의 범위가 제한적이다.
③ (O) 정책커뮤니티는 관련된 전문가 중심으로 구성되므로 전문적이고 직업적인 이익이 지배하나 이슈네트워크에는 다양한 참여자가 존재하므로 그 추구하는 가치 역시 매우 다양할 수밖에 없다.
④ (×) 모든 참여자가 기본적인 가치관을 공유하며 성과의 정통성을 수용하는 것이 정책커뮤니티이고, 항상 갈등을 내포하고 있는 것이 이슈네트워크이다.

정답 | ④

219

기출처	2019 국가직 9급
난이도	★★
키워드	정책공동체

🔍 관련기출 옳은지문

• 정책 네트워크 모형에서 행위자들 간의 관계는 자원의존성을 토대로 한다. 10. 서울시 7급

219
정책네트워크에 대한 설명으로 옳지 않은 것은?

① 정책네트워크의 참여자는 정부뿐만 아니라 민간부문까지 포함한다.
② 정책공동체(policy community)에 비해서 이슈네트워크(issue network)는 제한된 행위자들이 정책과정에 참여하며 경계의 개방성이 낮은 특성이 있다.
③ 헤클로(Heclo)는 하위정부모형을 비판적으로 검토하면서 정책이슈를 중심으로 유동적이며 개방적인 참여자들 간의 상호작용 현상을 묘사하기 위한 대안적 모형을 제안하였다.
④ 하위정부(sub-government)는 선출직 의원, 정부관료, 그리고 이익집단의 역할에 초점을 맞춘다.

> **해설**

① (O) 정책네트워크는 정부와 민간부문의 참여자들로 구성되며, 일반적으로 정책과정의 비공식적 참여자로 분류된다.
② (×) 단순한 이해관계자까지 참여할 수 있는 이슈네트워크가 전문가 중심의 정책커뮤니티보다는 참여자의 개방성이 높은 편이다.
③ (O) 하위정부모형의 대안적 관점으로 헤클로(H. Heclo)에 의해 제기된 것이 이슈네트워크이다.
④ (O) 하위정부는 특정 이익집단, 관련 부처(관료), 의회의 해당 상임위원회가 특정 분야의 정책과정을 배타적으로 지배하는 현상을 설명하는 모형이다.

정답 | ②

220
정책네트워크이론(모형)에 대한 설명으로 옳지 않은 것은?

① 정책네트워크이론의 대두배경은 정책결정의 부분화와 전문화 추세를 반영한다.
② 철의 삼각(iron triangle) 모형은 소수 엘리트 행위자들이 특정 정책의 결정을 지배한다는 점을 강조한다.
③ 이슈네트워크(issue network) 모형은 쟁점을 둘러싼 정책참여자들 간의 상호작용을 중시한다.
④ 정책과정에 대한 국가중심 접근방법과 사회중심 접근방법이라는 이분법적 논리를 극복하지 못하고 있다.

해설

① (O) 정책네트워크이론은 정책과정의 부분화와 전문화 추세를 반영하는 것이다. 이는 행정의 복잡성과 전문성의 심화로 인해 모든 정책을 포괄하는 단일의 지배체제는 존재할 수 없으며, 분야별로 다양한 지배체제가 형성될 수 있음을 함의한다.
② (O) '철의 삼각'이란 특정 이익집단, 관련 부처(관료), 의회의 해당 상임위원회가 상호 간 이해관계를 보호하기 위하여 해당 분야의 정책과정을 배타적으로 지배하는 현상을 설명하는 모형이다.
③ (O) 이슈네트워크 모형을 포함한 모든 정책네트워크모형은 관련자 간 상호작용의 패턴을 중시한다.
④ (X) 정책네트워크이론은 정책내용과 정책을 둘러싼 환경의 복잡성 심화로 특정 세력에 의한 일방적 주도는 곤란하며, 정책은 전략을 가진 다양한 참여자들 간의 상호작용의 산물이라는 인식이 대두하면서 등장하였다. 이는 정책과정에 대한 국가 중심 접근방법과 사회 중심 접근방법이라는 이분법적 논리를 극복한 것이다.

정답 | ④

220
기출처: 2012 국가직 9급
난이도: ★
키워드: 정책네트워크이론

관련기출 옳은지문
- 이익집단은 철의 삼각(iron triangle) 모형에서 동맹이 형성되는 행위자이다. 19. 소방간부
- 이슈연결망(Issue Network)은 의회 스태프, 타 행정기관의 관료, 사회과학자 등 다양한 관련 행위자들이 비제도권적인 통로를 통해 유동적이고 불안정하게 상호작용한다. 08. 국회직 8급

221
정책네트워크의 유형별 특징에 대한 설명으로 옳지 않은 것은?

① 철의 삼각(iron triangle) 모형에서는 이익집단, 관련 행정부처(관료조직), 그리고 의회 위원회가 연합하여 실질적인 정책결정이 이루어진다고 본다.
② 하위정부(subgovernment) 모형은 철의 삼각 모형의 경험적 타당성에 대해 의문을 제기하면서 참여자의 범위를 대폭 확대하였다.
③ 정책공동체(policy community)의 주요구성원에는 하위정부모형의 참여자 외에 전문가집단이 포함된다.
④ 이슈네트워크(issue network)는 정책공동체와 비교할 때 네트워크의 경계가 불분명하여 참여자들의 진입과 퇴장이 쉬운 편이다.

해설

① (O) 철의 삼각은 의회 상임위원회, 행정부처와 이익집단 간의 관계가 통합성이 지극히 높으며, 일종의 동맹관계를 형성하여 정책결정에 큰 영향력을 행사하는 현상이다.
② (X) 하위정부와 철의 삼각은 보통 같은 의미로 사용된다. 철의 삼각모형의 경험적 타당성에 대해 의문을 제기하면서 참여자의 범위를 대폭 확대한 것은 이슈네트워크이다.
③ (O) 정책공동체는 정책목표의 달성을 위해서 각 분야의 규칙을 조정하는 정책분야별 연구원, 학자, 관료 등으로 구성된 전문가 집단을 뜻한다.
④ (O) 이슈네트워크는 참여자의 범위가 넓고 경계의 개방성이 높은 가변적 공동체로 다원주의 측면이 강하며, 이슈에 따라 집단 간 연대가 활발하게 나타나는 일시적이고 느슨한 형태의 집합체이다.

정답 | ②

221
기출처: 2020 지방직 7급
난이도: ★★
키워드: 하위정부

관련기출 옳은지문
- 정책공동체 모형은 특정 정책과 관련해 이해관계를 같이하는 집단과 개인들로 구성된다. 25. 경찰간부
- 정책공동체는 정책결정을 둘러싼 권력게임은 공동의 이익을 추구하는 정합게임(positive-sum game)의 성격을 띤다. 10. 국가직 7급

222			
기출처	2016 국가직 9급		
난이도	★★		
키워드	하위정부론		

🔍 관련기출 옳은지문

• 정책네트워크이론의 대두배경은 정책결정의 부분화와 전문화 추세를 반영한다.   12. 국가직 9급

• 정책네트워크는 분산적 정치체제를 전제로 한다.   24. 군무원 7급

222

다음 이론에 대한 설명 중 옳은 것만을 모두 고르면?

> ㄱ. 이익집단론은 정치체제가 잠재이익집단과 중복회원 때문에 특수 이익에 치우치지 않는다고 주장한다.
> ㄴ. 신다원주의론은 자본주의 국가에서는 기업가 집단의 특권적 지위가 현실의 정책과정에서 나타난다고 본다.
> ㄷ. 하위정부론은 정책분야별로 이익집단, 정당, 해당 관료조직으로 구성된 실질적 정책결정권을 공유하는 네트워크가 존재한다고 주장한다.

① ㄱ
② ㄱ, ㄴ
③ ㄴ, ㄷ
④ ㄱ, ㄴ, ㄷ

해설

ㄱ. (O) 말없는 다수의 이익이 정책에 반영된다는 잠재이익집단론과 여러 집단에 중복으로 소속되어 있어 한 집단의 이익만을 반영하기는 어렵다는 중복회원이론 등이 이익집단론의 주요한 이론적 근거이다.
ㄴ. (O) 신다원론은 정부의 수동적 역할을 강조한 다원론과는 달리 전문화되고 능동적인 정부관을 제시하는 이론이다. 다만, 특정 집단이 우월적 지위를 갖게 되는 것을 일반 대중과 정부의 합리적 선택으로 본다는 점에서 엘리트 집단의 의도적 노력을 강조하는 엘리트론과는 구별된다.
ㄷ. (X) 하위정부를 구성하는 것은 특정 이익집단, 해당 관료, 해당 상임위원회이다. 정당은 하위정부의 구성원이 아니다.

정답 | ②

223			
기출처	2014 국가직 9급		
난이도	★		
키워드	정책결정요인론		

223

정책결정요인론 중 도슨과 로빈슨(R. Dawson & J. Robinson)이 주장한 '경제적 자원모형'의 내용으로 옳지 <u>않은</u> 것은?

① 소득, 인구 등의 사회·경제적 요인이 정책내용을 결정한다.
② 정치적 변수는 정책에 단독으로 영향을 미치지 못한다.
③ 정치체제는 환경변수와 정책내용 간의 매개변수가 아니다.
④ 사회경제적 변수, 정치체제, 정책은 순차적 관계에 있다.

해설

① (O) 도슨(R. Dawson)과 로빈슨(J. Robinson)의 주장은 소득, 인구 등과 같은 사회·경제적 요인이 정책의 내용을 결정한다는 것이다.
② (O) 이들에 의하면 정치적 변수와 정책은 허위관계인데 이는 정치적 변수가 정책에 단독으로 영향을 미치지 못한다는 것이다.
③ **매력적 오답** (O) 경제적 자원모형에서 정치체제는 환경변수와 정책내용 간의 매개변수도 아니다.
④ (×) '경제적 자원모형'은 사회·경제적 변수와 정치체제 및 정책의 순차적 관계를 부정하는 것이다.

고득점 플러스+ 정책결정요인론

- 경제학자
  - 패브리칸트(S. Fabricant)와 브라이저(H. Brazer)
  - 정치적 변수보다는 사회적·경제적 요인의 중요성 강조 → 1인당 소득, 인구밀도, 도시화 등
- 정치학자의 재연구
  - 경제자원모형: 도슨(R. Dawson)과 로빈슨(J. Robinson), 정치적 변수와 정책은 허위관계
  - 혼합모형·절충모형: 너드(C. Cnudde)와 맥크론(D. McCrone), 정치적 변수와 정책은 혼란관계

정답 | ④

224 필수

정책결정요인론에 대한 설명으로 옳은 것은?

① 정책의 내용에 영향을 미치는 요인이 무엇인가를 밝히는 이론으로, 사회경제적 요인의 중요성을 과소평가했다는 비판을 받고 있다.
② 도슨-로빈슨(Dawson-Robinson) 모형은 사회경제적 변수가 정치체제와 정책 모두에 영향을 미친다는 모형으로, 사회경제적 변수로 인해 정치체제와 정책의 상관관계가 유발된다고 설명한다.
③ 키-로커트(Key-Lockard) 모형은 사회경제적 변수가 정책에 직접적으로 영향을 미친다는 모형으로, 예를 들면 경제발전이 복지지출 수준에 직접 영향을 준다고 본다.
④ 루이스-벡(Lewis-Beck) 모형은 사회경제적 변수가 정책에 영향을 주는 직접효과가 있고, 정치체제가 정책에 독립적 영향을 주지 않는다고 설명한다.

224
기출처	2022 국가직 7급
난이도	★
키워드	정책결정요인론

관련기출 옳은지문
- 정책결정요인론은 정치체제의 매개·경로적 역할을 고려하지 않는다는 비판을 받는다. 22. 군무원 9급
- 정책결정요인론은 정치체제가 정책에 미치는 영향을 과소평가한다는 비판을 받는다. 22. 군무원 9급

해설

① (×) 정책결정요인론은 계량화가 용이한 경제적 변수는 과대평가되고, 계량화가 곤란한 정치변수는 과소평가되었다는 비판을 받는다.
② (O) 도슨(R. Dawson)과 로빈슨(J. Robinson)에 의하면 정치적 변수와 정책은 허위관계이다. 만약 사회경제적 변수를 통제하면 정치체제와 정책 간의 관계는 사라진다. 이는 사회경제적 변수, 정치체제 그리고 정책 간의 순차적 관계의 부정 또는 정치체제의 매개변수 역할을 부정하는 것이다.
③ (×) 키(O. Key)와 로카드(D. Lockard) 모형은 사회경제적 변수가 정치체제를 통해 복지지출의 수준으로 연결된다는 이론이다.
④ **매력적 오답** (×) 루이스(W. Lewis)와 벡(M. Beck) 모형은 사회경제적 변수뿐만 아니라 정치체제 역시 정책에 독립적으로 영향을 주는 요인으로 본다.

정답 | ②

CHAPTER 03 정책의제론

225
기출처	2013 국가직 9급
난이도	★
키워드	정책메카니즘

🔍 **관련기출 옳은지문**
- 정치체제와 정치인의 속성은 정책의제 설정에 영향을 미치는 요인이다. 　08. 국회직 8급

- 문제가 사회적 유의성이 높을수록 의제로 채택될 가능성이 높다. 　13. 국가직 7급

225
정책메카니즘에 대한 설명으로 옳지 않은 것은?

① 정책은 편파적으로 이익과 손해를 나누어주는 성격도 갖고 있다.
② 모든 사회문제는 정책의제화 된다.
③ 정책목표와 정책수단 사이에는 인과관계가 있어야 한다.
④ 정책대안 선택의 기준들 사이에는 갈등이 있을 수 있다.

해설

① (○) 정책은 가치를 권위적으로 배분하는 과정이므로 이로 인해 수혜자와 피해자의 선택이 발생한다.
② (×) 자원의 제약으로 인해 모든 사회문제가 전부 정책의제로 되는 것은 아니다.
③ (○) 정책수단과 정책목표 간 인과성이 없다면 정책수단을 실현하였다고 해도 정책목표는 달성되지 않을 것이기 때문이다.
④ (○) 정책대안의 평가기준은 실현가능성과 소망성이다. 정책의 실행으로 얻고자 하는 다양한 소망성이 있으므로 그 선택에 있어 가치갈등이 발생한다.

정답 | ②

226
기출처	2015 국가직 9급
난이도	★★
키워드	정책의제설정

🔍 **관련기출 옳은지문**
- 정책 이해관계자가 넓게 분포하고 조직화 정도가 낮은 경우에는 정책의제화가 상당히 어렵다. 　14. 서울시 9급

226
다음 중 어떠한 정책문제가 정책의제로 채택될 가능성이 가장 낮은 경우는?

① 정책문제의 해결가능성이 높은 경우
② 이해관계자의 분포가 넓고 조직화 정도가 낮은 경우
③ 선례가 있어 관례화(routinized)된 경우
④ 정책의제화를 요구하는 집단의 규모가 큰 경우

해설

① (×) 정책문제의 해결가능성이 높을수록 의제화가 용이하다.
② (○) 이해관계자의 분포가 넓은 전체적 이슈라 하여도 응집력이 약하다면 의제화는 어렵다.
③ (×) 선례가 있고 일상적이며 관례화된 문제는 해결하기 쉬우므로 의제화가 용이하다.
④ (×) 관련 집단의 규모가 크고 응집력이 강할수록 의제화가 용이하다.

정답 | ②

227

정책의제형성에 영향을 미치는 요인들에 대한 설명으로 옳지 않은 것은?

① 문제가 사회적 유의성이 높을수록 의제로 채택될 가능성이 높다.
② 단순한 문제가 의제로 채택될 가능성이 높다.
③ 극적인 사건이나 위기 등은 의제로 채택될 가능성이 높다.
④ 선례가 있는 문제들은 의제로 채택될 가능성이 낮다.

해설

① (○) 유의성이 높다는 것은 사회적으로 중요하다는 의미이다. 중요한 문제일수록 의제화의 가능성이 높은 편이다.
② (○) 문제의 해결가능성이 높을수록 의제로 채택될 가능성이 높다. 이에 따라 문제가 단순할수록, 기술적으로 이해하기 쉬울수록, 선례가 있고 일상적일수록 의제화의 가능성이 크다.
③ (○) 극적인 사건의 발생, 정권의 교체와 같은 요인이 발생하면 의제화의 가능성이 높아진다.
④ (×) 선례가 있는 문제들이 의제화의 가능성이 높다.

고득점 플러스+ 의제설정의 변수
- 문제의 해결가능성: 단순한 문제, 선례가 있는 문제, 지시가 구체적인 문제
- 문제의 중요성: 사회적 영향력, 첨예한 쟁점, 파급효과 등
- 정책의 유형(→ 배분정책, 재분배정책, 규제정책 등), 편익과 비용의 분포 상황
- 대상집단의 규모와 응집력, 사회구조(→ 분화 정도)나 극적 사건과 같은 환경적 요인, 정권의 교체와 같은 정치적 변혁

정답 | ④

227
- 기출처: 2013 국가직 7급
- 난이도: ★★
- 키워드: 정책의제형성

관련기출 옳은지문
- 국민의 관심 집결도가 높거나 특정 사회 이슈에 대해 정치인의 관심이 큰 경우에는 정책의제화가 쉽게 진행된다. 14. 서울시 9급

228

정책의제설정 모형에 대한 설명으로 옳지 않은 것은?

① 외부주도모형에서는 사회문제가 공중의제를 거쳐 공식의제로 전환된다.
② 동원모형에서는 정부가 먼저 공식의제를 채택한 후 공중의제화를 시도한다.
③ 내부접근모형에서는 정부 내부자나 그들과 밀접한 관계에 있는 집단에 의해 의제가 설정된다.
④ 공고화모형에서는 대중의 지지가 낮은 정책문제에 대하여 시민사회가 주도적으로 해결을 시도한다.

해설

① (○) 외부주도모형은 사회 문제가 여론의 주목을 받아 공중의제가 되고, 이것이 정부에 압력으로 작용하여 공식의제로 채택되는 민주적 과정을 설명하는 모형이다.
② (○) 동원모형은 정부가 주도하여 정책문제를 공식의제로 설정한 후, 대중의 지지를 얻기 위해 공중의제화를 시도하는 모형이다.
③ (○) 내부접근모형은 정부 내부의 정책결정자나 이들과 밀접한 관계를 맺고 있는 외부집단(이익집단 등)이 주도하여, 일반대중에게는 거의 알려지지 않은 채 조용히 공식의제로 채택하는 모형이다.
④ (×) 공고화모형은 정부가 이미 대중의 광범위한 지지를 받고 있는 문제를 공식의제로 채택하여 그 지지를 더욱 공고히 하고자 할 때 나타나는 모형이다.

정답 | ④

228
- 기출처: 2025 국가직 9급
- 난이도: ★★
- 키워드: 공고화모형

관련기출 옳은지문
- 새마을운동은 동원형 정책의제 설정에 해당한다. 21. 국회직 8급
- 동원형은 사회문제, 정부의제, 공중의제 순으로 전개된다. 25. 경찰간부

229		① ② ③
기출처	2024 국가직 7급	
난이도	★	
키워드	정책의제화	

🔍 **관련기출 옳은지문**
- 정책의제설정은 다양한 사회문제 중 특정한 문제가 정부의 정책에 의해 해결되기 위해 하나의 의제로 채택되는 과정이다. 18. 경찰간부

229 필수

정책의제에 대한 설명으로 옳지 않은 것은?

① 호그우드와 건(Hogwood & Gunn)은 정책문제의 성격이 인간의 감정보다 이성적 측면에 호소하는 문제일수록 정책의제화가 쉽다고 하였다.
② 외부주도형 정책의제설정모형은 다원화되고 민주화된 선진국에서 많이 나타난다.
③ 정부의제는 정부의 공식적인 의사결정에 의해 해결을 심각하게 고려하기로 명백히 밝힌 문제를 말한다.
④ 바흐라크와 바라츠(Bachrach & Baratz)는 기존 질서의 변화를 주장하는 요구가 정치적 이슈가 되지 못하도록 하는 가장 직접적인 수단으로 폭력을 제시하였다.

> **해설**

① (×) 호그우드(W. Hogwood와 건(L. Gunn)은 의제설정에 영향을 미치는 요인으로, 위기, 특수성, 감정적 측면, 사회적 영향력, 권력과 정통성 문제의 개입 여부, 유행, 주도집단 등을 들고 있다.
② (○) 외부주도형 정책의제설정모형은 다양한 이익집단과 시민사회의 요구가 정책의제로 반영되는 형태로, 다원화되고 민주화된 선진국에서 흔히 관찰된다.
③ (○) 정부의제는 정부가 공식적인 절차를 거쳐 해결을 심각하게 고려하기로 결정한 문제를 의미한다. 이는 대중의제(Public Agenda)와는 구별된다.
④ (○) 바흐라흐(P. Bachrach)와 바라츠(M. Baratz)는 기존 질서의 변화를 주장하는 요구가 정치적 이슈가 되지 못하도록 하는 가장 직접적인 수단으로 무의사결정을 제시하였다. 이는 잠재적인 이슈가 실제 의제로 상정되지 못하도록 하는 권력의 한 형태를 설명한다. 무의사결정을 추진하는 수단 중 폭력을 이용하는 방법이 가장 직접적인 수단이다.

정답 | ①

230		① ② ③
기출처	2021 지방직 7급	
난이도	★★	
키워드	의제설정모형	

🔍 **관련기출 옳은지문**
- 동원형은 정부의 힘이 강하고 민간부문의 힘이 취약한 후진국에서 많이 나타난다. 16. 경찰승진

- 내부접근형은 정부 내 정책결정과정에 접근가능한 외부집단의 이익이 과도하게 대변될 수 있다. 24. 국회직 8급

- 외부주도모형은 민간집단에 의해 이슈가 제기되어 공중의제화한 이후 정책 결정자의 관심을 끌게 되면 정부의제로 전환된다. 16. 경찰간부

230

다음은 콥과 로스(Cobb & Ross)가 제시한 의제설정과정이다. (가)~(다)에 들어갈 유형을 바르게 연결한 것은?

> (가) : 사회문제 → 정부의제
> (나) : 사회문제 → 공중의제 → 정부의제
> (다) : 사회문제 → 정부의제 → 공중의제

	(가)	(나)	(다)
①	동원형	외부주도형	내부접근형
②	내부접근형	동원형	외부주도형
③	외부주도형	내부접근형	동원형
④	내부접근형	외부주도형	동원형

> **해설**

(가) 사회문제가 바로 정부의제로 채택된 후 공중의제가 차단되는 것은 내부접근모형이다.
(나) 사회문제가 공중의제를 거친 후 정부의제로 채택되는 것은 외부주도모형이다.
(다) 사회문제가 정부의제로 채택된 후 행정PR을 통해 공중의제로 확산되는 것은 동원모형이다.

정답 | ④

231 〈필수〉

정책의제설정과정의 유형에 대한 설명으로 옳지 않은 것은?

① 내부접근모형에서는 일반 시민의 지지를 얻기 위해 관료집단이 주도한 의제가 정부의 홍보활동을 통해 공중의제로 확산된다.
② 동원모형은 정치지도자의 지시에 따라 사회문제가 바로 정부의제로 채택되며 정부의 힘이 강하고 민간 부문이 취약한 후진국에서 자주 볼 수 있다.
③ 외부주도형은 이익집단들에 의해 제기된 문제가 여론을 형성해 공중의제로 전환되며 정부가 외부의 요구에 민감하게 반응하는 정치체제에서 자주 볼 수 있다.
④ 공고화모형에서는 이미 광범위한 일반 대중의 지지가 있는 경우에, 정부는 동원 노력보다는 이미 존재하는 지지를 그대로 공고화해 의제를 설정한다.

[해설]

① (×) 내부접근모형은 정책과 관련된 내외 집단에 의해 주도되지만 정부의 홍보활동을 거치지 않고 공중의제로는 확산되지 않는다.
② (○) 동원모형은 최고책임자가 주도하고 행정PR을 통해 대중으로 확산시키는 모형으로, 다원화된 선진국보다는 정부의 힘이 강한 후진국에서 자주 볼 수 있는 의제설정모형이다.
③ (○) 외부주도형은 언론이나 일반대중의 요구나 공감에 의해 정부의제로 채택되는 모형으로, 정부가 민간의 요구에 민감하게 반응하는 다원주의 혹은 선진국 사회에서 자주 볼 수 있다.
④ (○) 공고화모형은 민간의 지지를 받고 있으므로 정부의 동원 노력이 상대적으로 불필요하다.

정답 | ①

231
기출처 | 2022 지방직 7급
난이도 | ★★
키워드 | 내부접근모형

관련기출 옳은지문
- 내부접근형은 대중의 지지를 획득하기 위한 공중의제화 과정이 없다는 점에서 공중의제화 과정을 거치는 동원형과 다르다. 15. 서울시 7급

232		1 2 3
기출처	2022 지방직 9급	
난이도	★★	
키워드	동원형	

관련기출 옳은지문

• 동원형은 정부 내부의 정책결정자가 주도적으로 정책의제를 설정하고, 대중의 지지와 순응을 확보하기 위한 노력이 이어진다. 24. 경찰승진

• 내부접근형은 정부기관 내의 관료집단이나 정책결정자에게 쉽게 접근할 수 있는 외부집단이 최고정책결정자에게 접근하여 문제를 정부의제화 하는 경우이다. 17. 국회직 9급

232 필수

하울렛(Howlett)과 라메쉬(Ramesh)의 모형에 따라 정책의제설정 유형을 분류할 때, (가)~(라)에 대한 설명으로 옳지 <u>않은</u> 것은?

의제설정주도자	공중의 지지 높음	낮음
사회 행위자(societal actors)	(가)	(나)
국가(state)	(다)	(라)

① (가) - 시민사회단체 등이 이슈를 제기하여 정책의제에 이른다.
② (나) - 특별히 의사결정자들에게 접근할 수 있는 영향력 있는 집단이 정책을 주도한다.
③ (다) - 이미 공중의 지지가 높기 때문에 정책이 결정된 후 집행이 용이하다.
④ (라) - 정책결정자가 이슈를 제기하면 자동적으로 정책의제화되기 때문에 성공적인 집행을 위한 공중의 지지는 필요 없다.

해설

① (O) (가)는 외부주도형으로, 시민단체나 언론 등에 의해 이슈가 확산된 후 정책의제로 들어온다.
② (O) (나)는 내부접근형으로, 의사결정자에게 접근할 수 있는 친근자 집단에 의해 정책의제가 설정된다.
③ (O) (다)는 공고화모형으로, 국가가 주도하지만 대중의 지지가 높으므로 집행이 용이하다.
④ (×) (라)는 동원형으로, 성공적인 집행을 위한 공중의 지지 확보노력이 수반된다.

고득점 플러스+ 메이(P. May) 및 하울렛(M. Howlett)과 라메쉬(M. Ramesh)의 의제설정 모형

구분		대중 지지도	
		높음	낮음
논쟁 주도자	국가	굳히기형(→ 공고화모형)	동원형
	사회	외부주도형	내부주도형(→ 내부접근형)

정답 | ④

233		1 2 3
기출처	2016 지방직 7급	
난이도	★★	
키워드	내부주도형	

관련기출 옳은지문

• 굳히기형은 대중의 지지가 높은 정책문제에 대하여 정부가 그 과정을 주도하여 해결을 시도한다. 16. 경찰간부

233

메이(May)는 정책의제설정의 주도자와 대중의 관여 정도에 따라 정책의제설정과정을 네 가지 유형(A~D)으로 구분하였는데, 이에 대한 설명으로 옳지 <u>않은</u> 것은?

정책의제설정의 주도자	대중의 관여 정도 높음	낮음
민간	A	B
정부	C	D

① A는 외부집단이 주도하여 정책의제 채택을 정부에게 강요하는 경우로 허쉬만(Hirschman)이 말하는 '강요된 정책문제'에 해당된다.
② B의 경우 정책결정에 영향력을 가진 집단은 대중들에게 정책을 공개하여 지지를 획득하려고 한다.
③ C에서는 이미 민간집단의 광범위한 지지가 형성된 이슈에 대하여 정책결정자가 지지의 공고화(consolidation)를 추진한다.
④ D는 정부의 힘이 강하고 이익집단의 역할이 취약한 후진국에서 일반적으로 많이 나타난다.

해설

① (O) A는 외부주도형으로 이익집단, 언론, 정당 등이 주도하여 사회문제가 정부의제로 채택되도록 강요하는 모형이다.
② (×) B는 내부주도형으로 결정권자에게 접근할 수 있는 집단들이 주도하며, 정책의 대중 확산이나 경쟁이 불필요할 경우 사용되는 모형이다.
③ (O) C는 굳히기형으로 대중의 지지가 높아 정부 내 결정권자가 주도하여 채택하는 모형이다.
④ (O) D는 동원형으로 대중의 지지가 낮아 정부 내 결정권자들이 채택된 이슈를 공중의제로 확산하는 과정을 거치는 모형이다.

정답 | ②

234
정책의제설정모형에 대한 설명으로 옳지 않은 것은?

① 내부접근형(inside access model)에서 정부기관 내부의 집단 혹은 정책결정자와 빈번히 접촉하는 집단은 공중의제화하는 것을 꺼린다.
② 동원형(mobilization model)에서는 주로 정부 내 최고통치자나 고위정책결정자가 주도적으로 정부의제를 만든다.
③ 외부주도형(outside initiative model) 정책의제설정은 다원화된 정치체제에서 많이 나타난다.
④ 공고화형(consolidation model)은 대중의 지지가 낮은 정책문제에 대한 정부의 주도적 해결을 설명한다.

234	
기출처	2020 국가직 7급
난이도	★
키워드	공고화형

관련기출 옳은지문
- 정책의제설정 과정에는 주도집단, 정책체제, 환경 등의 변수들이 중요하게 작용한다. 18. 경찰간부
- 동형화 모형은 정부 간 정책전이(policy transfer)가 모방, 규범, 강압을 통해 이루어진다고 본다. 20. 경찰간부

해설

① (O) 내부접근형은 정책의 확장이 정책과 관련된 주제에 대하여 특별한 지식이나 관심을 가진 집단들에 한정하여 이루어진다.
② (O) 동원모형은 사회문제를 최고 결정자가 주도하여 정부의제로 채택한 후 공공관계(PR)를 통해 공중으로 확산하는 모형으로, 허쉬만(A. Hirshman)은 채택된 정책문제라 하였다.
③ (O) 외부주도형은 이익집단이 발달하고 정부가 외부의 요구에 민감하게 반응하는 선진 정치체제에서 주로 나타난다.
④ (×) 대중의 지지가 낮은 정책문제에 대한 정부의 주도적 해결을 설명하는 것은 동원형이다. 공고화형 혹은 굳히기형은 대중의 지지가 높은 상황에서 정부가 정책을 주도하는 모형이다.

정답 | ④

235

통계적 가설검정의 오류에 대한 설명으로 옳지 않은 것은?

① 제1종 오류는 실제로는 모집단의 특성이 영가설과 같은 것인데 영가설을 기각하는 경우에 발생한다.
② 제2종 오류는 모집단의 특성이 영가설과 같지 않은데 영가설을 기각하지 않는 경우에 발생한다.
③ 제1종 오류는 α로 표시하고, 제2종 오류는 β로 표시한다.
④ 확률 $1-\alpha$는 검정력을 나타내며, 확률 $1-\beta$는 신뢰수준을 나타낸다.

해설

① (O) 영가설이 옳음에도 불구하고 그것을 기각한 것은 제1종 오류를 범한 것이다.
② (O) 영가설 혹은 귀무가설이란 효과가 없다는 가설을 의미한다. 효과가 없다는 가설이 잘못되었음에도 불구하고 이를 기각하지 않는 것은 제2종 오류를 범한 것이다.
③ (O) 제1종 오류가 발생할 확률은 유의수준(α)으로 표시하며, 제2종 오류가 발생할 확률은 β로 표시한다.
④ (×) 제1종 오류를 범하지 않는 것($1-\alpha$)을 신뢰수준이라 하고, 제2종 오류를 범하지 않는 것($1-\beta$)을 검정력이라 한다.

정답 | ④

236

통계적 결론의 타당성 확보에 있어서 발생할 수 있는 오류와 그에 대한 설명을 바르게 연결한 것은?

> ㄱ. 정책이나 프로그램의 효과가 실제로 발생하였음에도 불구하고 통계적으로 효과가 나타나지 않은 것으로 결론을 내리는 경우
> ㄴ. 정책의 대상이 되는 문제 자체에 대한 정의를 잘못 내리는 경우
> ㄷ. 정책이나 프로그램의 효과가 실제로 발생하지 않았음에도 불구하고 통계적으로 효과가 나타난 것으로 결론을 내리는 경우

	제1종 오류	제2종 오류	제3종 오류
①	ㄱ	ㄴ	ㄷ
②	ㄱ	ㄷ	ㄴ
③	ㄴ	ㄱ	ㄷ
④	ㄷ	ㄱ	ㄴ

> **해설**

ㄱ. 정책이나 프로그램의 효과가 실제로 발생하였음에도 불구하고 통계적으로 효과가 나타나지 않은 것으로 결론을 내리는 것은 제2종 오류이다.
ㄴ. 정책의 대상이 되는 문제 자체에 대한 정의를 잘못 내리는 것은 제3종 오류이다.
ㄷ. 정책이나 프로그램의 효과가 실제로 발생하지 않았음에도 불구하고 통계적으로 효과가 나타난 것으로 결론을 내리는 것은 제1종 오류이다.

> **고득점 플러스+** 정책분석의 오류
>
> - 제3종 오류: 정책문제의 잘못된 정의 → 근본적 오류(→ 메타오류), 가치중립적·수단지향적 정책분석(→ 합리모형)의 한계
> - 제1종 오류: 효과 없는 대안채택(→ 알파오류), 옳은 귀무가설(→ 영가설) 기각, 유의수준(→ α), 신뢰수준(→ 1−α)
> - 제2종 오류: 효과 있는 대안기각(→ 베타오류), 틀린 귀무가설 채택, 검정력(→ 1−β)

정답 | ④

237
정책분석에 있어서 문제구조화에 대한 설명으로 옳지 않은 것은?

① 던(Dunn)은 정책문제를 구조화가 잘 된 문제(well-structured problem), 어느 정도 구조화된 문제(moderately structured problem), 구조화가 잘 안된 문제(ill-structured problem)로 분류한다.
② 구조화가 잘 된 문제의 해결을 위해서 분석가는 전통적인(conventional) 방법을 사용하기도 한다.
③ 문제구조화는 상호 관련된 4가지 단계인 문제의 감지, 문제의 정의, 문제의 추상화, 문제의 탐색으로 구성되어 있다.
④ 문제구조화의 방법으로는 경계분석, 분류분석, 가정분석 등이 있다.

237	
기출처	2017 지방직 9급
난이도	★
키워드	문제구조화

관련기출 옳은지문
- 분류분석은 문제의 구성요소를 분해하여 식별함으로써 개념을 명료화한다. 23. 국회직 9급
- 유추분석이란 유사문제에 대한 비교와 유추를 통해 특정 문제를 명확하게 정의하는 기법이다. 17. 경찰간부

> **해설**

①, ② **매력적 오답** (O) 구조화가 잘 된 문제(정형화된 문제)의 원형은 완전하게 전산화된 의사결정의 문제이므로 모든 정책대안의 모든 결과는 미리 프로그램화된다. 반면, 구조화가 어느 정도 된 문제(준정형화된 문제)의 원형은 정책모의실험 또는 게임이론이 그 예이다. 그리고 구조화가 잘 안된 문제(비정형화된 문제)의 원형은 모든 대안에 우선하여 선호되는 유일한 정책대안을 선택하는 것이 불가능한 결정을 말한다.
③ (×) 문제구조화의 단계는 문제의 감지, 문제의 탐색, 문제의 정의, 문제의 구체화 순으로 이루어진다.
④ (O) 던(W. Dune)은 문제구조화의 방법으로 경계분석, 분류분석, 계층분석, 유추분석, 가정분석 등을 제시하였다.

정답 | ③

238		
기출처	2024 지방직 9급	
난이도	★★	
키워드	정책문제의 구조화기법	

🔍 **관련기출 옳은지문**

- 분류분석은 문제상황을 정의하기 위해 당면문제를 그 구성요소들로 분해하는 기법으로 논리적 추론을 통해 추상적인 정책문제를 구체적인 요소들로 구분한다. 14. 국가직 9급

- 계층분석이란 문제에 대한 간접적이고 불확실한 원인에서 직접적이고 확실한 원인을 차례차례 계층적으로 확인해 나가는 기법이다.
  17. 경찰간부

238 〈필수〉

정책문제의 구조화기법에 대한 설명으로 옳은 것만을 모두 고르면?

> ㄱ. 가정분석: 문제상황의 가능성 있는 원인, 개연성(plausible) 있는 원인, 행동가능한 원인을 식별하기 위한 기법
> ㄴ. 계층분석: 정책문제에 관해 서로 대립되는 가정의 창조적 종합을 목표로 하는 기법
> ㄷ. 시네틱스(유추분석): 문제들 사이에 유사한 관계를 인지하는 것이 분석가의 문제해결 능력을 크게 증가시킬 것이라는 가정에 기초한 기법
> ㄹ. 분류분석: 문제상황을 정의하고 분류하기 위해 사용되는 개념을 명확하게 하기 위한 기법

① ㄱ, ㄴ
② ㄱ, ㄹ
③ ㄴ, ㄷ
④ ㄷ, ㄹ

해설

ㄱ. (×) 문제상황의 가능성 있는 원인, 개연성(plausible) 있는 원인, 행동가능한 원인을 식별하기 위한 기법은 계층분석이다.
ㄴ. (×) 정책문제에 관해 서로 대립되는 가정의 창조적 종합을 목표로 하는 기법은 가정분석이다.
ㄷ. (○) 시네틱스(Synectics) 또는 유추분석은 문제들 사이에 유사한 관계를 인지하고 이를 통해 창의적인 문제해결 아이디어를 도출하는 기법이다. 유추를 통해 새로운 관점을 얻고 문제 해결에 적용한다.
ㄹ. (○) 분류분석(Classification Analysis)은 문제상황을 정의하고 분류하기 위해 사용되는 개념을 명확하게 하고, 문제의 유형이나 범주를 체계적으로 구분하는 기법이다. 이를 통해 문제의 본질을 더 잘 이해할 수 있다.

정답 | ④

239

정책문제의 구조화기법과 설명이 바르게 연결된 것은?

> A. 경계분석(boundary analysis) B. 가정분석(assumption analysis)
> C. 계층분석(hierarchy analysis) D. 분류분석(classification analysis)

ㄱ. 정책문제와 관련된 여러 구조화되지 않은 가설들을 창의적으로 통합하기 위해 사용하는 기법으로 이전에 건의된 정책부터 분석한다.
ㄴ. 간접적이고 불확실한 원인으로부터 차츰 확실한 원인을 차례로 확인해 나가는 기법으로 인과관계 파악을 주된 목적으로 한다.
ㄷ. 정책문제의 존속기간 및 형성과정을 파악하기 위해 사용하는 기법으로 포화표본추출(saturation sampling)을 통해 관련 이해당사자를 선정한다.
ㄹ. 문제상황을 정의하기 위해 당면문제를 그 구성요소들로 분해하는 기법으로 논리적 추론을 통해 추상적인 정책문제를 구체적인 요소들로 구분한다.

	A	B	C	D
①	ㄱ	ㄷ	ㄴ	ㄹ
②	ㄱ	ㄷ	ㄹ	ㄴ
③	ㄷ	ㄱ	ㄴ	ㄹ
④	ㄷ	ㄱ	ㄹ	ㄴ

기출처 2014 국가직 9급
난이도 ★★
키워드 정책문제의 구조화기법

관련기출 옳은지문

- 유추분석은 유사한 관계의 인지 기법이다. 10. 국회직 8급
- 계층분석은 가능성 있는 원인의 식별 기법이다. 10. 국회직 8급
- 분류분석은 개념의 명료화 기법이다. 10. 국회직 8급
- 경계분석은 문제의 경계추정 기법이다. 10. 국회직 8급

해설

A. 포화표본추출(saturation sampling)을 통해 관련 이해당사자를 선정하는 것은 경계분석이다.
B. 구조화되지 않은 가설들을 창의적으로 통합하기 위해 사용하는 기법은 가정분석이다.
C. 원인들을 차례로 확인해 나가면서 인과관계의 파악을 주된 목적으로 하는 기법은 계층분석이다.
D. 구성요소들로 분해하는 기법은 분류분석이다.

고득점 플러스+   문제구조화기법 → 제3종 오류 방지책, 질적 분석기법

- 경계분석: 정책문제의 영역, 표본, 이해관계자 등을 추정하는 분석 → 메타 문제군의 설정
- 분류분석: 문제 구성요소의 식별과 체계적 배열 및 개념들을 명확하게 정의하는 분석
- 계층분석(→ 인과분석): 문제의 원인을 밝혀내는 분석 → 가능한 원인, 개연성 있는 원인, 직접적인 원인 등
- 유추분석(→ 시네틱스): 익숙한 것에서 낯선 것을 발견하는 기법
  - 의인적(→ 개인적) 유추(→ 직접적 경험), 직접적 유추(→ 실제와 실제의 비교)
  - 상징적 유추(→ 실제와 가상의 비교), 환상적 유추(→ 가상적 상황)
- 가정분석: 대립되는 가정들의 창조적으로 통합하는 분석 → 가장 포괄적 분석

정답 | ③

정책결정론

240
240	① ② ③
기출처	2011 지방직 9급
난이도	★
키워드	정책대안의 평가기준

240
나카무라(R. Nakamura)와 스몰우드(F. Smallwood)가 정책대안의 소망스러움(desirability)을 평가하는 기준으로 제시하지 <u>않은</u> 것은?

① 노력
② 능률성
③ 효과성
④ 실현가능성

해설

① (○) 노력은 사업에 투입된 질적·양적 투입물이나 에너지의 양으로, 결과는 고려하지 않는다.
② (○) 능률성은 투입과 산출의 비율로, 비용과 관련시켜 대안을 평가하는 기준이다.
③ (○) 효과성은 목표달성도로, 노력 그 자체보다는 결과를 강조하며, 비용은 고려하지 않는다.
④ (✕) 정책대안의 평가기준은 크게 실현가능성과 소망성으로 나눌 수 있으며, 실현가능성은 정책대안을 채택함에 있어 제약조건에 해당한다. 나카무라(R. Nakamura)와 스몰우드(F. Smallwood)는 정책대안의 소망성 기준으로 노력, 능률성, 효과성, 형평성, 대응성 등을 제시하였다.

정답 | ④

241
241	① ② ③
기출처	2021 국가직 7급
난이도	★★
키워드	정책수단

241
살라몬(Salamon)의 정책수단 유형 중 직접 수단에 해당하는 것은?

① 사회적 규제
② 보조금
③ 조세지출
④ 공기업

해설

①, ③ (✕) 사회적 규제, 계약, 조세지출, 벌금 등은 상대적으로 직접성이 중간인 정책수단들이다.
② (✕) 손해책임법, 보조금, 바우처, 대출보증, 정부출자기업 등은 직접성이 낮은 정책수단이다.
④ (○) 정부소비, 경제적 규제, 공기업, 직접대출, 정보제공 등은 직접성이 높은 정책수단이다.

정답 | ④

🔍 **관련기출 옳은지문**

• 민간위탁은 혼합적 수단에 해당한다.　　　17. 경찰간부

• 공공정보는 정부가 민간에게 공적 정보를 제공하는 직접 수단이다.　　　22. 경찰간부

242

살라먼(Salamon)의 정책수단유형 중 간접 수단에 해당하는 것은?

① 경제적 규제
② 조세지출
③ 직접대출
④ 공기업

해설

①, ③, ④ (×) 정부소비, 경제적 규제, 공기업, 직접대출, 정보제공 등은 직접성이 높은 정책수단들이다.
② (○) 조세지출, 계약, 사회적 규제, 벌금 등은 상대적으로 직접성이 중간인 정책수단들이고, 손해책임법, 보조금, 바우처, 대출보증, 정부출자기업 등은 직접성이 낮은 정책수단들이다.

정답 | ②

242
기출처: 2016 국가직 7급
난이도: ★★
키워드: 간접 수단

관련기출 옳은지문
• 보조금은 살라먼(Salamon)의 정책수단유형 중 간접수단에 해당한다.
24. 해경간부

243

살라몬(L. M. Salamon)이 제시한 정책수단의 유형에서 직접적 수단으로만 묶은 것은?

ㄱ. 조세지출(tax expenditure)
ㄴ. 경제적 규제(economic regulation)
ㄷ. 정부소비(direct government)
ㄹ. 사회적 규제(social regulation)
ㅁ. 공기업(government corporation)
ㅂ. 보조금(grant)

① ㄱ, ㄴ, ㄷ
② ㄱ, ㄹ, ㅂ
③ ㄴ, ㄷ, ㅁ
④ ㄹ, ㅁ, ㅂ

해설

ㄱ. (×) 조세지출(tax expenditure)은 세금 체계에 흡수되어 효과가 나타나는 간접적 정책수단에 속한다.
ㄴ. (○) 경제적 규제(economic regulation)는 정부의 의지만으로 추진할 수 있는 직접적 수단이다.
ㄷ. (○) 정부소비(direct government)는 정부의 의지만으로 추진할 수 있는 직접적 수단이다.
ㄹ. (×) 사회적 규제(social regulation)는 정부가 기준을 정해주고 민간이 준수하는 방식을 취하므로 경제적 규제에 비하여 직접성이 낮다.
ㅁ. (○) 공기업(government corporation)은 정부의 의지만으로 설립할 수 있는 직접적 수단이다.
ㅂ. (×) 보조금(grant)은 정부와 민간이 함께 추진하는 간접적 수단이다.

정답 | ③

243
기출처: 2018 국가직 9급
난이도: ★★
키워드: 직접적 수단

관련기출 옳은지문
• 공기업은 정부의 소유 또는 통제 하에 재화와 서비스를 제공하는 직접 수단이다.
22. 경찰간부

244 필수

베덩(Vedung)이 강제성의 정도에 따라 분류한 정책수단에 해당하지 않는 것은?

① 규제적 도구
② 종교적 도구
③ 경제적 도구
④ 정보적 도구

기출처: 2025 지방직 9급
난이도: ★★
키워드: 비덩(E. Vedung)

관련기출 옳은지문
- 바우처란 공공서비스의 생산을 민간부문에 위탁하면서 시민들의 서비스 구입부담을 완화시키기 위해 소비자에게 금전적 가치가 있는 증서를 제공하는 방식을 의미한다. — 17. 국회직 9급

해설

① (O) 규제적 도구(채찍)는 법률, 명령, 허가, 금지 등 강제력을 수반하여 정책 대상 집단의 행동을 통제하는 수단으로, 강제성이 가장 높다.
② (X) 종교적 도구는 베덩(E. Vedung)이 제시한 정책수단 유형에 포함되지 않는다.
③ (O) 경제적 도구(당근)는 보조금 지급, 세금 감면, 벌금 부과 등 재정적 유인이나 부담을 통해 정책 대상 집단의 행동을 유도하는 수단으로, 중간 수준의 강제성을 갖는다.
④ (O) 정보적 도구(설교)는 정보 제공, 교육, 홍보, 설득 등을 통해 정책 대상 집단의 자발적인 행동 변화를 유도하는 수단으로, 강제성이 가장 낮다.

정답 | ②

245

정책수단에 대한 설명으로 옳지 않은 것은?

① 비덩(Vedung)은 정책 도구를 규제적 도구(sticks), 유인적 도구(carrots), 정보적 도구(sermons) 등으로 유형화한다.
② 권위(authority)에 기반을 둔 정책수단은 예측가능성이 높기 때문에 사회적 위기 상황에 적합한 수단이다.
③ 정책수단의 선택은 정치적인 성격을 가지며, 특히 이념적으로 지향하는 가치는 정책수단의 선택에 핵심적인 영향을 미친다.
④ 살라몬(Salamon)에 따르면, 공적 보험은 공공기관을 전달체계로 활용한다는 점에서 직접적인 정책수단이다.

기출처: 2019 지방직 7급
난이도: ★
키워드: 공적 보험

해설

① **매력적 오답** (O) 비덩(E. Vedung)은 가장 전통적인 정책도구의 유형을 제시한 학자로, 정책도구의 유형을 채찍(sticks), 당근(carrots), 설교(sermons)로 분류하였다.
② (O) 권위(authority)에 기반을 둔 정책수단은 명확한 법적 근거를 바탕으로 이루어지므로 예측가능성이 높다. 강제성이 높으므로 특히 사회적 위기 상황에 대처하기에 적합하다.
③ (O) 어떤 정책으로 사용할 것인가는 그 사회가 강조하는 이념이나 가치의 선호에 따라 달라질 수 있다.
④ (X) 공적 보험의 경우 정부의 의지에 의해 개시되지만 세부적인 운영지침(보험료 산정기준 등)은 민간의 견해가 반영되므로 간접적인 정책수단으로 분류된다.

정답 | ④

246 필수
살라몬(Salamon)의 정책도구 분류에서 강제성이 가장 높은 것은?

① 경제적 규제
② 바우처
③ 조세지출
④ 직접대출

246	① ② ③
기출처	2022 지방직 9급
난이도	★★
키워드	정책도구

해설

① (○) 경제적 규제 또는 사회적 규제 등 규제가 가장 강제력이 강한 정책도구이다.
②, ④ (×) 살라몬(L. Salamon)에 의하면 바우처와 직접대출은 강제력이 중간에 속하는 정책도구이다.
③ (×) 살라몬(L. Salamon)에 의하면 조세지출은 가장 강제력이 약한 정책도구이다.

정답 | ①

247 필수
정책대안의 미래예측 방법인 추세연장(extrapolation) 예측기법에 대한 설명으로 옳지 않은 것은?

① 과거부터 현재까지의 자료를 토대로 미래 사회의 상태를 예상하는 방법이다.
② 추세연장의 주요 방법에는 이동평균법(moving average), 지수평활법(exponential smoothing), 교차영향행렬(cross-impact matrix) 분석이 있다.
③ 지속성(persistence), 규칙성(regularity), 자료의 신뢰성(reliability) 및 타당성(validity)의 가정이 충족되는 것을 전제로 한다.
④ 추세연장 예측 분석을 위해서는 시계열 자료가 주로 사용되며, 인구감소, 경제성장, 기관의 업무량 등을 예측하는 데 이용된다.

247	① ② ③
기출처	2023 국가직 7급
난이도	★
키워드	추세연장

관련기출 옳은지문

- 이론적 미래예측은 인과관계 분석이라고도 하며 선형계획, 투입·산출분석, 회귀분석 등을 예로 들 수 있다.
  15. 국회직 8급

- 시계열분석과 최소자승 경향추정은 투사(Project)기법에 속한다.
  22. 국회직 8급

해설

① (○) 추세연장 예측기법은 과거부터 현재까지의 시계열 자료를 분석하여 그 경향을 바탕으로 미래의 상태를 예측하는 방법이다.
② (×) 교차영향행렬(cross-impact matrix) 분석은 직관적 예측기법이다.
③ (○) 추세연장 기법은 과거의 추세가 미래에도 지속될 것이라는 가정을 전제로 한다. 따라서 지속성, 규칙성과 더불어 예측의 정확성을 위해 자료의 신뢰성 및 타당성이 충족되어야 한다.
④ (○) 인구감소나 경제성장 또는 기관의 업무량 등은 과거의 자료가 있으므로 이를 바탕으로 미래를 추정하기 쉽다.

정답 | ②

248

기출처	2023 지방직 7급
난이도	★
키워드	정책대안의 탐색

관련기출 옳은지문

- 브레인스토밍(Brain Storming)은 누구나 자유롭게 발언할 수 있으며, 다른 아이디어에 편승한 창안을 적극 유도하는 주관적·질적 분석기법이다. 17. 경찰승진

- 브레인스토밍(Brain Storming)은 우스꽝스럽거나 비현실적인 아이디어의 제안도 허용해야 한다. 17. 경찰승진

248 〈필수〉

정책대안의 탐색에 대한 설명으로 옳지 않은 것은?

① 과거 또는 현재의 정책을 참고로 하거나 외국 또는 다른 지방자치단체에서 활용한 정책들을 대안으로 고려하는 것은 점증주의적 접근에 해당한다.
② 다른 정부의 정책을 대안으로 고려할 때는 가급적 사회문화적 배경이 이질적인 지역을 선택하는 것이 바람직하다.
③ 주관적·직관적 판단을 이용하는 방법으로 브레인스토밍과 델파이가 있으며 이들은 대안의 개발뿐만 아니라 대안의 결과예측에서도 활용된다.
④ 브레인스토밍은 기발하고 다양한 아이디어를 자유분방하게 제안하도록 함으로써 많은 아이디어를 얻기 위한 활동이다.

해설

① (O) 과거 또는 현재의 정책을 참고하거나 타 지역, 타 국가의 정책을 고려하는 것은 기존의 정책에서 크게 벗어나지 않는 점증주의적 접근 방식에 해당한다. 이는 급진적인 변화보다는 안정적이고 점진적인 개선을 추구하는 경향을 보인다.
② (×) 특정 지역에서 성공한 정책이라고 해도 사회문화적 배경이 다른 지역에 적용되면 성공적으로 정책될 가능성이 낮다. 그러므로 정책대안을 선택할 때에는 가급적 사회문화적 배경이 유사한 지역의 정책을 도입하는 것이 효과적이다.
③ (O) 브레인스토밍과 델파이기법은 전문가들의 주관적이고 직관적인 판단을 활용하여 정책 대안을 탐색하는 대표적인 방법이다. 이 두 기법은 새로운 대안을 개발하는 데 유용할 뿐만 아니라, 개발된 대안이 가져올 미래 결과를 예측하는 데에도 활용될 수 있다.
④ (O) 브레인스토밍은 참가자들이 자유롭고 비판 없이 다양한 아이디어를 제시하도록 장려하여 많은 수의 창의적인 대안을 도출하는 데 초점을 맞춘 기법이다. 양적인 측면에서 최대한 많은 아이디어를 얻는 것이 목표이다.

정답 | ②

249

기출처	2016 지방직 9급
난이도	★★
키워드	델파이 분석

관련기출 옳은지문

- 아이디어 개발단계에서의 브레인스토밍 활동의 분위기는 개방적이고 자유롭게 유지되어야 한다. 14. 국회직 8급

- 델파이 기법(Delphi method)은 집단의 의사결정 기법 중 미래예측을 위해 전문가 집단의 반복적인 설문조사 과정을 통하여 의견일치를 유도하는 방법이다. 17. 서울시 9급

249

정책분석에서 사용되는 주요 미래예측 기법 중 미국 랜드(RAND)연구소에서 개발된 것으로, 전문가들을 대상으로 설문을 반복하여 특정 주제에 대한 합의를 도출하는 접근방식은?

① 델파이 분석
② 회귀분석
③ 브레인스토밍
④ 추세연장기법

해설

① (O) 미국 랜드연구소에서 개발된 것으로, 전문가들을 대상으로 설문을 반복하여 특정 주제에 대한 합의를 도출하는 접근방식은 델파이기법이다.
② (×) 회귀(regression)라는 용어는 1889년 영국의 유전학자 골턴(F. Galton)이 아버지와 아들의 키에 대한 유전관계를 통계적으로 조사한 결과 그 상관관계가 직선을 이루고 있음을 발견하여 그 직선을 회귀직선 또는 퇴행직선이라 부른 데서 비롯되었다. 회귀분석은 두 변수 간 원인과 결과를 파악하는 기법이다.
③ (×) 브레인스토밍은 즉흥적이고 자유스러운 분위기 속에서 전문가들의 창의적 아이디어를 도출하는 기법으로, 대면 접촉을 통해 미래를 예측하는 주관적이고 질적인 분석기법을 말한다.
④ (×) 추세연장기법이란 미래의 경로가 과거와 같을 것이라는 가정 하에 과거의 추세를 기반으로 미래를 예측하는 기법을 말한다.

고득점 플러스+ 델파이기법 → 전문가 합의법

- 의의: 익명으로 수집한 독자적 판단의 조합·정리, 대면접촉에 의한 갈등을 회피하고자 RAND 연구소에서 개발(1948)
- 특징 → 하향적 흐름
  - 익명성(→ 외부의 영향력의 차단, 솔직한 견해의 반영), 반복성(→ 의견의 수정가능성 제공, 예측 오차의 최소화)
  - 통제된 환류(→ 응답이 요약된 종합된 수치로 전달), 통계처리(→ 응답을 통계적 형태로 제시)
  - 전문가의 합의 도모: 근접된 의견(→ 평균값)의 강조

정답 | ①

250
미래 예측을 위한 일반적 델파이기법에 대한 설명으로 옳지 않은 것은?

① 전문가들의 의견을 종합하여 보다 합리적인 아이디어를 만들려는 시도이며, 정책대안의 결과 예측뿐 아니라 정책대안의 개발·창출에도 사용된다.
② 전문가집단의 의사소통은 구조화된 설문지를 통해 반복적으로 이루어진다.
③ 불확실한 먼 미래보다는 가까운 미래를 예측하기 위하여 통계분석을 활용하는 객관적 미래 예측 방법이다.
④ 전문가집단은 익명성이 보장된 상태에서 답변하며 자신의 답변을 수정할 수 있다.

해설

① (○) 델파이기법은 전문가들의 개별적 아이디어를 수집하고 환류하는 반복된 과정을 통해 개연성이 높은 결과를 도출하는 기법이다.
② (○) 델파이기법은 여러 번의 반복된 설문조사와 요약된 통계자료의 환류라는 구조화된 방식으로 진행된다.
③ (×) 델파이기법은 전문가의 의견을 되풀이하여 모으고, 교환하고, 발전시켜 미래를 예측하는 직관적 방법이다. 또한 가까운 미래보다는 데이터가 없거나 비교적 먼 미래의 장기적 변화에 대한 예측에 사용된다.
④ (○) 델파이기법은 익명성이 유지되는 사람들이 각각 독자적으로 형성한 판단을 조합·정리하는 것으로, 구성원 간의 성격마찰, 감정의 대립, 지배적 성향자의 독주, 다수의 횡포 등을 피할 수 있다는 장점이 있다.

정답 | ③

250
기출처	2017 국가직 9급(하)
난이도	★
키워드	델파이기법

관련기출 옳은지문
- 전통적 델파이(Delphi) 기법은 집단토론에서 나타나는 왜곡된 의사전달의 문제를 해결하기 위하여 고안되었다. 22. 경찰승진

- 전통적 델파이기법은 참여하는 모든 전문가나 지식인들의 익명성을 보장한다. 16. 경찰승진

251

다음 설명을 특징으로 하는 정책분석기법의 기본원칙이 아닌 것은?

> 그리스 현인들이 미래를 예견하던 아폴로 신전이 위치한 도시의 이름을 따서 붙여졌다. 1948년 미국 랜드(RAND)연구소의 연구진에 의해 개발되어 공공부문이나 민간부문의 예측 활동에서 활용된다.

① 조건부확률과 교차영향행렬의 적용
② 익명성 보장과 반복
③ 통제된 환류와 응답의 통계처리
④ 전문가 합의

해설

① (×) 다음 설명을 특징으로 하는 정책분석기법은 델파이기법이다. 교차영향행렬의 적용은 교차영향분석과 관련된다. 교차영향분석은 조건 확률을 통하여 선행 사건의 발생에 따른 특정 사건의 발생 가능성을 예측하고, 두 사건의 상호작용이 미치는 잠재적 효과를 분석하는 기법이다.
② (○) 델파이기법은 참여자들의 익명성을 보장하여 대면토론의 문제점을 해소하고자 한다.
③ (○) 델파이기법은 응답을 통계적 형태로 제시하며, 응답을 요약하여 종합된 판단을 수치로 전달하는 통제된 환류기법을 사용한다.
④ (○) 델파이기법은 근접된 의견의 도출을 중시하는 전문가 합의기법이다.

정답 | ①

252

정책델파이에 대한 설명으로 옳지 않은 것은?

① 일반적인 델파이와 달리 개인의 이해관계나 가치판단이 개입될 수 있다.
② 정책문제해결을 위한 정책대안을 개발하고 그 결과를 예측하기 위해 만들어진 방법이다.
③ 대립되는 정책대안이나 결과가 표면화되더라도 모든 단계에서 익명성이 보장되어야 한다.
④ 정책문제의 성격이나 원인, 결과 등에 대해 전문성과 통찰력을 지닌 사람들이 참여한다.

관련기출 옳은지문

- 정책 델파이(Policy Delphi)는 개인의 이해관계나 가치판단이 개입될 수 있다. 23. 경찰승진
- 정책 델파이(Policy Delphi)는 경험적 자료나 이론이 없는 경우 예측자의 주관적 판단에 의해 예측하는 방법 중 하나이다. 23. 경찰승진

해설

① **매력적 오답** (○) 정책델파이는 의도적으로 갈등을 조성하기 위하여 의견의 차이가 부각되는 양극화된 통계처리를 사용하므로 개인의 이해관계나 가치판단이 개입될 가능성이 높다. 또한 참여자에 이해관계자까지 포함되므로 가치개입의 가능성은 더 커진다.
② (○) 정책델파이는 델파이기법의 기본논리를 적용하여 이슈의 잠정적인 해결안을 작성하고, 이에 대한 강력한 반대의견의 창출과정을 통해 정책대안을 개발하는 기법이다.
③ (×) 정책델파이는 초기에는 익명성을 유지하나, 상반된 주장이 나온 후에는 화상회의 등을 통해 대면 토론하는 방식이다.
④ (○) 전문성뿐만 아니라 해당 문제에 대해 흥미와 이해관계까지 고려하여 참여자를 선정하는데, 이를 식견 있는 다수의 창도라 한다.

정답 | ③

253
정책델파이(policy delphi) 기법에 대한 설명으로 옳지 않은 것은?

① 대립되는 입장에 내재된 가정과 논증을 표면화시키고 명백하게 하기 위하여 노력한다.
② 개인의 판단을 집약할 때, 불일치와 갈등을 의도적으로 강조하는 수치를 사용한다.
③ 정책대안에 대한 주장들이 표면화된 후에는 참가자들로 하여금 비공개적으로 토론을 벌이게 한다.
④ 참가자를 선발하는 과정은 '전문성' 자체보다는 이해관계와 식견이라는 기준에 바탕을 둔다.

해설

① (O) 정책델파이는 전문가의 합의보다는 다양한 의견의 표출을 중시한다.
② (O) 정책델파이는 다양한 의견의 표출을 중시하므로 평균적 의견보다는 갈등을 유도할 수 있는 극단적 의견이 강조될 수 있는 수치를 사용한다.
③ (×) 정책델파이는 모든 의견이 표출된 후에는 공개적인 토론이 진행된다.
④ **매력적 오답** (O) 정책델파이는 다양한 의견의 표출을 중시하므로 전문성보다는 이해관계나 관련 문제에 대한 식견을 중심으로 참가자를 선발한다.

정답 | ③

253
기출처: 2021 국가직 7급
난이도: ★★
키워드: 정책델파이

관련기출 옳은지문
- 정책 델파이(Policy Delphi)는 주요 정책이슈의 잠정적인 해결책에 대하여 있을 수 있는 반대의견을 창출할 수 있다. 23. 경찰승진

---

254 필수
다음 설명에 해당하는 정책분석기법은?

> 관련 사건이 일어났느냐 일어나지 않았느냐에 기초하여 미래에 어떤 사건이 일어날 확률에 대해서 식견 있는 판단(informed judgments)을 끌어내는 방법이다.

① 브레인스토밍
② 교차영향분석
③ 델파이기법
④ 선형경향추정

해설

① (×) 브레인스토밍은 자유로운 아이디어 생성을 목적으로 하는 기법으로, 특정 사건의 확률 예측과는 직접적인 관련이 적다.
② (O) 다음 설명에 해당하는 정책분석기법은 교차영향분석이다.
③ (×) 델파이기법은 전문가들의 의견을 반복적으로 수렴하여 합의된 예측을 도출하는 기법이지만, 주로 특정 사건 발생 '확률'의 상호작용보다는 전반적인 예측치 도출에 중점을 둔다.
④ (×) 선형경향추정은 과거의 선형적인 추세를 바탕으로 미래를 예측하는 양적 분석 기법으로, 사건 발생 유무에 따른 확률 변화 분석과는 거리가 멀다.

고득점 플러스+ 교차영향분석(Cross-impact Matrix)
- 의의: 관련 사건의 발생을 촉진하거나 억제하는 다른 사건을 식별하는 기법
- 특징: 조건확률의 원리 → 한 사건의 발생확률이 다른 사건에 종속적이라는 가정

정답 | ②

254
기출처: 2024 지방직 9급
난이도: ★
키워드: 교차영향분석

관련기출 옳은지문
- 델파이기법(delphi method)은 문제해결의 아이디어를 제공하는 사람들이 서로 대면적인 접촉을 하지 않고 각각 독자적으로 형성한 판단들을 종합·정리하는 방법이다. 13. 국가직 7급

- 델파이기법을 쓰면 지배적 성향을 가진 사람의 독주와 다수의견의 횡포 등을 피할 수 있다. 20. 국회직 9급

255	① ② ③
기출처	2019 지방직 9급
난이도	★★
키워드	델파이기법

🔍 **관련기출 옳은지문**
- 브레인스토밍(brainstorming)은 여러 사람에게 하나의 주제에 대한 아이디어를 무작위로 제시하도록 하여 좋은 아이디어를 발굴하는 방법이다. 　　　　17. 국회직 9급

255
조직의 의사결정에 대한 설명으로 옳지 않은 것은?

① 전통적 델파이기법은 전문가들의 다양성을 고려해 의견일치를 유도하지 않는다.
② 현실의 세계에서는 완벽한 합리성이 아닌 제한된 합리성의 상황에서 의사결정이 이루어진다.
③ 브레인스토밍 과정에서는 타인의 아이디어를 비판하거나 평가하지 말아야 한다.
④ 고도로 집권화된 구조나 기능을 중심으로 편제된 조직의 의사결정은 최고관리자 개인이 주도하는 경우가 많다.

해설

① (×) 전통적 델파이기법은 전문가의 합의를 중시하는 미래예측기법이다.
② (○) 합리모형은 완벽한 합리성에 기반을 둔 의사결정을 강조하지만 현실적으로는 정보의 제약, 인간 인식력의 한계, 상황의 불확실성 등으로 인하여 제한된 합리성에 머물 수밖에 없다.
③ (○) 브레인스토밍은 아이디어의 개발과 평가를 분리하여 진행한다. 즉, 아이디어가 개발되는 과정에서는 그 평가가 원칙적으로 금지된다.
④ (○) 기능 중심의 전통적 조직구조는 집권화된 형태로 구성되므로 조직의 의사결정이 최고관리자에 의해 주도되기 쉽다.

정답 | ①

256	① ② ③
기출처	2013 국가직 7급
난이도	★★
키워드	브레인스토밍

🔍 **관련기출 옳은지문**
- 브레인스토밍이 진행되는 동안에는 상대방의 아이디어를 비판하거나 평가해서는 안 된다. 　25. 경찰간부

- 지명반론자기법(Devil's advocate method)은 반론을 제기하는 집단을 지정해 이들이 고의적으로 본래 대안의 단점과 약점을 최대한 적극적으로 지적하게 함으로써 최종 대안의 효과성과 현실적응성을 높일 수 있다. 　　　　24. 국회직 8급

256
집단적 문제해결의 전통적 방법을 수정한 대안과 그 특징을 바르게 연결하지 않은 것은?

① 델파이기법(delphi method) – 문제해결의 아이디어를 제공하는 사람들이 서로 대면적인 접촉을 하지 않고 각각 독자적으로 형성한 판단들을 종합·정리하는 방법이다.
② 브레인스토밍(brain storming) – 참가자들이 될 수 있는 대로 많은 독창적 의견을 내도록 노력해야 하므로, 이미 제안된 여러 아이디어를 종합하여 새로운 아이디어를 만들어 내는 편승기법(piggy backing)의 사용을 지양한다.
③ 변증법적 토론(dialectical inquiry) – 두 집단으로 나누어 토론을 하기 때문에 특정 대안의 장점과 단점이 최대한 노출될 수 있다.
④ 명목집단기법(nominal group method) – 개인들이 개별적인 해결방안을 구상하고 그에 대해 제한된 집단적 토론만 한 다음, 표결로 의사를 결정하는 방법이다.

해설

① (○) 델파이기법은 전문가들이 서로 직접 대면하지 않고 설문지를 통해 익명으로 의견을 주고받으며, 그 의견을 통계적으로 종합하여 합의를 도출하는 방법이다. 이는 전문가들의 상호작용으로 인한 편향을 줄이고 객관성을 높이는 데 목적이 있다.
② (×) 브레인스토밍은 즉흥적이고 자유스러운 분위기 속에서 전문가들의 창의적 아이디어를 도출하는 기법으로, 자유분방, 비판의 최소화(평가의 금지 및 보류), 질보다는 양, 편승기법, 대면 토론 등을 특징으로 한다. 편승기법이란 타인의 아이디어에 본인의 아이디어를 결합하여 더 좋은 대안을 착안하는 것으로, 브레인스토밍은 이를 적극 권장한다.
③ (○) 변증법적 토론은 대립적인 두개의 팀으로 나누어 토론을 진행하는 과정에서 합의를 형성하는 기법이다.
④ (○) 명목집단기법은 개별적으로 해결안을 구상하고 제한된 집단토론을 거친 후 표결하는 기법으로, 토론의 방만한 진행을 막고 의견이 골고루 개진될 수 있다는 장점이 있다.

| 고득점 플러스+ | 브레인스토밍 → 자유집단토론 |

- 의의: 즉흥적이고 자유스러운 분위기, 창의적 아이디어의 도출하는 기법
- 특징: 비판의 최소화, 질(→ 좋은 아이디어)보다는 양(→ 많은 아이디어)의 중시, 대면토론, 편승기법

정답 | ②

257
정책분석기법에 대한 설명으로 옳지 않은 것은?

① 의사결정나무(decision tree)를 활용한 분석모형에서는 상황의 불확실성을 고려한다.
② 추세연장에 의한 예측에서 가장 표준적인 방법은 선형경향추정(linear trend estimation)이다.
③ 칼도-힉스 기준(Kaldor-Hicks criterion)은 전통적인 비용편익분석(cost-benefit analysis)의 기초가 된다.
④ 교차영향분석(cross-impact analysis)은 불완전한 정보를 가지고 있는 모형 내의 파라미터의 변화에 따라 대안의 결과가 어떻게 반응하는지를 분석하는 기법이다.

257	1 2 3
기출처	2017 국가직 7급(하)
난이도	★
키워드	교차영향분석

해설

① (O) 의사결정나무 모형은 불확실한 상황에서 확률의 추정과 새로운 정보의 투입에 의한 확률의 수정을 통해 합리적 의사결정을 하려는 분석기법으로, 다단계 의사결정 또는 축차적 결정으로 불린다.
② (O) 시계열분석은 과거의 변동추세를 토대로 이를 연장하여 미래를 추정하는 투사법으로, 가장 표준적인 추세연장인 선형경향추정, 시계열변수 값을 적절히 변환하여 얻은 선형방정식을 이용하여 경향을 추정하는 자료변환법, 선형성이나 규칙성이 없는 시계열자료를 분석하는 비선형적 시계열분석인 격변방법 등이 있다.
③ (O) 효율성을 평가하는 칼도-힉스 기준은 정책에서 이득을 본 사람의 후생증가가 피해를 본 사람이 입은 후생손실을 보상해주고도 남는다면 변화를 개선이라고 보는 것이다. 다만 보상은 실제로 일어나는 보상이 아니라 잠재적인 보상을 의미한다.
④ (×) 불완전한 정보를 가지고 있는 모형 내의 파라미터의 변화에 따라 대안의 결과가 어떻게 반응하는지를 분석하는 기법은 민감도분석이다.

정답 | ④

258

기출처 2019 지방직 9급
난이도 ★
키워드 불확실성의 대처방안

관련기출 옳은지문

- 민감도 분석은 정책환경의 불확실성을 극복하는 소극적 대처방안에 속한다. 20. 경찰승진

- 불확실성을 극복하는 '적극적 대처방안'은 불확실한 것을 확실하게 하려는 방안을 말한다. 20. 경찰간부

- 민감도분석은 정책대안의 결과들이 여러 가지 가능한 값에 따라 대안의 결과가 어떻게 달라지는지를 분석하는 기법이다. 16. 경찰승진

258

정책환경의 불확실성을 극복하는 대처방안 중 소극적인 방법에 해당하는 것은?

① 상황에 대한 정보의 획득
② 정책실험의 수행
③ 협상이나 타협
④ 지연이나 회피

해설

① (×) 불확실성에 대한 적극적 대처방안이란 불확실한 상황을 예측하거나 이를 야기하는 원인을 통제하는 방법을 말한다. 상황에 대한 정보의 획득을 통해 미래를 예측하고자 하는 것은 불확실성을 극복하는 적극적 대처방안에 해당한다.

② (×) 정책실험의 수행을 통해 미래를 예측하고자 하는 방안은 불확실성에 대처하는 적극적 방안에 속한다.

③ (×) 협상이나 타협은 불확실한 환경을 통제하고자 하는 기법이므로 이는 불확실성에 대처하는 적극적 방안에 속한다.

④ (○) 불확실성에 대한 소극적 대처방안이란 불확실한 것을 주어진 것으로 보고 이에 대처하는 방안으로, 민감도 분석, 가외성, 악조건 가중분석, 보수적 접근 등이 이에 해당한다. 지연이나 회피 역시 상황을 예측하거나 통제하는 방법이 아니므로 소극적 대처방안으로 분류된다. 다만, 지연의 목적이 정보의 획득을 통해 미래를 예측하는 것이라면 이는 적극적 방안으로 분류될 수 있다.

고득점 플러스+ 불확실성의 대처방안

- 소극적 방안: 불확실한 것은 주어진 것으로 간주하고 대안을 마련하는 방법 → 대내적 기법
  - 민감도 분석(→ 사후최적화기법)(→ 내생변수의 변화에 따른 결과값의 변화), 상황의존도 분석(→ 외생변수의 변수)
  - 악조건가중분석(→ 최선의 대안을 최악으로 가정)과 분기점분석
  - 가외성의 확보, 보수적 접근(→ 최악의 가정)
  - 기타: 한정된 합리성의 확보, 문제의식적 탐색(→ 휴리스틱), 공식화와 표준화, 분권화 등
- 적극적 방안: 불확실한 것을 예측하거나 혹은 통제하는 방법 → 대외적 기법
  - 과학적 이론이나 모형의 개발(→ 가장 이상적), 정책실험
  - 환경의 통제(→ 협상, 흡수 등), 시간의 지연을 통한 정보획득, 델파이기법 등 주관적 판단

정답 | ④

CHAPTER 05 정책분석론

259
비용편익분석과 비용효과분석에 대한 설명으로 옳지 <u>않은</u> 것은?

① 순현재가치(NPV)는 할인율의 크기에 따라 그 값이 달라지지만, 편익·비용비(B/C ratio)는 할인율의 크기에 영향을 받지 않는다.
② 내부수익률은 공공프로젝트를 평가하는 데 적절한 할인율이 알려져 있지 않을 경우 유용하게 사용할 수 있다.
③ 비용효과분석은 비용과 효과가 서로 다른 단위로 측정되기 때문에 총효과가 총비용을 초과하는지의 여부에 대한 직접적 증거는 제시하지 못한다.
④ 비용효과분석은 산출물을 금전적 가치로 환산하기 어렵거나, 산출물이 동일한 사업의 평가에 주로 이용되고 있다.

해설
① (×) 할인율이 높고 낮음에 따라 비용과 편익의 현재가치가 달라지므로 순현재가치법이든 편익비용비율이든 모두 영향을 받는다.
② (○) 내부수익률(IRR)은 프로젝트의 순현재가치를 0으로 만드는 할인율을 의미한다. 공공 프로젝트의 경우 적절한 사회적 할인율을 명확히 알기 어려운 경우가 많으므로, 내부수익률은 특정 프로젝트의 수익성을 절대적인 할인율 없이 평가할 수 있는 유용한 지표가 된다.
③ (○) 비용효과분석에서 투입(비용)은 화폐가치로 측정되나 나오는 산출(효과)은 화폐가치가 아닌 산출물 단위로 측정되므로 비용과 효과의 금전적 비교가 어렵다. 이에 따라 총효과가 총비용을 초과하는지에 관한 직접적인 증거를 제시하기 곤란하다.
④ (○) 산출물이 서로 달라도 이를 화폐가치로 측정한다면 양자의 비교가 가능하다. 그러나 비용효과분석은 이러한 산출물을 화폐가치로 환산하기 어려우므로 동종 산출물인 경우에는 비교가 가능하지만 이종 산출물일 경우 양자의 직접적인 비교가 곤란하다.

정답 | ①

259
- 기출처: 2016 지방직 9급
- 난이도: ★★
- 키워드: 비용편익분석

관련기출 옳은지문
- 비용편익분석(cost-benefit analysis)에서 적절한 할인율이 주어지지 않을 때는 내부수익률 기준을 사용하며, 내부수익률이 시장이자율을 상회하면 일단 투자가치가 있다고 판단한다. 08. 국가직 7급

- 비용효과분석은 국방, 치안, 보건 등의 영역에 적용할 수 있다. 22. 지방직 7급

260

260	① ② ③
기출처	2020 지방직 9급
난이도	★★
키워드	비용편익분석

🔍 **관련기출 옳은지문**
- 현실에서는 비용편익분석을 하는 과정에서 의도적인 왜곡평가를 하려는 유인이 강하게 존재하기 때문에 객관적으로 타당한 결과를 얻기 어려울 수 있다. 　　23. 국회직 8급

- 비용편익분석은 비용과 편익을 화폐단위로 평가하되 미래가치를 현재가치로 평가한다. 　　16. 경찰간부

260 〈필수〉
비용·편익분석에 대한 설명으로 옳지 않은 것은?

① 분야가 다른 정책이나 프로그램은 비교할 수 없다.
② 정책대안의 비용과 편익을 모두 가시적인 화폐가치로 바꾸어 측정한다.
③ 미래의 비용과 편익의 가치를 현재가치로 환산하는 데 할인율(discount rate)을 적용한다.
④ 편익의 현재가치가 비용의 현재가치를 초과하면 순현재가치(NPV)는 0보다 크다.

해설

① (×) 비용편익분석은 비용과 편익을 모두 현재 화폐가치로 변환하므로 분야가 다른 사업도 비교할 수 있다.
② (○) 비용편익분석은 소요되는 비용과 기대되는 편익을 모두 현재 화폐가치로 바꾸어 사업의 경제적 타당성을 측정한다.
③ (○) 비용편익분석은 장기간 발생하는 비용과 편익을 측정하므로 그 가치의 시점을 통일시킬 필요성이 있기에 미래의 모든 가치를 현재로 환산하는 할인율의 개념이 사용된다.
④ (○) 순현재가치(NPV)는 편익의 총 현재가치에서 비용의 총 현재가치를 뺀 값으로 편익의 현재가치가 비용의 현재가치를 초과하면 0보다 크다.

정답 | ①

261

261	① ② ③
기출처	2013 지방직 9급
난이도	★★★
키워드	경제적 비용편익분석

🔍 **관련기출 옳은지문**
- 비용편익분석은 미래에 발생할 비용과 편익을 화폐적 단위로 표시하고 계량적인 환산을 한다. 　　08. 국가직 7급

261
경제적 비용편익분석(benefit cost analysis)에 대한 설명으로 옳지 않은 것은?

① 비용과 편익을 가치의 공통단위인 화폐로 측정한다.
② 장기적인 안목에서 사업의 바람직한 정도를 평가할 수 있는 방법이다.
③ 편익비용비(B/C ratio)로 여러 분야의 프로그램들을 비교할 수 있다.
④ 형평성과 대응성을 정확하게 대변할 수 있는 수치를 제공한다.

해설

① (○) 비용편익분석은 비용과 편익을 가치의 공통단위인 화폐로 측정하여 경제적 타당성을 확인하는 기법이다.
② (○) 비용편익분석은 할인율의 개념을 통해 장기적인 안목에서 사업의 바람직한 정도를 평가한다.
③ (○) 비용편익분석은 동일한 척도로 환산되므로 동종 사업은 물론 이종 사업 간의 비교에도 사용될 수 있다.
④ (×) 경제적 비용편익분석은 효율성(사회전체 시각) 측면만 분석하므로 형평성(배분적 측면) 측면을 간과할 수 있다.

정답 | ④

262

262	① ② ③
기출처	2018 국가직 7급
난이도	★
키워드	비용편익분석

262
비용편익분석에 대한 내용으로 옳지 않은 것은?

① 재화에 대한 잠재가격(shadow price)의 측정과정에서 실제 가치를 왜곡할 수 있다.
② 내부수익률(internal rate of return)은 순현재가치를 영으로 만드는 할인율을 말한다.
③ 칼도-힉스기준(Kaldor-Hicks criterion)은 재분배적 편익의 문제를 중시한다.
④ 정책대안이 가져오는 모든 비용과 편익을 측정하려고 하며, 화폐적 비용이나 편익으로 쉽게 측정할 수 없는 무형적인 것도 포함된다.

해설

① 매력적 오답 (O) 잠재가격이란 완전경쟁시장이 형성되었다는 가정에 기반을 두고 측정된 가격이므로 현실의 가격과 다를 수 있기에 측정 과정에서 실제 가치를 왜곡할 수 있는 것이다.
② (O) 내부수익률은 총 편익의 현재가치와 총 비용의 현재가치를 일치시키는 할인율, 즉, 순현재가치가 0이거나 B/C 비율을 1로 만드는 할인율로, 이는 (주관적) 투자수익률을 의미한다.
③ (×) 칼도-힉스기준(Kaldor-Hicks criterion)은 효율성과 관련된 기준이지 재분배적 편익 즉, 형평성과는 무관하다.
④ (O) 비용편익분석은 무형적인 것을 포함하여 모든 것을 화폐가치로 측정하려는 기법이다.

정답 | ③

관련기출 옳은지문
- 비용편익분석에서 내부수익률은 순현재가치를 0으로 만드는 할인율이다. 24. 소방간부
- 비용편익분석(cost-benefit analysis)은 미래에 발생할 비용과 편익을 화폐적 단위로 표시하고 계량적인 환산을 한다. 08. 국가직 7급

263 〈필수〉

공공사업의 경제성 분석에 대한 설명으로 옳은 것만을 모두 고르면?

ㄱ. 할인율이 높을 때는 편익이 장기간에 실현되는 장기투자사업보다 단기간에 실현되는 단기투자사업이 유리하다.
ㄴ. 직접적이고 유형적인 비용과 편익은 반영하고, 간접적이고 무형적인 비용과 편익은 포함하지 않는다.
ㄷ. 순현재가치(NPV)는 비용의 총 현재가치에서 편익의 총 현재가치를 뺀 것이며 0보다 클 경우 사업의 타당성을 인정할 수 있다.
ㄹ. 내부수익률은 할인율을 알지 못해도 사업평가가 가능하도록 하는 분석기법이다.

① ㄱ, ㄴ   ② ㄱ, ㄹ   ③ ㄴ, ㄷ   ④ ㄱ, ㄷ, ㄹ

263	
기출처	2021 국가직 9급
난이도	★★
키워드	할인율

해설

ㄱ. (O) 할인율이 높아지면 현재가치가 작아진다. 만약 편익이 장기간 발생하는 상황에서 할인율이 높아진다면 그 편익의 현재가치가 작아질 것이므로 사업의 타당성은 떨어진다.
ㄴ. 매력적 오답 (×) 편익은 직접적·간접적 편익, 외부적·내부적 편익, 정(+)의 편익·부(-)의 편익 등을 모두 포함한다.
ㄷ. (×) 순현재가치(NPV)는 편익의 총 현재가치에서 비용의 총 현재가치를 뺀 것이다.
ㄹ. (O) 내부수익률은 투자비용(C)과 예상수익(B)을 같게 만드는 할인율(i)로 객관적 할인율이 주어지지 않을 때 사용되며, 내부수익률이 기준이자율을 상회할 때 경제적으로 타당하다고 평가받는다.

고득점 플러스+ 비용편익분석의 비교기준

- 순현재가치법(NPV)
  - 개념: 편익의 총 현재가치에서 비용의 총 현재가치를 뺀 순편익의 값 → 0보다 크다면 경제적으로 타당
  - 사업의 타당성을 판단하는 1차적 기준(→ 가장 객관적), 자원의 제약이 없거나 사업의 규모가 동일할 때 사용
- 편익비용비율(B/C)
  - 개념: 편익의 총 현재가치를 비용의 총 현재가치로 나눈 값 → 1보다 크다면 경제적으로 타당
  - 사업의 규모가 다를 경우 보조적으로 사용되는 기법
- 내부수익률(IRR)
  - 개념: 총 편익과 총 비용을 일치시키는 할인율 → 순현재가치(NPV) = 0, 편익비용비율(B/C) = 1
  - 투자수익률로 높을수록 경제적으로 좋으며, 기준이자율(→ 비교되는 객관적 이자율)보다 높으면 경제적으로 타당
- 자본회수기간법
  - 개념: 투자원금을 찾는 데 걸리는 기간을 기준으로 사업의 타당성을 평가하는 방법
  - 투자원금을 가장 빨리 회수하는 사업일수록 타당성이 높음

정답 | ②

관련기출 옳은지문
- 비용·편익분석은 단일정책이나 프로그램의 비용과 편익을 산출해 내는 데 효과적이다. 25. 경찰간부
- 비용편익분석(cost-benefit analysis)은 기회비용에 의해 모든 가치가 평가되어야 한다는 가정 하에서 이루어진다. 18. 경찰간부
- 비용-편익분석은 공공투자사업의 대안을 평가할 때 편익이 비용보다 크면 경제적 타당성이 있다고 판단한다. 12. 국회직 8급

264	① ② ③
기출처	2022 지방직 7급
난이도	★★★
키워드	비용효과분석

관련기출 옳은지문

- 비용효과분석에서 효과는 물건이나 용역의 단위 또는 측정 가능한 효과로 나타내어진다. 19. 경찰간부

- 비용편익분석은 경제적 합리성을 강조하지만 비용효과분석은 기술적 합리성을 강조한다. 19. 경찰간부

264 필수

비용효과(cost-effectiveness)분석에 대한 설명으로 옳은 것은?

① 정책대안의 비용과 효과는 모두 화폐단위로 측정된다.
② 분석결과는 사회적 후생의 문제와 쉽게 연계시킬 수 있다.
③ 시장가격의 메커니즘에 전적으로 의존한다.
④ 국방, 치안, 보건 등의 영역에 적용할 수 있다.

해설

① (×) 정책대안의 비용과 효과를 모두 화폐단위로 측정하는 것은 비용편익분석이다.
② 매력적 오답 (×) 사회적 후생이란 사회적 만족감을 화폐가치로 환산한 것을 의미한다. 그러므로 사회적 후생과 쉽게 연결되는 것은 비용과 편익을 모두 화폐가치로 환산하는 비용편익분석이다.
③ (×) 비용효과분석은 효과단위를 화폐로 환산하지 않으므로 시장가격에 대한 의존도가 낮다.
④ (○) 국방, 치안, 보건 등 화폐가치로 환산하기 곤란한 분야에는 비용효과분석을 적용하기 쉽다.

정답 | ④

정책결정모형

265 [필수]
재니스(Janis)의 집단사고(groupthink)의 특성에 해당하지 <u>않는</u> 것은?

① 토론을 바탕으로 한 집단지성의 활용
② 침묵을 합의로 간주하는 만장일치의 환상
③ 집단적 합의에 대한 이의제기에 대한 자기 검열
④ 집단에 대한 과대평가로 집단이 실패할 리 없다는 환상

해설

① (×) 집단사고(group-think)란 동조에 대한 압력이 강해 비판적인 대안이 무시되는 경향을 말한다.
②, ③, ④ (○) 집단사고는 불패신화에 대한 믿음, 도덕성에 대한 확신과 무결점에 대한 환상, 폐쇄적 인식체계, 만장일치의 선호, 집단 동조성과 규범의 내재화, 반대의견에 대한 압력, 심리적 방어기제의 형성 등을 가져온다.

정답 | ①

265 1 2 3
기출처 | 2023 국가직 9급
난이도 | ★
키워드 | 집단사고

관련기출 옳은지문
• 집단사고는 조직 내 사회적 압력으로 인하여 비판적인 사고가 억제되고 판단능력이 저하되어 결국, 잘못된 의사결정에 도달되는 현상을 말한다. 21. 경찰간부

266
재니스(Janis)가 주장한 집단사고(groupthink) 예방 전략에 대한 설명으로 옳지 <u>않은</u> 것은?

① 조직에서 결정하는 사안이나 정책에 대해서 외부 인사들이 재평가할 수 있는 체계를 구축해야 한다.
② 최고 의사결정자는 대안 탐색 단계마다 참여자 중 한 명에게 악역을 맡겨 다수의견에 반대되는 의견을 강제로 개진하게 한다.
③ 집단적 의사결정에서 의사결정 단위를 2개 이상으로 나눈다.
④ 최종 대안을 도출한 후에는 각 참여자들에게 반대의견을 제시할 수 있는 기회를 부여하지 않는다.

해설

① (○) 외부의 전문가를 초빙하여 집단 구성원들의 견해에 반론과 의문을 제기하도록 한다면 집단의 폐쇄성에서 기인한 잘못된 결정을 피할 수 있다.
② (○) 회의에서 적어도 한 사람을 지명하여, 제시된 모든 주장에 반대 주장을 하는 반론 대변인(devil's advocate) 역할을 부여하는 것도 집단사고를 방지하는 방안이 될 수 있다.
③ (○) 집단을 여러 개의 하위집단으로 구분하여 각각 토론하도록 하고, 그 후에 전체 회의를 통해 최종적으로 논의하도록 하는 것도 집단사고의 예방책으로 거론된다.
④ (×) 집단사고란 집단적 의사결정에서 구성원들이 집단의 응집력과 획일성을 강조하고 반대의견을 억압하여 비합리적인 결정을 내리는 의사결정 양식으로, 이를 방지하기 위해서는 구성원들이 제안에 대해 반론과 의문을 제기하도록 권장하고 무조건적인 찬성을 지양해야 한다.

정답 | ④

266 1 2 3
기출처 | 2016 국가직 9급
난이도 | ★
키워드 | 집단사고

267

기출처: 2023 국가직 7급
난이도: ★★
키워드: 만족모형

관련기출 옳은지문

- 사이먼(H. A. Simon)은 합리모형의 의사결정자를 경제인으로, 자신이 제시한 의사결정자를 행정인으로 제시한다. 20. 군무원 9급

- 만족모형에서 경제인은 목표달성의 극대화를 도모하여 모든 가능한 대안 중 최선의 대안을 선택하지만, 행정인은 만족할 만한 대안의 선택에 그친다. 16. 경찰간부

---

267 〈필수〉

만족모형에 대한 비판으로 옳은 것만을 모두 고르면?

> ㄱ. 책임회피의식과 보수적 사고가 지배적인 상황에서 혁신을 이끄는 데 한계가 있다.
> ㄴ. 만족에 대한 기대수준을 지나치게 명확히 규정하여 획일적인 의사결정 구조가 나타난다.
> ㄷ. 조직 내 상하관계 등에서 나타나는 권력적 측면이 의사결정에 미치는 영향을 간과한다.
> ㄹ. 일반적이고 가벼운 의사결정과 달리 중대한 의사결정에 적용하기 어려울 수 있다.

① ㄱ, ㄴ
② ㄱ, ㄹ
③ ㄴ, ㄷ
④ ㄷ, ㄹ

해설

ㄱ. (○) 만족모형은 현재의 상황에서 충분히 만족할 만한 수준에서 대안을 탐색하고 결정하기 때문에, 급진적인 혁신보다는 기존의 틀을 유지하려는 경향이 있다. 따라서 책임 회피 의식이나 보수적 사고가 강한 조직에서는 혁신을 이끄는 데 한계가 있다는 비판을 받을 수 있다.

ㄴ. (×) 만족모형은 개인적·심리적 차원의 모형이므로 만족화의 기준이 주관적이고 유동적이라는 비판을 받는다.

ㄷ. **매력적 오답** (×) 조직 내 상하관계 등에서 나타나는 권력적 측면이 의사결정에 미치는 영향을 간과한다는 비판은 회사모형과 관련된다.

ㄹ. (○) 만족모형은 복잡하고 불확실한 상황에서 모든 대안을 고려하기 어려운 경우에 유용하지만, 생명이나 재산과 직결되는 중대하고 중요한 의사결정에서는 '충분히 만족할 만한' 수준에서 멈추는 것이 부적절할 수 있다. 이러한 의사결정에서는 가능한 한 모든 정보를 수집하고 최적의 대안을 모색하려는 노력이 필요하기 때문에 적용하기 어려울 수 있다.

고득점 플러스+ 만족모형 → 카네기모형

- 의의: 마치(J. March)와 사이먼(H. Simon)이 제시한 심리적·인지적 모형 → 경험적·실증적·귀납적 성격
- 경제인(→ 완전한 합리성)이 아닌 행정인(→ 제한적 합리성) 가정, 결정비용의 인식 → 최적대안보다는 만족대안의 선택
- 현실 세계를 단순화한 후 중요한 것만 탐색, 무작위적이고 순차적(← 포괄적·병렬적)인 탐색
- 한계: 만족 기준의 주관성과 유동성, 보수적 성격
- 합리모형과 만족모형
  - 합리모형: 이상적·규범적·객관적·연역적, 완전한 합리성, 모든 대안의 포괄적·병렬적 탐색, 모든 결과의 예측, 전체 최적화
  - 만족모형: 현실적·실증적·주관적·귀납적, 제한된 합리성, 순차적·무작위적 탐색, 중요한 결과만 예측, 심리적 만족

정답 | ②

268
정책결정모형 중에서 점증모형을 주장하는 논리적 근거로 적절하지 <u>않은</u> 것은?

① 정치적 실현가능성
② 정책의 쇄신성
③ 매몰비용
④ 제한적 합리성

해설

① (O) 점증모형은 동의와 타협 및 조정을 통한 합의 즉, 정치적 합리성과 정치 세력의 지지에 의존하는 정치적 실현가능성을 중시하므로 다원적 정치체제의 정책결정에 대한 설명력이 높다.
② (X) 정책의 쇄신성은 합리모형의 특징이다. 점증모형은 보수성을 띠고 있어 급격한 쇄신과 발전이 곤란하고, 눈덩이 굴리기식 결정이 나타나기 쉬워 감축관리가 어려우며, 보다 합리적인 결정을 시도하지 않을 구실이 될 수 있다.
③ (O) 매몰비용이란 이미 지출되었기 때문에 회수가 불가능한 비용으로, 행정학에서는 기득권의 의미로 사용된다. 합리모형은 매몰비용을 무시하므로 관련 집단의 저항가능성이 증대될 수 있지만, 점증모형은 매몰비용을 고려하는 의사결정이 이루어지므로 저항은 줄일 수 있지만 보수적 결정에 머물기 쉽다.
④ (O) 합리모형은 완전한 합리성을 전제로 하지만 점증모형은 인지능력의 제약과 정치적 상황의 제약에 의한 제한된 합리성을 전제로 한다.

정답 | ②

268
기출처	2014 국가직 9급
난이도	★★★
키워드	점증모형

관련기출 옳은지문
- 점증모형을 주장하는 논리적 근거는 정치적 실현 가능성이다.
  14. 국가직 9급

- 점증모형은 정치적 현상유지를 옹호하므로 보수적이라는 비판을 받고 있다.
  15. 국가직 7급

269
정책결정모형 중 점증모형에 대한 설명으로 옳지 <u>않은</u> 것은?

① 정치적 현상유지를 옹호하므로 보수적이라는 비판을 받고 있다.
② 가장 합리적인 대안을 선택하기 위해 모든 대안을 검토해야 한다.
③ 정책결정과정에서 참여집단의 합의를 중시한다.
④ 목표와 수단이 뚜렷하게 구분되지 않기 때문에 목표-수단에 대한 분석은 부적절하다.

해설

① (O) 점증모형은 기존의 상태를 바탕으로 선택이 이루어지므로 보수적이라는 비판을 받는다.
② (X) 가장 합리적인 대안을 선택하기 위하여 모든 대안을 검토하는 것은 합리모형이다.
③ (O) 점증모형은 동의와 타협 및 조정을 통한 합의 즉, 정치적 합리성을 중시한다.
④ (O) 목표-수단분석은 목표와 수단을 명확하게 구분할 수 있어 상위목표를 고정시킨 후 하위수단을 탐색하는 것으로 합리모형에서 강조하는 의사결정방법이다. 반면, 점증모형은 목표와 수단을 명확하게 구분하거나 계층적으로 서열화 하지 않으므로 목표-수단분석이 어렵다.

정답 | ②

269
기출처	2015 국가직 7급
난이도	★★★
키워드	점증모형

관련기출 옳은지문
- 점증주의적 정책결정은 인간의 제한된 합리성과 다원주의의 정치적 정당성을 정교하게 결합시켰다.
  16. 국회직 8급

270

270	① ② ③
기출처	2022 지방직 7급
난이도	★★
키워드	점증모형

270 〈필수〉
정책결정모형 중 점증모형에 대한 설명으로 옳지 않은 것은?

① 정책대안을 모두 분석하기보다 한정된 정책대안에 주목한다.
② 시행착오를 반복하면서도 문제를 해결하려는 특성이 있다.
③ 인간의 인지적 한계를 인정하므로 급격한 개혁과 새로운 환경을 반영하는 혁신적 정책결정을 설명하기가 용이하다.
④ 정책결정에서 집단 참여의 합의 과정이 중시되고 목표와 수단이 탄력적으로 상호 조정된다.

해설
① (O) 점증모형은 기존 정책을 토대로 하여 그보다 약간 개선된 정책을 추구하는 방식으로 결정한다.
② (O) 점증모형은 일단 불완전한 예측을 전제로 하여 정책대안을 실시하여 보고 그때 나타나는 결과가 잘못된 점이 있으면 그 부분만 다시 수정 보완하는 방식을 택하기도 한다.
③ (X) 급격한 개혁과 새로운 환경을 반영하는 혁신적 정책결정을 설명하기가 용이한 것은 합리모형이나 최적모형이다.
④ (O) 합리모형에서 훌륭한 정책이 완벽한 대안의 비교·분석에 의한 정책이라고 한다면, 점증모형에서 훌륭한 정책은 다자간의 타협과 조정에 의해 생산된 것이다.

정답 | ③

관련기출 옳은지문
- 점증모형에서는 정책결정과정이 소수 몇몇 집단에 의해 주도될 가능성이 있다. 18. 경찰승진
- 점증주의는 경제적 합리성보다는 정치적 합리성을 추구하여 타협과 조정을 중요시한다. 19. 국회직 8급
- 점증모형의 이점은 중요한 정치적 가치들을 예산결정에서 고려할 수 있는 것이다. 13. 서울시 9급

271

271	① ② ③
기출처	2020 국가직 9급
난이도	★★
키워드	혼합탐사모형

271
다음 설명에 해당하는 정책결정모형은?

> 지난 30년간 자료를 중심으로 전국의 자연재난 발생현황을 개략적으로 파악한 다음, 홍수와 지진 등 두 가지 이상의 재난이 한 해에 동시에 발생한 지역을 중심으로 다시 면밀하게 관찰하며 정책을 결정한다.

① 만족모형
② 점증모형
③ 최적모형
④ 혼합탐사모형

해설
① (X) 만족모형은 최선의 합리성보다는 시간과 공간 그리고 재정적 측면의 여러 제약요인을 고려하면서 주관적으로 만족할 만한 수준에서 결정이 이루어진다고 본다.
② (X) 점증모형은 기존 정책을 토대로 하여 그보다 약간 개선된 정책을 추구하는 방식으로 대안을 선택한다.
③ (X) 최적모형은 불확실한 상황과 제한된 자원 및 정보가 부족한 비정형적 결정에서는 경제적 합리성이 많이 제약을 받으므로 경제적 합리성에 더하여 직관이나 영감과 같은 초합리성도 함께 고려하고자 한다.
④ (O) 장기적인 시각에서 재난 상황을 개략적으로 파악하고, 특정 상황의 재난을 선정한 후 이를 세밀하게 분석하는 것은 혼합탐사모형의 특징이다.

고득점 플러스+ 혼합모형
- 의의: 에치오니(A. Etzioni)가 합리모형과 점증모형(→ 만족모형)을 절충(1967)하여 제시한 전략적 모형
- 근본적·맥락적 결정(→ 숲)과 세부적·지엽적 결정(→ 나무)으로 구분 후 결정의 유형마다 다른 모형을 적용
- 거시적·장기적 안목에서 대안의 방향성을 정한 후 그 범위 안에서 심층적 변화 시도 → 하향적 접근
- 정치체제와 모형: 합리모형(→ 전체주의 사회), 점증모형(→ 다원주의 사회), 혼합모형(→ 능동적 사회, 자기변화적 사회)

관련기출 옳은지문
- 혼합모형은 거시적이고 장기적인 안목에서 대안의 방향성을 탐색하는 한편 그 방향성 안에서 심층적이고 대안적인 변화를 시도하는 모형이다. 14. 국회직 8급

정답 | ④

272
혼합주사모형(mixed-scanning model)에 대한 설명으로 옳은 것은?

① 정책결정과정을 이미 프로그램화되어 있는 특정한 상태를 유지하기 위한 것으로 파악한다.
② 정책의 결정을 근본적 결정과 세부적 결정으로 구분한다.
③ 갈등의 준해결, 문제 중심의 탐색, 불확실성의 회피, 조직의 학습, 표준운영절차(SOP)의 활용 등을 특징으로 한다.
④ 상황 변화에 따른 새로운 정보에 초점을 맞추는 것이 아니라 극히 제한된 투입변수의 변동에 주의를 집중하여 의사결정을 한다.

해설
① (×) 결정과정을 이미 프로그램화되어 있는 특정한 상태를 유지하기 위한 것으로 파악하는 것은 사이버네틱스모형과 관련된다.
② (○) 혼합모형은 결정의 유형을 근본적 결정과 세부적 결정으로 구분한 후 상황에 맞는 전략적 결정을 강조한다.
③ (×) 갈등의 준해결, 문제 중심의 탐색, 불확실성의 회피, 조직의 학습, 표준운영절차(SOP)의 활용 등은 회사모형의 특징이다.
④ **매력적 오답** (×) 점증모형 혹은 사이버네틱스 모형의 특징이다.

정답 | ②

272
- 기출처: 2018 국가직 7급
- 난이도: ★★
- 키워드: 혼합주사모형

관련기출 옳은지문
- 혼합탐사모형에 의하면 정책결정은 근본적인 결정과 세부적인 결정의 지속적인 상호작용에 의해 이루어진다. 12. 서울시 9급

273
정책결정모형 중에서 합리적인 요소와 초합리적인 요소의 조화를 강조하는 모형은?

① 최적모형(Optimal Model)
② 점증주의(Incrementalism)
③ 혼합탐사모형(Mixed-Scanning Model)
④ 만족모형(Satisficing Model)

해설
① (○) 합리적인 요소와 초합리적인 요소의 조화를 강조하는 정책결정모형은 최적모형이다.
② (×) 점증주의는 기존 정책에서 크게 벗어나지 않는 소폭의 변화를 추구하며, 합리적 분석보다는 정치적 타협과 조정을 강조한다.
③ (×) 혼합탐사모형은 큰 틀에서의 합리적 탐색과 세부적인 점증적 탐색을 동시에 수행하는 모형이다.
④ (×) 만족모형은 인간의 제한된 합리성을 전제로 하여 최적의 대안이 아닌 '만족할 만한' 대안을 선택하는 모형이다. 초합리적인 요소보다는 합리성의 한계를 인정하는 데 중점을 둔다.

정답 | ①

273
- 기출처: 2013 지방직 9급
- 난이도: ★★
- 키워드: 최적모형

관련기출 옳은지문
- 최적모형은 정책결정자의 직관적 판단도 중요한 요소로 간주한다. 15. 국회직 8급

274

기출처	2015 국가직 9급
난이도	★★
키워드	회사모형

정책결정모형 중에서 회사모형에 대한 설명으로 옳지 않은 것은?

① 회사조직이 서로 다른 목표를 지닌 구성원들의 연합체(coalition)라고 가정한다.
② 연합모형 또는 조직모형이라고 불리기도 한다.
③ 조직이 환경에 대해 장기적으로 대응하고 환경 변화에 수동적으로 적응한다고 한다.
④ 문제를 여러 하위문제로 분해하고 이들을 하위조직에게 분담시킨다고 가정한다.

해설

① (○) 회사모형은 조직을 전체 목적을 추구하는 하나의 유기체로 보는 것이 아니라 여러 하위부서들이 각자의 목표를 추구하는 느슨한 연합체로 간주한다.
② (○) 회사모형은 사이몬(H. Simon)과 마치(J. March)의 조직모형(1958)이 발전된 것이며, 하위부서들의 연합에 의한 의사결정을 강조하므로 연합모형이라고도 부른다.
③ (×) 회사모형에서 조직의 결정은 장기적 전략보다는 표준운영절차(SOP)에 의존한 단기적 시각에 머문다고 본다.
④ (○) 회사모형에서 조직의 각 부서들은 조직의 전체가 아닌 자기 부서의 목표를 추구하는 존재이며, 부서 간 상충된 목표를 순차적으로 접근하여 해결한다.

정답 | ③

관련기출 옳은지문

• 연합모형(coalition model)은 갈등의 준해결, 문제 중심의 탐색, 표준운영절차(SOP) 중시 등을 특징으로 한다. 25. 경찰간부

• Cyert와 March의 회사모형은 환경의 불확실성을 제거하기 위하여 환경을 통제할 방법을 찾는다. 06. 서울시 9급

• 회사모형은 회사를 상이한 개성과 목표를 가진 개인의 연합체로 정의한다. 22. 소방간부

275

기출처	2016 국가직 7급
난이도	★★
키워드	회사모형

조직의 의사결정과정에서 나타나는 특성에 대한 개념을 바르게 연결한 것은?

A. 시간과 능력의 제약 때문에 정책결정자들은 모든 상황을 고려하기보다 특별히 관심을 끄는 부분에 대해서만 고려한다.
B. 정책결정에서는 관련 집단들의 요구가 모두 성취되기보다는 서로 나쁘지 않을 정도의 수준에서 타협점을 찾는 경향이 있다.
C. 반복적인 의사결정의 경험이 전수되며 시간의 흐름에 따라 결정수준이 개선되고 목표달성도가 높아지게 된다.
D. 정책결정자들의 경험이 축적됨에 따라 가장 효율적이라고 판단되는 정책결정절차와 방식을 마련하게 되고 이를 활용한 정책결정이 증가한다.

ㄱ. 조직의 학습
ㄴ. 표준운영절차 수립
ㄷ. 갈등의 준해결
ㄹ. 문제 중심의 탐색

	A	B	C	D
①	ㄱ	ㄴ	ㄷ	ㄹ
②	ㄱ	ㄷ	ㄹ	ㄴ
③	ㄹ	ㄴ	ㄷ	ㄱ
④	ㄹ	ㄷ	ㄱ	ㄴ

관련기출 옳은지문

• 회사모형에 의하면 조직 내 갈등의 완전한 해결은 불가능하며 타협적 준해결에 불과하다. 14. 서울시 9급

• 회사모형(firm model)은 문제상황의 복잡성과 동태성 때문에 조직이 직면하는 불확실성은 대안이 가져올 결과에 대한 예측을 극히 어렵게 하므로, 단기적 환류에 의존하는 의사결정절차를 이용하여 불확실성을 회피하려고 한다. 05. 국가직 9급

해설

A. 시간과 능력의 제약 때문에 정책결정자들이 모든 상황을 고려하기보다 특별히 관심을 끄는 부분에 대해서만 고려하는 것을 문제 중심의 탐색이라 한다.
B. 정책결정에서 관련 집단들의 요구가 모두 성취되기보다는 서로 나쁘지 않을 정도의 수준에서 타협점을 찾는 경향을 갈등의 준해결이라 한다.
C. 반복적인 의사결정의 경험이 전수되며 시간의 흐름에 따라 결정수준이 개선되고 목표달성도가 높아지는 것을 조직의 학습이라 한다.
D. 정책결정자들의 경험이 축적됨에 따라 가장 효율적이라고 판단되는 정책결정절차와 방식을 마련하게 되고 이를 활용한 정책결정이 증가하는 것을 표준운영절차의 수립이라 한다.

고득점 플러스+ 회사모형

- 갈등의 준해결
  - 국지적 합리성(→ 조직 전체의 목표가 아닌 부서의 목표를 추구), 독립된 제약조건으로서 다른 부서들의 목표
  - 받아들일 만한 수준의 의사결정, 목표에 대한 순차적(↔ 포괄적) 관심
- 문제 중심의 탐색: 문제에 의해 촉발되는 탐색, 단순한 탐색, 부서마다 편견이 담긴 탐색
- 조직의 학습과 표준운영절차(SOP): 조직의 장기적 적응과정에서 학습한 결과물로써 표준운영절차(SOP)
- 불확실성의 회피나 통제(→ 예측과 극복)
  - 불확실성의 회피: 단기적 환류에 의존하는 결정절차의 이용
  - 불확실성의 통제: 거래관행의 형성 또는 장기계약이나 카르텔의 형성

정답 | ④

276

의사결정모형 중 쓰레기통모형의 내용이 아닌 것은?

① 진빼기 결정
② 의사결정을 구성하는 네 가지의 흐름
③ 조직화된 무정부 상태
④ 갈등의 준해결

기출처 2016 지방직 7급
난이도 ★★
키워드 쓰레기통모형

해설

① (O) 진빼기 결정이란 쓰레기통모형에서 자원의 여유가 없는 경우 관련된 문제들이 떠날 때까지 기다린 후에 결정하는 방식을 말한다. 반면, 다른 문제들이 제기되기 전에 재빠르게 결정하는 방식을 날치기 통과라 한다.
② (O) 쓰레기통모형에서는 문제의 흐름, 해결책의 흐름, 참여자의 흐름, 선택기회의 흐름이 상호 독자적으로 흘러 다니거나 상호 추적하는 상황이 나타난다.
③ (O) 조직화된 무정부 상태는 쓰레기통모형이 적용되는 조직의 특성을 나타내는 핵심 개념이다. 목표가 불분명하고, 기술이 불확실하며, 참여자가 유동적인 상태를 의미한다.
④ (×) 갈등의 준해결은 회사모형의 특징이다. 갈등의 준해결이란 조직의 모든 부서를 만족시킬 하나의 대안은 존재하지 않으므로 갈등은 항상 내재화되어 있는 상태를 말한다.

관련기출 옳은지문
- 쓰레기통모형은 대형 참사를 계기로 그동안 해결하지 못했던 정책문제에 관한 대책을 마련하게 되는 상황을 설명하는 정책결정모형이다.
  20. 경찰승진

정답 | ④

277

277	① ② ③
기출처	2021 국가직 7급
난이도	★★
키워드	쓰레기통모형

🔍 **관련기출 옳은지문**
- 문제있는 선호란 정책결정에 참여하는 자들 간에 무엇을 선택하는 것이 바람직한지에 대해서 합의가 없는 것을 말한다. 　21. 군무원 7급

쓰레기통모형에 대한 설명으로 옳은 것은?

① 조직 구성원의 응집성이 아주 강한 혼란상태에 있는 조직에서 의사결정이 어떻게 이루어지는가를 기술하고 설명한다.
② 불명확한 기술(unclear technology)은 조직에서 의사결정참여자의 범위와 그들이 투입하는 에너지가 유동적임을 의미한다.
③ 쓰레기통모형의 의사결정 방식에는 끼워넣기(by oversight)와 미뤄두기(by flight)가 포함된다.
④ 문제성 있는 선호(problematic preferences)는 목표와 수단사이의 인과관계가 명확하지 않음을 의미한다.

해설

① (×) 쓰레기통모형에서 조직화된 혼란이란 응집성이 매우 약한 상태를 의미한다.
② (×) 의사결정참여자의 범위와 그들이 투입하는 에너지가 유동적임을 의미하는 것은 일시적 참여를 의미한다.
③ (○) 끼워넣기(oversight)란 다른 문제의 해결도 동시에 주장할 것이라고 예상되는 참여자가 있을 경우 이 사람이 참여하기 전에 결정을 해 버리는 것을 의미하고, 미뤄두기(flight)란 관련된 문제의 주장자들이 자신의 주장을 되풀이하다가 힘이 빠져 다른 기회를 찾아 나갔을 때 의사결정을 하는 것을 말한다.
④ (×) 목표와 수단사이의 인과관계가 명확하지 않음을 의미하는 것을 불명확한 기술이라 한다.

정답 | ③

278

278	① ② ③
기출처	2018 국가직 9급
난이도	★★
키워드	정책의 창

🔍 **관련기출 옳은지문**
- 킹던(J. Kingdon)의 정책의 창 모형은 쓰레기통 모형의 아이디어를 정책의제설정 또는 정책변동에 적용시킨 것이다. 　22. 경찰승진

킹던(J. Kingdon)의 '정책의 창(policy windows)이론'에 대한 설명으로 옳지 않은 것은?

① 문제에 대한 대안이 존재하지 않을 경우 '정책의 창'이 닫힐 수 있다.
② '정책의 창'은 국회의 예산주기, 정기회기 개회 등의 규칙적인 경우뿐 아니라, 때로는 우연한 사건에 의해 열리기도 한다.
③ 문제 흐름(problem stream), 이슈 흐름(issue stream), 정치 흐름(political stream)이 만날 때 '정책의 창'이 열린다고 본다.
④ 마치(J. G. March)와 올슨(J. P. Olsen)이 제시한 쓰레기통모형을 발전시킨 것이다.

해설

① (○) '정책의 창'은 문제, 정치, 정책의 세 가지 흐름이 만났을 때 열리는 것이므로 문제에 대한 대안 즉, 정책이 존재하지 않는다면 '정책의 창'은 닫힌다.
② (○) 킹던(J. Kingdon)은 우연한 정치적 사건이 정책과 만났을 때 '정책의 창'이 열릴 수 있음을 강조한다.
③ (×) 킹던(J. Kingdon)의 모형은 문제의 흐름, 정책의 흐름, 정치의 흐름이 어떤 계기로 만났을 때 '정책의 창'이 열린다는 이론이다.
④ (○) '정책의 창 이론'은 쓰레기통모형에서 아이디어를 얻어 이를 정책 결정 과정에 적용, 발전시킨 것이다. 쓰레기통 모형의 '조직화된 무정부 상태'에서 문제, 해결책, 참여자, 선택 기회가 무작위적으로 결합되는 현상을 정책의제 설정 과정에 대입하여 세 가지 흐름의 결합으로 설명한다.

> **고득점 플러스+** 킹던(J. Kingdon)의 정책의 창 모형
> - 정책의 창: 문제 및 대안을 관철시키기 위해 잠시 열려진 기회
> - 세 가지 독자적 흐름: 문제의 흐름, 정책의 흐름, 정치의 흐름(→ 가장 중요한 요소, 정책의제설정 과정이 가장 중요)
> - 세 가지 요소가 우연히 만날 때 새로운 결정이 나타남 → 흐름모형
> - 다원주의 관점의 반영 → 단기적, 유동적 시각 그러나 급진적 변화

정답 | ③

279

킹던(Kingdon)의 '정책의 창(정책흐름)' 모형에 대한 설명으로 옳지 않은 것은?

① 정책과정 중 정책의제설정 단계에 초점을 맞춘 모형이다.
② 정치의 흐름은 국가적 분위기 전환, 선거에 따른 행정부나 의회의 인적 교체, 이익집단들의 로비활동과 압력행사 등과 같은 요소들로 구성된다.
③ 문제의 흐름, 정책의 흐름, 정치의 흐름의 세 가지 흐름은 상호 의존적 경로를 따라 진행된다.
④ 정책의 흐름은 문제를 검토하여 해결방안들을 제안하는 전문가들과 분석가들로 구성되며, 여기서 여러 가능성들이 탐색되고 그 범위가 좁혀진다.

279
기출처	2015 국가직 7급
난이도	★★
키워드	정책의 창

관련기출 옳은지문
- 킹던(J. Kingdon)에 의하면 세 가지 흐름이 특정한 계기를 바탕으로 결합할 때 정책의 창(policy window)이 열린다. 22. 경찰승진

해설

① **매력적 오답** (○) 문제의 흐름이 정치의 흐름을 만나야 정책의제로의 채택이 가능하다는 주장이므로 주로 정책의제설정 단계에 초점을 맞추어 정책화 과정을 설명하고 있다.
② (○) 이밖에도 정권교체, 의석수 변경, 여론 변동 등이 정치의 흐름이며, 대통령, 고위관료, 의회 지도자와 같은 가시적 집단이 정치적 흐름을 지배한다고 보았다.
③ (×) 문제의 흐름, 정책의 흐름, 정치의 흐름이라는 각각 독자적 흐름이 어떠한 계기로 만날 때 정책결정의 기회가 열린다는 것이 킹던(J. Kingdon)이 제시한 정책의 창이다. 즉, 상호 의존적 경로가 옳지 않다.
④ (○) 학자나 연구원, 직업공무원, 의회의 참모와 같은 숨겨진 집단은 정책대안을 제시하고 결정의제에 영향을 준다. 즉, 정책의 흐름은 전문가들이 지배한다.

정답 | ③

280	1 2 3
기출처	2011 국가직 9급
난이도	★★
키워드	정책 창문

🔍 **관련기출 옳은지문**

• 킹던(J.W.Kingdon)의 '정책의 창 이론(Policy Window Theory)'에서 서로 결합하여 새로운 정책의제로 형성되는 독립된 흐름에는 정치의 흐름(Political Stream), 정책의 흐름(Policy Stream), 문제의 흐름(Problem Stream)이 있다. 23. 해경승진

280

킹던(Kingdon)이 주장한 '정책 창문(policy window)이론'에 대한 설명으로 옳지 않은 것은?

① 정책 창문은 문제의 흐름, 정치적 흐름, 정책적 흐름 등이 함께 할 때 열리기 쉽다.
② 정책 창문은 정책의제설정에서부터 최고의사결정에 이르기까지 필요한 여러 가지 여건이 성숙될 때 열린다.
③ 정책 창문은 한번 열리면 문제에 대한 대안이 도출될 때까지 상당한 기간 동안 열려있는 상태로 유지된다.
④ 정책 창문은 한번 닫히면 다음에 다시 열릴 때까지 많은 시간이 걸리는 편이다.

해설

① (O) 정치의 흐름은 정치지도자들이 지배하고, 정책의 흐름은 학자나 연구원과 같은 전문가 집단이 주도한다.
② (O) 즉, 문제의 흐름이 정책이라는 해결책의 흐름을 만나고 다시 정치라는 정부로의 진입기회를 가졌을 때 정책의 창이라는 결정기회를 만난다는 것이다.
③ (×) 킹던(J. Kingdon) 모형에서 정책의 창이란 정책문제 및 대안을 관철시키기 위해서 열려지는 기회로, 정책결정을 위한 세 가지 흐름이 만나는 동안만 잠시 열린다.
④ (O) 정책 창문은 한번 닫히면 다음에 다시 열릴 때까지 정책과 관련하여 시간과 자원 등을 투자하기 꺼리기 때문에 많은 시간이 걸린다. 또한 해결을 기다리는 사회적 문제는 무수히 많고 이러한 문제들을 정책으로 만드는 정치적 사건들도 지속적으로 발생하므로 그 사건이 주목받는 기간 동안 정책으로 채택되지 않는다면 다음 기회를 만날 때까지는 상당한 기간이 필요하다.

정답 | ③

281	1 2 3
기출처	2023 지방직 9급
난이도	★★
키워드	정책흐름모형

🔍 **관련기출 옳은지문**

• 킹던(Kingdon)에 의하면 정책기업가(policy entrepreneurs)는 문제의 흐름, 정책의 흐름, 정치의 흐름의 세 가지 흐름을 합류시키는 역할을 한다. 24. 해경간부

281 〈필수〉

킹던(Kingdon)이 제시한 정책흐름모형에 대한 설명으로 옳은 것만을 모두 고르면?

> ㄱ. 경쟁하는 연합의 자원과 신념체계(belief system)를 강조한다.
> ㄴ. 쓰레기통모형을 발전시킨 것이다.
> ㄷ. 정책과정의 세 흐름은 문제흐름, 정책흐름, 정치흐름이 있다.

① ㄱ
② ㄷ
③ ㄱ, ㄴ
④ ㄴ, ㄷ

해설

ㄱ. (×) 경쟁하는 연합의 자원과 신념체계를 강조하는 것은 정책지지연합모형에 관한 설명이다.
ㄴ. (O) 킹던(J. Kingdon)의 정책의 창 모형은 쓰레기통모형을 발전시킨 것이다.
ㄷ. (O) 정책과정의 세 흐름은 문제흐름, 정책흐름, 정치흐름이며, 세 가지 흐름은 상호 독립적이다.

정답 | ④

282

앨리슨(Allison)의 정책결정모형 중 Model II(조직과정모형)에 대한 설명으로 옳지 <u>않은</u> 것은?

① 정부는 느슨하게 연결된 연합체이다.
② 권력은 반독립적인 하위조직에 분산된다.
③ 정책결정은 SOP에 의해 프로그램 목록에서 대안을 추출한다.
④ 정책결정의 일관성이 강하다.

282	
기출처	2013 국가직 9급
난이도	★★
키워드	앨리슨(G. Allison)

해설

① (O) 조직과정모형에서 가정하는 정부는 독립성이 강한 다양한 부서들이 각자의 목표를 추구하며 느슨하게 연결된 연합체이다.
② (O) 합리모형에서의 권력은 최고 책임자에게 집중되어 있지만 조직과정모형에서의 권력은 반독립적인 하위조직에게 분산되어 있다.
③ (O) 합리모형은 분석에 의해 정책결정이 이루어지지만 조직과정모형은 학습의 결과물인 프로그램 목록에서 대안을 추출하고 이를 다른 부서들과 타협하여 정책을 결정한다.
④ (×) 정책결정의 일관성이 강한 것은 합리모형이다.

고득점 플러스+ 앨리슨(G. Allison) 모형

- 합리모형
  - 결정의 주체: 응집성이 강한 단일의 유기체 → 조직의 전 계층
  - 목적: 조직 전체 목표의 극대화 → 최선의 수단
  - 특징: 집권적 의사결정, 동시적·분석적 결정
- 조직과정모형
  - 결정의 주체: 반독립적 하위부서들의 느슨한 연합체 → 조직의 중·하위계층
  - 목적: 조직의 목표 + 부서의 목표 추구
  - 특징: 제한된 합리성, 부분적이고 순차적인 탐색, SOP에 의한 결정 + 부서 간 타협
- 관료정치모형
  - 결정의 주체: 공유감이 약한 상급자 개개인 → 조직의 상위계층
  - 목적: 조직의 목표 + 부서의 목표 + 개인의 목표 추구
  - 특징: 정치적 게임에 의한 결정 → 승패의 변경으로 인한 정책의 낮은 일관성

관련기출 옳은지문

- 조직과정모형에서의 정책산출물은 주로 관행과 표준적 절차에 따라 만들어진다. 15. 국가직 7급

- 조직과정모형은 정책과정에 참여하는 하위조직에 의해 작성된 해결책의 실질적 내용이 크게 수정되지 않고 정책으로 채택된다고 설명한다. 05. 서울시 7급

정답 | ④

283		1 2 3
기출처	2015 국가직 7급	
난이도	★★	
키워드	조직과정모형	

관련기출 옳은지문
- 앨리슨 모형의 모델 I 은 개인적 차원의 합리적 결정을 설명하는 합리모형의 시각을 국가 정책결정과정에 유추한 것이다. 07. 국가직 9급

283
앨리슨(Allison)은 쿠바 미사일 위기에 대한 분석을 통해 합리적 행위자모형, 조직과정모형, 관료정치모형이라는 3가지 정책결정모형을 제시하였다. 다음 중 조직과정모형의 가정은?

① 정책산출물은 주로 관행과 표준적 절차에 따라 만들어진다.
② 의사결정자는 완벽한 정보를 가지고 주어진 목표의 극대화를 추구하는 합리적 존재이다.
③ 정책은 정치적 경쟁, 협상, 타협의 산물이다.
④ 정책결정의 행위주체는 독자성이 강한 다수 행위자들의 집합이다.

해설

① (O) 조직과정모형은 조직을 목표에 대한 합의가 비교적 약한 반독립적인 하위조직의 느슨한 연결로 가정하고, 하위부서들 간 타협이나 표준운영절차(SOP)에 의해 정책이 결정된다는 모형이다.
② (X) 의사결정자를 완벽한 정보를 가지고 주어진 목표의 극대화를 추구하는 합리적 존재로 보는 것은 합리적 행위자모형이다.
③ (X) 정책을 정치적 경쟁이나 협상 또는 타협의 산물로 보는 것은 관료정치모형이다.
④ (X) 정책결정의 행위주체를 독자성이 강한 다수 행위자들의 집합으로 보는 것은 관료정치모형이다.

정답 | ①

284		1 2 3
기출처	2023 국가직 9급	
난이도	★★	
키워드	관료정치모형	

관련기출 옳은지문
- 관료정치모형에서 정책결정의 권력은 개인행위자의 정치적 자원에 의해 좌우된다. 17. 국회직 9급
- 관료정치모형에서 정책은 참여자들 간의 타협과 흥정에 의한 정치적 결과이다. 16. 경찰간부

284 〈필수〉
앨리슨(Allison)의 관료정치모형(모형 III)에 대한 설명으로 옳은 것은?

① 정책결정은 준해결(quasi-resolution)적 상태에 머무르는 경우가 많다.
② 정책결정자들은 국가 전체의 이익이나 전략적 목표를 극대화하기 위한 결정을 한다.
③ 정책결정에 참여하는 구성원들 간 목표 공유 정도와 정책결정의 일관성이 모두 매우 낮다.
④ 정부는 단일한 결정주체가 아니며 반독립적(semi-autonomous) 하위조직들이 느슨하게 연결된 집합체이다.

해설

① (X) 갈등의 해결이 준해결(quasi-resolution)적 상태에 머무르는 경우 많은 것은 조직과정모형이다.
② (X) 국가 전체의 이익이나 전략적 목표를 극대화하기 위한 결정은 합리적 행위자모형의 특징이다.
③ (O) 관료정치모형은 상급자 개개인을 정책결정의 참여자로 보는 모형으로, 세 가지 모형 중 목표의 공유 정도와 응집성 및 정책의 일관성이 가장 낮은 모형이다.
④ (X) 정부를 반독립적(semi-autonomous) 하위조직들이 느슨하게 연결된 집합체로 보는 것은 조직과정모형이다.

정답 | ③

285
앨리슨(Allison) 모형에 대한 설명으로 옳은 것은?

① 합리적 행위자모형에서는 국가 전체의 이익과 국가목표 추구를 위해서 개인의 이익을 고려하지 않는 것을 경계하며 국가가 단일적인 결정자임을 부정한다.
② 조직과정모형에서 조직은 불확실성을 회피하기 위하여 정책결정을 할 때 표준운영절차(SOP)나 프로그램 목록(program repertory)에 의존하지 않는다.
③ 관료정치모형은 여러 다양한 문제에 관심을 갖는 다수의 행위자를 상정하며 이들의 목표는 일관되지 않는다.
④ 외교안보문제 분석에 있어서 설명력을 높이기 위한 대안적 모형으로 조직과정모형을 고려하지는 않는다.

285	
기출처	2019 국가직 9급
난이도	★★
키워드	관료정치모형

관련기출 옳은지문
- 합리적 행위자 모형은 정책이 최고지도자와 같은 단일행위자의 합리적 선택이라고 간주한다.
  19. 서울시 9급(상)

해설

① (×) 합리적 행위자모형에서는 국가를 하나의 합리적 유기체로 보면서, 국가 전체의 이익과 국가목표를 추구한다고 본다.
② (×) 조직과정모형에서 조직은 불확실성을 회피하기 위하여 표준운영절차(SOP)나 프로그램 목록(program repertory)을 활용한다.
③ (○) 관료정치모형은 여러 다양한 문제에 관심을 갖는 다수의 행위자를 상정하며 이들의 목표는 일관되지 않는다. 다수의 행위자들은 각기 다른 문제에 관심으로 갖고, 서로 다른 가치와 이해관계를 가지고 정책결정에 참여한다.
④ (×) 앨리슨(G. Allison)은 『결정의 본질』(1971)에서 1960년대 초 쿠바 미사일 사건과 관련된 미국의 외교정책 과정을 분석한 후 정부의 정책결정과정을 설명하고 예측하기 위한 분석틀로서 기존에 제시되었던 합리모형과 조직과정모형에 관료정치모형을 새롭게 추가하여 세 가지 의사결정모형을 제시하였다.

정답 | ③

286
앨리슨(G. T. Allison)의 세 가지 의사결정모형에 대한 설명으로 옳지 않은 것은?

① 집단적 의사결정을 국가의 정책결정에 적용하기 위해 합리적 행위자모형, 조직과정모형, 관료정치모형으로 분류하였다.
② 관료정치모형은 조직 하위계층에의 적용가능성이 높고, 조직과정모형은 조직 상위계층에의 적용가능성이 높다.
③ 실제 정책결정에서는 어느 하나의 모형이 아니라 세 가지 모형이 모두 적용될 수 있다.
④ 원래 국제정치적 사건과 위기적 사건에 대응하는 정책결정을 설명하기 위한 모형으로 고안되었으나, 일반정책에도 적용 가능하다.

286	
기출처	2015 국가직 9급
난이도	★★
키워드	관료정치모형

관련기출 옳은지문
- 앨리슨(G. Allison) 모형은 쿠바 미사일 사건에 대한 세 가지 상이한 이론모형을 제시한다. 19. 서울시 9급(상)

해설

① (○) 앨리슨(G. Allison) 모형은 쿠바미사일위기와 관련한 미국의 정책적 대응을 연구(1971)한 이론으로, 조직의 응집성을 기준으로 집단적 의사결정모형을 유형별로 분류하였다.
② (×) 관료정치모형은 조직의 상위계층에 적용가능성이 높고, 조직과정모형은 조직의 중하위계층에 적용가능성이 높다.
③ (○) 앨리슨(G. Allison) 모형은 세 가지 모형이 하나의 정책결정을 설명하는 데 모두 부분적으로 이용될 수 있음을 설명한다.
④ (○) 앨리슨(G. Allison) 모형은 쿠바미사일위기라는 국제정치적 사건을 설명하는 모형이었지만 일반적인 정책과정의 설명에도 적용될 수 있다.

정답 | ②

287

287
기출처: 2021 지방직 9급
난이도: ★★
키워드: 관료정치모형

앨리슨(Allison) 모형 중 다음 내용에 초점을 두고 정책결정을 설명하는 것은?

> 1960년대 쿠바 미사일 사태에서 미국은 해안봉쇄로 위기를 극복하였다. 정부의 각 부처를 대표하는 사람들은 위기상황에서 각자가 선호하는 대안을 제시하였다. 대표자들은 여러 대안에 대하여 갈등과 타협의 과정을 거쳤고, 결국 해안봉쇄 결정이 내려졌다. 이는 대통령이 사태 초기에 선호했던 국지적 공습과는 다른 결정이었다. 물론 해안봉쇄가 위기를 해소하는 최선의 대안이라는 보장은 없었고, 부처에 따라서는 불만을 가진 대표자도 있었다.

① 합리적 행위자모형
② 쓰레기통모형
③ 조직과정모형
④ 관료정치모형

관련기출 옳은지문

- 앨리슨(Allison)의 정치모형(Model Ⅲ)은 각자의 재량권과 이해관계를 가진 독립적인 개인들이 조정과 타협을 통해 정책을 결정한다.
  24. 경찰간부

해설

① (×) 합리적 행위자모형은 모든 대안을 분석한 후 미국의 국익에 가장 크게 기여하는 대안을 선택한다는 이론이다.
② (×) 쓰레기통모형은 앨리슨 모형에 포함되어 있지 않다.
③ (×) 부서별 대표라는 의미가 부서의 이익을 의미한다면 조직과정모형으로도 볼 수 있다. 다만 출제자는 부서별 대표의 의미를 부서의 이익뿐만 아니라 개인의 이익까지 고려하고 있는 대표자로 가정하고 출제한 것으로 보인다.
④ (○) 부서별 대표자 즉, 상급자 각자의 선호를 대안으로 제시하였다면 이는 관료정치모형으로 보아야 할 것이다.

정답 | ④

288

288
기출처: 2018 국가직 9급
난이도: ★★
키워드: 사이버네틱스

사이버네틱스(cybernetics) 의사결정 모형에 대한 설명으로 옳지 않은 것은?

① 주요 변수가 시스템에 의하여 일정한 상태로 유지되는 적응적 의사결정을 강조한다.
② 문제를 해결하고 목표를 달성하기 위해 정보와 대안의 광범위한 탐색을 강조한다.
③ 자동온도조절장치와 같이 사전에 프로그램된 메커니즘에 따라 의사결정이 이루어진다.
④ 한정된 범위와 변수에만 관심을 집중함으로써 불확실성을 통제하려는 모형이다.

관련기출 옳은지문

- 사이버네틱스 모형은 주요 변수의 유지를 위한 적응에 초점을 둔다.
  19. 행정사

- 사이버네틱스 모형은 정책결정과정에서 변수의 단순화를 통해서 불확실성을 통제한다.
  19. 행정사

해설

① (○) 사이버네틱스모형은 합리모형과 극단적으로 대립되는 적응적·관습적 의사결정으로, 인간의 두뇌가 정보와 환류에 의해 환경에 적응하는 것을 조직의 의사결정에 적용한 것이다.
② (×) 문제를 해결하고 목표를 달성하기 위해 정보와 대안의 광범위한 탐색을 강조하는 것은 합리모형이다.
③ (○) 사이버네틱스모형은 자동온도조절장치처럼 사전에 설정된 의사결정 방식을 기반으로 정보를 환류하면서 적응하는 시스템이다.
④ (○) 사이버네틱스모형은 합리모형과 달리 모든 변수를 통제할 수 없다고 보며, 한정된 범위의 변수에 초점을 두되 점차 그 범위를 넓혀가는 순차적 접근방법을 취한다.

고득점 플러스+ 사이버네틱스모형

- 의의: 합리모형과 극단적으로 대립되는 적응적·관습적 의사결정을 설명하는 이론
- 고도의 불확실성 속에서 정보의 지속적 제어와 환류를 통해 적응적으로 이루어지는 의사결정을 설명하는 모형
- 특징: 가치분할, 시행착오적 적응, 불확실성의 통제, 집단적 의사결정, SOP, 도구적·인과적 학습

정답 | ②

289

하이예스(M. Hayes)는 정책결정 상황을 참여자들 간 목표 합의여부, 수단적 지식 합의 여부에 따라 아래 표와 같이 구분한다. 다음 설명 중 옳지 않은 것은?

〈표〉 정책결정 상황의 분류

구분	목표 갈등	목표 합의
수단적 지식 갈등	I	II
수단적 지식 합의	III	IV

① 상황 I에서는 점증주의적 결정이 불가피하며, 점증적이지 않은 대안은 입법과정에서 제외될 수밖에 없다.
② 상황 II에서는 사이버네틱스(cybernetics)모형에 따라 정책이 결정된다.
③ 상황 III에서는 수단에 대한 합의로 인하여 합리적 의사결정이 이루어진다.
④ 상황 IV에서는 비교적 기술적이고 행정적인 문제가 포함되어 큰 변화가 일어날 수 있다.

해설

① 매력적 오답 (O) 상황 I은 목표와 수단이 모두 갈등적 상황으로 점증주의 결정이 나타난다.
② (O) 상황 II는 목표는 합의되었으나 수단을 놓고 갈등이 나타나므로 수단에 대한 시행착오적 결정 즉, 사이버네틱스 방식이 나타난다.
③ (×) 상황 III에서는 수단에 대해서는 합의하였지만 목표의 갈등이 존재하므로 타협적 결정이 이루어진다.
④ (O) 상황 IV는 목표와 수단이 모두 명확하므로 보다 기술적인 합리주의 결정이 나타나며, 급진적인 변화가 일어날 수 있다.

정답 | ③

289

기출처	2013 지방직 7급
난이도	★
키워드	하이예스(M. Hayes)

관련기출 옳은지문

- 에치오니(Etzioni)는 규범적이지만 비현실적인 합리모형과 현실적이지만 보수적인 점증모형을 절충한 모형을 제시하였다. 17. 행정사

- 최적모형은 기존의 계량적 분석뿐만 아니라 직관적 판단에 의한 결정도 중요하다고 본다. 21. 소방간부

290

다음에서 제시하는 정책결정모형에 대한 설명으로 옳은 것은?

- 정책의 본질이 미래지향적 문제해결에 있고, 정책결정에서 가치비판적 발전관에 기초한 가치지향적 행동추구의 중요성을 고려할 때 매우 중요한 의의가 있다.
- 대안을 선택할 수 있는 기준이 명확해야 한다.
- 기존 정책이나 사업의 매몰비용으로 인해 현실 적합성이 떨어지는 한계가 있다.

① 시간의 흐름에 따라 환류되는 정보를 분석하여 잘못된 점이 있으면 수정·보완하는 방식이다.
② 문제성 있는 선호(problematic preferences), 불명확한 기술(unclear technology), 일시적 참여자(part-time participants)가 전제조건이다.
③ 갈등을 완전히 해결하지 못하고, 타협을 통한 봉합을 모색한다.
④ 같은 비용으로 최대의 목표산출을 얻을 수 있는 대안을 선택하는 행위를 의미한다.

해설

① (×) 다음에서 제시하는 정책결정모형은 합리모형이다. 시간의 흐름에 따라 환류되는 정보를 분석한 후 수정·보완하는 방식으로 결정이 이루어지는 것은 사이버네틱스 모형이다.
② (×) 문제성 있는 선호, 불명확한 기술, 일시적 참여자를 전제조건으로 하는 것은 쓰레기통모형이다.
③ (×) 갈등의 준해결이나 타협을 통한 봉합 등은 회사모형의 주요 특징이다.
④ (O) 같은 비용으로 최대의 산출을 얻을 수 있는 대안을 선택하고자 하는 것이 합리모형의 내용이다.

정답 | ④

290

기출처	2021 지방직 7급
난이도	★★
키워드	합리모형

관련기출 옳은지문

- 합리모형은 정책결정자가 모든 대안과 모든 결과를 고려할 수 있는 절대적 합리성을 가지고 있다고 본다. 16. 경찰승진

- 합리모형은 완전한 정보를 가지고 효용극대화의 논리에 따라 소비행동을 하는 경제인의 가정과 매우 유사하다. 22. 국회직 9급

291

기출처 2017 지방직 7급
난이도 ★
키워드 혼합주사모형

관련기출 옳은지문
• 점증모형에서는 기존의 정책에 부분적인 수정이 이루어지는 식으로 정책이 결정된다고 본다. 17. 소방간부

291
정책결정모형에 대한 설명으로 옳지 않은 것은?

① 점증주의모형은 정책이 결정되는 현실적인 모습을 반영하고 있다.
② 쓰레기통모형은 정책결정의 우연성을 강조하여 정책결정이 이루어지게 되는 계기에 주목한다.
③ 혼합주사모형에서 세부적 결정은 합리모형의 의사결정방식으로 개선된 대안을 제시한다.
④ 최적모형은 계량적 분석뿐만 아니라 직관적 판단에 의한 결정의 중요성을 강조한다.

해설

① (O) 점증모형은 현실적이고 실증적인 모형으로 정책결정의 현실적 모습을 기술하며, 지속적인 수정과 보완을 통해 불확실성을 극복할 수 있는 방안을 제시하였다.
② (O) 쓰레기통모형은 계층적 권위가 없는 조직화된 무정부 상태 혹은 가치와 신념이 이질적인 상황에서 이루어지는 결정과 갑작스러운 사건의 발생으로 평소에 표류하는 여러 가지 정책대안 중 한 가지가 주목되어 정책이 결정되는 상황을 설명하기 용이하다.
③ (×) 혼합주사모형에 따르면 세부적 결정은 근본적 결정의 테두리 내에서 선정된 소수의 대안에 대해서만 검토하는 점증모형을 따른다. 다만 그 결과에 대한 예측은 세밀하게 분석한다.
④ (O) 최적모형은 드로어(Y. Dror)가 제시한 모형으로, 합리적인 분석뿐만 아니라 정책 결정자의 직관, 판단, 창의성, 초합리성 등 비계량적이고 질적인 요소의 중요성을 강조하여 최적의 결정을 내리고자 한다.

정답 | ③

292

기출처 2019 지방직 9급
난이도 ★★
키워드 혼합주사모형

관련기출 옳은지문
• 최적모형은 양적 분석뿐만 아니라 질적 분석도 동시에 고려한다. 22. 소방간부

292
정책결정모형에 대한 설명으로 옳지 않은 것은?

① 린드블롬(Lindblom)같은 점증주의자들은 합리모형이 불가능한 일을 정책결정자에게 강요함으로써 바람직한 정책결정에 도움을 주지 못한다고 주장한다.
② 사이먼(Simon)의 만족모형은 합리모형에 대한 심각한 도전이자, 인간의 인지능력이라는 기본적인 요소에서 출발했기에 이론적 영향이 컸다.
③ 에치오니(Etzioni)는 합리모형과 점증모형의 단점을 극복하기 위하여 최적모형을 주장하였다.
④ 스타인부르너(Steinbruner)는 시스템 공학의 사이버네틱스 개념을 응용하여 관료제에서 이루어지는 정책결정을 단순하게 묘사하고자 노력하였다.

해설

① (O) 합리모형은 완전한 합리성을 가정하고 정책대안을 찾고자 하지만 현실적으로는 많은 제약요건으로 인해 이것이 불가능한 경우가 많다.
② (O) 사이먼(H. Simon)은 제한된 합리성에 근거하여 만족모형을 제시하였는데 이러한 제한된 합리성의 가정은 이후 등장한 다른 모형의 전제조건으로 작용하였기에 이론적 영향력이 크다는 의미이다.
③ (×) 합리모형과 점증모형의 단점을 극복하기 위하여 최적모형을 주장한 학자는 드로어(Y. Dror)이다.
④ (O) 사이버네틱스모형은 정해진 고차원의 명확한 목표를 추구하는 것이 아니라 고도의 불확실성하에서 정보를 지속적으로 제어하고 환류하면서 적응적으로 결정을 하는 시스템이다.

정답 | ③

293
정책결정모형에 대한 설명으로 옳지 않은 것은?

① 점증모형 – 기존의 정책을 수정 보완해 약간 개선된 상태의 정책대안이 선택된다.
② 최적모형 – 정책결정자의 직관적 판단은 정책결정의 중요한 요인으로 인정되지 않는다.
③ 혼합주사모형 – 거시적 맥락의 근본적 결정에 해당하는 부분에서는 합리모형의 의사결정방식을 따른다.
④ 쓰레기통모형 – 조직화된 무질서 상태에서 어떠한 계기로 인해 우연히 정책이 결정된다.

293	
기출처	2017 국가직 9급
난이도	★★
키워드	최적모형

🔍 관련기출 옳은지문
• 점증모형은 수단에 의해서 목표가 수정될 수 있다고 본다. 24. 군무원 7급

해설

① (○) 점증모형은 기존의 정책을 바탕으로 이를 약간 개선할 수 있는 선에서 정책을 추가하고 삭제하는 형태로 결정이 이루어진다.
② (×) 최적모형은 비정형적인 의사결정을 함에 있어 정책결정자의 직관적 판단과 같은 초합리적 요소를 중요한 요인으로 고려한다.
③ (○) 혼합주사모형은 거시적·맥락적 결정과 세부적 결정을 구분하는 모형으로 거시적 결정에서는 주로 합리모형이 적용된다.
④ (○) 쓰레기통모형은 조직화된 무질서와 같은 계층적 권위가 없는 조직에서 이루어지는 결정을 설명하기 쉽다.

고득점 플러스+ 최적모형
• 의의: 현실과 이상을 통합하고자 드로어(Y. Dror)가 제시한 규범적이고 처방적인 모형
• 목적: 합리모형의 비현실성과 점증모형의 보수성을 극복하기 위해 제시
• 현실: 불확실한 상황, 제한된 자원과 정보, 비정형적 결정 → 경제적 합리성의 제약
• 처방: 경제적 합리성 + 초합리성(→ 직관이나 영감과 같은 묵시적 지식) + 환류
• 체제적 시각: 상위정책(→ 메타결정)과 환류를 통한 결정능력의 지속적 향상을 추구하는 모형

정답 | ②

294
정책결정모형에 대한 설명으로 옳은 것은?

① 최적모형에 따르면 정책결정과 관련해 위험최소화 전략 대신 혁신전략을 취하는 것은 상위정책결정(meta-policy making)에 해당한다.
② 앨리슨(Allison) 모형 Ⅱ는 긴밀하게 연결된 하위 조직체들이 표준운영절차를 통해 상호의존적인 의사결정을 한다고 본다.
③ 만족모형은 의사결정자들이 만족할 만하고 괜찮은 해결책을 얻기 위해 몇 개의 대안만을 병렬적으로 탐색한다고 한다.
④ 쓰레기통모형은 의사결정을 위해서는 문제, 해결책, 참여자의 세 가지 요소가 필요하다고 본다.

294	
기출처	2019 국가직 7급
난이도	★
키워드	최적모형

해설

① (○) 최적모형에 의하면 전략의 결정은 상위정책결정단계에 속한다.
② (×) 앨리슨(G. Allison) 모형 Ⅱ는 결정의 주체를 느슨하게 연결된 하위부서들로 가정하는 모형이다.
③ **매력적 오답** (×) 만족모형은 무작위적이고 순차적인 탐색과정 속에서 대안이 선택된다. 병렬적이란 여러 대안을 동시에 비교한다는 의미이며 이는 합리모형의 특징에 속한다.
④ (×) 쓰레기통모형에 의하면 의사결정을 위해서는 문제, 해결책, 참여자 그리고 선택기회라는 네 가지 흐름이 필요하다.

정답 | ①

295	① ② ③
기출처	2022 국가직 9급
난이도	★★
키워드	회사모형

관련기출 옳은지문

- 점증모형은 실제의 결정상황에 기초한 현실적이고 기술적인 모형이다. 23. 군무원 7급

- 쓰레기통모형은 조직화된 무정부상태를 전제로 한다. 06. 국가직 7급

295 〈필수〉

의사결정 모형에 대한 설명으로 옳지 않은 것은?

① '최적모형'은 정책결정자의 합리성뿐 아니라 직관·판단·통찰 등과 같은 초합리성을 아울러 고려한다.

② '쓰레기통모형'은 대학조직과 같이 조직 구성원 사이의 응집력이 아주 약한 상태, 즉 조직화된 무정부상태(organized anarchy)에서 의사결정이 이루어지는 과정을 설명하려고 시도한다.

③ '점증모형'은 실제 정책의 결정이 점증적인 방식으로 이루어질 뿐 아니라 정책을 점증적으로 결정하는 것이 바람직하다는 입장을 견지한다.

④ '회사모형'은 조직의 불확실한 환경을 회피하고 조직 내 갈등을 극복하기 위하여 장기적인 전략과 기획의 중요성을 강조한다.

해설

① (○) 최적모형은 합리모형의 한계를 초합리성과 환류를 통해 극복하고자 하였다.
② (○) 쓰레기통모형은 조직화된 무정부 상태에서 문제, 해결책, 참여자, 선택 기회라는 네 가지 흐름이 우연히 만나 의사결정이 이루어진다고 본다. 이는 정책 결정의 우연성과 비합리적인 측면을 강조하며, 특정 계기나 기회(선택 기회)가 정책 결정으로 이어진다고 설명한다.
③ (○) 점증모형은 실증적이면서도 동시에 규범적 특성을 지닌다. 이는 실제 정책이 점증적으로 이루어진다는 것과 더불어 이러한 점증적 결정이 규범적으로도 바람직하다는 의미이다.
④ (×) 회사모형은 단기적 환류를 통해 불확실성을 회피하고자 한다.

정답 | ④

296	① ② ③
기출처	2024 지방직 7급
난이도	★★
키워드	앨리슨 모형

관련기출 옳은지문

- 앨리슨(Allison)의 조직과정모형(Model II)에서는 느슨하게 연결된 하위 조직체들이 표준운영절차(SOP)에 따라 의사결정을 한다. 24. 경찰승진

296 〈필수〉

정책결정모형에 대한 설명으로 옳은 것은?

① 혼합주사모형에서 '문제성 있는 선호(problematic preferences)'란 의사결정 참여자들이 무엇이 바람직한지에 관한 선호가 분명하지 않은 상태에서 결정에 참여하는 것이다.

② 최적모형에서 '불명확한 기술'이란 목표와 수단 사이의 인과관계가 명확하지 않은 것이다.

③ 쓰레기통모형에서 '문제 중심의 탐색'이란 정책결정 능력의 한계로 관심 있는 문제 중심으로 대안을 탐색하는 것이다.

④ 앨리슨 모형(Allison Model)의 '합리적 행위자모형(모형 I)'에 따르면 국가 또는 정부에 의해서 채택된 정책은 그 국가의 전략적 목표나 목적을 극대화하도록 의도된다.

해설

① (×) 문제성 있는 선호(problematic preferences)는 쓰레기통모형의 내용이다.
② (×) 불명확한 기술은 쓰레기통모형의 내용이다.
③ (×) 문제 중심의 탐색은 회사모형의 내용이다.
④ (○) 앨리슨 모형(Allison Model)의 합리적 행위자 모형(모형 I)은 국가 또는 정부를 단일하고 합리적인 행위자로 가정하고, 국가의 정책 결정이 국가의 전략적 목표나 목적을 극대화하기 위한 합리적인 선택의 결과라고 설명한다. 즉, 모든 정책은 명확한 목표 달성을 위한 최적의 수단으로 의도된다고 본다.

정답 | ④

297 〈필수〉
정책결정모형에 대한 설명으로 옳은 것은?
① 혼합주사모형(mixed scanning approach)은 1960년대 미국의 쿠바 미사일 위기사건을 설명하기 위해 연구된 모형이다.
② 사이버네틱스모형을 설명하는 예시로 자동온도조절장치를 들 수 있다.
③ 쓰레기통모형은 갈등의 준해결, 문제 중심의 탐색, 불확실성의 회피, 표준운영절차의 활용을 설명하는 모형이다.
④ 합리모형은 만족할 만한 수준에서 의사결정이 이루어진다고 설명하는 모형이다.

해설
① (×) 1960년대 미국의 쿠바 미사일 위기사건을 설명하기 위해 연구된 모형은 앨리슨 모형이다.
② (○) 자동온도조절장치는 환류되는 정보를 바탕으로 사전에 설정된 온도의 범위에 머물고자 하므로 이는 사이버네틱스의 결정과 유사하다.
③ (×) 갈등의 준해결, 문제 중심의 탐색, 불확실성의 회피, 표준운영절차의 활용을 강조하는 것은 회사모형이다.
④ (×) 만족할 만한 수준에서 의사결정이 이루어진다고 설명하는 모형은 만족모형이다.

정답 | ②

297
기출처	2023 지방직 9급
난이도	★★
키워드	사이버네틱스모형

관련기출 옳은지문
- 혼합탐사 또는 혼합주사모형은 결정을 근본적 결정과 세부적 결정으로 나누고 합리적 결정과 점증적 결정을 적절히 혼합하여 의사결정을 하는 모형이다. 11. 국회직 8급

- 합리모형은 의사결정자들이 사회적으로 추구하는 가치와 그것들의 우선순위를 보여주는 일련의 목표들을 설정할 능력이 있다고 가정한다. 08. 국가직 7급

298
정책결정모형에 관한 설명으로 옳은 것은?
① 합리모형 – 일반적으로 인간의 제한된 분석능력을 보완할 수 있는 기능을 포함한다.
② 점증모형 – 정책결정과정에서 정치적 합리성보다 경제적 합리성을 더욱 중요시한다.
③ 사이버네틱스모형 – 습관적인 의사결정을 설명하는 데 유용하며, 반복적인 의사결정과정의 수정이 환류된다.
④ 쓰레기통모형 – 위계적인 조직구조의 의사결정과정에 적용되며, 정책갈등 상황 해결에 유용하다.

해설
① (×) 합리모형은 인간의 완전한 합리성을 가정한다. 인간의 제한된 분석능력을 직관이나 영감과 같은 초합리성과 환류로 보완한 것은 최적모형이다.
② (×) 점증모형은 효율성과 같은 경제적 합리성보다는 타협이나 합의와 같은 정치적 합리성을 더 중시한다.
③ (○) 사이버네틱스모형은 습관적, 반복적 의사결정을 설명하는 데 유용하다. 정해진 고차원의 명확한 목표를 추구하는 것이 아니라 고도의 불확실성하에서 정보를 지속적으로 제어하고 환류하면서 적응적으로 의사를 결정하는 시스템이다.
④ (×) 쓰레기통모형은 계층적 권위가 없는 조직화된 무정부 상태에서의 의사결정에 적용된다.

정답 | ③

298
기출처	2014 지방직 9급
난이도	★★
키워드	사이버네틱스모형

관련기출 옳은지문
- 합리모형은 의사결정자들이 사회적으로 추구하는 가치와 그것들의 우선순위를 보여주는 일련의 목표들을 설정할 능력이 있다고 가정한다. 20. 경찰간부

- 사이버네틱스(Cybernetics) 의사결정에 따르면, 의사결정의 질은 사전에 설정된 표준운영절차가 얼마나 정교한지에 의해 결정된다. 21. 경찰간부

299

299	① ② ③
기출처	2024 국가직 7급
난이도	★★
키워드	사이버네틱스모형

🔍 관련기출 옳은지문

• 사이어트와 마치가 주장한 회사모형은 느슨하게 연결된 조직의 결정을 다루는 연합모형으로 갈등의 준해결, 불확실성의 회피, 문제 중심의 탐색, 조직의 학습을 특징으로 한다.
07. 서울시 9급

• 사이버네틱스모형은 설정된 목표달성을 위해 정보제어와 환류과정을 통해 자신의 행동을 스스로 조정해 나간다고 가정하는 것이다.
14. 국가직 7급

299 〈필수〉
정책결정모형에 대한 설명으로 옳은 것은?

① 사이버네틱스모형은 비목적적 적응(non-purposive adaption)을 특징으로 한다.
② 회사모형은 합리적 분석과 함께 정책결정자의 직관적 판단도 정책결정의 중요 요인으로 수용한다.
③ 앨리슨(Allison)이 제시한 조직과정모형은 의사결정이 분산되어 있는 상황에서 합의된 정책결정을 위해 타협을 시도하는 상황을 설명하기 쉽다.
④ 혼합주사모형은 정책결정을 하나의 우연한 현상으로 설명한다.

해설

① (O) 사이버네틱스 모형은 미리 설정된 목표를 향해 스스로 오차를 수정하며 적응해 나가는 시스템을 설명한다. 이 과정에서 의도적인 목표 설정보다는 환경 변화에 대한 기계적이고 자동적인 반응을 통해 적응이 이루어지므로, 이를 '비목적적 적응'으로 특징지을 수 있다. 즉, 시스템이 환경에 반응하며 스스로 조정되지만, 그 조정 과정이 특정 의도를 가지고 시작된 것은 아니라는 의미이다.
② (×) 합리적 분석과 함께 정책결정자의 직관적 판단도 강조하는 것은 최적모형이다.
③ (×) 의사결정이 분산되어 있는 상황에서 합의된 정책결정을 위해 타협을 시도하는 것은 관료정치모형이다.
④ (×) 정책결정을 하나의 우연한 현상으로 설명하는 것은 쓰레기통모형이다.

정답 | ①

300

300	① ② ③
기출처	2020 지방직 9급
난이도	★★
키워드	정책결정모형

300 〈필수〉
정책결정모형에 대한 설명으로 옳은 것만을 모두 고르면?

ㄱ. 만족모형에서는 정책결정을 근본적 결정과 세부적 결정으로 구분한다.
ㄴ. 점증주의 모형은 현상유지를 옹호하므로 보수적이라는 비판을 받고 있다.
ㄷ. 쓰레기통모형에서 의사결정의 4가지 요소는 문제, 해결책, 선택기회, 참여자이다.
ㄹ. 갈등의 준해결과 표준운영절차(SOP)의 활용은 최적모형의 특징이다.

① ㄱ, ㄴ
② ㄱ, ㄹ
③ ㄴ, ㄷ
④ ㄷ, ㄹ

해설

ㄱ. (×) 정책결정을 근본적 결정과 세부적 결정으로 구분한 것은 혼합모형이다.
ㄴ. (O) 점증모형은 기존의 정책을 바탕으로 가감식으로 결정하므로 보수적이라는 비판을 받는다.
ㄷ. (O) 쓰레기통모형은 의사결정에 필요한 네 가지 흐름이 우연히 만날 때 정책이 채택된다고 설명한다.
ㄹ. (×) 갈등의 준해결과 표준운영절차(SOP)의 활용은 회사모형의 특징이다.

정답 | ③

301
정책결정모형에 대한 설명 중 옳은 것을 모두 고른 것은?

> ㄱ. 점증주의 모형에 따르면 합리적 방법에 의한 쇄신보다는 기존의 상태에 바탕을 둔 점진적 변동을 시도한다고 본다.
> ㄴ. 공공선택모형은 관료들의 자기이익 추구를 배제한 공익 차원의 집단적 의사결정 방식이다.
> ㄷ. 앨리슨 모형은 정책결정모형을 합리모형, 조직과정모형, 관료정치모형 관점에서 정리한 것이다.
> ㄹ. 쓰레기통모형에 따르면 문제 흐름, 선택기회 흐름 및 참여자 흐름이 만나 무의사결정을 하게 된다고 본다.

① ㄱ, ㄴ
② ㄱ, ㄷ
③ ㄴ, ㄹ
④ ㄷ, ㄹ

301	
기출처	2011 지방직 9급
난이도	★★
키워드	정책결정모형

관련기출 옳은지문
- 쓰레기통모형은 조직의 구성단위나 구성원 사이의 응집성이 아주 약한 혼란 상태(조직화된 무정부 상태)에서 이루어지는 정책결정의 특징을 강조한다.   24. 경찰승진

- 앨리슨(Allison)모형은 정책결정모형을 합리모형, 조직과정모형, 관료정치모형 관점에서 제시하였다.   18. 국회직 9급

해설
ㄱ. (O) 점증모형은 린드블롬(C. Lindblom)과 윌다브스키(A. Wildavsky) 등에 의해 주장된 계속적·제한적 접근방법으로, 기존 정책의 가감식 결정에 바탕을 둔 점진적 변동을 시도한다.
ㄴ. (×) 공공선택모형은 관료들을 자신의 이익을 추구하는 합리적 경제인으로 가정한다.
ㄷ. (O) 앨리슨(G. Allison) 모형은 조직의 응집성을 기준으로 집단적 의사결정을 합리모형(모델Ⅰ), 조직과정모형(모델Ⅱ), 관료정치모형(모델Ⅲ)으로 분류하였으며, 세 가지 모형은 하나의 정책결정을 설명하는 데 모두 부분적으로 이용될 수 있음을 강조하였다.
ㄹ. (×) 쓰레기통모형은 문제의 흐름, 해결책의 흐름, 참여자의 흐름, 선택기회의 흐름이 우연히 만났을 때 정책결정이 이루어진다고 설명한다.

정답 | ②

CHAPTER 07 정책집행론

302
기출처: 2021 지방직 7급
난이도: ★
키워드: 프레스만(L. Pressman)과 윌다브스키(A. Wildavsky)

관련기출 옳은지문
• 중간매개자의 개입, 정책대상집단의 비협조, 권력분립과 조직변화로 정책집행의 중요성이 강조된 배경이다. 07. 국가직 9급

302
프레스먼(Pressman)과 윌다브스키(Wildavsky)의 성공적인 정책집행에 관한 오클랜드 사례분석의 내용으로 옳지 않은 것은?

① 정책집행에 개입하는 참여자의 수가 적어야 한다.
② 정책집행은 정책결정과 분리되어 독립적으로 수행해야 한다.
③ 정책집행을 위한 프로그램 설계가 단순해야 한다.
④ 최초 정책집행 추진자 또는 의사결정자가 지속해서 집행을 이끌어야 한다.

해설

①, ③, ④ (O) 프레스만(L. Pressman)과 윌다브스키(A. Wildavsky)는 적절한 집행수단의 결여, 많은 참여자, 부적절한 집행담당기관, 집행담당기관의 잦은 교체 등을 정책집행의 실패요인으로 제시하였다.
② (×) 프레스만(L. Pressman)과 윌다브스키(A. Wildavsky)는 정책집행이 정책결정과 분리되어 독립적으로 수행되면 성공적인 정책집행이 어렵다고 하였다.

고득점 플러스+ 현대적 정책집행 → 합리모형의 실패
• 미국 사회의 특성(→ 다원주의): 엄격한 권력분립, 연방제, 탈관료제 현상(→ 권위 약화), 대리정부 현상
• 프레스만(L. Pressman)과 윌다브스키(A. Wildavsky): 많은 참여자, 타당한 인과모형의 결여, 부적절한 집행기관, 집행관료의 빈번한 교체
• 특징: 역동적(↔ 자동적·기계적) 과정, 정책결정과 정책집행의 상호 영향력, 정치적 과정(→ 많은 참여자와 다양한 관점)

정답 | ②

303
기출처: 2023 국가직 7급
난이도: ★★
키워드: 하향적 정책집행

303 필수
정책집행을 주어진 정책목표의 달성을 위한 수단적 행위로 파악하는 접근방법에 대한 설명으로 옳지 않은 것은?

① 타당한 인과이론에 바탕을 둔 정책결정의 내용은 이러한 접근에서 제시하는 규범적 처방이 된다.
② 효과적인 정책집행을 위해서는 정책내용으로서 명확한 법령과 구체적인 정책지침을 갖고 있어야 한다.
③ 정부 및 민간 프로그램에서의 의도하지 않은 효과까지도 분석할 수 있다는 장점이 있다.
④ 정책에 반대하는 정책행위자들의 입장이나 전략적 행동을 쉽게 파악할 수 없다는 단점이 있다.

해설

① , ② (O) 정책집행을 주어진 정책목표의 달성을 위한 수단적 행위로 파악하는 접근방법은 하향적 정책집행으로, 타당한 인과이론, 명확한 법령과 구체적인 정책지침을 성공적 집행을 위한 조건으로 제시한다.
③ (×) 하향적 정책집행에 관한 내용이다. 정부 및 민간 프로그램에서의 의도하지 않은 효과까지도 분석할 수 있는 것은 상향적 정책집행이다.
④ (O) 하향적 정책집행은 결정자나 지지자의 시각이므로 집행자나 반대자의 입장을 파악하기 곤란하다.

정답 | ③

304 필수
다음 설명에 해당하는 정책집행 모형을 제시한 학자는?

기출처 2022 국가직 7급
난이도 ★
키워드 정책집행 모형

- 효과적인 정책집행을 위해 갖추어야 할 조건으로서 정책결정의 내용은 타당한 인과이론에 바탕을 두어야 하며 정책내용으로서 법령은 명확한 정책지침을 가지고 있어야 한다.
- 집행과정에서 발생할 수 있는 변수들을 미리 예견할 수 있도록 해 주는 체크리스트로서의 기능을 한다는 장점이 있다.
- 정책집행 현장의 일선관료들이나 대상집단의 전략 등을 과소평가하거나 쉽게 파악할 수 없다는 단점이 있다.

① 사바티어(Sabatier)와 마즈매니언(Mazmanian)
② 린드블룸(Lindblom)
③ 프레스만(Pressman)과 윌다브스키(Wildavsky)
④ 레인(Rein)과 라비노비츠(Rabinovitz)

해설

① (O) 사바티어(P. Sabatier)와 매즈매니언(D. Mazmanian)이 하향적 시각에서 제시한 정책집행의 성공요인들이다.
② (×) 린드블룸(C. Lindblom)은 점증주의를 주장하며 정책결정의 현실적이고 정치적인 측면을 강조했다.
③ (×) 프레스만(L. Pressman)과 윌다브스키(A. Wildavsky)는 오클랜드 사업의 실패를 연구하면서 정책집행의 중요성을 강조한 학자로, 주로 정책실패의 원인을 제시하고 있다.
④ (×) 레인(M. Rein)과 라비노비츠(W. Rabinovitz)는 집행에 영향을 미치는 요인으로 법규의 형태를 띤 정책의 의도와 같은 법적 요소, 조직의 유지와 작업능력 등과 같은 합리적-관료적 요소, 이익집단의 활동과 같은 동의적 요소를 들고 있다.

정답 | ①

305 〈필수〉

305	① ② ③
기출처	2024 지방직 9급
난이도	★
키워드	반 미터(Van Meter)와 반 혼(Van Horn)

밑줄 친 연구에 해당하는 것은?

> 이 연구에서는 정책과 성과를 연결하는 모형에 정책기준과 목표, 집행에 필요한 자원, 조직 간 의사소통과 집행 활동(enforcement activities), 집행기관의 특성, 경제·사회·정치적 조건, 정책집행자의 성향(disposition)이라는 변수를 제시하였다.

① 립스키(Lipsky)의 일선관료제 연구
② 오스트롬(Ostrom)의 제도분석 연구
③ 사바티어와 마즈마니언(Sabatier & Mazmanian)의 집행과정 연구
④ 반 미터와 반 혼(Van Meter & Van Horn)의 정책 집행과정 연구

해설

① (×) 립스키(M. Lipsky)의 이론은 일선 관료의 재량권과 그들이 정책 집행에 미치는 영향에 초점을 맞춘다.
② (×) 오스트롬(E. Ostrom)은 공유재 관리 및 제도 설계를 중심으로 한 연구를 수행한 학자이다.
③ (×) 사바티어(P. Sabatier)와 매즈매니언(D. Mazmanian)의 정책집행과정 연구는 '인과 이론의 타당성', '법적 구조', '비정부 참여자들의 인과 이론의 지지 정도' 등을 강조한다.
④ (○) 밑줄 친 연구는 반 미터(Van Meter)와 반 혼(Van Horn)의 정책 집행과정 연구이다. 립스키(M. Lipsky)의 이론은 일선관료의 직무상황과 그 대처방안에 초점을 두고 있고, 사바티어(P. Sabatier)와 매즈매니언(D. Mazmanian)의 집행연구는 정책집행의 성공조건을 처방하였으며, 반 미터(Van Meter)와 반 혼(Van Horn)의 정책집행과정 연구는 정책집행을 연구하기 위한 변수를 제시하고 있다는 점에서 차이를 보인다.

정답 | ④

306

306	① ② ③
기출처	2013 지방직 9급
난이도	★★★
키워드	하향적 접근방법

정책집행에 관한 연구 중에서 하향적(top-down) 접근방법이 중시하는 효과적 정책집행의 조건으로 옳은 것만을 모두 고른 것은?

ㄱ. 일선관료의 재량권 확대	ㄴ. 지배기관들(sovereigns)의 지원
ㄷ. 집행을 위한 자원의 확보	ㄹ. 명확하고 일관성 있는 목표

① ㄱ, ㄴ
② ㄱ, ㄷ
③ ㄴ, ㄹ
④ ㄴ, ㄷ, ㄹ

관련기출 옳은지문

- 하향적 접근방법(Top-down Approach)은 단계주의적 모형이며, 집행영향요인의 발견과 이를 기반으로 한 집행이론의 구축을 연구목표로 삼는다.
  18. 경찰간부

- 하향적 접근방법은 목표와 수단 간에 명확한 인과관계가 있다고 가정하며, 목표달성도에 따른 객관적인 성과평가를 중시한다.
  24. 해경간부

해설

ㄱ. (×) 일선관료의 재량권 확대는 상향적 접근방법이 강조한다.
ㄴ. (○) 지배기관들(sovereigns)의 지원은 하향적 집행이 성공할 수 있는 환경적·맥락적 변수에 속한다.
ㄷ. (○) 집행을 위한 자원의 확보는 하향적 집행이 성공할 수 있는 집행변수에 속한다.
ㄹ. (○) 명확하고 일관성 있는 목표의 존재는 하향적 집행이 성공할 수 있는 정책변수에 속한다.

> **고득점 플러스+** 하향적 접근방법
>
> - 의의: 바람직한 정책집행을 위한 규범적 처방을 제시하고자 했던 접근방법
> - 특징: 규범적·연역적·거시적, 단계주의(↔ 융합주의) 모형, 결정자나 지지자 관점, 기계적 집행
> - 성공조건
>   - 최고관리자의 리더십, 안정적인 정책목표, 타당한 인과모형, 모든 집행상황에 대한 정확한 예측
>   - 명확한 정책지침, 유능하고 헌신적인 관료, 충분한 재원

정답 | ④

307 필수

정책집행의 하향식 접근(top-down approach)에 대한 설명으로 옳은 것만을 모두 고르면?

> ㄱ. 집행이 일어나는 현장에 초점을 맞춘다.
> ㄴ. 일선공무원의 전문지식과 문제해결능력을 중시한다.
> ㄷ. 하위직보다는 고위직이 주도한다.
> ㄹ. 정책결정자는 정책집행에 영향을 미치는 정치적·조직적·기술적 과정을 충분히 통제할 수 있다.

① ㄱ, ㄴ
② ㄱ, ㄷ
③ ㄴ, ㄹ
④ ㄷ, ㄹ

307
기출처	2020 지방직 9급
난이도	★★
키워드	하향식 접근

🔍 관련기출 옳은지문
- 하향적 접근방법은 성공적인 집행을 위해 정책결정자가 정책상황의 다양한 변수를 통제하고 적절한 리더십을 발휘해야 한다. 24. 해경간부

해설

ㄱ. (✗) 집행이 일어나는 현장에 초점을 맞추는 것은 상향식 접근방법이다.
ㄴ. (✗) 일선공무원의 전문지식과 문제해결능력을 중시하는 것은 상향식 접근방법이다.
ㄷ. (○) 하향식 접근은 최고 책임자의 리더십을 강조하며, 집행과정을 고위직이 주도한다.
ㄹ. (○) 하향식 접근은 정책의 모든 과정을 결정자가 통제할 수 있다는 가정에 기반을 둔다.

정답 | ④

308

308	① ② ③
기출처	2017 국가직 9급
난이도	★★★
키워드	상향적 접근방법

정책집행의 상향적 접근방법에 대한 설명으로 옳은 것은?

① 대표적인 모형은 사바티어(Sabatier)의 정책지지연합모형(Advocacy Coalition Framework)이다.
② 정책결정과 정책집행은 뚜렷하게 구분된다고 본다.
③ 집행현장에서 일선관료의 재량과 자율을 강조한다.
④ 안정되고 구조화된 정책상황을 전제로 한다.

관련기출 옳은지문

- 정책집행의 상향식 접근(bottom-up approach)은 정책목표 대신 집행문제의 해결에 논의의 초점을 맞춘다. 23. 경찰승진

- 정책집행의 상향식 접근(bottom-up approach)은 집행의 제도적 구조, 집행 자원 배분 등 집행의 거시적 틀을 무시한다는 비판을 받는다. 23. 경찰승진

해설

① (×) 사바티어(P. Sabatier)의 정책지지연합모형은 통합모형으로 분류된다.
② (×) 정책결정과 정책집행을 명확하게 구분하는 것은 하향적 접근방법에 속한다.
③ (○) 상하 관계의 상호성과 공동행위의 복잡성을 강조하는 정책집행의 상향적 접근방법은 성공적 집행을 위해서 일선관료의 전문지식과 재량을 강조한다.
④ (×) 안정되고 구조화된 상황이라면 하향적 접근방법이 유용하다.

고득점 플러스+ 상향적 접근방법

- 의의: 집행현장을 기술하고 설명하는 데 초점을 둔 접근방법
- 특징: 실증적·귀납적·미시적 접근, 융합주의(↔ 단계주의) 모형, 집행자나 반대자 관점, 집행자의 재량과 자율성 강조
- 장점: 집행과정의 실제를 설명하기 용이, 시간의 경과에 따른 변화의 인지, 의도하지 않았던 효과의 분석 등
- 단점: 정책집행의 거시적·연역적 분석 틀 제시 곤란, 정책결정의 중요성 간과(→ 민주성 약화), 집행재량으로 인한 폐단

정답 | ③

309

309	① ② ③
기출처	2022 지방직 9급
난이도	★★
키워드	상향적 접근방법

정책집행 연구 중 상향적 접근방법(bottom-up approach)으로 옳은 것만을 모두 고르면?

ㄱ. 엘모어(Elmore)의 후방향적 집행연구
ㄴ. 사바티어(Sabatier)와 매즈매니언(Mazmanian)의 집행과정 모형
ㄷ. 립스키(Lipsky)의 일선관료제
ㄹ. 반 미터(Van Meter)와 반 호른(Van Horn)의 집행연구

① ㄱ, ㄷ   ② ㄱ, ㄹ   ③ ㄴ, ㄷ   ④ ㄴ, ㄹ

관련기출 옳은지문

- 상향식 정책집행은 정책집행에서 순응과 통제의 방식이 아닌 재량과 자율을 강조한다. 07. 국가직 7급

- 상향적 접근방법은 광범위한 행위자들이 추구하는 전략에 초점을 맞추기 때문에 시간의 경과에 따른 전략적 상호작용이 어떻게 형성되고 변화하는지 알 수 있다. 16. 경찰간부

해설

ㄱ. (○) 엘모어(R. Elmore)의 후방향적 집행연구(Backward Mapping)는 상향적 접근의 대표적인 연구이다. 정책목표를 달성하기 위해 필요한 행위가 무엇인지, 그 행위를 유발하기 위한 조건은 무엇인지 현장(Bottom)에서부터 거꾸로(Backward) 추적해 올라가는 방식이다.
ㄴ. (×) 사바티어(P. Sabatier)와 매즈매니언(D. Mazmanian)의 집행과정 모형은 하향적 접근방법에 속한다.
ㄷ. (○) 립스키(M. Lipsky)의 일선관료제(Street-Level Bureaucracy) 연구는 상향적 접근의 핵심적인 연구이다. 복지 공무원, 경찰, 교사 등 일선 관료들이 정책 집행 현장에서 갖는 광범위한 재량권과 그들의 행동이 실제 정책 결과에 미치는 지대한 영향을 강조한다.
ㄹ. (×) 반 미터(Van Meter)와 반 혼(Van Horn)의 집행연구는 하향적 접근방법에 속한다.

정답 | ①

310 〈필수〉

정책집행에 대한 설명으로 옳은 것은?

① 하향식 접근방법은 후방접근법이라고 불리며, 정책집행 현장에서 집행조직과 정책사업 간 상호작용의 중요성을 강조한다.
② 상향식 접근방법은 정책결정의 결과물인 정책목표를 달성해 가는 과정을 정책집행으로 이해한다.
③ 매틀랜드(Matland)는 정책목표의 모호성과 갈등 개념을 활용하여 특정 집행상황을 네 가지로 구조화하였다.
④ 나카무라와 스몰우드(Nakamura & Smallwood)에 따르면, 관료적 기업가형은 정책결정자들이 개괄적인 정책을 결정하고, 집행과정에서 정책의 집행자와 협상한다.

310 1 2 3
기출처	2024 국가직 7급
난이도	★★
키워드	매틀랜드(R. Matland)

🔍 관련기출 옳은지문
- 상향적 접근방법은 정책목표보다는 집행문제의 해결에 초점을 맞춘다. 15. 행정사
- 하향적 접근법은 정책결정에 대한 집행과정의 피동적 순응을 강조한다. 24. 군무원 9급
- 정책집행의 하향적 접근은 공식적인 정책목표가 중요한 변수로 취급되므로 집행실적의 객관적 평가가 용이하다. 18. 국회직 8급

해설

① (×) 후방접근법이라고 불리며, 정책집행 현장에서 집행조직과 정책사업 간 상호작용의 중요성을 강조하는 것은 정책집행의 상향식 접근방법이다.
② (×) 정책목표를 달성해 가는 과정을 정책집행으로 이해하는 것은 정책집행의 하향식 접근방법이다.
③ (○) 매틀랜드(R. Matland)는 정책목표의 모호성과 갈등 개념을 활용하여 정책집행의 유형을 관리적 집행, 정치적 집행, 실험적 집행, 상징적 집행의 네 가지로 분류하였다.
④ (×) 관료적 기업가형은 집행자가 정책목표를 결정하고 자신이 결정한 목표를 결정자가 받아들이도록 설득 또는 강요하는 모형으로, 집행자는 자신이 정한 목표를 달성하기 위한 수단들을 결정자와 협상하여 확보한다.

정답 | ③

311

정책집행의 접근방법에 대한 설명으로 옳은 것은?

① 하향식 접근방법에서는 정책목표의 신축적 조정이 효과적인 정책집행을 가져온다고 하였다.
② 사바티어(Sabatier)와 매즈매니언(Mazmanian)은 상향식 접근방법의 대표적인 모형을 제시하였다.
③ 엘모어(Elmore)가 제안한 전방향적 연구(forward mapping)는 상향식 접근방법과 유사하다.
④ 고긴(Goggin)은 통계적 연구설계의 바탕 위에서 이론의 검증을 시도하는 제3세대 집행연구를 주장하였다.

311 1 2 3
기출처	2020 국가직 7급
난이도	★★
키워드	정책집행의 접근방법

🔍 관련기출 옳은지문
- 하향식 접근방법은 정책집행을 정책결정단계에서 채택된 정책목표를 달성하는 과정으로 본다. 20. 소방간부

해설

① (×) 정책집행에 관한 하향식 접근방법은 명확하고 일관된 정책목표를 강조한다.
② (×) 사바티어(P. Sabatier)와 매즈매니언(D. Mazmanian)은 하향식 접근방법의 대표적인 모형을 제시하였다.
③ (×) 엘모어(R. Elmore)가 제안한 전방향적 연구(forward mapping)는 하향식 접근방법과 유사하다. 상향적 접근방법과 유사한 것은 후방향적 연구이다.
④ (○) 고긴(M. Goggin) 등이 주도한 정책집행의 제3세대 연구는 통계적 연구설계를 통한 검증과 같은 실증적 접근방법을 강조한다.

정답 | ④

312

기출처: 2015 국가직 7급
난이도: ★★
키워드: 하향식 접근방법

정책집행 연구에 대한 설명으로 옳지 않은 것은?

① 마즈마니언(Mazmanian)과 사바티어(Sabatier)는 하향식 접근방법의 발전에 기여하였다.
② 상향식 접근방법은 정책결정과 정책집행 간의 엄밀한 구분에 의문을 제기한다.
③ 상향식 접근론자들은 정책집행을 이해하기 위해서는 일선관료의 행태를 고찰하여야 한다고 본다.
④ 하향식 접근방법은 공식적 정책목표를 중요한 변수로 취급하지 않는다.

해설

① (○) 매즈매니언(D. Mazmanian)과 사바티어(P. Sabatier)는 하향식 접근방법의 시각에서 정책집행의 성공요인을 분석한 학자이다. 한편, 후에 사바티어(P. Sabatier)는 정책지지연합모형을 제시하면서 통합모형으로 전환하였다.
② (○) 상하 관계의 상호성과 공동행위의 복잡성을 강조하는 상향식 접근방법은 정책결정과 정책집행의 엄밀한 구분을 거부한다. 즉, 정책집행 단계에서도 얼마든지 실질적인 결정이 이루어질 가능성이 매우 높다는 것이다.
③ (○) 상향식 접근방법은 집행의 성공을 위해서 일선관료의 전문지식과 문제해결 능력을 중시한다.
④ (×) 정책집행의 하향식 접근방법은 공식적 정책목표를 중요한 변수로 취급하며 이러한 공식적 정책목표의 달성여부를 기준으로 정책의 성공과 실패를 판단한다.

정답 | ④

관련기출 옳은지문

• 상향적 접근방법(bottom-up approach)은 문제 상황의 대응성을 위한 정책결정과 집행의 통합이 중요하다. 25. 경찰간부

• 정책집행의 상향적 접근방법은 집행현장에서 일선관료의 재량과 자율을 강조한다. 17. 국가직 9급

---

313 〈필수〉

기출처: 2022 국가직 9급
난이도: ★★
키워드: 립스키(M. Lipsky)

립스키(Lipsky)의 '일선관료제'에서 일선관료들이 처하는 업무환경의 특징으로 옳지 않은 것은?

① 자원의 부족
② 일선관료 권위에 대한 도전
③ 모호하고 대립되는 기대
④ 단순하고 정형화된 정책대상집단

해설

①, ②, ③ (○) 립스키(M. Lipsky)에 의하면 일선관료는 비자발적인 고객, 과중한 업무량, 인적·물적·시간적 자원의 만성적 부족, 집행성과에 대한 모호한 기대와 이율배반적인 업무 목표로 인한 성과 파악의 곤란성, 권위에 대한 도전과 위협이라는 업무 환경의 특징을 지닌다.
④ (×) 립스키(M. Lipsky)에 의하면 일선관료들은 비자발적이며, 매우 복잡하고 다양한 요구를 지닌 정책대상집단을 상대한다.

고득점 플러스+ 립스키(M. Lipsky)의 일선관료제론

- 일선관료: 최종 과정에서 고객과 접촉하는 관료 → 경찰, 교사, 사회복지요원 등
- 특징
  - 서면업무(→ 획일성)보다는 대면업무(→ 인간적 차원의 다양한 업무처리), 실무에서 얻은 경험적 전문지식의 보유
  - 상당한 재량의 보유, 매우 복잡한 업무의 수행 → 공공정책의 실질적 결정자
- 작업환경: 비자발적인 고객, 과중한 업무, 부족한 자원, 이율배반적 업무목표, 모호한 성과기준, 권위에 대한 도전과 위협
- 일선관료의 대처방안
  - 업무의 단순화·관례화·정형화(→ 지름길의 선택) → 고객의 요구와 필요에 민감하지 않는 경향
  - 할당배급 방식의 채택(→ 서비스 수요의 제한), 시간 비용, 심리적 비용 등 대가의 요구 → 요구의 사전봉쇄 전략

정답 | ④

관련기출 옳은지문

• 일선관료는 서면처리보다는 대면처리 업무가 대부분이다. 05. 국가직 7급

• 일선관료는 단순화와 정형화라는 적응 메커니즘을 개발하여 업무를 처리한다. 24. 경찰간부

314

립스키(M. Lipsky)의 일선관료제 이론에 대한 설명으로 옳지 않은 것은?

① 일선관료(street-level bureaucrats)는 시민들과 직접 대면하면서 정책을 집행하는 사람들이다.
② 일선관료들은 일반적으로 과중한 업무 부담을 가진다.
③ 일선관료들은 모호하고 대립적인 기대들이 존재하는 업무환경 때문에 정책목표를 달성할 수 없는 경우가 많다.
④ 일선관료들의 재량권이 부족하여 업무가 지연된다.

해설

① (○) 립스키(M. Lipsky)는 '일선관료(street-level bureaucrats)'를 경찰관, 교사, 사회복지사 등 시민들과 직접 대면하며 공공 서비스를 제공하고 정책을 집행하는 공무원이라고 정의한다.
② (○) 공적 문제가 확대되고 이를 해결하기 위한 국가의 중요성이 커질수록 일선관료의 역할은 커진다. 그러나 업무의 증가량에 비하여 자원의 증가량은 더디므로 일선관료는 과중한 업무량에 시달리게 된다.
③ (○) 공적 상황에서 근무하는 일선관료들은 이윤과 같은 단일의 기준이 아닌 민주적이면서도 능률적이고, 개별적 맞춤 서비스이면서도 동시에 평등한 서비스라는 이율배반적인 목표를 추구하므로 이의 명확한 달성은 어렵다.
④ (×) 상황의 복잡성과 다양성으로 인하여 정책은 실질적으로 일선관료들에 의해 결정되며 그 결과 상당한 재량을 보유하게 된다. 그러나 이율배반적인 목표, 과중한 업무량 등으로 인하여 업무의 지연이 나타난다. 이를 해결하기 위하여 일선관료들은 업무의 단순화와 관례화, 할당배급 등에 의한 서비스 수요의 제한, 시간 비용과 심리적 비용의 요구를 통한 따른 사전봉쇄 전략 등을 사용하여 업무량을 제한하고자 한다.

정답 | ④

기출처 2013 지방직 7급
난이도 ★★
키워드 일선관료제 이론

관련기출 옳은지문
- 시간·정보·자원의 부족은 상대적으로 불확실성이 높은 일선관료의 업무환경을 더욱 악화시키는 요인이다. 21. 경찰승진
- 일선관료는 일반 시민들과 끊임없이 상호작용하는 업무를 담당하고 있으며 상당한 자율성과 재량권을 가지고 있다. 21. 국회직 8급

315

립스키(M. Lipsky)의 일선관료제(Street-Level Bureaucracy) 이론에 대한 설명으로 옳은 것은?

① 일선관료는 고객에 대한 고정관념(stereotype)을 타파함으로써 복잡한 문제와 불확실한 상황에 대처한다.
② 일선관료가 업무를 수행하는 기관에 대한 고객들의 목표기대는 서로 일치하고 명확하다.
③ 일선관료는 집행에 필요한 자원이 부족할 경우 대체로 부분적이고 간헐적으로 정책을 집행한다.
④ 일선관료는 계층제의 하위에 위치하기 때문에, 직무의 자율성이 거의 없고 의사결정에 있어서 재량권의 범위가 좁다.

해설

① **매력적 오답** (×) 립스키(M. Lipsky)에 의하면 일선관료는 정책고객을 고정관념에 따라 유형화하여 각각의 집단에 대해 대응책을 달리하는 방식을 취한다.
② (×) 립스키(M. Lipsky)에 의하면 일선관료들이 일하는 부서 자체의 목표들은 모호하거나 이율배반적인 경우가 많다.
③ (○) 립스키(M. Lipsky)에 의하면 일선관료는 자원의 부족에 대처하기 위하여 업무를 관례화·정형화시키거나 할당방식의 업무처리를 행한다.
④ (×) 일선관료는 정책의 최종 과정에서 고객과 접촉하는 관료로, 서면업무보다는 대면업무 즉, 인간적 차원의 다양한 업무를 처리하므로 상당한 재량을 가지고 매우 복잡한 업무를 수행한다.

정답 | ③

기출처 2018 국가직 9급
난이도 ★★
키워드 일선관료제 이론

관련기출 옳은지문
- 일선관료는 재량권을 많이 행사하기 때문에 실질적인 정책결정자로 이해된다. 24. 경찰간부

316		
기출처	2023 국가직 7급	
난이도	★★	
키워드	일선관료제	

🔍 **관련기출 옳은지문**

• 일선관료는 육체적·신체적 위협에 대처하기 위한 메커니즘으로 '잠재적 공격자'의 특징을 사전에 정의함으로써 집행현장의 의사결정을 단순화하는 방법을 사용한다.
21. 국회직 8급

• 일선관료가 부족한 자원에 대처하는 가장 쉬운 방법은 '지름길'을 택함으로써 시간을 절약하고 정책대상집단과의 갈등이나 결정에 대한 심리적 불안을 피하는 것이다.
21. 국회직 8급

316 〈필수〉

립스키(Lipsky)의 일선관료제(street level bureaucracy)에 대한 설명으로 옳지 않은 것은?

① 일선관료에 대한 재량권 강화는 집행현장의 특수성 및 예상치 못한 사태에 대비하게 할 수 있다.
② 일선관료는 만성적으로 부족한 자원, 모호한 역할 기대, 그들의 권위에 대한 위협과 도전이라는 업무환경에 처해 있다.
③ 일선관료는 일반시민을 분류하지 않고, 모든 계층을 공평하게 대우한다.
④ 일선관료는 정부를 대신하여 시민에게 정책을 직접 전달하는 존재로, 특히 사회경제적 취약계층의 삶에 큰 영향력을 미친다.

해설

① (O) 립스키(M. Lipsky)는 일선관료들이 정책 집행 현장의 복잡성과 다양성에 효과적으로 대응하기 위해 상당한 재량권이 필요하다고 보았다. 재량권은 예상치 못한 상황에 유연하게 대처하고, 개별 시민의 특수한 요구에 맞춰 서비스를 조정할 수 있게 한다.
② (O) 립스키(M. Lipsky)는 일선관료들이 만성적인 자원 부족(과중한 업무량, 인력 부족 등), 모호하거나 상충되는 역할 기대, 그리고 시민이나 상급자로부터 오는 권위에 대한 위협과 도전이라는 어려운 업무 환경에 처해 있다고 지적했다.
③ (X) 립스키(M. Lipsky)에 의하면 일선관료는 고객의 유형화 또는 고객의 재정의 그리고 할당배급을 통한 고객 수요의 제한 등을 통해 업무를 처리한다.
④ (O) 일선관료들은 정부 정책을 최전선에서 시민들에게 직접 전달하고 서비스를 제공하는 핵심적인 존재이다. 특히 사회경제적 취약계층은 일선관료의 결정과 행동에 의해 삶의 질이 크게 좌우될 수 있으므로, 일선관료는 이들의 삶에 지대한 영향력을 미친다.

정답 | ③

317		
기출처	2018 지방직 9급	
난이도	★	
키워드	버만(P. Berman)	

317

버만(Berman)의 '적응적 집행'에 대한 설명으로 옳은 것은?

① 미시집행 국면에서 발생하는 정책과 집행조직 사이의 상호적응이 이루어질 때 성공적으로 집행된다.
② 거시적 집행구조는 동원, 전달자의 집행, 제도화의 세 단계로 구분된다.
③ '행정'은 행정을 통해 구체화된 정부프로그램이 집행을 담당하는 지방정부의 사업으로 받아들여지는 것을 의미한다.
④ '채택'은 지방정부가 채택한 사업을 실행사업으로 변화시키는 것을 의미한다.

해설

① (O) 프로그램(사업)과 집행조직의 표준운영절차가 함께 변하는 것을 상호적응이라 한다.
② (X) 동원, 전달자의 집행, 제도화의 세 단계로 구분되는 것은 미시적 집행구조이다.
③ (X) 행정을 통해 구체화된 정부프로그램이 집행을 담당하는 지방정부의 사업으로 받아들여지는 것은 채택이다.
④ (X) 지방정부가 채택한 사업을 실행사업으로 변화시키는 것은 미시적 집행이다.

> **고득점 플러스+** 적응적 집행

- 정책집행의 과정을 거시적 집행구조와 미시적 집행구조로 분류
- 미시적 집행에 초점: (새로운) 정책과 집행조직의 표준운영절차 간 상호 적응의 강조
- 거시적 집행
  - 중앙정부, 지방정부 및 일선기관의 전 과정 → 다양한 참여자의 느슨한 연합
  - 행정(→ 정부사업의 형성), 채택(→ 지방정부사업으로의 채택), 미시적 집행(→ 실행사업으로의 변화), 기술적 타당성
- 미시적 집행: 집행의 현장을 담당하는 일선기관에서 발생하는 과정 → 자원의 동원, 전달자의 집행, 제도화 과정

정답 | ①

318 필수

사바티어(Sabatier)의 옹호연합모형(Advocacy Coalition Framework)에 대한 설명으로 옳지 않은 것은?

① 정책변화를 이해하기 위한 분석단위로서 정책하위체제(policy subsystem)에 중점을 두고 있다.
② 정책변화과정을 이해하기 위해 1년 이내 단기간에 초점을 둔다.
③ 옹호연합들 간의 대립과 갈등을 정책 중재자(policy broker)가 중재한다.
④ 정책하위체제에 영향을 미치는 외생변수는 안정적 변수와 역동적 변수로 구분된다.

318

기출처	2024 지방직 7급
난이도	★★
키워드	옹호연합모형

🔍 **관련기출 옳은지문**

- 정책지지연합 모형은 10년 이상의 장기간에 걸쳐 일어나는 정책의 변동을 설명하는 데 유리하다.
  19. 소방간부

- 정책옹호연합모형(advocacy coalition framework)은 사바띠에(Sabatier) 등에 의해 종전의 정책과정 단계모형의 한계를 극복하기 위하여 개발되었다.
  11. 국가직 9급

해설

① (○) 사바티어(P. Sabatier)의 옹호연합모형(ACF)은 정책변화를 분석하기 위한 핵심 단위로 정책하위체제를 강조한다. 정책하위체제는 특정 정책 영역에 관련된 다양한 행위자들과 그들이 공유하는 신념 체계로 구성된 집합체를 의미한다.
② (×) 사바티어(P. Sabatier)의 옹호연합모형(ACF)은 정책집행에 대한 시간관을 10년 이상의 장기로 설정하여 단순히 정책결정 이후 한 번에 완료되는 과정이 아닌 지속적인 정책학습과 변동차원으로 파악한다.
③ (○) 옹호연합모형에서 서로 다른 신념 체계를 가진 옹호 연합들 간의 대립과 갈등은 정책 중재자에 의해 중재될 수 있다. 정책 중재자는 연합들 간의 타협과 합의를 이끌어내는 역할을 수행한다.
④ **매력적 오답** (○) 정책하위체제에 영향을 미치는 외부 환경 변수는 크게 안정적 변수와 역동적 변수로 구분된다. 안정적 변수는 사회경제적 기본 조건, 헌법적 구조, 기본적 가치 등 장기간 변화가 적은 요소를 말하며, 역동적 변수는 사회경제적 변화, 여론 변화, 다른 정책 하위체제의 산출 등 단기적으로 변화하는 외부 요소를 의미한다.

정답 | ②

319 〈필수〉

정책옹호연합모형(advocacy coalition framework)에 대한 설명으로 옳지 않은 것은?

① 외적인 환경변수를 정책과정과 연계함으로써 정책변동을 설명한다.
② 정책학습을 통해 행위자들의 기저 핵심신념(deep core beliefs)을 쉽게 변화시킬 수 있다.
③ 옹호연합 사이에서 정치적 갈등 발생 시 정책중개자가 이를 조정할 수 있다.
④ 옹호연합은 그들의 신념체계가 정부정책에 관철되도록 여론, 정보, 인적자원 등을 동원한다.

해설

① **매력적 오답** (○) 정책옹호연합모형은 외적변수(external parameters), 정책옹호연합(policy advocacy coalition), 신념체계(belief systems), 정책중개자(policy brokers), 정책학습(policy learning), 정책산출(policy output), 그리고 정책변동(policy change) 등으로 구성된다. 외적변수는 안정적인 외적변수와 역동적인 외적변수로 구성되어 있는데, 전자는 문제영역의 기본적 속성, 자연자원의 기본적 분포, 근본적인 사회문화적 가치 및 사회구조, 기본적인 법적구조 등이며, 후자의 경우에는 사회경제적 조건의 변화, 여론의 변화, 지배집단의 변화, 다른 하위체제로부터의 정책결정 및 영향 등을 들 수 있다. 안정적인 외적변수들은 변화가 불가능하지는 않으나 변화의 속도가 매우 더디고 범위 또한 협소하다. 반면, 역동적인 외적변수는 정책하위체제에 단기간에 큰 영향을 미친다.

② (×) 기저 핵심신념(deep core beliefs) 혹은 규범적 핵심(normative core)은 신념체계 중 가장 최상위의 수준으로 자유, 평등, 발전, 보존 등의 존재론적 공리가치의 우선순위를 정하는 것이다. 이는 변화가 가장 어려운 신념체계이다.

③ (○) 정책옹호연합들 간의 대립과 갈등을 중재하는 제3자를 정책중개자라고 부른다. 정책중개자의 주요 관심은 정책옹호연합들 사이의 갈등을 줄이면서 합리적인 타협점을 찾아내는 것이다. 옹호연합들은 그들이 소유하는 재원을 동원하여 그들의 신념체계를 공공정책으로 변화시키려고 경쟁하게 되는데, 이때 정책중개자인 제3의 행위자들, 즉 정치인과 관료 등에 의해 중재되는 것이다.

④ (○) 정책옹호연합모형은 신념체계별로 여러 개의 연합으로 구성된 정책행위자 집단이 자신들의 신념을 정책으로 관철하기 위하여 경쟁한다는 점을 강조하는 이론이다.

고득점 플러스+ 사바티어(P. Sabatier)의 정책지지(옹호)연합모형

- 상향적 접근방법의 분석단위(→ 집행현장의 다양한 하위체제) 채택
- 하향적 접근방법의 변수와 사회·경제 상황 및 법적 수단의 결합
- 신념체계의 강조 → 행위자 집단의 구분기준
  - 규범적 핵심(→ 기저 신념): 모든 정책에 적용되는 근본적 가치, 변경 가능성이 매우 희박
  - 정책핵심
    └ 규범적 핵심을 달성하기 위한 기본 전략(→ 정부개입의 범위와 강도, 환경보전과 경제개발의 대립)
    └ 사회경제적으로 심각한 변화가 발생하면 변화될 수 있음
  - 부차적 측면: 정책핵심을 집행하기 위한 도구나 정보탐색규칙(→ 행정규칙, 예산배분, 규정해석 등) → 가장 쉽게 변화
- 정책집행에 대한 시간관의 연장 → 10년 이상의 장기적 시관
- 지속적인 정책변동 차원의 정책집행 → 지지연합의 정책학습, 정책중개자의 역할 강조

정답 | ②

관련기출 옳은지문

- 정책지지연합 모형에서 규범핵심은 모든 정책에 적용되는 존재론적 공리를 의미한다. 19. 소방간부

- 정책옹호연합모형(advocacy coalition framework)은 정책행위자 집단의 핵심신념에 기초한 상호작용과 정책학습을 강조한다. 19. 경찰승진

---

319 | 기출처 2021 지방직 9급 | 난이도 ★★ | 키워드 정책옹호연합모형

320

정책옹호연합모형(advocacy coalition framework)에 대한 설명으로 옳지 않은 것은?

① 신념체계별로 여러 개의 연합으로 구성된 정책행위자 집단이 자신들의 신념을 정책으로 관철하기 위하여 경쟁한다는 점을 강조한다.
② 사바띠에(Sabatier) 등에 의해 종전의 정책과정 단계모형의 한계를 극복하기 위하여 개발되었다.
③ 정책문제나 쟁점에 적극적으로 관심을 가지는 공공 및 민간조직의 행위자들로 구성되는 정책하위체계(policy subsystem)라는 개념을 활용한다.
④ 정책변화 또는 정책학습보다 정책집행과정에 초점을 맞춘 이론이다.

해설

① (O) 정책하위체제 내에는 정책신념을 공유하는 정책창도연합들이 있으며, 정책창도연합들은 그들의 신념체계에 따라 정책을 추진하고자 노력한다.
② (O) 정책옹호연합모형은 정책과정의 단계모형을 거부하고 정책변화를 전체적 관점에서 설명하고자 한다.
③ (O) 정책옹호연합모형은 기본적 분석단위를 정책하위시스템으로 설정하였다. 여기에는 공공부문과 민간부문의 다양한 행위자로 구성되는 복수의 정책연합들(지지연합 + 반대연합)이 존재한다.
④ (×) 정책옹호연합모형은 정책집행에 대한 시간관을 10년 그 이상의 장기로 설정하여 단순히 정책결정 이후 한 번에 완료되는 과정이 아닌 지속적인 정책학습과 정책변동의 차원으로 파악한다.

정답 | ④

320

기출처	2011 국가직 9급
난이도	★★
키워드	정책옹호연합모형

관련기출 옳은지문
- 정책옹호연합모형(advocacy coalition framework)은 정책변화의 분석단위로서 다양한 행위자를 포함한 정책하위체제(policy subsystem)에 중점을 둔다. 19. 경찰승진

321 필수

옹호연합모형(Advocacy Coalition Framework)에 대한 설명으로 옳은 것만을 모두 고르면?

ㄱ. 정책하위체제에 초점을 두어 정책변화를 이해한다.
ㄴ. 정책지향학습은 옹호연합 내부만 아니라 옹호연합 사이에서도 발생한다.
ㄷ. 행정규칙, 예산배분, 규정의 해석에 대한 결정은 정책 핵심 신념과 관련된다.
ㄹ. 신념 체계 구조에서 규범적 핵심 신념은 관심 있는 특정 정책 규범에 적용되며, 이차적 측면(secondary aspects)보다 변화 가능성이 작다.

① ㄱ, ㄴ ② ㄱ, ㄹ ③ ㄴ, ㄷ ④ ㄷ, ㄹ

해설

ㄱ. (O) 옹호연합모형은 특정 정책 분야 내의 다양한 행위자들이 형성하는 정책하위체제를 주요 분석 단위로 하여 정책 변화를 이해하고자 한다. 이 정책하위체제는 공유된 신념 체계를 가진 옹호연합들로 구성된다.
ㄴ. (O) 정책지향학습은 옹호연합모형에서 정책 변화를 이끄는 중요한 메커니즘 중 하나이다. 학습은 각 옹호연합 내부에서 자신들의 신념과 전략을 수정하는 형태로 발생할 수 있으며, 서로 다른 옹호연합 간에도 정보 교환과 논증을 통해 상대방의 신념에 영향을 미치거나 새로운 합의를 형성하는 방식으로 발생할 수 있다.
ㄷ. (×) 행정규칙, 예산배분, 규정의 해석에 대한 결정은 부차적 신념과 관련된다.
ㄹ. 매력적 오답 (×) 신념 체계 구조에서 관심 있는 특정 정책 규범에 적용되는 것은 정책핵심신념이다.

정답 | ①

321

기출처	2024 지방직 9급
난이도	★★
키워드	옹호연합모형

관련기출 옳은지문
- 정책옹호연합모형(advocacy coalition framework)은 신념체계별로 여러 개의 연합으로 구성된 정책행위자 집단이 자신들의 신념을 정책으로 관철하기 위하여 경쟁한다는 점을 강조한다. 11. 국가직 9급

322

정책학습(policy learning)에 대한 설명으로 옳지 않은 것은?

① 정책학습의 주체는 정책집행의 대상이 되는 개인이나 조직일 수도 있고 정책을 결정하거나 집행하는 개인, 조직 또는 정책창도연합체(advocacy coalition)일 수도 있다.
② 로즈(Rose)의 '교훈얻기(도출) 학습'은 다른 지역의 효과적인 프로그램을 조사·연구하여 창도자의 관할지역에 도입할 경우 어떠한 결과가 나올지 미리 평가하는 것이다.
③ 하울렛과 라메쉬(Howlett & Ramesh)의 '내생적 학습'은 정책문제의 정의 또는 정책목적 자체에 대한 의문제기를 포함한다.
④ 버크랜드(Birkland)가 제안한 '사회적 학습'은 하울렛과 라메쉬의 '외생적 학습'과 비슷한 의미로 이해할 수 있다.

> **해설**

① (O) 정책학습의 주체는 매우 다양하다. 정책 집행의 대상이 되는 개인(시민)이나 조직(기업, 시민단체)이 정책으로부터 배우고 반응할 수 있으며, 정책을 결정하거나 집행하는 관료, 정치인, 전문가 집단도 학습의 주체가 될 수 있다. 또한, 사바티어의 옹호연합모형에서 제시된 정책창도연합체도 자신들의 신념을 수정하거나 정책대안을 개선하는 학습을 수행한다.
② (O) 로즈(R. Rose)의 교훈얻기(lesson-drawing) 학습은 다른 지역이나 국가에서 성공적으로 운영되는 정책이나 프로그램을 분석하고, 그 성공 요인을 파악하여 자신의 관할 지역에 적용할 경우 발생할 수 있는 결과를 미리 평가하고 예측하는 과정을 의미한다. 이는 정책 확산의 한 형태로 볼 수 있다.
③ (×) 정책문제의 정의 또는 정책목적 자체에 대한 의문제기를 포함하는 학습은 외생적 학습이다. 내생적 학습은 주로 정책의 수단 또는 이러한 수단들의 배열(setting)에 대한 학습을 의미한다.
④ (O) 사회적 학습은 정책 또는 사회적 구성에 관한 학습으로, 사업목표에 대한 태도와 정부활동의 본질적 타당성까지도 검토하므로, 이는 외생적 학습과 비슷한 의미로 이해할 수 있다.

고득점 플러스+ 정책학습

- 수단적 학습(→ 내생적 학습) → 목표와 대안의 인과성 검토
  - 정책개입이나 집행설계의 실행가능성에 초점을 두는 학습, 집행수단이나 기법에 치중
  - 성공기준: 새로운 집행수단과 정책성과의 인과성
- 사회적 학습(→ 외생적 학습) → 문제와 목표의 인과성 검토
  - 정책 또는 사회적 구성에 관한 학습, 목표에 대한 태도와 정부활동의 본질적 타당성까지 검토
  - 성공기준: 정책문제에 내재하는 인과이론의 이해
- 정치적 학습: 주장을 더 정교하게 다듬기 위한 전략에 관한 학습

정답 | ③

323

나카무라(Nakamura)와 스몰우드(Smallwood)가 제시한 가장 광범위한 재량을 갖는 정책집행자의 유형은?

① 지시적 위임자형
② 관료적 기업가형
③ 협상가형
④ 재량적 실험가형

기출처 2017 지방직 7급
난이도 ★★★
키워드 관료적 기업가형

해설

① (×) 지시적 위임자형은 결정자가 구체적으로 목표를 설정하고 집행자가 이를 지지하는 상황으로, 결정자는 집행자 집단에게 기술적·행정적 권한(모든 수단)을 위임한다.
② (○) 가장 광범위한 재량을 갖는 정책집행자의 유형은 관료적 기업가형이다. 관료적 기업가형에서는 정책집행자가 정책과정의 전체를 좌우지하며 정책결정권까지도 행사한다.
③ (×) 협상가형은 결정자가 목표를 제시하나 집행자와 이에 대한 합의를 보지 못한 상황으로, 집행자는 결정자와 정책의 목표와 수단에 대하여 협상한다.
④ (×) 재량적 실험가형은 결정자가 추상적·일반적 목표를 제시하나 확실성이 결여되어 있으며, 결정자 간 구체적인 정책목표와 정책수단에 대하여 합의를 보지 못하고 있는 상황으로, 결정자는 집행자에게 광범위한 재량권을 부여하고 집행자는 결정자를 위하여 목표와 방안을 구체화(재정의)한다.

정답 | ②

관련기출 옳은지문

- 나카무라(Nakamura)와 스몰우드(Smallwood)의 정책모형 중 정책집행자의 권한이 가장 강한 유형은 관료적 기업가형(bureaucratic entrepreneur)이다. 21. 소방간부

- '고전적 기술자형'은 정책결정자가 집행과정에 대해서 엄격하게 통제를 하는 것을 의미하며, 정책집행자는 약간의 정책적 재량만을 갖는 유형이다. 23. 군무원 9급

324

나카무라(Nakamura)와 스몰우드(Smallwood)의 정책결정자와 정책집행자의 관계 유형 중 다음 설명에 해당하는 것은?

- 정책집행자는 공식적 정책결정자로 하여금 자신이 결정한 정책목표를 받아들이도록 설득 또는 강제할 수 있다.
- 정책집행자는 목표를 달성하기 위한 수단을 획득하기 위해 정책결정자와 협상한다.
- 미국 FBI의 국장직을 수행했던 후버(Hoover) 국장이 대표적인 예이다.

① 지시적 위임형
② 협상형
③ 재량적 실험가형
④ 관료적 기업가형

기출처 2019 국가직 9급
난이도 ★★
키워드 관료적 기업가형

해설

① (×) 지시적 위임가형은 결정자가 구체적으로 목표를 설정하고 집행자가 이를 지지하는 상황으로, 결정자는 집행자 집단에게 기술적·행정적 권한(모든 수단)을 위임하는 모형이다.
② (×) 협상형은 결정자가 목표를 제시하나 집행자와 이에 대한 합의를 보지 못한 상황으로, 집행자는 결정자와 정책의 목표와 수단에 대하여 협상하는 모형이다.
③ (×) 재량적 실험가형은 결정자가 추상적·일반적 목표를 제시하나 확실성이 결여되어 있으며, 결정자 간 구체적인 정책목표와 정책수단에 대하여 합의를 보지 못하고 있는 상황으로, 결정자는 집행자에게 광범위한 재량권을 부여하고 집행자가 결정자를 위하여 목표와 방안을 구체화(재정의)하는 모형이다.
④ (○) 집행자가 결정한 목표를 결정자가 받아들이도록 설득 또는 강제하고 스스로 설정한 목표를 달성하기 위해 결정자와 수단을 협상하는 모형은 관료적 기업가형이다. 관료적 기업가형은 결정자는 자주 바뀌어도 집행자는 관료제의 안정성과 계속성으로 인해 맡은 직무를 계속 수행할 수 있으며, 또 집행자 중에는 기업가적 자질이나 정치적 능력을 갖고 정책형성을 관장할 수 있는 관료가 있다. 대표적인 인물로는 FBI의 국장직을 수행했던 후버(E. Hoover)가 있다.

정답 | ④

관련기출 옳은지문

- 관료적 기업가형은 집행자가 정책의 목표와 수단을 설정하고 정책결정자로 하여금 이를 수용하도록 함으로써 정책과정을 지배하는 유형이다. 17. 소방간부

325

325	① ② ③
기출처	2022 국가직 9급
난이도	★★
키워드	지시적 위임가형

🔍 **관련기출 옳은지문**

- 고전적 기술관료형은 정책결정자가 구체적 목표를 설정하고 집행자에게 기술적 문제에 관한 권한을 위임하는 유형이다. 22. 경찰승진

- '협상자형'은 정책목표와 수단에 대해 양자 간 합의가 이루어져 있지 않다는 점에서 고전적 기술자형, 지시적 위임가형과 차이점을 갖는다. 18. 경찰승진

325 〈필수〉

나카무라(Nakamura)와 스몰우드(Smallwood)의 정책결정자와 정책집행자의 관계에 따른 정책집행의 유형에 대한 설명으로 옳지 않은 것은?

① '고전적 기술자형'은 정책결정자가 구체적인 목표를 설정하면, 정책집행자는 그 목표를 지지하고 목표달성을 위한 기술적인 수단을 강구하는 역할을 담당한다고 본다.

② '재량적 실험형'은 정책결정자가 추상적인 목표를 설정하면 정책집행자는 정책결정자를 위해 목표와 수단을 명확하게 하는 역할을 담당한다고 본다.

③ '관료적 기업가형'은 정책집행자가 목표와 수단을 강구한 다음 정책결정자를 설득하고, 정책결정자는 정책집행자가 수립한 목표와 수단을 기술하는 역할을 담당한다고 본다.

④ '지시적 위임형'은 정책결정자가 구체적인 목표와 수단을 설정하면, 정책집행자는 정책결정자의 지시와 위임을 받아 정책대상집단과 협상하는 역할을 담당한다고 본다.

해설

① (○) 고전적 기술자형은 결정자가 구체적으로 목표를 설정하고 집행자가 이를 지지하는 상황으로, 결정자는 집행자에게 기술적 권한을 위임하고 집행자는 기술적 능력을 보유하고 있는 모형이다.

② (○) 재량적 실험형은 정책결정자가 구체적인 정책이나 목표를 설정하지 못하고, 집행자에게 광범위한 재량권을 부여하며, 집행자들이 정책목표의 구체화, 수단선택, 정책시행 등을 자기책임 하에 관장하는 모형이다.

③ (○) 관료적 기업가형은 집행자가 결정한 목표와 수단을 결정자들이 수용하고 이를 대외적으로 서술하는 역할을 수행한다.

④ (×) 지시적 위임형에서 성공적인 정책집행을 위해서는 정책집행자 간의 협상이 중요하다.

정답 | ④

326

326	① ② ③
기출처	2016 국가직 9급
난이도	★★
키워드	정책지지연합모형

🔍 **관련기출 옳은지문**

- 정책지지(옹호)연합 모형에서 강조하는 신념체계는 규범적 핵심 신념, 정책 핵심 신념, 부차적 신념의 세 겹 구조로 설명할 수 있다. 25. 경찰간부

326

정책변동 모형 중에서 정책과정 참여자의 신념체계(belief system)를 가장 강조하는 모형은?

① 단절균형(punctuated equilibrium) 모형

② 정책패러다임변동(paradigm shift) 모형

③ 정책지지연합(advocacy coalition) 모형

④ 제도의 협착(lock-in) 모형

해설

① (×) 단절적 균형모형은 안정적으로 유지되던 제도가 외생적 사건에 의해 촉발된 결정적 전환점(critical juncture)을 계기로 기존의 경로에서 벗어나 급격하게 변할 수 있다는 이론이다.

② (×) 정책패러다임이란 결정자들이 정책문제의 본질을 파악하고 목표와 수단을 구체화하는 데 사용되는 일정한 사고와 기준의 틀을 말하는데, 이러한 패러다임의 변화로 근본적인 정책변동이 발생한다는 것이 정책패러다임 변동모형이다.

③ (○) 정책과정 참여자의 신념체계(belief system)를 가장 강조하는 모형은 사바티어의 정책지지연합(advocacy coalition) 모형이다.

④ (×) 협착(lock-in)이란 고착효과 혹은 자물쇠 효과라 하며, 기존의 정책이나 제도보다 더 뛰어난 것이 나와도 이미 투자된 비용이나 기회비용, 혹은 복잡함이나 귀찮음으로 인해 기존의 정책이나 제도에 머무는 현상을 말한다.

> **고득점 플러스+** 정책변동의 이론모형
>
> - 사바티어(P. Sabatier)의 정책지지연합모형: 하위체제의 신념추구 과정에서 이루어지는 점증적 정책변동
> - 홀(P. Hall)의 정책패러다임변동모형: 정책목표와 수단의 급격한 변동
> - 킹던(J. Kingdon)의 정책흐름모형: 문제와 정치 및 정책의 흐름의 우연한 만남과 급격한 사회변화
> - 무치아로니(G. Mucciaroni)의 이익집단 위상변동모형: 점증모형과 쓰레기통모형에 대한 비판 → 제도맥락의 중요성 강조

정답 | ③

327

홀(Hall)에 의해 제시된 정책변동모형으로 정책목표, 정책수단, 정책환경의 세 가지 변수 중 정책목표와 정책수단에 급격한 변화가 발생하는 정책변동모형은?

① 쓰레기통모형
② 단절균형모형(Punctuated Equilibrium)
③ 정책지지연합모형(Advocacy Coalition Framework)
④ 정책패러다임변동모형

327

기출처	2016 지방직 9급
난이도	★★
키워드	정책패러다임변동모형

해설

① (×) 쓰레기통모형은 조직화된 무정부상태에서 나타나는 몇 가지 흐름에 의하여 정책이 우연히 결정된다고 보는 이론이다.
② (×) 단절적 균형모형은 안정적으로 유지되던 제도가 외생적 사건에 의해 촉발된 결정적 전환점(critical juncture)을 계기로 기존의 경로에서 벗어나 급격하게 변할 수 있다는 이론이다.
③ (×) 정책지지연합모형은 신념에 기초한 지지연합의 상호작용과 시간의 흐름에 따른 정책지향적 학습과 사회경제적 변동 및 정치체제구조의 변화 등이 결합하여 정책의 서서히 변화된다고 설명하는 이론이다.
④ (○) 정책목표와 정책수단에 급격한 변화가 발생하는 정책변동모형은 정책패러다임변동모형이다.

정답 | ④

관련기출 옳은지문

- 정책지지(옹호)연합 모형에 의하면 정책변동과 그 안에서 작용하는 정책 지향적 학습을 이해하기 위해서는 적어도 10년 이상의 시계가 필요하다. 25. 경찰간부

328 〈필수〉

정책변동에 대한 설명으로 옳지 않은 것은?

① 킹던(Kingdon)의 정책흐름이론에 따르면 정책변동은 정책문제의 흐름, 정치의 흐름, 정책대안의 흐름이 결합하여 이루어진다.
② 무치아로니(Mucciaroni)의 이익집단 위상변동모형에서 이슈맥락은 환경적 요인과 같이 정책의 유지 혹은 변동에 영향을 미치는 정책요인을 말한다.
③ 실질적인 정책내용이 변하더라도 정책목표가 변하지 않는다면 이를 정책유지라 한다.
④ 정책목표를 달성하기 위한 전반적인 정책수단을 소멸시키고 이를 대체할 다른 정책을 마련하지 않는 것을 정책종결이라 한다.

기출처: 2020 국가직 9급
난이도: ★★
키워드: 정책변동

관련기출 옳은지문
- 이익집단 위상변동모형은 정책과정에서 이익집단의 위상변동이 정책내용의 변동을 가능케 한다고 본다. 〈21. 소방간부〉

해설
① (O) 킹던(J. Kingdon)의 정책흐름모형은 문제의 흐름, 정책대안의 흐름, 정치의 흐름이 각각 독자적으로 흐르다가 합쳐질 때 정책의 창이 열려 현재의 점증적 변화와는 다른 큰 변동이 나타난다는 이론이다.
② (O) 무치아로니(G. Mucciaroni)의 이익집단 위상변동모형은 이슈맥락뿐만 아니라 제도맥락에 의해 이익집단의 위상이 변동될 수 있음을 설명하는 이론이다. 이는 기존의 점증모형이나 쓰레기통모형에서 간과하였던 제도맥락의 중요성을 강조한 것이다. 한편, 이슈맥락이란 환경적 요인과 같이 정책의 유지 혹은 변동에 영향을 미치는 정책요인을 말하고, 제도맥락이란 입법부나 행정부의 지도자들을 포함한 구성원들의 특정한 정책이나 사업에 대한 선호나 행태를 포괄적으로 지칭한다.
③ (×) 목표는 변하지 않았지만 실질적인 정책내용이 변했다면 이는 정책승계에 해당한다.
④ (O) 정책종결은 문제의 소멸로 인하여 다른 정책에 의한 대체 없이 기존의 정책을 폐지하는 것을 말한다.

정답 | ③

329

다음 특징을 가진 정책변동 모형은?

- 분석단위로서 정책하위체제(policy sub-system)에 초점을 두고 정책변화를 이해한다.
- 신념체계, 정책학습 등의 요인은 정책변동에 영향을 준다.
- 정책변동 과정에서 정책중재자(policy mediator)가 중요한 역할을 한다.

① 정책흐름(Policy Stream)모형
② 단절적 균형(Punctuated Equilibrium)모형
③ 정책지지연합(Advocacy Coalition Framework)모형
④ 정책패러다임변동(Paradigm Shift)모형

기출처: 2019 지방직 9급
난이도: ★★
키워드: 정책지지연합모형

관련기출 옳은지문
- 정책흐름모형은 정책문제의 흐름, 정치의 흐름, 정책대안의 흐름이 결합하여 정책 변동이 이루어진다고 본다. 〈21. 소방간부〉

해설
① (×) 정책흐름모형은 의사결정요소의 독자적 흐름이 어떤 사건을 계기로 만나 의사결정의 기회를 갖는다고 설명하는 이론이다.
② (×) 단절적 균형모형은 안정적으로 유지되던 제도가 외생적 사건에 의해 촉발된 결정적 전환점(critical juncture)을 계기로 기존의 경로에서 벗어나 급격하게 변할 수 있다는 이론이다.
③ (O) 다음 특징을 가진 정책변동 모형은 정책지지연합모형이다.
④ (×) 정책패러다임변동모형은 정책목표, 정책수단, 정책환경의 세 가지 변수 중 정책목표와 정책수단에 급격한 변화가 발생할 때 정책의 패러다임이 바뀐다는 이론이다.

정답 | ③

330
호그우드(Hogwood)와 피터스(Peters)가 제시한 다음의 정책변동 유형에 해당하는 것은?

> 동일한 정책문제와 관련되는 영역에서 기존 정책목표는 유지되지만, 이전의 프로그램과 조직이 새로운 것으로 대체되는 것을 의미한다. 세부적으로는 정책통합, 정책분할 등이 있다.

① 정책승계(policy succession)
② 정책쇄신(policy innovation)
③ 정책유지(policy maintenance)
④ 정책종결(policy termination)

330 ① ② ③
기출처: 2025 국가직 9급
난이도: ★★
키워드: 정책승계

해설

① (○) 다음의 정책변동 유형에 해당하는 것은 정책승계이다.
② (×) 정책쇄신은 기존에 없던 새로운 정책을 도입하는 것이다.
③ (×) 정책유지는 기존 정책의 내용을 거의 변경하지 않고 유지하는 것이다.
④ (×) 정책종결은 기존 정책을 완전히 폐지하는 것이다.

고득점 플러스+ 호그우드(W. Hogwood)와 피터스(G. Peters)의 정책변동의 유형
- 정책혁신: 새로운 문제의 발생, 새로운 정책의 창조
- 정책유지: 문제의 지속, 정책의 기본골격 유지, 정책내부의 구성요소의 변화 또는 같은 정책의 확장과 수축은 가능
- 정책승계: 문제의 변질, 정책의 기본성격 변화, 목표는 동일 → 신·구 정책 간 유사성, 정책대체, 부분종결, 분할과 통합 등
- 정책종결: 문제의 소멸, 새로운 정책으로의 대체 없이 기존 정책의 폐지

관련기출 옳은지문
- 정책승계 유형 중 선형승계는 새로운 정책이 과거의 정책을 대체하여 양자의 관계가 명확하게 나타나는 가장 단순한 형태의 정책승계이다. 18. 서울시 7급(하)

정답 | ①

331 〈필수〉
호그우드(Hogwood)와 피터스(Peters)가 제시한 정책변동의 유형에 대한 설명으로 옳지 않은 것은?

① 정책혁신은 기존의 조직이나 예산을 기반으로 새로운 형태의 개입을 결정하는 것이다.
② 정책승계는 정책의 기본목표는 유지하되, 정책을 대체 혹은 수정하거나 일부 종결하는 것이다.
③ 정책유지는 기존 정책의 기본골격을 유지하면서 정책수단의 부분적인 변화만 이루어지는 것이다.
④ 정책종결은 다른 정책으로의 대체 없이 기존 정책을 완전히 중단하는 것이다.

331 ① ② ③
기출처: 2022 지방직 9급
난이도: ★★
키워드: 정책혁신

해설

① (×) 정책혁신은 새로운 조직과 예산 및 인력 등을 활용하여 완전히 새로운 영역의 정책문제를 해결하고자 하는 것이다.
② (○) 정책승계는 정책목표는 유지되나 정책수단인 사업이나 사업을 담당하는 조직, 예산항목 등에서 중대한 변화가 발생하는 것이다. 다만 정책목표는 유지되므로 신·구 정책 간의 연계성과 중첩성이 존재한다.
③ (○) 정책유지는 기존 정책의 기본 노선과 방향의 특성은 존속하면서 주로 산출 부분이 수정되는 것으로, 동일한 정책의 구성요소나 범위의 변경과 관련된다.
④ (○) 정책종결은 기존의 특정 정책이나 프로그램을 다른 정책으로 대체하지 않고 완전히 중단하는 것을 의미한다. 이는 정책의 실패, 목표 달성, 환경 변화 등으로 인해 더 이상 해당 정책이 필요 없다고 판단될 때 이루어진다.

관련기출 옳은지문
- 정책유지는 정책의 기본적 성격이나 정책목표·수단 등이 큰 폭의 변화 없이 모두 그대로 유지되지만, 정책의 구체적 내용에 있어서 부분적 대체나 완만한 변동은 있을 수 있다. 20. 경찰승진

정답 | ①

332

기출처	2018 국가직 7급
난이도	★★
키워드	정책혁신

332
호그우드(Hogwood)와 피터스(Peters)의 정책변동에 대한 설명으로 옳지 않은 것은?

① 정책혁신은 기존의 조직과 예산을 활용하여 이전에 관여한 적이 없는 새로운 정책분야에 개입하는 것이다.
② 정책종결은 현존하는 정책을 완전히 소멸시키는 것으로 정책수단이 되는 사업과 지원예산을 중단하고 이들을 대체할 다른 수단을 결정하지 않은 경우이다.
③ 과속차량 단속이라는 목표를 변경하지 않고 기존에 경찰관이 현장에서 직접 단속하는 수단을 무인 감시카메라 설치를 통한 단속으로 대체하는 것은 정책승계 중 선형적(linear) 승계에 해당한다.
④ 정책유지는 현재의 정책을 기본적으로 유지하면서 정책수단의 부분적인 변화만 이루어지는 경우를 말한다.

해설

① (×) 정책혁신이란 새로운 문제의 등장으로 인하여, 정책은 물론 조직과 예산도 없는 상태에서 새로운 정책을 창조하는 것을 말한다.
② (○) 정책종결은 통행금지 정책의 폐지처럼 다른 정책으로의 대체 없이 정책을 중단하는 것을 말한다.
③ (○) 선형적 승계는 기존의 정책을 완전히 종결하고 같은 정책 영역에서 기존 정책과 같거나 유사한 목적을 가진 새로운 정책을 채택하는 것이다. 과속차량의 단속이라는 목적은 바뀌지 않았지만 그 수단은 변경되었으므로 이는 정책승계에 해당한다.
④ (○) 정책유지는 정책수단의 기본골격이 달라지지 않으며 주로 정책의 구성요소가 변하는 것이다.

정답 | ①

333

기출처	2017 국가직 7급(하)
난이도	★★
키워드	정책유지

333
다음과 같은 내용을 모두 포괄하는 정책변동의 유형은?

- 정책수단의 기본골격이 달라지지 않으며, 주로 정책산출 부분이 변한다.
- 정책 대상집단의 범위가 변동된다거나 정책의 수혜 수준이 달라지는 경우와 관련이 있다.
- 저소득층 자녀에 대한 교육비 보조를 그 바로 위 계층의 자녀에게 확대하는 사례에 해당한다.

① 정책통합(policy consolidation)
② 정책분할(policy splitting)
③ 선형적 승계(linear succession)
④ 정책유지(policy maintenance)

관련기출 옳은지문
- 정책통합은 같은 분야의 정책이 합하여짐으로써 새로운 정책이 나타나는 형태의 정책승계이다.

18. 서울시 7급(하)

해설

① (×) 정책통합(policy consolidation)은 둘 이상의 정책들을 전부 또는 부분적으로 종결하고, 이를 대체하도록 유사한 목적을 추구할 단일의 정책을 새로 채택하는 것으로, 정책승계의 일환이다.
② (×) 정책분할(policy splitting)은 하나의 정책이 둘 이상으로 나누어지는 것으로, 정책승계의 일환이다.
③ (×) 선형적 승계(linear succession)는 기존의 정책을 완전히 종결하고 같은 정책 영역에서 기존 정책과 같거나 유사한 목적을 가진 새로운 정책을 채택하는 것이다.
④ (○) 정책수단의 기본골격이 달라지지 않으며, 주로 정책의 산출 부분이 변하는 것은 정책유지이다.

정답 | ④

334

정책집행에 영향을 미치는 요인에 대한 설명으로 옳은 것은?

① 사바티어(Sabatier)는 정책대상 집단의 행태변화의 정도가 크면 정책집행의 성공은 어렵다고 본다.
② 집행주체의 집행역량은 집행구조나 조직의 분위기에 영향을 받지 않는다.
③ 정책집행 과정에서 의사결정점(decision point)이 많을수록 신속하게 집행된다.
④ 정책 수혜집단의 규모가 크고 조직화 정도가 강한 경우 집행이 어렵다.

해설

① (○) 정책대상 집단의 행태가 다양하고 그 변화의 정도가 크다면 갈등이 발생할 가능성이 높으므로 집행이 곤란하다.
② (×) 집행주체의 집행역량은 집행기관의 명확한 행동지침, 집행기관의 계층적 통합성, 유능하고 헌신적인 집행관료, 충분한 재원 등과 같은 집행구조나 조직의 분위기 등에 영향을 받는다.
③ (×) 의사결정점(decision point)은 거부점으로 작용할 가능성이 크므로 의사결정점이 많으면 집행의 신속성은 떨어진다.
④ (×) 정책 수혜집단의 규모가 크고 조직화 정도가 강한 경우 집행은 용이하다.

정답 | ①

334

기출처: 2012 지방직 9급
난이도: ★
키워드: 정책집행의 변수

관련기출 옳은지문

• 정책집행자의 전문성, 사기, 정책에 대한 인식 등이 집행효율성에 영향을 미친다. 14. 국회직 8급

• 규제정책은 분배정책보다 논쟁과 갈등의 정도가 높은 편이다. 06. 국가직 9급

335

335	① ② ③
기출처	2011 지방직 9급
난이도	★★
키워드	사바티어(P. Sabatier)와 매즈매니언(D. Mazmanian)

사바티어(P. Sabatier)와 매즈매니언(D. Mazmanian)이 효과적인 정책집행을 위해서 필요하다고 본 전제조건에 해당되지 않는 것은?

① 정책결정의 내용은 타당한 인과이론에 바탕을 둔 것이어야 한다.
② 법령은 명확한 정책지침을 가지고 대상 집단의 순응을 극대화 시켜야 한다.
③ 정책목표의 집행과정에서 우선순위를 탄력적이고 신축적으로 조정하여야 한다.
④ 유능하고 헌신적인 관료가 정책집행을 담당해야 한다.

해설

① (O) 타당한 인과이론이란 바람직한 상태를 나타내는 정책목표와 그를 달성하기 위한 정책수단 그리고 정책수단의 실행결과 나타나는 정책산출 간의 긴밀한 인과성을 말하며 이를 기술적 타당성이라고도 한다.
② (O) 명확한 정책지침이 있어야 한다는 것은 결국 명확한 정책목표의 선정과 목표 간 우선순위의 명료화, 집행기관에 대한 충분한 재정적 자원의 제공, 적절한 집행기관의 선정, 집행기관 간 계층제적 통합, 집행기관의 의사결정규칙의 규정 등이 주어져 있다는 의미이다.
③ (×) 사바티어(P. Sabatier)와 매즈매니언(D. Mazmanian)은 하향적 시각에서 법규상 목표의 명확한 우선순위와 집행기관의 명확한 행동지침을 집행의 성공조건으로 보았다.
④ (O) 집행기관의 장은 정치적·관리적 역량을 가지고 있어야 하며, 담당 정책에 우선순위를 부여하고 신념을 가지고 헌신적으로 전념하여야 정책집행이 효과적일 것이다.

고득점 플러스+ 정책집행의 변수 → 사바티어(P. Sabatier)와 매즈매니언(D. Mazmanian)
- 문제의 성격: 인과관계 및 적절한 기술, 작고 분명한 대상집단, 대상집단의 단순한 행태, 적은 행태변화의 요구
- 구조화 능력: 목표의 명확한 우선순위, 명확한 행동지침, 집행기관의 계층적 통합성, 유능한 관료, 충분한 재원
- 환경적 요인: 지배기관의 후원, 사회·경제·기술적 상황, 관련 집단의 지원 및 태도, 언론 및 일반대중의 지지

정답 | ③

336

336	① ② ③
기출처	2017 지방직 9급
난이도	★★
키워드	정책집행의 성공가능성

정책집행의 성공가능성에 대한 설명으로 옳지 않은 것은?

① 정책집행연구의 하향론자들은 복잡한 조직구조가 정책의 성공적 집행을 도와준다고 주장한다.
② 정책목표와 정책수단이 구체적일수록 정책집행이 성공할 가능성이 커진다는 주장이 있다.
③ 불특정 다수인이 혜택을 보는 경우보다 특정한 집단이 배타적으로 혜택을 보는 경우에 강력한 지지를 얻을 수도 있다.
④ 배분정책은 규제정책이나 재분배정책에 비하여 표준운영절차(SOP)에 따라 원만한 집행이 이루어질 가능성이 더 크다.

관련기출 옳은지문

- 규제정책의 경우 정책집행의 결과로 수혜집단과 희생집단이 나뉘는 경우가 많아 집행과정에서 많은 갈등이 야기된다. 09. 국회직 8급
- 사업의 목표와 목표를 달성할 수 있는 수단이 구체적이고 대립되지 않을수록 정책집행이 성공할 가능성이 높다. 09. 국회직 8급

해설

① (×) 정책집행의 하향적 접근은 명확한 문제와 목표 그리고 인과성 있는 대안이 주어질 때 가능하다. 따라서 복잡한 조직구조는 하향적 집행을 어렵게 하는 요인이다.
② (O) 정책목표와 정책수단이 구체적일수록 명확하고 일관된 정책집행이 가능할 것이다.
③ (O) 특정인이 혜택을 보는 편익이 집중된 상황에서는 그 정책에 대한 순응의 가능성이 높을 것이다.
④ (O) 수혜자 중심의 배분정책이 피해자와 수혜자의 갈등이 심한 규제정책이나 재분배정책보다 안정적인 집행의 가능성이 높다.

정답 | ①

CHAPTER 08 정책평가론

337
정책평가의 일반적인 절차를 순서대로 바르게 나열한 것은?

ㄱ. 정책평가 대상 확정
ㄴ. 평가결과 제시
ㄷ. 인과모형 설정
ㄹ. 자료 수집 및 분석
ㅁ. 정책목표 확인

① ㄱ → ㅁ → ㄷ → ㄹ → ㄴ
② ㅁ → ㄱ → ㄷ → ㄴ → ㄹ
③ ㅁ → ㄱ → ㄷ → ㄹ → ㄴ
④ ㅁ → ㄷ → ㄱ → ㄹ → ㄴ

337
- 기출처: 2021 국가직 7급
- 난이도: ★
- 키워드: 정책평가의 절차

관련기출 옳은지문
- 정책평가의 목적은 목표의 충족 여부를 파악하기 위해서이다.
  10. 서울시 9급

해설

③ (O) 일반적으로 정책목표가 무엇인지 확인하는 것이 가장 먼저이며, 평가의 목표가 설정된 후 평가의 대상을 확정한다. 이후 정책수단과 정책목표에 대한 인과관계를 분석 및 평가하기 위한 인과모형을 설정한 후 이에 맞는 자료를 수집하고 분석한다. 마지막으로 평가 결과를 검증하고 환류하는 단계로 이어진다.

정답 | ③

338
정책평가 유형에 대한 설명으로 옳지 <u>않은</u> 것은?

① 총괄평가는 정책 집행이 완료된 후 정책의 효과성과 효율성을 종합적으로 판단하는 평가이다.
② 형성평가는 일종의 예비평가로 공식 영향평가의 실행 가능성과 유용성을 검토하기 위하여 실시된다.
③ 과정평가는 정책이 의도한 대로 집행되고 있는지, 정책 집행과정의 문제점을 파악하고 개선하는 데 초점을 맞춘 평가이다.
④ 집행모니터링은 프로그램 투입 또는 활동을 측정하고 이를 사전에 결정되거나 기대하였던 기준값과 비교하여, 프로그램이 설계에 명시된 대로 수행되고 있는지를 판단한다.

338
- 기출처: 2025 국가직 9급
- 난이도: ★★
- 키워드: 형성평가

관련기출 옳은지문
- 총괄평가는 정책이 집행되고 난 후에 정책이 사회에 미친 영향을 추정하는 판단 활동으로 평가목적에 따라 효과성 평가, 능률성 평가, 형평성 평가 등으로 나눌 수 있다.
  24. 경찰승진

해설

① (O) 총괄평가는 정책집행이 완료된 후 효과, 영향 등을 종합적으로 판단하여 정책의 지속, 중단, 확산 등을 결정하기 위한 평가이다.
② (X) 일종의 예비평가로 공식 영향평가의 실행 가능성과 유용성을 검토하기 위하여 실시되는 것은 평가성사정이다.
③ (O) 과정평가는 정책이 계획대로 집행되고 있는지, 집행 과정상의 장애요인은 무엇인지 등을 파악하여 집행과정을 개선하는 데 초점을 맞춘다.
④ **매력적 오답** (O) 집행모니터링은 정책집행 상황을 지속적으로 추적하고 점검하는 활동으로, 투입, 활동, 산출 등을 계획과 비교하여 관리하기 위해 실시된다.

정답 | ②

339

기출처 2023 국가직 7급
난이도 ★★
키워드 형성평가

339 필수
정책평가의 유형에 대한 설명으로 옳지 않은 것은?

① 평가성사정(evaluability assessment)은 평가의 실행가능성을 검토하는 일종의 예비평가이다.
② 정책영향평가는 사후평가이며 동시에 효과성 평가로 볼 수 있다.
③ 모니터링은 과정평가에 속하지만 집행의 능률성과 효과성을 확보하기 위한 평가이다.
④ 형성평가는 집행이 종료된 후 정책이 의도했던 목적을 달성했는지에 초점을 맞춘다.

해설

① (O) 평가성사정이란 특정 정책 또는 사업(프로그램)을 본격적으로 평가하기에 앞서 이루어지는 분석으로, 정책 그 자체가 아닌 평가계획에 대한 평가이며 정책평가의 목적을 달성하는 수단으로 활용된다.
② (O) 정책영향평가는 정책이 집행된 후 이루어지는 사후평가이고 정책의 파급효과라는 결과를 파악하는 것이므로 효과성 평가로 볼 수 있다.
③ (O) 모니터링은 집행의 능률성과 효과성을 확보하기 위한 평가라는 점에서 프로그램 그 자체의 개선을 목적으로 하는 형성평가와는 구별된다.
④ (×) 집행이 종료된 후 정책이 의도했던 목적을 달성했는지에 초점을 맞추는 평가는 총괄평가이다. 형성평가는 프로그램이 집행과정에 있어 유동적일 때 이를 개선하기 위하여 실시되는 평가이다.

정답 | ④

관련기출 옳은지문

• 정책평가연구는 순수연구라기보다는 응용연구라고 할 수 있다.
　　　　　　　　　　23. 소방간부

• 정책평가는 기준에 따라 내부평가와 외부평가, 형성평가와 총괄평가, 과정평가와 결과평가 등으로 나뉜다.
　　　　　　　　　　23. 소방간부

340

기출처 2016 국가직 7급
난이도 ★★
키워드 총괄평가

340
정책평가의 유형에 대한 설명으로 옳지 않은 것은?

① 총괄평가(summative evaluation)는 정책집행이 종료된 후에 그 성과나 효과를 평가하는 것이다.
② 형성평가(formative evaluation)는 정책집행 도중에 과정의 적절성과 수단·목표 간 인과성 등을 평가하는 것이다.
③ 총괄평가는 주로 내부 평가자에 의해 수행되며, 평가결과를 환류하여 최종안을 개선하는 것이 목적이다.
④ 형성평가는 주로 내부 평가자 및 외부 평가자의 자문에 의해 평가를 진행하며, 정책집행 단계에서 정책 담당자 등을 돕기 위한 것이다.

> **해설**

① (○) 총괄평가는 정책의 결과를 대상으로 하는 평가로, 정책이 집행된 후에 의도했던 정책효과가 발생하였는지의 여부를 확인하고 검토하는 사후적 평가 작업이다.
② (○) 형성평가는 프로그램이 집행과정에 있어 유동적일 때 이를 개선하기 위하여 실시되는 평가로, 집행과정에서 나타난 문제점을 해결하여 집행전략이나 집행설계를 수정·보완하거나 프로그램의 개념화와 새로운 프로그램을 설계하고 개발하기 위한 검증도구로 사용된다.
③ (×) 총괄평가는 프로그램의 최종 성과를 확인하기 위해 주로 외부 평가자에 의해 수행되며, 그 평가결과는 프로그램의 지속, 중단, 확대 등을 위한 자료로 활용된다. 주로 내부 평가자에 의해 수행되며, 평가결과를 환류하여 최종안을 개선하고자 하는 것은 형성평가이다.
④ (○) 정책효과의 존재여부만을 판단하는 총괄평가는 집행 담당자에게는 크게 도움이 되지 않는다. 반면 형성평가는 프로그램의 개선이나 집행과정의 문제점을 해결하기 위해 사용되므로 집행 담당자에게 유용한 정보를 제공할 수 있다.

> **고득점 플러스⁺** 총괄평가

- 착수직전분석
  - 개념: 사업개시를 결정하기 전에 수행되는 총괄평가
  - 평가내용: 사업의 수요, 개념의 적절성, 사업의 실행가능성 등에 대한 평가
- 협의 총괄평가
  - 개념: 집행 후 평가 → 의도한 효과, 부수적 효과와 부작용 등 사회적 영향 등의 확인
  - 유형: 능률성 평가, 효과성 평가, 영향평가, 형평성 평가 등

정답 | ③

> **관련기출 옳은지문**
> - 총괄평가(summative evaluation)는 정책이 종료된 후에 그 정책이 당초 의도했던 효과를 가져왔는지의 여부를 판단하는 활동이다.
>   18. 서울시 9급
>
> - 형성평가(formative evaluation)는 프로그램이 집행과정에 있으며 여전히 유동적일 때 프로그램의 개선을 위해서 실시하는 평가이다.
>   18. 서울시 9급

341
정책평가의 종류에 대한 설명으로 옳지 않은 것은?

① 평가성사정은 본격적인 평가 가능 여부와 평가결과의 프로그램 개선 가능성 등을 진단하는 일종의 예비적 평가이다.
② 평가주체에 따른 분류에서 시민단체에 의한 평가는 외부적 평가이다.
③ 정책비용의 측면을 고려하는 능률성 평가는 총괄평가에서 검토될 수 없다.
④ 형성평가는 집행 도중에 이루어지는 평가로서, 집행관리와 전략의 수정 및 보완을 위한 것이다.

341	① ② ③
기출처	2017 국가직 7급(하)
난이도	★★
키워드	총괄평가

> **해설**

① (○) 평가성사정은 특정 정책 또는 사업(프로그램)을 본격적으로 평가하기에 앞서 이루어지는 분석으로, 평가의 가능성과 평가의 활용가능성 등을 분석하는 기법이다.
② (○) 정책이나 사업의 관계자가 평가하는 것을 내부평가라 하고, 그 외부인이 평가하는 것을 외부평가라 한다.
③ (×) 총괄평가는 정책의 결과를 대상으로 하는 평가로, 정책이 집행된 후에 의도했던 정책효과가 발생하였는지의 여부를 확인하고 검토하는 사후적 평가이다. 이러한 총괄평가에는 비용 대비 산출을 평가하는 능률성 평가, 목표달성도를 평가하는 효과성 평가, 사회적 파급효과를 평가하는 영향평가, 비용과 편익의 수혜정도를 비교하는 형평성 평가 등이 있다.
④ (○) 형성평가는 정책이 집행되는 도중에 이루어지는 평가이다. 그 목적은 정책 집행 과정에서 나타나는 문제점을 파악하고, 집행 전략이나 방법을 수정 및 보완하여 정책의 효과성을 높이는 데 있다.

정답 | ③

> **관련기출 옳은지문**
> - 형성평가(formative evaluation)는 정책집행과정에서 나타난 문제점을 해결함으로써 집행전략이나 집행설계를 수정·보완하는 데 도움을 준다.
>   11. 지방직 7급

342 〈필수〉

정책평가에 대한 설명으로 옳지 않은 것은?

① 내부평가는 기관 내부에서 평가를 주도하며, 외부평가와 비교하면 평가결과의 활용성이 높다.
② 비용편익분석은 정책실행이 가져올 모든 비용과 편익을 화폐단위로 계량화하여 비교하는 방법으로서, 정책의 능률성과 대응성을 측정하기에 효과적이다.
③ 총괄평가는 정책이 종료한 시점에서 효과성이나 능률성 등 다각적 관점에서 결과를 살펴보는 것이다.
④ 평가성검토는 본평가를 실시하기 전에 평가의 소망성과 실행가능성을 개괄적으로 검토하는 예비평가이다.

해설

① (O) 내부평가는 정책을 집행하는 기관 내부의 인력이나 부서가 평가를 수행하므로, 평가 결과가 해당 기관의 정책 개선에 직접적으로 반영될 가능성이 높아 평가 결과의 활용성이 높다는 장점이 있다. 반면, 외부평가에 비해 객관성과 공정성이 떨어질 수 있다는 단점이 있다.
② (X) 비용편익분석은 경제성 또는 능률성을 측정하는 기법이지 대응성이나 형평성을 측정하는 기법은 아니다.
③ (O) 총괄평가는 정책의 집행이 종료된 시점에서 이루어지는 평가이다. 이 평가는 정책이 의도한 목표를 얼마나 달성했는지(효과성), 투입 대비 산출이 얼마나 효율적이었는지(능률성) 등 다각적 관점에서 정책의 최종적인 성과와 영향을 종합적으로 판단한다.
④ (O) 평가성 검토는 본격적인 정책 평가(본평가)를 실시하기 전에, 해당 정책이 평가하기에 적합한지(소망성)와 현실적으로 평가를 수행할 수 있는지(실행 가능성)를 개괄적으로 검토하는 예비적 성격의 평가이다.

정답 | ②

342
- 기출처: 2024 국가직 7급
- 난이도: ★★
- 키워드: 비용편익분석

🔍 관련기출 옳은지문
- 메타평가(meta evaluation)는 평가 자체를 대상으로 하며, 평가활동과 평가체제를 평가해 정책평가의 질을 높이고 결과활용을 증진하기 위한 목적으로 활용된다. 18. 서울시 9급

---

343 〈필수〉

정책평가의 논리모형에 대한 설명으로 옳지 않은 것은?

① 정책프로그램의 요소들과 해결하려는 문제들 사이의 논리적 인과관계를 투입(input) - 활동(activity) - 산출(output) - 결과(outcome)로 도식화한다.
② 산출은 정책집행이 종료된 직후의 직접적인 결과물을 의미하며, 결과는 산출로 인해 나타나는 변화를 의미한다.
③ 과정평가이기 때문에 정책프로그램의 목표달성 여부를 보여주지는 못한다는 한계가 있다.
④ 정책프로그램과 관련된 다양한 이해관계자의 이해도를 높일 수 있다.

해설

① (O) 정책평가의 논리모형은 정책 프로그램의 투입(Input), 활동(Activity), 산출(Output), 결과(Outcome), 그리고 궁극적으로 영향(Impact)에 이르는 일련의 논리적이고 인과적인 관계를 도식화하여 보여준다.
② (O) 정책과정은 투입 - 산출 - 결과 - 영향의 순으로 설명될 수 있는데, 산출물이 정책을 통해 직접 나오는 1차 결과물이라면 결과는 이러한 산출을 통해 달성하고자 하는 목적으로 의미한다.
③ (X) 정책평가의 논리모형은 정책을 통한 목표의 달성 여부와 그 인과과정의 논리성을 동시에 보여준다.
④ (O) 정책평가의 논리모형은 요소들 사이의 인과관계를 명확히 보여주므로 이해관계자의 정책과정 및 결과에 대한 이해를 높일 수 있다.

343
- 기출처: 2024 국가직 9급
- 난이도: ★
- 키워드: 정책평가의 논리모형

| 고득점 플러스+ | 논리모형과 목표모형 |

- 논리모형: 과정평가의 일종, 논리적 인과성의 표현에 초점, 투입·활동·산출·결과의 순, 평가의 타당성 제고(→ 소통의 장)
- 목표모형: 총괄평가의 일종, 목표의 달성 여부에 초점, 결과와 목표와의 일치 여부, 명확성과 단순성

정답 | ③

344
정책평가의 방법을 논리모형(논리 매트릭스)과 목표모형으로 구분할 경우, 논리모형에 대한 설명으로 옳지 않은 것은?

① 정책 프로그램이 특정 성과를 산출하기 위해 어떤 논리적 인과구조를 가지고 있는지를 명시적으로 보여준다.
② 프로그램이 해결하려는 정책문제 및 정책의 결과물이 무엇인지를 명확히 해주기 때문에 정책형성 과정의 인과관계에 대한 가정의 오류와 정책집행의 실패를 구분할 수 있도록 한다.
③ 정책이 달성하려는 장기 목표와 중단기 목표들을 잘 달성했는지에 초점을 맞춘 평가모형이다.
④ 프로그램 논리의 분석 및 정리과정이 이해관계자의 정책 프로그램에 대한 이해를 높인다.

344	
기출처	2017 국가직 9급(하)
난이도	★
키워드	논리모형(논리 매트릭스)과 목표모형

해설

①, ④ (○) 논리모형은 프로그램의 요소들과 해결하려고 하는 문제들 사이의 논리적 인과관계를 투입 → 활동 → 산출 → 결과로 정리해 표현해주는 하나의 다이어그램을 말한다. 정책이 특정한 성과를 산출하기 위해 어떤 논리적 인과구조를 가지고 있는지를 명시적으로 보여주어 정책집행 과정 및 성과를 명확히 평가할 수 있도록 해준다.

② 매력적 오답 (○) 논리모형은 정책이 핵심적으로 해결하려는 문제 및 정책의 결과물이 무엇인지를 명확히 보여준다. 정책형성 과정의 인과관계에 대한 가정의 오류와 정책집행의 실패를 구분할 수 있도록 하여 평가의 타당성을 제고한다.

③ (×) 정책이 달성하려는 장기 목표와 중·단기 목표들을 잘 달성했는지에 초점을 맞춘 모형은 목표모형이다.

정답 | ③

345

345	① ② ③
기출처	2017 지방직 9급
난이도	★★
키워드	「정부업무평가기본법」

「정부업무평가기본법」상 정부업무평가의 종류가 아닌 것은?

① 중앙행정기관의 자체평가
② 공공기관에 대한 평가
③ 환경영향평가
④ 지방자치단체의 자체평가

관련기출 옳은지문

- 지방자치단체의 장은 정부업무평가 시행계획에 기초하여 소관 정책 등의 성과를 높일 수 있도록 자체평가 계획을 매년 수립하여야 한다.

  22. 경찰간부

해설

① (O) 중앙행정기관의 장은 그 소속기관의 정책 등을 포함하여 자체평가를 실시하여야 한다.
② (O) 공공기관에 대한 평가는 공공기관의 특수성·전문성을 고려하고 평가의 객관성 및 공정성을 확보하기 위하여 공공기관 외부의 기관이 실시하여야 한다.
③ (×) 환경영향평가는 환경영향평가 대상사업의 사업계획을 수립하고자 할 때에 그 사업의 시행이 환경에 미치는 영향을 미리 조사·예측·평가하여 해로운 환경영향을 피하거나 줄일 수 있는 방안을 강구하기 위해 수행되는 평가절차를 말하며 이는 「환경영향평가법」에 규정되어 있다.
④ (O) 지방자치단체의 장은 그 소속기관의 정책 등을 포함하여 자체평가를 실시하여야 한다.

고득점 플러스+ 우리나라의 정책평가 → 「정부업무평가기본법」

- 평가대상기관: 중앙행정기관, 지방자치단체, 중앙행정기관 또는 지방자치단체의 소속기관, 공공기관
- 자체평가: 중앙행정기관 또는 지방자치단체가 소관 정책 등을 스스로 평가하는 것
- 특정평가: 국무총리가 중앙행정기관을 대상으로 국정을 통합적으로 관리할 목적으로 실시하는 평가
- 재평가: 이미 실시된 평가에 관하여 그 평가를 실시한 기관 외의 기관이 다시 평가하는 것
- 정부업무평가기본계획: 국무총리가 수립하고 최소한 3년마다 그 계획의 타당성을 검토하여 수정·보완

정답 | ③

346

346	① ② ③
기출처	2017 국가직 9급 변형
난이도	★★
키워드	「정부업무평가기본법」

「정부업무평가기본법」에 의한 정부업무평가제도에 대한 설명으로 옳지 않은 것은?

① 김포시와 도로교통공단은 평가대상에 포함된다.
② 관세청장은 자체평가위원회를 운영한다.
③ 행정안전부장관은 지방자치단체합동평가위원회의 당연직 위원장이다.
④ 기획재정부장관은 정부업무평가위원회의 위원이다.

관련기출 옳은지문

- 정부업무평가는 국정운영의 능률성, 효과성 및 책임성을 확보하기 위하여 평가대상기관이 행하는 정책 등을 평가하는 것을 말한다.

  10. 국가직 9급

해설

① (O) 김포시는 지방자치단체이고 도로교통공단은 공공기관에 속하므로 둘 다 「정부업무평가기본법」의 적용대상에 포함된다.
② (O) 관세청은 중앙행정기관에 속하므로 자체평가위원회를 반드시 운영하여야 한다.
③ (×) 지방자치단체합동평가위원회는 위원장 1인을 포함한 20인 이하의 위원으로 구성하되, 위원의 3분의 2이상은 민간전문가로 구성하여야 한다. 그리고 위원장은 민간위원 중에서 행정안전부장관이 지명한다.
④ (O) 「정부업무평가기본법」에 따르면, 정부업무평가위원회 위원에는 기획재정부장관, 행정안전부장관, 국무조정실장이 당연직으로 포함된다.

※ 출제 당시, "③ 행정자치부장관은~"이었으나, 정부조직 변경으로 선택지를 수정하였습니다.

정답 | ③

347

「정부업무평가기본법」상 정부업무평가제도에 대한 설명으로 옳지 <u>않은</u> 것은?

① 공공기관도 정부업무평가의 대상에 포함된다.
② 중앙행정기관뿐만 아니라 지방자치단체도 자체평가를 실시하여야 한다.
③ 재평가는 이미 실시된 평가의 결과, 방법 및 절차에 관하여 그 평가를 실시한 기관 외의 기관이 다시 평가하는 것이다.
④ 국가위임사무에 대하여 평가가 필요한 경우에는 행정안전부장관이 중앙행정기관의 장과 함께 특정평가를 실시할 수 있다.

347	
기출처	2019 국가직 7급
난이도	★★
키워드	특정평가

관련기출 옳은지문
· 정부업무평가 중 특정평가는 국무총리가 중앙행정기관을 대상으로 정책을 평가하는 것을 의미한다.
16. 서울시 9급

해설

① (○) 중앙행정기관과 지방자치단체 및 그 소속기관뿐만 아니라 공공기관도 정부업무평가의 대상기관에 포함된다.
② (○) 자체평가는 반드시 실시하여야 한다.
③ (○) 국무총리는 중앙행정기관의 자체평가결과를 확인·점검 후 평가의 객관성·신뢰성에 문제가 있어 다시 평가할 필요가 있다고 판단되는 때에는 위원회의 심의·의결을 거쳐 재평가를 실시할 수 있다.
④ (×) 국가위임사무에 대하여 행정안전부장관이 관계 중앙행정기관의 장과 함께 평가하는 것은 합동평가이다.

정답 | ④

348 필수

「정부업무평가기본법」상 우리나라 정부업무평가제도에 대한 설명으로 옳지 <u>않은</u> 것은?

① 특정평가는 국무총리가 중앙행정기관과 공공기관을 대상으로 국정을 통합적으로 관리하기 위한 목적을 갖는다.
② 국무총리 소속하에 심의·의결기구로서 정부업무평가위원회를 둔다.
③ 지방자치단체의 자체평가에 있어서 행정안전부장관은 평가 관련 사항에 대하여 지방자치단체를 지원할 수 있다.
④ 자체평가는 중앙행정기관 또는 지방자치단체가 소관 정책 등을 스스로 평가하는 것을 말한다.

348	
기출처	2022 국가직 9급
난이도	★★
키워드	특정평가

관련기출 옳은지문
· 정부업무평가위원회는 위원장 2명을 포함한 15인 이내의 위원으로 구성되며, 민간위원의 임기는 2년이다.
24. 군무원 7급

해설

① (×) 특정평가는 중앙행정기관을 대상으로 이루어진다.
② (○) 국무총리 소속의 정부업무평가위원회는 위원장 2명(국무총리와 민간위원 중에서 대통령이 지명하는 자)을 포함한 15명 이내의 위원(기획재정부장관, 행정안전부장관, 국무조정실장 등은 당연직 위원)으로 구성된다.
③ (○) 지방자치단체의 자체평가에 있어서 행정안전부장관은 평가의 객관성 및 공정성을 높이기 위하여 평가지표, 평가방법, 평가기반의 구축 등에 관하여 지방자치단체를 지원할 수 있다.
④ (○) 자체평가는 당해 기관이 수행하는 정책을 당해 기관이 스스로 평가하는 것을 말한다.

정답 | ①

349

기출처	2019 국가직 9급
난이도	★★
키워드	정부업무평가위원회

관련기출 옳은지문
- 중앙행정기관의 장은 전년도 정책 등에 대한 자체평가결과를 지체 없이 국회 소관 상임위원회에 보고하여야 한다. 20. 국회직 8급

349
「정부업무평가기본법」상 정책평가제도에 대한 설명으로 옳지 않은 것은?

① 지방자치단체의 장은 정부업무평가시행계획에 기초하여 자체평가계획을 매년 수립하여야 한다.
② 국무총리는 2 이상의 중앙행정기관 관련 시책, 주요 현안시책, 혁신관리 및 대통령령이 정하는 대상부문에 대하여 특정평가를 실시하고, 그 결과를 공개하여야 한다.
③ 중앙행정기관 또는 지방자치단체의 소속기관이 행하는 정책은 정부업무평가의 대상에 포함된다.
④ 정부업무평가위원회는 위원장 1인과 14인 이내의 위원으로 구성한다.

해설

① (○) 지방자치단체의 장은 그 소속기관의 정책 등을 포함하여 자체평가를 실시하여야 한다. 그리고 지방자치단체의 장은 정부업무평가시행계획에 기초하여 소관 정책 등의 성과를 높일 수 있도록 자체평가계획을 매년 수립하여야 한다.
② (○) 특정평가란 국무총리가 중앙행정기관을 대상으로 국정을 통합적으로 관리하기 위하여 필요한 정책 등을 평가하는 것을 말한다. 국무총리는 2 이상의 중앙행정기관 관련 시책, 주요 현안시책, 혁신관리 및 대통령령이 정하는 대상부문에 대하여 특정평가를 실시하고, 그 결과를 공개하여야 한다.
③ (○) 중앙행정기관 또는 지방자치단체의 소속기관이 행하는 정책은 정부업무평가의 대상에 포함된다.
④ (×) 정부업무평가의 실시와 평가기반의 구축을 체계적·효율적으로 추진하기 위하여 국무총리 소속으로 정부업무평가위원회를 두며, 위원장 2명을 포함한 15명 이내의 위원으로 구성하되, 임기는 2년이다.

정답 | ④

350

기출처	2023 지방직 7급
난이도	★★
키워드	자체평가

350 [필수]
「정부업무평가기본법」상 정부업무평가제도에 대한 설명으로 옳은 것은?

① 기획재정부장관은 중앙행정기관의 자체평가결과를 확인·점검 후 평가의 객관성과 신뢰성에 문제가 있어 다시 평가가 필요하다고 판단되는 경우, 위원회의 심의·의결을 거쳐 재평가를 실시할 수 있다.
② 중앙행정기관의 장은 자체평가조직 및 자체평가위원회를 구성·운영하여야 하며, 이 경우 평가의 공정성과 객관성을 확보하기 위하여 자체평가위원의 3분의 2 이상은 민간위원으로 하여야 한다.
③ 행정안전부장관은 둘 이상의 중앙행정기관 관련 시책, 주요 현안시책, 혁신관리 및 대통령령이 정하는 부문에 대하여 특정평가를 실시하고 그 결과를 공개하여야 한다.
④ 지방자치단체 또는 그 장이 위임받아 처리하는 국가사무, 국고보조사업 그리고 국가의 주요 시책사업 등에 대해 국무총리는 관계 중앙행정기관의 장과 합동으로 평가를 실시할 수 있다.

해설

① (×) 재평가는 국무총리가 담당한다.
② (○) 「정부업무평가기본법」 제14조에 따라 자체평가의 공정성과 객관성을 확보하기 위해 3분의 2 이상을 민간위원으로 하여야 한다.
③ (×) 특정평가는 국무총리가 실시한다.
④ (×) 합동평가는 행정안전부장관이 관계 중앙행정기관의 장과 함께 실시한다.

정답 | ②

351 〈필수〉
「정부업무평가기본법」상 정부업무평가에 대한 설명으로 옳은 것만을 모두 고르면?

> ㄱ. 정부업무평가의 실시와 평가기반의 구축을 체계적·효율적으로 추진하기 위하여 행정안전부장관 소속하에 정부업무평가위원회를 둔다.
> ㄴ. 정부업무평가위원회는 위원장 2인을 포함한 15인 이내의 위원으로 구성한다.
> ㄷ. 행정안전부장관은 매년 각종 평가결과보고서를 종합하여 이를 국무회의에 보고하거나 평가보고회를 개최하여야 한다.
> ㄹ. 정부업무평가의 대상에는 중앙행정기관 또는 지방자치단체의 소속기관이 포함된다.

① ㄱ, ㄷ ② ㄱ, ㄹ ③ ㄴ, ㄷ ④ ㄴ, ㄹ

351
- 기출처: 2024 지방직 7급
- 난이도: ★★
- 키워드: 정부업무평가

🔍 **관련기출 옳은지문**
- 중앙행정기관의 장은 평가결과를 다음 연도의 예산요구시 반영하여야 한다. 20. 국회직 8급

해설
- ㄱ. (×) 정부업무평가위원회는 국무총리 소속이다.
- ㄴ. (○) 정부업무평가위원회는 「정부업무평가기본법」 제10조에 따라 위원장 2인을 포함한 15인 이내의 위원으로 구성한다.
- ㄷ. (×) 국무총리는 매년 각종 평가결과보고서를 종합하여 이를 국무회의에 보고하거나 평가보고회를 개최하여야 한다.
- ㄹ. (○) 정부업무평가의 대상에는 중앙행정기관(대통령령이 정하는 대통령 소속기관 및 국무총리 소속기관·보좌기관을 포함), 지방자치단체, 중앙행정기관 또는 지방자치단체의 소속기관, 공공기관 등이 포함된다.

정답 | ④

352 〈필수〉
정책평가의 논리에서 수단과 목표 간의 인과관계에 대한 설명으로 옳은 것만을 모두 고르면?

> ㄱ. 정책목표의 달성이 정책수단의 실현에 선행해서 존재해야 한다.
> ㄴ. 특정 정책수단 실현과 정책목표 달성 간 관계를 설명하는 다른 요인이 배제되어야 한다.
> ㄷ. 정책수단의 변화 정도에 따라 정책목표의 달성 정도도 변해야 한다.

① ㄱ ② ㄷ ③ ㄱ, ㄴ ④ ㄴ, ㄷ

352
- 기출처: 2020 지방직 9급
- 난이도: ★
- 키워드: 인과관계

🔍 **관련기출 옳은지문**
- 정책목표는 가치판단에 의존하기 때문에 주관적인 특성이 있다. 24. 국회직 9급
- 정책목표는 정책집행과정에서 활동지침으로서의 역할을 한다. 24. 국회직 9급
- 정책목표는 정책평가과정에서 중요한 평가기준이 된다. 24. 국회직 9급

해설
- ㄱ. (×) 정책수단의 실현이 정책목표의 달성보다 선행되어야 한다.
- ㄴ. (○) 다른 요인이 배제되어야 한다는 것을 경쟁가설의 배제 혹은 외재적 요인의 통제라 한다.
- ㄷ. (○) 수단의 변화 정도에 따라 목표의 달성 정도가 변하는 것을 공동변화 혹은 상시연결성이라 한다.

고득점 플러스+ 인과관계
- 의의: 독립변수와 종속변수의 관계, 정책(→ 원인)과 효과(→ 결과)의 관계
- 인과관계의 성립조건
  - 공동변화의 입증: 변수 간 상시연결성(→ 규칙적 동양성)
  - 원인변수(×)의 시간적 선행성의 입증
  - 외재적 변수의 통제와 경쟁가설의 배제

정답 | ④

353

353	① ② ③
기출처	2020 국가직 9급
난이도	★
키워드	정책변수

🔍 관련기출 옳은지문

- 허위변수는 독립변수와 종속변수 간 전혀 관계가 없음에도 불구하고 마치 상관관계가 있는 것처럼 보이도록 하는 제3의 변수이다.
  19. 경찰승진

- 혼란변수는 독립변수와 종속변수 간에 상관관계가 있는 상태에서 두 변수 간의 관계를 과대 또는 과소평가하게 만드는 제3의 변수이다.
  19. 경찰승진

- 혼란변수는 정책 이외에 제3의 변수도 결과에 영향을 미치는 경우 정책의 영향력을 정확히 평가하기 어렵게 만드는 변수이다.
  18. 국회직 8급

353
정책변수에 대한 설명으로 옳은 것만을 모두 고르면?

> ㄱ. 매개변수 – 독립변수의 원인인 동시에 종속변수의 원인이 되는 제3의 변수
> ㄴ. 조절변수 – 독립변수와 종속변수 간에 상호작용 효과를 나타나게 하는 제3의 변수
> ㄷ. 억제변수 – 독립변수와 종속변수 간에 상관관계가 없는데도 있는 것으로 나타나게 하는 제3의 변수
> ㄹ. 허위변수 – 독립변수와 종속변수 모두에게 영향을 미치며 이들 사이의 공동변화를 설명하는 제3의 변수

① ㄱ, ㄷ   ② ㄱ, ㄹ   ③ ㄴ, ㄷ   ④ ㄴ, ㄹ

해설

ㄱ. (×) 매개변수는 독립변수의 결과이면서 동시에 종속변수의 원인이 되는 제3의 변수를 말한다.
ㄴ. (○) 조절변수는 독립변수가 종속변수에 미치는 영향의 정도를 조절하는 역할을 하는 변수로, 연구설계에 포함되어 있다는 점에서 외재변수와는 구별된다.
ㄷ. (×) 억제변수는 두 변수 간에 상관관계가 있는데도 없는 것처럼 보이게 하는 변수이다.
ㄹ. (○) 허위변수는 독립변수와 종속변수 간 아무런 관계가 없는데도 어떤 상관관계가 있는 것처럼 보이도록 두 변수들에 모두 영향을 미치는 제3의 변수를 말한다.

정답 | ④

354

354	① ② ③
기출처	2016 지방직 9급
난이도	★★
키워드	허위변수와 혼란변수

🔍 관련기출 옳은지문

- 선행변수는 독립변수에 선행하여 작용함으로써 독립변수에 영향을 미치는 변수이다.
  23. 해경간부

- 혼란변수가 존재하면 정책효과의 추정이 부정확해진다.
  05. 국가직 7급

- 실제로는 관계가 없는데도 겉으로는 관계가 있는 듯이 보이는 관계를 허위의 상관이라 부르고 이를 일으키는 변수를 허위변수라고 부른다.
  05. 국가직 7급

354
다음 제시문의 ㉠, ㉡에 들어갈 용어가 바르게 연결된 것은?

> (㉠)는 독립변수인 정책수단과 함께 종속변수인 정책효과를 가져오는 요인으로 정책수단과 정책효과 사이의 인과관계를 과대 또는 과소평가하며, (㉡)는 독립변수인 정책수단의 효과가 전혀 없을 때, 숨어서 정책효과를 가져오는 변수로 정책수단과 정책효과 사이의 인과관계를 완전히 왜곡하는 요인이다.

	㉠	㉡
①	허위변수(spurious variable)	매개변수(mediating variable)
②	혼란변수(confounding variable)	허위변수(spurious variable)
③	혼란변수(confounding variable)	매개변수(mediating variable)
④	허위변수(spurious variable)	혼란변수(confounding variable)

해설

㉠ 독립변수와 종속변수에 모두 영향을 미치면서 두 변수 사이의 인과관계를 과대 또는 과소평가하게 만드는 것은 혼란변수(confounding variable)이다.
㉡ 독립변수와 종속변수 간 전혀 관계가 없음에도 불구하고 효과가 있는 것처럼 보이는 것은 허위변수(spurious variable)이다.

정답 | ②

355 필수

정책분석 및 평가연구에 적용되는 기준 중 내적 타당성에 대한 설명으로 옳은 것은?

① 분석 및 평가 결과를 다른 상황에서도 적용할 수 있는 정도를 의미한다.
② 이론적 구성요소들의 추상적 개념을 성공적으로 조작화한 정도를 의미한다.
③ 집행된 정책내용과 발생한 정책효과 간의 관계에 대한 인과적 추론의 정확성 정도를 의미한다.
④ 반복해서 측정했을 때 일관성 있는 결과를 얻는 정도를 의미한다.

해설

① (×) 분석 및 평가 결과를 다른 상황에서도 적용할 수 있는 정도를 의미하는 것은 외적 타당성이다.
② (×) 이론적 구성요소들의 추상적 개념을 성공적으로 조작화한 정도를 의미하는 것은 구성타당성이다.
③ (○) 정책과 효과 간의 관계에 대한 인과적 추론의 정확성 정도를 내적 타당성이라 한다.
④ (×) 반복해서 측정했을 때 일관성 있는 결과를 얻는 정도를 의미하는 것은 신뢰성이다.

고득점 플러스+ 타당성의 종류 → 쿡(D. Cook)과 캠벨(T. Campbell)

- 구성적 타당성: 이론적 구성요소들의 성공적 조작화 → 이론적 구성개념과 측정지표 간의 일치(→ 외적 타당성의 전제)
- 결론의 타당성: 강력한 연구설계(→ 내적 타당성의 전제) → 검증의 정밀성, 제1종·제2종 오류가 발생하지 않을 정도
- 내적 타당성: 정책과 결과 간 인과관계를 밝히는 것 → 1차적 의미의 타당성
- 외적 타당성: 내적 타당성을 통해 얻은 결론의 일반화 가능성

정답 | ③

355
기출처: 2023 국가직 9급
난이도: ★★★
키워드: 내적 타당성

관련기출 옳은지문
- 구성의 타당성은 처리, 결과, 모집단 및 상황들에 대한 이론적 구성요소들이 성공적으로 조작된 정도를 말한다. 10. 서울시 9급

356

정책평가에 대한 설명으로 옳지 않은 것은?

① 정책평가의 외적 타당도란 특정한 상황에서 얻은 정책평가의 결과를 일반화할 수 있는 정도를 말한다.
② 정책평가의 내적 타당도란 관찰된 결과가 다른 경쟁적 요인들보다는 해당 정책에 기인하는 것이라고 판단할 수 있는 정도를 의미한다.
③ A라는 정책이 집행된 이후에 그 정책의 목표 B가 달성된 것을 발견한 경우, 정책평가자는 A와 B 사이에 인과관계가 존재한다고 결론을 내릴 수 있다.
④ 신뢰도는 동일한 측정도구를 반복하여 사용했을 때 동일한 결과를 얻을 확률을 의미한다.

해설

① (○) 외적 타당도란 내적 타당성을 통해 얻은 인과적 추론이 다른 상황이나 모집단에 일반화시킬 수 있는가에 관한 것이다.
② (○) 내적 타당도란 효과가 다른 경쟁적 원인들보다 당해 정책(처리)에만 기인하는 것이라고 판단할 수 있는 정도를 의미한다. 이는 정책과 결과 간 인과관계를 밝히는 것으로 일반적 의미의 타당성이다.
③ (×) 정책과 결과의 인과성을 추론하기 위해서는 공동변화의 입증 즉, 변수 간 상시연결성(규칙적 동양성), 원인변수의 시간적 선행성의 입증, 외재적 변수의 통제와 경쟁가설의 배제 등이 필요하다. 다양한 외적 변수가 존재할 수 있으므로 단순히 A정책이 집행된 후 B라는 결과가 나왔다고 하여 그 결과를 A의 효과라고 단정할 수 없다.
④ (○) 신뢰도란 동일한 측정도구로 동일한 현상을 반복 측정했을 때 동일한 결론이 나오는 정도를 뜻한다. 즉, 측정도구의 측정결과에 대한 일관성을 의미한다.

정답 | ③

356
기출처: 2012 국가직 9급
난이도: ★★
키워드: 인과관계

관련기출 옳은지문
- 외적 타당성은 조사연구의 결론을 다른 모집단, 상황 및 시점에 어느 정도까지 일반화시킬 수 있는지의 정도를 나타낸다. 08. 국가직 9급

357	① ② ③
기출처	2020 국가직 9급
난이도	★★
키워드	타당성과 신뢰성

🔍 **관련기출 옳은지문**
- 신뢰성은 동일한 측정도구를 반복 사용할 때 동일한 결과를 얻을 가능성으로 타당성의 필요조건이지만 충분조건은 아니다. 23. 경찰간부

357 〈필수〉
정책평가를 위한 측정도구의 타당성과 신뢰성에 대한 설명으로 옳지 않은 것은?

① 타당성은 없지만 신뢰성이 높은 측정도구가 있을 수 있다.
② 신뢰성이 없지만 타당성이 높은 측정도구는 있을 수 없다.
③ 신뢰성은 측정도구의 타당성을 담보할 수 있는 충분조건이다.
④ 타당성이 없는 측정도구는 제1종 오류를 범하는 원인이 될 수 있다.

해설

①, ② (○) 신뢰성은 타당성의 필요조건이다. 그러므로 신뢰성은 있지만 타당성이 없을 수 있으나 신뢰성이 없다면 타당성은 있을 수 없다.
③ (×) 신뢰성은 측정도구의 타당성을 담보할 수 있는 필요조건에 해당한다.
④ 매력적 오답 (○) 타당성이 없는 측정도구는 효과가 없는 정책을 효과가 있다고 판단하는 제1종 오류와 효과가 있는 정책을 효과가 없다고 판단하는 제2종 오류를 범할 수 있다.

정답 | ③

358	① ② ③
기출처	2014 지방직 9급
난이도	★★
키워드	내적 타당성

🔍 **관련기출 옳은지문**
- 도구요인(instrumentation)은 실험집단과 비교집단의 측정수단을 달리하거나, 정책 실시 전과 실시 후의 정책효과와 측정수단이 다른 경우에 발생한다. 06. 국가직 7급

358
정책평가의 내적 타당성을 저해하는 요인들 중 외재적 요인은?

① 선발요인
② 역사요인
③ 측정요인
④ 도구요인

해설

① (○) 선발요인이란 실험집단과 통제집단 간 구성상의 상이함으로 인하여 발생하는 오류로, 실험 전에 이미 잘못 구성된 것이므로 이를 내적 타당성을 저해하는 외재적 요인이라 한다.
② (×) 역사요인은 정책(프로그램)의 집행 기간 중에 우연히 발생한 사건이 결과변수에 영향을 미치는 현상을 말한다.
③ (×) 측정요인(검사요인)은 동일한 시험문제를 실험 전과 후에 사용한 경우처럼, 실험 전 측정이 실험에 영향을 주는 학습에 의한 변이 현상이다. 해결책으로 2개의 실험집단과 2개의 통제집단을 사용하는 솔로몬 4집단 설계방법이 있다.
④ (×) 도구요인은 사전측정과 사후측정에서 사용되는 측정의 방법이나 도구가 달라져 타당성에 영향을 미치는 것으로, 평가 과정의 내재적 요인이다.

고득점 플러스+ 내적 타당성의 저해요인

- 선정요인(→ 선발요인): 실험집단과 통제집단 간 구성의 상이성(→ 외재적 요소), 해결책(→ 무작위배정, 사전측정)
- 상실요인: 실험기간 중 구성원의 탈락으로 인한 결과 값의 변화, 해결책(→ 무작위배정, 사전측정)
- 회귀인공요인: 초기의 극단적 측정값이 재측정 시 평균값으로 회귀하는 현상, 해결책(→ 극단적 측정값의 회피)
- 성숙요인: 시간의 흐름에 따른 자연스러운 변화 또는 스스로 성장, 해결책(→ 통제집단의 구성)
- 역사요인: 실험기간 중 일어나는 우연한 사건, 해결책(→ 실험기간의 제한)
- 측정(→ 검사)요인: 실험 전 측정에 의한 영향, 학습에 의한 변이, 해결책(→ 솔로몬 4집단 설계)
- 측정도구요인: 실험 중 사용한 측정자·측정기준·측정수단의 변화, 해결책(→ 표준화된 측정도구의 개발)

정답 | ①

359
다음 내용에서 정책평가의 내적 타당성을 위협하는 요인은?

> 정부는 혼잡통행료 제도의 효과를 측정하기 위해 혼잡통행료 실시 이전과 실시 후의 도심의 교통 흐름도를 측정, 비교하였다. 그런데 두 측정시점 사이에 유류가격이 급등하는 상황이 발생하였다.

① 상실요인(mortality)
② 회귀요인(regression)
③ 역사요인(history)
④ 검사요인(testing)

359
기출처 2016 국가직 9급
난이도 ★★
키워드 역사요인

해설

① (×) 상실요인(mortality)은 실험기간 중 구성원의 (일부) 탈락으로 인하여 나타나는 오차이다.
② (×) 회귀요인(regression)은 극단적 측정값을 갖는 사례들이 재측정 할 때 평균값으로 회귀하는 현상으로 인한 오차이다.
③ (○) 혼잡통행료라는 정책의 실시 전후에 유류가격의 급등이라는 상황(우연한 사건)이 발생하여 정책의 효과를 왜곡시키는 것은 역사요인(history)에 속한다.
④ (×) 검사요인(testing)은 동일한 시험문제를 실험 전과 후에 사용한 경우처럼, 실험 전 측정이 실험에 영향을 주는 학습에 의한 변이를 말한다.

정답 | ③

360
정책실험에서 내적 타당성을 위협하는 요인 중 다음 설명에 해당하는 것은?

> 사전측정을 경험한 실험 대상자들이 측정 내용에 대해 친숙해지거나 학습효과를 얻음으로써 사후측정 때 실험집단의 측정값에 영향을 주는 효과이며, '눈에 띄지 않는 관찰' 방법 등으로 통제할 수 있다.

① 검사요인
② 선발요인
③ 상실요인
④ 역사요인

360
기출처 2021 지방직 9급
난이도 ★★
키워드 검사요인

해설

① (○) 사전측정으로 인한 학습효과는 검사요인이다. 한편, '눈에 띄지 않는 관찰'이란 관찰되고 있다는 사실 혹은 측정되고 있다는 사실을 인지하지 못하게 만드는 관찰기법을 말한다.
② (×) 선발요인은 정책의 대상이 되는 집단(실험집단)과 그렇지 않은 집단(비교집단)이 처음부터 다른 특성을 가져 정책이 영향을 받는 것을 말한다.
③ (×) 상실요인은 정책집행 기간에 대상자 일부가 이탈하여 사전 및 사후 측정값이 달라지는 오차를 말한다.
④ (×) 역사요인은 외부환경에서 발생하여 사전 및 사후 측정값이 달라지게 만드는 어떤 사건에 영향을 받는 경향을 말한다.

정답 | ①

361

다음 사례에서 제시된 '경쟁가설'과 관련한 정책평가의 내적 타당성 위협요인은?

> 정부는 ○○하천의 수질오염을 방지하기 위해 주변 모든 공장에 폐수정화시설을 의무적으로 갖추도록 하는 정책을 시행했다. 1년 후 정부는 정책평가를 통해 ○○하천의 오염 정도가 정책실시 이전보다 훨씬 낮게 나타났다는 결과를 발표했다. ○○하천의 수질개선은 정책의 효과라는 정부의 입장에 대해, A교수는 "○○하천이 깨끗해진 것은 정책 시행기간 중 불경기가 극심하여 많은 공장들이 문을 닫았고, 정책평가를 위한 오염수준 측정 직전에 갑자기 비가 많이 왔기 때문"이라는 경쟁가설을 제기했다.

① 역사요인
② 검사요인
③ 선발요인
④ 상실요인

해설

① (○) 정책과 효과 사이에 불경기나 많은 비와 같은 사건이 개입되어 있으므로 이는 역사요인에 의한 내적 타당성의 위험에 내포되어 있다.
② (×) 검사요인(또는 시험효과)은 사전검사가 사후검사에 영향을 미치는 것으로, 사례에서 제시된 내용과는 관련이 없다.
③ (×) 선발요인은 실험집단과 통제집단이 동질적이지 않아 발생하는 문제로, 사례는 단일집단 사전사후설계에 해당하여 선발요인이 발생하지 않는다.
④ (×) 상실요인은 연구 대상 일부가 탈락하여 발생하는 문제이다. 사례에서 공장이 문을 닫은 것은 상실요인으로 볼 수도 있으나, 이는 '불경기'라는 외부 사건으로 인한 결과이므로 보다 근본적인 원인인 역사요인으로 설명하는 것이 타당하다.

정답 | ①

362
내적 타당성의 위협 요인에 대한 설명을 바르게 연결한 것은?

ㄱ. 실험(testing)효과
ㄴ. 회귀(regression)효과
ㄷ. 성숙(maturation)효과
ㄹ. 역사(history)효과

A. 순전히 시간의 경과 때문에 발생하는 조사대상 집단의 특성변화가 나타나는 경우
B. 정책 및 프로그램의 실시 전후 유사한 검사를 반복하는 경우에 시험에 친숙도가 높아져 측정값에 영향을 미치는 경우
C. 특정 프로그램처리가 집행될 즈음에 발생한 다른 어떤 외부적 사건 때문에 나타난 효과
D. 극단적인 점수를 얻은 실험대상들이 시간이 흐름에 따라 보다 덜 극단적인 상태로 표류하게 되는 경향

	ㄱ	ㄴ	ㄷ	ㄹ
①	B	A	D	C
②	B	D	A	C
③	D	C	B	A
④	D	C	A	B

362 　1 2 3
기출처 2016 국가직 7급
난이도 ★★★
키워드 내적 타당성

🔍 관련기출 옳은지문
- 성숙효과는 실험기간 중 실험집단의 특성이 변화함으로써 결과에 영향을 미치는 것을 말한다. 16. 경찰승진

해설

ㄱ. 실험(testing)효과는 정책 및 프로그램의 실시 전후 유사한 검사를 반복하는 경우에 시험에 친숙도가 높아져 측정값에 영향을 미치는 경우를 말한다.
ㄴ. 회귀(regression)효과는 극단적인 점수를 얻은 실험대상들이 시간이 흐름에 따라 보다 덜 극단적인 상태로 표류하게 되는 경향을 말한다.
ㄷ. 성숙(maturation)효과는 시간의 경과 때문에 발생하는 조사대상 집단의 특성 변화가 나타나는 경우를 말한다.
ㄹ. 역사(history)효과는 특정 프로그램처리가 집행될 즈음에 발생한 다른 어떤 외부적 사건 때문에 나타난 효과를 말한다.

정답 | ②

363

363	1 2 3
기출처	2019 국가직 7급
난이도	★★
키워드	성숙효과

관련기출 옳은지문

- 사건효과는 실험기간 동안에 일어난 역사적 사건이 실험에 영향을 미치는 것을 의미한다. 10. 지방직 7급

- 통계적 회귀는 실험집단으로 선정된 집단이 잘못 선정되어 측정하고자 하는 결과변수의 수준이 지나치게 높거나 낮았다가 다음 측정에서는 평균치로 향하는 것을 의미한다. 10. 지방직 7급

363

정책평가에서 내적 타당성에 대한 설명으로 옳지 않은 것은?

① 역사요인은 외부환경에서 발생하여 사전 및 사후 측정값이 달라지게 만드는 어떤 사건을 말한다.
② 성숙효과는 실험 대상자들이 사전 측정의 내용에 대해 친숙하게 되어 사후 측정값이 달라지는 것이다.
③ 상실요인은 정책집행 기간에 대상자 일부가 이탈하여 사전 및 사후 측정값이 달라지는 것과 관련이 있다.
④ 선발요인은 실험집단 및 통제집단에 대한 무작위배정과 사전측정을 통해 어느 정도 통제할 수 있다.

해설

① (○) 역사요인은 정책평가 기간 동안 발생한 외부 사건이 결과에 영향을 미치는 것을 의미한다.
② (×) 실험 대상자들이 사전 측정의 내용에 대해 친숙하게 되어 사후 측정값이 달라지는 것은 측정요인(시험요인)이다.
③ (○) 상실요인은 정책집행 기간 중 실험 대상자 일부가 탈락하여 실험집단과 통제집단 간의 동질성이 훼손되고 이로 인해 사전 및 사후 측정값이 달라지는 것을 의미한다.
④ **매력적 오답** (○) 선발요인은 실험집단과 통제집단 간 구성상의 상이함으로 인한 오류이므로 무작위배정 등을 통해 그 편차를 줄일 수 있다.

정답 | ②

364

364	1 2 3
기출처	2017 국가직 9급(하)
난이도	★★
키워드	크리밍효과

관련기출 옳은지문

- 크리밍 효과(creaming effect)는 효과가 크게 나타날 사람들만 의도적으로 실험집단에 포함시킴으로써 실제보다 정책의 효과가 과대평가 되는 경우를 설명하는 개념이다. 20. 국회직 8급

364

정책평가에 있어서 조건이 양호한 집단을 대상으로 정책수단을 실시한 후 그 결과가 좋게 나타난 정책수단을 다른 상황에 적용하려고 하는 경우에 나타나는 외적 타당성의 문제는?

① 크리밍효과(creaming effect)
② 성숙효과(maturation effect)
③ 허위상관(spurious correlation)
④ 호손효과(Hawthorne effect)

해설

① (○) 조건이 양호한 집단을 대상으로 정책수단을 실시할 경우 크리밍효과(creaming effect)가 나타날 수 있다.
② (×) 성숙효과(maturation effect)는 시간이 지남에 따라 실험집단의 결과변수에 일어나는 자연스러운 변화 또는 스스로 성장함으로 인하여 나타나는 오차를 말하는 것으로, 내적 타당성 저해요인이다.
③ (×) 허위상관(spurious correlation)이란 실제로는 상관성이 없음에도 불구하고 두 변수 간 상관성이 높을 것이라는 착각에서 발생하는 오류이다.
④ (×) 호손효과(Hawthorne effect)는 실험자들이 관찰되고 있음을 의식해서 평소와 다른 심리적 행동을 보이는 현상을 말한다.

> **고득점 플러스+** 외적 타당성의 저해요인
>
> - 표본의 대표성 부족: 실험집단이 모집단을 대표하지 못하는 현상
> - 크리밍 효과: 효과가 크게 나타날 사람만의 배정 → 외적 타당성과 내적 타당성의 동시적 저해 요인
> - 호손효과: 관찰되고 있음을 의식한 행동 → 실험조작의 반응효과
> - 다수처리에 의한 간섭: 다수의 실험처리로 인한 성향 변화
> - 실험조작과 측정의 상호작용

정답 | ①

365 〈필수〉

정책평가와 관련하여 실험결과의 외적 타당성을 저해하는 요인으로 옳지 <u>않은</u> 것은?

① 연구자의 측정기준이나 측정도구가 변화되는 경우
② 표본으로 선택된 집단의 대표성이 약할 경우
③ 실험집단 구성원 자신이 실험대상임을 인지하고 평소와 다른 특별한 반응을 보일 경우
④ 실험의 효과가 크게 나타날 것으로 예상되는 집단만을 의도적으로 실험집단에 배정하는 경우

해설

① (×) 측정기준이나 측정도구의 변화로 인해 나타나는 오차는 도구효과이고 이는 내적 타당성의 저해요인이다.
② (○) 표본의 대표성이 부족하다면 특정 상황에서 얻은 결론을 다른 상황에 적용할 수 없을 것이다.
③ (○) 실험대상임을 인지하고 평소와 다른 특별한 반응을 보이는 것을 호손효과라 하며 이는 외적 타당성의 저해요인이다.
④ (○) 크리밍효과를 의미하며 이는 외적 타당성과 내적 타당성을 동시에 저해할 수 있다.

정답 | ①

365
- 기출처: 2021 국가직 9급
- 난이도: ★★
- 키워드: 외적 타당성

관련기출 옳은지문
- 인위적인 실험환경에서 얻은 정책평가결과는 실제 사회 현실에의 적용가능성에 다소 의문이 있을 수 있다. 08. 국가직 7급
- '역사효과'는 정책집행 기간 중 외부 환경에서 정책결과에 영향을 줄 수 있는 사건이 발생함으로써 나타나는 현상이다. 24. 경찰승진

366

정책평가를 위한 조사설계의 유형 중 진실험설계(true experimental design)에 해당하는 것은?

① 단절적 시계열설계(interrupted time-series design)
② 통제집단 사전사후측정설계(pretest-posttest control group design)
③ 비동질적 통제집단설계(non-equivalent control group design)
④ 단일집단 사전사후측정설계(one group pretest-posttest design)

해설

① (×) 단절적 시계열설계는 준실험설계에 속한다.
② (○) 실험집단과 통제집단을 동질적으로 구성하는 진실험설계에는 통제집단 사후측정설계, 통제집단 사전사후측정설계(고전적 진실험), 솔로몬 4집단설계 등이 있다.
③ (×) 비동질적 통제집단설계는 준실험설계에 속한다.
④ (×) 단일집단 사전사후측정설계는 준실험설계에 속한다.

정답 | ②

366
- 기출처: 2020 지방직 7급
- 난이도: ★
- 키워드: 진실험설계

관련기출 옳은지문
- 진실험 평가는 실험집단과 통제집단의 동질성을 확보하여 측정하는 방법이다. 22. 국회직 9급

CHAPTER 08 정책평가론 • 225

367

기출처	2014 지방직 9급
난이도	★★
키워드	준실험설계

🔍 관련기출 옳은지문

• 준실험은 무작위 배정을 통해 실험집단과 통제집단의 동질성을 확보하기 어려울 때 사용하는 설계방법이다.   24. 경찰간부

• 준실험 설계는 실험집단을 다른 집단과 비교하거나, 시계열적인 방법으로 정책영향을 평가한다.   24. 국회직 8급

정책평가방법에 대한 설명으로 옳지 않은 것은?

① 진실험설계는 정책을 집행하는 실험집단과 집행하지 않는 통제집단을 구성하되, 두 집단이 동질적인 집단이 되도록 한다.
② 정책의 실험과정에서 실험대상자와 통제대상자들이 서로 접촉하는 경우에는, 모방효과가 나타날 수 있다.
③ 준실험설계는 짝짓기(matching) 방법으로 실험집단과 통제집단을 구성하여 정책영향을 평가하거나, 시계열적인 방법으로 정책영향을 평가한다.
④ 준실험설계는 자연과학 실험과 같이 대상자들을 격리시켜 실험하기 때문에, 호손효과(Hawthorne effect)를 강화시킨다.

해설

① (○) 진실험은 정책을 실시하는 실험집단과 정책을 실시하지 않는 통제집단(비교집단)을 무작위배정에 의하여 동질적으로 구성하는 실험방법이다. 여기서 동질성이란 실험집단과 통제집단의 구성상의 동일함, 실험집단과 통제집단의 성숙·추세·역사적 사건 등 과정상의 동일함, 실험집단과 통제집단의 자기 선택의 경향에 있어 동일함을 포함한다.
② (○) 모방효과는 실험집단의 실험내용을 통제집단의 대상들이 따르는 현상으로, 이는 실험집단과 통제집단을 자연과학의 실험처럼 완전히 분리·차단할 수 없기 때문에 발생하는 내적 타당성의 저해요인이다.
③ (○) 짝짓기는 정책이 실시되는 지역과 실시되지 않는 지역이 구분되어 있어 무작위배정이 어려울 때, 비슷한 대상끼리 둘씩 짝지어 배정하는 방식이고, 시계열적 방법은 정책이 전국적으로 실시되어 실험집단과 통제집단을 구분하기 곤란한 경우 별도의 통제집단 없이 동일한 집단에 대하여 정책을 집행하여 전과 후의 상태를 비교하는 방식이다.
④ (×) 자연과학 실험과 같이 대상자들을 격리시켜 실험하는 것은 진실험이다. 진실험은 인위적 상황에서 실시되므로 실험대상자들이 관찰되고 있음을 의식해서 평소와 다른 심리적 행동을 보이는 호손효과의 발생 가능성이 높다.

고득점 플러스+   준실험 → 사회과학적 실험, 현실적 실험, 자연스러운 상태의 실험

• 개념: 실험집단과 통제집단 간 동질성을 확보하지 않고 행하는 실험 → 짝짓기 방법 또는 시계열적 방법으로 평가
• 유형
  – 인과적 추론이 가능한 준실험: 비동질적 통제집단설계, 회귀불연속설계, 단절적 시계열설계, 통제–시계열설계
  – 인과적 추론이 어려운 준실험: 단일집단 사후측정설계, 비동질적 집단 사후측정설계, 단일집단 사전사후측정설계

정답 | ④

368
실험설계에 대한 설명으로 옳지 않은 것은?

① 특정 정책의 효과성 판단을 위한 인과관계 입증에 활용될 수 있다.
② 진실험(true experiment)과 준실험(quasi-experiment)의 차이는 실험집단과 통제집단의 무작위배정에 의한 동질성 확보여부이다.
③ 회귀-불연속설계나 단절적 시계열설계는 과거지향적(retrospective)인 성격을 갖는 진실험설계(true experiment)에 해당된다.
④ 짝짓기(matching)를 통하여 제3의 요인에 관하여 실험집단과 통제집단을 동등화시킬 수 있다.

해설

① (○) 실험설계란 인과관계에 대한 가설을 검증하기 위하여 독립변수를 조작하고 그 효과를 관찰하여 정책의 효과를 평가하는 방법을 말한다.
② (○) 실험집단과 통제집단의 동질성이 확보되면 진실험이고, 동질성이 확보되지 않았다면 준실험이다.
③ (×) 회귀-불연속설계나 단절적 시계열설계는 준실험(quasi experiment)에 해당된다. 진실험설계는 현상을 인위적으로 조작하여 실험을 진행하므로 미래 지향적 성격이 강하지만, 준실험은 기존의 상태를 기반으로 실험을 진행하므로 과거 지향적이라는 평가를 받는다.
④ (○) 짝짓기(matching) 방식이란 정책이 실시되는 지역과 실시되지 않는 지역이 구분되어 있어 무작위배정이 어려울 때, 비슷한 대상끼리 둘씩 짝지어 배정하는 방식을 말한다.

정답 | ③

368
기출처: 2020 국가직 7급
난이도: ★
키워드: 진실험설계

관련기출 옳은지문
· 진실험(true-experiment)은 무작위 배정(random assignment)을 통해 실험집단과 통제집단의 동질성을 확보하여 내적 타당성이 높은 설계이다. 21. 경찰승진

369 필수
정책평가의 설계에 대한 설명으로 옳지 않은 것은?

① 사후적 비교집단 구성(비동질적집단 사후측정설계)은 선정효과로 인해 내적 타당성이 훼손될 수 있다.
② 진실험은 모방효과로 인해 내적 타당성이 훼손될 수 있다.
③ 비동질적 통제집단설계는 진실험과 같은 수준의 내적 타당성을 확보할 수 있다.
④ 진실험과 준실험을 비교하면 실행가능성 측면에서는 준실험이, 내적 타당성 측면에서는 진실험이 더 우수하다.

해설

① (○) 사후적 비교집단 구성(비동질적집단 사후측정설계)은 실험집단과 비교집단의 동질성이 확보되지 않으므로 내적 타당성을 저해할 수 있다.
② (○) 모방효과는 통제집단이 실험집단의 프로그램을 모방하거나, 반대로 실험집단이 통제집단으로부터 새로운 정보를 습득하는 등으로 인해 발생하는 현상으로, 내적 타당성을 저해할 수 있다.
③ (×) 비동질적 통제집단설계는 실험집단과 통제집단의 동질성이 낮으므로 진실험과 같은 내적 타당성을 확보할 수 없다.
④ (○) 진실험은 무작위 배정을 통해 내적 타당성이 높지만, 현실 적용이 어렵거나 윤리적인 문제로 실행가능성이 낮을 수 있다. 반면 준실험은 무작위 배정이 어려울 때 사용되며, 진실험보다 실행가능성은 높지만 내적 타당성은 상대적으로 낮다.

정답 | ③

369
기출처: 2023 지방직 7급
난이도: ★
키워드: 비동질적 통제집단설계

관련기출 옳은지문
· 준실험적 방법은 비실험적 방법의 약점인 선발효과(선정효과)와 성숙효과를 어느 정도 분리해 낼 수 있어 내적 타당성을 상대적으로 확보할 수 있다. 17. 경찰승진

370

370	① ② ③
기출처	2023 국가직 9급
난이도	★
키워드	통제집단 사전·사후설계

관련기출 옳은지문
- 진실험이 준실험보다 내적 타당성 면에서는 우수하나, 준실험이 실행가능성 면에서는 진실험보다 우수하다. 18. 경찰간부

370 〈필수〉
정책평가를 위한 사회실험에 대한 설명으로 옳지 않은 것은?

① 통제집단 사전·사후설계는 검사효과를 통제할 수 있다.
② 준실험은 진실험에 비해 실행가능성이 높다는 장점이 있다.
③ 회귀불연속설계는 구분점(구간)에서 회귀직선의 불연속적인 단절을 이용한다.
④ 솔로몬 4집단설계는 통제집단 사전·사후 설계와 통제집단 사후 설계의 장점을 갖는다.

해설

① (×) 사전검사를 하면 검사효과가 나타날 수 있다.
② (○) 실행가능성과 외적 타당성은 일반적인 상황에서 실시하는 준실험이 더 높다.
③ **매력적 오답** (○) 회귀불연속설계는 투입자원이 희소하여 오직 대상 집단의 일부에게만 희소자원이 공급될 수밖에 없는 상황에서의 정책효과를 파악하기 위한 연구에 적합하다.
④ **매력적 오답** (○) 솔로몬 4집단실험설계는 외재적 변수의 효과는 물론 사전측정의 효과와 측정과 처리의 상호작용 등 내적 타당성의 저해요인들을 통제하는 가장 강력한 수단을 제공한다.

정답 | ①

371

371	① ② ③
기출처	2021 지방직 7급
난이도	★
키워드	사회실험

관련기출 옳은지문
- 진실험설계는 정책을 집행하는 실험집단과 집행하지 않는 통제집단을 구성하되, 두 집단이 동질적인 집단이 되도록 한다. 14. 지방직 9급

371
사회실험에 대한 설명으로 옳은 것만을 모두 고르면?

ㄱ. 자연과학의 실험실 실험과는 달리 상황에 따라 통제집단(control group) 또는 비교집단(comparison group) 없이 집행할 수 있다.
ㄴ. 진실험 방법을 활용하여 사회실험을 진행하면 호손효과(Hawthorne Effect)를 방지할 수 있다는 점이 가장 큰 장점이다.
ㄷ. 아직 검증되지 않은 정책 프로그램에 대규모 투자를 하기 전에 그 결과를 미리 평가해 보는 것이 중요한 목적 중 하나이다.
ㄹ. 실험집단과 비교집단을 무작위배정(random assignment)할 수 없어 집단 간 동질성 확보가 불가능하면, 준실험(quasi-experiment) 방법을 채택하여 진행할 수 있다.

① ㄱ, ㄴ
② ㄱ, ㄹ
③ ㄴ, ㄷ
④ ㄷ, ㄹ

해설

ㄱ. (×) 사회실험이 되기 위해서는 자연과학 실험과 마찬가지로 통제집단 또는 비교집단이 필요하다.
ㄴ. (×) 진실험은 인위적 상황에서 이루어지므로 호손효과가 나타날 수 있다는 문제점을 지닌다.
ㄷ. (○) 실험이란 정책을 본격적으로 실시하기 전에 그 효과를 미리 알아보는 유용한 기법이다.
ㄹ. (○) 준실험은 통제집단은 존재하지만 실험집단과 동질성을 확보하지 못한 상태에서 이루어지는 실험이다.

정답 | ④

372 〈필수〉

정책의 효과를 확인하기 위한 평가설계에 대한 설명으로 옳은 것만을 모두 고르면?

> ㄱ. 동일 정책대상집단에 대해 정책집행을 기준으로 여러 번의 사전, 사후측정을 하여 정책효과를 추정하는 '단절적 시계열설계'는 준실험설계 유형 중 하나이다.
> ㄴ. 내적 타당성을 위협하는 역사요인은 정책집행 기간이 상대적으로 길고 정책대상이 사람일 때 주로 나타나며 시간의 경과 때문에 발생하는 조사대상 집단의 특성변화가 정책의 효과에 혼재되어 나타나는 경우를 말한다.
> ㄷ. 정책실험을 할 수 없는 경우, 통계분석 기법을 이용해서 정책효과의 인과관계를 추론하는 것을 비실험적 정책평가설계라고 하며 회귀분석이나 경로분석 등이 있다.

① ㄱ
② ㄱ, ㄷ
③ ㄴ, ㄷ
④ ㄱ, ㄴ, ㄷ

---

372 ① ② ③
- 기출처: 2022 국가직 7급
- 난이도: ★
- 키워드: 평가설계

🔍 관련기출 옳은지문
- 정책의 실험과정에서 실험대상자와 통제대상자들이 서로 접촉하는 경우에는, 모방효과가 나타날 수 있다.
  14. 지방직 9급

해설

ㄱ. (O) 단절적 시계열설계는 정책이 전국적으로 실시되어 실험집단과 통제집단을 구분하기 곤란할 때 별도의 통제집단 없이 동일한 집단에 대하여 정책을 집행하여 비교하는 방식이다.

ㄴ. (×) 정책대상이 사람이고, 시간의 경과로 인한 특성의 변화는 성숙효과와 관련된다.

ㄷ. (O) 인과적 추론을 위한 비실험적 방법에는 통계적 통제에 의한 방법, 인과모형에 의한 방법 등이 포함된다. 통계적 통제에 의한 방법은 결과변수에 영향을 미친다고 생각되는 제3의 변수들을 식별하여 통계분석의 모형에 포함시키는 것을 말하고, 인과경로모형은 여러 변수들 간에 원인과 결과의 관계가 복잡하게 작용할 것으로 생각될 경우, 인과적 모델링에 의해 인과모형을 작성하고, 경로분석을 통해 변수들 간의 인과관계의 경로에 관한 가설을 검증하는 방법이다.

고득점 플러스+ 비실험적 방법
- 개념: 별도의 통제집단 설계 없이 실험집단에만 정책을 처리한 후 결과를 분석하는 기법
- 유형: 대표적 비실험(→ 정책 전후의 비교), 통계적 비실험, 인과모형에 의한 추론
- 외생변수의 통제방법: 통계적 통제(→ 통계기법의 사용), 포괄적 통제(→ 표준과 비교), 잠재적 통제(→ 전문가의 판단)
- 장단점: 내적 타당성은 낮으나 외적 타당성과 실행가능성은 높음

정답 | ②

373		1 2 3
기출처	2019 지방직 9급	
난이도	★★	
키워드	내적 타당성	

🔍 **관련기출 옳은지문**
- 진실험적 방법(true experiment)은 역사적 효과, 성숙효과, 선발효과의 영향이 줄어들어 내적 타당성이 높은 편이다. 　　　19. 경찰승진

373
정책평가에서 내적 타당성에 대한 설명으로 옳지 않은 것은?

① 준실험 설계보다 진실험 설계를 사용할 때 내적 타당성의 저해요인이 다양하게 나타난다.
② 정책의 집행과 효과 사이에 존재하는 인과관계의 추론이 가능한 평가가 내적 타당성이 있는 평가이다.
③ 허위변수나 혼란변수를 배제할 수 있다면 내적 타당성을 높일 수 있다.
④ 선발요인이나 상실요인을 통제하기 위해서는 무작위배정이나 사전측정이 필요하다.

해설

① (×) 진실험은 실험집단과 비교집단을 동질적으로 구성하므로 내적 타당성이 높다.
② (○) 내적 타당성은 그 효과가 다른 경쟁적 원인들보다 당해 정책(처리)에만 기인하는 것이라고 판단할 수 있는 정도를 말한다.
③ (○) 허위변수나 혼란변수를 배제했다면 그 효과는 정책에 기인한 것이므로 그 정책의 내적 타당성은 높아진다.
④ **매력적 오답** (○) 선발요인이나 상실요인은 무작위배정을 하거나 사전측정을 통해 짝짓기 방식으로 두 집단의 동질성을 높인다면 그 효과를 제거할 수 있다.

정답 | ①

374		1 2 3
기출처	2018 국가직 7급	
난이도	★★	
키워드	내적 타당성과 외적 타당성	

🔍 **관련기출 옳은지문**
- 외적타당성은 어떤 특정한 상황에서 내적타당성을 확보한 정책평가가 다른 상황에도 적용될 수 있는 정도를 의미한다. 　　09. 서울시 7급

- 내적타당성을 저해하는 요소에는 역사적 요소, 성숙효과, 측정요소, 측정도구 변화, 통계적회귀요소 등이 있다. 　　09. 서울시 7급

374
정책평가의 내적 타당성과 외적 타당성에 대한 설명으로 옳은 것은?

① 역사요인, 성숙요인, 회귀요인은 모두 외적 타당성 저해 요인이다.
② 준실험이 갖는 약점은 주로 외적 타당성보다는 내적 타당성에 관한 것이다.
③ 실험대상자들이 실험의 대상으로 자신들이 관찰되고 있다는 사실을 알게 되어 평소와는 다른 행동을 함으로써 발생하는 효과는 내적 타당성의 저해요인이다.
④ 정책집행과 정책효과 사이의 인과관계를 정확히 파악할 수 있는 평가는 외적 타당성을 갖추었다고 볼 수 있다.

해설

① (×) 역사요인, 성숙요인, 회귀요인은 모두 내적 타당성을 저해하는 요인이다.
② (○) 준실험은 실험집단과 통제집단 간 동질성을 확보하지 못한 실험이므로 내적 타당성이 낮을 수 있다. 이에 따라 내적 타당성을 저해하는 외생변수를 통제할 수 있는 장치가 필요하다.
③ (×) 호손효과 또는 실험조작의 반응효과에 대한 설명으로, 이는 외적 타당성을 저해하는 요인이다.
④ (×) 정책집행과 정책효과 사이의 인과관계는 내적 타당성과 관련된다.

정답 | ②

375

정책평가의 논리와 방법에 대한 설명으로 옳지 않은 것은?

① 내적 타당성이란 다른 요인들이 작용한 효과를 제외하고 오로지 정책 때문에 발생한 순수한 효과를 정확히 추출해 내는 것과 관련되는 개념이다.
② 내적 타당성을 위협하는 성숙요인이란 순전히 시간의 경과 때문에 발생하는 조사대상집단의 특성변화를 말한다.
③ 진실험설계의 주요 형태 중 하나인 단일집단 사전사후측정설계는 동일한 정책대상집단에 대한 사전측정과 사후측정을 통해 정책효과를 추정하는 방식이다.
④ 결과변수에 영향을 미친다고 생각되는 제3변수들을 식별하여 통계분석모형에 포함시킨 후 정책효과를 추정하는 것은 비실험적 설계의 한 예이다.

해설

① (O) 내적 타당성은 정책 개입(독립변수)이 결과(종속변수)에 미치는 인과관계를 얼마나 정확하게 설명할 수 있는지를 나타내는 개념이다. 즉, 관찰된 효과가 오로지 정책 때문이며 다른 요인에 의한 것이 아님을 확신할 수 있는 정도를 의미한다.
② (O) 성숙요인은 실험 기간 동안 조사 대상 집단이 시간의 경과에 따라 자연적으로 변화(성장, 학습, 피로 등)하여 나타나는 효과를 의미하며, 이는 내적 타당성을 저해하는 요인 중 하나이다.
③ (×) 단일집단 사전사후측정설계는 준실험설계로 분류된다. 이 실험은 종속변수를 실험처리 이전에 측정한 측정값을 정책개입 이후의 사후 측정값과 비교하여 정책변수의 효과를 측정하는 기법이다.
④ (O) 실험설계 없이 통계분석을 통해 외생변수의 영향을 제거하여 정책이 결과변수에 미치는 순수한 영향을 파악하고자 하는 방법은 비실험에 속한다.

정답 | ③

375

기출처	2016 지방직 7급
난이도	★★
키워드	진실험설계

관련기출 옳은지문

- 진실험적 방법은 실험집단과 통제집단의 동질성을 확보하여 행하는 실험이다. 08. 지방직 7급

PART III

조직이론

에듀윌 공무원 행정학

CHAPTER 01	조직이론의 기초
CHAPTER 02	조직의 유형
CHAPTER 03	조직구조론
CHAPTER 04	관료제와 탈관료제
CHAPTER 05	개인 수준의 조직행동
CHAPTER 06	집단 수준의 조직행동
CHAPTER 07	조직 수준의 조직행동
CHAPTER 08	조직개혁론
CHAPTER 09	정보체계론

CHAPTER 01 조직이론의 기초

376

376	① ② ③
기출처	2025 국가직 9급
난이도	★
키워드	블라우(P. Blau)와 스콧(W. scott)

🔍 **관련기출 옳은지문**

- 블라우(P. Blau)와 스코트(W. Scott)는 조직을 호혜적 조직, 기업조직, 봉사조직, 공익조직으로 유형화하였다. 10. 지방직 7급

- 봉사조직은 고객에 대한 전문적 봉사와 행정적 절차 사이에서 생기는 갈등 해결이 중요하다. 16. 경찰승진

- 기업조직은 운영의 능률을 극대화하여 이익을 창출하는 것이 중요하다. 16. 경찰승진

376
블라우(Blau)와 스콧(scott)의 조직유형에 대한 설명으로 옳지 <u>않은</u> 것은?

① '호혜적 조직(mutual-benefit associations)'은 고객이 주요 수익자가 되는 조직이다.
② '사업조직(business concerns)'은 조직의 소유자나 관리자가 주요 수익자가 된다.
③ '서비스조직(service organizations)'의 대표적인 예는 법률상담소, 학교, 사회사업기관 등이다.
④ '공익조직(commonweal organizations)'의 대표적인 예는 일반행정기관, 경찰서, 소방서 등이다.

해설

① (×) 호혜적 조직(mutual-benefit associations)은 조직의 구성원이 주요 수혜자가 되는 조직이다.
② (○) 사업조직(business concerns)은 조직의 소유주(owners)나 관리자가 주요 수혜자이다.
③ (○) 서비스조직(service organizations)은 조직의 고객(clients)이 주요 수혜자이다.
④ (○) 공익조직(commonweal organizations)은 일반 대중(public-at-large)이 주요 수혜자이다.

고득점 플러스+ 블라우(P. Blau)와 스콧(W. Scott)의 조직 분류 → 수혜자 중심

- 호혜조직: 구성원이 주된 수혜자, 모든 조직의 과두제 경향(→ 집권화) → 구성원의 참여 강조
- 기업조직: 소유주나 관리자가 주된 수혜자 → 능률성 강조
- 봉사조직: 고객이 주된 수혜자 → 전문적 봉사와 행정적 절차 간 갈등의 해소 강조
- 공익조직: 일반대중이 주된 수혜자 → 민주적 통제 장치의 강조

정답 | ①

377

377	① ② ③
기출처	2021 국가직 9급
난이도	★★
키워드	조직목표

377
조직목표의 기능에 대한 설명으로 옳지 <u>않은</u> 것은?

① 조직 구성원들이 목표로 인해 일체감을 느끼기 때문에 구성원들의 동기를 유발해준다.
② 조직의 구조와 과정을 설계하는 준거를 제공하고 성과를 평가하는 기준이 되기도 한다.
③ 미래의 바람직한 상태를 밝혀 조직 활동의 방향을 제시한다.
④ 조직이 존재하는 정당성의 근거가 될 수는 없다.

해설

① (○) 조직의 목표는 구성원의 행동을 통일시키고 동기를 유발하는 도구로 작용한다.
② (○) 조직의 목표는 업무설계의 기준이 되므로 조직구조와 과정의 준거가 될 수 있다.
③ (○) 목표란 조직이 추구하는 미래의 바람직한 상태를 의미한다.
④ (×) 조직의 목표는 조직이 존재하는 이유이다.

정답 | ④

378

미헬스(Michels)의 '과두제의 철칙(iron law of oligarchy)' 현상에 가장 부합하는 조직목표 변동 유형은?

① 목표승계(succession)
② 목표추가(multiplication)
③ 목표확대(expansion)
④ 목표대치(displacement)

해설

① (×) 목표승계(succession)란 목표를 달성하였거나 달성이 불가능할 때 새로운 목표를 재설정하는 것을 말한다.
② (×) 목표추가(multiplication)란 기존의 목표에 질적으로 상이한 새로운 목표를 수평적으로 추가하는 것을 말한다.
③ (×) 목표확대(expansion)란 기존의 목표가 추구해 오던 범위를 확장하는 것을 말한다.
④ (○) 미헬스(R. Michels)의 '과두제의 철칙(iron law of oligarchy)' 현상은 목표대치(displacement)와 관련된다. 목표대치란 종국적 가치(1차적 목표)가 수단적 가치(2차적 목표)로 뒤바뀌는 것을 말한다.

정답 | ④

378	
기출처	2017 국가직 7급
난이도	★★
키워드	목표대치

관련기출 옳은지문

- 목표의 대치란 조직목표 변동의 한 유형으로 조직이 추구하고자 하는 원래의 목표가 다른 목표로 뒤바뀌어 조직의 목표가 왜곡되는 현상을 일컫는 용어이다. 12. 서울시 9급

- Michels는 사회조직을 지배하는 가설로 '과두지배의 철칙'을 주장하였다. 16. 경찰간부

379

조직목표에 대한 설명으로 옳지 않은 것은?

① 목표의 다원화(multiplication) 및 목표의 확대(expansion)는 기존 목표에 새로운 목표가 추가되거나 기존 목표의 범위가 넓어지는 것을 말한다.
② 목표의 전환(diversion)은 애초에 설정된 목표를 달성할 수 없거나 목표가 완전히 달성된 경우 같은 유형의 다른 목표로 교체되는 것을 말한다.
③ 목표의 대치(displacement)란 조직의 목표 추구가 왜곡되는 현상으로, 조직이 정당하게 추구하는 종국적 목표가 다른 목표나 수단과 뒤바뀌는 것을 말한다.
④ 조직의 운영상 목표는 공식목표를 추진하는 과정에서 추구하는 목표로, 비공식적 목표이다.

해설

① (○) 목표의 다원화는 기존 목표에 새로운 목표가 추가되는 것이고, 목표의 확대는 기존 목표의 범위가 넓어지는 것이다.
② (×) 애초에 설정된 목표를 달성할 수 없거나 목표가 완전히 달성된 경우 같은 유형의 다른 목표로 교체되는 것은 목표의 승계이다.
③ (○) 목표의 대치는 종국적 가치가 수단적 가치에 의해 대체되는 상황을 말한다.
④ (○) 조직의 정관 등에 명문화된 목표가 공식적 목표이고, 조직의 운영에서 실제로 추구하고 있는 것이 운영목표이다.

고득점 플러스+ 목표의 변동

- 목표의 전환(diversion): 기존의 목표를 달성하지 못했음에도 불구하고 새로운 목표를 설정하고 이를 추구하는 행위
- 목표대치(displacement)
  - 개념: 종국적 가치를 수단적 가치로 왜곡하는 현상 → 관료제 병리
  - 원인: 무형적 목표, 사익추구 성향, 할거주의, 목표의 과다측정(→ 전시행정)
- 목표의 승계(succession)
  - 개념: 기존의 목표를 달성했거나 달성이 불가능할 때 새로운 목표를 재설정하는 행위
  - 동태적 보수주의(→ 동태적 항구성), 조직이 존속하는 요인, 소아마비재단, 올림픽조직위원회(→ 국민체육시설관리공단)

정답 | ②

379	
기출처	2018 지방직 7급
난이도	★★
키워드	목표의 전환

관련기출 옳은지문

- 법령 자체에 대한 준수 여부를 중요시하여 규칙이나 절차에 집착하는 형식주의 현상은 목표의 대치와 관련된다. 24. 국회직 8급

380	① ② ③
기출처	2015 지방직 9급
난이도	★★
키워드	신고전적 조직이론

380
신고전 조직이론에 대한 설명으로 옳지 않은 것은?

① 메이요(Mayo) 등에 의한 호손(Hawthorne)공장 실험에서 시작되었다.
② 공식조직에 있는 자생적, 비공식적 집단을 인정하고 수용한다.
③ 인간의 사회적 욕구와 사회적 동기유발 요인에 초점을 맞춘다.
④ 조직이란 거래비용을 감소하기 위한 장치로 기능한다고 본다.

해설

① (O) 호손실험은 1930년을 전후하여 메이요(E. Mayo) 등이 호손공장의 근로자들을 대상으로 작업조건과 능률성의 관계를 파악하기 위하여 실시한 실험이다. 작업능률을 향상시키는 것은 작업환경이나 임금과 같은 물질적 요인이 아니라 구성원의 태도나 감정과 같은 비물질적 요인이라는 것을 확인시킨 실험으로, 인간관계론의 탄생 계기가 되었다.
② (O) 신고전적 조직이론은 고전적 조직이론의 기본 틀을 공유하지만, 조직 내에서 개인적 노력을 조정하는 주요 수단으로서의 계서제의 존재에 대해 부정하는 것은 아니며, 단지 비공식조직의 존재와 이 비공식조직들이 구성원 사이의 권력 관계를 형성한다는 사실을 인정한다.
③ (O) 신고전적 조직이론은 동기부여의 유인으로 비경제적·사회적 유인이 더 효과적이라고 주장했으며, 가치의 기준으로는 사회적 능률성을 중시하였고, 폴렛(M. Follett), 메이요(E. Mayo), 뢰슬리스버거(F. Roethlisberger), 바나드(C. Barnard) 등이 대표적인 학자들이다.
④ (×) 조직을 거래비용을 감소하기 위한 장치로서 보는 것은 거래비용경제학이며 이는 현대적 조직이론에 속한다.

정답 | ④

관련기출 옳은지문
- 고전적 조직이론은 조직 내 기계적 능률을 중시하고, 조직 속의 인간을 합리적 경제인으로 간주한다.
  23. 경찰승진
- 신고전적 조직이론은 메이요(Mayo) 등에 의한 호손(Hawthorne)공장 실험에서 시작되었다.
  23. 경찰승진

381	① ② ③
기출처	2022 국가직 7급
난이도	★★
키워드	신고전적 조직이론

381 (필수)
신고전 조직이론에 대한 설명으로 옳은 것은?

① 조직군생태론, 자원의존이론 등이 대표적이다.
② 인간을 복잡한 내면구조를 가진 복잡인으로 간주한다.
③ 환경과 상호작용하는 개방적·동태적·유기적 조직을 강조한다.
④ 조직 내 사회적 능률을 강조하고, 조직의 비공식적 구조나 요인에 초점을 둔다.

해설

① (×) 조직군생태론과 자원의존이론 등은 모두 현대적 조직이론으로 분류된다.
② (×) 신고전적 조직이론은 인간을 사회인관으로 가정한다. 복잡인관은 현대 조직이론에서부터 강조되었다.
③ (×) 신고전적 조직이론은 환경의 영향력을 간과했던 폐쇄체제 이론이다.
④ (O) 신고전적 조직이론은 사회적 능률성을 강조하였고, 조직 내 자연스럽게 발생하는 비공식적 요인에 관심을 두었다.

정답 | ④

관련기출 옳은지문
- 신고전 조직이론의 특징은 비경제적 요인과 비공식집단의 중시이다.
  15. 서울시 9급
- 샤인(E. H. Schein)은 인간은 다양한 욕구와 잠재력을 가진 복잡한 존재로서 개인별로 복잡성의 유형도 다르다고 보았다.
  10. 국회직 8급

382

조직이론에 대한 설명 중 옳지 않은 것은?

① 고전적 조직이론에서는 조직 내부의 효율성과 합리성이 중요한 논의 대상이었다.
② 신고전적 조직이론은 인간에 대한 관심을 불러 일으켰고 조직행태론 연구의 출발점이 되었다.
③ 신고전적 조직이론은 인간의 조직 내 사회적 관계와 더불어 조직과 환경의 관계를 중점적으로 다루었다.
④ 현대적 조직이론은 동태적이고 유기체적인 조직을 상정하며 조직발전(OD)을 중시해 왔다.

해설

① (O) 고전적 조직이론은 19세기 말부터 1930년대까지 형성되었던 전통적 조직이론으로, 합리적 경제인, 공식구조 중심, 기계적 능률성, 폐쇄체제 등을 특징으로 한다.
② (O) 신고전적 조직이론은 조직의 감정이고 비공식적인 측면을 강조한 1930년대 인간관계론을 기반으로 등장하여 사회인관, 비공식구조 중심, 사회적 능률성, 폐쇄체제 등을 특징으로 한다. 또한 인간에 대한 관심을 촉발시켜 행태론의 발전에 기여하였다.
③ (×) 신고전적 조직이론은 일반적으로 환경과의 관계를 고려하지 못한 폐쇄체제이론이다.
④ (O) 고전적 조직이론과 신고전적 조직이론이 폐쇄체제를 기반으로 이론을 전개한다면 현대 조직이론은 개방체제를 기반으로 이론을 전개한다.

정답 | ③

382 ① ② ③
기출처: 2014 국가직 9급
난이도: ★★
키워드: 신고전적 조직이론

관련기출 옳은지문

• 고전적 조직이론은 전문화와 분업을 통하여 조직의 효과적 운영과 생산성 극대화를 추구한다.
10. 서울시 7급

• 현대적 조직이론은 동태적이고 유기체적인 조직을 상정하며 조직발전(Organization Development)을 중시해왔다.
23. 경찰승진

---

383 〈필수〉

조직이론에 대한 설명으로 옳은 것은?

① 인간관계론은 동기유발 기제로 사회심리적 측면을 강조한다.
② 귤릭(Gulik)은 시간-동작연구를 통해 과학적 관리론을 주장하였다.
③ 고전적 조직이론은 조직 내 사회적 능률을 강조하고, 조직 속의 인간을 자아실현인으로 간주한다.
④ 상황이론(contingency theory)은 모든 상황에서 적용되는 유일·최선의 조직구조를 찾는다.

해설

① (O) 인간관계론은 동기유발의 기제로 물질적 가치보다는 타인과의 관계에서 나타나는 사회심리적 측면을 강조하였다.
② (×) 시간-동작연구를 통해 과학적 관리론을 주장한 학자는 테일러(F. Taylor)이다.
③ (×) 고전적 조직이론은 인간을 합리적 경제인으로 보며, 기계적 능률성을 강조한 이론이다.
④ (×) 상황이론은 모든 상황에 적용되는 유일·최선의 방법보다는 상황에 맞는 중범위적 이론을 추구하였다.

정답 | ①

383 ① ② ③
기출처: 2021 지방직 9급
난이도: ★★
키워드: 인간관계론

384	① ② ③
기출처	2013 지방직 9급
난이도	★★
키워드	조직군생태이론

🔍 **관련기출 옳은지문**

• 상황론적 조직이론은 상황 요인으로 조직의 규모, 기술, 환경, 전략을 중시하며 이들 상황 요인과 조직구조 변수의 관계를 설명하고 특정 상황에 적합한 조직구조를 처방하고자 노력했다. 　24. 군무원 7급

• 상황론적 조직이론은 경험적 조직이론으로서 관료제이론과 행정원리론에서 추구한 보편적인 조직원리를 비판하면서 등장했다. 　20. 군무원 7급

• 조직군 생태학에 의하면 조직 형태상에 변이가 발생하면 환경과의 적합 수준에 따라 환경적 적소로부터 선택되거나 도태되어 사라지게 된다. 　21. 경찰승진

384
조직이론에 대한 설명으로 옳은 것만을 모두 고른 것은?

> ㄱ. 베버(M. Weber)의 관료제론에 따르면, 규칙에 의한 규제는 조직에 계속성과 안정성을 제공한다.
> ㄴ. 행정관리론에서는 효율적 조직관리를 위한 원리들을 강조한다.
> ㄷ. 호손(Hawthrone)실험을 통하여 조직 내 비공식집단의 중요성이 부각되었다.
> ㄹ. 조직군생태이론(population ecology theory)에서는 조직과 환경의 관계를 분석함에 있어 조직의 주도적·능동적 선택과 행동을 강조한다.

① ㄱ, ㄴ
② ㄱ, ㄴ, ㄷ
③ ㄱ, ㄷ, ㄹ
④ ㄴ, ㄷ, ㄹ

해설

ㄱ. (O) 보편적 합리성에 기반을 둔 법과 규칙에 의한 조직의 운영은 조직의 계속성과 안정성을 높이는 수단이 될 수 있다.
ㄴ. (O) 행정관리론 또는 원리주의 행정에는 보편적 원리가 존재하는 바, 능률성의 제고를 위해서는 이들 원리를 발견해 적용해야 한다고 주장하는 학문적 정향을 말한다.
ㄷ. (O) 호손실험은 면접실험을 통해 직무·작업환경·감독자에 대한 감정과 생산성의 상관성을 인식하였고, 뱅크선 작업실험을 통해 생산량은 자생적·비공식적 집단의 합의에 의해 결정된다는 것을 입증하였다.
ㄹ. (X) 조직군생태론은 조직의 번성과 쇠퇴를 조직 스스로의 힘이 아닌 환경의 선택에 의해 좌우된다는 보는 이론이다.

정답 | ②

385	① ② ③
기출처	2018 국가직 9급
난이도	★★
키워드	상황적응적 접근방법

385
상황적응적 접근방법(contingency approach)에 대한 설명으로 옳지 않은 것은?

① 체제이론의 거시적 관점에 따라 모든 상황에 적합한 유일 최선의 관리방법을 모색한다.
② 체제이론에서와 같이 조직은 일정한 경계를 가지고 환경과 구분되는 체제의 하나로 본다.
③ 조직을 구성하고 운영하는 방법의 효율성은 그것이 처한 상황에 의존한다고 가정한다.
④ 연구대상이 될 변수를 한정하고 복잡한 상황적 조건들을 유형화함으로써 거대이론보다 분석의 틀을 단순화한다.

> 해설

① (×) 상황이론은 일반체제이론의 거시적 관점을 실용화하려는 중범위이론이다. 모든 상황에 적합한 유일 최선의 관리방법은 없으며 효과적인 관리방법은 상황에 따라 달라지며 다양할 수 있다고 본다.
② (○) 상황적응적 접근방법 역시 개방체제에 기반을 둔 이론이다.
③ (○) 상황적응적 접근방법은 규모, 기술, 환경의 차이에 따라 조직구조의 형성방법이 달라져야 한다는 이론이다.
④ (○) 상황적응적 접근방법은 체제이론과 달리 모든 변수를 고려하지 않고, 규모, 환경, 기술과 같은 특정 변수에 초점을 둔 중범위적 접근방법을 채택하고 있다.

> 고득점 플러스+ 거시조직이론

- 의의: 조직의 전체 수준에서 목표, 구조 및 환경과의 관계 등을 연구하는 접근방법
- 결정론: 환경이 조직에 미치는 영향력을 중시하는 입장 → 조직의 피동성 강조
- 임의론: 조직의 환경에 대한 능동성 강조

구분		환경인식	
		결정론	임의론
분석 수준	개별조직 (→ 미시수준)	구조적 상황론	전략적 선택이론 자원의존이론
	개별조직 (→ 거시수준)	조직군생태학 조직경제학, 제도화이론	공동체생태학

정답 | ①

> 관련기출 옳은지문
- 상황론적 조직이론은 독립변수를 한정하고 상황적 조건들을 유형화하여 중범위라는 제한된 수준 내의 일반성과 규칙성을 발견하고 문제에 대한 처방을 추구한다.
24. 군무원 7급

386 필수

조직이론 중 '조직군생태학(population ecology)'에 대한 설명으로 옳지 않은 것은?

① 조직의 성공은 환경적 상황에 대한 적합성 여부에 달려 있다고 본다.
② 환경 변화에 대한 조직의 적응능력을 둔감하게 하는 구조적 타성 개념을 제시한다.
③ 생태적 환경 변화에 적응하기 위한 조직의 전략적 선택을 주요 분석대상으로 본다.
④ 조직의 분석수준은 하나의 조직보다 일정한 경계 내의 조직군이다.

386 | 1 2 3
기출처 | 2024 지방직 7급
난이도 | ★★
키워드 | 조직군생태학

> 해설

① (○) 조직군생태학은 환경에 적합한 특성을 가진 조직만이 살아남는다는 자연선택론적 관점을 가진다.
② (○) 조직군생태학은 조직이 환경 변화에 능동적으로 적응하기 어렵게 만드는 '구조적 타성' 개념을 제시한다. 이는 조직이 일단 형성되면 쉽게 변하지 않는 경향이 있다는 것을 의미한다.
③ (×) 조직군생태학은 환경의 절대성을 강조하는 이론이다.
④ (○) 조직군생태학은 개별 조직이 아니라 '조직군', 즉 유사한 특성을 가진 조직들의 집합을 분석 단위로 삼는다. 이는 환경이 어떻게 다양한 조직군을 형성하고 소멸시키는지를 연구하는 데 중점을 둔다.

정답 | ③

> 관련기출 옳은지문
- 조직군생태학에 의하면 조직이 구조적 타성에 빠지게 되면 환경에 적응하지 못하게 되어 도태된다.
21. 경찰승진

- 조직군생태이론에서는 조직변화는 종단적 분석에 의해서만 검증 가능하다고 전제한다.
18. 경찰간부

CHAPTER 01 조직이론의 기초 • 239

387	① ② ③
기출처	2020 국가직 7급
난이도	★★
키워드	대리인이론

🔍 관련기출 옳은지문

• 주인대리인 이론에 의하면 대리인에 대한 정보부족으로 부적격자나 무능력자를 대리인으로 선임하게 되는 사전손실이 발생한다.
16. 경찰승진

• 주인대리인 이론은 대리손실을 줄이기 위해서는 사소한 절차보다는 결과중심의 통제가 필요하다고 주장한다.
16. 경찰승진

387
다음 상황과 관련 있는 이론은?

> • A 보험회사는 보험가입 대상자의 건강상태 및 사고확률에 대한 특수 정보를 가지고 있지 않다.
> • A 보험회사는 질병확률 및 사고확률이 높은 B를 보험에 가입시켜 회사의 보험재정이 악화되었다.

① 카오스 이론
② 상황조건적합 이론
③ 자원의존이론
④ 대리인이론

해설

① (×) 카오스 이론은 혼돈상태(chaos)를 연구하여 폭넓고 장기적인 변동 경로와 양태를 찾아보려는 접근방법이다.
② (×) 상황조건적합 이론은 상황변수와 부합하는 내적 상태를 구성하려는 연구방법이다.
③ (×) 자원의존이론은 조직을 핵심자원을 통제하는 환경 내지 다른 조직들의 요구에 반응하는 존재로 보고, 자원을 획득하고 유지할 수 있는 능력을 조직생존의 핵심으로 간주하는 이론이다.
④ (○) 정보비대칭으로 인해 사고확률이 높은 사람만이 보험에 가입하는 현상을 역선택이며 이는 주인-대리인 이론에 속한다.

정답 | ④

388	① ② ③
기출처	2023 국가직 7급
난이도	★★
키워드	주인-대리인이론

🔍 관련기출 옳은지문

• 주인대리인 이론은 주인과 대리인 모두 자신의 이익을 극대화하려는 합리적이고 이기적인 행위자로 가정한다.
16. 경찰승진

388 〈필수〉
주인-대리인이론(principal-agent theory)에 대한 설명으로 옳지 않은 것은?

① 경제적 능률을 중시하는 인간관에 기반한 이론으로, 행위자들이 이기적 존재임을 전제한다.
② 주인과 대리인의 목표 상충으로 인해 X-비효율성이 나타난다.
③ 인간의 인지적 한계와 정보 부족 등 상황적 제약으로 인해 합리성은 제약된다고 본다.
④ 주인과 대리인 사이에 정보비대칭성이 존재하고, 대리인이 기회주의적으로 행동하는 경우 역선택이나 도덕적 해이가 발생할 수 있다.

해설

① (○) 주인-대리인이론은 경제학적 가정에 기반으로 두므로 인간을 합리적 경제인으로 간주하고 이론을 전개한다.
② (×) 주인과 대리인의 목표 상충으로 인해 나타나는 것은 역선택과 도덕적 해이이다.
③ (○) 주인-대리인이론은 전통적 경제학과는 달리 인간의 제한된 합리성과 상황의 불확실성 및 정보의 비대칭성을 받아들인다.
④ (○) 주인-대리인 이론에 의하면 주인과 대리인 사이에 정보 격차로 인해 정보비대칭성이 존재하고 대리인이 기회주의적으로 행동할 때 '역선택(adverse selection)'이나 '도덕적 해이(moral hazard)'가 발생할 수 있다.

정답 | ②

389
대리인이론에서 주인-대리인 관계의 효율성을 제약하는 요인이 아닌 것은?

① 인간의 인지적 한계와 정보 부족 등으로 인한 합리성 제약
② 정보비대칭성 혹은 정보불균형
③ 대리인의 기회주의적 행동 성향
④ 대리인 관계를 설정할 수 있는 다수의 잠재적 당사자(대리인) 존재

해설

① (○) 인간 능력의 한계와 정보의 부족은 대리인에 대한 통제를 어렵게 하는 요인이다.
② (○) 정보비대칭성 혹은 정보불균형은 주인이 대리인을 효과적으로 통제하는 데 장애요인으로 작용할 것이다.
③ (○) 기회주의적 행동이란 자신의 우월한 위치를 이용해 자신에게는 유리하고 상대방에게는 손해가 되는 행동을 하는 경향을 의미한다.
④ (×) 다수의 잠재적 당사자(대리인) 존재란 경쟁상황을 의미하며, 이러한 상황이라면 대리인의 기회주의적 행동은 억제될 것이다.

정답 | ④

389 기출처: 2020 지방직 7급
난이도: ★★
키워드: 대리인이론

390
거래비용이론에 대한 설명으로 옳지 않은 것은?

① 기회주의적 행동을 제어하는 데에는 시장이 계층제보다 효율적인 수단이다.
② 거래비용은 탐색비용, 거래의 이행 및 감시비용 등을 포함한다.
③ 시장의 자발적 교환행위에서 발생하는 거래비용이 계층제의 조정비용보다 크면 내부화하는 것이 효율적이다.
④ 거래비용이론은 조직이 생겨나고 일정한 구조를 가지는 이유를 조직경제학적으로 설명하는 접근방법이다.

해설

① (×) 기회주의적 행동은 시장보다는 계층제에서 통제하기 용이하다.
② (○) 거래가 이루어지기 전에 발생하는 탐색비용은 물론 거래 후 거래의 이행을 감시하는 비용 역시 거래비용에 포함된다.
③ (○) 시장의 거래에서 발생하는 거래비용이 너무 크다면 이를 내부화하는 것이 효율적이다.
④ (○) 기존의 이론들이 조직을 생산의 주체로 보았다면, 거래비용이론은 조직을 비용의 절감장치로 간주하고 이론을 전개한다.

고득점 플러스+ 조직경제학

- 주인-대리인이론
  - 정보비대칭(→ 주인 < 대리인)으로 인한 역선택과 도덕적 해이 현상을 설명하는 이론
  - 대리손실: 본인과 대리인 간 이해상충으로 인해 발생 → 대리손실의 최소화가 목적
- 거래비용이론
  - 의의: 생산의 주체가 아닌 거래비용의 최소화 도구로서 조직. 거래비용이 내부 조정비용보다 크다면 거래의 내부화 시도
  - 거래비용의 발생원인: 제한된 합리성과 기회주의 행동, 자산의 특정성(→ 독점), 불확실성, 거래의 발생빈도 등

정답 | ①

390 기출처: 2021 국가직 7급
난이도: ★
키워드: 거래비용이론

관련기출 옳은지문

- 시장에서의 거래비용이 내부조직화 비용보다 작으면 거래를 외부화시키는 것이 효율적이다. 24. 경찰간부

- 사전거래 비용은 거래 계약을 위한 정보취득 및 거래협상 등에 들어가는 비용을 포함하며 사후 거래비용은 이행감시비용을 포함한다. 23. 경찰승진

- 거래비용이론에 의하면 자산의 특정성이 높을수록 타인과의 거래가 어려워 거래비용이 증가하는 경향이 있다. 23. 경찰승진

391

기출처	2017 국가직 7급(하)
난이도	★★
키워드	상황론적 조직이론

🔍 **관련기출 옳은지문**
- 거래비용이론은 생산보다는 비용에 관심을 가지며 조직을 거래비용 감소를 위한 장치로 파악한다. 14. 서울시 7급

- 조직군생태론의 분석단위는 단일조직이 아니라 조직군이다. 21. 소방간부

391
현대조직이론에 대한 설명으로 옳지 않은 것은?

① 거래비용이론 – 탐색·거래·감시비용 등을 포함하는 거래비용의 절감을 위해 외부화 전략뿐만 아니라 내부화 전략도 가능하다.
② 조직군생태론 – 조직군을 분석단위로 하며, 개별 조직은 외부환경의 선택에 좌우되는 수동적인 존재이다.
③ 상황론 – 조직구조를 상황요인으로 강조하면서 이러한 상황에 적합한 조직의 기술과 전략 등을 처방한다.
④ 제도적 동형화론 – 조직의 장이 생성되어 구조화되면, 내부조직뿐만 아니라 새로 진입하려는 조직들도 유사해지는 경향을 나타낸다.

해설

① (○) 거래비용에는 외부와의 거래비용뿐만 아니라 내부 관리비용도 포함된다. 만약 외부비용이 크다면 내부화할 것이고, 관리비용이 크다면 외부와 거래하게 될 것이다.
② (○) 조직군생태론(Population Ecology Theory)은 개별 조직보다는 '조직군(population)'을 분석 단위로 삼으며, 환경의 선택 압력에 의해 적합한 조직만이 생존하고 그렇지 못한 조직은 소멸한다는 자연선택론적 관점을 취한다. 즉, 개별 조직은 환경 변화에 대한 능동적 적응보다는 환경의 선택에 의해 좌우되는 수동적인 존재로 간주된다.
③ (×) 구조적 상황론은 개별조직이 놓여 있는 규모·기술·환경 등과 같은 상황과 조직구조의 적합성 여부가 조직의 성과를 좌우한다는 이론이다. 즉, 조직이 처한 상황이 다르면 효과적인 조직설계 및 관리방법도 달라져야 한다는 주장이다.
④ (○) 제도적 동형화란 처음에는 달랐지만 시간이 지나면서 점차 지배적 구조를 닮아가는 현상을 말한다.

정답 | ③

392

기출처	2023 지방직 7급
난이도	★★
키워드	상황론적 조직이론

🔍 **관련기출 옳은지문**
- 자원의존이론은 조직과 환경의 관계에서 중요한 것은 조직에 의한 전략적 선택이며 조직은 능동적으로 환경에 영향을 미치려고 한다는 것을 전제로 한다. 24. 국회직 8급

392 〈필수〉
현대조직이론에 대한 설명으로 옳지 않은 것은?

① 자원의존이론은 조직을 환경적 결정에 피동적인 존재로 보지 않고 스스로의 이익을 위해 주도적·능동적으로 환경에 대처하며, 환경을 조직에 유리하도록 관리하려는 존재로 본다.
② 조직군생태론은 조직을 외부 환경의 선택에 따라 좌우되는 피동적인 존재로 보고, 조직의 발전이나 소멸의 원인을 환경에 대한 조직 적합도에서 찾는다.
③ 혼돈이론은 조직이라는 복잡한 체제의 총체적 이해를 도울 수 있다는 장점이 있으나, 복잡한 현상에 대한 통합적 연구를 지향한다는 점에서 현실 세계에 적용하기 어렵다는 한계를 보인다.
④ 상황론적 조직이론은 기술, 규모, 환경 등의 다양한 상황요인에 대한 조직 적합성을 발견함으로써, 모든 상황에 적합하고 유일한 최선의 조직설계와 관리방법을 찾을 수 있다고 본다.

해설

① (○) 자원의존이론은 조직이 생존과 성장을 위해 필요한 자원을 환경으로부터 획득해야 하므로 환경에 의존할 수밖에 없지만, 단순히 환경에 수동적으로 적응하는 것이 아니라, 전략적으로 환경을 조작하고 통제하며, 다른 조직과의 관계를 통해 자원 의존도를 낮추려는 능동적인 존재로 본다.
② (○) 조직군생태론은 개별 조직의 능동적인 적응보다는 환경의 선택 압력에 의해 적합한 조직군이 생존하고 부적합한 조직군은 소멸한다는 자연선택론적 관점을 취한다. 따라서 조직은 환경에 의해 좌우되는 피동적인 존재로 간주되며, 조직의 발전과 소멸 원인을 환경과의 적합성에서 찾는다.
③ (○) 혼돈이론에서 통합적 연구를 지향한다는 것은 단순히 개별 요소들을 나열하고 분석하는 것이 아니라, 조직 전체를 하나의 복잡하게 연결된 시스템으로 보고 이를 종합적으로 이해하려는 시도를 말한다. 하지만 모든 변수를 발견하고 이들 간의 인과관계를 증명하는 것은 현실적으로 불가능하다.
④ (×) 상황론적 조직이론은 모든 상황에 적합한 최선의 조직화 방법은 존재하지 않는다고 전제한다.

정답 | ④

393 〈필수〉

현대조직이론에 대한 설명으로 옳은 것은?

① 조직군생태론은 단일 조직을 기본 분석단위로 하며, 환경에 대한 조직 적합도에 초점을 둔다.
② 거래비용이론은 자원의존이론의 한 접근법으로, 조직 간 거래비용보다는 조직 내 거래비용에 더 많은 관심을 둔다.
③ 상황론적 조직이론은 독립변수를 한정하고 상황적 조건들을 유형화해 중범위라는 제한된 수준 내의 일반성과 규칙성을 발견하려고 한다.
④ 대리인이론에 따르면 정보의 대칭성과 자산 불특정성이 합리적 선택을 제약하며, 주인-대리인 관계는 조직 내에서 나타나지 않는다.

393

기출처	2022 지방직 7급
난이도	★★
키워드	상황론적 조직이론

관련기출 옳은지문
• 거래비용이론(transaction cost theory)은 대리인이론과 함께 신제도주의 경제학 이론에 해당된다. 09. 국회직 8급

해설

① (×) 조직군생태론은 조직군을 분석단위로 채택하고 있다.
② (×) 거래비용이론은 조직 밖에서 발생하는 거래비용에 관심을 둔다.
③ (○) 상황론적 조직이론은 규모, 기술, 환경 등의 한정된 변수를 기반으로 일반성과 규칙성을 발견하고자 한다.
④ (×) 주인-대리인 문제는 조직 외는 물론 조직 내에서도 발생한다.

정답 | ③

394	① ② ③
기출처	2017 국가직 9급(하)
난이도	★★
키워드	자원의존이론

🔍 관련기출 옳은지문

• 조직군 생태론은 조직의 생성과 사멸의 원인을 환경에 대한 조직의 적합도에서 찾는다. 24. 경찰간부

• 상황이론은 유일한 최선의 대안이 존재한다는 것을 부정한다. 15. 국회직 8급

• 자원의존이론은 조직이 주도적·능동적으로 환경에 대처하며 그 환경을 조직에 유리하도록 관리하려는 존재로 본다. 20. 경찰승진

394

조직이론에 대한 설명으로 옳지 않은 것은?

① 자원의존이론에 따르면, 조직은 환경으로부터 필요한 자원을 획득하기 위하여 환경에 피동적으로 순응하여야 한다.

② 주인-대리인이론에 따르면, 주인과 대리인 간에는 정보의 비대칭으로 인해 대리인의 도덕적 해이와 주인의 역선택이 발생할 수 있다.

③ 거래비용이론에 따르면, 시장의 자발적인 교환행위에서 발생하는 거래비용이 관료제의 조정비용보다 클 경우 거래를 내부화하는 것이 효율적이다.

④ 상황론적 조직이론에 따르면, 모든 상황에 적용되는 유일·최선의 조직구조나 관리방법은 없다.

해설

① (×) 자원의존이론은 결정론이 아닌 임의론에 속한다. 전략적 선택이론과는 달리 조직의 환경에 대한 의존성을 인정하면서 환경의 제약으로부터 더 많은 자율성을 얻는 방향으로 외부관계를 설정하고 관리하고자 한다.

② (○) 주인-대리인 이론은 주인과 대리인 간의 관계에서 발생하는 문제를 다룬다. 양측의 목표가 다르고, 대리인이 주인보다 더 많은 정보를 가지는 '정보의 비대칭성' 때문에 역선택과 도덕적 해이의 문제가 발생할 수 있다.

③ (○) 거래비용이론은 거래비용의 최소화를 조직구조 효율성의 관건으로 인식하는 이론이다. 만약 거래비용이 내부에서 발생하는 조정비용보다 크다면 거래의 내부화를 시도하여 조직화가 나타나는데, 이는 조직이 거래비용을 줄여주는 장치로 가능하다는 것이다.

④ (○) 상황론적 조직이론은 개별조직이 놓여 있는 상황(규모·기술·환경 등)과 조직구조의 적합성 여부가 조직의 성과를 좌우한다고 본다. 즉, 조직이 처한 상황이 다르면 효과적인 조직설계 및 관리방법도 달라져야 한다는 것이다.

고득점 플러스+ 자원의존이론

• 의의: 조직은 핵심자원을 통제하는 환경의 요구에 반응하는 존재, 조직생존의 핵심 → 자원을 획득하고 유지할 수 있는 능력
• 특징
  – 전략적 선택이론과는 달리 조직의 환경에 대한 의존성 인정 → 조직과 환경과의 상호작용
  – 환경의 제약으로부터 더 많은 자율성을 얻기 위한 전략의 설정

정답 | ①

395	① ② ③
기출처	2023 국가직 9급
난이도	★★
키워드	조직군생태학이론

🔍 관련기출 옳은지문

• 조직군생태론에 따르면 조직군에서 일어나는 변화의 과정은 변이, 선택, 보존이라는 세 단계로 설명될 수 있다. 25. 경찰간부

395 〈필수〉

조직이론과 그 내용에 대한 설명으로 옳지 않은 것은?

① 구조적 상황이론 – 불안정한 환경 속에 있는 조직은 유기적인 조직구조를 선택하는 것이 효과적이다.

② 전략적 선택이론 – 동일한 환경에 처한 조직도 환경에 대한 관리자의 지각 차이로 상이한 선택을 할 수 있다.

③ 거래비용이론 – 시장에서의 거래비용이 조직의 내부 거래비용보다 클 경우 내부 조직화를 선택한다.

④ 조직군생태학이론 – 조직군의 변화를 이끄는 변이는 우연적 변화(돌연변이)로 한정되며, 계획적이고 의도적인 변화는 배제된다.

해설

① (O) 구조적 상황이론은 규모, 기술, 환경이라는 상황에 따라 조직구조가 달라져야 한다는 이론으로, 불안정한 환경에서는 기계적 구조보다는 유기적 구조가 효과적이다.
② (O) 전략적 선택이론은 환경적 요소가 바로 조직구조로 연결되는 것이 아니라 환경은 의사결정자의 전략에 영향을 미치고 그 전략에 따라 조직구조가 달라진다고 설명한다.
③ (O) 거래비용이론에 따르면 시장에서의 거래비용이 크다면 이를 내부 조직화시키는 것이 더 효율적이다.
④ (×) 구조적 상황론이나 자원의존이론은 환경에 대한 적응이나 전략적 선택 등과 같은 계획적 변화만을 강조하지만, 조직군생태론은 우연한 사건이나 행운과 같은 우연한 변화를 추가한다.

정답 | ④

396

조직이론에 관한 설명으로 옳지 않은 것은?

① 전략적 선택론은 조직설계의 문제를 단순히 상황적응의 차원이 아니라 설계자의 자유재량에 의한 의사결정 산물로 파악한다.
② 번스(Burns)와 스토커(Stalker)는 조직을 둘러싼 환경의 성격 및 특성이 조직구조와 어떻게 관련되는지를 설명한다.
③ 조직군생태학은 조직을 외부환경의 선택에 영향을 받을 뿐만 아니라 적극적으로 영향을 끼치는 능동적인 존재로 이해한다.
④ 버나드(Barnard)는 조직 내 인간적·사회적 측면을 강조한다.

396	
기출처	2020 국가직 7급
난이도	★★
키워드	조직군생태학

관련기출 옳은지문
- 상황론적 조직이론(contingency theory)은 모든 상황에 적용되는 유일·최선의 조직구조나 관리방법은 없다는 것을 전제로 한다.
  17. 국회직 9급

- 고전적 조직이론은 과학적 관리론을 배경으로 하며 기계적 능률성을 최고의 가치로 한다. 17. 국회직 9급

해설

① (O) 전략적 선택이론은 조직의 구조가 환경의 영향을 받지만, 조직이 환경에 그대로 따르는 것만은 아니라고 보는 관점으로, 재량권을 지닌 관리자의 자율적 판단이나 의지에 의해 조직의 생존과 번영이 결정된다고 주장한다.
② (O) 번스(T. Burns)와 스톡(G. Stalker)은 환경이라는 변수를 기반으로 조직구조의 유형을 기계구조와 유기구조로 분류한 학자이다.
③ (×) 조직군생태학은 관리자를 주어진 환경에 무기력한 존재로 보며, 조직이 환경에 적응해 나갈 능력이 없음을 인정하고 환경이 조직을 선택한다는 점을 강조하는 극단적인 환경결정론에 입각한 조직이론이다.
④ (O) 바나드(C. Barnard)는 조직을 인간의 협동체제로 보았으며, 구성원의 목표와 조직목표의 조화를 강조하였다.

정답 | ③

397	① ② ③
기출처	2018 지방직 9급
난이도	★★
키워드	대리인이론

관련기출 옳은지문

• 자원의존 이론에 따르면 조직은 스스로의 이익을 위해 주도적·능동적으로 환경에 대처한다. 19. 소방간부

• 전략적 선택이론에 따르면 조직구조의 변화가 외부환경 변수보다는 조직 내 정책결정자의 상황판단과 전략에 의해 결정된다고 본다. 19. 경찰간부

397

조직이론에 대한 설명으로 옳지 않은 것은?

① 구조적 상황이론 – 상황과 조직특성 간의 적합 여부가 조직의 효과성을 결정한다.
② 전략적 선택이론 – 상황이 구조를 결정하기보다는 관리자의 상황판단과 전략이 구조를 결정한다.
③ 자원의존이론 – 조직의 안정과 생존을 위해서 조직의 주도적·능동적 행동을 중시한다.
④ 대리인이론 – 주인·대리인의 정보비대칭 문제를 해결하기 위해 대리인에게 대폭 권한을 위임한다.

> **해설**

① (○) 구조적 상황이론은 개별조직이 놓여 있는 상황(규모·기술·환경 등)과 조직구조의 적합성 여부가 조직의 성과를 좌우한다고 본다. 즉, 조직이 처한 상황이 다르면 효과적인 조직설계 및 관리방법도 달라져야 한다는 주장이다.
② (○) 전략적 선택이론은 조직의 변화를 조직 내 특정인의 의지의 산물로 보며, 재량권을 지닌 관리자의 자율적 판단이나 의지에 의해 조직의 생존과 번영이 결정된다고 주장한다.
③ (○) 자원의존이론은 전략적 선택이론과는 달리 조직의 환경에 대한 의존성을 인정하면서 환경의 제약으로부터 더 많은 자율성을 얻는 방향으로 외부관계를 설정하고 관리하고자 한다.
④ (×) 대리인이론은 대리인에 대한 효과적인 통제를 강조하는 이론으로, 대리인의 이기적 행위가 위임자에게 이득이 될 수 있도록 유인체계를 설계하는 것이 핵심이다.

정답 | ④

CHAPTER 02 조직의 유형

398
위원회(committee) 조직의 장점으로 보기 어려운 것은?

① 집단결정을 통해 행정의 안정성과 지속성을 확보할 수 있다.
② 조직 각 부문 간의 조정을 촉진한다.
③ 경험과 지식을 지닌 전문가를 활용할 수 있다.
④ 의사결정 과정이 신속하고 합의가 용이하다.

398	
기출처	2012 지방직 9급
난이도	★
키워드	위원회 조직

해설

① (○) 위원회 조직은 임기가 중첩되는 복수의 위원으로 구성되므로 단일 책임자가 결정하는 독임제 조직에 비하여 행정의 안정성과 지속성이 높다.
② (○) 위원회 조직은 민주적 결정과 조정을 촉진시키기 위해 복수 구성원으로 구성된 합의제 조직이다.
③ (○) 위원회 조직은 경험과 지식을 지닌 전문가의 참여로 행정의 전문성과 효율성을 제고할 수 있다.
④ (×) 위원회 조직은 신중하고 공정한 결정을 할 수는 있지만 결정이 지체되고 책임소재가 모호할 수 있다.

고득점 플러스+ 위원회 조직

- 의의: 민주적 결정과 조정의 촉진을 위해 복수 구성원으로 구성된 합의제 조직 → 관료제 조직에 비하여 수평적·유기적 구조
- 특징
  - 행정의 민주성: 다수의 합의에 의한 결정
  - 행정의 전문성: 행정부에 의한 준입법적 기능, 준사법적 기능의 수행
- 유형
  - 자문위원회: 의결의 구속력 없음
  - 의결위원회: 의결권은 존재, 집행권은 없음
  - 행정위원회: 행정부 소속, 특정 업무의 독자적 수행, 의결권 및 집행권 보유
  - 독립규제위원회: 행정부로부터 독립되어 특정 업무를 독자적으로 수행하는 위원회

정답 | ④

관련기출 옳은지문

- 위원회조직은 다양한 정책전문가들의 지식을 활용할 수 있으며 이해관계자들의 의견 개진이 비교적 용이하다. 17. 국회직 8급

- 행정위원회는 준입법권과 준사법권을 가지고 있다. 23. 국회직 9급

399		1 2 3
기출처	2013 국가직 7급	
난이도	★	
키워드	행정위원회	

399
위원회의 유형과 우리나라 정부조직을 바르게 연결한 것은?

① 자문위원회 – 공정거래위원회
② 조정위원회 – 중앙선거관리위원회
③ 행정위원회 – 소청심사위원회
④ 독립규제위원회 – 경제관계장관회의

해설

① (×) 자문위원회는 특정 조직 또는 기관장의 자문에 응하기 위한 목적으로 설치된 합의제 조직으로, 그 결정은 정책적 영향력을 가질 수는 있지만 법적 구속력을 갖지는 않는다. 공정거래위원회는 국무총리 소속의 행정위원회이다.
② (×) 조정위원회는 각 기관 혹은 개인의 상이한 의견을 통합할 것을 목적으로 설치된 합의제 조직으로, 위원회의 결정은 자문의 성질만을 띠는 것도 있고, 법적 구속력이 있는 경우도 있다. 중앙선거관리위원회는 독립된 행정위원회이다.
③ (○) 행정위원회(관청위원회)의 결정은 법적 구속력을 가지며 원칙적으로 법률에 의하여 설치되고 사무기구와 상임위원을 둔다. 소청심사위원회는 인사혁신처 소속의 행정위원회이다.
④ (×) 독립규제위원회는 19세기 말 자본주의의 발달에 따라 기존의 입법부나 사법부가 담당할 수 없는 전문성 있는 업무가 등장하였고, 행정부의 권력 강화를 반대하는 미국의 전통과 경제규제의 공정성을 확보하기 위한 수단으로 탄생하였다. 행정부나 입법부, 사법부로부터의 독립성을 가지면서 준입법적, 준사법적 기능을 수행하였다. 경제관계장관회의는 조정위원회이다.

정답 | ③

관련기출 옳은지문
• 의결위원회는 의사결정의 구속력은 있지만 집행권이 없다. 18. 서울시 9급

400		1 2 3
기출처	2019 국가직 9급	
난이도	★	
키워드	자문위원회	

400
정부의 위원회 조직에 대한 설명으로 옳지 않은 것은?

① 결정에 대한 책임의 공유와 분산이 특징이다.
② 복수인으로 구성된 합의형 조직의 한 형태이다.
③ 국민권익위원회는 의사결정의 권한이 없는 자문위원회에 해당된다.
④ 소청심사위원회는 행정관청적 성격을 지닌 행정위원회에 해당된다.

해설

①, ② (○) 위원회 조직은 복수의 구성원으로 구성되는 합의제 조직이므로, 책임을 공유하고 분산하는 특징을 지닌다.
③ (×) 국민권익위원회는 의사결정의 구속력과 집행권 모두를 가지는 행정위원회이다.
④ (○) 소청심사위원회는 독자적 결정권과 집행권을 지닌 행정관청적 성격을 지닌 행정위원회이다.

정답 | ③

401

우리나라 행정기관 소속 위원회에 대한 설명으로 옳지 않은 것은?

① 행정위원회와 자문위원회 등으로 크게 구분할 수 있다.
② 방송통신위원회, 금융위원회, 국민권익위원회는 행정위원회에 해당된다.
③ 관련 분야 전문지식이 있는 외부전문가만으로 구성하여야 한다.
④ 자문위원회의 의사결정은 일반적으로 구속력을 갖지 않는다.

해설

① (O) 「행정기관 소속 위원회의 설치·운영에 관한 법률」은 위원회를 크게 행정위원회와 자문위원회로 구분하고 있다.
② (O) 방송통신위원회는 대통령 소속의 행정위원회이고, 금융위원회와 국민권익위원회는 국무총리 소속의 행정위원회이다.
③ (X) 위원회는 설치 목적을 효율적으로 달성하기 위하여 필요한 적정 인원의 비상임위원으로 구성한다. 다만, 행정위원회 등 대통령령으로 정하는 특별한 경우에는 목적 달성에 필요한 최소한의 상임위원을 둘 수 있다. 즉, 모든 위원들이 외부전문가들로만 구성된 것은 아니다.
④ (O) 행정위원회의 결정은 구속력이 있지만 자문위원회의 의사결정은 일반적으로 구속력을 갖지 않는다.

정답 | ③

401
- 기출처: 2015 지방직 9급
- 난이도: ★
- 키워드: 행정기관 소속 위원회

관련기출 옳은지문
- 방송통신위원회, 공정거래위원회와 같은 행정위원회는 결정권한을 갖고 있으며 집행까지 책임을 진다. 21. 행정사
- 중앙선거관리위원회는 헌법기관으로서 대통령이 임명하는 3인, 국회에서 선출하는 3인과 대법원장이 지명하는 3인의 위원으로 구성한다. 23. 국회직 9급

402 필수

정부위원회에 대한 설명으로 옳은 것만을 모두 고르면?

ㄱ. 책임성이 결여될 수 있다.
ㄴ. 자문위원회는 업무가 계속성·상시성이 있어야 한다.
ㄷ. 민주성을 제고하는 장점이 있다.
ㄹ. 방송통신위원회, 공정거래위원회, 국민권익위원회, 금융위원회, 개인정보보호위원회, 원자력안전위원회는 중앙행정기관이다.

① ㄱ, ㄷ
② ㄴ, ㄷ
③ ㄴ, ㄹ
④ ㄱ, ㄷ, ㄹ

해설

ㄱ. (O) 위원회 조직은 복수의 위원으로 구성되므로 독임제에 비해 책임소재가 모호해질 수 있다.
ㄴ. **매력적 오답** (X) 업무가 계속성·상시성이 있어야 하는 것은 행정위원회이다.
ㄷ. (O) 위원회 조직은 분야별 외부 전문가들을 위원으로 구성할 수 있으므로 행정의 민주성과 전문성을 높이는 장치이다.
ㄹ. (O) 위원회 조직들 중 중앙행정기관에는 방송통신위원회를 포함하여 총 6개의 위원회가 있다.

정답 | ④

402
- 기출처: 2022 지방직 9급
- 난이도: ★★
- 키워드: 정부위원회

관련기출 옳은지문
- 위원회조직은 위원 간 책임이 분산되기 때문에 무책임한 의사결정이 발생할 수 있다. 17. 국회직 8급

CHAPTER 03 조직구조론

---

403 | 1 2 3
기출처: 2022 국가직 7급
난이도: ★★
키워드: 조직구조

403 〈필수〉
조직구조에 대한 설명으로 옳지 않은 것은?

① 일상적 기술을 가진 조직의 경우 높은 공식화 구조를 가진다.
② 조직구조의 형태를 기계적 구조와 유기적 구조로 구분할 수 있다.
③ 환경이 복잡하고 불안정한 경우 유기적 구조가 적합하다.
④ 조직구조는 조직 내 여러 부문 간 결합의 형태로 구성원 간 상호작용과는 관련성이 없다.

해설

① (○) 일상적 기술은 문서화된 기술이므로 높은 공식성과 연결된다.
② (○) 조직구조는 크게 사전에 정해진 기계적 구조와, 환경의 변화에 맞춰 구조를 형성해 가는 유기적 구조로 나뉜다.
③ (○) 환경이 불안정하다면 사전에 규정하기 어려우므로 유기적 구조가 적합하다.
④ (×) 조직구조는 업무의 배분방식이며, 업무의 배분방식에 따라 구성원의 상호작용이 달라진다.

정답 | ④

---

404 | 1 2 3
기출처: 2016 국가직 7급
난이도: ★
키워드: 부서편성의 원리

🔍 **관련기출 옳은지문**
• 귤릭(L. H. Gulick)이 제시한 POSDCoRB는 분업의 원리를 적용한 예이다.
24. 국회직 9급

404
귤릭(Gulick)의 조직설계의 고전적 원리에 대한 설명으로 옳지 않은 것은?

① 전문화의 원리란 전문화가 되면 될수록 행정능률은 올라간다는 것을 의미한다.
② 명령통일의 원리는 명령을 내리고 보고를 받는 사람이 한 사람이어야 한다는 것을 의미한다.
③ 통솔범위의 원리는 부하들을 효과적으로 통솔하기 위해 부하의 수가 한정되어야 한다는 것을 의미한다.
④ 부서편성의 원리는 조직편성의 기준을 제시하며, 그 기준은 목적, 성과, 자원 및 환경의 네 가지이다.

해설

① (○) 전문화(분업)의 원리는 업무를 종류와 성질별로 구분하여 구성원에게 가급적 한 가지의 주된 업무를 분담시켜 조직의 능률을 향상시키려는 것이다.
② (○) 명령통일의 원리는 한 명의 부하는 오직 한 명의 상사에게서만 명령을 받고 그에게만 보고해야 한다는 원칙이다. 이는 명령의 혼란을 방지하고 책임 소재를 명확히 하여 조직의 안정성을 높이는 데 목적이 있다.
③ (○) 통솔범위의 원리는 한 명의 상관이 효과적으로 감독하고 통제할 수 있는 부하의 수는 한정되어야 한다는 원칙이다. 통솔범위가 너무 넓으면 감독이 소홀해지고, 너무 좁으면 불필요한 계층이 늘어나 비효율이 발생할 수 있다.
④ (×) 귤릭(L. Gulick)이 제시한 부서편성의 기준은 목적·기능, 과정·절차, 대상·고객, 지역·장소이다. 어떤 조직이든 이 네 가지 기준에 의해서 편성될 때 능률은 올라간다는 것이다.

> **고득점 플러스+** 부서편성의 원리

- 목적·기능별 편성: 조직이 달성하고자 하는 목표나 기능에 따른 부서편성으로, 가장 일반적인 부서편성의 방법
- 과정·절차별 편성: 사용하는 과정·절차·기술 등에 따른 부서편성 → 통계청, 조달청, 국세청, 법제처 등
- 대상·고객별 편성: 동일한 수혜자 또는 대상물에 따른 부서편성 → 고용노동부, 국가보훈부, 산림청, 국가유산청 등
- 지역·장소별 편성: 활동이 수행되는 장소에 따라 부서를 편성하는 방법 → 세무서, 지방병무청 등

정답 | ④

405
분업에 대한 설명으로 옳지 않은 것은?

① 분업의 심화는 작업도구·기계와 그 사용방법을 개선하는 데 기여할 수 있다.
② 작업의 전환에 드는 시간(change-over time)을 단축할 수 있다.
③ 분업이 고도화되면 조직 구성원에게 심리적 소외감이 생길 수 있다.
④ 분업은 업무량의 변동이 심하거나 원자재의 공급이 불안정한 경우에 더 잘 유지된다.

405
기출처: 2017 지방직 9급
난이도: ★★
키워드: 분업의 원리

해설

① (○) 분업을 통해 업무를 합리화하면 작업도구와 기계 및 그 사용방법 또한 합리적으로 개선될 가능성이 높아진다.
② (○) 분업은 업무를 세밀하게 나눠 한 가지 일만을 부여하는 방식이므로 그 업무의 숙달에 걸리는 시간이 단축되므로 작업전환에 드는 시간을 줄일 수 있다.
③ (○) 분업이 심화되면 전체 업무 중에서 아주 일부만을 담당하게 되므로 구성원의 심리적 소외감이 높아질 수 있다.
④ (×) 분업은 목표가 분명하고 환경의 안정성이 높아 모든 것이 예측 가능할 때 유용하다. 업무량의 변동이 심하거나 원자재의 공급이 불안정한 상황에서는 명확한 분업의 설정이 어렵다.

정답 | ④

406

406	① ② ③
기출처	2017 지방직 9급
난이도	★★
키워드	분업의 원리

🔍 **관련기출 옳은지문**

- 계층제는 하위 계층 간 갈등과 분쟁을 조정하여 조직의 통일성과 안정성 유지에 기여한다. 23. 국회직 9급

- 계층제는 조직 내 권한이 위임되는 통로로 작용하며, 행정책임의 한계를 분명히 하는 준거가 된다. 23. 국회직 9급

- 통솔범위를 얼마로 정해야 하느냐에 대해 학자마다 여러 가지로 그 수를 제시하고 있다. 21. 경찰승진

- 사이몬(H. Simon)은 "통솔범위의 수는 마술적인 수"라고 비판하였다. 21. 경찰승진

- 통솔범위의 원리는 인간 능력의 한계가 있기 때문에 상관은 일정한 수의 부하를 통솔하여야 한다는 원리이다. 21. 경찰승진

406
조직의 원리에 대한 설명으로 옳지 않은 것은?

① 계층제의 원리는 조직 내의 권한과 책임 및 의무의 정도가 상하의 계층에 따라 달라지도록 조직을 설계하는 것이다.

② 통솔범위란 한 사람의 상관 또는 감독자가 효과적으로 통솔할 수 있는 부하 또는 조직단위의 수를 말하며, 감독자의 능력, 업무의 난이도, 돌발 상황의 발생 가능성 등 다양한 요소를 고려하여 정해진다.

③ 분업의 원리에 따라 조직 전체의 업무를 종류와 성질별로 나누어 조직 구성원이 가급적 한 가지의 주된 업무만을 전담하게 하면, 부서 간 의사소통과 조정의 필요성이 없어진다.

④ 부성화의 원리는 한 조직 내에서 유사한 업무를 묶어 여러 개의 하위기구를 만들 때 활용되는 것으로 기능부서화, 사업부서화, 지역부서화, 혼합부서화 등의 방식이 있다.

해설

① (O) 계층제의 원리는 직무를 권한과 책임의 정도에 따라 등급화하여 지휘와 명령복종관계를 확립하는 것이다. 권한과 책임의 종적 분업관계로 설명되며, 통솔범위의 한계로 인하여 발생한다.

② (O) 통솔범위의 원리란 감독자가 효과적으로 통솔할 수 있는 부하 수는 일정한 한계가 있다는 원리이다. 인간의 주의력이나 지식 및 시간의 한계로 인해 발생하며, 계층제가 형성되는 원인이다.

③ (×) 분업의 원리는 기능 또는 업무의 동질성을 기준으로 조직을 편성하는 방법으로, 구성원에게 가급적 한 가지의 주된 업무를 부과하여 빠른 업무 숙련을 통한 능률성의 제고를 목적으로 한다. 그러나 지나친 업무의 세분화는 업무관계의 예측가능성을 낮추며, 할거주의의 심화를 가져와 조정과 통합을 어렵게 할 수 있기에 조정의 필요성이 증대된다.

④ (O) 부성화의 원리는 유사하거나 관련 있는 업무를 묶어 하나의 하위 조직으로 편성하는 것이다. 이는 조직의 규모가 커지면서 업무를 효율적으로 관리하기 위해 사용되며, 기능별 부서화, 사업별 부서화, 지역별 부서화, 고객별 부서화 등이 대표적인 방식이다. '혼합부서화'는 여러 부서화 방식을 조합하는 것을 의미할 수 있다.

정답 | ③

407

407	① ② ③
기출처	2013 국가직 7급
난이도	★★
키워드	전문가적 직무

🔍 **관련기출 옳은지문**

- 수평적 전문화 수준이 높을수록 업무는 단순해진다. 20. 경찰승진

407
수평적 전문화와 수직적 전문화에 대한 설명으로 옳지 않은 것은?

① 전문가적 직무는 수평적 전문화와 수직적 전문화의 수준이 모두 높은 경우에 효과적이다.

② 직무확장(job enlargement)은 기존의 직무에 수평적으로 연관된 직무요소 또는 기능들을 추가하는 수평적 직무재설계의 방법으로서, 수평적 전문화의 수준이 낮아지는 것이다.

③ 고위관리직무는 수평적 전문화와 수직적 전문화의 수준이 모두 낮은 경우에 효과적이다.

④ 직무풍요화(job enrichment)는 직무를 맡는 사람의 책임성과 자율성을 높이고, 직무수행에 관한 환류가 원활히 이루어지도록 직무를 재설계하는 방법으로서, 수직적 전문화의 수준이 낮아지는 것이다.

해설

① (×) 수평적 전문화와 수직적 전문화가 모두 높은 것은 비숙련 단순 직무이다. 전문가적 직무는 수평적 전문화는 높지만 수직적 전문화는 낮은 경우에 효과적이다.
② (○) 직무확장(job enlargement)은 전문화에서 오는 단조로움을 완화하기 위하여 한 개인이 담당하는 직무내용을 몇 가지 다른 내용의 활동으로 구성하는 것으로, 수평적 확대라고도 한다.
③ (○) 조직 전체를 관리하여야 하는 고위관리직무의 경우 업무의 분할보다는 통합이 요구되므로 수평적 전문화와 수직적 전문화 모두 낮은 것이 효과적이다.
④ (○) 직무풍요화(job enrichment)는 직무담당자의 책임성과 자율성을 제고하고 직무수행에 관한 환류가 원활히 이루어지도록, 직무의 내용뿐만 아니라 책임수준까지 바꾸는 직무의 개편이다.

고득점 플러스+ 수평적 전문화와 수직적 전문화

구분		수평적 전문화	
		높음	낮음
수직적 전문화	높음	비숙련(→ 단순) 직무	일선관리 직무
	낮음	전문가 직무	고위관리 직무

정답 | ①

408

조직구조의 설계에 있어서 '조정의 원리'에 대한 설명으로 옳지 않은 것은?

① 수직적 연결은 상위계층의 관리자가 하위계층의 관리자를 통제하고 하위계층 간 활동을 조정하는 것을 목적으로 한다.
② 수직적 연결방법으로는 임시적으로 조직 내의 인적·물적 자원을 결합하는 프로젝트 팀(project team)의 설치 등이 있다.
③ 수평적 연결은 동일한 계층의 부처 간 조정과 의사소통을 목적으로 한다.
④ 수평적 연결방법으로는 다수 부서 간의 긴밀한 연결과 조정을 위한 태스크포스(task force)의 설치 등이 있다.

408
기출처: 2018 국가직 9급
난이도: ★★
키워드: 수직적 연결방법

해설

① (○) 수직적 연결은 상위계층과 하위계층의 의사소통으로, 계층제, 규칙과 계획, 계층직위 추가, 수직정보시스템 등이 사용된다.
② (×) 임시적으로 조직 내의 인적·물적 자원을 결합하는 프로젝트 팀(project team)의 설치는 수평적 연결방법이다.
③, ④ (○) 수평적 연결은 동급의 부서 간 혹은 동일 계층의 개인 간 의사소통으로, 정보시스템, 연락 담당자, 임시작업단(task force), 팀 매니저, 영구사업 팀(프로젝트 팀) 등이 사용된다.

정답 | ②

409

조직의 통합 및 조정 방법에 대한 설명으로 옳지 않은 것은?

① 민츠버그(Mintzberg)에 의하면 연락 역할 담당자는 상당한 공식적 권한을 부여받아 조직 내 부문 간 의사전달 문제를 처리한다.
② 태스크포스는 여러 부서에서 차출된 직원들로 구성되며 특정 과업이 해결된 후에는 해체된다.
③ 리커트(Likert)의 연결핀 모형에 의하면 관리자는 연결핀으로서 자신이 관리하는 집단의 구성원인 동시에 상사에게 보고하는 관리자 집단의 구성원이다.
④ 차관회의는 조직 간 조정방법 중 하나이다.

해설

① (×) 연락 역할 담당자란 부문 간 일이나 정보의 흐름을 촉진시켜 주는 개인 또는 집단으로, 민츠버그(H. Mintzberg)에 의하면, 연락 역할 담당자는 공식적인 권한은 없으나 비공식적인 권한을 상당히 부여받아 업무를 수행하므로 이에 필요한 전문지식을 가지고 있느냐에 따라 업무수행의 성공여부가 결정된다.
② (○) 태스크포스란 특정한 목적이나 임무를 수행하기 위하여 관련된 각 부서를 대표하는 사람들로 구성되는 일시적 조직으로, 많은 수의 하부조직을 어우르는 과업을 달성하기 위해 구성되는 임시적 매트릭스조직의 축소판이다. 대개 문제해결을 위해 90일을 넘지 않도록 함으로써 문제를 집중적으로 해결한다는 특징을 지니고 있다.
③ **매력적 오답** (○) 리커트(R. Likert)의 연결핀 모형은 중간관리자를 조직의 여러 부문의 연결핀으로 삼는 것이다. 즉, 중간관리자는 자신이 관리하는 집단의 의사를 상급관리자에게 연결시켜주는 매개자로서의 역할이 강조하는 모형이다.
④ (○) 차관회의는 중앙행정기관의 차관 및 차관급 공무원들로 구성된 회의로, 국무회의를 위한 사전 심의기관으로서 정부부처 사이의 협조를 긴밀히 하여 국무회의에 제출될 의안 및 건의사항과 국무회의로부터 지시받은 사항을 심의하는 합의제기관이다.

고득점 플러스+ 수평적 연결기제

- 정보시스템: 정보시스템을 통한 정규적인 정보교환
- 직접 접촉: 부서 내에 존재하는 비공식적 권한을 가진 연락담당자의 활용
- 임시작업단: 일시적 문제에 대한 부서 간의 직접적인 조정장치
- 프로젝트 매니저: 조정을 담당하는 공식적 권한을 보유한 정규 직위 → 부서 밖에 위치
- 프로젝트 팀: 영구적인 사업단 → 가장 강력한 수평적 조정장치

정답 | ①

410 필수

조직구성 원리에 대한 설명으로 옳지 않은 것은?

① 분업의 원리 – 일은 가능한 한 세분해야 한다.
② 통솔범위의 원리 – 한 명의 상관이 감독하는 부하의 수는 상관의 통제능력 범위 내로 한정해야 한다.
③ 명령통일의 원리 – 여러 상관이 지시한 명령이 서로 다를 경우 내용이 통일될 때까지 명령을 따르지 않아야 한다.
④ 조정의 원리 – 권한 배분의 구조를 통해 분화된 활동들을 통합해야 한다.

해설

① (O) 분업의 원리는 효율성을 높이기 위해 업무를 전문화하고 세분화하는 것을 의미한다.
② (O) 통솔범위의 원리는 한 상사가 효과적으로 관리할 수 있는 부하 직원의 수에는 한계가 있다는 개념이다.
③ (×) 명령통일의 원리는 명령이 통일될 때까지 따르지 않는 것이 아니라, 애초에 여러 상사로부터 명령을 받지 않도록 조직 구조를 설계해야 한다는 것이다.
④ (O) 조정의 원리는 분업을 통해 세분화된 업무나 부서 간의 활동들이 조직의 목표 달성을 위해 원활하게 연계되고 통합되도록 하는 것을 의미한다.

정답 | ③

410
- 기출처: 2020 지방직 9급
- 난이도: ★★
- 키워드: 명령통일의 원리

관련기출 옳은지문
- 조정의 원리는 공동목적을 달성하기 위하여 구성원의 행동통일을 기하도록 집단적 노력을 질서 있게 배열하는 과정으로 할거주의, 비협조 등을 해소하는 기능을 가진다. 16. 경찰승진

411

계층제에 대한 설명으로 옳지 않은 것은?

① 조직의 수직적 분화가 많이 이루어졌을 때 고층구조라 하고 수직적 분화가 적을 때 저층구조라 한다.
② 조직 내의 권한과 책임 및 의무의 정도가 상하의 계층에 따라 달라지도록 조직을 설계하는 것을 말한다.
③ 조직에서 지휘명령 등 의사소통, 특히 상의하달의 통로가 확보되는 순기능이 있다.
④ 엄격한 명령계통에 따라 상명하복의 관계 유지를 위해서는 통솔범위를 넓게 설정한다.

해설

① (O) 수직적 분화가 많다는 것은 그만큼 계층이 형성되었다는 것으로 이는 고층구조와 연결된다.
② (O) 계층제는 조직 내에서 권한과 책임, 의무의 정도를 상하 서열에 따라 다르게 배분하여 수직적인 지배-복종 관계를 형성하는 조직 설계 원리이다.
③ (O) 계층제는 권한의 위임과 공식적 의사소통의 통로이며, 조직 내 분쟁과 갈등을 해결하는 수단이다. 또한 승진의 경로이므로 사기앙양의 도구이기도 하다.
④ (×) 엄격한 명령계통에 따라 상명하복의 관계 유지를 위해서는 통솔범위를 좁게 설정하여야 한다.

정답 | ④

411
- 기출처: 2016 지방직 9급
- 난이도: ★★
- 키워드: 계층제

관련기출 옳은지문
- 계층제는 계층 수가 증가하게 되면 의사전달의 왜곡이 일어날 가능성이 커진다. 23. 국회직 9급

- 전문화의 원리는 전문가적 편협성과 할거주의로 인하여 조직 내의 각 단위의 통합과 조정을 저해한다. 16. 경찰승진

- 명령통일의 원리는 한 사람에게만 보고하고 지시를 받아야 한다는 원리를 말한다. 16. 경찰승진

412

412	① ② ③
기출처	2021 국가직 7급
난이도	★★
키워드	조직구조 설계원리

🔍 **관련기출 옳은지문**
- 부문화의 원리는 일정한 기준에 따라 서로 기능이 같거나 유사한 업무를 조직단위로 묶는 것을 의미한다. 24. 해경승진

일반적인 조직구조 설계원리에 대한 설명으로 옳은 것만을 모두 고르면?

> ㄱ. 계선은 부하에게 업무를 지시하고, 참모는 정보제공, 자료분석, 기획 등의 전문지식을 제공한다.
> ㄴ. 부문화의 원리는 일정한 기준에 따라 서로 기능이 같거나 유사한 업무를 조직단위로 묶는 것을 의미한다.
> ㄷ. 통솔범위가 넓을수록 고도의 수직적 분화가 일어나 고층구조가 형성되고, 좁을수록 평면구조가 이뤄진다.
> ㄹ. 명령통일의 원리는 부하가 한 사람의 상관으로부터 명령을 받게 해야 함을 의미한다.

① ㄱ, ㄴ, ㄷ
② ㄱ, ㄴ, ㄹ
③ ㄱ, ㄷ, ㄹ
④ ㄴ, ㄷ, ㄹ

해설

ㄱ. (○) 계선은 목표달성에 직접 기여하는 기관이고, 막료는 이를 지원하는 기관이다.
ㄴ. (○) 부문화의 원리란 업무를 효율적으로 수행하기 위해 분업 또는 부처를 편성하는 원리를 의미한다.
ㄷ. (×) 통솔범위가 넓으면 저층구조가 되고, 좁으면 고층구조가 된다.
ㄹ. (○) 명령통일의 원리란 한 사람의 상관에게 보고하고 지시받아야 한다는 원리를 말한다.

정답 | ②

413

413	① ② ③
기출처	2017 국가직 7급
난이도	★★★
키워드	복잡성

🔍 **관련기출 옳은지문**
- 복잡성은 조직을 구성하는 기구의 분화정도를 의미한다. 18. 행정사
- 공식화 정도가 높을수록 업무의 예측가능성이 높아진다. 18. 행정사
- 공식화는 주로 각종 규정과 매뉴얼 등을 통하여 이루어진다. 19. 소방간부

조직구조에 대한 설명으로 옳은 것은?

① 복잡성은 '조직이 얼마나 나누어지고 흩어져 있는가'의 분화 정도를 말한다.
② 고객에 대한 신속한 서비스 제공 요구는 집권화를 촉진한다.
③ 통솔범위가 넓은 조직은 일반적으로 고층구조를 갖는다.
④ 공식화의 수준이 높을수록 조직 구성원들의 재량이 증가한다.

해설

① (○) 조직의 복잡성은 직무의 분화정도 즉, 목적을 달성하기 위해 활동이 분화되어 있는 정도를 말한다.
② (×) 고객에 대한 신속한 서비스 제공 요구는 분권화를 촉진한다.
③ (×) 통솔범위가 넓은 조직은 일반적으로 저층구조를 갖는다.
④ (×) 공식화의 수준이 높을수록 구성원들의 재량은 감소한다.

정답 | ①

414

조직구조에 대한 설명으로 옳지 않은 것은?

① 수평적 분화가 심할수록 전문성을 가진 부서 간 커뮤니케이션과 업무협조가 용이하다.
② 수직적 분화는 조직의 종적인 분화로서 책임과 권한의 계층적 분화를 말한다.
③ 공간적(장소적) 분화는 조직의 구성원과 물리적인 시설이 지역적으로 분산되어 있는 정도를 말한다.
④ 조직구조의 복잡성은 조직이 얼마나 나누어지고 흩어져 있는가의 분화 정도를 말한다.

해설

① (×) 업무가 수평적으로 나누어지면 부서 간 할거주의가 나타나므로 의사소통이나 업무협조는 어려워질 것이다.
② (○) 수직적 분화란 조직구조의 깊이 정도 즉, 조직의 계층 수를 의미한다.
③ (○) 공간적 또는 장소적 분화란 인적·물적 자원들이 공간적으로 분산된 정도를 말한다.
④ (○) 조직구조의 복잡성은 조직이 얼마나 많은 부서와 계층으로 나누어 있고, 지리적으로 분산되어 있는지를 나타내는 분화의 정도를 의미한다. 이는 수평적 분화, 수직적 분화, 공간적 분화를 포괄하는 개념이다.

정답 | ①

414 정보
- 기출처: 2016 국가직 7급
- 난이도: ★★
- 키워드: 수평적 분화

관련기출 옳은지문

- 조직이 수행하는 업무의 세분화 정도가 높을수록 수평적 분화의 정도가 높은 조직이라 할 수 있다. 24. 경찰간부

- 신설조직의 경우 조직을 안정적으로 운영하기 위해 집권화되는 경향이 강하다. 22. 경찰승진

- 기술과 환경변화가 역동적으로 이루어지는 경우 조직의 분권화가 필요하다. 20. 군무원 7급

415

조직구조에 대한 설명으로 옳지 않은 것은?

① 공식화(formalization)의 수준이 높을수록 조직 구성원들의 재량이 증가한다.
② 통솔범위(span of control)가 넓은 조직은 일반적으로 저층구조의 형태를 보인다.
③ 집권화(centralization)의 수준이 높은 조직의 의사결정권한은 조직의 상층부에 집중된다.
④ 명령체계(chain of command)는 조직 내 구성원을 연결하는 연속된 권한의 흐름으로, 누가 누구에게 보고하는지를 결정한다.

해설

① (×) 공식화란 조직 내 규칙과 절차의 강도 또는 지시와 의사전달의 문서화 정도로, 예측가능성과 안정성을 제고하며, 객관성과 보편성을 확보할 수 있지만 구성원들의 재량은 줄어든다.
② (○) 통솔범위는 한 사람의 상관 또는 감독자가 직접 효과적으로 통제할 수 있는 부하의 수에 관한 이론이다. 통솔의 범위가 너무 넓으면 부하의 수가 지나치게 많아 효과적인 통제가 어렵고, 통솔의 범위가 너무 작으면 계층의 수가 늘어나 업무수행이 비능률성이 발생할 수 있다.
③ (○) 집권화란 의사결정권한이 조직의 상층부에 집중되는 것을 말하며, 규모가 작거나 신설 조직일 때, 조직 활동의 통일성을 요구될 때, 조직이 위기나 비상사태에 처해 있을 때 나타나기 쉽다.
④ (○) 명령체계란, 한 조직 내의 명령계통이 마치 상하 계층 간의 사슬로 연결되어 있는 것처럼 상부에서 내린 명령이나 지시가 한 단계씩 차례로 말단에까지 전달되게 하는 체제를 말한다. 명령통일의 원리와 함께 계층제의 핵심적인 내용을 이룬다.

고득점 플러스+ 공식성

- 개념: 조직 내 규칙과 절차 그리고 지시와 의사전달의 표준화·문서화 정도
- 요인: 규모의 증대, 안정적 환경, 일상적 기술
- 영향력: 높은 집권화, 낮은 변동률, 일의 전문화 촉진, 인적 전문화 약화

정답 | ①

415 정보
- 기출처: 2013 지방직 9급
- 난이도: ★★
- 키워드: 공식화

관련기출 옳은지문

- 교통·통신기술의 발전은 집권화를 강화하는 데 유리하다. 22. 경찰승진

416 〈필수〉

집권화와 분권화에 대한 설명으로 옳지 않은 것은?

① 집권화는 조직의 규모가 작고 신설 조직일 때 유리하다.
② 집권화의 장점으로는 전문적 기술의 활용가능성 향상과 경비절감을 들 수 있다.
③ 탄력적 업무수행은 분권화의 장점이다.
④ 분권화는 행정기능의 중복과 혼란을 회피할 수 있고 분열을 억제할 수 있다.

해설

① (O) 집권화는 의사결정 권한이 조직의 상위 계층에 집중되는 형태이다. 조직의 규모가 작거나 신설 조직일 경우, 의사결정의 신속성과 통제 용이성 때문에 집권화가 유리할 수 있다.
② (O) 집권화는 기능구조를 통한 전문성의 향상과 규모의 경제를 통한 경비절감의 장점을 지닌다.
③ (O) 분권화는 의사결정 권한이 하위 계층으로 위임되는 형태이다. 분권화는 현장 상황에 대한 빠른 대응을 가능하게 하여 업무 수행의 탄력성을 높이는 장점이 있다. 또한, 하위 관리자들의 동기 부여와 책임감 증진에도 기여한다.
④ (×) 행정기능의 중복과 혼란을 회피할 수 있고 분열을 억제할 수 있는 것은 집권화의 장점이다.

정답 | ④

417 〈필수〉

우드워드(Woodward)의 기술유형과 조직의 구조적 특성에 대한 설명으로 옳지 않은 것은?

① 대량생산기술의 경우 공식적인 절차나 규칙에 따라 관리한다.
② 단위소량생산기술의 경우 문서에 의한 의사소통이 낮게 나타나고, 작업자 간 구두에 의한 의사소통이 많이 이루어진다.
③ 단위소량생산기술 조직은 대량생산기술 조직에 비해 느슨한 조직구조와 낮은 수직적 분화의 특징을 갖는다.
④ 단위소량생산기술에서 연속공정생산기술로 기술의 복잡성이 증가함에 따라 전체 구성원 중에서 관리자가 차지하는 비율이 감소한다.

해설

① (O) 우드워드의 기술 분류에 따르면, 대량생산기술은 표준화된 제품을 대량으로 생산하는 기술이다. 이러한 조직은 예측 가능한 환경에서 효율성을 추구하므로, 공식적인 절차, 규칙, 표준화된 업무 방식에 따라 관리되는 경향이 있다.
② (O) 단위소량생산기술은 주문 생산이나 소량 맞춤 생산을 하는 기술이다. 이 경우 업무가 비표준적이고 유연성이 요구되므로, 공식적인 문서보다는 작업자 간의 즉각적인 구두 의사소통이 활발하게 이루어지는 경향이 있다. 문서화된 의사소통의 비중은 낮다.
③ (O) 단위소량생산기술 조직은 유연성과 적응성이 중요하므로, 비교적 느슨하고 유기적인 조직구조를 갖는다. 반면 대량생산기술 조직은 효율성과 통제가 중요하여 공식화되고 집권화된 기계적인 조직구조를 갖는다. 따라서 단위소량생산 조직은 대량생산 조직에 비해 수직적 분화(계층의 수)가 낮고 통솔범위가 넓은 특징을 보인다.
④ (×) 우드워드(J. Woodward)에 의하면 기술의 복잡성이 증가할수록 관리자의 비중이 커진다.

고득점 플러스+ 우드워드(J. Woodward)의 기술의 유형 → 조직 전체 기술적 복잡성과 조직구조

- 영국 남부 제조업체의 실증적 연구
- 기술의 유형: 소량주문생산(→ 유기구조), 대량생산(→ 기계구조), 연속공정생산(→ 유기구조)
- 결론: 기술적 복잡성과 조직구조의 낮은 상관성, 기술적 복잡성과 행정농도는 정(+)의 관련성

정답 | ④

418
톰슨(Thompson)의 기술 분류에 따른 상호의존성과 조정형태를 바르게 연결한 것은?

① 집약형 기술(intensive technology) – 연속적 상호의존성(sequential interdependence) – 정기적 회의, 수직적 의사전달
② 공학형 기술(engineering technology) – 연속적 상호의존성(sequential interdependence) – 사전계획, 예정표
③ 연속형 기술(long-linked technology) – 교호적 상호의존성(reciprocal interdependence) – 상호 조정, 수평적 의사전달
④ 중개형 기술(mediating technology) – 집합적 상호의존성(pooled interdependence) – 규칙, 표준화

해설
① (×) 집약형 기술은 교호적 상호작용과 연결되며, 수평적 의사전달이 활발하게 이루어진다.
② (×) 공학형 기술은 톰슨의 기술분류에 포함되어 있지 않다.
③ (×) 연속형 기술은 순차적 상호의존성과 연결되며, 사전계획, 예정표에 의해 통제된다. 상호조정과 수평적 의사전달은 집약형 기술과 관련된다.
④ (○) 중개형 기술은 집합적 상호의존성과 연결되며, 규칙이나 표준화로 통제하기에 기계적 구조가 나타난다.

정답 | ④

418 1 2 3
기출처	2021 지방직 7급
난이도	★
키워드	톰슨(J. Thompson)

419 (필수)
기술과 조직구조의 관계에 대한 페로(Perrow)의 설명으로 옳지 않은 것은?

① 정형화된(routine) 기술은 공식성 및 집권성이 높은 조직구조와 부합한다.
② 비정형화된(non-routine) 기술은 부하들에 대한 상사의 통솔범위를 넓힐 수밖에 없을 것이다.
③ 공학적(engineering) 기술은 문제의 분석 가능성이 높다.
④ 기예적(craft) 기술은 대체로 유기적 조직구조와 부합한다.

해설
① (○) 정형화된 기술은 일상적 기술을 의미하며, 공식성과 집권성이 높은 기계적 구조를 지닌다.
② (×) 비정형화된 기술은 비일상적 기술을 의미하며, 업무가 복잡하므로 많은 부하를 통솔하기 어렵기에 통솔범위는 좁아진다.
③ (○) 공학적 기술은 과제의 다양성은 높지만 분석 가능성 또한 높으므로 업무수행 절차와 매뉴얼의 활용이 활성화된다.
④ (○) 기예적 기술은 장인기술을 의미하며, 업무의 분석이 어려워 광범위한 경험과 오랜 훈련이 필요하고 대체로 유기적 구조와 부합한다.

고득점 플러스+ 페로우(C. Perrow)의 기술유형론

- 분류기준
  - 과제 다양성: 기대하지 못하거나 새로운 사건의 빈도 → 직무의 복잡성
  - 분석 가능성: 객관적 분석, 표준절차에 따른 업무수행 → 직무의 난이도

구분		과제 다양성	
		낮음	높음
분석 가능성	낮음	장인기술	비일상적 기술
	높음	일상적 기술	공학적 기술

정답 | ②

419 1 2 3
기출처	2020 지방직 9급
난이도	★★
키워드	페로우(C. Perrow)

관련기출 옳은지문
- 페로우(C. Perrow)는 조직원이 업무를 처리하는 과정에서 발생하는 예외적인 사건의 정도와 업무 처리가 표준화된 절차에 의해 수행되는 정도를 기준으로 조직의 기술을 장인기술, 비일상적 기술, 일상적 기술, 공학적 기술로 유형을 구분하였다.

16. 서울시 7급

420	① ② ③
기출처	2015 국가직 9급
난이도	★★★
키워드	유기적 조직

관련기출 옳은지문

- 기계적 조직구조는 대규모 조직에서 높은 공식화와 표준화를 추구한다. 24. 군무원 9급

- 기계적 조직구조는 막스 베버(Max Weber)의 관료제 모형과 같이 고전적이고 전형적인 관료제 조직구조이다. 24. 군무원 9급

- '유기적 조직'은 의사소통이 상향식이고 수평적이며, 부서 간 구분이 모호하고 업무가 중복될 수 있다. 24. 군무원 7급

420

외부환경의 불확실성에 대응하는 조직구조상의 특징에 따라 기계적 조직과 유기적 조직으로 구분하는 경우에, 유기적 조직의 특성에 해당하는 것만을 모두 고른 것은?

ㄱ. 넓은 직무범위	ㄴ. 분명한 책임관계
ㄷ. 몰인간적 대면관계	ㄹ. 다원화된 의사소통채널
ㅁ. 높은 공식화 수준	ㅂ. 모호한 책임관계

① ㄱ, ㄹ, ㅂ
② ㄴ, ㄷ, ㅁ
③ ㄴ, ㄹ, ㅁ
④ ㄱ, ㄷ, ㅂ

해설

ㄱ, ㄹ, ㅂ. (○) 유기적 구조란 낮은 공식화, 낮은 집권화, 낮은 복잡성, 높은 팀워크 등이 특징으로 하며 환경에 대한 적응력이 우수한 탈관료제 구조를 의미한다. 이러한 유기적 구조는 넓은 직무범위, 다원화된 의사소통채널, 모호한 책임관계 등의 특징을 지닌다.

ㄴ, ㄷ, ㅁ. (×) 분명한 책임관계, 몰인간적 대면관계, 높은 공식화 수준 등은 기계적 구조의 특징이다.

정답 | ①

421	① ② ③
기출처	2022 지방직 7급
난이도	★★
키워드	애드호크라시

관련기출 옳은지문

- 애드호크라시(adhocracy)에서는 구성원들의 행동조율이 공식적인 법규나 절차에 의해서 이루어지기 어렵다. 05. 국가직 7급

421

애드호크라시(adhocracy)에 대한 설명으로 옳지 않은 것은?

① 업무가 비정형적일 때 유용하다.
② 변화에 신속하게 대응할 수 있는 장점이 있다.
③ 책임소재가 명확하여 갈등이 생길 가능성이 적다.
④ 조직목표달성을 위해 조직 내 전문능력이 있는 구성원들을 연결하는 구조이다.

해설

① (○) 애드호크라시는 사전에 규정된 절차가 없으므로 비정형적인 업무에 유용하다.
② (○) 애드호크라시는 공식성이 낮고 분권성이 높으므로 환경변화에 신속하게 대응하기 용이하다.
③ (×) 애드호크라시는 업무의 배분이 모호하므로 업무를 둘러싼 갈등이 발생할 가능성이 높다.
④ (○) 애드호크라시는 특정 문제를 해결하기 위해 소수의 전문가들로 구성된 임시조직을 말한다.

정답 | ③

422
애드호크라시(adhocracy)에 대한 설명으로 옳지 않은 것은?

① 과업의 표준화나 공식화 정도가 상대적으로 낮기 때문에 구성원 간 업무상 갈등이 일어날 우려가 있다.
② 구조적으로 수평적 분화는 높은 반면 수직적 분화는 낮고, 공식화 및 집권화의 수준이 낮다.
③ 변화에 신속하게 대응할 수 있다는 장점으로 인해 최근에는 전통적 관료제 조직모형을 대체할 정도로 많이 활용되고 있다.
④ 대표적인 예로는 네트워크조직, 매트릭스조직 등을 들 수 있다.

해설

① (○) 탈관료제 모형은 명확한 업무배분과 지침이 존재하지 않으므로 구성원 간 갈등의 가능성이 높다.
② (○) 탈관료제 모형은 수평적으로는 분화 수준이 높지만 수직적 분화 수준은 낮은 편이다.
③ (×) 최근 탈관료제 모형이 많이 제시되고 있지만 아직까지 관료제 모형을 대체할 정도로 많이 활용되고 있는 것은 아니다.
④ (○) 네트워크조직, 수평조직, 매트릭스조직, 태스크포스, 프로젝트 팀 등이 탈관료제 모형으로 거론된다.

정답 | ③

422	
기출처	2019 국가직 7급
난이도	★★
키워드	애드호크라시

관련기출 옳은지문
- 애드호크라시는 수평적 분화의 정도는 높은 반면, 수직적 분화의 정도는 낮다. 21. 국회직 8급

423
애드호크라시(Adhocracy)에 대한 설명으로 옳지 않은 것은?

① 구조적으로 복잡성, 공식화, 집권화의 정도가 낮은 수준이다.
② 고도의 창의성과 환경 적응성이 필요한 상황에서 유효한 임시조직이다.
③ 다양한 전문가들로 구성된 집합으로 조직화와 표준화가 신속하게 이뤄진다.
④ 업무처리 과정에서 갈등과 비협조가 일어나고, 창의적 업무수행 과정에서 심적 스트레스를 많이 받는다.

해설

① (○) 애드호크라시(Adhocracy)는 낮은 공식화, 낮은 집권화, 낮은 복잡성, 높은 팀워크 등을 특징으로 하는 탈관료제적 조직구조를 말한다.
② (○) 애드호크라시(Adhocracy)는 능률성이나 합리성을 강조한 관료제와는 달리 환경에 대한 신속한 대응성이나 구성원의 창의성을 강조하는 조직구조이다.
③ (×) 조직화와 표준화가 신속하게 이루어지는 것은 관료제의 특징이다.
④ (○) 애드호크라시(Adhocracy)는 이질적인 전문가들로 구성되므로 갈등과 비협조가 나타나기 쉽고, 모호한 업무를 추구하므로 구성원의 심적 스트레스가 높아질 수 있다.

정답 | ③

423	
기출처	2016 국가직 7급
난이도	★★
키워드	애드호크라시

관련기출 옳은지문
- 애드호크라시(adhocracy)는 고도의 창의성과 환경적응성이 필요한 상황에서 유효한 조직이다. 22. 군무원 9급

424

424	□ ② ③
기출처	2023 지방직 9급
난이도	★★
키워드	민츠버그(H. Mintzberg)

민츠버그(Mintzberg)가 제시한 조직유형이 아닌 것은?

① 기계적 관료제
② 애드호크라시(adhocracy)
③ 사업부제 구조
④ 홀라크라시(holacracy)

관련기출 옳은지문

- 기계적 관료제(machine bureaucracy)는 막스 베버의 관료제와 유사하다.
  11. 지방직 9급

해설

①, ②, ③ (○) 민츠버그(H. Mintzberg)는 조직구조의 유형을, 단순구조, 기계적 관료제, 전문적 관료제, 사업부제, 임시체제(애드호크라시)로 구분하였다.

④ (×) 민츠버그(H. Mintzberg)는 조직구조의 유형을 단순구조, 기계적 관료제, 전문적 관료제, 사업부제, 임시체제로 구분하였다. 홀라크라시는 민츠버그(H. Mintzberg)가 분류한 조직유형에 속하지 않는다. 홀라크라시(holacracy)는 기존의 위계적인 조직 구조를 벗어나 자기 조직화에 기반한 새로운 조직 모델로 홀론(holon)과 홀라키(holarchy)라는 단어에서 유래되었는데, 홀론은 더 큰 전체의 부분인 전체를 의미하고 홀라키는 홀론들 간의 연결을 의미한다. 이러한 홀라크라시는 자기조직화, 역할 중심의 조직구조, 자율적인 단위인 서클 중심의 운영, 거버넌스, 분권화된 의사결정 등을 특징으로 한다.

고득점 플러스+ 민츠버그(H. Mintzberg)의 복수국면접근법

구분	단순구조	기계 관료제	전문 관료제	사업부제	임시체제
권력	전략정점	기술구조	핵심운영	중간관리자	지원참모
조정기제	직접 감독	과정 표준화	기술 표준화	산출 표준화	상호조절
환경	단순 동태	단순 안정	복잡 안정	단순 안정	복잡 동태
공식화	낮음	높음	낮음	높음	낮음
집권화	집권	제한된 수평적 분권	수직적·수평적 분권	제한된 수직적 분권	선택적 분권

정답 | ④

425

425	□ ② ③
기출처	2018 지방직 7급
난이도	★★
키워드	전략적 정점

민츠버그(Mintzberg)의 조직성장 경로모형에 따르면, 조직 내에서 어떤 부문을 강조할 것인가에 따라 조직의 구조(유형)가 달라진다. 강조된 조직구성부문과 이에 상응하는 구조의 연결로 옳지 않은 것은?

① 전략적 정점(strategic apex) – 기계적 관료제 구조
② 핵심운영(operation core) – 전문적 관료제 구조
③ 중간계선(middle line) – 사업부제 구조
④ 지원참모(support staff) – 애드호크라시(adhocracy)

관련기출 옳은지문

- 전략부문(strategic apex)은 조직에 관한 전반적 책임을 지는 부분이다.
  21. 경찰간부

- 핵심운영부문(operating core)은 생산업무에 직접 종사하는 기능을 담당한다.
  21. 경찰간부

- 기술구조부문(technostructure)은 작업의 설계와 변경을 담당하는 전문가들이 있는 곳이다.
  21. 경찰간부

해설

① (×) 기계적 관료제는 기술구조가 핵심적 역할을 수행하며, 과정 표준화를 강조한다. 전략적 정점이 핵심적 역할을 수행하는 것은 단순구조이다.
② (○) 전문적 관료제는 운영핵심이 핵심적 역할을 수행하며, 기술 표준화를 강조한다.
③ (○) 사업부제 구조는 중간계선이 핵심적 역할을 수행하며, 산출물의 표준화를 강조한다.
④ (○) 애드호크라시(adhocracy)는 참모가 핵심적 역할을 수행하며, 상호적응에 의한 조정이 이루어진다.

정답 | ①

426
민츠버그(H. Mintzberg)가 제시한 조직구조 유형에 대한 설명으로 옳은 것은?

① 기계적 관료제(machine bureaucracy)는 막스 베버의 관료제와 유사하다.
② 임시조직(adhocracy)은 대개 단순하고 반복적인 문제를 해결하기 위해 생성된다.
③ 폐쇄체계(closed system)적 관점에서 조직이 수행하는 기능을 기준으로 유형을 분류하였다.
④ 사업부조직(divisionalized organization)은 기능별, 서비스별 독립성으로 인해 조직전체 공통관리비의 감소효과가 크다.

해설

① (○) 기계적 관료제는 종적·횡적 분화 수준이 높아 구성원은 좁게 전문화된 업무를 수행하며, 단순하고 안정적인 환경에 적합하다. 작업과정(업무)의 표준화를 중시하는 전통적인 관료제 구조와 유사하다.
② (×) 단순하고 반복적인 문제의 해결에는 기계적 관료제가 유용하다.
③ (×) 민츠버그(H. Mintzberg)의 이론은 개방체계를 가정하고 있다.
④ (×) 사업부조직은 각 사업부서의 독립적 운영으로 인하여 관리비의 중복이 나타난다.

정답 | ①

426	
기출처	2011 지방직 9급
난이도	★★
키워드	기계적 관료제

관련기출 옳은지문
• 핵심 운영 부문은 조직의 제품이나 서비스를 생산해 내는 기본적인 일들이 발생하는 곳이다.
19. 서울시 7급(상)

427 (필수)
조직구조의 유형에 대한 설명으로 옳지 않은 것은?

① 사업(부)구조는 조직의 산출물에 기반을 둔 구조화 방식으로 사업(부) 간 기능 조정이 용이하다.
② 매트릭스구조는 수직적 기능구조에 수평적 사업구조를 결합시켜 조직운영상의 신축성을 확보한다.
③ 네트워크구조는 복수의 조직이 각자의 경계를 넘어 연결고리를 통해 결합 관계를 이루어 환경변화에 대처한다.
④ 수평(팀제)구조는 핵심 업무과정 중심의 구조화 방식으로 부서 사이의 경계를 제거하여 의사소통을 원활하게 한다.

해설

① (×) 사업구조는 부서 내 기능 간 조정은 용이하지만 부서 간에는 사업의 영역을 두고 마찰이 발생할 수 있다.
② (○) 매트릭스구조는 기존의 기능구조에 사업구조가 함께 있으므로 조직운영상 신축성을 확보하기에 용이하다.
③ (○) 네트워크구조는 독자적 조직들이 공동의 목표를 위해 결합과 해체를 반복하면서 환경에 적응한다.
④ (○) 수평구조는 수평적·수직적 경계를 제거한 평면구조와 유사하므로 구성원 간의 의사소통이 원활할 수 있다.

정답 | ①

427	
기출처	2023 국가직 9급
난이도	★★
키워드	사업(부)구조

CHAPTER 04 관료제와 탈관료제

428

기출처	2023 국가직 9급
난이도	★★★
키워드	이념형 관료제

🔍 관련기출 옳은지문

- 막스 베버(Max Weber)가 말하는 관료제의 이념형(Ideal type)은 법적·합리적 권위에 근거한 조직구조이다. *18. 서울시 7급(하)*

- 관료제는 엄격한 계층적 통제, 분업, 공사(公私)의 구분, 문서에 의한 업무처리, 화폐에 의한 임금 지불 등의 특성을 지닌 조직 운영 방식이다. *09. 서울시 7급*

428 〈필수〉

베버(Weber)의 이념형(ideal type) 관료제에 대한 설명으로 옳지 않은 것은?

① 관료제 성립의 배경은 봉건적 지배체제의 확립이다.
② 법적·합리적 권위에 기초를 둔 조직구조와 형태이다.
③ 직위의 권한과 임무는 문서화된 법규로 규정된다.
④ 관료는 원칙적으로 상관이 임명한다.

해설

① (×) 베버의 관료제는 합리성과 합법적 권위가 지배하는 근대 사회의 상징이다.
② (○) 베버는 권위의 유형을 카리스마적 권위, 전통적 권위, 합법적 권위로 분류하였는데, 근대 관료제는 합법적 권위에 의해 지배되는 조직구조이다.
③ (○) 베버의 관료제에서 권한과 직무는 신분이 아닌 이성에 의해 만들어진 법규에 의해 규정된다.
④ (○) 상관의 의미는 그 조직의 최고 책임자로 보아야 할 것이다.

정답 | ①

429

기출처	2021 지방직 7급
난이도	★★
키워드	관료제 모형

429

관료제 모형에서 베버(Weber)가 강조한 행정가치는?

① 민주성
② 형평성
③ 능률성
④ 대응성

해설

① (×) 민주성은 1930년대 정치행정일원론이 등장하면서 강조되기 시작한 행정가치이다.
② (×) 형평성은 1960년대 신행정론에서 강조한 행정가치이다.
③ (○) 관료제 모형에서 가장 강조하는 행정가치는 합리성이나 능률성이다.
④ (×) 대응성은 환경변화가 나타난 1960년대 이후부터 강조되기 시작한 행정가치이다.

정답 | ③

430

베버(M. Weber)의 관료제 이론에 대한 설명으로 옳지 않은 것은?

① 계층제에서 근무하는 관료는 봉사 대상인 국민에게 책임을 져야 한다.
② 관료는 'Sine ira et studio'의 정신으로 업무를 수행하여야 한다.
③ 관료를 승진시킬 때에는 근무연한을 고려할 수 있다.
④ 보수를 받지 않고 봉사하는 사람은 관료라고 볼 수 없다.

해설

① (×) 베버(M. Weber)의 관료제에서 강조되는 책임은 법규에 대한 책임 혹은 상관에 대한 계층제적 책임이다.
② (○) 'Sine ira et studio'란 공(公)과 사(私)를 구별하고 업무수행에 있어 사적인 감정을 개입시켜서는 안 된다는 비정의성(impersonality)을 의미한다.
③ 매력적 오답 (○) 관료제에 있어 승진의 기준은 실적이나 경력이다.
④ (○) 관료제는 계약제 사회를 배경으로 한다. 업무에 따른 보수의 지급을 핵심으로 한다. 따라서 계층제적 구조를 형성하고 업무를 수행하여도 보수를 받지 않고 일하는 경우에는 이를 관료제라 할 수 없다.

정답 | ①

430 | 1 2 3
기출처 | 2013 지방직 7급
난이도 | ★★
키워드 | 관료제 이론

🔍 **관련기출 옳은지문**

· 관료제는 일정한 자격 또는 능력에 따라 규정된 기능을 수행하는 분업의 원리에 따른다. 10. 서울시 9급

· 관료제에서 조직은 엄격한 계층제의 원리에 따라 운영된다. 10. 서울시 9급

· 이상적 관료제는 증오나 열정없이 형식주의적인 비정의성(impersonality)에 따라 움직인다. 10. 서울시 9급

431

베버(M. Weber)가 주장한 이념형(ideal type)으로서의 근대 관료제에 대한 설명으로 옳지 않은 것은?

① 관료는 계급과 근무연한에 따라 정해진 금전적 보수를 받는다.
② 관료는 객관적·중립적 입장보다는 민원인의 입장에서 판단하고 결정한다.
③ 모든 직위의 권한과 관할 범위는 법규에 의하여 규정된다.
④ 관료의 업무수행은 문서에 의한다.

해설

① (○) 근대적 관료제는 계급과 근무연한에 따라 정해진 금전적 보수를 받는 계약관계이다.
② (×) 근대적 관료제는 비정의성을 특징으로 한다. 민원인의 입장에서 판단하는 것보다는 법 규정에 입각한 객관적이고 중립적인 업무수행을 강조하는데 이를 비정의성이라 한다.
③ (○) 관료제 내의 모든 권한은 공적 영역에 한정되며, 사적 영역까지 확대되지 않는다.
④ (○) 문서주의 역시 관료제의 중요한 특징이다.

정답 | ②

431 | 1 2 3
기출처 | 2017 국가직 9급(하)
난이도 | ★★
키워드 | 근대 관료제

🔍 **관련기출 옳은지문**

· 관료제는 일정한 자격 또는 능력에 따라 규정된 기능을 수행하는 분업의 원리에 따른다. 14. 서울시 7급

432	① ② ③
기출처	2016 국가직 7급
난이도	★★
키워드	성과급 제도

🔍 **관련기출 옳은지문**
- 보수를 받지 않고 봉사하는 사람은 관료라고 볼 수 없다. 13. 지방직 7급

432
관료제에 대한 설명으로 옳지 않은 것은?

① 관료제(bureaucracy)는 관료(bureaucrat)에 의하여 통치(cracy)된다는 의미로서 왕정이나 민주정(民主政)에 비해 관료가 국가정치와 행정의 중심역할을 수행한다는 의미가 있다.
② 관료제는 소수의 상관과 다수의 부하로 구성되는 피라미드 형태를 취하며 과두제(oligarchy)의 철칙이 나타날 수 있다.
③ 관료제의 병리현상으로 과잉동조에 따른 목표대치, 할거주의, 훈련된 무능력 등을 들 수 있다.
④ 베버(Weber)의 이념형 관료제는 성과급 제도와 부합한다.

> **해설**

① (O) 관료제는 구조적 측면과 기능적 측면에서 두 가지 개념으로 정리하는 것이 일반적이다. 베버(M. Weber)로 대표되는 구조적 측면은 관료제를 계층제적 대규모 조직으로 보는 입장이고, 파이너(H. Finer)로 대표되는 기능적 측면은 관료제를 특권적인 정치권력집단으로 보는 입장이다. 왕정이나 민주정과 대비된 통치주체로서 관료제는 기능적 측면의 견해이다.
② (O) 과두제의 철칙이란 모든 조직에서 상위 지도자들이 그 조직을 계속 지배하려는 목적으로 원래의 조직목표는 망각하고 그 목표를 실현하기 위한 수단을 더욱 중시하는 현상을 말한다.
③ (O) 관료제는 그 본질적 특성에 순기능뿐만 아니라 역기능도 내포되어 있는데, 분업으로 인한 할거주의와 훈련된 무능, 계층제로 인한 권위주의, 법과 규칙에 따른 동조과잉과 형식주의 등은 관료제의 역기능에 속한다.
④ (×) 베버(M. Weber)의 이념형 관료제는 업무량에 부합하는 보수 또는 연공서열에 의한 보수를 강조한다. 분석을 통해서 업무를 설정하고 이를 피고용자와의 계약을 통해서 업무량만큼 보수를 지급하는 것이지 업무의 성과를 토대로 보수를 지급하는 제도는 아니다. 물론 업무의 성과가 좋다면 승진을 통해서 더 높은 지위로 올라가며 이에 따라 보수 또한 높아지겠지만 보수 그 자체가 성과에 의해서 결정되는 것은 아니다.

정답 | ④

433	① ② ③
기출처	2015 국가직 7급
난이도	★★
키워드	관료제 모형

🔍 **관련기출 옳은지문**
- 관료를 승진시킬 때에는 근무연한을 고려할 수 있다. 13. 지방직 7급

433
베버(Weber)의 관료제 모형에 대한 설명으로 옳지 않은 것은?

① 관료에게 지급되는 봉급은 업무수행 실적에 대한 평가에 따라 결정된다.
② 관료제 모형은 계층제의 원리를 근간으로 한다.
③ 베버(Weber)는 정당성을 기준으로 권위의 유형을 전통적 권위, 카리스마적 권위, 법적·합리적 권위로 나누었는데 근대적 관료제는 법적·합리적 권위에 기초를 두고 있다고 주장한다.
④ 관료제 모형은 '전문화로 인한 무능(trained incapacity)' 등 역기능을 초래할 수도 있다.

> **해설**

① (×) 관료제는 연공과 업적에 의한 승진과 보수를 강조하지만 실적에 따른 평가에 의해서 보수가 결정되는 것은 아니라 연공서열에 의해 보수가 결정된다.
② (O) 관료제 모형은 능력에 따라 구성원을 계층적으로 배열하는 계층제의 원리를 근간으로 한다.
③ (O) 권위란 복종자에 의해 정당성이 부여된 권력을 말한다. 베버(M. Weber)는 이러한 권위의 유형을 개인의 초인적 힘이나 자질에 의존하는 카리스마적 권위, 옛날부터 내려오는 전통이나 관습에서 근거를 찾는 전통적 권위, 법규에 의해 부여된 합법적 권위로 구분하였으며 관료제는 이 중 합법적 권위에 의해 운영되는 조직으로 보았다.
④ (O) 전문화로 인한 무능이란 지나친 전문화로 인하여 안목과 시야가 좁아지는 관료제의 병리를 말한다.

정답 | ①

434

베버(Weber)의 관료제 모형을 설명한 것으로 옳지 않은 것은?

① 조직이 바탕으로 삼는 권한의 유형을 전통적 권한, 카리스마적 권한, 법적·합리적 권한으로 나누었다.
② 직위의 권한과 관할범위는 법규에 의하여 규정된다.
③ 인간적 또는 비공식적 요인의 중요성을 간과하였다.
④ 관료제의 긍정적인 측면으로 목표대치 현상을 강조하였다.

434	1 2 3
기출처	2014 지방직 9급
난이도	★★
키워드	목표대치

해설

① (O) 카리스마적 권한은 개인의 초인적 힘이나 자질, 즉 카리스마에 의해 정당화된 권한이고, 전통적 권한은 옛날부터 내려오는 전통이나 관습의 신성성에서 근거를 찾는 권한이다. 합법적 권한은 법규에 의해 부여된 권한으로, 합리성과 합법성으로 표현되는 근대화의 상징이다.
② (O) 베버(M. Weber)의 관료제 모형에서의 권한은 법적·합리적 권한이므로 그 관할범위는 법규에 의해 규정된다.
③ (O) 베버(M. Weber)의 관료제 모형은 기능적 합리성을 바탕으로 구성된 고전적 조직모형이므로 인간적 또는 비공식적 요인은 간과되었다. 이러한 인간적이고 비공식적 요인은 신고전적 조직모형에서 강조되었다.
④ (×) 목표대치 현상은 관료제의 병리 현상 중 하나이다. 베버(M. Weber)를 포함한 고전적 조직이론에서는 관료제의 역기능을 인식하지 못하였고, 1930년대 이후 머튼(R. Merton)이나 셀즈닉(P. Selznick)과 같은 미국의 사회학자들에 의하여 관료제의 역기능이 강조되기 시작하였다.

고득점 플러스+ 관료제의 병리

- 골드너(A. Gouldner): 목표에 대한 낮은 내면화 → 무사안일
- 블라우(P. Blau): 부서 간 비협조, 집행과정의 융통성 부족
- 머튼(R. Merton): 동조과잉(→ 규칙의 내면화) → 지나친 통제에 따른 경직성 초래
- 셀즈닉(P. Selznick): 할거주의 → 권한의 위임과 전문화에 따른 하위체제의 분열
- 베블런(T. Veblen): 훈련된 무능 → 한 가지 지식이나 기술에 관한 훈련 + 다른 대안에 대한 생각의 부재

정답 | ④

관련기출 옳은지문
- 관료제에서의 직무수행은 문서에 의거하여 이루어지며, 그 결과는 문서로 기록·보존된다. 18. 경찰간부
- 머튼(R. K. Merton)은 관료제의 역기능이 최고관리층의 통제 욕구에서 비롯된다고 보았다. 22. 경찰승진

435

관료제 병리현상에 대한 설명으로 옳지 않은 것은?

① 규칙이나 절차에 지나치게 집착하게 되면 목표와 수단의 대치 현상이 발생한다.
② 모든 업무를 문서로 처리하는 문서주의는 번문욕례(繁文縟禮)를 초래한다.
③ 자신의 소속기관만을 중요시함에 따라 타 기관과의 업무 협조나 조정이 어렵게 되는 문제가 나타난다.
④ 법규와 절차 준수의 강조는 관료제 내 구성원들의 비정의성(非情誼性)을 저해한다.

435	1 2 3
기출처	2017 국가직 9급
난이도	★★
키워드	관료제 병리현상

해설

① (O) 규칙이나 절차에 대한 지나친 집착으로 인한 목표와 수단의 대치 현상인 동조과잉이 발생한다.
② (O) 번문욕례란 번거로운 절차를 가리키는 말로, 행정사무를 지연시키고 행정비용을 증대시키며 부패의 원인을 제공하는 등의 역기능을 의미한다.
③ (O) 자신의 소속기관만을 중요시함에 따라 타 기관과의 업무 협조나 조정이 어렵게 되는 현상인 할거주의가 나타난다.
④ (×) 비정의성(impersonality)이란 조직의 구성원이나 고객의 개인적 특성에 관계없이 공평하게 취급되는 것을 말한다. 법규와 절차 준수의 강조는 비정의성과 관련된다.

정답 | ④

관련기출 옳은지문
- 막스 베버(M. Weber)가 제시한 관료제 조직은 기술적 능력에 의거한 조직 내 역할 분담과 분업체제를 특징으로 한다. 12. 서울시 9급

436

기출처	2014 국가직 9급
난이도	★★
키워드	과잉동조

436

관료제의 여러 병리현상 중 '과잉동조'에 대한 설명으로 옳은 것은?

① 목표달성을 위해 마련된 규정이나 절차에 집착함으로써 결국 수단이 목표를 압도해버리는 현상
② 세분화된 특정 업무에서는 전문적인 능력이 있지만 그 밖의 업무에 대해서는 문외한이 되는 현상
③ 다양한 외부 환경의 변화에 둔감하고 조직목표의 혁신에 적극적으로 저항하는 현상
④ 자신이 소속된 기관이나 부서만을 생각하고 다른 기관이나 부서를 배려하지 않는 현상

해설

① (○) 과잉동조란 과도한 형식주의로 인해 절차나 규칙 자체가 목표가 되는 현상을 말한다. 결국 규칙이나 절차라는 수단이 공익이라는 목표를 압도해버리는 현상이다.
② (×) 세분화된 특정 업무에서는 전문적인 능력이 있지만 그 밖의 업무에 대해서는 문외한이 되는 현상은 훈련된 무능이다.
③ (×) 다양한 외부 환경의 변화에 둔감하고 조직목표의 혁신에 적극적으로 저항하는 현상을 변화에 대한 저항이라 한다.
④ (×) 자신이 소속된 기관이나 부서만을 생각하고 다른 기관이나 부서를 배려하지 않는 현상은 할거주의이다.

정답 | ①

437

기출처	2022 국가직 7급
난이도	★★
키워드	동조과잉

437 〈필수〉

관료제에 대한 설명으로 옳지 않은 것은?

① 계층제의 원리에 의해 체계가 확립된다.
② 업무에 대한 훈련을 받고 지식을 갖춘 전문적인 관료가 업무를 담당할 것을 요구한다.
③ 훈련된 무능은 관료가 제한된 분야에서 전문성은 있으나 새로운 상황에서 적응력과 업무능력이 떨어지는 현상이다.
④ 동조과잉은 적극적으로 새로운 과업을 찾아서 실행하기보다 현재의 주어진 업무만을 소극적으로 수행하는 것이다.

해설

① (○) 관료제는 능력에 따라 계층을 형성하여 운영되는 조직구조이다.
② (○) 관료제의 구성원들은 업무의 전문성에 의해 선발된다.
③ (○) 훈련된 무능이란 한 가지 업무에 익숙한 관료들이 다른 업무에 대한 적응력이 떨어지는 현상을 말한다.
④ (×) 적극적으로 새로운 과업을 찾아서 실행하기보다 현재의 주어진 업무만을 소극적으로 수행하는 것은 무사안일이다.

정답 | ④

관련기출 옳은지문

- 관료는 부업으로서 행할 수 있는 성질의 직업이 아니라 전임적인 성격의 직업이다. 17. 소방간부

- 관료제는 목표대치, 할거주의, 훈련된 무능 등의 역기능이 나타날 수 있다. 18. 경찰승진

- 관료제에서 관료들은 상관의 권위에 무조건적으로 의존하는 경향이 있다. 15. 국회직 8급

438
관료제 비판 중 다음 설명에 해당하는 것은?

> 각 계층에서 유능한 자가 승진하고 나면 결국 무능한 자만 남게 되어 관료제의 대다수 계층이 무능력자로 채워진다.

① 번문욕례(red tape)
② 파킨슨 법칙(Parkinson's law)
③ 피터의 원리(Peter's principle)
④ 훈련된 무능(trained incapacity)

해설

① (×) 번문욕례(red tape)는 불필요하고 복잡한 형식, 규칙, 절차를 의미한다.
② (×) 파킨슨 법칙(Parkinson's law)은 관료제의 비효율적 팽창 경향을 지적한다.
③ (○) 관료제 비판 중 다음 설명에 해당하는 것은 피터의 원리(Peter's principle)이다. 피터의 원리는 조직 내에서 사람들은 자신의 능력으로 감당할 수 있는 최고 직위까지 승진하지만, 결국에는 자신이 감당할 수 없는(무능한) 직위에 도달하여 더 이상 승진하지 못하고 그 자리에 머무르게 된다는 원리이다.
④ (×) 훈련된 무능(trained incapacity)은 관료들이 규칙과 절차에 너무 익숙해진 나머지 새로운 상황이나 변화에 적응하지 못하고 경직된 행동을 보이는 현상을 말한다.

정답 | ③

438 | 1 2 3
기출처 | 2025 국가직 9급
난이도 | ★
키워드 | 피터의 원리

관련기출 옳은지문
- 피터의 원리(Peter Principle)는 폐쇄적으로 관리되는 계층제 조직의 구성원이 각자의 능력을 넘는 수준까지 승진하게 되어, 무능한 사람들로 보직이 채워지는 현상을 설명한다. 24. 경찰승진

- 굴드너(Gouldner)는 관료들이 정해진 규칙 내에서 최소한의 행태만 추구하며 안주하는 무사안일주의를 초래한다고 본다. 24. 경찰승진

439 필수
관료제 병리현상과 그 특징을 짝지은 것으로 옳지 <u>않은</u> 것은?

① 할거주의 - 조정과 협조 곤란
② 형식주의 - 번거로운 문서처리
③ 피터(Peter)의 원리 - 관료들의 세력 팽창 욕구로 인한 기구와 인력의 증대
④ 전문화로 인한 무능 - 한정된 분야의 전문성 강조로 타 분야에 대한 이해력 부족

해설

① (○) 할거주의는 부서 간 협조와 조정을 곤란하게 만드는 원인이 된다.
② (○) 문서 중심의 행정은 형식주의 혹은 번문욕례의 원인이 될 수 있다.
③ (×) 관료들의 세력 팽창 욕구로 인한 기구와 인력의 증대는 관료적 제국주의와 연관된다.
④ (○) 특정 분야에 대한 전문성의 강화는 다른 분야에 대한 이해력을 떨어뜨리는 원인이 될 수 있다.

정답 | ③

439 | 1 2 3
기출처 | 2022 지방직 9급
난이도 | ★
키워드 | 피터의 원리

관련기출 옳은지문
- 할거주의(sectionalism)는 조직 구성원들이 자신이 소속된 기관과 부서만을 생각하고 다른 부서에 대해 배려하지 않는 편협한 태도를 취하는 것을 말한다. 20. 경찰승진

440

440	① ② ③
기출처	2016 지방직 7급
난이도	★
키워드	피터의 원리

관료제 병리현상에 대한 설명으로 옳은 것은?

① 동조과잉과 형식주의로 인해 '전문화로 인한 무능' 현상이 발생한다.
② '피터의 원리(Peter Principle)'가 지적하듯이 무능력자가 승진하게 되는 경우가 생긴다.
③ 상관의 권위에 의존하면서 소극적으로 일을 처리하려는 할거주의가 나타난다.
④ 목표가 아닌 수단으로서의 규칙과 절차에 지나치게 집착하는 번문욕례(red tape) 현상이 나타난다.

해설

① (×) 전문화로 인한 무능 또는 훈련된 무능이란 한 가지 지식이나 기술에 관해 훈련받고 기존 규칙을 준수하도록 길들여진 사람은 다른 대안을 생각하지 못한다는 것으로, 이는 분업으로 인한 문제점이다.
② (○) 피터의 법칙이란 조직 내에서 모든 구성원은 무능이 드러날 때까지 승진하려 하려는 경향이 있음을 나타내는 말이다. 상위직무에는 능력이 없는 자가 상위직급으로 승진함에 따라 나타나는 부작용을 지적하는 개념이다.
③ (×) 상관의 권위에 의존하면서 소극적으로 일을 처리하려는 현상은 무사안일이다. 할거주의란 권한의 위임과 전문화에 따른 하위체제의 분열현상을 말한다.
④ (×) 목표가 아닌 수단으로서의 규칙과 절차에 지나치게 집착하는 현상은 동조과잉이다. 번문욕례(red tape)란 지나친 형식주의를 의미하는 것으로 이는 절차를 복잡하게 하고 많은 구비서류를 요구하므로 사무처리가 지연되어 원인이 될 수 있다.

정답 | ②

441

441	① ② ③
기출처	2020 지방직 9급
난이도	★★★
키워드	매트릭스조직

기능(functional)구조와 사업(project)구조의 통합을 시도하는 조직 형태는?

① 팀제 조직
② 위원회 조직
③ 매트릭스조직
④ 네트워크조직

🔍 관련기출 옳은지문

• 매트릭스 조직은 기능구조와 사업구조를 화학적으로 결합한 이중구조적 조직이다. 17. 경찰간부

해설

① (×) 팀제 조직은 특정 과업이나 프로젝트 수행을 위해 다양한 기능 부서의 인력들이 모여 임시적으로 구성되는 조직 형태이다.
② (×) 위원회 조직은 특정 사안에 대한 심의, 자문, 의사결정 등을 위해 여러 부서나 외부 인사가 모여 구성되는 조직이다.
③ (○) 기능(functional)구조와 사업(project)구조의 통합을 시도하는 조직은 매트릭스조직이다.
④ (×) 네트워크조직은 핵심 기능만 내부화하고 나머지 기능은 외부 조직들과의 계약을 통해 수행하는 분산적이고 유연한 조직 형태이다.

고득점 플러스+ 매트릭스조직 → 행렬조직 · 복합조직

• 기능구조(→ Unitary 구조)와 사업구조(→ Multi 구조)의 화학적(↔ 물리적) 결합
• 예: NASA, 특수대학원, 종합병원, 대사관 조직 등
• 특징: 일상기능은 종적, 문제과업은 횡적, 기능의 통제는 수직적, 사업의 조정은 수평적 → 명령통일 원리의 위반
• 장점: 전문성과 신축성의 동시적 확보, 조직 내의 인력의 공동활용, 다양한 경험(→ 넓은 시야) + 전문기술
• 단점: 이중의 권한과 이중보고(→ 결정의 지연과 시간의 지체), 기능부서와 사업부서의 갈등해결을 위한 시간과 노력의 낭비

정답 | ③

442

매트릭스구조에 대한 설명으로 옳은 것은?

① 산출물에 기초한 사업부서화 방식의 조직구조이다.
② 기능구조와 사업구조의 화학적 결합을 시도하는 조직구조이다.
③ 조직 구성원을 핵심 업무를 중심으로 배열하는 조직구조이다.
④ 핵심기능 이외의 기능은 외부기관들과 계약관계를 통해 수행하는 조직구조이다.

해설

① (×) 산출물에 기초한 사업부서화 방식은 사업구조이다.
② (○) 매트릭스구조는 기능구조와 사업구조의 결합이다. 화학적 결합이란 물리적 결합과 대비되는 개념으로 다양성을 은유적으로 표현한 것이다. 즉, 다양한 결합에 의한 다양한 매트릭스구조가 가능하고 그 성과 역시 다양할 수 있다.
③ (×) 조직 구성원을 핵심 업무과정을 중심으로 팀을 구성하는 것은 수평구조이다.
④ (×) 핵심기능 이외의 기능은 외부기관들과 계약관계를 통해 수행하는 것은 네트워크구조이다.

정답 | ②

442 | 기출처 2011 국가직 9급 | 난이도 ★★ | 키워드 매트릭스구조

관련기출 옳은지문
· 매트릭스(matrix) 구조는 개인들이 다양한 경험을 통해 전문기술의 개발과 넓은 안목을 갖출 수 있다.
22. 군무원 7급

443

매트릭스(Matrix)조직의 특징에 대한 설명으로 옳지 않은 것은?

① 조직 활동을 기능 부문으로 전문화하는 동시에 전문화된 부문들을 프로젝트로 통합하기 위한 장치이다.
② 정보화 시대에서 팀제가 '규모의 경제'를 구현한 방식이라면 매트릭스조직은 '스피드의 경제'를 보장한 방식이다.
③ 기존 조직구조 내의 인력을 활용할 수 있기 때문에 인력사용에서 경제성을 확보할 수 있다.
④ 기능부서와 사업부서 간에 할거주의가 존재할 경우 원만하게 조정하기가 어려운 경우가 많다.

해설

① (○) 매트릭스(Matrix)조직은 일상기능은 종적으로, 문제과업은 횡적으로 명령을 받는 이중 명령체계이다.
② (×) 팀 구조는 속도의 경제를 추구한다. 규모의 경제는 관료제와 관련된다. 반면, 매트릭스조직은 이중 명령체계이므로 결정이 지체될 가능성이 높으므로 스피드의 경제를 확보하기 곤란할 경우가 많다.
③ (○) 매트릭스(Matrix)조직은 구성원을 공유하므로 자원의 효율성을 높일 수 있고, 잦은 대면과 회의를 통해서 문제해결능력과 창의성을 제고시킬 수 있다.
④ (○) 매트릭스(Matrix)조직은 기능 부서와 사업 부서가 동시에 존재하며 구성원이 두 명의 상사에게 보고하는 이중 권한 구조를 가진다. 이로 인해 기능 부서의 목표와 사업 부서의 목표가 상충될 경우, 각 부서의 이해관계(할거주의) 때문에 갈등이 발생하기 쉽고, 이를 원만하게 조정하기 어려울 수 있다.

정답 | ②

443 | 기출처 2018 지방직 7급 | 난이도 ★ | 키워드 매트릭스조직

관련기출 옳은지문
· 매트릭스조직은 명령통일의 원리가 배제되고 이중의 명령 및 보고체제가 허용되어야 한다.
17. 국회직 8급

444

444	① ② ③
기출처	2014 지방직 9급
난이도	★★
키워드	매트릭스조직구조

🔍 **관련기출 옳은지문**

- 매트릭스조직은 조직의 성과를 저해하는 권력투쟁을 유발하기 쉽다.
  17. 국회직 8급

- 매트릭스 조직은 기능부서장과 사업부서장이 자원배분권을 공유한다.
  18. 소방간부

매트릭스(matrix)조직구조의 특징으로 옳지 않은 것은?

① 잦은 대면과 회의를 통해 과업조정이 이루어지기 때문에 신속한 결정이 가능하다.
② 구성원들은 다양한 경험을 통해 전문기술을 개발하면서, 넓은 시야와 목표관을 가질 수 있다.
③ 급변하는 환경 변화에 탄력적으로 대응할 수 있다.
④ 경직화되어 가는 대규모 관료제 조직에 융통성을 부여해줄 수 있다.

해설

① (×) 신속한 결정을 위해서라면 한 사람의 상관이 있는 것이 바람직하다. 매트릭스구조의 이중의 권한과 지위체계는 개인에게 혼란과 갈등을 가져올 수 있으며, 이중보고로 인한 갈등과 혼선으로 인해 결정이 지연될 수 있다.
② (○) 매트릭스구조는 구성원들이 기능구조의 업무와 사업구조의 문제과업을 동시에 수행하므로 다양한 경험을 쌓을 수 있고 좀 더 넓은 시야와 목표관을 가질 수 있다.
③ (○) 매트릭스구조 역시 유기적 구조이므로 신축성과 적응성이 요구되는 불안정하고 급변하는 환경에 효과적이다.
④ (○) 매트릭스구조는 경직화되어 가는 대규모 관료제 조직 즉, 기계구조에 융통성을 부여해 줄 수 있다.

정답 | ①

445 (필수)

445	① ② ③
기출처	2024 국가직 9급
난이도	★★
키워드	명령계통의 다원화

🔍 **관련기출 옳은지문**

- 매트릭스조직은 이중구조를 통한 인적자원의 경제적 활용을 도모한다.
  18. 소방간부

다음 내용에 해당하는 조직유형에 대한 설명으로 옳지 않은 것은?

> A회사는 장기적인 제품개발 프로젝트 수행을 위해 각 부서에서 총 10명을 차출하여 팀을 운영하려고 한다. 이 팀에 소속된 팀원들은 원부서에서 주어진 고유기능을 수행하면서 제품개발을 위한 별도 직무가 부여된다. 따라서 프로젝트 수행 기간 중 팀원들은 프로젝트팀장과 원 소속 부서장의 지휘를 동시에 받게 된다.

① 기능구조와 사업구조를 결합한 혼합형 구조이다.
② 동태적 환경 및 부서 간 상호 의존성이 높은 상황에서 효과적이다.
③ 조직 내부의 갈등 가능성이 커질 우려가 있다.
④ 명령계통의 다원화로 유연한 인적 자원 활용이 어렵다.

해설

① (○) 다음 내용에 해당하는 조직유형은 기능구조와 사업구조가 결합된 매트릭스구조이다.
② (○) 매트릭스구조 역시 유기적 요소가 존재하므로 동태적 환경 및 부서 간 상호 의존성이 높은 상황에서 효과적이다.
③ (○) 매트릭스구조는 명령계통이 이원화되어 있어 사업부서와 기능부서 간 갈등이 발생할 수 있다.
④ (×) 매트릭스구조는 구성원을 공유하므로 유연한 인적 자원의 활용이 가능하다.

정답 | ④

446 (필수)

팀제 조직에 대한 설명으로 옳은 것만을 모두 고르면?

> ㄱ. 결정과 기획의 핵심 기능만 남기고 사업집행 기능은 전문업체에 위탁한다.
> ㄴ. 역동적 환경변화에 유연하게 적응하고 신속한 문제해결이 가능하다.
> ㄷ. 기술구조 부문이 중심이 되고 작업 과정의 표준화가 주요 조정수단이다.
> ㄹ. 관료제의 병리를 타파하고 업무수행에 새로운 의식과 행태의 변화 필요성으로 등장하였다.

① ㄱ, ㄴ ② ㄱ, ㄷ ③ ㄴ, ㄹ ④ ㄷ, ㄹ

446 | 1 2 3
기출처 | 2024 지방직 9급
난이도 | ★★
키워드 | 팀제 조직

해설

ㄱ. (×) 결정과 기획의 핵심 기능만 남기고 사업집행 기능은 전문 업체에 위탁하는 것은 네트워크조직이다.
ㄴ. (○) 팀제 역시 탈관료제 성격을 지니므로 역동적 환경변화에 유연하게 적응하고 신속한 문제해결이 가능하다.
ㄷ. (×) 기술구조 부문이 중심이 되고 작업 과정의 표준화가 주요 조정수단인 것은 민츠버그(H. Mintzberg)가 제시한 기계적 관료제이다.
ㄹ. (○) 팀제 역시 탈관료제의 등장배경과 유사하다.

정답 | ③

447

결정과 기획 같은 핵심기능만 수행하는 조직을 중심에 놓고 다수의 독립된 조직들을 협력 관계로 묶어 일을 수행하는 조직형태는?

① 태스크포스
② 프로젝트 팀
③ 네트워크조직
④ 매트릭스조직

447 | 1 2 3
기출처 | 2021 국가직 9급
난이도 | ★★★
키워드 | 네트워크조직

해설

① (×) 태스크포스는 특정 문제 해결이나 목표 달성을 위해 임시적으로 구성되는 다기능적인 팀이다. 핵심 기능만 수행하는 중심 조직과 다수의 독립 조직을 묶는 형태라기보다는 내부 조직의 유연한 활용 방식에 가깝다.
② (×) 프로젝트 팀은 특정 프로젝트 수행을 위해 한시적으로 구성되는 팀이다. 태스크포스와 유사하게 조직 내 특정 과업 해결에 초점을 맞춘다.
③ (○) 핵심기능만 수행하는 조직을 중심에 놓고 다수의 독립된 조직들을 협력 관계로 묶어 일을 수행하는 조직 형태는 네트워크조직이다.
④ (×) 매트릭스조직은 기능별 조직과 사업별 조직의 장점을 결합하기 위해 기능 부서와 사업 부서가 이중적인 지휘 계통을 가지는 형태이다.

고득점 플러스+ 네트워크조직

- 의의: 자체 기능은 핵심 역량 위주로 합리화하고 나머지 기능은 아웃소싱하는 조직구조
- 특징
  - 독자성을 지닌 단위부서나 조직들 사이의 협력적 연계장치(→ 가상조직과 임시체제의 속성), 비대칭적 설계
  - 공동의 목적과 독립적 구성원, 자발적이고 다방면적인 연결, 타인과의 자유로운 연결, 역량 있는 다수의 지도자가 존재
  - 다원적이고 분산적인 상호작용과 높은 과정적 자율성을 지니고 있어 연계자의 역할이 강조됨
  - 문제해결능력을 중시하는 실무자 중심의 언더그라운드 조직, 시행착오를 통해 문제해결능력의 향상하는 학습조직

관련기출 옳은지문
- 네트워크 구조의 기본원리는 네트워크 참여자의 독립성이다.
  24. 군무원 9급
- 네트워크 구조의 기본원리는 구성원 간의 자발적 연결이다.
  24. 군무원 9급

정답 | ③

448

448	① ② ③
기출처	2015 국가직 9급
난이도	★★
키워드	네트워크조직

네트워크조직에 대한 설명으로 옳은 것만을 모두 고른 것은?

> ㄱ. 구조의 유연성이 강조된다.
> ㄴ. 조직 간 연계장치는 수직적인 협력관계에 바탕을 둔다.
> ㄷ. 개방적 의사전달과 참여보다는 타율적 관리가 강조된다.
> ㄹ. 조직의 경계는 유동적이며 모호하다.

① ㄱ, ㄴ
② ㄱ, ㄹ
③ ㄴ, ㄷ
④ ㄷ, ㄹ

관련기출 옳은지문
- 네트워크 조직(Network Organization)의 특성은 가상조직과 임시체제의 속성을 내포한다는 것이다. 11. 서울시 7급
- 네트워크 조직(Network Organization)의 특성은 유연성과 신속성을 강조한다는 것이다. 11. 서울시 7급

해설

ㄱ. (○) 네트워크조직은 문제해결을 위한 통합체제로 구조의 유연성이 높다.
ㄴ. (×) 네트워크구조에서 조직 간 연계장치는 수평적인 협력관계에 바탕을 둔다.
ㄷ. (×) 네트워크조직은 타율적 관리보다는 개방적 의사전달과 참여관리가 강조된다.
ㄹ. (○) 네트워크조직은 수직적·수평적·공간적 경계가 무너진 유동적 조직이다.

정답 | ②

449

449	① ② ③
기출처	2017 국가직 9급(하)
난이도	★★
키워드	매트릭스조직

조직유형에 대한 설명으로 옳지 않은 것은?

① 태스크포스(task force)는 특수한 과업 완수를 목표로 기존의 서로 다른 부서에서 사람들을 선발하여 구성한 팀으로서, 본래 목적을 달성하면 해체되는 임시조직이다.
② 프로젝트팀(project team)은 전략적으로 중요하거나 창의성이 요구되는 프로젝트를 진행하기 위하여 여러 부서에서 적합한 사람들을 선발하여 구성한 조직이다.
③ 매트릭스조직(matrix organization)은 기능 중심의 수직조직과 프로젝트 중심의 수평조직을 결합한 구조로서, 명령통일의 원리에 따라 책임과 권한의 한계가 명확하다.
④ 네트워크조직(network organization)은 핵심 기능을 수행하는 소규모의 조직을 중심에 두고 다수의 협력업체를 네트워크로 묶어 과업을 수행한다.

관련기출 옳은지문
- 네트워크 조직(Network Organization)의 특성은 자율적이고 다원적, 분산적이라는 것이다. 11. 서울시 7급

해설

① (○) 태스크포스는 특정 문제에 관련된 부서들의 대표로 구성된 임시위원회를 만드는 방식으로, 일시적 문제에 대해 부서 간 직접적인 조정수단이다.
② (○) 프로젝트 팀은 영구적인 사업단으로 가장 강력한 수평연결 장치이다. 관련 부서들이 장기간 강력한 협동을 요할 때 적합하며, 대규모 사업, 중요한 혁신, 새로운 생산라인 등이 필요할 때 채택된다.
③ (×) 매트릭스조직은 두 명의 상관을 모시는 이중구조이므로 명령통일의 원칙에 위배된다.
④ (○) 네트워크조직은 문제해결을 위해 수직적·수평적·공간적 조직경계를 넘어서는 통합체제로, 자체 기능은 핵심 역량 위주로 합리화하고 나머지 기능은 계약의 형태로 아웃소싱하는 형태를 취한다.

정답 | ③

450
조직유형에 대한 설명으로 옳지 않은 것은?

① 매트릭스조직은 기능 중심의 수직적 계층구조에 수평적 조직구조를 결합한 조직으로 명령통일의 원리에 부합한다.
② 태스크포스는 특수한 과업 완수를 목표로 기존의 다른 부서나 외부업체 등에서 사람들을 선발하여 구성한 조직이며, 본래 목적을 달성하면 해체되는 임시조직이다.
③ 프로젝트 팀은 전략적으로 중요하거나 창의성이 요구되는 프로젝트를 진행하기 위해 여러 부서에서 프로젝트 목적에 적합한 사람들을 선발해 구성한 조직이다.
④ 네트워크조직은 각기 높은 독자성을 지닌 조직 단위나 조직들 간에 협력적 연계를 통해 구성된 조직이며, 환경변화에 신속하게 적응할 수 있다.

해설

① (×) 매트릭스조직은 이중의 명령계통을 지니므로 명령통일의 원리에는 부합하지 않는다.
② (○) 태스크포스(Task Force)는 특정하고 한시적인 과업을 해결하기 위해 여러 부서에서 전문가들을 차출하여 구성하는 임시 조직이다. 과업이 완료되면 해체된다.
③ (○) 프로젝트 팀(Project Team)은 특정 프로젝트의 성공적인 수행을 위해 다양한 기능 부서에서 필요한 인력을 선발하여 구성하는 조직이다. 전략적으로 중요하거나 고도의 창의성, 전문성이 요구되는 프로젝트에 적합하다.
④ (○) 네트워크 조직은 핵심 기능만 내부화하고 나머지 기능은 외부의 독립적인 전문 조직들과 계약을 통해 연계하여 수행하는 형태이다. 각 조직 단위가 높은 독자성을 가지면서도 협력적 관계를 통해 환경 변화에 유연하고 신속하게 대응할 수 있는 장점이 있다.

정답 | ①

450 기출처: 2020 지방직 7급
난이도: ★★
키워드: 매트릭스조직

관련기출 옳은지문
- 네트워크 조직은 상호 독립적인 조직들이 상대방의 자원을 활용하기 위해 수직적·수평적 신뢰관계로 연결된다. 19. 소방간부
- 네트워크조직은 정보통신기술을 활용해 시간·공간 제약이 완화된다. 23. 경찰간부

451
조직구조의 모형에 대한 설명으로 바르게 연결된 것은?

ㄱ. 수평적 조정의 필요성이 낮을 때 효과적인 조직구조로서 규모의 경제를 제고할 수 있다.
ㄴ. 자기완결적 기능을 단위로 기능 간 조정이 용이하여 환경 변화에 대한 대응이 신축적이다.
ㄷ. 조직 구성원을 핵심 업무과정 중심으로 조직화하는 방식이다.
ㄹ. 조직 자체 기능은 핵심역량 위주로 하고 여타 기능은 외부계약관계를 통해서 수행한다.

① ㄱ - 사업구조
② ㄴ - 매트릭스구조
③ ㄷ - 수직구조
④ ㄹ - 네트워크구조

해설

① (×) 수평적 조정의 필요성이 낮을 때 효과적인 조직구조로서 규모의 경제를 제고할 수 있는 것은 기능구조이다.
② (×) 자기완결적 기능을 단위로 기능 간 조정이 용이하여 환경 변화에 대한 대응이 신축적인 것은 사업구조이다.
③ (×) 조직 구성원을 핵심 업무과정 중심으로 조직화하는 방식은 수평구조이다.
④ (○) 자체 기능은 핵심역량 위주로 하고 여타 기능은 외부와의 계약관계를 통해 수행하는 조직을 네트워크구조라 한다.

정답 | ④

451 기출처: 2012 국가직 9급
난이도: ★★★
키워드: 조직구조의 모형

관련기출 옳은지문
- 네트워크 조직은 조직 간에 형성될 수 있고, 조직 내의 집단 간에도 형성될 수 있다. 19. 소방간부

CHAPTER 05 개인 수준의 조직행동

452	① ② ③
기출처	2019 국가직 9급
난이도	★★
키워드	합리적·경제적 인간관

🔍 관련기출 옳은지문

- 자아실현적 인간에 대한 관리 전략은 구성원이 자신들의 직무에서 의미를 발견하고, 긍지와 자존심을 가지며, 도전적으로 직무에 임할 수 있도록 한다는 것이다. 24. 군무원 9급

- 자아실현적 인간에 대한 관리 전략은 통합모형에 근거해 개인과 조직의 목표를 융합하고 통합할 수 있도록 의사결정 과정에서 구성원들의 참여를 확대한다는 것이다. 24. 군무원 9급

452
다음 설명에 해당하는 조직의 인간관은?

> - 인간을 자신의 이익을 극대화하기 위해 행동하는 존재로 본다.
> - 인간은 조직에 의해 통제·동기화되는 수동적 존재이며, 조직은 인간의 감정과 같은 주관적 요소를 통제할 수 있도록 설계돼야 한다.

① 합리적·경제적 인간관
② 사회적 인간관
③ 자아실현적 인간관
④ 복잡한 인간관

해설

① (O) 다음 설명에 해당하는 조직의 인간관은 합리적·경제적 인간관이다.
② (×) 사회적 인간관은 인간을 사회적 욕구 즉, 애정·우정·귀속감·(외적)존경 등을 추구하는 존재로 보며, 이에 따라 인간과 기계의 상호 영향력을 고려하는 인간공학을 강조하는 모형이다.
③ (×) 자아실현적 인간관은 자신의 잠재력을 구현하려는 욕구를 가장 근본적인 것으로 파악하는 인간관이다.
④ (×) 복잡한 인간관은 환경과 시간의 흐름, 사회적 또는 경제적 배경, 나이와 지위 등에 따라 인간의 욕구는 변화될 수 있음을 강조하는 모형이다.

고득점 플러스+ 합리적 경제인관
- 과학적 관리법 등 고전적 조직이론에서 강조하는 인간관
- 욕구의 획일성(→ 경제적·물질적 욕구), 직무수행의 피동성, 외재적 동기유발
- 구조 중심의 관리전략(→ 직무조직의 합리적 설계), 교환모형(→ 경제적 보상이나 물리적 제재를 통한 통제)

정답 | ①

453 〈필수〉

동기유발의 과정을 설명하는 '과정이론'에 해당하는 것만을 모두 고르면?

> ㄱ. 브룸(Vroom)의 기대이론
> ㄴ. 애덤스(Adams)의 공정성이론
> ㄷ. 로크(Loke)의 목표설정이론
> ㄹ. 앨더퍼(Alderfer)의 ERG 이론
> ㅁ. 맥그리거(McGregor)의 X이론·Y이론

① ㄱ, ㄴ, ㄷ
② ㄱ, ㄴ, ㄹ
③ ㄴ, ㄷ, ㅁ
④ ㄷ, ㄹ, ㅁ

453 기출처: 2022 국가직 9급 / 난이도: ★★ / 키워드: 과정이론

🔍 **관련기출 옳은지문**
- 동기부여 내용이론은 주로 어떤 요인이 동기 유발을 하는가에 관심이 있다. 21. 군무원 7급
- 애덤스(Adams)의 형평성이론, 브룸(Vroom)의 기대이론, 로크(Loke)의 목표설정이론은 동기부여 과정이론에 속한다. 14. 지방직 9급

해설

ㄱ. (O) 브룸(V. Vroom)의 기대이론은 기대, 수단성, 유인가 등을 강조하는 동기부여의 과정이론이다.
ㄴ. (O) 아담스(J. Adams)의 공정성이론은 준거인물과의 공평성을 추구하는 동기부여의 과정이론이다.
ㄷ. (O) 로크(E. Loke)의 목표설정이론은 목표의 난이도와 구체성을 강조하는 동기부여의 과정이론이다.
ㄹ. (×) 앨더퍼(C. Alderfer)의 ERG 이론은 인간의 욕구를 생존, 관계, 성장으로 구분하는 동기부여의 내용이론이다.
ㅁ. (×) 맥그리거(D. McGregor)의 X-이론과 Y-이론은 동기부여의 내용이론이다.

정답 | ①

454

다음 중 동기부여에 대한 과정이론만을 모두 고른 것은?

> ㄱ. 애덤스(Adams)의 형평성이론
> ㄴ. 브룸(Vroom)의 기대이론
> ㄷ. 매클리랜드(McClelland)의 성취동기이론
> ㄹ. 로크(Loke)의 목표설정이론

① ㄱ, ㄴ
② ㄱ, ㄴ, ㄹ
③ ㄴ, ㄷ, ㄹ
④ ㄷ, ㄹ

454 기출처: 2014 지방직 9급 / 난이도: ★★ / 키워드: 과정이론

해설

ㄱ. (O) 아담스(J. Adams)의 형평성이론은 준거인과 비교하여 자신의 노력(투입)수준을 결정한다는 이론으로, 동기부여에 관한 과정이론에 속한다.
ㄴ. (O) 브룸(V. Vroom)의 기대이론은 전통적인 욕구이론에 주관적 기대(가능성)라는 개념을 추가하여 동기가 유발되는 과정을 설명하는 이론이다.
ㄷ. (×) 맥클랜드(D. McClelland)의 성취동기이론은 성취욕구가 높을수록 생산성이 높으므로 성취욕구의 자극을 강조하는 이론으로, 동기부여에 관한 내용이론에 속한다.
ㄹ. (O) 로크(E. Loke)의 목표설정이론은 개인의 성과는 목표의 특성(구체성 및 난이도)에 의해서 결정되며, 그 영향의 정도는 상황요인(환류, 보상, 직무성격, 능력, 경쟁)에 따라 달라진다는 이론으로, 동기부여에 관한 과정이론에 속한다.

정답 | ②

455

455
동기이론 중 과정이론에 해당하는 것만을 모두 고르면?

기출처: 2018 국가직 7급
난이도: ★★
키워드: 과정이론

> ㄱ. 동기부여의 강도를 산정하는 기본개념으로 유인가(valence), 수단성(instrumentality), 기대감(expectancy)을 제시하였다.
> ㄴ. 직무가 조직화되는 방법에 따라 조직원의 노력 정도가 달라진다는 점에 착안하여 모든 직무를 다섯 가지 핵심 직무 차원으로 구분했다.
> ㄷ. 개인은 업적에 따라 보상을 받게 되며 이때 주어지는 보상은 공평한 것으로 지각되어야 하는데, 개인이 불공평하다고 인식하면 만족을 줄 수 없게 된다고 본다.
> ㄹ. 인간의 욕구를 존재, 관계, 성장의 3단계로 나누고 '좌절-퇴행' 접근법을 주장한다.
> ㅁ. 인간은 미성숙상태에서 성숙상태로 발전하는 과정에서 성격변화를 경험한다고 주장한다.

① ㄱ, ㄴ, ㄷ
② ㄱ, ㄹ, ㅁ
③ ㄴ, ㄷ, ㄹ
④ ㄴ, ㄷ, ㅁ

관련기출 옳은지문
- 동기부여 과정이론은 인간의 행동이 어떻게 동기 유발이 되는가에 중점을 둔다. 21. 군무원 7급
- 욕구충족요인 이원론과 성취동기이론은 동기부여 내용이론에 속한다. 13. 서울시 9급

해설

ㄱ. (○) 브룸(V. Vroom)의 기대이론에 대한 설명으로, 과정이론에 속한다.
ㄴ. (○) 해크먼(J. Hackman)과 올드햄(G. Oldham)의 직무특성이론에 대한 설명으로, 과정이론에 속한다. 다만, 이를 내용이론으로 보는 견해도 존재하므로 주의를 요한다.
ㄷ. (○) 아담스(J. Adams)의 공정성이론에 대한 설명으로, 과정이론에 속한다.
ㄹ. (×) 앨더퍼(C. Alderfer)의 ERG이론에 대한 설명으로, 이는 내용이론에 속한다.
ㅁ. (×) 아지리스(C. Argyris)의 성숙-미성숙이론에 대한 설명으로, 이는 내용이론에 해당한다.

고득점 플러스+ 동기부여 내용이론과 과정이론

- 내용이론
  - 의의: 욕구의 충족과 동기부여 간 직접적 인과관계 긍정, 동기를 유발하는 내용에 초점을 맞춘 이론
  - 연구대상: 인간의 욕구, 욕구의 배열, 욕구에서 비롯되는 충동, 유인체계 등
  - 주요학자: 매슬로우, 앨더퍼, 맥그리거, 아지리스, 리커트, 허즈버그, 맥클랜드, 머레이 등
- 과정이론
  - 의의: 욕구의 충족과 동기부여 간 직접적 인과관계 부정, 동기유발의 경로규명에 초점을 맞춘 이론
  - 주요학자 및 이론: 기대이론(→ 브룸, 포터와 롤러 등), 아담스, 로크, 해크먼과 올드햄, 학습이론 등

정답 | ①

456
매슬로(Maslow)의 욕구단계이론에 대한 설명으로 옳은 것은?

① 가장 낮은 안전의 욕구부터 시작하여 다섯 가지의 위계적 욕구단계가 존재한다.
② 안전의 욕구와 사회적 욕구는 앨더퍼(Alderfer)의 ERG 이론의 첫 번째 욕구단계인 존재욕구에 해당한다.
③ 어느 한 단계의 욕구가 완전히 충족되어야만 다음 단계의 욕구를 추구하게 되는 것은 아니다.
④ 사회적 욕구는 어떤 일을 행함으로써 느끼게 되는 자신감, 성취감 등을 의미한다.

해설

① (×) 매슬로우(A. Maslow)의 욕구단계이론에서 가장 낮은 욕구는 생리적 욕구이다.
② (×) ERG 이론의 첫 번째 욕구단계인 존재욕구에 해당하는 것은 생리적 욕구와 안전욕구이다. 사회적 욕구는 관계 욕구에 해당한다.
③ (○) 매슬로우(A. Maslow)에 의하면 하위욕구가 부분적으로 충족되면 상위욕구가 발로된다. 즉, 어느 단계의 욕구가 완전히 충족되어야만 다음 단계의 욕구를 추구하는 것은 아니다.
④ **매력적 오답** (×) 어떤 일을 행함으로써 나오는 결과에 대한 자신감, 성취감 등은 존경의 욕구에 해당한다.

정답 | ③

456 [1] [2] [3]
기출처	2017 국가직 7급
난이도	★★
키워드	매슬로우(A. Maslow)

🔍 **관련기출 옳은지문**
• 앨더퍼(C. Alderfer)의 ERG이론에서 자기로부터의 존경, 자긍심, 자아실현욕구 등과 가장 관련이 있는 것은 성장욕구이다. 　21. 군무원 7급

• 매슬로우(Maslow)는 인간의 동기가 다섯 가지 욕구의 계층에 따라 순차적으로 유발된다고 보았다. 　19. 경찰승진

457
다음 내용이 설명하는 인간관에 부합하는 조직관리 전략은?

> 대부분의 사람들은 본질적으로 일을 싫어하는 것이 아니다. 사람들에게 일이란 작업조건만 제대로 정비되면 놀이를 하거나 쉬는 것과 같이 극히 자연스러운 것이며, 인간이 물리적·사회적 환경에 도전하는 여러 방법 중의 하나이다.

① 업무지시를 정확하게 하고 엄격한 상벌 원칙을 제시해야 한다.
② 업무평가 하위 10%에 해당하는 직원에 대한 20%의 급여삭감계획은 더욱 많은 업무 노력을 이끌어 낼 수 있는 방법이다.
③ 의사결정시 부하직원을 참여시키고 자율적으로 업무를 수행할 수 있도록 해야 한다.
④ 관리자가 조직 구성원에게 적절한 업무량을 부과하여 수행하게 해야 한다.

해설

①, ②, ④ (×) 업무지시의 정확성과 엄격한 상벌의 원칙, 하위 10%에 대한 급여의 삭감과 같은 처벌, 관리자에 의한 적절한 업무량의 부과 등은 모두 X이론에 바탕을 둔 조직관리 방식이다.
③ (○) 다음 내용은 맥그리거(D. McGregor)의 Y이론이며, 이는 참여관리론의 이론적 배경이다. Y이론은 인간을 일을 위해 정신적·육체적 노력을 바치는 능동적 존재이며, 자율적으로 자신을 규제할 수 있는 성숙한 능력의 소유자로 간주한다. 이에 따라 포괄적인 직무설계, 분권화와 권한위임, 민주적 리더십, 내부규제와 통제의 완화, 참여에 의한 목표관리 등을 처방한다.

정답 | ③

457 [1] [2] [3]
기출처	2015 지방직 9급
난이도	★★
키워드	조직관리 전략

458	① ② ③
기출처	2017 국가직 9급
난이도	★★
키워드	허즈버그(F. Herzberg)

관련기출 옳은지문
- Herzberg의 욕구충족요인 이원론에서 환경에 관한 것으로 직무에 불만족을 느끼게 하거나 혹은 예방하는데 작용하는 요인을 위생요인이라고 한다. 　10. 서울시 7급

- 허즈버그(Herzberg)의 욕구총족요인이원론에 의하면 조직구성원에게 만족을 주는 요인과 불만족을 주는 요인은 상호 독립적이다. 　17. 경찰승진

458
허즈버그(Herzberg)의 욕구충족요인이원론에 대한 설명으로 옳지 않은 것은?

① 욕구의 계층화를 시도한 점에서 매슬로(Maslow)의 욕구단계 이론과 유사하다.
② 불만을 주는 요인과 만족을 주는 요인은 서로 다르다고 주장한다.
③ 무엇이 동기를 유발하는가에 초점을 두는 내용이론으로 분류된다.
④ 작업조건에 대한 불만을 해소한다고 하더라도 근무태도에 장기적인 영향을 미치지는 않는다고 본다.

해설

① (×) 허즈버그(F. Herzberg)는 만족요인과 불만요인의 상호 독립성을 강조하므로 만족요인과 불만요인의 계층화를 시도한 이론은 아니다.
② (O) 허즈버그는 사람의 이원적 욕구구조를 가정하여 불만과 만족은 별개의 차원으로 상호 독립되어 있다고 보았다. 즉, 만족하지 못한 상태가 불만인 것은 아니다.
③ (O) 동기부여 내용이론은 욕구의 충족과 동기부여 간의 직접적 인과관계를 가정하는 모형으로, 동기를 유발하는 내용을 규명하는 데 중점을 두는 이론이다.
④ (O) 작업조건은 위생요인에 속한다. 따라서 작업조건에 대한 불만이 해소되어도 장기적인 동기요인에는 영향을 주지 않는다.

고득점 플러스+ 허즈버그(F. Herzberg)의 2요인론 → 동기·위생이론

- 이원적 욕구구조: 불만과 만족은 별개의 개념으로, 상호 독립되어 있으며, 계층적으로 서열화된 것도 아님
- 불만요인(→ 위생요인)은 동기부여의 필요조건 → 불만요인의 제거는 작업손실의 방지에 기여하지만 생산성 향상과는 무관
- 동기요인과 위생요인
  - 동기요인(→ 만족요인): 내재적 요인, 직무 그 자체(→ 보람 있는 직무), 성취감과 인정, 책임감과 승진, 성장과 발전
  - 위생요인(→ 불만요인): 외재적 요인, 조직의 정책과 행정 및 감독, 보수와 지위 및 안전, 대인관계와 작업조건

정답 | ①

459	① ② ③
기출처	2013 국가직 9급
난이도	★★
키워드	위생요인

관련기출 옳은지문
- 허즈버그(Herzberg)의 욕구충족요인이원론은 위생요인이 충족되지 않은 경우 구성원에게 불만족을 초래하지만, 이것이 잘 갖추어졌다고 직무수행동기를 유발하는 것은 아니다. 　17. 경찰승진

459
동기부여이론가들과 그 주장에 바탕을 둔 관리방식을 연결한 것이다. 이들 중 동기부여 효과가 가장 낮다고 판단되는 것은?

① 매슬로우(Maslow) – 근로자의 자아실현욕구를 일깨워 준다.
② 허즈버그(Herzberg) – 근로 환경 가운데 위생요인을 제거해 준다.
③ 맥그리거(McGregor)의 Y이론 – 근로자들은 작업을 놀이처럼 즐기고 스스로 통제할 줄 아는 존재이므로 자율성을 부여한다.
④ 앨더퍼(Alderfer) – 개인의 능력개발과 창의적 성취감을 북돋운다.

해설

①, ③, ④ (O) 매슬로우(A. Maslow)의 자아실현욕구, 맥그리거(D. McGregor)의 Y이론, 앨더퍼(C. Alderfer)의 성장욕구 모두 동기부여의 효과가 가장 높은 단계의 욕구들이다.
② (×) 허즈버그(F. Herzberg)에 의하면 위생요인은 작업손실을 방지할 뿐 동기부여에 직접 관련된 요인은 아니다.

정답 | ②

460

해크먼(J. Hackman)과 올드햄(G. Oldham)의 직무특성모델에 대한 설명으로 옳지 않은 것은?

① 잠재적 동기지수(Motivation Potential Score: MPS) 공식에 의하면 제시된 직무특성들 중 직무정체성과 직무중요성이 동기부여에 가장 중요한 역할을 한다.
② 허즈버그의 욕구충족요인이원론보다 진일보한 것으로 이해할 수 있다.
③ 직무정체성이란 주어진 직무의 내용이 하나의 제품 혹은 서비스를 처음부터 끝까지 완성시킬 수 있도록 구성되어 있는지에 관한 것이다.
④ 이 모델은 기술다양성, 직무정체성, 직무중요성, 자율성, 환류 등 다섯 가지의 핵심 직무 특성을 제시한다.

460	
기출처	2011 지방직 9급
난이도	★★
키워드	직무특성모델

관련기출 옳은지문

- 핵맨과 올드햄(Hackman & Oldham)의 직무특성이론에 의하면 직무특성을 결정하는 변수로 기술다양성, 직무정체성, 직무중요성, 자율성, 환류를 들고 있다. 22. 군무원 7급

해설

① (×) 해크먼(J. Hackman)과 올드햄(G. Oldham)의 잠재적 동기지수는 (기술다양성 + 직무정체성 + 직무중요성) / 3 × 자율성 × 환류로 구성된다. 그 중 자율성과 환류가 가장 중요한 요인이다.
② **매력적 오답** (○) 허즈버그(F. Herzberg)는 동기요인이 생산성에 기여한다고 하였지만 구체적으로 어떻게 동기부여와 연결되는지를 제시하지 않고 있다. 반면, 직무특성이론은 이러한 직무의 특성이 심리상태에 영향을 주어 동기가 부여되는 과정을 세밀하게 그리고 있다는 점에서 더 진일보한 이론으로 평가받는다.
③ (○) 직무정체성은 주어진 직무가 처음부터 끝까지 완성된 형태로 식별 가능한 결과물을 만들어낼 수 있는 정도를 의미한다. 즉, 직무 수행자가 자신의 업무가 전체 과정에서 어떤 부분에 기여하는지 명확히 인식하고, 자신의 기여로 인해 완성된 제품이나 서비스를 볼 수 있는 정도를 말한다.
④ (○) 해크먼(J. Hackman)과 올드햄(G. Oldham)의 직무특성모델은 기술다양성, 직무정체성, 직무중요성, 자율성, 환류의 다섯 가지 핵심 직무 특성을 제시한다. 이 특성들이 높은 수준일 때 종업원은 의미감, 책임감, 결과에 대한 지식을 경험하며, 이는 높은 내재적 동기 부여와 직무 만족으로 이어진다고 본다.

정답 | ①

461	① ② ③
기출처	2017 지방직 9급
난이도	★★
키워드	브룸(V. Vroom)

관련기출 옳은지문

- 브룸(Vroom)의 기대이론에서 기대감은 일정한 노력을 기울이면 근무 성과를 가져올 수 있다는 가능성에 대한 주관적 확률과 관련된 믿음이다.
  20. 국회직 9급

- 브룸(Vroom)의 기대이론에서 선호의 강도는 개인이 보상을 받지 않았을 때보다 받았을 때 더 선호를 느끼는 경우 정(+)의 유의성을 갖는다.
  20. 국회직 9급

- 브룸(V. Vroom)의 기대이론에서 '수단성'은 자신의 직무성과와 보상 간의 관계에 대한 인식을 의미한다.
  21. 경찰승진

461

브룸(Vroom)의 기대이론에 따를 경우 조직 구성원의 직무수행 동기를 유발하기 위한 조건이 아닌 것은?

① 내가 노력하면 높은 등급의 실적평가를 받을 수 있다는 기대치(expectancy)가 충족되어야 한다.
② 내가 높은 등급의 실적평가를 받으면 많은 보상을 받을 수 있다는 수단치(instrumentality)가 충족되어야 한다.
③ 내가 받을 보상은 나에게 가치 있는 유인가(valence)가 충족되어야 한다.
④ 내가 투입한 노력과 그로 인하여 받은 보상의 비율이, 다른 사람과 비교하여 공평해야 한다는 균형성(balance)이 충족되어야 한다.

해설

① (O) 기대란 자신의 노력이 조직이 원하는 성과를 가져올 것이라는 주관적 믿음을 말한다.
② (O) 수단성은 자신이 이룬 성과가 자신이 원하는 보상으로 연결될 것이라는 주관적 믿음을 말한다.
③ (O) 유인가는 조직의 주는 보상이 얼마나 개인적으로 매력을 지니는 가에 대한 평가를 의미한다.
④ (×) 자신의 노력과 보상을 다른 사람(준거인물)의 그것과 비교하여 공평성을 추구하고자 하는 이론은 아담스(J. Adams)의 형평성이론이다.

고득점 플러스+ 브룸(V. Vroom)의 기대이론(1964)

- 욕구의 충족과 동기유발 간 직접적 인과성 부정 → 전통적인 욕구이론에 주관적 기대(→ 가능성)라는 개념의 추가
- 성과에 영향을 미치는 요인: 노력, 직무수행능력, 환경요인 등
- 보상의 내용이나 실체보다는 보상에 대한 개인적 매력에 초점 → 내용이론의 보완
- 동기유발과정
  - 기대(expectancy): 노력이 1차 수준의 성과를 가져온다는 주관적 확률(→ 0~1)
  - 수단성(instrumentality): 1차 결과가 보상을 가져올 것이라는 믿음의 강도(→ −1~+1)
  - 유인가(valence): 2차 수준의 결과(→ 보상)에 대한 개인적 선호의 강도(→ −n~+n)

정답 | ④

462
브룸(Vroom)의 기대이론에 대한 설명으로 옳지 않은 것은?

① 동기부여의 과정이론(process theory) 중 하나이다.
② 기대감(expectancy)은 개인의 노력(effort)이 공정한 보상(reward)으로 이어질 것이라는 주관적 믿음을 의미한다.
③ 수단성(instrumentality)은 개인의 성과(performance)와 보상(reward) 간의 관계에 대한 인식이다.
④ 유인가(valence)는 개인이 특정 보상(reward)에 대해 갖는 선호의 강도를 의미한다.

해설

① (○) 브룸(V. Vroom)의 기대이론은 동기부여의 내용보다는 어떤 과정을 거쳐 동기가 유발되는지를 설명하는 과정이론에 속한다.
② (×) 기대감이란 노력을 했을 때 성과가 나올 것이라는 주관적 믿음을 의미한다.
③ (○) 수단성은 성과를 달성했을 때 그것이 특정 보상으로 이어질 것이라는 믿음의 강도를 의미한다. 즉, "내가 좋은 성과를 내면 승진할 수 있을까?"와 같은 연결 고리에 대한 인식이다.
④ (○) 유인가는 개인이 특정 보상에 대해 부여하는 가치 또는 선호의 강도를 의미한다. 어떤 보상이 얼마나 매력적인가, 얼마나 원하는가 하는 주관적인 가치 판단이다.

정답 | ②

462	
기출처	2021 국가직 7급
난이도	★★
키워드	브룸(V. Vroom)

관련기출 옳은지문
- 유의성(Valence)은 어느 개인이 원하는 특정한 보상에 대한 선호의 강도를 말한다. 17. 경찰간부

463 필수
애덤스(Adams)의 공정성이론에 대한 설명으로 옳지 않은 것은?

① 투입과 산출의 비율을 준거인과 비교하여 공정성을 지각한다.
② 불공정성을 느낄 때 자신의 지각을 의도적으로 왜곡하기도 한다.
③ 노력과 기술은 투입에 해당하며, 보수와 인정은 산출에 해당한다.
④ 준거인과 비교하여 과소보상자는 불공정하다고 생각하고, 과대보상자는 공정하다고 생각한다.

해설

① (○) 아담스(J. Adams)의 공정성이론은 자신의 노력과 그 결과로 얻어지는 보상과의 관계를 다른 사람(준거인물)의 것과 비교하여 상대적으로 느끼는 공평한 정도가 동기에 영향을 준다고 주장하는 이론이다.
② **매력적 오답** (○) 개인이 불공정성을 느낄 때, 이러한 불균형을 해소하기 위해 다양한 행동을 취할 수 있는데, 그중 하나가 자신의 지각을 인지적으로 왜곡하는 것이다. 예를 들어, 자신의 투입이나 산출을 과대 또는 과소 평가하거나, 준거인의 투입이나 산출을 다르게 인식함으로써 불공정성을 합리화하려고 시도한다.
③ **매력적 오답** (○) 투입은 동원된 노력, 기술, 교육, 경험, 사회적 지위 등을 말하고, 산출은 받은 보상으로 보수, 승진, 직무만족, 학습기회, 작업조건, 불확실성, 시설의 사용 등을 말한다.
④ (×) 아담스(J. Adams)의 공정성이론에 의하면 과소보상자뿐만 아니라 과대보상자도 불공정하다고 인식한다.

정답 | ④

463	
기출처	2024 지방직 9급
난이도	★★
키워드	아담스(J. Adams)

관련기출 옳은지문
- 애덤스(Adams)는 자신의 노력과 그 결과로 얻어지는 보상과의 관계를 다른 사람의 것과 비교해 상대적으로 느끼는 공평한 정도가 행동동기에 영향을 준다고 본다. 22. 군무원 7급

464	① ② ③
기출처	2016 지방직 9급
난이도	★★
키워드	앨더퍼(C. Alderfer)

🔍 **관련기출 옳은지문**

- 매슬로우(A. H. Maslow)는 인간의 욕구가 순차적으로 발로되며, 미충족된 욕구가 동기유발요인으로 작용한다고 보았다.   10. 국회직 8급

464

동기이론에 대한 설명으로 옳지 않은 것은?

① 매슬로우(Maslow)는 상위 차원의 욕구가 충족되지 못하거나 좌절될 경우, 하위욕구를 더욱 더 충족시키고자 한다고 주장하였다.

② 앨더퍼(Alderfer)는 ERG 이론에서 매슬로우의 욕구 5단계를 줄여서 생존욕구, 대인관계 욕구, 성장욕구의 세 단계를 제시하였다.

③ 허츠버그(Herzberg)는 욕구충족요인 이원론에서 불만족 요인(위생요인)을 제거한다고 해서 만족을 보장하는 것은 아니라고 주장하였다.

④ 애덤스(Adams)는 형평성이론에서 자신의 노력과 그 결과로 얻어지는 보상과의 관계를 다른 사람의 것과 비교해 상대적으로 느끼는 공평한 정도가 행동동기에 영향을 준다고 본다.

해설

① (×) 상위 차원의 욕구가 충족되지 못하거나 좌절될 경우, 하위욕구를 더욱 더 충족시키고자 한다고 주장하는 것은 앨더퍼(C. Alderfer)의 이론이다.

② (O) 앨더퍼(C. Alderfer)는 욕구를 충족시키는 행동의 추상성을 기준으로 매슬로우(A. Maslow)의 다섯 가지 욕구계층을 세 가지로 통합하였다.

③ (O) 허즈버그(F. Herzberg)는 사람의 이원적 욕구구조를 가정하여 불만과 만족은 별개의 차원으로 상호 독립되어 있다고 보았다. 즉, 만족하지 못한 상태가 불만인 것은 아니다.

④ (O) 아담스(J. Adams)의 형평성이론은 준거인(비교대상)과 비교하여 자신의 노력(투입)수준을 결정한다는 이론이다. 자신의 노력과 그 보상을 준거인물과 비교하여 얼마나 공평한가에 따라 동기부여가 결정된다는 것으로, 만약 불공정하다고 느낀다면 이를 해소하는 방향으로 동기부여가 된다.

정답 | ①

465	① ② ③
기출처	2022 국가직 7급
난이도	★★
키워드	앨더퍼(C. Alderfer)

465 〈필수〉

동기부여이론에 대한 설명으로 옳지 않은 것은?

① 앨더퍼(Alderfer)의 욕구내용 중 관계욕구는 머슬로(Maslow)의 생리적 욕구와 안전욕구에 해당한다.

② 브룸(Vroom)의 기대이론은 과정이론에 해당한다.

③ 허즈버그(Herzberg)는 위생요인이 충족되었다고 하더라도 동기부여가 되는 것은 아니라고 하였다.

④ 애덤스(Adams)는 투입한 노력 대비 얻은 보상에 대해서 준거인과 비교해 상대적으로 느끼는 공평함의 정도가 동기부여에 영향을 미친다고 하였다.

> 해설

① (×) 앨더퍼(C. Alderfer)의 관계욕구에는 매슬로우(A. Maslow)의 사회적 욕구와 (외적) 존경의 욕구가 포함된다.
② (○) 브룸(V. Vroom)의 기대이론은 욕구의 내용보다는 욕구가 실현되는 과정에 초점을 둔 이론이다.
③ (○) 허즈버그(F. Herzberg)의 위생요인은 동기부여의 필요조건에 해당한다.
④ (○) 아담스(J. Adams)에 의하면 준거인물과 비교하여 느끼는 공평함의 정도에 따라 동기부여와 관련된 행동이 달라진다.

> 고득점 플러스+ 앨더퍼(C. Alderfer)의 ERG 이론(1972)

- 욕구를 충족시키는 행동의 추상성을 기준으로 매슬로우(A. Maslow)의 다섯 가지 욕구계층을 세 가지로 통합
- 주요원리: 욕구충족의 원리, 욕구강도의 원리, 욕구좌절의 원리
- 두 가지 이상의 욕구가 동시에 작용하여 하나의 행동을 유발하는 복합연결형 욕구를 주장함
- 만족-진행 요소뿐만 아니라 좌절-퇴행 요소도 함께 고려, 욕구의 출발점이 개인마다 다를 수 있음을 수용

정답 | ①

> 관련기출 옳은지문

- 애덤스(Adams)는 투입한 노력 대비 얻은 보상에 대해서 준거인과 비교해 상대적으로 느끼는 공평함의 정도가 동기부여에 영향을 미친다고 하였다. 24.해경승진

466

동기이론에 대한 설명으로 옳은 것은?

① 매슬로우(Maslow)의 욕구 5단계론은 욕구가 상위 수준에서 하위 수준으로 후퇴할 수도 있다고 본다.
② 엘더퍼(Alderfer)의 ERG 이론은 상위욕구가 만족되지 않으면, 하위욕구를 더욱 충족시키고자 한다고 주장한다.
③ 허즈버그(Herzberg)의 욕구충족이원론은 '감독자와 부하의 관계'를 만족요인 중 하나로 제시한다.
④ 포터와 롤러(Porter & Lawler)의 업적·만족이론은 성과보다는 구성원의 만족이 직무성취를 가져온다고 지적한다.

466
기출처: 2019 지방직 7급
난이도: ★★
키워드: 앨더퍼(C. Alderfer)

> 해설

① (×) 욕구가 상위 수준에서 하위 수준으로 후퇴할 수도 있다고 본 학자는 앨더퍼(C. Alderfer)이다.
② (○) 앨더퍼(C. Alderfer)는 상위욕구가 좌절되면 하위욕구의 강도가 강화되는 현상을 욕구좌절의 원리로 설명하고 있다.
③ (×) 감독자와 부하의 관계는 허즈버그(F. Herzberg)의 불만요인(위생요인)에 속한다.
④ 매력적 오답 (×) 기존의 이론은 만족이 성과의 원인으로 작용하였지만, 포터(L. Porter)와 롤러(E. Lawler)의 업적·만족이론은 성과가 만족의 원인이 될 수 있다.

정답 | ②

> 관련기출 옳은지문

- 앨더퍼(Alderfer)는 상위욕구가 만족되지 않거나 좌절될 때 하위욕구를 더욱 충족시키고자 한다고 주장하였다. 22.군무원 7급

- 매슬로(Maslow)의 욕구단계이론에서 생리적 욕구와 안전욕구는 ERG 이론의 존재욕구와 유사하다. 18.소방간부

467 〈필수〉
동기부여이론에 대한 설명으로 옳은 것은?

① 아지리스(Argyris)의 성숙·미성숙이론은 사회문화적으로 학습된 욕구를 성취욕구, 권력욕구, 친교욕구로 구분한다.
② 해크만(Hackman)과 올드햄(Oldham)의 직무특성이론은 핵심적인 직무특성을 기술 다양성, 과업 정체성, 과업 중요성, 자율성, 피드백으로 구분한다.
③ 애덤스(Adams)의 공정성 이론은 타인과 비교하지 않고 자신의 노력 대비 보상 정도가 동기부여에 영향을 미친다고 본다.
④ 포터(Porter)와 롤러(Lawler)의 업적·만족이론은 목표의 난이도와 구체성에 의해 개인의 동기부여가 결정된다고 주장한다.

기출처: 2024 지방직 7급
난이도: ★★
키워드: 직무특성이론

관련기출 옳은지문
- 애덤스(Adams)의 공정성이론에 따르면 개인은 불공정성을 해소하는 행동으로 조직을 떠날 수 있다.
  25. 경찰간부

해설
① (×) 사회문화적으로 학습된 욕구를 성취욕구, 권력욕구, 친교욕구로 구분한 학자는 맥클랜드(D. McClelland)이다.
② (○) 해크먼(J. Hackman)과 올드햄(G. Oldham)의 직무특성 이론은 동기부여와 직무 만족에 영향을 미치는 다섯 가지 핵심 직무 특성을 제시한다.
③ (×) 아담스(J. Adams)의 이론은 자신의 노력 대비 보상 정도를 타인과 비교하여 공정성을 추구하고자 한다는 이론이다.
④ (×) 목표의 난이도와 구체성에 의해 개인의 동기부여가 결정된다고 주장한 학자는 로크(E. Locke)이다.

정답 | ②

468
동기이론에 대한 설명으로 옳지 않은 것은?

① 매슬로우(Maslow)는 충족된 욕구는 동기부여의 역할이 약화되고 그 다음 단계의 욕구가 새로운 동기요인이 된다고 하였다.
② 앨더퍼(Alderfer)는 매슬로우의 5단계 욕구이론을 수정해서 인간의 욕구를 3단계로 나누었다.
③ 허즈버그(Herzberg)는 불만요인(위생요인)을 없앤다고 해서 적극적으로 만족감을 느끼는 것은 아니라고 했다.
④ 브룸(Vroom)의 기대이론에서 수단성(instrumentality)은 특정한 결과에 대한 선호의 강도를 의미한다.

기출처: 2019 국가직 9급
난이도: ★★
키워드: 수단성

관련기출 옳은지문
- 허즈버그(Herzberg)의 동기-위생이론에 따르면 욕구가 충족되었다고 해서 모두 동기부여로 이어지는 것이 아니고 어떤 욕구는 충족되어도 단순히 불만을 예방하는 효과밖에 없다. 이러한 불만예방효과만 가져오는 요인을 위생 요인이라고 설명한다.
  13. 국회직 8급

- 매슬로우(A. H. Maslow)의 욕구이론은 5단계의 욕구체계 중 가장 하위의 욕구는 '생리적 욕구'이다.
  16. 서울시 9급

해설
① (○) 매슬로우(A. Maslow)는 동기로 작용하는 욕구는 충족되지 않은 욕구이며, 충족된 욕구는 동기유발의 힘을 상실한다고 보았다.
② (○) 앨더퍼(C. Alderfer)의 ERG 이론은 매슬로우의 5단계 욕구(생리적, 안전, 사회적, 존경, 자아실현)를 존재 욕구(Existence), 관계 욕구(Relatedness), 성장 욕구(Growth)의 3단계로 수정하고 발전시켰다.
③ (○) 불만요인의 제거는 작업의 손실을 막아줄 뿐(단기적 효과) 생산성을 높여줄 수는 없다.
④ (×) 브룸(V. Vroom)의 기대이론에서 수단성(instrumentality)은 1차 수준의 결과(성과)가 2차 수준의 결과(보상)를 가져오게 될 것이라는 개인의 믿음의 강도를 뜻한다.

정답 | ④

469 〈필수〉

동기부여이론에 대한 설명으로 옳지 않은 것은?

① 앨더퍼(Alderfer)의 ERG 이론은 하위단계에서 상위단계로의 욕구단계 이동뿐만 아니라 욕구좌절 시 회귀적이고 하향적인 욕구단계로의 이동도 가능하다고 본다.
② 허츠버그(Herzberg)의 2요인이론은 종업원의 직무환경 개선과 창의적 업무 할당을 통한 직무성취감 증대가 동기부여에 미치는 영향이 다르다고 본다.
③ 아담스(Adams)의 공정성이론은 인식된 불공정성이 중요한 동기요인으로 작동한다고 본다.
④ 브룸(Vroom)의 기대이론은 노력, 성과, 보상, 만족, 환류로 이어지는 동기부여 과정을 제시하면서 노력-성과 간 관계에 있어 개인의 능력과 자질, 그리고 역할인지를 강조했다.

469	
기출처	2023 지방직 7급
난이도	★★
키워드	브룸(V. Vroom)

관련기출 옳은지문
- 아담스(Adams)는 공정한 보상의 중요성을 인식시켜 주었다. 24. 해경간부
- 앨더퍼(C. Alderfer)는 매슬로우(A. Maslow)와 달리 상위 욕구가 좌절될 경우 하위 욕구를 강조하게 되는 하향적 접근의 가능성을 제시하였다. 23. 국회직 8급

해설

① (O) 앨더퍼(C. Alderfer)의 ERG 이론은 매슬로우의 욕구단계이론을 수정한 것으로, 매슬로우와 달리 욕구의 다중 충족 가능성(동시에 여러 욕구가 활성화될 수 있음)과 좌절-퇴행 원칙을 제시한다. 이는 상위 욕구가 좌절될 경우 하위 욕구로 회귀하여 그 욕구를 다시 추구할 수 있다는 의미이다.
② (O) 허즈버그(F. Herzberg)에 의하면 종업원의 직무환경 개선은 위생요인이고 창의적 업무 할당은 동기요인이므로 각 요인이 동기에 미치는 영향은 다르다.
③ (O) 아담스(J. Adams)의 공정성 이론은 개인이 자신의 투입 대비 산출 비율을 타인과 비교하여 불공정하다고 인식할 때, 이러한 불공정성이 동기요인으로 작용하여 불공정성을 해소하려는 행동을 유발한다고 본다.
④ (X) 노력, 성과, 보상, 만족, 환류로 이어지는 동기부여 과정을 제시하면서 노력-성과 간 관계에 있어 개인의 능력과 자질, 그리고 역할인지를 강조한 학자는 포터(L. Porter)와 롤러(E. Lawler)의 업적-만족 이론이다.

정답 | ④

470		① ② ③
기출처	2022 지방직 7급	
난이도	★★	
키워드	업적·만족이론	

🔍 관련기출 옳은지문

- 포터(L. Porter)와 로울러(E. Lawler)의 기대이론은 성과의 수준이 업무 만족의 원인이 된다고 본다.
  16. 서울시 9급

- 로크의 목표설정이론에 의하면, 동기유발을 위해서는 구체성이 높고 난이도가 높은 목표가 채택되어야 한다는 것이다. 14. 서울시 9급

470 〈필수〉

동기부여이론에 대한 설명으로 옳은 것은?

① 스키너(Skinner)의 강화이론은 인간의 내면적 과정에 초점을 맞추며, 행동의 결과보다 원인을 더 강조한다.
② 로크(Locke)의 목표설정이론에 따르면, 개인의 강력한 동기유발을 위해서는 추상적인 목표를 채택해야 한다.
③ 포터(Porter)와 롤러(Lawler)의 업적·만족이론은 직무성취 수준이 직무 만족의 요인이 될 수 있다고 주장한다.
④ 공공봉사동기(public service motivation)이론은 공공부문 종사자와 민간부문 종사자의 가치체계는 차이가 없고, 개인이 공공부문에 근무하면서 공공봉사 동기를 처음으로 획득하므로, 조직문화와 외재적 보상을 강조한다.

해설

① **매력적 오답** (×) 스키너(B. Skinner)의 강화이론은 외적 자극에 의한 학습을 강조하는 이론이다. 그리고 학습이론은 원인보다는 결과에 초점을 두고 이론을 전개한다.
② (×) 로크(E. Locke)에 따르면 구체적이고 난이도가 높은 목표를 채택하여야 한다.
③ (○) 포터(L. Porter)와 롤러(E. Lawler)의 업적·만족이론은 업적에 따른 보상의 공평성 정도가 동기부여에 영향을 준다고 설명하는 이론이다. 이는 만족이 성과를 가져오는 것이 아니라 성과에 따른 보상의 공평성이 만족과 동기부여를 가져온다고 설명하는 것이다.
④ (×) 공공봉사동기(public service motivation)이론은 공공부문 종사자와 민간부문 종사자의 동기에 차이가 있음을 강조하는 이론으로, 물질적 보상보다는 사회에 대한 봉사하려는 욕망을 강조하므로 외재적 보상을 강조한다는 표현은 옳지 않다.

고득점 플러스+ 포터(L. Porter)와 롤러(E. Lawler)의 업적-만족이론

- 보상에 대한 개인의 만족감을 변수로 하여 브롬의 기대이론을 보완한 모형
- 기존의 이론: 만족 → 동기부여 → 업적 순
- 업적-만족이론: 업적 → 보상 → 보상에 대한 공평성(→ 만족) → 동기부여 순
- 보상
  - 외재적 보상: 보수, 승진, 지위, 안전 등 → 직무성취 외에 다른 요인의 개입
  - 내재적 보상: 개인 스스로 부여한 가치 → 외부의 교란요인에 영향을 덜 받음

정답 | ③

471 필수

동기요인이론에 대한 설명으로 옳지 않은 것은?

① 아담스(Adams)의 공정성 이론에 따르면 공정하다고 인식할 때 동기가 유발된다.
② 매클리랜드(McClelland)의 성취동기이론에 따르면 개인들의 욕구가 학습을 통해 개발될 수 있다.
③ 브룸(Vroom)의 기대이론에서 기대감은 특정 결과는 특정 노력으로 인해 나타날 수 있다는 가능성에 대한 개인의 신념으로, 통상 주관적 확률로 표시된다.
④ 앨더퍼(Alderfer)의 ERG 이론에 따르면 상위욕구 충족이 좌절되면 하위욕구를 충족시키고자 할 수 있다.

471	1 2 3
기출처	2021 국가직 9급
난이도	★★
키워드	공정성 이론

해설

① (×) 아담스(J. Adams)의 공정성 이론에 따르면 준거인물과 공평하지 않다고 인식될 때 이를 해소하는 방향으로 동기가 유발된다.
② (○) 맥클랜드(D. McClelland)는 매슬로우(A. Maslow)와 달리 사람의 욕구를 사회화 과정에서 학습하는 것으로 간주한다.
③ (○) 기대(expectancy)란 노력이 1차 수준의 성과를 가져온다는 주관적 확률을 의미한다.
④ (○) 앨더퍼(C. Alderfer)의 ERG 이론은 매슬로우 이론과 달리 좌절-퇴행 원칙을 제시한다. 이는 상위 욕구(예: 성장 욕구)의 충족이 좌절되면, 다시 하위 욕구를 충족시키고자 할 수 있다는 것을 의미한다.

정답 | ①

관련기출 옳은지문

- 앨더퍼는 매슬로우의 욕구계층이론의 한계점을 보완하기 위한 연구를 수행했으며 그 결과를 기초로 하여 ERG이론을 제시하였다. 24. 경찰승진

- 맥클랜드(McClelland)의 성취동기이론에 의하면 성취욕구는 행운을 바라는 대신 우수한 결과를 얻기 위해 높은 기준을 설정하고 이를 달성하려는 욕구이다. 16. 서울시 7급

472 필수

동기부여이론에 대한 설명으로 옳은 것은?

① 로크(Locke)의 목표설정이론에서는 목표의 도전성(난이도)과 명확성(구체성)을 강조했다.
② 매슬로우(Maslow)의 욕구 5단계설에서는 욕구의 좌절과 퇴행을 강조했다.
③ 해크만과 올드햄(Hackman & Oldham)의 직무특성이론에서는 유의성, 수단성, 기대감을 동기부여의 핵심으로 보았다.
④ 앨더퍼(Alderfer)는 ERG 이론에서는 위생요인이 충족되었다고 하더라도 동기부여가 되는 것은 아니라고 주장했다.

472	1 2 3
기출처	2023 지방직 9급
난이도	★★
키워드	로크(E. Locke)

해설

① (○) 로크(E. Locke)는 목표를 동기부여의 핵심 요인으로 강조한 학자이다.
② (×) 욕구의 좌절과 퇴행을 강조한 학자는 앨더퍼(C. Alderfer)이다.
③ (×) 유의성, 수단성, 기대감을 동기부여의 핵심으로 본 학자는 브룸(V. Vroom)이다.
④ (×) 위생요인이 충족되었다고 하더라도 동기부여가 되는 것은 아니라고 주장한 학자는 허즈버그(F. Herzberg)이다.

정답 | ①

관련기출 옳은지문

- 로크(Locke)의 목표설정이론은 목표의 구체성에 따라 직무성과가 달라진다고 본다. 18. 소방간부

473	① ② ③
기출처	2014 국가직 9급
난이도	★★
키워드	동기이론

🔍 **관련기출 옳은지문**

• 맥그리거(D. McGregor)는 마슬로우의 욕구단계론을 바탕으로 인간관을 구분하고, 그에 따른 관리전략을 제시하였다. 10. 국회직 8급

• 브룸(V. Vroom)의 기대이론은 개인의 선호에 부합하는 결과물을 유인으로 제시한다. 17. 서울시 7급

• 아담스(J. Adams)의 공정성이론은 조직에서 정당한 보상이 얼마나 중요한지를 보여준다. 19. 국회직 9급

473

조직 구성원들의 동기이론에 대한 설명 중 옳은 것만을 모두 고르면?

> ㄱ. ERG 이론: 앨더퍼(C. Alderfer)는 욕구를 존재욕구, 관계욕구, 성장욕구로 구분한 후 상위욕구와 하위욕구 간에 '좌절-퇴행' 관계를 주장하였다.
> ㄴ. X·Y이론: 맥그리거(D. McGregor)의 X이론은 매슬로우(A. Maslow)가 주장했던 욕구계층 중에서 주로 상위욕구를, Y이론은 주로 하위욕구를 중요시하였다.
> ㄷ. 형평이론: 아담스(J. Adams)는 자기의 노력과 그 결과로 얻어지는 보상을 준거인물과 비교하여 공정하다고 인식할 때 동기가 유발된다고 주장하였다.
> ㄹ. 기대이론: 브룸(V. Vroom)은 보상에 대한 매력성, 결과에 따른 보상, 그리고 결과 발생에 대한 기대감에 의해 동기유발의 강도가 좌우된다고 보았다.

① ㄱ, ㄷ
② ㄱ, ㄹ
③ ㄴ, ㄷ
④ ㄷ, ㄹ

해설

ㄱ. (O) 앨더퍼(C. Alderfer)의 ERG 이론은 매슬로우의 5단계 욕구를 존재 욕구, 관계 욕구, 성장 욕구의 3단계로 통합하고, 매슬로우와 달리 하위에서 상위로의 진행뿐만 아니라 상위 욕구 충족이 좌절될 경우 하위 욕구로 돌아가는 좌절-퇴행 관계를 주장하였다.

ㄴ. (×) 맥그리거(D. McGregor)의 X이론은 주로 매슬로우(A. Maslow)의 하위욕구와 관련되고, Y이론은 주로 상위욕구와 관련된다.

ㄷ. **매력적 오답** (×) 아담스(J. Adams)는 자기의 노력과 그 결과로 얻어지는 보상을 준거인물과 비교하여 공정하지 않다고 인식할 때 이 불일치를 제거하는 방향으로 동기가 유발된다고 보았다.

ㄹ. (O) 브룸(V. Vroom)의 기대이론은 동기유발의 강도를 결정하는 세 가지 핵심 요소로 유인가, 수단성, 기대감을 제시하였다. 지문의 '결과에 따른 보상'은 수단성에, '보상에 대한 매력성'은 유인가에, '결과 발생에 대한 기대감'은 기대감에 해당한다.

정답 | ②

474	① ② ③
기출처	2015 국가직 7급
난이도	★★
키워드	공공서비스동기이론

474

동기유발요인으로 금전적·물질적 보상보다 지역공동체나 국가, 인류를 위해 봉사하려는 이타심에 주목하는 이론은?

① 페리(Perry)의 공공서비스동기이론
② 스키너(Skinner)의 강화이론
③ 해크만(Hackman)과 올드햄(Oldham)의 직무특성이론
④ 매슬로우(Maslow)의 욕구계층이론

> 해설

① (○) 금전적·물질적 보상보다 지역공동체나 국가, 인류를 위해 봉사하려는 이타심에 주목하는 이론은 페리(J. Perry)의 공공서비스동기이론이다.
② (×) 스키너(B. Skinner)의 강화이론은 반응을 이끌어내기 위해 자극을 조작하는 행동주의 학습이론이다.
③ (×) 해크먼(J. Hackman)과 올드햄(G. Oldham)의 직무특성이론은 직무특성이 수행자의 성장욕구 수준에 부합될 때 긍정적인 동기가 유발된다는 이론이다.
④ (×) 매슬로우(A. Maslow)의 욕구계층이론은 인간은 항상 무엇인가를 원한다는 가정 아래 동기가 되는 욕구를 5단계로 계층화한 이론이다.

> 고득점 플러스+ **페리(J. Perry)의 공공서비스동기이론**

- 의의: 금전적·물질적 보상보다 지역공동체나 국가, 인류를 위해 봉사하려는 이타심에 주목하는 이론
- 동기의 유형
  - 합리적 차원: 정책형성 과정의 참여, 공공정책에 대한 동일시, 특정 이해관계에 대한 지지
  - 규범적 차원: 공익봉사 욕구, 전체에 대한 충성, 사회적 형평성 추구
  - 감성적 차원: 정책의 사회적 중요성에 기인한 정책몰입, 선의의 애국심

정답 | ①

> 관련기출 옳은지문

- 매슬로우(Maslow)는 하위단계의 욕구가 어느 정도 충족되면 다음 단계의 욕구가 발로된다고 본다. 24. 군무원 7급

475 〈필수〉

공공봉사동기이론(public service motivation)에 대한 설명으로 옳지 않은 것은?

① 공사부문 간 업무성격이 다르듯이, 공공부문의 조직원들은 동기구조 자체도 다르다는 입장에 있다.
② 정책에 대한 호감, 공공에 대한 봉사, 동정심(compassion) 등의 개념으로 구성되어 있다.
③ 공공봉사동기가 높은 사람을 공직에 충원해야한다는 주장의 근거가 될 수 있다.
④ 페리와 와이스(Perry & Wise)는 제도적 차원, 금전적 차원, 감성적 차원을 제시하였다.

475 | 기출처 2021 국가직 9급 | 난이도 ★★ | 키워드 공공봉사동기이론

> 해설

① (○) 공공봉사동기이론은 공공기관이나 공공조직에 근본적으로 혹은 독특하게 내재되어 있는 동기에 반응하는 개인적 정향을 연구하는 이론이다.
② (○) 정책에 대한 호감은 합리적 차원, 공공에 대한 봉사는 규범적 차원, 동정심은 정서적 또는 감성적 차원으로 분류될 수 있을 것이다.
③ (○) 페리(J. Perry)의 공공봉사동기이론은 금전적·물질적 보상보다 지역공동체나 국가, 인류를 위해 봉사하려는 이타심에 주목하는 이론이다.
④ (×) 페리(J. Perry)와 와이스(L. Wise)는 공공봉사동기를 합리적, 규범적, 정서적(감성적) 차원으로 분류하였다.

정답 | ④

> 관련기출 옳은지문

- 공직봉사동기(Public Service Motivation) 이론은 공무원은 민간부문 종사자와는 다른 가치관을 가지고 있다고 전제한다. 20. 소방간부

- 공직봉사동기(Public Service Motivation) 이론은 공공부문에 종사하기 이전 성장과정에서 공익을 위한 이타적 성향이 형성될 수 있다고 본다. 20. 소방간부

- 합리적(rational) 동기는 공공부문 종사자가 정책과정에 참여하기를 원하는 것과 관련 있다. 20. 국회직 9급

CHAPTER 06 집단 수준의 조직행동

476
기출처	2016 지방직 9급
난이도	★★
키워드	공식적 의사전달

관련기출 옳은지문
- 비공식적 의사소통의 특징은 왜곡된 정보를 전달할 가능성이 있다는 것이다. 09. 서울시 7급
- 비공식적 의사소통의 특징은 공식적 의사소통의 결함을 보완할 수 있다는 것이다. 09. 서울시 7급

476
조직의 의사전달에 대한 설명으로 옳지 않은 것은?

① 공식적 의사전달은 의사소통이 객관적이고 책임소재가 명확하다는 장점이 있다.
② 비공식적 의사전달은 의사소통 과정에서의 긴장과 소외감을 극복하고 개인적 욕구를 충족시킨다는 장점이 있다.
③ 공식적 의사전달은 조정과 통제가 곤란하다는 단점이 있다.
④ 참여인원이 적고 접근가능성이 낮은 경우 의사전달체제의 제한성은 높다.

해설

① (○) 공식적 의사전달은 공식적 통로와 수단에 의해 이루어지는 의사전달로, 책임소재의 명확성, 의사전달 확실성과 편리성, 정보와 근거의 보존, 상관의 권위 유지 등의 장점을 지닌다.
② (○) 비공식적 의사전달은 현실적 접촉으로 형성되는 자생적 의사전달로, 신속한 전달과 높은 적응력, 배후사정의 소상한 전달, 소외감의 극복과 개인욕구의 충족, 공식적 의사전달의 보완 등의 장점을 지닌다.
③ (×) 조정과 통제가 곤란하다는 것은 비공식적 의사전달의 단점이다.
④ **매력적 오답** (○) 참여인원이 적고 접근가능성이 낮다는 의미는 채널의 수가 제한적이고 폐쇄적이라는 의미이다.

정답 | ③

477
기출처	2020 국가직 9급
난이도	★★
키워드	잠재적 갈등

477 필수
조직 내 갈등에 대한 설명으로 옳지 않은 것은?

① 과업의 상호 의존성이 높은 경우 잠재적 갈등이 야기될 수 있다.
② 고전적 관점에서 갈등은 조직 효과성에 부정적인 영향을 끼친다고 가정한다.
③ 의사소통 과정에서 충분한 양의 정보도 갈등을 유발하는 경우가 있다.
④ 진행단계별로 분류할 때 지각된 갈등은 갈등이 야기될 수 있는 상황 또는 조건을 의미한다.

해설

① (○) 잠재적 갈등은 갈등을 야기할 수 있는 상황적 조건을 의미한다. 과업의 상호 의존성은 갈등을 야기할 수 있는 원인이 될 수 있다.
② (○) 갈등은 고전적 관점, 행태주의 관점, 현대적 관점으로 변천한다. 고전적 관점은 갈등의 역기능을 강조하는 입장이다.
③ (○) 갈등은 정보의 부족뿐만 아니라 구조적 분화, 목적이나 가치관의 차이, 개인적 성향 등에 의해서도 나타난다. 그러므로 정보가 충분히 주어진 경우 오히려 가치관이나 목적이 차이가 명확하게 부각되어 갈등이 유발될 수 있다.
④ (×) 갈등은 잠재적 갈등(의사소통, 구조, 개인적 변수 등 상황조건), 인지(인식된 갈등)와 개인화(감지된 갈등), 태도형성(경쟁, 협동, 절충, 회피, 수용 등), 행동(표면화된 갈등), 결과 순으로 전개된다. 갈등이 야기될 수 있는 상황 또는 조건은 지각된 갈등이 아닌 잠재적 갈등이다.

고득점 플러스+ 갈등의 과정

- 선행조건: 잠재적 갈등 → 의사소통, 구조, 개인적 요인
- 인지와 개인화: 지각된 또는 감지된 갈등
- 의도: 갈등의 처리 → 경쟁, 협동, 타협, 회피, 순응(→ 수용)
- 행동: 표면적 갈등
- 결과: 성과의 향상 또는 성과의 저하

정답 | ④

478

조직 내부에서 발생하는 갈등에 대한 설명으로 옳지 않은 것은?

① 갈등은 양립할 수 없는 둘 이상의 목표를 추구하는 상황에서도 발생한다.
② 고전적 조직이론에서는 갈등을 중요하게 고려하지 않는다.
③ 행태론적 입장에서는 모든 갈등이 조직성과에 부정적 영향을 미치므로 제거되어야 한다고 본다.
④ 현대적 접근방식은 갈등을 정상적인 현상으로 보고 경우에 따라서는 조직발전의 원동력으로 본다.

478	
기출처	2013 국가직 9급
난이도	★★
키워드	갈등

관련기출 옳은지문
- 현대적 접근방식은 갈등을 정상적인 현상으로 보고 경우에 따라서는 조직 발전의 원동력으로 본다.

24. 해경승진

해설

① (○) 갈등은 업무의 상호 의존성, 공동의사결정의 필요성, 권력의 동등성, 자원의 제약(제로섬 상황), 목표와 이해관계의 상충, 인지와 태도 차이, 역할의 수평적 분화, 의사전달의 미흡 및 왜곡 등으로 인하여 발생한다.
② (○) 구조 중심의 고전적 조직이론에서는 인적 요인인 갈등을 중요하게 고려하지 못하였다. 인적 요인을 조직관리의 중요한 변수로 인식하기 시작한 것은 신고전적 조직이론에서부터이다.
③ (×) 모든 갈등이 조직성과에 부정적 영향을 미치므로 제거되어야 한다고 본 것은 인간관계론이다. 행태주의는 조직관리에 있어 갈등은 필연적인 현상이며, 갈등은 역기능뿐만 아니라 일정한 순기능도 지닌다고 보았다.
④ (○) 현대적 접근은 갈등의 순기능을 강조하는 갈등의 상호작용론 또는 갈등조장론의 입장으로, 갈등은 조직발전의 새로운 계기이며, 갈등의 건설적 해결과정을 통해 조직의 쇄신을 촉진하는 요인이 될 수 있다고 본다.

정답 | ③

479	① ② ③
기출처	2016 지방직 7급
난이도	★★
키워드	구조적 요인

479
행정조직의 구조적인 측면에서 발생하는 갈등요인이 아닌 것은?

① 개인의 이기적인 태도
② 기능이나 업무의 특성에 따른 분업구조
③ 제한된 자원의 하위 부서 간 공유
④ 업무의 연계성으로 인한 타인과의 협조 필요성 증가

관련기출 옳은지문

- 조직의 분업구조는 하위부서 간의 업무특성, 업무수행태도, 문제를 보는 시각에 차이를 유발하여 부서 간 갈등을 초래하는 원인이 되기도 한다. 24. 경찰승진

- 비비교성(incomparability)은 의사결정자가 각 대안의 결과를 알고는 있으나 대안 간 비교 결과 어떤 것이 최선의 결과인지를 알 수 없어 발생하는 개인적 갈등이다. 17. 서울시 9급

해설

① (×) 갈등의 원인에는 가치관, 인지 및 태도의 차이, 성격의 차이 등과 같은 개인적 요인, 수평적인 분화와 업무의 상호 의존성, 역할이나 관할의 모호성, 지위와 신분의 불일치 등과 같은 구조적 요인, 의사전달의 미흡 또는 장애, 의도적 왜곡 등과 같은 의사전달 요인이 있다. 개인의 이기적인 태도는 개인적 요인에 속한다.

②, ③, ④ (○) 기능이나 업무의 특성에 따른 분업구조, 제한된 자원의 하위 부서 간 공유, 업무의 연계성으로 인한 타인과의 협조 필요성의 증가 등은 모두 갈등을 야기하는 구조적 요인에 속한다.

정답 | ①

480	① ② ③
기출처	2024 국가직 9급
난이도	★★
키워드	갈등관리

480 필수
갈등관리 유형에 대한 설명으로 옳지 않은 것은?

① 회피(avoiding)는 갈등이 존재함으로 알면서도 표면상으로는 그것을 무시하거나 인정하지 않음으로써 갈등 상황에 소극적으로 대응한다.
② 수용(accommodating)은 자신의 이익을 양보하고 상대방의 이익을 배려해 협조한다.
③ 타협(compromising)은 갈등 당사자 간 서로 존중하고 자신과 상대방 모두의 이익을 극대화하려는 유형으로 'win-win' 전략을 취한다.
④ 경쟁(competing)은 갈등 당사자가 자기 이익은 극대화하고 상대방의 이익은 최소화한다.

해설

① (○) 회피는 쟁점이 사소하거나 갈등의 해소에 따른 부작용이 큰 경우, 사태를 진정시키고자 하거나 더 많은 정보가 필요한 경우, 다른 사람의 관심을 이해할 시간적 여유가 없거나 해당 문제가 다른 문제의 해결로부터 자연스럽게 해결될 수 있는 하위갈등인 경우 사용된다.
② (○) 수용 혹은 순응은 자기가 잘못한 사항이거나 다른 사람에게 더 중요한 사항인 경우, 보다 중요한 문제를 위해 좋은 관계를 유지하거나 조화와 안정이 특히 중요한 경우, 패배가 불가피하여 손실을 극소화할 필요가 있는 경우 사용된다.
③ (×) 자신과 상대방 모두의 이익을 극대화하려는 유형으로 Win-win 전략에 해당하는 것은 협동 또는 제휴이다.
④ (○) 경쟁은 신속한 결정이 요구되는 긴급하고 중요한 사항이지만 인기 없는 조치가 필요한 경우, 조직의 성장에 매우 중요한 문제인 경우 사용된다.

정답 | ③

481

토머스(K. Thomas)가 제시하고 있는 대인적 갈등관리 방안에 대한 설명으로 옳지 <u>않은</u> 것은?

① 자신의 이익과 상대방의 이익을 만족시키려는 정도라는 두 가지 차원으로 구분하여 설명한다.
② 경쟁이란 상대방의 이익을 희생하여 자신의 이익을 추구하는 방안이다.
③ 순응이란 자신의 이익은 희생하면서 상대방의 이익을 만족시키려는 방안이다.
④ 타협이란 자신과 상대방의 이익 모두를 만족시키려는 방안이다.

481	
기출처	2012 지방직 9급
난이도	★★
키워드	토머스(K. Thomas)

🔍 관련기출 옳은지문

- 갈등해소를 위한 경쟁(competition) 전략은 신속하고 결단력이 필요한 경우나 구성원들에게 인기 없는 조치를 실행할 경우 사용될 수 있다.
  20. 경찰승진

- 갈등이 없는 경우 조직은 침체되어 구성원들이 현실에 안주하여 조직 성과가 낮을 수 있다. 16. 경찰승진

해설

① (○) 토머스(K. Thomas)는 자신의 이익과 상대방의 이익을 만족시키려는 두 가지 기준을 바탕으로 갈등관리 방안을 경쟁, 순응, 회피, 타협, 협동이라는 다섯 가지로 구분하였다.
② (○) 경쟁은 신속한 결정이 요구되는 긴급하고 중요한 사항이지만 인기 없는 조치가 필요한 경우, 조직의 성장에 매우 중요한 문제인 경우 등에 활용된다.
③ (○) 순응은 자기가 잘못한 사항이거나 다른 사람에게 더 중요한 사항인 경우, 보다 중요한 문제를 위해 좋은 관계를 유지하거나 조화와 안정이 특히 중요한 경우, 패배가 불가피하여 손실을 극소화할 필요가 있는 경우 등에 활용된다.
④ (×) 자신과 상대방의 이익 모두를 만족시키려는 방안은 협동이다. 타협은 자신의 이익과 상대방의 이익을 중간 정도로 고려하는 방식이다.

고득점 플러스+ 토머스(K. Thomas)의 갈등관리 → 갈등의 처리

- 경쟁: 신속한 결정, 긴급한 상황, 조직에 매우 중요한 문제, 인기 없는 조치가 요구되는 경우
- 회피: 쟁점이 사소할 때, 갈등해소에 따른 부작용이 너무 클 때
- 순응: 자기의 잘못일 때, 다른 사람에게 더 중요한 사항일 때
- 협동: 양자에게 매우 중요한 경우, 통합적 해결책만이 수용될 때
- 타협: 잠재적인 문제가 더 클 때, 일시적 해결책

구분		상대방 이익(협조성)		
		낮음		높음
자기 이익 (독단성)	낮음	회피		순응(→ 동조)
			타협	
	높음	경쟁		협동(→ 제휴)

정답 | ④

482

기출처	2016 국가직 9급
난이도	★
키워드	조직시민행동

조직시민행동(organizational citizenship behavior)에 대한 설명으로 옳지 않은 것은?

① 공식적인 보상 시스템에 의하여 직접적으로 또는 명시적으로 인식되지 않는 직무역할 외 행동이다.
② 구성원들의 역할모호성 지각은 조직시민행동에 긍정적 영향을 미친다.
③ 구성원들의 절차공정성 지각은 조직시민행동에 긍정적 영향을 미친다.
④ 작업장의 청결을 유지하는 것은 조직시민행동 유형 중 양심행동에 속한다.

해설

① (O) 조직시민행동이란 강제는 아니지만 조직 구성원들이 지키면 좋은 행동기준, 공식적 업무와 무관하게 재량에 의해 행해지는 동료나 조직에게 도움이 되는 행동을 말한다. 이는 보상이 없음에도 동료를 돕거나 조직의 이익을 증대시키는 친사회적 행동이다.
② (×) 자신의 역할이 무엇인지 모르는 상황에서는 이타적인 친사회적 행동이 나타나기 어렵다.
③ (O) 조직시민행동의 원인으로 리더에 대한 부하의 신뢰, 구성원의 역할기대, 구성원의 직무만족, 구성원의 성격 등이 거론된다.
④ **매력적 오답** (O) 양심적 행동이란 조직이 요구하는 것보다 더 많은 봉사나 노력을 하는 행동을 말한다.

정답 | ②

483

기출처	2018 국가직 9급
난이도	★★
키워드	프렌치(J. R. P. French, Jr.)와 레이븐(B. H. Raven)

프렌치(J. R. P. French, Jr.)와 레이븐(B. H. Raven)의 권력유형 분류에서 권력의 원천이 아닌 것은?

① 상징(symbol)
② 강제력(coercion)
③ 전문성(expertness)
④ 준거(reference)

관련기출 옳은지문
- 권한과 유사한 개념인 합법적 권력은 상사가 보유하고 있는 직위에 기반을 둔 것으로 일반적으로 직위가 높으면 높을수록 합법적 권력은 더욱 커지는 경향이 있다. 11. 국회직 8급

해설

① (×) 프렌치(J. French)와 레이븐(B. Raven)은 권력의 유형을 강요적 권력, 보상적 권력, 정통적 권력, 준거적 권력, 전문적 권력으로 나누었다.
② (O) 강제적 권력은 상대를 처벌할 수 있을 때 발생하는 권력이다.
③ (O) 전문적 권력은 전문적 기술이나 지식을 가지고 있을 때 발생하는 권력이다.
④ (O) 준거적 권력은 매력에 호감을 느낌으로써 그를 닮고자 할 때 발생하는 권력이다.

정답 | ①

484 (필수)

프렌치와 레이븐(French & Raven)이 주장하는 권력의 원천에 대한 설명으로 옳지 않은 것은?

① 합법적 권력은 권한과 유사하며 상사가 보유한 직위에 기반한다.
② 강압적 권력은 카리스마 개념과 유사하며 인간의 공포에 기반한다.
③ 전문적 권력은 조직 내 공식적 직위와 항상 일치하는 것은 아니다.
④ 준거적 권력은 자신보다 뛰어나다고 생각하는 사람을 닮고자할 때 발생한다.

해설

① (○) 권한과 유사한 개념인 합법적 권력은 상사가 보유하고 있는 직위에 기반을 둔 것으로, 일반적으로 직위가 높을수록 합법적 권력은 더욱 커지는 경향이 있다.
② (×) 강압적 권력은 인간의 공포에 기반을 둔 것으로 어떤 사람이 다른 사람을 처벌할 수 있는 능력을 가지거나 육체적 또는 심리적으로 위해를 가할 수 있는 능력을 가진 경우에 발생한다. 카리스마는 준거적 권력에 해당한다.
③ (○) 다른 사람이 필요로 하는 전문적인 기술이나 지식을 어떤 사람이 갖고 있을 때 발생하는 전문적 권력은 누구나 가질 수 있는 것이므로 공식적 직위와 항상 일치하는 것은 아니다.
④ (○) 준거적 권력은 어떤 사람이 자신보다 뛰어나다고 생각하는 사람을 닮고자 할 때 발생하며, 일면 카리스마의 개념과 유사하다.

고득점 플러스+ 권력의 유형

- 에치오니(A. Etzioni): 강제적 권력, 공리적(→ 보상적) 권력, 규범적 권력
- 프렌치(J. French)와 레이븐(B. Raven)
  - 조직: 강요적 권력, 공리적 권력, 정통적 권력(→ 직위에 기반을 둔 합법적 권력)
  - 개인: 전문적 권력(→ 전문적 기술이나 지식), 준거적 권력(→ 개인적 카리스마)

정답 | ②

484
기출처: 2020 국가직 9급
난이도: ★★
키워드: 프렌치와 레이븐(French & Raven)

관련기출 옳은지문

- 전문적 권력은 다른 사람이 필요로 하는 전문적 기술이나 지식에 기반할 때 발생한다. 17. 국회직 9급
- 강압적 권력은 인간의 공포에 기반을 둔 것으로 다른 사람을 처벌할 수 있는 능력을 가진 경우에 발생한다. 17. 국회직 9급
- 준거적 권력은 어떤 사람이 자신보다 뛰어나다고 생각하는 사람을 닮고자 할 때 발생한다. 17. 국회직 9급

485

피들러(Fiedler)의 상황적합적 리더십 이론에 대한 설명으로 옳지 않은 것은?

① 리더와 부하의 관계, 부하의 성숙도, 과업구조의 조합에 따라 리더의 상황적 유리성(situational favorableness)을 설명한다.
② 리더에게 매우 유리한 상황인 경우 과업지향적 리더십이 효과적이다.
③ LPC(Least Preferred Coworker) 점수를 사용하여 리더를 과업지향적 리더와 관계지향적 리더로 분류했다.
④ 리더가 처한 상황에 따라서 리더십의 효과성이 달라질 수 있다.

해설

① (×) 부하의 성숙도가 아니라 리더의 직위 권력이 옳다.
②, ③ (○) 피들러(F. Fiedler)는 싫어하는 동료를 부정적으로 평가하는 경우(57점 이하) 과업지향형이, 싫어하는 동료를 긍정적으로 평가하는 경우(64점 이상) 관계지향형이 바람직하다고 하였다.
④ (○) 피들러(F. Fiedler)는 리더십의 효과는 상황에 따라 달라지므로 상황에 맞는 리더십 유형이 필요하다고 하였다.

정답 | ①

485
기출처: 2021 국가직 7급
난이도: ★★
키워드: 피들러(F. Fiedler)

486

기출처: 2015 지방직 9급
난이도: ★★
키워드: 피들러(F. Fiedler)

리더십 이론에 대한 설명으로 옳지 않은 것은?

① 피들러(Fiedler)는 리더의 행태에 따라 권위주의형, 민주형, 자유방임형의 세 가지 유형으로 구분하였다.
② 행태이론은 리더의 자질보다 리더의 행태적 특성이 조직성과에 영향을 미친다고 본다.
③ 허시(Hersey)와 블랜차드(Blanchard)는 부하의 성숙도에 따라 리더의 역할이 달라져야 한다고 주장한다.
④ 하우스(House)의 경로-목표이론에 의하면 참여적 리더십은 부하들이 구조화되지 않은 과업을 수행할 때 필요하다.

관련기출 옳은지문

- 피들러(Fiedler)는 리더십 유형을 과업지향적 리더와 인간관계지향적 리더의 두 가지로 분류하였다. 19. 경찰승진
- 행태론적 접근은 리더의 행위에 초점을 둔다. 13. 서울시 9급
- 브룸(V. Vroom)은 규범적 리더십 모형을 제시하였다. 13. 서울시 9급

해설

① (×) 권위주의형, 민주형, 자유방임형으로 구분한 것은 행태주의 리더십 중 아이오아 대학과 관련된다.
② (○) 리더십 행태론은 지도자의 자질보다는 지도자의 행동유형을 강조하는 입장이다. 즉, 눈에 보이지 않는 자질보다는 지도자들이 실제 어떤 행동을 하는가에 초점을 맞추며, 지도자의 행태와 추종자의 업무성취 및 만족 간의 관계 규명에 초점을 두었다.
③ (○) 허시(P. Hersey)와 블랜차드(K. Blanchard)는 과업 중심의 리더십과 관계(인간) 중심의 리더십으로 구분한 후 부하의 성숙도라는 하나의 차원을 추가하여 3차원 모형을 정립하였다.
④ **매력적 오답** (○) 참여적 리더십은 의사결정에 부하의 참여를 유도하는 리더십으로 구조화되지 않은 과업이나 부하들이 내적 통제 위치를 지닌 경우에 선호된다.

정답 | ①

487

기출처: 2021 지방직 7급
난이도: ★★
키워드: 허시(P. Hersey)와 블랜차드(K. Blanchard)

조직이론에 대한 설명으로 옳지 않은 것은?

① 카플란(Kaplan)과 노턴(Norton)은 균형성과표(BSC)의 네 가지 관점으로 고객관점, 내부프로세스관점, 재무적관점, 학습과 성장관점을 제시하였다.
② 민츠버그(Mintzberg)는 조직의 5개 구성요소로 전략적 최고관리층, 중간계선관리층, 작업층, 기술구조, 지원막료를 제시하였다.
③ 허시(Hersey)와 블랜차드(Blanchard)는 부하의 성숙도가 높은 경우 지시적 리더십이 효과적이라고 보았다.
④ 베버(Weber)는 법적·합리적 권한에 기초를 둔 이념형(idealtype) 관료제의 특징으로 법과 규칙의 지배, 계층제, 문서에 의한 직무수행, 비개인성(impersonality), 분업과 전문화 등을 제시하였다.

해설

① (O) 균형성과표(BSC)는 일반적으로 재무관점, 고객관점, 내부과정관점, 학습과 성장관점으로 구성되지만 여기에 인적자원관점, 종업원 만족관점, 환경관점, 커뮤니티관점 등을 추가하기도 한다.
② (O) 민츠버그(H. Mintzberg)는 조직의 5개 구성요소로 전략정점, 기술구조, 운영핵심, 중간관리자, 참모 등을 제시하고, 각 구성요소에 권한이 집중되는 정도에 따라 단순구조, 기계관료제, 전문관료제, 사업부제, 임시체제로 조직의 유형을 구분하였다.
③ (×) 허시(P. Hersey)와 블랜차드(K. Blanchard)에 의하면 부하의 성숙도가 높으면 위임형 리더십이 효과적이다.
④ (O) 막스 베버(M. Weber)는 법적-합리적 권한에 기초를 둔 이념형(이상형) 관료제의 특징으로, 법과 규칙의 지배, 계층제, 문서에 의한 직무수행, 비개인성, 분업과 전문화, 기술적 능력에 따른 선발 및 승진 등의 요소들을 제시하였다.

정답 | ③

488
리더십에 대한 설명으로 옳은 것은?

① 피들러(Fiedler)는 리더십 유형을 결정하는 조건으로 부하의 성숙도를 중요시한다.
② 번스(Burns)의 거래적 리더십은 영감, 개인적 배려에 치중하고 조직에서 변화를 주도하는 리더십이다.
③ 하우스(House)의 참여적 리더는 부하들과 상담하고 의사결정 전에 부하들의 의견을 반영하려고 한다.
④ 블레이크와 머튼(Blake & Mouton)은 직원지향적 리더십이 가장 이상적인 리더십 유형이라고 규정한다.

488
- 기출처: 2017 지방직 7급
- 난이도: ★
- 키워드: 하우스(R. House)

관련기출 옳은지문
- 리더십 상황론에 의하면 리더십 효과는 리더와 구성원 관계, 과업구조, 그리고 리더의 직위에서 나오는 권력에 의존한다는 것이 상황론이다.
23. 군무원 7급

해설

① (×) 리더십 유형을 결정하는 조건으로 부하의 성숙도를 제시한 학자는 허시(P. Hurshey)와 블랜차드(K. Blanchard)이다.
② (×) 영감, 개인적 배려에 치중하고 조직에서 변화를 주도하는 리더십은 변혁적 리더십이다.
③ (O) 참여적 리더십은 의사결정에 부하의 참여를 유도하는 리더이다.
④ (×) 블레이크(R. Blake)와 머튼(J. Mouton)에 의하면 생산에 대한 관심과 인간에 대한 관심이 모두 높은 유형인 단합형이 가장 이상적인 리더십 유형이다.

고득점 플러스+ 하우스(R. House)와 에반스(M. Evans)의 경로-목표모형
- 리더의 역할: 보상을 받을 수 있는 경로의 명확한 설정
- 리더의 유형: 지시적 리더십(→ 구조), 지원적 리더십(→ 배려), 참여적 리더십, 성취적 리더십
- 상황변수: 과업의 환경, 부하의 특성
  - 구조화된 과업(→ 지원적 리더십), 구조화되지 않은 과업(→ 지시나 참여적 리더십)
  - 집단의 초기(→ 지시적 리더십), 안정기(→ 지원이나 참여적 리더십)
  - 공식화된 규칙의 존재(→ 참여적 리더십), 공식화된 규칙의 부재(→ 지시적 리더십)
  - 부하의 능력 부족에 대한 인식(→ 지시적 리더십), 외적 통제(→ 지시적 리더십), 내적 통제(→ 참여적 리더십)

정답 | ③

489		1 2 3
기출처	2024 지방직 9급	
난이도	★	
키워드	리더-구성원교환이론	

489 〈필수〉

리더-구성원교환이론에 대한 설명으로 옳은 것만을 모두 고르면?리더-구성원교환이론에

> ㄱ. 내집단(in-group)에 속한 구성원이 많을수록 집단의 성과가 높아진다고 본다.
> ㄴ. 리더와 구성원이 파트너십 관계로 발전하는 과정을 '리더십 만들기'라 한다.
> ㄷ. 리더가 모든 구성원을 차별 없이 대우하는 공정성을 중시한다.
> ㄹ. 리더와 구성원이 점점 높은 도덕성과 동기 수준으로 서로를 이끌어 가는 상호 관계를 중시한다.

① ㄱ, ㄴ
② ㄱ, ㄹ
③ ㄴ, ㄷ
④ ㄷ, ㄹ

해설

- ㄱ. (O) 내집단(in-group)에 속한 구성원들이 리더와의 관계 질이 높아 더 많은 자원, 신뢰, 정보 등을 얻고 높은 성과를 낼 가능성이 있다.
- ㄴ. (O) 리더와 구성원이 점차적으로 신뢰, 존경, 상호 의무감에 기반한 파트너십 관계로 발전해 나가는 과정을 '리더십 만들기'라고 한다.
- ㄷ. (×) 리더-구성원교환이론은 리더와 각각의 부하 간의 관계는 서로 다를 수 있음을 강조하는 이론이다.
- ㄹ. **매력적 오답** (×) 리더와 구성원이 점점 높은 도덕성과 동기 수준으로 서로를 이끌어 가는 상호 관계를 중시하는 것은 변혁적 리더십이다. 리더-구성원교환이론은 리더십 상황론이고, 도덕성은 리더십 자질론과 관련된다.

정답 | ①

490		1 2 3
기출처	2017 국가직 7급(하)	
난이도	★★	
키워드	리더십 이론	

490

리더십 이론에 대한 설명으로 옳은 것만을 모두 고른 것은?

> ㄱ. 피들러(Fiedler)의 상황적합이론(contingency theory of leadership)에서는 상황변수로 '리더와 부하의 관계', '직위 권력', '과업구조' 세 가지를 들고 있다.
> ㄴ. 허시와 블랜차드(Hersey & Blanchard)의 경로-목표이론(path-goal theory of leadership)에서는 상황변수로 부하의 능력과 의욕으로 구성되는 성숙도를 채택하였다.
> ㄷ. 하우스(House)는 리더십을 거래적 리더십(transactional leadership)과 변혁적 리더십(transformational leadership)으로 구분하였다.
> ㄹ. 블레이크와 모튼(Blake & Mouton)의 관리격자(managerial grid)모형에 따르면 무기력형, 컨트리클럽형, 과업형, 중도형, 팀형이라는 기본적인 리더십 유형이 도출된다.

① ㄱ, ㄴ
② ㄱ, ㄹ
③ ㄴ, ㄷ
④ ㄷ, ㄹ

🔍 관련기출 옳은지문

- 리더십 상황론의 예로 피들러(F. Fiedler)의 상황적응모형(이론), 하우스(R.J.House)의 경로-목표모형(이론) 등을 들 수 있다. 　20. 경찰간부

해설

ㄱ. (○) 피들러(F. Fiedler)의 상황적합이론은 리더십 유형과 상황 호의성 간의 적합성을 강조한다. 이때 상황의 호의성을 결정하는 세 가지 상황 변수로 리더와 구성원 관계, 과업 구조, 직위 권력을 제시한다.
ㄴ. (×) 경로-목표모형은 하우스(R. House)와 에반스(M. Evans)의 이론이며 사용한 변수는 부하의 특성과 업무 환경이다. 부하의 능력과 의욕으로 구성되는 성숙도는 허시(P. Hurshey)와 블랜차드(K. Blanchard)가 사용한 변수이다.
ㄷ. (×) 거래적 리더십과 변혁적 리더십을 구분하여 설명한 학자는 번스(J. Burns)와 바스(B. Bass)이다.
ㄹ. (○) 블레이크(R. Blake)와 머튼(J. Mouton)의 관리격자모형은 리더십을 '과업에 대한 관심'과 '인간에 대한 관심'이라는 두 차원으로 나누어 81가지 유형을 도출하고, 그중에서 5가지 기본적인 리더십 유형, 즉 무기력형, 컨트리클럽형, 과업형, 중도형, 팀형을 제시한다.

정답 | ②

491 〈필수〉

변혁적 리더십에 대한 설명으로 옳지 않은 것은?

① 도전적 목표와 임무, 미래에 대한 비전을 추구하도록 격려한다.
② 구성원 개개인에게 관심을 가지고 배려한다.
③ 상황적 보상과 예외 관리를 특징으로 한다.
④ 새로운 관점에서 문제를 재구성하고 해결책을 찾도록 자극한다.

해설

① (○) 도전적 목표와 임무, 미래에 대한 비전을 추구하도록 격려하는 것을 영감이라 한다.
② (○) 구성원 개개인에게 관심을 가지고 배려하는 것을 개별적 배려라 한다.
③ (×) 상황적 보상과 예외 관리를 특징으로 하는 것은 거래적 리더십이다.
④ (○) 새로운 관점에서 문제를 재구성하고 해결책을 찾도록 자극하는 것을 지적 자극이라 한다.

고득점 플러스+ 변혁적 리더십 → 번스(J. Burns)와 바스(B. Bass)

- 안정보다는 변화를 유도하는 최고관리층의 리더십 → 합리적 교환관계를 토대로 하는 거래적 리더십과 대비
- 다양성과 적응성이 요구되는 유기적 조직에 적합
- 변혁적 리더십의 속성
  - 카리스마: 사명감의 부여와 자긍심의 고취
  - 영감: 높은 기대감의 전달, 노력의 촉진, 목표의 명확한 표현력
  - 지적 자극: 지능과 합리성의 부여, 신중한 문제해결의 촉진
  - 개별적 배려: 구성원에 대한 개별적인 지도와 충고

정답 | ③

491

기출처	2023 지방직 9급
난이도	★★
키워드	변혁적 리더십

관련기출 옳은지문

- 변혁적 리더십은 가치관이 중요하다고 본다. 13. 서울시 9급

- 거래적(transactional) 리더십은 적극적 보상이나 소극적 보상을 통해 영향력을 행사한다. 20. 국가직 7급

492

'변혁적 리더십(transformational leadership)'에 대한 설명으로 옳지 않은 것은?

① 조직 참여의 기대가 적은 경우에 적합하며 예외 관리에 초점을 둔다.
② 리더가 부하에게 특별한 관심을 보이거나 자긍심과 신념을 심어준다.
③ 리더가 부하들의 창의성을 계발하는 지적 자극(intellectual stimulation)을 중시한다.
④ 리더가 인본주의, 평화 등 도덕적 가치와 이상을 호소하는 방식으로 부하들의 의식수준을 높인다.

해설

① (×) 참여에 대한 기대가 적고 예외 관리에 초점을 둔다면 전통적 관료제에서 강조하는 지시적 리더십이 바람직하다.
②, ③, ④ (○) 변혁적 리더십은 구성원에게 사명감을 부여하고 자긍심을 고양시키는 카리스마, 높은 기대감을 전달하여 노력을 촉진시키는 영감, 지능과 합리성을 부여하여 신중한 문제해결을 촉진시키는 지적 자극, 구성원에 대한 개별적인 지도와 충고를 강조하는 개별적 배려로 구성된다.

정답 | ①

관련기출 옳은지문
- 변혁적 리더십은 카리스마, 개별적 배려, 지적 자극, 영감(inspiration) 등을 강조한다. 17. 국회직 8급

- 변혁적 리더십에서 리더는 부하가 혁신적이고 창조적인 관점에서 문제를 재구성하고 해결책을 구하도록 자극하고 변화를 유도한다. 21. 경찰승진

493 〈필수〉

변혁적(transformational) 리더십에 대한 설명으로 옳은 것은?

① 적응보다 조직의 안정을 강조한다.
② 기계적 조직체계에 적합하며, 개인적 배려는 하지 않는다.
③ 부하에게 새로운 비전을 제시하며, 지적 자극을 통한 동기부여를 강조한다.
④ 리더와 부하의 관계를 경제적 교환관계로 인식하고, 보상에 관심을 둔다.

해설

① (×) 변혁적 리더십은 안정보다는 변화를 유도하는 최고관리층의 리더십이다.
② (×) 변혁적 리더십은 학습조직과 같은 유기적 조직에 적합하며, 개인적 배려를 강조한다.
③ (○) 변혁적 리더는 조직을 위해 새로운 비전을 창출하고 그러한 비전이 실현될 수 있도록 지지를 확보하는 리더로, 다양성과 적응성이 요구되는 유기적 조직에 적합하다.
④ (×) 리더와 부하의 관계를 경제적 교환관계로 인식하고, 보상에 관심을 두는 것은 거래적 리더십이다.

정답 | ③

관련기출 옳은지문
- 변혁적 리더십은, 거래적 리더십과 같이 보상을 기반으로 추종자들을 통제하기 보다는, 평등·자유·정의 등 고차원의 비전을 제시함으로써 추종자들의 의식을 더 높은 단계로 끌어올리려 한다. 21. 경찰간부

494

변혁적 리더십(transformational leadership)의 특징이 아닌 것은?

① 리더는 부하의 욕구와 직무수행에 필요한 자원을 정확히 파악하여 그에 대한 보상과 지원을 제공하고, 부하는 그에 상응하는 노력을 통하여 리더가 제시한 과업목표를 달성한다.
② 부하의 변화 측면에 초점을 맞추어 재량권을 부여하고 부하를 리더로 키운다.
③ 부하의 자기실현과 존중감 등 높은 수준의 욕구 실현에 관심을 갖는다.
④ 조직이 나아갈 비전을 제시하고 구성원들로 하여금 비전을 공유할 수 있도록 만든다.

해설

① (×) 부하의 욕구와 직무수행에 필요한 자원을 정확히 파악하여 그에 대한 보상과 지원을 제공하고, 부하는 그에 상응하는 노력을 통해 리더가 제시한 과업목표를 달성하는 것은 거래적 리더십이다.
② (○) 변혁적 리더십은 부하의 잠재력을 이끌어내고, 스스로 성장하며 변화할 수 있도록 재량권을 부여하며, 궁극적으로 부하를 리더로 성장시키는 데 초점을 맞춘다.
③ (○) 변혁적 리더는 창의성과 다양성을 존중하고 사람들 사이의 신뢰를 구축하여 공생관계의 형성에 기여한다.
④ (○) 변혁적 리더십은 조직을 위해 새로운 비전을 창출하고 그러한 비전이 현실이 될 수 있도록 지지를 확보할 수 있는 리더십이다.

정답 | ①

494
기출처	2013 국가직 7급
난이도	★★
키워드	변혁적 리더십

관련기출 옳은지문
- 변혁적 리더십에서 리더는 부하 한 사람 한 사람의 니즈에 관심을 갖고 그에 맞는 학습기회를 제공하여 잠재력을 개발할 수 있도록 돕는다. *21. 경찰승진*
- 변혁적 리더십(Transformational Leadership)은 영감과 비전 제시, 공유에 의한 동기유발을 중시한다. *15. 행정사*
- 변혁적 리더십(Transformational Leadership)은 기계적 관료제 구조보다는 임시체제에 더 적합하다. *15. 행정사*

495

리더십에 대한 설명으로 옳지 않은 것은?

① 특성론에 대한 비판은 지도자의 자질이 집단의 특성·조직목표·상황에 따라 완전히 달라질 수 있고, 동일한 자질을 갖는 것은 아니며, 반드시 갖춰야 할 보편적인 자질은 없다는 것이다.
② 행태이론에서는 눈에 보이지 않는 능력 등 리더가 갖춘 속성보다 리더가 실제 어떤 행동을 하는가에 초점을 맞춘다.
③ 상황론에서는 리더십을 특정한 맥락 속에서 발휘되는 것으로 파악해, 상황 유형별로 효율적인 리더의 행태를 찾아내기 위한 연구를 수행하였다.
④ 번스(Burns)의 리더십 이론에서 거래적 리더십은 카리스마적 리더십을 기반으로 하므로 카리스마적 리더십과 중첩되는 측면이 있다.

해설

① (○) 특성론(속성이론)은 훌륭한 리더가 되는 데 필요한 속성을 가진 사람은 성공적인 리더가 될 수 있다고 보았다. 특성에는 신체적 특성(키, 용모), 성격 특성(자존심, 정서적 안정성 등), 능력(일반 지능, 사회적 통찰력 등) 등이 있다. 특성론에 대한 비판은 지도자의 자질이 집단의 특성·조직목표·상황에 따라 완전히 달라질 수 있고, 동일한 자질을 갖는 것은 아니며, 반드시 갖춰야 할 보편적인 자질은 없다는 것이다.
② (○) 행태이론(behavior theory)은 리더십 행태의 유형을 발전시키고, 리더십 행태와 추종자들의 업무성취 및 만족 사이의 관계를 밝히려는 이론을 말한다.
③ (○) 상황이론은 리더십의 효율성을 결정하는 데에는 리더의 속성과 행태뿐만 아니라 상황적 요인의 작용이 중요하다는 것을 강조하는 이론이다. 즉, 상황론에서는 리더십을 특정한 맥락 속에서 발휘되는 것으로 파악해, 상황 유형별로 효율적인 리더의 행태를 찾아내기 위한 연구를 수행하였다.
④ (×) 번스(J. Burns)의 리더십 이론에서 거래적 리더십은 지시적 리더십이나 지원적 리더십의 역할을 수행하는 리더십으로, 업무를 할당하고, 그 결과를 평가하며, 보상하는 리더십을 말한다. 이에 반해 변혁적 리더십은 조직의 노선과 문화를 변동시키려고 노력하는 변화추구적·개혁적 리더십을 말한다. 변혁적 리더십의 구성 요소에는 카리스마적 리더십, 영감적 리더십, 개별적 배려, 지적 자극 등이 있다.

정답 | ④

495
기출처	2019 국가직 9급
난이도	★★
키워드	카리스마적 리더십

관련기출 옳은지문
- 화이트(R. White)와 리피트(R. Lippitt)의 리더십 유형은 행태론적 접근방식에 기반하여 리더십 유형을 분류한다. *23. 국회직 8급*

496

496	① ② ③
기출처	2020 국가직 7급
난이도	★★
키워드	변혁적 리더십

리더십에 대한 설명으로 옳지 않은 것은?

① 변혁적(transformational) 리더십의 특성에는 영감적 동기부여, 자유방임, 지적 자극, 개별적 배려 등이 있다.
② 진성(authentic) 리더십의 특성은 리더가 정직성, 가치의식, 도덕성을 바탕으로 팔로워들의 믿음을 이끌고, 팔로워들이 리더의 윤리성과 투명성을 믿으며 긍정적 감정을 느낀다는 것이다.
③ 서번트(servant) 리더십은 자기 자신보다는 다른 사람에게 초점을 두고, 부하들의 창의성과 잠재력을 발휘할 수 있도록 봉사하는 리더십이다.
④ 거래적(transactional) 리더십은 적극적 보상이나 소극적 보상을 통해 영향력을 행사한다.

관련기출 옳은지문
- 변혁적 리더는 부하로 하여금 미래에 대한 비전을 열정적으로 수용하고 계속 추구하도록 격려한다.
  10. 서울시 9급
- 변혁적 리더는 부하로 하여금 형식적 관례와 사고를 다시 생각하게 함으로써 새로운 관념을 촉발시킨다.
  10. 서울시 9급

해설

① (×) 변혁적 리더십에서 강조하는 카리스마는 리더가 구성원들에게 미치는 이상화된 영향력을 강조하므로 자유방임과는 무관하다.
② **매력적 오답** (○) 진성(authentic) 리더십은 자기인식, 내재화된 도덕적 관점, 정보의 균형적 처리, 관계적 투명성 등의 증진을 통해 긍정적 심리 역량과 도덕적 분위기를 만들어내는 리더의 행동양식을 말한다.
③ (○) 서번트 리더십은 리더를 조직의 관리자가 아닌 섬기는 자로 정의하는 입장으로, 부하들이 영향력을 행사할 수 있도록 결정권을 나누어 주는 리더십이다.
④ (○) 거래적 리더십은 리더와 부하 간의 사회적 교환관계를 강조하는 리더십으로, 성과계약과 같이 교환과 거래에 기반을 둔 관리방식을 선호한다.

정답 | ①

497

497	① ② ③
기출처	2013 지방직 9급
난이도	★★
키워드	카리스마적 리더십

리더십에 대한 설명으로 옳은 것은?

① 변혁적(transformational) 리더십 - 무엇인가 가치 있는 것을 교환함으로써 추종자에게 영향력을 행사하는 리더십
② 거래적(transactional) 리더십 - 리더가 부하로 하여금 형식적 관례와 사고를 다시 생각하게 함으로써 새로운 관념을 촉발시키는 리더십
③ 카리스마적(charismatic) 리더십 - 리더가 특출한 성격과 능력으로 추종자들의 강한 헌신과 리더와의 일체화를 이끌어내는 리더십
④ 서번트(servant) 리더십 - 과업을 구조화하고 과업요건을 명확히 하는 리더십

관련기출 옳은지문
- 거래적 리더십은 합리적 과정이나 교환 과정의 중요성을 강조한다.
  17. 국회직 8급

해설

① (×) 무엇인가 가치 있는 것을 교환함으로써 추종자에게 영향력을 행사하는 리더십은 거래적 리더십이다.
② (×) 부하로 하여금 형식적 관례와 사고를 다시 생각하게 함으로써 새로운 관념을 촉발시키는 리더십은 변혁적 리더십이다.
③ (○) 카리스마적 리더십은 리더의 높은 자신감과 강한 동기, 도덕적 정당성에 대한 신념 등이 강조되는 리더십으로, 뛰어난 비전과 개인적 위험의 감수 의지, 상황에 대한 정확한 평가, 관습에 얽매이지 않는 전략, 부하들에 대한 계몽과 자신감의 전달, 개인적 권력의 활용 등을 특징으로 한다.
④ (×) 과업을 구조화하고 과업요건을 명확히 하는 리더십은 거래적 리더십이다.

정답 | ③

498 〈필수〉

서번트(servant) 리더십에 대한 설명으로 옳은 것만을 모두 고르면?

> ㄱ. 구성원들이 공동의 목표를 이뤄 나갈 수 있도록 환경을 조성하고 도와준다.
> ㄴ. 보상과 처벌을 핵심 관리수단으로 한다.
> ㄷ. 그린리프(Greenleaf)는 존중, 봉사, 정의, 정직, 공동체 윤리를 강조했다.
> ㄹ. 리더의 최우선적인 역할은 업무를 명확하게 지시하는 것이다.

① ㄱ, ㄷ
② ㄱ, ㄹ
③ ㄴ, ㄷ
④ ㄴ, ㄹ

해설

ㄱ. (○) 서번트 리더십이란 타인을 위한 봉사에 초점을 두고 자신보다 구성원들의 이익을 우선시하는 리더십으로, 봉사자(servant)로서 직원, 고객 및 공동체를 우선으로 여기며 그들의 필요를 만족시키고자 헌신하는 리더십을 말한다.
ㄴ. (×) 보상과 처벌을 핵심 관리수단으로 하는 것은 거래적 리더십이다.
ㄷ. (○) 이밖에도 서번트 리더십의 특징에는 경청, 공감, 치유, 설득, 지각, 선견지명, 개념화, 성장에 대한 헌신, 공동체 구축, 청지기 정신 등이 있다.
ㄹ. (×) 업무를 명확하게 지시하는 것은 거래적 리더십의 특징이다.

고득점 플러스+ 서번트 리더십

- 리더를 부하에게 지시하는 관리자가 아닌 부하를 섬기는 자로서 간주하는 이론
- 부하들이 영향력을 행사할 수 있도록 결정권을 나누어 주는 리더십
- 원칙(→ 그린리프): 존중, 봉사, 정의, 정직, 공동체 윤리 등
- 특징(→ 스피어스): 경청, 감정이입, 치유, 환경 인식, 설득, 개념화, 예지능력, 청지기 의식, 공동체의 설계 등

정답 | ①

관련기출 옳은지문

- 탭스코트(D. Tapscott)는 정보화 사회의 리더십은 특정 상관이 아닌 여러 가지 원천을 기반으로 하기 때문에 상호연계적 리더십을 체득하여야 한다고 주장하였다. 09. 서울시 7급

- 탭스코트(D. Tapscott)는 조직구성원 누구나 리더로서의 기능을 수행해야 하는 네트워크된 지능의 시대에 적절하게 효과적으로 기술을 사용하는 것은 획기적 변혁의 원동력이 된다고 주장하였다. 09. 서울시 7급

- 발전적 리더십은 변동추구적이라는 점에서 변혁적 리더십과 유사하지만, 리더의 봉사정신과 추종자 중심주의가 특별히 더 강조된다는 점에서 변혁적 리더십과 구별된다.
18. 경찰승진

499 〈필수〉

리더십과 팔로워십 이론에 대한 설명으로 옳은 것만을 모두 고르면?

> ㄱ. 켈리(Kelley)는 소외적 추종자(alienated followers), 순응적 추종자(sheep), 수동적 추종자(yes people), 효과적 추종자(effective followers) 등 네 가지 추종자 유형을 제시하였고, 그 중 소외적 추종자가 가장 위험하다고 주장하였다.
> ㄴ. 블레이크(Blake)와 머튼(Mouton)은 생산에 대한 관심과 사람에 대한 관심이 모두 높은 단합형(team management) 리더십 유형을 최선의 관리방식으로 제안하였다.
> ㄷ. 상황적응적 리더십 모형의 주창자 중 하나인 피들러(Fiedler)는 리더-구성원 관계, 직무구조, 직위 권력 등 3가지 변수를 중요한 상황요소로 설정하였다.
> ㄹ. 오하이오 주립대 리더십 연구자들은 리더의 행동을 구조주도(initiating structure)와 배려로 설명하며 가장 훌륭한 리더 유형을 중간 수준의 구조주도와 배려를 갖춘 균형 잡힌 리더형태로 보았다.

① ㄱ, ㄴ
② ㄱ, ㄹ
③ ㄴ, ㄷ
④ ㄷ, ㄹ

해설

ㄱ. **매력적 오답** (×) 켈리(R. Kelley)는 소외적 추종자(alienated followers), 순응적 추종자(sheep), 수동적 추종자(yes people), 효과적 추종자(effective followers), 실용적 추종자(pragmatist followers) 등 다섯 가지 추종자 유형을 제시하였다.
ㄴ. (○) 블레이크(R. Blake)와 머튼(J. Mouton)의 관리격자모형에서 '생산에 대한 관심'과 '사람에 대한 관심'이 모두 높은 (9,9) 유형을 이상형(단합형)이라고 하며, 이 유형을 가장 효과적이고 최선의 관리 방식으로 제안하였다.
ㄷ. (○) 피들러(F. Fiedler)의 상황적합이론은 리더십 스타일과 상황 변수의 조화를 강조한다. 여기서 중요한 상황 변수로 리더-구성원 관계, 직무 구조, 직위 권력의 세 가지를 제시한다.
ㄹ. (×) 오하이오 주립대의 연구에서는 구조와 배려가 모두 높은 유형을 가장 효과적인 리더십의 유형으로 분류하였다.

정답 | ③

499
- 기출처: 2023 국가직 7급
- 난이도: ★
- 키워드: 팔로워십 이론

관련기출 옳은지문
- 오하이오 주립대학의 연구에서는 구조주도행동과 배려행동을 중심으로 4가지의 리더십 유형을 제시하였다. 22.소방간부

CHAPTER 07 조직 수준의 조직행동

500
홉스테드(Hofstede)의 문화 차원에 대한 설명으로 옳지 않은 것은?

① 불확실성 회피 정도가 강한 경우 공식적 규정을 많이 만들어 불확실한 요소를 최대한 통제하려 한다.
② 집단주의가 강한 문화는 개인주의가 강한 문화보다 상대적으로 느슨한 개인 간 관계를 더 중요시한다.
③ 권력거리가 큰 경우 제도나 조직 내에 내재되어 있는 상당한 권력의 차이를 자연스럽게 인정한다.
④ 남성성이 강한 문화는 여성성이 강한 문화보다 상대적으로 남성과 여성의 역할에 대한 분명한 차이를 인정하려고 한다.

해설

① (O) 불확실성에 대한 회피의 정도가 강하다면 불확실성을 통제하기 위한 공식적 규정이 많을 것이다.
② (X) 개인주의 성향이 강한 문화일수록 개인과 개인 간의 관계는 느슨해진다.
③ (O) 권력거리가 크다면 조직이나 제도에 내재된 권력의 차이를 자연스럽게 수용할 것이다.
④ (O) 남성성이 강할수록 포용보다는 경쟁을 강조하고 남성과 여성의 명확한 역할 구분을 강조한다.

고득점 플러스+ 조직문화의 유형화

- 해리슨(R. Harrison) 모형: 조직의 이념적 지향성 기준 → 권력지향 문화, 역할지향 문화, 과업지향 문화, 인간지향 문화
- 오우치(W. Ouchi): 조직 내 거래비용 기준 → 시장문화, 관료제 문화, 파벌문화
- 케네디(A. Kennedy): 위험 수용과 대응 속도 기준 → 남성적 문화, 일하고 노는 문화, 사운을 거는 문화, 과정 문화
- 존스(G. Jones): 현실의 인지 수준과 변화 기준 → 정태적 동질문화, 정태적 이질문화, 변화적 동질문화, 변화적 이질문화
- 홉스테드(G. Hofstede): 장기와 단기, 남성(과업)과 여성(인간), 불확실성 선호와 회피, 개인과 집단, 권력거리, 쾌락과 절제

정답 | ②

---

500 | 1 2 3
기출처: 2021 국가직 7급
난이도: ★
키워드: 홉스테드(Hofstede)

관련기출 옳은지문

- 조직문화는 조직의 생산성이나 경쟁력을 좌우하기도 한다.
  05. 국가직 9급

- 조직문화는 조직구성원들에게 소속 조직원으로서의 정체성을 제공한다.
  18. 서울시 9급

501		1 2 3
기출처	2022 지방직 9급	
난이도	★★	
키워드	경쟁가치모형	

501 〈필수〉
조직문화의 경쟁가치모형에 대한 설명으로 옳지 않은 것은?

① 위계문화는 응집성을 강조한다.
② 혁신지향문화는 창의성을 강조한다.
③ 과업지향문화는 생산성을 강조한다.
④ 관계지향문화는 사기 유지를 강조한다.

🔍 관련기출 옳은지문
• 과업지향문화(합리문화)에서 조직의 업무구조는 통제를 강조하고 조직은 외부를 지향한다. _24. 경찰간부_

해설

① (×) 응집성을 강조하는 것은 관계지향문화이다. 위계문화는 안정성과 균형을 목표로 하며, 정보관리와 조정을 정책수단으로 활용한다.
② (○) 혁신지향문화는 조직 그 자체와 유연성을 강조하는 개방체제모형에서 강조하는 조직문화이다.
③ (○) 과업지향문화는 조직 그 자체와 통제를 강조하는 합리목표모형에서 강조하는 조직문화이다.
④ (○) 관계지향문화는 조직 내 인간과 유연성을 강조하는 인간관계모형에서 강조하는 조직문화이다.

정답 | ①

502		1 2 3
기출처	2023 지방직 7급	
난이도	★★	
키워드	경쟁가치모형	

502 〈필수〉
조직문화 및 변동의 이론에 대한 설명으로 옳은 것만을 모두 고르면?

> ㄱ. 퀸(Quinn)은 경쟁가치모형을 활용해 '내부지향-외부지향'과 '유연성-통제(안정성)'라는 두 가지 차원에서 4가지 조직문화 유형을 도출하였다.
> ㄴ. 홉스테드(Hofstede)는 '권력거리'의 크기가 큰 문화에서는 평등한 관계를 중시하기 때문에 조직 내 의사소통이 활발하고 분권화된 경우가 많다고 본다.
> ㄷ. 레빈(Lewin)은 조직변화의 과정을 현재 상태에 대한 해빙(unfreezing), 원하는 상태로의 변화(moving), 새로운 변화가 지속될 수 있도록 재동결(refreezing)하는 3단계로 제시하였다.

① ㄱ
② ㄱ, ㄷ
③ ㄴ, ㄷ
④ ㄱ, ㄴ, ㄷ

해설

ㄱ. (○) 경쟁가치모형은 조직의 효과성을 측정하는 기준이 서로 경쟁적인 가치를 가질 수 있다는 아이디어에서 출발했다. 이들은 '내부 지향-외부 지향'과 '유연성(융통성)-통제(안정성)'라는 두 가지 차원을 기준으로 계층 문화, 합리적 목표 문화, 집단 문화, 혁신 문화의 4가지 조직문화 유형을 도출하였다.
ㄴ. (×) 평등한 관계를 중시하기 때문에 조직 내 의사소통이 활발하고 분권화된 경우가 많은 것은 권력거리가 적은 문화이다.
ㄷ. (○) 레빈(K. Lewin)은 조직 변화의 과정을 설명하는 3단계 모델을 제시하였다. 이는 해빙(Unfreezing), 변화(Moving/Changing)의 이행, 재동결(Refreezing)의 단계로 구성된다.

정답 | ②

503

퀸과 로보그(Quinn & Rohrbaugh)는 조직의 초점을 어디에 두는가와 조직구조의 성격에 따라 네 가지 효과성가치모형을 제시하였다. ㉠~㉣ 모형에 대한 설명으로 옳은 것은?

초점 \ 구조	안정성(통제)	유연성(융통성)
내부	㉠	㉡
외부	㉢	㉣

① ㉠모형은 조직의 생산성, 능률성, 수익성을 달성하는 것이 목표가치이며, 그 수단으로서 계획과 목표 설정이 강조된다.
② ㉡모형의 목표가치는 인적자원 개발이며, 그 수단으로서 조직 구성원의 응집성, 사기 및 훈련 등이 강조된다.
③ ㉢모형의 목표가치는 성장과 자원 획득 등이며, 그 수단으로서 준비성과 외부평가 등이 강조된다.
④ ㉣모형은 조직의 균형을 확보하는 것이 목표가치이며, 그 수단으로서 정보관리와 의사소통 등이 강조된다.

503
- 기출처: 2017 지방직 7급
- 난이도: ★★
- 키워드: 효과성가치모형

🔍 관련기출 옳은지문

- 관계지향문화(집단문화)는 인적자원의 중요성과 개발을 강조한다.
    24. 경찰간부

- 혁신지향문화(발전문화)는 구성원들의 도전과 창의성을 강조한다.
    24. 경찰간부

해설

① (×) ㉠은 내부과정모형이다. 조직의 안전성과 균형의 확보를 목표로 하며, 그 수단으로써 정보관리와 의사소통 등을 강조한다.
② (○) ㉡은 인간관계모형이다. 목표가치는 인적자원의 개발이며, 그 수단으로써 구성원의 응집성, 사기 및 훈련 등이 강조된다.
③ **매력적 오답** (×) ㉢은 합리목표모형이다. 조직의 생산성, 능률성, 수익성을 목표로 하며, 그 수단으로써 계획과 목표설정 등을 강조한다.
④ **매력적 오답** (×) ㉣은 개방체제모형이다. 성장과 자원의 획득을 목표로 하며, 그 수단으로써 융통성과 외적 평가 등을 강조한다.

고득점 플러스+ 퀸(R. Quinn)과 로보그(J. Rohrbaugh)의 경쟁가치모형

구분		조직운영의 초점	
		외부 → 조직	내부 → 인간
선호도	통제	합리목표모형 → 과업문화, 합리문화	내부과정모형 → 위계문화
	유연성	개방체제모형 → 혁신문화, 발전문화	인간관계모형 → 관계문화, 집단문화

정답 | ②

504	
기출처	2018 지방직 7급
난이도	★★
키워드	균형성과표

🔍 **관련기출 옳은지문**
- 균형성과표(BSC)의 특성은 재무적 관점과 비재무적 관점의 균형이다.
  16. 소방간부

- 내부프로세스 관점의 대표적 성과지표에는 의사결정과정의 시민참여, 적법절차, 커뮤니케이션 구조 등이 있다.
  17. 경찰승진

504
공공부문의 성과관리를 강화하기 위해 균형성과표(BSC: Balanced Score Card)를 도입할 경우 중시해야 할 관점으로 옳지 않은 것은?

① 공기업 재정운영의 효율성을 제고하기 위해 직원 보수를 조정한다.
② 공무원의 능력향상을 위해 전문적 직무교육을 강화한다.
③ 시민들의 행정서비스 만족도를 제고하기 위해 노력한다.
④ 상향식 접근방법에 기초해 공무원의 개인별 실적평가를 중시한다.

해설

① (O) 공공부문의 경우 직원 보수는 예산에 해당하므로 재무관점의 지표에 해당한다.
② (O) 공무원의 능력향상을 위해 전문적 직무교육의 강화는 학습과 성장의 지표에 해당한다.
③ (O) 시민들의 행정서비스 만족도를 제고하기 위한 노력은 고객관점의 지표에 해당한다.
④ (X) 균형성과표는 하향적 접근방법(미션 – 비전 – 전략목표 – 성과목표 – 성과지표)에 기초하고 있으며, 개인이 아닌 조직 그 자체에 대한 평가시스템이다.

정답 | ④

505	
기출처	2014 지방직 9급
난이도	★★
키워드	균형성과표

🔍 **관련기출 옳은지문**
- 재무적 관점의 성과지표는 민간부문에서 특히 중시하는 것으로 대표적인 후행지표이다. 17. 경찰승진

505
균형성과표(BSC)의 성과지표에 대한 설명 중 옳지 않은 것은?

① 고객 관점에서의 성과지표에는 고객만족도, 정책순응도, 민원인의 불만율, 신규 고객의 증감 등이 있다.
② 내부프로세스 관점의 성과지표에는 의사결정과정의 시민참여, 적법적 절차, 커뮤니케이션 구조 등이 있다.
③ 재무적 관점의 성과지표는 전통적인 선행지표로서 매출, 자본수익률, 예산 대비 차이 등이 있다.
④ 학습과 성장 관점의 성과지표에는 학습동아리 수, 내부제안건수, 직무만족도 등이 있다.

해설

① (O) 고객 관점은 외부 시각으로, 고객만족도, 정책순응도, 민원인의 불만율, 신규 고객의 증감률 등을 강조한다.
② **매력적 오답** (O) 내부프로세스 관점은 내부 시각으로, 의사결정 과정의 시민참여, 적법적 절차, 커뮤니케이션 구조 등을 강조한다.
③ (X) 재무적 관점은 전통적 시각으로, 수익성과 성장률 및 주주의 가치 등을 강조하며, 학습과 성장, 내부프로세스, 고객지표의 결과에 좌우되는 후행지표의 성격이 강하다. 다만, 민간은 재무관점이 성공의 핵심이지만, 공공부분의 경우 목표가 아닌 제약조건으로 작용된다.
④ **매력적 오답** (O) 학습과 성장 관점은 미래 시각으로, 학습동아리 수, 제안건수, 직무만족도 등을 강조한다. 나머지 다른 세 관점의 토대가 되는 가장 하부적인 관점이다.

정답 | ③

506 〈필수〉
균형성과표(BSC)에 대한 설명으로 옳지 않은 것은?

① 조직의 장기적 전략 목표와 단기적 활동을 연결할 수 있게 한다.
② 재무적 성과지표와 비재무적 성과지표를 통한 균형적인 성과관리 도구라고 할 수 있다.
③ 재무적 정보 외에 고객, 내부절차, 학습과 성장 등 조직운영에 필요한 관점을 추가한 것이다.
④ 고객 관점에서의 성과지표는 시민참여, 적법절차, 내부 직원의 만족도, 정책 순응도, 공개 등이 있다.

해설

①, ② (O) 균형성과표는 재무지표 중심의 기존 성과관리의 한계를 극복하기 위해 개발된 것으로, 재무적인 측면과 더불어 비재무적 측면에서 성과를 종합적으로 평가하는 성과기록표이며, 현재의 상황뿐만 아니라 미래에 대한 경고의 역할도 담당한다.
③ (O) 균형성과표는 일반적으로 재무관점, 고객관점, 내부과정관점, 학습과 성장관점으로 구성되지만 여기에 인적자원관점, 종업원 만족관점, 환경관점, 커뮤니티관점 등을 추가하기도 한다.
④ (×) 시민참여, 적법절차, 공개는 내부과정 관점의 성과지표이고, 내부 직원의 만족도는 학습과 성장 관점의 성과지표이다.

정답 | ④

506 1 2 3
기출처 | 2021 지방직 9급
난이도 | ★★
키워드 | 균형성과표

관련기출 옳은지문
• BSC는 조직의 목표를 달성하기 위하여 조직 구성원 간 의사소통의 도구로 기능한다. 16. 서울시 7급
• 균형성과표(Balanced Score Card)는 단기적 목표와 장기적 목표 간의 균형을 강조한다. 13. 국회직 8급

507
균형성과표(BSC)에 대한 설명으로 옳은 것만을 모두 고른 것은?

ㄱ. 조직의 비전과 목표, 전략으로부터 도출된 성과지표의 집합체이다.
ㄴ. 재무지표 중심의 기존 성과관리의 한계를 극복하기 위한 것이다.
ㄷ. 조직의 내부요소보다는 외부요소를 중시한다.
ㄹ. 재무, 고객, 내부프로세스, 학습과 성장이라는 네 가지 관점 간의 균형을 중시한다.
ㅁ. 성과관리의 과정보다는 결과를 중시한다.

① ㄱ, ㄴ, ㅁ   ② ㄴ, ㄷ, ㄹ   ③ ㄱ, ㄴ, ㄹ   ④ ㄷ, ㄹ, ㅁ

해설

ㄱ. (O) 균형성과표는 기업의 사명과 전략을 측정하고 관리할 수 있는 포괄적인 측정지표의 하나로, 추상성이 높은 비전에서부터 구체적인 성과지표로 이어지는 위계적인 체제를 가진 조직의 평가지표이다.
ㄴ. (O) 전통적 지표인 재무적 관점은 경영전략(미래)과 연관되어 있지 않고 과거의 정보이며 사후적 결과만을 강조하기 때문에 미래 경쟁력에 대한 지표로 활용되기 곤란하였기에 균형성과표가 개발되었다.
ㄷ. (×) 균형성과표는 고객이라는 외부요소뿐만 아니라 내부과정이라는 조직의 내부요소도 함께 중시한다.
ㄹ. (O) 균형성과표는 재무적인 측면과 더불어 비재무적 측면 즉, 고객, 내부프로세스, 학습과 성장 등 기업의 성과를 종합적으로 평가하는 성과기록표이다.
ㅁ. (×) 균형성과표는 성과관리의 결과뿐만 아니라 과정까지 중시한다.

고득점 플러스+ 균형성과표
• 재무: 전통적 지표, 과거 시각, 후행지표, 공공조직은 제약조건으로 작용 → 수익성, 성장률, 주주의 가치 등
• 고객(→ 수혜자): 외부 시각, 공공조직에서 가장 강조되는 지표 → 고객만족도, 정책의 순응도, 신규 고객의 수 등
• 내부과정: 내부 시각, 업무 처리의 모든 과정 → 시민참여, 적법절차, 커뮤니케이션 등
• 학습과 성장: 미래 시각, 다른 세 관점의 토대가 되는 가장 하부적 요소 → 학습동아리 수, 제안건수, 직무만족도 등

정답 | ③

507 1 2 3
기출처 | 2015 국가직 9급
난이도 | ★★
키워드 | 균형성과표

관련기출 옳은지문
• BSC는 추상성이 높은 비전에서부터 구체적인 성과지표로 이어지는 위계적인 체제를 가진다. 16. 서울시 7급

CHAPTER 08 조직개혁론

508
기출처: 2017 국가직 7급
난이도: ★
키워드: SWOT 분석

508
SWOT 분석에 대한 설명으로 옳지 않은 것은?

① 조직 내적 특성과 외부 환경의 조합에 따른 맞춤형 대응전략 수립에 도움이 된다.
② 조직 외부환경은 기회와 위협으로, 조직 내부 자원·역량은 강점과 약점으로 구분한다.
③ 다양화 전략은 조직의 강점을 활용하여 위협을 회피하거나 최소화하는 전략이라고 볼 수 있다.
④ 기존 프로그램의 축소 또는 폐지는 약점-기회를 고려한 방어적 전략이라고 볼 수 있다.

> **해설**
>
> ① (O) SWOT 분석은 장기적인 관점에서 대내적 강점과 약점 그리고 환경의 위협과 기회를 분석하여 조직의 역량과 외부환경 간 적합성을 추구하는 관리철학이다.
> ② (O) SWOT 분석의 기본 틀은 조직 내부 요인을 강점과 약점으로, 조직 외부 요인을 기회와 위협으로 구분한다.
> ③ **매력적 오답** (O) 다양화 전략은 조직의 강점과 환경의 위협이 결합된 전략이다.
> ④ (X) 기존 프로그램의 축소 또는 폐지는 약점-위협을 고려한 방어적 전략이라고 볼 수 있다. 약점-기회와 관련된 전략은 방향전환 전략이다.

정답 | ④

509
기출처: 2021 국가직 9급
난이도: ★★
키워드: 과학적 관리론

🔍 관련기출 옳은지문

• 과학적 관리론은 과학적 분석을 통해 업무수행에 적용할 '유일 최선의 방법'을 발견할 수 있다고 보았다.
  16. 경찰간부

• 과학적 관리법(scientific management)의 기본 전제는 생산성 향상의 혜택은 노동자와 사용자 모두에게 돌아간다는 것이다.
  21. 경찰간부

• 테일러(F. W. Taylor)의 과학적 관리론에 의하면 과업은 일류의 노동자만이 달성할 수 있는 충분한 것이어야 한다.
  20. 군무원 9급

509 〈필수〉
테일러(Taylor)의 과학적 관리론에 대한 설명으로 옳지 않은 것은?

① 관리자는 생산증진을 통해서 노·사 모두를 이롭게 해야 한다.
② 조직 내의 인간은 사회적 욕구에 의해 동기가 유발된다고 전제한다.
③ 업무와 인력의 적정한 결합은 노동자가 아닌 관리자에 의해 결정되어야 한다.
④ 업무수행에 관한 유일 최선의 방법을 찾기 위해 동작연구와 시간연구를 사용한다.

> **해설**
>
> ① (O) 테일러(F. Taylor)는 생산성과 임금에 있어 고용주와 종업원 간에 이견이 없다고 가정한다.
> ② (X) 과학적 관리법은 조직 내의 인간을 경제적 유인에 의해 동기가 유발되는 타산적 존재로 가정한다.
> ③ **매력적 오답** (O) 과학적 관리법은 관리자가 과학적 분석을 통해 업무수행을 위한 최선의 법칙을 발견할 수 있다고 가정하므로 과업은 관리자에 의해 하향적으로 설정된다.
> ④ (O) 테일러(F. Taylor)는 시간과 동작연구를 통해 생산의 극대화를 가져올 수 있는 최선의 길이 있다고 보았다.

정답 | ②

510

행정개혁수단 가운데 테일러(F. Taylor)의 과학적 관리법 내용을 가장 잘 반영하고 있는 것은?

① 다면평가제(360-degree appraisal)
② 성과상여금제(bonus pay)
③ 고위공무원단제(Senior Civil Service)
④ 목표관리제(MBO)

해설

① (×) 다면평가제(360-degree appraisal)는 상사·동료·부하·고객 등 다수의 평가자가 입체적으로 평가하는 방법으로, 목표관리(MBO)와 관련된다.
② (○) 테일러(F. Taylor)의 과업관리는 시간 및 동작연구를 통해 작업여건과 작업도구의 표준화 및 적정 과업량을 설정한 후 성과에 따른 차별적 성과급을 지급하는 제도이다.
③ (×) 고위공무원단제(Senior Civil Service)는 정부의 실·국장급 공무원(1~3급)을 중·하위직 공무원과 분리하여 범정부적 차원에서 성과와 능력을 기준으로 체계적으로 관리하는 인사시스템을 말한다.
④ (×) 목표관리제(MBO)는 구성원의 자발적 참여를 통해 조직의 효과성을 증진시키려는 민주적 관리기법으로, 성과와 능률을 중시하는 결과지향적인 관리기법이다.

고득점 플러스+ 테일러(F. Taylor) 시스템 → 과업관리

- 과업관리 핵심기법: 시간 및 동작연구(→ 업무의 표준화), 차별적 성과급제도, 감독의 분업, 예외에 의한 관리
- 기업관리 4대원칙: 유일 최선의 방법 발견, 과학적 선발과 훈련, 일과 사람의 적정한 결합, 관리자와 근로자의 책임분담

정답 | ②

510
기출처: 2012 국가직 9급
난이도: ★★
키워드: 과학적 관리론

관련기출 옳은지문
- 과학적 관리론은 주먹구구식(rules of thumb) 방법을 지양하고, 작업수행에 대한 과학적 방법을 발전시키려 하였다. 24. 경찰승진

---

511 〈필수〉

신고전적 조직이론인 인간관계론이 강조한 내용으로 옳은 것은?

① 기계적 능률성
② 공식적 조직구조
③ 합리적·경제적 인간관
④ 인간의 사회·심리적 요인

해설

①, ②, ③ (×) 기계적 능률성, 공식적 조직구조, 합리적·경제적 인간관 등은 모두 고전적 조직이론의 특징이다.
④ (○) 신고전적 조직이론은 사회적·심리적 요인을 강조하는 사회인관을 기반으로 한다.

정답 | ④

511
기출처: 2024 국가직 9급
난이도: ★★★
키워드: 인간관계론

관련기출 옳은지문
- 인간관계론도 과학적 관리론과 마찬가지로 생산성의 향상을 추구한다. 21. 행정사

- 인간관계론은 '젖소 사회학(cow sociology)'이라며 비판받기도 하였다. 22. 경찰승진

CHAPTER 08 조직개혁론 · 313

512

기출처	2019 국가직 7급
난이도	★★
키워드	후기인간관계론

512
후기인간관계론에 대한 설명으로 옳지 않은 것은?

① 합리적·경제적 인간관보다는 자아실현적 인간관과 더 부합한다.
② 개인은 다양한 차원에서 다양한 특성을 지니고 있으므로 상황에 따라 개인을 다양한 시각으로 이해할 필요가 있다.
③ 대표하는 이론으로는 맥그리거(McGregor)의 Y이론, 아지리스(Argyris)의 성숙인 등을 들 수 있다.
④ 의사결정과정에 개인을 참여시키는 관리전략이 필요하다.

해설

① (O) 후기인간관계론은 지속적 성장에 초점을 두는 자아실현적 인간관을 기반으로 한다.
② (×) 다양한 차원에서 다양한 특성을 지닌 개인을 가정하고 상황에 따라 다양한 시각으로 이해할 필요가 있음을 강조하는 인간관은 복잡인관이다.
③ (O) 자아실현적 인간관에는 맥그리거(D. McGregor)의 Y이론, 아지리스(C. Argyris)의 성숙인, 허즈버그(F. Herzberg)의 동기요인 등이 포함된다.
④ (O) 자아실현적 인간관은 구성원의 참여를 강조하는 통합모형에 입각한 조직관리를 추구한다.

정답 | ②

513

기출처	2022 국가직 9급
난이도	★★
키워드	목표관리제

관련기출 옳은지문

- 목표관리(MBO)에서는 상급자와 하급자 간 상호협의를 통해 일정 기간 달성해야 할 구체적인 업무목표를 설정한다. 23. 국회직 8급

- 목표관리(MBO)는 목표달성과정의 자율성과 성과에 따른 보상 및 환류를 특징으로 한다. 23. 국회직 8급

- MBO는 과업 성과를 동기화하는 관리제도이다. 06. 서울시 7급

513 〈필수〉
목표관리제(MBO)에 대한 설명으로 옳은 것만을 모두 고르면?

> ㄱ. 부하와 상사의 참여를 통해 목표를 설정한다.
> ㄴ. 중·장기목표를 단기목표보다 강조한다.
> ㄷ. 조직 내·외의 상황이 안정적이고 예측 가능한 조직에서 성공확률이 높다.
> ㄹ. 개별 구성원의 직무 특수성을 반영하기 위하여 목표의 정성적, 주관적 성격이 강조된다.

① ㄱ, ㄴ
② ㄱ, ㄷ
③ ㄴ, ㄹ
④ ㄷ, ㄹ

해설

ㄱ. (O) 목표관리제의 핵심 원칙 중 하나는 목표 설정 과정에서 상사와 부하가 함께 논의하고 합의를 통해 목표를 설정한다는 점이다.
ㄴ. (×) 목표관리제는 중·장기목표보다는 단기목표를 강조한다.
ㄷ. (O) 목표관리제는 사전에 명확한 목표를 설정하고 이를 추구하는 방식이므로, 조직 내외부 환경이 안정적이고 예측 가능할 때 효과적으로 작동한다.
ㄹ. (×) 목표관리제는 계량적이고 구체적이며 객관적인 목표의 설정을 강조한다.

정답 | ②

514
정부 성과평가에 대한 설명으로 옳지 않은 것은?

① 성과평가는 개인의 성과를 향상시키기 위한 방법을 모색하기 위해서 사용될 수 있다.
② 총체적품질관리(Total Quality Management)는 개인의 성과평가를 위한 도구로 도입되었다.
③ 관리자와 구성원의 적극적인 참여는 성과평가 성공에 있어서 중요한 역할을 한다.
④ 조직목표의 본질은 성과평가제도의 운영과 직접 관련성을 갖는다.

514	
기출처	2013 국가직 9급
난이도	★★
키워드	총체적품질관리

해설

① (○) 평가는 책임성과 환류의 목적으로 사용되므로 조직뿐만 아니라 개인의 성과를 향상시키기 위한 환류의 도구로써 활용될 수 있다.
② (×) 총체적품질관리(Total Quality Management)는 고객만족을 최우선 목표로 삼고 구성원의 광범위한 참여를 통해 조직의 과정과 절차 및 태도를 지속적으로 개선해 나가는 장기적이고 전략적인 품질관리 철학으로, 조직 전체의 성과평가를 위한 도구로 도입되었다.
③ (○) 성과평가는 단순히 평가자의 일방적인 행위가 아니다. 평가자와 피평가자(관리자와 구성원) 모두가 평가 과정에 적극적으로 참여하고 소통할 때, 평가의 투명성, 공정성, 수용성이 높아져 성공적인 평가가 이루어질 수 있다.
④ (○) 성과평가제도는 조직의 전략적 목표와 방향을 개인 및 부서의 성과 목표와 연계하여 조직 전체의 목표 달성을 지원하는 역할을 한다. 따라서 조직목표의 본질과 방향성은 성과평가제도의 설계 및 운영과 직접적인 관련성을 갖는다.

고득점 플러스+ 총체적품질관리(TQM)

- 의의: 고객의 만족을 위해 모든 구성원의 참여를 통해 과정과 절차 및 태도 등을 지속적으로 개선하는 관리기법
- 방법: Total(→ 업무처리의 전 과정), Quality(→ 양보다는 질), Management(→ 품질향상을 위한 관리기법)
- 특징
  - 품질의 최종 결정자로서 고객(→ 서비스 변이성 방지), 사전적이고 예방적인 품질관리
  - 통합주의(→ 모든 구성원의 참여, 개인보다는 팀워크 중시), 사실에 기초한 품질관리(→ 통계적 자료와 과학적 절차)
  - 환류의 강조: 과정과 절차의 지속적 개선(→ 장기적·거시적 시각)

정답 | ②

515	1 2 3
기출처	2020 국가직 9급
난이도	★★
키워드	총체적품질관리

🔍 **관련기출 옳은지문**

- 총체적 품질관리(TQM)는 신공공관리에 지대한 영향을 주었다.
  23. 경찰간부

- 총체적 품질관리(TQM)는 구성원의 참여를 인정한다는 점에서 목표관리(MBO)와 일치한다. 20. 경찰승진

- 총체적 품질관리(TQM)의 시간관은 장기적이며, 통제유형은 예방적·사전적 통제이다. 08. 서울시 7급

515 〈필수〉

총체적품질관리(Total Quality Management)에 대한 설명으로 옳은 것만을 모두 고르면?

> ㄱ. 고객의 요구를 존중한다.
> ㄴ. 무결점을 향한 지속적 개선을 중시한다.
> ㄷ. 집권화된 기획과 사후적 통제를 강조한다.
> ㄹ. 문제해결의 주된 방법은 집단적 노력에서 개인적 노력으로 옮아간다.

① ㄱ, ㄴ
② ㄱ, ㄷ
③ ㄴ, ㄹ
④ ㄷ, ㄹ

해설

ㄱ. (○) 총체적품질관리는 고객의 만족을 제1차적 목표로 삼는 고객 중심적인 관리기법이다.
ㄴ. (○) 총체적품질관리는 결점이 없어질 때까지 지속적인 품질개선의 노력을 강조한다.
ㄷ. (×) 총체적품질관리는 실무자 중심의 분권적 구조를 중시하며, 사전 예방적 노력을 강조하는 관리기법이다.
ㄹ. (×) 총체적품질관리는 품질의 향상을 위해 모든 구성원의 집단적 노력을 강조하는 관리기법이다.

정답 | ①

516	1 2 3
기출처	2017 지방직 7급
난이도	★
키워드	리엔지니어링

🔍 **관련기출 옳은지문**

- 리엔지니어링(RE)은 프로세스의 변화뿐만 아니라 조직구조나 문화 등 다양한 측면에서 변화가 요구된다.
  18. 경찰간부

516

행정개혁으로서의 리엔지니어링(BPR)에 대한 설명으로 옳은 것은?

① 고객만족 가치를 창출하는 프로세스 개선에 초점을 둔다.
② 공공부문과 민간부문의 리엔지니어링 환경은 차이가 없다.
③ 조직 개선을 위한 논의는 구조, 기술, 형태 등과 같은 변수를 중심으로 이루어진다.
④ 조직의 점진적 변화가 필요할 때 사용되며, 조직문화는 개혁의 대상이 아니다.

해설

① (○) 리엔지니어링(BPR)은 업무의 과정과 절차(업무 프로세스)를 정비하여 고객만족가치를 창출하고자 하는 개혁기법이다.
② (×) 공공부문의 경우 법적 제약 등이 강하기 때문에 민간부문과 리엔지니어링 환경에 있어 차이가 있다.
③ (×) 리엔지니어링(BPR)은 구조나 기술 또는 형태보다는 과정 중심의 개혁기법이다.
④ **매력적 오답** (×) 리엔지니어링(BPR)은 조직성과의 개선을 위하여 사업절차를 근본적, 급진적, 극적으로 재설계하고자 한다.

정답 | ①

517 필수

정보기술의 활용을 통해 업무처리의 절차를 근본적으로 개선하는 데 초점을 맞추고, ICT 기반 행정혁신을 촉진하는 것은?

① 혼합현실(mixed reality)
② 업무재설계(business process reengineering)
③ 정보자원관리(information resource management)
④ 제3의 플랫폼(the 3rd platform)

517	1 2 3
기출처	2023 국가직 7급
난이도	★
키워드	업무재설계

해설

① (×) 혼합현실(mixed reality)이란 현실 세계에 가상현실(VR)을 접목하여 현실의 물리적 객체와 가상의 객체가 상호작용할 수 있는 것을 말한다.
② (○) 정보기술의 활용을 통해 업무처리의 절차를 근본적으로 개선하는 데 초점을 맞추는 것은 업무재설계이다.
③ (×) 정보자원관리란 조직에 필요한 정보를 생산하는 데 사용되는 자원을 관리하는 것으로 정보자원에 대한 통합적 관리체제를 의미한다.
④ (×) 제3의 플랫폼은 모바일, 클라우드, 빅 데이터, 소셜 컴퓨팅을 접목한 새로운 IT환경을 의미한다.

고득점 플러스+ 리엔지니어링(BPR)

- 업무의 과정과 절차를 정비하여 가장 합리적인 업무수행 과정을 찾고자 하는 개혁기법
- 특징: 기본적으로 다시 생각할 것, 근본적으로 수정할 것, 극적 향상을 꾀할 것
- 주요처방
  - 정보기술의 활용을 통한 이음매 없는 구조의 설계
  - 고객이나 절차 중심의 설계, 정보수집창구의 단일화, 절차의 병렬화 등

정답 | ②

CHAPTER 09 정보체계론

---

518 ①②③
기출처 | 2021 지방직 9급
난이도 | ★
키워드 | 4차 산업혁명

518 〈필수〉
4차 산업혁명에 관한 설명으로 옳지 않은 것은?

① 초연결성, 초지능성 등의 특징이 있다.
② 대량 생산 및 규모의 경제 확산이 핵심이다.
③ 사물인터넷은 스마트 도시 구현에 도움이 된다.
④ 빅 데이터를 활용한 맞춤형 공공서비스 제공이 가능하다.

해설
① (○) 4차 산업혁명은 1784년 영국에서 시작된 증기기관과 기계화로 대표되는 1차 산업혁명, 1870년 전기를 이용한 대량생산이 본격화된 2차 산업혁명, 1969년 인터넷이 이끈 컴퓨터 정보화 및 자동화 생산시스템이 주도한 3차 산업혁명에 이어, 로봇이나 인공지능(AI)을 통해 실제와 가상이 통합되어 사물을 자동적·지능적으로 제어할 수 있는 가상 물리 시스템의 구축이 기대되는 산업상의 변화를 말하며, 정보통신기술(ICT)의 융합으로 이뤄지는 초연결, 초지능, 초융합으로 대표된다.
② (×) 대량 생산 및 규모의 경제 확산이 핵심인 것은 2차 산업혁명이다.
③ (○) 사물인터넷이란 각종 사물들에 통신기능을 내장하여 인터넷에 연결되도록 해 사람과 사물, 사물과 사물 간의 상호 소통을 가능하게 하는 것을 말한다.
④ (○) 4차 산업혁명의 핵심 기술인 빅 데이터는 방대한 양의 데이터를 분석하여 개인의 필요와 선호에 맞는 맞춤형 공공서비스를 기획하고 제공하는 데 활용될 수 있다.

정답 | ②

🔍 관련기출 옳은지문

- 4차 산업혁명은 사물인터넷(Internet of Things), 빅데이터(Big Data), 인공지능(Artificial Intelligence) 등을 핵심 기술로 한다. 22. 경찰승진

- 4차 산업혁명의 사회는 변동성(Volatility), 불확실성(Uncertainty), 복잡성(Complexity), 모호성(Ambiguity)으로 설명된다. 22. 경찰승진

- 세계경제포럼은 4차 산업혁명 시대의 정부모형으로 FAST(Flatter, Agile, Streamlined, Tech-savvy) 정부를 제시했다. 22. 경찰승진

---

519 ①②③
기출처 | 2024 국가직 9급
난이도 | ★
키워드 | 4차 산업혁명

519
다음은 4차 산업혁명 시대의 주요 정보기술을 설명하고 있다. 이에 해당하는 것은?

> 거래정보의 기록을 중앙집중화된 서버나 관리기능에 의존하지 않고, 분산원장(distributed ledger)을 기반으로 모든 참여자에게 분산된 형태로 배분함으로써, 데이터 관리의 탈집중화된 환경을 제공하는 기술이다.

① 인공지능(AI)
② 블록체인(block chain)
③ 빅 데이터(big data)
④ 사물인터넷(IoT)

해설
① (×) 인공지능(Artificial Intelligence)은 인간의 학습 능력, 추론 능력, 지각 능력 등을 인공적으로 구현하는 기술을 말한다.
② (○) 블록체인(Block chain)은 데이터를 블록이라는 단위로 묶어 연결하고, 이를 분산된 네트워크에 저장하여 투명성과 보안성을 높이는 기술을 말한다.
③ (×) 빅 데이터는 기존 데이터베이스로는 처리하기 어려울 정도로 방대한 양의 데이터를 의미하며, 이러한 데이터를 수집, 저장, 분석하는 기술 전반을 일컫는다.
④ (×) 사물인터넷(IoT)은 다양한 사물에 센서와 통신 기능을 내장하여 인터넷으로 연결하고 데이터를 주고받는 기술이다.

> **고득점 플러스+** 산업혁명의 진화

- 1차 산업혁명: 1784년 영국에서 시작된 증기기관과 기계화로 대표되는 단계
- 2차 산업혁명: 1870년 전기를 이용한 대량생산이 본격화된 단계
- 3차 산업혁명: 1969년 인터넷이 이끈 컴퓨터 정보화 및 자동화 생산시스템이 주도하는 단계
- 4차 산업혁명: 가상 물리 시스템의 구축이 기대되는 단계 → 초연결, 초지능, 초융합

정답 | ②

520

인공지능의 한 응용분야로서 컴퓨터 시스템이 특정 분야의 문제해결을 자동적으로 지원하는 시스템은?

① 관리정보시스템(MIS)
② 의사결정지원시스템(DSS)
③ 전문가시스템(ES)
④ 거래처리시스템(TPS)

520	1 2 3
기출처	2011 지방직 9급
난이도	★
키워드	전문가시스템

해설

① (×) 관리정보 또는 경영정보시스템(MIS)이란 조직의 운영에서 의사결정의 유효성을 높이기 위하여, 관련 정보를 필요에 따라 즉각적으로, 그리고 대량으로 수집·전달·처리·저장·이용할 수 있도록 편성한 인간과 컴퓨터와의 결합 시스템을 말한다.
② (×) 의사결정지원시스템(DSS)은 컴퓨터를 사용하여 정형화되지 않는 문제 즉, 주로 문제의 일부는 계량화할 수 있으나 일부는 주관적으로 다룰 수밖에 없는 문제에 관해 결정자가 효과적인 의사결정을 할 수 있도록 지원하는 시스템이다.
③ (○) 전문가시스템(ES)이란 전문가의 지식과 경험을 컴퓨터에 기억시켜 컴퓨터를 통해 전문가의 능력을 빌릴 수 있도록 만든 시스템을 말한다.
④ (×) 거래처리시스템(TPS)은 조직에서 일상적이고 반복적으로 수행되는 거래를 손쉽게 기록하고 처리하는 정보시스템이다.

🔍 **관련기출 옳은지문**
- 고객관계관리(CRM)는 고객정보를 바탕으로 업무프로세스, 조직, 인력을 정비하고 운용하는 전략을 나타내는 개념이다. 10. 서울시 9급
- 전자문서교환은 서로 다른 조직 간에 약속된 포맷을 사용하여 행정상의 거래를 컴퓨터와 컴퓨터 간에 행하는 것이다. 10. 서울시 9급

정답 | ③

521

UN에서 제시하는 세 가지 전자적 참여형태에 해당하지 <u>않는</u> 것은?

① 전자정보화(e-information) 단계
② 전자자문(e-consultation) 단계
③ 전자결정(e-decision) 단계
④ 전자홍보(e-public relation) 단계

521	1 2 3
기출처	2011 국가직 9급
난이도	★
키워드	전자적 참여

해설

① (○) 전자정보화는 전자적 채널을 통한 정부기관의 다양한 정보를 공개하는 단계이다.
② (○) 전자자문은 시민과 선출직 공무원 간 청원과 정책토론 등 전자적 의사소통의 단계이다.
③ (○) 전자결정은 정책결정과정에 있어 시민들의 의견이 반영되는 단계이다.
④ (×) UN에서 제시한 전자적 참여형태는 전자정보화, 전자자문, 전자결정이다. 전자홍보는 이에 포함되어 있지 않다.

정답 | ④

522

기출처	2014 국가직 9급
난이도	★★
키워드	전자정부

전자정부 구현에 따른 기대효용으로 거리가 먼 것은?

① 정보의 공개와 상호작용을 통한 행정의 신뢰성 확보
② 정보의 집중화를 통한 신속하고 집권적인 정책결정
③ 정보통신기술을 활용한 업무 효율성 제고
④ 정부 정보에 대한 시민의 접근성 강화

해설

① (O) 전자정부는 쌍방향적 의사전달을 강조하므로 정부와 국민 간의 신뢰성 확보에 기여할 것이다.
② (×) 전자정부는 정보의 공유와 공개를 강조하며, 네트워크조직이나 가상조직을 강조하므로 원칙적으로 조직의 분권화와 관련된다.
③ (O) 전자정부는 전자문서 시스템, 온라인 민원 처리, 데이터베이스 연동 등을 통해 행정 업무 처리 시간을 단축하고, 인적·물적 자원 낭비를 줄여 업무 효율성을 크게 높일 수 있다.
④ (O) 전자정부는 정부가 보유하고 있는 정보에 대한 공개를 강조하므로 정부 정보에 대한 시민의 접근성이 향상될 것이다.

정답 | ②

🔍 관련기출 옳은지문

- 전자정부(e-government) 구현과정에서 예측되는 현상은 중간관리층 규모가 축소되고 행정농도가 낮아지는 것이다. 14. 국가직 7급

- 전자정부의 주요 특징은 시민이나 민간조직 등과의 네트워크를 통해 폭 넓은 거버넌스를 구축한다는 것이다. 18. 행정사

- 전자정부는 정부 내 공문서나 자료가 전자적으로 처리되어 종이 없는 행정을 구현한다. 22. 국회직 9급

523

기출처	2016 지방직 7급
난이도	★★
키워드	스마트 전자정부

기존 전자정부와 비교한 스마트 전자정부의 특징이 아닌 것은?

① 개인별 맞춤형 통합서비스 제공
② 스마트폰, 태블릿 PC, 스마트 TV 등 다매체 활용
③ 공급자 중심의 서비스 개발
④ 1회 신청으로 연관 민원 일괄처리

해설

①, ②, ④ (O) 스마트 전자정부는 수요자 중심의 개인별 맞춤 서비스를 강조한다.
③ (×) 공급자 중심의 서비스 개발은 전자정부 1.0의 특징이다.

정답 | ③

524

기출처	2013 지방직 7급
난이도	★★
키워드	스마트 사회

스마트 사회 및 스마트 정부의 모습과 거리가 먼 것은?

① 유연성·창의성·인간중심 가치가 중시되는 사회이다.
② 정부는 국민이 요구하기 전에 먼저 알아서 서비스를 제공한다.
③ 스마트워크의 확산으로 현장에서 업무를 처리하고 실시간으로 입력하기 때문에 효율성과 생산성이 제고된다.
④ 재난 발생 후 최대한 빠른 시간 내에 복구하는 것을 정책 목표로 추구한다.

해설

① ② (O) 스마트 사회 및 스마트 정부는 진화된 IT 기술을 바탕으로 일하는 방식, 생활양식, 사회문화 등의 혁신을 가져오는 사회로, 유비쿼터스, 컨버전스(Convergence), 인공지능(AI) 등을 핵심기술로 한다. 또한 스마트 사회는 지능형 사회를 의미하며, 인간과 사물 간 의사소통에서 사물과 사물 간 의사소통까지 확장하고, IT 간 융합을 기반으로 타 산업과 융합한다.
③ (O) 스마트워크란 시간과 장소에 얽매이지 않고 언제 어디서나 일할 수 있는 체제를 말한다.
④ (X) 스마트 사회 또는 스마트 정부는 재난의 발생을 예견하고 미리 예방하는 것을 목적으로 한다. 재난 발생 후 빠른 복구는 전통적 정부의 모습이다.

정답 | ④

관련기출 옳은지문
- 스마트사회의 전자정부에서 강조되는 특징은 국민들이 민원서비스를 신청하지 않더라도 정부가 국민의 요구들을 미리 파악해서 행정서비스를 선제적으로 제공하는 것이다. 16. 국회직 8급

525
유비쿼터스 정부(u-government)의 특성과 거리가 먼 것은?

① 중단 없는 정보 서비스 제공
② 맞춤 정보제공
③ 고객 지향성, 실시간성, 형평성 등의 가치 추구
④ 일방향 정보제공

525	
기출처	2013 국가직 9급
난이도	★★
키워드	유비쿼터스 정부

해설

① (O) 유비쿼터스 정부는 언제 어디서나 개인화되고 중단 없는 서비스를 제공하는 정부이다.
② (O) 유비쿼터스 정부는 개인의 관심사, 선호도 등에 따른 실시간 맞춤 정보의 제공을 강조한다.
③ (O) 결국, 유비쿼터스 정부는 고객지향성, 지능성, 실시간성, 형평성을 핵심가치로 한다.
④ (X) 유비쿼터스 정부는 쌍방향적 정보제공과 관련된다.

정답 | ④

관련기출 옳은지문
- 이른바 '민첩한 정부(agile government)'는 데이터 분석 등 디지털기술을 활용하여 기민하게 환경변화에 대응하는 정부를 말한다. 22. 국회직 9급

- 유비쿼터스 컴퓨팅은 인간을 복잡하고 불편한 컴퓨터작업으로부터 해방시키고 인간의 존엄성을 회복시킨다는 비전을 가지고 있다. 12. 국회직 8급

526
유비쿼터스 전자정부에 대한 설명으로 옳은 것만을 모두 고르면?

> ㄱ. 기술적으로 브로드밴드와 무선, 모바일 네트워크, 센싱, 칩 등을 기반으로 한다.
> ㄴ. 서비스 전달 측면에서 지능적인 업무수행과 개개인의 수요에 맞는 맞춤형 서비스를 제공한다.
> ㄷ. Any-time, Any-where, Any-device, Any-network, Any-service 환경에서 실현되는 정부를 지향한다.

① ㄱ, ㄴ   ② ㄱ, ㄷ   ③ ㄴ, ㄷ   ④ ㄱ, ㄴ, ㄷ

526	
기출처	2020 지방직 9급
난이도	★★
키워드	유비쿼터스 전자정부

해설

ㄱ. (O) 유비쿼터스 전자정부는 인터넷 기반을 뛰어넘는 유·무선 통합 네트워크 체계이다.
ㄴ. (O) 유비쿼터스 전자정부는 지능적인 업무수행을 통해 개개인의 맞춤 서비스를 지향한다.
ㄷ. (O) 유비쿼터스 전자정부는 물리적 공간을 뛰어넘는 서비스 체계로 언제 어디서나 다양한 네트워크나 장치를 통해 모든 서비스를 제공받을 수 있는 것을 목표로 삼는다.

정답 | ④

527

정보격차에 대한 설명으로 옳지 않은 것은?

① 경제협력개발기구(OECD)는 정보격차를 '개인, 가정, 기업 및 지역들 간에 상이한 사회·경제적 여건에서 비롯된 정보통신기술에 대한 접근기회와 다양한 활동을 위한 인터넷 이용에서의 차이'로 정의했다.
② '정보화마을'은 우리나라에서 도농 간 정보격차 해소를 위해 시행한 지역정보화 정책의 사례이다.
③ 「지능정보화기본법」은 국가기관과 지방자치단체뿐 아니라 민간기업에 대해서도 정보격차 해소시책을 마련할 의무를 규정하고 있다.
④ 「장애인 차별금지 및 권리구제 등에 관한 법률」은 정보통신·의사소통 등에서의 정당한 편의제공 의무에 관한 규정을 두고 있다.

해설

① (○) 경제협력개발기구(OECD)는 정보격차를 여러 사회 경제적 계층의 개인, 가정, 기업 및 지역들 간에 나타나는 정보통신기술에 대한 접근기회의 차이 및 다양한 형태의 활동을 위한 인터넷 활용 수준에 있어서의 차이로 정의했다.
② (○) 정보화마을은 정보화에 소외된 지역에 초고속 인터넷 이용 환경 조성과 전자상거래 등 정보 콘텐츠를 구축하여 지역주민의 정보 생활화를 유도하고 실질적인 수익을 창출함으로써 지역경제 활성화를 통해 주민의 삶의 질을 향상시키는 마을을 말한다.
③ (×) 국가기관과 지방자치단체는 모든 국민이 지능정보서비스에 원활하게 접근하고 이를 유익하게 활용할 기본적 권리를 누구나 격차 없이 실질적으로 누릴 수 있도록 필요한 시책을 마련하여야 한다. 즉, 민간기업에 대한 규정은 없다.
④ (○) 「장애인 차별금지 및 권리구제 등에 관한 법률」 제21조의 내용이다.
※ 출제 당시, "③ 「국가정보화기본법」은~"이였으나, 2020년 「지능정보화기본법」으로 개정되어 선택지를 수정하였습니다.

정답 | ③

528 (필수)

전자정부 구현사례에 대한 설명으로 옳지 않은 것은?

① 'G2B'의 대표적 사례는 '나라장터'이다.
② 'G2C'는 조달 관련 온라인 서비스를 통합적으로 제공하는 것이다.
③ 'G4C'는 단일창구를 통한 민원업무혁신사업으로 데이터베이스 공동활용시스템 구축을 내용으로 한다.
④ 'G2G'는 정부 내 업무처리의 전자화를 내용으로 하고 있으며 대표적 사례로는 '온나라 서비스'가 있다.

> 해설

① (○) 나라장터는 국가종합전자조달시스템을 의미하며, 이는 정부와 민간기업과의 관계를 효율적으로 만드는 수단이다.
② (×) 조달 관련 온라인 서비스를 통합적으로 제공하는 것은 나라장터를 말하는데 이는 G2B의 대표적 사례이다.
③ (○) G4C는 정부와 고객 간의 관계를 의미하므로, 민원업무의 혁신이나 민관의 데이터베이스 공동활용시스템이 이에 해당한다.
④ (○) G2G는 정부와 정부 간의 관계를 의미하므로 정부 내 업무처리시스템인 온나라 서비스가 이에 해당한다.
※ 출제 당시, "④ ~대표적 사례로는 '온–나라 시스템이 있다."이었으나, 2022년 '온나라 서비스'로 명칭이 변경되어 선택지를 수정하였습니다.

고득점 플러스+ 전자정부의 유형

- 능률형(→ G2G): 협의 전자정부
  - 대내적 효율성 제고에 초점
  - 정보공유, 사무자동화, 전자문서, 전자서명, 재택근무, 온나라 서비스 등
- 서비스형(→ G2B 또는 G2C)
  - 수요자 중심의 대국민 서비스 제공에 초점
  - 정부민원포털 정부24, 국민신문고, 국가종합전자조달시스템 나라장터, 전자통관시스템
- 민주형: 광의 전자정부, 참여와 같은 대외적 민주성 제고에 초점

정답 | ②

🔍 **관련기출 옳은지문**

- 현재 모든 공공기관의 공사, 용역, 물품 등의 발주정보를 공개하고 조달절차를 인터넷으로 처리하도록 만든 '나라장터'가 운영되고 있다. 24. 해경간부

- 현재 인사정책 수립과 부처 인사업무를 지원하기 위한 전자인사관리시스템이 운영되고 있다. 24. 해경간부

529
전자적 행정서비스를 제공받는 집단에 대한 설명으로 옳은 것은?

① G2G(Government, Government)에서는 그룹웨어시스템을 통한 원격지 연결, 정보공유, 업무의 공동처리, 업무 유연성 등으로 행정의 생산성이 저하된다.
② G2C(Government, Citizen)의 관계 변화를 통해 시민요구에 부응하는 질 높은 행정서비스를 제공하고 시민참여를 촉진할 수 있지만 공공서비스 수요에 대한 대응성이 낮아진다.
③ G2G(Government, Government)에서는 정부부처 간, 중앙과 지방정부 간에 정보를 공동활용하여 행정업무의 정확성과 효율성이 증대되고 거래비용이 감소한다.
④ G2B(Government, Business)의 관계 변화로 정부의 정책수행을 위한 권고, 지침전달 등을 위한 정보교류 비용이 감소하지만 조달행정 비용은 증가한다.

529

기출처	2018 지방직 7급
난이도	★★
키워드	G2B

> 해설

① (×) G2G를 통해 원격지 연결, 정보공유, 업무의 공동처리, 업무 유연성 등이 높아지면 생산성 또한 높아질 것이다.
② (×) G2C를 통해 시민참여가 활성화되면 공공서비스 수요에 대한 대응성 또한 높아질 것이다.
③ (○) G2G가 활성화되면 정부 내 업무의 효율성이 높아지고, 정보를 공유하므로 거래비용 역시 감소할 것이다.
④ (×) G2B를 통해 전자조달이 활성화되면 조달행정 비용 역시 절감될 수 있다.

정답 | ③

530

530		1 2 3
기출처	2017 국가직 7급 변형	
난이도	★★	
키워드	온나라 서비스	

정보통신기술을 활용한 행정개선 사례로 옳지 <u>않은</u> 것은?

① 정부서울청사 등에 스마트워크센터를 설치하여 운영하고 있다.
② 민원서비스를 통합적으로 제공하는 '정부24'를 도입하였다.
③ 정부에 대한 불편사항 제기, 국민제안, 부패 및 공익 신고 등을 위해 '국민신문고'를 도입하였다.
④ 공공기관의 공사, 용역, 물품 등의 발주정보를 공개하고 조달절차를 인터넷으로 처리하도록 '온나라 서비스'를 도입하였다.

> **해설**
>
> ① (○) 스마트워크센터란 공무원 또는 공공기관이 자신의 원래 근무지가 아닌 주거지와 가까운 지역에서 근무할 수 있도록 환경을 제공하는 원격근무용 업무공간을 말한다.
> ② (○) '정부24'란 국민 누구나 행정기관 방문 없이 집, 사무실 등 어디서나 1년 365일 24시간 민원을 처리할 수 있도록 대한민국 정부에서 운영하는 전자민원 서비스이다.
> ③ (○) '국민신문고'란 대한민국 정부(국민권익위원회)에서 운영하는 통합형 온라인 민원창구로, 각종 민원의 신청, 소극적 행정의 신고, 각종 제안의 접수, 부패 및 공익신고의 접수, 예산낭비의 신고 등을 담당한다. 2011년 UN 공공행정상 'Public Service Awards'의 '정부지식관리 향상' 분야 우수과제로 선정되었다.
> ④ (×) 우리나라는 2002년에 '국가종합전자조달시스템(나라장터)'을 구축하였다. 한편, '온나라 서비스'는 행정업무의 효율성을 제고하고 비용절감을 위해 정부가 수행하는 모든 업무를 체계적으로 분류하고, 온라인상에서 실시간으로 업무를 처리하는 전산시스템이다.
> ※ 출제 당시, "② ~제공하는 '민원24'를~, ④ ~처리하도록 '온나라 시스템'을~"이었으나, 2020년 민원24가 종료 후 정부24로 일원화되었으며, 2022년 '온나라 시스템'이 '온나라 서비스'로 명칭이 변경되어 선택지를 수정하였습니다.
>
> **정답 | ④**

531

531		1 2 3
기출처	2020 국가직 7급	
난이도	★	
키워드	스마트워크	

전자정부에 대한 설명으로 옳지 <u>않은</u> 것은?

① 온라인 참여포털 국민신문고는 국민의 고충민원과 제안을 원스톱으로 접수 및 처리하는 것을 목적으로 한다.
② 디지털예산회계시스템(D-Brain)은 재정업무의 전 과정을 온라인으로 수행하고 재정사업의 현황을 실시간으로 파악할 수 있는 통합재정정보시스템이다.
③ 스마트워크(smart work)란 통신, 방송, 인터넷 등을 통합한 멀티미디어 서비스를 안전하게 제공하는 통합네트워크를 의미한다.
④ 전자정부 2020 기본계획은 「전자정부법」에 따라 2016년부터 2020년까지 5개년 계획으로 수립되었다.

해설

① (O) 온라인 참여포털 즉, 국민신문고는 국민들이 인터넷 단일창구를 통해 행정기관에 고충민원을 제기하고 각종 제도·정책에 대한 개선의견을 제안하도록 구축한 시스템이다.
② (O) 디지털예산회계시스템(D-Brain)은 세입, 예산편성, 집행·결산·평가 등 일련의 재정활동의 모든 정보를 실시간으로 분석하여 제공할 수 있는 통합재정정보시스템으로 2007년부터 도입하였다.
③ (×) 통신, 방송, 인터넷 등을 통합한 멀티미디어 서비스를 안전하게 제공하는 통합네트워크는 광대역 통합네트워크(Broadband convergence Network)이다. 반면, 스마트워크(smart work)란 시간과 장소에 얽매이지 않고 언제 어디서나 정보통신기기를 이용하여 일할 수 있는 유연한 근무형태를 말한다.
④ (O) 전자정부기본계획은 「전자정부법」에 따라 5년마다 수립하는 계획으로, 2016년부터 2020년까지 5년간의 계획이 전자정부 2020 기본계획이다. 현재 2025년 기준, 제2차 전자정부기본계획(2021~2025)이 수립되어 있다.

정답 | ③

532 필수

우리나라의 전자정부에 대한 설명으로 옳지 않은 것은?

① 정부는 '지능정보사회 종합계획'을 3년 단위로 수립하여야 한다.
② 과학기술정보통신부장관은 5년마다 행정기관 등의 기관별 계획을 종합하여 '전자정부기본계획'을 수립하여야 한다.
③ 「전자정부법」상 '전자화문서'는 종이문서와 그 밖에 전자적 형태로 작성되지 아니한 문서를 정보시스템이 처리할 수 있는 형태로 변환한 문서를 말한다.
④ 중앙행정기관의 장과 지방자치단체의 장은 해당 기관의 지능정보사회 시책의 효율적 수립·시행과 대통령령이 정하는 업무를 총괄하는 '지능정보화책임관'을 임명하여야 한다.

532
- 기출처: 2023 국가직 9급
- 난이도: ★
- 키워드: 전자정부기본계획

관련기출 옳은지문
- 행정안전부장관은 전자정부의 구현·운영 및 발전을 위하여 5년마다 전자정부기본계획을 수립하여야 한다. 24. 소방간부
- 지능정보화책임관은 해당 기관의 지능정보사회 시책의 효율적인 수립·시행 업무와 지능정보화 사업의 조정 등 대통령령으로 정하는 업무를 총괄한다. 24. 소방간부

해설

① (O) '지능정보사회 종합계획'은 3년 단위로 과학기술정보통신부장관이 수립한다.
② (×) '전자정부 기본계획'은 중앙사무관장기관의 장이 전자정부의 구현·운영 및 발전을 위하여 5년마다 수립하여야 한다. 중앙사무관장기관이란 국회 소속 기관에 대하여는 국회사무처, 법원 소속 기관에 대하여는 법원행정처, 헌법재판소 소속 기관에 대하여는 헌법재판소사무처, 중앙선거관리위원회 소속 기관에 대하여는 중앙선거관리위원회사무처, 중앙행정기관 및 그 소속 기관과 지방자치단체에 대하여는 행정안전부를 말한다.
③ (O) 처음부터 전자적으로 작성된 문서를 전자문서라 한다면, 종이문서 등을 전자적 형태로 변환시킨 것을 전자화문서라 한다.
④ (O) '지능정보화책임관'은 중앙행정기관이나 지방자치단체에 필수적으로 두어야 하는 직위이다.

고득점 플러스+ 「전자정부법」

- 전자정부의 원칙
  - 대민서비스의 전자화 및 국민편익의 증진, 행정업무의 혁신 및 생산성·효율성의 향상
  - 정보시스템의 안전성·신뢰성의 확보, 개인정보 및 사생활의 보호
  - 행정정보의 공개 및 공동이용의 확대, 중복투자의 방지 및 상호운용성 증진
- 전자정부기본계획: 중앙사무관장기관의 장(→ 행정안전부장관)이 5년마다 수립
- 정보기술아키텍처 기본계획: 행정안전부장관이 3년 단위로 수립

정답 | ②

533

「전자정부법」에서 정의하고 있는 다음의 개념은?

> 일정한 기준과 절차에 따라 업무, 응용, 데이터, 기술, 보안 등 조직 전체의 구성요소들을 통합적으로 분석한 뒤 이들 간의 관계를 구조적으로 정리한 체제 및 이를 바탕으로 정보화 등을 통하여 구성요소들을 최적화하기 위한 방법

① 전자문서
② 정보기술아키텍처
③ 정보시스템
④ 정보자원

해설

① (×) 전자문서는 컴퓨터 등 정보처리능력을 지닌 장치에 의하여 전자적인 형태로 작성되어 송수신되거나 저장되는 표준화된 정보를 말한다.
② (○) 정보기술아키텍처는 조직의 업무, 응용, 데이터 등 구성요소들을 최적화하는 방법이다.
③ (×) 정보시스템은 정보의 수집·가공·저장·검색·송신·수신 및 그 활용과 관련되는 기기와 소프트웨어의 조직화된 체계를 말한다.
④ (×) 정보자원은 행정기관 등이 보유하거나 이용하는 자원으로, 행정정보, 정보시스템, 정보시스템의 구축에 적용되는 정보기술, 정보시스템의 운영에 필요한 건축물 및 건축설비(정보시스템 운영시설), 정보화 예산, 정보화 인력을 말한다. 다만, 이용하는 경우에는 정보시스템, 정보시스템의 구축에 적용되는 정보기술, 정보시스템의 운영에 필요한 건축물 및 건축설비(정보시스템 운영시설)에 한정한다.

정답 | ②

관련기출 옳은지문

• 정보기술아키텍처는 정부업무, 업무수행에 필요한 데이터, 업무를 지원하는 응용서비스 요소, 데이터와 응용시스템의 실행에 필요한 정보기술, 보안 등의 관계를 구조적으로 연계한 체계로서 정보자원관리의 핵심수단이다. 19. 국회직 8급

534

민원행정에 대한 설명으로 옳지 않은 것은?

① 행정체제의 경계를 넘나드는 교호작용을 통하여 주로 규제와 급부에 관련된 행정산출을 전달한다.
② 행정기관의 장은 개인의 사생활에 관한 사항에 해당하는 경우 그 민원을 처리하지 않을 수 있다.
③ 행정구제수단으로서의 기능을 수행한다.
④ 행정기관은 사경제의 주체로서 민원을 제기할 수 없다.

해설

① (○) 민원행정은 정부와 민간의 상호작용을 의미하므로 민간의 생활과 관련된 규제나 급부의 영역과 관련된다.
② (○) 「민원 처리에 관한 법률」에 의하면 사인 간의 권리관계 또는 개인의 사생활에 관한 사항은 민원처리 사항에서 제외하고 있다.
③ (○) 행정기관 등의 위법·부당하거나 소극적인 처분(사실행위 및 부작위 포함) 및 불합리한 행정제도로 인하여 국민의 권리를 침해하거나 국민에게 불편 또는 부담을 주는 사항에 관한 민원을 고충민원이라 하며, 이러한 고충민원을 처리하는 것은 행정구제의 수단으로 민원행정이 활용될 수 있음을 의미한다.
④ (×) 민원인이란 행정기관에 민원을 제기하는 개인·법인 또는 단체를 말하며, 원칙적으로 행정기관은 제외된다. 다만, 행정기관이 사경제의 주체로서 민원을 제기할 경우 민원인에 포함될 수 있다.

정답 | ④

535

민원행정의 성격에 대한 설명으로 옳은 것만을 모두 고르면?

> ㄱ. 규정에 따라 서비스를 제공하는 전달적 행정이다.
> ㄴ. 행정기관도 민원을 제기하는 주체가 될 수 있다.
> ㄷ. 행정구제수단으로 볼 수 없다.

① ㄱ
② ㄷ
③ ㄱ, ㄴ
④ ㄴ, ㄷ

535	1 2 3
기출처	2020 지방직 9급
난이도	★
키워드	민원행정

해설

ㄱ. (○) 민원행정의 민원인이 행정기관에게 특정한 행위를 요구하고 이를 해결하는 전달적 행정의 영역이다.
ㄴ. (○) 행정기관은 원칙적으로는 민원의 제기 주체가 될 수 없지만, 사경제의 주체로 간주될 경우 민원을 제기할 수 있다.
ㄷ. (✕) 고충민원은 행정구제의 수단으로 활용될 수 있다.

고득점 플러스+ 「민원 처리에 관한 법률」

- 민원의 종류
  - 법정민원(→ 법령 등에 의한 요건의 규정), 질의민원(→ 행정기관의 설명이나 해석의 요구)
  - 건의민원(→ 행정제도 및 운영의 개선 요구), 고충민원(→ 권리침해 또는 부담을 주는 사항의 시정 요구)
  - 복합민원(→ 여러 행정기관의 공동관할 민원), 다수인관련민원(→ 5세대 이상의 공동이해와 관련되어 5명 이상이 연명으로 제출하는 민원)
- 주요 내용
  - 사전심사청구제도, 민원 1회 방문 처리제도, 민원후견인제도, 복합민원 일괄처리
  - 민원사무 우선처리, 민원사무 지연처리 금지, 민원사무 절차강화 금지, 불필요한 서류요구 금지

정답 | ③

536

지식행정의 특징과 가장 거리가 먼 것은?

① 연성조직의 강화
② 의사소통의 활성화
③ 인적 자본의 강화
④ 암묵지의 축소화

536	1 2 3
기출처	2011 지방직 9급
난이도	★★
키워드	지식행정

해설

① (○) 연성조직이란 경성조직과 대비되는 말로 조직의 경직성이 약하여 자유롭게 생각하고 의사소통할 수 있는 조직구조를 말한다.
②, ③ (○) 지식행정이란 암묵지를 조직의 자산으로 공유하여 이를 통해 새로운 지식을 창출하는 과정이므로 인적 자본의 강화와 의사소통의 활성화가 요구된다.
④ (✕) 암묵지란 언어로 표현되기 힘든 주관적 지식으로 구성원에게 내재화된 지식을 말한다. 이러한 암묵지가 활성화되어야 이의 공유를 통한 형식지가 창출될 수 있으므로 지식행정이 활성화되기 위해서는 암묵지의 활성화가 필수적이다.

정답 | ④

관련기출 옳은지문

- 지식행정관리의 기대효과로는 지식공유를 통한 지식가치의 확대 재생산이 있다. 15. 서울시 7급

- 지식관리는 조직 구성원의 전문적 자질을 향상시키는 것을 목표로 한다. 05. 서울시 7급

537		1 2 3
기출처	2013 지방직 9급	
난이도	★★	
키워드	암묵지와 형식지	

537

지식을 암묵지(tacit knowledge)와 형식지(explicit knowledge)로 구분할 경우, 암묵지에 해당하는 것만을 모두 고른 것은?

ㄱ. 업무매뉴얼	ㄴ. 조직의 경험
ㄷ. 숙련된 기능	ㄹ. 개인적 노하우(know-how)
ㅁ. 컴퓨터 프로그램	ㅂ. 정부 보고서

① ㄱ, ㄴ, ㄷ
② ㄴ, ㄷ, ㄹ
③ ㄷ, ㄹ, ㅁ
④ ㄹ, ㅁ, ㅂ

해설

ㄴ, ㄷ, ㄹ. (O) 암묵지(tacit knowledge)는 학습과 체험을 통해 습득하고 겉으로 드러나지 않는 지식 즉, 머리속에는 존재하지만 언어나 문자로는 표현되지 않는 지식으로 시행착오와 같은 경험을 통해 체득된다. 형식지(explicit knowledge)는 문서나 매뉴얼처럼 외부로 표출되어 있어 여러 사람이 공유할 수 있는 지식을 말한다. 조직의 경험, 숙련된 기능, 개인적 노하우(know-how) 등이 암묵지에 속한다.

정답 | ②

538		1 2 3
기출처	2012 지방직 9급	
난이도	★★	
키워드	지식관리시스템	

538

지식관리시스템을 성공적으로 구축하고 그 효과를 실현하기 위한 방안과 거리가 먼 것은?

① 지식관리를 위한 제도적인 지원과 문화의 형성
② 통합적이고 수직적인 조직구조의 형성
③ 전문적인 인적 자원의 확보
④ 지식관리시스템을 가능하게 하는 통합적 정보기술의 확보

관련기출 옳은지문

- 지식관리는 계층제적 조직보다는 학습조직을 기반으로 한다.

23. 경찰승진

해설

①, ③, ④ (O) 이밖에도 지식관리가 성공하기 위해서는 암묵지 기능의 활성화, 정보시스템과 네트워크의 구축, 신뢰와 협력의 문화, 수평구조와 네트워크구조의 활용, 지식관리자의 활용, 지식평가체제의 확립 등이 필요하다.
② (×) 지식관리는 정보의 창출과 공유를 강조한다. 이를 위해서는 수직적이고 집권적인 조직보다는 수평적이고 분권적인 조직이 바람직하다. 계층제적이고 분업적인 관계에서 지식의 창출과 공유는 어렵기 때문이다.

정답 | ②

539
전통적 행정관리와 비교한 새로운 지식행정관리의 특징으로 보기 어려운 것은?

① 공유를 통한 지식가치 향상 및 확대 재생산
② 지식의 조직 공동재산화
③ 계층제적 조직 기반
④ 구성원의 전문가적 자질 향상

539	
기출처	2014 지방직 9급
난이도	★★
키워드	지식행정관리

관련기출 옳은지문
- 전통적 행정관리가 계층제적 조직을 기반으로 한다면, 지식행정관리는 학습조직 기반 구축을 특징으로 한다. 19. 경찰승진

해설

① (○) 지식관리는 개인의 잠재된 지식을 조직의 자산으로 전환하는 것으로, 기존에 알고 있는 것을 토대로 새로운 것을 발전시키고 강화하는 과정이다. 이는 지식의 분절화·파편화라는 전통적 관리의 특징을 지식의 공유를 통한 확대 재생산이라는 새로운 지식관리 패러다임으로 전환시키는 것을 의미한다.
② (○) 전통적 조직은 지식의 개인 사유화를 특징으로 하지만 지식관리는 지식의 공동재산화를 특징으로 한다.
③ (×) 계층제적 조직을 기반으로 운영되는 것은 전통적 관료제이다. 지식행정관리는 지식의 창조와 공유가 활성화될 수 있는 학습조직을 기반으로 한다.
④ (○) 지식관리행정은 지식의 공유를 통한 지식가치의 확대 재생산은 물론 이를 통해 구성원의 전문가적 자질 역시 지속적으로 향상시키고자 한다.

정답 | ③

540
전자정부와 지식관리에 대한 설명으로 옳지 않은 것은?

① 전자정부의 발달과 함께 공공정보의 개인 사유화가 심화되었다.
② 지식관리는 계층제적 조직보다는 학습조직을 기반으로 한다.
③ 전자거버넌스의 확대는 직접민주주의에 대한 가능성을 높인다.
④ 정보이용 계층에 대한 정보화정책으로써 정보격차 해소 정책이 중요해졌다.

540	
기출처	2012 국가직 9급
난이도	★★
키워드	전자정부와 지식관리

해설

① (×) 전자정부는 개인지식을 조직의 자산으로 전환하기 위해 정보공유를 강조한다. 이에 따라 전통적인 계층적 조직보다는 학습조직이 강조되는 것이다.
② (○) 지식관리란 개인의 잠재된 지식을 조직의 자산으로 전환하는 과정으로, 기존에 알고 있는 것을 토대로 새로운 것을 발전시키고 강화하는 학습과정이다.
③ (○) 정보통신기술의 발전은 시간과 공간의 제약요인을 완화시켜주므로 직접민주주의의 가능성을 높여줄 수 있다.
④ (○) 전자정부의 발전과 정보사회로의 전환은 정보통신기술에 대한 접근 및 활용 능력에 따라 사회경제적 불평등이 심화되는 정보격차(Digital Divide) 문제를 야기했다. 따라서 모든 국민이 정보화의 혜택을 고루 누릴 수 있도록 정보취약계층(고령층, 장애인, 저소득층 등)을 위한 정보격차 해소 정책의 중요성이 더욱 부각되었다.

정답 | ①

541

541		① ② ③
기출처	2016 국가직 9급	
난이도	★★	
키워드	빅 데이터	

정보화와 전자정부 등에 대한 설명으로 옳지 않은 것은?

① e-거버넌스는 모범적인 거버넌스를 실현하기 위하여 다양한 차원의 정부와 공공부문에서 정보통신기술의 잠재력을 활용하기 위한 과정과 구조의 실현을 추구한다.
② 웹 접근성이란 장애인 등 정보 소외계층이 웹사이트에 있는 정보에 접근할 수 있도록 편의를 제공하는 것을 말한다.
③ 빅 데이터(big data)의 3대 특징은 크기, 정형성, 임시성이다.
④ 지역정보화 정책의 기본 목표는 지역경제의 활성화, 주민의 삶의 질 향상, 행정의 효율성 강화이다.

관련기출 옳은지문

- 빅데이터는 다양성(Variety), 속도(Velocity), 크기(Volume)를 주요 특징으로 하는데, 빅데이터를 활성화하기 위해서는 개인정보보호장치가 제도적으로 선행될 필요가 있다.
  19. 경찰승진

해설

① (O) e-거버넌스(전자적 거버넌스)는 정보통신기술(ICT)을 활용하여 정부 및 공공부문의 효율성, 투명성, 대응성을 높이고 시민 참여를 촉진함으로써 더 나은 거버넌스를 구현하고자 한다.
② (O) 웹 접근성은 나이, 장애 여부, 정보통신 환경 등에 관계없이 모든 사용자가 웹사이트에서 제공하는 모든 콘텐츠를 동등하게 이용할 수 있도록 보장하는 것을 의미한다.
③ (X) 빅 데이터(big data)는 디지털 환경에서 생성되는 대규모의 데이터로, 생성 주기도 짧고, 형태도 수치뿐만 아니라 문자와 영상 등을 포함하는 비정형적인 데이터를 말한다. 이러한 빅 데이터는 방대한 양(volume), 다양한 형태(variety), 빠른 생성속도(velocity), 새로운 가치(value) 등을 특징으로 한다.
④ (O) 지역정보화는 정보통신기술을 활용하여 지역의 격차를 해소하고 경쟁력을 강화하는 것을 목표로 한다.

고득점 플러스+ 빅 데이터

- 디지털 환경에서 생성되는 대규모 데이터 → 문자와 영상 등을 포함하는 정형적 또는 비정형적 데이터
- 특징: 방대한 양(volume), 다양한 형태(variety), 빠른 생성속도(velocity), 새로운 가치(value)
- 등장배경: 디지털 혁명과 소셜미디어의 등장
- 한계: 개인의 모든 행동패턴의 분석 → 사생활의 침해

정답 | ③

542

542		① ② ③
기출처	2017 지방직 9급	
난이도	★★	
키워드	빅 데이터	

기존 데이터와 비교할 때 빅 데이터의 주요 특징이 아닌 것은?

① 속도(velocity)
② 다양성(variety)
③ 크기(volume)
④ 수동성(passivity)

관련기출 옳은지문

- 「데이터기반 행정 활성화에 관한 법률」이 정의하는 데이터는 기계에 의한 판독이 가능한 형태로 존재하는 정형 또는 비정형의 정보를 의미한다.
  22. 경찰간부

해설

① (O) 속도(Velocity)는 빅 데이터의 주요 특징 중 하나이다. 데이터가 생성되고, 수집되며, 처리되는 속도가 매우 빠르다는 것을 의미한다.
② (O) 다양성(Variety)은 정형 데이터(예: 데이터베이스 테이블)뿐만 아니라, 텍스트, 이미지, 영상, 로그 파일 등 다양한 형태의 비정형, 반정형 데이터를 포함하는 것을 의미한다.
③ (O) 크기(Volume)는 데이터의 양이 기존의 처리 시스템으로는 감당하기 어려운 테라바이트(TB), 페타바이트(PB) 단위를 넘어설 정도로 거대하다는 것을 의미한다.
④ (X) 빅 데이터의 특징은 3V로 요약하는 것이 일반적이다. 즉 데이터의 양(Volume), 데이터 생성속도(Velocity), 형태의 다양성(Variety)을 의미한다. 최근에는 가치(Value)나 복잡성(Complexity)을 더하기도 한다.

정답 | ④

543
우리나라의 공공부문 빅 데이터 정책에 대한 설명으로 옳지 않은 것은?

① 과거 국가정보화전략위원회에서는 공공부문의 빅 데이터 활용 시나리오를 제시하였다.
② 빅 데이터의 유통 활성화를 위해서는 데이터 보안, 암호화, 비식별화 등 개인정보보호를 위한 기술개발이 중요하다.
③ 우리나라는 현재 빅 데이터 활성화를 목표로 한 기본법이 시행되고 있지만, 아직 지방자치단체의 조례는 제정되지 않았다.
④ 반정형화된 데이터나 비정형 데이터에 이르기까지 활용하는 데이터의 수준이나 폭이 확대되고 있다.

543	
기출처	2017 국가직 7급(하)
난이도	★
키워드	빅 데이터

해설

① (○) 국가정보화전략위원회는 「정보화촉진기본법」에 의거 국가정보화 비전을 제시하고 이를 달성하기 위한 계획의 수립·추진·점검을 수행하기 위해 설립된 대통령 소속 자문위원회로, 현재는 폐지되었다.
② (○) 빅 데이터의 활성화는 개인의 사생활을 침해할 가능성이 크므로, 개인정보보호를 위한 제도적 장치가 선행되어야 한다.
③ (×) 경기도와 같은 광역자치단체뿐만 아니라 일부 전주시나 의왕시와 같은 기초자치단체도 빅 데이터 활용에 관한 조례를 제정하여 시행하고 있다.
④ (○) 빅 데이터는 디지털 환경에서 생성되는 대규모의 데이터로, 생성 주기도 짧고, 형태도 수치뿐만 아니라 문자와 영상 등을 포함하는 정형적·반정형적·비정형적인 데이터를 말한다.

정답 | ③

544 〈필수〉
데이터기반행정에 대한 설명으로 옳지 않은 것은?

① 우리나라는 2020년 「데이터기반행정 활성화에 관한 법률」을 제정하였다.
② 데이터기반행정이란 공공기관이 생성하거나 취득하여 관리하고 있는 데이터를 수집하고 분석하여 정책 수립 및 결정에 활용하는 행정을 의미한다.
③ 데이터 분석뿐만 아니라 정책결정자의 경험에 근거한 의사결정을 지향하여 객관적이고 과학적인 행정을 구현하고자 한다.
④ 행정안전부장관은 데이터기반행정을 체계적으로 추진하기 위하여 데이터기반행정 활성화를 위한 기본계획을 3년마다 수립하여야 한다.

544	
기출처	2025 지방직 9급
난이도	★★
키워드	데이터기반행정

해설

① (○) 「데이터기반행정 활성화에 관한 법률」(「데이터기반행정법」)은 2020년 6월 9일에 제정되어 같은 해 12월 10일부터 시행되었다.
② (○) 「데이터기반행정법」은 '데이터기반행정'을 '공공기관이 생성하거나 다른 공공기관 또는 법인·단체 등으로부터 취득하여 관리하고 있는 데이터를 수집·저장·가공·분석·시각화 등을 통해 정책 수립 및 의사결정에 활용함으로써 객관적이고 과학적으로 수행하는 행정'으로 정의하고 있다. 지문의 내용은 이를 요약한 정확한 설명이다.
③ (×) 데이터기반행정은 기존의 정책결정자가 가진 직관, 경험, 관행에 의존하던 방식에서 탈피하여, 실제 데이터를 근거로 한 객관적이고 과학적인 분석 결과를 정책결정의 핵심으로 삼으려는 것이다.
④ (○) 「데이터기반행정법」에 따르면, 행정안전부장관은 데이터기반행정 활성화를 위한 기본계획을 3년마다 수립해야 한다.

정답 | ③

545

데이터 기반의 과학적 정책수립을 위하여 빅 데이터의 중요성이 커지고 있다. 빅 데이터에 대한 설명으로 옳지 않은 것은?

① 빅 데이터 부상의 이유로 페이스북(Facebook)·트위터(Twitter) 등의 소셜네트워크서비스(SNS)의 보급 확대를 들 수 있다.
② 인터넷 쇼핑업체인 아마존(Amazon)이 고객행동패턴 데이터를 분석하여 상품 추천 시스템을 도입한 것은 빅 데이터를 활용한 사례이다.
③ 빅 데이터는 비정형적 데이터가 아닌 정형적 데이터를 지칭한다.
④ 빅 데이터를 활성화하기 위해서는 개인정보 보호장치가 제도적으로 선행될 필요가 있다.

[해설]

① (O) 소셜네트워크서비스란 인터넷상에서 인적 네트워크를 형성할 수 있게 해주는 서비스이다. 이러한 디지털 혁명과 소셜미디어의 등장으로 데이터가 급증하고 있어 빅 데이터에 대한 관심이 증대하게 된 것이다.
② (O) 빅 데이터가 주목받는 이유는 기업이나 정부 등이 이를 효과적으로 분석함으로써 미래를 예측해 최적의 대응방안이나 수익모델을 찾는 방법이 될 수 있기 때문이다.
③ (×) 빅 데이터는 디지털 환경에서 생성되는 대규모의 데이터로, 생성 주기도 짧고, 형태도 수치뿐만 아니라 문자와 영상 등을 포함하는 비정형적인 데이터를 말한다.
④ (O) 빅 데이터 활용 시 개인정보 침해 위험이 커지므로, 이를 방지하기 위한 제도적 장치 마련이 필수적이다.

정답 | ③

기출처: 2015 국가직 7급
난이도: ★★
키워드: 빅 데이터

546

학습조직의 특성으로 옳지 않은 것은?

① 엄격하게 구분된 부서 간 경쟁을 통한 학습가능성이 강조된다.
② 전략수립과정에서 일선조직 구성원의 참여가 중요한 역할을 담당한다.
③ 구성원의 권한 강화가 강조된다.
④ 조직 리더의 사려 깊은 리더십이 요구된다.

[해설]

① (×) 학습조직은 시행착오를 통해 얻은 지식을 조직의 다른 구성원들과 공유하는 조직으로, 부분보다 전체를 중시하고 경계를 최소화하려는 조직문화가 강조된다. 결국 부서 간 경쟁보다는 상호 협력을 통한 학습가능성을 중시한다.
② (O) 학습조직은 최고 책임자 또는 외부 전문가의 영입보다는 조직의 모든 구성원이 전문가가 될 수 있도록 지원하여야 한다.
③ (O) 학습조직은 모든 구성원이 문제의 인지와 해결에 관여하며, 능력을 지속적으로 제고하기 위해 시행착오를 거치면서 지속적으로 실험할 수 있는 상황을 강조하므로 집권적 구조보다는 권한이 구성원에게 내려온 분권적 구조가 바람직하다.
④ (O) 학습조직의 리더에게는 사회건축가이면서 동시에 구성원들이 공유할 수 있는 미래의 비전을 창출할 수 있는 사려 깊은 리더십이 강조된다.

고득점 플러스+ 학습조직 → 셍게(P. Senge)

- 자기완성(personal mastery)(→ 개인적 숙련): 개인의 비전을 명확히 하고, 에너지를 집중하고, 현실을 보는 것
- 사고의 틀(mental model): 내부 그림을 발굴하고 그것이 행동을 형성하는 방법의 이해
- 공동의 비전(shared vision): 개인의 비전을 공유 비전으로 전환
- 집단학습(team learning): 판단을 중단하고 대화 만들기
- 시스템적 사고(systems thinking): 네 가지 학습 분야를 융합 → 부분을 보는 것부터 전체를 보는 것까지

정답 | ①

기출처: 2011 국가직 9급
난이도: ★★
키워드: 학습조직

관련기출 옳은지문
- 학습조직은 자신과 타인의 경험과 시행착오를 통한 학습 활동을 높게 평가한다. 22. 경찰승진
- 학습조직은 외부 특정 전문가를 중시하기보다는 조직구성원 모두가 맡은 분야의 전문가가 될 수 있도록 제도적 도움을 제공한다. 22. 경찰승진

547

학습조직에 대한 설명으로 부적절한 것은?

① 관료제 모형의 대안으로 등장하였다.
② 조직 능력보다는 개인 능력을 제고하는 데 초점을 맞춘다.
③ 능률성보다는 문제해결을 필수적 가치로 추구한다.
④ 성공하기 위해서는 사려 깊은 리더십이 필요하다.

해설

① (O) 학습조직은 변화하는 환경에 능동적으로 대처하고 지속적인 혁신을 추구하기 위해 관료제의 경직성을 극복하는 대안으로 제시되었다.
② (×) 학습조직은 개인의 능력을 조직의 자산으로 승화시키는 것을 중시한다. 즉, 개인 능력의 제고와 이의 공유를 통해 궁극적으로 조직의 능력을 향상시키는 것을 목적으로 한다.
③ (O) 학습조직은 불확실한 환경에 적응하면서 능력을 신장하고자 하는 조직이므로 단순한 능률성의 확보보다는 문제해결 능력을 지속적으로 신장시키는 것이 요구된다.
④ (O) 학습조직은 구성원들의 자율적인 학습과 성장을 장려하지만, 동시에 이러한 활동이 조직의 목표와 연계될 수 있도록 리더의 비전 제시, 환경 조성, 지원 등의 사려 깊은 리더십이 필수적이다.

정답 | ②

---

547 | 1 2 3
기출처 | 2013 지방직 7급
난이도 | ★★
키워드 | 학습조직

🔍 관련기출 옳은지문

• 기계적 조직은 경쟁을 중시하나 학습조직은 협력을 중시한다.
22. 행정사

• 기계적 조직은 수직적 구조이나 학습조직은 수평적 구조를 지향한다.
22. 행정사

548

학습조직에 대한 설명으로 옳지 않은 것은?

① 개방체제와 자아실현적 인간관을 바탕으로 새로운 지식을 창출하고자 한다.
② 연결된 체계 간의 상호작용을 이해하고, 이를 효과적으로 활용하기 위한 체계적 사고(systems thinking)를 강조한다.
③ 조직 구성원들의 비전 공유를 중시한다.
④ 조직 구성원의 합이 조직이 된다는 점에서, 조직 내 구성원 각자의 개인적 학습을 강조한다.

해설

① (O) 학습조직은 지식정보화시대에 관료제 모형의 대안으로 모색된 것으로, 표출과 환류의 조직문화를 강조하며, 장기적 측면에서 조직의 성장과 발전을 추구한다.
② (O) 학습조직은 체계를 구성하는 모든 요소들의 통합적 고려를 강조하는데 이를 시스템적 사고라고 한다.
③ (O) 학습조직은 공동목표와 원칙에 대한 공감대의 형성을 강조하는데 이를 공동의 비전이라고 한다. 그리고 구성원들이 공유할 수 있는 미래의 비전을 창출할 수 있는 리더십을 사려 깊은 리더십이라고 한다.
④ (×) 학습조직은 시행착오를 통해 얻은 지식을 조직의 다른 구성원들과 공유하는 조직이다. 이에 따라 학습조직에서는 부분보다 전체를 중시하고 경계를 최소화하려는 조직문화가 강조된다.

정답 | ④

---

548 | 1 2 3
기출처 | 2020 국가직 7급
난이도 | ★★
키워드 | 학습조직

🔍 관련기출 옳은지문

• 기계적 조직은 정보가 최고관리층에 집중되는 반면에 학습조직은 조직원들에게 공유된다.
22. 행정사

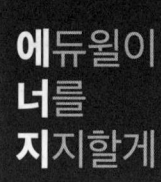

그대의 길을 가라,
다른 사람이 뭐라 하든 신경 쓰지 말고.

– 단테 알리기에리(Dante Alighieri)

PART

IV

인사행정론

에 듀 윌 공 무 원 행 정 학

CHAPTER 01	인사행정의 기초
CHAPTER 02	공직의 분류
CHAPTER 03	임용
CHAPTER 04	능력발전
CHAPTER 05	사기
CHAPTER 06	공무원의 행동규범

CHAPTER 01 인사행정의 기초

549	① ② ③
기출처	2022 국가직 9급
난이도	★★★
키워드	직업공무원제

549 필수

직업공무원제의 특징으로 옳지 않은 것은?

① 직무급 중심의 보수체계
② 능력발전의 기회 부여
③ 폐쇄형 충원방식
④ 신분의 보장

해설

① (×) 직업공무원제도는 계급제를 바탕으로 하며, 계급제는 근속급을 기반으로 한다. 직무급은 직위분류제의 특징이다.
② (○) 직업공무원제도는 장기 발전가능성에 기초하여 젊은 인재를 채용하므로, 이들의 경력발전을 위한 능력발전의 기회가 필수적이다.
③ (○) 직업공무원제는 같은 계급군의 최하위 계급에만 신규채용이 이루어지는 폐쇄형 임용을 원칙으로 한다.
④ (○) 젊고 유능한 인재의 장기간 근무를 위해서는 신분보장이 필수적이다.

정답 | ①

550	① ② ③
기출처	2013 국가직 9급
난이도	★★
키워드	직업공무원제

550

인사제도에 대한 설명으로 옳지 않은 것은?

① 직업공무원제가 성공하려면 우선 공직임용에서 연령 상한제를 폐지하는 것이 필수적이다.
② 대표관료제는 관료들이 출신 집단의 가치와 이익을 대변하리라는 기대에 기반을 둔다.
③ 엽관주의는 국민의 요구에 대한 대응성의 향상에 도움이 되는 제도이다.
④ 폐쇄형 인사제도는 내부승진의 기회를 개방형보다 더 많이 제공한다.

관련기출 옳은지문

• 직업공무원은 일생 동안 일할 수 있도록 신분을 보장받고 근무하는 공무원이다. 23. 군무원 9급

• 영국에서는 과거 국왕의 영향력을 차단하기 위해 종신직 행정관료를 제도화하기 시작하였다. 23. 군무원 9급

• 직업공무원제는 인재 채용 시 학력과 연령을 제한한다. 19. 경찰간부

해설

① (×) 직업공무원제는 나이와 학력의 제한을 전제로 한다. 즉, 대학에서 갓 졸업한 젊고 유능한 인재의 채용을 목표로 한다. 이에 따라 공직취임의 기회균등이 실적주의보다는 제약된다고 평가받는다. 다만, 우리나라의 경우 연령 상한제를 폐지하였다.
② (○) 대표관료제는 사회 내 여러 세력들을 인구비례로 충원하고 행정계층에 비례적으로 배치하는 관료제로 관료들이 출신 집단의 가치와 이익을 정책에 반영시킬 것이라는 가정에 기반하고 있다.
③ (○) 엽관주의는 선거에서 승리한 정당에 의해 공직이 구성되므로 국민에 대한 대응성을 높일 수 있는 제도적 장치이다.
④ (○) 폐쇄형 인사제도는 중·상위직에 신규채용이 제한되므로 모든 계층에서 신규채용이 가능한 개방형 인사제도에 비하여 내부 구성원의 승진기회가 높을 수밖에 없다.

고득점 플러스+ 직업공무원제도의 확립요건

• 공직에 대한 높은 사회적 평가를 통한 젊고 유능한 인재의 채용
• 계급제와 폐쇄형 인사제도 및 일반행정가 중심의 인력운영
• 장기적 인력계획의 수립, 보수의 적정화와 연금제도의 확립

정답 | ①

551

직업공무원제에 대한 설명으로 옳지 않은 것은?

① 젊고 우수한 인재가 공직을 직업으로 선택해 일생을 바쳐 성실히 근무하도록 운영하는 인사제도이다.
② 폐쇄적 임용을 통해 공무원집단의 보수화를 예방하고 전문행정가 양성을 촉진한다.
③ 행정의 안정성을 확보할 수 있고, 높은 수준의 행동규범을 유지하는 데 도움이 된다.
④ 조직 내에 승진적체가 심화되면서 직원들의 불만이 증가할 수 있다.

551	1 2 3
기출처	2019 지방직 9급
난이도	★★
키워드	직업공무원제

해설

① (O) 직업공무원제도는 공직에 종사하는 것이 전 생애 직업이 되도록 조직하고 운영되는 인사제도이다. 즉, 젊은 인재들을 공직에 적극적으로 유치하기 위하여, 공직에 근무하는 것을 명예롭게 생각하면서 일생동안 근무하도록 유도하기 위한 제도이다.
② (×) 폐쇄적 임용은 공무원집단의 보수화를 초래할 수 있다. 또한 폐쇄형에 기반을 둔 직업공무원제는 순환보직에 바탕을 둔 일반행정가를 지향하므로 행정의 전문성이 약화될 수 있다.
③ **매력적 오답** (O) 직업공무원제도는 신분이 보장되므로 행정의 안정성이 높고, 공직이 하나의 전문직업으로 확립될 수 있으므로 직업윤리가 형성되어 높은 수준의 행동규범을 유지하는 데 도움이 된다.
④ (O) 피라미드 구조로 형성된 직업공무원제 사회에서 연공과 서열에 의한 승진은 승진의 적체로 연결될 가능성이 높다.

정답 | ②

552

직업공무원제에 대한 설명으로 옳지 않은 것은?

① 공무원의 신분을 보장해 행정의 연속성과 일관성을 유지하는 데 긍정적인 제도이다.
② 젊고 유능한 인재들이 공직을 보람 있는 직업으로 선택하여 일생을 바쳐 성실히 근무하도록 유도하는 인사제도이다.
③ 공무원이 환경적 요청에 민감하지 못하고 특권집단화할 염려가 있다.
④ 공무원의 일체감과 단결심 및 공직에 헌신하려는 정신을 강화하는 데 불리한 제도이다.

552	1 2 3
기출처	2021 국가직 7급
난이도	★★
키워드	직업공무원제

해설

① (O) 직업공무원제는 공무원의 신분 보장을 통해 직업으로서 공직의 안정성을 높여 행정의 전문성과 계속성을 확보하는 데 기여한다.
② (O) 직업공무원제는 공직을 평생 직업으로 유도하여 유능한 인재들이 공직에 진출하고 장기적으로 근무하며 전문성을 축적하도록 하는 제도이다.
③ (O) 직업공무원제는 폐쇄형 임용과 강력한 신분보장을 기반으로 하므로 환경 변화에 대한 대응성이 낮고 공직을 특권화할 우려가 있다.
④ (×) 직업공무원제도는 직업윤리의 형성에 도움이 된다.

정답 | ④

관련기출 옳은지문
- 직업공무원제는 행정의 안전성, 계속성, 일관성 유지가 가능하다.
  21. 소방간부
- 직업공무원제는 전통적 관료제의 구성원리와 부합하는 인사제도이다.
  21. 소방간부
- 직업공무원제는 공직 수행에 필요한 높은 수준의 봉사정신과 행동규범을 보장할 수 있다. 21. 소방간부

553

기출처 2020 지방직 9급
난이도 ★★
키워드 직업공무원제

553 〈필수〉
직업공무원제의 단점을 보완하는 것으로 옳지 않은 것은?

① 개방형 인사제도
② 계약제 임용제도
③ 계급정년제의 도입
④ 정치적 중립의 강화

해설

① (○) 직업공무원제도는 폐쇄형 임용에 기반을 두고 있다. 개방형 임용이 도입될 경우 폐쇄형 임용에 따른 문제점을 해소할 수 있을 것이다.
② (○) 계약제 임용제도를 도입할 경우 종신고용에 따른 문제점을 해소할 수 있다.
③ (○) 계급정년제도가 도입되면 무능한 공무원의 퇴출을 통해 조직의 활력을 높일 수 있을 것이다.
④ (×) 직업공무원에 대한 정치적 통제력을 높이기 위해서는 정치적 중립의 완화가 필요하다.

정답 | ④

554

기출처 2021 국가직 7급
난이도 ★★★
키워드 엽관주의

관련기출 옳은지문

- 엽관주의는 선거에서 승리한 정당이 관직을 차지한다. 23. 국회직 8급

- 엽관주의는 정당정치의 발달은 물론 행정의 민주화에 기여할 수 있다. 23. 국회직 8급

- 엽관주의는 행정의 전문성을 저하시킬 수 있다. 23. 국회직 8급

554
엽관주의의 정당화 근거로 옳지 않은 것은?

① 행정 민주화에 기여
② 정치지도자의 행정 통솔력 강화
③ 정당정치 발달에 공헌
④ 행정의 안정성과 지속성 확보

해설

① (○) 엽관주의는 국민에게 선택받은 정당에 의해 공직이 임용되므로 행정의 민주화에 기여할 수 있다.
② (○) 엽관주의는 정치지도자에 의해 공직이 임용되므로 정치지도자의 행정 통솔력 강화에 기여한다.
③ (○) 엽관주의는 정당에 의해 공직이 임용되므로 정당정치의 발전에 기여할 수 있다.
④ (×) 행정의 안정성과 지속성의 확보는 신분보장이 강한 실적주의 혹은 직업공무원제와 관련된다. 엽관주의는 정권이 교체되면 공직도 교체되므로 행정의 안정성과 계속성이 떨어진다.

고득점 플러스+ 엽관주의

- 의의: 집권정당에 대한 공헌도와 충성도를 기준으로 공직을 임용하는 제도
- 배경: 민주정치와 정당정치의 발전, 행정의 단순성과 비전문성
- 특징: 관료기구와 국민의 동질성 확보수단 → 공직의 개방, 공직경질제도
- 도입과정
  - 5대 먼로(J. Monroe): 4년 임기법(1820)
  - 7대 잭슨(A. Jackson): 공식적으로 천명(1829) → 잭슨 민주주의
  - 우리나라: 정무직과 일부 별정직과 같은 특수경력직에 적용

정답 | ④

555
인사행정제도에 관한 설명 중 적절하지 않은 것은?

① 엽관주의는 정당에의 충성도와 공헌도를 관직 임용의 기준으로 삼는 제도이다.
② 엽관주의는 국민의 요구에 대한 관료적 대응성을 확보하기 어렵다는 단점을 갖는다.
③ 행정국가 현상의 등장은 실적주의 수립의 환경적 기반을 제공하였다.
④ 직업공무원제는 계급제와 폐쇄형 공무원제, 그리고 일반행정가주의를 지향한다.

해설

① (O) 엽관주의는 집권당의 추종자를 정당에 대한 공헌도와 충성도의 정도에 따라 공직에 임명해야 한다는 원리로, 실적이나 객관화된 시험절차 없이 집권당의 추종자를 정치적으로 임명한다.
② (X) 엽관주의는 국민에 의해 선출된 정치가가 공직을 임용하므로 국민의 요구에 대한 관료들의 대응성을 높일 수 있는 제도적 장치이다.
③ (O) 19세기 말 행정국가의 등장에 따른 행정의 능률화와 전문화의 요청은 단기 아마추어리즘에 입각한 엽관주의 임용의 한계를 가져왔으며, 이에 따라 전문성에 입각한 실적주의로 넘어가는 환경적 요인이 되었다.
④ (O) 직업공무원제는 공직에 종사하는 것이 전 생애 직업이 되도록 조직하고 운영되는 인사제도이므로, 승진과 신분보장이 용이한 계급제와 폐쇄형 임용제를 기반으로 하며, 다양한 공직의 경험을 거쳐 고위공직자로 올라갈 수 있는 일반행정가주의를 지향한다.

정답 | ②

555 | 기출처 2014 지방직 9급 | 난이도 ★★ | 키워드 엽관주의

관련기출 옳은지문

- 엽관주의는 선거를 통하여 국민에게 책임을 지는 선출직 지도자들의 직업공무원들에 대한 통제를 용이하게 해준다. 16. 경찰승진

- 엽관주의 공무원제도는 공직에 대한 민주적 교체가 가능하다. 23. 군무원 9급

- 엽관주의 인사는 행정의 안정성을 저해할 수 있다는 단점이 있다. 15. 서울시 9급

556
인사행정의 주요 원리 및 제도에 대한 설명으로 옳지 않은 것은?

① 엽관주의: 미국의 잭슨(Jackson) 대통령은 공무원의 장기 근무의 순기능을 강조하며 공직의 대중화를 도모하였다.
② 실적주의: 미국에서는 펜들턴 법의 제정으로 공개경쟁채용시험을 도입하고 연방인사위원회가 설치되었다.
③ 대표관료제: 영국학자 킹슬리(Kingsley)는 정부 관료제 구성에서 사회 내 주요 세력의 분포를 반영할 것을 제안하였다.
④ 직업공무원제: 절대왕정시기의 관료제에 연원을 두고 있으며, 장기 근무를 장려하여 공직을 전문직업분야로 인식하게 하였다.

해설

① (X) 엽관주의는 정권이 교체될 때마다 공무원이 대량 경질되므로 공무원의 장기 근무는 어렵다.
② (O) 실적주의는 펜들턴 법(1883) 제정을 통해 공개경쟁채용시험을 도입하고 연방인사위원회를 설치하는 계기가 되었다.
③ (O) 킹슬리(D. Kingsley)는 대표관료제라는 용어를 처음 사용하였고, 사회 내의 지배세력들을 그대로 반영한 관료제라고 정의함으로써 대표관료제의 구성적 측면을 강조하고 있다.
④ **매력적 오답** (O) 직업공무원제는 절대국가 성립 이후 중앙집권적 통일국가체제를 유지하기 위한 강력한 상비군과 재원의 조달을 담당할 조직의 필요성으로 인하여 확립되었다.

정답 | ①

556 | 기출처 2017 국가직 7급(하) | 난이도 ★★ | 키워드 엽관주의

557

기출처: 2022 국가직 7급
난이도: ★★
키워드: 정실주의와 엽관제

557 〈필수〉

정실주의와 엽관제에 대한 설명으로 옳지 않은 것은?

① 실적제로 전환을 위한 영국의 추밀원령은 미국의 펜들턴 법보다 시기적으로 앞섰다.
② 엽관제는 전문성을 통한 행정의 효율성 제고와 정부 관료의 역량 강화에 기여한 것으로 평가된다.
③ 미국의 잭슨 대통령은 엽관제를 민주주의의 실천적 정치원리로 인식하고 인사행정의 기본 원칙으로 채택하였다.
④ 엽관제는 관료제의 특권화를 방지하고 국민에 대한 대응성을 높인다는 점에서 현재도 일부 정무직에 적용되고 있다.

관련기출 옳은지문

• 엽관제는 공무원들의 충성심을 확보하기 용이하다는 장점이 있다.
  18. 서울시 7급(하)

• 미국은 1883년 펜들턴 법을 통해 공무원 임용에 있어 공개시험제를 확립하였다.
  22. 경찰승진

해설

① **매력적 오답** (O) 영국의 실적주의는 1853년 노스코트-트레벨리언 보고서에 의한 공개경쟁채용시험 도입과 독립적인 중앙인사위원회 설치 등의 건의, 1855년 1차 추밀원령에 의한 독립적인 인사위원회의 설치, 그리고 1870년 2차 추밀원령에 의한 실적주의의 확립으로 전개된다. 반면 미국의 펜들턴 법은 1883년 제정되었다.
② (×) 전문성을 통한 행정의 효율성 제고와 정부 관료의 역량 강화에 기여한 것은 실적주의이다.
③ (O) 엽관제도는 1829년 미국의 잭슨(A. Jackson) 대통령이 의회에서 발표한 연두교서에서 엽관제를 민주주의의 실천적 정치원리로 인식하고 인사행정의 기본원칙으로 채택하면서 더욱 강화되었다.
④ (O) 공직경질제를 기반으로 하는 엽관주의는 관료제의 특권화 방지에 기여한다. 우리나라는 현재 정무직과 일부 별정직에 엽관주의가 사용되고 있다.

정답 | ②

558

기출처: 2012 지방직 9급
난이도: ★★★
키워드: 실적주의

558

실적주의의 주요 구성요소로 보기 어려운 것은?

① 공직취임의 기회균등
② 공무원 인적 구성의 다양화
③ 신분보장 및 정치적 중립
④ 실적에 의한 임용

해설

① (O) 실적주의가 확립되기 위해서는 누구나 시험을 거치면 공직에 임용될 수 있는 공직취임의 기회균등이 주어져야 한다.
② (×) 공무원 인적 구성의 다양화는 대표관료제와 관련된다.
③ (O) 정치로부터 공직을 보호하기 위해서는 공무원의 정치적 중립과 이를 보장할 수 있는 신분보장이 필수적이다.
④ (O) 실적주의가 확립되기 위해서는 정실이나 정당에 대한 충성이 아닌 실적과 업적에 의한 임용이 필수적이다.

고득점 플러스+ 실적주의

- 의의: 개인의 능력·자격·업적에 입각한 공직임용제도
- 배경: 행정의 능률화·전문화 요청, 엽관주의와 정당정치의 폐해
- 근거: 청교도 윤리, 개인주의, 평등주의, 과학주의, 분리주의 등
- 확립요건
  - 능력·자격·업적 중심의 공직임용, 공개경쟁시험(→ 공직임용의 기회균등)
  - 정치적 중립성, 공무원의 신분보장, 초당파적 중앙인사기관의 설치

정답 | ②

559 〈필수〉
실적주의 공무원제도에 대한 설명으로 옳은 것은?

① 미국에서는 잭슨(Jackson) 대통령에 의해 공식화되었다.
② 공직의 일은 건전한 상식과 인품을 가진 일반 대중이면 누구나 수행할 수 있는 것이라고 전제하였다.
③ 공개경쟁시험, 신분보장, 정치적 중립이 핵심적인 요소이다.
④ 사회적 형평성을 가장 중요한 가치로 삼는 인사제도이다.

해설
① (×) 잭슨(A. Jackson) 대통령에 의해 공식화된 것은 엽관주의이다.
② (×) 공직을 건전한 상식과 인품을 가진 일반 대중이면 누구나 수행할 수 있는 것이라고 전제하는 것은 엽관주의이다.
③ (○) 실적주의는 공개경쟁시험, 신분보장, 정치적 중립, 독립된 중앙인사기관 등을 구성요소로 한다.
④ (×) 사회적 형평성을 가장 중요한 가치로 삼는 인사제도는 대표관료제이다.

정답 | ③

559
기출처: 2024 국가직 9급
난이도: ★★
키워드: 실적주의

🔍 관련기출 옳은지문
- 실적주의는 상대적으로 유능한 인재의 유치라는 적극적인 측면보다는 부적격자의 제거라는 소극적인 측면에 중점을 두게 되었다.
  19. 경찰승진
- 실적주의는 공직취임의 기회균등 보장이라는 장점을 가진다.
  06. 서울시 9급
- 실적주의는 엽관주의의 폐해를 방지하고 행정의 효율성 제고에 기여하였다.
  07. 국가직 7급

560
실적주의(merit system)에 대한 설명으로 옳지 않은 것은?

① 실적주의의 도입은 중앙인사기관의 권한과 기능을 분산시키는 결과를 가져왔다.
② 사회적 약자의 공직 진출을 제약할 수 있다는 점은 실적주의의 한계이다.
③ 미국의 실적주의는 펜들턴 법(Pendleton Act)이 통과됨으로써 연방정부에 적용되기 시작하였다.
④ 실적주의에서 공무원은 자의적인 제재로부터 적법절차에 의해 구제받을 권리를 보장받는다.

해설
① (×) 실적주의의 도입은 중앙인사기관으로의 인사권의 집중화를 가져왔다.
② (○) 실적주의의 형식적 평등은 사회적으로 소외된 계층에 대한 실질적 제약으로 작용할 수 있다.
③ (○) 1883년에 제정된 펜들턴 법은 엽관주의의 폐해에 대한 반성으로 탄생했으며, 미국 연방정부 차원에서 실적주의 인사제도를 도입하는 역사적인 계기가 되었다.
④ (○) 실적주의는 정치적 중립을 확보하기 위하여 강력한 신분보장을 특징으로 한다. 징계 등 불리한 처분은 적법절차를 거쳐야 하며 또한 이에 불복할 경우 소청심사와 같은 구제수단을 통해 대항할 수 있다.

정답 | ①

560
기출처: 2019 지방직 7급
난이도: ★★
키워드: 실적주의

561

기출처	2016 지방직 7급
난이도	★★
키워드	엽관주의와 실적주의

관련기출 옳은지문
• 엽관주의는 민주정치의 발달과 불가분의 관계가 있다.   11. 서울시 9급

561
엽관주의와 실적주의에 대한 설명으로 옳지 않은 것은?

① 엽관주의는 행정의 민주화에 공헌한다는 장점이 있다.
② 실적주의는 공무원의 정치적 중립을 강조한다.
③ 잭슨 대통령이 암살당한 사건은 미국에서 실적주의 도입의 배경이 되었다.
④ 엽관주의는 공직의 상품화를 가져올 가능성이 있다.

해설

① (O) 엽관주의는 일반 시민들에게 공직에 참여할 기회를 확대함으로써 행정의 민주화에 공헌한다는 장점이 있다.
② (O) 실적주의는 공직의 임용기준을 개인의 능력, 자격, 업적에 두는 인사제도로 공개경쟁시험, 정치적 중립성, 공무원의 신분보장, 초당파적 중앙인사기관의 설치 등을 핵심으로 한다.
③ (×) 엽관주의자에 의해 암살된 대통령은 가필드 대통령이다. 잭슨(A. Jackson)은 엽관주의를 공식적으로 천명한 대통령이다.
④ (O) 엽관주의는 위인설관이라는 공직의 상품화 경향을 가져올 수 있다.

정답 | ③

562

기출처	2021 지방직 9급
난이도	★★
키워드	엽관주의와 실적주의

562 필수
엽관주의와 실적주의에 대한 설명으로 옳은 것은?

① 엽관주의는 개인의 능력, 적성, 기술을 공직임용 기준으로 한다.
② 엽관주의는 정치지도자의 국정 지도력을 약화한다.
③ 실적주의는 국민에 대한 관료의 대응성을 높인다.
④ 실적주의는 공직임용에 대한 기회의 균등을 보장한다.

해설

① (×) 개인의 능력, 적성, 기술을 공직임용의 기준으로 삼는 것은 실적주의이다.
② (×) 엽관주의에서 공무원은 정치지도자에 의해 임명되므로 정치지도자의 국정 지도력은 강화된다.
③ (×) 국민에 대한 관료의 대응성을 높이는 것은 엽관주의이다.
④ (O) 실적주의는 누구나 시험성적에 의해 공직에 임용될 수 있으므로 공직임용의 기회균등을 강화하는 장치이다.

정답 | ④

563

기출처	2021 지방직 7급
난이도	★★
키워드	실적주의

563
공무원 인사제도에 대한 설명으로 옳지 않은 것은?

① 실적주의는 공무원의 인적 구성이 사회의 인구학적 특성과 비례가 되도록 해야 한다는 대표관료제를 비판하면서 등장하였다.
② 엽관주의는 정당제도 유지에 기여하고 공무원의 정치적 책임성을 확보할 수 있다는 장점이 있어 오늘날에도 부분적으로 남아 있다.
③ 실적주의는 엽관주의의 폐해와 급격한 경제발전으로 행정기능이 양적으로 확대되고 질적으로 복잡해짐에 따라 공무원들의 전문적 지식과 기술이 필요해지면서 정당성이 강화되었다.
④ 엽관주의에 따른 인사는 관료기구와 집권 정당의 동질성을 확보할 수 있으며, 정부가 공무원의 충성심을 확보하고 공무원을 효과적으로 통솔할 수 있다.

해설

① (×) 실적주의는 엽관주의에 대한 비판으로 등장하였고, 대표관료제가 실적주의에 대한 비판으로 등장하였다.
② (○) 정치행정일원론의 강화는 임명직 관료에 대한 선출직 관료의 통제가 중요해지므로 엽관주의가 다시 강화되고 있다.
③ (○) 행정의 복잡성과 엽관주의의 폐해로부터 행정의 전문성을 확보하기 위한 수단으로 실적주의 임용이 도입되었다.
④ (○) 엽관주의는 집권당의 당원이 관직에 임명되므로 관료기구와 집권 정당의 동질성을 높일 수 있고, 관료들의 정당에 대한 충성심을 확보하기 용이하다.

정답 | ①

관련기출 옳은지문
- 엽관주의는 선거를 통해 행정부를 통제한다는 긍정적인 기능이 있다. 21. 경찰간부
- 엽관주의는 관료기구와 국민의 동질성을 확보하기 위한 수단으로 발전하였다. 11. 서울시 9급

564
엽관주의와 실적주의에 대한 설명으로 옳은 것만을 모두 고르면?

> ㄱ. 엽관주의는 실적 이외의 요인을 고려하여 임용하는 방식으로 정치적 요인, 혈연, 지연 등이 포함된다.
> ㄴ. 엽관주의는 정실임용에 기초하고 있기 때문에 초기부터 민주주의의 실천원리와는 거리가 멀었다.
> ㄷ. 엽관주의는 정치지도자의 국정 지도력을 강화함으로써 공공정책의 실현을 용이하게 해 준다.
> ㄹ. 실적주의는 정치적 중립에 집착하여 인사행정을 소극화·형식화시켰다.
> ㅁ. 실적주의는 국민에 대한 관료의 대응성을 높일 수 있다는 장점이 있다.

① ㄱ, ㄷ   ② ㄴ, ㄹ   ③ ㄴ, ㅁ   ④ ㄷ, ㄹ

564	
기출처	2014 국가직 9급
난이도	★★
키워드	엽관주의와 실적주의

해설

ㄱ. (×) 혈연, 지연 등을 강조하는 것은 정실주의이다. 엽관주의는 정당에 대한 충성도와 공헌도를 강조한다.
ㄴ. (×) 엽관주의는 공직을 서민에게 개방하기 위한 민주주의 평등이념을 기반으로 한다. 즉, 민주주의 실천원리로서 도입되었다.
ㄷ. (○) 엽관주의는 정치지도자에 의하여 공직이 구성되므로 정치지도자의 국정 지도력은 강화되고, 정치지도자에 대한 구성원들의 충성도가 높을 수밖에 없다.
ㄹ. (○) 실적주의는 무능력자의 배제를 목적으로 엄격한 시험을 거쳐 공직을 임용하므로 인사행정의 소극화와 형식화를 초래할 수 있다.
ㅁ. (×) 국민에 대한 관료의 대응성을 높일 수 있는 것은 엽관주의이다. 실적주의는 오히려 관료의 특권화(신분보장)로 인하여 민주통제를 어렵게 하여 행정의 대응성과 책임성을 저해할 수 있다.

정답 | ④

관련기출 옳은지문
- 엽관주의는 정치지도자의 국정 지도력을 강화함으로써 공공정책의 실현을 용이하게 해 준다. 14. 국가직 9급
- 실적주의는 인사행정을 소극적·경직적으로 만든다. 22. 소방간부

565

정무직 공무원과 직업관료 간의 일반적인 성향 차이에 대한 내용으로 옳지 않은 것은?

① 정무직 공무원은 재임기간이 짧기 때문에 정책의 필요성이나 성패를 단기적으로 바라보지만, 직업관료는 신분보장이 되어 있기 때문에 장기적으로 바라보는 경향이 있다.
② 정무직 공무원은 행정수반의 정책비전에 따른 변화를 추구하고, 직업관료는 제도적 건전성을 통한 중립적 공공봉사를 중시한다.
③ 정무직 공무원은 직업적 전문성(professionalism)에 따라 정책문제를 바라보고, 직업관료는 정치적 이념에 따라 정책문제를 정의한다.
④ 정책대안을 평가할 때 정무직 공무원은 조직 내부의 이익보다 정치적 반응에 더 큰 비중을 두고, 직업관료는 본인이 소속된 기관의 이익을 중시하는 경향이 있다.

해설

① (O) 정무직 공무원은 선거 주기나 임기에 맞춰 가시적인 성과를 내야 하므로 단기적인 관점을 갖기 쉽다. 반면, 직업관료는 정권이 바뀌어도 계속 근무하기 때문에 정책의 장기적인 안정성과 지속 가능성에 더 큰 관심을 두는 장기적인 관점을 갖는다.
② (O) 정치적으로 임명되는 정무직 공무원은 행정수반의 정책비전을 수행하는 것에 역점을 두지만, 신분이 보장되고 정치적 중립성이 강조되는 직업관료는 국민 전체에 대한 봉사성을 강조한다.
③ (X) 직업적 전문성에 따라 정책문제를 바라보는 것이 실적주의에 입각한 직업관료이고, 정치적 이념에 따라 정책문제를 정의하는 것이 엽관주의 성향이 강한 정무직 공무원이다.
④ (O) 정치 공무원인 정무직 공무원은 국민의 반응에 초점을 맞추는 경향이 강하다. 반면 같은 조직에 속해 장기간 근무하는 직업관료는 국민에 대한 반응성보다는 본인이 속한 조직의 이익에 치중할 우려가 크다.

정답 | ③

566

중앙인사기관에 대한 설명으로 옳지 않은 것은?

① 독립합의형은 엽관주의를 배제하고 실적제를 발전시키는 데 유리하지만, 책임소재가 불분명해질 수 있다는 단점이 있다.
② 비독립단독형은 집행부 형태로 인사행정의 책임이 분명하고 신속한 의사결정을 가능하게 해주지만, 인사행정의 정실화를 막기 어렵다.
③ 독립단독형은 독립합의형과 비독립단독형의 절충적 성격을 가진 형태로서 대표적인 예는 미국의 인사관리처나 영국의 공무원 장관실 등이다.
④ 정부규모의 확대로 전략적 인적자원관리가 강조되어 중앙인사기관의 설치 및 기능이 중요시된다.

> 해설

① (O) 독립합의형은 행정부 밖에 위원회 형태로 중앙인사기관을 설치하는 방식이다. 정치로부터 독립되어 있어 실적주의를 보호하는 데 유리하지만, 위원회제도로 운영되므로 책임소재가 불명확해질 우려가 있다.
② (O) 비독립단독형은 중앙인사기관이 행정부 내의 단독제 기관으로 운영되므로 인사행정의 책임소재가 분명하고 그 결정의 신속성이 높아지지만, 행정부 수반으로부터 자유롭지 못하므로 정실인사의 가능성이 높아질 수 있다.
③ (×) 미국의 인사관리처(OPM)는 대통령 직속의 비독립단독형의 중앙인사기관이고, 영국의 공무원 장관실은 내각사무처 소속의 비독립단독형 중앙인사기관이다.
④ (O) 중앙인사기관은 정부규모의 확대에 따른 인력운영의 합리화와 정치적 중립을 보장하기 위한 제도적 장치로서 도입된 제도이다.

정답 | ③

🔍 **관련기출 옳은지문**
• 영국의 내각사무처는 비독립단독형 인사기관 형태를 채택하고 있다.
16. 국회직 8급

• 비독립단독형 인사기관은 주요 인사정책의 신속한 추진을 가능하게 한다.
16. 국회직 8급

567
현재 우리나라와 같은 유형의 중앙인사기관이 갖는 특성으로 적절한 것은?

① 인사에 대한 의사결정이 신속하고, 책임소재의 명확화가 가능한 유형이다.
② 행정수반의 적극적인 지원을 받고 있어 인사상의 공정성 확보가 용이하다.
③ 복수 위원들 간의 합의에 의한 결정방식을 특징으로 한다.
④ '1883년 펜들턴(Pendleton) 법'에 의해 창설된 미국의 연방인사기구가 이 유형에 속한다.

567	1 2 3
기출처	2014 국가직 9급 변형
난이도	★★
키워드	중앙인사기관

> 해설

① (O) 우리나라 중앙인사기관은 행정수반에 종속되며 행정수반에 의해 임명되는 비독립단독형으로, 인사에 대한 의사결정이 신속하고, 책임소재가 명확하다는 장점을 지닌다.
② (×) 인사행정의 공정성을 확보하기 위해서는 행정부로부터 독립되고 복수의 구성원으로 이루어진 합의제가 바람직하다.
③ (×) 우리나라의 중앙인사기관인 인사혁신처는 국무총리 소속의 비독립단독제이다.
④ (×) 펜들턴 법에 의해 만들어진 미국의 연방인사기구는 독립합의제의 형태를 취하였다.
※ 출제 당시, "2014년 현재~"이였으나, 문제의 정확도를 위해 발문을 수정하였습니다.

고득점 플러스+ 중앙인사기관의 성격

• 독립성
 – 장점: 정치적 중립, 인사권자의 전횡방지, 인사행정의 공정성 등
 – 단점: 책임한계의 모호성, 임용권자의 관리수단 미비 등
• 합의성
 – 장점: 인사행정의 신중성과 민주성, 독단의 방지, 정책의 지속성과 일관성 등
 – 단점: 책임소재의 모호성, 타협적·정치적 결정, 결정의 지연, 시간과 비용의 낭비 등
• 집권성
 – 장점: 실적주의의 확립, 인사행정의 통일성 등
 – 단점: 적극적 인사행정의 곤란, 인사행정의 경직화, 임용권자의 관리수단 미비 등

정답 | ①

🔍 **관련기출 옳은지문**
• 비독립단독형은 인사행정의 공정성과 중립성이 저해될 가능성이 있다.
12. 국회직 8급

• 비독립단독형 중앙인사기관은 인사행정의 책임소재가 분명해진다.
12. 국회직 8급

• 비독립단독형은 인사행정의 정실화와 기관장의 자의적 결정을 견제하기 어렵다.
19. 국회직 9급

568

기출처: 2021 지방직 7급
난이도: ★★
키워드: 중앙인사기관

🔍 관련기출 옳은지문

- 독립합의형 중앙행정기관은 엽관주의를 배제하여 정치적 중립보장과 실적제 발전에 유리하지만, 인사행정의 책임소재가 불분명해질 수 있다는 단점이 있다. 23. 해경간부

- 독립합의형은 엽관주의의 영향력을 배제함으로써 실적제를 발전시키는 데 유리하다. 23. 경찰승진

568
다음 중앙인사기관의 유형에 대한 설명으로 옳은 것은?

- 행정수반이 인사관리에 직접적인 책임을 지며, 인사기관의 장은 행정수반을 보좌하여 집행업무를 담당한다.
- 인적자원 확보, 능력발전, 유지, 보상 등 인사관리에 대한 기능을 부처의 협조 하에 통합적으로 수행한다.
- 인사기관의 결정과 집행의 행위는 행정수반의 승인과 검토의 대상이 된다.

① 정치권력의 부당한 개입을 막아 정치적 중립성과 공직의 안정성을 확보할 수 있다.
② 인사기관의 구성방식을 통해서 인사정책의 일관성을 확보할 수 있다.
③ 합의에 따른 결정방식으로 인사의 공정성을 유지하는 것이 중요하다.
④ 한 명의 인사기관의 장이 조직을 관장하고 행정수반의 지휘 아래 놓이게 된다.

해설

① (×) 정치권력의 부당한 개입을 막아 정치적 중립성과 공직의 안정성을 확보할 수 있는 것은 독립합의형 중앙인사기관이다.
② (×) 인사정책의 일관성을 확보할 수 있는 것은 합의형 형태의 중앙인사기관이다.
③ (×) 합의에 따른 결정방식으로 인사의 공정성을 유지하는 것이 중요한 것 역시 독립합의형 중앙인사기관의 특징이다.
④ (○) 비독립단독형 중앙인사기관은 장이 한 사람이며 행정수반 아래 위치하므로 행정수반의 통제가 용이하다.

정답 | ④

569

기출처: 2023 국가직 9급
난이도: ★
키워드: 인사위원회

569 〔필수〕
「지방공무원법」상 인사위원회의 위원으로 임명되거나 위촉될 수 없는 사람은?

① 지방의회의원
② 법관·검사 또는 변호사 자격이 있는 사람
③ 공무원으로서 20년 이상 근속하고 퇴직한 사람
④ 초등학교·중학교·고등학교 교장 또는 교감으로 재직하는 사람

해설

① (○) 공무원 임용에 결격사유가 있는 사람, 「정당법」에 따른 정당의 당원, 지방의회의원 등은 인사위원회의 위원이 될 수 없다.
②, ③, ④ (×) 법관·검사 또는 변호사 자격이 있는 사람, 대학에서 조교수 이상으로 재직하거나 초등학교·중학교·고등학교 교장 또는 교감으로 재직하는 사람, 공무원으로서 20년 이상 근속하고 퇴직한 사람, 비영리민간단체에서 10년 이상 활동하고 있는 지역단위 조직의 장 등은 인사위원의 위원으로 위촉될 수 있다.

정답 | ①

570
공무원의 근무방식과 형태에 대한 설명으로 옳지 않은 것은?

① 유연근무제는 공무원의 근무방식과 형태를 개인·업무·기관 특성에 따라 선택할 수 있는 제도이다.
② 시간선택제 근무는 통상적인 전일제 근무시간(주 40시간)보다 길거나 짧은 시간을 근무하는 제도이다.
③ 탄력근무제는 전일제 근무시간을 지키되 근무시간, 근무일수를 자율 조정할 수 있는 제도이다.
④ 원격근무제는 직장 이외의 장소에서 정보통신망을 이용하여 근무하는 제도이다.

570	① ② ③
기출처	2019 국가직 9급
난이도	★★
키워드	유연근무제

🔍 관련기출 옳은지문
- 탄력근무제는 일과 삶의 균형을 통한 효율성과 생산성 향상이라는 장점이 있다. 22. 경찰승진
- 탄력근무제는 업무시간에 대한 자율성 부여로 근로의욕 고취라는 장점이 있다. 22. 경찰승진
- 탄력근무제는 통근 혼잡 회피 등 사회적 비용 절감이라는 장점이 있다. 22. 경찰승진

해설
① (○) 유연근무제는 개인의 여건에 따라 근로시간이나 형태 등을 조절할 수 있는 제도로, 시간선택제 전환근무, 탄력근무제(시차출퇴근형, 근무시간 선택형, 집약근무형, 재량근무형), 원격근무제(재택근무형, 스마트워크근무형) 등이 있다.
② (×) 시간선택제 근무는 통상적인 전일제 근무시간(주 40시간)보다 짧은 시간을 근무하는 제도이다.
③ **매력적 오답** (○) 탄력근무제는 전일제 근무시간을 지키되 근무시간, 근무일수를 자율 조정할 수 있는 제도로, 시차출퇴근형, 근무시간 선택형, 집약근무형, 재량근무형 등이 있다.
④ (○) 원격근무제는 직장 이외의 장소에서 정보통신망을 이용하여 근무하는 제도로, 재택근무형과 스마트워크근무형이 있다.

고득점 플러스+ 유연근무제
- 통상의 근무시간·근무일을 변경하는 근무 또는 온라인 원격근무
- 유형
  - 시간선택제전환: 주 40시간보다 짧은 시간 근무 → 주 15시간 이상 35시간 이하
  - 탄력근무제: 주 40시간 근무하되, 출퇴근시각·근무시간·근무일을 자율 조정
    - 시차출퇴근: 1일 8시간 근무체제 유지, 출퇴근시간 자율 조정
    - 근무시간 선택: 일 8시간에 구애받지 않음(→ 일 4~12시간 근무), 주 5일 근무 준수
    - 집약근무: 일 8시간에 구애받지 않음(→ 일 4~12시간 근무), 주 3.5~4일 근무
    - 재량근무: 출퇴근 의무 없이 프로젝트 수행으로 주 40시간 인정
  - 원격근무: 특정한 근무 장소를 정하지 않고 정보통신망을 이용하여 근무
    - 재택근무: 사무실이 아닌 자택에서 근무
    - 스마트워크근무: 자택 인근 스마트워크센터 등 별도의 사무실에서 근무

정답 | ②

571 〈필수〉

다음 설명에 해당하는 유연근무제의 유형은?

- 탄력근무제의 한 유형
- 1일 8시간에 구애받지 않음
- 주 3.5~4일 근무

① 재택근무형
② 집약근무형
③ 시차출퇴근형
④ 근무시간선택형

해설

① (×) 재택근무형은 사무실이 아닌 자택에서 근무하는 방법이다.
② (○) 다음 설명에 해당하는 유연근무제의 유형은 집약근무형이다.
③ (×) 시차출퇴근형은 1일 8시간 근무체제를 유지하되, 출퇴근시간을 자율적으로 조정하는 방법이다.
④ (×) 근무시간선택형은 1일 8시간 근무에는 구애받지 않지만(일 4~12시간 근무), 주 5일 근무는 준수하는 방법이다.

정답 | ②

572

유연근무제도에 대한 설명으로 옳지 않은 것은?

① 재택근무자의 재택근무일에도 시간 외 근무수당 실적분과 정액분을 모두 지급하여야 한다.
② 심각한 보안위험이 예상되는 업무는 온라인 원격근무를 할 수 없다.
③ 원격근무제는 재택근무형과 스마트워크 근무형으로 구분된다.
④ 유연근무제도에는 시간선택제 전환근무제, 탄력근무제, 원격근무제가 포함된다.

관련기출 옳은지문
- 원격근무제도는 모집 지역의 범위를 넓혀 우수한 인재를 충원할 수 있다. 06. 국가직 7급

해설

① (×) 재택근무자의 경우에는 공무원 보수 등의 업무지침에 따라 시간 외 근무수당의 실적분은 지급할 수 없다. 다만, 정액분은 지급이 가능하다.
②, ③ (○) 원격근무제는 특정한 근무 장소를 정하지 않고 정보통신망을 이용하여 근무하는 형태로 사무실이 아닌 자택에서 근무하는 재택근무형과, 자택 인근 스마트워크센터 등 별도 사무실에서 근무하는 스마트워크 근무형으로 구분된다. 다만, 심각한 보안위험이 예상되는 업무는 온라인 원격근무를 할 수 없다.
④ (○) 유연근무제는 개인·업무·기관별 특성에 맞는 유연한 근무형태를 공무원이 선택하여 활용할 수 있는 제도로, 시간선택제 전환근무제, 탄력근무제(시차출퇴근형, 근무시간 선택형, 집약근무형, 재량근무형), 원격근무제(재택근무형, 스마트워크 근무형) 등이 있다.

정답 | ①

573

다음에 제시된 문제해결 방식이 의미하는 공무원 인사행정제도는?

> 서울의 과밀은 우수학생의 서울집중으로부터 시작된다. '우수학생 서울 집중 → 엘리트 시험 독점 → 권력 집중 → 취업 기회 창출 → 인구 서울 집중 → 우수학생 서울 집중'의 순환구조로 서울의 비대화와 지방의 황폐화는 더욱 심각해지고 있다. 세계 최고의 교육열이 이를 가속화해 불균형 발전을 심화시켰다면, 이제 그 교육의 변수를 균형발전의 지렛대로 원용할 수 있는 슬기를 발휘할 때이다. 인재지역할당제는 이러한 생산적 방향 전환에 기여할 수 있는 중요한 제도적 장치이다.

① 엽관제
② 대표관료제
③ 실적제
④ 직업공무원제

573	
기출처	2012 지방직 9급
난이도	★★
키워드	대표관료제

해설

① (×) 엽관주의는 집권당 추종자를 정당에 대한 공헌도와 충성도의 정도에 따라 공직에 임용하는 제도이다.
② (○) 인재지역할당제는 사회적 약자를 배려하고 사회 통합과 지역의 균형 발전에 이바지하려는 대표관료제의 일환이다.
③ (×) 실적주의는 공직의 임용기준을 개인의 능력, 자격, 업적에 두는 인사제도이다.
④ (×) 직업공무원제는 공직에 종사하는 것이 전 생애 직업이 되도록 조직하고 운영되는 인사제도이다.

정답 | ②

574

대표관료제에 대한 설명으로 옳지 않은 것은?

① 엽관주의의 폐단을 시정하기 위해 등장하였다.
② 관료의 국민에 대한 대응성과 책임성을 향상시킨다.
③ 형평성을 제고할 수 있으나 역차별의 문제가 발생할 수 있다.
④ 우리나라도 대표관료제적 임용정책을 시행하고 있다.

574	
기출처	2017 국가직 9급
난이도	★★★
키워드	대표관료제

🔍 관련기출 옳은지문

- 대표관료제는 정부정책의 형평성과 대응성을 제고할 수 있다.
  23. 군무원 7급

해설

① (×) 대표관료제는 능률성 중심의 실적주의가 빚어 놓은 폐단을 시정하고 사회적 형평성을 높이기 위해서 등장하였다.
② (○) 대표관료제는 관료제의 대표성을 강화하여 대응성과 책임성의 확보에 기여한다.
③ (○) 대표관료제는 할당제에 따른 역차별의 문제를 유발시킬 수 있다.
④ (○) 양성평등채용목표제, 장애인채용목표제, 사회통합형 인재채용 등이 대표관료제와 관련된 정책들이다.

정답 | ①

575

575	① ② ③
기출처	2019 지방직 9급
난이도	★★
키워드	대표관료제

🔍 **관련기출 옳은지문**
• 소극적 대표성이란 관료들의 사회경제적 배경이 사회 전체의 것을 반영하는 정도를 의미한다. 17. 경찰승진

575
대표관료제에 대한 설명으로 옳지 않은 것은?

① 소극적 대표가 적극적 대표를 촉진한다는 가정 하에 제도를 운영해 왔다.
② 엽관주의 폐단을 시정하기 위해 등장하였으며 역차별의 문제를 완화할 수 있다.
③ 소극적 대표성은 전체 사회의 인구 구성적 특성과 가치를 반영하는 관료제의 인적 구성을 강조한다.
④ 우리나라는 균형인사제도를 통해 장애인·지방인재·저소득층 등에 대한 공직진출 지원을 하고 있다.

해설

① (O) 소극적 대표는 형식적·배경적 대표성을 의미하고 적극적 대표는 실질적·태도적 대표성을 의미하는데 대표관료제는 소극적 대표가 적극적 대표로 연결될 수 있다는 가정에 기반을 두고 있다.
② (X) 대표관료제는 실적주의 폐단을 시정하기 위해 등장했으며, 할당제를 구현하는 결과 새로운 차별이라는 역차별을 가져올 수 있다.
③ (O) 소극적 대표성은 관료들의 사회·경제적 배경이 사회 전체의 것을 반영하는 정도를 의미하며, 구성적 대표, 형식적 대표, 배경적 대표 등으로 불린다.
④ (O) 우리나라는 대표관료제의 이념을 구현하기 위해 균형인사제도를 운영하고 있으며, 이를 통해 장애인, 지방인재, 저소득층 등 소외될 수 있는 계층의 공직 진출을 지원하고 있다.

정답 | ②

576

576	① ② ③
기출처	2015 국가직 7급
난이도	★★
키워드	대표관료제

🔍 **관련기출 옳은지문**
• 대표관료제는 킹슬리(D. Kingsley)가 처음 사용한 개념이다. 23. 군무원 7급

• 대표관료제는 할당제의 강요와 역차별을 초래할 수 있다. 24. 경찰간부

• 대표관료제는 관료 집단으로 하여금 민주적인 방법으로 행동하도록 하기 위한 방안으로 도입되었다. 22. 경찰간부

576
대표관료제(Representative Bureaucracy)에 대한 설명으로 옳지 않은 것은?

① 킹슬리(Kingsley)가 처음 사용한 용어로서 엽관주의 인사제도의 폐단을 극복하기 위해 등장하였다.
② 관료제의 인적 구성 측면을 강조하며 관료제의 대표성과 대응성을 강화하기 위한 제도이다.
③ 우리나라의 양성평등채용목표제는 대표관료제의 발상을 반영한 것이라고 할 수 있다.
④ 행정의 전문성과 생산성을 저해할 수 있다는 비판이 있다.

해설

① (X) 대표관료제는 형식적 평등성에 입각한 실적주의의 문제점을 보완하고자 도입된 제도이다.
② (O) 관료제의 인적 구성 측면은 소극적 대표성을 의미한다. 대표관료제는 이러한 구성적 대표성이 실질적 대표성으로 연결될 것이라는 가정에 기반을 두고 있다.
③ (O) 양성평등채용목표제는 공직구성의 성비 불균형을 해소하기 위해 특정한 성이 일정한 비율을 넘지 않게 합격자를 조정하는 제도로 대표관료제 혹은 균형인사정책의 한 유형이다.
④ (O) 대표관료제는 능력보다는 사회적 배경이나 특정 집단에 대한 할당을 강조할 경우, 행정의 전문성과 생산성을 저해할 수 있다는 비판을 받기도 한다.

고득점 플러스+ 대표관료제 → 학자들의 견해
• 킹슬리(D. Kingsley)(1944): 대표관료제의 구성적 측면의 강조
• 반 라이퍼(Van Riper): 사회적 특성 외에 사회적 가치의 대표까지도 포함
• 크랜츠(H. Kranz): 대표관료제의 개념을 비례대표까지 확대할 것을 주장

정답 | ①

577
다음 제도에 대한 설명으로 옳지 않은 것은?

> 킹슬리(Kingsley)가 처음 사용한 용어로, 그 사회의 주요 인적 구성에 기반하여 정부 관료제를 구성함으로써, 정부 관료제 내에 민주적 가치를 주입하려는 의도에서 발달되었다.

① 관료들은 누구나 자신의 사회적 배경의 가치나 이익을 정책과정에 반영시키려고 노력한다는 점을 전제로 한다.
② 크랜츠(Kranz)는 이 제도의 개념을 비례대표(proportional representation)로까지 확대하는 것에 반대한다.
③ 라이퍼(Riper)는 이 제도의 개념을 확대해 사회적 특성 외에 사회적 가치까지도 포함시키고 있다.
④ 현대 인사행정의 기본원칙인 실적제를 훼손할 뿐만 아니라 역차별을 야기할 수 있다는 비판을 받는다.

해설

① (O) 대표관료제는 관료와 국민 사이의 사회경제적 성격이 서로 일치할수록 정책의 대응성이 높아진다는 것을 기본적 전제로 하는데, 이는 출신성분과 인간의 행동 간에는 밀접한 관련성이 있다는 것이다.
② (×) 크랜츠(H. Kranz)는 대표관료제의 개념을 비례대표까지 확대하고 있으며, 모든 직무와 계급 역시 인구 비율과 상응하게 분포되어야 함을 강조하였다.
③ **매력적 오답** (O) 라이퍼(Van Riper)는 대표관료제의 개념을 확대하여 사회적 구성비율 외에 사회적 가치까지도 대표관료제의 요소로 포함시키고 있다.
④ (O) 대표관료제는 할당제를 강요하는 결과를 초래하므로 현대 인사행정의 기본원칙인 실적주의를 훼손하고 행정의 능률성을 저해할 수 있다.

정답 | ②

577 1 2 3
기출처: 2020 국가직 7급
난이도: ★★
키워드: 크랜츠(H. Kranz)

🔍 **관련기출 옳은지문**
• 대표관료제는 능력과 자격을 부차적인 임용기준으로 삼기 때문에 행정의 전문성과 생산성을 저하시킬 우려가 있다. 16. 경찰승진

578 〈필수〉
대표관료제에 대한 설명으로 옳지 않은 것은?

① 우리나라는 양성채용목표제, 장애인 의무고용제 등 다양한 균형인사제도를 통해 대표관료제의 논리를 반영하고 있다.
② 다양한 집단의 이익을 반영하는 실적주의 이념에 부합하는 인사제도이다.
③ 할당제를 강요하는 결과를 초래하고, 특정 집단에 대한 역차별 문제를 야기할 수 있다.
④ 임용 전 사회화가 임용 후 행태를 자동적으로 보장한다는 가정 하에 전개되어 왔다.

해설

① (O) 우리나라에서 시행 중인 균형인사정책은 대표관료제의 일환으로 볼 수 있다.
② (×) 대표관료제는 실적주의와 상충될 수 있다.
③ (O) 대표관료제는 공직임용 기준을 특정 집단에 두므로 할당제를 강요하는 결과를 초래하고, 이로 인해 특정 집단에 대한 역차별 문제를 야기할 수 있다.
④ (O) 대표관료제는 사회에서 형성된 가치관이 공직임용 후에도 지속된다는 가정에 기반을 두고 있다.

정답 | ②

578 1 2 3
기출처: 2023 지방직 9급
난이도: ★★
키워드: 대표관료제

🔍 **관련기출 옳은지문**
• 우리나라의 '양성평등채용목표제'는 대표관료제를 반영한 인사제도라 할 수 있다. 10. 지방직 9급

• 대표관료제는 개인의 출신 및 성장 배경, 사회화 과정 등에 의해 개인의 주관적 책무성이 형성된다고 본다. 23. 국회직 8급

• 대표관료제는 관료들은 누구나 자신의 사회적 배경의 가치나 이익을 정책 과정에 반영시키려고 노력한다는 명제를 전제로 한다. 19. 서울시 9급(상)

579 〈필수〉

우리나라 균형인사정책에 대한 설명으로 옳지 않은 것은?

① 장애인, 지방·지역인재, 양성평등, 이공계, 저소득층을 주요 대상으로 한다.
② 지방인재채용목표제, 전국 지역인재추천채용제, 양성평등채용목표제 순으로 도입하였다.
③ 장애인 구분모집제는 선발예정인원의 일정 규모를 장애인만 응시할 수 있도록 구분하여 시험을 실시한다.
④ 사회적 소수집단의 공직진출을 위한 지원정책으로 대표관료제의 적용사례라고 할 수 있다.

해설

① (O) '균형인사기본계획'에 따라 정부는 사회적 다양성을 반영하기 위해 양성평등, 장애인, 지역인재, 이공계, 저소득층 등 5대 분야를 균형인사 주요 대상으로 관리하고 있다.
② (X) 양성평등채용목표제는 1996년 여성채용목표제로 도입 후 2003년 현재의 명칭으로 변경되었고, 전국 지역인재추천채용제는 2005년에 도입, 지방인재채용목표제는 2007년에 도입되었다. 따라서 도입 순서는 '양성평등채용목표제, 지역인재추천채용제, 지방인재채용목표제' 순이 옳다.
③ (O) 장애인 고용은 의무 고용률(중증장애인 2배수 계산)에 미달할 경우 이를 달성하기 위해 선발예정인원과 별도로 정원을 확보하여 장애인만 응시할 수 있도록 하는 '구분모집' 방식을 원칙으로 한다.
④ (O) 균형인사정책은 공직 내 인적 구성의 다양성을 높여 정부 관료제가 사회의 인구통계학적 특성을 반영하도록 만드는 것을 목표로 하므로, 대표관료제를 구현하기 위한 구체적인 정책수단에 해당한다.

정답 | ②

580

대표관료제 이론이 상정하는 효과를 모두 고른 것은?

> ㄱ. 다양한 집단을 참여시킴으로써 정부 관료제를 민주화하는 데 기여한다.
> ㄴ. 공무원의 신분보장을 통해 행정의 안정성과 계속성을 확보한다.
> ㄷ. 기회균등의 원칙을 보장함으로써 사회적 형평성을 제고한다.
> ㄹ. 정당의 대중화와 정당정치의 발달에 기여한다.
> ㅁ. 국민의 다양한 요구에 대한 대응성을 제고한다.

① ㄱ, ㄴ, ㄷ
② ㄱ, ㄷ, ㅁ
③ ㄴ, ㄷ, ㄹ
④ ㄷ, ㄹ, ㅁ

해설

ㄱ. (O) 대표관료제는 사회 내 여러 세력들을 인구비례로 충원하고 행정계층에 비례적으로 배치하는 관료제로, 행정의 재량권이 증가하는 현실에서 직업공무원들의 대표성을 확보하고 관료제 내에 민주적 가치를 주입하려는 의도에서 나왔다.
ㄴ. (X) 공무원의 신분보장을 통해 행정의 안정성과 계속성을 확보하는 것은 실적주의나 직업공무원제와 관련된다.
ㄷ. (O) 대표관료제는 실질적 기회균등(진보적 평등)과 사회적 형평성을 제고하여 능률성 중심의 실적주의가 빚어 놓은 폐단을 시정할 수 있으며, 정치적 중립을 실질적으로 보장하는 수단이다.
ㄹ. (X) 정당의 대중화와 정당정치의 발달에 기여한 것은 엽관주의이다.
ㅁ. (O) 대표관료제는 대중통제를 정부 관료제에 내재화시킬 수 있으며, 상이하고 상충되는 집단 또는 계층의 이익을 골고루 반영되게 할 수 있다.

정답 | ②

581
다양성 관리(diversity management)에 대한 설명으로 옳지 않은 것은?

① 오늘날 개인의 성격, 가치관의 차이와 같은 내면적 다양성의 중요성이 커지고 있다.
② 다양성 관리란 내적·외적 차이를 가진 다양한 조직 구성원을 공평하고 효율적으로 활용하기 위한 체계적인 인적자원관리과정이다.
③ 균형인사정책, 일과 삶 균형정책은 다양성 관리의 방안으로 볼 수 없다.
④ 대표관료제를 통한 조직 내 다양성 증대는 실적주의와 충돌할 가능성이 있다.

581	① ② ③
기출처	2021 국가직 7급
난이도	★
키워드	다양성 관리

해설

①, ② (O) 다양성 관리(diversity management)란 구성원들의 다양한 내적·외적 특성을 인적자원관리의 핵심 주제로 삼는 관리기법을 말하며, 포스트모더니즘으로 표현되는 사회의 다양성을 조직관리에서 받아들인 것이다.
③ (×) 균형인사정책은 사회의 다양성을 반영한 것이고 일과 삶의 균형정책은 개인의 다양성을 반영한 것으로 다양성 관리의 방안으로 볼 수 있다.
④ (O) 대표관료제 역시 사회의 다양성을 공직에 반영한 제도로 실적주의와 충돌할 가능성이 있다.

고득점 플러스+ 다양성관리
- 의의: 이질적인 구성원을 채용하고 유지하며, 보상과 함께 역량개발을 증진하기 위한 체계적이고 계획적인 노력
- 다양성 관리의 구체적인 정책
  - 채용 프로그램: 구성원의 선발과정에서 인적구성의 다양성을 대표하고 있는지 여부
  - 차이에 대한 인식: 이질적 구성원 간 소통과 교류를 통한 이해의 극복과 이질성에 대한 수용
  - 실용적 관리방안: 다양성을 통해 조직의 효과성을 향상시키고 구성원의 만족도를 높이기 위한 방안

정답 | ③

🔍 관련기출 옳은지문

- 다양성 관리는 문화적 동화주의에 근거한 멜팅팟(melting pot) 접근과 문화적 다원주의에 근거한 샐러드 보울(salad bowl) 접근이 있다.
  23. 소방간부

CHAPTER 02 공직의 분류

582	① ② ③
기출처	2021 지방직 9급
난이도	★★
키워드	경력직 공무원

🔍 관련기출 옳은지문

• 특정직 공무원은 경력직 공무원에 해당한다.   12. 서울시 9급

• 경력직 공무원은 실적과 자격에 의해 임용된다.   12. 서울시 9급

582 〈필수〉

공직분류 체계에 대한 설명으로 옳은 것은?

① 소방공무원은 특수경력직 공무원에 해당한다.
② 국회 수석전문위원은 일반직 공무원에 해당한다.
③ 차관에서 3급 공무원까지는 특정직 공무원에 해당한다.
④ 경력직 공무원은 실적과 자격에 의해 임용되고 신분이 보장된다.

해설

① (×) 소방공무원은 특정직 공무원이고 이는 경력직에 속한다.
② **매력적 오답** (×) 국회 수석전문위원은 별정직 공무원이다.
③ (×) 차관은 정무직 공무원이며, 1급에서 3급 공무원은 일반적으로 일반직 공무원이다.
④ (○) 경력직 공무원은 실적과 자격에 따라 임용되고 그 신분이 보장되며 평생 동안 공무원으로 근무할 것이 예정되는 공무원을 말한다.

정답 | ④

583	① ② ③
기출처	2018 지방직 9급
난이도	★★
키워드	특정직 지방공무원

583

「지방공무원법」상 특정직 지방공무원에 해당하지 않는 것은?

① 지방소방공무원
② 자치경찰공무원
③ 교육감 소속의 교육전문직원
④ 지방의회 전문위원

해설

① (○) 소방공무원은 과거 시·도 소속의 특정직 공무원이었다. 그러나 지금은 국가 소속의 특정직 공무원이다.
② (○) 경찰공무원은 국가 소속의 특정직 공무원이지만, 제주도의 자치경찰은 제주도 소속의 특정직 공무원이다.
③ (○) 교육감 소속의 교육전문직원은 교육부 및 각급 교육청 및 교육지원청, 그 외의 교육부 및 교육청 산하기관에 근무하며 교육행정업무 및 교육정책 계획, 수립, 조정 및 민원업무 처리를 총괄 또는 주관하는 장학관, 장학사, 교육연구사, 교육연구관 등을 통틀어 부르는 명칭으로 특정직 공무원에 속한다.
④ (×) 지방의회 전문위원은 일반직 또는 별정직 공무원으로 보할 수 있다.

정답 | ④

584
다음 중 특정직 공무원에 해당하는 것만을 모두 고르면?

> ㄱ. 국가인권위원회 상임위원
> ㄴ. 검사
> ㄷ. 헌법재판소의 헌법연구관
> ㄹ. 도지사의 비서
> ㅁ. 국가정보원의 직원

① ㄱ, ㄷ, ㄹ
② ㄱ, ㄹ, ㅁ
③ ㄴ, ㄷ, ㄹ
④ ㄴ, ㄷ, ㅁ

해설

ㄱ. (×) 국가인권위원회의 위원장과 상임위원은 정무직 공무원으로 임명한다.
ㄴ, ㄷ, ㅁ. (○) 검사, 헌법재판소의 헌법연구관, 국가정보원 직원 등은 특정직 공무원이다.
ㄹ. (×) 도지사의 비서는 별정직 공무원으로 보한다.

정답 | ④

584	
기출처	2019 지방직 7급
난이도	★★
키워드	특정직 공무원

관련기출 옳은지문

- 특정직 공무원은 법관, 검사, 경호공무원 등 특수 분야의 업무를 담당하는 공무원으로서 다른 법률에서 특정직 공무원으로 지정하는 공무원이다. 23. 소방간부

- 국가정보원 직원은 「국가공무원법」상 경력직 공무원에 해당한다. 24. 소방간부

585
다음 중 특수경력직 공무원이 아닌 것은?

① 선거로 취임하는 공무원
② 임명에 있어 국회의 동의를 요하는 공무원
③ 특별한 신임이 요구되는 공무원
④ 기술·연구에 대한 업무를 담당하는 공무원

해설

①, ② (○) 선거로 취임하거나 임명에 있어 국회의 동의를 요하는 공무원은 정무직 공무원이다.
③ (○) 특별한 신임이 요구되는 공무원은 별정직 공무원이다.
④ (×) 기술·연구 또는 행정일반에 대한 업무를 담당하는 공무원은 일반직 공무원이며, 이는 경력직 공무원에 속한다.

고득점 플러스+ 특수경력직 공무원

- 의의: 경력직 이외의 공무원으로, 정치적 임용 혹은 특수한 직무를 담당하는 공무원
- 「국가공무원법」과 실적주의의 적용영역 대상 → 보수와 복무규정만 적용
- 정무직 공무원: 선거로 취임하거나 임명할 때 국회의 동의, 정책결정 업무를 담당하거나 보조하는 공무원
- 별정직 공무원
  - 직무의 성질이 공정성과 기밀성을 요하는 공무원 또는 임용에 있어 특별한 신임이 요구되는 공무원
  - 국회 수석전문위원, 광역자치단체 정무부단체장(→ 서울시 제외), 지방의회 전문위원 등

정답 | ④

585	
기출처	2011 지방직 9급
난이도	★★
키워드	특수경력직 공무원

관련기출 옳은지문

- 국회 수석전문위원은 특수경력직 공무원이다. 24. 국회직 8급

- 특수경력직 공무원은 경력직 공무원과는 달리 실적주의와 직업공무원제의 획일적 적용을 받지 않는다. 18. 국회직 8급

586

586
기출처: 2019 국가직 7급 변형
난이도: ★★
키워드: 정무직 공무원

정무직 공무원에 해당하지 않는 것은?

① 국가정보원 차장
② 국무조정실 국무차장
③ 헌법재판소 사무차장
④ 감사원 사무차장

해설

① (O) 국가정보원은 원장, 차장, 기획조정실장이 정무직 공무원이다.
② (O) 국무조정실의 실장과 국무차장은 모두 정무직 공무원이다.
③ (O) 헌법재판소는 재판소장, 재판관, 사무총장, 사무차장이 정무직 공무원이다.
④ (X) 감사원 사무총장은 정무직 공무원이지만 사무차장은 일반직 공무원이다.
※ 출제 당시, "② 국무총리실 사무차장"이었으나, 정부조직 변경으로 선택지를 수정하였습니다.

정답 | ④

587

587
기출처: 2017 지방직 7급
난이도: ★
키워드: 시간선택제 공무원

우리나라의 시간선택제 공무원 제도에 대한 설명으로 옳은 것은?

① 시간선택제채용공무원을 통상적인 근무시간 동안 근무하는 공무원으로 임용하는 경우 어떠한 우선권도 인정하지 않는다.
② 유연근무제도의 일환으로 도입되었으며, 기관 사정이나 정부의 일자리 나누기 정책 구현 등을 위해서는 활용되지 않는다.
③ 시간선택제채용공무원의 주당 근무시간은 40시간으로 한다.
④ 2013년에 국가공무원, 2015년에 지방공무원을 대상으로 시간선택제채용공무원 시험이 최초로 실시되었다.

해설

① (O) 시간선택제채용공무원을 통상적인 근무시간 동안 근무하는 공무원으로 임용하는 경우에는 어떠한 우선권도 인정되지 아니한다. 즉, 다시 채용시험을 보아야 한다.
② **매력적 오답** (X) 시간선택제공무원제도는 유연근무제도의 일환으로 도입되었으며, 기관 사정이나 정부의 일자리 나누기 정책 등을 위해서 활용되기도 한다.
③ (X) 시간선택제채용공무원의 주당 근무시간은 15시간 이상 35시간 이하의 범위에서 임용권자 또는 임용제청권자가 정한다. 이 경우 근무시간을 정하는 방법 및 절차 등은 인사혁신처장이 정한다.
④ **매력적 오답** (X) 시간선택제채용공무원제도는 2013년에 신설된 제도로, 2014년부터 국가공무원 및 지방공무원을 대상으로 시험이 최초로 실시되었다.

정답 | ①

588
전문경력관제도에 대한 설명으로 옳지 않은 것은?

① 소속 장관은 해당 기관의 일반직 공무원 직위 중 순환보직이 곤란하거나 장기 재직 등이 필요한 특수 업무 분야의 직위를 전문경력관 직위로 지정할 수 있다.
② 일반직 공무원과 마찬가지로 계급 구분과 직군 및 직렬의 분류를 허용한다.
③ 전문경력관 직위의 군은 직무의 특성·난이도 및 직무에 요구되는 숙련도 등에 따라 구분한다.
④ 임용권자는 일정한 경우에 전직 시험을 거쳐 전문경력관을 다른 일반직 공무원으로 전직시킬 수 있다.

588	① ② ③
기출처	2018 국가직 9급 변형
난이도	★
키워드	전문경력관제도

해설
① (○) 소속 장관은 해당 기관의 일반직 공무원 직위 중 순환보직이 곤란하거나 장기 재직 등이 필요한 특수 업무 분야의 직위를 전문경력관 직위로 지정할 수 있다.
② (×) 전문경력관은 계급 구분과 직군 및 직렬의 분류를 적용하지 아니하는 특수 업무 분야에 종사하는 공무원을 말한다.
③ (○) 전문경력관 직위의 군은 직무의 특성·난이도 및 직무에 요구되는 숙련도 등에 따라 가군, 나군 및 다군으로 구분한다.
④ **매력적 오답** (○) 임용권자는 일정한 경우 전직시험을 거쳐 전문경력관을 다른 일반직 공무원으로 전직시키거나 다른 일반직 공무원을 전문경력관으로 전직시킬 수 있다.

※ 출제 당시, "① ~특수 업무 분야의 직위를 인사혁신처장과 협의하여 전문경력관직위로~"이었으나, 2023년 6월 「공무원 임용규칙」이 개정되어 선택지를 수정하였습니다.

고득점 플러스+ 전문경력관제도
- 지정대상: 일반직 공무원 직위 중 순환보직이 곤란하거나 장기 재직 등이 필요한 특수 업무 분야
- 지정절차: 소속 장관이 지정(→ 임의규정)
- 직위구분: 직무의 특성·난이도 및 직무에 요구되는 숙련도를 기준으로 가·나·다군으로 구분
- 전직: 전문경력관과 일반직 공무원 상호 간 전직 가능 → 전직 시험

정답 | ②

589		1 2 3
기출처	2022 국가직 7급 변형	
난이도	★	
키워드	전문경력관제도	

589 〈필수〉

전문경력관제도에 대한 설명으로 옳지 않은 것은?

① 계급의 구분과 직군 및 직렬의 분류를 적용하지 않는다.
② 직무의 특성, 난이도 및 직무에 요구되는 숙련도 등에 따라 가군, 나군, 다군으로 구분한다.
③ 전직시험을 거쳐 다른 일반직 공무원을 전문경력관으로 전직시킬 수 있으나, 전문경력관을 다른 일반직 공무원으로 전직시킬 수는 없다.
④ 소속 장관은 해당 기관의 일반직 공무원 직위 중 순환보직이 곤란하거나 장기 재직 등이 필요한 특수 업무 분야의 직위를 전문경력관 직위로 지정할 수 있다.

해설

①, ② (O) 전문경력관 직위의 군은 직무의 특성·난이도 및 직무에 요구되는 숙련도 등에 따라 가군, 나군 및 다군으로 구분한다.
③ (X) 전문경력관 역시 전직시험을 통해 일반직 공무원으로 전직할 수 있다.
④ (O) 전문경력관의 도입은 필수적인 것은 아니다. 소속 장관은 해당 기관의 일반직 공무원 직위 중 순환보직이 곤란하거나 장기 재직 등이 필요한 특수 업무 분야의 직위를 전문경력관 직위로 지정할 수 있다.
※ 출제 당시, "④ ~특수 업무 분야의 직위를 인사혁신처장과 협의하여 전문경력관직위로~"이였으나, 2023년 6월「공무원 임용규칙」이 개정되어 선택지를 수정하였습니다.

정답 | ③

590		1 2 3
기출처	2023 지방직 9급	
난이도	★★★	
키워드	계급제	

590 〈필수〉

계급제에 대한 설명으로 옳지 않은 것은?

① 직무의 속성을 중심으로 공직을 분류하는 제도이다.
② 폐쇄형 충원방식을 원칙으로 한다.
③ 일반행정가 양성을 지향한다.
④ 탄력적 인사관리에 용이하다.

🔍 관련기출 옳은지문

• 계급제는 탄력적 인사관리를 특징으로 한다. 07. 서울시 9급

해설

① (X) 직무의 속성을 중심으로 공직을 분류하는 제도는 직위분류제이다.
②, ③ (O) 계급제는 폐쇄형 충원방식을 원칙으로 하고 일반행정가 양성을 지향한다.
④ (O) 계급제는 직무와 사람의 분리가 유연하여 탄력적인 인사관리가 용이하다.

정답 | ①

591
계급제의 장점에 대한 설명으로 옳지 않은 것은?

① 공무원의 신분안정과 직업공무원제 확립에 기여한다.
② 인력활용의 신축성과 융통성이 높다.
③ 정치적 중립 확보를 통해 행정의 전문성을 제고할 수 있다.
④ 단체정신과 조직에 대한 충성심 확보에 유리하다.

해설

① (O) 계급제는 폐쇄형, 신분보장, 일반행정가 등을 특징으로 하며, 이는 직업공무원제의 확립에 기여하는 요소들이다.
② (O) 계급제는 직위의 전문화를 전제로 하지 않기 때문에 융통성 있는 인사배치가 가능하므로 인력활용의 신축성과 수평적 융통성의 확보가 쉬워 업무의 횡적 조정이 원활하다.
③ (×) 계급제는 순환보직에 입각한 일반행정가를 지향하므로 행정의 전문성을 저해할 우려가 크다.
④ (O) 계급제는 폐쇄형에 입각한 평생고용을 기반으로 하므로 공무원 집단의 일체감과 봉사정신이 강화되어 엄격한 근무규율의 수용이 용이하다.

고득점 플러스+ 계급제

- 의의: 사람의 능력이나 자격을 기준으로 공직을 분류하는 제도
- 배경: 농업사회(→ 신분제 사회, 소규모 조직) 전통이 강한 국가에서 발전
- 특징
  - 4대 계급제: 공직의 분류가 교육제도나 신분계층과 연관
  - 폐쇄형 인사제도: 계급군의 최하위 직급에만 신규임용 가능
  - 고급공무원의 엘리트화: 계급 간 차이의 심화
  - 일반행정가: 폭넓은 시야를 가진 일반능력자 선호

정답 | ③

591
기출처 2017 국가직 9급
난이도 ★★
키워드 계급제

관련기출 옳은지문
- 계급제는 여러 부처의 같은 계급 공무원 사이의 횡적 교류와 협력이 원활하다. 22. 경찰간부
- 계급제는 개인의 자격, 능력, 학벌 등에 의해 분류된 계급에 따라 직무가 부여되는 제도이다. 16. 서울시 7급

592
직위분류제의 출발에 영향을 미친 것을 모두 고르면?

ㄱ. 과학적 관리론
ㄴ. 종신고용보장
ㄷ. 보수의 형평성 요구
ㄹ. 실적주의(merit system) 요구

① ㄱ, ㄷ
② ㄴ, ㄹ
③ ㄱ, ㄷ, ㄹ
④ ㄱ, ㄴ, ㄷ, ㄹ

해설

ㄱ. (O) 과학적 관리법은 공무원 직무를 분석하고, 유사한 직무를 묶어 직위를 설정하며, 각 직위에 필요한 지식, 기술, 능력을 정의하는 직위분류제의 기본 사상에 큰 영향을 미쳤다.
ㄴ. (×) 직위분류제는 정원관리에는 유리하지만 신분보장이 약하다는 단점이 있다.
ㄷ. (O) 직위분류제는 동일 업무 동일 보수라는 보수의 형평성을 높이기 위해서 도입된 제도이다.
ㄹ. (O) 직위분류제는 엽관주의의 폐해를 시정하고 실적주의를 도입하는 과정에서 강조된 과학적 관리법의 일환으로 행정에 도입된 인사제도이다.

정답 | ③

592
기출처 2013 국가직 7급
난이도 ★★
키워드 직위분류제

관련기출 옳은지문
- 직위분류제는 전문행정가를 양성할 수 있으므로 분화된 산업사회에 적합하다. 22. 국회직 9급
- 직위분류제는 미국에서 발달한 제도로 인사행정에서 과학적 관리법이 강조되면서 발전하였다. 24. 군무원 7급

593

593	① ② ③
기출처	2023 지방직 7급
난이도	★★
키워드	직위분류제

🔍 관련기출 옳은지문

• 직위분류제는 직무의 종류·책임도·곤란도를 고려한 인사행정을 수행한다. 22. 경찰간부

593 〈필수〉

직위분류제의 특징이 아닌 것은?

① 특정 직무에 대한 능력과 전문성을 갖춘 사람을 임용 대상으로 한다.
② 동일직무에 대한 동일보수의 원칙을 반영한 직무급 체계가 확립될 수 있다.
③ 개방형 인사제도를 기반으로 운영되며, 공직 내부에서 수평적 이동 시 인사배치의 유연함과 신축성이 있다.
④ 조직개편이나 직무의 불필요성 등으로 직무 자체가 없어진 경우, 그 직무 담당자는 원칙적으로 퇴직의 대상이 된다.

해설

① (○) 직위분류제는 직무를 기반으로 공직을 분류하므로 직무에 맞는 전문가의 채용이 쉽다.
② (○) 직무급은 직무의 난이도와 책임도에 따라 보수가 지급되는 제도로 직위분류제와 부합한다.
③ (×) 공직 내부에서 수평적 인사배치가 용이한 것은 계급제이다.
④ (○) 직위분류제는 특정 직무를 담당하기 위해 임용되었으므로 그 직무가 폐지되면 퇴직하는 것이 원칙이다.

정답 | ③

594

594	① ② ③
기출처	2015 국가직 7급
난이도	★★
키워드	직위분류제

🔍 관련기출 옳은지문

• 직위분류제 하에서는 동일 직렬에서의 장기간 근무가 가능하여 전문가 양성에 도움이 된다. 22. 경찰간부

• 직위분류제는 동일 직무에 대한 동일 보수 제공을 원칙으로 한다. 22. 경찰간부

594

직위분류제의 장점에 대한 설명으로 옳지 않은 것은?

① 동일 직렬에서 장기간 근무하기 때문에 전문가 양성에 도움이 된다.
② 동일 직무를 수행하는 직원이 동일한 보수를 받도록 하는 직무급체계를 확립하는 것이 용이하다.
③ 직무의 성질·내용에 따라 공직을 분류하므로 채용·승진 등 인사배치를 위한 합리적 기준을 제공해 준다.
④ 특정 직위에 맞는 사람을 배치하는 제도이기 때문에 직위나 직무의 변화 상황에 신속히 대처할 수 있는 상황적응적인 인사제도라고 할 수 있다.

해설

① (○) 직위분류제는 개방형 임용이 가능하고 동일한 직책을 장기간 담당하므로 특정 분야의 전문가 양성을 통한 행정의 전문화를 구현하기 용이하다.
② (○) 직위분류제는 동일 직무에 대한 동일 보수의 원칙을 실현함으로써 보수의 합리화를 기할 수 있으며, 이에 따라 구성원의 사기가 높아질 수 있다.
③ (○) 직위분류제는 담당 직책이 요구하는 능력자를 임용할 수 있으며 채용시험, 전직, 승진, 교육훈련, 근무성적평정 등 인사행정의 합리적이고 객관적인 기준을 제공할 수 있다.
④ (×) 직위분류제는 전문화되고 명확한 업무를 중심으로 공직을 분류하므로 조직 내 인적 자원의 교류 및 활용에 주는 제약이 상대적으로 커서 환경의 변화에 따른 인력배치의 융통성과 신축성이 부족하다.

정답 | ④

595 필수

직위분류제의 단점은?

① 행정의 전문성 결여
② 조직 내 인력배치의 신축성 부족
③ 계급 간 차별 심화
④ 직무경계의 불명확성

595	① ② ③
기출처	2020 지방직 9급
난이도	★★
키워드	직위분류제

해설

① (×) 행정의 전문성 결여는 일반행정가주의를 취하는 계급제의 단점이다.
② (○) 직위분류제는 사전에 엄격하게 구분된 업무에 맞게 공직을 배열하므로 인력배치의 신축성은 떨어진다.
③ (×) 계급 간 차별의 심화는 계급제의 문제점이다.
④ (×) 직무경계의 불명확성 역시 계급제의 문제점이다.

정답 | ②

596 필수

직위분류제의 주요 개념에 대한 설명으로 옳지 않은 것은?

① '직위'는 한 사람의 공무원에게 부여할 수 있는 직무와 책임을 의미한다.
② '직급'은 직무의 종류가 유사하고 곤란도·책임도가 서로 다른 군(群)을 의미한다.
③ '직류'는 동일한 직렬 내에서 담당분야가 동일한 직무의 군(群)을 의미한다.
④ '직무등급'은 직무의 곤란도·책임도가 유사해 동일 보수를 줄 수 있는 직위의 군을 의미한다.

596	① ② ③
기출처	2022 국가직 9급
난이도	★★
키워드	직급

해설

① (○) 직위는 한 사람의 공무원에게 부여할 수 있는 직무와 책임을 의미한다. 즉, 직무분석을 통해 도출된 가장 기본적인 단위이다.
② (×) 직급은 종류와 책임성 및 곤란성이 모두 유사한 직위의 군으로, 인사행정에서 동일하게 취급되는 직무의 군을 말한다.
③ (○) 직류는 동일한 직렬 내에서 담당 분야가 동일한 직무의 군을 의미한다.
④ (○) 직무등급은 직무의 곤란도·책임도가 유사하여 동일 보수를 줄 수 있는 직위의 군을 의미한다. 직급과 유사한 개념으로 사용되기도 하지만, 좀 더 포괄적으로 보수 책정의 기준으로 활용되는 직무의 계층을 나타낸다.

고득점 플러스+ 직위분류제의 구조

- 직위(position): 한 사람이 담당할 수 있는 직무와 책임의 양
- 직무분석: 종류와 성질 기준의 종적 분류
  - 직류(sub-series): 같은 직렬 내에서 담당 분야가 같은 직무의 군
  - 직렬(series): 종류는 유사하나 책임성·곤란성은 상이한 직급의 군
  - 직군(group): 성질이 유사한 직렬의 군
- 직무평가: 책임도와 난이도 기준의 횡적 분류
  - 직급(class): 종류와 책임성·곤란성이 모두 유사한 직위의 군, 인사행정에서 동일하게 취급되는 직무의 군
  - (직무)등급(grade): 책임성·곤란성이 상당히 유사한 직위의 군 → 보수만 유사

관련기출 옳은지문

- 직위란 한 사람이 맡아 수행할 수 있는 직무와 책임을 뜻한다.
  08. 국회직 8급

- 직류는 같은 직렬 내에서 담당 분야가 같은 직무의 군을 말한다.
  10. 국가직 9급

- 직위는 한 사람의 근무를 요하는 직무와 책임이다.
  09. 국회직 8급

- 직급은 직무의 종류, 곤란성과 책임도가 상당히 유사한 직위의 군이다.
  21. 경찰간부

정답 | ②

597

직위분류제의 주요 개념에 대한 설명으로 옳은 것은?

① 등급은 직위에 포함된 직무의 성질, 난이도, 책임의 정도가 유사해 채용과 보수 등에서 동일하게 다룰 수 있는 직위의 집단이다.
② 직류는 직무 종류가 광범위하게 유사한 직렬의 군이다.
③ 직렬은 직무 종류는 유사하나 난이도와 책임 수준이 다른 직급 계열이다.
④ 직군은 동일 직렬 내에서 담당 직책이 유사한 직무군이다.

해설

① (×) 직위에 포함된 직무의 성질, 난이도, 책임의 정도가 유사해 채용과 보수 등에서 동일하게 다룰 수 있는 직위의 집단은 직급이다.
② (×) 직무 종류가 광범위하게 유사한 직렬의 군은 직군이다.
③ (○) 직렬(series)은 직무의 종류나 성질이 유사하나 그 책임도와 곤란성의 정도는 다른 직급의 군이다.
④ (×) 동일 직렬 내에서 담당 직책이 유사한 직무의 군은 직류이다.

정답 | ③

---

598 필수

직위분류제에 대한 설명으로 옳은 것을 모두 고르면?

> ㄱ. 과학적 관리운동은 직위분류제의 발달에 많은 자극을 주었다.
> ㄴ. 직무의 종류, 곤란성과 책임도가 상당히 유사한 직위의 군은 직렬이다.
> ㄷ. 조직 내에서 수평적 이동이 용이하여 유연한 인사행정이 가능하다.
> ㄹ. 사회적 출신배경에 관계없이 담당 직무의 수행능력과 지식기술을 중시한다.

① ㄱ, ㄴ
② ㄱ, ㄹ
③ ㄴ, ㄷ
④ ㄷ, ㄹ

관련기출 옳은지문
• 직위분류제는 책임명료화·갈등예방·합리적 절차수립 등을 돕는다는 장점이 있다. 15. 국회직 8급

해설

ㄱ. (○) 직위분류제는 산업사회의 전통이 강한 미국에서 발달하였으며, 과학적 관리법의 영향을 받아 절약과 능률을 위한 정부개혁운동의 일환으로 도입되었다.
ㄴ. (×) 직무의 종류, 곤란성과 책임도가 상당히 유사한 직위의 군은 직급이다.
ㄷ. (×) 조직 내에서 수평적 이동이 용이하여 유연한 인사행정이 가능한 것은 계급제이다.
ㄹ. (○) 직위분류제는 직무의 종류와 곤란성 및 책임성에 따라 공직을 분류하는 일 중심의 공직분류 제도로, 사회적 출신배경에 관계없이 담당 직무의 수행능력과 지식기술을 중시한다.

정답 | ②

599

공직의 분류에 대한 설명으로 옳지 않은 것은?

① 계급제는 사람을 중심으로, 직위분류제는 직무를 중심으로 공직을 분류하는 인사제도이다.
② 직위분류제에 비해 계급제는 인적 자원의 탄력적 활용이라는 측면에서 유리한 제도이다.
③ 직위분류제에 비해 계급제는 폭넓은 안목을 지닌 일반행정가를 양성하는 데 유리한 제도이다.
④ 계급제에 비해 직위분류제는 공무원의 신분을 강하게 보장하는 경향이 있는 제도이다.

해설

① (O) 계급제는 개인의 능력과 자격을 기준으로 공직을 분류하는 사람 중심의 공직분류 제도이고, 직위분류제는 직무의 종류와 곤란성 및 책임성에 따라 공직을 분류하는 일 중심의 공직분류 제도이다.
② (O) 계급제는 직위의 전문화를 전제로 하지 않기 때문에 융통성 있는 인사배치가 가능하므로 잠정적이고 비정형적인 업무로 구성된 상황에 유용하다.
③ (O) 계급제는 여러 업무를 두루 경험하므로 하나의 업무만 전담하는 직위분류제에 비하여 시야가 넓은 일반행정가의 양성에 유리하다. 반면, 직위분류제는 동일한 직책을 장기간 담당하므로 전문행정가의 양성에 유리하다.
④ (×) 신분보장이 강한 것은 계급제이다. 직무를 기반으로 공직을 구성하는 직위분류제의 경우 직무가 없어지거나 전문성이 약화될 경우 공직에서 배제될 가능성이 높으므로 계급제에 비하여 신분보장이 약한 편이다.

정답 | ④

599　기출처 2013 지방직 9급
난이도 ★★
키워드 공직의 분류

관련기출 옳은지문

• 직위분류제가 계급제보다 전문행정가의 양성에 더 유리하다.
10. 지방직 9급

• 인사권자의 리더십은 계급제가 보다 더 강하다.
05. 국가직 7급

• 계급제에서는 연공서열 중심으로 인사관리가 이루어진다. 17. 국회직 9급

• 직위분류제는 폭넓은 안목을 지닌 일반행정가의 양성이 곤란하다.
17. 국회직 9급

600 필수

계급제와 직위분류제에 대한 설명으로 옳지 않은 것은?

① 계급제는 보직관리 범위를 제한하여 공무원의 시야를 좁게 만드는 측면이 있다.
② 직위분류제는 공무원의 전문성을 강화하고 직무 중심의 동기유발이 가능하다.
③ 계급제는 공무원의 장기 근무를 유도하고 직업공무원제도 확립에 유리하다.
④ 직위분류제는 직무 한계와 책임소재가 명확하다.

해설

① (×) 보직의 관리범위를 제한하여 공무원의 시야를 좁게 만드는 측면이 있는 것은 직위분류제이다.
② (O) 직위분류제는 직무분석에 입각한 합리적 인사운영을 가능하게 하여 직무 중심의 인사행정을 수행하는 데 용이하다.
③ (O) 계급제는 폐쇄형 임용을 기반으로 하므로 직업공무원제의 확립이 용이하다.
④ (O) 직위분류제는 명확한 업무를 기반으로 공무원을 채용하므로 직무의 한계와 책임소재가 명확하다.

정답 | ①

600　기출처 2022 지방직 7급
난이도 ★★
키워드 계급제와 직위분류제

관련기출 옳은지문

• 계급제에서는 보수 및 직무부담의 형평성 확보가 곤란하다.
17. 국회직 9급

601

직위분류제에 있어서 직무의 난이도와 책임의 경중에 따라 직위의 상대적 수준과 등급을 구분하는 것은?

① 직무평가(job evaluation)
② 직무분석(job analysis)
③ 정급(allocation)
④ 직급명세(class specification)

[해설]

① (O) 직무의 난이도와 책임의 경중에 따라 직위의 상대적 수준과 등급을 구분하는 것은 직무평가(job evaluation)이다.
② (×) 직무분석(job analysis)이란 직무의 종류에 따라 직군과 직렬별로 분류하는 작업으로, 주로 직무기술서에 기재되어 있는 자료나 정보를 바탕으로 하여 이루어진다.
③ (×) 정급(allocation)이란 직급명세서의 작성이 끝난 뒤, 분류대상 직위들을 해당 직급에 배치하는 작업으로, 정급표에는 해당 기관 공무원의 성명, 그 직위가 속하는 직급 및 등급이 기록된다.
④ (×) 직급명세(class specification)는 직무의 분석과 평가가 끝나고, 수직적 구조(직군·직렬·직류)와 수평적 구조(등급·직급)가 형성되면 이에 따라 작성하는 직무에 관한 설명서로, 직명, 직무의 개요, 직무수행의 예시, 직무수행에 필요한 최저 자격 요건 등이 기재된다.

[고득점 플러스+] 직위분류제의 수립절차

- 직무조사
  - 직무에 대한 객관적 정보의 수집과 기록
  - 조사방법: 질문지법, 면접법, 관찰법 등
- 직무분석
  - 직무의 종류와 성질에 따른 직류·직렬·직군별 분류과정
  - 초점: 직렬의 수와 폭에 대한 결정 및 혼합직의 분류
- 직무평가: 직무의 책임도와 곤란성에 따라 직무별·등급별로 분류하는 과정 → 직무의 상대적 가치(→ 직무급)
- 직무명세서(job specification)
  - 모집, 선발, 훈련, 근무성적평정 등 인사관리의 기준 제시 → 직급명칭, 직책개요, 최소자격요건, 채용방법, 보수액 등
  - 직무기술서: 직무의 내용에 관한 개략적 기술
  - 직무명세서: 직무와 직무수행에 필요한 인적요건까지 세밀한 기술 → 정급의 기준

정답 | ①

602

직무분석과 직무평가에 대한 설명으로 옳은 것은?

① 직무분석은 직무들의 상대적인 가치를 체계적으로 분류하여 등급화하는 것이다.
② 직무자료 수집방법에는 관찰, 면접, 설문지, 일지기록법 등이 활용된다.
③ 일반적으로 직무평가 이후에 직무분류를 위한 직무분석이 이루어진다.
④ 직무평가 방법으로 서열법, 요소비교법 등 비계량적 방법과 점수법, 분류법 등 계량적 방법을 사용한다.

[해설]

① (×) 직무들의 상대적인 가치를 체계적으로 분류하여 등급화하는 것은 직무평가이다.
② (O) 직무자료를 수집하는 것을 직무조사라 하며, 직무조사의 방법에는 질문지법, 면접법, 관찰법, 일지기록법 등이 있다.
③ (×) 직위분류제를 시행함에 있어 직무분석이 직무평가보다 선행되는 과정이다.
④ (×) 서열법과 분류법이 비계량적 방법이고, 점수법과 요소비교법이 계량적 방법이다.

정답 | ②

603 〈필수〉
직위분류제와 관련하여 다음 설명에 해당하는 것은?

- 직무의 곤란성과 책임성을 기준으로 상대적 가치를 결정하는 것이다.
- 서열법, 분류법, 점수법 등을 활용한다.
- 개인에게 공정한 보수를 제공하는 데 필요한 작업이다.

① 직무조사
② 직무분석
③ 직무평가
④ 정급

603	1 2 3
기출처	2020 국가직 9급
난이도	★★
키워드	직무평가

해설

① (×) 직무조사는 직무내용과 성과책임, 직무수행의 난이도, 직무수행요건 등 직무에 대한 객관적 정보를 수집하고 기록하는 과정으로, 질문지법, 면접법, 관찰법, 일지기록법 등이 사용된다.
② (×) 직무분석은 직무의 종류와 성질에 따라 직류·직렬·직군을 형성하는 과정으로, 이에 따라 수평적 분업이 형성된다.
③ (○) 직무평가는 직무의 책임도와 곤란성에 따라 직급과 직무등급을 형성하는 과정으로, 이에 따라 수직적 계층이 형성되며, 직무급 확립의 중요한 기반이 된다.
④ (×) 정급이란 분류대상의 직위를 직급 또는 직무등급에 배치하는 것이다.

정답 | ③

---

604 〈필수〉
직무평가 방법에 대한 설명으로 옳지 않은 것은?

① 점수법은 직무를 구성하는 하위요소별 점수를 합산하여 평가하는 방법이다.
② 분류법은 미리 정한 등급기준표와 직무 전체를 비교하여 등급을 결정하는 비계량적 방법이다.
③ 서열법은 직무의 구성요소를 구별하지 않고 직무 전체의 중요도를 종합적으로 평가하는 방법이다.
④ 요소비교법은 기준직무(key job)와 평가할 직무를 상호 비교해 가며 평가하는 비계량적 방법이다.

604	1 2 3
기출처	2023 국가직 9급
난이도	★★
키워드	요소비교법

🔍 관련기출 옳은지문

- 분류법은 등급별로 책임도, 곤란성, 필요한 지식과 기술에 관한 기준을 고려하여 직무를 해당 등급에 배치하는 방법이다. 23. 경찰간부
- 요소비교법은 대표직위를 선정하고 대표직위의 평가 요소별 서열을 정하는 과정이 필요하다. 17. 서울시 7급
- 서열법은 직무를 총괄적으로 평가하여 서열을 결정하는 비계량적 평가법이다. 19. 경찰간부

해설

① (○) 점수법은 직무를 구성하는 여러 하위요소(평가요소), 예를 들어 요구되는 지식, 기술, 책임, 작업 환경 등에 각각 점수를 부여하고, 이 점수들을 합산하여 직무의 총 가치를 평가하는 계량적 방법이다. 가장 널리 사용되는 방법 중 하나이다.
② (○) 분류법은 미리 설정된 등급기준표에 직무의 특성을 기술해 놓고, 평가 대상 직무 전체를 이 기준표의 각 등급과 비교하여 가장 적합한 등급을 결정하는 비계량적 방법이다. 공무원 직위분류제에서 등급을 설정하는 데 주로 활용된다.
③ (○) 서열법은 직무의 구성요소를 세부적으로 구별하지 않고, 직무 전체의 중요도나 난이도를 종합적으로 고려하여 서열을 매기는 비계량적 방법이다. 가장 간단하고 오래된 방법이지만, 평가자의 주관이 개입될 여지가 크고, 직무 수가 많아질수록 적용하기 어렵다는 단점이 있다.
④ (×) 요소비교법은 기준직무(key job)와 평가할 직무를 상호 비교해 가며 평가하는 계량적 방법이다.

정답 | ④

605

기출처	2024 지방직 9급
난이도	★★
키워드	점수법

🔍 **관련기출 옳은지문**

• 점수법은 신뢰도와 타당도가 높아 일반적으로 가장 많이 활용되는 방법이다.
　　　　　　　　17. 경찰간부

• 서열법은 점수법과 달리 직무를 구성요소별로 나누지 않고, 전체적·종합적으로 평가하는 방법이다.
　　　　　　　　17. 경찰간부

605 〈필수〉
직무평가 방법에 대한 설명으로 옳지 않은 것은?

① 분류법은 미리 정해진 등급기준표를 이용하는 비계량적 방법이다.
② 서열법은 비계량적 방법으로, 직무의 수가 적은 소규모 조직에 적절하다.
③ 점수법은 직무와 관련된 평가요소를 선정하고 각 요소별로 중요도를 부여하는 과정에서 계량화를 통해 명확하고 객관적인 이론적 증명이 가능하다.
④ 요소비교법은 조직 내 기준직무(key job)를 선정하여 평가하려는 직무와 기준직무의 평가요소를 상호 비교하여 상대적 가치를 판단하는 방법이다.

해설

① (O) 분류법은 미리 정해진 등급기준표에 따라 직무를 분류하는 방법으로, 계량적인 수치를 사용하지 않는 비계량적 방법이다.
② (O) 서열법은 직무 전체의 상대적 가치를 비교하여 서열을 매기는 방법으로, 계량적인 기준 없이 직무의 수가 적을 때 용이한 비계량적 방법이다.
③ (×) 점수법은 평가요소의 단계구분과 비중결정 및 점수 부여가 명확한 객관성을 가진다는 이론적 근거를 찾기 어렵다. 이는 평가요소의 선정과 등급의 구분에 있어 평가자의 주관이 개입할 수 있기 때문이다.
④ (O) 요소비교법은 조직 내의 기준직무(key job)를 선정하고, 평가하려는 직무의 각 평가요소들을 기준직무의 해당 평가요소들과 비교하여 직무의 상대적 가치를 판단하는 계량적 방법이다.

정답 | ③

606

기출처	2017 국가직 7급(하)
난이도	★★
키워드	서열법

606
다음과 같은 방식으로 직무를 평가하는 방법은?

> 저는 각 답안지를 직관으로 평가하면서 우수한 순서대로 나열해 놓은 후 학점을 줍니다. 구체적으로 어떤 기준에서 그렇게 학점을 주었냐고 하면 금방 답하기는 어렵지만, 어쨌든 이 과정에서 중요한 것은 상대성입니다.

① 서열법
② 분류법
③ 점수법
④ 요소비교법

해설

① (O) 구성요소별 점수보다는 직관을 강조하고 상대성을 강조하는 평가는 서열법이다.
② (×) 분류법은 사전에 작성된 등급기준표에 의해 직무의 책임과 곤란도 등을 파악하는 절대적 평가기법이다.
③ (×) 점수법은 직위의 직무구성요소를 정의하고, 각 요소별로 직무평가기준표에 의하여 평가한 점수를 총합하는 절대적 평가기법으로, 일반적으로 가장 많이 활용된다.
④ (×) 요소비교법은 직무를 평가요소별로 나누어 계량적으로 평가하되 기준 직위를 선정하여 이와 대비시키는 방법으로, 보수액 산정이 동시에 이루어진다 하여 금액가중치법으로 불린다.

정답 | ①

607

직무평가방법과 설명이 바르게 연결된 것은?

> A. 서열법(job ranking)   B. 분류법(classification)
> C. 점수법(point method)   D. 요소비교법(factor comparison)

> ㄱ. 직무 전체를 종합적으로 판단해 미리 정해 놓은 등급기준표와 비교해가면서 등급을 결정한다.
> ㄴ. 대표가 될 만한 직무들을 선정하여 기준 직무(key job)로 정해놓고 각 요소별로 평가할 직무와 기준 직무를 비교해가며 점수를 부여한다.
> ㄷ. 비계량적 방법을 통해 직무기술서의 정보를 검토한 후 직무 상호 간에 직무 전체의 중요도를 종합적으로 비교한다.
> ㄹ. 직무평가표에 따라 직무의 세부 구성요소들을 구분한 후 요소별 가치를 점수화하여 측정하는데, 요소별 점수를 합산한 총점이 직무의 상대적 가치를 나타낸다.

	A	B	C	D
①	ㄱ	ㄴ	ㄷ	ㄹ
②	ㄱ	ㄷ	ㄹ	ㄴ
③	ㄷ	ㄴ	ㄱ	ㄹ
④	ㄷ	ㄱ	ㄹ	ㄴ

해설

A. 비계량적 방법이고 직무 전체의 중요도를 종합적으로 비교하는 것은 서열법이다.
B. 직무 전체를 종합적으로 판단하며 등급기준표가 존재하는 것은 분류법이다.
C. 직무평가표가 존재하고 요소별로 점수화하는 것은 점수법이다.
D. 대표직위가 존재하고 요소별로 평가하여 점수를 부여하는 것은 요소비교법이다.

고득점 플러스+ 직무평가의 방법

- 서열법: 직무의 상대가치를 종합적으로 비교하여 서열을 정하는 방법
- 분류법: 사전에 정해 놓은 등급기준표에 각 직무를 비교하여 평가하는 방법 → 정부와 같은 대규모 조직에서 사용
- 점수법: 직무를 구성요소로 나누고 요소별로 점수를 직무평가표에 배치하는 방법 → 분류법의 발전, 가장 많이 사용
- 요소비교법
  - 가장 늦게 고안된 방법 → 서열법의 발전
  - 직무를 요소별로 계량화한 후 기준직무(→ 대표직위)와 비교하는 방식
  - 직위의 상대적 수준을 보수액과 관련시켜 평가 → 금액가중치법

정답 | ④

607
기출처: 2016 국가직 9급
난이도: ★★
키워드: 직무평가방법

관련기출 옳은지문

- 점수법은 직무의 평가요소별 가중치를 부여하고 각 직무에 대하여 요소별로 점수를 매기는 방법이다.
  23. 경찰간부

- 요소비교법은 대표 직위(key position)를 선정하여 대표 직위의 평가요소별 서열을 정하는 방법이다.
  23. 경찰간부

608	① ② ③
기출처	2017 지방직 7급
난이도	★★
키워드	개방형과 폐쇄형

🔍 **관련기출 옳은지문**
- 개방형 직위제는 임기제 공무원으로 임용이 가능하기 때문에 신분보장의 문제가 발생할 수 있다.

  18. 소방간부

608
개방형 또는 폐쇄형 인사제도에 대한 설명으로 옳은 것은?

① 개방형은 재직자의 승진기회가 많고 경력발전의 기회가 많다.
② 폐쇄형은 조직에 대한 소속감이 높고 공무원의 사기가 높다.
③ 개방형은 공무원의 신분보장이 강화됨으로써 행정의 안정성을 유지할 수 있다.
④ 폐쇄형은 국민의 요구에 민감하게 대응하며 행정에 대한 민주통제가 보다 용이하다.

해설

① (×) 재직자의 승진기회가 많고 경력발전의 기회가 많은 것은 폐쇄형 임용이다.
② (○) 폐쇄형은 최하위로만 신규채용이 이루어지고 나머지는 내부 채용되므로 조직에 대한 소속감이 강하며 공무원의 사기가 높은 편이다.
③ (×) 공무원의 신분보장이 강화됨으로써 행정의 안정성을 유지할 수 있는 것은 폐쇄형 임용이다.
④ (×) 국민의 요구에 민감하게 대응하며 행정에 대한 민주통제가 보다 용이한 것은 개방형 임용이다.

정답 | ②

609	① ② ③
기출처	2021 국가직 7급
난이도	★★
키워드	개방형과 폐쇄형

🔍 **관련기출 옳은지문**
- 개방형 인사관리는 행정조직 관료화의 방지라는 장점이 있다.

  07. 국가직 9급

- 개방형 인사관리는 공직의 침체, 무사안일주의 등 관료제의 병리를 억제한다.

  14. 서울시 9급

- 개방형 인사관리는 민간부문과의 인사교류로 적극적 인사행정이 가능하다.

  14. 서울시 9급

609
개방형 또는 폐쇄형 인사제도에 대한 설명으로 옳은 것은?

① 개방형 인사제도는 외부전문가나 경력자에게 공직을 개방하여 새로운 지식과 기술, 아이디어를 수용해 공직사회의 침체를 막고 행정의 효율성을 높이는 데 유리하다.
② 일반적으로 폐쇄형 인사제도는 직위분류제에 바탕을 두고 있으며, 일반행정가보다 전문가 중심의 인력구조를 선호한다.
③ 개방형 인사제도는 폐쇄형 인사제도에 비해 안정적인 공직사회를 형성함으로써 공무원의 사기를 높이고 장기근무를 장려한다.
④ 폐쇄형 인사제도는 개방형 인사제도에 비해 내부승진과 경력발전을 위한 교육훈련의 기회가 적다.

해설

① (○) 개방형 임용제도는 외부전문가의 영입이 쉬워 행정의 침체를 막고 행정의 효율성을 높이는 데 기여할 수 있다.
② (×) 직위분류제가 개방형 임용과 연결되고, 계급제가 폐쇄형 임용과 연결된다.
③ (×) 안정적인 공직사회를 형성함으로써 공무원의 사기를 높이고 장기근무를 장려하는 것은 폐쇄형 임용제도이다.
④ **매력적 오답** (×) 폐쇄형 임용은 내부승진과 경력발전을 위한 교육훈련의 기회가 개방형 임용보다 많다.

정답 | ①

610
개방형 인사제도에 대한 설명으로 옳지 않은 것은?

① 폭넓은 지식을 갖춘 일반행정가를 육성하는 데에 효과적이다.
② 기존 관료들에게 승진기회가 축소될 수 있다는 불안감을 주고 사기를 저하시킬 수 있다.
③ 정실주의로 전락할 가능성이 있다.
④ 기존 내부 관료들에게 전문성 축적에 대한 자극제가 된다.

해설

① (×) 개방형은 엽관주의나 직위분류제와 관련된다. 즉, 민주성이나 전문성을 높이기 위한 제도이다. 반면 일반행정가는 계급제에 입각한 직업공무원제와 관련된다.
② (○) 개방형 임용이 확대될 경우 기존 관료들의 승진기회는 축소될 수밖에 없으므로 재직자의 사기는 저하된다.
③ (○) 개방형 임용은 엄격한 실적 이외의 다양한 정치적 요소가 고려될 수 있으므로 임용에 있어 자의성이 개입될 가능성이 높다. 이에 따라 정실주의로 전락할 가능성이 크다.
④ (○) 개방형 임용은 임용의 경쟁을 공직 내부뿐만 아니라 공직 외부까지 확대시키는 수단이 될 수 있으므로 재직자의 자기발전 노력의 촉진제가 될 수 있고 이는 재직자의 전문성 축적에 대한 자극제가 될 수 있다.

정답 | ①

610 / 기출처: 2015 지방직 9급 / 난이도: ★★ / 키워드: 개방형 인사제도

관련기출 옳은지문
- 개방형 직위제도는 정실에 의한 자의적 인사의 우려가 있다. 20. 경찰승진
- 개방형 직위제도는 재직자의 능력발전이나 승진 및 경력발전 기회의 제약으로 재직자의 사기를 저하시킬 수 있다. 20. 경찰승진

611
'고위공무원단'에 대한 설명으로 옳지 않은 것은?

① 우리나라에서 '고위공무원'이 되기 위해서는 '고위공무원후보자과정'을 이수해야 하고, '역량평가'를 통과해야 한다.
② 미국의 '고위공무원단' 제도에 엽관주의적 요소가 혼재되어 있다.
③ 우리나라의 경우 이명박 정부 시기인 2008년 7월 1일에 '고위공무원단' 제도를 도입하였다.
④ 미국에서는 '고위공무원단' 제도를 카터 행정부 시기인 1978년에 「공무원제도개혁법」 개정으로 도입하였다.

해설

① (○) 고위공무원단 후보자는 후보자 교육과정과 역량평가를 통과하여야 고위공무원이 될 수 있다. 후보자 교육은 인사혁신처장이 4급 이상 공무원을 대상으로 운영하며, 역량평가는 고위공무원으로 채용되려는 사람을 대상으로 그 채용 전에 실시하여야 한다.
② (○) 미국은 전체 고위공무원단 직위 중 10% 정도가 정치적 임용이 가능한 직위로 구성되어 있다.
③ (×) 우리나라는 「국가공무원법」과 「고위공무원단인사규정」에 근거하여 2006년 노무현 정부 때 도입되었다.
④ (○) 미국의 고위공무원단 제도는 1978년 「공무원제도개혁법」의 개정으로 처음 도입되었다. 하위직은 직렬이나 부처 이동을 제한하여 전문성을 높이는 기존의 직위분류제를 유지하면서, 상위직은 채용과 직렬 간 이동을 자유롭게 하는 계급제적 요소를 받아들인 것이다.

정답 | ③

611 / 기출처: 2014 지방직 9급 / 난이도: ★★ / 키워드: 고위공무원단

관련기출 옳은지문
- 고위공무원단제도는 1978년 미국의 「연방공무원개혁법」에 의하여 최초로 도입되었다. 22. 소방간부

612		① ② ③
기출처	2021 지방직 9급	
난이도	★★	
키워드	고위공무원단	

🔍 **관련기출 옳은지문**
- 고위공무원단제도는 성과에 대한 책임성을 강조한다. 25. 경찰간부

612
고위공무원단제도에 대한 설명으로 옳지 않은 것은?

① 역량 중심의 인사관리
② 계급 중심의 인사관리
③ 성과와 책임 중심의 인사관리
④ 개방과 경쟁 중심의 인사관리

해설

① (○) 고위공무원단제도는 과거의 성과보다는 앞으로의 역량을 중심으로 관리되는 인사체제이다.
② (×) 고위공무원단제도는 계급보다는 직무 중심의 인사관리를 강조한다.
③ (○) 고위공무원단제도는 연공과 서열보다는 성과와 책임 중심의 인사관리를 강조한다.
④ (○) 고위공무원단제도는 개방형 임용과 공모직위 등을 통해 개방과 경쟁을 강조하는 인사체제이다.

고득점 플러스+ 우리나라 고위공무원단제도의 특징
- 신분보다 일 중심의 인사관리 → 직위분류제 요소 + 성과주의 요소 + 엽관주의 요소
- 계급과 연공서열보다는 업무와 성과에 따른 보수의 지급 강조
- 범부처적 관리: 소속 장관은 소속에 관계없이 전체 일반직 고위공무원단 중에서 적임자 임명제청
- 직업공무원제도의 완화
  - 개방형 임용, 직무성과연봉제, 계급의 철폐와 직무등급(→ 가등급, 나등급)의 도입
  - 다만, 실적주의와 정치적 중립, 정년과 신분보장 제도 등 직업공무원제도의 근간은 유지

정답 | ②

613		① ② ③
기출처	2018 지방직 7급	
난이도	★★	
키워드	고위공무원단	

🔍 **관련기출 옳은지문**
- 고위공무원단제도는 고위직 공무원이 다른 부처로 이동할 가능성이 증가한다. 23. 해경간부
- 고위공무원단제도는 역량평가를 통해 고위공무원의 능력과 자질을 검증한다. 25. 경찰간부
- 고위공무원단제도는 직업공무원들의 사기를 저하시킬 수 있다. 08. 지방직 7급

613
우리나라 고위공무원단제도 운영의 효과에 대한 설명으로 옳지 않은 것은?

① 민간전문가의 고위직 임용가능성이 증가하였다.
② 연공서열에 의한 인사관리를 강화하여 직위의 안정을 도모하였다.
③ 고위직 공무원이 다른 부처로 이동할 가능성이 증가하였다.
④ 공무원 개개인의 능력발전과 성과관리의 중요성이 더욱 커졌다.

해설

① (○) 고위공무원단 직위 총수의 20%를 개방형으로 임용하므로 민간전문가의 임용가능성이 높아졌다.
② (×) 우리나라의 고위공무원단제도는 연공서열보다는 업무와 실적을 중시하는 인사관리제도이다.
③ (○) 경력직으로 보하는 고위공무원단 직위 총수의 30%를 공모직위로 임용하므로 다른 부처로 이동할 가능성이 높아졌다.
④ (○) 고위공무원단은 계급이나 연공서열보다는 업무와 실적을 강조하므로 개개인의 능력발전과 성과관리에 대한 평가가 매우 중요해졌다.

정답 | ②

614
우리나라 고위공무원단제도에 대한 설명으로 옳지 않은 것은?

① 국가의 고위공무원을 범정부적 차원에서 효율적으로 인사관리하기 위하여 도입하였다.
② 개방형임용 방법, 직위공모 방법, 자율임용 방법을 실시한다.
③ 국가공무원으로 보하는 부시장, 부지사, 부교육감 등은 해당되지 않는다.
④ 원칙적으로 직무성과급적 연봉제를 적용한다.

해설

① (O) 고위공무원단제도는 부처별 인사관리에서 범정부적 인사관리로 전환한 것이다.
② (O) 고위공무원단 직위는 개방형 직위, 공모 직위, 그리고 일반직위로 구분되며, 이들에 대해 각각 개방형임용, 직위공모, 자율임용(일반임용) 방식을 적용한다.
③ (×) 국가공무원으로 보하는 부시장, 부지사, 부교육감 등은 고위공무원단에 속한다. 다만, 서울시 행정부시장은 정무직 국가공무원이다.
④ (O) 고위공무원단에게 지급되는 연봉제는 직무성과급적 연봉제이다. 이는 직위분류제의 직무급과 성과급이 결합된 방식이다.

정답 | ③

614
기출처: 2011 지방직 9급
난이도: ★★
키워드: 고위공무원단

관련기출 옳은지문
• 고위공무원단은 원칙적으로 직무성과급적 연봉제를 적용한다.
20. 경찰간부

615
우리나라 국가공무원제도에 대한 설명으로 옳지 않은 것은?

① 현재 시행하고 있는 고위공무원단제도는 일반직 공무원만을 대상으로 하고 있다.
② 계급제를 기본으로 직위분류제적 요소를 가미하여 운영하고 있다.
③ 예산의 범위 안에서 기구, 정원, 보수 및 예산에 관한 자율성을 가지되 그 결과에 대하여 책임을 지는 총액인건비제를 운영할 수 있다.
④ 결원이 발생하였을 때 정부 내 공개모집을 통하여 해당 기관 내부 또는 외부의 공무원 중에서 적격자를 임용할 수 있는 공모직위 제도를 운영할 수 있다.

해설

① (×) 고위공무원단에는 일반직 공무원뿐만 아니라 별정직 공무원, 외무공무원도 포함되어 있다.
② (O) 우리나라의 경우 전통적인 계급제적 요소를 완화하고 직위분류제적 요소와 성과관리 요소를 가미하였다.
③ (O) 지정된 중앙행정기관 및 책임운영기관의 경우 인건비의 총액 범위에서 자율성을 부여하는 총액인건비제를 운영할 수 있다.
④ (O) 소속 장관별로 경력직 공무원으로 임명할 수 있는 고위공무원단 직위 총수의 100분의 30의 범위에서 공모직위를 지정하고 있다.

정답 | ①

615
기출처: 2011 국가직 9급
난이도: ★★
키워드: 고위공무원단

관련기출 옳은지문
• 고위공무원단은 계급제가 아닌 직무등급제를 기반으로 운영된다.
20. 경찰간부

• 미국의 고위공무원단제도에는 엽관주의 요소가 혼재되어 있다.
20. 경찰간부

CHAPTER 02 공직의 분류 • 373

616

기출처 2017 국가직 7급
난이도 ★★
키워드 고위공무원단

고위공무원단제도에 대한 설명으로 옳은 것은?

① 고위공무원단으로 관리되는 풀(pool)에는 일반직 공무원뿐만 아니라 외무공무원도 포함된다.
② 적격심사에서 부적격 결정을 받은 경우에 한해서만 직권면직이 가능하므로 제도 도입 전보다 고위공무원의 신분보장이 강화되었다.
③ 고위공무원단 직무 등급이 2009년 2등급에서 5등급으로 변경됨에 따라 계급 중심의 인사관리로 회귀할 가능성이 높아졌다.
④ 고위공무원단의 구성은 소속 장관별로 개방형 직위 30%, 공모직위 20%, 기관자율 직위 50%로 이루어져 있다.

해설

① (○) 고위공무원단에는 일반직, 별정직 및 특정직(외무공무원 등)을 포함하고 있다.
② (×) 기존의 직권면직 규정에 더하여 적격심사가 추가된 것이므로 신분보장은 약화된 것이다.
③ **매력적 오답** (×) 고위공무원단의 직무 등급은 2009년 5등급에서 2등급으로 변경됨에 따라 계급 중심의 인사관리로 회귀할 가능성이 낮아졌다. 직위분류제가 계급제보다 직무등급이 세밀하게 분류되기 때문이다.
④ (×) 고위공무원단의 구성은 소속 장관별로 개방형 직위 20%, 공모직위 30%, 자율 직위 50%로 이루어져 있다.

정답 | ①

관련기출 옳은지문

- 우리나라에서 고위공무원단은 중앙행정기관 실·국장급 공무원들로 구성되며 일반직, 별정직, 외무공무원 등이 적용 대상이다. 16. 경찰간부

- 고위공무원단제도는 고위공무원들의 신분보장이 완화될 수 있다. 05. 국가직 9급

- 고위공무원단은 기존의 1~3급이라는 신분 중심의 계급을 폐지하고 직무의 난이도와 책임도에 따라 가급과 나급으로 직무를 구분한다. 23. 군무원 9급

- 고위공무원단제는 계급 구분 없이 직위의 직무등급을 기준으로 인사관리 한다. 07. 서울시 9급

617

기출처 2016 국가직 9급
난이도 ★★
키워드 고위공무원단

고위공무원단제도에 대한 설명으로 옳지 않은 것은?

① 전(全)정부적으로 통합관리되는 공무원 집단이다.
② 계급제나 직위분류제적 제약이 약화되어 인사 운영의 융통성이 강화된다.
③ 고위공무원단에 속하는 모든 일반직 공무원의 신규채용 임용권은 각 부처의 장관이 가진다.
④ 성과계약을 통해 고위직에 대한 성과관리가 강화된다.

해설

① (○) 고위공무원단제도는 정부의 실·국장급 공무원(1~3급)을 중·하위직 공무원과 분리하여 범정부적 차원에서 성과와 능력을 기준으로 체계적으로 관리하는 인사시스템을 말한다.
② (○) 미국의 경우 직위분류제의 문제점을 해소하고 리더십과 관리능력을 가진 고위관료의 육성을 위하여 도입되었다. 반면, 우리나라는 신분보다 일 중심의 인사관리인 직위분류제적 요소를 강화하는 차원에서 도입되었다.
③ (×) 대통령은 신규채용, 고위공무원단 직위로의 승진임용, 소속 장관을 달리하는 기관 간의 전보, 전직, 강임, 강등, 면직, 해임, 파면 등을 제외하고 고위공무원단에 속하는 일반직 공무원에 대한 임용권을 소속 장관에게 위임한다.
④ (○) 우리나라는 기관의 책임자와 실·국장 및 과장 간 성과목표 등에 관한 1년 단위의 성과계약제를 도입하여 성과관리를 강화하고 있다.

정답 | ③

관련기출 옳은지문

- 고위공무원단제도는 정부의 정책결정과 연관된 기획업무를 담당하는 고위직 인사의 질적 관리를 위하여 도입되었다. 22. 소방간부

- 고위공무원단의 일부는 공모직위제도에 의해 충원된다. 16. 국회직 8급

- 고위공무원단의 성과연봉은 전년도 근무성과에 따라 결정된다. 16. 국회직 8급

618

「국가공무원법」상 우리나라 인사제도에 대한 설명으로 옳지 않은 것은?

① 인사혁신처장은 고위공무원단에 속하는 공무원이 갖추어야 할 능력과 자질을 설정하고 이를 기준으로 고위공무원단 직위에 임용되려는 자를 평가하여 신규채용·승진임용 등 인사관리에 활용할 수 있다.
② 국가공무원은 경력직 공무원과 특수경력직 공무원으로 구분하고, 경력직 공무원은 다시 일반직 공무원과 특정직 공무원으로 나뉜다.
③ 개방형 직위로 지정된 직위에는 외부 적격자뿐만 아니라 내부 적격자도 임용할 수 있다.
④ 고위공무원단에 속하는 일반직 공무원의 경우 소속 장관은 해당 기관에 소속되지 아니한 공무원에 대하여 임용제청을 할 수 없다.

618	
기출처	2016 지방직 9급
난이도	★
키워드	고위공무원단

해설

① (○) 인사혁신처장은 고위공무원단에 속하는 공무원이 갖추어야 할 능력과 자질을 설정하고 이를 기준으로 고위공무원단 직위에 임용되려는 자를 평가하여 신규채용·승진임용 등 인사관리에 활용할 수 있다.
② (○) 「국가공무원법」 제2조에 따라 공무원은 경력직 공무원과 특수경력직 공무원으로 구분되고, 경력직 공무원은 다시 일반직 공무원과 특정직 공무원으로 나뉜다.
③ (○) 개방형 직위는 공개모집을 통해 공직 내외부에서 적격자를 임용할 수 있는 제도이다.
④ (×) 고위공무원단은 범부처적 통합관리를 지향하는 제도로, 일반직 공무원의 경우 소속 장관은 해당 기관에 소속되어 있지 않은 공무원도 임용제청할 수 있다.

정답 | ④

619

우리나라의 공무원에 대한 설명으로 옳지 않은 것은?

① 특수경력직 공무원은 경력직 공무원 이외의 공무원으로서 실적주의와 직업공무원제의 획일적인 적용을 받지는 않는다.
② 법관, 검사, 외무공무원, 경찰공무원, 소방공무원, 교육공무원, 군인, 군무원, 헌법재판소 헌법연구관, 국가정보원 직원 등은 경력직 공무원 중에서 특정직 공무원에 해당한다.
③ 선거로 취임하거나 임명할 때 국회의 동의가 필요한 공무원은 특수경력직 공무원 중에서 정무직 공무원에 해당한다.
④ 고위공무원단은 중앙행정기관과 지방자치단체의 실장·국장 및 이에 상당하는 보좌기관에 임용되어 재직 중이거나 파견·휴직 등으로 인사관리되고 있는 국가공무원과 지방공무원을 말한다.

해설

① (O) 특수경력직 공무원은 경력직 이외의 공무원으로 정치적 임용이 필요하거나 특수한 직무를 담당하는 공무원으로, 보수와 복무규정을 제외하고는 「국가공무원법」과 실적주의의 획일적 적용을 받지 않는다.
② (O) 특정직 공무원은 법관, 검사, 외무, 경찰, 소방, 교육, 군인, 군무원, 헌법재판소 헌법연구관, 국가정보원 직원과 특수 분야의 업무를 담당하는 공무원으로, 다른 법률에서 특정직으로 지정된 공무원이다.
③ (O) 정무직 공무원은 선거로 취임하거나 임명할 때 국회의 동의가 필요한 공무원 또는 고도의 정책결정 업무를 담당하거나 이러한 업무를 보조하는 공무원으로서 법률이나 대통령령에서 정무직으로 지정하는 공무원을 말한다.
④ (X) 지방직 공무원은 고위공무원단에 소속되지 않는다.

고득점 플러스+ 우리나라 고위공무원단제도

- 대상
  - 행정부 소속 국가공무원(→ 지방공무원 제외) → 일반직·특정직(→ 외무직)·별정직 공무원
  - 지방에서 근무하는 1~3급 상당의 국가공무원 포함
  - 입법부, 사법부, 헌법재판소, 중앙선관위 소속 공무원은 제외
- 구성: 계급 없이 직무등급(→ 2등급)과 직위 중심으로 편성
- 임용: 소속 장관은 소속에 관계없이 전체 일반직 고위공무원 중에서 임용제청 가능
- 충원: 개방형 직위, 공모직위, 자율공모직위
- 고위공무원에 대한 평가
  - 사전평가: 선 후보자 교육, 후 역량평가(→ 신규채용, 승진임용 또는 전보 전에 실시)
  - 사후평가: 적격심사

정답 | ④

CHAPTER 03 임용

620
전략적 인적자원관리에 대한 설명으로 옳지 <u>않은</u> 것은?

① 장기적이며 목표·성과 중심적으로 인적자원을 관리한다.
② 개인의 욕구는 조직의 전략적 목표달성을 위해 희생해야 한다는 입장이다.
③ 인사업무 책임자가 조직전략의 수립에 적극적으로 관여한다.
④ 조직의 전략 및 성과와 인적자원관리 활동 간의 연계에 중점을 둔다.

해설

①, ③, ④ (○) 전략적 인적자원관리는 조직의 비전 및 목표, 조직내부, 외부환경 등을 모두 고려해 가장 적합한 인력을 개발·관리해 조직의 목표를 극대화하고자 하는 인사관리를 말한다. 이는 인사관리가 조직의 전략과 목적을 반영해 전략기획과 연계된 인사관리를 의미한다. 전통적 인적자원관리 방식이 미시적 시각에서 개별적으로 접근하는 데 비해, 전략적 인적자원관리는 거시적 시각에서 개별적 인사관리 방식을 통합하려는 시도라고 할 수 있다. 또한 사람을 인적 자본의 개념으로 보고, 사람에 대한 투자와 개발의 필요성을 강조한다.
② (×) 전략적 인적자원관리는 개인의 욕구와 조직의 목표를 통합하고자 하는 이론이다. 즉, 조직의 전략적 목표를 위해 개인을 희생해야 한다는 주장은 아니다.

정답 | ②

620 | 1 2 3
기출처 | 2017 국가직 9급
난이도 | ★
키워드 | 전략적 인적자원관리

🔍 **관련기출 옳은지문**
- 전략적 인적자원관리는 조직의 전략 및 성과와 인적자원관리 활동 간의 연계에 중점을 둔다. 23. 군무원 9급
- 전략적 인적자원관리에서 인사업무 책임자가 조직 전략 수립에 적극적으로 관여한다. 23. 군무원 9급

621
전통적인 연공주의 인적자원관리와 비교할 때 성과주의 인적자원관리의 특징으로 옳지 <u>않은</u> 것은?

① 형식 요건을 중시하고 규격화된 임용 방식을 확대한다.
② 태도와 근속연수보다 성과와 능력 중심의 평가를 강조한다.
③ 직급파괴와 역량에 의한 승진을 강조한다.
④ 조기퇴직 및 전직 지원을 활성화한다.

해설

① (×) 형식 요건을 중시하고 규격화된 임용 방식을 확대하는 것은 연공주의의 특징이다.
② (○) 연공주의는 태도와 근속연수 중심의 평가이므로 그 평가가 모호하고 불투명하지만, 성과주의는 성과와 능력 중심의 평가이므로 객관적이고 투명한 평가를 가능하게 한다.
③ (○) 연공주의는 직급과 연차 중심의 승진을 강조하지만, 성과주의는 직급파괴와 성과 및 역량 중심의 승진을 강조한다.
④ (○) 연공주의는 평생고용을 강조하지만, 성과주의는 조기퇴직과 전직의 지원을 강조한다.

고득점 플러스⁺ 연공주의와 성과주의
- 연공주의: 정기 및 신입사원 채용, 일반적 선발기준, 태도와 근속연수 중심의 평가, 직급과 연차 중심, 평생고용
- 성과주의
  - 수시 및 경력사원 채용, 전문성과 창의성 기준, 성과와 능력 중심의 평가
  - 직급 파괴, 성과·역량 중심, 조기퇴직 및 전직의 지원

정답 | ①

621 | 1 2 3
기출처 | 2016 국가직 7급
난이도 | ★
키워드 | 연공주의와 성과주의

622

622	① ② ③
기출처	2023 국가직 9급
난이도	★
키워드	연공주의

622 〈필수〉
연공주의(seniority system)에 대한 설명으로 옳은 것만을 모두 고르면?

> ㄱ. 장기근속으로 조직에 대한 공헌도를 높인다.
> ㄴ. 개인의 성과에 따른 적절한 보상을 통해 사기를 높인다.
> ㄷ. 계층적 서열구조 확립으로 조직 내 안정감을 높인다.
> ㄹ. 조직 내 경쟁을 통해서 개인의 역량개발에 기여한다.

① ㄱ, ㄴ
② ㄱ, ㄷ
③ ㄴ, ㄹ
④ ㄷ, ㄹ

해설

ㄱ. (O) 장기근속으로 조직에 대한 공헌도를 높이는 것은 연공주의 인사관리의 특징이다.
ㄴ. (×) 개인의 성과에 따른 적절한 보상을 통해 사기를 높이는 것은 성과주의 인사관리의 특징이다.
ㄷ. (O) 계층적 서열구조 확립으로 조직 내 안정감을 높이는 것은 연공주의 인사관리의 특징이다.
ㄹ. (×) 조직 내 경쟁을 통해서 개인의 역량개발에 기여하는 것은 성과주의 인사관리의 특징이다.

정답 | ②

623

623	① ② ③
기출처	2012 지방직 9급
난이도	★★
키워드	타당성

관련기출 옳은지문
- 예측적 타당성은 시험에 합격한 사람이 일정한 기간 직장생활을 한 다음에 그의 채용시험성적과 업무실적을 비교하여 양자의 상관관계를 확인하여 검증하는 것이다.
  06. 서울시 9급

623
다음에서 검증하고자 하는 선발시험의 효용성 기준은?

> 인사혁신처는 2010년도 국가직 9급 공개경쟁채용시험을 통해 채용된 직원들의 시험성적을 이들의 채용 이후 1년 동안의 근무성적 결과와 비교하려고 한다.

① 타당성(validity)
② 능률성(efficiency)
③ 실용성(practicability)
④ 신뢰성(reliability)

해설

① (O) 합격자의 시험성적과 1년 후의 근무성적(이미 검증된 기준)을 비교하는 것은 기준타당성이다. 기준타당성이란 이미 타당성이 검증된 기준과 관련시켜 타당성을 검증하는 경험적 타당성으로, 시험성적과 채용 후 근무성적을 비교해 양자의 상관관계가 높으면 타당성이 높다.
② (×) 능률성(efficiency)은 투입 대비 산출의 비율을 의미하며 시험의 경우 투입된 비용과 유능한 인재의 획득 비율로 측정된다.
③ (×) 실용성(practicability)은 비용의 저렴성, 실시와 채점의 용이성 등을 뜻한다.
④ (×) 신뢰성(reliability)은 시험이 측정도구로서 갖는 일관성의 정도 혹은 시험의 시기·형식·장소 등 시험여건에 따라 점수가 영향을 받지 않는 정도를 의미한다.

정답 | ①

624

공무원 임용시험의 효용성을 측정하는 기준에 대한 설명으로 옳지 않은 것은?

① 시험의 타당성은 시험이 측정하고자 하는 것을 실제로 얼마나 정확하게 측정했는가를 의미하며 그 종류에는 기준타당성, 내용타당성, 구성타당성 등이 있다.
② 내용타당성은 시험성적이 직무수행실적과 얼마나 부합하는가를 판단하는 타당성으로 두 요소 간 상관계수로 측정된다.
③ 측정 대상을 일관성 있게 측정하는 정도를 신뢰성이라고 하며 같은 사람이 여러 번 시험을 반복하여 치르더라도 결과가 크게 변하지 않을 때 신뢰성을 갖게 된다.
④ 신뢰도를 측정하는 방법으로는 재시험법(test-retest)과 동질이형법(equivalent forms) 등이 사용된다.

624	1 2 3
기출처	2018 국가직 7급
난이도	★★
키워드	내용타당성

🔍 관련기출 옳은지문

- 내용타당성은 시험이 특정한 직위의 의무와 책임에 직결되는 요소들을 어느 정도 측정할 수 있느냐에 대한 타당성이다. 　18. 국회직 8급

- 재시험법, 복수양식법, 이분법 등은 신뢰성을 검증하는 수단이다. 　10. 국회직 8급

- 같은 시험을 같은 집단에 시간 간격을 두고 두 번 실시하여 성적을 비교한 결과 비슷한 분포를 이루는 것으로 나타났다면 시험의 신뢰도가 높다고 본다. 　17. 경찰간부

해설

① (○) 타당성이란 측정이나 절차가 그것이 내세운 목표를 제대로 달성했는가의 정도를 의미한다.
② (×) 시험성적이 직무수행실적(근무성적)과 얼마나 부합하는가를 판단하는 것은 기준타당성이다. 내용타당성은 시험에서 측정하고자 하는 내용이 조사대상(직무내용)의 주요 국면을 대표할 수 있느냐 하는 판단과 관련된다.
③ (○) 신뢰성은 동일한 측정도구로 동일한 현상을 반복 측정했을 때 동일한 결론이 나오는 정도를 말하는데 이는 측정도구의 측정결과에 대한 일관성을 의미한다.
④ (○) 신뢰성을 검증하는 방법에는 재시험법, 동질이형법, 반분법, 문항 간 일관성 검사법 등이 있다.

고득점 플러스+ 　**내용타당성(content validity)**
- 시험이 장래 직무수행에 필요한 능력요소를 얼마나 정확하게 예측할 수 있는가와 관련된 타당성
- 측정도구(→ 시험)가 측정대상(→ 직무)이 지닌 무수한 속성들을 얼마나 대표할 수 있는지의 여부
- 직무에 정통한 전문가 집단이 시험의 구체적 내용이나 항목의 적합성 정도를 판단하여 검증

정답 | ②

625		1 2 3
기출처	2022 지방직 7급	
난이도	★★	
키워드	신뢰성	

625 필수

선발시험의 신뢰성을 검증하는 방법에 해당하지 않는 것은?

① 하나의 시험유형 내에서 각 문항 간의 상관관계를 종합하여 시험의 일관성을 검증한다.
② 시험성적과 본래 시험으로 예측하고자 했던 기준 사이에 얼마나 밀접한 상관관계가 있는가를 검증한다.
③ 시험을 본 수험자에게 일정한 시간이 지난 뒤, 다시 같은 문제로 시험을 보게 하여 두 점수 간의 일관성을 확인한다.
④ 문제 수준이 비슷한 두 개의 시험유형을 개발하여 동일 통제집단을 대상으로 시험을 보게 한 후 두 집단의 성적 간 상관관계를 분석한다.

해설

① (○) 하나의 시험유형 내에서 각 문항 간의 상관관계를 종합하여 시험의 일관성을 검증하는 것은 문항 간 일관성 검사법이다.
② (×) 시험성적과 본래 시험으로 예측하고자 했던 기준 사이에 얼마나 밀접한 상관관계가 있는가를 검증하는 것은 기준타당성이다.
③ (○) 시험을 본 수험자에게 일정한 시간이 지난 뒤, 다시 같은 문제로 시험을 보게 하여 두 점수 간의 일관성을 확인하는 것은 재시험법이다.
④ (○) 문제 수준이 비슷한 두 개의 시험유형을 개발하여 동일 통제집단을 대상으로 시험을 보게 한 후 두 집단의 성적 간 상관관계를 분석하는 것은 동질이형법이다.

고득점 플러스+ 신뢰성의 측정방법

- 재검사법: 동일한 집단 + 같은 문제의 2회 실험 → 종적 일관성
- 복수양식법(→ 동질이형법): 동일한 집단 + 상이한 유형의 2회 실험 → 종적·횡적 일관성
- 반분법: 상이한 집단 + 유사한 문제를 각 1회 실험 → 횡적 일관성
- 문항 간 일관성 검사법: 반분법의 기법을 개별 문항으로 확대하는 방법

정답 | ②

626
선발시험의 타당성과 신뢰성에 대한 설명으로 옳은 것은?

① 시험의 신뢰성은 시험과 기준의 관계이며, 재시험법은 시험의 횡적 일관성을 조사하는 것이다.
② 동시적 타당성 검증에서는 시험합격자를 대상으로 시험성적과 일정 기간을 기다려야 나타나는 근무실적을 시차를 두고 수집하여 비교하는 것이다.
③ 내용타당성은 직무에 정통한 전문가 집단이 시험의 구체적 내용이나 항목이 직무의 성공적 임무 수행에 얼마나 적합한지를 판단하여 검증하게 된다.
④ 현재 근무하고 있는 재직자에게 시험을 실시한 결과 근무실적이 좋은 재직자가 시험성적도 좋았다면, 그 시험은 구성적 타당성을 갖추었다고 인정할 수 있다.

626	
기출처	2017 지방직 7급
난이도	★★
키워드	타당성과 신뢰성

🔍 **관련기출 옳은지문**
- 내용타당성은 직무수행에 정통한 전문가 집단이 시험의 구체적 내용이나 항목이 직무의 성공적 임무수행에 얼마나 적합한 것인지를 판단하여 검증하는 타당성이다. 17. 국회직 9급
- 선발시험의 신뢰성이 높다고 해서 반드시 타당성이 높은 시험이라고 할 수 없다. 10. 국회직 8급

해설

① **매력적 오답** (×) 시험과 기준의 관계는 타당성과 관련된다. 시험의 신뢰성은 시험이 측정도구로서 가지는 일관성을 말한다. 그리고 신뢰성을 검증하는 재시험법은 상이한 시점에 같은 시험을 두 차례 실시하는 방법이므로 시험의 종적 일관성을 조사하는 방법이다.
② (×) 시험합격자를 대상으로 시험성적과 일정 기간을 기다려야 나타나는 근무실적을 시차를 두고 수집하여 비교하는 것은 예측적 타당성이다.
③ (○) 내용타당성은 측정도구(시험)가 측정대상(직무내용)이 가지고 있는 무수한 속성들을 얼마나 대표성 있게 포함하고 있는지의 여부로, 업무와 관련된 전문가에게 의뢰한다.
④ (×) 현재 근무하고 있는 재직자에게 시험을 실시한 결과 근무실적이 좋은 재직자가 시험성적도 좋았다면, 그 시험은 동시적 타당성을 갖추었다고 인정할 수 있다. 동시적 타당성은 기준타당성과 관련된다.

정답 | ③

627
「공무원임용시험령」상의 면접시험 평정요소가 아닌 것은?

① 국민 등과 소통하고 공감하는 능력
② 국가에 대한 헌신과 직무에 대한 열정적인 태도
③ 창의성과 혁신을 이끄는 능력
④ 공무원으로서의 윤리의식과 책임성
⑤ 직장인으로서의 대인관계능력

627	
기출처	2014 국가직 9급 변형
난이도	★
키워드	면접시험의 평정요소

해설

①, ②, ③, ④ (○) 면접시험의 평정요소가 개정되었기에 개정된 내용으로 문제를 변형한 것이다.
⑤ (×) 직장인으로서의 대인관계능력은 「공무원임용령」에 규정된 면접시험의 평정요소가 아니다.
※ 2024년 12월 개정된 「공무원임용시험령」상의 평정요소로 선택지를 수정하였습니다.

정답 | ⑤

628	
기출처	2023 지방직 7급
난이도	★
키워드	시보임용

🔍 관련기출 옳은지문

- 시보기간 중 근무성적이 좋으면 정규공무원으로 임용한다. 20. 행정사

- 시보기간 중 교육훈련 성적이 나쁘거나 공무원으로서의 자질이 부족하다고 판단되는 경우 면직될 수 있다. 20. 행정사

- 시보기간 중 휴직한 기간, 직위해제 기간 및 징계에 따른 정직이나 감봉 처분을 받은 기간은 시보 임용 기간에 산입되지 않는다. 20. 행정사

628 필수

공무원 임용에 대한 설명으로 옳지 않은 것은?

① 국가기관의 장은 국가안보 및 보안·기밀에 관계되는 분야를 제외하고 대통령령 등으로 정하는 바에 따라 외국인을 공무원으로 임용할 수 있다.

② 임용시험 성적과 임용 후 근무성적 간의 연관성이 높다면 임용시험의 기준타당성이 높다고 할 수 있다.

③ 국가기관의 장은 업무의 특성이나 기관의 사정 등을 고려하여 소속 공무원을 대통령령 등으로 정하는 바에 따라 통상적인 근무시간보다 짧게 근무하는 공무원으로 임용할 수 있다.

④ 신규 채용되는 공무원의 경우 시보임용을 면제하거나 그 기간을 단축할 수 없다.

해설

① (○) 「국가공무원법」에 따르면 국가기관의 장은 국가안보 및 보안·기밀에 관계되는 분야를 제외하고 대통령령 등으로 정하는 바에 따라 외국인을 공무원으로 임용할 수 있다. 이는 전문성 확보 등을 위한 조치이다.

② (○) 기준타당성은 특정 시험의 결과와 직무수행 성과 간의 상관관계를 의미한다. 따라서 임용시험 성적과 임용 후 근무성적 간의 연관성이 높다면 임용시험의 기준타당성이 높다고 할 수 있다.

③ (○) 시간선택제채용공무원에 관한 설명이다.

④ (×) 5급 공무원을 신규 채용하는 경우에는 1년, 6급 이하의 공무원을 신규 채용하는 경우에는 6개월간 각각 시보로 임용하고 그 기간의 근무성적·교육훈련성적과 공무원으로서의 자질을 고려하여 정규 공무원으로 임용한다. 다만, 대통령령 등으로 정하는 경우에는 시보 임용을 면제하거나 그 기간을 단축할 수 있다.

정답 | ④

CHAPTER 04 능력발전

629
교육훈련 방법에 대한 설명으로 옳은 것은?

① 직장 내 훈련(OJT: on-the-job training)은 감독자의 능력과 기법에 따라 훈련성과가 달라지며 많은 사람을 동시에 교육하기 어렵다.
② 감수성훈련(sensitivity training)은 원래 정신병 치료법으로 발달한 것으로 전문가의 지원을 받아 과제의 해결책을 도출하는 방법이다.
③ 모의연습(simulation)은 T-집단훈련으로도 불리며 주어진 사례나 문제에서 어떠한 역할을 실제로 연기해 봄으로써 당면한 문제를 체험해 보는 방법이다.
④ 액션러닝(action learning)은 미국 GE사 전략적 인적자원개발프로그램으로 활용된 것으로 태도와 행동의 변화를 통해 인간관계 기술을 향상하려는 것이 주된 목적이다.

629	1 2 3
기출처	2019 국가직 7급
난이도	★
키워드	직장 내 훈련

🔍 관련기출 옳은지문
- 실무지도(Coaching)는 평상시 근무하면서 일을 배우는 직장 내 교육훈련방법이다. 15. 서울시 7급
- 실무지도는 일상적으로 직무를 수행하면서 선임자나 상사가 신규직원이나 후임자를 지도한다. 24. 경찰간부
- 관리자 훈련은 정책결정에 관한 지식, 가치관, 조직의 통솔 등에 관한 내용을 주로 다룬다. 05. 서울시 7급

해설
① (O) 직장 내 훈련(OJT: on-the-job training) 또는 현장훈련은 피훈련자가 실제 직무를 수행하면서 감독자나 선임자로부터 직무수행에 관한 지식과 기술을 배우는 훈련방법이다. 실무적 훈련에 유리하나, 많은 시간에 적은 수의 인원을 훈련할 수밖에 없다는 단점이 있다.
② (×) 감수성훈련(sensitivity training)은 외부로부터 차단된 인위적 상황에서 비정형적 접촉을 통해 대인관계 능력을 향상시키는 기법이다.
③ (×) 모의연습(simulation)은 업무수행 중 직면할 수 있는 어떤 상황을 가상적으로 만들어 놓고 피교육자가 그 상황에 대처해보도록 하는 방법(문제해결능력의 향상)으로 관리연습, 정보정리연습, 사건처리연습 등이 있다.
④ (×) 액션러닝(action learning)은 교육 참가자들이 구성한 소집단의 팀워크를 바탕으로 학습하는 방식으로, 실제문제의 해결을 통해 학습방법을 학습하는 과정이다. 교육훈련의 관점이 개인의 지식 축적에서 목표달성의 수단으로, 지식전달의 수단에서 문제해결의 수단으로, 공급자 중심에서 수요자 중심으로 전환됨을 의미한다.

정답 | ①

630	① ② ③
기출처	2016 지방직 7급
난이도	★
키워드	공무원 교육훈련

630
공무원 교육훈련 방법에 대한 설명으로 옳지 않은 것은?

① 현장훈련(on the job training)은 피훈련자가 실제 직무를 수행하면서 직무수행에 관한 지식과 기술을 배우는 방법이다.
② 강의, 토론회, 시찰, 시청각교육 등은 태도나 행동의 변화를 주된 목적으로 한다.
③ 액션러닝(action learning)은 소규모로 구성된 그룹이 실질적인 업무현장의 문제를 해결해 내고 그 과정에서 성찰을 통해 학습하도록 하는 행동학습(learning by doing) 교육훈련 방법이다.
④ 감수성훈련(sensitivity training)은 대인관계의 이해와 이를 통한 인간관계의 개선을 목적으로 한다.

해설

① (O) 현장훈련(OJT)은 피훈련자가 실제 직무 현장에서 업무를 직접 수행하거나 선배 직원의 지도를 받으면서 필요한 지식과 기술을 습득하는 교육훈련 방법이다.
② (X) 강의, 토론회, 시찰, 시청각교육 등은 지식의 획득을 목적으로 하는 훈련이다.
③ (O) 액션러닝은 실제 조직의 문제를 해결하는 과정에서 학습자들이 팀을 이루어 문제를 분석하고 해결책을 모색하며, 그 과정에서 서로의 경험을 공유하고 성찰을 통해 학습이 이루어지도록 하는 실천적인 교육훈련 방법이다.
④ (O) 감수성훈련은 비구조화된 그룹 토의를 통해 개인의 대인관계 지각 능력을 향상시키고, 타인의 감정이나 행동을 이해함으로써 인간관계를 개선하는 것을 목적으로 하는 훈련 방법이다.

정답 | ②

관련기출 옳은지문
- 멘토링은 조직 내 핵심 인재의 육성과 지식 이전, 구성원들 간의 학습활동을 촉진할 수 있는 방법으로, 조직 내 업무 역량을 조기에 배양할 수 있다. 22. 국회직 8급
- 액션러닝은 참여와 성과 중심의 교육훈련을 지향하는 방법으로, 현장에서 발생하는 현안 문제를 가지고 자율적 학습 또는 전문가의 지원을 받아 구체적인 문제해결 방안을 모색한다. 22. 국회직 8급

631	① ② ③
기출처	2019 국가직 9급
난이도	★★
키워드	감수성훈련

631
다음 설명에 해당하는 교육훈련 방법은?

> 서로 모르는 사람 10명 내외로 소집단을 만들어 허심탄회하게 자신의 느낌을 말하고 다른 사람이 자신을 어떻게 생각하는지를 귀담아듣는 방법으로 훈련을 진행하기 위한 전문가의 역할이 요구된다.

① 역할연기
② 직무순환
③ 감수성훈련
④ 프로그램화 학습

관련기출 옳은지문
- 감수성훈련의 가장 중요한 목적은 조직구성원 상호이해를 통한 협력 도모이다. 05. 서울시 9급

해설

① (×) 역할연기는 어떤 사례(주로 인간관계, 상하관계)를 그대로 연기하고 연기 내용을 비평·토론한 후 결론적인 설명을 하는 교육훈련 방법이다. 인간관계의 훈련, 예를 들어 대민창구에서 근무하는 공무원들에게 주민을 대하는 태도를 훈련시키거나 관리직 또는 감독직에 있는 공무원에게 부하를 다루는 방법을 훈련시킬 때 많이 사용한다.
② (×) 직무순환은 여러 분야의 직무를 직접 경험하도록 하기 위하여 계획된 순서에 따라 직무를 순환시키는 실무훈련이다.
③ (○) 감수성훈련은 사전에 과제나 사회자를 정해 주지 않고, 10명 내외의 이질적인 훈련자들이 자유로운 토론을 통하여 상대방에 대한 이해를 얻도록 하는 방법이다.
④ (×) 프로그램화 학습은 교수기계(teaching machine)의 프로그램에서 연유한다. 교수기계란 인간행동의 심리학적 전문지식, 특히 행동주의적 학습원리(강화이론)를 교육의 실천분야에 응용한 것이다.

정답 | ③

632 〈필수〉
다음 설명에 해당하는 공무원 교육훈련 방법은?

632	① ② ③
기출처	2024 국가직 9급
난이도	★★
키워드	액션러닝

> 교육 참가자들은 소그룹 규모의 팀으로 구성해 개인, 그룹 또는 조직에 중요한 의미가 있는 실제 현안 문제를 해결하면서 동시에 문제해결 과정에 대한 성찰을 통해 학습하도록 지원하는 교육방식이다. 우리나라 정부 부문에는 2005년부터 고위공직자에 대한 교육훈련 방법으로 도입되었다.

① 액션러닝
② 역할연기
③ 감수성훈련
④ 서류함기법

🔍 관련기출 옳은지문

• 워크아웃 프로그램(work-out program)은 조직의 수직적·수평적 장벽을 제거하고 전 구성원의 자발적 참여에 의한 행정혁신, 관리자의 신속한 의사결정과 문제해결을 도모하는 교육훈련 방식이다.
23. 군무원 7급

• 사례연구(case study)는 실제 조직에서 경험한 사례 혹은 가상의 시나리오에 대한 연구를 통해 문제해결 능력 배양을 도모한다.
24. 경찰간부

해설

① (○) 다음 설명에 해당하는 공무원 교육훈련 방법은 액션러닝이다.
② (×) 역할연기(Role Playing)는 특정 역할이나 상황을 연기하면서 문제 해결 능력이나 대인관계 기술을 향상시키는 방법이다.
③ (×) 감수성훈련(Sensitivity Training)은 비구조화된 그룹 토의를 통해 개인의 대인관계 지각 능력을 향상시키고 인간관계를 개선하는 훈련 방법이다.
④ (×) 서류함기법이란 중간관리자들의 분석적인 문제해결능력을 배양시키기 위해 고안된 교육훈련방법으로 직무에 관련된 보고서나 전화 메시지 그리고 메모 등을 서류함에 넣어 두고 제한된 시간 내에 처리하게 하는 기법이다.

정답 | ①

633

역량기반 교육훈련(CBC: Competency-Based Curriculum)에 대한 설명으로 옳은 것만을 모두 고른 것은?

> ㄱ. 맥클랜드(McClelland)는 우수성과자의 인사 관련 행태를 역량으로 규정하고 이를 중심으로 한 인사관리를 주장하였다.
> ㄴ. 직무분석으로 도출된 직무명세서를 바탕으로 교육 과정을 설계하는 직무 지향적 교육훈련 방법이다.
> ㄷ. 역량모델은 전체 구성원에게 적용되는 공통역량, 원활한 조직운영을 위한 직무역량, 전문적 직무수행을 위한 관리역량으로 구성된다.
> ㄹ. 피교육자의 능력을 정확히 진단하여 부족한 부분(gap)을 보충하는 교육이 가능하다.

① ㄱ, ㄴ
② ㄱ, ㄹ
③ ㄴ, ㄷ
④ ㄷ, ㄹ

해설

ㄱ. (O) 역량이란 조직의 목표 달성과 연계하여 뛰어난 직무수행을 보이는 고성과자의 차별화된 행동특성과 태도를 말한다.
ㄴ. **매력적 오답** (X) 직무분석으로 도출된 직무명세서를 바탕으로 교육과정을 설계하는 직무지향적 교육훈련 방법은 전통적 교육훈련기법이다.
ㄷ. **매력적 오답** (X) 원활한 조직운영을 위한 역량이 관리역량이고, 전문적 직무수행을 위한 역량이 직무역량이다.
ㄹ. (O) 역량기반 교육훈련은 학습자의 현재 역량 수준을 진단하고, 목표 역량 수준과의 차이(gap)를 파악하여 부족한 부분을 보충하는 맞춤형 교육을 가능하게 한다. 이는 역량기반 교육훈련의 가장 큰 장점 중 하나이다.

고득점 플러스+ 역량기반 교육훈련

- 멘토링: 개인 간의 신뢰와 존중, 조직 내 발전과 학습이라는 목표의 달성을 도모
- 워크아웃 프로그램: 조직의 수직·수평적 장벽의 제거, 자발적 참여를 통한 신속한 의사결정과 문제해결

정답 | ②

634

공무원 교육훈련에 대한 저항이유 중 저항주체가 나머지와 다른 하나는?

① 교육훈련 결과의 인사관리 반영 미흡
② 교육훈련 발령을 불리한 인사조치로 이해하는 경향
③ 장기간의 훈련인 경우 복귀 시 보직 문제에 대한 불안감
④ 조직 성과의 저하 및 훈련비용의 발생

해설

① (X) 교육훈련의 결과가 인사관리에 반영되지 않는다는 불만은 교육대상자가 교육훈련에 저항하는 요인이다.
② (X) 교육훈련의 발령을 불리한 인사조치로 이해하는 것은 교육대상자가 교육훈련에 저항하는 원인이다.
③ (X) 장기간 훈련의 경우 복귀 시 보직 문제에 불리할 수 있을 것이라는 불안감은 교육대상자가 교육훈련에 저항하는 원인이다.
④ (O) 조직성과의 저하와 훈련비용의 발생은 교육대상자가 속한 기관이 교육훈련에 저항하는 원인이다.

정답 | ④

635 〈필수〉

다음 설명에 해당하는 근무성적평정 방법은?

- 다수의 평정요소와 평정요소별 수준을 나타내는 등급으로 구성
- 평정요소별 해당 등급에 표시하는 방법으로 평정대상자 평가
- 평정요소와 평정등급에 대한 평정자의 자의적 해석 가능

① 도표식평정척도법
② 가감점수법
③ 서열법
④ 체크리스트 평정법

해설

① (○) 다음 설명에 해당하는 근무성적평정 방법은 도표식평정척도법이다.
② (×) 가감점수법은 어떤 대상을 평가할 때, 기본 점수에 특정 조건이나 요소에 따라 점수를 더하거나 빼는 방식으로 최종 점수를 산정하는 방법이다.
③ (×) 서열법은 평가 대상자들을 전체적으로 비교하여 순위를 매기는 방법으로, 특정 평정요소나 등급을 사용하지 않는다.
④ (×) 체크리스트 평정법은 직무와 관련된 일련의 행동 특성들을 나열한 체크리스트를 사용하여 피평정자의 해당 행동 유무를 표시하는 방법이다.

고득점 플러스+ 근무성적평정기법

- 도표식평정척도법: 평정요소별 등급표시, 한계(→ 평정요소 및 등급기준의 모호성, 연쇄효과의 야기 등)
- 강제배분법: 성적분포비율의 설정(→ 상대평가), 분포상 오차의 방지
- 강제선택법: 2~5개 서술항목 중 선택 → 연쇄오차의 방지
- 사실표지법: 행태적 특성을 Yes 또는 No로 표시하는 방법 → 평가가 아닌 보고
- 중요사건기록법: 평가자가 평가대상자의 근무실적에 영향을 주는 중요사건들의 기술하는 방법
- 행태기준척도법: 과업행태의 등급표시 → 중요사건기록법 + 도표식평정척도법
- 행태관찰척도법: 행태기준척도법 + 사건의 빈도수(→ 도표식평정척도법)

정답 | ①

635

기출처	2023 지방직 7급
난이도	★★
키워드	도표식평정척도법

관련기출 옳은지문

- 도표식평정척도법은 평정요소의 합리와 문제, 연쇄효과(Halo effect) 등의 단점을 갖고 있다. 05. 서울시 7급

- 도표식평정척도법은 우리나라의 경우 5급 이하 공무원의 근무성적평정에 사용하고 있다. 20. 소방간부

- 체크리스트평정법은 평정요소에 관한 평정항목을 만들기가 힘들 뿐만 아니라 질문 항목이 많을 경우 평정자가 곤란을 겪게 된다. 18. 경찰간부

- 도표식평정척도법은 평정자의 직관과 선험에 근거하여 평가요소를 결정하기 때문에 작성이 빠르고 쉬우며, 경제적이라는 장점이 있다. 23. 경찰승진

- 도표식평정척도법은 평정이 용이하다는 장점이 있으나 평정요소의 합리적 선정이 어렵고, 등급기준이 모호하며, 연쇄효과의 우려가 있다는 단점이 있다. 17. 경찰승진

636		1 2 3
기출처	2023 국가직 7급	
난이도	★★	
키워드	강제배분법	

🔍 **관련기출 옳은지문**
- 강제배분법은 성적분포 비율을 미리 정하여 순위를 매기거나 배분함으로써 평정자의 편견이나 집중화 등의 오류를 방지할 수 있는 근무성적평정 방법이다.   23. 행정사

636 〈필수〉
근무성적평정 방법 중 강제배분법에 대한 설명으로 옳지 않은 것은?

① 역산식 평정이 불가능하며 관대화 경향을 초래한다.
② 평가의 집중화 경향을 억제하는 효과가 있다.
③ 평정대상 다수가 우수한 경우에도 일정한 비율의 인원은 하위 등급을 받을 수 있다는 단점이 있다.
④ 등급별 할당 비율에 따라 피평가자들을 배정하는 것이다.

해설

① (×) 강제배분법은 평정자가 미리 정해진 비율에 따라 평정대상자를 각 등급에 분포시키는 방법이므로, 미리 순서를 정하고 그 다음에 역으로 등급에 해당하는 점수를 부여하는 역산식 평정이 나타나기 쉽다.
② (○) 강제배분법은 성적분포비율이 미리 정해져 있으므로 관대화, 집중화, 엄격화 경향이라는 분포상의 착오를 방지할 수 있다.
③ (○) 강제배분법은 성적분포비율이 미리 정해져 있으므로 평가대상 전원이 다소 부족하더라도 일정 비율의 인원이 좋은 평가를 받거나, 혹은 전원이 우수하더라도 일부의 구성원은 낮은 평가를 받게 될 수 있어 현실을 왜곡할 위험이 있다.
④ (○) 강제배분법은 피평정자들의 성적분포가 과도하게 집중화되거나 관대화되는 현상을 방지하기 위해 성적분포비율을 미리 정하고 등급별 할당 비율에 따라 피평가자들을 배정하는 상대평가기법을 말한다.

정답 | ①

637		1 2 3
기출처	2019 국가직 9급	
난이도	★★	
키워드	강제배분법	

637
근무성적평정에서 나타나기 쉬운 집중화 경향과 관대화 경향을 시정하기 위한 방법으로 적절한 것은?

① 자기평정법
② 목표관리제 평정법
③ 중요사건기록법
④ 강제배분법

해설

① (×) 자기평정법은 피평정자가 자신의 근무성적을 스스로 평가하는 방법이다. 자기평정법은 자신의 직무 수행에 대한 체계적 반성의 기회를 제공함으로써 직원의 능력발전을 도모할 수 있다는 장점이 있으나, 객관성이 결여된다는 비판을 받는다.
② (×) 목표관리제 평정법은 부하직원이 상사와의 면담을 통해 자신이 수행할 도전적 목표를 설정하고, 목표의 달성도를 중심으로 근무성적을 평정하는 방법이다.
③ (×) 중요사건기록법은 평정자가 피평정자의 근무실적에 큰 영향을 주는 중요사건들을 기술하는 평정방법이다.
④ (○) 강제배분법은 성적분포의 비율을 미리 정해 놓는 평정 방법으로, 집중화 경향이나 관대화 경향을 방지할 수 있다.

정답 | ④

638
공무원 평정제도에 대한 설명으로 옳은 것은?

① 근무성적평가 결과는 승진 및 보직관리에는 이용되지 않고 성과급 지급에만 활용된다.
② 근무성적평정 결과와 공무원채용시험 성적의 일치성이 높을수록 시험의 타당성이 높다고 할 수 있다.
③ 역량평가제는 고위공무원으로 임용된 이후 업무실적을 평가하는 사후평가제도로서 고위공무원의 업무역량 강화에 기여할 수 있다.
④ 다면평가를 계서적 문화가 강한 조직에 적용할 경우 상급자와 하급자 간의 갈등을 최소화할 수 있다.

638	1 2 3
기출처	2015 국가직 7급
난이도	★★
키워드	공무원 평정제도

해설

① (×) 우리나라의 승진임용은 근무성적평정·경력평정, 그 밖에 능력의 실증에 따른다. 5급 이하 공무원의 경우 승진임용의 점수 중 90%가 근무성적평정의 결과이므로 성과급의 지급에만 이용된다는 설명은 옳지 않다.
② (○) 타당도란 측정이나 절차가 그것이 내세운 목표를 제대로 달성하였느냐 하는 정도를 의미한다. 특히, 근무성적평정의 결과와 채용시험의 상관성으로 측정되는 것은 시험의 기준타당도이다.
③ (×) 역량평가는 고위공무원으로 신규채용되려는 사람 또는 고위공무원단 직위로 승진임용되거나 전보되려는 사람을 대상으로 신규채용, 승진 또는 전보 전에 실시하여야 한다.
④ (×) 계층 및 서열의 순서를 강조하는 조직에 하급자가 상급자를 평가하는 다면평가를 도입할 경우 기존 문화와 새로운 제도와의 모순으로 인한 갈등 가능성이 높다.

정답 | ②

639
근무성적평정에 대한 설명으로 옳지 않은 것은?

① 다면평정법은 상급자, 동료, 부하, 고객 등 다양한 구성원에게 평정에 참여할 기회를 준다.
② 목표관리제 평정법은 참여를 통한 명확한 목표의 설정과 개인과 조직 간 목표의 통합을 추구한다.
③ 강제배분법은 평정치의 편중과 관대화 경향을 막기 위해 등급별로 비율을 미리 정해 놓는다.
④ 도표식평정척도법은 근무성적을 객관적 사실에 기초하여 평가하므로 평정자의 편견이 개입할 가능성이 작다.

639	1 2 3
기출처	2022 지방직 7급
난이도	★★
키워드	도표식평정척도법

🔍 관련기출 옳은지문
• 강제배분법을 사용하면 관대화(leniency tendency), 집중화(central tendency)의 오류를 줄일 수 있다.

21. 소방간부

해설

① (○) 다면평정법(360도 평정)은 전통적인 상급자에 의한 일방적인 평가 방식에서 벗어나 상급자, 동료, 부하직원, 그리고 경우에 따라 고객 등 다양한 이해관계자로부터 피평정자의 성과와 역량에 대한 피드백을 받는 평가 방법이다.
② (○) 목표관리제(MBO) 평정법은 조직의 전반적인 목표를 바탕으로 개인의 목표를 설정하고, 이 목표 달성도를 중심으로 성과를 평가하는 방식이다. 목표 설정 과정에서 피평정자의 참여를 유도하여 목표의 명확성을 높이고 개인과 조직목표 간의 통합을 추구한다.
③ (○) 강제배분법은 평정자가 평가 대상자들을 미리 정해진 비율에 따라 각 등급에 강제로 배분하도록 하는 방법이다. 이는 평정자의 관대화 경향이나 집중화 경향과 같은 평정 오류를 줄이기 위해 사용된다.
④ (×) 도표식평정척도법은 평정요소와 평정등급에 대한 평정자의 자의적 해석이 가능하다는 단점이 있다.

정답 | ④

CHAPTER 04 능력발전 • **389**

640

기출처	2020 지방직 7급
난이도	★★
키워드	근무성적평정 방법

다음의 설명과 근무성적평정 방법을 바르게 연결한 것은?

> ㄱ. 피평정자들의 성적분포가 과도하게 집중되는 것을 방지하기 위해 등급별로 비율을 정하여 준수하도록 하는 방법
>
> ㄴ. 시간당 수행한 공무원의 업무량을 전체 평정기간동안 계속적으로 조사해 평균치를 측정하거나, 일정한 업무량을 달성하는 데 소요된 시간을 계산해 그 성적을 평정하는 방법
>
> ㄷ. 선정된 중요 과업 분야에 대해서 가장 이상적인 과업수행 행태에서부터 가장 바람직하지 못한 과업수행 행태까지를 몇 개의 등급으로 구분하고, 등급마다 중요 행태를 명확하게 기술하고 점수를 할당하는 방법

	ㄱ	ㄴ	ㄷ
①	강제배분법	산출기록법	행태기준평정척도법
②	강제선택법	주기적 검사법	행태기준평정척도법
③	강제선택법	산출기록법	행태관찰척도법
④	강제배분법	주기적 검사법	행태관찰척도법

해설

ㄱ. 피평정자들의 성적분포가 과도하게 집중되는 것을 방지하기 위해 등급별로 비율을 정하여 준수하도록 하는 방법은 강제배분법이다.

ㄴ. 시간당 수행한 공무원의 업무량을 전체 평정기간동안 계속적으로 조사해 평균치를 측정하거나, 일정한 업무량을 달성하는 데 소요된 시간을 계산해 그 성적을 평정하는 방법은 산출기록법이다.

ㄷ. 선정된 중요 과업 분야에 대해서 가장 이상적인 과업수행 행태에서부터 가장 바람직하지 못한 과업수행 행태까지를 몇 개의 등급으로 구분하고, 등급마다 중요 행태를 명확하게 기술하고 점수를 할당하는 방법은 행태기준평정척도법이다.

정답 | ①

641

기출처	2017 국가직 7급
난이도	★★
키워드	다면평가

성과평가제도에 대한 설명으로 옳은 것은?

① 일반직 공무원의 근무성적평정은 크게 5급 이상을 대상으로 한 '성과계약 등 평가'와 6급 이하를 대상으로 한 '근무성적평가'로 구분된다.
② '성과계약 등 평가'는 정기평가와 수시평가로 나눌 수 있으며, 정기평가는 6월 30일과 12월 31일 기준으로 연 2회 실시한다.
③ 다면평가는 평가의 객관성과 공정성을 제고할 수 있으나 각 부처가 반드시 이를 실시해야 하는 것은 아니다.
④ 역량평가제도는 5급 신규 임용자를 대상으로 업무수행에 필요한 충분한 역량을 보유하고 있는지를 평가한다.

관련기출 옳은지문

• 다면평가는 보다 공정하고 객관적인 평정이 가능하게 하며, 평정결과에 대한 당사자들의 승복을 받아내기 쉽다. 14. 국회직 8급

해설

① (×) 일반직 공무원의 근무성적평정은 크게 4급 이상을 대상으로 한 '성과계약 등 평가'와 5급 이하를 대상으로 한 '근무성적평가'로 구분된다.
② (×) 정기평가와 수시평가로 나뉘는 것은 근무성적평가이다. '성과계약 등 평가'는 12월 31일을 기준으로 연 1회 실시한다.
③ (O) 다면평가제도는 1999년 임의규정으로 도입된 후 2003년에 강행규정으로 전환되었다가 2008년 다시 임의규정으로 완화되었다. 소속 장관은 소속 공무원에 대한 능력개발 및 인사관리 등을 위하여 해당 공무원의 상급 또는 상위 공무원, 동료, 하급 또는 하위 공무원 및 민원인 등에 의한 다면평가를 실시할 수 있다.
④ **매력적 오답** (×) 역량평가제도는 고위공무원과 과장급 직위에 임용되는 공무원을 대상으로 실시한다. 2015년부터는 과장급 직위도 역량평가를 통과한 사람으로 임용하도록 의무화하였다.

정답 | ③

642 필수

근무성적평정상의 오류에 대한 설명으로 옳지 않은 것은?

① 평정자가 피평정자를 잘 모르는 경우 집중화 경향이 발생할 수 있다.
② 평정자의 평정기준이 일정하지 않은 경우 총계적 오류(total error)가 발생할 수 있다.
③ 연쇄효과(halo effect)는 초기 실적이나 최근의 실적을 중심으로 평가함으로써 발생하는 시간적 오류를 의미한다.
④ 관대화 경향의 폐단을 막기 위해 강제배분법을 활용할 수 있다.

642	
기출처	2023 지방직 9급
난이도	★★
키워드	연쇄효과

해설

① (O) 평정자가 피평정자를 잘 모른다면 무난한 점수로 평정할 가능성이 높으므로, 집중화 경향이 발생할 수 있다.
② (O) 평정자의 평정기준이 일정하지 않고 변동이 심할 경우, 전체적인 평정 결과가 일관성을 잃게 되는데, 이를 총계적 오류라고 한다. 즉, 평정자 개인의 기준이 너무 높거나(가혹화) 너무 낮거나(관대화) 특정 점수에 집중되는(집중화) 등 평정자 전체의 평정 경향이 달라지는 오류를 말한다.
③ (×) 연쇄효과는 한 평정요소가 다른 평정요소에 영향을 미쳐 나타나는 평정의 오차이다.
④ (O) 강제배분법은 평정분포를 사전에 정하는 것으로 관대화, 엄격화, 집중화라는 분포상의 착오를 막을 수 있다.

고득점 플러스+ 연쇄효과

- 한 평정요소(→ 가장 중시하는 요소)의 결과가 다른 평정요소에 영향을 미치는 효과
- 대상자의 전반적 인상이 평정에 영향을 미치는 경향 → 후광효과 또는 헤일로 효과
- 방지책: 요소마다 다른 용지를 사용하는 방법 또는 강제선택법의 활용

관련기출 옳은지문

- 연쇄효과는 한 평가요소에 대한 평가자의 판단이 다른 요소의 평가에도 영향을 미치는 오류를 말한다.
  19. 소방간부

- 강제배분법은 근무성적평정의 집중화와 관대화 경향을 막기 위한 평가방법이다.
  16. 소방간부

정답 | ③

643

643	① ② ③
기출처	2011 지방직 9급
난이도	★★
키워드	규칙적 오류

🔍 관련기출 옳은지문

• 규칙적 오류는 어떤 평정자가 다른 평정자보다 언제나 좋은 점수 또는 나쁜 점수를 주는 오류이다.
11. 지방직 9급

• 일관적 착오(systematic error)란 평정자의 평정기준이 다른 평정자보다 높거나 낮아 다른 평정자들보다 항상 박한 점수를 주거나, 후한 점수를 줄 때 발생하는 착오이다.
20. 국회직 8급

근무성적평정 시 어떤 평정자가 다른 평정자보다 언제나 좋은 점수 또는 나쁜 점수를 주는 오류는?

① 엄격화 경향(tendency of strictness)
② 규칙적 오류(systematic error)
③ 총계적 오류(total error)
④ 선입견에 대한 오류(prejudice error)

해설

① (×) 엄격화 경향(tendency of strictness)은 근무성적평정 등에서 평정 결과의 점수 분포가 낮은 쪽에 집중되는 경향이다.
② (○) 어떤 평정자가 다른 평정자보다 언제나 좋은 점수 또는 나쁜 점수를 주는 오류는 규칙적 오류(systematic error)이다.
③ (×) 총계적 오류(total error)는 불규칙하게 분포상의 착오가 나타나는 오류를 말한다.
④ (×) 선입견에 대한 오류(prejudice error)는 고정관념이나 편견에 의해 발생하는 오류이다.

정답 | ②

644

644	① ② ③
기출처	2018 국가직 9급
난이도	★★
키워드	총계적 오류

🔍 관련기출 옳은지문

• 총계적 오류는 평정자의 평정기준이 일정하지 않아 관대화 경향과 엄격화 경향이 불규칙하게 나타나는 오류이다.
09. 국회직 8급

• 체계적 오류(systematic error)는 어떤 평정자가 다른 평정자들보다 항상 후한 점수 또는 박한 점수를 일관되게 부여함으로써 나타나는 오류이다.
25. 경찰간부

• 후광효과(halo effect)는 피평정자의 두드러진 특성이 다른 세부 특성을 평가하는 데에도 영향을 미치는 현상을 말한다.
23. 경찰간부

근무성적평정상의 오류 중 평가자가 일관성 있는 평정기준을 갖지 못하여 관대화 및 엄격화 경향이 불규칙하게 나타나는 것은?

① 연쇄효과(halo effect)
② 규칙적 오류(systematic error)
③ 집중화 경향(central tendency)
④ 총계적 오류(total error)

해설

① (×) 연쇄효과(halo effect)는 한 평정요소의 결과가 다른 평정요소에 영향을 미치거나 피평정자의 전반적인 인상이 평정에 영향을 미치는 착오로 후광효과 또는 헤일로 효과라 불린다.
② (×) 규칙적 오류(systematic error)는 일관성 있는 집중화, 관대화, 엄격화 경향을 말한다.
③ (×) 집중화 경향(central tendency)은 무난하게 평균에 가까운 중간점수를 부여하는 착오이다.
④ (○) 평가자가 일관성 있는 평정기준을 갖지 못하여 관대화 및 엄격화 경향이 불규칙하게 나타나는 것은 총계적 오류(total error)이다.

정답 | ④

645

근무평가 과정에서 나타날 수 있는 오류의 유형에 대한 설명으로 옳지 않은 것은?

① 시간적 오류 – 근무평가 대상기간 초기의 업적에 영향을 크게 받는 첫머리 효과와 최근 실적을 중심으로 평가하는 막바지 효과로 나타난다.
② 총계적 오류 – 어떤 평가자가 다른 평가자들보다 언제나 좋은 점수 또는 나쁜 점수를 주는 것이다.
③ 관대화 경향 – 평가 결과의 분포가 우수한 쪽에 집중되는 경향이다.
④ 집중화 경향 – 평가자가 모든 피평가자에게 대부분 중간 수준의 점수를 주는 심리적 경향이다.

645	
기출처	2018 지방직 7급
난이도	★★
키워드	총계적 오류

🔍 관련기출 옳은지문
- 평정자가 모든 피평가자들에게 대부분 중간범위 점수를 주는 심리적 경향은 집중화 경향(central tendercy)이다. 20. 경찰간부

- 평정자마다 척도에 사용되는 용어에 대한 지각과 이해가 상이할 경우 평정상의 오류가 범해질 수 있으며, 이러한 문제는 특히 도표식평정척도법에서 많이 나타난다. 09. 서울시 7급

해설

① (O) 시간적 오류는 평가 기간 중 특정 시점의 업적이 전체 평가에 과도하게 영향을 미치는 오류이다. 이는 첫머리 효과, 즉 평가 대상 기간 초기의 업적이나 인상에 크게 영향을 받는 경우와, 막바지 효과, 즉 평가 직전의 최근 실적을 중심으로 평가하는 경우로 나타난다.
② (×) 어떤 평가자가 다른 평가자들보다 언제나 좋은 점수 또는 나쁜 점수를 주는 것은 규칙적 또는 일관적 오류이다. 총계적 오류는 분포상의 착오가 불규칙하게 나타나는 오류이다.
③ (O) 관대화 경향은 평가자가 피평가자들에게 실제보다 후하게, 즉 높은 점수를 주려는 경향을 의미한다. 그 결과 평가 결과의 분포가 전반적으로 우수한 쪽에 집중되는 현상이 나타난다.
④ (O) 집중화 경향은 평가자가 극단적인 평가를 피하고 안전하게 중간 수준의 점수만을 부여하려는 심리적 경향을 말한다. 이로 인해 피평가자들 간의 능력 차이가 명확히 드러나지 않고 모두 비슷한 중간 점수를 받게 된다.

정답 | ②

646 〈필수〉

다음의 상황에 해당하는 지각오류는?

- 공격적인 성격의 소유자는 다른 사람도 공격적으로 보기 쉽다.
- 노조 대표와 관리층의 대표는 자신의 불신 감정을 다른 집단에게로 전가한다.

① 대조효과(contrast effect)
② 투사(projection)
③ 후광효과(halo effect)
④ 기대성 착오(expectancy error)

646	
기출처	2024 국가직 7급
난이도	★★
키워드	투사

해설

① (×) 대조효과는 이전에 평가했던 대상이나 기준에 따라 현재 평가하는 대상이 실제보다 더 좋거나 나쁘게 평가되는 현상이다. 예를 들어, 매우 우수한 사람을 평가한 직후 보통 사람을 평가하면 그 보통 사람이 실제보다 더 못하게 보이는 경우이다.
② (O) 투사는 자신의 감정, 생각, 특성 등을 다른 사람에게 투영하여 마치 상대방이 자신과 같다고 판단하는 오류를 말한다.
③ (×) 후광효과는 어떤 대상의 한 가지 두드러진 특성(긍정적 또는 부정적)이 다른 특성들을 평가하는 데 전반적인 영향을 미쳐 객관적인 판단을 흐리게 하는 오류이다.
④ (×) 기대성 착오는 평가자가 피평가자에 대해 가지고 있는 사전 기대나 고정관념이 실제 평가에 영향을 미쳐 객관적인 판단을 저해하는 오류이다.

정답 | ②

647

647	
기출처	2025 국가직 9급
난이도	★★
키워드	근접효과

근무성적평정 시 나타날 수 있는 오류에 대한 설명으로 옳지 않은 것은?

① '후광효과(halo effect)'는 어떤 요소에 대한 평정이 다른 요소에 대한 평정에 연쇄적으로 영향을 미치는 현상이다.
② '근접효과(recency effect)'는 최초의 근무성적에 대한 평정자의 인식이 전체 기간의 평정에 영향을 미치는 현상이다.
③ '관대화 경향(tendency of leniency)'은 실제 수준보다 더 높게 평정하여 발생하는 현상이다.
④ '집중화 경향(central tendency)'은 평정 결과가 중간 등급을 중심으로 집중되는 현상이다.

해설

① (○) 후광효과(Halo Effect)는 피평정자의 어떤 한 가지 특성(좋거나 나쁜)에 대한 인상이 다른 모든 특성 평가에 영향을 미치는 오류이다.
② (×) 근접효과(Recency Effect) 또는 막바지 효과는 최근의 실적이나 인상이 전체 평가를 좌우하는 경향이다. 최초의 근무성적에 대한 평정자의 인식이 전체 기간의 평정에 영향을 미치는 현상은 첫인상 효과(First Impression Effect) 또는 초두효과(Primacy Effect)이다.
③ (○) 관대화 경향(Tendency of Leniency)은 평정자가 실제보다 후한 점수를 주는 경향이다.
④ (○) 집중화 경향(Central Tendency)은 평정자가 극단적인 평가(매우 높거나 낮음)를 피하고 중간 수준의 점수에 평가를 집중시키는 경향이다.

고득점 플러스+ 시간적 오차

- 첫머리 효과(→ 초두효과): 초기의 업적에 크게 영향을 받는 경향
- 막바지 효과(→ 근접효과): 최근 실적에 크게 영향을 받는 경향
- 방지책: 독립된 평정센터의 설치, 목표관리(MBO)의 활용, 중요사건기록법의 활용

정답 | ②

관련기출 옳은지문
- 연쇄효과 오류는 평정자가 가장 중요시하는 평정요소가 다른 평정요소에도 연쇄적으로 긍정적인 영향을 주는 효과로 발생하는 오류를 말한다. 20. 경찰승진
- 관대화 오류는 상관이 부하와의 인간관계를 고려하여 실제보다 후한 평정을 하는 것을 말한다. 20. 경찰승진
- 평정자인 A팀장은 비평정자인 B팀원이 성실하다는 이유로 창의적이고 청렴하다고 평정하였다면 A팀장이 범한 오류는 연쇄효과에 가장 가깝다. 18. 경찰승진
- 사람에 대한 경직적 편견이나 고정관념 때문에 발생하는 오류는 상동적 오차에 해당한다. 18. 경찰승진

648

648	
기출처	2012 국가직 9급
난이도	★★
키워드	근접효과

다음과 같은 상황을 가장 잘 설명하는 근무성적평정의 오류는?

> 임용된 이후 단 한 번도 무단결근을 하지 않던 어떤 직원이 근무성적평정 하루 전날 무단결근을 하게 되었다. 이로 인하여 이 직원은 평정요소 중 직무수행태도에 대하여 낮은 점수를 받게 되었다.

① 집중화 오류(central tendency error)
② 근접효과로 인한 오류(recency effect error)
③ 연쇄효과로 인한 오류(halo effect error)
④ 선입견에 의한 오류(personal bias error)

관련기출 옳은지문
- 근접효과는 평정시점에 가까운 실적일수록 더 크게 반영하여 평가한다. 18. 경찰간부

> **해설**

① (×) 집중화 오류는 평정자들이 극단적으로 높거나 낮은 점수보다는 중간 수준의 점수를 많이 주는 경향을 말한다.
② (○) 평정 하루 전날이라는 최근 실적에 의해 근무성적이 영향을 받는 것을 근접효과라 한다. 이러한 근접효과를 방지하기 위한 방법으로 독립된 평정센터의 설치, 목표관리(MBO), 중요사건기록법 등이 활용된다.
③ (×) 연쇄효과는 한 평정요소의 결과가 다른 평정요소에 영향을 미치거나 피평정자의 전반적인 인상이 평정에 영향을 미치는 착오로 후광효과 또는 헤일로 효과라 불린다.
④ (×) 선입견에 의한 오류는 평정요소와 실질적인 관련이 없는 성별·출신학교·출신지역·종교·연령 등에 대해 평정자가 갖고 있는 편견(personal bias)이나 고정관념이 영향을 미침으로써 발생하는 오류이다.

정답 | ②

649 필수

국내 최고 대학을 졸업했기 때문에 일을 잘했을 것이라고 생각하여 피평정자에게 높은 근무성적평정 등급을 부여할 경우 평정자가 범하는 오류는?

① 선입견에 의한 오류
② 집중화 경향으로 인한 오류
③ 엄격화 경향으로 인한 오류
④ 첫머리 효과에 의한 오류

649	1 2 3
기출처	2020 지방직 9급
난이도	★★
키워드	선입견에 의한 오류

> **해설**

① (○) 국내 최고 대학이라는 고정관념이 일을 잘할 것이라는 편견을 가져왔으므로 이는 선입견에 의한 오류 혹은 상동오차라 한다.
② (×) 집중화 경향으로 인한 오류는 대부분의 평정대상자에게 무난하게 중간점수를 부여하는 오류를 말한다.
③ (×) 엄격화 경향으로 인한 오류는 대부분의 평정대상자의 점수를 나쁘게 주는 오류를 말한다.
④ (×) 첫머리 효과에 의한 오류는 초기 업적에 주로 초점을 맞추어 점수를 부여하는 경향을 말한다.

정답 | ①

🔍 **관련기출 옳은지문**
• 선입견은 평정자가 평소에 가지고 있던 개인적 특성(출신학교, 종교 등)에 대한 편향성을 평정에 반영하여 오류를 유발한다. 22. 경찰승진

650	① ② ③
기출처	2019 지방직 9급
난이도	★★
키워드	대비오차

🔍 **관련기출 옳은지문**
• 평정자가 평정대상자를 다른 평정대상자와 비교함으로써 발생하는 오류는 대비오차이다. 24. 해경승진

650
공무원의 근무성적평정에 대한 설명으로 옳은 것은?

① 평정대상자의 근무실적과 직무수행능력을 평가하지만 적성, 근무태도 등은 평가하지 않는다.
② 중요사건기록법은 평정대상자로 하여금 자신의 근무실적을 스스로 보고하도록 하는 방법이다.
③ 평정자가 평정대상자를 다른 평정대상자와 비교함으로써 발생하는 오류는 대비오차이다.
④ 우리나라의 6급 이하 공무원에게는 성과계약 등 평가가 적용되고 있다.

해설

① **매력적 오답** (×) 적성, 근무태도 등도 근무성적평정의 측정 항목이 될 수 있다. 우리나라의 경우 소속 장관이 필요하다고 인정하는 경우에는 인사혁신처장이 정하는 범위에서 직무수행태도 또는 부서 단위의 운영 평가결과를 평가항목에 추가할 수 있다.
② (×) 평정대상자로 하여금 자신의 근무실적을 스스로 보고하도록 하는 방법은 자기평정법이다.
③ (○) 대비오차는 피평정자를 직전의 피평정자와 비교하여 발생하는 오차를 말한다.
④ (×) 우리나라 원칙적으로 4급 이상 공무원에 대해서는 성과계약 등 평가가 적용되고, 5급 이하 공무원에 대해서는 근무성적평가제도가 적용된다.

정답 | ③

651	① ② ③
기출처	2021 국가직 9급
난이도	★★
키워드	관대화 경향

🔍 **관련기출 옳은지문**
• 집중화 경향을 방지하기 위한 강력한 방법은 상대평가를 반영하는 강제배분법이다. 16. 경찰승진

651 〈필수〉
근무성적평정 과정상의 오류와 완화방법에 대한 설명으로 옳지 않은 것은?

① 일관적 오류는 평정자의 기준이 다른 사람보다 높거나 낮은 데서 비롯되며 강제배분법을 완화방법으로 고려할 수 있다.
② 근접효과는 전체 기간의 실적을 같은 비중으로 평가하지 못할 때 발생하며 중요사건기록법을 완화방법으로 고려할 수 있다.
③ 관대화 경향은 비공식집단적 유대 때문에 발생하며 평정결과의 공개를 완화방법으로 고려할 수 있다.
④ 연쇄효과는 도표식평정척도법에서 자주 발생하며 피평가자별이 아닌 평정요소별 평정을 완화방법으로 고려할 수 있다.

해설

① (○) 일관적으로 나타나는 분포상의 착오는 강제배분법의 도입으로 완화시킬 수 있다.
② **매력적 오답** (○) 근접효과의 완화책으로는 목표관리평정법, 독립된 평정센터의 설립, 중요사건기록법의 도입 등이 거론된다.
③ (×) 관대화 경향은 평정결과가 공개됨으로 인해 야기되는 문제점이다.
④ (○) 연쇄효과는 하나의 평정요소가 다른 평정요소에 영향을 미치는 효과이므로 평정요소별로 용지를 달리하여 평가한다면 연쇄효과로 인한 오차를 막을 수 있을 것이다.

정답 | ③

652

우리나라의 다면평가제도에 대한 설명으로 옳지 않은 것은?

① 해당 공무원에게 평가정보를 다각적으로 제공하는 경우에는 능력개발을 유도할 수 있다.
② 다면평가의 결과는 승진이나 전보, 성과급 지급 등에 활용할 수 있다.
③ 다면평가의 결과는 해당 공무원에게 공개할 수 있다.
④ 민원인은 해당 공무원에 대한 다면평가에 참여할 수 없다.

해설

① (○) 다면평가는 해당 공무원에게 다각적인 평가정보를 제공하므로 공무원의 능력개발을 유도할 수 있다.
② **매력적 오답** (○) 다면평가의 결과는 승진이나 전보, 성과급 지급 등에 활용할 수 있도록 개정되었다.
③ (○) 소속 장관은 다면평가 결과를 해당 공무원에게 공개할 수 있다.
④ (×) 다면평가는 상사·동료·부하·고객 등 다수의 평가자가 입체적으로 평가하는 방법이다. 즉, 민원인도 다면평가에 참여할 수 있다.

고득점 플러스+ 다면평가
- 의의: 상사·동료·부하·고객 등 다수 평가자의 입체적 평가 → 실적평가보다는 업무행태에 초점
- 우리나라: 선택사항(→ 채택여부 및 결과의 공개 등), 온라인 평정, 인사행정의 참고자료
- 장점
  - 객관성·공정성(→ 결과의 수용), 자기개발의 촉진, 커뮤니케이션의 활성화, 탈관료제 조직구조와 부합
  - 충성심의 다원화, 분권화 촉진, 참여적 조직문화 등
- 단점: 비용의 증대, 관리의 복잡성, 인기투표화(→ 포퓰리즘), 평가방향의 불안정성, 상급자의 소신 제약 등

정답 | ④

652
기출처: 2017 국가직 9급(하)
난이도: ★★
키워드: 다면평가제도

관련기출 옳은지문
- 다면평가제도는 평가의 수용성 확보 가능이라는 장점이 있다. 18. 국회직 8급
- 다면평가제는 관료제 병폐 시정이라는 효용이 있다. 08. 서울시 7급
- 다면평가제는 공정한 평정이라는 효용이 있다. 08. 서울시 7급

653

다면평가제도에 대한 설명으로 옳지 않은 것은?

① 평가대상자의 동료와 부하를 제외하고 상급자가 다양한 측면에서 평가한다.
② 일면평가보다는 평가의 객관성과 신뢰성을 확보할 수 있다.
③ 평가결과의 환류를 통하여 평가대상자의 자기역량 강화에 활용할 수 있다.
④ 평가항목을 부처별, 직급별, 직종별, 특성에 따라 다양하게 설계하는 것이 바람직하다.

해설

① (×) 다면평가는 해당 공무원의 상급 또는 상위 공무원, 동료, 하급 또는 하위 공무원 및 민원인 등이 평가자로 참여한다.
② (○) 이론적으로는 상급자가 단독으로 평가하는 것보다는 여러 사람이 평가하는 것이 평정의 오차를 줄여줄 수 있으므로, 평정의 객관성과 공정성을 높일 수 있다.
③ (○) 다면평가의 결과는 해당 공무원에게 공개할 수 있으며, 이러한 환류를 통해 자기역량의 강화에 활용될 수 있다.
④ (○) 소속 장관은 필요한 경우 성과평가 제도 운영의 적정성을 높이기 위하여 기관별 특성에 맞는 평가기법을 개발·운영할 수 있다.

정답 | ①

653
기출처: 2013 지방직 9급
난이도: ★★
키워드: 다면평가제도

654

기출처 2013 지방직 7급
난이도 ★★
키워드 다면평가제도

다면평가제에 대한 설명으로 옳지 않은 것은?

① 공무원의 국민에 대한 충성심을 강화하는 데 기여할 수 있다.
② 작업집단의 팀워크 발전에 기여할 수 있다.
③ 우리나라에서는 평가자를 행정기관 내부자에 국한한다.
④ 피평가자를 업무목표의 성취보다 원만한 대인관계 유지에 급급하도록 만들 우려가 있다.

해설

① (○) 다면평가는 고객에 의한 평가도 포함되므로 공무원의 국민에 대한 충성심을 강화하는 데 기여할 수 있다.
② (○) 다면평가는 팀 과업이 필요한 상황에 유용한 제도이며, 동료들의 평가도 포함되어 있으므로 팀워크의 발전에 기여할 수 있다.
③ (×) 소속 장관은 소속 공무원에 대한 능력개발 및 인사관리 등을 위하여 해당 공무원의 상급 또는 상위 공무원, 동료, 하급 또는 하위 공무원 및 민원인 등에 의한 다면평가를 실시할 수 있다.
④ (○) 다면평가는 다양한 사람의 참여로 이루어지므로 업무목표의 성취보다는 대인관계의 증진에 매달리게 할 우려가 있다.

정답 | ③

관련기출 옳은지문

- 다면평가제도는 입체적이고 다면적인 평가결과를 도출하여 평가의 객관성과 공정성을 강화할 수 있다.
  23. 경찰승진

- 다면평가제도는 하급자가 상급자를 평가함에 따라 계층제를 통한 내부통제를 약화시킬 우려가 있다.
  23. 경찰승진

655

기출처 2018 지방직 9급 변형
난이도 ★★
키워드 역량평가

역량평가에 대한 설명으로 옳은 것만을 모두 고르면?

ㄱ. 역량은 조직의 평균적인 성과자의 행동특성과 태도를 의미한다.
ㄴ. 다수의 훈련된 평가자가 평가대상자가 수행하는 역할과 행동을 관찰하고 합의하여 평가결과를 도출한다.
ㄷ. 고위공무원단 역량평가의 대상은 문제인식, 전략적 사고, 성과지향, 변화관리, 고객만족, 조정·통합의 6가지 역량으로 구성되어 있다.
ㄹ. 고위공무원단 후보자가 되기 위해서는 역량평가를 거친 후 고위공무원단 후보자 교육과정을 이수해야 한다.

① ㄱ, ㄴ
② ㄱ, ㄹ
③ ㄴ, ㄷ
④ ㄷ, ㄹ

관련기출 옳은지문

- 역량평가제도는 추측이나 유추가 아닌 직접적 관찰을 통해 역량을 평가한다.
  21. 소방간부

해설

ㄱ. **매력적 오답** (×) 역량이란 조직의 목표 달성과 연계하여 뛰어난 직무수행을 보이는 고성과자의 차별화된 행동특성과 태도를 말한다.
ㄴ. (○) 이를 평가센터기법이라 한다. 평가센터기법은 구조화된 모의상황에서 평가대상자가 보이는 행동을 평가위원이 직접 관찰하여 평가하는 기법이다.
ㄷ. (○) 고위공무원단의 역량요소는 문제인식, 전략적 사고, 성과지향, 변화관리, 고객만족, 조정·통합 등이고, 과장급 직위의 역량요소는 정책기획, 성과관리, 조직관리, 의사소통, 이해관계조정, 동기부여 등이다.
ㄹ. (×) 고위공무원단 후보자는 역량평가를 통과한 사람으로서, 3급 공무원 또는 4급 공무원 중 해당 계급에서 5년 이상 재직한 사람 등이다. 한편, 지방공무원이나 민간인을 고위공무원단 직위에 신규 채용하는 경우 등은 역량평가를 실시하지 아니할 수 있다.
※ 출제 당시, "ㄹ. ~거친 후 반드시 고위공무원단 후 보자 교육과정을~"이였으나, 2023년 8월 「고위공무원단 인사규정」이 개정되어 내용을 수정하였습니다.

고득점 플러스⁺ 역량평가

- 역량: 뛰어난 직무수행 능력을 보이는 고성과자의 특성 → 공통역량, 직무역량, 관리역량
- 대상: 모든 공무원, 고위공무원단 직위(2006)와 과장급 직위(2015)는 필수(→ 임용 전 실시)
- 역량요소
  - 고위공무원단 직위(→ 관리자, 대외적 대응): 문제인식, 전략적 사고, 성과지향, 변화관리, 고객만족, 조정과 통합
  - 과장급 직위(→ 감독자, 대내적 감독): 정책기획, 성과관리, 조직관리, 의사소통, 이해관계조정, 동기부여
- 평가센터(Assessment Center)기법: 구조화된 모의상황(→ 외적 변수의 통제), 다양한 실행과제, 다수 평가자의 합의 등

정답 | ③

656

인사제도에 대한 설명으로 옳지 않은 것은?

① 직위분류제는 동일 직무에 동일 보수를 원칙으로 한다.
② 한국의 공무원제도는 계급제적 토대 위에 직위분류제적 요소가 가미된 혼합형 인사체계이다.
③ 특정직 공무원은 직업공무원제의 적용을 받는다.
④ 비교류형 인사체계는 교류형에 비해 기관 간 승진기회의 형평성 확보에 유리하다.

656	① ② ③
기출처	2012 국가직 9급
난이도	★★
키워드	비교류형 인사체계

해설

① (○) 엽관주의에 의한 보수의 불평등성이 직위분류제가 도입된 가장 주된 이유로 거론되며, 직위분류제의 도입으로 '동일 직무에 대한 동일 보수의 원칙'을 실현함으로써 보수의 합리화를 기할 수 있다.
② (○) 한국의 공무원제도는 계급제를 기반으로 하되, 직군과 직렬 및 직급 등과 같은 직위분류제적 요소가 가미된 혼합형 인사체제이다.
③ (○) 특정직 공무원 역시 신분이 보장되고 정년까지 근무할 것으로 예정된 경력직 공무원으로 직업공무원제의 영향을 받는다.
④ (×) 비교류형 인사체제란 승진의 경쟁범위를 동일 부처 내로 한정하는 폐쇄주의를 말한다. 이 경우 부서 간 승진의 격차가 발생할 수 있어 승진기회의 형평성을 저해할 수 있다.

정답 | ④

657	① ② ③
기출처	2015 국가직 9급 변형
난이도	★★
키워드	전직과 전보

🔍 **관련기출 옳은지문**
- 직무수행 능력이 탁월하여 행정 발전에 큰 공헌을 한 자는 「국가공무원법」상 우수 공무원으로 특별승진임용하거나 일반승진시험에 우선 응시하게 할 수 있는 경우에 해당한다. 　　　　　　21. 행정사

657

우리나라의 공무원 인사제도에 대한 설명으로 옳지 않은 것은?

① 공무원을 수직적으로 이동시키는 내부 임용의 방법으로는 전직과 전보가 있다.
② 강등은 1계급 아래로 직급을 내리고(고위공무원단에 속하는 공무원은 3급으로 임용하고, 연구관 및 지도관은 연구사 및 지도사로 한다) 공무원 신분은 보유하나 3개월간 직무에 종사하지 못하며 그 기간 중 보수는 전액을 감한다.
③ 청렴하고 투철한 봉사 정신으로 직무에 모든 힘을 다하여 공무 집행의 공정성을 유지하고 깨끗한 공직 사회를 구현하는 데에 다른 공무원의 귀감이 되는 공무원은 특별승진임용하거나 일반 승진시험에 우선 응시하게 할 수 있다.
④ 임용권자는 8세 이하(취학 중인 경우에는 초등학교 2학년 이하)의 자녀를 양육하기 위하여 필요하거나 여성공무원이 임신 또는 출산하게 되어 휴직을 원하면 대통령령으로 정하는 특별한 사정이 없으면 휴직을 명하여야 한다.

해설

① (×) 공무원을 수직적으로 이동시키는 내부 임용의 방법은 승진과 강임이다. 전직과 전보는 동일 계급 내의 수평적 인사이동이다.
② (○) 개정 전에는 강등의 기간 중 보수의 3분의 2를 감하였으나 현재에는 전액을 감하고 있다.
③ (○) 청렴하고 투철한 봉사 정신으로 직무에 모든 힘을 다하여 공무 집행의 공정성을 유지하고 깨끗한 공직 사회를 구현하는 데에 다른 공무원의 귀감이 되는 자, 직무수행 능력이 탁월하여 행정 발전에 큰 공헌을 한 자, 제안의 채택·시행으로 국가 예산을 절감하는 등 행정 운영 발전에 뚜렷한 실적이 있는 자, 재직 중 공적이 특히 뚜렷한 자가 명예퇴직 할 때, 재직 중 공적이 특히 뚜렷한 자가 공무로 사망한 때에는 특별승진임용하거나 일반승진시험에 우선 응시하게 할 수 있다.
④ (○) 8세 이하 또는 초등학교 2학년 이하의 자녀를 양육하기 위하여 필요하거나 여성공무원이 임신 또는 출산하게 된 때 임용권자는 대통령령으로 정하는 특별한 사정이 없으면 휴직을 명하여야 한다.
※ 출제 당시, "④ 임용권자는 만 8세 이하~"이였으나 2024년 12월 「국가공무원법」이 개정되어 선택지를 수정하였습니다.

고득점 플러스+ 　수평적 인사이동

- 전입: 인사 관할을 달리하는 곳으로의 인사이동
- 전직: 상이한 직렬의 동일 등급으로의 이동 → 전직시험
- 전보: 동일 직렬의 동일 등급으로의 이동, 필수보직기간(→ 원칙 3년, 4급 이상 2년)
- 파견: 소속의 변동 없는 임시적 배치전환, 파견기간(→ 원칙 2년, 5년 범위에서 연장 가능)
- 겸임: 한 사람에게 둘 이상의 직위 부여

정답 | ①

658
공무원의 인사이동 방식에 대한 설명으로 옳지 않은 것은?

① '승진'은 상위 직급에 적합한 인재를 하위 직급으로부터 선별해 내는 내부임용을 말한다.
② '겸임'은 한 사람의 공무원에게 둘 이상의 직위를 부여하는 것을 말한다.
③ '강임'은 같은 직렬 내에서 하위 직급에 임명하거나 하위 직급이 없어 다른 직렬의 하위 직급으로 임명하는 것을 말한다.
④ '전직'은 같은 직급 내에서의 보직 변경 또는 고위공무원단 직위 간의 보직 변경을 말한다.

해설

① (O) 승진(Promotion)은 현재보다 상위 직급으로 임용하는 것을 말한다.
② (O) 겸임(Concurrent Appointment)은 한 사람에게 둘 이상의 직위를 부여하는 것이다.
③ (O) 강임(Demotion)은 현재보다 하위 직급으로 임용하는 것을 의미하며, 직제 개편 등으로 본인 의사와 무관하게 이루어지는 경우도 포함한다.
④ (×) 같은 직급 내에서의 보직 변경 또는 고위공무원단 직위 간의 보직 변경은 전보이다.

정답 | ④

658 기출처: 2025 국가직 9급 | 난이도: ★★ | 키워드: 전직

관련기출 옳은지문
• 겸임은 직위 및 직무 내용이 유사하고 담당 직무 수행에 지장이 없다고 인정되는 경우에 한 사람의 공무원에게 둘 이상의 직위를 부여하는 것이다. 25. 경찰간부
• 승진은 일반적으로 직무의 곤란도와 책임의 증대를 의미하며, 보통 보수의 증액을 수반한다. 25. 경찰간부

659 (필수)
공무원의 인사이동에 대한 설명으로 옳은 것은?

① 겸임은 한 사람에게 둘 이상의 직위를 부여하는 것으로 그 대상은 특정직 공무원이며, 겸임기간은 3년 이내로 한다.
② 전직은 인사 관할을 달리하는 기관 사이의 수평적 인사이동에 해당하며, 예외적인 경우에만 전직시험을 거치도록 하고 있다.
③ 같은 직급 내에서 직위 등을 변경하는 전보는 수평적 인사이동에 해당하며, 전보의 오용과 남용을 방지하기 위해 전보가 제한되는 기간이나 범위를 두고 있다.
④ 예산 감소 등으로 직위가 폐지되어 하위 계급의 직위에 임용하려면 별도의 심사절차를 거쳐야 하고, 강임된 공무원에게는 강임된 계급의 봉급이 지급된다.

해설

① **매력적 오답** (×) 겸임은 일부 특정직(교육공무원)이 있지만 주로 일반직 공무원을 대상으로 하며, 겸임의 기간은 원칙적으로 2년이며, 특히 필요한 경우 2년의 범위에서 연장할 수 있다.
② (×) 인사 관할을 달리하는 기관 사이의 수평적 인사이동은 전입이며, 전직은 원칙적으로 전직시험을 거쳐야 한다.
③ (O) 전보란 동일한 직렬의 동일한 등급으로의 인사이동으로, 필수보직기간은 원칙적으로 3년이다.
④ **매력적 오답** (×) 강임과 관련된 별도의 심사절차는 법령에 규정되어 있지 않다. 그리고 강임된 공무원은 강임 후의 봉급이 강임 전의 봉급보다 많아지기 전까지는 강임되기 전의 봉급을 지급한다.

정답 | ③

659 기출처: 2020 국가직 9급 | 난이도: ★★ | 키워드: 수평적 인사이동

관련기출 옳은지문
• 전입은 「국가공무원법」상 국회, 법원, 헌법재판소, 선거관리위원회 및 행정부 상호 간에 소속을 달리하는 인사이동 임용방법이다. 24. 행정사

660			
기출처	2024 지방직 9급		
난이도	★★		
키워드	강임		

660 필수

「지방공무원법」상 공무원 인사이동에 대한 설명으로 옳지 않은 것은?

① 전직은 직렬을 달리하는 임명을 말한다.
② 전보는 같은 직급 내에서 보직변경을 말한다.
③ 강임의 경우, 같은 직렬의 하위직급이 없는 경우 다른 직렬의 하위직급으로는 이동할 수 없다.
④ 지방자치단체의 장 또는 지방의회의 의장은 공무원을 전입시키려고 할 때에는 해당 공무원이 소속된 지방자치단체의 장 또는 지방의회의 의장의 동의를 받아야 한다.

해설

① (○) 「지방공무원법」에 따르면 "전직"이란 직렬을 달리하는 임명을 말한다. 이는 공무원의 전문성 제고 및 다양한 직무 경험 축적을 위해 활용된다.
② (○) 「지방공무원법」에 따르면 "전보"란 같은 직급 내에서의 보직변경을 말한다. 이는 동일 직급 내에서 담당 직무를 변경하는 인사이동이다.
③ (×) '강임'이란 같은 직렬 내에서 하위직급에 임명하거나 하위직급이 없어 다른 직렬의 하위직급에 임명하는 것을 말한다.
④ 매력적 오답 (○) 전입에 대한 「국가공무원법」의 규정과 「지방공무원법」의 규정이 약간 상이하다. 「국가공무원법」은 전입시험을 거쳐야 하지만 「지방공무원법」은 해당 공무원이 속한 자치단체의 장 또는 지방의회 의장의 동의를 요한다.

정답 | ③

CHAPTER 05 사기

661
공무원의 보수에 대한 설명으로 옳지 않은 것은?

① 직능급은 직무수행능력을 기준으로 기본급을 결정하는 보수체계이다.
② 연공급은 사람을 중심으로 하는 속인적 기본급이다.
③ 실적급은 근무실적을 기준으로 기본급을 결정하는 보수체계이다.
④ 계급제에서의 보수는 직무급이 특징이다.

661	① ② ③
기출처	2025 국가직 9급
난이도	★★
키워드	직무급

해설

① (O) 직능급(Skill-based Pay)은 직무수행능력(자격, 기술 등)을 기준으로 한다.
② (O) 연공급(Seniority-based Pay)은 근속연수나 연령 등 속인적 요소를 중시한다.
③ (O) 실적급(Performance-based Pay)은 개인 또는 집단의 근무실적 평가결과에 따라 보수를 차등 지급한다.
④ (×) 직무급(Job-based Pay)은 직무의 내용, 곤란도, 책임도 등 직무 자체의 상대적 가치를 기준으로 보수를 결정하는 체계로, 이는 직위분류제와 관련된다.

고득점 플러스+ 기본급 체계 → 봉급

- 생활급: 개인의 연령과 가족상황 등
- 연공급(→ 근속급): 근무연한 → 계급제와 관련
- 직능급: 직무수행능력(→ 현재 + 잠재) → 노동력의 가치
- 직무급: 일의 상대적 가치 → 노동의 가치, 직위분류제와 관련
- 성과급(→ 능률급): 직무수행의 현실화된 기여도, 변동급적 성격

관련기출 옳은지문

- 공무원의 보수는 기본급과 부가급을 포함하는 개념인데, 이 중 부가급은 보수체계의 유연성을 제고할 수 있으나 보수체계를 복잡하게 만드는 등 부정적인 측면이 있다.

24. 국회직 8급

정답 | ④

662	
기출처	2024 지방직 7급
난이도	★★
키워드	직무급

662 필수

직무급 보수체계에 대한 설명으로 옳은 것은?

① 직무급이란 공무원의 직무수행능력을 측정하여 그 능력이 우수할수록 보수를 우대하는 보수체계이다.
② 직무성과에 따른 차등보수의 원칙을 적용한다.
③ 직무급 산정 시 근속이나 연령을 반영한다.
④ 직무급을 도입하기 위해서는 직무분석과 직무평가를 통한 직무별 상대가치 평가가 선행되어야 한다.

> **해설**
>
> ① (×) 공무원의 직무수행능력을 측정하여 그 능력이 우수할수록 보수를 우대하는 보수체계는 직능급이다.
> ② (×) 직무성과에 따른 차등보수의 원칙을 적용하는 것은 성과급이다.
> ③ (×) 근속이나 연령을 반영하는 것은 근속급이나 생활급이다.
> ④ (○) 직무급을 도입하기 위해서는 각 직무가 조직 내에서 어느 정도의 가치를 가지는지 객관적으로 파악해야 한다. 이를 위해 먼저 직무분석을 통해 각 직무의 내용을 명확히 파악하고, 그 다음 직무평가를 통해 각 직무의 상대적 가치(난이도, 책임도, 필요 역량 등)를 측정하는 과정이 반드시 선행되어야 한다.
>
> 정답 | ④

663	
기출처	2022 지방직 9급
난이도	★★
키워드	연공급

663 필수

공무원 보수의 유형에 대한 설명으로 옳지 않은 것은?

① 직능급은 자격증을 갖춘 유능한 인재의 확보에 유리하다.
② 연공급은 근속연수를 기준으로 하기 때문에 전문기술인력 확보에 유리하다.
③ 직무급은 동일 노동에 대한 동일 임금이라는 합리적인 보수 책정이 가능하다.
④ 성과급은 결과를 중시하며 변동급의 성격을 가진다.

> **해설**
>
> ① (○) 직능급은 노동력의 가치에 따라 지급되므로 유능한 인재의 확보가 용이하다.
> ② (×) 연공급은 근속연수를 중시하므로 전문기술인력 확보가 어렵다.
> ③ (○) 직무급은 직무의 난이도와 책임도에 따라 지급되는 보수이므로, 동일 노동에 대한 동일 임금이라는 합리적인 보수 책정이 가능하다.
> ④ (○) 성과급은 결과를 중심으로 지급되므로, 결과에 따라 변동될 가능성이 높다.
>
> 정답 | ②

🔍 관련기출 옳은지문

- 직무급(Job-based Pay)은 동일 직무에 대한 동일 보수의 적용이라는 장점이 있다. 22. 경찰승진

664

우리나라 내부임용제도에 대한 설명으로 옳지 않은 것은?

① 승급은 같은 계급 또는 등급 내에서 호봉이 높아지는 것을 말한다.
② 전보는 동일한 직급 내에서 보직을 변경하는 것을 말한다.
③ 파면은 연금법상의 불이익은 없으나, 3년 동안 공무원 피임용권을 박탈하는 것을 말한다.
④ 직권면직은 폐직 또는 과원발생 등의 경우 임용권자가 직권에 의해 공무원의 신분을 박탈하는 것을 말한다.

664	
기출처	2011 국가직 9급
난이도	★★
키워드	파면

해설

① (O) 승급은 같은 계급 또는 등급 내에서 호봉이 올라가는 것으로 등급에는 변동이 없다는 점에서 승진과는 다르다. 승급에는 보통승급과 특별승급이 있는데, 보통승급은 매년 호봉이 올라가는 것이고, 특별승급은 특별한 요건을 갖춘 공무원에게 혜택을 주는 특전이다.
② (O) 전보는 동일한 직렬 동일한 직급 내의 직위 이동 즉, 직무의 성격이 같은 동일 직급(class) 내의 인사이동을 말한다.
③ (X) 징계로 파면된 경우 퇴직급여의 제한이 따르며, 5년 동안 공무원으로 임용될 수 없다. 원칙적으로 연금법상의 불이익은 없지만 3년 동안 피임용권이 박탈되는 것은 해임이다.
④ (O) 직권면직은 공무원이 일정한 사유에 해당되었을 때 본인의 의사와는 관계없이 임용권자의 일방적인 의사에 의하여 공무원의 신분을 박탈하는 제도이다.

정답 | ③

665

「공무원보수규정」상 고위공무원단 소속 공무원에 적용되는 직무성과급적 연봉제에 대한 설명으로 옳지 않은 것은?

① 고위공무원단에 속하는 모든 공무원에 대하여 적용한다.
② 기본연봉은 기준급과 직무급으로 구성된다.
③ 기준급은 개인의 경력 및 누적성과를 반영하여 책정된다.
④ 직무급은 직무의 곤란성 및 책임의 정도를 반영하여 직무등급에 따라 책정된다.

665	
기출처	2017 지방직 9급
난이도	★
키워드	직무성과급적 연봉제

관련기출 옳은지문
- 직무급은 직무의 난이도와 책임의 정도에 따른 직무의 가치를 보수와 연결시킨 것이다. 21. 경찰간부

해설

① (X) 고위공무원에 대해서는 직무성과급적 연봉제를 적용한다. 다만, 대통령 경호처 직원 중 고위공무원단에 속하는 별정직 공무원에 대해서는 호봉제를 적용한다.
②, ③, ④ (O) 직무성과급적 연봉제를 적용하는 고위공무원의 기본연봉은 개인의 경력 및 누적성과를 반영하여 책정되는 기준급과 직무의 곤란성 및 책임의 정도를 반영하여 직무등급에 따라 책정되는 직무급으로 구성한다.

고득점 플러스+ 연봉제의 종류
- 고정급적 연봉제: 정무직 공무원
- 직무성과급적 연봉제: 고위공무원단 → 기본연봉(→ 기준급 + 직무급) + 성과연봉(→ 전년도 실적)
- 성과급적 연봉제: 1~5급 공무원과 임기제 공무원

정답 | ①

666	① ② ③
기출처	2016 지방직 7급
난이도	★
키워드	고정급적 연봉제

관련기출 옳은지문

• 고정급적 연봉제 적용대상 공무원에게 지급되는 연봉은 해당 직책과 계급을 반영하여 일정액으로 지급되는 금액을 말한다. 24. 경찰승진

• 대통령과 국무총리는 고정급적 연봉제의 적용 대상이다. 23. 경찰간부

• 고위공무원단은 직무성과급적 연봉제의 적용 대상이다. 23. 경찰간부

666

공무원 보수제도 중 연봉제에 대한 설명으로 옳지 않은 것은?

① 직무성과급적 연봉제는 고위공무원단 소속 공무원에게 적용된다.
② 고정급적 연봉제에서 연봉은 기본연봉과 성과연봉으로 구성된다.
③ 직무성과급적 연봉제에서 기본연봉은 기준급과 직무급으로 구성된다.
④ 성과급적 연봉제와 직무성과급적 연봉제의 성과연봉은 전년도의 업무실적에 따른 평가결과에 따라 차등 지급된다는 점에서 유사한 면이 있다.

해설

① (O) 직무성과급적 연봉제는 고위공무원단에 속하는 공무원에게 적용되며, 기본연봉과 성과연봉으로 구성된다.
② (×) 고정급적 연봉제는 정무직 공무원(차관급 이상)에게 적용되며, 고정급이므로 기본연봉으로만 구성되고 성과연봉은 별도로 책정되지 않는다.
③ (O) 직무성과급적 연봉제에서 기본연봉은 개인의 경력과 누적성과를 반영하여 책정되는 기준급과, 직무의 곤란성 및 책임의 정도를 반영하여 직무등급에 따라 책정되는 직무급으로 구성된다.
④ (O) 성과급적 연봉제는 1급 내지 5급 공무원, 국립대학의 교원(국립대학의 장은 제외), 임기제 공무원(한시임기제 공무원은 제외) 등에 적용되며, 전년도의 업무실적에 따른 평가결과에 따라 차등 지급된다. 직무성과급적 연봉제의 성과연봉도 전년도의 업무실적에 따른 평가 결과에 대해 차등 지급된다.

정답 | ②

667	① ② ③
기출처	2020 국가직 7급
난이도	★
키워드	총액인건비제도

관련기출 옳은지문

• 총액인건비제도는 직급 인플레이션을 발생시킬 수도 있다. 24. 해경승진

• 총액인건비제도는 성과상여금에 대한 지급액의 증감이 가능하다. 24. 해경승진

• 우리나라의 총액인건비제도는 성과관리와 관리유인체계를 제공하기 위한 신공공관리론적 시각을 반영한다. 14. 국회직 8급

667

총액인건비제도에 대한 설명으로 옳지 않은 것은?

① 정원관리에 대한 각 부처의 자율성 확대를 목표로 한다.
② 김대중 정부에서 중앙행정기관 및 지방자치단체에 처음 도입되었으며, 공공기관으로 확대되었다.
③ 보수관리에 대한 각 부처의 자율성이 확대되었다.
④ 시행기관은 성과 중심의 조직운영을 위하여 총액인건비제도를 활용할 수 있다.

해설

①, ③ (O) 총액인건비제도는 인력과 예산운영의 효율성을 제고하고 조직의 성과를 향상시키기 위하여 각 시행기관이 당해 연도에 편성된 총액인건비 예산의 범위 안에서 기구·정원, 보수, 예산의 운영에 관한 자율성을 가지되, 그 결과에 대해 책임을 지는 제도를 말한다.
② (×) 총액인건비제도가 도입된 것은 노무현 정부 때이다. 노무현 정부는 각 기관의 조직·인사·예산을 관리하고 있는 행정안전부(조직), 인사혁신처(인사), 기획재정부(예산)가 공동으로 주관하여 2005년 7월부터 몇 개 중앙부처를 대상으로 시범 실시하였으며, 2007년 1월부터 본격적으로 도입하였다. 지방정부 역시 2007년부터 총액인건비제도가 도입되었으며 2014년 기준인건비로 명칭을 변경하였다.
④ (O) 시행기관의 장은 총액인건비 범위 내에서 성과급 등 인센티브를 활용할 수 있으므로 총액인건비제도는 성과 중심의 조직운영을 위한 수단으로 활용될 수 있다.

고득점 플러스+ 총액인건비와 기준인건비

구분	총액인건비 → 중앙	기준인건비 → 지방
총 정원	총 정원의 제한 → 대통령령 정원의 5% 내 증원 가능	총 정원 제한 없음 기준인건비 내 자율(1~3% 추가자율)
계급별 정원	총리령이나 부령	자율 → 조례
기구설치	국 단위는 대통령령, 과 단위는 자율	

정답 | ②

668 필수

총액인건비제에 대한 설명으로 옳은 것만을 모두 고르면?

ㄱ. 총액인건비제의 시행으로 보수관리에 대한 각 부처의 자율성이 확대되었다.
ㄴ. 책임운영기관의 설치·운영에 관한 법령에 따른 책임운영기관은 총액인건비제 시행의 대상에 해당하지 않는다.
ㄷ. 총액인건비제를 시행하는 기관은 의도적 절감 노력으로 확보한 재원을 성과상여금 및 성과연봉 등에 활용할 수 있다.

① ㄱ
② ㄱ, ㄷ
③ ㄴ, ㄷ
④ ㄱ, ㄴ, ㄷ

668
기출처: 2024 지방직 7급
난이도: ★
키워드: 총액인건비제도

해설

ㄱ. (O) 총액인건비제는 각 중앙행정기관의 인건비 총액을 미리 정해주고 그 범위 내에서 기관장이 자율적으로 인력 운영(정원 관리, 직급 조정, 보수 등)을 할 수 있도록 하는 제도이다. 따라서 보수관리에 대한 각 부처의 자율성이 확대되었다고 볼 수 있다.

ㄴ. **매력적 오답** (×) 모든 책임운영기관이 반드시 총액인건비제를 적용해야 하는 것은 아니지만 각 책임운영기관의 특성과 업무 내용에 따라 총액인건비제 적용 여부가 결정될 수 있다. 「행정기관의 조직과 정원에 관한 통칙」에 따라 지정된 중앙행정기관 및 「책임운영기관의 설치·운영에 관한 법률 시행령」에 따라 지정된 책임운영기관의 경우 인건비 총액의 범위에서 보수 결정에 자율성을 부여하는 총액인건비제를 운영할 수 있다.

ㄷ. (O) 총액인건비제를 시행하는 기관은 인건비 절감 노력을 통해 확보한 재원을 성과상여금 및 성과연봉 등 인센티브 재원으로 활용할 수 있다. 이는 인건비 절감을 유도하고 조직의 성과 향상을 도모하기 위한 총액인건비제의 취지 중 하나이다.

정답 | ②

669

기출처 2018 국가직 7급
난이도 ★
키워드 총액인건비제도

669
공무원 인사제도에 대한 설명으로 옳지 않은 것은?

① 직업공무원제도는 공직을 직업전문 분야로 확립시키기도 하지만, 행정의 전문성 약화를 가져오기도 한다.
② 엽관주의 하에서는 행정의 민주성과 관료적 대응성의 향상은 물론 정책수행 과정의 효율성 제고도 기대할 수 있다.
③ 대표관료제는 역차별 문제의 발생과 실적주의 훼손의 비판이 제기되며, 사회적 소외집단을 배려하는 우리나라의 균형인사정책은 미국의 적극적 조치(affirmative action)의 관점에서 이해될 수 있다.
④ 총액인건비제도는 일반적으로 기구·정원 조정에 대한 재정당국의 중앙통제는 그대로 둔 채 수당의 신설·통합·폐지와 절감예산 활용 등에서의 부처 자율성을 부여하는 특성을 갖는다.

해설

① (○) 직업공무원제는 일반행정가 중심의 공직 제도이므로 행정의 전문성을 저해할 수 있다.
② (○) 엽관주의는 정당에 대한 충성도를 기준으로 공무원을 임용하는 제도로, 행정의 민주적 통제와 선거 결과에 대한 관료적 대응성을 높이는 데 기여할 수 있다. 새로운 정부의 정책 방향에 부합하는 인물을 등용함으로써 정책 추진의 동력을 확보하고, 이론적으로는 정책수행 과정의 효율성 제고를 기대할 수도 있다.
③ (○) 대표관료제는 특정 사회집단(성별, 지역, 인종 등)의 구성 비율을 공직 내에 반영함으로써 관료제의 대응성과 민주성을 높이려는 제도이다. 하지만 능력보다는 배경을 중시하여 역차별 문제를 야기하고 실적주의 원칙을 훼손한다는 비판을 받기도 한다.
④ (×) 총액인건비제도는 예산의 범위 안에서 기구, 정원, 보수 및 예산에 관한 자율성을 가지되 그 결과에 대하여 책임을 지는 제도이다.

정답 | ④

670

기출처 2019 국가직 7급
난이도 ★★
키워드 공무원연금제도

670
공무원연금제도에 대한 설명으로 옳은 것은?

① 비기금제는 적립된 기금 없이 연금급여가 발생할 때마다 필요한 비용을 조달하여 지급하는 방식으로, 미국 등이 채택하고 있다.
② 2009년 연금개혁으로 공무원연금의 적용대상이 확대됨에 따라 공무원연금공단 직원도 대상에 포함하게 되었다.
③ 공무원연금제도는 행정안전부가 관장하고, 그 집행은 공무원연금공단에서 실시하고 있다.
④ 비기여제는 정부가 연금재원의 전액을 부담하는 제도이다.

해설

① (×) 미국과 우리나라는 기금제로 운영된다. 반면 비기금제로 운영되는 것은 영국과 독일이다.
② (×) 공무원연금공단 직원은 공무원연금의 적용대상이 아니다.
③ **매력적 오답** (×) 공무원연금제도는 인사혁신처가 관장한다.
④ (○) 기여제는 정부와 공무원이 공동으로 연금재원을 마련하는 제도이고, 비기여제는 정부가 단독으로 연금재원을 부담하는 제도이다.

정답 | ④

관련기출 옳은지문

- 우리나라 공무원연금 재정 확보 방식은 기금제와 기여제이다.
  19. 서울시 9급(상)

- 우리나라 공무원연금제도는 1960년 「공무원연금법」 제정으로 공무원연금제도의 법적 토대가 마련되었다.
  23. 경찰승진

- 공무원연금제도의 주무부처는 인사혁신처이며, 공무원연금기금은 공무원연금공단이 관리·운용한다.
  20. 국회직 8급

671
2015년 공무원연금 개혁에 대한 설명으로 옳지 않은 것은?

① 퇴직연금 지급률을 1.7%로 단계적 인하
② 퇴직연금 수급 재직요건을 20년에서 10년으로 완화
③ 퇴직연금 기여율을 기준소득월액의 9%로 단계적 인상
④ 퇴직급여 산정 기준은 퇴직 전 3년 평균보수월액으로 변경

671	1 2 3
기출처	2022 지방직 9급
난이도	★
키워드	공무원연금 개혁

해설

① (O) 2015년 퇴직연금 지급률을 1.9%에서 단계적으로 1.7%까지 인하하였다.
② (O) 2015년 퇴직연금 수급 재직요건을 20년에서 10년으로 조정하였다.
③ (O) 2015년 공무원의 기여율과 정부의 부담률을 7%에서 9%로 단계적으로 인상하였다.
④ (×) 2009년 「공무원연금법」의 개정으로 퇴직급여 산정 기준을 퇴직 전 3년에서 전체 재직기간 동안의 평균보수월액으로 개정하였다.

🔍 관련기출 옳은지문
- 현행 공무원연금제도에서 기여율은 기준소득월액의 9%이다. 23. 경찰간부

정답 | ④

672
우리나라 공무원연금제도에 대한 설명으로 옳은 것만을 모두 고른 것은?

ㄱ. 최초의 공적연금제도로서 직업공무원을 대상으로 하는 특수직역연금제도이다.
ㄴ. 「공무원연금법」상 공무원연금 대상에는 군인, 공무원 임용 전의 견습직원 등이 포함된다.
ㄷ. 사회보험 원리와 부양원리가 혼합된 제도이다.

① ㄱ
② ㄱ, ㄷ
③ ㄴ, ㄷ
④ ㄱ, ㄴ, ㄷ

672	1 2 3
기출처	2016 국가직 7급
난이도	★★
키워드	공무원연금제도

해설

ㄱ. (O) 공무원연금제도는 1960년에 도입된 최초의 공적연금제도이자 특정 직업에 한정된 특수직역연금제도이다. 이후 군인연금(1963), 사립학교교직원연금(1975)과 같은 특수직역연금제도가 설치되었고 1988년 국민연금제도가 도입되었다.
ㄴ. (×) 「공무원연금법」은 국가공무원, 지방공무원, 그 밖의 법률에 따른 공무원을 적용대상으로 하며, 군인과 선거에 의하여 취임하는 공무원은 제외한다. 또한 공무원 임용 전의 견습직원도 연금법의 적용대상에 속하지 않는다.
ㄷ. (O) 국민연금은 가입자의 납부금만으로 운영되는 사회보험의 원리가 적용되는 보험이지만 공무원연금제도는 납부금으로 연금수령액에 예정된 금액에 미달할 때 국가의 예산으로 보전하므로 이는 사회보험 원리와 부양원리가 혼합된 제도이다.

고득점 플러스+ 우리나라 공무원 연금제도
- 주관: 인사혁신처장
- 대상: 「국가공무원법」, 「지방공무원법」, 그 밖의 법률에 따른 공무원 및 직원
- 제외: 군인, 선거에 의하여 취임하는 공무원, 공무원 임용 전의 견습직원
- 유형
  - 단기급여: 공무상요양비, 재해부조금, 사망조의금
  - 장기급여: 퇴직급여, 장해급여, 유족급여, 퇴직수당(→ 전액 국가 또는 지방자치단체 부담)
- 특징: 사회보험원리 + 부양의 원리, 최초의 특수직역연금(1960), 적립식 방식, 기여금의 존재

정답 | ②

673

기출처	2013 국가직 9급 변형
난이도	★★
키워드	공무원연금제도

관련기출 옳은지문

- 퇴직연금의 재원은 정부와 공무원이 분담하는 반면, 퇴직수당은 정부가 단독 부담한다. 23. 해경간부

- 퇴직수당은 공무원이 1년 이상 재직하고 퇴직하거나 사망한 경우에 지급한다. 23. 해경간부

673

현행 우리나라 공무원연금제도에 대한 내용 중 옳은 것만으로 짝지어진 것은?

> ㄱ. 법령에 특별한 사유가 없는 한 2012년 신규 임용 후 10년 이상 근무한 일반행정직 공무원의 퇴직연금 수혜 개시 연령은 65세이다.
> ㄴ. 원칙적으로 퇴직연금 산정은 평균기준소득월액을 기초로 한다.
> ㄷ. 기여금은 납부기간이 36년을 초과해도 납부하여야 한다.
> ㄹ. 퇴직급여 산정에 있어서 소득의 평균기간은 퇴직 전 5년으로 한다.

① ㄱ, ㄴ
② ㄱ, ㄷ
③ ㄴ, ㄹ
④ ㄷ, ㄹ

해설

ㄱ. (O) 개정 전에는 20년 이상 근무하여야 연금수급의 대상이 되었지만 개정 후 현재는 10년 이상 근무하면 연금수급의 대상이 될 수 있다.
ㄴ. (O) 평균기준소득월액은 재직기간 중 매년 기준소득월액을 공무원보수인상률 등을 고려하여 대통령령으로 정하는 바에 따라 급여의 사유가 발생한 날의 현재가치로 환산한 후 합한 금액을 재직기간으로 나눈 금액으로, 퇴직연금, 조기퇴직연금 및 퇴직유족연금 산정의 기초가 된다.
ㄷ. (×) 기여금은 공무원으로 임명된 날이 속하는 달부터 퇴직한 날의 전날 또는 사망한 날이 속하는 달까지 월별로 내야 한다. 다만, 기여금 납부기간이 36년을 초과한 자는 기여금을 내지 아니한다.
ㄹ. (×) 퇴직급여 산정에 있어서 소득의 평균기간은 전체 재직기간으로 한다.
※ 출제 당시, "ㄷ. ~납부기간이 33년을 초과해도~"이었으나 2016년 1월 「공무원연금법」이 개정되어 선택지를 수정하였습니다.

정답 | ①

674

기출처	2024 국가직 7급
난이도	★★
키워드	신분보장 및 징계

674 〈필수〉

공무원의 신분보장 및 징계에 대한 설명으로 옳지 않은 것은?

① 임용권자는 정직에 해당하는 징계의결이 요구 중인 공무원에게 직위를 부여하지 아니할 수 있다.
② 정직은 중징계 처분 중의 하나로 사유에 따라 1개월 이상 3개월 이하의 기간이 적용되며, 정직기간 중 감봉조치는 별도로 없다.
③ 임용권자는 직제 또는 정원의 변경이나 예산의 감소 등으로 직위가 폐직되거나 하위의 직위로 변경되어 과원이 된 경우 또는 본인이 동의한 경우에는 소속 공무원을 강임할 수 있다.
④ 해임은 강제퇴직 처분으로 3년간 공무원 임용이 제한되며, 금품·향응수수·공금횡령·유용 등으로 해임된 경우를 제외하고 퇴직급여 감액의 불이익이 없다.

해설

① (O) 「국가공무원법」에 따르면, 정직에 해당하는 징계의결이 요구 중인 공무원에게 직위를 부여하지 않을 수 있다.
② (×) 정직기간 중에는 보수의 전액이 삭감된다.
③ (O) 「국가공무원법」에 따르면 임용권자는 직제 또는 정원의 변경이나 예산의 감소 등으로 폐직 또는 과원이 되었을 때, 또는 본인이 동의한 경우에는 소속 공무원을 강임할 수 있다.
④ (O) 해임된 공무원은 원칙적으로 퇴직 급여의 불이익이 없다. 다만, 금품·향응수수·공금횡령·유용 등으로 해임된 경우에는 퇴직 급여의 불이익을 받는다.

> **고득점 플러스+** 징계의 유형
- 견책: 전과에 대하여 훈계하고 회개
- 감봉: 1개월 이상 3개월 이하 → 보수의 3분의 1 삭감
- 정직: 1개월 이상 3개월 이하 → 보수의 전액 삭감
- 강등: 1계급 아래로 직급 하락 → 3개월간 직무에 종사금지 및 보수의 전액 삭감
- 해임: 원칙적으로 퇴직금에는 영향이 없음 → 3년 이내 재임용 금지
- 파면: 퇴직금의 2분의 1 감액 → 5년 이내 재임용 금지

정답 | ②

675
「국가공무원법」상 징계에 대한 설명으로 옳은 것은?

① 징계는 파면, 해임, 정직, 감봉, 견책으로 구분한다.
② 정직은 1개월 이상 3개월 이하의 기간으로 하고, 정직 처분을 받는 자는 그 기간 중 공무원의 신분은 보유하나 직무에 종사하지 못하며 보수의 3분의 2를 감한다.
③ 감봉은 1개월 이상 3개월 이하의 기간 동안 보수의 3분의 1을 감한다.
④ 감사원에서 조사 중인 사건에 대하여는 조사개시 통보를 받은 후부터 징계의결의 요구나 그 밖의 징계 절차를 진행할 수 있다.

675 1 2 3
기출처 2018 국가직 9급
난이도 ★★
키워드 징계

해설
① (×) 징계는 파면, 해임, 강등, 정직, 감봉, 견책으로 구분한다.
② (×) 정직은 1개월 이상 3개월 이하의 기간으로 하고, 정직 처분을 받은 사람은 그 기간 중 공무원의 신분은 보유하나 직무에 종사하지 못하며, 보수는 전액을 감한다.
③ (○) 감봉은 1개월 이상 3개월 이하의 기간 동안 보수의 3분의 1을 감하며, 12개월간 승진과 승급이 제한된다.
④ **매력적 오답** (×) 감사원에서 조사 중인 사건에 대하여는 조사개시 통보를 받은 날부터 징계의결의 요구나 그 밖의 징계 절차를 진행하지 못한다.

정답 | ③

관련기출 옳은지문
- 정직은 1개월 이상 3개월 이하의 기간으로 한다. 24. 국회직 9급
- 징계위원회에 파면, 해임, 강등 또는 정직에 해당하는 징계의결이 요구 중인 때에는 퇴직이 허용되지 아니한다. 24. 국회직 9급
- 임용권자는 파면·해임·강등 또는 정직에 해당하는 징계의결이 요구 중인 자에 대해서 직위해제를 할 수 있다. 25. 경찰간부

676

676	① ② ③
기출처	2013 국가직 7급
난이도	★★
키워드	해임

🔍 **관련기출 옳은지문**
• 파면된 사람은 5년 동안 공무원으로 임용될 수 없고, 퇴직급여액이 감액되며(재직기간 5년 이상인 경우 50%, 5년 미만인 경우 25%), 퇴직수당은 50% 감액된다. 23. 해경간부

676
공무원의 징계에 대한 설명으로 옳지 않은 것은?

① 징계로 파면처분을 받은 때부터 5년이 지나지 아니한 자와, 징계로 해임처분을 받은 때부터 3년이 지나지 아니한 자는 공무원으로 임용될 수 없다.
② 금품 및 향응 수수, 공금의 횡령·유용으로 징계 해임된 자의 퇴직급여는 감액하지 아니한다.
③ 탄핵 또는 징계에 의하여 파면된 경우, 재직기간이 5년 이상인 사람의 퇴직급여는 1/2을 감액하여 지급한다.
④ 탄핵 또는 징계에 의하여 파면된 경우, 재직기간이 5년 미만인 사람의 퇴직급여는 1/4을 감액하여 지급한다.

해설

① (○) 「국가공무원법」에 따르면, 징계로 파면처분을 받은 때부터 5년이 지나지 아니한 자와 징계로 해임처분을 받은 때부터 3년이 지나지 아니한 자는 공무원으로 임용될 수 없다.
② (✕) 금품 및 향응수수, 공금의 횡령·유용으로 해임된 경우 재직기간이 5년 미만인 사람의 퇴직급여는 그 금액의 8분의 1, 재직기간이 5년 이상인 사람의 퇴직급여는 그 금액의 4분의 1 그리고 퇴직수당은 그 금액의 4분의 1을 감액하여 지급한다.
③, ④ (○) 탄핵 또는 징계에 의하여 파면된 경우 재직기간이 5년 미만인 사람의 퇴직급여는 그 금액의 4분의 1, 재직기간이 5년 이상인 사람의 퇴직급여는 그 금액의 2분의 1 그리고 퇴직수당은 그 금액의 2분의 1을 감액하여 지급한다.

정답 | ②

677

677	① ② ③
기출처	2023 국가직 9급
난이도	★★
키워드	직위해제

🔍 **관련기출 옳은지문**
• 임용권자는 직무수행 능력이 부족하여 직위해제된 자에게 3개월의 범위에서 대기를 명할 수 있다. 24. 소방간부

677 〈필수〉
공무원의 직위해제에 대한 설명으로 옳은 것은?

① 직위해제는 공무원 징계의 한 종류이다.
② 직위해제 처분을 받은 공무원은 잠정적으로 공무원 신분이 상실된다.
③ 직무수행 능력이 부족하거나 근무성적이 극히 나쁜 자에 대해서도 직위해제가 가능하다.
④ 직위해제의 사유가 소멸된 경우 임용권자는 인사위원회의 심의를 거쳐 3개월 이내에 직위를 부여하여야 한다.

해설

① (✕) 직위해제는 징계의 종류는 아니다.
② (✕) 직위해제 처분을 받은 공무원은 신분은 유지되지만 직무에 종사하지 못한다.
③ (○) 직무수행 능력이 부족하거나 근무성적이 극히 나쁜 자에 대해서도 직위해제가 가능하다.
④ **매력적 오답** (✕) 직위해제의 사유가 소멸된 경우 임용권자는 지체 없이 직위를 부여하여야 한다.

고득점 플러스+ 직위해제

• 공무원으로 신분은 유지, 직위를 부여하지 않는 제도, 출근 의무도 없고 보수도 삭감 → 징계는 아님
• 사유
  - 직무수행 능력이 부족하거나 근무성적이 극히 나쁜 자, 일반직 고위공무원으로 적격심사를 요구받은 자
  - 파면·해임·강등·정직(→ 중징계)에 해당하는 징계의결이 요구 중인 자
  - 형사 사건으로 기소된 자(→ 약식명령이 청구된 자는 제외), 금품비위, 성범죄 등으로 인하여 수사기관에서 조사나 수사 중인 자

정답 | ③

678 필수
공무원 신분의 변경과 소멸에 대한 설명으로 옳지 않은 것은?

① 직권면직은 법률상 징계의 종류로 규정되어 있지 않다.
② 정직은 징계처분의 일종으로, 정직기간 중에는 보수의 1/2을 감하도록 되어 있다.
③ 임용권자는 사정에 따라서는 공무원의 본인의 의사에도 불구하고 휴직을 명해야 한다.
④ 임용권자는 직무수행 능력 부족을 이유로 직위해제를 받은 공무원이 직위해제 기간에 능력의 향상을 기대하기 어렵다고 인정된 때에는 직권면직을 통해 공무원의 신분을 박탈할 수 있다.

678	
기출처	2022 국가직 9급
난이도	★★
키워드	정직

해설

① (O) 징계의 종류에는 견책, 감봉, 정직, 강등, 해임, 파면이 있다. 직권면직이나 직위해제는 징계의 종류가 아니다.
② (×) 정직기간 중에는 보수의 전액을 감한다.
③ (O) 강제휴직에 관한 설명이다. 강제휴직의 사유가 되면 의무적으로 휴직을 명해야 한다.
④ (O) 능력 부족으로 인한 직위해제는 3개월간의 대기명령을 받고 그 기간 동안 능력향상이 어렵다고 판단되면 징계위원회의 동의를 받아 직권면직할 수 있다.

정답 | ②

679
우리나라의 공무원 인사제도에 대한 내용으로 옳지 않은 것은?

① 공무원이 인사에 관하여 자신의 의사에 반한 불리한 처분을 받았을 때에는 소청심사를 청구할 수 있다.
② 임용권자는 직무수행 능력이 부족하거나 근무성적이 극히 나쁜 자에게 직위를 부여하지 아니할 수 있다.
③ 직권면직은 「국가공무원법」상 징계의 한 종류로서, 임용권자가 특정한 사유에 해당되는 공무원을 직권으로 면직시키는 것이다.
④ 해임처분을 받은 때부터 3년, 파면처분을 받은 때부터 5년이 지나지 아니한 자는 공무원으로 임용될 수 없다.

679	
기출처	2015 국가직 9급
난이도	★★
키워드	직권면직

해설

① (O) 본인의 의사에 반한 불리한 처분을 받았을 때에는 그 처분이 있은 것을 안 날부터 각각 30일 이내에 소청심사위원회에 이에 대한 심사를 청구할 수 있다.
② (O) 직무수행 능력이 부족하거나 근무성적이 극히 나쁜 경우는 직위해제 사유에 해당된다.
③ (×) 직권면직은 특정한 사유에 해당되는 공무원을 면직시키는 제도이지만 징계의 종류는 아니다.
④ (O) 해임과 파면은 모두 강제퇴직으로 해임은 원칙적으로 퇴직금에는 영향이 없으며 3년 이내 재임용이 금지되고, 파면은 원칙적으로 퇴직금의 2분의 1을 감하고 5년 이내 재임용이 금지된다.

정답 | ③

680

「국가공무원법」상 공무원 인사에 대한 설명으로 옳지 않은 것은?

① 당연퇴직은 법이 정한 사유가 발생한 경우 별도의 처분 없이 공무원 관계가 소멸되는 것을 말한다.
② 직권면직은 법이 정한 사유가 발생한 경우 임용권자가 일방적으로 공무원 관계를 소멸시키는 것을 말한다.
③ 직위해제는 직무수행능력이 부족하거나 근무성적이 극히 나쁜 경우 공무원의 신분은 유지하지만 강제로 직무를 담당하지 못하게 하는 것이다.
④ 강임은 한 계급 아래로 직급을 내리는 것으로 징계의 종류 중 하나이다.

해설

① (○) 당연퇴직은 재직 중 발전 없이 장기간 근속하거나 노령으로 유용성이 감소되는 경우 일정 시기에 자동적으로 퇴직하게 하는 제도이다. 자동퇴직이라는 점에서 처분을 요하는 징계 또는 직권면직 등과 상이하다.
② (○) 직권면직은 본인의 의사와 관계없이 공무원의 신분을 박탈하는 제도이다.
③ (○) 직위해제는 공무원으로 신분은 유지하되 직위를 부여하지 않는 제도이다. 직무가 없으므로 출근의무도 없고 보수도 삭감된다.
④ (×) 한 계급 아래로 직급을 내리는 것으로 징계의 종류 중 하나는 강등이다.

정답 | ④

관련기출 옳은지문

- 임용권자는 예산의 감소에 따라 과원(過員)이 되어 직권면직시킬 경우에는 미리 관할 징계위원회의 의견을 들어야 한다. 24. 소방간부

- 고위공무원단에 속하는 일반직 공무원으로 근무성적평정에서 총 2년 이상 최하위 등급의 평정을 받아 '적격심사'를 요구받은 자에 대해서는 직위를 부여하지 아니할 수 있다. 10. 국회직 8급

681

「국가공무원법」상 공무원의 인사제도에 대한 설명으로 옳지 않은 것은?

① 특수 업무 분야에 종사하는 공무원은 대통령령으로 정하는 바에 따라 일반직 공무원의 계급구분과 직군분류를 적용받지 않을 수 있다.
② 인사혁신처장은 필요에 따라 인사교류계획을 수립하고, 국무총리의 승인을 받아 이를 실시할 수 있다.
③ 징계로 해임처분을 받은 때부터 5년이 지나지 아니한 자는 공무원으로 임용될 수 없다.
④ 임용권자는 지역인재의 임용을 위한 수습 기간을 3년의 범위에서 정할 수 있다.

해설

① (○) 특수 업무 분야에 종사하는 공무원이나 연구·지도·특수기술 직렬의 공무원 등은 대통령령 등으로 정하는 바에 따라 계급 구분이나 직군 및 직렬의 분류를 적용하지 아니할 수 있다.
② **매력적 오답** (○) 인사혁신처장은 행정기관 상호 간, 행정기관과 교육·연구기관 또는 공공기관 간에 인사교류가 필요하다고 인정하면 인사교류계획을 수립하고, 국무총리의 승인을 받아 이를 실시할 수 있다.
③ (×) 징계로 해임처분을 받은 때부터 3년이 지나지 아니한 자는 공무원으로 임용될 수 없다.
④ (○) 임용권자는 우수한 인재를 공직에 유치하기 위하여 학업 성적 등이 뛰어난 고등학교 이상 졸업자나 졸업예정자를 추천·선발하여 3년의 범위에서 수습으로 근무하게 하고, 그 근무기간 동안 근무성적과 자질이 우수하다고 인정되는 자는 6급 이하의 공무원으로 임용할 수 있다.

정답 | ③

682 필수

우리나라 인사제도에 대한 설명으로 옳지 않은 것은?

① 인사혁신처는 비독립형 단독제 형태의 중앙인사기관이다.
② 전문경력관이란 직무 분야가 특수한 직위에 임용되는 일반직 공무원을 말한다.
③ 별정직 공무원의 근무상한연령은 65세이며, 일반임기제 공무원으로 채용할 수 있다.
④ 각 부처의 고위공무원을 범정부적 차원에서 효율적으로 관리하고자 고위공무원단 제도를 운영하고 있다.

682	1 2 3
기출처	2020 국가직 9급
난이도	★
키워드	별정직 공무원

해설

① (O) 인사혁신처는 국무총리 소속의 독임제 기관이다.
② (O) 전문경력관은 해당 기관의 일반직 공무원 직위 중 순환보직이 곤란하거나 장기재직 등이 필요한 특수 분야에 지정되는 기관이다.
③ (×) 별정직 공무원의 근무상한 연령은 원칙적으로 60세이다. 한편, 일반임기제 공무원으로 채용할 수 있는 것은 경력직 공무원이다. 별정직은 특수경력직에 속한다.
④ (O) 고위공무원단 제도는 정부의 실·국장급 공무원(1~3급)을 중·하위직 공무원과 분리하여 범정부적 차원에서 성과와 능력을 기준으로 통합적으로 관리하는 인사시스템을 말한다.

고득점 플러스+ 정년제도

- 연령정년: 일정한 연령이 되면 자동 퇴직, 원칙적으로 60세
  - 장점: 용이한 시행, 조직의 신진대사 촉진, 신분보장을 통한 심리적 안정감 등
  - 단점: 연령에 의한 차별, 경직성과 획일성(→ 신축성 저해), 감독자의 리더십 약화 등
- 계급정년: 일정 계급에서 일정기간 동안 승진하지 못하면 퇴직
  - 장점: 공직의 유동성 제고, 무능한 공무원의 퇴출 수단, 정실개입의 방지, 능력발전의 수단 등
  - 단점: 이직률 조정의 곤란, 직업의 안정성 저해, 공무원의 사기 저하, 직업공무원제의 발전 저해 등
- 근속정년: 근속연한이 일정기간에 도달하면 자동 퇴직

정답 | ③

683

계급정년제도에 대한 설명으로 옳지 않은 것은?

① 공무원이 일정한 기간 동안 승진하지 못하고 동일한 계급에 머물러 있으면, 그 기간이 만료된 때에 그 사람을 자동적으로 퇴직시키는 제도이다.
② 인적 자원의 유동률을 높여 국민의 공직취임 기회를 확대할 수 있다.
③ 공무원의 교체를 촉진하여 낡은 관료문화 타파에 기여할 수 있다.
④ 모든 공무원의 직업적 안정성을 확보할 수 있다.

683	1 2 3
기출처	2017 국가직 9급(하)
난이도	★
키워드	계급정년제도

해설

① (O) 계급정년제도는 공무원이 특정 계급에서 일정 기간 이상 승진하지 못할 경우, 해당 기간 만료와 동시에 강제로 퇴직시키는 제도이다. 이는 조직 내 활력을 불어넣고 인사의 정체를 해소하기 위한 목적을 가진다.
②, ③ (O) 계급정년제도는 일정 기준에 따라 퇴직률을 높일 수 있으므로 인적 자원의 유동률을 높여 국민의 공직취임 기회를 확대할 수 있으며, 공무원의 교체를 촉진하여 낡은 관료문화의 타파에 기여할 수 있다. 다만, 직업적 안정성이 떨어지면 퇴직률을 조절할 수 없다는 단점이 있다.
④ (×) 계급정년제도는 공무원이 일정한 기간 승진하지 못하고 동일한 계급에 머물러 있으면, 그 기간이 만료된 때에 그 공무원을 자동적으로 퇴직시키는 제도이므로 모든 공무원의 직업적 안정성을 보장하는 것은 아니다.

정답 | ④

684	① ② ③
기출처	2024 지방직 7급
난이도	★★
키워드	임용 결격사유

684 〈필수〉

「국가공무원법」상 공무원 임용 결격사유에 해당하지 않는 사람은?

① 공무원 재직 중 징계로 해임처분을 받은 때부터 3년이 지나지 아니한 자
② 파산선고를 받고 복권된 때부터 5년이 지나지 아니한 자
③ 금고 이상의 형의 집행유예를 선고받고 그 유예기간이 끝난 날부터 2년이 지나지 아니한 자
④ 공무원 재직 중 징계로 파면처분을 받은 때부터 5년이 지나지 아니한 자

해설

① (O) 징계로 해임처분을 받은 때부터 3년이 지나지 아니한 자는 공무원으로 임용될 수 없다.
② (×) 파산선고를 받고 복권되면 그 때부터 공무원 임용이 가능하다. 즉, 5년이라는 기간은 필요하지 않다.
③ (O) 금고 이상의 형의 집행유예를 선고받고 그 유예기간이 끝난 날부터 2년이 지나지 아니한 자는 공무원으로 임용될 수 없다.
④ (O) 징계로 파면처분을 받은 때부터 5년이 지나지 아니한 자는 공무원으로 임용될 수 없다.

정답 | ②

685	① ② ③
기출처	2017 국가직 7급
난이도	★★
키워드	소청심사제도

관련기출 옳은지문

• 행정부 소속 소청심사위원회는 인사혁신처 소속이며 그 위원장은 정무직으로 보한다. 19. 국회직 8급

• 행정부 소속 소청심사위원회는 위원장 1인을 포함한 5명 이상 7명 이하의 상임위원과 상임위원 수의 2분의 1 이상의 비상임위원으로 구성되어 있다. 19. 국회직 8급

• 소청심사위원회의 상임위원의 임기는 3년으로 하며, 한 번만 연임할 수 있다. 20. 국회직 9급

• 행정부 소속 소청심사위원회는 원 징계처분보다 무거운 징계를 부과하는 결정을 할 수 없다. 19. 국회직 8급

• 소청심사위원회의 위원은 금고 이상의 형벌이나 장기의 심신 쇠약으로 직무를 수행할 수 없게 된 경우 외에는 본인의 의사에 반하여 면직되지 아니한다. 20. 국회직 9급

• 소청심사위원회가 소청 사건을 심사하기 위하여 징계요구 기관이나 관계 기관의 소속 공무원을 증인으로 소환하면 해당 기관의 장은 이에 따라야 한다. 20. 국회직 9급

685

소청심사제도에 대한 설명으로 옳은 것은?

① 소청심사위원회의 결정은 처분 행정청에 대해 권고와 같은 효력이 있다.
② 강임과 면직은 심사대상이나 휴직과 전보는 심사대상에 해당되지 않는다.
③ 지방소청심사위원회는 기초자치단체별로 설치되어 있다.
④ 지방소청심사위원회 위원은 자치단체장이 임명 또는 위촉하나 위원장은 위촉위원 중에서 호선한다.

해설

① (×) 소청심사위원회의 결정은 처분 행정청을 기속한다.
② (×) 파면, 해임, 강등, 정직, 감봉, 견책 (징계부가금 포함) 등과 같은 징계처분뿐만 아니라 강임, 휴직, 직위해제, 면직, 전보, (기각)계고, (불문)경고 등과 같은 의사에 반하는 불리한 처분 등도 소청심사의 대상이 된다.
③ **매력적 오답** (×) 지방소청심사위원회는 시·도에 임용권자별로 지방소청심사위원회 및 교육소청심사위원회를 둔다.
④ (O) 지방소청심사위원회의 위원은 특별시장·광역시장·도지사 또는 특별자치도지사 또는 교육감이 임명하거나 위촉하고, 위원장은 위촉위원 중에서 호선한다.

고득점 플러스+ 소청심사제도

• 사유: 본인의 의사에 반한 신분상 불리한 처분을 받았을 때 → 안 날부터 각각 30일 이내
• 후임자 보충발령 금지: 파면 또는 해임이나 면직처분을 한 때
• 결정기간: 소청심사청구를 접수한 날부터 60일 이내 → 30일 연장 가능
• 소청심사 불가대상
  – 근무성적평정, 경력평정, 승진심사
  – 변상명령, 당연퇴직, 행정법령의 개정, 내부 의사결정단계의 행위, 알선·권고·견해표명 등

정답 | ④

686
공무원 고충처리에 대한 설명으로 옳지 않은 것은?

① 5급 이상 공무원 및 고위공무원단에 속하는 일반직 공무원의 고충을 다루는 중앙고충심사위원회의 기능은 소청심사위원회가 관장한다.
② 고충처리의 대상은 인사·조직·처우 등의 직무조건과 성폭력범죄, 성희롱 등으로 인한 신상문제에 대하여 광범위하게 인정된다.
③ 소청심사위원회의 결정은 처분청에 대한 법적 기속력이 있지만, 고충심사위원회의 결정은 처분청에 대한 법적 기속력이 없다.
④ 고충심사위원회가 청구서를 접수한 때에는 30일 이내에 고충심사에 대한 결정을 해야 하고 그 결정은 위원 과반수의 출석과 과반수의 합의에 의한다.

686	1 2 3
기출처	2021 지방직 7급
난이도	★
키워드	공무원 고충처리

해설

① (○) 중앙고충심사위원회는 보통고충심사위원회의 심사를 거친 재심청구와 5급 이상 공무원 및 고위공무원단에 속하는 일반직 공무원의 고충을, 보통고충심사위원회는 소속 6급 이하의 공무원의 고충을 각각 심사한다.
② (○) 공무원의 고충은 "직무 조건, 인사 관리, 그 밖의 신상 문제 등 공무원으로서 느끼는 모든 정신적·육체적 고통과 불편"으로, 이는 직무 조건, 인사 문제 외에 성폭력범죄, 성희롱 등으로 인한 신상문제까지 포함하는 광범위한 고충을 처리 대상으로 한다.
③ (○) 소청심사위원회의 결정은 행정심판에 준하는 효력을 가지므로 처분청에 대한 법적 기속력이 있다. 반면 고충심사위원회의 결정은 권고적 효력을 가지는 것이 원칙이며, 처분청에 대한 법적 기속력은 없다.
④ (×) 고충심사위원회가 청구서를 접수한 때에는 30일 이내에 고충심사에 대한 결정을 하여야 하며, 중앙고충심사위원회의 결정은 위원 3분의 2 이상의 출석과 출석 위원 과반수의 합의에 따른다.

정답 | ④

687
고충처리제도와 소청심사제도에 대한 설명으로 옳지 않은 것은?

① 양자 모두 공무원의 권익보호를 위한 제도이다.
② 고충심사위원회와 소청심사위원회의 결정은 관계기관의 장을 기속한다.
③ 중앙고충심사위원회의 기능은 인사혁신처 소청심사위원회에서 관장한다.
④ 소청심사제도는 공무원이 징계처분 기타 그 의사에 반하는 불이익 처분에 대해 이의를 제기하는 경우 이를 심사·결정하는 특별행정심판제도이다.

687	1 2 3
기출처	2015 지방직 9급
난이도	★★
키워드	고충처리제도와 소청심사제도

해설

① (○) 양자 모두 공무원의 권익보호를 위한 제도이다. 다만, 권익보호 이외 공직생활과 관련된 모든 사항이 고충심사의 대상이 될 수 있으므로 고충심사가 소청심사보다 범위가 더 넓다.
② (×) 소청심사위원회의 결정은 관계기관의 장을 기속하지만, 고충심사위원회의 결정은 구속력이 없다.
③ (○) 공무원의 고충을 심사하기 위하여 중앙인사관장기관에 중앙고충심사위원회를, 임용권자 또는 임용제청권자 단위로 보통고충심사위원회를 두되, 중앙고충심사위원회의 기능은 소청심사위원회에서 관장한다.
④ (○) 소청심사제도는 행정소송을 제기하기 전에 반드시 거쳐야 하는 절차로, 「행정심판법」에 따라 행해지는 행정심판에 대한 특별행정심판 절차에 해당된다.

정답 | ②

관련기출 옳은지문

· 소청심사위원회의 결정은 처분 행정청을 기속한다. 21. 경찰승진

· 소청심사제도는 행정기관 소속 공무원의 징계처분, 그 밖에 그 의사에 반하는 불리한 처분이나 부작위에 대하여 이의를 제기하는 경우 이를 심사하고 결정하는 행정심판제도의 일종이다. 21. 경찰승진

688

「국가공무원법」상 소청심사위원회를 둘 수 없는 기관은?

① 행정안전부
② 국회사무처
③ 중앙선거관리위원회사무처
④ 법원행정처

해설

① (×) 행정기관 소속 공무원의 소청을 심사하는 소청심사위원회는 행정안전부가 아니라 인사혁신처에 둔다.
②, ③, ④ (○) 「헌법」상 독립기관인 국회, 법원, 헌법재판소 및 선거관리위원회 소속 공무원의 소청심사를 담당하는 소청심사위원회는 국회사무처, 법원행정처, 헌법재판소사무처 및 중앙선거관리위원회사무처에 각각 둔다.

정답 | ①

689 필수

공무원과 관할 소청심사기관의 연결로 옳지 않은 것은?

① 경기도청 소속의 지방공무원 甲 - 경기도 소청심사위원회
② 지방검찰청 소속의 검사 乙 - 법무부 소청심사위원회
③ 소방청 소속의 소방위 丙 - 인사혁신처 소청심사위원회
④ 국립대학교 소속의 교수 丁 - 교육부 교원소청심사위원회

해설

① (○) 경기도청 소속 지방공무원은 지방공무원에 해당하므로, 해당 지방자치단체에 설치된 경기도 소청심사위원회의 관할을 받는다.
② (×) 검사에 관한 소청심사제도는 규정되어 있지 않다.
③ (○) 국가공무원의 소청은 원칙적으로 「국가공무원법」에 따라 인사혁신처 소청심사위원회에서 관장한다.
④ (○) 국립대학교 소속의 교수는 교육공무원에 해당하며, 교육공무원의 징계처분 등에 대한 소청은 「교원의 지위 향상 및 교육활동 보호를 위한 특별법」에 따라 교육부 교원소청심사위원회에서 관장한다.

정답 | ②

690

공무원의 사기관리에 대한 설명으로 옳은 것은?

① 공무원 제안규정상 우수한 제안을 제출한 공무원에게 인사상 특전을 부여할 수 있지만, 상여금은 지급할 수 없다.
② 소청심사제도는 징계처분과 같이 의사에 반하는 불이익 처분을 받은 공무원이 그에 불복하여 이의를 제기했을 때 이를 심사하여 결정하는 절차이다.
③ 우리나라는 공무원의 고충을 심사하기 위하여 행정안전부에 중앙고충심사위원회를 둔다.
④ 성과상여금제도는 공직의 경쟁력을 높이기 위하여 공무원 인사와 급여체계를 사람과 연공 중심으로 개편한 것이다.

690	1 2 3
기출처	2017 지방직 9급
난이도	★★
키워드	소청심사제도

해설

① **매력적 오답** (×) 중앙행정기관의 장은 채택제안의 제안자에게 상여금을 지급할 수 있다.
② (O) 소청심사제도는 공무원이 징계처분 기타 그 의사에 반하는 불이익 처분에 대해 이의를 제기하는 경우 이를 심사·결정하는 특별행정심판제도이다.
③ **매력적 오답** (×) 중앙고충심사위원회의 기능은 소청심사위원회에서 관장하며, 소청심사위원회는 인사혁신처에 소속되어 있다.
④ (×) 성과상여금제도는 공직의 경쟁력을 높이기 위해서 기존의 연공급을 실적급 혹은 능률급으로 개편한 것이다.

정답 | ②

691

공무원단체 활동 제한론의 근거로 옳지 않은 것은?

① 실적주의 원칙을 침해할 우려가 있다.
② 공무원의 정치적 중립성이 훼손될 수 있다.
③ 공직 내 의사소통을 약화시킨다.
④ 보수인상 등 복지요구의 확대는 국민부담으로 이어진다.

691	1 2 3
기출처	2013 국가직 9급
난이도	★★
키워드	공무원단체

해설

① **매력적 오답** (O) 공무원단체는 집단적 요소가 강하므로 개인적 요소를 기반으로 하는 실적주의를 침해할 우려가 있다.
② (O) 공무원단체는 집단의 이익을 위해 형성된 것이므로 국민 전체에 대한 봉사자라는 정치적 중립을 침해할 수 있다.
③ (×) 공무원단체 활동 제한론의 근거는 공무원노조의 역기능을 강조하는 입장이다. 반면, 하급직 공무원들의 집단적 견해를 표현하는 의사소통의 통로가 될 수 있다는 것은 찬성론의 논거이다.
④ (O) 근로조건의 개선에는 보수의 인상 등도 포함될 수 있으므로 공무원단체의 활동으로 국민의 부담이 증대될 수 있다.

고득점 플러스+ 공무원단체

- 의의: 공무원의 근로조건을 개선하기 위해 조직한 단체 → 적극적 인사행정
- 주요권리: 단결권, 단체교섭권, 단체행동권(→ 대부분 국가에서 금지)
- 장점: 사기앙양, 권익증진 및 의사전달 통로, 행정의 민주화, 실적주의의 실질적 강화, 부패방지 및 행정윤리 구현
- 단점: 노사구분 곤란, 공익 및 봉사자 이념과 상충, 행정의 안정성 저해, 관리층의 인사권 제약, 실적주의 및 능률성 저해

정답 | ③

692	① ② ③
기출처	2024 국가직 7급
난이도	★★
키워드	공무원의 복무

692 필수
「국가공무원법」상 공무원의 복무에 대한 설명으로 옳지 않은 것은?

① 공무원은 국민 전체의 봉사자로서 친절하고 공정하게 직무를 수행하여야 한다.
② 사실상 노무에 종사하는 공무원은 노동운동이나 그 밖에 공무 외의 일을 위한 집단행위를 하여서는 아니 된다.
③ 공무원이 외국 정부로부터 영예나 증여를 받을 경우에는 대통령의 허가를 받아야 한다.
④ 공무원은 직무와 관련하여 직접적이든 간접적이든 사례·증여 또는 향응을 주거나 받을 수 없다.

해설

① (O) 「국가공무원법」은 "모든 공무원은 법령을 준수하며 성실히 직무를 수행하여야 한다."고 규정하고 있으며, "공무원은 국민 전체의 봉사자로서 친절하고 공정하게 직무를 수행하여야 한다."고 명시하고 있다.
② (X) 「국가공무원법」에 의하면 공무원은 노동운동이나 그 밖에 공무 외의 일을 위한 집단행위를 하여서는 안 되지만 사실상 노무에 종사하는 공무원은 예외로 한다.
③ (O) 「국가공무원법」은 "공무원은 외국 정부로부터 영예나 증여를 받을 경우에는 대통령의 허가를 받아야 한다."고 규정하고 있다.
④ 매력적 오답 (O) 「국가공무원법」은 "공무원은 직무와 관련하여 직접적이든 간접적이든 사례·증여 또는 향응을 주거나 받을 수 없다."고 규정하여 공무원의 청렴 의무를 강조하고 있다.

정답 | ②

693	① ② ③
기출처	2017 국가직 7급
난이도	★★
키워드	단체교섭

693
「공무원의 노동조합 설립 및 운영 등에 관한 법률」상 단체교섭 대상은?

① 기관의 조직 및 정원에 관한 사항
② 조합원의 보수에 관한 사항
③ 예산·기금의 편성 및 집행에 관한 사항
④ 정책의 기획 등 정책결정에 관한 사항

해설

①, ③, ④ (X) 법령 등에 따라 국가나 지방자치단체가 그 권한으로 행하는 정책결정에 관한 사항, 임용권의 행사 등 그 기관의 관리·운영에 관한 사항으로서 근무조건과 직접 관련되지 아니하는 사항은 교섭의 대상이 될 수 없다.
② (O) 조합원의 보수에 관한 사항은 근로조건과 관련되므로 교섭의 대상이 될 수 있다.

정답 | ②

관련기출 옳은지문

• 노동조합과 그 조합원은 정치활동을 해서는 아니 된다. 20. 국회직 9급

• 공무원은 임용권자의 동의를 받아 노동조합의 업무에만 종사할 수 있다. 20. 국회직 9급

• 인사·보수에 관한 업무를 수행하는 공무원 등 노동조합과의 관계에서 행정기관의 입장에서 업무를 수행하는 공무원은 노동조합에 가입할 수 없다. 10. 국회직 8급

694

「공무원직장협의회의 설립·운영에 관한 법률」상 공무원직장협의회에 가입할 수 없는 공무원은?

① 외무영사직렬 외무공무원
② 경찰공무원
③ 소방공무원
④ 인사, 예산, 경리, 물품출납 공무원

> **해설**

①, ②, ③ (O) 외무영사직렬 외무공무원, 경찰공무원, 소방공무원 등은 직장협의회에 가입할 수 있다.
④ (X) 인사, 예산, 경리, 물품출납 공무원은 직장협의회에 가입할 수 없다.

정답 | ④

694	① ② ③
기출처	2013 국가직 7급
난이도	★
키워드	공무원직장협의회

🔍 **관련기출 옳은지문**
- 공무원직장협의회는 기관장이 4급 이상 공무원 및 이에 상당하는 공무원인 기관단위의 설립을 원칙으로 한다. 　23. 경찰간부

695 〈필수〉

우리나라 공무원제도에 대한 설명으로 옳은 것만을 모두 고르면?

> ㄱ. 중앙정부·지방자치단체 및 그 하부기관에 근무하는 공무원은 직장협의회를 설립할 수 있으며, 하나의 기관에 복수의 협의회 설립이 가능하다.
> ㄴ. 휴직은 공무원으로서의 신분을 보유하게 하면서 직무담임을 일시적으로 해제하는 것으로서 임용권자가 직권으로 휴직을 명하는 직권휴직과 본인의 원에 따라 휴직을 명하는 청원휴직이 있다.
> ㄷ. 공무원은 소청심사위원회를 통해 부당하다고 여겨지는 징계에 대한 구제를 신청할 수 있으며, 소청심사위원회의 결정은 처분청과 소청인 모두를 기속한다.
> ㄹ. 시보 임용기간 중에 있는 공무원이 근무성적·교육훈련성적이 나빠서 공무원으로서의 자질이 부족하다고 판단되는 경우에는 면직시킬 수 있다.

① ㄱ, ㄴ
② ㄱ, ㄷ
③ ㄴ, ㄹ
④ ㄷ, ㄹ

> **해설**

ㄱ. **매력적 오답** (X) 직장협의회는 한 직장에 하나의 협의회만 설립할 수 있다.
ㄴ. (O) 휴직은 공무원의 신분은 유지하되, 직무에는 일시적으로 종사하지 못하게 하는 제도로, 크게 임용권자의 판단에 의해 이루어지는 직권휴직과 공무원 본인의 신청에 따라 허가되는 청원휴직으로 나눌 수 있다.
ㄷ. **매력적 오답** (X) 소청심사에 대한 결정도 행정소송이 가능하므로 소청심사의 결정이 소청인을 구속하는 것은 아니다. 다만 처분 행정청은 기속된다.
ㄹ. (O) 「국가공무원법」에 따르면 시보 임용기간 중에 있는 공무원이 근무성적 또는 교육훈련성적이 나빠 공무원으로서의 자질이 부족하다고 인정되는 경우에는 면직시킬 수 있다.

정답 | ③

695	① ② ③
기출처	2023 국가직 7급
난이도	★★
키워드	직장협의회

CHAPTER 06 공무원의 행동규범

696

기출처	2022 국가직 9급
난이도	★★
키워드	정치적 중립

🔍 관련기출 옳은지문

- 공무원의 정치적 중립은 실적주의 확립을 위해 필요하다. 08. 국회직 8급

- 공무원의 정치적 중립을 완화해야 한다는 주장은 정치와 행정은 현실적으로 분리하기 어렵고 유기적으로 협력해야 한다는 것을 논거로 한다. 22. 경찰승진

- 미국은 1883년 펜들턴 법(Pendleton Act)에서 최초로 공무원의 정치적 중립을 규정하였고, 1939년 해치법(Hatch Act)에서 정치적 중립을 강화하였다. 23. 해경간부

696 〈필수〉

공무원의 정치적 중립의 정당화 근거로 옳지 않은 것은?

① 엽관주의의 폐해를 극복하여 행정의 안정성과 전문성을 제고할 수 있다.
② 공무원은 국민 전체의 이익을 위해 공평무사하게 봉사해야 하는 신분이다.
③ 공무원의 정치적 기본권을 강화하여 공직의 계속성을 제고할 수 있다.
④ 공명선거를 통해 민주적 기본질서를 제고할 수 있다.

해설

① (O) 정치적 중립은 신분보장을 기반으로 하므로 행정의 안정성과 전문성을 제고할 수 있다.
② (O) 정치적 중립은 집권당에 대한 충성이 아닌 국민 전체에 대한 봉사자로서의 역할을 가능하게 한다.
③ (X) 정치적 중립의 강조는 공무원 개인의 정치적 기본권을 침해할 우려가 있다.
④ (O) 정치적 중립은 선거에 있어 공무원의 중립을 가능하게 하므로 공명선거에도 기여할 수 있다.

고득점 플러스+ 정치적 중립

- 의의: 어떤 정당이 집권하더라도 공평무사하게 봉사해야 한다는 원리
- 목적: 행정의 부당한 정치 개입 금지 + 정치의 부당한 행정 간섭 금지
- 대두배경: 엽관주의 폐해 극복과 실적주의 도입 → 최근에는 완화되는 중
- 정치행정이원론: 정치로부터 행정의 단절 → 능률성 중심
- 정치행정일원론: 특정 정파가 아닌 국민 전체에 대한 봉사자 → 민주성 가미

정답 | ③

697

기출처	2025 국가직 9급
난이도	★
키워드	더러운 손의 딜레마

697

다음 설명에 해당하는 개념은?

> 공직자는 옳은 일을 하기 위해 비도덕적인 행위를 하는 상황에 놓이기도 한다. 왈처(Walzer)가 제시한 이 개념은 공직을 통해 대표성을 지닌 개인이 국가나 공동체의 대의를 위해, 개인의 가치관이나 윤리관에서는 수용할 수 없는 결정을 내려야 하는 문제 상황을 의미한다.

① 더러운 손의 딜레마(the problem of dirty hands)
② 선택의 역설(the paradox of choice)
③ 집단행동의 딜레마(collective action problems)
④ 편견의 동원(mobilization of bias)

해설

① (O) 다음 설명에 해당하는 개념은 더러운 손의 딜레마(The Problem of Dirty Hands)이다. 이는 공직자가 공익이나 국가의 안녕 등 더 큰 선을 위해 어쩔 수 없이 거짓말, 폭력, 배신 등 개인윤리로는 비난받을 행위(더러운 손)를 해야만 하는 도덕적 딜레마 상황을 의미한다.
② (×) 선택의 역설(The Paradox of Choice)은 선택의 폭이 넓어질수록 오히려 만족도는 떨어지고 불안감은 커질 수 있다는 심리학적 현상이다.
③ (×) 집단행동의 딜레마(Collective Action Problems)는 공유자원의 고갈(공유지의 비극)이나 무임승차 문제처럼, 개인의 합리적 선택이 집단 전체에게는 비합리적인 결과를 초래하는 상황이다.
④ (×) 편견의 동원(Mobilization of Bias)은 특정 사회의 지배적인 가치, 신념, 제도적 절차 등이 특정 종류의 갈등은 표면화시키면서 다른 종류의 갈등은 억압하는 방식으로 작동하는 현상을 의미한다.

정답 | ①

698
공직윤리 확보를 위한 행동강령(code of conduct)에 대한 설명으로 옳지 않은 것은?

① 행동강령은 공무원에게 기대되는 바람직한 가치판단이나 의사결정을 담고 있으며, 공무원이 준수하여야 할 행동기준으로 작용한다.
② 「공무원 행동강령」은 「부패방지 및 국민권익위원회의 설치와 운영에 관한 법률」 제8조에 근거해 대통령령으로 제정되었다.
③ 「공무원 행동강령」은 중앙행정기관의 장 등에게 「공무원 행동강령」의 시행에 필요한 범위에서 해당 기관의 특성에 적합한 세부적인 기관별 「공무원 행동강령」을 제정하도록 규정하고 있다.
④ OECD 국가들의 행동강령은 1970년대부터 집중적으로 제정되었으며, 주로 법률 형식으로 규정하고 있다.

698	1 2 3
기출처	2016 국가직 9급
난이도	★
키워드	행동강령

🔍 관련기출 옳은지문
• 「공무원 행동강령」은 공무원 청렴유지와 관련된 구체적 행동기준을 제시하고 있는 대통령령이다.
24. 국회직 8급

해설

① (O) 행동강령은 윤리강령을 구체화하여 세분화된 내용과 절차를 담고 있는 것으로 규범성, 실천성, 자율성, 포괄성과 보편성, 예방적 성격 등을 특징으로 한다.
② (O) 우리나라의 행동강령은 「부패방지법」 제8조에 근거하여 대통령령으로 제정(2003)하였다.
③ (O) 「공무원 행동강령」 제24조에 따르면 중앙행정기관의 장 등은 필요한 범위에서 해당 기관의 특성에 적합한 세부적인 기관별 공무원 행동강령을 제정하여야 한다.
④ (×) OECD 국가들의 행동강령은 1990년대부터 집중적으로 제정되었으며, OECD 국가의 3분의 2가 법률의 형식으로 규정하고 있다.

고득점 플러스+ 「공무원 행동강령」
• 지향해야 할 바람직한 가치를 명문화한 것 → 윤리강령 〉 행동강령 〉 실천강령
• 특징: 규범성, 실천성, 자율성, 포괄성과 보편성, 예방적 성격
• OECD 국가의 행동강령: 1990년대부터 집중적으로 제정 → 대부분 법률의 형식
• 우리나라의 행동강령: 「부패방지법」에 근거하여 대통령령으로 제정(2003)

정답 | ④

699	
기출처	2024 지방직 7급
난이도	★
키워드	「공무원 행동강령」

699 〈필수〉

「공무원 행동강령」에 대한 설명으로 옳지 않은 것은?

① 대통령령으로 제정되었다.
② 법원, 헌법재판소, 선거관리위원회 소속 공무원에게도 적용된다.
③ 외부강의 등의 사례금 수수 제한 규정을 담고 있다.
④ 「부패방지 및 국민권익위원회의 설치와 운영에 관한 법률」 제8조에 따라 공무원이 준수하여야 할 행동기준을 규정하는 것을 목적으로 한다.

해설

①, ④ (O) 「공무원 행동강령」은 「부패방지 및 국민권익위원회의 설치와 운영에 관한 법률」 제8조에 근거하여 대통령령으로 제정되었다.
② (X) 「공무원 행동강령」은 국회, 법원, 헌법재판소 및 선거관리위원회 소속의 국가공무원에게는 적용되지 않는다.
③ (O) 「공무원 행동강령」 제15조에 외부강의 등 사례금 수수 제한에 대한 구체적인 규정을 담고 있는데, 공무원이 직무 관련 외부강의 등을 할 때 받을 수 있는 사례금의 상한액 등을 정하고 있다.

정답 | ②

700	
기출처	2021 국가직 9급
난이도	★★★
키워드	공무원의 의무

700 〈필수〉

「국가공무원법」에 명시된 공무원의 의무에 해당하지 않는 것은?

① 부패행위 신고의무
② 품위유지의 의무
③ 복종의 의무
④ 성실 의무

관련기출 옳은지문

• 종교중립의 의무는 「국가공무원법」에 규정된 공무원의 의무이다.
18. 소방간부

• 비밀엄수의 의무는 「국가공무원법」에 규정된 공무원의 의무이다.
18. 소방간부

해설

① (X) 부패행위의 신고의무는 일명 「부패방지법」에 규정되어 있다.
②, ③, ④ (O) 「국가공무원법」은 선서의무, 성실의무, 복종의무, 친절·공정의 의무, 비밀엄수 의무, 품위유지의무, 청렴의무, 종교중립 의무, 직장이탈금지의무, 영리업무 및 겸직금지, 정치운동금지, 집단행위금지, 영예수여제한(대통령의 허가) 등을 규정하고 있다.

고득점 플러스+ 윤리규범의 법제화

• 「국가공무원법」 → 신분상·직무상 의무와 금지
  – 의무: 선서, 성실, 복종, 친절·공정, 비밀엄수, 품위유지, 청렴, 종교중립 의무
  – 금지: 직장이탈, 영리업무 및 겸직, 정치운동, 집단행위, 영예수여제한(→ 대통령의 허가)
• 「공직자윤리법」
  – 이해충돌방지의무
  – 재산등록: 원칙 4급 이상, 예외 7급 이상
  – 재산공개: 원칙 1급 이상, 예외 3급 이상
  – 선물 수수의 신고와 인도 → 100달러 또는 10만 원 이상
  – 주식백지신탁 → 재산공개대상자
  – 퇴직 공무원의 취업제한
  – 퇴직 공무원의 행위제한
  – 퇴직 공무원의 업무취급제한

정답 | ①

701

「국가공무원법」상 공직윤리에 위배되는 행위는?

① 공무원 甲은 소속 상관에게 직무상 관계가 없는 증여를 하였다.
② 공무원 乙은 소속기관장의 허가를 받아 다른 직무를 겸하였다.
③ 수사기관이 현행범인 공무원 丙을 소속기관의 장에게 미리 통보하지 않고 구속하였다.
④ 공무원 丁은 대통령의 허가를 받고 외국 정부로부터 증여를 받았다.

해설

① (×) 공무원은 직무상의 관계가 있든 없든 그 소속 상관에게 증여하거나 소속 공무원으로부터 증여를 받아서는 아니 된다.
② (○) 공무원은 공무 외에 영리를 목적으로 하는 업무에 종사하지 못하며 소속기관장의 허가 없이 다른 직무를 겸할 수 없다.
③ (○) 수사기관이 공무원을 구속하려면 그 소속기관의 장에게 미리 통보하여야 한다. 다만, 현행범은 그러하지 아니하다.
④ (○) 공무원이 외국 정부로부터 영예나 증여를 받을 경우에는 대통령의 허가를 받아야 한다.

정답 | ①

701 　　　　1 2 3
기출처 | 2020 지방직 7급
난이도 | ★★
키워드 | 공직윤리

관련기출 옳은지문

• 사실상 노무에 종사하는 공무원으로서 노동조합에 가입된 자가 조합 업무에 전임하려면 소속 장관의 허가를 받아야 한다. 20. 군무원 7급

• 공무원은 직무와 관련하여 직접적이든 간접적이든 사례·증여 또는 향응을 주거나 받을 수 없다. 16. 국회직 8급

• 공무원은 직무상의 관계가 있든 없든 그 소속 상관에게 증여하거나 소속 공무원으로부터 증여를 받아서는 아니 된다. 16. 국회직 8급

702 (필수)

우리나라의 공무원 복무와 징계에 대한 설명으로 옳은 것은?

① 공무원은 직무상의 관계가 있든 없든 그 소속 상관에게 증여하거나 소속 공무원으로부터 증여를 받아서는 아니 된다.
② 중징계의 일종인 파면의 경우 5년간 공무원으로 재임용될 수 없으나, 연금급여의 불이익은 없다.
③ 공무원은 어떠한 경우에도 자신의 직무권한을 행사하여 직무관련자로부터 사적 노무를 제공받아서는 아니 된다.
④ 감봉은 경징계에 해당하며 1개월 이상 3개월 이하 기간 동안 직무에 종사하지 못하고, 보수의 1/3을 삭감하는 처분이다.

해설

① (○) 「국가공무원법」에 규정된 내용이다.
② (×) 파면의 경우 원칙적으로 연금급여의 2분의 1이 삭감된다.
③ **매력적 오답** (×) 「공무원 행동강령」에 의하면 공무원은 직무관련자 또는 직무관련공무원으로부터 사적 노무를 제공받거나 요구 또는 약속해서는 아니 된다. 다만, 다른 법령 또는 사회상규에 따라 허용되는 경우에는 그러하지 아니하다.
④ (×) 감봉은 직무에 종사하게 하면서 보수의 3분의 1을 삭감하는 처분이다.

정답 | ①

702 　　　　1 2 3
기출처 | 2023 국가직 7급
난이도 | ★★
키워드 | 공무원 복무와 징계

703

기출처	2013 지방직 9급
난이도	★★
키워드	공무원의 의무

703
「국가공무원법」에서 규정하고 있는 공무원의 의무에 해당하지 않는 것은?

① 공무원은 재직 중은 물론 퇴직 후에도 직무상 알게 된 비밀을 엄수하여야 한다.
② 공무원은 건강하고 쾌적한 환경을 보전하기 위하여 노력하여야 한다.
③ 공무원은 공무 외에 영리를 목적으로 하는 업무에 종사하지 못하며 소속기관장의 허가 없이 다른 직무를 겸할 수 없다.
④ 공무원은 국민 전체의 봉사자로서 친절하고 공정하게 직무를 수행하여야 한다.

해설

① (○) 공무원은 재직 중은 물론 퇴직 후에도 직무상 알게 된 비밀을 엄수하여야 한다.
② (×) 국가와 국민은 환경보전을 위하여 노력하여야 한다는 규정은 「헌법」 제35조의 규정사항이다.
③ (○) 공무원은 공무 외에 영리를 목적으로 하는 업무에 종사하지 못하며 소속기관장의 허가 없이 다른 직무를 겸할 수 없다.
④ (○) 공무원은 국민 전체의 봉사자로서 친절하고 공정하게 직무를 수행하여야 한다.

정답 | ②

704

기출처	2012 국가직 9급
난이도	★★
키워드	「공직자윤리법」

704
국민에 대한 봉사자로서 공직자가 지녀야 할 윤리를 확립할 목적으로 제정된 우리나라의 현행 「공직자윤리법」이 포함하고 있지 않는 내용은?

① 내부고발자 보호
② 재산등록 및 공개
③ 선물신고
④ 퇴직 공직자의 취업제한

해설

① (×) 내부고발자 보호제도는 「부패방지 및 국민권익위원회의 설치와 운영에 관한 법률」에 규정되어 있다.
② (○) 원칙적으로 4급 이상 공무원은 재산을 등록하여야 하고 1급 이상 공무원은 등록된 재산을 공개하여야 한다.
③ (○) 공무원 또는 공직유관단체의 임직원은 외국으로부터 선물을 받거나 그 직무와 관련하여 외국인에게 선물을 받으면 지체 없이 소속기관·단체의 장에게 신고하고 그 선물을 인도하여야 한다.
④ (○) 공직자가 퇴직 후 일정 기간 동안 퇴직 전 직무와 관련된 영리 사기업체 또는 비영리 법인 등에 취업하는 것을 제한하여 공직 유착 및 전관예우 등의 부작용을 방지한다.

고득점 플러스+ 「부패방지법」의 주요내용

- 국민권익위원회(→ 국무총리 소속), 시민고충처리위원회(→ 지방자치단체 소속)
- 내부고발자보호제도, 국민감사청구(→ 국민 300명의 연서로 감사원에 청구)
- 비위면직자 취업제한 → 면직 전 5년간 담당했던 일과 관련된 기관에 5년간 취업제한

정답 | ①

705 필수

「공직자윤리법」상 재산등록의무자로 옳지 않은 것은?

① 법관 및 검사
② 소령 이상의 장교 및 이에 상당하는 군무원
③ 총경 이상의 경찰공무원과 소방정 이상의 소방공무원
④ 4급 이상의 일반직 공무원에 상당하는 보수를 받는 별정직 공무원

해설

① (○) 법관 및 검사는 재산등록의무자에 해당한다.
② (×) 군인의 경우 대령 이상의 장교가 재산등록의무자이다.
③ (○) 총경 이상의 경찰공무원과 소방정 이상의 소방공무원은 재산등록의무자에 해당한다.
④ (○) 4급 이상의 일반직 공무원에 상당하는 보수를 받는 별정직 공무원은 재산등록의무자에 해당한다.

정답 | ②

705
- 기출처: 2022 지방직 9급
- 난이도: ★★
- 키워드: 재산등록의무자

관련기출 옳은지문
- 중장 이상의 장관급 장교는 「공직자윤리법」에 근거하여 재산공개 의무가 있는 공직자에 해당한다. 13. 국회직 8급
- 치안감 이상의 경찰공무원은 「공직자윤리법」에 근거하여 재산공개 의무가 있는 공직자에 해당한다. 13. 국회직 8급
- 고등법원 부장판사급 이상의 법관은 「공직자윤리법」에 근거하여 재산공개 의무가 있는 공직자에 해당한다. 13. 국회직 8급
- 총경 이상의 경찰공무원과 대령 이상의 군인은 「공직자윤리법」상 재산등록의무가 있다. 24. 국회직 8급

706
- 기출처: 2023 국가직 7급
- 난이도: ★★
- 키워드: 재산등록

706 필수

「공직자윤리법」상 재산등록에 대한 내용으로 옳은 것은?

① 등록하여야 할 재산이 국채, 공채, 회사채인 경우는 액면가로 등록하여야 한다.
② 혼인한 직계비속인 여성이 소유한 재산은 재산등록의무자가 등록할 재산에 포함된다.
③ 공직자는 등록의무자가 된 날부터 3개월이 되는 날이 속하는 달의 말일까지 재산등록을 해야 한다.
④ 교육공무원 중 대학교 학장은 재산등록의무자가 아니다.

해설

① (○) 「공직자윤리법」에 의하면 국채·공채·회사채 등 유가증권은 액면가로 등록하여야 한다.
② (×) 혼인한 직계비속인 여성과 외증조부모, 외조부모, 외손자녀 및 외증손자녀가 소유한 재산은 재산등록의무자가 등록할 재산에서 제외된다.
③ 매력적 오답 (×) 공직자는 등록의무자가 된 날부터 2개월이 되는 날이 속하는 달의 말일까지 재산등록을 해야 한다.
④ (×) 대학교 학장 역시 재산등록의무자에 속한다.

정답 | ①

관련기출 옳은지문
- 재산등록의무자인 공직자의 피부양자가 아닌 직계존비속은 공직자윤리위원회의 허가를 받아 재산신고사항의 고지를 거부할 수 있다. 22. 경찰승진
- 「한국토지주택공사법」에 따른 한국토지주택공사 등 부동산 관련 업무나 정보를 취급하는 대통령령으로 정하는 공직유관단체의 직원도 재산등록의무자에 포함된다. 22. 경찰승진
- 재산등록의무자 중 부동산 관련 업무나 정보를 취급하는 대통령령으로 정하는 사람은 부동산에 관한 소유권·지상권 및 전세권에 대하여 소유자별로 부동산의 취득일자·취득경위·소득원 등을 구체적으로 기재하여야 한다. 22. 경찰승진

707

707
기출처: 2019 지방직 7급
난이도: ★★
키워드: 선물신고

공직자윤리법령의 내용으로 옳은 것은?

① 국립대학교의 학장은 재산을 등록할 의무가 없다.
② 공무원은 그 직무와 관련하여 외국인으로부터 수령 당시 국내 시가 10만 원 이상의 선물을 받으면 지체 없이 신고하고 인도하여야 한다.
③ 재산공개대상자가 직무 관련성이 있는 경우 매각 혹은 백지신탁해야 하는 주식의 하한가액은 5천만 원이다.
④ 퇴직한 재산등록의무자는 퇴직 시점까지의 재산변동을 퇴직일부터 6개월 이내에 신고하여야 한다.

해설

① (×) 국립대학교의 총장·부총장·대학원장·학장은 재산등록대상자이다.
② (○) 공무원(지방의회의원 포함) 또는 공직유관단체의 임직원은 외국으로부터 선물을 받거나 그 직무와 관련하여 외국인(외국단체 포함)에게 선물을 받으면 지체 없이 소속기관·단체의 장에게 신고하고 그 선물을 인도하여야 한다.
③ **매력적 오답** (×) 재산공개대상자는 본인 및 그 이해관계자 모두가 보유한 주식의 총 가액이 1천만 원 이상 5천만 원 이하의 범위에서 대통령령으로 정하는 금액(3천만 원)을 초과할 때에는 초과하게 된 날부터 2개월 이내에 등록기관에 신고하여야 한다.
④ **매력적 오답** (×) 퇴직한 재산등록의무자는 퇴직일부터 2개월이 되는 날이 속하는 달의 말일까지 그 해 1월 1일부터 퇴직일까지의 재산 변동사항을 퇴직 당시의 등록기관에 신고하여야 한다.

정답 | ②

708

708 필수
기출처: 2024 국가직 7급
난이도: ★
키워드: 이해충돌방지

「공직자윤리법」상 공직자 윤리 확보에 대한 설명으로 옳지 않은 것은?

① 「공직자윤리법」의 목적은 공익과 사익의 이해충돌을 방지하고, 국민 전체의 봉사자로서 행정의 민주성과 능률성을 확립하는 것이다.
② 국가는 공직자가 공직에 헌신할 수 있도록 공직자의 생활을 보장하고 공직윤리 확립에 노력하여야 한다.
③ 퇴직 공직자는 재직 중인 공직자의 공정한 직무수행을 해치는 상황이 일어나지 않도록 노력하여야 한다.
④ 공직자는 자신이 수행하는 직무가 자신의 재산상 이해와 관련되어 공정한 직무수행이 어려운 상황이 일어나지 않도록 직무수행의 적정성을 확보하여야 한다.

해설

① (×) 국민 전체의 봉사자로서 행정의 민주성과 능률성을 확립하는 것을 목적으로 하는 것은 「국가공무원법」이다. 「공직자윤리법」은 공직자 및 공직후보자의 재산등록, 등록재산 공개 및 재산 형성과정 소명과 공직을 이용한 재산취득의 규제, 공직자의 선물신고 및 주식백지신탁, 퇴직 공직자의 취업제한 및 행위제한 등을 규정함으로써 공직자의 부정한 재산 증식을 방지하고, 공무집행의 공정성을 확보하는 등 공익과 사익의 이해충돌을 방지하여 국민에 대한 봉사자로서 가져야 할 공직자의 윤리를 확립함을 목적으로 한다.
② (○) 「공직자윤리법」에 따르면, "국가는 공직자가 공직에 헌신할 수 있도록 공직자의 생활을 보장하고, 공직윤리 확립에 노력하여야 한다."라고 명시되어 있다.
③ (○) 「공직자윤리법」에 따르면, "퇴직공직자는 재직 중인 공직자의 공정한 직무수행을 해치는 상황이 일어나지 아니하도록 노력하여야 한다."라고 명시되어 있다.
④ (○) 「공직자윤리법」에 따르면, "공직자는 자신이 수행하는 직무가 자신의 재산상 이해와 관련되어 공정한 직무수행이 어려운 상황이 일어나지 아니하도록 직무수행의 적정성을 확보하여야 한다."라고 명시되어 있다.

정답 | ①

709

「공직자윤리법」의 내용으로 옳지 않은 것은?

① 공무원의 가족이 외국 혹은 외국인으로부터 받은 선물은 신고절차를 거친 후 지체 없이 당사자에게 반환하여야 한다.
② 취업심사대상자는 관할 공직자윤리위원회의 승인을 받지 않고는 취업제한기관에 퇴직일로부터 3년간 취업할 수 없다.
③ 한국은행과 공기업은 정부 공직자윤리위원회에 의해서 공직유관단체로 지정될 수 있다.
④ 공개대상자 등 및 그 이해관계인이 보유하고 있는 주식의 직무관련성을 심사·결정하기 위하여 인사혁신처에 주식백지신탁심사위원회를 둔다.

709　① ② ③
기출처　2017 국가직 7급(하)
난이도　★
키워드　선물신고

🔍 관련기출 옳은지문
• 「공직자윤리법」에 따르면 재산공개 대상자 등 및 그 이해관계인이 보유하고 있는 주식의 직무관련성을 심사·결정하기 위하여 인사혁신처에 주식백지신탁 심사위원회를 두고 있다. 　19. 경찰간부

해설

① (×) 신고절차를 거친 후 당사자에게 반환하는 것이 아니라 국고에 귀속시킨다.
② (○) 취업심사대상자는 퇴직일부터 3년간 퇴직 전 5년 동안 소속하였던 부서 또는 기관의 업무와 밀접한 관련성이 있는 취업제한기관에 취업할 수 없다.
③ (○) 한국은행, 공기업, 정부의 출자·출연·보조를 받는 기관·단체, 지방공사, 지방공단 등은 공직자윤리위원회에 의해 공직유관단체로 지정될 수 있다.
④ **매력적 오답** (○) 주식백지신탁심사위원은 인사혁신처에 설치되어 있다. 반면 공직자윤리위원회는 자치단체에도 설치되어 있으니 주의해야 한다.

정답 | ①

710

기출처 2017 국가직 9급
난이도 ★★
키워드 취업제한

710
다음 ㉠과 ㉡에 들어갈 내용으로 옳은 것은?

> 「공직자윤리법」에서는 퇴직 공직자의 취업제한 및 행위제한 등을 규정하고 있는데, 취업심사대상자는 퇴직일부터 (㉠)간 퇴직 전 (㉡) 동안 소속하였던 부서 또는 기관의 업무와 밀접한 관련성이 있는 취업제한기관에 취업할 수 없다.

	㉠	㉡
①	3년	5년
②	5년	3년
③	2년	3년
④	2년	5년

🔍 관련기출 옳은지문
• 「공직자윤리법」에 따르면 재산등록 의무자로 퇴직한 공직자는 퇴직 전 5년 이내 담당한 업무와 연관된 기업체에 퇴직일로부터 3년간 취업할 수 없다. 24. 국회직 8급

해설
① (O) 취업심사대상자는 퇴직일부터 3년간, 퇴직 전 5년 동안 소속하였던 부서 또는 기관의 업무와 밀접한 관련성이 있는 취업제한기관에 취업할 수 없다.

정답 | ①

711

기출처 2023 지방직 7급
난이도 ★★
키워드 공직윤리

711 〈필수〉
공직윤리 관련 제도에 대한 설명으로 옳지 않은 것은?

① 공익신고자의 동의 없이 공익신고자의 인적사항 등을 다른 사람에게 알려주거나 공개할 경우, 징역 또는 벌금 등 법적 제재 대상이 된다.
② 지방공무원이 외국 정부로부터 영예나 증여를 받을 경우에는 소속 지방자치단체장의 허가를 받아야 한다.
③ 「공직자윤리법」을 통해 이해충돌방지의무를 규정하고 주식백지신탁제도를 도입하였다.
④ 「공직자윤리법」상 재산등록의무자 모두가 등록재산 공개대상은 아니다.

해설
① (O) 누구든지 공익신고자의 동의 없이 공익신고자의 인적사항이나 공익신고자임을 미루어 알 수 있는 사실을 다른 사람에게 알려주거나 공개해서는 안 되며, 이를 위반할 경우 5년 이하의 징역 또는 5천만 원 이하의 벌금에 처해진다.
② (X) 지방공무원이 외국 정부로부터 영예나 증여를 받을 경우에는 대통령의 허가를 받아야 한다.
③ (O) 「공직자윤리법」을 통해 이해충돌방지의무를 규정하고 주식백지신탁제도를 도입하였다.
④ (O) 원칙적으로 4급 이상 공무원이 재산등록대상자이고, 이 중 1급 이상이 재산공개대상자이다.

정답 | ②

712

공직윤리 확보를 위한 제도에 대한 설명으로 옳지 않은 것은?

① 국민권익위원회는 공익신고자 등으로부터 보호조치를 신청 받은 때에는 바로 공익신고자 등이 공익신고 등을 이유로 불이익조치를 받았는지에 대한 조사를 시작하여야 한다.
② 취업심사대상자는 퇴직 전 3년 동안 소속하였던 부서의 업무와 밀접한 관련이 있는 기관에 퇴직일로부터 5년간 취업할 수 없다. 단, 관할 공직자윤리위원회로부터 취업 승인을 받은 경우는 예외로 한다.
③ 재직자는 퇴직 공직자로부터 직무와 관련한 청탁 또는 알선을 받은 경우 이를 소속기관의 장에게 신고하여야 한다.
④ 국민권익위원회는 접수한 부패행위 신고사항을 그 접수일부터 60일 이내에 처리하여야 한다. 단, 신고내용의 특정에 필요한 사항을 확인하기 위한 보완 등이 필요하다고 인정되는 경우에는 그 기간을 30일 이내에서 연장할 수 있다.

712	
기출처	2021 지방직 7급
난이도	★★
키워드	취업심사대상자

해설

① (○) 국민권익위원회는 공익신고자 등으로부터 보호조치를 신청받은 때에는 바로 공익신고자 등이 공익신고 등을 이유로 불이익조치를 받았는지에 대한 조사를 시작하여야 한다.
② (×) 취업심사대상자는 퇴직 전 5년 동안 소속하였던 부서의 업무와 밀접한 관련이 있는 기관에 퇴직일로부터 3년간 취업할 수 없다.
③ **매력적 오답** (○) 공직자는 퇴직 공직자로부터 직무와 관련한 부정청탁 또는 알선을 받은 경우 이를 소속기관의 장에게 신고하여야 한다.
④ (○) 국민권익위원회는 접수한 부패행위 신고사항을 그 접수일부터 60일 이내에 처리하여야 한다. 단, 신고내용의 특정에 필요한 사항을 확인하기 위한 보완 등이 필요하다고 인정되는 경우에는 그 기간을 30일 이내에서 연장할 수 있다.

정답 | ②

713

행정윤리에 대한 설명으로 옳지 않은 것은?

① 「공직자윤리법」상 취업심사대상자는 퇴직일부터 3년간 퇴직 전 5년 동안 소속하였던 부서 또는 기관의 업무와 밀접한 관련성이 있는 취업제한기관에 취업할 수 없다.
② 각급 학교의 입학·성적·수행평가 등의 업무에 관하여 법령을 위반하여 처리·조작하도록 하는 행위는 「부정청탁 및 금품 등 수수의 금지에 관한 법률」상 부정청탁에 해당한다.
③ 「부패방지 및 국민권익위원회의 설치와 운영에 관한 법률」에서는 내부고발자 보호제도를 규정하고 있다.
④ 「공직자 행동강령」은 공무원이 준수하여야 할 행동기준으로 「국가공무원법」에 규정되어 있다.

해설

① (○) 등록의무자(취업심사대상자)는 퇴직일부터 3년간 취업심사대상기관에 취업할 수 없다. 다만, 관할 공직자윤리위원회로부터 취업심사대상자가 퇴직 전 5년 동안 소속하였던 부서 또는 기관의 업무와 취업심사대상기관 간에 밀접한 관련성이 없다는 확인을 받거나 취업승인을 받은 때에는 취업할 수 있다.
② (○) 「부정청탁 및 금품 등 수수의 금지에 관한 법률」에 따라 각급 학교의 입학·성적·수행평가·논문심사·학위수여 등의 업무에 관하여 법령을 위반하여 처리·조작하도록 하는 행위는 부정청탁에 해당한다.
③ (○) 「부패방지 및 국민권익위원회의 설치와 운영에 관한 법률」은 부패행위를 신고한 자를 보호하고 지원함으로써 부패를 방지하기 위해 내부고발자 보호제도를 규정하고 있다.
④ (×) 「공직자 행동강령」은 「부패방지 및 국민권익위원회의 설치와 운영에 관한 법률」에 근거하여 대통령령으로 제정되어 있다. 즉, 「국가공무원법」에 규정되어 있는 것은 아니다.

정답 | ④

714 〈필수〉

백지신탁 제도에 대한 설명으로 옳지 않은 것은?

① 주식백지신탁의 수탁기관은 신탁재산을 관리·운용·처분한 내용을 관할 공직자윤리위원회에 보고하여야 한다.
② 우리나라의 「공직자의 이해충돌 방지법」에는 백지신탁제도가 규정되어 있지 않다.
③ 공개대상자 및 그 이해관계인이 보유하고 있는 주식의 직무관련성을 심사·결정하기 위하여 인사혁신처에 주식백지신탁 심사위원회를 둔다.
④ 백지신탁은 이해충돌이 존재하는 주식을 신탁회사에서 해당 공직자의 의견을 반영해 이해충돌이 없는 주식으로 변경하는 제도이다.

관련기출 옳은지문
- 「공직자윤리법」은 주식백지신탁의무와 이해충돌방지의무를 규정하고 있다. 24. 국회직 8급

해설

① (○) 주식백지신탁의 수탁기관은 매년 1월 1일부터 12월 31일까지 신탁재산을 관리·운용·처분한 내용을 다음 해 1월 중에 관할 공직자윤리위원회에 보고하여야 한다.
② **매력적 오답** (○) 백지신탁제도는 「공직자의 이해충돌 방지법」이 아닌 「공직자윤리법」에 규정되어 있다.
③ (○) 「공직자윤리법」에 따라 공개대상자 및 그 이해관계인이 보유하고 있는 주식의 직무관련성을 심사·결정하기 위하여 인사혁신처에 주식백지신탁 심사위원회를 둔다.
④ (×) 주식백지신탁계약이 체결된 경우 공개대상자 등 또는 그 이해관계자는 신탁재산의 관리·운용·처분에 관여하여서는 아니 된다.

정답 | ④

715
행정윤리 및 행정통제 제도에 대한 설명으로 옳지 않은 것은?

① 「행정절차법」 – 국민의 권익을 제한하는 처분을 할 경우에는 당사자에게 사전 통지해야 한다.
② 내부고발자 보호제도 – 조직의 불법행위를 언론이나 국회 등 외부에 알린 조직 구성원을 보호한다.
③ 옴부즈만(ombudsman) – 행정이 잘못된 경우 해당 공무원에게 설명을 요구하고 필요한 사항을 조사하여 그 결과를 민원인에게 알려 준다.
④ 백지신탁 – 4급 이상 공무원은 이해의 충돌을 막기 위해 보유한 부동산을 수탁기관에 신탁해야 한다.

해설

① (O) 행정청은 당사자에게 의무를 부과하거나 권익을 제한하는 처분을 하는 경우에는 미리 당사자 등에게 통지하여야 한다.
② (O) 누구든지 이 법에 따른 신고나 이와 관련한 진술 그 밖에 자료 제출 등을 한 이유로 소속기관·단체·기업 등으로부터 징계조치 등 어떠한 신분상 불이익이나 근무조건상의 차별을 받지 아니한다.
③ (O) 옴부즈만은 정부나 의회에 의해 임명된 관리로서, 시민들에 의해 제기된 각종 민원을 수사하고 해결해주는 사람을 말한다.
④ (X) 주식의 매각 또는 백지신탁의 대상자는 등록의무자 중 공개대상자이며, 공개대상자는 원칙적으로 1급 이상 공무원이다.

정답 | ④

관련기출 옳은지문

- 내부고발은 조직구성원인 개인 또는 집단(퇴직자도 포함)이 비윤리적이라고 판단되는 조직 내의 일을 대외적으로 폭로하는 행위를 말한다.
  18. 경찰승진

- 공직자는 그 직무를 행함에 있어 다른 공직자가 부패행위를 한 사실을 알게 되었거나 부패행위를 강요 또는 제의받은 경우에는 지체 없이 이를 수사기관·감사원 또는 국민권익위원회에 신고하여야 한다.
  18. 경찰승진

- 내부고발자에 대하여 신분상 불이익이나 근무조건상의 차별을 한 자가 국민권익위원회의 적절한 조치 요구를 이행하지 아니한 때에는 형사처벌을 받는다.
  18. 경찰승진

716 〈필수〉
「공직자윤리법」에서 규정하고 있는 것만을 모두 고르면?

| ㄱ. 이해충돌방지의무 | ㄴ. 등록재산의 공개 |
| ㄷ. 종교 중립의 의무 | ㄹ. 품위 유지의 의무 |

① ㄱ, ㄴ
② ㄱ, ㄹ
③ ㄴ, ㄷ
④ ㄷ, ㄹ

해설

ㄱ, ㄴ. (O) 이해충돌방지의무와 등록재산의 공개가 「공직자윤리법」에 규정된 의무이다.
ㄷ, ㄹ. (X) 종교 중립의 의무와 품위 유지의 의무는 「국가공무원법」에 규정된 의무이다.

정답 | ①

717

기출처	2020 국가직 7급
난이도	★★
키워드	「공직자윤리법」

717
우리나라의 행정윤리에 대한 설명으로 옳은 것만을 모두 고르면?

> ㄱ. 「공직자윤리법」상 지방의회 의원은 외국정부 등으로부터 받은 선물의 신고의무가 없다.
> ㄴ. 우리나라에서는 내부고발자 보호제도를 법률로 규정하고 있다.
> ㄷ. 「공직자윤리법」에 따르면 총경 이상의 경찰공무원과 소방정 이상의 소방공무원은 재산을 등록해야 한다.
> ㄹ. 공무원의 주식백지신탁 의무는 「부패방지 및 국민권익위원회의 설치와 운영에 관한 법률」에 규정되어 있다.

① ㄱ, ㄴ   ② ㄱ, ㄷ   ③ ㄴ, ㄷ   ④ ㄷ, ㄹ

해설

ㄱ. (×) 「공직자윤리법」에 따르면 지방의회 의원 역시 외국정부 등으로부터 선물을 받은 경우 이를 신고하여야 한다.
ㄴ. (○) 내부고발자 보호제도는 「부패방지 및 국민권익위원회의 설치와 운영에 관한 법률」과 「공익신고자 보호법」에 도입되어 있다.
ㄷ. (○) 「공직자윤리법」상 4급 이상의 일반직 공무원, 대령 이상의 장교, 총경 이상의 경찰공무원, 소방정 이상의 소방공무원 등이 재산등록의 대상이다.
ㄹ. **매력적 오답** (×) 공무원의 주식백지신탁 의무는 「공직자윤리법」에 규정되어 있다.

정답 | ③

718

기출처	2017 국가직 9급(하)
난이도	★
키워드	이해충돌

718
다음은 판례의 일부이다. 괄호 안에 들어갈 말로 옳은 것은?

> 주식백지신탁제도라 함은 공직자의 재산과 그가 담당하는 직무 사이에 발생하는 (   )을 사전에 회피하고, 공직자가 직위 또는 직무상 알게 된 정보를 이용하여 주식거래를 하거나 주가에 영향을 미쳐 부정하게 재산을 증식하는 것을 방지하며, 국민에 대한 봉사자로서 직무전념의무를 다하도록 하기 위해 일정 금액을 초과하는 주식을 보유하고 있는 경우에는 그 주식을 매각하거나 그 주식의 관리·운용·처분 권한 일체를 수탁기관에 위임하여 자신의 재산이 어떠한 형태로 존속하는지 알 수 없도록 신탁계약을 체결하도록 하는 제도를 말한다.

① 이념갈등   ② 이해충돌
③ 민간위탁   ④ 부정청탁

해설

② (○) 주식백지신탁제도는 이해충돌을 방지하기 위해 도입된 제도이다. 등록의무자 중 공개대상자와 기획재정부 및 금융위원회 소속 공무원 중 대통령령으로 정하는 사람은 본인 및 그 이해관계자 모두가 보유한 주식의 총 가액이 1천만 원 이상 5천만 원 이하의 범위에서 대통령령으로 정하는 금액(3천만 원)을 초과할 때에는 초과하게 된 날부터 1개월 이내에 등록기관에 신고하여야 한다. 다만, 주식백지신탁 심사위원회로부터 직무관련성이 없다는 결정을 통지받은 경우에는 그러하지 아니하다.

정답 | ②

719

부패의 원인에 관한 도덕적 접근방법의 입장과 가장 가까운 것은?

① 부패는 관료 개인의 윤리의식과 자질로 인하여 발생한다.
② 부패는 관료 개인의 속성, 제도, 사회문화적 환경 등의 여러 요인이 복합적으로 상호작용한 결과이다.
③ 부패는 현실과 괴리된 법령의 이중적인 규제 기준과 모호한 법규정, 적절한 통제장치의 미비 등에 의해 발생한다.
④ 부패는 공식적 법규나 규범보다는 관습과 같은 사회문화적 환경에 의해 유발된다.

719	
기출처	2020 지방직 7급
난이도	★★
키워드	도덕적 접근방법

해설

① (○) 부패의 원인에 관한 도덕적 접근방법은 개인의 윤리의식과 자질로 인하여 부패가 발생하였다고 보는 입장이다.
② (×) 부패가 여러 요인에 의해 복합적으로 나타난다는 것은 부패에 관한 체제론적 시각이다.
③ (×) 현실과 괴리된 법령의 이중적인 규제 기준과 모호한 법규정, 적절한 통제장치의 미비 등을 부패의 원인으로 보는 것은 부패에 관한 제도적 시각이다.
④ (×) 관습과 같은 사회문화적 환경에 의해 부패가 유발된다는 것은 부패에 관한 사회문화적 시각이다.

고득점 플러스+ 부패의 접근방법 → 부패의 원인

- 도덕적 접근: 개인의 윤리의식과 자질의 부족, 환원주의 오류(→ 구성의 오류, 합성의 오류)
- 구조적 접근: 공무원들의 잘못된 의식구조
- 사회문화적 접근: 특정한 지배적 관습이나 경험적 습성, 생태학적 오류
- 제도적 접근: 법과 제도상의 결함 혹은 운영상의 부작용
- 체제론적 접근: 다양한 원인에 의해 발생하는 복합적 현상 → 부분적 대응의 한계

관련기출 옳은지문

- 도덕적 접근법은 개인의 성격 및 습성과 윤리문제가 공무원 부패와 밀접한 관련이 있다고 본다. 19. 국회직 8급

- 부패에 관한 사회문화적 접근은 특정한 지배적 관습이나 경험적 습성과 같은 것이 부패를 조장한다고 보며 부패를 사회문화적 환경의 종속변수로 본다. 20. 경찰간부

정답 | ①

720

공무원 부패에 대한 체제론적 접근방법을 설명한 것으로 옳은 것은?

① 공무원 부패는 개인들의 윤리의식과 자질 때문에 발생한다.
② 부패는 하나의 변수가 아니라 다양한 요인에 의해 복합적으로 나타난다.
③ 사회의 법과 제도상의 결함 때문에 부패가 발생한다.
④ 특정한 지배적 관습이나 경험적 습성과 같은 것이 부패를 조장한다.

720	
기출처	2015 국가직 7급
난이도	★★
키워드	체제론적 접근방법

해설

① (×) 개인의 윤리의식과 자질의 부족을 부패발생의 원인으로 파악하는 입장은 도덕적 접근이다.
② (○) 체제론적 접근은 부패는 하나의 변수가 아닌 다양한 원인에 의해 발생하는 복합적 현상이므로 부분적 대응으로는 부패를 억제하기 곤란하다는 입장이다.
③ (×) 행정통제장치의 미비처럼 사회의 법과 제도상의 결함 혹은 운영상의 예기치 않은 부작용을 부패발생의 원인으로 보는 입장은 제도적 접근이다.
④ (×) 전통적 선물관행이나 보은의식 등 특정한 지배적 관습이나 경험적 습성이 부패를 조장한다는 입장은 사회문화적 접근이다.

관련기출 옳은지문

- 체제론적 접근법은 문화적 특성, 제도상 결함, 구조상 모순, 공무원의 행태 등 다양한 요인들에 의해 복합적으로 공무원 부패가 나타난다고 본다. 19. 국회직 8급

정답 | ②

721	
기출처	2025 국가직 9급
난이도	★★
키워드	제도화된 부패

721
공직부패의 유형과 사례가 바르게 연결된 것은?

① 제도화된 부패 – A기관은 인·허가 관련 업무를 처리할 때 민원인에게 '급행료'를 받는 것이 관례화되어 있다.
② 회색부패 – 금융위기가 심각함에도 불구하고 경제안정이라는 공익을 위해 관련 공직자 B가 문제가 없다는 거짓말을 한다.
③ 거래형 부패 – 회계 담당 공무원 C는 공금을 횡령하여 이익을 편취한다.
④ 조직부패 – 공무원 D는 담당직무를 수행하면서 개인적으로 금품을 수수한다.

해설

① (O) 제도화된 부패는 부패 행위가 일회적이거나 개인적인 일탈을 넘어 조직이나 사회 시스템 내에서 관행적, 구조적으로 만연되어 있는 상태로, 인허가 시 급행료를 요구하는 것이 관례화되었다면, 이는 부패가 개인의 문제가 아니라 시스템의 문제로 굳어진 제도화된 부패의 전형적인 사례이다.
② (×) 금융위기가 심각함에도 불구하고 경제안정이라는 공익을 위해 관련 공직자 B가 문제가 없다는 거짓말을 하였다면 이는 백색부패에 해당한다.
③ (×) 공금횡령은 공직자가 일방적으로 조직의 자금을 빼돌리는 행위로, 일반적으로 사기형 부패 또는 비거래형 부패로 분류된다.
④ (×) 공무원이 개인적인 이익을 위해 금품을 수수하는 것은 개인부패에 해당한다.

고득점 플러스+ 부패의 유형

- 제도화 여부: 제도화된 부패, 우발적 부패(→ 일탈형 부패·일시적 부패)
- 사회적 용인 여부
  - 백색부패: 사회적으로 용인되고 관례화된 부패 → 선의의 거짓말
  - 회색부패: 처벌에 대해 찬반 대립이 존재하는 부패 → 강령에 규정
  - 흑색부패: 모두가 처벌을 원하는 부패 → 법률에 규정
- 생계형 부패(→ 작은 부패), 치부형 부패(→ 큰 부패)
- 상대방의 존재 여부
  - 상대방의 부존재: 비거래형 부패 → 공금횡령, 회계부정 등
  - 상대방의 존재: 거래형 부패 → 뇌물수수 등
- 부패의 수준: 개인부패와 조직부패(→ 외부에 잘 드러나지 않음)

정답 | ①

722
제도화된 부패(institutionalized corruption)의 특징이 아닌 것은?

① 부패저항자에 대한 제재와 보복
② 부패행위자에 대한 보호와 관대한 처분
③ 실제로 지켜지지 않는 반부패 행동규범의 대외적 표방
④ 공식적 행동규범을 준수하려는 성향의 일상화

해설

①, ② (O) 제도화된 부패 상황에서는 부패행위자는 보호받거나 관대한 처분을 받는 반면, 부패저항자에게는 제재와 보복이 발생한다.
③ (O) 제도화된 부패 상황에서는 실제로 지켜지지 않을 반부패 행동규범이 대외적으로 표방되는 형식주의 현상이 나타난다.
④ (×) 제도화된 부패란 부패가 일상화·제도화되어 있어 마치 부패가 실질적인 규범이 되고 바람직한 행동이 예외가 되는 현상으로, 구조화된 부패, 체제적(systemic) 부패 등으로 언급되며 공식적 행동규범에 대한 일탈이 일상화된다.

정답 | ④

722
- 기출처: 2013 국가직 7급
- 난이도: ★
- 키워드: 제도화된 부패

관련기출 옳은지문
- 제도화된 부패는 행정체제 내에서 조직의 임무수행에 필요한 행동규범이 예외적인 것으로 전락되고, 부패가 일상적으로 만연화되어 있는 상황을 지칭하는 부패의 유형이다.
  20. 경찰승진

723 (필수)
공직부패의 유형에 대한 설명으로 옳지 않은 것은?

① 인·허가 업무처리 시 소위 '급행료'를 당연하게 요구하는 행위를 일탈형 부패라고 한다.
② 정치인이나 고위공무원이 자신의 권력을 남용해 사적 이익을 추구하는 것을 권력형 부패라고 한다.
③ 공금횡령, 회계부정 등 거래 당사자 없이 공무원에 의해 일방적으로 발생하는 부패를 사기형 부패라고 한다.
④ 사회체제에 파괴적 영향을 미칠 잠재성이 있음에도 불구하고, 일부 집단은 처벌을 원하는 반면, 다른 집단은 처벌을 원하지 않는 경우를 회색부패라고 한다.

해설

① (×) 인·허가 업무처리에 있어 소위 '급행료'를 당연하게 요구하는 행위는 제도화된 부패라 한다.
② (O) 보통 상급자의 부패를 권력형 또는 치부형 부패라 하고, 하급자의 부패를 생계형 부패라 한다.
③ (O) 부패의 상대방이 존재하면 거래형 부패라 하고, 상대방이 없으면 비거래형 또는 사기형 부패라 한다.
④ (O) 처벌 여부에 대해 논쟁이 있는 부패를 회색부패라 한다.

정답 | ①

723
- 기출처: 2022 국가직 7급
- 난이도: ★★
- 키워드: 공직부패

724

기출처 2018 국가직 9급
난이도 ★★
키워드 공무원 부패

관련기출 옳은지문

• 회색부패는 사회체제에 파괴적인 영향을 미칠 수 있는 잠재성을 지닌 부패로서 사회구성원 가운데 일부 집단은 처벌을 원하지만 다른 일부 집단은 처벌을 원하지 않는 부패의 유형이다. 20. 경찰승진

• 백색부패는 부패행위로 규정될 수 있으나 사회구성원의 다수가 어느 정도 용인하는 관례화된 부패로서 사회체제에 심각한 파괴적 영향을 미치지 않는다. 17. 행정사

• 일탈형 부패는 부패의 제도화 정도에 따른 유형 구분으로서 개인부패에서 많이 발생한다. 09. 국회직 8급

724
공무원 부패의 사례와 그 유형을 바르게 연결한 것은?

> ㄱ. 무허가 업소를 단속하던 공무원이 정상적인 단속활동을 수행하다가 금품을 제공하는 특정 업소에 대해서는 단속을 하지 않는다.
> ㄴ. 금융위기가 심각함에도 불구하고 국민들의 동요나 기업활동의 위축을 방지하기 위해 금융위기가 전혀 없다고 관련 공무원이 거짓말을 한다.
> ㄷ. 인·허가와 관련된 업무를 담당하는 공무원의 대부분은 업무를 처리하면서 민원인으로부터 의례적으로 '급행료'를 받는다.
> ㄹ. 거래당사자 없이 공금 횡령, 개인적 이익 편취, 회계부정 등의 공무원에 의해 일방적으로 발생한다.

	ㄱ	ㄴ	ㄷ	ㄹ
①	제도화된 부패	회색부패	일탈형 부패	생계형 부패
②	일탈형 부패	생계형 부패	조직부패	회색부패
③	일탈형 부패	백색부패	제도화된 부패	비거래형 부패
④	조직부패	백색부패	생계형 부패	비거래형 부패

해설

ㄱ. 무허가 업소를 단속하던 공무원이 정상적인 단속활동을 수행하다가 금품을 제공하는 특정 업소에 대해서는 단속을 하지 않는 것은 일탈형 부패이다.
ㄴ. 금융위기가 심각함에도 불구하고 국민들의 동요나 기업활동의 위축을 방지하기 위해 금융위기가 전혀 없다고 관련 공무원이 거짓말을 하는 것은 백색부패이다.
ㄷ. 인·허가와 관련된 업무를 담당하는 공무원의 대부분은 업무를 처리하면서 민원인으로부터 의례적으로 급행료를 받는 것은 제도화된 부패이다.
ㄹ. 거래당사자 없이 공금 횡령, 개인적 이익 편취, 회계부정 등의 공무원에 의해 일방적으로 발생하는 것은 비거래형 부패이다.

정답 | ③

725

고충민원 처리 및 부패방지와 관련된 설명으로 옳지 않은 것은?

① 내부고발자를 보호하기 위한 제도가 시행되고 있다.
② 공공기관의 부패행위에 대해 국민권익위원회에 감사를 청구할 수 있는 국민감사청구제도가 시행되고 있다.
③ 국민권익위원회 위원장과 위원의 임기는 각각 3년으로 하되, 1차에 한하여 연임할 수 있다.
④ 지방자치단체는 고충민원을 처리하기 위해 시민고충처리위원회를 둘 수 있다.

725	
기출처	2016 지방직 7급
난이도	★
키워드	국민감사청구제도

해설

① (O) 「부패방지 및 국민권익위원회의 설치와 운영에 관한 법률」은 내부고발자를 보호하기 위한 신분보장 등의 규정을 담고 있다.
② (×) 국민감사는 감사원에 청구한다. 18세 이상의 국민은 공공기관의 사무처리가 법령위반 또는 부패행위로 인하여 공익을 현저히 해하는 경우 대통령령으로 정하는 일정한 수 이상의 국민의 연서로 감사원에 감사를 청구할 수 있다. 다만, 국회·법원·헌법재판소·선거관리위원회 또는 감사원의 사무에 대하여는 국회의장·대법원장·헌법재판소장·중앙선거관리위원회 위원장 또는 감사원장에게 감사를 청구하여야 한다.
③ **매력적 오답** (O) 국민권익위원회의 직무상 독립을 위하여 위원장과 위원의 임기는 각각 3년으로 하되, 1차에 한하여 연임할 수 있다는 신분보장 규정을 두고 있다.
④ (O) 지방자치단체 및 그 소속기관에 관한 고충민원의 처리와 행정제도의 개선 등을 위하여 각 지방자치단체에 시민고충처리위원회를 둘 수 있다.

정답 | ②

726

「부정청탁 및 금품 등 수수의 금지에 관한 법률」상 금지하는 부정청탁에 해당하지 않는 것은?

① 각급 학교의 입학·성적·수행평가·논문심사·학위수여 등의 업무에 관하여 법령을 위반하여 처리·조작하도록 하는 행위
② 공개적으로 공직자 등에게 특정한 행위를 요구하는 행위
③ 공공기관이 주관하는 각종 수상, 포상, 우수기관 선정 또는 우수자·장학생 선발에 관하여 법령을 위반하여 특정 개인·단체·법인이 선정 또는 탈락되도록 하는 행위
④ 모집·선발·채용·승진·전보 등 공직자 등의 인사에 관하여 법령을 위반하여 개입하거나 영향을 미치도록 하는 행위

726	
기출처	2017 국가직 9급 변형
난이도	★
키워드	부정청탁

🔍 관련기출 옳은지문

• 공직자 등이 자신의 배우자가 수수 금지 금품 등을 받거나 그 제공의 약속 또는 의사표시를 받은 사실을 안 경우 소속 기관장에게 지체 없이 서면으로 신고하여야 한다.
24. 국회직 9급

• 소속 기관장은 공직자 등 또는 그 배우자가 수수 금지 금품 등을 받거나 그 제공의 약속 또는 의사표시를 받은 사실을 알게 된 경우 수사의 필요성이 있다고 인정하는 때에는 그 내용을 지체 없이 수사기관에 통보하여야 한다.
24. 국회직 9급

• 공직자 등의 직무와 관련된 공식적인 행사에서 주최자가 참석자에게 통상적인 범위에서 일률적으로 제공하는 교통, 숙박, 음식물 등은 수수를 금지하는 금품 등에 해당하지 아니한다.
24. 국회직 9급

해설

① (O) 각급 학교의 입학·성적·수행평가·논문심사·학위수여 등의 업무에 관하여 법령을 위반하여 처리·조작하도록 하는 행위는 부정청탁에 해당한다.
② (×) 공개적으로 공직자 등에게 특정한 행위를 요구하는 행위는 부정청탁에 해당하지 않는다.
③ (O) 공공기관이 주관하는 각종 수상, 포상, 우수기관 선정 또는 우수자·장학생 선발에 관하여 법령을 위반하여 특정 개인·단체·법인이 선정 또는 탈락되도록 하는 행위는 부정청탁에 해당한다.
④ (O) 모집·선발·채용·승진·전보 등 공직자 등의 인사에 관하여 법령을 위반하여 개입하거나 영향을 미치도록 하는 행위는 부정청탁에 해당한다.
※ 출제 당시, "① 각급 학교의 입학·성적·수행평가~, ③ ~우수기관 선정 또는 우수자 선발에~, ④ 채용·승진·전보 등 공직자 등의 인사에~"이였으나 2021년 12월 「부정청탁 및 금품 등 수수의 금지에 관한 법률」이 개정되어 선택지를 수정하였습니다.

정답 | ②

727

「부정청탁 및 금품 등 수수의 금지에 관한 법률 시행령」의 내용 중 음식물·경조사비 등의 가액 범위로 옳지 않은 것은? (단, 합산의 경우는 배제한다)

① 음식물: 5만 원
② 축의금·조의금: 5만 원
③ 축의금·조의금을 대신하는 화환·조화: 10만 원
④ 유가증권(상품권 제외): 5만 원

해설

① (O) 음식물은 3만 원에서 최근 5만 원으로 조정되었다.
②, ③ (O) 축의금·조의금은 기존의 그대로 5만 원이고, 축의금·조의금을 대신하는 화환·조화 역시 기존 그대로 10만 원이다.
④ (×) 유가증권(상품권 제외)은 선물의 범위에서 포함되지 않아 수수가 금지된다.
※ 2024년 8월 개정된 「부정청탁 및 금품등 수수의 금지에 관한 법률 시행령」으로 선택지를 수정하였습니다.

정답 | ④

728 필수

공직자의 이해충돌에 대한 설명으로 옳지 않은 것은?

① 우리나라는 2021년 5월 「공직자의 이해충돌 방지법」을 제정하였다.
② 이해충돌은 그 특성에 따라 실제적, 외견적, 잠재적 형태로 분류할 수 있다.
③ 이해충돌 회피에 있어서는 '어느 누구도 자신이 연루된 사건의 재판관이 되어서는 안 된다'라는 원칙이 적용된다.
④ 「공직자의 이해충돌 방지법」의 위반행위는 감사원, 수사기관, 국민권익위원회 등에 신고할 수 있으나 위반행위가 발생한 기관은 제외된다.

해설

① (O) 우리나라는 공직자의 이해충돌 방지를 위해 2021년 5월에 「공직자의 이해충돌 방지법」이 제정된 후 2022년 5월부터 시행되고 있다.
② (O) 실질적 이해충돌은 현재 발생하고 있고, 과거에도 발생한 이해충돌을 의미하고, 외견상 이해충돌은 공무원의 사익이 부적절하게 공적 의무의 수행에 영향을 미칠 가능성이 있는 상태로, 부정적 영향이 현재화된 것은 아닌 상태를 의미한다. 그리고 잠재적 이해충돌은 공무원이 미래에 공적 책임에 관련된 일에 연루되는 것을 의미한다.
③ (O) 이해충돌 회피에 있어서는 '어느 누구도 자신이 연루된 사건의 재판관이 되어서는 안 된다.'라는 원칙이 적용된다. 이는 공정하고 객관적인 직무 수행을 위해 필수적인 원칙이다.
④ (×) 「공직자의 이해충돌 방지법」의 위반행위가 발생하였거나 발생하고 있다는 사실을 알게 된 경우에는 이를 위반행위가 발생한 공공기관 또는 그 감독기관, 감사원 또는 수사기관, 국민권익위원회 등에 신고할 수 있다.

정답 | ④

관련기출 옳은지문

- 공무원의 이해충돌은 공적으로 부여된 직무 수행상의 의무와 사인으로서 사적 이익 간의 충돌이다. 21. 소방간부
- 공무원의 이해충돌은 회피를 통하여 공적 의무와 사적 이익의 충돌을 해소할 수 있다. 21. 소방간부
- 공무원의 이해충돌은 당장은 아니더라도 시간차를 두고 이해충돌이 부패행위로 발현될 수 있다. 21. 소방간부
- 인·허가를 담당하는 공직자는 자신의 직무관련자가 사적이해관계자임을 안 경우 안 날부터 14일 이내에 소속기관장에게 그 사실을 서면으로 신고하고 회피를 신청하여야 한다. 24. 경찰승진
- 고위공직자는 그 직위에 임용되거나 임기를 개시하기 전 3년 이내에 민간 부문에서 업무활동을 한 경우, 그 활동 내역을 그 직위에 임용되거나 임기를 개시한 날부터 30일 이내에 소속기관장에게 제출하여야 한다. 24. 경찰승진

729 〈필수〉

「공직자의 이해충돌방지법」상 '사적이해관계자'로 규정하고 있는 대상이 아닌 것은?

① 공직자 자신 또는 그 가족
② 공직자의 직무수행과 관련하여 이익 또는 불이익을 직접적으로 받는 다른 공직자
③ 공직자로 채용·임용되기 전 2년 이내에 공직자의 자신이 재직하였던 법인 또는 단체
④ 공직자 자신 또는 그 가족이 임원·대표자·관리자 또는 사외이사로 재직하고 있는 법인 또는 단체

729
기출처 | 2024 국가직 9급
난이도 | ★
키워드 | 사적이해관계자

해설

①, ③, ④ (○) 공직자 자신 또는 그 가족, 공직자로 채용·임용되기 전 2년 이내에 공직자의 자신이 재직하였던 법인 또는 단체, 공직자 자신 또는 그 가족이 임원·대표자·관리자 또는 사외이사로 재직하고 있는 법인 또는 단체 등이 사적이해관계자에 해당한다.
② (×) 공직자의 직무수행과 관련하여 이익 또는 불이익을 직접적으로 받는 다른 공직자는 직무관련자이다.

정답 | ②

PART

V

재무행정론

에 듀 윌 공 무 원 행 정 학

CHAPTER 01	재무행정의 기초
CHAPTER 02	예산결정이론
CHAPTER 03	예산의 과정
CHAPTER 04	예산개혁론

에 듀 윌 공 무 원 행 정 학

CHAPTER 01 재무행정의 기초

730

730	① ② ③
기출처	2013 국가직 9급
난이도	★★
키워드	수익자 부담

공공서비스 제공 시 사용료 부과 등 수익자 부담의 원칙을 적용할 때 발생할 수 있는 현상은?

① 공공서비스의 불필요한 수요를 줄일 수 있다.
② 누진세에 비해 사회적 형평성의 제고 효과가 크다.
③ 일반 세금에 비해 조세저항을 강하게 유발한다.
④ 비용편익분석이 곤란하게 되어 경제적 효율성을 저하시킨다.

> **해설**
>
> ① (O) 공공서비스에 사용료를 부과하면 해당 서비스를 무료로 이용할 때보다 수요가 감소하여 불필요한 소비를 줄일 수 있으므로 자원의 효율적 배분을 유도한다.
> ② (×) 누진세는 가진 자에게 더 많은 세금을 부과하는 제도이다. 반면 수익자 부담은 공공서비스를 사용하는 자가 비용을 지불하는 제도이므로 효율성은 높아지겠지만 가격에 따른 차별적 서비스가 발생하므로 형평성이 저해될 수 있다.
> ③ (×) 수익자 부담은 서비스 수혜자가 비용을 지불하므로 수혜와 상관없이 비용을 지불하는 조세보다는 그 저항이 약한 편이다.
> ④ (×) 수익자 부담은 비용편익분석을 바탕으로 가격이 책정되고, 공공서비스의 불필요한 낭비를 방지하므로 효율성이 높아질 수 있다.
>
> 정답 | ①

731

731	① ② ③
기출처	2019 국가직 9급
난이도	★★
키워드	국공채

정부가 동원하는 공공재원에 대한 설명으로 옳지 않은 것은?

① 조세로 투자된 자본시설은 개인이 대가를 지불하지 않은 것으로 인식되어 과다 수요 혹은 과다 지출되는 비효율성 문제가 발생할 수 있다.
② 수익자 부담금은 시장기구와 유사한 메커니즘을 통해 공공서비스의 최적 수준을 지향하여 자원배분의 효율성을 제고할 수 있다.
③ 국공채는 사회간접자본(SOC)에 관한 사업이나 시설로 인해 편익을 얻게 될 경우 후세대도 비용을 분담하기 때문에 세대 간 형평성을 훼손시킨다.
④ 조세의 경우 납세자인 국민들은 정부지출을 통제하고 성과에 대한 직접적인 책임을 요구할 수 있다.

해설

① (○) 조세를 부담하는 사람과 이로 인해 혜택을 보는 사람이 분리되어 있어 과다 지출의 문제가 유발될 수 있다. 즉, 혜택을 보는 집단은 비용부담자의 부담은 고려하지 않고 재정사업의 확대를 도모할 우려가 크다.
② (○) 수익자 부담금은 가격과 유사하다. 혜택을 보는 사람이 비용을 지불하여야 하므로 자원배분의 낭비를 막을 수 있다.
③ (×) 사회간접자본은 미래 세대도 혜택을 보므로, 국공채 등을 통해 자원을 조달한다면 현 세대와 미래 세대 간 부담의 형평성을 높일 수 있다.
④ 매력적 오답 (○) 세금으로 재원을 조달할 경우 그 부담자의 반발이 크므로 정부지출에 대한 통제와 성과에 대한 책임의 요구가 강할 수 있다.

정답 | ③

관련기출 옳은지문

- 조세는 국가가 재정권에 기초해 동원하는 공공재원으로 형벌권에 기초해서 처벌을 목적으로 부과하는 벌금이나 행정법상 부과하는 과태료와 다르다. 21. 군무원 7급

- 조세는 일반국민을 대상으로 부과한다는 점에서 행정활동으로부터 이익을 받는 특정 시민을 대상으로 이익의 일부를 징수하는 수수료나 수익자 부담금과 다르다. 21. 군무원 7급

- 조세는 강제로 징수하기 때문에 합의원칙 내지 임의원칙으로 확보되는 공기업 수입, 재산수입, 기부금과 다르다. 21. 군무원 7급

- 조세를 통해 투자된 자본시설은 대가를 지불하지 않는 자유재(free goods)로 인식돼 과다 수요 혹은 과다지출되는 비효율성 문제가 발생한다. 16. 국회직 8급

- 미래 세대까지 혜택이 발생하는 자본투자를 조세수입에 의해 충당할 경우 세대 간 비용·편익의 형평성 문제가 발생한다. 16. 국회직 8급

732
국세에 해당하는 것으로만 묶은 것은?

ㄱ. 취득세	ㄴ. 자동차세
ㄷ. 종합부동산세	ㄹ. 인지세
ㅁ. 등록면허세	ㅂ. 주세

① ㄱ, ㄹ
② ㄴ, ㄷ
③ ㄷ, ㅁ
④ ㄹ, ㅂ

732
기출처 2018 국가직 7급
난이도 ★
키워드 국세

해설

ㄱ, ㄴ, ㄷ. (×) 취득세, 자동차세, 등록면허세는 지방세이다.
ㄹ, ㅁ, ㅂ. (○) 종합부동산세, 인지세, 주세가 국세이다.

정답 | ④

733 〈필수〉

기출처 2022 국가직 7급
난이도 ★
키워드 의무지출

중앙정부의 지출 성격상 의무지출에 해당하는 것만을 모두 고르면?

> ㄱ. 지방교부세
> ㄴ. 유엔 평화유지활동(PKO) 예산분담금
> ㄷ. 정부부처 운영비
> ㄹ. 지방교육재정교부금
> ㅁ. 국채에 대한 이자지출

① ㄱ, ㄴ, ㅁ
② ㄴ, ㄷ, ㄹ
③ ㄱ, ㄴ, ㄹ, ㅁ
④ ㄱ, ㄷ, ㄹ, ㅁ

해설

ㄱ, ㄴ, ㄹ, ㅁ. (○) 의무지출은 예산을 편성하는 중앙정부나 예산을 심의·확정하는 국회가 해당 사업의 근거 법령을 제·개정하지 않는 이상 임의로 늘리거나 줄이기 어려운 지출로, 지방교부세, 유엔 평화유지활동(PKO) 예산분담금, 지방교육재정교부금, 국채에 대한 이자지출 등이 중앙정부의 의무지출에 해당한다.

ㄷ. (×) 정부부처의 운영비는 경직성 경비의 성격이 있지만 국회의 예산심의 과정에서 변할 수 있으므로 의무지출에 속하지 않는다.

고득점 플러스+ 의무지출과 재량지출

- 의무지출: 법률에 따라 지출의무가 발생하고, 법령에 따라 지출근거와 요건 및 지출규모가 결정되는 법정지출 및 이자지출
  - 지방교부세, 지방교육재정교부금 등 법률에 따라 지출의무가 정해지고 법령에 따라 지출규모가 결정되는 지출
  - 국제조약 또는 일반적으로 승인된 국제법규에 따라 발생되는 지출(→ 유엔 PKO 분담금, WHO 의무분담금 등)
  - 국채 및 차입금 등에 대한 이자지출
- 재량지출
  - 정부가 정책적 의지나 재량에 따라 대상과 규모를 어느 정도 조정 가능한 예산
  - 투자사업비, 경상적 경비 등 의무지출을 제외한 나머지 지출로, 매년 입법조치가 필요한 유동적인 지출이 포함됨

정답 | ③

734 〈필수〉

기출처 2022 국가직 7급
난이도 ★
키워드 중앙예산기관

우리나라 중앙예산기관의 변천에 대한 설명으로 옳지 않은 것은?

① 국무총리 직속 기획처 예산국이 우리나라에서 처음으로 중앙예산기관의 역할을 담당하였다.
② 1961년 설립된 경제기획원은 수입·지출의 총괄기능을 담당하였으며, 재무부는 중앙예산기관의 역할을 담당하였다.
③ 김영삼 정부는 1994년 정부조직개편을 통해 경제기획원과 재무부를 재정경제원으로 통합하여 세제, 예산, 국고기능을 일원화하였다.
④ 현재는 기획재정부 예산실이 중앙예산기관의 역할을 담당하고 있다.

해설

① (O) 1948년 정부 수립과 함께 국무총리 직속의 기획처에 예산국이 설치되어 예산 기능을 담당하였다. 이는 우리나라 중앙예산기관의 시초로 볼 수 있다.
② (×) 1961년 설립된 경제기획원이 중앙예산기관의 역할을 담당하였고, 재무부가 수입·지출의 총괄기능 역할을 담당하였다.
③ **매력적 오답** (O) 김영삼 정부는 1994년 정부조직개편을 통해 재정경제원을 설립하여 경제기획원과 재무부의 기능을 통합하였고, 이를 통해 세제, 예산, 국고기능을 일원화하였다.
④ (O) 현재 기획재정부 예산실이 중앙예산기관의 역할을 담당하고, 세제실이 수지총괄기능을 담당한다.

정답 | ②

관련기출 옳은지문

- 재무행정 조직은 중앙예산기관과 국고수지총괄기관의 분리 여부에 따라 삼원체제와 이원체제로 구분된다. 18. 경찰승진

- 미국은 관리예산처, 재무부, 연방준비은행이 분리된 삼원체제에 해당한다. 18. 경찰승진

- 우리나라는 현재 중앙예산기관과 국고수지총괄기관이 기획재정부에 통합되어 있는 이원체제에 해당되며, 이는 세입·세출의 유기적 연계성을 높인다. 18. 경찰승진

735 필수

예산과 법률의 차이점에 대한 설명으로 옳지 않은 것은?

① 법률안은 국회의원과 정부가 제출할 수 있지만, 예산안은 정부만이 제출할 수 있다.
② 발의·제출된 법률안에 대해 국회는 수정할 수 있지만, 예산안의 경우 국회는 정부의 동의 없이 제출된 지출예산 각 항의 금액을 증가하거나 새 비목을 설치할 수 없다.
③ 법률안은 대외적 효력을 인정받기 위해 공포 절차를 거쳐야 하지만 예산안은 국회에서 의결되면 효력을 갖는다.
④ 대통령은 국회가 의결한 법률안에 대해 재의 요구를 할 수 있으나, 국회는 정부가 제출한 예산안에 대한 심의·의결 자체를 거부할 수 있다.

735	① ② ③
기출처	2023 국가직 7급
난이도	★★
키워드	예산과 법률

해설

① (O) 법률안은 국회의원과 정부 모두 제출할 수 있는 반면, 예산안은 헌법에 따라 정부만이 국회에 제출할 수 있다.
② (O) 「헌법」 제57조는 "국회는 정부의 동의 없이 제출된 지출예산 각 항의 금액을 증가하거나 새 비목을 설치할 수 없다."고 규정하고 있다.
③ (O) 법률은 국민에게도 영향을 미치므로 공포를 하여야 하지만 예산은 국가기관만을 구속하므로 공포하여야만 효력을 갖는 것은 아니다.
④ (×) 「헌법」에 의하면 국회는 회계연도 개시 30일 전까지 예산안을 의결하여야 한다고 규정하고 있으므로 국회는 정부가 제출한 예산안에 대한 심의·의결 자체를 거부할 수 없다.

고득점 플러스+ 예산과 법률

구분	예산	법률
제출권자	정부	정부와 국회
제출기한	회계연도 개시 90일 전(→「헌법」)	제한 없음
심의기한	회계연도 개시 30일 전(→「헌법」)	제한 없음
심의범위	증액 및 새 비목의 설치 불가	제한 없음
거부권	불가	가능
공포	불요	필요
시간적 효력	회계연도에 국한	계속적 효력
대인적 효력	국가기관	국가기관과 국민
형식적 효력	예산으로 법률의 개폐 불가	법률로 예산의 변경 불가

정답 | ④

736	① ② ③
기출처	2019 국가직 7급
난이도	★★
키워드	예산과 법률

관련기출 옳은지문

· 국회에서 심의·의결된 예산은 공포 없이 확정되어 효력을 가진다.
21. 군무원 7급

· 법률안과 달리 예산안은 정부만이 편성하여 제출할 수 있다.
24. 경찰간부

· 국회는 발의·제출된 법률안을 수정·보완할 수 있지만, 제출된 예산안을 정부의 동의 없이 증액할 수는 없다.
24. 경찰간부

736
우리나라에서 예산과 법률의 차이에 대한 설명으로 옳은 것은?

① 일반적으로 법률은 국가기관과 국민에 대해 구속력을 갖지만, 예산은 국가기관에 대해서만 구속력을 갖는다.
② 대통령은 국회가 의결한 법률안에 대해 거부권이 있지만, 국회의결 예산에 대해서는 사안별로만 재의요구권이 있다.
③ 국회에 제출된 법률안은 의결기한에 제한이 있으나, 예산안은 매년 12월 2일까지 예산결산특별위원회의 심사를 마쳐야 한다.
④ 국회는 발의·제출된 법률안을 수정·보완할 수 있지만, 제출된 예산안은 정부의 동의 없이는 수정할 수 없다.

해설

① (O) 법률은 국가기관과 국민 모두를 구속하지만 예산은 국가기관만 구속한다. 그 결과 법률은 공포가 필요하지만 예산은 공포가 필요하지 않다.
② (X) 법률안에 대해서는 대통령의 거부권이 있지만 예산에 대해서는 재의요구권이 없다.
③ (X) 제출된 법률안에 대한 의결기한의 제한은 없지만 예산안은 회계연도 개시 30일 전까지(12월 2일까지) 본회의의 의결을 마쳐야 한다.
④ (X) 국회는 정부의 동의 없이 제출된 예산안의 금액을 증가하게 하거나 새 비목을 설치할 수 없지만 폐지와 삭감은 가능하다. 즉, 동의 없이 수정할 수 없는 것은 아니다.

정답 | ①

737	① ② ③
기출처	2018 지방직 9급
난이도	★★
키워드	머스그레이브(R. Musgrave)

737
머스그레이브(Musgrave)의 정부 재정기능의 기본원칙에 대한 설명으로 옳지 않은 것은?

① 시장실패를 교정하고 사회의 최적 생산과 소비수준이 이루어지도록 해야 한다.
② 세입 면에서는 차별 과세를 하고, 세출 면에서는 사회보장적 지출을 통해 소외계층을 지원해야 한다.
③ 고용, 물가 등과 같은 거시경제 지표들을 안정적으로 조절해야 한다.
④ 정부에 부여된 목적과 자원을 연계하여 소기의 성과를 거둘 수 있도록 관료를 통제해야 한다.

해설

① (O) 재화의 최적 생산과 소비수준이 이루어지도록 하는 것은 배분기능이다.
② (O) 사회보장 지출을 통해 소외계층을 지원하는 것은 재분배기능이다.
③ (O) 거시경제 지표들을 안정적으로 조절하는 것은 경제안정화기능이다.
④ (X) 머스그레이브(R. Musgrave)가 제시한 재정의 3대 기능은 자원배분기능, 소득재분배기능, 경제안정기능이다. 소기의 성과를 거둘 수 있도록 관료를 통제하는 것은 관리기능으로 이는 쉬크(A. Schick)의 분류이다.

고득점 플러스+ 예산의 경제적 기능 → 머스그레이브(R. Musgrave)

· 자원배분기능(→ 사회적으로 필요한 재화의 생산)
· 소득재분배기능(→ 계층 간 격차의 시정을 위한 소득의 인위적 변환)
· 경기안정화기능(→ 물가와 실업 및 국제수지 불균형의 해소책), 경제성장(→ 개발도상국)

정답 | ④

738

미국의 예산개혁과 결부시켜 쉬크(A. Schick)가 도출한 예산제도의 주된 지향점으로 볼 수 없는 것은?

① 성과지향
② 통제지향
③ 기획지향
④ 관리지향

해설

① (×) 쉬크(A. Schick)는 예산제도 개혁의 주된 지향점으로 통제지향, 관리지향, 기획지향을 제시하였다.
② (○) 통제지향 개혁은 예산집행에 있어서 부정행위를 막는 것이 목적이며, 품목별예산(LIBS)과 관련된다.
③ (○) 기획지향 개혁은 일정액의 예산을 지출하여 장기적 효과를 얻는 것이 목적이며, 계획예산(PPBS)에서 강조되었다.
④ (○) 관리지향 개혁은 일정액의 예산을 지출하여 최대의 성과(능률)를 얻는 것이 목적이며, 성과주의예산(PBS)에서 강조되었다.

정답 | ①

738	1 2 3
기출처	2012 국가직 9급
난이도	★★
키워드	쉬크(A. Schick)

관련기출 옳은지문
- 관리지향 예산은 사업의 투입물보다 사업의 수행방식과 성과에 초점을 두는 예산정향이다. 17. 경찰간부

739 필수

A 예산제도에서 강조하는 기능은?

> A 예산제도는 당시 미국의 국방장관이었던 맥나마라(McNamara)에 의해 국방부에 처음 도입되었고, 국방부의 성공적인 예산개혁에 공감한 존슨(Johnson) 대통령이 1965년에 전 연방정부에 도입하였다.

① 통제
② 관리
③ 기획
④ 감축

해설

① (×) 통제지향은 품목별예산을 의미하고 1921년 연방정부에 도입되었다.
② (×) 관리지향은 성과주의예산을 의미하고 1950년 트루먼 대통령에 의해 도입되었다.
③ (○) 기획지향은 계획예산을 의미하며, 1965년 존슨 대통령에 의해 도입되었다.
④ (×) 감축지향은 영기준예산을 의미하며, 1976년 카터 대통령에 의해 도입되었다.

정답 | ③

739	1 2 3
기출처	2020 지방직 9급
난이도	★★
키워드	맥나마라(R. McNamara)

740

기출처	2012 지방직 9급
난이도	★★
키워드	본예산, 수정예산, 추가경정예산

740
예산을 성립 시기에 따라 분류한 것으로 옳은 것은?

① 일반회계, 특별회계
② 본예산, 수정예산, 추가경정예산
③ 정부출자기관예산, 정부투자기관예산
④ 잠정예산, 가예산, 준예산

해설

① (×) 일반회계, 특별회계는 예산의 성질별 분류이다.
② (○) 본예산, 수정예산, 추가경정예산이 성립 시기에 따른 분류이다.
③ (×) 과거 정부가 납입자본금의 5할 이상을 출자한 기업을 정부투자기관이라 하였고, 납입자본금의 5할 미만을 출자한 기업을 정부출자기관이라 하였으나 지금은 모두 공공기관으로 통일되었다. 이는 설립주체에 따른 예산의 분류이다.
④ (×) 잠정예산, 가예산, 준예산은 예산 불성립 시 대처방안이다.

정답 | ②

관련기출 옳은지문
- 수정예산은 정부가 예산안을 국회 제출 후 국회의결 전에 예산안을 변경하는 것이다. 17. 소방간부

741

기출처	2018 국가직 9급
난이도	★★
키워드	추가경정예산

741
예산과 재정관리에 대한 설명으로 옳지 않은 것은?

① 우리나라의 예산은 행정부가 제출하고 국회가 심의 확정하지만 미국과 같은 세출예산법률의 형식은 아니다.
② 조세는 현 세대의 의사결정에 대한 재정부담을 미래 세대로 전가하지 않는다는 장점이 있다.
③ 성과주의예산제도의 도입에도 불구하고 품목별예산제도는 우리나라에서 여전히 활용되고 있다.
④ 추가경정예산은 예산의 신축성 확보를 위한 제도로서, 최소 1회의 추가경정예산을 편성하도록 「국가재정법」에 규정되어 있다.

해설

① (○) 우리나라는 미국과 달리 예산의결주의 방식을 취한다. 미국은 예산법률주의 방식이다.
② (○) 조세는 당해 연도에 소요되는 모든 세출을 당해 연도의 세입으로 충당하므로 현 세대의 의사결정이 미래 세대에게 부담을 주지 않는다.
③ (○) 예산과목 중 '목'이 품목별예산에 해당한다.
④ (×) 추가경정예산은 편성사유에 관한 제한은 있어도 편성횟수에 대한 제한은 없다.

고득점 플러스+ 추가경정예산
- 의의
  - 예산이 성립한 이후에 생긴 부득이한 사유로 인해 이미 성립된 예산에 변경을 가하는 예산
  - 「헌법」 제56조에 근거, 편성횟수의 제한은 없지만 「국가재정법」에 편성사유를 한정적으로 열거
- 편성사유 → 「국가재정법」
  - 전쟁이나 대규모 자연재해의 발생
  - 대내·외적 여건의 중대한 변화 → 경기침체, 대량실업, 남북관계의 변화, 경제협력 등
  - 법령에 따라 지급하여야 하는 지출의 발생 또는 증가
- 한계: 정부는 국회에서 추가경정예산안이 확정되기 전에 이를 미리 배정하거나 집행할 수 없음

정답 | ④

관련기출 옳은지문
- 정기국회 심의를 거쳐 확정된 최초 예산을 본예산 혹은 당초예산이라고 한다. 20. 국회직 8급
- 예산이 성립되면 잠정예산은 그 유효기간이나 지출 잔액 유무에 관계없이 본예산에 흡수된다. 20. 국회직 8급

742 필수

「국가재정법」상 추가경정예산안 편성이 가능한 사유에 해당하지 않는 것은?

① 전쟁이나 대규모 재해가 발생한 경우
② 남북관계의 변화와 같은 중대한 변화가 발생한 경우
③ 경기침체, 대량실업 같은 중대한 변화가 발생할 우려가 있는 경우
④ 경제협력, 해외원조를 위한 지출을 예비비로 충당해야 할 우려가 있는 경우

해설

①, ②, ③ (○) 전쟁이나 대규모 재해가 발생한 경우, 경기침체, 대량실업, 남북관계의 변화 등 대내·외 여건에 중대한 변화가 발생하였거나 발생할 우려가 있는 경우, 법령에 따라 국가가 지급하여야 하는 지출이 발생하거나 증가하는 경우에 한하여 추가경정예산안을 편성할 수 있다.
④ (×) 「국가재정법」상 추가경정예산안의 편성사유로 규정되어 있지 않다.

정답 | ④

742	1 2 3
기출처	2021 국가직 9급
난이도	★★
키워드	추가경정예산

🔍 관련기출 옳은지문

• 추가경정예산은 정부가 예산이 성립된 후에 생긴 사유로 이미 성립된 예산에 변경을 가할 필요가 있을 때에 편성하여 국회에 제출할 수 있는 것이다.
  21. 경찰간부

• 추가경정예산은 대내·외 여건에 중대한 변화가 발생하였거나 발생할 우려가 있는 경우에 편성할 수 있다.
  23. 군무원 9급

• 전쟁이나 대규모 재해(「재난 및 안전관리기본법」상 자연재난과 사회재난에 따른 피해)가 발생한 경우는 「국가재정법」상 추가경정예산안을 편성할 수 있는 경우이다.
  23. 군무원 7급

743

예산에 대한 설명으로 옳지 않은 것은?

① 추가경정예산은 국회에서 확정되기 전에 정부가 미리 배정하거나 집행할 수 있는 예산을 의미한다.
② 본예산은 매 회계연도 개시 전에 국회의 심의·의결을 거쳐 성립되는 예산을 의미한다.
③ 수정예산은 예산안 편성이 끝나고 정부가 예산안을 국회에 제출한 이후 국회의결 전에 기존 예산안 내용의 일부를 수정하여 다시 제출한 예산안을 의미한다.
④ 준예산은 새로운 회계연도 개시 전까지 국회에서 예산안이 의결되지 못할 때 정부가 일정한 범위 내에서 전 회계연도의 예산에 준해 집행하는 잠정적 예산을 의미한다.

해설

① (×) 추가경정예산이란 예산이 국회를 통과하여 성립한 후에 이를 변경하는 예산으로, 정부는 국회에서 추가경정예산이 확정되기 전에 이를 미리 배정하거나 집행할 수 없다.
② (○) 본예산은 정기국회에서 의결되어 확정된 당초예산을 말한다.
③ (○) 수정예산은 예산안이 국회에서 의결되기 전에 그 내용의 일부를 수정하여 다시 제출한 예산안을 의미한다.
④ (○) 준예산은 회계연도가 개시될 때까지 예산이 성립되지 못하였을 경우, 의회의 승인 없이(사전의결 원칙의 예외) 전년도 예산에 준하여 지출할 수 있는 제도이다.

정답 | ①

743	1 2 3
기출처	2011 국가직 9급
난이도	★★
키워드	추가경정예산

744

기출처: 2013 지방직 9급
난이도: ★★
키워드: 추가경정예산

관련기출 옳은지문

• 국회에서 추가경정예산안이 확정되기 전에 정부가 이를 미리 배정하거나 집행할 수 없다. 23. 경찰승진

• 추가경정예산은 본예산과 별개로 성립되지만 당해 회계연도의 결산에는 포함되어야 한다. 23. 경찰승진

744

추가경정예산에 대한 설명으로 옳지 않은 것은?

① 예산이 성립된 후에 생긴 사유로 이미 성립된 예산에 변경을 가할 필요가 있을 때 정부가 편성하는 예산이다.
② 예산팽창의 원인이 될 수 있으므로, 「국가재정법」에서 그 편성사유를 제한하고 있다.
③ 과거에 추가경정예산이 편성되지 않은 연도도 있었다.
④ 본예산과 별개로 성립되므로 당해 회계연도의 결산에는 포함되지 않는다.

해설

① (O) 추가경정예산은 예산이 국회를 통과하여 성립한 후에 이를 변경하는 예산으로, 예산 단일성의 원칙에 위배된다.
② (O) 추가경정예산은 편성횟수에는 제한이 없으나 편성사유는 한정되어 있다.
③ **매력적 오답** (O) 추가경정예산은 1950년대와 1960년대에는 매년 2~3회 정도, 1970년대에는 1~2회 정도 편성되었다. 그러나 2010년, 2011년, 2012년을 포함하여 10번 정도는 편성되지 않은 경우도 있었다.
④ (×) 추가경정예산은 본예산과 별개로 성립되지만, 성립된 후에는 본예산과 통합하여 집행되고 결산된다.

정답 | ④

745

기출처: 2020 지방직 7급
난이도: ★★
키워드: 추가경정예산

745

「국가재정법」상 추가경정예산에 대한 설명으로 옳은 것은?

① 정부는 국회에서 추가경정예산안이 확정되기 전에 이를 미리 배정하거나 집행할 수 있다.
② 새로운 회계연도가 개시될 때까지 국회에서 예산안이 의결되지 못한 때에 편성된다.
③ 법령에 따라 국가가 지급하여야 하는 지출이 발생하거나 증가하여 이미 확정된 예산에 변경을 가할 필요가 있는 경우에 편성할 수 있다.
④ 경기침체 등과 같은 대내외 여건에 중대한 변화가 발생할 우려가 있어 이미 확정된 예산에 변경을 가할 필요가 있는 경우라도 편성할 수 없다.

해설

① (×) 정부는 국회에서 추가경정예산안이 확정되기 전에 이를 미리 배정하거나 집행할 수 없다.
② (×) 새로운 회계연도가 개시될 때까지 국회에서 예산안이 의결되지 못한 때에 편성되는 것은 준예산이다.
③ (O) 추가경정예산은 법령에 따라 국가가 지급하여야 하는 지출이 발생하거나 증가하는 경우에 편성할 수 있다.
④ (×) 경기침체, 대량실업, 남북관계의 변화, 경제협력과 같은 대내·외 여건에 중대한 변화가 발생하였거나 발생할 우려가 있는 경우에는 추가경정예산을 편성할 수 있다.

정답 | ③

746
「국가재정법」상 특별회계를 설치할 수 있는 근거 법률이 아닌 것은?

① 「국가균형발전 특별법」
② 「정부기업예산법」
③ 「군인연금특별회계법」
④ 「책임운영기관의 설치·운영에 관한 법률」

해설

① (O) 「국가균형발전 특별법」에 의해 국가균형발전 특별회계가 설치되어 운영되고 있다.
② (O) 「정부기업예산법」에 의해 우편사업, 우체국예금, 양곡관리, 조달특별회계가 설치되어 운영되고 있다.
③ (X) 군인연금과 공무원연금 등은 기금으로 운영한다. 「군인연금법」과 「공무원연금법」은 기금 설치의 근거가 되는 법률이다.
④ (O) 「책임운영기관의 설치·운영에 관한 법률」에 의해 책임운영기관특별회계가 설치되어 운영되고 있다.

정답 | ③

746	
기출처	2017 국가직 7급
난이도	★
키워드	특별회계

747
우리나라 특별회계에 대한 설명으로 옳지 않은 것은?

① 특별회계 설립주체에 따라 중앙정부 특별회계와 지방자치단체 특별회계로 구분한다.
② 특정한 사업을 운영하기 위한 중앙정부 특별회계의 일례로 교육비특별회계가 있다.
③ 「지방공기업법」에 따라 설립된 모든 지방직영기업은 지방자치단체 공기업특별회계의 대상이다.
④ 중앙정부의 기업특별회계에는 책임운영기관특별회계와 「정부기업예산법」의 적용을 받는 우편사업, 우체국예금, 양곡관리, 조달특별회계가 있다.

해설

① (O) 중앙정부의 특별회계는 법률로서 설치되며, 지방정부의 특별회계는 법률이나 조례로 설치할 수 있다. 다만, 목적세에 따른 세입·세출은 다른 법률에 특별한 규정이 있는 경우를 제외하고는 특별회계를 설치·운용하여야 한다.
② (X) 교육비특별회계는 시·도에 설치되어 있다. 시·도의 교육·학예에 관한 경비를 따로 경리하기 위하여 당해 지방자치단체에 교육비특별회계를 둔다.
③ (O) 지방자치단체는 지방직영기업의 적용대상마다 특별회계를 설치하여야 한다. 다만, 둘 이상의 사업에 대하여 관리자를 1명만 두는 경우에는 둘 이상의 사업에 대하여 하나의 특별회계를 둘 수 있다.
④ (O) 중앙정부의 기업특별회계에는 5개(우편사업, 우체국예금, 양곡관리, 조달, 책임운영기관특별회계)가 있다.

고득점 플러스+ 특별회계의 설치요건 → 법률
- 국가에서 특정한 사업을 운영할 경우 → 기업특별회계 + 책임운영기관특별회계
- 특정한 자금을 보유하여 운용할 경우
- 기타 특정 세입으로 특정 세출에 충당할 필요가 있는 경우 → 기타 특별회계

정답 | ②

747	
기출처	2013 지방직 7급
난이도	★★
키워드	특별회계

748

기출처 2017 지방직 7급
난이도 ★★
키워드 특별회계

관련기출 옳은지문

- 특별회계는 입법부의 예산통제가 어려워 예산을 팽창시킬 우려가 있다.
  23. 경찰승진

- 특별회계예산은 세입과 세출의 수지가 명백하다. 16. 서울시 9급

- 특별회계예산에서는 행정부의 재량이 확대된다. 16. 서울시 9급

- 특별회계예산은 국가재정의 전체적인 관련성을 파악하기 곤란하다.
  16. 서울시 9급

748

특별회계예산에 대한 설명으로 옳지 않은 것은?

① 재정운영 주체의 자율성 증대를 통해 운영의 효율성을 높일 수 있을 때 필요하다.
② 특별회계의 경우 각각의 개별법이 마련되어 운영되는 것이 일반적이다.
③ 특별회계예산은 세입과 세출을 별도로 계리한다.
④ 임시적인 성격이 강하기 때문에 국회의 심의를 받지 않는다.

해설

① (○) 특별회계는 특정 사업이나 특정 목적을 위해 운영되므로, 해당 사업의 특성과 목적에 맞는 자율적인 재정운영을 통해 효율성을 높일 수 있다.
② (○) 특별회계는 회계마다 각각의 개별법이 마련되어 있다. 다만, 정부기업특별회계는 「정부기업예산법」이라는 단일의 법률이 적용된다.
③ (○) 특별회계는 일반회계로부터 세입과 세출을 분리하여 계리한다.
④ (×) 특별회계 역시 국회의 심의를 받아야 한다.

정답 | ④

749

기출처 2020 지방직 7급
난이도 ★★
키워드 특별회계

749

우리나라의 특별회계에 대한 설명으로 옳지 않은 것은?

① 설치근거가 되는 법률을 별도로 정하고 있다.
② 세출예산뿐 아니라 세입예산도 일반회계와 특별회계로 구분한다.
③ 특별회계의 설치요건 중에는 특정한 세입으로 특정한 세출에 충당함으로써 일반회계와 구분하여 회계처리할 필요가 있을 경우도 포함된다.
④ 예산의 이용 및 전용과 마찬가지로 예산 한정성의 원칙이 적용되지 않는다.

해설

① (○) 「국가재정법」은 특별회계를 설치할 수 있는 법률을 별도로 규정하고 있다.
② (○) 특별회계는 별도의 수입과 지출이 연결되어 있으므로 세출뿐만 아니라 세입도 일반회계와 구분하여 설치된다.
③ (○) 특정한 세입으로 특정한 세출에 충당함으로써 일반회계와 구분하여 회계처리할 필요가 있을 경우 설치되는 특별회계는 기타 특별회계이다.
④ (×) 특별회계는 예산의 통일성 원칙과 단일성 원칙에 대한 예외이지만 한정성 원칙의 예외는 아니다.

정답 | ④

750
우리나라 특별회계에 대한 설명으로 옳지 않은 것은?

① 예산 단일성과 예산 통일성 원칙에 대한 예외이다.
② 일반회계와 구분해 경리할 필요가 있을 때 설치하므로, 일반회계로부터 전입은 금지된다.
③ 정부가 '2014년 세출예산은 약 367.5조원이다.'라고 발표했다면, 여기에는 특별회계 지출이 포함된 규모이다.
④ 현재 정부기업 특별회계로는 '양곡관리', '조달' 등이 운영되고 있다.

해설

① (O) 특별회계는 일반회계와 별도로 계리된다는 점에서 단일성 원칙의 예외이고, 용도가 특정되어 있다는 점에서 통일성 원칙의 예외이다.
② (×) 정부는 국가재정의 효율적 운용을 위하여 필요한 경우에는 다른 법률의 규정에 불구하고 회계 및 기금의 목적 수행에 지장을 초래하지 아니하는 범위 안에서 회계와 기금 간 또는 회계 및 기금 상호 간에 여유재원을 전입 또는 전출하여 통합적으로 활용할 수 있다.
③ (O) 특별회계 역시 예산이므로 세출예산에 당연히 포함되어 있다.
④ (O) 정부기업 특별회계에는 양곡관리, 조달, 우편사업, 우체국예금이 있다.

정답 | ②

750 기출처: 2014 지방직 9급 | 난이도: ★★ | 키워드: 특별회계

관련기출 옳은지문
- 특별회계는 예산 단일성 및 통일성의 원칙에 대한 예외가 된다. 14. 국회직 8급
- 「국가재정법」에 따르면 일반회계로부터의 전입금도 특별회계의 세입이 될 수 있다. 23. 경찰승진
- 특별회계는 행정기관이 유연성을 발휘할 수 있어 행정의 능률화, 합리화에 기여할 수 있다. 16. 소방간부
- 특별회계에서 발생한 잉여금을 일반회계로 전입시킬 수 있다. 19. 국회직 9급

751
기금에 대한 설명으로 옳지 않은 것은?

① 국회는 정부가 제출한 기금운용계획안의 주요항목 지출금액을 증액하는 경우에도 미리 정부의 동의를 얻어야 한다.
② 기금의 종류 중 사업성 기금에는 공무원연금기금, 기술보증기금, 무역보험기금 등이 있다.
③ 기획재정부장관은 회계연도마다 전체 기금 중 3분의 1 이상의 기금에 대해 대통령령으로 정하는 바에 따라 그 운용실태를 조사 및 평가하여야 한다.
④ 기금관리주체는 안정성, 유동성, 수익성, 공공성을 고려하여 투명하고 효율적으로 운용하여야 한다.

해설

① (O) 「국가재정법」에 따라 국회는 정부가 제출한 예산안 또는 기금운용계획안의 각 항의 금액을 증액하거나 새 비목을 설치하려면 미리 정부의 동의를 얻어야 한다.
② (×) 공무원연금기금은 사회보험성 기금에 속한다.
③ **매력적 오답** (O) 「국가재정법」에 따라 기획재정부장관은 회계연도마다 전체 기금 중 1/3 이상의 기금에 대해 그 운용실태를 조사·평가해야 하며, 3년마다 전체 재정체계를 고려하여 기금의 존치 여부를 평가하여야 한다.
④ (O) 「국가재정법」에 따라 기금관리주체는 안정성·유동성·수익성 및 공공성을 고려하여 기금자산을 투명하고 효율적으로 운용하여야 한다.

고득점 플러스+ 기금의 종류
- 사업성 기금(48개): 특정 사업을 수행하기 위해 기금을 마련하고 집행하는 기금
- 사회보험성 기금(6개): 국민연금, 공무원연금, 고용보험, 산업재해보상보험 및 예방, 사립학교교직원연금, 군인연금
- 계정성 기금(5개): 공공자금관리, 공적자금상환, 복권, 양곡증권정리, 외국환평형기금
- 금융성 기금(8개)
  - 기술보증, 농림수산업자신용보증, 산업기반신용보증, 주택금융신용보증, 신용보증
  - 예금보험기금채권상환, 농어가목돈마련저축장려, 무역보험

정답 | ②

751 기출처: 2025 국가직 9급 | 난이도: ★ | 키워드: 기금

752		1 2 3
기출처	2015 국가직 7급	
난이도	★	
키워드	기금	

🔍 관련기출 옳은지문

- 통합재정은 일반회계, 특별회계, 기금을 모두 포괄한다. 　24. 국회직 9급

- 기금이란 국가가 특정한 목적을 위하여 특정한 자금을 신축적으로 운용할 필요가 있을 때에 한하여 법률로써 설치한다. 　15. 국가직 7급

- 기금은 세입세출예산에 의하지 않고 예산 외로 운용할 수 있다. 　23. 경찰승진

752

우리나라 기금운영에 대한 설명으로 옳지 않은 것은?

① 기금이란 국가가 특정한 목적을 위하여 특정한 자금을 신축적으로 운용할 필요가 있을 때에 한하여 법률로써 설치한다.
② 기금운용계획안은 국회의 심의와 의결을 거쳐 확정된다.
③ 군인연금, 공무원연금, 국민연금은 기금으로 운영된다.
④ 주한 미군기지 이전, 행정중심 복합도시 건설 등 기존의 일반회계에서 처리하기 곤란한 대규모 국책사업을 실행하기 위해 운영된다.

해설

① (O) 기금은 국가가 특정한 목적을 위하여 특정한 자금을 신축적으로 운용할 필요가 있을 때에 한하여 법률로써 설치하며, 세입세출예산에 의하지 아니하고 운용할 수 있다.
② (O) 정부는 주요항목 단위로 마련된 기금운용계획안을 회계연도 개시 120일 전까지 국회에 제출하여야 하며, 국회의 심의와 의결을 거쳐 확정된다.
③ **매력적 오답** (O) 군인연금, 공무원연금, 국민연금 등은 모두 사회보험성 기금에 속한다.
④ (X) 주한 미군기지 이전이나 행정중심 복합도시건설 등은 특별회계를 설치하여 운영하고 있다.

정답 | ④

753		1 2 3
기출처	2011 지방직 9급	
난이도	★★	
키워드	기금	

753

우리나라 기금에 대한 설명으로 옳지 않은 것은?

① 기금관리주체는 안정성, 유동성, 수익성 및 공공성을 고려하여 기금의 자산을 투명하고 효율적으로 운용하여야 한다.
② 기금관리주체는 매년 1월 31일까지 당해 회계연도부터 5회계연도 이상의 기간 동안의 신규 사업 및 기획재정부장관이 정하는 주요 계속사업에 대한 중기사업계획서를 기획재정부장관에게 제출하여야 한다.
③ 국회는 정부가 제출한 기금운용계획안의 주요항목 지출금액을 증액하거나 새로운 과목을 설치하고자 할 때에는 미리 정부의 동의를 얻어야 한다.
④ 정부는 주요항목 단위로 마련된 기금운용계획안을 회계연도 개시 60일 전까지 국회에 제출하여야 한다.

해설

① (O) 국가재정의 운용은 공공성을 강조하지만 기금은 공공성 외에 수익성까지 강조한다.
② (O) 기금의 중기사업계획서 역시 예산의 중기사업계획서와 마찬가지로 1월 31일까지 기획재정부장관에게 제출하여야 한다.
③ (O) 예산과 같이 기금 역시 증액하거나 새로운 과목을 설치하고자 할 때에는 미리 정부의 동의를 얻어야 한다.
④ (X) 정부는 주요항목 단위로 마련된 기금운용계획안을 회계연도 개시 120일 전까지 국회에 제출하여야 한다.

정답 | ④

754 필수

일반회계, 특별회계, 기금에 대한 설명으로 옳지 않은 것은?

① 일반회계는 조세수입 등을 주요 세입으로 하여 국가의 일반적인 세출에 충당하기 위하여 설치한다.
② 특별회계와 기금은 예산총계주의 원칙의 예외이다.
③ 일반회계, 특별회계, 기금 모두 국회로부터 결산의 심의 및 의결을 받아야 한다.
④ 일반회계와 특별회계는 전쟁이나 대규모 재해가 발생한 경우 추가경정예산을 편성할 수 있다.

754	
기출처	2022 지방직 9급
난이도	★★
키워드	예산총계주의

해설

① (○) 일반회계는 정부의 일반적인 운영 및 다양한 정책 사업에 필요한 재원을 조세 수입 등을 통해 충당하는 가장 기본적인 회계이다.
② (×) 예산총계주의는 예산 완전성의 원칙을 의미한다. 기금은 완전성 원칙의 예외이지만 특별회계는 예산이므로 완전성 원칙의 예외에 해당하지 않는다.
③ (○) 예산뿐만 아니라 기금도 국회의 결산심의와 의결을 받아야 한다.
④ (○) 추가경정예산의 편성사유는 「국가재정법」에 규정되어 있다.

정답 | ②

관련기출 옳은지문

- 기금과 예산 모두 국회 심의 및 의결·확정 절차를 따른다. 11. 서울시 9급
- 기금과 특별회계는 특정 수입과 지출이 연계되어 있다. 11. 서울시 9급
- 특별회계는 특정 사업을 안정적으로 추진할 수 있다는 장점이 있으나 재정 칸막이 현상을 초래할 수 있다는 단점도 있다. 25. 경찰간부

755 필수

특별회계예산과 기금에 대한 설명으로 옳지 않은 것은?

① 기금은 특정 수입과 지출의 연계가 강하다.
② 특별회계예산은 세입과 세출이라는 운영체계를 지닌다.
③ 특별회계예산은 합목적성 차원에서 기금보다 자율성과 탄력성이 강하다.
④ 특별회계예산과 기금은 모두 결산서를 국회에 제출하여야 한다.

755	
기출처	2021 지방직 9급
난이도	★★
키워드	특별회계예산과 기금

해설

① (○) 기금은 용도가 정해진 자금이므로 특정 수입과 지출의 연계가 강하다.
② (○) 특별회계 역시 예산이므로 세입과 세출의 운영체계를 지닌다.
③ (×) 특별회계에 비하여 기금의 자율성과 탄력성이 강하다.
④ (○) 예산과 기금 모두 국회의 결산심의를 받는다.

정답 | ③

756 필수

정부예산의 종류에 대한 설명으로 옳지 않은 것은?

① 기금은 예산원칙의 일반적 제약으로부터 벗어나 탄력적으로 운용된다.
② 특별회계예산은 국가의 회계 중 특정한 세입으로 특정한 세출을 충당하기 위한 예산이다.
③ 특별회계예산은 일반회계예산과 달리 예산편성에 있어 국회의 심의 및 의결을 받지 않는다.
④ 기금은 예산 통일성 원칙의 예외가 된다.

해설

① (○) 기금은 예산보다 행정부의 재량이 인정되는 영역이다.
② (○) 특별회계는 특정한 사업을 운영하거나 특정한 세입(수입)으로 특정한 세출(지출)에 충당하기 위해 설치되는 국가의 회계이다.
③ (×) 특별회계예산 역시 국회의 심의 및 의결을 받아 확정된다.
④ (○) 기금은 용도가 정해져 있으므로 예산 통일성 원칙의 예외에 해당한다.

정답 | ③

기출처: 2023 지방직 9급
난이도: ★★
키워드: 특별회계예산

관련기출 옳은지문
• 특정한 세입으로 특정한 세출에 충당함으로써 일반회계와 별도로 구분해서 경리할 필요가 있을 때 특별회계를 설치한다. 12. 서울시 9급

---

757 필수

우리나라의 통합재정에 대한 설명으로 옳지 않은 것은?

① 세입과 세출은 경상거래와 자본거래로 구분하여 작성한다.
② 통합재정의 범위에는 일반정부와 공기업 등 공공부문 전체가 포함된다.
③ 정부의 재정이 국민 경제에 미치는 효과를 파악하고자 하는 예산의 분류체계이다.
④ 통합재정 산출시 내부거래와 보전거래를 제외함으로써 세입·세출을 순계 개념으로 파악한다.

해설

①, ③, ④ (○) 통합재정은 세입과 세출을 경상거래와 자본거래로 구분하여 작성하고, 정부 재정이 국민 경제에 미치는 효과를 파악하는 경제성질별 분류이며, 세입·세출을 순계 개념으로 파악한다.
② (×) 최근에는 제도단위에 기초한 새로운 재정통계 작성기준에 따라 공공비영리기관을 포함하여 통합재정을 작성하여 공표하고 있다. 즉, 영리공공기관은 제외된다.

고득점 플러스+ 통합재정
• 의의: 일반회계, 특별회계, 기금 등을 모두 포함하는 정부의 재정활동 → 넓은 의미의 예산
• 도입배경: 국가재정의 총체적 파악, IMF의 권장에 따라 도입(1979)
• 순계 개념: 내부거래와 보전거래의 세입과 세출에서 각각 차감, 보전재원의 별도 표시 → 국가재정의 건전성 판단
• 경제성질별 분류: 세입과 세출은 경상거래(→ 소비)와 자본거래(→ 투자) 및 융자거래(→ 순융자)로 구분
• 특징
 – 제도단위의 시장성 여부에 따라 정부의 포괄범위를 설정하여 정부기능을 수행하는 비영리공공기관을 포함
   (→ 영리공공기관은 제외)
 – 제도단위: 자율적인 의사결정체계 및 독립적인 자금운용계정 보유 여부로 제도단위 판단

정답 | ②

기출처: 2023 국가직 9급
난이도: ★★
키워드: 통합재정

관련기출 옳은지문
• 통합재정은 중앙재정을 일반회계와 특별회계 외에 기금 및 세입세출 외 자금을 포함해 파악한다. 15. 서울시 7급

• 통합재정수지는 일반회계, 특별회계, 기금을 포함한 정부예산의 규모를 정확하게 파악하기 위한 것이다. 20. 국회직 8급

• 통합재정은 재정이 국민 경제에 미치는 효과를 효과적으로 파악하게 한다. 15. 서울시 7급

758
통합재정에 대한 설명으로 옳은 것은?

① 일반회계, 특별회계, 기금을 포함한다.
② 통합재정의 기관 범위에 공공기관은 포함되지만, 지방자치단체는 포함되지 않는다.
③ 국민의 입장에서 느끼는 정부의 지출규모이며 내부거래를 포함한다.
④ 2005년부터 정부의 재정규모 통계로 사용하고 있으며 세입과 세출을 총계 개념으로 파악한다.

758	1 2 3
기출처	2019 지방직 9급
난이도	★★
키워드	통합재정

해설

① (O) 통합재정은 일반회계, 특별회계, 기금 등을 모두 포함하는 정부의 재정활동으로, 재정이 국민경제에 미치는 효과를 파악하고자 하는 예산제도이다.
② (×) 지방자치단체의 재정 역시 2005년부터 통합재정에 포함되어 작성되고 있다.
③ (×) 국민의 입장에서 느끼는 정부의 지출규모는 총지출을 의미하여 이는 2005년부터 작성하고 있다. 한편, 통합재정은 계정 간 내부거래는 제외한다.
④ (×) 우리나라 통합재정은 IMF의 권고에 따라 1979년부터 작성하고 있으며, 내부거래와 보전거래를 제외한 순계 개념으로 파악된다.

정답 | ①

759
재정·예산제도에 대한 설명으로 옳은 것은?

① 조세지출예산제도는 조세지출의 투명성과 항구성·지속성을 제고하는 장점이 있다.
② 통합재정은 일반회계, 특별회계, 기금을 모두 포괄하며, 재정활동의 전모를 파악할 수 있도록 융자지출을 통합재정수지의 계산에 포함하고 있다.
③ 성인지 예산제도는 각 지출부처가 기획재정부와 여성가족부의 지휘 아래 대부분의 재정사업에 대해 성인지예산서·결산서를 작성하도록 하고 있다.
④ 예비타당성조사는 대규모 건설사업, 정보화사업, 연구개발사업 등을 대상으로 하며, 교육·보건·환경 분야 등에는 아직 적용되지 않고 있다.

759	1 2 3
기출처	2019 국가직 7급
난이도	★★
키워드	통합재정

해설

① (×) 조세지출예산은 조세지출의 타당성을 평가하여 그 지속성을 개선하기 위해 도입된 제도이다.
② (O) 통합재정은 경상지출과 자본지출 그리고 순융자로 구성되는데 순융자란 융자지출에서 융자회수를 차감한 금액이다.
③ (×) 기획재정부와 여성가족부는 대상사업 선정기준을 제시하도록 하지만, 대상사업의 선정은 각 기관별로 능동적으로 발굴·제출하도록 하고 있다. 그리고 2019년도 기준으로 성인지 예산의 대상사업은 33개 중앙관서의 장이 제출한 261개로 전체 규모는 25조 6,283억 원이므로 대부분의 재정사업에 대해 성인지 예산서·결산서를 작성하고 있는 것은 아니다.
④ 매력적 오답 (×) 예비타당성조사는 건설공사가 포함된 사업, 지능정보화 사업, 국가연구개발사업, 그 밖에 사회복지, 보건, 교육, 노동, 문화 및 관광, 환경 보호, 농림해양수산, 산업·중소기업 분야의 사업 등에 적용된다.

정답 | ②

760	
기출처	2014 국가직 9급
난이도	★
키워드	총지출규모

760
기획재정부에서 국가재정규모를 파악할 때 사용하는 중앙정부 총지출의 산출방식으로 옳은 것은?

① 일반회계 + 특별회계 + 기금
② 일반회계 + 특별회계 + 기금 − 내부거래
③ 경상지출 + 자본지출 + 융자지출
④ 경상지출 + 자본지출 + 융자지출 − 융자회수

해설

①, ② (×) (일반회계 + 특별회계 + 기금)의 합을 총계라 하며, (일반회계 + 특별회계 + 기금 − 내부거래)를 순계라 한다.
③ (○) 총지출 규모는 국민의 입장에서 느끼는 정부지출의 규모를 뜻하며, 예산과 기금 총계에서 회계·기금·계정 간 내부거래 및 보전거래를 제외하여 산출한다. 통합재정은 순수 재정활동의 규모를 측정하기 순계 개념으로 파악하지만 총지출 규모는 총계 개념으로 파악하므로 통합재정보다는 항상 크다. 한편, 총지출 규모는 (경상지출 + 자본지출 + 융자지출) 또는 (예산순계 + 기금 − 예산·기금 간 내부거래 − 보전거래)로 산출된다.
④ (×) (경상지출 + 자본지출 + 융자지출 − 융자회수)를 통합재정이라 한다.

고득점 플러스+ 통합재정과 총지출(2005)

- 총지출: 국민의 입장에서 느끼는 정부지출의 규모
- 통합재정: 순계 개념으로 파악
- 총지출규모: 상대적으로 총계 개념(→ 융자회수 차감하지 않음)으로 파악 → 통합재정보다 항상 큼

총지출	① 경상지출 + 자본지출 + 융자지출 ② 예산순계 + 기금 − 예산·기금 간 내부거래 − 보전지출
통합재정	① 경상지출 + 자본지출 + 순융자(→ 융자지출 − 융자회수) ② 총지출 − 융자회수

정답 | ③

761
우리나라 정부재정에 대한 설명으로 옳지 않은 것은?

① 일반회계예산의 세입은 원칙적으로 조세수입을 재원으로 하고 세출은 국가사업을 위한 기본적 경비지출로 구성된다.
② 실질적인 정부의 총예산 규모를 파악하는 데에는 예산순계 기준보다 예산총계 기준이 더 유용하다.
③ 중앙관서의 장은 특별회계를 신설하고자 하는 때에는 해당 법률안을 입법예고하기 전에 특별회계 신설에 관한 계획서를 기획재정부장관에게 제출하며 그 신설의 타당성에 관한 심사를 요청하여야 한다.
④ 중앙정부의 통합재정 규모는 일반회계, 특별회계, 기금, 세입세출 외 항목을 포함하지만 내부거래와 보전거래는 제외한다.

해설

① (O) 일반회계는 국가의 고유사무를 수행하기 위해 편성된 예산으로, 세입은 원칙적으로 조세수입을 재원으로 하고 세출은 국가사업을 위한 기본적 경비로 구성되며, 행정부뿐만 아니라 입법부, 사법부 등 모든 국가기관이 포함된다.
② (X) 실질적인 정부예산의 규모를 파악하는 데에는 일반회계와 특별회계가 단순하게 합쳐진 예산총계보다는 회계 간 중복분이 제거된 예산순계가 더 효과적이다.
③ (O) 특별회계는 법률로서 설치하여야 하며 해당 법률안을 입법예고하기 전에 기획재정부장관에게 제출하여 그 신설의 타당성에 관한 심사를 요청하여야 한다.
④ (O) 중앙정부의 통합재정 규모는 일반회계, 특별회계, 기금을 포함하며, 내부거래와 보전거래는 제외하는 순계 개념으로 작성된다.

정답 | ②

761	
기출처	2016 국가직 7급
난이도	★★
키워드	예산순계와 예산총계

762 〈필수〉
예산의 분류방법과 분류기준을 바르게 연결한 것은?

	분류방법	분류기준
①	기능별 분류	정부가 무슨 일을 하는 데 얼마를 쓰느냐
②	조직별 분류	정부가 무엇을 구입하는 데 얼마를 쓰느냐
③	경제성질별 분류	누가 얼마를 쓰느냐
④	시민을 위한 분류	국민경제에 미치는 총체적인 효과가 어떠한가

해설

① (O) 예산의 기능별 분류는 정부가 하는 일을 기준으로 예산을 분류하는 방법이다.
② (X) 정부가 무엇을 구입하는 데 얼마를 쓰느냐와 관련된 것은 예산의 품목별 분류이다.
③ (X) 누가 얼마를 쓰느냐와 관련된 것은 조직별 분류이다.
④ (X) 국민경제에 미치는 효과와 관련된 것은 경제성질별 분류이다. 한편, 시민을 위한 분류는 예산의 기능별 분류를 의미한다.

정답 | ①

762	
기출처	2022 지방직 7급
난이도	★★
키워드	예산의 분류

관련기출 옳은지문
• 기능별 분류는 정부활동의 일반적이며 총체적인 내용을 보여 주어 일반납세자가 정부의 예산내용을 쉽게 이해할 수 있도록 설계된 예산의 분류 방법이다. 24. 해경승진

• 경제성질별 분류는 국민경제활동의 구성과 수준에 미치는 영향을 파악하고, 고위정책결정자들에게 유용한 정보를 제공해 주는 예산의 분류이다. 17. 국회직 8급

763

763	① ② ③
기출처	2021 지방직 7급
난이도	★★
키워드	예산의 조직별 분류

예산 분류별 장단점에 대한 설명으로 옳지 않은 것은?

① 예산의 기능별 분류의 단점은 회계책임이 불명확하다는 점이다.
② 예산의 조직별 분류의 장점은 예산지출의 목적(대상)을 파악하기 쉽다는 점이다.
③ 예산의 기능별 분류의 장점은 국민이 정부예산을 이해하기 쉽다는 점이다.
④ 예산의 품목별 분류의 단점은 예산집행의 신축성을 저해한다는 점이다.

관련기출 옳은지문

- 품목별 분류는 사업의 지출 성과와 결과에 대한 측정이 곤란하다.
  15. 국회직 8급

해설

① (O) 예산의 기능별 분류는 정부가 '무엇을 위해(WHAT)' 돈을 쓰는지는 쉽게 보여주지만, '누가(WHO)' 그 돈을 쓰고 책임지는지를 파악하기 어렵게 만드는 단점이 있다.
② (×) 예산지출의 목적 특히 대상(투입물)을 명확하게 하기 쉬운 것은 품목별 분류이다. 만약 목적이 사업의 목적이라면 이는 기능별 분류의 장점이다.
③ (O) 예산의 기능별 분류는 예산을 국가의 역할 혹은 사업별로 구성하므로 국민들이 정부사업을 이해하기 쉽다.
④ (O) 예산의 품목별 분류는 사전에 투입물이 정해져 있으므로 집행의 신축성이 저해된다.

고득점 플러스+ 예산의 조직별 분류 → 누가 사용하는가?

- 부처별·소관별 분류(→ 예산과목 중 '소관'), 중앙관서(→ 국회, 법원, 헌재, 중앙선관위 등도 포함)
- 장점: 부처예산의 전모(→ 총괄계정) 파악 용이, 입법부의 예산심의 용이, 소관별 예산집행 용이, 소관별 회계책임의 명확성 등
- 단점: 사업의 목적 파악 곤란, 사업의 우선순위 파악 곤란, 예산의 성과 파악 곤란 등

정답 | ②

764 〈필수〉

764	① ② ③
기출처	2020 지방직 9급
난이도	★★
키워드	조세지출예산제도

조세지출예산제도에 대한 설명으로 옳지 않은 것은?

① 세제지원을 통해 제공한 혜택을 예산지출로 인정하는 것이다.
② 예산지출이 직접적 예산집행이라면 조세지출은 세제상의 혜택을 통한 간접지출의 성격을 띤다.
③ 직접 보조금과 대비해 눈에 보이지 않는 숨겨진 보조금이라고 이해할 수 있다.
④ 세금 자체를 부과하지 않는 비과세는 조세지출의 방법으로 볼 수 없다.

관련기출 옳은지문

- 조세지출예산제도는 조세감면 등의 정책효과를 판단하기 위해 필요한 제도이다.
  11. 서울시 7급

- 조세지출이란 정부가 받아야 할 세금을 받지 않고 포기한 액수를 의미한다.
  11. 서울시 7급

해설

① (O) 조세지출예산제도는 조세지출 역시 재정지출의 한 유형으로 보고 그 내역을 국회에 제출하게 하는 제도이다.
② (O) 예산지출은 재정지출을 의미하며, 자금이 사용되므로 직접지출이라고 하나, 조세지출은 자금을 사용한 것은 아니므로 간접지출이라 한다.
③ (O) 예산지출은 매년 국회의 승인을 받아야 하지만 조세지출은 법률에 의해 승인 없이 집행되므로 이를 숨겨진 보조금이라고 부른다.
④ (×) 세금 그 자체를 부과하지 않는 비과세 역시 조세지출의 한 유형이다. 조세지출의 유형에는 조세감면, 비과세, 소득공제, 세액공제, 우대세율적용 또는 과세이연 등이 있다.

> **고득점 플러스+** 조세지출

- 의의: 징수하여야 할 세금을 거두지 않는 세제상의 특혜, 간접지출, 숨겨진 보조금, 합법적 탈세 → 불법적 탈세는 제외
- 특징
  - 특정 사업을 육성하기 위한 유효한 정책수단 → 특혜의 수단
  - 법률에 따라 집행되므로 매년 심의·의결받는 예산에 비해 경직적, 감면대상을 판단함에 있어 정부의 자의성 개입
- 유형: 조세감면, 비과세, 소득공제, 세액공제, 우대세율적용 또는 과세이연 등

정답 | ④

765
우리나라의 예산제도에 대한 설명으로 옳지 않은 것은?

① 통합재정은 일반회계, 특별회계, 기금 등을 포괄한 국가의 전체 재정을 의미한다.
② 조세지출예산제도는 세금을 징수하기 위해 지출한 예산을 통합적으로 관리하기 위한 예산제도이다.
③ 성인지예산서는 예산이 남성과 여성에 미칠 영향을 미리 분석한 보고서로 정부가 예산안과 함께 국회에 제출해야 하는 첨부서류이다.
④ 각 중앙관서의 장은 예산요구서를 제출할 때에 다음 연도 예산의 성과계획서 및 전년도 예산의 성과보고서를 기획재정부장관에게 함께 제출하여야 한다.

765
기출처	2017 국가직 9급(하)
난이도	★★
키워드	조세지출예산제도

관련기출 옳은지문
- 조세지출은 숨겨진 보조금적 성격을 띠므로 예산서에 명시될 경우 개방화된 자유무역환경 하에서 무역마찰 발생 가능성이 있다.

17. 경찰승진

해설

① (O) 통합재정은 일반회계, 특별회계, 기금 등을 모두 포함하는 정부의 재정활동으로, 재정이 국민경제에 미치는 효과를 파악하고자 하는 예산제도이다.
② (×) 조세지출은 특정 목적을 위하여 징수하여야 할 세금을 거두지 않는 세제상 특혜로 인한 조세수입의 상실분을 말한다. 직접지출(보조금)과 대비되는 간접지출로, 형식은 조세이지만 실질적으로 보조금과 같은 효과가 발생한다.
③ (O) 성인지예산제도는 세입·세출예산이 남성과 여성에 미치는 영향은 서로 다르다는 전제하에, 예산이 남녀에게 미치는 효과를 평가하여 그 결과를 예산편성에 반영하는 제도이다.
④ (O) 성과관리제도에 관한 설명이다. 성과관리는 성과계획서와 성과보고서의 작성 및 비교로 이루어진다.

정답 | ②

766

766	① ② ③
기출처	2014 지방직 9급
난이도	★★
키워드	조세지출예산제도

관련기출 옳은지문
- 조세지출예산제도는 과세의 수직적·수평적 형평성을 파악할 수 있기 때문에 세수 인상을 위한 정책판단의 자료가 된다. 17. 경찰승진

766
우리나라의 재정정책 관련 예산제도에 대한 설명으로 옳은 것은?

① 지출통제예산은 구체적 항목별 지출에 대한 집행부의 재량행위를 통제하기 위한 예산이다.
② 우리나라의 통합재정수지에 지방정부예산은 포함되지 않는다.
③ 우리나라의 통합재정수지에서는 융자지출을 재정수지의 흑자요인으로 간주한다.
④ 조세지출예산제도는 국회 차원에서 조세감면의 내역을 통제하고 정책효과를 판단하기 위한 제도이다.

해설

① (×) 지출통제예산은 총액만 통제하고 구체적인 항목별 지출은 집행기관의 재량에 맡기는 제도로, 총괄예산 또는 실링예산으로 불린다.
② (×) 통합재정수지는 중앙정부(일반회계, 기타특별회계, 기금, 세입세출 외의 전대차관 도입분 또는 세계잉여금 등)와 지방정부(일반회계, 기타특별회계, 기금, 교육비특별회계) 및 비금융공기업(중앙정부의 기업특별회계, 지방정부의 공기업특별회계)을 포괄한다.
③ **매력적 오답** (×) 융자지출은 회수되는 시점에서는 흑자요인이 된다는 점에서 순환적인 적자의 성격을 가지고 있음에도 불구하고, 이를 당해 연도의 적자요인으로 보고 재정의 건전성을 파악한다.
④ (○) 조세지출예산은 조세지출의 구체적 내역을 예산구조에 밝히고 국회의 심의·의결을 받게 하는 제도이다. 이는 조세감면 등의 정책효과를 판단하기 위하여 필요한 제도이며, 과세의 수직적·수평적 형평성을 파악할 수 있고, 세수 인상을 위한 정책판단의 자료로 활용될 수 있다.

정답 | ④

767

767	① ② ③
기출처	2012 지방직 9급
난이도	★★
키워드	성인지예산

관련기출 옳은지문
- 「국가재정법」에서는 성인지예산서와 성인지결산서 작성을 의무화하고 있다. 22. 군무원 7급
- 성인지예산제도는 세입뿐만 아니라 세출에 대해서도 차별 철폐를 추구한다. 22. 군무원 7급

767
성인지예산(gender budgeting)에 대한 설명으로 옳지 않은 것은?

① 예산과정에 성 주류화(gender mainstreaming)의 적용을 의미한다.
② 성 중립적(gender neutral) 관점에서 출발한다.
③ 우리나라는 「국가재정법」에서 성인지예산서와 결산서의 작성을 의무화하였다.
④ 성인지적 관점의 예산운영은 새로운 재정운영의 규범이 되고 있다.

해설

① (○) 성인지예산제도는 예산과정에의 성 주류화 관점의 적용을 의미한다. 성 주류화란 정부의 모든 정책을 '젠더(gender-성)'의 관점에서 살피며, 정책이 제대로 만들어져서 성과를 내고 있는지 검토하는 것이다.
② (×) 예산이 어느 성(gender)에게나 똑같은 효과를 지닌다면 그 영향력을 분석할 필요가 없을 것이다. 즉, 성인지예산은 성 중립적(gender neutral) 관점의 타파를 의미한다.
③ (○) 「국가재정법」뿐만 아니라 「지방재정법」에서도 성인지예산서와 성인지결산서의 작성을 의무화하고 있다.
④ (○) 성인지적 관점의 예산운영은 전통적으로는 강조되지 못했던 성 평등의 의식이 재정운영의 새로운 규범으로 정착되고 있는 것이다.

정답 | ②

768
성인지예산제도에 대한 설명으로 옳은 것은?

① 2010회계연도 성인지예산서가 처음으로 국회에 제출되었다.
② 성인지예산제도의 목적은 여성성을 지원하는 것이다.
③ 1984년 독일에서 처음 도입되었다.
④ 우리나라 성인지예산제도는 예산사업만을 대상으로 하고 기금사업을 제외한다.

해설

① (○) 우리나라는 「국가재정법」에 2010년부터 성인지예산서와 결산서의 작성을 의무화함으로써 성인지예산제도가 도입되었다.
②, ③ (×) 성인지예산제도는 1984년 호주에서 시작되었으며, 양성의 평등을 목적으로 하는 것이지 특정 성만의 지원을 목적으로 하는 것은 아니다.
④ (×) 예산사업뿐만 아니라 기금사업에도 성인지예산제도가 도입되어 있다.

고득점 플러스+ 성인지예산제도

- 의의: 예산이 남성과 여성에 미치는 영향력이 서로 다르다는 전제하에 그 효과를 평가하는 제도
- 목적: 성 중립적 관점의 타파 → 예산과정에의 성 주류화 관점의 적용(→ 재정운영의 새로운 규범)
- 도입: 1984년 호주에서 처음 채택, 영국·독일 등 40여 개국에서 도입
- 우리나라: 중앙정부(→「국가재정법」제16조), 지방정부 모두 도입, 예산뿐만 아니라 기금에도 적용

정답 | ①

768 [1] [2] [3]
기출처 | 2021 국가직 7급
난이도 | ★
키워드 | 성인지예산

🔍 **관련기출 옳은지문**
- 성인지예산제도는 기금에도 적용하고 있다. 22. 군무원 7급

769
우리나라의 성인지예산제도에 대한 설명으로 옳지 않은 것은?

① 정부는 예산이 여성과 남성에게 미치는 효과를 평가하고, 그 결과를 정부의 예산편성에 반영하기 위하여 노력하여야 한다.
② 성인지예산서는 기획재정부장관이 각 중앙관서의 장과 협의하여 제시한 작성기준 및 방식 등에 따라 여성가족부장관이 작성한다.
③ 성인지예산서에는 성인지예산의 개요, 규모, 성평등 기대효과, 성과목표 및 성별 수혜분석 등의 내용이 포함되어야 한다.
④ 성인지결산서에는 집행실적, 성평등 효과분석 및 평가 등이 포함되어야 한다.

해설

① (○) 성인지예산제도는 「국가재정법」제16조에 규정된 원칙이다.
② (×) 「국가재정법 시행령」에 따르면 성인지예산서는 기획재정부장관이 여성가족부장관과 협의하여 제시한 작성기준 및 방식 등에 따라 각 중앙관서의 장이 작성한다.
③ (○) 「국가재정법」에 따라 성인지예산서에는 성인지예산의 개요, 규모, 성평등 기대효과, 성과목표 및 성별 수혜분석 등의 내용이 포함되어야 한다.
④ (○) 「국가재정법」에 따라 성인지결산서에는 예산 집행 실적, 성평등 효과 분석 및 평가 등이 포함되어야 한다. 이는 성인지예산의 집행 결과를 평가하고 향후 정책 개선에 활용하기 위함이다.

정답 | ②

769 [1] [2] [3]
기출처 | 2018 국가직 9급
난이도 | ★
키워드 | 성인지예산

🔍 **관련기출 옳은지문**
- 중앙부처 및 지방자치단체는 성인지예산서와 결산서를 작성할 의무가 있다. 23. 경찰간부
- 성인지예산은 세입세출예산이 남성과 여성에게 미치는 영향이 서로 다를 수 있다는 것을 전제한다. 23. 경찰승진

770 〈필수〉

「국가재정법」상 온실가스감축인지 예산제도에 대한 설명으로 옳지 않은 것은?

① 온실가스감축인지 예산제도는 정부예산의 원칙 중 하나이다.
② 온실가스감축인지 예산서에는 온실가스 감축에 대한 기대효과, 성과목표, 효과분석 등을 포함해야 한다.
③ 정부의 기금은 온실가스감축인지 예산제도의 대상에 포함되지 않는다.
④ 정부는 예산이 온실가스를 감축하는 방향으로 집행되었는지를 평가하는 보고서를 작성하여야 한다.

해설

① (O) 「국가재정법」 제16조에 규정된 예산의 원칙으로 가장 최근에 도입된 제도이다.
② (O) 「국가재정법」에 따라 온실가스감축인지 예산서에는 온실가스 감축에 대한 기대효과, 성과목표, 효과분석 등이 포함되어야 한다.
③ (×) 정부는 기금이 온실가스 감축에 미칠 영향을 미리 분석한 보고서(온실가스감축인지 기금운용계획서)를 작성하여야 한다.
④ (O) 정부는 예산이 온실가스를 감축하는 방향으로 집행되었는지를 평가하는 보고서(온실가스감축인지 결산서)를 작성하여야 한다.

정답 | ③

기출처: 2024 국가직 9급
난이도: ★
키워드: 온실가스감축인지 예산제도

CHAPTER 02 예산결정이론

771 〈필수〉
재정투명성에 대한 설명으로 옳지 않은 것은?

① 재정투명성이란 재정에 관한 정보를 체계적으로 적시에 공개하는 것을 의미한다.
② 2007년의 IMF 「재정투명성 규약」에는 '예산과정의 공개', '재정정보의 완전성 보장', '정부의 역할과 책임에 대한 명확성' 등이 규정되어 있다.
③ 「국가재정법」에서는 공공부문을 제외한 일반정부의 재정통계를 매년 1회 이상 투명하게 공표하도록 규정하고 있다.
④ 「국가재정법」은 예산·기금의 불법 지출에 대한 국민감시 규정을 두고 있다.

해설

① (O) 재정투명성이란 재정에 관련된 모든 정보를 시의적절하고 체계적으로 완전히 공개하는 것을 말한다.
② **매력적 오답** (O) 2007년의 IMF 「재정투명성 규약」은 '정부의 역할과 책임의 명확화', '공개된 예산과정', '정보에 관한 국민의 이용가능성 보장', '재정정보의 완전성에 대한 보장'이라는 4가지 사항을 규정하였다.
③ (×) 정부는 예산, 기금, 결산, 국채, 차입금, 국유재산의 현재액, 통합재정수지 및 일반정부 및 공공부문 재정통계, 그 밖에 대통령령으로 정하는 국가와 지방자치단체의 재정에 관한 중요한 사항을 매년 1회 이상 정보통신매체·인쇄물 등 적당한 방법으로 알기 쉽고 투명하게 공표하여야 한다.
④ (O) 국가의 예산 또는 기금을 집행하는 자, 재정지원을 받는 자, 각 중앙관서의 장 또는 기금관리주체와 계약 그 밖의 거래를 하는 자가 법령을 위반함으로써 국가에 손해를 가하였음이 명백한 때에는 누구든지 집행에 책임 있는 중앙관서의 장 또는 기금관리주체에게 불법지출에 대한 증거를 제출하고 시정을 요구할 수 있다.

정답 | ③

---

771 | 1 2 3
기출처 | 2023 국가직 7급
난이도 | ★
키워드 | 재정투명성

관련기출 옳은지문

- 정부는 예산, 기금, 결산 등과 그 밖에 대통령령으로 정하는 국가와 지방자치단체의 재정에 관한 중요한 사항을 매년 1회 이상 정보통신매체·인쇄물 등 적당한 방법으로 알기 쉽고 투명하게 공표하여야 한다. 24. 경찰승진

- 대통령령이 정하는 국가와 지방자치단체의 재정에 관한 중요한 사항에는 국가채권의 현황 및 그 변동내역, 국가재정운용계획, 국가채무관리계획 등이 포함된다. 24. 경찰승진

- 각 중앙관서의 장은 해당 중앙관서의 세입·세출예산 운용상황을, 각 기금관리주체는 해당 기금의 운용상황을 인터넷 홈페이지에 공개하여야 한다. 24. 경찰승진

772

772	
기출처	2016 국가직 9급
난이도	★
키워드	수입대체경비

🔍 **관련기출 옳은지문**
- 예산 총계주의 원칙은 '한 회계연도의 모든 수입을 세입으로 하고 모든 지출을 세출로 하며, 세입과 세출은 모두 예산에 편입해야 한다.'를 의미하는 원칙이다. 19. 경찰간부

772
다음 〈보기〉에서 ⊙과 ⓒ에 해당하는 내용을 바르게 연결한 것은?

| 보기 |

(⊙)은(는) 국가가 특별한 용역 또는 시설을 제공하고 그 제공을 받은 자로부터 비용을 징수하는 경우의 당해 경비로서 기획재정부장관이 정하는 경비를 의미하며, 「국가재정법」상 (ⓒ)의 예외로 규정되어 있다.

	⊙	ⓒ
①	수입대체경비	예산총계주의 원칙
②	전대차관	예산총계주의 원칙
③	전대차관	예산 공개의 원칙
④	수입대체경비	예산 공개의 원칙

해설

⊙ 수입대체경비란 지출이 직접 수입을 수반하는 경우, 그 수입이 확보되는 범위 안에서 직접 지출할 수 있도록 규정된 경비를 말한다. 목적이 정해져 있으므로 예산 통일성의 원칙에 대한 예외이며, 미리 예산에 반영되지 않았다면 예산 완전성의 원칙에 대한 예외이기도 하다.
ⓒ 예산총계주의는 국가의 세입과 세출은 모두 예산에 편입(계상)되어야 한다는 포괄성의 원칙이다. 즉, 한 회계연도의 모든 수입과 지출은 예산에 반영되어 있어야 한다는 것으로 이를 예산 완전성의 원칙이라 한다.

정답 | ①

773	
기출처	2017 지방직 9급
난이도	★★
키워드	완전성의 원칙

🔍 **관련기출 옳은지문**
- 국가가 현물로 출자하는 경우와 외국차관을 도입하여 전대(轉貸)하는 경우에 이를 세입세출예산 외로 처리할 수 있도록 한 것은 예산 완전성의 원칙의 예외이다. 10. 서울시 9급

- 외국차관을 도입하여 전대하는 경우에는 이를 세입세출예산 외로 처리할 수 있다. 17. 국회직 9급

773
「국가재정법」상 다음 원칙의 예외에 대한 규정으로 옳지 않은 것은?

- 한 회계연도의 모든 수입을 세입으로 하고, 모든 지출을 세출로 한다.
- 한 회계연도의 세입과 세출은 모두 예산에 계상하여야 한다.

① 수입대체경비에 있어 수입이 예산을 초과하거나 초과할 것이 예상되는 때에는 그 초과수입에 직접 관련되는 경비 및 이에 수반되는 경비에 초과지출할 수 있다.
② 국가가 현물로 출자하는 경우에는 이를 세입세출예산 외로 처리할 수 있다.
③ 국가가 외국차관을 도입하여 전대하는 경우에는 이를 세입세출예산 외로 처리할 수 있다.
④ 출연금이 지원된 국가연구개발사업의 개발 성과물 사용에 따른 대가를 사용하는 경우에는 이를 세입세출예산 외로 처리할 수 있다.

해설

① (O) 각 중앙관서의 장은 용역 또는 시설을 제공하여 발생하는 수입과 관련되는 경비로서 대통령령이 정하는 경비(수입대체경비)에 있어 수입이 예산을 초과하거나 초과할 것이 예상되는 때에는 그 초과수입을 대통령령이 정하는 바에 따라 그 초과수입에 직접 관련되는 경비 및 이에 수반되는 경비에 초과지출할 수 있다.
②, ③ (O) 국가가 현물로 출자하는 경우와 외국차관을 도입하여 전대하는 경우에는 이를 세입세출예산 외로 처리할 수 있다.
④ (×) 「국가재정법」상 다음 원칙은 예산 완전성의 원칙이다. 출연금이 지원된 국가연구개발사업의 개발 성과물 사용은 2014년도에 삭제된 규정이다.

> **고득점 플러스+** 예산 완전성의 원칙
> - 의의: 모든 수입과 지출이 예산에 편입되어야 한다는 포괄성의 원칙 → 예산총계주의
> - 한 회계연도의 모든 수입은 세입예산에 포함되고 한 회계연도의 모든 지출은 세출예산에 포함될 것
> - 예외: 순계예산, 기금, 현물출자, 수입대체경비, 전대차관

정답 | ④

774
예산 통일성 원칙에 대한 예외가 아닌 것은?

① 특별회계 ② 목적세
③ 계속비 ④ 수입대체경비

774 | 1 | 2 | 3 |
기출처 | 2013 지방직 7급
난이도 | ★★
키워드 | 통일성의 원칙

> **해설**
> ① (○) 특별회계는 특정 목적을 위하여 일반회계와 분리하여 별도로 설치한 회계로 지출의 용도가 정해져 있다는 측면에서 통일성 원칙의 예외에 해당한다.
> ② (○) 목적세는 특정한 경비에 충당할 것을 목적으로 하여 부과되는 세금으로 지출의 용도가 미리 정해져 있으므로 통일성 원칙의 예외에 해당한다.
> ③ (×) 예산 통일성의 원칙이란 특정 세입과 특정 세출을 직접 연결시켜서는 안 된다는 것으로, 이는 국가의 모든 수입은 하나로 합쳐서 지출되어야 함을 의미한다. 계속비는 완성에 수년이 필요한 공사나 제조 및 연구개발사업은 그 경비의 총액과 연부액을 정하여 미리 국회의 의결을 얻은 범위 안에서 수 년도에 걸쳐서 지출할 수 있게 하는 제도이다.
> ④ (○) 수입대체경비는 특정 사업의 수입을 직접 그 사업의 경비로 충당하는 것으로, 예산 총계주의 원칙 및 통일성 원칙의 예외로 인정된다.

🔍 **관련기출 옳은지문**
- 통일성의 원칙은 특정한 수입과 특정한 사업을 직접 연계해서는 안 된다는 예산원칙이다. 24. 국회직 9급

정답 | ③

775
예산의 원칙과 그 내용, 예외사항을 순서대로 나열한 것으로 옳지 않은 것은?

① 사전의결의 원칙 - 회계연도 개시 전 예산 확정 - 준예산
② 통일성의 원칙 - 특정 수입과 특정 지출의 연계 금지 - 특별회계
③ 단일성의 원칙 - 세입과 세출 내역의 명시적 나열 - 이용과 전용
④ 완전성의 원칙 - 예산총계주의 - 전대차관

775 | 1 | 2 | 3 |
기출처 | 2017 국가직 9급(하)
난이도 | ★★
키워드 | 단일성의 원칙

> **해설**
> ① (○) 사전의결의 원칙은 예산의 집행에 앞서 입법부의 의결을 거쳐야 한다는 원칙으로, 준예산, 긴급재정경제처분, 선결처분이 그 예외이다.
> ② (○) 통일성의 원칙은 특정 세입과 특정 세출을 직접 연결시켜서는 안 된다는 원칙으로, 목적세, 수입대체경비, 수입금마련지출제도, 특별회계, 기금 등이 그 예외이다.
> ③ (×) 단일성의 원칙은 회계장부가 하나여야 한다는 원칙이다. 반면, 세입과 세출 내역의 명시적 나열은 명확성의 원칙과 관련된다. 또한 이용과 전용은 한정성 원칙의 예외이다.
> ④ (○) 완전성의 원칙은 국가의 세입과 세출은 모두 예산에 편입(계상)되어야 한다는 포괄성의 원칙으로, 예산총계주의라고도 하며, 순계예산, 기금, 현물출자, 수입대체경비, 전대차관 등이 그 예외이다.

정답 | ③

CHAPTER 02 예산결정이론 • 469

776		1 2 3
기출처	2024 국가직 7급	
난이도	★★	
키워드	사전의결의 원칙	

776 〈필수〉
예산의 원칙과 그 예외가 바르게 짝지어지지 않은 것은?

① 통일성의 원칙 – 목적세
② 단일성의 원칙 – 특별회계
③ 완전성의 원칙 – 전대차관
④ 사전의결의 원칙 – 예산의 이용

해설

① (○) 목적세는 용도가 특정되어 있기에 예산 통일성 원칙의 예외에 해당한다.
② (○) 특별회계는 예산 단일성 원칙과 통일성 원칙의 예외이다.
③ (○) 전대차관은 예산 완전성 원칙의 예외이다.
④ (×) 입법과목 간의 융통인 이용은 국회의 사전의결을 받아야 하므로 사전의결의 원칙에 해당한다.

고득점 플러스+ 예산 사전의결의 원칙
- 의의: 예산의 집행에 앞서 입법부의 의결을 거쳐야 한다는 원칙
- 예외: 준예산(→「헌법」), 긴급재정경제처분(→「헌법」), 선결처분(→「지방자치법」)
- 사전승인의 예외: 사고이월, 전용, 이체, 예비비 지출

정답 | ④

관련기출 옳은지문
- 입법부 우위의 예산원칙은 행정이 소극적 성격을 가졌던 상황에서 효과적이다. 20. 경찰간부

- Neumark의 예산원칙은 예산을 통제수단으로 파악하였다. 20. 경찰간부

777		1 2 3
기출처	2013 지방직 9급	
난이도	★★	
키워드	공개성의 원칙	

777
예산원칙의 예외에 대한 설명으로 옳지 않은 것은?

① 특별회계는 단일성의 원칙에 대한 예외이다.
② 준예산제도는 사전의결의 원칙에 대한 예외이다.
③ 예산의 이용(利用)은 한계성의 원칙에 대한 예외이다.
④ 목적세는 공개성의 원칙에 대한 예외이다.

해설

① (○) 단일성의 원칙이란 모든 재정활동은 하나의 단일예산으로 편성되어야 한다는 것으로, 추가경정예산, 특별회계, 기금 등이 그 예외에 속한다.
② (○) 준예산이란 회계연도가 개시될 때까지 예산이 성립되지 못하였을 경우, 의회의 승인 없이(사전의결 원칙의 위반) 전년도 예산에 준하여 지출할 수 있는 제도이다.
③ (○) 한계성 또는 한정성의 원칙이란 예산은 사용목적, 사용금액 및 사용기간에 명확한 한계가 있어야 한다는 것으로, 입법과목 간 융통을 의미하는 이용은 질적 한정성 원칙의 예외이다.
④ (×) 공개성의 원칙은 예산과정의 주요한 단계를 국민에게 공개하여야 한다는 것으로, 국방비와 국가정보원 예산 등이 그 예외이다. 반면, 목적세는 예산 통일성 원칙의 예외이다.

정답 | ④

관련기출 옳은지문
- 우리나라의 경우 특별회계와 목적세는 예산 통일의 원칙의 예외이다. 21. 소방간부

- 준예산제도는 사전의결의 원칙에 대한 예외이고, 예산의 이용은 한계성의 원칙에 대한 예외이다. 18. 경찰간부

778
예산의 원칙과 그 예외사항에 대한 설명으로 옳은 것은?

① 특정 수입과 특정 지출이 연계되어서는 안 된다는 것은 '단일성의 원칙'이다.
② 예산은 주어진 목적, 규모 그리고 시간에 따라 집행되어야 한다는 원칙은 '예산총계주의'이다.
③ 예산구조나 과목은 이해하기 쉽도록 단순해야 한다는 것은 '통일성의 원칙'이다.
④ 특별회계는 '통일성의 원칙'과 '단일성의 원칙'의 예외적인 장치에 해당된다.

778	① ② ③
기출처	2015 지방직 9급
난이도	★★
키워드	통일성의 원칙과 단일성의 원칙

해설

① (×) 특정 수입과 특정 지출이 연계되어서는 안 된다는 것은 통일성의 원칙이다.
② (×) 예산은 주어진 목적, 규모 그리고 시간에 따라 집행되어야 한다는 것은 한정성의 원칙이다.
③ (×) 예산구조나 과목은 이해하기 쉽도록 단순해야 한다는 것은 명확성의 원칙이다.
④ (○) 특별회계는 통일성의 원칙과 단일성의 원칙의 예외이다.

정답 | ④

779
예산원칙에 대한 설명으로 옳지 않은 것은?

① 입법부가 사전에 의결한 사항만 집행이 가능하다는 사전의결의 원칙의 예외로는 긴급명령과 준예산 등이 있다.
② 예산총계주의는 모든 세입과 세출이 예산에 계상되어야 한다는 것을 의미한다.
③ 정부가 특정 수입과 특정 지출을 직접 연계해서는 안 된다는 한계성 원칙의 예외로는 예비비, 계속비 등이 있다.
④ 예산은 결산과 일치해야 한다는 예산 엄밀성의 원칙은 정확성의 원칙이라고도 불린다.

779	① ② ③
기출처	2016 지방직 7급
난이도	★★
키워드	한계성 원칙

해설

① (○) 사전의결의 원칙이란 예산은 집행되는 회계연도가 시작되기 전에 국회의 의결을 거쳐야 한다는 원칙으로, 이는 의결한 범위 안에서 엄격하게 집행되어야 한다는 원칙을 내포한다.
② (○) 예산총계주의는 모든 세입과 세출이 예산에 계상되어야 한다는 것으로 예산 완전성의 원칙이라고도 한다.
③ (×) 특정 수입과 특정 지출을 직접 연계해서는 안 된다는 것은 통일성의 원칙이다. 한계성 원칙이란 예산은 목적, 금액 및 기간에 명확한 한계가 있어야 한다는 원칙을 말한다.
④ (○) 엄밀성의 원칙은 필요 이상의 돈을 거두어서는 안 되며, 계획한 대로 집행되어야 한다는 정확성의 원칙을 말한다.

관련기출 옳은지문
• 예산 사전의결의 원칙은 모든 예산은 집행이 이루어지기 전에 입법부의 의결을 거쳐야 한다는 것이다.
25. 경찰간부

고득점 플러스+ 예산 한정성의 원칙

• 의의: 예산의 각 항목은 상호 명확한 한계가 있어야 한다는 원칙
• 양적 한정성: 금액의 초과지출 금지 → 예외: 예비비, 추가경정예산
• 질적 한정성: 비용의 목적 외 사용금지 → 예외: 이용과 전용
• 시간 한정성: 회계연도 독립의 원칙 → 예외: 이월, 계속비, 과년도 수입과 지출

정답 | ③

780

다음 중 예산원칙의 예외를 옳게 짝지은 것은?

	한정성 원칙	단일성 원칙
①	목적세	특별회계
②	예비비	목적세
③	이용과 전용	수입대체경비
④	계속비	기금

해설

①, ② (×) 목적세는 통일성 원칙의 예외이다.
③ (×) 수입대체경비는 통일성 원칙과 완전성 원칙의 예외이다.
④ (○) 계속비는 회계연도를 넘어가므로 시간 한정성 원칙의 예외이고, 기금은 통일성 원칙과 단일성 원칙의 예외이다.

정답 | ④

781

자원관리의 효율성과 계획성을 강조하는 현대적 예산제도의 원칙에 해당하지 않는 것은?

① 행정부에 의한 책임부담의 원칙
② 예산관리수단 확보의 원칙
③ 공개의 원칙
④ 다원적 절차 채택의 원칙

해설

① (○) 행정부에 의한 책임부담의 원칙은 행정부는 예산을 합목적적·효과적·경제적·합법적으로 집행할 책임이 있다는 것을 의미한다.
② (○) 예산관리수단 확보의 원칙은 중앙예산기관, 예산의 배정, 준비금제도 등을 구비하여야 한다는 것을 의미한다.
③ (×) 공개의 원칙은 전통적 예산원칙에 해당한다.
④ (○) 다원적 절차 채택의 원칙은 사업의 성격에 따라 예산의 절차를 달리할 필요가 있다는 것을 의미한다.

정답 | ③

782

예산이론에 대한 설명으로 옳은 것은?

① 루이스(Lewis)는 예산배분결정에 경제학적 접근법을 적용하여, '상대적 가치', '증분분석', '상대적 효과성'이라는 세 가지 분석명제를 제시한다.
② 니스카넨(Niskanen)의 예산극대화 모형은 의회 의원들이 재선 가능성을 높이기 위해 지역구 예산을 극대화하는 행태에 분석초점을 둔다.
③ 윌로비와 서메이어(Willoughby & Thurmaier)의 다중합리성 모형은 의원들의 복수의 합리성 기준이 의회의 예산결정에 미치는 영향을 주로 분석한다.
④ 단절균형예산이론(Punctuated Equilibrium Theory)은 급격한 단절적 예산변화를 설명하고, 나아가 그러한 변화를 예측할 수 있는 장점이 있다.

782	
기출처	2017 국가직 7급
난이도	★
키워드	경제학적 접근법

해설

① (O) 키(O. Key)는 '왜 X달러는 A사업이 아닌 B사업에 배정되었는가?'라는 질문을 통해 예산결정이론의 필요성을 제기하였고, 그 응답으로 경제적 측면을 강조한 입장과 정치적 측면을 강조한 입장이 있다. 루이스(V. Lewis)는 경제학적 명제로 상대적 가치, 증분분석, 상대적 효과성을 제시하였다.
② (×) 니스카넨(W. Niskanen)의 예산극대화 모형은 관료들이 자신의 효용을 극대화시키기 위해 부서의 예산을 극대화시킨다는 이론이다.
③ **매력적 오답** (×) 윌로비(K. Willoughby)와 서메이어(K. Thurmaier)의 다중합리성 모형은 중앙예산기관의 예산분석가들이 예산결정을 할 때 복수의 합리성 기준을 적용한다는 이론이다.
④ **매력적 오답** (×) 단절균형예산이론은 사후적 분석으로는 적절하지만, 단절균형이 발생할 수 있는 시점을 예측하는 것에는 한계를 지닌 이론이다.

고득점 플러스+ 예산의 정치논리와 경제논리

- 정치논리 → 점증주의
  - 정치적 합리성(→ 형평성, 정당성), 재정민주주의 구현, 균형화 원리(→ 게임 감각), 미시적·상향적 흐름
  - 제한적 탐색, 단기적 시각, 보수적·현실적, 준공공재, 재분배정책, 계속사업, 품목별예산, 성과주의예산
  - 안정적 선형관계(→ 예측가능성), 외부변수의 영향력 미약 등
- 경제논리 → 총체주의
  - 경제적 합리성(→ 효율성), 자원배분의 효율성, 최적화 원리(→ 시장 감각), 대부분 거시적·하향적 흐름
  - 포괄적 탐색, 장기적 시각, 이상적·규범적, 순수공공재, 분배정책, 신규사업, 계획예산, 영기준예산
  - 한계효용의 법칙 → 상대적 가치 중시

정답 | ①

783

783
기출처: 2016 지방직 9급
난이도: ★★
키워드: 점증주의 예산결정이론

점증주의 예산결정이론의 특성이 아닌 것은?

① 현실 설명력은 높지만 본질적인 문제해결 방식이 아니며 보수적이다.
② 정책과정상의 갈등을 완화하고 해결하는 데 필요한 정치적 합리성을 갖는다.
③ 계획예산제도(PPBS)와 영기준예산제도(ZBB)는 점증주의 접근을 적용한 대표적 사례이다.
④ 자원이 부족한 경우 소수 기득권층의 이해를 먼저 반영하게 되어 사회적 불평등을 야기할 우려가 있다.

관련기출 옳은지문

- 점증주의 예산이론은 인간의 능력 부족과 환경의 불확실성에 기초한 제한된 합리성을 전제한다. _{24. 경찰간부}

- 점증주의 예산이론은 예산은 여러 기관과 단계를 거쳐 결정되는데, 이 과정에서 이해당사자들의 협상과 적응의 상호조절 과정을 거친다고 주장한다. _{24. 경찰간부}

- 점증주의 예산이론은 정치환경이 가변적이고 사회적 불안정이 지속되는 국가의 예산결정을 설명하기 위한 이론으로는 적합하지 않다. _{24. 경찰간부}

해설

① (O) 전년도 예산(base)은 심각하게 검토하지 않고 현 년도 예산결정의 기준으로 사용하므로 기득권 보호에 따른 보수주의 성향을 지닌다.
② (O) 점증주의 예산은 상황의 불확실성과 인간능력의 한계를 전제로 한 예산결정모형으로, 타협과 합의 같은 정치적 합리성을 강조하는 접근방법이다.
③ (×) 계획예산제도(PPBS)와 영기준예산제도(ZBB)는 합리주의 접근을 적용한 대표적 사례이다.
④ (O) 점증주의는 기존의 예산액을 기초로 다음의 예산을 계산하는 방식이므로 자원이 부족한 경우 소수 기득권층의 이해를 먼저 반영하게 되어 기득권 세력을 옹호하는 이론으로 전락할 우려가 있다.

정답 | ③

784

784 필수
기출처: 2023 국가직 9급
난이도: ★★
키워드: 점증주의

예산이론에 대한 설명으로 옳지 않은 것은?

① 총체주의는 계획예산(PPBS), 영기준예산(ZBB)과 같은 예산제도 개혁을 설명하기에 적합한 이론이다.
② 점증주의는 거시적 예산결정과 예산삭감을 설명하기에 적합한 이론이다.
③ 총체주의는 합리적·분석적 의사결정과 최적의 자원배분을 전제로 한다.
④ 점증주의는 예산을 결정할 때 대안을 모두 고려하지는 못한다는 것을 전제로 한다.

관련기출 옳은지문

- 점증주의는 총체주의와 달리 결정과 관련된 모든 요소를 검토할 수 없다고 본다. _{08. 서울시 9급}

- 점증주의 모형은 기존의 예산과 조금 차이가 나는 대안을 검토하여 그 가운데 하나를 선택하게 된다. _{08. 서울시 9급}

- 점증주의 모형은 결정 상황을 제약하는 비용, 시간 등의 요소를 감안하여 결정의 복잡한 문제를 단순화시키는 것이다. _{08. 서울시 9급}

해설

① (O) 총체주의 예산은 합리모형에 입각한 예산제도로, 계획예산과 영기준예산이 이에 속한다.
② (×) 점증주의 예산이론은 미시적 예산결정에 속한다. 그리고 예산삭감을 설명하기 적합한 이론은 영기준예산이다.
③ (O) 총체주의는 합리적인 의사결정 모형을 기반으로 하며, 제한된 자원을 효율적으로 배분하여 최대의 효과를 얻으려는 목표를 가지고 있다. 이를 위해 광범위한 정보 수집과 분석을 통해 최적의 대안을 선택하는 것을 전제로 한다.
④ (O) 점증주의는 의사결정자가 모든 대안을 탐색하고 분석하는 데 한계가 있다는 점을 인정한다. 따라서 과거의 예산 결정을 기준으로 하여 소폭의 조정만을 가하는 방식으로 예산을 결정하게 되는데, 이는 인지적 한계와 정치적 제약을 반영한 접근 방식이다.

정답 | ②

785

다중합리성 예산모형(multiple rationalities model of budgeting)의 근간이 되는 두 모형에 대한 설명으로 옳지 <u>않은</u> 것은?

① 루빈(Rubin)의 실시간 예산운영(real-time budgeting) 모형은 세입, 세출, 균형, 집행, 과정 등과 관련한 의사결정 흐름개념을 활용하고 있다.
② 킹던(Kingdon)의 의제설정모형은 정책과정의 복잡하고 불확실한 역동성을 부각시킨다는 점에서 다중합리성 모형의 중요한 모태라고 할 수 있다.
③ 루빈(Rubin)의 실시간 예산운영(real-time budgeting) 모형에서 다섯 가지의 의사결정 흐름은 느슨하게 연계된 상호의존성을 가지고 있다.
④ 루빈(Rubin)의 실시간 예산운영(real-time budgeting) 모형에서 예산균형 흐름에서의 의사결정은 기술적 성격이 강하며, 책임성(accountability)의 정치적 특징을 갖는다.

785 | 1 | 2 | 3 |
기출처 2020 국가직 7급
난이도 ★★
키워드 다중합리성 예산모형

해설

①, ③ **매력적 오답** (O) 루빈(I. Rubin)의 실시간 예산운영모형은 성격은 다르지만 상호 연결되어 있는 세입, 세출, 균형, 집행, 과정의 다섯 가지 의사결정의 흐름이 통합되면서 이루어지는 의사결정을 설명하는 이론이다.
② (O) 다중합리성 모형은 예산과정과 정책과정 간 연계의 틀을 제시하기 위하여 킹던(J. Kingdon)의 의제설정모형과 루빈(I. Rubin)의 실시간 예산운영 모형을 통합하고자 하였다.
④ (×) 기술적 성격이 강하며, 책임성(accountability)의 정치적 특징을 갖는 것은 집행의 흐름이다. 예산균형의 흐름에서는 제약조건의 정치가 나타난다.

고득점 플러스+ 다중합리성모형

- 미시적 수준의 예산상 의사결정에 관한 이론
- 예산과정과 정책과정 간의 연계성(→ 상호 영향력) 강조, 예산과정의 각 단계별 행태의 차별성 강조
- 킹던의 의제설정모형과 루빈의 실시간 예산운영모형의 통합
- 중앙예산기관 분석가들의 역할 → 거시적 예산결정과 미시적 예산결정의 연계

정답 | ④

786

기출처	2019 지방직 7급
난이도	★★
키워드	다중합리성모형

예산결정이론에 대한 설명으로 옳은 것은?

① 합리모형은 예산상의 편익을 극대화하기 위한 결정방식이지만 규범적 성격은 약하다.
② 예산결정에서 기존 사업에 대한 당위적 예산배분을 제어할 수 있다는 점은 점증모형의 유용성이다.
③ 단절균형모형을 따르는 예산결정자는 사후후생을 고려하지 않고 최악을 피하는 전략을 사용한다.
④ 다중합리성모형은 정부 예산의 성공을 위해서는 예산과정 각 단계에서 예산활동 및 행태를 구분해야 함을 강조한다.

해설

① (×) 합리모형은 현실적으로 존재하는 것을 설명하는 모형이 아니라 규범적으로 지향해야 하는 방향을 제시하는 모형이다.
② (×) 기존 사업에 대한 당위적 예산배분을 제어할 수 있는 것은 영기준예산과 같은 합리모형이다. 점증모형은 기존 사업에 대한 예산배분을 제어하기 힘들다.
③ (×) 후생을 고려하지 않고 최악을 피하는 전략을 사용하는 것은 점증모형과 관련된다.
④ (○) 다중합리성모형은 예산과정의 각 흐름별로 추구하는 행태가 다름을 강조한다. 예를 들어 세입의 흐름에서는 설득의 정치가 필요하고, 세출의 흐름에서는 선택의 정치가 필요하듯이 각 예산과정에서 필요한 행태는 상이하다.

정답 | ④

787

기출처	2016 지방직 7급
난이도	★★
키워드	루빈(I. Rubin)

루빈(Rubin)의 '실시간 예산운영(Real Time Budgeting)' 모형에 대한 설명으로 옳지 않은 것은?

① 세입 흐름에서 의사결정 – '누가, 얼마만큼 부담할 것인가'에 관한 의사결정으로 의사결정의 흐름 속에는 설득의 정치가 내재해 있다.
② 세출 흐름에서 의사결정 – '누구에게 배분할 것인가'에 관한 의사결정으로서 선택의 정치로 특징지어지며, 참여자들은 지출의 우선순위가 재조정되기를 바라거나 현재의 우선순위를 고수하려고 노력한다.
③ 예산균형 흐름에서 의사결정 – '예산균형을 어떻게 정의할 것인가'에 관한 의사결정으로 제약조건의 정치라는 성격을 지니며, 예산균형의 결정은 근본적으로 정부의 범위 및 역할에 대한 결정과 연계되어 있다.
④ 예산과정 흐름에서 의사결정 – '계획된 대로 수행할 수 있는가'에 대한 의사결정으로 기술적 성격이 강하고 책임성의 정치라는 특성을 지니며, 예산계획에 따른 집행과 수정 및 일탈의 허용 범위에 대한 문제가 중요하다.

> 해설

① (○) 세입의 흐름은 누가 얼마만큼 부담할 것인가에 대한 질문이 중요하며 설득의 정치가 나타난다.
② (○) 세출의 흐름은 예산의 획득을 위한 경쟁과 예산배분에 관한 결정으로 선택의 정치가 나타난다.
③ (○) 예산균형의 흐름은 예산균형에 관한 결정으로 제약조건의 정치가 나타난다.
④ (×) '계획된 대로 수행할 수 있는가?'에 대한 의사결정으로 기술적 성격이 강하고 책임성의 정치라는 특성을 지니는 것은 집행의 흐름이다.

고득점 플러스+ 루빈(I. Rubin)의 실시간 예산운영 모형

- 다섯 가지 의사결정의 흐름 → 세입, 세출, 예산균형, 집행, 예산과정
- 다섯 가지 의사결정의 흐름
  - 세입: 누가 얼마만큼 부담할 것인가에 대한 질문 → 설득의 정치
  - 세출: 예산의 획득과 예산배분에 관한 결정 → 선택의 정치
  - 예산균형: 예산균형에 관한 결정 → 제약조건의 정치
  - 집행: 기술적 성격이 강한 영역 → 책임성의 정치
  - 예산과정: 누가, 어떻게 예산을 결정할 것인가에 관한 정치

정답 | ④

788

예산결정에 대한 공공선택론적 관점의 설명으로 옳은 것은?

① 본질적 문제해결보다는 보수적 방식을 통해 예산의 정치적 합리성이 제고될 수 있다.
② 니스카넨(W. Niskanen)에 의하면 예산결정에 있어 관료의 최적수준은 정치인의 최적수준보다 낮다.
③ 정치인과 관료들은 개인효용함수에 따라 권력이나 예산규모의 극대화를 추구한다.
④ 재원배분 형태는 장기 균형과 역사적 상황에 따른 단기의 급격한 변화를 반복한다.

788 | 기출처 2014 국가직 9급 | 난이도 ★★ | 키워드 공공선택론

> 해설

① (×) 본질적 문제해결보다는 보수적 방식을 통해 예산의 정치적 합리성을 제고하고자 하는 것은 예산결정의 점증모형이다.
② (×) 니스카넨(W. Niskanen)의 예산극대화모형에 따르면 정치가는 한계편익곡선과 한계비용곡선이 교차하는 점에서 공공서비스를 공급하려고 하지만 보다 많은 정보를 보유한 관료는 정보비대칭성을 이용하여 자신의 효용을 극대화하려 하며, 그 결과 정부의 산출물은 총편익과 총비용이 일치하는 지점(순편익=0)까지 확대되어, 결국 적정 생산수준보다 2배 과잉생산(배분적 비효율성)된다.
③ (○) 공공선택론은 경제학적 관점에 입각하여 정치와 행정현상을 설명하는 이론으로, 방법론적 개체주의, 합리적 경제인, 연역적 접근 등을 이론적 특징으로 한다. 특히 합리적 경제인의 가정은 정치인과 관료는 물론 일반시민 모두 개인의 효용을 극대화한다는 가정이다.
④ (×) 장기 균형과 역사적 상황에 따른 단기의 급격한 변화를 반복하는 것은 단절적 균형모형의 특징이다.

정답 | ③

789

윌다브스키(A. Wildavsky)의 예산행태 유형 중 국가의 경제력은 낮지만 재정 예측력이 높은 경우에 나타나는 행태는?

① 점증적 예산(incremental budgeting)
② 반복적 예산(repetitive budgeting)
③ 세입예산(revenue budgeting)
④ 보충적 예산(supplemental budgeting)

기출처: 2019 국가직 7급
난이도: ★★
키워드: 세입예산

해설

① (×) 점증적 예산은 국가의 경제력과 재정 예측력이 모두 높을 때 나타나는 유형이다.
② (×) 반복적 예산은 국가의 경제력과 재정 예측력이 모두 낮을 때 나타나는 유형이다.
③ (○) 국가의 경제력은 낮지만 재정 예측력이 높은 경우에 나타나는 행태는 세입예산이다.
④ (×) 보충적 예산은 경제력은 높지만 재정 예측력이 낮을 때 나타나는 유형이다.

고득점 플러스+ 윌다브스키(A. Wildavsky)의 예산문화

구분		경제력	
		높음	낮음
예측 가능성	높음	점증예산(→ 미국의 연방정부)	세입예산(→ 미국의 지방정부)
	낮음	보충예산(→ 대체적 점증주의)	반복예산(→ 후진국)

정답 | ③

CHAPTER 03 예산의 과정

790 필수

예산주기에 비추어 볼 때 2021년도에 볼 수 없는 예산과정은?

① 국방부의 2022년도 예산에 대한 예산요구서 작성
② 기획재정부의 2021년도 예산에 대한 예산배정
③ 대통령의 2022년도 예산안에 대한 국회 시정연설
④ 감사원의 2021년도 예산에 대한 결산검사보고서 작성

해설

① (O) 2022년도 예산요구서는 전년도인 2021년도에 이루어진다.
② (O) 2021년도 예산배정은 원칙적으로 당해 연도인 2021년도에 이루어진다.
③ (O) 2022년도 예산안에 대한 대통령의 국회 시정연설은 전년도인 2021년도에 이루어진다.
④ (×) 2021년도 예산에 대한 감사원의 결산검사보고서는 다음 연도인 2022년도에 이루어진다.

정답 | ④

790	① ② ③
기출처	2021 국가직 9급
난이도	★★
키워드	예산주기

관련기출 옳은지문
- 예산이 효력을 갖는 일정 기간을 회계연도(fiscal year)라 한다.
  23. 국회직 8급

791

「국가재정법」 및 「지방자치법」상 정부와 지방자치단체의 장은 국회와 지방의회에 회계연도 개시 며칠 전까지 예산안을 제출해야 하는가?

	정부	광역지방자치단체	기초지방자치단체
①	90일	40일	30일
②	90일	50일	30일
③	120일	50일	40일
④	120일	50일	30일

해설

③ (O) 「국가재정법」에 의하면 정부의 예산안은 회계연도 개시 120일 전까지 국회에 제출하여야 한다. 반면 「지방자치법」에 의하면 광역자치단체의 경우 회계연도 개시 50일 전까지 지방의회에 제출하여야 하고, 기초자치단체의 경우 회계연도 개시 40일 전까지 지방의회에 제출하여야 한다.

정답 | ③

791	① ② ③
기출처	2018 국가직 7급
난이도	★★
키워드	예산안 제출시기

792

기출처	2018 국가직 7급
난이도	★★
키워드	참여예산제도

🔍 관련기출 옳은지문

- 주민참여예산제도는 지방자치단체의 예산편성에 주민이 직접 참여하여 재정운영의 투명성과 책임성을 제고할 수 있도록 하는 것이다. 16. 국회직 8급

- 주민참여예산기구의 구성운영과 그 밖에 필요한 사항은 해당 지방자치단체의 조례로 정한다. 20. 군무원 7급

- 지방자치단체의 장은 주민참여예산제도를 통하여 수렴한 주민의 의견서를 지방의회에 제출하는 예산안에 첨부하여야 한다. 20. 군무원 7급

792

참여예산제도에 대한 설명으로 옳지 않은 것은?

① 브라질의 포르투 알레그리(Porto Alegre)시는 참여예산제도를 도입한 대표적인 사례이다.
② 예산과정에의 시민참여는 중앙정부와 지방정부 모두 가능하지만, 참여예산제는 주로 지방정부를 대상으로 시행된다.
③ 참여예산제는 과정적 측면보다는 결과적 측면의 이념을 지향한다.
④ 예산과정의 단계별로 볼 때 예산편성 단계에서의 참여에 초점을 둔다.

해설

① (O) 주민참여예산제도는 브라질의 포르투 알레그리시가 최초이며, 우리나라는 광주광역시 북구에서 처음 도입(2003)하였고, 전라북도에서 예산편성(2007)에 사용하였다. 그 후 「지방재정법」에 임의규정(2006)으로 도입된 이후 의무규정(2011)으로 바뀌었으며, 중앙정부의 경우 2018년부터 도입되어 시행되고 있다.
② (O) 정책이나 예산과정에의 시민참여는 규모가 상대적으로 작은 지방정부 차원에서 도입되기 쉽다.
③ (×) 참여예산제도는 결과보다는 과정지향적인 예산제도이다. 예산편성과정에 참여 그 자체를 중시한 것이지 반드시 주민의 의견에 구속되는 것은 아니기 때문이다.
④ (O) 참여예산제도는 주로 예산편성 단계에서 주민의 의견을 수렴하고 우선순위를 결정하는 데 초점을 둔다. 주민제안 사업 발굴, 주민 설명회, 공청회 등을 통해 예산이 편성되기 전에 주민의 목소리를 반영하는 것이 핵심이다.

고득점 플러스+ 주민참여예산제도

- 의의: 예산편성에의 주민참여 → 거버넌스 시각의 반영
- 최초: 브라질의 포르투 알레그레시
- 우리나라: 광주광역시 북구(2003), 「지방재정법」(2006년 임의규정, 2011년 필수규정), 「국가재정법」(2018)
- 특징
  - 예산에 대한 사전적 통제방안, 효율성보다는 예산주권이나 시민요구의 반영을 중시하는 제도
  - 주민의 실질적 참여(→ 아른슈타인의 주민권력단계), 참여 그 자체에 초점(→ 결과보다는 과정의 강조)

정답 | ③

793

기출처	2023 지방직 7급
난이도	★
키워드	재정상 독립기관

793 필수

「국가재정법」상 (가)에 해당하는 기관만을 모두 고르면?

> 정부는 협의에도 불구하고 (가) 의 세출예산요구액을 감액하고자 할 때에는 국무회의에서 해당 (가) 의 장의 의견을 들어야 하며, 정부가 (가) 의 세출예산요구액을 감액한 때에는 그 규모 및 이유, 감액에 대한 (가) 의 장의 의견을 국회에 제출하여야 한다.

ㄱ. 헌법재판소	ㄴ. 중앙선거관리위원회
ㄷ. 국민권익위원회	ㄹ. 국가인권위원회

① ㄱ, ㄴ   ② ㄱ, ㄹ   ③ ㄴ, ㄷ   ④ ㄷ, ㄹ

해설

ㄱ, ㄴ. (O) 「국가재정법」 제40조의 내용으로, (가)에 해당하는 독립기관은 국회, 법원, 헌법재판소, 중앙선거관리위원회이다.

정답 | ①

794
우리나라의 예산심의에 대한 설명으로 옳지 않은 것은?

① 예산은 본회의 중심이 아니라 상임위와 예결위 중심으로 심의된다.
② 우리나라는 미국과 같이 예산의 형식으로 통과되어 법률보다 하위의 효력을 갖는다.
③ 국회는 정부의 동의 없이 새로운 비목을 설치하지 못한다.
④ 예결위의 심의과정은 예산조정의 정치적 성격이 강하게 반영되는 특징이 있다.

해설

① (O) 우리나라는 예산의 심의가 위원회 중심으로 이루어지며, 본회의 의결과정은 형식적이다. 한편, 상임위원회는 증액 지향적이고, 예산결산특별위원회는 감액 지향적이다.
② (×) 우리나라는 예산의결주의를 취하므로 법률과 예산의 형식이 다르다. 반면, 미국은 법률의 형식으로 예산이 통과된다.
③ (O) 영국과 한국은 폐지와 삭감만 가능하며 증액 또는 새 비목을 설치하고자 할 때에는 정부의 동의가 필요하지만, 미국과 일본은 폐지와 삭감은 물론 새 비목의 설치 또는 증액도 가능하다.
④ **매력적 오답** (O) 소수의 관련 전문가들로 구성되기 용이한 상임위원회가 보다 전문적이고, 예산결산특별위원회는 상대적으로 정치적 성격이 강하다.

고득점 플러스+ 우리나라 예산심의의 특징

- 의결주의: 예산에 의해 법률의 변경 및 법률에 의해 예산의 수정 불가
- 대통령제(→ 상대적으로 엄격), 위원회 중심(→ 본회의 의결과정은 형식적)
  - 상임위원회: 증액 지향적(→ 하위정부모형), 상대적으로 전문적 성향
  - 예산결산특별위원회: 감액 지향적, 상대적으로 정치적 성향
- 수정
  - 우리나라: 폐지와 삭감만 가능, 증액 또는 새 비목을 설치하고자 할 때에는 정부의 동의 필요
  - 미국과 일본: 폐지와 삭감은 물론 새 비목의 설치와 증액도 가능

정답 | ②

---

794 ① ② ③
기출처: 2011 지방직 9급
난이도: ★★
키워드: 예산심의

관련기출 옳은지문
- 국회의 예산심의에서 정부의 동의 없이 지출예산 각 항의 금액을 증액할 수 없다. 16. 경찰승진

795
우리나라 행정환경의 주요 행위자들 간의 관계에 대한 설명으로 옳지 않은 것은?

① 국회는 국민의 대표기관으로서 민주주의 원칙에 합당하게 행정이 이루어지고 있는지를 감시하고 통제하는 권한을 가진다.
② 정부는 국회에 법률안을 제출할 수 있고, 대통령은 법률에서 구체적으로 범위를 정하여 위임받은 사항과 법률을 집행하기 위하여 필요한 사항에 관하여 대통령령을 발할 수 있다.
③ 헌법재판소의 위헌결정은 행정부의 활동에 지대한 영향을 미칠 수 있다.
④ 대통령은 국회가 확정한 본예산에 대하여 재의를 요구할 수 있다.

해설

① (O) 국회는 국정감사권 등을 통해 정부의 활동을 통제하고 감시할 권한을 갖는다.
② (O) 우리나라는 대통령제 국가임에도 불구하고 정부는 법률안을 국회에 제출할 수 있다.
③ (O) 헌법재판소는 위헌법률심판, 권한쟁의심판, 탄핵심판, 헌법소원 등을 통해 행정부의 활동에 영향을 미칠 수 있다.
④ (×) 우리나라는 예산의결에 대한 대통령의 거부권은 존재하지 않는다. 그러므로 예산에 대한 재의요구 역시 불가하다.

정답 | ④

---

795 ① ② ③
기출처: 2017 지방직 9급
난이도: ★★
키워드: 재의요구

관련기출 옳은지문
- 대통령은 국회가 의결한 법률안에 대해 거부권이 있지만, 국회에서 의결된 예산에 대해서는 거부권을 행사할 수 없다. 22. 경찰간부

796

796
우리나라의 예산결산특별위원회에 대한 설명으로 옳지 않은 것은?

① 예산안 및 결산심사는 제안설명과 전문위원의 검토보고를 듣고, 종합정책질의, 부별 심사 또는 분과위원회 심사 및 찬반토론을 거쳐 표결한다.
② 국회의장이 기간을 정하여 회부한 예산안과 결산에 대하여 상임위원회가 이유 없이 그 기간 내에 심사를 마치지 아니한 때에는 이를 바로 예산결산특별위원회에 회부할 수 있다.
③ 예산안과 결산뿐 아니라 관계 법령에 따라 제출·회부된 기금운용계획안도 심사한다.
④ 소관 상임위원회에서 삭감한 세출예산 각 항의 금액을 증가하게 할 경우에 소관 상임위원회의 동의를 받지 않아도 된다.

기출처: 2020 지방직 7급
난이도: ★★
키워드: 예산결산특별위원회

관련기출 옳은지문

- 예산결산특별위원회는 소관 상임위원회에서 삭감한 세출예산 각 항의 금액을 증가하게 할 경우에는 소관 상임위원회의 동의를 얻어야 한다. 17. 국회직 8급

- 의원이 예산 또는 기금상의 조치를 수반하는 의안을 발의하는 경우에는 그 의안의 시행에 수반될 것으로 예상되는 비용에 대한 재정소요를 추계하여야 한다. 17. 국회직 8급

해설

① (O) 예산결산특별위원회의 예산안 및 결산심사는 제안설명과 전문위원의 검토보고를 듣고 종합정책질의, 부별 심사 또는 분과위원회 심사 및 찬반토론을 거쳐 표결한다.
② (O) 국회의장은 예산안과 결산을 소관 상임위원회에 회부할 때에는 심사기간을 정할 수 있으며, 상임위원회가 이유 없이 그 기간 내에 심사를 마치지 아니한 때에는 이를 바로 예산결산특별위원회에 회부할 수 있다.
③ (O) 국회는 「국가재정법」에 따라 제출된 기금운용계획안을 회계연도 개시 30일 전까지 심의·확정한다.
④ (×) 예산결산특별위원회는 소관 상임위원회의 예비심사 내용을 존중하여야 하며, 소관 상임위원회에서 삭감한 세출예산 각 항의 금액을 증가하게 하거나 새 비목을 설치할 경우에는 소관 상임위원회의 동의를 받아야 한다. 다만, 새 비목의 설치에 대한 동의 요청이 소관 상임위원회에 회부되어 회부된 때부터 72시간 이내에 동의 여부가 예산결산특별위원회에 통지되지 아니한 경우에는 소관 상임위원회의 동의가 있는 것으로 본다.

정답 | ④

797

797
국회의 예산심의에 대한 설명으로 옳은 것만을 모두 고른 것은?

기출처: 2013 지방직 9급
난이도: ★★
키워드: 예산심의

ㄱ. 상임위원회의 예비심사를 거친 예산안은 예산결산특별위원회에 회부된다.
ㄴ. 예산결산특별위원회의 심사를 거친 예산안은 본회의에 부의된다.
ㄷ. 예산결산특별위원회를 구성할 때에는 그 활동기한을 정하여야 한다. 다만, 본회의 의결로 그 기간을 연장할 수 있다.
ㄹ. 예산결산특별위원회는 소관상임위원회의 동의 없이 새 비목을 설치할 수 있다.

① ㄱ, ㄴ
② ㄱ, ㄴ, ㄷ
③ ㄱ, ㄷ, ㄹ
④ ㄴ, ㄹ

해설

ㄱ. (O) 상임위원회의 예비심사는 소관 장관의 제안설명, 전문위원의 예산안 검토·보고 및 질의·답변, 소위원회의 부별심의와 계수조정, 결과보고서 채택, 국회의장에게 보고 순으로 구성된다.
ㄴ. (O) 예산결산특별위원회의 종합심사는 기획재정부장관의 제안설명 및 전문위원의 검토·보고, 종합 정책질의와 답변, 부별심의, 예산조정소위원회 계수조정과 의결 순으로 구성된다.
ㄷ. (×) 예산결산특별위원회 위원의 임기는 1년으로 하지만, 예산결산특별위원회는 상설위원회이므로 활동기한을 정할 필요가 없다.
ㄹ. (×) 예산결산특별위원회는 소관상임위원회의 동의 없이 새 비목을 설치할 수 없다.

정답 | ①

798
다음 내용의 괄호 안에 해당하는 것은?

> 최근 미국은 의회의 연방예산처리 지연으로 예산편성 및 집행에 큰 어려움을 겪으면서 행정업무가 마비되는 사태를 겪은 바 있다. 우리나라는 새로운 회계연도가 개시될 때까지 예산안이 국회에서 의결되지 못한 경우에 대비하여 (   ) 제도를 시행하고 있다.

① 준예산
② 가예산
③ 수정예산
④ 잠정예산

해설

① (○) 다음 내용은 예산 불성립의 대처방안을 묻는 것으로, 우리나라의 현행 제도는 준예산이다.
② (×) 가예산은 회계연도가 개시될 때까지 예산이 국회에서 통과되지 못했을 경우, 예산이 확정될 때까지 잠정 조치로 실행되는 예산제도로, 최초의 1개월분으로 제한된다는 점에서 잠정예산과 상이하다. 1960년까지 우리나라에서 채택하였으며, 거의 매년 편성한 경험이 있다.
③ (×) 수정예산은 예산안의 편성이 끝나고 정부가 예산안을 국회에 제출한 이후 국회 의결 전에 기존 예산안 내용의 일부를 수정하여 다시 제출한 예산안을 의미한다.
④ (×) 잠정예산은 예산이 성립되지 않을 때 잠정적으로 예산을 편성해 의회에 제출하고 의회의 사전의결을 얻어 사용하는 제도이다.

고득점 플러스+ 예산 불성립의 대처방안

구분	사용기간	국회의결	지출항목	채택 국가
가예산	최초 1개월	필요	전반적	이승만 정부, 프랑스
잠정예산	제한 없음	필요	전반적	영국, 일본, 미국
준예산	제한 없음	불요	한정적	독일, 한국

정답 | ①

798 | 기출처 2016 국가직 9급 | 난이도 ★★ | 키워드 준예산

799
준예산에 대한 설명으로 옳지 않은 것은?

① 예산안이 회계연도 개시일까지 국회에서 의결되지 못한 경우에 활용된다.
② 국회의 의결을 필요로 한다.
③ 법률상 지출의무를 이행하기 위한 경우에 집행할 수 있다.
④ 이미 예산으로 승인된 사업의 계속을 위해 집행할 수 있다.

해설

① (○) 준예산은 예산안이 새로운 회계연도가 개시될 때까지 국회에서 의결되지 않았을 때 사용된다.
② (×) 준예산은 국회의 의결이 필요하지 않다.
③, ④ (○) 준예산으로는 「헌법」이나 법률에 의해 설치된 기관 및 시설의 유지비와 운영비, 법률상 지출의무가 있는 경비, 이미 예산으로 승인된 계속비 등을 지출할 수 있다.

정답 | ②

799 | 기출처 2021 국가직 7급 | 난이도 ★★ | 키워드 준예산

관련기출 옳은지문
- 준예산제도는 국회의 의결을 필요로 하지 않는다. 17. 국회직 9급
- 준예산제도는 「헌법」상 준예산으로 지출 가능한 경비를 제한하고 있다. 17. 국회직 9급
- 준예산제도는 이미 예산으로 승인된 사업의 계속 목적으로 집행할 수 있다. 17. 국회직 9급
- 준예산제도는 이미 예산으로 승인된 사업을 계속하기 위해 전년도 예산에 준하여 집행할 수 있다. 18. 소방간부

800 〈필수〉

우리나라 예산제도에 대한 설명으로 옳지 않은 것은?

① 국회는 정부의 동의 없이 정부가 제출한 지출예산 각 항의 금액을 증가시킬 수 없다.
② 정부가 예산안 편성 시 감사원의 세출예산요구액을 감액하고자 할 때에는 국무회의에서 감사원장의 의견을 구하여야 한다.
③ 정부는 회계연도 개시 전까지 예산안이 의결되지 못한 때에는 전년도 예산에 준해 모든 예산을 편성해 운영할 수 있다.
④ 국회는 감사원이 검사를 완료한 국가결산보고서를 정기회 개회 전까지 심의·의결을 완료해야 한다.

해설

① (O) 국회는 정부의 예산안에 대한 폐지와 삭감은 자유롭지만, 증액이나 새 비목의 설치를 위해서는 정부의 동의를 받아야 한다.
② **매력적 오답** (O) 「헌법」상 독립기관뿐만 아니라 감사원의 세출예산요구액을 감액하고자 할 때에도 국무회의에서 기관장의 의견을 구하여야 한다.
③ (×) 준예산의 용도는 한정적이므로 모든 예산을 편성할 수는 없다.
④ **매력적 오답** (O) 국가결산은 정기국회 개회 전에 완료하여야 하며 이를 정기국회에서 이루어지는 다음 연도 예산에 환류하여야 한다.

고득점 플러스+ 준예산

- 회계연도가 개시될 때까지 예산이 성립되지 못하였을 경우 의회의 승인 없이 지출 → 사전의결 원칙의 예외
- 중앙정부의 경우에는 활용된 적이 없음 → 지방자치단체에서는 편성한 경험 존재
- 요건 → 「헌법」
  - 「헌법」이나 법률에 의해 설치된 기관 및 시설의 유지비와 운영비
  - 법률상 지출의무가 있는 경비
  - 이미 예산으로 승인된 계속비

정답 | ③

801 〈필수〉

예산 불성립에 따른 예산종류에 대한 설명으로 옳지 않은 것은?

① 준예산은 전년도 예산을 기준으로 예산을 편성해 운영하는 제도이다.
② 현재 우리나라는 준예산제도를 채택하고 있다.
③ 가예산은 1개월분의 예산을 국회의 의결을 거쳐 집행하는 것으로 우리나라가 운영한 경험이 있다.
④ 잠정예산은 수개월 단위로 임시예산을 편성해 운영하는 것으로 가예산과 달리 국회의 의결이 불필요하다.

관련기출 옳은지문

- 준예산은 예산 불성립 시 대처방안으로 국회의 사전동의가 필요하지 않다. 16. 경찰승진
- 준예산 제도의 도입 이후 중앙정부에서는 한 번도 활용된 적이 없다. 16. 경찰승진

해설

① (O) 준예산은 회계연도 개시 전까지 예산안이 국회를 통과하지 못할 경우, 전년도 예산을 기준으로 「헌법」이나 법률에 따라 설치된 기관 또는 시설의 유지비와 운영비, 법률상 지출 의무가 있는 경비, 이미 예산으로 승인된 사업의 계속비 등에 한하여 지출할 수 있는 제도이다.
② (O) 우리나라는 이승만 정부에서 가예산제도를 활용하였으나 1960년 이후 준예산을 채택하고 있다.
③ (O) 우리나라는 제1공화국(1948~1960) 때 1954년 한 해만 빼고 매년 가예산을 편성한 바 있다.
④ (×) 가예산과 잠정예산은 모두 국회의 의결이 필요하다.

정답 | ④

802
우리나라 행정부의 예산집행 통제장치에 해당하지 않는 것은?

① 정원 및 보수를 통제하여 경직성 경비의 증대를 억제한다.
② 정부조직 등에 관한 법령의 제정·개정·폐지로 인해 그 직무권한에 변동이 있을 때 예산도 이에 따라서 변동시킬 수 있다.
③ 각 중앙관서의 장은 2년 이상 소요되는 사업 중 대통령령이 정하는 대규모 사업에 대해 사업규모·총사업비·사업기간을 정해 미리 기획재정부장관과 협의해야 한다.
④ 각 중앙관서의 장은 월별로 기획재정부장관에게 사업집행보고서를 제출해야 한다.

802	
기출처	2011 국가직 9급
난이도	★★
키워드	예산집행 통제장치

해설

① (○) 경직성 경비는 한 번 지출되면 줄이기 어렵기 때문에 사전에 그 한도를 정해 두는 것이 바람직하다.
② (×) 정부조직 등에 관한 법령의 제정·개정·폐지로 인해 그 직무권한에 변동이 있을 때 예산을 이에 따라 변동하는 것은 이체이며, 이체는 예산의 신축성 유지방안에 해당한다.
③ (○) 총사업비관리 제도를 의미한다. 이는 완성에 장기간 소요되는 대규모 사업의 총사업비를 기획재정부장관이 관리하는 제도이다.
④ (○) 각 중앙관서의 장과 기금관리주체는 사업집행보고서와 예산 및 기금운용계획에 관한 집행보고서를 매월 경과 후 다음 달 20일 이내에 기획재정부장관에게 제출하여야 한다.

정답 | ②

803
재정성과관리와 재정건전성에 대한 설명으로 옳지 않은 것은?

① 중기지방재정계획은 「지방재정법」에 근거한 사후예산제도로 지방재정 건전화를 추구한다.
② 통합재정수지는 재정건전성 분석, 재정의 실물경제 효과 분석, 재전운용의 통화부문에 대한 영향분석 등에 활용될 수 있다.
③ 총사업비관리제도는 시작된 대형사업에 대한 총사업비를 관리해 재정지출의 생산성 제고를 도모한다.
④ 예비타당성조사는 대규모 신규사업에 대한 예산편성 및 기금운용계획을 수립하기 위하여 기획재정부장관의 주관으로 실시하는 사전적인 타당성 검증·평가제도이다.

803	
기출처	2017 국가직 9급
난이도	★
키워드	중기지방재정계획

해설

① (×) 중기지방재정계획은 지방재정 건전화를 높이기 위한 사전적 제도이다.
② (○) 통합재정수지는 순계개념의 세입과 세출의 차를 의미하며, 이를 통해 국가재정의 건전성 판단이 가능하다는 장점이 있다.
③ (○) 총사업비관리제도는 국고 또는 기금으로 시행하는 사업의 총사업비를 추진단계별로 합리적으로 조정하고 관리하여 재정지출의 생산성과 사업의 품질을 높이고자 하는 제도이다. 사업기간이 2년 이상이고 총사업비가 500억 원 이상인 사업에 대하여 실시한다.
④ (○) 예비타당성조사는 대통령령이 정하는 대규모 사업에 대한 개략적인 사전조사로, 대형 신규사업의 신중한 착수와 재정투자의 효율성을 제고하기 위해 도입되었다. 기획재정부장관이 중앙관서의 장의 신청 또는 직권으로 선정한다.

정답 | ①

804

예비타당성조사의 분석 내용을 경제성 분석과 정책적 분석으로 구분할 때, 경제성 분석에 해당하는 것은?

① 상위계획과의 연관성
② 지역경제에의 파급효과
③ 사업추진 의지
④ 민감도 분석

해설

①, ②, ③ (×) 정책적 분석에는 지역경제에의 파급효과, 상위계획과의 연관성, 국고지원의 적합성, 재원의 조달 가능성, 환경성 및 사업추진 의지 등이 있다.

④ (○) 예비타당성조사는 대규모 개발 사업에 대한 본격적 타당성조사에 앞선 개략적 사전조사로 국가재정의 전반적 관점에서 경제적 측면과 정책적 측면을 분석하는 것이다. 경제적 분석에는 수요 및 편익의 추정, 비용의 추정, 경제·재무성 평가, 민감도 분석 등이 있다.

고득점 플러스+ 예비타당성조사(1999)

- 의의: 대규모 사업에 대한 기획재정부장관의 개략적 사전조사 → 원칙적으로 6개월
- 대상: 총사업비가 500억 원 이상, 국가의 재정지원 규모가 300억 원 이상인 신규 사업
  - 건설공사가 포함된 사업, 「지능정보화 기본법」에 따른 지능정보화 사업, 「과학기술기본법」에 따른 국가연구개발 사업
  - 사회복지, 보건, 교육, 노동, 문화 및 관광, 환경 보호, 농림해양수산, 산업·중소기업 분야의 사업
- 절차
  - 중앙관서의 장의 신청 또는 기획재정부장관의 직권, 국회가 그 의결로 요구
  - 기획재정부장관이 조사한 후 국회 소관상임위원회와 예산결산특별위원회에 제출
- 제외
  - 공공청사, 교정시설, 초·중등 교육시설의 신·증축 사업, 국가유산 복원사업
  - 국가안보에 관계되거나 보안을 요하는 국방 관련 사업
  - 남북교류협력에 관계되거나 국가 간 협약·조약에 따라 추진하는 사업
  - 재난예방의 시급한 추진 → 소관상임위원회 동의
  - 지역균형발전, 긴급한 상황의 대응 등을 위한 정책적 추진 → 소관상임위원회 보고
- 경제성 분석: 원칙 → 비용편익분석, 예외 → 비용효과분석, 수입증대 → 수익성 분석(→ 재무성 분석)
- 정책성 분석(→ 정량 + 정성): 정책의 일관성, 준비 정도, 위험요인, 고용효과 등
- 지역균형발전 분석: 지역낙후도 개선, 지역경제 파급효과, 고용유발 효과 등

정답 | ④

805

예비타당성조사에 대한 설명으로 옳은 것은?

① 기존에 유지된 타당성조사의 문제점을 보완하기 위해 2013년부터 도입하였다.
② 신규 사업 중 총사업비가 300억 원 이상인 사업은 예비타당성조사대상에 포함된다.
③ 중앙행정기관의 장은 예비타당성조사를 실시하고 기획재정부장관과 그 결과를 협의해야 한다.
④ 조사대상 사업의 경제성, 정책적 필요성 등을 종합적으로 검토하여 그 타당성 여부를 판단한다.

해설

① **매력적 오답** (×) 예비타당성조사제도는 1999년에 도입되었다.
② (×) 기획재정부장관은 총사업비가 500억 원 이상이고 국가의 재정지원 규모가 300억 원 이상인 신규 사업에 대해 예비타당성조사를 실시한다.
③ (×) 예비타당성조사는 기획재정부장관이 실시한다.
④ (○) 예비타당성조사는 경제성, 정책성, 균형발전 등을 종합적으로 검토하여 그 타당성 여부를 판단하며, 종합평가는 평가항목별 분석결과를 토대로 다기준분석의 일종인 계층화분석법을 활용하여 계량화된 수치로 도출하되 일반적으로 AHP가 0.5 이상이면 사업시행이 바람직하다고 본다.

정답 | ④

관련기출 옳은지문
- 기획재정부장관은 국회가 그 의결로 요구하는 사업에 대하여는 예비타당성조사를 실시하여야 한다. 23. 군무원 7급
- 기획재정부장관은 일정한 국가연구개발사업에 대한 예비타당성조사에 관해서는 대통령령으로 정하는 바에 따라 과학기술정보통신부장관에게 위탁할 수 있다. 23. 군무원 7급

806
정부 예산편성에 대한 설명으로 옳지 <u>않은</u> 것은?

① 국가재정운용계획은 중·장기적 국가비전과 정책 우선순위를 고려한 계획으로 단년도 예산편성의 기본틀이 된다.
② 기획재정부는 예산안 편성 시 사전에 지출한도를 설정하고 각 중앙부처는 그 한도 내에서 예산을 자율적으로 편성한다.
③ 기획재정부는 예비타당성조사를 실시하여 정치·경제적 이해관계가 배제될 수 있도록 예산배분의 타당성을 검토한다.
④ 각 중앙관서의 장은 완성에 2년 이상이 소요되는 사업으로서 대통령령으로 정하는 대규모사업에 대하여는 그 사업규모·총사업비 및 사업기간을 정하여 미리 기획재정부장관과 협의해야 한다.

806
- 기출처: 2022 지방직 7급
- 난이도: ★★
- 키워드: 예비타당성조사

해설

① (○) 국가재정운용계획은 재정운용의 효율성과 건전성을 제고하기 위하여 당해 회계연도를 포함한 5회계연도에 대한 재정운용목표와 방향을 제시하는 재정운용계획으로, 기존의 단년도 예산편성에서 벗어나 거시경제 및 재정여건에 대한 전망을 바탕으로 재정수지·국가채무 등 재정운용의 목표를 사전에 설정하고 전략적인 재원배분 방향을 제시함으로써 보다 안정적이고 예측 가능한 재정정책의 추진이 가능하게 되었다.
② (○) 총액배분자율편성제도를 말한다. 총액배분자율편성제도는 정부 각 기관에 배정될 예산의 지출한도액은 중앙예산기관과 행정수반이 결정하고 각 기관의 장에게는 그러한 지출한도액의 범위 내에서 자율적으로 목표달성 방법을 결정하는 자율권을 부여하는 예산관리모형이다.
③ (×) 예비타당성조사는 경제성 분석은 물론 정책성 분석을 동시에 실시한다. 경제성 분석은 비용편익비율, 순현재가치, 내부수익률 등을 중심으로 타당성 여부를 검토하는 것이고, 정책적 분석은 지역경제에의 파급효과, 균형발전을 위한 낙후도 평가, 정책의 일관성 및 추진 의지, 사업의 위협요인, 상위계획과의 연계성, 환경영향 등의 검토가 이루어진다.
④ (○) 총사업비관리제도에 관한 설명이다.

정답 | ③

관련기출 옳은지문
- 기획재정부장관은 예비타당성조사의 결과를 국회 소관 상임위원회와 예산결산특별위원회에 제출하여야 한다. 22. 국회직 8급
- 총사업비가 500억 원 이상이고 국가재정 지원규모가 300억 원 이상인 신규 사업 중 지능정보화사업은 예비타당성조사의 대상사업이 될 수 있다. 21. 국회직 8급

807

예산제도에 대한 설명으로 옳은 것은?

① 주민참여예산제도는 정부가 지역주민에 대해 비과세, 감면, 공제 등 세제상 각종 유인장치를 통해 간접적 지원을 해주는 제도이다.
② 예비타당성조사는 총사업비와 국가의 재정지원 규모가 일정 금액 이상인 신규사업 중 특정 요건에 해당하는 경우에 실시하며, 국회가 의결로 요구하는 사업에 대해서도 실시하여야 한다.
③ 예산성과금은 수입이 증대되거나 지출이 절약된 때에 이에 기여한 자에게 지급할 수 있으며 절약된 예산은 다른 사업에 사용할 수 없다.
④ 총사업비관리제도는 소요 기간에 관계없이 고속도로, 국도 등 일정 규모 이상의 대규모 사업의 경우, 사업규모·총사업비 및 사업기간 등을 정하여 미리 기획재정부장관과 사전 협의할 것을 요구한다.

해설

① (×) 지역주민에 대해 비과세, 감면, 공제 등 세제상 각종 유인장치를 통해 간접적 지원을 해주는 제도는 지방세지출제도이다.
② (○) 예비타당성조사는 총사업비가 500억 원 이상, 국가의 재정지원 규모가 300억 원 이상인 신규사업을 대상으로 하며, 국회가 의결로 요구한 사업은 반드시 실시하여야 한다.
③ **매력적 오답** (×) 절약된 예산의 일부를 예산성과금으로 지급할 수 있고 다른 사업에 사용할 수도 있다.
④ (×) 총사업비관리제도는 완성에 2년 이상이 소요되는 사업의 총사업비를 통제하기 위해 도입된 제도이다.

정답 | ②

관련기출 옳은지문
- 예비타당성조사는 기획재정부장관 주관으로 시행되는 사전적 타당성 검증제도로서 신규투자 우선순위결정, 예산낭비 방지, 재정운영의 효율성 제고를 목적으로 한다. 25. 경찰간부

808

다음은 「국가재정법」상 예비타당성조사에 대한 내용이다. (가)와 (나)에 들어갈 숫자로 옳은 것은?

> 기획재정부장관은 총사업비가 ⎡(가)⎤ 억 원 이상이고 국가의 재정지원 규모가 ⎡(나)⎤ 억 원 이상인 신규사업으로서 건설공사가 포함된 사업 등에 대한 예산을 편성하기 위하여 미리 예비타당성조사를 실시하고, 그 결과를 요약하여 국회 소관 상임위원회와 예산결산특별위원회에 제출하여야 한다.

	(가)	(나)
①	300	100
②	300	200
③	500	250
④	500	300

해설

④ (○) 예비타당성조사는 총사업비가 500억 원 이상이고 국가의 재정지원 규모가 300억 원 이상인 신규사업을 대상으로 한다.

정답 | ④

809
국가채무에 대한 설명으로 옳지 않은 것은?

① 기획재정부장관은 국가채무관리계획을 수립하여야 한다.
② 국채를 발행하고자 할 때에는 국회의 의결을 얻어야 한다.
③ 우리나라가 발행하는 국채의 종류에 국고채와 재정증권은 포함되지 않는다.
④ 우리나라의 GDP 대비 국가채무비율은 일본과 미국보다 낮은 상태이다.

해설

① (○) 기획재정부장관은 국가의 회계 또는 기금이 부담하는 금전채무에 대하여 매년 국가채무관리계획을 수립하여야 한다.
② (○) 국가의 세출은 국채·차입금 외의 세입을 그 재원으로 한다. 다만, 부득이한 경우에는 국회의 의결을 얻은 금액의 범위 안에서 국채 또는 차입금으로써 충당할 수 있다.
③ (×) 국채와 국가채무는 다른 개념이다. 우리나라가 발행하는 국채의 종류에는 국고채권, 재정증권, 외국환평형기금채권, 국민주택채권 등 4종류가 있다.
④ (○) 우리나라는 GDP 대비 국가채무비율이 40%대로 이는 미국(100% 이상)이나 일본(200% 이상)보다 낮은 상태이다.

고득점 플러스+ 국가채무

- 채무의 범위
  - 국가회계 또는 기금이 발행한 채권과 차입금 및 국고채무부담행위
  - 국가보증채무 중 정부의 대지급 이행이 확정된 채무
- 제외사항: 재정증권, 일시차입금, 국가회계 또는 기금이 인수·매입하여 보유하고 있는 채권 및 차입금

정답 | ③

809
기출처: 2019 지방직 9급
난이도: ★★
키워드: 국가채무

관련기출 옳은지문

- 「국가재정법」에서는 국가채무를 국가의 회계 또는 기금이 부담하는 금전적 채무로 정의하고 있다.
  25. 국회직 8급

- 국가채무는 현금주의 기준에 의해 작성되는 채무 규모이다.
  25. 국회직 8급

- 일반정부 부채는 국제지침에 따라 발생주의 기준에 의해 산출된다.
  25. 국회직 8급

810 (필수)
국가채무에 대한 설명으로 옳지 않은 것은?

① 「국가재정법」에 따른 국가채무는 국가의 회계가 발행한 채권을 포함하며, 모든 기금이 발행한 채권은 제외된다.
② 우리나라 중앙정부가 발행하는 국채에는 국고채권, 국민주택채권, 외화표시 외국환평형기금채권 등이 있다.
③ 국가채무는 크게 금융성 채무와 적자성 채무로 구분한다.
④ 채권의 발행 주체가 중앙정부일 때는 국채, 지방자치단체일 때는 지방채라고 할 수 있다.

해설

① (×) 「국가재정법」에 의하면 국가채무에는 국가의 회계 또는 기금이 발행한 채권, 국가의 회계 또는 기금의 차입금, 국가의 회계 또는 기금의 국고채무부담행위 등이 포함된다.
② 매력적 오답 (○) 중앙정부가 발행하는 국채에는 국고채권, 국민주택채권, 외화표시 외국환평형기금채권, 재정증권 등 4종이 있다.
③ 매력적 오답 (○) 적자성 채무는 대응 자산이 없어 국민의 세금으로 등으로 상환해야 하는 채무이고, 금융성 채무는 대응 자산이 존재하는 채무로 외국환평형기금채권이나 국민주택채권이 이에 속한다.
④ (○) 채권의 발행 주체가 중앙정부이면 국채, 지방자치단체이면 지방채로 구분한다. 이는 각 정부 주체의 재정책임과 의무를 명확히 하기 위함이다.

정답 | ①

810
기출처: 2023 국가직 7급
난이도: ★
키워드: 국가채무

811	① ② ③
기출처	2020 국가직 9급
난이도	★
키워드	세계잉여금

🔍 **관련기출 옳은지문**
- 세계잉여금은 국가결산보고서에 대한 대통령의 승인을 얻은 후 사용 또는 출연할 수 있다.   25. 경찰승진

811 필수
세계잉여금에 대한 설명으로 옳은 것만을 모두 고르면?

> ㄱ. 일반회계, 특별회계가 포함되고 기금은 제외된다.
> ㄴ. 적자 국채발행 규모와 부(-)의 관계이며, 국가의 재정건전성을 파악하는 데 효과적이다.
> ㄷ. 결산의 결과 발생한 세계잉여금은 전액 추가경정예산에 편성하여야 한다.

① ㄱ
② ㄷ
③ ㄱ, ㄴ
④ ㄴ, ㄷ

해설

ㄱ. (○) 세계잉여금은 세입세출의 결산상 잉여금이므로 세입세출이 아닌 기금은 제외된다.
ㄴ. **매력적 오답** (×) 세계잉여금은 총세입에서 총세출을 뺀 금액으로 계산되는데 총세입에는 국채발행수입도 포함되므로 세계잉여금이 남았다고 해서 꼭 재정이 건전한 것은 아니다. 다만 세계잉여금의 일부는 국채 또는 차입금의 원리금 상환에 사용될 수 있으므로 세계잉여금이 존재할 경우 국채발행규모와 부(-)의 관계가 존재할 수 있다.
ㄷ. (×) 세계잉여금은 지방교부세의 정산, 공적자금상환기금의 출연, 국채 또는 차입금의 원리금 상환 및 확정된 국가배상금의 상환 등에도 사용할 수 있다.

고득점 플러스+   세계잉여금
- 예상되는 초과 조세수입: 당해 연도 발행한 국채의 우선 상환 → 세입세출 외로 처리
- 세계잉여금: 세입세출의 결산상 잉여금(→ 초과 세입과 세출불용액의 합계) → 사용에 있어 국회 승인 불요
    - 지방교부세의 정산 및 지방교육재정교부금의 정산
    - 공적자금의 상환, 국채 또는 차입금의 원리금 및 확정된 국가배상금의 상환
    - 추가경정예산안의 편성, 다음 연도 세입으로 이입

정답 | ①

812	① ② ③
기출처	2023 국가직 7급
난이도	★★
키워드	재정준칙

812 필수
「국가재정법」에 규정되지 않은 재정제도는?

① 재정준칙
② 총액계상
③ 총사업비관리
④ 국가재정운용계획

해설

① (×) 「국가재정법」에 아직 재정준칙과 관련된 규정은 없다. 다만 2025년부터 도입될 예정으로 발표되었다.
②, ③, ④ (○) 총액계상, 총사업비관리, 국가재정운용계획 등은 「국가재정법」에 규정되어 있다.

정답 | ①

813 필수
재정준칙에 대한 설명으로 옳지 않은 것은?

① 국가채무준칙은 재정 건전성을 확보하기 위해 국가채무 규모에 상한선을 설정한다.
② 재정수지준칙은 경기변동과 무관하게 설정되므로 경제 안정화를 오히려 저해할 수 있다.
③ 재정지출준칙은 경제성장률이나 재정적자 규모의 예측에 의존하지 않는다.
④ 재정수입준칙은 조세지출을 우회적으로 활용함으로써 재정건전성이 훼손될 가능성이 있다.

해설

① (O) 국가채무준칙은 GDP 대비 국가채무비율을 일정 수준에서 유지 혹은 단계적으로 감소하도록 하는 제약조건을 가하거나 국가채무의 한도를 정하는 준칙이다.
② 매력적 오답 (O) 재정수지준칙은 매 회계연도마다 또는 일정 기간 재정수지를 균형이나 일정 수준으로 유지하도록 하는 준칙이기에 경기변동에 따른 정부의 적극적이고 능동적인 재정정책을 제약하여 경제 안정화를 저해할 수도 있다는 비판이 있다.
③ 매력적 오답 (O) 재정지출준칙은 총지출 한도, 분야별 명목·실질 지출한도, 명목·실질 지출 증가율 한도 등을 설정하는 준칙으로, 수입보다는 지출에 초점을 맞추고 있으므로 경제성장률이나 적자규모의 예측과는 무관하다.
④ (×) 재정수입준칙은 세입 감소를 내용으로 하는 신규 입법 시 반드시 이에 대응되는 다른 의무지출의 감소나 세입의 증가 등 재원조달 방안이 동시에 입법화되도록 의무화하는 준칙이다. 조세지출이란 조세감면 등으로 인한 수입의 감소를 의미하며, 수입준칙이 마련될 경우 이러한 조세지출을 위해서는 반드시 다른 지출의 감소나 재원의 조달방안을 마련하여야 하므로 재정건전성의 악화를 막을 수 있다.

고득점 플러스+ 재정준칙
- 의의: 재정수입, 재정지출, 재정수지, 국가채무 등 총량적 재정지표에 대한 법적 구속력을 부여하는 규율
- 유형 → 재정수지준칙과 국가채무준칙을 가장 많이 사용
  - 재정수입준칙: 세입 감소를 야기하는 신규 입법의 제정 시 이에 대응하는 재원의 조달방안을 동시에 입법화하도록 하는 준칙
  - 재정지출준칙: 총지출 한도, 분야별 지출한도와 지출 증가율의 한도 등을 설정하는 준칙
  - 재정수지준칙: 매 회계연도마다 또는 일정 기간 재정수지를 일정 수준으로 유지하도록 하는 준칙
  - 국가채무준칙: GDP 대비 국가채무 비율을 일정 수준에서 유지 또는 단계적으로 감소하도록 하는 제약 조건을 가하거나 국가채무의 한도를 정하는 준칙

정답 | ④

813 기출처: 2022 지방직 7급 | 난이도: ★ | 키워드: 재정준칙

관련기출 옳은지문
- 재정준칙의 유형에는 채무준칙, 재정수지준칙, 지출준칙, 수입준칙 등이 있다. 22. 경찰승진
- 재정준칙은 총량적인 재정지표에 대해 구체적인 목표수치를 포함한 국가의 재정운용 목표를 법제화한 재정운용정책을 의미한다. 22. 경찰승진
- 미국의 페이고(PAYGO: pay-as-you-go)제도는 의무지출의 증가를 내용으로 하는 신규 입법시 이에 상응하는 세입 증가나 다른 의무지출 감소 등과 같은 재원조달방안을 동시에 입법하도록 의무화하는 것이다. 22. 경찰승진

---

814 필수
예산집행의 신축성을 유지하기 위한 제도로 옳지 않은 것은?

① 계속비
② 수입대체경비
③ 예산의 재배정
④ 예산의 이체

해설

①, ②, ④ (O) 계속비, 수입대체경비, 예산의 이체 등은 예산집행의 신축성 확보방안이다.
③ (×) 예산의 배정이나 재배정은 예산집행의 통제장치이다.

정답 | ③

814 기출처: 2022 국가직 9급 | 난이도: ★★★ | 키워드: 예산집행의 신축성

815			
기출처	2014 국가직 9급		
난이도	★★★		
키워드	배정과 재배정		

815
예산 관련 제도들 중 나머지 셋과 성격이 다른 것은?

① 예비비와 총액계상예산
② 이월과 계속비
③ 이용과 전용
④ 배정과 재배정

해설

① (○) 예비비는 예측할 수 없는 예산 외의 지출 또는 예산초과지출에 충당하기 위하여 세입세출예산의 일정부분이 용도를 정하지 않고 계상된 항목이다. 총액계상예산은 세부사업이 확정되지 않은 상태에서 총액규모만 예산에 반영하는 것으로, 세부내역은 집행단계에서 각 중앙관서의 장이 자율적으로 결정한다.
② (○) 이월과 계속비는 회계연도를 넘어 사용할 수 있는 시간 한정성 원칙의 예외이다.
③ (○) 이용과 전용은 사전에 정해진 용도와 다르게 사용할 수 있는 질적 한정성 원칙의 예외이다.
④ (×) 예산의 배정과 재배정은 예산의 통제수단이고, 나머지는 예산의 신축성 유지방안이다. 예산의 배정이란 중앙예산기관이 각 중앙관서에 자금을 일정한 기간별로 나누어 정해주는 것을 말하고 예산의 재배정이란 중앙예산기관으로부터 예산을 배정받은 각 중앙관서의 장이 그 예산의 범위 내에서 각 산하기관에게 자금을 나누어 정해주는 것이다.

정답 | ④

관련기출 옳은지문

• 예비비는 정부가 예측할 수 없는 예산 외의 지출 또는 예산초과지출에 충당하기 위하여 일반회계 예산총액의 100분의 1 이내의 금액을 계상한 것이다. 21. 소방간부

• 재해복구를 위하여 필요한 때에는 회계연도마다 국회의 의결을 얻은 범위 안에서 국고채무부담행위를 할 수 있다. 21. 소방간부

• 계속비는 완성에 수년도를 요하는 공사나 제조 및 연구개발사업에 대해 그 경비의 총액과 연부액을 정하여 미리 국회의 의결을 얻은 범위 안에서 수년도에 걸쳐서 지출할 수 있는 것이다. 21. 소방간부

816			
기출처	2015 국가직 7급		
난이도	★★★		
키워드	예산총계주의		

816
예산집행의 신축성을 보장하기 위한 장치가 아닌 것은?

① 예산총계주의
② 예산의 이체와 이월
③ 예비비
④ 수입대체경비

해설

① (×) 예산총계주의는 한 회계연도의 모든 수입을 세입으로 하고, 모든 지출을 세출로 하여야 한다는 완전성 원칙을 의미하며, 예산의 완전성 원칙은 예산의 통제를 강조하는 고전적 원칙에 속한다.
② (○) 조직 등의 개편에 수반되는 예산의 변동인 이체와 회계연도를 넘어 사용할 수 있게 하는 이월은 예산의 신축성 확보수단에 속한다.
③ (○) 예측할 수 없는 예산 외 지출 또는 예산초과지출에 충당하기 위하여 설치하는 예비비는 예산 한정성의 원칙에 대한 예외이며, 이는 예산의 신축성 확보수단에 속한다.
④ (○) 수입대체경비는 지출이 직접 수입을 수반하는 경우, 그 수입이 확보되는 범위 안에서 직접 지출할 수 있도록 규정된 경비를 말하며, 예산 완전성 원칙이나 통일성 원칙의 예외이다.

정답 | ①

817 필수

지방자치단체의 예비비에 대한 설명으로 옳지 않은 것은?

① 예측할 수 없는 예산 외의 지출에 충당하기 위하여 예산에 계상한다.
② 일반회계의 경우 예산총액의 100분의 1 이내의 금액을 예비비로 계상하여야 한다.
③ 지방의회의 예산안 심의 결과 감액된 지출항목에 대해 예비비를 사용할 수 있다.
④ 재해·재난 관련 목적 예비비는 별도로 예산에 계상할 수 있다.

해설

① (O) 예비비는 예산 외 지출 또는 초과지출에 충당하기 위해 세입세출예산에 계상된다.
② (O) 지방자치단체는 의무적으로 일반회계 및 교육비특별회계예산총액의 100분의 1 이내의 금액을 예비비로 계상하여야 한다.
③ (×) 지방자치단체의 장은 지방의회의 예산안 심의 결과 폐지되거나 감액된 지출항목에 대해서는 예비비를 사용할 수 없다.
④ **매력적 오답** (O) 지방자치단체도 목적 예비비를 계상할 수 있는데 그 범위가 재해와 재난 관련 용도로 한정된다.

고득점 플러스+ 예비비

- 대상: 예측할 수 없는 예산 외의 지출 또는 예산초과지출에 충당
- 금액: 일반회계 총액의 100분의 1 이내의 범위에서 세입세출예산에 계상 → 선택 사항
- 목적 예비비: 예산총칙에 미리 사용목적을 지정해 놓은 예비비, 금지사항(→ 공무원의 보수인상을 위한 인건비 충당)
- 관리: 「국가재정법」에 의거 기획재정부장관이 관리, 지출 후 다음 연도 국회의 (사후)승인
- 예비금 제도: 「헌법」상 독립기관의 예비경비 → 국회, 법원, 헌법재판소, 중앙선거관리위원회, 감사원(×)

정답 | ③

817
- 기출처: 2021 지방직 9급
- 난이도: ★★
- 키워드: 예비비

관련기출 옳은지문
- 예측할 수 없는 예산 외 지출 또는 예산초과지출에 충당하기 위해 예비비를 둔다. 12. 서울시 9급

818

다음은 예산의 이용과 전용에 대한 설명이다. ㉠과 ㉡에 해당하는 것은?

> 이용은 국회에서 승인된 예산 중 (㉠) 간 울타리를 뛰어넘어 자금을 이전하는 것을 말하며 이를 위해서는 국회의 승인을 받아야 한다. 반면, 전용은 (㉡) 간 울타리를 뛰어넘어 자금을 이전하는 것을 말하며 이를 위해서는 국회의 승인을 받을 필요가 없다.

	㉠	㉡
①	장	관, 항, 세항, 목
②	장, 관	항, 세항, 목
③	장, 관, 항	세항, 목
④	장, 관, 항, 세항	목

해설

③ (O) 이용은 입법과목인 장, 관, 항 간의 융통을 말하고, 전용은 행정과목인 세항과 목의 융통을 말한다. 이용은 입법과목의 융통이므로 국회의 승인이 필요하지만, 전용은 국회의 승인이 필요하지 않다.

정답 | ③

818
- 기출처: 2016 지방직 7급
- 난이도: ★★
- 키워드: 이용과 전용

관련기출 옳은지문
- 예산의 이용(移用)은 입법과목 간의 융통을 말한다. 12. 서울시 9급
- 예산의 이체(移替)는 정부조직 등에 관한 법령의 제·개정, 폐지 등의 사유가 있을 때 사용하는 방안이다. 12. 서울시 9급
- 이월(移越)은 당해 회계연도 예산을 차년도 예산으로 사용하는 것이다. 12. 서울시 9급

CHAPTER 03 예산의 과정 · 493

819 〈필수〉

국고채무부담행위에 대한 설명으로 옳은 것만을 모두 고르면?

> ㄱ. 사항마다 필요한 이유를 명백히 하고 그 행위를 할 연도와 상환연도, 채무부담의 금액을 표시해야 한다.
> ㄴ. 국가가 금전 급부의무를 부담하는 행위로서 그 채무이행의 책임은 다음 연도 이후에 부담됨을 원칙으로 한다.
> ㄷ. 국가가 채무를 부담할 권한과 채무의 지출권한을 부여받은 것으로, 지출을 위한 국회의결 대상에서 제외된다.
> ㄹ. 단년도 예산원칙의 예외라는 점에서 계속비와 동일하지만, 공사나 제조 및 연구개발 사업 등 대상이 한정되어 있다는 점에서 대상이 한정되지 않는 계속비와 차이가 있다.

① ㄱ, ㄴ
② ㄱ, ㄹ
③ ㄴ, ㄷ
④ ㄷ, ㄹ

해설

ㄱ. (O) 국고채무부담행위는 사항마다 필요한 이유를 명백히 하고 그 행위를 할 연도 및 상환연도와 채무부담의 금액을 표시해야 한다.
ㄴ. (O) 다음 연도에 부담되는 것이라면 올해 예산으로 편성할 수 있으므로 국고채무부담행위를 할 이유가 없기 때문이다.
ㄷ. (×) 국고채무부담행위는 채무를 부담할 권한만을 부여받은 것이며, 지출권한은 다시 의회의 의결을 받아야 가능하다.
ㄹ. **매력적 오답** (×) 공사나 제조 및 연구개발 사업에 한정된 것은 계속비이다.

정답 | ①

820

예산집행에 대한 설명으로 옳지 않은 것은?

① 예산의 재배정은 행정부처의 장이 실무부서에게 지출을 할 수 있는 권한을 부여한다는 것을 의미한다.
② 예산의 전용을 위해서 정부 부처는 미리 국회의 승인을 받아야 한다.
③ 예비비는 공무원 인건비 인상을 위한 인건비 충당을 목적으로 사용할 수 없다.
④ 사고이월은 집행과정에서 재해 등의 이유로 불가피하게 다음 연도로 이월된 경비를 말한다.

해설

① (O) 예산의 재배정은 각 중앙관서의 장이 산하기관의 장에게 지출할 수 있는 권한을 부여하는 것이다.
② (×) 이용은 미리 국회의 승인을 받아야 하지만 전용은 국회의 승인을 받지 않아도 된다.
③ 매력적 오답 (O) 예비비는 공무원의 보수 인상을 위한 인건비 충당을 위하여 사용목적을 지정할 수 없다.
④ (O) 사고이월은 집행과정에서 재해 등의 이유로 불가피하게 다음 연도로 이월된 경비를 말한다. 즉, 지출원인행위를 하였으나 불가피한 사유로 연도 내에 지출을 하지 못한 경우와 지출원인행위를 하지 아니한 그 부대경비의 경우를 이월하는 것을 말한다.

정답 | ②

821
예산의 이용과 전용에 대한 설명으로 옳은 것은?

① 이용은 입법과목 사이의 상호 융통으로 국회의 의결을 얻으면 기획재정부장관의 승인이나 위임 없이도 할 수 있다.
② 기관 간 이용도 가능하다.
③ 세출예산의 항(項) 간 전용은 국회의결 없이 기획재정부장관의 승인을 얻어서 할 수 있다.
④ 이용과 전용은 예산 한정성 원칙의 예외로 볼 수 없다.

821
- 기출처: 2021 국가직 7급
- 난이도: ★★
- 키워드: 이용과 전용

관련기출 옳은지문
- 예산의 전용(轉用)은 확정된 예산에서 각 세항 또는 목의 금액을 서로 융통하여 사용하는 것을 의미한다.
  23. 국회직 9급

해설

① (×) 이용은 원칙적으로 국회의 의결과 기획재정부장관의 승인이 필요하다.
② (O) 기관 간 또는 장·관·항 간의 상호 융통을 이용이라 한다.
③ (×) 항(項)은 입법과목이며, 이를 융통하기 위해서는 국회의 의결이 필요하다.
④ (×) 이용과 전용은 예산 한정성 원칙의 예외이다.

고득점 플러스+ 예산의 이용
- 의의: 입법과목(→ 장·관·항) 간의 융통 → 국회의 사전의결과 기획재정부장관의 승인 필요
- 사유 → 포지티브 방식
  - 법령상 지출의무의 이행을 위한 경비의 부족액이 발생하는 경우
  - 기관운영을 위한 필수적 경비의 부족액이 발생하는 경우
  - 환율변동·유가변동 등 사전에 예측하기 어려운 불가피한 사정이 발생하는 경우
  - 재해대책 재원 등으로 사용할 시급한 필요가 있는 경우

정답 | ②

822

재정민주주의에 대한 설명으로 옳지 않은 것은?

① 재정민주주의는 '대표 없이 과세 없다.'라는 표현에서 나타나듯이 재정주권이 납세자인 국민에게 있다는 의미를 내포하고 있다.
② 납세자인 시민이 국가 또는 지방자치단체의 재정지출과 관련된 부정과 낭비를 감시하는 납세자 소송제도는 재정민주주의의 본질을 잘 반영하고 있다.
③ 주민참여 예산제도는 예산편성과정에 주민참여를 확대함으로써 지방재정 운영의 투명성 및 공정성을 제고하여 재정민주주의에 기여한다.
④ 정부 예산집행의 신축성을 확대하기 위하여 만들어진 예산의 전용제도는 국회의 동의를 구해야 하므로 재정민주주의 확보에 기여하는 제도적 장치이다.

해설

① (O) 재정민주주의란 예산과정에 시민들의 선호가 올바르게 반영된 상황을 의미한다. 이는 재정주권이 납세자인 국민에게 있다는 것으로, 재정정보의 공개, 주민참여 예산제도 등 의사결정 과정에의 시민참여 및 납세자 소송 등과 관련된다.
② (O) 납세자 소송 또는 주민소송은 지방정부의 위법한 예산집행을 견제하여 주민들의 공동이익을 보호하기 위하여 납세자에게 원고적격을 인정하는 공익소송제도로, 공금의 지출에 관한 사항 등에 감사청구한 주민은 감사청구한 사항과 관련이 있는 위법한 행위나 업무를 게을리한 사실에 대하여 해당 지방자치단체의 장을 상대방으로 하여 소송을 제기할 수 있다.
③ (O) 주민참여 예산제도는 예산편성에서 주민이 참여하는 거버넌스 시각이 반영된 것으로, 예산운영의 효율성과 지출가치의 극대화보다는 예산주권의 극대화나 시민욕구의 반영을 중요시하는 제도이다. 지방자치단체의 장은 대통령령으로 정하는 바에 따라 지방예산 편성과정에 주민이 참여할 수 있는 절차를 마련하여 시행하여야 한다.
④ (×) 전용은 행정과목(세항·목) 간 융통으로 국회의 의결 없이 기획재정부장관의 승인을 얻어 융통할 수 있다.

정답 | ④

823 〈필수〉

예산집행의 신축성 유지 방안에 대한 설명으로 옳지 않은 것은?

① 추가경정예산의 경우, 정부는 국회에서 추가경정예산안이 확정되기 전에 이를 미리 배정하거나 집행할 수 없다.
② 예비비의 경우, 정부는 예측할 수 없는 예산 외의 지출 또는 예산초과지출에 충당하기 위하여 일반회계 예산총액의 100분의 5 이내의 금액으로 세입세출예산에 계상할 수 있다.
③ 계속비의 경우, 국가가 지출할 수 있는 연한은 그 회계연도로부터 5년 이내이나, 사업규모 및 국가재원 여건을 고려하여 필요한 경우에는 예외적으로 10년 이내로 할 수 있다.
④ 각 중앙관서의 장은 예산의 목적범위 안에서 재원의 효율적 활용을 위하여 대통령령으로 정하는 바에 따라 기획재정부장관의 승인을 얻어 각 세항 또는 목의 금액을 전용(轉用)할 수 있다.

해설

① (O) 추가경정예산은 국회의 심의·의결을 거쳐 확정되어야 효력을 발휘한다. 따라서 정부는 국회에서 추가경정예산안이 확정되기 전에 이를 미리 배정하거나 집행할 수 없다. 이는 국회의 예산 심의권을 보장하고 재정통제의 원칙을 지키기 위함이다.
② (×) 중앙정부의 경우 예비비는 일반회계 예산총액의 100분의 1 이내의 금액으로 세입세출예산에 계상할 수 있다. 반면 지방자치단체는 일반회계와 교육비특별회계 경우 100분의 1 이내의 금액으로 예비비를 반드시 계상하여야 한다.
③ (O) 계속비의 지출은 당해 회계연도로부터 5년 이내에 한정하는 것이 원칙이지만 필요한 경우에는 예외적으로 10년 이내로 할 수 있다.
④ (O) 각 중앙관서의 장은 예산의 목적 범위 안에서 재원의 효율적 활용을 위하여 대통령령으로 정하는 바에 따라 기획재정부장관의 승인을 얻어 각 세항 또는 목의 금액을 전용(轉用)할 수 있다. 이는 예산집행의 신축성을 부여하는 중요한 제도이다.

정답 | ②

관련기출 옳은지문
• 예산의 이용과 전용은 예산집행의 신축성 확보를 위한 것으로, 예산 한정성 원칙의 예외 사항이다.
24. 경찰간부

• 예비비는 정부가 예측할 수 없는 예산 외의 지출 또는 예산초과지출을 충당하기 위한 것으로, 일반회계 예산총액의 100분의 1 이내의 금액을 세입세출예산에 계상할 수 있다.
24. 경찰간부

824 필수

예산집행 과정의 신축성 유지 방안에 대한 설명으로 옳은 것만을 모두 고르면?

ㄱ. 예산의 전용이란 각 기관·장·관·항 간에 상호 융통하는 것을 말한다.
ㄴ. 예산의 명시이월이란 예산 성립 후 연도 내 지출원인행위를 하고 불가피한 사유로 지출하지 못한 경비와 지출원인행위를 하지 아니한 그 부대경비의 금액에 대한 이월을 말한다.
ㄷ. 예비비란 예측할 수 없는 예산 외의 지출 또는 예산초과지출에 충당하기 위해 세입·세출예산에 계상한 금액을 말한다.
ㄹ. 예산의 이체란 정부조직 등에 관한 법령의 제정, 개정 또는 폐지로 인해 그 직무와 권한에 변동이 있을 때에 예산도 이에 따라 변경하는 것을 말한다.

① ㄱ, ㄴ
② ㄱ, ㄷ
③ ㄴ, ㄹ
④ ㄷ, ㄹ

824 / 기출처 2024 국가직 7급 / 난이도 ★★ / 키워드 신축성 유지 방안

해설

ㄱ. (×) 각 기관·장·관·항 간에 상호 융통은 이용이다. 전용은 세항과 목 간의 상호 융통이다.
ㄴ. (×) 예산 성립 후 연도 내 지출원인행위를 하고 불가피한 사유로 지출하지 못한 경비와 지출원인행위를 하지 아니한 그 부대경비의 금액에 대해 이월하는 것은 사고이월이다.
ㄷ. (O) 예비비는 예측할 수 없는 예산 외의 지출 또는 예산초과지출에 충당하기 위하여 세입세출예산에 계상한 금액을 말한다.
ㄹ. (O) 예산의 이체는 정부조직 등에 관한 법령의 제정, 개정 또는 폐지로 인하여 그 직무와 권한에 변동이 있을 때에, 그에 따라 예산도 변경하는 것을 말한다.

정답 | ④

825	1 2 3
기출처	2020 국가직 9급
난이도	★
키워드	예산의 집행

825 필수

예산의 집행에 대한 설명으로 옳은 것은?

① 기획재정부장관은 각 중앙관서의 장에게 예산을 배정한 때에는 감사원에 통지하여야 한다.
② 기획재정부장관은 반기별 예산배정계획을 작성하여 국회의 심의를 받은 뒤에 예산을 배정한다.
③ 중앙관서의 장에게 자금을 사용할 수 있는 권한을 부여하는 것을 예산의 재배정이라고 한다.
④ 기획재정부장관은 매년 2월 말까지 예산집행지침을 각 중앙관서의 장과 국회예산정책처에 통보하여야 한다.

해설

① (O) 기획재정부장관은 예산배정요구서에 따라 분기별 예산배정계획을 작성하여 국무회의 심의를 거친 후 대통령의 승인을 얻어야 하며, 이를 각 중앙관서의 장에게 배정한 때에는 감사원에 통지하여야 한다.
② (×) 예산배정계획은 분기별로 작성되며, 국회의 심의가 아닌 국무회의의 심의가 필요하다.
③ (×) 예산의 재배정은 예산의 배정을 받은 각 중앙관서의 장이 산하기관에게 자금을 사용할 수 있는 권한을 부여하는 것이다.
④ **매력적 오답** (×) 기획재정부장관은 매년 1월 말까지 예산집행지침을 각 중앙관서의 장에게 통보하여야 한다. 그리고 국회에 있어 중앙관서의 장은 국회사무총장이다.

정답 | ①

826	1 2 3
기출처	2018 국가직 9급
난이도	★★
키워드	결산

826

우리나라의 결산에 대한 설명으로 옳지 않은 것은?

① 각 중앙관서의 장은 회계연도마다 소관 기금의 결산보고서를 중앙관서결산보고서에 통합하여 작성하여야 한다.
② 결산은 국회의 심의를 거쳐 국무회의의 의결과 대통령의 승인으로 종료된다.
③ 정부는 감사원의 검사를 거친 국가결산보고서를 국회에 제출하여야 한다.
④ 결산은 한 회계연도의 수입과 지출 실적을 확정적 계수로 표시하는 행위이다.

해설

① (O) 각 중앙관서의 장은 「국가회계법」에서 정하는 바에 따라 회계연도마다 소관 기금의 결산보고서를 중앙관서결산보고서에 통합하여 작성한 후 기획재정부장관에게 제출하여야 한다.
② (×) 결산은 국회의 심의·의결로 종료된다.
③ (O) 감사원은 국가결산보고서를 검사하고, 보고서를 5월 20일까지 기획재정부장관에게 송부하여야 하고, 정부는 감사원의 검사를 거친 국가결산보고서를 다음 연도 5월 31일까지 국회에 제출하여야 한다.
④ (O) 결산이란 한 회계연도 내에서 세입예산의 모든 수입과 세출예산의 모든 지출을 확정적 계수로 표시하는 행위를 말한다.

| 고득점 플러스+ | 결산의 절차 |

- 출납정리(폐쇄)기한: 출납자체를 인정하는 기간 → 12월 31일
- 출납기한: 출납의 정리 및 보고와 장부의 정리기한 → 2월 10일
- 중앙관서결산보고서(→ 2월 말까지 기획재정부에 제출), 국가결산보고서(→ 4월 10일까지 감사원에 제출)
- 감사원 결산검사(→ 결산확인): 5월 20일까지 정부에 송부 → 위법·부당하여도 무효·취소 불가
- 국회제출(→ 5월 31일까지 제출), 결산심의(→ 결산확정) → 정기국회 개최 전까지 완료)

정답 | ②

관련기출 옳은지문

- 결산심의를 한 결과 문제가 있는 특정 사안에 대하여 감사원에 감사를 요구할 수 있다. 22. 행정사

- 결산은 회계연도에서 국가의 수입과 지출 실적을 확정적 계수로 표시하는 행위이다. 22. 행정사

- 결산은 예산의 범위 내에서 재정활동을 했는지 확인하고 그 결과를 재정운용에 반영하는 과정이다. 22. 행정사

827
국회의 결산심사에 대한 설명으로 옳지 않은 것은?

① 예산집행과정에서 위법 또는 부당한 지출이 있었는지의 여부를 확인하는 통제기능과, 예산운용에 대한 평가결과를 다음 연도 예산심의에 반영하는 환류기능을 수행한다.

② 예산결산특별위원회의 결산심사는 제안설명과 전문위원회의 검토보고를 듣고, 종합정책질의, 부별심사 또는 분과위원회심사 및 찬반토론을 거쳐 표결한다.

③ 결산의 심사결과 위법 또는 부당한 사항이 있는 때에 국회는 본회의 의결 후 정부 또는 해당 기관에 변상 및 징계조치 등 그 시정을 요구하고, 정부 또는 해당 기관은 시정요구를 받은 사항을 지체 없이 처리하여 그 결과를 국회에 보고하여야 한다.

④ 예산결산특별위원회 위원장은 결산을 소관 상임위원회에 회부할 때에 심사기간을 정할 수 있으며, 상임위원회가 이유 없이 그 기간 내에 심사를 마치지 아니한 때에는 이를 바로 예산결산특별위원회에 회부할 수 있다.

827	
기출처	2013 국가직 7급
난이도	★★
키워드	예산결산특별위원회

해설

① (○) 결산은 재정민주주의를 구현하기 위한 재정통제 장치이면서 동시에 재정환류 기능의 역할을 하여 다음 연도 예산편성자료로 활용된다.

② (○) 예산결산특별위원회의 예산안 및 결산의 심사는 제안설명과 전문위원의 검토보고를 듣고 종합정책질의, 부별심사 또는 분과위원회심사 및 찬반토론을 거쳐 표결한다.

③ (○) 국회의 심의로 결산이 확정되면 절차적·형식적으로는 예산집행의 최종 책임은 해제되는 법적 효과를 가지며 위법·부당한 지출행위라 하여도 이를 무효·취소는 할 수 없다. 그러나 공무원 개인의 배상책임과 형사책임까지 면제되는 것은 아니다.

④ (×) 소관 상임위원회에 회부할 때에 심사기간을 정할 수 있으며, 상임위원회가 이유 없이 그 기간 내에 심사를 마치지 아니한 때에는 이를 바로 예산결산특별위원회에 회부할 수 있는 것은 국회의장의 권한이다.

정답 | ④

828

828
기출처: 2015 국가직 9급
난이도: ★★
키워드: 예산안편성지침

우리나라의 예산과정에 대한 설명으로 옳지 않은 것은?

① 각 중앙관서의 장은 매년 1월 31일까지 당해 회계연도부터 5회계연도 이상의 기간 동안의 신규사업 및 기획재정부장관이 정하는 주요 계속사업에 대한 중기사업계획서를 기획재정부장관에게 제출하여야 한다.
② 국가가 특정한 목적을 위하여 특정한 자금을 신축적으로 운용할 필요가 있을 때에 법률로써 설치하는 기금은 세입·세출예산에 의하지 아니하고 운용할 수 있다.
③ 예산안편성지침은 부처의 예산 편성을 위한 것이기 때문에 국무회의의 심의를 거쳐 대통령의 승인을 받아야 하지만 국회 예산결산특별위원회에 보고할 필요는 없다.
④ 정부는 회계연도마다 예산안을 편성하여 회계연도 개시 90일 전까지 국회에 제출하도록 「헌법」에 규정되어 있다.

관련기출 옳은지문

• 정부예산안은 국무회의의 심의와 대통령의 재가로 확정되고 회계연도 개시 120일 전까지 국회에 제출하여야 한다. 21. 행정사

• 국회 예산결산특별위원회가 11월 30일까지 예산안 심사를 마치지 않으면 원칙적으로 그 다음 날에 위원회에서 심사를 마치고 바로 본회의에 부의된 것으로 본다. 21. 행정사

해설

① (O) 각 중앙관서의 장은 예산과 기금의 중기사업계획서를 1월 31일까지 기획재정부장관에게 제출하여야 한다.
② (O) 특별회계와 기금은 모두 법률로써 설치한다. 다만 기금은 예산 외로 운영될 수 있는 신축적 자금이다.
③ (X) 기획재정부장관은 각 중앙관서의 장에게 통보한 예산안편성지침을 국회 예산결산특별위원회에 보고하여야 한다.
④ (O) 「국가재정법」은 회계연도 개시 120일 전까지 예산안을 국회에 제출하도록 규정하고 있지만, 「헌법」은 회계연도 개시 90일 전까지 제출하도록 규정하고 있다.

정답 | ③

829

829 〈필수〉
기출처: 2024 지방직 9급
난이도: ★★
키워드: 예산과정

예산과정에 대한 설명으로 옳지 않은 것은?

① 「국가재정법」에서는 대통령의 승인을 얻은 정부 예산안이 회계연도 개시 90일 전까지 국회에 제출되어야 한다고 규정하고 있다.
② 기획재정부장관은 국무회의의 심의를 거쳐 대통령의 승인을 얻은 다음 연도의 예산안편성지침을 매년 3월 31일까지 중앙관서의 장에게 통보해야 한다.
③ 국회 예산결산특별위원회는 소관 상임위원회에서 삭감한 세출예산 각 항의 금액을 증가하게 하거나 새 비목을 설치할 경우 소관 상임위원회의 동의를 받아야 한다.
④ 정부는 국회에 예산안을 제출한 후 부득이한 사유로 인하여 그 내용의 일부를 수정하고자 하는 때에는 국무회의의 심의를 거쳐 대통령의 승인을 얻은 수정예산안을 국회에 제출할 수 있다.

해설

① (X) 「국가재정법」은 예산안이 회계연도 개시 120일 전까지 국회에 제출되어야 한다고 규정하고 있다.
② (O) 기획재정부장관은 국무회의의 심의를 거쳐 대통령의 승인을 얻은 다음 연도의 예산안 편성지침을 매년 3월 31일까지 중앙관서의 장에게 통보해야 한다.
③ (O) 「국회법」에 규정된 내용이다.
④ (O) 정부는 예산안을 국회에 제출한 후 부득이한 사유로 그 내용의 일부를 수정하고자 하는 때에는 국무회의의 심의를 거쳐 대통령의 승인을 얻은 수정예산안을 국회에 제출할 수 있다.

정답 | ①

830 필수

예산과정에 대한 설명으로 옳지 않은 것은?

① 각 중앙관서의 장은 그 소관에 속하는 다음 연도의 세입세출예산·계속비·명시이월비 및 국고채무부담행위 요구서를 작성하여 매년 5월 31일까지 기획재정부장관에게 제출하여야 한다.
② 정부는 예산안을 국회에 제출한 후 부득이한 사유로 그 내용의 일부를 수정하고자 할 때에는 국무회의의 심의를 거쳐 대통령의 승인을 얻은 수정예산안을 국회에 제출할 수 있다.
③ 국회에 제출된 예산안은 예산결산특별위원회에서 예비심사하여 그 결과를 의장에게 보고하고, 의장은 소관 상임위에 회부하여 심사가 끝난 후 본회의에 부의한다.
④ 기획재정부장관은 회계연도마다 작성하여 대통령의 승인을 받은 국가결산보고서를 다음 연도 4월 10일까지 감사원에 제출하여야 한다.

해설

① (○) 각 중앙관서의 장은 그 소관에 속하는 다음 연도의 세입세출예산·계속비·명시이월비 및 국고채무부담행위 요구서(예산요구서)를 작성하여 매년 5월 31일까지 기획재정부장관에게 제출하여야 한다.
② (○) 정부는 예산안을 국회에 제출한 후 부득이한 사유로 그 내용의 일부를 수정하고자 할 때에는 국무회의의 심의를 거쳐 대통령의 승인을 얻은 수정예산안을 국회에 제출할 수 있다.
③ (×) 국회에 제출된 예산안은 소관 상임위원회에서 예비심사하고 이를 예산결산특별위원회에 회부하여 본심사를 받는다.
④ (○) 기획재정부장관은 회계연도마다 작성하여 대통령의 승인을 받은 국가결산보고서를 다음 연도 4월 10일까지 감사원에 제출하여야 한다.

정답 | ③

830
기출처: 2023 지방직 7급
난이도: ★★
키워드: 예비심사

관련기출 옳은지문

- 국회사무총장은 예산요구서를 매년 5월 31일까지 기획재정부장관에게 제출해야 한다. 20. 국회직 8급

- 국회는 정부의 동의 없이 정부가 제출한 지출예산 각 항의 금액을 증가하거나 새 비목을 설치할 수 없다. 20. 국회직 8급

- 정부의 세입·세출에 대한 출납사무는 다음 연도 2월 10일까지 완결해야 한다. 20. 국회직 8급

831

(가)~(라)에 들어갈 숫자를 바르게 연결한 것은?

- 정부는 재정운용의 효율화와 건전화를 위하여 매년 해당 회계연도부터 (가) 회계연도 이상의 기간에 대한 재정운용계획을 수립하여야 한다.
- 기획재정부장관은 대통령의 승인을 얻은 다음 연도의 예산안편성지침을 매년 (나) 월 31일까지 각 중앙관서의 장에게 통보하여야 한다.
- 기획재정부장관은 「국가회계법」에 따라 회계연도마다 국가결산보고서를 작성하여 대통령의 승인을 얻어 다음 연도 4월 (다) 일까지 감사원에 제출하여야 한다.
- 예산의 편성 및 의결, 집행, 그리고 결산 및 회계검사의 단계가 일정한 주기로 반복되는 것을 예산주기 또는 예산순기라고 하는데 우리나라의 경우 통상 (라) 년이다.

	(가)	(나)	(다)	(라)
①	10	3	10	1
②	5	3	10	3
③	5	5	20	1
④	10	5	20	3

해설

(가) 정부는 재정운용의 효율화와 건전화를 위하여 매년 해당 회계연도부터 5회계연도 이상의 기간에 대한 재정운용계획을 수립하여야 한다.
(나) 기획재정부장관은 대통령의 승인을 얻은 다음 연도의 예산안편성지침을 매년 3월 31일까지 각 중앙관서의 장에게 통보하여야 한다.
(다) 기획재정부장관은 「국가회계법」에 따라 회계연도마다 국가결산보고서를 작성하여 대통령의 승인을 얻어 다음 연도 4월 10일까지 감사원에 제출하여야 한다.
(라) 예산의 편성 및 의결, 집행, 그리고 결산 및 회계검사의 단계가 일정한 주기로 반복되는 것을 예산주기 또는 예산순기라고 하는데 우리나라의 경우 통상 3년이다.

정답 | ②

832

다음 괄호 안에 들어갈 내용으로 바르게 짝지어진 것은?

정부회계의 발생주의는 정부의 수입을 (㉠) 시점으로, 정부의 지출을 (㉡) 시점으로 계산하는 방식을 의미한다.

	㉠	㉡
①	현금수취	현금지불
②	현금수취	지출원인행위
③	납세고지	현금지불
④	납세고지	지출원인행위

해설

④ (○) 발생주의에서는 납세고지가 발송된 시점에 수익으로 기록하고, 지출원인행위가 발생한 시점에 비용으로 기록한다. 발생주의는 실제로 주고받은 시점에 관계없이 그것이 어느 기간의 손익에 해당하는지를 구분하여 그 기간의 손익으로 처리하는 방법이다. 즉, 수입은 권리가 확정(납세고지)된 시점에, 지출은 채무가 확정(지출원인행위)된 시점에 기록되는 회계방식이다. 반드시 복식부기를 적용하여야 하며, 대신 출납폐쇄기한이 상대적으로 불필요하다.

정답 | ④

833 필수

발생주의회계에 대한 설명으로 옳지 않은 것은?

① 고정자산 등 경제적 자원을 회계과정에서 인식하기 어렵다.
② 미지급비용을 부채로 인식한다.
③ 감가상각을 비용으로 인식한다.
④ 현금의 유입, 유출과 관계없이 수익과 비용이 발생된 시점에 거래를 인식한다.

833
- 기출처: 2024 지방직 7급
- 난이도: ★★
- 키워드: 발생주의회계

해설

① (×) 발생주의회계는 감가상각을 통해 고정자산의 경제적 가치를 파악한다.
② (○) 발생주의회계는 현금이 지출되지 않았더라도 비용이 발생한 경우(예: 급여, 임차료 등), 이를 미지급비용으로 인식하여 부채로 처리한다.
③ (○) 발생주의회계에서는 고정자산의 취득원가를 내용연수에 걸쳐 합리적이고 체계적인 방법으로 배분하여 비용화하는 감가상각을 인식한다. 이는 자산의 가치 감소분을 비용으로 반영하여 수익에 대응시키는 개념이다.
④ (○) 발생주의회계의 핵심 원칙은 현금의 실제 유입이나 유출 여부와 관계없이 수익은 실현되었을 때, 비용은 발생했을 때 거래로 인식하는 것이다. 이를 통해 기업의 재무 상태와 경영 성과를 보다 정확하게 파악할 수 있다.

고득점 플러스+ 발생주의회계
- 의의: 자산의 변동과 증감이 발생한 시점을 기준으로 인식하는 방법 → 반드시 복식부기 사용
- 채권채무의: 수익(→ 권리확정 시), 비용(→ 채무확정 시)
- 장점: 재정성과의 효과적 파악, 투명성·효율성·책임성 확보, 대차평균의 원리(→ 오류의 자동검증) 등
- 단점: 절차의 복잡, 처리비용 과다, 현금흐름의 파악 곤란, 회계담당자의 주관성 개입, 부실채권의 구분 곤란 등

관련기출 옳은지문
- 발생주의회계와 복식부기는 자산과 부채를 효율적으로 관리할 수 있다. 09. 국회직 8급
- 발생주의회계와 복식부기는 산출물에 대한 정확한 원가산정을 통해 부문별 성과측정이 가능하다. 09. 국회직 8급
- 발생주의회계와 복식부기는 대차평균의 원리를 통해 거래의 원인과 내용을 파악할 수 있다. 09. 국회직 8급

정답 | ①

834	① ② ③
기출처	2013 지방직 7급
난이도	★★
키워드	발생주의회계

관련기출 옳은지문

- 현금주의회계가 발생주의회계보다 상대적으로 절차가 간편하고 통제가 용이하다. 24. 군무원 9급

- 현금주의회계는 무상거래를 인식하지 않지만 발생주의회계는 이중거래로 인식한다. 24. 군무원 9급

- 발생주의회계는 재화의 감가상각 가치를 회계에 반영할 수 있다. 21. 군무원 9급

- 현금주의는 비용과 수익을 알 수 없어서 경영성과 파악이 어렵다. 23. 경찰간부

- 현금주의는 교량, 박물관, 체육관 등 가시적 치적 쌓기에 관심이 있는 정치인들이 선호하는 회계제도이다. 23. 경찰간부

835	① ② ③
기출처	2018 국가직 9급
난이도	★★
키워드	단식부기와 복식부기

관련기출 옳은지문

- 발생주의회계와 복식부기는 기록과 계산의 정확성 여부를 검증할 수 있는 자기검증의 기능을 지닌다. 09. 국회직 8급

- 발생주의회계는 복식부기 기장방식을 채택하는 것이 일반적이다. 21. 군무원 9급

834
발생주의회계제도에 대한 설명으로 옳지 않은 것은?

① 거래나 사건이 발생하는 시점에서 인식하는 것으로 자산·부채·수입·지출을 정확하게 측정하기 위한 회계기법이다.
② 미지급금·부채성충당금 등을 포함하여 부채를 정확하게 측정한다.
③ 산출에 대한 원가산정이 가능하기 때문에 분권화된 조직의 자율과 책임을 구현할 수 있는 중요한 수단이다.
④ 이 제도를 사용하더라도 현금흐름보고서를 통해 현금흐름을 파악할 수 있으며, 부채를 과소평가하는 현금주의회계제도의 단점을 극복할 수 있다.

해설

① (×) 발생주의회계는 상태지표로서 자산과 부채, 운영지표로서 수익과 비용으로 인식한다. 현금의 출납사실에 근거하는 수입과 지출의 측정은 현금주의회계와 관련된다.
② (○) 미지급금과 부채성충당금은 미래에 확실히 발생할 비용이므로 발생주의에서는 그 원인이 발생하였을 때 부채로 기록한다.
③ **매력적 오답** (○) 발생주의회계제도는 성과 중심의 재정운용을 가능하게 하므로 분권화된 조직의 자율과 책임을 구현할 수 있는 중요한 도구일 수 있다.
④ (○) 현금흐름보고서는 정부의 현금흐름을 나타내는 표로 현금주의로 작성된다.

정답 | ①

835
정부회계의 기장방식에 대한 설명으로 옳지 않은 것은?

① 단식부기는 발생주의회계와, 복식부기는 현금주의회계와 서로 밀접한 연계성을 갖는다.
② 단식부기는 현금의 수지와 같이 단일 항목의 증감을 중심으로 기록하는 방식이다.
③ 복식부기에서는 계정 과목 간에 유기적 관련성이 있기 때문에 상호 검증을 통한 부정이나 오류의 발견이 쉽다.
④ 복식부기는 하나의 거래를 대차 평균의 원리에 따라 차변과 대변에 동시에 기록하는 방식이다.

해설

① (×) 단식부기는 주로 현금주의회계와 연결되고, 복식부기는 반드시 발생주의회계와 연결된다.
② (○) 단식부기는 수입, 지출, 자산, 자본 등을 각각 별도로 기록하는 방식이다.
③, ④ (○) 복식부기는 하나의 거래를 대차 평균의 원리에 따라 차변과 대변에 동시에 기록하는 방식이므로 상호 검증을 통해 부정이나 오류의 발견이 쉽다.

고득점 플러스+ 단식부기와 복식부기

- 단식부기
  - 거래의 일면만 기록, 현금주의에서 주로 채택
  - 단순하여 작성과 관리 용이, 이익과 손실의 원인파악 곤란, 총괄적·체계적 현황파악 곤란, 정부사업의 성과파악 곤란
- 복식부기
  - 거래의 이중성 반영, 발생주의에서 주로 채택, 대차 평균의 원리 (→ 오류의 자기검증)
  - 총량적 데이터의 확보, 자동이월기능(→ 출납폐쇄기한의 필요성 감소), 재정활동의 투명성·책임성 강화 등

정답 | ①

836
정부회계를 복식부기의 원리에 따라 기록할 경우 차변에 위치할 항목은?

① 차입금의 감소
② 순자산의 증가
③ 현금의 감소
④ 수익의 발생

해설

① (○) 차입금의 감소는 부채의 감소이므로 차변에 기록한다.
② (×) 순자산은 자본을 말하며 자본의 증가는 대변에 기록한다.
③ (×) 현금의 감소는 (현금)자산의 감소이므로 대변에 기록한다.
④ (×) 수익의 발생은 대변에 기록한다.

정답 | ①

836
기출처 2011 국가직 9급
난이도 ★
키워드 복식부기

🔍 **관련기출 옳은지문**
• 복식부기에서 자산의 증가, 부채의 감소, 비용의 발생은 차변에 기입해야 한다. 23. 경찰간부

837 필수
중앙정부 결산보고서상의 재무제표로 옳은 것은?

① 손익계산서, 순자산변동표, 현금흐름표
② 대차대조표, 재정운영보고서, 이익잉여금처분계산서
③ 재정상태표, 재정운영표, 순자산변동표, 현금흐름표
④ 재정상태보고서, 순자산변동표, 현금흐름보고서

해설

③ (○) 「국가회계법」의 개정으로 기존의 재정상태표, 재정운용표, 순자산변동표에 현금흐름표가 추가되었다.
※ 출제 당시, "③ 재정상태표, 재정운영표, 순자산변동표"이었으나 「국가회계법」이 개정되어 선택지를 수정하였습니다.

정답 | ③

837
기출처 2022 국가직 9급 변형
난이도 ★
키워드 재무제표

838

우리나라의 국가 재무제표에 대한 설명으로 옳지 않은 것은?

① 재무제표는 국가결산보고서에 포함되어 국회에 제출하도록 하고 있다.
② 「국가회계법」에 따르면 재무제표는 재정상태표, 재정운영표, 순자산변동표, 현금흐름표로 구성된다.
③ 재정상태표는 재정상태표일 현재 국가 재정상태를 보여 주는 것이다.
④ 재정상태표에는 현금주의와 단식부기가, 재정운영표에는 발생주의와 복식부기가 각각 적용되고 있다.

해설

①, ② (○) 재무제표는 재정상태표, 재정운영표, 순자산변동표, 현금흐름표로 구성되며, 국가결산보고서에 포함되어 국회에 제출해야 한다.
③ (○) 재정상태표는 일정 시점에서 측정되는 저량지표로, 자산 = 부채 + 자본(잔여 지분)으로 표시되는 회계보고서이다. 반면, 재정운영표는 일정 기간 측정되는 유량지표로, 수익 − 비용 = 순이익으로 표시되는 회계보고서이다.
④ (×) 재무제표는 국가회계기준(기획재정부령)에 따라 작성하여야 하는데, 재무제표(재정상태표, 재정운영표, 순자산변동표, 현금흐름표)는 모두 발생주의와 복식부기 방식으로 기록하고 있다.
※ 출제 당시, "② ~재무제표는 재정상태표, 재정운영표, 순자산변동표로 구성된다."이였으나 「국가회계법」이 개정되어 선택지를 수정하였습니다.

정답 | ④

839 〈필수〉

정부회계에 대한 설명으로 옳지 않은 것은?

① 국가회계는 디브레인(dBrain) 시스템을 통해, 지방자치단체회계는 e-호조 시스템을 통해 처리된다.
② 재무회계는 현금주의 단식부기 회계방식이, 예산회계는 발생주의 복식부기 방식이 적용된다.
③ 발생주의에서는 미수수익이나 미지급금을 자산과 부채로 표시할 수 있다.
④ 재무제표는 거래가 발생하면 차변과 대변 양쪽에 동일한 금액으로 이중 기입하는 복식부기 방식을 채택하고 있다.

기출처	2022 지방직 9급
난이도	★
키워드	재무회계와 예산회계

해설

① (○) 국가회계는 기획재정부의 디지털 예산회계 시스템인 디브레인(dBrain)을 통해 처리되며, 지방자치단체회계는 행정안전부의 지방재정관리 시스템인 e-호조를 통해 처리된다. 이는 각급 정부의 회계 업무를 효율적으로 처리하고 투명성을 제고하기 위한 정보 시스템이다.
② (×) 반대로 기술되어 있다. 지방자치단체의 경우 경제적 자원의 측정을 목적으로 하는 재무회계는 발생주의 복식부기가 적용되고 자금집행의 계획과 통제를 주목적으로 하는 예산회계는 현금주의 단식부기가 적용된다.
③ (○) 발생주의 회계는 현금의 수수 여부와 관계없이 경제적 사건이 발생한 시점에 수익과 비용을 인식한다. 이에 따라 아직 현금을 받지 못한 수익(미수수익)은 자산으로, 아직 현금을 지급하지 않은 비용(미지급금)은 부채로 인식하여 재무제표에 표시할 수 있다.
④ (○) 재무제표는 재무회계를 기반으로 작성되며, 재무회계는 거래가 발생하면 차변과 대변 양쪽에 동일한 금액으로 이중 기입하는 복식부기 방식을 채택하고 있다. 이는 거래의 원인과 결과를 동시에 기록하여 재무 정보의 정확성과 상호 검증 가능성을 높인다.

고득점 플러스+ 재무회계와 예산회계

구분	재무회계	예산회계
의의	재정운영 및 재정상태의 보고 수익과 비용, 자산과 부채	예산의 집행실적 기록 분야 – 부문 – 사업 – 단위사업
회계방식	발생주의·복식부기	현금주의·단식부기 공기업회계는 발생주의·복식부기
결산보고서	재무제표	세입세출결산서
보고형식	회계단위 간 연계와 통합보고	회계단위별 분리보고
가치지향	주민의 삶의 질 개선 투명한 공개, 효율적 집행	행정내부 조직 중심 집행통제 및 법규준수
자기검증	대차평균의 원리에 의한 오류의 자동 검증	자기검증 기능 미흡

정답 | ②

CHAPTER 04 예산개혁론

840	① ② ③
기출처	2019 국가직 9급
난이도	★★
키워드	품목별예산제도

840
품목별예산제도에 대한 설명으로 옳은 것은?

① 지출을 통제하고 공무원들로 하여금 회계적 책임을 쉽게 확보할 수 있는 데 용이하다.
② 미국 케네디 행정부의 국방장관인 맥나마라(McNamara)가 국방부에 최초로 도입하였다.
③ 거리청소, 노면보수 등과 같이 활동단위를 중심으로 예산재원을 배분한다.
④ 능률적인 관리를 위하여 구성원의 참여를 촉진한다는 점에서는 목표에 의한 관리(MBO)와 비슷하다.

해설

① (O) 품목별예산은 지출을 통제하고 공무원들로 하여금 회계책임을 쉽게 확보할 수 있는 데 용이하다.
② (×) 맥나마라(R. McNamara)가 국방부에 최초로 도입한 것은 계획예산이다.
③ (×) 거리청소, 노면보수 등과 같이 활동단위를 중심으로 예산재원을 배분하는 것은 성과주의예산이다.
④ (×) 구성원의 참여를 촉진한다는 점에서는 목표에 의한 관리(MBO)와 비슷한 것은 영기준예산이다.

고득점 플러스+ 품목별예산제도

- 의의: 지출대상(→ 투입요소)과 성질에 따라 세부항목별로 예산을 편성하는 제도
- 함의: 최초의 근대적 예산제도 → 행정부의 재정활동에 대한 입법부의 통제 강조
- 도입: 1912년 '절약과 능률에 관한 대통령 위원회' 건의 → 1920년대 연방부처의 채택
- 장점: 재량통제(→ 의회권한 강화), 회계책임의 명확화, 분석비용의 절감, 이익집단의 저항 감소, 분할적 선택 등
- 단점: 사업의 목적 파악 곤란, 사업의 성과 파악 곤란, 계획과 예산의 불일치, 재정운용의 경직성, 번문욕례 등

정답 | ①

🔍 관련기출 옳은지문

- 품목별예산제도는 행정부 통제 예산제도로 행정부의 자의적 예산집행을 통제할 수 있다. 21. 경찰승진

- 품목별예산제도는 지출목적에 부합하지 않는 예산을 집행할 수 없으며, 지출대상에 따라 책임성 확보를 가능하게 한다. 21. 경찰승진

- 품목별예산제도는 의회의 예산심의 및 회계검사를 용이하게 할 수 있다. 21. 경찰승진

841
품목별예산제도에 대한 설명으로 옳지 않은 것은?

① 재정민주주의의 구현에 유리한 통제지향 예산제도이다.
② 정부활동의 중복방지와 통합·조정에 유리한 예산제도이다.
③ 지출 대상에 따라 자세히 예산이 표시되어 있으므로 예산심의가 용이하다.
④ 정부가 수행하는 사업과 그 효과에 대한 명확한 정보를 제공하지 못한다.

해설

① (○) 품목별예산은 세부적인 투입물 단위로 예산이 편성되므로 예산집행의 통제를 기하기 용이하다.
② (×) 정부활동의 중복방지와 통합·조정에 유리한 예산제도는 예산의 기능별 분류이며 계획예산, 성과주의예산 등이 이에 속한다.
③ (○) 지출 대상이란 투입물을 의미한다. 품목별예산은 투입물이 자세하게 표시되어 있으므로 예산심의가 용이하나, 사업이 명확하게 제시되어 있지 않으므로 사업단위의 예산심의는 곤란할 수 있다.
④ (○) 품목별예산은 투입물만 나열되어 있고 그 투입물을 통한 사업이 제시되어 있지 못하므로 정부사업의 효과성을 파악하기는 곤란하다.

정답 | ②

841	
기출처	2016 지방직 9급
난이도	★★
키워드	품목별예산제도

🔍 **관련기출 옳은지문**
- 품목별예산제도는 책임확보와 재정민주주의에 입각하여 행정부에 대한 통제가 용이하다는 장점이 있으나, 동조과잉이나 번문욕례를 초래할 수 있다. 19. 경찰승진

- 품목별예산제도는 인사행정에 유용한 자료를 제공하며, 이익집단의 저항 회피라는 정치적 이점이 있다. 18. 경찰승진

842 필수
품목별예산제도(line-item budget system)에 대한 설명으로 옳지 않은 것은?

① 미국에서 공무원의 부정부패를 막고 행정의 능률을 향상시키기 위해 도입되었다.
② 정부활동에 대한 총체적인 사업계획과 우선순위 결정에 유리하다.
③ 예산집행의 책임성을 확보할 수 있는 통제지향 예산제도이다.
④ 특정 사업의 지출 성과에 대해서는 파악하기 어렵다.

해설

① (○) 품목별 예산 제도는 20세기 초 미국에서 진보주의 개혁 운동의 일환으로 도입되었다. 당시 만연했던 엽관주의 하의 부정부패와 예산 낭비를 막고, 정해진 품목에만 돈을 쓰도록 엄격히 통제함으로써 행정의 투명성과 재정적 책임성(능률)을 확보하려는 목적이 있었다.
② (×) 정부활동에 대한 총체적인 사업계획과 우선순위 결정에 유리한 것은 영기준예산제도의 장점이다.
③ (○) 품목별예산제도는 각 지출 품목에 대한 세부적인 통제를 통해 예산집행의 책임성을 확보할 수 있도록 고안된 통제지향적 예산제도로, 예산이 본래 목적과 다르게 사용되는 것을 방지하는 데 효과적이다.
④ (○) 품목별예산은 투입 중심의 예산으로, 정책이나 정책의 산출을 알 수 없으므로 지출의 성과를 파악하기 어렵다.

정답 | ②

842	
기출처	2023 지방직 9급
난이도	★★
키워드	품목별예산제도

843	① ② ③
기출처	2025 국가직 9급
난이도	★★
키워드	성과주의예산제도

🔍 **관련기출 옳은지문**

• 성과주의예산제도는 예산을 업무단위의 원가와 양을 계산해 편성한다.
　　　　　　　　　　21. 소방간부

• 성과주의예산제도는 관리지향적이며 관심의 대상에는 투입과 산출이 함께 포함된다.
　　　　　　　　　　17. 소방간부

843

성과주의예산제도에 대한 설명으로 옳은 것만을 모두 고르면?

> ㄱ. 행정의 재량 범위를 축소시켜 입법부의 통제가 상대적으로 용이하다.
> ㄴ. 각 사업마다 가능한 한 업무 측정단위를 선정하여 업무를 계량화한다.
> ㄷ. 사례로는 미국 테네시계곡개발청(TVA) 사업의 예산제도가 있다.
> ㄹ. 이 제도는 1970년대 미국 연방정부 예산에 도입되었다.

① ㄱ, ㄴ　　　　　　　　　② ㄱ, ㄹ
③ ㄴ, ㄷ　　　　　　　　　④ ㄷ, ㄹ

해설

ㄱ. (×) 행정의 재량 범위를 축소시켜 입법부의 통제가 상대적으로 용이한 것은 품목별예산이다.
ㄴ. (○) 성과주의예산은 사업별로 업무측정단위(work unit)를 설정하고, 단위원가(unit cost)를 계산하여 업무량을 계량화하는 것을 핵심 요소로 한다.
ㄷ. (○) 미국 테네시계곡개발청(TVA)은 1930~40년대에 활동별 원가계산 등 성과주의예산의 초기 형태를 성공적으로 적용한 대표적인 사례로 꼽힌다.
ㄹ. (×) 성과주의예산은 제1차 후버위원회(1947)의 권고로 1950년대 미국 연방정부에 본격적으로 도입되었다. 1970년대에는 계획예산제도(PPBS)의 쇠퇴 후 영기준예산제도(ZBB)가 도입되던 시기이다.

고득점 플러스+ 성과주의예산제도

• 의의: '무엇을 구매하는가?' 보다는 '왜 구매하는가?'에 초점
• 관리지향 예산제도: 예산(→ 투입)과 산출의 연계성 강조
• 등장배경: 뉴딜정책 이후 정부의 역할에 대한 인식의 변화, 1947년 제1차 후버위원회의 건의, 트루먼 대통령의 채택(1950)
• 예산액: 단위원가 × 업무량(→ 업무의 계량화가 쉬운 소규모 조직에 효과적)
• 장점: 정부활동에 대한 국민의 이해, 계획수립과 성과파악 용이, 예산집행의 신축성, 원가계산(→ 자금배분의 합리성)
• 단점: 업무단위 및 원가계산 곤란, 공통경비(→ 간접비) 배분 곤란, 재정통제 및 회계책임 곤란, 단위사업 중심, 단기시각

정답 | ③

844
계획예산제도(PPBS)에 대한 설명으로 옳지 않은 것은?

① 품목별예산은 하향식 예산과정을 수반하나, PPBS는 상향식 접근이 원칙이다.
② 품목별예산과는 달리 부서별로 예산을 배정하지 않고 정책별로 예산을 배분한다.
③ PPBS는 집권화를 강화시킨다.
④ 계량적인 기법인 체제분석, 비용편익분석 등을 사용한다.

해설

① (×) 품목별예산이 상향식 예산과정을 수반하고, 계획예산이 하향식 접근을 취한다.
② (○) 계획예산은 부서별 예산배정이 아닌 정책별 예산배정이 나타나므로 조직 간 장벽을 제거한 국가 전체적 입장에서 자원배분의 효율성을 강화시킬 수 있다.
③ (○) 계획예산은 거시적이고 체계적으로 사업과 예산을 설정하므로 상층부에 권한이 집중화되는 문제점이 발생된다.
④ (○) 계획예산은 계량적 기법인 비용편익분석과 비용효과분석 등 체제분석을 활용하여 과학적 객관성을 추구한다.

정답 | ①

844 | 1 | 2 | 3
기출처 | 2013 국가직 9급
난이도 | ★★
키워드 | 계획예산제도(PPBS)

관련기출 옳은지문

- PPBS가 새로운 프로그램이나 기존의 프로그램 간의 예산 변동액에 주요 관심을 가질 때에 ZBB는 기존의 프로그램의 계속적인 재평가에 주요 관심을 기울인다. 08. 서울시 7급

- PPBS가 개방체제의 성격을 띨 때에 ZBB는 폐쇄체제의 성격을 띠고 있다. 08. 서울시 7급

- PPBS가 정책정향적이고 계획정향적인 성격을 강하게 띠고 있을 때에 ZBB는 사업정향적 성격을 강하게 띠고 있다. 08. 서울시 7급

845
다음의 단점 혹은 한계로 인하여 정착이 어려운 예산제도는?

- 사업구조를 작성하는 것이 어렵다.
- 결정구조가 집권화되는 문제가 있다.
- 행정부처의 직원들이 복잡한 분석기법을 이해하기 어렵다.

① 품목별예산제도
② 성과주의예산제도
③ 계획예산제도
④ 영기준예산제도

해설

① (×) 품목별예산제도는 지출 항목을 세분화하여 통제하는 데 중점을 둔 가장 기본적인 예산제도로, 복잡한 사업구조나 분석기법을 요구하지 않지만, 예산의 효율성이나 성과 파악이 어렵다는 단점이 있다.
② (×) 성과주의예산제도는 사업 단위별로 예산을 편성하고 사업의 원가와 업무량을 기준으로 성과를 측정하는 제도로, 계획예산제도보다는 단순하지만, 여전히 사업 목표 설정 및 성과 측정의 어려움이 있을 수 있다.
③ (○) 사업구조란 장기적인 정책을 단기적인 예산과 연계시킬 수 있도록 체계적으로 분화하는 과정이며, 계획예산은 집권적이고 하향적인 예산과정을 가진다. 또한, 체제분석이라는 분석기법을 활용하므로 이에 대해 체계적인 준비가 부족했던 관료들의 반발이 심하였다.
④ (×) 영기준예산제도는 모든 예산 요구를 매년 제로 베이스에서 다시 검토하는 제도로, 불필요한 예산 낭비를 막고 자원배분의 효율성을 높이는 데 목적이 있으나, 모든 사업을 매년 새롭게 평가해야 하므로 시간과 비용이 많이 들고 행정 부담이 크다는 단점이 있다.

정답 | ③

845 | 1 | 2 | 3
기출처 | 2021 국가직 7급
난이도 | ★★
키워드 | 계획예산제도

846

846	
기출처	2018 지방직 9급
난이도	★★
키워드	영기준예산제도

다음 설명에 해당하는 예산제도는?

- 합리적 선택을 강조하는 총체주의 방식의 예산제도이다.
- 조직 구성원의 참여가 상대적으로 높은 분권화된 관리 체계를 갖는다.
- 예산편성에 비용·노력의 과다한 투입을 요구한다는 비판을 받는다.

① 품목별예산제도
② 영기준예산제도
③ 계획예산제도
④ 성과주의예산제도

🔍 관련기출 옳은지문

- 영기준예산제도(ZBB)는 새로운 사업의 구상보다는 기존 사업의 감축 관리에 목적을 둔다. 23. 군무원 7급

- 영기준예산제도(ZBB)는 사업 검토가 조직의 경계 내에서 진행되는 폐쇄적인 의사결정의 일종이다. 23. 군무원 7급

- 영기준예산제도(ZBB)는 상급 관리계층에게 정보홍수와 업무과다를 초래한다. 23. 군무원 7급

해설

① (×) 품목별예산제도는 점증주의 방식의 예산제도이다.
② (○) 총체주의 방식의 예산제도이며, 분권화된 관리 체계를 추구하는 것은 영기준예산이다.
③ (×) 계획예산제도는 집권적인 관리체계를 지닌다.
④ (×) 성과주의예산제도는 점증주의 방식의 예산제도이다.

고득점 플러스+ 영기준예산제도

- 의의: 사업과 금액에 대한 재평가를 통한 예산편성 → 점증주의 극복과 경제적 합리성의 제도화
- 도입: 카터(G. Carter) 대통령의 채택(1977) → 레이건(R. Reagan) 정부에 의해 폐지(1981)
- 기획과 분석(→ 합리모형) → 계획예산과 유사, 참여의 촉진(→ 상향적) → 목표관리와 유사
- 편성방법
  - 의사결정단위(Decision unit): 독자적인 예산결정권을 갖는 사업단위 또는 조직단위
  - 의사결정패키지(Decision package)
    ㄴ 사업대안(Alternative) 패키지: 대안이나 방법을 기재한 표
    ㄴ 증액대안(Incremental) 패키지: 최저 수준, 현행 수준, 증액 수준을 기재한 표
    ㄴ 우선순위결정 및 예산편성 → 상향적·단계적 결정

정답 | ②

847 필수

847	
기출처	2024 국가직 9급
난이도	★★
키워드	영기준예산

영기준예산(ZBB)에 대한 설명으로 옳지 않은 것은?

① 기존 사업과 새로운 사업을 구분하지 않고 사업의 목적, 방법, 자원에 대한 근본적 재평가를 바탕으로 예산을 편성하는 제도이다.
② 우리나라는 정부예산에 영기준예산제도를 적용한 경험이 있다.
③ 예산편성의 기본 단위는 의사결정단위(decision unit)이며 조직 또는 사업 등을 지칭한다.
④ 집권화된 관리체계를 갖기 때문에 예산편성 과정에 소수의 조직 구성원만이 참여하게 된다.

해설

① (O) 영기준예산은 전년도 사업과 예산에 구애받지 않고, 모든 것의 근본적 재평가를 통해 예산을 편성하는 것으로, 점증주의 예산편성의 폐단을 시정하고 경제적 합리성을 제도화한 예산제도이다.
② (O) 우리나라는 1981년 국무총리를 위원장으로 하는 예산개혁추진위원회를 구성해 1982년 예산집행부터 영기준예산의 도입을 부분적으로 시도하였고, 1983년 예산편성부터 부분적이긴 하지만 공식적으로 도입된 바 있다.
③ (O) 의사결정단위(Decision unit)란 독자적인 예산결정권을 갖는 사업단위 또는 조직단위로, 예산을 가질 수 있는 최하위 수준을 말한다.
④ (×) 영기준예산은 모든 관리자가 예산과정에 참여하는 상향적이고 분권적인 예산제도이다.

정답 | ④

848
다음 특징에 해당하는 예산관리제도는?

- 사업 시행 후 기존 사업과 지출에 대해 입법기관이 재검토한다.
- 정부의 불필요한 행위나 활동을 폐지하고 효율적인 정부를 추구하려는 노력이다.
- 특정 조직이나 사업에 대해 존속시킬 타당성이 없다고 판명되면 자동적으로 폐지하는 제도이다.
- 매 회계연도마다 반복되는 예산과정에서 비교적 독립적으로 진행할 수 있다.

① 영기준예산제
② 일몰제
③ 계획예산제
④ 성과주의예산제

848 1 2 3
기출처: 2017 지방직 7급
난이도: ★
키워드: 일몰제

🔍 관련기출 옳은지문
- 일몰법은 입법부가 행정기관을 실질적으로 감시할 수 있도록 하는 효과적인 수단이다. 07. 서울시 9급

- 일몰법은 정책과 관련된 입법적 과정이며, 영기준예산은 행정부예산제도로 행정적 과정과 관련이 크다. 09. 서울시 7급

- 일몰법과 영기준예산은 사업의 능률성과 효과성을 검토하여 사업의 계속 여부를 결정하기 위한 재심사의 성격을 갖는다. 09. 서울시 7급

해설

① (×) 영기준예산제는 매년 모든 예산 항목을 제로 베이스에서 다시 평가하여 예산을 편성하는 제도로, 모든 활동의 타당성을 매년 처음부터 다시 검토한다는 점에서 유사하지만, 일몰제처럼 '자동 폐지' 메커니즘을 전제로 하지는 않는다.
② (O) 특정 조직이나 사업에 대해 존속시킬 타당성이 없다고 판명되면 자동적으로 폐지하는 제도는 일몰제이다.
③ (×) 계획예산제는 장기적인 계획 수립, 프로그램 중심의 예산 편성, 비용-효과 분석 등을 통해 합리적인 자원배분을 추구하는 제도이다.
④ (×) 성과주의예산제도는 정부의 기능과 사업 및 활동에 따라 예산을 편성하는 제도로, '무엇을 구매하는가?'보다는 '왜 구매하는가?'에 초점을 둔다.

고득점 플러스+ 일몰제도
- 의의: 특정한 사업·규제·조직 등을 자동적으로 폐지하는 법률 → 1976년 콜로라도 주에서 처음으로 채택
- 배경: 감축관리의 일환 → 축소를 통한 전체 효과성의 제고
- 영기준예산과 일몰법
  - 공통점: 자원의 합리적 배분(→ 감축관리기법), 사업의 재검토, 사업의 계속 여부의 재심사
  - 차이점
    ㄴ 영기준예산: 행정과정 또는 예산편성단계, 일선관리자 대상, 단기적 시각(→ 매년), 상향적 흐름
    ㄴ 일몰법: 입법과정 또는 예산심의단계, 최고관리자와 입법부 대상, 중장기적·주기적(→ 3~7년), 하향적 흐름

정답 | ②

CHAPTER 04 예산개혁론 • 513

849

849	① ② ③
기출처	2019 국가직 7급
난이도	★
키워드	성과주의예산제도

1980년대 이후 주요 국가들의 예산개혁에 대한 설명으로 옳은 것은?

① 성과주의예산제도는 재정사업에 대한 투입보다는 그 결과에 대한 관심을 강조하고 있으나, 정작 성과측정, 사업원가 산정, 성과-예산의 연계 등에서 여전히 많은 난관이 있다.
② 중기재정계획은 단년도 예산의 장점인 안정성과 일관성보다는 재정건전성 등 중장기적 거시 재정목표의 효과적인 추구를 위해 도입되었다.
③ 하향식 예산편성제도는 추계한 예산총량을 전략적 우선순위에 따라 먼저 부문별·부처별로 배분하여 예산의 기술적 효율성(technical efficiency)의 제고를 우선적인 목적으로 한다.
④ 총액배분자율편성예산제도는 기획재정부가 부문별·부처별로 예산상한을 할당하는 집권화된 예산편성 방식으로, 부처의 사업별 재원배분에 대한 보다 세밀한 관리·통제 필요성에 따라 도입되었다.

관련기출 옳은지문

• 성과주의예산은 중간목표가 아니라 사업이나 서비스의 최종 소비자인 국민을 중심으로 성과를 접근하기 때문에 국민의 요구에 대한 대응성을 높일 수 있다. 21. 경찰간부

• 성과주의예산은 예산집행의 자율권을 부여함으로써 사업집행이나 서비스 전달의 구체적인 수단을 탄력적으로 동원할 수 있다. 21. 경찰간부

해설

① (O) 정부의 업무는 명확한 성과단위의 선정과 그 결과에 대한 평가가 곤란하므로 실제 운영에 있어 어려움이 크다.
② (X) 안정성과 일관성 등은 중기재정계획의 장점이다.
③ (X) 부문별·부처별로 재원을 배분하는 것은 배분적 효율성과 관련된다. 기술적 효율성 또는 운영효율성은 배분된 재원으로 최대의 산출을 높이는 것과 관련된다.
④ **매력적 오답** (X) 총액배분자율편성제도는 부문별·부처별 총액은 하향적으로 내려오지만 그 범위 내에서 예산편성의 자율성을 부여하는 제도이므로 세밀한 관리와 통제의 필요성을 위해 도입된 제도는 아니다.

정답 | ①

850

850	① ② ③
기출처	2015 국가직 7급
난이도	★★
키워드	성과관리예산제도

1990년대에 새롭게 주목받게 된 성과관리예산제도에 대한 설명으로 옳지 않은 것은?

① 투입보다는 산출 또는 성과를 중심으로 삼고 있다.
② 거리청소사업으로 예를 들면, 거리의 청결도와 주민의 만족도 등을 다음 연도 예산배분에 반영하는 것이다.
③ 장기적인 기획과 단기적인 예산편성을 유기적으로 연결하여 합리적인 자원배분을 이루려는 제도다.
④ 모든 조직에 공통적으로 적용할 수 있는 표준적 성과측정 지표를 개발하기 어렵다는 점은 성과관리예산제도의 단점으로 지적된다.

관련기출 옳은지문

• 모든 조직에 공통적으로 적용할 수 있는 표준적 성과측정지표를 개발하기 어렵다는 점은 신성과주의예산제도의 단점으로 지적된다. 20. 경찰간부

해설

① (O) 1990년대에 새롭게 주목받게 된 성과관리예산제도는 신성과주의예산제도를 의미한다. 이는 예산집행에서 얻은 성과를 기초로 이를 환류하여 책임을 묻거나 보상을 하는 결과 중심의 예산제도이다.
② (O) 과거 성과주의예산제도는 거리청소사업의 경우 단기적인 산출인 청소된 거리의 양으로 평가되었지만 신성과주의예산제도는 거리의 청결도나 주민의 만족도와 같은 좀 더 궁극적인 목적에 관심을 갖는다. 또한 평가 그 자체보다는 그 결과를 환류하여 다음 연도 예산에 반영하는 것을 주된 목적으로 한다.
③ (X) 장기적인 기획과 단기적인 예산편성을 유기적으로 연결하여 합리적인 자원배분을 이루려는 것은 계획예산이다.
④ (O) 신성과주의예산제도는 정부업무의 결과 측정이 어려우며, 모든 기관을 비교할 수 있는 기준이 부재하여 기관 간 비교가 곤란하다는 단점을 지닌다.

정답 | ③

851 필수
예산제도에 대한 설명으로 옳지 않은 것은?

① 품목별예산제도는 일에 대한 정보를 제공하며, 세입과 세출의 유기적 연계를 고려한다.
② 성과주의예산제도는 업무량과 단위당 원가를 곱하여 예산액을 산정한다.
③ 계획예산제도는 비용편익분석 등을 활용함으로써 자원배분의 합리화를 추구한다.
④ 영기준예산제도는 예산편성에서 의사결정단위(decision unit) 설정, 의사결정패키지 작성 등이 필요하다.

851	① ② ③
기출처	2020 국가직 9급
난이도	★★
키워드	품목별예산제도

관련기출 옳은지문
- 장기적인 안목으로 비용편익분석 등의 분석기법을 강조하는 계획예산제도는 지나친 집권화를 초래할 가능성이 높다. 19. 경찰승진

해설

① (×) 품목별예산은 투입에 대한 정보만 있지 어떤 일을 수행하는지에 대한 정보는 없다.
② (○) 성과주의예산은 산출물의 가치를 강조한다. 그러므로 그 산출물의 가치를 계산하기 위해 단위원가의 산정이 필수적이다.
③ (○) 계획예산은 사업계획의 효과와 비용을 계량적·체계적 분석방법에 의하여 대비시켜 목표달성을 위한 합리적인 대안선택과 자원배분을 모색하는 제도이다.
④ (○) 영기준예산에서 의사결정단위는 독자적인 예산결정권을 갖는 사업단위 또는 조직단위를 말하며, 의사결정패키지는 사업계획, 활동수준, 재원요구의 판단을 위해 필요한 정보를 기재한 표로, 사업대안 패키지와 증액대안 패키지로 구성된다.

정답 | ①

852 필수
예산제도에 대한 설명으로 옳지 않은 것은?

① 품목별예산제도는 행정부의 재량권을 확대하기 위해 도입되었다.
② 성과주의예산제도에서는 사업의 단위원가를 기초로 예산을 편성한다.
③ 계획예산제도에서는 장기적인 기획과 단기적인 예산편성을 연계하여 합리적 예산배분을 시도한다.
④ 영기준예산제도는 예산을 편성할 때 전년도 예산에 구애받지 않는다.

852	① ② ③
기출처	2021 지방직 9급
난이도	★★
키워드	품목별예산제도

해설

① (×) 품목별예산제도는 행정부의 재량통제와 회계책임을 명확히 하기 위해 도입된 예산제도이다.
② (○) 성과주의예산제도는 업무단위의 원가와 양을 기초로 사업별, 활동별로 분류해서 예산을 편성하는 제도이다.
③ (○) 계획예산제도는 장기적 계획과 단기적 예산을 프로그래밍(→ 사업구조)을 통해 연결시키고자 하는 예산제도이다.
④ (○) 영기준예산제도는 전년도 사업과 예산에 구애받지 않고, 모든 것의 근본적 재평가를 통해 예산을 편성하는 제도이다.

정답 | ①

853

기출처	2017 국가직 7급(하)
난이도	★★
키워드	품목별예산제도

🔍 관련기출 옳은지문

• 영기준예산제도는 미국 카터 행정부에서 채택되었던 것으로, 전년도 예산의 답습이 아니라 백지 상태에서 현행 사업을 재검토하고자 한 것이다. 20. 경찰간부

• 품목별예산제도는 책임확보와 재정민주주의에 입각하여 행정부에 대한 통제가 용이하다는 장점이 있으나, 동조과잉이나 번문욕례를 초래할 수 있다. 19. 경찰승진

• 영기준예산제도는 합리적 의사결정과 재원배분을 강조하지만, 현실적 제약으로 인해 우선순위 결정이 어렵다는 한계가 있다. 19. 경찰승진

853

예산제도에 대한 설명으로 옳지 않은 것은?

① 계획예산제도는 중장기적 전략기획에 따라 일관성 있게 예산이 뒷받침되는 전략예산체계를 지향한다.
② 품목별예산제도는 회계책임을 명백히 할 수 없기 때문에 예산의 유용이나 남용을 방지할 수 없다.
③ 영기준예산제도는 미국 카터 행정부에서 채택되었던 것으로, 전년도 예산의 답습이 아니라 백지 상태에서 현행 사업을 재검토하고자 한 것이다.
④ 성과주의예산제도는 예산을 사업별로 편성하여, 사업 수행의 최종산출물을 강조하였다.

해설

① (O) 계획예산제도(PPBS)는 장기적인 계획(Planning)과 단기적인 예산(Budgeting)을 프로그램(Programming)을 통해 연계하여 정부 활동의 목표를 설정하고, 이를 달성하기 위한 자원을 효율적으로 배분하는 것을 지향한다. 따라서 중장기적 전략기획에 따라 예산이 뒷받침되는 전략예산체계를 지향한다는 설명은 옳다.
② (×) 품목별예산제도(LIBS)는 지출항목을 일목요연하게 알 수 있어 회계책임을 명백히 할 수 있다.
③ (O) 영기준예산제도(ZBB)는 1970년대 미국 카터 행정부에서 채택되어 전면적으로 도입된 예산제도이다. 기존의 예산에 대한 점증적 접근 방식을 비판하며, 매년 모든 사업을 제로 베이스(백지 상태)에서 재검토하여 우선순위에 따라 예산을 재배분하고자 하는 목적을 가진다.
④ (O) 성과주의예산제도(PBS)는 예산을 사업별로 편성하고, 각 사업의 수행에 따른 최종 산출물(outputs)이나 성과(outcomes)를 측정하여 예산 배분 및 집행의 효율성을 높이고자 한다. 이는 예산 지출이 가져오는 결과를 중시하는 제도이다.

정답 | ②

854

기출처	2022 국가직 7급
난이도	★★
키워드	성과주의예산제도

854 〈필수〉

예산제도에 대한 설명으로 옳지 않은 것은?

① 영기준예산제도는 예산배분의 관행을 인정하지 않는 제도로서 미국의 민간기업 Texas Instruments에서 처음 시작되었고, 1970년대 미국 연방정부에 도입되었다.
② 계획예산제도는 장기적 계획, 사업, 예산을 연결시키는 제도로서 미국에서 베트남 전쟁, 위대한 사회 프로그램 등 정부예산이 팽창하던 1960년대에 도입·운영되었다.
③ 성과주의예산제도는 산출 이후의 성과에 관심을 가지며 예산집행의 재량과 결과에 대한 책임을 강조하는 제도로서 1950년대 연방정부를 비롯해 지방정부에 확산되었다.
④ 품목별예산제도는 예산을 지출대상별로 분류해 편성하는 통제지향적 제도로서 1920년대 대부분 미국 연방 부처가 도입하였다.

해설

① (O) 영기준예산제도(ZBB)는 예산 배분의 점증적 관행을 부정하고, 모든 사업을 매년 제로 베이스에서 검토하는 제도이다. 1970년대 파이어(Peter Pyhrr)가 민간기업인 Texas Instruments에 처음 적용하였고, 이후 미국 카터 행정부에 도입되었다.
② (O) 계획예산제도(PPBS)는 장기적인 계획(Planning)과 프로그램(Programming), 예산(Budgeting)을 통합하여 효율적인 자원배분을 추구하는 제도이다. 미국에서 정부 예산이 크게 팽창하고 다양한 사회 프로그램이 추진되던 1960년대 존슨 행정부 시기에 국방부를 중심으로 도입·운영되었다. 베트남 전쟁과 '위대한 사회' 프로그램 등이 이 시기에 해당한다.
③ (×) 1950년대 성과주의예산제도(PBS)는 산출에 관심을 두었다. 산출 이후의 성과에 관심을 두며, 집행재량과 결과책임을 강조한 것은 1990년대 등장한 신성과주의예산제도(NPBS)이다.
④ (O) 품목별예산제도(LIBS)는 1907년 뉴욕시를 시작으로 도입된 후 1912년 절약과 능률에 관한 대통령 위원회의 건의로 1920년대 대부분 연방 부처들이 채택하였다.

고득점 플러스+ 예산제도의 비교

구분	품목별예산	성과주의예산	계획예산	영기준예산
지향	통제(→ 합법성)	관리(→ 능률성)	계획(→ 효과성)	감축
중점	투입	투입 및 산출	투입, 산출, 효과	대안
필요지식	회계이론(→ 회계학)	관리이론(→ 경영학)	기획이론(→ 경제학)	계획과 관리
중요정보	지출대상	기관의 활동	기관의 목표	사업 및 목표
흐름	점증적·상향적		합리적·하향적	합리적·상향적

정답 | ③

관련기출 옳은지문

- 품목별예산제도는 예산을 지출대상 별로 분류하여 편성하는 것이다. 16. 경찰승진
- 성과주의예산제도는 정부사업과 활동에 대한 국민들의 이해를 증진시킬 수 있다. 16. 경찰승진
- 영기준예산제도는 모든 지출제안서를 영점 기준에서 검토한다. 16. 경찰승진
- 영기준예산제도는 과거의 관행을 고려하지 않고 사업에 대한 근본적인 재평가를 바탕으로 예산을 편성한다. 21. 소방간부
- 계획예산제도는 장기적인 기획과 단기적인 예산편성을 유기적으로 연결시킨다. 21. 소방간부
- 계획예산제도는 정보와 의사결정권한이 과도하게 중앙집권화되는 경향이 있다. 21. 소방간부

855
예산제도의 유형에 대한 설명으로 옳지 않은 것은?

① 품목별예산제도(LIBS)는 예산집행에 대한 회계책임을 명백히 하고 경비사용을 엄격하게 통제한다.
② 계획예산제도(PPBS)의 주요한 관심 대상은 사업의 목표이나, 투입과 산출에도 관심을 둔다.
③ 목표관리예산제도(MBO)의 도입 취지는 불요불급한 지출을 억제하고 감축관리를 지향하는 데 있다.
④ 성과주의예산제도(PBS)에서는 국민과 의회가 정부의 사업 내용과 목적을 이해하는 데 편리하다.

855
기출처: 2018 지방직 7급
난이도: ★★
키워드: 목표관리예산제도

해설

① (O) 품목별예산은 투입물이 사전에 엄격하게 정해지므로 회계책임이 명백하고 경비사용을 엄격하게 통제하기 쉽다.
② (O) 계획예산은 비용과 산출의 능률성뿐만 아니라 목표달성도라는 효과성도 중시하는 예산제도이다.
③ (×) 불요불급한 지출을 억제하고 감축관리를 지향하는 예산제도는 영기준예산이다.
④ (O) 성과주의예산은 구체적으로 사업이 완성된 이후의 모습을 보여주므로 국민과 의회가 사업의 내용과 목적을 이해하기 쉽다.

정답 | ③

856

기출처	2017 국가직 9급
난이도	★★
키워드	영기준예산제도

856
예산제도에 대한 설명으로 옳지 않은 것은?

① 쉬크(Schick)는 통제-관리-기획이라는 예산의 세 가지 지향(orientation)을 제시하였다.
② 영기준예산제도(ZBB)가 단위사업을 사업-재정계획에 따라 장기적인 예산편성 쪽으로 방향을 잡았다면, 계획예산제도(PPBS)는 당해 연도의 예산제약 조건을 먼저 고려한다.
③ 우리나라는 예산편성과 성과관리의 연계를 위해 재정사업자율평가제도를 실시하고 있다.
④ 조세지출예산제도는 조세지출의 내용과 규모를 주기적으로 공표해 조세지출을 관리하는 제도이다.

해설

① (O) 쉬크(A. Schick)는 예산제도의 발달 경향을 통제지향, 관리지향, 기획지향으로 유형화하였다.
② (×) 계획예산이 단위사업을 장기적인 예산편성 쪽으로 방향을 잡았다면, 영기준예산은 당해 연도의 예산제약 조건을 먼저 고려한다.
③ (O) 재정사업자율평가제도는 사업의 수행부처가 재정사업을 자율적으로 평가하고 기획재정부가 확인·점검한 평가결과를 재정운영에 활용하는 제도로 「국가재정법」에 의거 2005년도부터 시행된 제도이다.
④ (O) 조세지출예산제도는 정부의 재정 지출과 유사한 효과를 가지는 조세 감면, 비과세, 세액 공제 등 조세지출의 내용과 규모를 주기적으로 공표하여 관리하는 제도로, 이는 조세지출의 투명성을 높이고 효율성을 제고하기 위한 것이다.

정답 | ②

857

기출처	2024 국가직 7급
난이도	★★
키워드	예산제도

857 〈필수〉
예산제도에 대한 설명으로 옳은 것만을 모두 고르면?

ㄱ. 영기준예산제도에서는 사업을 원점에서 재검토하여 예산을 편성하기 때문에 사업 담당자들이 자신의 사업평가 과정에서 위협을 느끼게 된다.
ㄴ. 성과주의예산제도는 업무단위 선정이 곤란하지만 단위원가 계산은 용이하다.
ㄷ. 계획예산제도는 의사결정 집권화를 완화할 수 있고, 목표설정의 계량화를 용이하게 할 수 있다.
ㄹ. 품목별예산제도는 행정부의 예산집행 과정에서 유용이나 남용을 방지할 수 있고, 예산심의가 용이하여 행정부에 대한 의회의 권한을 강화할 수 있다.

① ㄱ, ㄴ
② ㄱ, ㄹ
③ ㄴ, ㄷ
④ ㄷ, ㄹ

해설

ㄱ. (O) 영기준예산제도는 매년 모든 사업을 제로 베이스(원점)에서 재검토하여 예산을 편성하므로, 기존 사업이라 할지라도 타당성이 입증되지 않으면 예산이 배정되지 않거나 삭감될 수 있다. 이로 인해 사업 담당자들은 자신의 사업이 존폐 위험에 놓일 수 있다고 느껴 심리적 위협을 받게 된다.
ㄴ. (×) 성과주의예산제도는 업무단위의 선정뿐만 아니라 단위원가의 계산도 곤란하다는 평가를 받는다.
ㄷ. (×) 계획예산제도는 의사결정이 집권화되어 있으며, 목표설정의 계량화가 어려울 수 있다는 평가를 받는다.
ㄹ. (O) 품목별예산제도는 예산 항목을 세분화하여 지출 대상별로 통제하므로, 행정부의 예산집행 과정에서 예산의 유용이나 남용을 방지하고 회계 책임을 명확히 할 수 있다. 또한, 각 항목별로 예산이 명시되어 있어 국회의 예산심의가 용이하며, 이는 행정부에 대한 의회의 통제권을 강화하는 데 기여한다.

정답 | ②

858

우리나라 예산과정에 대한 설명으로 옳은 것은?

① 정부는 회계연도마다 예산안을 편성하여 회계연도 개시 60일 전까지 국회에 제출해야 한다.
② 총액배분자율편성제도는 중앙예산기관과 정부부처 사이의 정보 비대칭성을 완화하려는 목적을 갖고 있다.
③ 예산집행의 신축성을 확보하기 위한 제도로써 이용, 총괄예산, 계속비, 배정과 재배정 제도가 있다.
④ 예산불성립 시 조치로써 가예산 제도를 채택하고 있다.

기출처 2015 지방직 9급
난이도 ★★
키워드 총액배분자율편성제도

해설

① (×) 정부는 회계연도마다 예산안을 편성하여 회계연도 개시 120일(「헌법」은 90일) 전까지 국회에 제출해야 한다.
② (○) 총액배분자율편성제도는 목적과 예산총액이 중앙예산기관으로부터 각 부처로 내려가는 하향적 방식이고, 성과평가를 통한 환류가 강조되므로 중앙예산기관과 각 부처 간 정보 비대칭성을 완화하는 장치가 될 수 있다.
③ (×) 배정과 재배정 제도는 예산집행의 통제장치이다.
④ (×) 우리나라의 현행 예산불성립 대처방안은 준예산이다. 가예산은 1960년까지 사용했던 제도이다.

고득점 플러스+ 총액배분자율편성과 지출통제예산

- 총액배분자율편성
  - 예산편성단계(→ 사전재원배분), 총액 범위 내에서 자율적 편성(→ 편성의 재량)
  - 예산의 과다청구 관행 제거, 예산사정 과정의 단순화, 중기적 시각(→ 다년도 계획 강화, 경기조절)
- 지출통제예산
  - 예산집행단계(→ 총괄예산), 총액 범위 내에서 자율적 집행(→ 집행의 재량)
  - 포괄적 예산편성 후 집행단계에서 구체화, 회계과목의 단순화, 신축적 자금운영

정답 | ②

859

총액배분자율편성제도에 대한 설명으로 옳지 않은 것은?

① 전략기획과 분권 확대를 예산편성 방식에 도입하기 위해 실시하고 있다.
② 각 중앙부처는 소관 정책과 우선순위에 입각해 연도별 재정규모, 분야별·부문별 지출한도를 제시한다.
③ 지출한도가 사전에 제시되기 때문에 부처의 재정사업에 대한 책임과 권한을 강화할 수 있다.
④ 부처의 재량을 확대하였지만 기획재정부는 사업별 예산통제기능을 유지하고 있다.

기출처 2018 지방직 9급
난이도 ★★
키워드 총액배분자율편성제도

해설

① **매력적 오답** (○) 총액배분자율편성제도는 전략적 기획은 집권적으로 설정되지만 구체적 운영에 대한 재량을 확대한 후 그 결과를 토대로 평가받는 구조를 취한다.
② (×) 총액배분자율편성제도는 재정당국이 국정목표와 우선순위에 따라 수립한 5개년 재원배분계획(국가재정운용계획)을 토대로 국무회의에서 분야별·부처별 지출한도를 미리 설정한 후 각 부처에 통보하면, 각 부처가 개별 사업별로 어느 정도 자율성을 가지고 예산을 편성하는 제도이다.
③ (○) 총액배분자율편성제도는 지출한도 범위에서 사업을 편성하여야 하며 그 결과에 대한 성과관리가 이루어지므로 부처의 재정사업에 대한 책임과 권한을 강화할 수 있다.
④ **매력적 오답** (○) 총액배분자율편성제도는 단위사업에 대한 재량권이 확대되었지만 사업단위의 통제체제는 유지된다.

정답 | ②

860

총액배분자율편성 예산제도에 대한 설명으로 옳지 않은 것은?

① 사전에 결정된 예산의 지출한도 내에서 각 부처가 자율적으로 예산을 편성해 운영한다.
② 부처의 자율성이 높아지는 예산제도로 상향식(bottom-up) 방식이다.
③ 중기적 시각에서 정부 전체의 재정규모를 검토하기 때문에 전략적 계획의 발전을 촉진하고 재정의 경기조절기능을 강화할 수 있다.
④ 미래예측을 강조함으로써 점증주의적 예산편성 관행을 바꾸는 데 기여할 수 있다.

해설

① (O) 총액배분자율편성제도는 예산요구 전에 지출한도가 먼저 설정되고 각 부서는 그 범위 내에서 예산을 자유롭게 편성하는 제도이다.
② (X) 총액배분자율편성제도는 중앙예산기관이 각 부처에 총괄적 규모로 재원을 배정하고, 각 부처는 배정된 범위 내에서 사업의 우선순위에 따라 예산을 편성하는 하향식(Top-down) 흐름을 취한다.
③ (O) 총액배분자율편성제도는 국가재정운용계획과 연계되어 있어 다년도 계획기능이 강화되며, 중기적 시각의 재정운용과 재정의 경기조절기능이 향상될 수 있다.
④ (O) 총액배분자율편성제도는 중기재정계획에 의하여 당해 예산의 총액이 사전에 정해지므로 예산이 점증적으로 증대되는 현상을 방지하는 데 기여할 수 있다.

정답 | ②

관련기출 옳은지문

- 총액배분자율편성 예산제도는 정부 각 기관에 예산 자율권을 부여하는 예산관리모형이다. 11. 서울시 7급
- 총액배분자율편성 예산제도는 점증주의적 예산관행을 바꾸는 데 기여할 수 있다. 11. 서울시 7급
- 총액배분자율편성 예산제도는 각 부처에서 예산을 과다 요구하는 관행에서 어느 정도 벗어날 수 있다. 11. 서울시 7급
- 총액배분자율편성 예산제도는 자금관리의 분권화를 강조하지만 의사결정의 주된 흐름은 하향적이다. 11. 서울시 7급

861

우리나라의 예산과정에 대한 설명으로 옳지 않은 것은?

① 기획재정부는 매년 당해 연도부터 5회계연도 이상의 기간에 대한 재정운용계획을 수립하여 회계연도 개시 120일 전까지 국회에 제출하여야 한다.
② 예산안편성지침에 중앙관서별 지출한도를 포함하여 통보할 수 있는 총액배분자율편성제도가 도입되어서, 기획재정부의 사업별 예산통제 기능이 상실되었다.
③ 국회 본회의 중심이 아니라 국회 상임위원회와 예산결산특별위원회 중심으로 예산이 심의된다.
④ 예산의 이용(移用)과 전용, 예산의 이체(移替), 예비비, 계속비는 예산집행의 신축성을 보장하기 위한 것이다.

해설

① (O) 국가재정운용계획에 대한 내용이다.
② (X) 총액배분자율편성제도는 사업의 목표와 총액이 사전에 하향적으로 내려가므로 중앙예산기관의 사업별 통제기능이 상실된 것은 아니다.
③ (O) 우리나라의 예산의 심의는 위원회 중심으로 이루어지며, 본회의의 의결과정은 형식적이다.
④ (O) 예산의 이용, 전용, 이체, 예비비, 계속비는 모두 예산 집행 과정에서 발생할 수 있는 예측 불가능한 상황이나 효율적인 재정 운용을 위해 예산집행의 신축성을 부여하는 제도적 장치들이다.

정답 | ②

862 필수

프로그램 예산제도에 대한 설명으로 옳지 않은 것은?

① 우리나라 중앙정부는 2007년부터 프로그램 예산제도를 도입하였다.
② 예산 전 과정을 프로그램 중심으로 구조화하고 성과평가체계와 연계시킨다.
③ 세부 업무와 단가를 통해 예산 금액을 산정하는 상향식(bottom up) 방식을 사용한다.
④ 일반회계, 특별회계, 기금이 포괄적으로 표시되어 총체적 재정배분 파악이 가능하다.

862
기출처	2024 지방직 9급
난이도	★
키워드	프로그램 예산제도

해설

① **매력적 오답** (O) 프로그램 예산제도는 중앙정부의 경우 2007년부터 도입하였고, 지방자치단체의 경우 2008년부터 도입하였다.
② (O) 프로그램 예산제도는 예산계획·편성·배정·집행·결산·평가·환류의 전 과정을 프로그램(사업) 중심으로 구조화하고 성과평가체계와 연계시켜 성과를 관리하는 예산기법이다.
③ (×) 세부 업무와 단가를 통해 예산 금액을 산정하는 상향식(bottom up) 방식은 1950년대 성과주의예산과 관련된다. 프로그램 예산제도는 사업 중심으로 편성하되 그 흐름은 하향적이다.
④ **매력적 오답** (O) 프로그램 예산제도는 예산체계 내에 일반회계, 특별회계, 기금이 모두 표시됨으로써 총체적인 재정배분의 상태와 일반회계, 특별회계, 기금 간 중복의 여부 파악 및 중·장기 시각의 전략적 자원배분을 용이하게 한다.

정답 | ③

863

프로그램 예산제도에 대한 설명으로 옳지 않은 것은?

① 동일한 정책목표를 가진 단위사업들을 하나의 프로그램으로 묶어 예산 및 성과관리의 기본 단위로 삼는다.
② 우리나라에서는 지방자치단체가 2004년부터, 중앙정부는 2008년부터 공식적으로 채택하였다.
③ 자원배분의 투명성을 높일 수 있고, 일반 국민이 예산 사업을 쉽게 이해할 수 있게 한다.
④ 우리나라가 도입한 배경에는 투입 중심 예산운용의 한계를 극복하고자 하는 측면이 있었다.

863
기출처	2016 국가직 7급
난이도	★
키워드	프로그램 예산제도

🔍 관련기출 옳은지문
- 프로그램 예산제도에서 프로그램이란 동일한 정책목표 하에서 추진되는 여러 개의 단위사업으로 하나로 묶은 것을 말한다.   25. 경찰승진

해설

① (O) 프로그램(사업)이란 동일한 정책을 수행하는 단위사업(활동)의 묶음으로, 성과관리, 발생주의회계, 중기재정계획, 총액배분자율편성 등에 있어 구심점으로 작용한다.
② (×) 프로그램 예산제도는 중앙정부가 2007년에 도입하였고 지방정부는 2008년부터 공식적으로 도입하였다.
③ (O) 프로그램 예산제도는 사업의 전 생애주기를 관리함으로써 예산과정의 투명성과 효율성을 제고할 수 있다.
④ (O) 프로그램 예산제도의 도입으로 그 동안 품목 중심의 투입 관리와 통제 중심의 재정운영에서 프로그램 중심의 성과, 자율, 책임 중심의 재정운영으로 바뀌게 된다.

고득점 플러스+ 우리나라 주요 재정개혁

- 국가재정운용계획(2004), 사전재원배분제도[→ 총액배분자율편성(2004)]
- 프로그램 예산제도(중앙 2007, 지방 2008)
- 성과관리제도
  - 재정성과목표관리제도(2003)(→ 성과계획서와 성과보고서)
  - 모든 단위사업에 대한 재정사업자율평가제도(2005), 재정사업심층평가제도(2006)(→ 기획재정부 주관)
- 재정관리시스템
  - 국가재정(→ 기획재정부 주관): 디지털예산회계정보시스템(d-Brain)(2007)
  - 지방재정(→ 행정안전부 주관): e-호조시스템(2005)
- 발생주의 복식부기(중앙 2008, 지방 2007)

정답 | ②

864

기출처 2017 국가직 7급
난이도 ★
키워드 d-Brain System

864
d-Brain System에 대한 설명으로 옳지 <u>않은</u> 것은?

① UN 공공행정상을 수상하는 등 국제적으로 호평을 받고 있다.
② d-Brain 구축이 완료됨에 따라 총액배분자율편성 예산제도의 도입이 가능해졌다.
③ 예산편성, 집행, 결산, 사업관리 등 재정업무 전반을 종합적으로 연계 처리하도록 하는 통합재정정보시스템이다.
④ 노무현 정부 당시 재정개혁의 일환으로 구축이 추진되었다.

해설

① (O) 디지털예산회계시스템(d-Brain System)은 2013년 UN 공공행정상(UN Public Service Award) 대상에 선정되었다.
② (×) 디지털예산회계시스템(d-Brain System)은 노무현 정부에서 2007년에 구축되었고 발생주의 복식부기와 관련된 시스템이다. 반면, 총액배분자율편성제도는 2004년에 도입된 제도로 중기재정계획과 관련이 깊다.
③ (O) 디지털예산회계시스템은 예산의 편성·집행·결산·성과관리 등 정부의 재정활동 과정에서 생성된 정보를 종합적으로 관리하는 정보시스템이다.
④ (O) d-Brain System은 노무현 정부에서 추진된 4대 재정개혁에 해당한다.

정답 | ②

865

기출처 2012 국가직 9급
난이도 ★★
키워드 성과관리

865
「국가재정법」, 「국가회계법」 등 관련법은 정부가 성과계획서와 성과보고서를 각각 예산안과 결산보고서에 포함시켜 국회에 제출하도록 규정하고 있다. 이처럼 재정운용과 관련하여 성과관리적 요소가 강화된 배경으로 옳지 <u>않은</u> 것은?

① 재정지출의 효율화 및 예산절감의 필요성 증대
② 재정운용의 투명성 및 책임성 제고 요구 증대
③ 국가재정운용계획, 총액배분자율편성 예산제도의 시행에 따른 체계적 성과관리의 중요성 증대
④ 지출의 합법성 제고 및 오류방지 요구 증대

해설

① (O) 성과관리는 투입과 산출을 연계시키므로 재정지출의 효율성을 높일 수 있고 성과가 나오지 않는 사업을 축소함으로써 예산절감의 효과를 기할 수 있다.
② (O) 성과관리를 통해서 성과에 대한 책임성을 높일 수 있고, 그 결과를 체계적으로 공개하므로 재정운용의 투명성을 높일 수 있다.
③ (O) 국가재정운용계획, 총액배분자율편성 예산제도 등은 총액의 통제에 관심을 갖고 세부적인 내용은 각 부처에 위임하는 제도이다. 따라서 그 결과에 대한 평가시스템이 존재하지 않는다면 성공적으로 운영되기 어려운 제도들이다.
④ (×) 성과관리는 지출의 합법성보다는 산출이나 결과와 같은 성과(완성물)의 제고를 위하여 도입된 제도이다. 투입이 자동적으로 성과로 연결될 것이라는 단선적 가정에서 벗어나 지속적인 평가와 환류과정을 통해 예산과정에서 효율성과 투명성을 높이는 제도이다.

정답 | ④

866
성과중심주의에 입각한 성과관리의 효용 또는 한계에 대한 설명으로 <u>부적절한</u> 것은?

① 목표성취도에 유인기제를 연결하기 때문에 관리대상자들이 성과목표를 매우 높게 설정하는 행동 경향을 보인다.
② 관료적 조직문화의 변화를 유도한다.
③ 다양한 이해관계자들과 압력단체들의 개입 때문에 성과계획이 합리적으로 수립되기 어렵다.
④ 업무수행과 성과 사이에 개입하는 변수들이 많아 인과관계를 확인하기 어렵다.

866 | 1 2 3
기출처 | 2013 지방직 7급
난이도 | ★
키워드 | 성과관리

해설
① (×) 목표달성을 지나치게 강조할 경우 관리대상자들은 성과목표를 낮게 설정할 가능성이 높다.
② (○) 투입과 절차 중심, 계층제적 명령 중심의 전통적 조직문화가 성과 중심의 문화로 변화될 가능성이 높다.
③ (○) 정부의 활동은 다양한 정치적 요인이 개입하므로 합리적이고 명확한 성과계획의 수립이 어렵다.
④ (○) 성과를 측정하기 위해서는 원인과 결과에 대한 명확한 인과관계가 필요하다. 그러나 정부 업무는 다양한 요인들이 얽혀있는 복잡한 현상이므로 그 인과관계를 명확하게 파악하기 곤란하다.

정답 | ①

867 〈필수〉
우리나라의 재정사업 성과관리에 대한 설명으로 옳지 <u>않은</u> 것은?

① 재정사업 성과관리의 내용은 성과목표관리와 성과평가로 구성된다.
② 재정사업 성과평가 결과는 지출 구조조정 등의 방법으로 재정운용에 반영될 수 있다.
③ 재정사업심층평가 결과 기획재정부장관이 필요하다고 판단하면 재정사업자율평가를 실시할 수 있다.
④ 재정사업자율평가는 미국 관리예산처(OMB)의 PART(Program Assessment Rating Tool)를 우리나라 실정에 맞게 도입한 제도이다.

867 | 1 2 3
기출처 | 2023 국가직 9급
난이도 | ★
키워드 | 재정사업 성과관리

해설
① (○) 우리나라의 재정사업 성과관리는 재정성과목표관리제도(2003), 재정사업자율평가제도(2005), 재정사업심층평가제도(2006)의 세 가지 형태로 운영되고 있다.
② (○) 기획재정부장관은 재정사업의 성과평가 결과를 재정운용에 반영할 수 있고, 중앙관서의 장은 재정사업 성과관리의 결과를 조직·예산·인사 및 보수체계에 연계·반영할 수 있다.
③ (×) 재정사업자율평가 결과 기획재정부장관이 필요하다고 판단하면 재정사업심층평가를 실시할 수 있다.
④ **매력적 오답** (○) 2005년에 도입된 재정사업자율평가제도는 미국의 PART 제도를 원용한 것으로, 매년 사업을 수행하는 부처가 소관 재정사업을 자율적으로 평가하고, 평가결과를 재정운용에 활용하는 제도이다.

정답 | ③

🔍 관련기출 옳은지문
• 재정사업 자율평가는 각 중앙관서의 장과 기금관리주체가 기획재정부장관이 정하는 바에 따라 주요 재정사업을 스스로 평가하는 제도이다.
23. 행정사

• 재정사업 자율평가의 대상은 전체 성과목표 중 1/3에 해당하는 성과목표 내 전체 관리과제가 대상이 된다.
14. 서울시 7급

PART

VI

행정환류론

에 듀 윌 공 무 원 행 정 학

868

868	① ② ③
기출처	2016 지방직 9급
난이도	★★
키워드	제도적 책임성

행정윤리에 대한 설명으로 옳지 않은 것은?

① 제도적 책임성이란 공무원이 전문가로서의 직업윤리와 책임감에 기초해서 자발적인 재량을 발휘해 확보되는 행정책임을 의미한다.
② 행정윤리는 사익보다는 공익과 밀접한 관계가 있다.
③ 결과주의에 근거한 윤리평가는 사후적인 것이며 문제의 해결보다는 행위 혹은 그 결과에 대한 처벌에 중점을 둔다.
④ 공무원 부패의 원인을 사회문화적 접근으로 보는 관점에서는 특정한 지배적 관습이나 경험적 습성이 부패를 조장한다는 입장이다.

관련기출 옳은지문

- 행정책임은 공무원이 도덕적·법률적 규범에 따라 행동해야 하는 의무를 말한다. 24. 경찰간부
- 행정책임은 도덕적 책임과 법적 책임으로 구분할 수 있다. 24. 경찰간부
- 제도적 책임성은 타율적이고 수동적인 행정책임을 의미한다. 20. 국회직 9급
- 자율적 책임성은 직업윤리와 책임감에 기반한 능동적인 책임성을 의미한다. 20. 국회직 9급
- 자율적 책임성은 국민들의 요구와 의견을 반영하는 노력과 관련되어 있다. 20. 국회직 9급

해설

① (×) 공무원이 전문가로서의 직업윤리와 책임감에 기초해서 자발적인 재량을 발휘해 확보되는 행정책임은 자율적 책임이다.
② (○) 행정윤리는 공무원이 공적 직무를 수행함에 있어 지켜야 할 도리로서, 개인의 사적인 이익보다는 국가와 사회 전체의 이익, 즉 공익을 우선시하는 가치와 규범을 의미한다.
③ **매력적 오답** (○) 결과주의에 근거한 행위의 평가는 사후적인 것으로서 문제의 해결보다는 행위 혹은 그 결과에 대한 처벌에 중점을 둔다. 반면, 의무론에 입각한 동기에 대한 평가는 상대적으로 도덕적 원칙을 강조한다.
④ (○) 공무원 부패의 원인을 사회문화적 접근으로 보는 관점은 특정 사회의 지배적인 가치, 관습, 문화적 특성이 부패를 조장하거나 용인하는 분위기를 형성한다고 본다. 이는 개인의 도덕성 문제보다는 사회 전체의 문화적 맥락에서 부패의 원인을 찾는 시각이다.

고득점 플러스+ 제도적 책임과 자율적 책임

- 제도적 책임: 문책자의 외재성, 절차의 중시, 공식적·제도적 통제, 판단기준과 절차의 객관화, 제재의 존재
- 자율적 책임: 문책자의 내재화 또는 부재, 절차준수와 책임완수는 별개, 객관적 기준의 부재, 제재의 부재

정답 | ①

869 〈필수〉

869	① ② ③
기출처	2023 국가직 9급
난이도	★
키워드	롬젝(B. Romzek)의 행정책임

롬젝(Romzeck)의 행정책임 유형에 대한 설명으로 옳지 않은 것은?

① 계층적 책임 – 조직 내 상명하복의 원칙에 따라 통제된다.
② 법적 책임 – 표준운영절차(SOP)나 내부 규칙(규정)에 따라 통제된다.
③ 전문가적 책임 – 전문직업적 규범과 전문가 집단의 관행을 중시한다.
④ 정치적 책임 – 민간 고객, 이익집단 등 외부 이해관계자의 기대에 부응하는가를 중시한다.

해설

① (○) 계층적 책임은 통제의 위치가 내부이고 통제 강도가 강한 통제방식이다.
② (×) 법적 책임성은 통제의 위치가 외부인 책임성이므로, 표준운영절차(SOP)나 내부 규칙(규정)이 아닌 법률에 의해 통제된다.
③ (○) 전문가적 책임은 통제의 위치는 내부이지만 통제 강도는 약한 통제방식이다.
④ (○) 정치적 책임은 통제의 위치가 외부이고 통제 강도는 약한 통제방식이다.

고득점 플러스+ 행정책임의 유형 → 두브닉(M. Dubnick)과 롬젝(B. Romzek)의 유형

구분		기관통제의 원천	
		내부적 통제원천	외부적 통제원천
통제 정도	높음	① 관료적 책임성 ② 상관/부하 관계 ③ 감독	① 법률적 책임성 ② 주인/대리인 관계 ③ 신탁
	낮음	① 전문가적 책임성 ② 비전문가/전문가 관계 ③ 전문가에 대한 존경	① 정치적 책임성 ② 선거구민/대표자 관계 ③ 선거구민에 대한 반응성

정답 | ②

870
행정통제의 과정을 순서대로 바르게 나열한 것은?

> ㄱ. 실제 행정과정에 대한 정보의 수집
> ㄴ. 목표와 계획에 따른 통제기준의 확인
> ㄷ. 통제주체의 시정조치
> ㄹ. 과정평가, 효과평가 등의 실시

① ㄱ → ㄴ → ㄹ → ㄷ
② ㄴ → ㄱ → ㄹ → ㄷ
③ ㄴ → ㄷ → ㄱ → ㄹ
④ ㄷ → ㄴ → ㄱ → ㄹ

870
기출처	2013 국가직 7급
난이도	★★
키워드	행정통제

해설

ㄴ. 통제란 목표 또는 기준과 그 실천행동을 부합시키는 작용이므로 목표와 계획에 따른 통제기준의 확인이 가장 먼저 확정되어야 한다.
ㄱ. 목적과 기준을 선정한 후 실제행동에 대한 정보를 수집한 후 기준과 실제행동의 부합 여부를 확인하여야 한다.
ㄹ. 통제의 중점을 사전에 설정된 계획의 이행에 둔다면 과정평가이고, 의도된 결과를 달성하였는가에 둔다면 효과평가이다.
ㄷ. 통제의 목적은 책임성의 확보 또는 환류를 통한 개선이므로 통제주체에 의한 시정조치가 반드시 시행되어야 할 것이다.

정답 | ②

871	① ② ③
기출처	2018 지방직 7급
난이도	★★
키워드	행정통제와 행정책임

🔍 **관련기출 옳은지문**

• 행정통제의 효율을 위해 일상적·반복적인 것보다는 예외적인 사항만을 통제하는 것이 바람직하다.
16. 경찰승진

• 행정통제는 공무원 개인 또는 행정체제의 일탈에 대한 감시와 처벌을 통해 원래의 행정성과를 달성하려는 활동을 말한다.
16. 경찰승진

• 감사원에 의한 통제는 내부통제로서 사후 통제의 성격을 갖고 있다.
16. 경찰승진

• 행정통제의 중심과제는 궁극적으로 민주주의와 관료제 간의 조화 문제로 귀결된다.
13. 서울시 9급

• 행정책임은 행정관료가 도덕적·법률적 규범에 따라 행동해야 하는 국민에 대한 의무이다.
13. 서울시 9급

• 행정책임은 국가적 차원에서 국민에 대한 국가 역할의 정당성을 확인하는 것이다.
13. 서울시 9급

872	① ② ③
기출처	2020 지방직 9급
난이도	★★
키워드	외부통제

🔍 **관련기출 옳은지문**

• 사법부에 의한 행정통제는 주로 사후적이다.
16. 경찰간부

• 감사원에 의한 통제는 내부통제이다.
16. 경찰간부

871

행정통제와 행정책임에 대한 설명으로 옳은 것은?

① 대응적 책임(responsiveness)은 공복으로서의 관료의 직책과 관련된 광범위한 도의적·자율적 책임을 의미한다.
② 입법국가 시절에는 외부통제에 중점을 두었으나, 행정국가로 이행하면서 내부통제의 중요성이 부각되었다.
③ 도의적 책임(responsibility)은 국민이나 고객의 요구, 이념, 가치에 대한 대응성을 강조하는 책임이다.
④ 행정에 대한 외부통제 수단으로 우리나라 국회는 국정조사, 국정감사, 직무감찰, 옴부즈만 등을 행사한다.

> **해설**

① (×) 공복으로서의 관료의 직책과 관련된 광범위한 도의적·자율적 책임을 의미하는 것은 도의적 책임(responsibility)이다.
② (○) 행정국가의 도래로 행정의 복잡성과 전문성이 높아짐에 따라 외부통제의 효율성이 저하되면서, 상대적으로 내부통제의 중요성이 증가하고 있다
③ (×) 국민이나 고객의 요구, 이념, 가치에 대한 대응성을 강조하는 책임은 대응적 책임(responsiveness)이다.
④ (×) 직무감찰은 행정부 내에서 이루어지므로 내부통제에 속한다. 옴부즈만의 경우 일반적으로 국회 소속이므로 외부통제에 속하지만 우리나라의 경우 국민권익위원회는 국무총리 소속이므로 내부통제에 속한다.

정답 | ②

872 〈필수〉

행정통제의 유형 중 외부통제가 아닌 것은?

① 감사원의 직무감찰
② 의회의 국정감사
③ 법원의 행정명령 위법 여부 심사
④ 헌법재판소의 권한쟁의심판

> **해설**

① (×) 감사원은 행정부 소속이므로 내부통제에 속한다.
②, ③, ④ (○) 의회, 법원, 헌법재판소 등은 행정부 밖에 있는 외부통제 장치이다.

고득점 플러스+ 통제의 유형

• 외부·공식: 입법부, 사법부, 헌법재판소, 옴부즈만 등
• 외부·비공식: 시민, 이익집단, 언론, 여론, 일반대중 중
• 내부·공식: 대통령실과 국무조정실, 계층제 및 인사관리제도, 감사원·국민권익위원회(→ 독립통제기관), 교차기능조직 등
• 내부·비공식: 동료집단의 평가와 비판, 공무원으로서 직업윤리 등

정답 | ①

873 〈필수〉
우리나라 행정통제 방법 중 내부통제에 해당하는 것은?

① 감사원의 회계검사
② 헌법재판소의 위헌법률심판
③ 국회의 국무위원에 대한 탄핵소추
④ 지방자치단체의 주민참여예산제도

해설

① (○) 감사원은 행정부 소속기관이므로 감사원의 회계검사는 내부통제로 분류된다.
②, ③, ④ (×) 헌법재판소의 위헌법률심판, 국회의 국무위원에 대한 탄핵소추, 지방자치단체의 주민참여예산제도 등은 외부통제에 속한다.

정답 | ①

873	
기출처	2024 국가직 7급
난이도	★★
키워드	내부통제

874 〈필수〉
행정책임 확보 방안 중 내부통제에 해당하는 것은?

① 공정한 감시와 견제기능을 하는 시민단체 활동
② 부정청탁금지법 제정과 같은 국회의 입법 활동
③ 부당한 행정에 대한 언론의 감시 활동
④ 중앙부처의 예산편성과 집행에 대한 기획재정부의 관리 활동

해설

①, ②, ③ (×) 시민단체의 활동, 국회의 입법 활동, 언론의 감시 활동은 모두 외부통제에 속한다.
④ (○) 중앙부처의 예산편성과 집행에 대한 기획재정부의 관리 활동은 내부통제에 속한다.

정답 | ④

874	
기출처	2022 지방직 7급
난이도	★★
키워드	내부통제

875

우리나라의 통치체제에 대한 설명으로 옳지 않은 것은?

① 위임입법의 확대는 행정국가화 경향과 밀접한 관련이 있다.
② 사법부는 행정처분에 대한 행정재판권을 통하여 부당하게 권리를 침해받은 국민을 구제하는 역할을 한다.
③ 행정부는 감사원의 국정감사권을 통하여 행정행위에 대한 내부통제를 행한다.
④ 입법부는 국정에 관한 다양한 법률제정권을 활용하여 행정부를 견제한다.

해설

① (○) 위임입법이란 법률의 위임에 의하여 입법부 이외의 국가기관이 법규를 제정하는 것으로, 현대 행정의 복잡성과 전문성으로 인해 등장한 행정국가와 밀접한 관련이 있다.
② (○) 행정소송은 행정청의 위법한 처분 그 밖에 공권력의 행사·불행사 등으로 인한 국민의 권리 또는 이익의 침해를 구제하는 제도로, 부당하게 권리를 침해받았다는 표현은 적절하지 못하다. 다만, 복수정답을 인정하지 않은 관계로 ③을 정답으로 취한다.
③ (×) 국정감사권은 국회의 권한으로 외부통제에 해당한다.
④ (○) 입법부에 의한 통제에는 법률제정과 예산심의권, 정부인사에 관한 동의권, 해임건의안 발의, 탄핵소추권 등이 있다.

정답 | ③

876

행정통제 중 내부통제에 해당하는 것만을 모두 고른 것은?

ㄱ. 입법부에 의한 통제	ㄴ. 사법부에 의한 통제
ㄷ. 감사원에 의한 통제	ㄹ. 시민에 의한 통제
ㅁ. 공무원으로서 직업윤리	

① ㄱ, ㄴ
② ㄴ, ㄷ
③ ㄷ, ㅁ
④ ㄹ, ㅁ

해설

ㄱ, ㄴ, ㄹ. (×) 입법부, 사법부, 시민에 의한 통제는 외부통제이다.
ㄷ, ㅁ. (○) 행정부에 속한 감사원에 의한 통제 그리고 공무원의 직업윤리는 내부통제이다.

정답 | ③

877

행정통제의 유형과 사례를 연결한 것으로 옳지 않은 것은?

① 외부·공식적 통제 – 국회의 국정감사
② 내부·비공식적 통제 – 국무조정실의 직무감찰
③ 외부·비공식적 통제 – 시민단체의 정보공개 요구 및 비판
④ 내부·공식적 통제 – 감사원의 정기 감사

해설

① (O) 국회는 행정부 밖에 있는 공식적 권한을 가진 통제기관이다.
② (X) 국무총리 소속의 국무조정실이 행하는 직무감찰은 내부·공식적 통제에 속한다.
③ (O) 시민단체의 정보공개 요구 및 비판은 행정부 밖의 비공식적 통제에 속한다.
④ (O) 감사원은 대통령 소속이므로 이는 내부·공식적 통제에 속한다.

정답 | ②

877	
기출처	2013 국가직 9급
난이도	★★
키워드	내부·비공식적 통제

878

행정책임과 행정통제에 대한 설명으로 옳은 것은?

① 파이너(Finer)는 행정의 적극적 이미지를 전제로 전문가로서의 관료의 기능적 책임을 강조하는 책임론을 제시하였다.
② 프리드리히(Friedrich)는 개인적인 도덕적 의무감에 호소하는 책임보다 외재적·민주적 책임의 중요성을 강조하였다.
③ 행정통제를 내부통제와 외부통제로 구분할 경우, 윤리적 책임의식의 내재화를 통한 통제는 전자에 속한다.
④ 옴부즈만제도를 의회형과 행정부형으로 구분할 경우, 국민권익위원회의 고충민원처리제도는 전자에 속한다.

해설

① (X) 행정의 적극적 이미지를 전제로 전문가로서의 관료의 기능적 책임을 강조하는 책임론은 프리드리히(C. Friedrich)가 제시하였다.
② (X) 개인적인 도덕적 의무감에 호소하는 책임보다 외재적·민주적 책임의 중요성을 강조한 학자는 파이너(H. Finer)이다.
③ (O) 윤리적 책임의식의 내재화는 공무원의 내부에 존재하므로 이는 내부통제에 속한다.
④ (X) 국민권익위원회는 국무총리 소속이므로 이는 행정부형에 속한다.

정답 | ③

878	
기출처	2020 지방직 7급
난이도	★★
키워드	내부통제와 외부통제

관련기출 옳은지문

- 행정책임에 대해 파이너(Finer)는 외재적·객관적 책임을, 프리드리히(Friedrich)는 내재적·주관적 책임을 강조한다. 24. 경찰간부

- 행정통제는 설정된 행정목표 또는 정책목표와 기준에 따라 성과를 측정하고 이에 맞출 수 있도록 시정하는 노력을 의미한다. 09. 서울시 9급

- 행정통제의 기준으로는 시민의 자유보전과 공공의 목적에 봉사하는 것을 들 수 있다. 09. 서울시 9급

- 행정통제는 그 주체와 영향력 행사 방향에 따라 외부통제와 내부통제로 나눌 수 있다. 09. 서울시 9급

879

기출처	2015 국가직 7급
난이도	★★
키워드	공식적 통제

879
행정에 대한 시민단체의 역할로 옳지 않은 것은?

① 국민에게 교육을 실시하는 등 사회에 필요한 재화와 서비스의 제공자 역할을 한다.
② 정당과 함께 행정에 대한 공식적 통제자 역할을 한다.
③ 소수 약자의 인권이나 재산권 침해 등에 대한 대변자 역할을 한다.
④ 이익집단 간 갈등이나 지역이기주의로 나타나는 지역 간 갈등 등에 대한 조정자 역할을 한다.

해설

① (○) 과거 시민단체는 정부에 대한 통제자로서의 역할만 강조되었지만 최근에는 행정서비스의 제공자로서의 역할이 부각되고 있다.
② (×) 정당과 시민단체는 정책과정에 대한 공식적인 법적 권한을 지니지 못한 비공식적 통제자이다.
③ (○) 시민단체는 이익집단이나 정당과 같은 기존의 대표체계가 간과한 사회적 약자들의 이익을 공적 영역으로 이끌어내는 대변자적 역할을 수행하고 있다.
④ (○) 자신의 이해관계를 강력하게 내포하는 이익집단과 달리 시민단체는 공익이라는 사회적 가치에 입각하여 활동하므로 이해관계로 인해 발생하는 갈등의 공정한 중재자로서의 역할을 담당할 수 있다.

정답 | ②

880

기출처	2012 지방직 9급
난이도	★
키워드	감사원

880
다음과 같은 행정현실에서 가장 적합한 행정통제 방안은?

> 현재 지방관서에서 하루속히 척결해야 할 것은 관급공사와 관련한 비리이다. 드물지만 간판도 없는 유령회사가 관급공사를 따내는 경우도 있다. 전관예우라고나 할까? 전직 기관장이 공사를 따내는 경우인데, 그들은 공사를 맡고 난 다음에 회사를 설립하기도 한다. 관급공사를 시의원이나 구의원이 맡는 것도 큰 문제이다. 행정을 감시해야 할 사람에게 시정을 맡기는 것은 어불성설이다. 이런 실태는 행정경험과 해당 분야에 대한 전문성을 갖고 합법성과 합목적성을 구별할 수 있는 전문가만이 발견해 낼 수 있다.

① 시민에 의한 통제
② 입법부에 의한 통제
③ 사법부에 의한 통제
④ 감사원에 의한 통제

해설

①, ② (×) 시민과 입법부는 행정의 복잡성 등으로 인해 전문성이 부족하다.
③ (×) 사법부는 전문성의 부족뿐만 아니라 합목적성에 관해서는 판단하기 어렵다.
④ (○) 전문성을 지니고 합법성뿐만 아니라 합목적성까지 발견할 수 있는 것은 행정부 소속의 감사원이다.

정답 | ④

881

우리나라의 행정통제에 대한 설명으로 옳은 것은?

① 행정기관 및 공무원의 직무에 관한 감찰을 하기 위하여 대통령 소속하에 감사원을 두고 있다.
② 권위주의적 정치·행정문화 속에서 행정의 내·외부통제가 보다 효과적으로 이루어졌다.
③ 헌법재판소는 행정에 대한 통제기능은 수행하지 못한다.
④ 입법부의 구성이 여당 우위일 경우 효과적인 행정통제 기능을 수행할 수 있다.

881	
기출처	2015 지방직 9급
난이도	★
키워드	감사원

해설

① (○) 감사원은 「헌법」에 의해 대통령 소속으로 설치된 기관이다.
② (×) 권위주의적 정치·행정문화 속에서는 행정에 대한 내·외부통제가 어려울 수 있다.
③ (×) 헌법재판소는 헌법소원 등을 통하여 행정을 통제할 수 있다.
④ **매력적 오답** (×) 입법부의 구성이 여당 우위일 경우 행정부와의 밀월 관계의 가능성이 높으므로 효과적인 행정통제 기능을 수행하기 어렵다. 오히려 야당이 우위일 경우 행정에 대한 통제의 효과성이 높을 수 있다.

정답 | ①

882

행정통제에 대한 설명으로 옳지 않은 것은?

① 독립통제기관(separate monitoring agency)은 일반행정기관과 대통령 그리고 외부적 통제중추들의 중간 정도에 위치하며, 상당한 수준의 독자성과 자율성을 누린다.
② 헌법재판제도는 「헌법」을 수호하고 부당한 국가권력으로부터 국민의 권리와 자유를 보호하는 과정에서 행정에 대한 통제기능을 수행한다.
③ 교차기능조직(criss-cross organizations)은 행정체제 전반에 걸쳐 관리작용을 분담하여 수행하는 참모적 조직단위들로서 내부적 통제체제로부터 완전히 독립되어 있다.
④ 국무총리 소속 국민권익위원회는 옴부즈만적 성격을 가지며, 국민권익위원회의 위원장과 부위원장은 국무총리의 제청으로 대통령이 임명한다.

882	
기출처	2017 지방직 9급
난이도	★★
키워드	교차기능조직

해설

① **매력적 오답** (○) 독립통제기관은 감사원이나 국민권익위원회처럼 대통령과 외부통제기관의 중간 정도에 위치하면서 직무상으로 독립성을 누리는 기관을 말한다.
② (○) 헌법재판소는 위헌법률심판이나 헌법소원 등을 통해 행정에 대한 통제기능을 수행한다.
③ (×) 교차기능조직은 행정안전부, 인사혁신처, 기획재정부와 같이 행정내부에 존재하는 관리기관이다.
④ (○) 국민권익위원회는 국무총리 소속이며, 옴부즈만 성격을 지닌 통제기관으로 평가받는다.

정답 | ③

883		1 2 3
기출처	2021 지방직 9급	
난이도	★★	
키워드	행정통제와 행정책임	

883 〈필수〉
행정통제와 행정책임에 대한 설명으로 옳은 것만을 모두 고르면?

> ㄱ. 파이너(Finer)는 법적·제도적 외부통제를 강조한다.
> ㄴ. 감사원의 직무감찰과 회계감사는 외부통제에 해당한다.
> ㄷ. 프리드리히(Friedrich)는 내재적 통제보다 객관적·외재적 책임을 강조한다.

① ㄱ
② ㄴ
③ ㄱ, ㄷ
④ ㄴ, ㄷ

해설

ㄱ. (○) 파이너(H. Finer)는 입법부, 사법부, 국민 등에 대한 객관적·외재적 책임을 강조하였다.
ㄴ. (×) 감사원은 대통령 소속기관이므로 감사원의 직무감찰과 회계감사는 내부통제에 속한다.
ㄷ. (×) 프리드리히(C. Friedrich)는 행위자가 스스로 느끼는 주관적 책임을 강조하였다.

정답 | ①

884		1 2 3
기출처	2017 지방직 7급	
난이도	★★	
키워드	옴부즈만	

884
옴부즈만(ombudsman)제도의 일반적 특징에 대한 설명으로 옳지 않은 것은?

① 옴부즈만은 비교적 임기가 짧고 임기보장이 엄격하게 적용되지 않는다.
② 옴부즈만에게 민원을 신청할 수 있는 사안은 행정 관료의 불법행위와 부당행위를 포함한다.
③ 옴부즈만은 행정기관의 결정에 대해 직접 취소·변경할 수 있는 권한을 갖지 않는다.
④ 업무처리에 있어 절차상의 제약이 크지 않아 옴부즈만에 대한 시민들의 접근이 용이하다.

해설

① (×) 옴부즈만의 임기는 비교적 긴 편이며(스웨덴의 경우 4년) 임기 중 신분이 보장된다.
②, ④ (○) 옴부즈만은 비공식인 절차에 따라 조사와 건의 및 비판을 하며, 합법성은 물론 합목적성에 입각한 조사도 가능하다.
③ (○) 옴부즈만은 간접적 통제로 무효와 취소 또는 변경은 불가하며, 시정권고 등을 통한 통제만이 가능하다.

고득점 플러스+ 옴부즈만제도

- 의의: 행정에 대한 불편을 공평무사하게 조사하고 처리하는 기관 → 1809년 스웨덴에서 처음 채택
- 등장배경 → 사법통제의 한계
  - 사후적(↔ 예방적) 구제, 전문성의 결여, 많은 시간과 비용의 소요
  - 소극적(→ 합법적)(↔ 적극적) 통제, 정치적·정책적(↔ 법적) 책임성 확보의 어려움
- 특징
  - 헌법기관, 입법부 소속(→ 직무상 독립), 비공식적 절차(→ 운영의 신축성)
  - 합법성 조사 + 합목적성 조사, 법률적 문제 + 정치 또는 정책적 문제, 신청(→ 원칙) + 직권
  - 간접적 통제 → 무효·취소 및 변경의 불가

정답 | ①

관련기출 옳은지문

- 옴부즈만제도는 기존의 행정결정을 무효·취소시킬 수 없다. 16. 경찰간부

- 옴부즈만 제도는 비용이 적게 들고, 간편하게 문제해결이 가능하다. 20. 경찰승진

885
옴부즈만 제도에 대한 설명으로 옳은 것은?

① 시민의 요구가 없다면 직권으로 조사활동을 할 수 없다.
② 부족한 인력과 예산으로 국민의 권익을 구제하는 데 한계가 있다.
③ 사법부가 임명한다.
④ 시정조치를 법적으로 강제할 수 있는 권한이 있다.

885
기출처	2021 국가직 7급
난이도	★
키워드	옴부즈만

해설

① (×) 원칙은 신청이 있어야 하지만 예외적으로 직권으로도 조사활동에 착수할 수 있다.
② (○) 옴부즈만은 부족한 인력과 예산으로 국민의 권익을 구제하는 데 한계가 있다. 이론적 설명이라기보다는 현실적 문제를 지적한 것으로 보인다.
③ (×) 옴부즈만은 입법기관에서 임명하는 것이 일반적이나 국회의 제청에 의해 행정수반이 임명하는 옴부즈만도 존재한다.
④ (×) 옴부즈만은 시정조치의 법적 강제권이나 행정기관의 결정에 대해 직접 취소·변경할 수 있는 권한을 갖지 않는다.

정답 | ②

886
옴부즈만(Ombudsman) 제도에 대한 설명으로 옳지 않은 것은?

① 행정에 대한 통제기능을 수행한다.
② 스웨덴에서는 19세기에 채택되었다.
③ 옴부즈만을 임명하는 주체는 입법기관, 행정수반 등 국가별로 상이하다.
④ 우리나라의 국민권익위원회는 「헌법」상 독립성을 보장하기 위해 대통령 소속으로 설치되었다.

886
기출처	2019 지방직 9급
난이도	★★
키워드	옴부즈만

🔍 **관련기출 옳은지문**
• 옴부즈만 제도는 1809년 스웨덴에서 처음으로 채택되었다. 20. 경찰승진

해설

① (○) 옴부즈만은 입법부가 행정부를 통제하는 수단으로 발전하였다.
② (○) 옴부즈만 제도의 발상지는 스웨덴(1809)이며, 핀란드(1919), 덴마크(1953) 등에서 채택하게 되었다. 이후 뉴질랜드(1962), 영국(1967)에 보급되었으며, 그 이후 캐나다·미국·서독 등 선진민주국가에서 활발하게 논의되어 부분적인 채택을 보았다. 프랑스에서는 프랑스형 옴부즈만인 「중개자에 관한 법률」이 1973년에 제정되었다.
③ (○) 옴부즈만 제도는 설치 주체에 따라 크게 의회 소속형과 행정기관 소속형으로 구분된다.
④ (×) 우리나라 국민권위원회는 국무총리 소속으로 설치되어 있다.

고득점 플러스+ 일반적 옴부즈만과 국민권익위원회
• 공통점: 합법성 조사 + 합목적성 조사, 간접통제(→ 무효와 취소 및 변경의 불가)
• 차이점
  – 옴부즈만: 헌법기관, 입법부 소속, 신청(→ 원칙) 및 직권
  – 국민권익위원회: 법률상 기관, 행정부(→ 국무총리) 소속, 신청(→ 직권조사 불가)

정답 | ④

887

옴부즈만(Ombudsman) 제도에 대한 설명으로 옳은 것만을 모두 고른 것은?

> ㄱ. 옴부즈만 제도는 설치 주체에 따라 크게 의회 소속형과 행정기관 소속형으로 구분된다.
> ㄴ. 옴부즈만 제도는 정부 행정활동의 비약적인 증대에 따른 시민의 권리침해 가능성에 대해 충분한 구제제도를 두기 위하여 핀란드에서 최초로 도입되었다.
> ㄷ. 옴부즈만은 행정행위의 합법성뿐만 아니라 합목적성 여부도 다룰 수 있다.
> ㄹ. 우리나라의 경우 대통령 직속의 국민권익위원회가 옴부즈만에 해당한다.

① ㄱ, ㄴ   ② ㄱ, ㄷ   ③ ㄷ, ㄹ   ④ ㄴ, ㄹ

[해설]

ㄱ. (○) 옴부즈만 제도는 설치 주체에 따라 크게 의회 소속형과 행정부 소속형으로 구분될 수 있다.
ㄴ. (×) 옴부즈만 제도의 발상지는 스웨덴이며, 1809년 「헌법」에서 사법민정관제도가 창설되었고, 1915년에는 군사민정관제도를 두어 그 역사는 170여 년의 전통을 가지고 있다. 핀란드가 1919년에, 덴마크는 1953년에 이를 채택하였고, 노르웨이가 1952년에 군사민정관을, 1962년에 민간민정관을 둠으로써 스칸디나비아제국은 모두 옴부즈맨제도권이 되었다. 이어 1962년 뉴질랜드, 1967년 영국에 보급되었으며, 그 이후 캐나다·미국·서독 등 선진민주국가에서 활발하게 논의되어 부분적인 채택을 보았다. 프랑스에서는 프랑스형 옴부즈만인 중개자에 관한 법률이 1973년에 제정되었다.
ㄷ. (○) 옴부즈만은 행정행위가 법규에 위반되는지 여부(합법성)뿐만 아니라, 해당 행위가 적절한지, 합리적인지, 공정한지 등 합목적성(타당성, 적절성) 여부까지도 심사할 수 있다. 이는 사법부가 주로 합법성 심사에 중점을 두는 것과 차별되는 옴부즈만의 특징이다.
ㄹ. (×) 우리나라 옴부즈만인 국민권익위원회는 국무총리 소속이다.

정답 | ②

888

행정개혁의 접근방법에 대한 설명으로 옳지 않은 것은?

① 사업(산출) 중심적 접근방법은 행정활동의 목표를 개선하고 서비스의 양과 질을 개선하려는 접근방법으로 분권화의 확대, 권한 재조정, 명령계통 수정 등에 관심을 갖는다.
② 과정적 접근방법은 행정체제의 과정 또는 일의 흐름을 개선하려는 접근방법이다.
③ 행태적 접근방법의 하나인 조직발전(OD: Organizational Development)은 의식적인 개입을 통해서 조직 전체의 임무 수행을 효율화하려는 계획적이고 지속적인 개혁활동이다.
④ 문화론적 접근방법은 행정문화를 개혁함으로써 행정체제의 보다 근본적이고 장기적인 개혁을 성취하려는 접근방법이다.

[해설]

① (×) 행정활동의 목표를 개선하고 서비스의 양과 질을 개선하려는 접근방법은 사업 중심적 접근방법이지만, 분권화의 확대, 권한의 재조정, 명령계통의 수정 등은 구조적 접근방법에 속한다.
② (○) 과정적 접근방법은 행정체제의 과정 또는 일의 흐름을 개선하려는 접근방법으로, 의사결정·의사전달·통제 등의 과정과 결부되어 있다.
③ (○) 행태적 접근방법은 인간중심적 접근방법으로 조직발전(OD)이 대표적인 방법이다. 조직발전(OD)은 행태과학의 지식과 기법을 활용하여 조직의 목표에 개인의 성장의욕을 결부시켜 조직을 개혁하려는 접근방법이다.
④ (○) 문화론적 접근방법은 행정체제의 보다 근본적이고 장기적인 개혁을 성취하려는 접근방법으로, 개혁의 지속적인 정착에 관심을 갖게 되면서부터 각광을 받고 있다.

관련기출 옳은지문

- 국민권익위원회는 국무총리 소속으로 설치되어 있으며, 옴브즈만의 일종으로 간주되기도 한다. 18. 행정사
- 국민권익위원회는 고충민원의 처리와 그에 관련된 불합리한 행정제도의 개선을 목적으로 한다. 18. 행정사
- 국민권익위원회는 중앙행정심판위원회의 운영에 관한 업무를 수행한다. 18. 행정사
- 옴브즈만 제도는 시정을 촉구하거나 건의함으로써 국민의 권리를 구제하는 제도이다. 20. 군무원 9급
- 옴브즈만은 대부분의 국가에서 입법부에 소속되어 있다. 20. 군무원 9급

> **고득점 플러스+** 행정개혁의 접근방법

- 구조
  - 조직의 전체 구성요소의 재배열 → 원리전략과 분권화 전략
  - 구조와 직제의 변경, 권한과 책임의 변경, 의사소통 구조의 개선 등
- 과정·절차 및 기술
  - 절차의 수정 또는 일하는 수단의 합리화
  - 정보통신기술의 도입, 계량화 기법의 도입, 행정정보공개제도, 리엔지니어링 등
- 행태와 문화: 행정인의 가치관, 태도, 신념 등의 변화 → 조직발전(OD)

정답 | ①

889
행정개혁에 대한 저항을 극복하는 전략 및 방법에 관한 설명으로 옳은 것은?

① 경제적 손실 보상, 임용상 불이익 방지는 규범적·사회적 전략이다.
② 개혁지도자의 신망 개선, 의사전달과 참여의 원활화, 사명감 고취는 공리적·기술적 전략이다.
③ 교육훈련과 자기계발 기회 제공은 규범적·사회적 전략이다.
④ 개혁 시기 조정은 강제적 전략이다.

해설

① (×) 경제적 손실 보상이나 임용상 불이익 방지는 공리적·기술적 전략이다.
② (×) 개혁지도자의 신망 개선, 의사전달과 참여의 원활화, 사명감 고취는 규범적·사회적 전략이다.
③ (○) 교육훈련과 자기계발 기회 제공 등은 자발적으로 개혁을 수용하게 만드는 규범적·사회적 전략이다.
④ (×) 개혁 시기 조정은 공리적·기술적 전략이다.

정답 | ③

889	1 2 3
기출처	2021 국가직 7급
난이도	★★
키워드	행정개혁 저항의 극복방법

🔍 **관련기출 옳은지문**

- 행정개혁에 대한 저항을 극복하기 위한 강제적 방법은 저항을 근본적으로 해결하기보다는 단기적으로 또는 피상적으로 해결하는 방법으로, 장래에 더 큰 저항을 야기할 위험이 있다. 18. 경찰승진

- 행정개혁에 대한 저항을 극복하기 위한 규범적·사회적 방법에는 의사소통과 참여의 원활화, 사명감 고취와 자존적 욕구의 충족, 불만해소 기회제공 등이 있다. 18. 경찰승진

- 행정개혁에 대한 저항을 가장 근본적으로 해결하는 방법은 규범적·사회적 방법이다. 18. 경찰승진

890
문재인 정부의 정부조직의 변화에 대한 설명으로 옳지 않은 것은?

① 중소기업, 벤처기업 등에 관한 사무를 관장하는 중소벤처기업부를 신설하였다.
② 행정안전부의 외청으로 소방청을 신설하였다.
③ 국가보훈처가 차관급에서 장관급으로 격상되었다.
④ 한국수자원공사에 대한 관할권을 환경부에서 국토교통부로 이관하였다.

해설

① (○) 문재인 정부에서 중소기업청이 중소벤처기업부로 승격하였다.
② (○) 2014년 폐지된 소방방재청은 문재인 정부 이후 소방청으로 부활하여 행정안전부 소속으로 서리되었다.
③ (○) 차관급이었던 국가보훈처는 문재인 정부 이후 다시 장관급으로 격상되었다.
④ (×) 한국수자원공사에 대한 관할권이 국토교통부에서 환경부로 이관되었다.
※ 출제 당시, "2016년 이후 정부조직의~"이였으나 문제의 정확도를 위해 발문을 수정하였습니다.

정답 | ④

890	1 2 3
기출처	2019 지방직 9급 변형
난이도	★
키워드	정부조직의 변화

PART

VII

지방행정론

에 듀 윌 공 무 원 행 정 학

CHAPTER 01	지방행정의 기초
CHAPTER 02	정부 간 관계
CHAPTER 03	지방자치의 의의
CHAPTER 04	지방자치의 구조
CHAPTER 05	지방재정

CHAPTER 01 지방행정의 기초

891	① ② ③
기출처	2019 국가직 7급
난이도	★★
키워드	티부가설

🔍 관련기출 옳은지문

- 티부(Tiebout)에 의하면, 지역주민의 완전한 이동성이라는 시장 배분적 과정을 통하여 지방공공재의 적정 규모 공급이 가능하다. 24. 군무원 9급

- 티부(Tiebout)모형의 가정으로 고용 기회와 관련된 제약조건은 거주지 의사결정에 왜곡을 초래할 수 있으므로 고려하지 않아야 한다.
24. 경찰간부

891
티부가설(Tiebout Hypothesis)의 가정이 아닌 것은?

① 다수의 이질적인 지방정부가 존재한다.
② 주민들은 지방정부가 제공하는 서비스의 정보를 완전히 알고 있다.
③ 지방공공재는 외부효과가 존재한다.
④ 개인들은 자유롭게 다른 지역으로 이주할 수 있다.

해설

① (O) 다양한 수준의 공공서비스와 세금 조합을 제공하는 여러 지방정부가 있어야 주민들이 선택할 수 있다.
② (O) 주민들은 각 지방정부의 공공서비스 수준과 조세 부담에 대해 완전한 정보를 가지고 합리적으로 선택한다고 가정한다.
③ (X) 티부(Tiebout) 모형은 지방정부의 공공서비스로 인한 외부효과가 존재하지 않는다고 가정한다.
④ (O) 주민들은 자신의 선호에 따라 자유롭게 이주할 수 있는 완전한 이동성을 가정한다.

고득점 플러스+ 티부가설의 기본가정

- 상이한 재정프로그램을 제공하는 다양한 지방정부 → 완전경쟁
- 각 지역의 재정프로그램에 대한 완벽한 이해 → 완전한 정보
- 지역 간 자유로운 이동가능성
- 프로그램의 혜택은 외부 이전 금지 → 외부효과의 부존재
- 공공재 생산의 단위 평균비용의 동일성 및 국고보조금의 부재 → 규모 수익의 불변
- 한 가지 이상의 고정적 생산요소의 존재 → 지역별 최적 규모의 존재
- 주민의 소득 → 배당수입에 의한 소득
- 지방정부의 세입원 → 재산세 수입

정답 | ③

892	① ② ③
기출처	2016 국가직 9급
난이도	★★
키워드	티부가설

892
티부(Tiebout) 모형의 가정(assumptions)으로 옳지 않은 것은?

① 충분히 많은 수의 지방정부가 존재한다.
② 공급되는 공공서비스는 지방정부 간에 파급효과 및 외부효과를 발생시킨다.
③ 주민들은 언제나 자유롭게 이동할 수 있다.
④ 주민들은 지방정부들의 세입과 지출 패턴에 관하여 완전히 알고 있다.

해설

①, ③, ④ (O) 티부 모형은 상이한 재정프로그램을 제공하는 다양한 지방정부의 존재, 각 지역의 재정프로그램에 대한 완벽한 이해, 지역 간 자유로운 이동가능성, 지역프로그램의 혜택은 그 지역주민만이 누릴 수 있을 것, 공공재 생산의 단위 평균비용의 동일성 및 국고보조금의 부재, 한 가지 이상의 고정적 생산요소의 존재, 배당수입에 의한 소득 등을 가정하면서 이론을 전개한다.
② (X) 티부(Tiebout) 모형은 외부효과가 없을 것을 가정한다. 외부효과가 존재한다면 그 지역으로 이주하지 않아도 그 지역의 서비스를 향유할 수 있기 때문이다.

정답 | ②

893 〈필수〉

티부(Tiebout) 모형의 전제조건으로 옳지 않은 것은?

① 시민의 이동성
② 외부효과의 배제
③ 고정적 생산요소의 부존재
④ 지방정부 재정패키지에 대한 완전한 정보

893	
기출처	2022 지방직 9급
난이도	★★
키워드	티부가설

해설

① (○) 주민들이 자신의 선호에 따라 자유롭게 다른 지역으로 이동할 수 있어야 한다.
② (○) 지방 공공재의 혜택이 해당 지역 주민에게만 국한되며, 다른 지역으로 외부효과가 발생하지 않아야 한다. 만약 외부효과가 존재하면 무임승차 문제가 발생할 수 있다.
③ (×) 티부(Tiebout) 모형은 한 가지 이상의 고정적 생산요소의 존재를 전제로 한다. 이는 규모의 경제가 발생하지 않아야 한다는 것으로, 지역마다 최적 생산규모가 존재함을 의미한다.
④ (○) 주민들이 각 지방정부가 제공하는 공공서비스의 종류, 수준, 그리고 이에 대한 조세 부담에 대해 완전한 정보를 가지고 있다고 가정한다.

정답 | ③

894

오츠(Oates)의 분권화 정리가 성립하기 위한 조건에 대한 설명으로 옳은 것만을 모두 고르면?

ㄱ. 중앙정부의 공공재 공급비용이 지방정부의 공공재 공급비용보다 더 적게 든다.
ㄴ. 공공재의 지역 간 외부효과가 없다.
ㄷ. 지방정부가 해당 지역에서 파레토 효율적 수준으로 공공재를 공급한다.

① ㄱ   ② ㄷ   ③ ㄱ, ㄴ   ④ ㄴ, ㄷ

894	
기출처	2021 국가직 7급
난이도	★
키워드	오츠(W. Oates)의 분권화 정리

해설

ㄱ. (×) 오츠(W. Oates)의 분권화 정리(1972)란 지역 공공재의 생산을 어느 단계의 정부가 담당하든 동일한 비용이 든다면, 각 지방정부가 스스로의 판단에 의해 그 지역에 적정한 양의 지역 공공재를 공급하는 것이 중앙정부에 의한 공급보다는 효율적이라는 주장이다.
ㄴ. (○) 지역 간 외부효과가 있다면 중앙정부나 광역정부가 담당하는 것이 바람직할 것이다.
ㄷ. (○) 생산비용이 동일하고 외부효과가 없다면 지역주민의 선호를 파악하기 쉬운 지방정부가 담당하는 것이 공공서비스 생산의 효율성을 높일 수 있을 것이다.

정답 | ④

895

895	
기출처	2021 지방직 7급
난이도	★
키워드	지방분권화

🔍 관련기출 옳은지문
- 지방분권은 주민들의 행정수요에 대한 대응성이 제고될 수 있다. 22. 국회직 9급
- 지방분권은 지역의 입장에서 사회적 문제에 접근하고 해결하는 데 기여한다. 22. 국회직 9급
- 지방분권은 지역의 실정에 맞는 유연한 행정을 할 수 있다. 22. 국회직 9급

895
지방분권화가 확대되는 이유로 옳지 않은 것은?

① 내생적 발전전략에 기반한 도시경쟁력 확보가 중요해지고 있다.
② 중앙집권 체제가 초래하는 낮은 대응성과 구조적 부패 등은 국가 성장의 장애요인으로 작용하고 있다.
③ 사회적 인프라가 어느 정도 갖춰진 국가에서는 지역 간 평등한 공공서비스의 수요가 증가하고 있다.
④ 신공공관리론에 근거한 정부혁신이 강조되고 있다.

해설
① (○) 도시의 자체적 발전전략을 통해 경쟁력을 확보하기 위해서라면 지방분권화가 바람직하다.
② (○) 과도한 중앙집권 체제는 지역 주민의 다양한 수요에 대한 낮은 대응성, 관료주의적 경직성, 그리고 권력 집중으로 인한 구조적 부패 가능성 등을 야기할 수 있다. 이러한 문제점들이 국가 성장의 장애요인으로 인식되면서 지방분권화의 필요성이 부각된다.
③ (×) 지역 간 평등한 공공서비스의 공급을 위해서라면 중앙집권이 바람직하다.
④ (○) 신공공관리론(NPM)은 정부의 효율성, 생산성, 고객 지향성을 강조하며, 민간 부문의 경영 기법을 공공 부문에 도입하고자 한다. 이는 중앙집권적인 통제보다는 분권화된 조직 구조와 성과 관리, 자율성 확대를 지향하므로 지방분권화 확대의 중요한 배경이 된다.

고득점 플러스⁺ 중앙집권과 지방분권
- 중앙집권의 촉진요인: 행정의 통일성, 기능별 전문화, 지역 간 격차의 조정, 비상사태나 위기의 대처
- 지방분권의 촉진요인: 자의적 권력행사의 방지, 주민참여의 촉진, 대응성과 책임성 제고, 지역단위의 종합행정, 신속한 반응
- 중앙집권의 장점: 신생국 및 소규모 국가, 위기의 대처, 통일적 행정, 기능적 전문화, 규모의 경제, 지역 간 균형개발
- 지방분권의 장점: 정책의 지역적 실험, 신속한 업무처리, 정보처리능력의 향상, 주민참여와 민주적 통제

정답 | ③

896

896	
기출처	2015 지방직 9급
난이도	★★
키워드	자치행정

🔍 관련기출 옳은지문
- 티부(Tiebout) 가설에 따르면 지방자치는 지방정부 간 경쟁을 심화시켜 자원을 효율적으로 배분하도록 유도한다. 24. 경찰승진

896
다음 중 소규모 자치행정 구역을 지지하는 논리로 맞는 것을 모두 고른 것은?

ㄱ. 티부(Tiebout) 모형을 지지하는 공공선택이론가들의 관점
ㄴ. 새뮤얼슨(Samuelson)의 공공재 공급 이론
ㄷ. 지역격차의 완화에 공헌
ㄹ. 주민과 지방정부 간의 소통·접촉기회 증대

① ㄱ, ㄷ   ② ㄱ, ㄹ   ③ ㄴ, ㄷ   ④ ㄴ, ㄹ

해설
ㄱ. (○) 티부(Tiebout) 모형은 지방정부에 의한 효율적인 지방공공재 공급의 가능성을 강조한 것이다.
ㄴ. (×) 새뮤얼슨(Samuelson)의 공공재 공급 이론은 공공재의 공급은 중앙에서 강제적인 조세를 통해 생산할 수밖에 없다는 것이다.
ㄷ. (×) 지역격차의 완화를 위해서는 중앙정부의 개입이 요구된다.
ㄹ. (○) 주민과 지방정부 간의 소통과 접촉기회의 증대를 위해서는 지방자치가 활성화되는 것이 바람직하다.

정답 | ②

897

「지방자치분권 및 지역균형발전에 관한 특별법」상 지방자치분권에 대한 내용으로 옳은 것은?

① 정부업무평가위원회는 자치분권 및 지방행정체제 개편을 효과적으로 추진하기 위하여 관계 중앙행정기관의 장과 협의하고 지방자치단체의 의견을 수렴하여 자치분권 종합계획을 수립하여야 한다.
② 성장촉진지역이란 남북의 분단 상황 또는 지리적·사회적 요인으로 불리한 환경에 놓이게 되어 일정 기간 동안 관계 중앙행정기관에 의한 행정지원 등 특수한 지원 조치가 필요한 지역을 말한다.
③ 국가는 사무배분의 원칙에 따라 그 권한 및 사무를 적극적으로 지방자치단체에 이양하여야 하며, 그 과정에서 국가사무 또는 특별시·광역시·특별자치시·도 및 특별자치도의 사무로서 특별시·광역시·특별자치시·도 및 특별자치도 또는 시·군 및 자치구의 장에게 위임된 사무는 원칙적으로 폐지하고 자치사무와 국가사무로 이분화하여야 한다.
④ 국가는 자치분권정책을 추진할 때 어떠한 경우에도 지방자치단체 간에 차등을 두어서는 아니 된다.

897	1 2 3
기출처	2018 지방직 7급 변형
난이도	★
키워드	지방자치분권

해설

① (×) 지방시대 종합계획을 수립하는 기관은 지방시대위원회이다.
② (×) 남북의 분단 상황 또는 지리적·사회적 요인으로 불리한 환경에 놓이게 되어 일정 기간 동안 관계 중앙행정기관에 의한 행정지원 등 특수한 지원 조치가 필요한 지역은 특수상황지역이다.
③ (○) 「지방자치분권 및 지역균형발전에 관한 특별법」은 기관위임사무를 원칙적으로 폐지하도록 규정하고 있다.
④ (×) 국가는 지방자치분권 및 지역균형발전 정책을 추진하면서 필요한 경우에는 지방자치단체의 실정에 맞게 시범적으로 실시할 수 있다.

※ 출제 당시, "「지방자치분권 및 지방행정체제개편에 관한 특별법」상~, ② 국가와 지방자치단체 간 또는 지방자치단체 상호간의 사무를 배분하는 경우 원칙적으로 국가가 처리하기 어려운 사무는 특별시·광역시·특별자치시·도 및 특별자치도의 사무로, 특별시·광역시·특별자치시·도 및 특별자치도가 처리하기 어려운 사무는 시·군 및 자치구의 사무로 각각 배분하여야 한다."이였으나 2023년 6월 「지방자치분권 및 지역균형발전에 관한 특별법」으로 타법폐지되어 발문과 선택지를 수정하였습니다.

정답 | ③

898

중앙과 지방의 권한배분에 대한 설명으로 옳지 않은 것은?

① 지방분권 및 지방행정체제 개편을 추진하기 위하여 국무총리 소속으로 지방시대위원회를 둔다.
② 국가는 지방자치단체에 이양한 사무가 원활히 처리될 수 있도록 행정적·재정적 지원을 병행하여야 한다.
③ 중앙행정기관의 장과 지방자치단체의 장이 사무를 처리할 때 의견을 달리하는 경우 이를 협의·조정하기 위하여 국무총리 소속으로 행정협의조정위원회를 둔다.
④ 「지방자치법」은 원칙적으로 사무배분방식에 있어서 포괄적 예시주의를 취하고 있다.

해설

① (×) 지방시대위원회는 대통령 소속이다.
② (○) 국가는 지방자치단체에 사무를 이양할 경우, 해당 사무를 지방자치단체가 원활하게 수행할 수 있도록 필요한 행정적·재정적 지원을 병행해야 한다. 이는 지방분권의 실질적인 구현을 위한 필수적인 조치이다.
③ (○) 중앙행정기관의 장과 지방자치단체의 장 간 갈등의 조정은 국무총리 소속의 행정협의조정위원회가 담당한다.
④ (○) 포괄적 예시주의는 원칙적으로 모든 사무를 지방자치단체의 사무로 보고, 예외적으로 중앙정부의 사무를 열거하는 방식이다.
※ 출제 당시, "① ~국무총리 소속으로 지방자치발전위원회를 둔다."이었으나, 「지방자치분권 및 지방행정체제 개편에 관한 특별법」이 2023년 6월 「지방자치분권 및 지역균형발전에 관한 특별법」으로 타법폐지되어 선택지를 수정하였습니다.

정답 | ①

899

광역행정에 대한 설명으로 옳지 않은 것은?

① 기존의 행정구역을 초월해 더 넓은 지역을 대상으로 행정을 수행한다.
② 행정권과 주민의 생활권을 일치시켜 행정 효율성을 증진시킬 수 있다.
③ 규모의 경제를 확보하기 어렵다.
④ 지방자치단체 간에 균질한 행정서비스를 제공하는 계기로 작용해 왔다.

해설

① (○) 광역행정이란 기존 행정구역 또는 지방자치단체 구역을 초월하여 발생하는 광역적 행정수요를 종합적으로 처리하는 행정을 말한다.
② (○) 광역행정은 생활권(공공서비스 수요)과 공공서비스 공급권을 일치시키는 역할을 수행하므로 서비스 제공에 있어 효율성을 높일 수 있다.
③ (×) 광역행정은 외부효과나 규모의 경제가 강하게 나타나는 사업을 효과적으로 처리하게 위해 등장하였다.
④ (○) 광역행정은 교통·통신의 발달과 생활권의 확대로 인한 광역수요의 증대, 규모의 경제를 통한 능률성의 증대, 비용부담과 혜택의 불일치 해소(→ 외부효과 문제의 해결), 지역 간 균형개발과 서비스 제공에 있어 전국적 평준화 도모 등을 위해 촉진되었다.

고득점 플러스+ 광역행정

• 의의: 기존 구역을 초월한 광역적 수요의 종합적 처리 → 중앙집권적 지방행정의 성격
• 배경: 주민자치가 활성화된 영미에서 광역주의의 대두로 인하여 등장
• 특징: 제도와 사회변화의 조화, 집권(→ 능률성)과 분권(→ 민주성)의 조화, 자치구역의 확대 재편성
• 촉진요인: 교통·통신의 발달(→ 생활권 확대), 규모의 경제와 외부효과의 문제, 지역 간 균형개발 등

정답 | ③

관련기출 옳은지문

• 광역행정은 광역적 행정수요에 초점을 맞추는 경향이 있기 때문에 기초자치단체의 행정수요를 경시할 가능성이 있다. 06. 서울시 7급

• 광역행정을 처리하기 위한 기구인 협의회는 집행에서 실질적인 강제력이 결여되어 있기 때문에 당사자 간에 심각한 의견 불일치를 보이는 광역사무를 해결하기 어렵다. 06. 서울시 7급

• 교통·통신의 발달과 과학·기술의 발달 등으로 생활권이 확대되면서 발생하는 행정구역과의 불일치 현상을 해결하기 위해 광역행정이 필요하다. 06. 서울시 7급

900 필수

특별지방자치단체에 대한 설명으로 옳지 않은 것은?

① 2개 이상의 지방자치단체가 공동으로 특정한 목적을 위하여 광역적으로 사무를 처리할 필요가 있을 때에는 특별지방자치단체를 설치할 수 있다.
② 보통의 지방자치단체와 같이 법인격을 갖는다.
③ 특별지방자치단체의 의회는 규약으로 정하는 바에 따라 구성 지방자치단체의 의회 의원으로 구성한다.
④ 구성 지방자치단체의 장은 「지방자치법」상 겸임 제한 규정에 의해 특별지방자치단체의 장을 겸할 수 없다.

900	1 2 3
기출처	2022 국가직 9급
난이도	★★
키워드	특별지방자치단체

해설

① (○) 2개 이상의 지방자치단체가 공동으로 특정한 목적을 위하여 광역적으로 사무를 처리할 필요가 있을 때에는 특별지방자치단체를 설치할 수 있다. 이 경우 특별지방자치단체를 구성하는 지방자치단체는 상호 협의에 따른 규약을 정하여 구성 지방자치단체의 지방의회 의결을 거쳐 행정안전부장관의 승인을 받아야 한다.
② (○) 특별지방자치단체는 보통의 지방자치단체와 마찬가지로 법인격을 갖는다. 즉, 법적으로 독립된 주체로서 권리·의무의 주체가 될 수 있다.
③ 매력적 오답 (○) 특별지방자치단체의 의회는 구성 지방자치단체의 의회 의원으로 구성된다.
④ (×) 구성 지방자치단체의 장은 「지방자치법」상 겸임 제한 규정에도 불구하고 특별지방자치단체의 장을 겸할 수 있다.

고득점 플러스+ 특별지방자치단체

- 대상: 2개 이상의 지방자치단체가 공동으로 특정한 목적을 위하여 광역적으로 사무를 처리할 필요가 있을 때
- 절차: 규약을 정하여 구성 지방자치단체의 지방의회 의결을 거친 후 행정안전부장관의 승인 후 고시
- 성격: 독자적 법인
- 설치권고: 행정안전부장관이 공익상 필요하다고 인정할 때
- 구역: 원칙적으로 구성 지방자치단체의 구역을 합한 것, 특별한 사정이 있는 경우 일부 구역도 가능
- 기본계획: 특별지방자치단체의 장이 수립한 후 특별지방자치단체 의회의 의결
- 구성
  - 특별지방자치단체의 의회: 구성 지방자치단체의 의회 의원으로 구성
  - 특별지방자치단체의 장: 특별지방자치단체의 의회에서 선출, 구성 지방자치단체의 장의 겸임도 가능
  - 직원: 특별지방자치단체 소속 공무원 + 구성 지방자치단체에서 파견된 사람
- 경비: 구성 지방자치단체의 인구, 사무처리의 수혜범위 등을 고려하여 분담 → 특별회계를 설치하여 운영

정답 | ④

901

901	①②③
기출처	2014 지방직 9급
난이도	★
키워드	중앙통제

🔍 **관련기출 옳은지문**

• 지방자치단체는 법률이 정하는 바에 의하여 국가공무원을 둘 수 있다.
09. 서울시 7급

• 중앙정부는 지방자치단체가 보조금을 다른 용도로 사용한 경우, 보조금을 반환하게 할 수 있다.
09. 서울시 7급

901
「지방자치법」상 지방자치단체에 대한 국가의 지도·감독에 대한 설명으로 옳지 <u>않은</u> 것은?

① 중앙행정기관의 장이나 시·도지사는 지방자치단체의 사무에 관하여 조언 또는 권고하거나 지도할 수 있으며, 이를 위하여 필요하면 지방자치단체에 자료의 제출을 요구할 수 있다.

② 지방자치단체의 자치사무에 관한 그 장의 명령이나 처분이 법령에 위반되거나 현저히 부당하여 공익을 해친다고 인정되면 시·도에 대하여는 주무부장관이, 시·군 및 자치구에 대하여는 시·도지사가 기간을 정하여 서면으로 시정할 것을 명하고, 그 기간에 이행하지 아니하면 이를 취소하거나 정지할 수 있다.

③ 지방자치단체의 장이 법령의 규정에 따라 그 의무에 속하는 국가위임사무나 시·도위임사무의 관리와 집행을 명백히 게을리하고 있다고 인정되면 시·도에 대하여는 주무부장관이, 시·군 및 자치구에 대하여는 시·도지사가 기간을 정하여 서면으로 이행할 사항을 명령할 수 있다.

④ 행정안전부장관이나 시·도지사는 지방자치단체의 자치사무에 관하여 보고를 받거나 서류·장부 또는 회계를 감사할 수 있다.

해설

① (O) 중앙행정기관의 장이나 시·도지사는 지방자치단체의 사무에 관하여 조언 또는 권고하거나 지도할 수 있으며, 이를 위하여 필요하면 지방자치단체에 자료의 제출을 요구할 수 있다.

② (×) 자치사무에 관한 명령이나 처분에 대하여는 법령을 위반하는 것에 한한다.

③ (O) 자치단체의 장이 법령의 규정에 따라 그 의무에 속하는 국가위임사무나 시·도위임사무의 관리와 집행을 명백히 게을리하고 있다고 인정되면 시·도에 대하여는 주무부장관이, 시·군 및 자치구에 대하여는 시·도지사가 기간을 정하여 서면으로 이행할 사항을 명령할 수 있다.

④ (O) 행정안전부장관이나 시·도지사는 지방자치단체의 자치사무에 관하여는 법령을 위반한 사항에 대해서 보고를 받거나 서류·장부 또는 회계를 감사할 수 있다.

정답 | ②

902

902	①②③
기출처	2013 국가직 7급
난이도	★
키워드	중앙통제

🔍 **관련기출 옳은지문**

• 지방자치단체 또는 그 장이 위임받아 처리하는 국가사무에 관하여는 주무부장관의 지도·감독을 받는다.
09. 서울시 7급

902
「지방자치법」상 지방자치단체에 대한 국가의 지도·감독의 내용으로 옳지 <u>않은</u> 것은?

① 중앙행정기관의 장과 지방자치단체의 장이 사무를 처리할 때 의견을 달리하는 경우 이를 협의·조정하기 위하여 국무총리 소속으로 행정협의조정위원회를 둔다.

② 지방자치단체나 그 장이 위임받아 처리하는 국가사무에 관하여 시·도에서는 주무부장관의, 시·군 및 자치구에서는 1차로 시·도지사의, 2차로 주무부장관의 지도·감독을 받는다.

③ 행정안전부장관이나 시·도지사는 지방자치단체의 자치사무가 공익을 현저히 해친다고 판단되면 지방자치단체의 서류·장부 또는 회계를 감사할 수 있다.

④ 지방의회의 의결이 공익을 현저히 해친다고 판단되면 시·도에 대하여는 주무부장관이, 시·군 및 자치구에 대하여는 시·도지사가 재의를 요구하게 할 수 있다.

해설

① (○) 중앙과 지방 간의 분쟁은 국무총리 소속의 행정협의조정위원회에서 담당한다.
② (○) 위임사무는 소관부서가 존재하므로 주무부장관의 지도와 감독을 받는다.
③ (×) 행정안전부장관이나 시·도지사는 지방자치단체의 자치사무에 관하여 보고를 받거나 서류·장부 또는 회계를 감사할 수 있다. 이 경우 감사는 법령 위반사항에 대하여만 실시한다. 즉, 공익을 현저히 해친다는 것으로 자치사무를 감사할 수 없다. 또한 행정안전부장관 또는 시·도지사는 감사를 실시하기 전에 해당 사무의 처리가 법령에 위반되는지 여부 등을 확인하여야 한다.
④ (○) 지방의회의 의결이 법령에 위반되거나 공익을 현저히 해친다고 판단되면 시·도에 대하여는 주무부장관이, 시·군 및 자치구에 대하여는 시·도지사가 재의를 요구하게 할 수 있다. 즉, 상급기관의 재의요구지시권은 존재한다. 그러나 재의요구는 반드시 단체장이 행한다.

고득점 플러스+ 우리나라의 중앙통제
- 자치단체사무(→ 자치사무 + 단체위임사무)에 관한 위법·부당한 명령·처분의 시정명령권 및 취소·정지권
- 기관위임사무에 대한 직무이행명령권과 대집행
- 자치사무에 대한 감사권 → 행정안전부장관이나 시·도지사, 위법 사항에 한함
- 감사원의 회계검사(→ 필수적 검사)와 직무감찰
- 지방의회 의결에 대한 통제: 재의요구의 지시, 제소의 지시 및 직접 제소권

정답 | ③

903
「지방재정법」상 지방재정진단제도의 내용에 해당하는 것은?

① 재정위험 수준 점검결과 재정위험 수준이 대통령령으로 정하는 기준을 초과하는 지방자치단체에 대하여 실시할 수 있다.
② 대규모의 재정적 부담을 수반하는 사업의 유치를 신청할 때 미리 지방자치단체의 재정에 미칠 영향을 평가한다.
③ 지방재정을 계획성 있게 운용하기 위하여 매년 중기지방재정계획을 수립한다.
④ 소속 공무원의 인건비를 30일 이상 지급하지 못하여 자력으로 재정위기상황을 극복하기 어렵다고 판단되는 경우 실시한다.

903	
기출처	2025 국가직 9급
난이도	★
키워드	지방재정진단제도

해설

① (○) 재정진단은 재정분석 결과 재정의 건전성과 효율성 등이 현저히 떨어지는 지방자치단체에 대해 실시된다.
② (×) 지방재정영향평가에 관한 설명이다.
③ (×) 중기지방재정계획에 관한 설명이다.
④ **매력적 오답** (×) 긴급재정관리단체의 지정요건에 해당되는 내용이다.

정답 | ①

904

기출처 2013 지방직 9급
난이도 ★
키워드 특별지방행정기관

904
특별지방행정기관에 해당하지 않는 것은?

① 농촌진흥청
② 유역환경청
③ 국립검역소
④ 지방국토관리청

해설

① (×) 농촌진흥청은 농림축산식품부 소속의 외청으로 중앙행정기관이다.
② (○) 유역환경청은 환경부 소속의 특별지방행정기관이다.
③ (○) 국립검역소는 질병관리청 소속의 특별지방행정기관이다.
④ (○) 지방국토관리청은 국토교통부 소속 특별지방행정기관이다.

정답 | ①

905

기출처 2019 국가직 7급
난이도 ★★
키워드 특별지방행정기관

905
특별지방행정기관에 대한 설명으로 옳은 것은?

① 국가의 사무를 집행하기 위해 설치한 일선집행기관으로 고유의 법인격을 가지고 있다.
② 전문 분야의 행정을 보다 효율적으로 수행하기 위해 설치하나 행정기관 간의 중복을 야기하기도 한다.
③ 특별지방행정기관의 예로는 자치구가 아닌 일반 행정구가 있다.
④ 특별지방행정기관은 지방행정의 전문성을 제고하여 지방분권 강화에 긍정적인 역할을 미친다.

해설

① (×) 특별지방행정기관은 중앙정부의 하부기관에 불과하므로 독립된 법인격을 가지고 있지 않다.
② (○) 특별지방행정기관은 중앙정부의 기능을 분야별로 나누어 수행하므로 업무의 효율성을 높일 수 있지만 업무 구분이 모호할 경우 행정기관 간 업무의 중복 문제가 야기될 수 있다.
③ (×) 일반 행정구는 지방자치단체 소속의 하부 행정기관이다.
④ (×) 특별지방행정기관은 중앙정부의 소속기관이므로 중앙집권에는 기여하겠지만 지방분권은 저해할 수 있다.

고득점 플러스+ 특별지방행정기관 → 일선기관

- 의의: 중앙행정기관의 지역사무를 전담 처리하는 국가의 하급행정기관, 특정한 국가사무를 처리하는 관치행정
- 배경: 해당 업무의 전문성과 특수성, 특정 업무의 효율적·광역적 추진 등
- 우리나라의 특별지방행정기관
  - 1980년대 말부터 급격히 증가 → 중앙정부의 관리와 감독의 용이성 + 부처이기주의
  - 노무현 정부: 특별지방행정기관의 축소 → 선분권 후보완의 원칙

정답 | ②

906

특별지방행정기관에 대한 설명으로 옳지 않은 것은?

① 관할지역 주민들의 직접적인 통제와 참여가 용이하기 때문에 책임행정을 실현할 수 있다.
② 출입국관리, 공정거래, 근로조건 등 국가적 통일성이 요구되는 업무를 수행한다.
③ 현장의 정보를 중앙정부에 전달하거나 중앙정부와 지방자치단체 사이의 매개 역할을 수행하기도 한다.
④ 국가의 사무를 집행하기 위해 중앙정부에서 설치한 일선행정기관으로 자치권을 가지고 있지 않다.

해설

① (×) 특별지방행정기관은 중앙정부 소속의 기관이므로 주민의 직접적인 참여와 통제장치가 결여되어 있어 책임행정의 실현에 장애가 될 수 있다.
② (○) 출입국관리, 공정거래, 근로조건 등 국가적 통일성이 요구되거나 전문성이 강한 업무는 특별지방행정기관을 설치하여 이를 담당하게 하는 것이 바람직하다.
③ (○) 특별지방행정기관은 지방에 설치된 국가의 일선기관이므로 지방자치단체와 중앙정부 간 의사소통의 매개체가 될 수 있다.
④ (○) 특별지방행정기관은 지방에 설치한 국가의 하급행정기관이므로 자치권을 가지고 있지 않다.

정답 | ①

906

기출처	2015 국가직 9급
난이도	★★
키워드	특별지방행정기관

관련기출 옳은지문

- 특별지방행정기관은 법률로 정한 경우를 제외하고는 대통령령으로 정하는 바에 따라 설치된다.
  24. 국회직 9급

- 특별지방행정기관은 중앙부처의 행정기관이므로 중앙부처 소속 직원이 근무한다.
  24. 국회직 9급

- 특별지방행정기관은 주민들의 직접 통제와 참여가 용이하지 않고, 책임 확보도 어려워 책임행정이 결여될 수 있다.
  24. 국회직 9급

CHAPTER 02 정부 간 관계

907	
기출처	2017 국가직 7급(하)
난이도	★
키워드	성장기구론

🔍 관련기출 옳은지문
- 성장기구론에 의하면 성장연합과 반성장연합의 대결구도에서 대체로 경제적 우위성을 차지하고 있는 성장연합이 승리한다. 12. 국가직 9급

907
지역사회의 권력구조를 설명하는 성장기구론에 대한 설명으로 옳은 것만을 모두 고른 것은?

> ㄱ. 자기 소유의 주택가격 상승을 원하는 주민들이 많을수록 성장연합이 더 강한 힘을 발휘하는 경향이 있다.
> ㄴ. 토지문제와 개발문제, 그리고 이와 연계된 도시의 공간 확장 문제 등과 관련이 있다.
> ㄷ. 반성장연합은 일부 지역주민과 환경운동집단 등으로 이루어진다.
> ㄹ. 성장연합은 반성장연합에 비해서 토지 또는 부동산의 교환가치보다는 사용가치를 중시한다.

① ㄱ, ㄴ, ㄷ
② ㄱ, ㄴ, ㄹ
③ ㄱ, ㄷ, ㄹ
④ ㄴ, ㄷ, ㄹ

해설

ㄱ. (O) 주택가격 상승을 원하는 주민들은 토지의 교환가치를 강조하는 성장연합에 속한다.
ㄴ. (O) 성장기구론은 중앙정치는 다양한 정치경제적 이해관계를 중심으로 움직이는 데 비하여 지방정치는 주로 토지의 가치(교환가치 + 사용가치)를 중심으로 이루어진다고 가정한다.
ㄷ. (O) 반성장연합은 토지의 사용가치를 강조하는 일부 지역주민과 환경운동단체 등으로 구성된다.
ㄹ. (×) 성장기구론은 토지의 교환가치를 강조하는 성장연합과 토지의 사용가치를 강조하는 반성장연합 간 대립에서 대체로 성장연합이 우위를 점함을 강조하는 이론이다.

고득점 플러스+ 성장기구론

- 전통적 연구(→ '누가 지배하는가?'에 초점), 성장기구론(→ '무엇을 위해 지배하는가?'에 초점)
  - 중앙정치: 다양한 정치경제적 이해관계 중심
  - 지방정치: 주로 토지의 가치(→ 교환가치 + 사용가치) 중심
- 성장연합(→ 교환가치 강조 → 개발업자), 반성장연합(→ 사용가치 강조) → 대체로 성장연합의 우위성 강조

정답 | ①

908
지역사회 및 지방자치단체의 권력구조에 대한 이론과 이에 대한 설명으로 옳은 것은?

① 신다원론(neo-pluralism) – 기업이나 개발관계자들의 우월적 지위를 주민이나 지방정부가 용인하지 않는다.
② 엘리트론(elite theory) – 엘리트 계층 내의 분열과 다툼이 최소화되기 때문에 내부 조정과 사회화의 과정은 의미를 지니기 어렵다.
③ 성장기구론(Growth Machine) – 성장연합과 반성장연합의 대결구도에서 대체로 반성장연합이 승리하여 권력을 쟁취한다.
④ 레짐이론(regime theory) – 지방정부와 지방의 민간부문 주요 주체가 연합하여 권력기반을 형성한다.

해설

① (×) 신다원론(neo-pluralism)은 다원론과 달리 기업이나 개발관계자들의 우월적 지위를 주민이나 지방정부가 용인한다.
② (×) 엘리트론(elite theory)에 의하면 엘리트 집단의 통합을 위하여 엘리트 내부의 조정과 사회화의 과정은 매우 중요하다.
③ (×) 성장기구론(Growth Machine)에 의하면 성장연합과 반성장연합의 대결구도에서 대체로 경제적 우위성을 차지하고 있는 성장연합이 승리한다.
④ (○) 레짐은 도시의 정치와 경제를 지배하는 비공식적 실체를 가진 통치연합이며, 레짐이론은 정부 및 비정부 등 다양한 세력 간 상호 의존성을 강조하는 이론이다.

정답 | ④

908 | 기출처 2012 국가직 9급 | 난이도 ★ | 키워드 레짐이론

관련기출 옳은지문
• 신다원론에서는 집단 간 경쟁의 중요성은 여전히 인정하면서 집단 간 대체적 동등성의 개념을 수정하여 특정 집단의 다른 집단보다 더욱 강력할 수 있다는 점을 인정하였다.
18. 서울시 9급

909
지역사회 권력구조에 관한 이론에 대한 설명으로 옳은 것은?

① 레짐이론은 기업을 비롯한 민간부문 주요 주체들과의 연합이나 연대를 배제하는 특성을 갖는다.
② 성장기구론에서 성장연합은 비성장연합에 비해 부동산의 사용가치(use value), 즉 일상적 사용으로부터 오는 편익을 중시한다.
③ 지식경제 사회에서 엘리트 계층과 일반대중 사이의 정보비대칭성(asymmetry)이 심화되면 엘리트 이론의 설명력은 더 높아진다.
④ 신다원론에서는 정책과정이 지역사회의 모든 구성원들에게 공정하게 개방되어 있으며, 엘리트 집단의 영향력은 의도적 노력의 결과이다.

해설

① (×) 레짐이론은 국가에 의한 일방적 통치가 아닌 정부 및 비정부 등 다양한 세력 간의 상호 의존성을 강조한다.
② (×) 부동산의 사용가치(use value), 즉 일상적 사용으로부터 오는 편익을 중시하는 것은 비성장연합이다. 성장연합은 부동산의 교환가치를 중시한다.
③ (○) 엘리트 계층과 일반 대중 사이의 정보비대칭성이 심화되면 엘리트에 의한 통치가 용이해지므로 다원주의보다는 엘리트 이론의 설명력이 높아질 수 있을 것이다.
④ **매력적 오답** (×) 신다원론은 자본주의에서 정부는 기업의 특권적 지위를 고려할 수밖에 없다고 주장한다.

정답 | ③

909 | 기출처 2020 국가직 7급 | 난이도 ★ | 키워드 레짐이론

관련기출 옳은지문
• 경제적·사회적 도전을 극복하는 과정에서 조성되는 정부기관과 비정부기관의 상호의존 관계를 강조함으로써, 정부와 비정부기관의 행위자가 협력하고 조정하는 활동에 초점을 맞춘다.
24. 국회직 8급

910

기출처	2018 국가직 7급
난이도	★
키워드	정부 간 관계

관련기출 옳은지문
- 딜런(Dillon)의 원칙은 엽관주의로 인해 나타난 지방정부의 부패와 무능을 해결하려는 의도를 담고 있다.
  24. 국가직 7급

910
정부 간 관계에 대한 설명으로 옳은 것은?

① 미국 건국 초기에는 연방의 권한이 상대적으로 강했으며, 연방과 주의 권한을 명확히 구분하지 않았다.
② 딜런의 규칙(Dillon's rule)에 의하면 지방정부는 '주정부의 피조물'로서 명시적으로 위임된 사항 외에도 포괄적인 권한을 지닌다.
③ 영국의 경우 개별적으로 수권받은 사무에 대해서는 지방자치단체가 자치권을 보유하지만, 그 범위를 벗어나는 행위는 금지된다.
④ 일본의 경우 메이지유신 이래 강력한 중앙집권적 체제를 유지해 왔으며, 국가의 관여를 폐지하거나 축소시키는 등의 분권개혁은 이루어지지 못했다.

해설

① **매력적 오답** (×) 미국의 건국 초기에는 무국가성 혹은 약한 국가성에 입각하여 연방의 권한이 상대적으로 약하였다.
② (×) 딜런의 법칙은 영미의 개별적 지정주의와 관련되며, 주정부의 독립성을 강조하고 지방정부에 대한 주정부의 법적 우위를 인정한다. 즉, 지방정부는 주정부의 피조물로 명시적으로 위임된 사항만 처리할 수 있다는 이론이다.
③ (○) 영국은 개별적 수권주의에 입각하여 수권받은 사무에 대해서만 자치권을 보유하고 그 범위를 벗어나는 행위는 금지되는데 이를 '월권금지의 원칙'이라 한다.
④ (×) 일본은 메이지유신 이래 추진했던 강력한 중앙집권적 체제의 문제점을 치유하기 위하여 1980년대 중반 이후 지방분권의 개혁을 강력하게 추진하고 있다.

정답 | ③

911

기출처	2023 지방직 9급
난이도	★★
키워드	라이트(D. Wright)의 정부 간 관계모형

911 필수
라이트(Wright)의 정부 간 관계(Inter-Governmental Relations: IGR) 모형에 대한 설명으로 옳지 않은 것은?

① 정부 간 상호권력관계와 기능적 상호 의존관계를 기준으로 정부 간 관계(IGR)를 3가지 모델로 구분한다.
② 대등권위모형(조정권위모형, coordinate-authority model)은 연방정부, 주정부, 지방정부가 모두 동등한 권한을 가지고 있다고 가정한다.
③ 내포권위모형(inclusive-authority model)은 연방정부, 주정부, 지방정부를 수직적 포함관계로 본다.
④ 중첩권위모형(overlapping-authority model)은 연방정부, 주정부, 지방정부가 상호 독립적인 실체로 존재하며 협력적 관계라고 본다.

> 해설

① (○) 라이트(D. Wright)는 정부 간 관계를 포괄형, 분리형, 중첩형의 세 유형으로 나누고, 각 유형별로 지방정부의 사무내용, 중앙·정부 간 재정 및 인사 관계의 차이가 있음을 밝히고 있다.
② (×) 라이트(D. Wright)의 대등권위모형은 연방과 주정부는 대등하지만 일반적으로 지방정부는 주정부에 종속된 것으로 가정한다.
③ (○) 내포권위모형은 연방정부가 주정부와 지방정부를 완전하게 포괄하는 유형으로, 주정부 및 지방정부에 대한 중앙정부의 강력한 통제와 의존이 나타난다.
④ (○) 중첩권위모형은 연방정부와 주정부 및 지방정부가 각자 고유한 영역을 보유하면서, 동시에 동일한 관심과 책임 영역을 보유하는 유형이다.

> 고득점 플러스+ 라이트(D. Wright)의 정부 간 관계모형

- 분리권위형: 독립형, 대등형, 조정권위형 → 주정부는 자치적으로 운영, 지방정부는 주정부에 종속
- 포괄권위형: 종속형 → 연방정부가 주정부와 지방정부를 완전하게 포괄하는 유형
- 중첩권위형: 상호의존형 → 각자 고유한 영역의 보유 + 동일한 관심과 책임 영역

정답 | ②

> 관련기출 옳은지문

- 라이트(Wright)의 이론 중 중첩권위형은 중앙정부와 지방정부가 상호 의존적인 관계를 맺고 있는 유형을 말하며 가장 이상적인 형태다.
  20. 국회직 8급

- 던사이어(Dunsire)의 이론 중 하향식 모형은 지방정부가 중앙정부에 전적으로 의존하는 유형을 말한다.
  20. 국회직 8급

- 윌다브스키(Wildavsky)의 이론 중 갈등-합의 모형은 중앙정부와 지방정부의 관계가 인사와 재정상으로 완전하게 분리되어 서로 독립적·자치적으로 운영되는 유형을 말한다.
  20. 국회직 8급

912
라이트(D. Wright)의 정부 간 관계모형에 대한 설명 중 옳지 않은 것은?

① 분리형(seperated model)은 중앙-지방 간 독립적인 관계를 의미한다.
② 내포형(inclusive model)은 지방정부가 중앙정부에 완전히 의존되어 있는 관계를 의미한다.
③ 중첩형(overlapping model)은 정치적 타협과 협상에 의한 중앙-지방 간 상호의존 관계를 의미한다.
④ 경쟁형(competitive model)은 정책을 둘러싼 정부 간 경쟁관계를 의미한다.

912	
기출처	2011 지방직 9급
난이도	★★
키워드	라이트(D. Wright)의 정부 간 관계모형

> 해설

① (○) 분리권위형(독립형·대등형·조정권위형)은 연방정부와 주정부는 독립되어 있어, 주정부는 완전 자치적으로 운영되고, 지방정부는 주정부에 종속되어 있는 유형이다.
② (○) 포괄권위형(종속형·포함형)은 연방정부가 주정부와 지방정부를 완전하게 포괄하는 유형으로, 주정부 및 지방정부에 대한 중앙정부의 강력한 통제와 의존이 나타난다.
③ (○) 중첩권위형(상호 의존형)은 연방정부와 주정부 및 지방정부가 각자 고유한 영역을 보유하면서, 동시에 동일한 관심과 책임 영역을 보유하는 유형이다.
④ (×) 라이트(D. Wright)는 정부 간 관계모형을 분리형, 포괄형(내포형), 중첩형으로 분류하였다. 경쟁형은 해당되지 않는다.

정답 | ④

913

지방자치 이론에 대한 설명으로 옳지 않은 것은?

① 피터슨(Peterson)의 도시한계론은 엘리트론과 다원론의 정치적 자율주의 관점과 달리 시장경제의 구조적 요인을 강조하였다.
② 티부(Tiebout)는 주민들의 자유로운 이동을 통해 지방정부가 제공하는 공공서비스를 선택함으로써 효율적인 자원배분이 가능하다고 보았다.
③ 로즈(Rhodes)의 권력의존모형은 정부 간 관계에서 지방의 중앙에 대한 의존을 강조하여 상호 의존적 관계를 부정하였다.
④ 엘코크(Elcock)의 정부 간 관계 모형 중 대리인 모형은 중앙정부가 지방정부를 권력적으로 통제한다고 본다.

해설

① **매력적 오답** (○) 피터슨(P. Peterson)의 도시한계론(City Limits)은 지방정부의 정책결정이 세입 경쟁 등 경제적 제약요인에 의해 크게 제한된다고 보아, 정치적 요인(엘리트, 다원주의)보다는 경제 구조적 요인을 강조한다.
② (○) 티부(Tiebout) 가설은 주민들이 자신의 선호에 맞는 공공서비스와 세금부담을 제공하는 지방정부를 선택하여 이동(발로 하는 투표)함으로써, 공공서비스의 효율적 배분이 이루어질 수 있다고 주장한다.
③ (×) 로즈(R. Rhodes)의 권력의존모형은 중앙정부와 지방정부 간의 관계를 상호 의존적인 자원교환 관계로 설명한다. 비록 권력 자원이 비대칭적일 수는 있지만, 중앙정부도 지방정부가 가진 자원(정보, 집행 능력, 정당성 등)에 의존하며, 지방정부 역시 중앙정부의 자원(재정, 법적 권한 등)에 의존한다는 것이다.
④ **매력적 오답** (○) 엘콕(H. Elcock)의 대리인 모형(Agent Model)은 중앙정부가 주체(principal)이고 지방정부는 그 대리인(agent)으로서, 지방정부를 중앙정부의 정책을 단순히 집행하는 수동적이고 종속적인 관계로 파악하는 모형이다.

정답 | ③

914 〈필수〉

정부 간 관계이론에 대한 설명으로 옳지 않은 것은?

① 앤더슨(Anderson)에 따르면 정부 간 관계는 연방체계 내에서 모든 계층과 모든 형태의 정부단위들 간에 일어나는 상호작용과 행위의 총체이다.
② 라이트(Wright)의 중첩권위모형에서는 연방정부, 주정부, 지방정부가 때로는 경쟁하고 때로는 협력하는 관계를 맺으며, 그 과정에서 합의를 이루고 협력체제를 구축하기 위한 협상과 협의가 계속된다.
③ 로즈(Rhodes)의 지배인 모형에 따르면 지방정부는 중앙정부로부터 어느 정도의 자율성을 가지고 지방을 관리한다.
④ 엘코크(Elcock)의 동반자 모형에 따르면 중앙정부와 지방정부 간 관계는 상호협력적이며 대등한 국정의 파트너이다.

해설

① **매력적 오답** (O) 앤더슨(W. Anderson)은 정부 간 관계를 연방체계 내에서 모든 계층과 모든 형태의 정부단위들(중앙정부, 주정부, 지방정부 등) 간에 일어나는 상호작용과 행위의 총체로 정의하였다. 이는 정부 간 관계를 포괄적이고 역동적인 개념으로 이해하는 관점이다.
② (O) 라이트(D. Wright)의 중첩권위모형은 연방정부, 주정부, 지방정부가 독립적인 권위를 가지면서도 기능적으로 중첩되고 상호 의존적인 관계를 형성한다고 본다. 이 모형에서는 정부 간에 때로는 경쟁하고 때로는 협력하는 관계가 나타나며, 지속적인 협상과 협의를 통해 합의를 이루고 협력 체제를 구축하려는 노력이 중요하다고 설명한다.
③ (X) 로즈(R. Rhodes)의 정부 간 관계모형은 권력-의존모형이다. 지배인 모형은 엘콕(H. Elcock)이나 윌슨(Wilson)과 게임(Game)의 유형에 속한다. 엘콕(H. Elcock)은 영국의 중앙-지방관계모형을 대리인 모형, 동반자 모형, 지배인 모형(절충)으로 분류하였다. 이 중 지배인 모형은 동반자 모형을 약간 수정한 것으로, 지방정부는 어느 정도의 자율성을 바탕으로 관할지역을 관리한다고 보는 입장이다.
④ **매력적 오답** (O) 엘콕(H. Elcock)의 동반자모형(Partnership Model)은 중앙정부와 지방정부 간의 관계를 수직적이고 지배적인 관계가 아닌, 상호협력적 대등한 국정 운영의 파트너 관계로 이해한다. 이는 각 정부 계층이 고유한 역할과 책임을 가지면서도 공동의 목표 달성을 위해 협력하는 것을 강조한다.

정답 | ③

915 필수
지방자치에 관한 이론에 대한 설명으로 옳은 것은?

① 피터슨(Peterson)의 저서 『도시한계(City Limits)』에 따르면, 개방체제로서의 지방정부는 재분배정책보다 개발정책을 추구하는 경향이 있다.
② 라이트(Wright)는 정부 간 관계를 분쟁형, 창조형, 교환형으로 분류하고, 연방정부와 주정부 간 사회적·문화적 측면의 동태적 관계를 기술하였다.
③ 로즈(Rhodes)의 정부 간 관계론은 지방정부가 조직자원과 재정자원 측면에서 중앙정부보다 우월한 지위에 있다고 본다.
④ 티부(Tiebout)의 발에 의한 투표(voting with feet)가 가능하기 위해서는 주민의 자유로운 이동성, 공공서비스 제공에서 외부효과 존재 등의 전제조건이 충족되어야 한다.

915	
기출처	2022 지방직 7급
난이도	★
키워드	『도시한계(City Limits)』

해설

① (O) 피터슨(P. Peterson)의 저서 『도시한계(City Limits)』에 의하면 도시정부가 추구하는 최고의 가치는 경제성장에 있기에 개발정책, 할당정책, 재분배정책 순으로 정책선호가 나타난다.
② **매력적 오답** (X) 라이트(D. Wright)는 정부 간 관계를 분리권위형, 포괄권위형, 중첩권위형으로 구분하였고, 미국에 있어 정부 간 관계의 변천을 분쟁형, 협력형, 집중형, 경쟁형, 타산형으로 설명하였다.
③ (X) 로즈(R. Rhodes)의 정부 간 관계론에 의하면 중앙정부는 법적 권한과 재정적 권한에 있어 우위를 보이고, 지방정부는 조직자원과 정보수집 및 처리에 있어 우위를 보인다.
④ (X) 티부(Tiebout)의 발에 의한 투표는 주민들이 지방정부가 제공하는 공공서비스 수준과 조세 부담을 고려하여 자신에게 가장 적합한 지역으로 이주함으로써 효율적인 공공재 공급이 이루어진다는 이론이다. 이 이론이 가능하기 위한 전제조건 중 하나는 주민의 자유로운 이동성이 맞지만, 공공서비스 제공에서 외부효과가 존재하지 않아야 한다. 외부효과가 존재하면 무임승차 문제가 발생하여 효율적인 자원배분을 저해하기 때문이다.

정답 | ①

916

정부 간 관계(IGR) 모형에 대한 설명으로 옳은 것만을 모두 고른 것은?

ㄱ. 로즈(Rhodes) 모형에서 지방정부는 중앙정부에 완전히 예속되는 것도 아니고 완전히 동등한 관계가 되는 것도 아닌 상태에서 상호 의존한다.
ㄴ. 로즈(Rhodes)는 지방정부는 법적 자원, 재정적 자원에서 우위를 점하며, 중앙정부는 정보자원과 조직자원의 측면에서 우위를 점한다고 주장한다.
ㄷ. 라이트(Wright)는 정부 간 관계를 포괄형, 분리형, 중첩형의 세 유형으로 나누고, 각 유형별로 지방정부의 사무내용, 중앙·지방 간 재정관계와 인사관계의 차이가 있음을 밝히고 있다.
ㄹ. 라이트(Wright) 모형 중 포괄형에서는 정부의 권위가 독립적인 데 비하여, 분리형에서는 계층적이다.

① ㄱ, ㄴ
② ㄴ, ㄷ, ㄹ
③ ㄱ, ㄷ
④ ㄱ, ㄴ, ㄷ

해설

ㄱ. (O) 로즈(R. Rhodes)는 정부 간 관계를 설명하면서 지배인 모형(Agent Model), 파트너십 모형(Partnership Model), 자치 모형(Autonomous Model) 등을 제시했다. 이 중 파트너십 모형은 중앙정부와 지방정부가 완전히 예속되거나 완전히 동등한 관계가 아니라, 특정 정책 영역에서 상호 의존적인 관계를 형성하며 협력한다고 본다.
ㄴ. (×) 로즈(R. Rhodes)에 의하면 법적 자원과 재정적 자원은 중앙이 우위를 점하고, 정보자원과 조직자원은 지방이 우위를 점한다.
ㄷ. (O) 라이트(D. Wright)는 각 유형별로 지방정부의 사무 내용, 중앙-지방정부 간 재정관계와 인사관계에 차이가 있음을 밝히고 있다. 지문에서 '포괄형, 분리형, 중첩형'으로 제시하고 있으나, 라이트의 분류는 '분리형(Coordinate)', '포괄형(Inclusive)', '중첩형(Overlap)'이므로 순서만 다를 뿐 유형은 정확하다.
ㄹ. (×) 정부의 권위가 독립적인 것이 분리형이고, 계층적인 것이 포괄형이다.

정답 | ③

917

딜런(Dillon)의 원칙에 대한 설명으로 옳은 것은?

① 지방정부의 절대적 권리를 인정하고, 주정부가 이를 폐지할 수 없다는 것을 강조한다.
② 지방정부는 연방헌법이 부여한 권한만을 행사할 수 있다.
③ 엽관주의로 인해 나타난 지방정부의 부패와 무능을 해결하려는 의도를 담고 있다.
④ 지역사회에서 만든 헌장 안을 주민투표 등을 통하여 결정하는 방식을 지지한다.

해설

① (×) 지방정부의 절대적 권리를 인정하고, 주정부가 이를 폐지할 수 없다는 것을 강조하는 것은 고유권설에 입각한 쿨리의 법칙이다.
② (×) 딜런의 법칙은 주정부와 지방정부 간의 권한배분 논쟁이다. 딜런의 법칙에 의하면 지방정부는 주정부의 피조물로 명시적으로 위임된 사항만 처리할 수 있다.
③ (○) 딜런의 법칙은 1868년 아이오아주 대법원장인 딜런에 의해 확립된 원칙으로, 이는 당시 부패가 심했던 지방정부에 대한 개혁의 의도를 담고 있다.
④ (×) 지역사회에서 만든 헌장 안을 주민투표 등을 통하여 결정하는 방식을 지지하는 것은 홈룰(자치헌장)제도로 이는 지방의 고유권을 강조한다는 점에서 딜런의 법칙과 상반된다.

고득점 플러스+ 지방정부의 독자성 논쟁

- 딜런의 법칙: 영미의 개별적 지정주의와 관련, 주정부의 독립성 + 지방정부에 대한 주정부의 우위(→ 전래권설)
- 쿨리의 법칙: 지방정부 자치권의 고유성 강조(→ 고유권설)

정답 | ③

918
우리나라의 중앙정부와 지방정부 간 관계에 대한 설명으로 옳지 않은 것은?

① 중앙정부와 지방정부 간의 인사교류 활성화는 소모적 갈등의 완화에 기여할 수 있다.
② 특별지방행정기관과 지방정부 간 기능이 유사·중복되어 갈등이 발생하기도 한다.
③ 중앙정부와 지방정부 간 재원 및 재정부담을 둘러싼 갈등이 심화되고 있다.
④ 중앙정부와 지방정부 간 갈등을 해결하기 위하여 설치된 행정협의조정위원회의 결정은 강제력을 지닌다.

918	
기출처	2015 지방직 9급
난이도	★
키워드	행정협의조정위원회

해설

① (○) 인사교류를 통한 의사소통의 확대는 중앙과 지방 간 상호 이해력의 향상을 가져올 수 있기 때문에 소모적 갈등의 완화에 기여할 수 있다.
② (○) 우리나라는 국가 소속의 특별지방행정기관과 지방자치단체 간 업무의 중복으로 인해 갈등이 유발될 가능성이 높다.
③ (○) 중앙정부와 지방정부 간 재원 배분, 국고보조금 부담, 세원 발굴 등을 둘러싼 재정적 갈등은 고질적인 문제이며, 지방재정의 어려움과 맞물려 더욱 심화되는 경향이 있다.
④ (×) 「지방자치법」에는 행정협의조정위원회의 협의·조정사항을 통보받은 관계 중앙행정기관의 장과 그 지방자치단체의 장은 그 협의·조정 결정사항을 이행하여야 한다고 규정하고 있으므로 행정협의조정위원회의 결정에도 구속력이 있다고 볼 수 있다. 다만, 직무이행명령이나 대집행 규정이 적용되지 않는 관계로 실질적으로 강제력을 지니지 못한 것으로 평가받는다.

고득점 플러스+ 분쟁과 조정

- 행정협의조정위원회: 국무총리 소속, 중앙과 지방의 분쟁조정, 신청에 의한 조정, 직무이행명령과 대집행 불가
- 분쟁조정위원회
  - 지방과 지방의 분쟁조정, 신청 또는 직권에 의한 조정, 직무이행명령과 대집행 가능
  - 유형
    ┗ 중앙분쟁조정위원회: 행정안전부 소속, 관할(→ 지방분쟁조정위원회의 조정대상 외의 분쟁)
    ┗ 지방분쟁조정위원회: 시·도지사 소속, 관할(→ 같은 광역자치단체에 속한 기초자치단체 간의 분쟁)

정답 | ④

919	
기출처	2023 지방직 7급
난이도	★★
키워드	지방분쟁조정위원회

관련기출 옳은지문
· 중앙행정기관장과 지방자치단체장이 사무를 처리함에 있어서 의견을 달리하는 경우 이를 협의·조정하기 위하여 국무총리 소속으로 행정협의조정위원회를 둔다. 20. 국회직 8급

919 필수

「**지방자치법**」상 지방자치단체 상호 간 분쟁 발생 시 조정에 대한 설명으로 옳지 않은 것은?

① 지방자치단체 상호 간 사무를 처리할 때 의견이 달라 생긴 분쟁이 공익을 현저히 해쳐 조속한 조정이 필요하다고 인정되면 당사자의 신청이 없어도 행정안전부장관이나 시·도지사가 직권으로 조정할 수 있다.
② 행정안전부장관이나 시·도지사는 조정 결정 사항이 성실히 이행되지 아니할 경우 그 지방자치단체에 대하여 직무이행명령을 통해 이행하게 할 수 있다.
③ 지방분쟁조정위원회는 시·도에 설치하며 시·도와 시·군 및 자치구 간 또는 그 장 간의 분쟁을 심의·의결한다.
④ 중앙분쟁조정위원회는 행정안전부에 설치하며 시·도 간 또는 그 장 간의 분쟁을 심의·의결한다.

해설

① (○) 지방자치단체 상호 간 분쟁의 조정은 신청이 원칙이지만 예외적으로 직권 조정도 가능하다.
② (○) 행정안전부장관이나 시·도지사는 조정 결정 사항이 성실히 이행되지 아니할 경우 그 지방자치단체에 대하여 직무이행명령을 통해 이행하게 할 수 있다.
③ (×) 시·도와 시·군 및 자치구 간 또는 그 장 간의 분쟁을 심의·의결하는 것은 중앙분쟁조정위원회이다.
④ (○) 중앙분쟁조정위원회는 행정안전부에 설치하며 시·도 간 또는 그 장 간의 분쟁을 심의·의결한다.

정답 | ③

CHAPTER 03 지방자치의 의의

920
우리나라 지방자치제에 대한 설명으로 옳지 <u>않은</u> 것은?
① 지방자치단체와 지방의회는 기관대립형이다.
② 지방자치단체는 법인으로 한다.
③ 주민투표제, 주민감사청구제, 주민소환제를 실시하고 있다.
④ 자치입법권, 자치조직권, 자치재정권, 자치사법권을 인정하고 있다.

920	
기출처	2012 지방직 9급
난이도	★★
키워드	자치사법권

해설
① (○) 기관대립형은 권력분립주의에 입각하여 의결기능과 집행기능을 각각 다른 기관에 분산시키고, 이들 상호 간의 견제와 균형을 통해 자치행정을 수행하는 형태로 주로 우리나라와 같은 대륙형 단체자치 국가에서 채택하는 방식이다.
② (○) 지방자치단체는 법인으로 한다. 시·도는 정부의 직할로 두고, 시는 도의 관할 구역 안에, 군은 광역시나 도의 관할 구역 안에 두며, 자치구는 특별시와 광역시의 관할 구역 안에 둔다.
③ (○) 「지방자치법」은 주민투표, 조례의 제정과 개폐 청구, 규칙의 제정과 개폐 의결 제출, 주민감사청구, 주민소송, 주민소환 등의 주민참여제도를 규정하고 있다.
④ (×) 우리나라의 경우 자치사법권은 인정하고 있지 않다.

정답 | ④

관련기출 옳은지문
- 우리나라 지방자치단체는 자치사법권이 부여되어 있지 않다.
17. 국회직 8급

921

지방자치단체의 조례에 관한 설명으로 옳은 것을 모두 고른 것은?

ㄱ. 지방자치단체의 장은 법령이나 조례가 위임한 범위에서 그 권한에 속하는 사무에 관하여 규칙을 제정할 수 있다.
ㄴ. 지방의회에서 의결된 조례안은 10일 이내에 지방자치단체의 장에게 이송되어야 한다.
ㄷ. 재의요구를 받은 조례안은 재적의원 과반수의 출석과 출석의원 과반수의 찬성으로 재의요구를 받기 전과 같이 의결되면, 조례로 확정된다.
ㄹ. 지방자치단체의 장은 재의결된 조례가 법령에 위반된다고 판단되면 재의결된 날부터 20일 이내에 대법원에 제소할 수 있다.

① ㄱ, ㄴ　　② ㄴ, ㄹ　　③ ㄱ, ㄹ　　④ ㄷ, ㄹ

기출처: 2014 지방직 9급
난이도: ★★
키워드: 조례

관련기출 옳은지문

- 우리나라의 자치입법권은 법령의 범위 안에서 자치법규를 제정할 수 있다. `22. 군무원 9급`
- 자치입법권에 근거한 자치법규로는 조례, 규칙 및 교육규칙 등이 있다. `22. 군무원 9급`
- 지방자치단체의 장은 재의결된 조례를 이송 받은 후 5일 이내 공포하지 않을 경우 의장이 공포한다. `17. 경찰간부`
- 지방자치단체의 장은 이송받은 조례안에 대하여 이의가 있으면 이송을 받은 때로부터 20일 이내에 이유를 붙여 지방의회로 환부하고, 재의를 요구할 수 있다. `24. 경찰승진`

해설

ㄱ. (○) 지방자치단체의 장은 법령이나 조례의 범위에서 그 권한에 속하는 사무에 관하여 규칙을 제정할 수 있다.
ㄴ. (×) 지방의회에서 의결된 조례안은 5일 이내에 지방자치단체의 장에게 이송되어야 한다.
ㄷ. (×) 재의요구를 받은 조례안은 재적의원 과반수의 출석과 출석의원 3분의 2의 찬성으로 재의요구를 받기 전과 같이 의결되면, 조례로 확정된다.
ㄹ. (○) 지방자치단체의 장은 재의결된 조례가 법령에 위반된다고 판단되면 재의결된 날부터 20일 이내에 대법원에 제소할 수 있다.

고득점 플러스+ 자치입법권

- 조례
  - 「헌법」: 법령의 범위 안에서 제정
  - 「지방자치법」: 법령의 범위 안에서 제정. 다만, 주민의 권리제한 또는 의무부과, 벌칙을 정할 때는 법률의 위임
  - 대상: 지방사무(→ 자치사무와 단체위임사무)에 한정 → 기관위임사무는 원칙적으로 불가
  - 영역: 주민의 권리제한, 재정적 부담, 공공시설 설치 등
  - 조례위반: 조례로써 1,000만 원 이하의 과태료 부과 → 지방자치단체의 장이 부과·징수
- 규칙: 법령 또는 조례의 범위에서 제정(→ 위임 규정 삭제), 벌칙은 규정 불가, 기관위임사무도 규정 가능
- 조례와 규칙의 관계: 형식적 효력은 대등. 공동으로 적용되는 사항(→ 조례가 규칙보다 우선)

정답 | ③

---

922 〈필수〉

우리나라 지방자치단체의 권한(자치권)으로 옳지 않은 것은?

① 지방자치단체는 법률의 위임이 있어야 주민의 권리를 제한하는 조례를 제정할 수 있다.
② 지방자치단체는 주민의 복지증진과 사업의 효율적 수행을 위하여 지방공기업을 설치·운영할 수 있다.
③ 지방자치단체는 조례를 위반한 행위에 대하여 조례로써 1,500만 원 이하의 과태료를 정할 수 있다.
④ 지방자치단체조합도 따로 법률로 정하는 바에 따라 지방채를 발행할 수 있다.

기출처: 2021 국가직 9급
난이도: ★
키워드: 자치권

해설

① (○) 조례는 법령의 범위 안에서 제정할 수 있지만, 권리의 제한, 의무의 부과 그리고 벌칙의 제정을 위해서는 법률의 위임이 필요하다.
② (○) 지방자치단체는 주민의 복리증진과 사업의 효율적 수행을 위하여 지방공기업을 설치·운영할 수 있다.
③ (×) 지방자치단체는 조례를 위반한 행위에 대하여 조례로써 1,000만 원 이하의 과태료를 정할 수 있다.
④ (○) 지방자치단체조합의 장은 그 조합의 투자사업과 긴급한 재난복구 등을 위한 경비를 조달할 필요가 있을 때 또는 투자사업이나 재난복구사업을 지원할 목적으로 지방자치단체에 대부할 필요가 있을 때에는 지방채를 발행할 수 있다. 이 경우 행정안전부장관의 승인을 받은 범위에서 조합의 구성원인 각 지방자치단체 지방의회의 의결을 얻어야 한다.

정답 | ③

관련기출 옳은지문
- 지방자치단체는 조례를 위반한 행위에 대하여 조례로써 과태료를 정할 수 있다. 16. 국회직 8급

923
우리나라 지방자치단체의 자치재정권에 대한 설명으로 옳지 않은 것은?

① 지방세 탄력세율 제도는 지방자치단체 재정의 신축성과 자율성을 제고하기 위한 제도이다.
② 지방자치단체는 법령의 위임이 없더라도 조례의 제정을 통하여 지방 세목을 설치할 수 있다.
③ 지방자치단체의 장은 재정투자사업에 관한 예산안을 편성할 경우 대통령령이 정하는 바에 따라 사전에 그 필요성과 타당성에 대한 심사를 하여야 한다.
④ 지방자치단체의 장은 재해예방 및 복구사업을 위한 자금조달에 필요할 때에는 지방채를 발행할 수 있다.

923
- 기출처: 2017 지방직 9급
- 난이도: ★★
- 키워드: 자치재정권

해설

① (○) 현재 대통령령으로 자동차세(주행), 담배소비세에, 조례로는 취득세, 등록면허세, 주민세, 지방소득세, 재산세, 자동차세(소유), 목적세(지방교육세, 지역자원시설세) 등에 탄력세율을 적용하고 있다. 지방소비세와 레저세는 탄력세율의 적용대상에서 제외된다.
② (×) 지방세의 세목은 법률로서 정하므로 조례로는 정할 수 없다.
③ (○) 지방자치단체의 장은 재정투자사업에 관한 예산안 편성을 함에 있어 대통령령으로 정하는 바에 따라 사전에 그 필요성과 타당성에 대한 심사(투자심사)를 하여야 한다.
④ (○) 지방자치단체의 장은 공유재산의 조성 등 소관 재정투자사업과 그에 직접적으로 수반되는 경비의 충당, 재해예방 및 복구사업, 천재지변으로 발생한 예측할 수 없었던 세입결함의 보전 그리고 지방채의 차환 등을 목적으로 지방채를 발행할 수 있다.

고득점 플러스+ 자치재정권
- 특별회계: 법률이나 지방자치단체의 조례로 설치
- 예산의 이송: 예산안이 의결되면 그날부터 3일 이내에 지방자치단체의 장에게 이송
- 예산의 보고: 지체 없이 시·도는 행정안전부장관에게, 시·군 및 자치구는 시·도지사에게 보고
- 결산의 지방의회 승인: 출납 폐쇄 후 80일 이내 → 결산서 + 지방의회가 선임한 검사위원의 검사의견서 첨부
- 결산의 보고: 승인을 받으면 그날부터 5일 이내에 시·도는 행정안전부장관, 시·군 및 자치구는 시·도지사에게 보고
- 지방세: 법률로 정하는 바에 따라 부과·징수
- 재산과 기금: 행정목적을 달성하기 위한 경우나 공익상 필요한 경우 설치 → 설치·운용에 필요한 사항은 조례로 규정

정답 | ②

924		1 2 3
기출처	2012 지방직 9급	
난이도	★	
키워드	자치재정권	

🔍 **관련기출 옳은지문**
- 지방자치단체는 공공시설의 이용 또는 재산의 사용에 대하여 사용료를 징수할 수 있다. 12. 지방직 9급

924
우리나라 자치재정권에 대한 설명으로 옳지 않은 것은?

① 지방자치단체는 법률로 정하는 바에 따라 지방세를 부과·징수할 수 있다.
② 지방자치단체는 공공시설의 이용 또는 재산의 사용에 대하여 사용료를 징수할 수 있다.
③ 지방자치단체는 행정 목적을 달성하기 위하여 특정한 자금을 운용하기 위한 기금을 설치할 경우 행정안전부장관의 승인을 얻어야 한다.
④ 지방자치단체의 장이나 지방자치단체조합은 따로 법률이 정하는 바에 따라 지방채를 발행할 수 있다.

해설

① (○) 지방자치단체는 법률로 정하는 바에 따라 지방세를 부과·징수할 수 있다.
② (○) 지방자치단체는 공공시설의 이용 또는 재산의 사용에 대하여 사용료를 징수할 수 있다.
③ (×) 지방자치단체는 행정 목적을 달성하기 위한 경우나 공익상 필요한 경우에는 재산을 보유하거나 특정한 자금을 운용하기 위한 기금을 설치할 수 있고 재산의 보유, 기금의 설치·운용에 관하여 필요한 사항은 조례로 정한다. 즉, 행정안전부장관의 승인을 얻어야 하는 것은 아니다.
④ (○) 지방자치단체의 장이나 지방자치단체조합은 따로 법률로 정하는 바에 따라 지방채를 발행할 수 있다.

정답 | ③

925		1 2 3
기출처	2013 지방직 9급	
난이도	★★	
키워드	조례와 규칙	

925
우리나라 지방자치단체의 권한에 대한 설명으로 옳지 않은 것은?

① 지방자치단체는 법령이나 상급 지방자치단체의 조례를 위반하여 그 사무를 처리할 수 없다.
② 지방자치단체는 그 사무를 분장하기 위하여 필요한 행정기구와 지방공무원을 둔다.
③ 지방자치단체는 조례와 규칙으로 정하는 바에 따라 지방세를 부과·징수할 수 있다.
④ 지방자치단체는 관할 구역의 자치사무와 법령에 따라 지방자치단체에 속하는 사무를 처리한다.

해설

① (○) 지방자치단체는 법령이나 상급 지방자치단체의 조례를 위반하여 그 사무를 처리할 수 없다.
② (○) 지방자치단체는 그 사무를 분장하기 위하여 필요한 행정기구와 지방공무원을 두며, 행정기구의 설치와 지방공무원의 정원은 인건비 등 대통령령으로 정하는 기준에 따라 그 지방자치단체의 조례로 정한다. 한편, 지방자치단체에는 법률로 정하는 바에 따라 국가공무원을 둘 수 있다.
③ (×) 지방자치단체는 법률로 정하는 바에 따라 지방세를 부과·징수할 수 있다.
④ (○) 지방자치단체는 관할 구역의 자치사무와 법령에 따라 지방자치단체에 속하는 사무를 처리한다.

정답 | ③

926 (필수)

자치경찰제도에 대한 설명으로 옳지 않은 것은?

① 지역 실정에 맞는 치안행정을 펼칠 수 있다.
② 경찰 업무의 통일성과 효율성을 높일 수 있다.
③ 제주자치경찰단은 주민의 생활안전 활동에 관한 사무를 수행한다.
④ 자치경찰 사무를 관장하기 위하여 광역자치단체에 시·도자치경찰위원회를 둔다.

해설

① (O) 자치경찰제도는 지역 주민의 필요와 특성에 맞는 치안 서비스를 제공하고, 지역 실정에 부합하는 치안 정책을 수립·집행할 수 있도록 하여 지역 치안의 대응성을 높이는 장점이 있다.
② (×) 경찰 업무의 통일성과 효율성의 제고는 국가경찰의 특징이다.
③ (O) 주민의 생활안전 활동에 관한 사무는 자치경찰의 사무이다.
④ (O) 2021년 자치경찰제가 시행되면서 행정안전부 소속의 국가경찰위원회와 시·도지사 소속의 각 시·도자치경찰위원회로 분리되었다.

고득점 플러스+ 자치경찰제도

- 자치경찰의 사무
  - 지역 내 주민의 생활안전 활동에 관한 사무, 지역 내 교통에 관한 사무
  - 지역 내 다중운집 행사 관련 혼잡 교통 및 안전 관리
- 경찰위원회
  - 국가경찰위원회: 행정안전부 소속
  - 시·도자치경찰위원회: 시·도지사 소속 → 합의제 행정기관(→ 독립적 업무 수행)
  - 시·도자치경찰위원회 위원추천위원회: 시·도지사 소속
- 시·도경찰청장
  - 임명: 경찰청장이 시·도자치경찰위원회와 협의하여 추천 + 행정안전부장관의 제청 + 국무총리를 거쳐 대통령이 임용
  - 지휘·감독: 국가경찰사무(→ 경찰청장의 지휘·감독), 자치경찰사무(→ 시·도자치경찰위원회의 지휘·감독)

정답 | ②

---

926 기출처 2021 지방직 9급 난이도 ★★ 키워드 자치경찰제도

관련기출 옳은지문
- 시·도자치경찰위원회는 합의제 행정기관으로서 그 권한에 속하는 업무를 독립적으로 수행한다. 23. 국회직 9급
- 자치경찰사무로 지역 내 주민의 생활안전 활동에 관한 사무, 지역 내 다중운집 행사 관련 혼잡 교통 및 안전관리 등이 있다. 23. 국회직 9급

927

우리나라 지방행정체제와 관련된 내용으로 옳지 않은 것은?

① 자치구의 자치권 범위는 시·군의 경우와 같다.
② 특별시·광역시·도는 같은 수준의 자치행정계층이다.
③ 광역시가 아닌 시라도 인구 50만 이상의 경우에는 자치구가 아닌 구를 둘 수 있다.
④ 군은 광역시나 도의 관할 구역 안에 둔다.

해설

① (×) 자치구는 특별시와 광역시의 관할 구역 안의 구만을 말하며, 자치구의 자치권의 범위는 법령으로 정하는 바에 따라 시·군과 다르게 할 수 있다.
② (O) 특별시(미군정), 광역시[1995, 직할시(1963)], 도, 특별자치도(2006), 특별자치시(2012) 등 보충적·보완적 자치계층으로 모두 정부의 직할이다. 한편, 광역과 기초의 법적 지위는 원칙적으로 동일하다. 다만, 특별시와 특별자치도 및 특별자치시의 특례가 인정된다.
③ (O) 특별시·광역시 및 특별자치시가 아닌 인구 50만 이상의 시에는 자치구가 아닌 구를 둘 수 있다.
④ (O) 군은 광역시나 도의 관할 구역 안에 둔다.

정답 | ①

927 기출처 2013 국가직 9급 난이도 ★ 키워드 자치구

CHAPTER 04 지방자치의 구조

928
기출처: 2011 국가직 9급
난이도: ★★
키워드: 계층구조

관련기출 옳은지문
- 단층제는 중층제보다 행정책임소재를 명확하게 할 수 있다. 23. 경찰간부

- 단층제는 중앙정부의 권한과 역할을 강화하는 배경이 될 수 있다. 23. 경찰간부

928
지방자치단체의 계층구조에 대한 설명으로 옳지 않은 것은?

① 계층구조는 각 국가의 정치형태, 면적, 인구 등에 따라 다양한 형태를 갖는다.
② 중층제에서는 단층제에서보다 기초자치단체와 중앙정부의 의사소통이 원활하지 못할 수 있다.
③ 단층제는 중층제보다 중복행정으로 인한 행정지연의 낭비를 줄일 수 있다.
④ 중층제는 단층제보다 행정책임을 보다 명확하게 할 수 있다.

해설

① (O) 계층구조는 각 국가의 정치형태, 면적, 인구 등에 따라 다양한 형태를 갖는데, 인구가 많거나 국토가 넓을 경우 단층제로는 운영되기 어렵다.
② (O) 중층제는 기초자치단체가 광역자치단체를 거쳐 중앙과 의사소통을 하므로 광역자치단체가 없는 단층제에 비하여 의사소통이 원활하지 못하다.
③ (O) 하나의 지역에 하나의 자치단체만 존재하는 단층제는 중복행정으로 인한 낭비를 방지할 수 있다.
④ (×) 단층제는 하나의 구역 안에 단일의 일반자치단체만 있는 경우이며, 중층제는 일반자치단체가 다른 일반자치단체의 구역 안에 포함되어 있는 경우이다. 따라서 행정책임은 하나의 자치단체만이 존재하는 단층제가 중층제보다 명확하다.

고득점 플러스+ 단층제와 중층제

- 단층제
  - 장점: 이중행정의 폐단 방지, 신속한 행정, 낭비의 제거, 행정책임의 명확성, 지방의 개별성·특수성 존중, 중앙정부와 주민 간 원활한 의사소통 등
  - 단점: 국토가 넓을 경우 채택 곤란, 중앙정부의 직접적 지시에 따른 중앙집권화, 행정기능의 전문성 저해, 서비스 공급의 효율성 저해, 대규모 개발사업의 수행 곤란 등
- 중층제
  - 장점: 기초와 광역 간 업무의 분업, 국가의 감독기능 유지, 중앙으로부터 기초단체 보호, 주민의 접근성 제고 등
  - 단점: 이중행정의 폐단, 지체와 낭비, 행정책임의 모호성, 지역의 특수성 간과, 기초와 중앙 간 의사소통 왜곡 등

정답 | ④

929
우리나라의 지방자치계층에 대한 설명으로 옳지 않은 것은?

① 제주특별자치도는 자치계층 측면에서 단층제로 운영되고 있다.
② 자치계층은 주민공동체의 정책결정 및 집행의 단위로서 정치적 민주성 가치가 중요시된다.
③ 세종특별자치시의 관할구역으로 자치구를 둘 수 있다.
④ 자치계층으로 군을 두고 있는 광역시가 있다.

929	① ② ③
기출처	2017 국가직 9급
난이도	★★
키워드	세종특별자치시

해설

① (○) 제주특별자치도의 관할구역에는 기초자치단체를 두지 않고 있으므로 제주특별자치도는 단층제로 운영된다.
② (○) 자치계층은 국가로부터 독립하여 법인격을 부여받은 계층으로 정치적 민주성을 추구하는 반면, 행정계층은 행정적 효율성을 추구한다.
③ (×) 세종특별자치시의 관할구역에는 시·군·자치구를 두지 아니한다.
④ (○) 광역시에는 자치구뿐만 아니라 군도 설치할 수 있다.

정답 | ③

관련기출 옳은지문
- 자치계층이 자치권을 바탕으로 하는 계층 간 독립적 관계구조라면, 행정계층은 계층 간 지휘·감독적 관계구조라고 할 수 있다.
  24. 군무원 9급

- 자치계층이 정치적 민주성을 중심으로 한다면, 행정계층은 행정의 효율성을 중심으로 하는 개념이라고 할 수 있다.
  24. 군무원 9급

- 세종특별자치시와 제주특별자치도는 단층제로 운영되고 있다.
  23. 경찰간부

930 〈필수〉
「지방자치법」상 지방자치단체의 관할구역에 대한 설명으로 옳은 것은?

① 지방자치단체의 명칭과 구역을 바꾸거나 지방자치단체를 폐지하거나 설치하거나 나누거나 합칠 때에는 조례로 정한다.
② 지방자치단체를 폐지하거나 설치하거나 나누거나 합칠 때는 반드시 관계 지방의회의 의견을 들어야 한다.
③ 지방자치단체의 장은 지방의회 재적의원 과반수 출석과 출석의원 과반수의 동의를 받아, 행정안전부장관에게 지방자치단체의 관할구역 경계변경에 대한 조정을 신청할 수 있다.
④ 지방자치단체의 구역을 변경하거나 지방자치단체를 폐지하거나 설치하거나 나누거나 합칠 때에는 새로 그 지역을 관할하게 된 지방자치단체가 그 사무와 재산을 승계한다.

930	① ② ③
기출처	2024 지방직 7급
난이도	★
키워드	지방자치단체

해설

① (×) 지방자치단체의 명칭과 구역을 바꾸거나 지방자치단체를 폐지하거나 설치하거나 나누거나 합칠 때에는 법률로 정한다.
② **매력적 오답** (×) 주민투표를 한 경우에는 그러하지 아니하다.
③ (×) 지방자치단체의 장은 지방의회 재적의원 과반수의 출석과 출석의원 3분의 2 이상의 동의를 받아야 한다.
④ (○) 「지방자치법」 제8조에 규정된 내용이다.

정답 | ④

931	
기출처	2013 국가직 9급
난이도	★★
키워드	구역 설정 기준

931
기초지방자치단체 구역 설정 시 일반적 기준으로 고려되지 않는 것은?

① 재원조달 능력
② 주민 편의성
③ 노령화 지수
④ 공동체와 생활권

해설

①, ②, ④ (○) 기초자치단체의 구역 설정 기준으로는 일반적으로 공동사회와 공동생활권, 민주성과 능률성의 조화, 재정수요와 재정조달 능력의 조화, 주민편의와 행정편의 조화 등이 거론된다.
③ (×) 구역 설정의 기준은 자치구역의 주민의 편의와 행정의 편의라는 두 가지 기준으로 설정된다. 노령화 지수와는 관련이 없다.

고득점 플러스⁺ 구역 설정의 기준

- 광역: 기초단체의 효과적 조정, 지역개발의 효과적 추진, 도·농 기능의 동시적 효율성 등
- 기초: 공동사회와 공동생활권, 민주성과 능률성의 조화, 재정수요와 재정조달 능력의 조화, 주민편의와 행정편의 조화

정답 | ③

932	
기출처	2019 국가직 9급
난이도	★
키워드	지방선거

932
지방선거에 대한 설명으로 옳은 것은?

① 이승만 정부에서 처음으로 시·읍·면 의회의원을 뽑는 지방선거가 실시되었다.
② 박정희 정부부터 노태우 정부 시기까지는 지방선거가 실시되지 않았다.
③ 지방자치단체장과 지방의회의원을 동시에 뽑는 선거는 김대중 정부에서 처음으로 실시되었다.
④ 2010년 지방선거부터 정당공천제가 기초지방의원까지 확대되었지만 많은 문제점이 지적되면서 현재는 실시되지 않고 있다.

🔍 **관련기출 옳은지문**
- 현재 광역-기초자치단체장 및 광역-기초의회 의원 선거 모두에 정당공천제가 허용되고 있다.

18. 서울시 7급(하)

해설

① (○) 제1공화국 이승만 정부에서 처음으로 시·읍·면 의회의원을 뽑는 지방선거가 실시되었다.
② **매력적 오답** (×) 박정희 정부부터 전두환 정부 시기까지는 지방선거가 실시되지 않았다. 노태우 정부에서 기초의원 선거는 1991년 3월에, 광역의원 선거는 1991년 6월에 실시되었다.
③ (×) 지방자치단체장과 지방의회의원을 동시에 뽑는 선거는 김영삼 정부에서 1995년 6월에 처음으로 실시되었다.
④ (×) 현재 우리나라의 경우 광역자치단체와 기초자치단체의 장 및 의원의 선거에 있어서 후보자의 정당표방 및 정당의 후보자 추천이 인정된다. 다만, 교육감의 선거에 있어서 후보자의 정당표방 및 정당의 후보자 추천은 금지되어 있다.

고득점 플러스+ 우리나라 지방선거

구분	제1공화국			제2공화국
	「지방자치법」 제정(1949)	2차 개정(1956)	4차 개정(1958)	5차 개정(1960)
특별시장·도지사	임명	임명	임명	주민직선
시·읍·면장	지방의회 간선	주민직선	임명	주민직선
지방의원	주민직선	주민직선	주민직선	주민직선
선거	1952년 1차 선거	1956년 2차 선거		1960년 3차 선거 (서울시장 최초)

정답 | ①

933 필수

우리나라 지방자치의 역사에 대한 설명으로 옳은 것은?

① 제헌의회가 성립하면서 1949년 전국에서 도의회의원 선거가 실시되었다.
② 1991년 지방선거에서 지방의회의원을 선출하였으나, 지방자치단체장 선거는 실시되지 않았다.
③ 1995년부터 주민직선제에 의한 시·도교육감 선거가 실시되면서 실질적 의미의 교육자치가 시작되었다.
④ 1960년 지방선거에서는 서울특별시장·도지사 선거는 실시되었으나, 시·읍·면장 선거는 실시되지 않았다.

933
- 기출처: 2022 국가직 7급
- 난이도: ★
- 키워드: 지방선거

해설

① **매력적 오답** (×) 제1회 지방의회의 선거는 6·25 전쟁으로 실시되지 못하다가 1952년에 실시되었다.
② (○) 지방의회의원과 지방자치단체장의 동시 선거는 1995년 실시되었다.
③ **매력적 오답** (×) 시·도교육감 선거는 2007년부터 실시되었다.
④ (×) 1960년 선거에서는 광역과 기초 그리고 단체장과 지방의원 모두 직선으로 선출되었다.

정답 | ②

934 필수

지방정부의 기관구성 형태에 대한 설명으로 옳지 않은 것은?

① 강시장-의회(strong mayor-council) 형태에서는 시장이 강력한 정치적 리더십을 행사한다.
② 위원회(commission) 형태에서는 주민 직선으로 선출된 의원들이 집행부서의 장을 맡는다.
③ 약시장-의회(weak mayor-council) 형태에서는 일반적으로 의회가 예산을 편성한다.
④ 의회-시지배인(council-manager) 형태에서는 시지배인이 의례적이고 명목적인 기능을 수행한다.

해설

① (O) 강시장-의회형은 시장의 권한 하에 행정구조를 통합시키고 시장에게 모든 책임을 귀속시키는 형태이다.
② (O) 위원회형은 주민 직선으로 선출된 3~5인 정도의 의원들로 구성된 위원회가 행정권과 입법권을 모두 행사(갈베스톤형)하는 방식이다.
③ (O) 약시장-의회형에서는 시장이 아니라 의회가 예산편성권을 행사하며, 핵심 고위관료에 대한 임명권도 의회가 보유한다. 시장 외의 많은 공직자들이 시민들에 의해 직접 선출되기 때문에 시장의 권한 범위가 매우 축소되어 있다.
④ (X) 의회-시지배인형에서는 직선되거나 의회에서 선출한 시장이 의례적이고 명목적인 기능을 수행하고, 의회가 선임한 시지배인이 실제적인 행정의 책임자가 되는 형태로, 시의회와 시장은 어떤 행정적 기능도 행사하지 않으므로 시지배인과 대립하지 않는다는 특징을 지닌다.

고득점 플러스+ 기관대립형

- 약시장·의회형 → 20세기 이전까지 주류적 형태
  - 정책결정, 고위공무원인사, 예산의 편성 및 행정운영에 대한 감독권 등을 의회가 보유
  - 각종 행정위원회에 의한 일부 행정기능의 수행, 단체장 외에 주민이 직선한 행정관의 존재
  - 지방의회 의결에 대한 단체장의 거부권 행사 불가
- 강시장·의회형: 행정의 집행업무를 통합시켜 단체장에게 모든 책임을 귀속시키는 형태
- 시장·수석행정관형
  - 단체장이 집행기관 장의 지위에 있으면서 전문능력을 가진 수석행정관을 임면하는 방식
  - 단체장은 대외업무를 관장하고, 대내업무는 수석행정관이 관장하는 유형

정답 | ④

기출처: 2021 지방직 9급
난이도: ★★
키워드: 의회-시지배인

935
지방자치단체의 기관구성에 대한 설명으로 옳은 것은?
① 우리나라는 시장의 권한이 지방의회의 권한에 비해 상대적으로 약한 기관대립형을 유지하고 있다.
② 영국의 의회형에서는 집행기관의 장을 주민이 직선으로 선출한다.
③ 미국의 위원회형은 기관대립형의 특수한 형태로 볼 수 있다.
④ 기관통합형의 집행기관은 기관대립형에 비해 행정의 전문성이 높지 않을 가능성이 크다.

해설

① (×) 우리나라는 시장의 권한이 지방의회의 권한에 비해 상대적 강한 강시장 형태의 기관대립형이다.
② (×) 영국의 의회형은 지방자치단체의 장이 없으며, 의장이 지방자치단체를 대표하며, 의회에서 임명된 수석행정관이 행정을 총괄한다.
③ (×) 미국의 위원회형은 직선의 위원회(3~5인)가 행정권과 입법권을 모두 행사하는 방식으로 기관통합형의 한 유형이다.
④ (○) 기관통합형은 민선의원이 집행을 담당하므로 행정의 전문성을 저해할 수 있다.

정답 | ④

935	1 2 3
기출처	2019 지방직 7급
난이도	★★
키워드	기관통합형

관련기출 옳은지문
- 우리나라 지방자치단체의 구성은 원칙적으로 기관통합형이 아닌 기관대립형을 택하고 있다.
  15. 국회직 8급

936
지방자치단체의 기관구성에 대한 설명으로 옳지 않은 것은?
① 기관대립형(기관분리형)은 견제와 균형을 통해 민주적이고 합리적인 지방자치를 실시하는 방식이다.
② 기관통합형은 주민 직선으로 지방의회를 구성하고 의회 의장이 단체장을 겸하는 방식이다.
③ 기관대립형(기관분리형)은 집행부와 의회의 기구가 병존함에 따라 비효율성을 줄일 수 있다는 장점이 있다.
④ 기관통합형은 의결기능과 집행기능이 통합되어 있기 때문에 지방자치행정을 기관 간 마찰 없이 안정적으로 수행할 수 있다는 장점이 있다.

해설

① (○) 기관대립형은 권력분립주의에 입각하여 자치단체의 의결기능과 집행기능을 각각 다른 기관에 분산시키고, 이들 상호 간의 견제와 균형을 통해 민주적이고 합리적인 자치행정을 수행하는 형태이다.
② (○) 기관통합형은 권력통합주의에 입각하여 자치단체의 의결기능과 집행기능을 단일기관인 의회에 귀속시키는 형태이다.
③ (×) 기관대립형(기관분리형)은 집행부와 의회의 기구가 병존함에 따라 비효율성이 발생할 수 있다.
④ (○) 행정의 효율성은 원칙적으로 기관대립형의 장점이지만, 의결기관과 집행기관의 갈등이 없어 행정의 안정성과 효율성이 높아질 수 있는 것은 기관통합형의 장점이다.

정답 | ③

936	1 2 3
기출처	2016 지방직 9급
난이도	★★
키워드	기관대립형

관련기출 옳은지문
- 기관통합형에서는 임기 동안 지방자치행정에 대한 효율성과 책임성을 확보할 수 있다. 18. 경찰간부
- 기관통합형은 주민의 직선으로 지방의회를 구성하고 의회의장이 단체장을 겸하는 방식이다. 18. 경찰간부
- 의결기관과 집행기관 간의 견제와 균형의 원리에 의해 권력의 남용을 방지하고 비판감시기능을 할 수 있다. 18. 경찰간부

937 필수

지방자치단체의 기관구성형태에 대한 설명으로 옳지 않은 것은?

① 기관통합형은 행정에 주민들의 의사를 보다 정확하게 반영할 수 있다는 장점이 있다.
② 기관통합형은 지방의회에서 의결기능과 집행기능을 모두 수행하는 형태로, 영국의 의회형이 대표적이다.
③ 기관대립형 중 약시장-의회형은 시장의 고위직 지방공무원 인사에 대해서 의회의 동의를 요하는 반면, 시장은 지방의회 의결에 대한 거부권을 가진다.
④ 기관대립형은 견제와 균형을 통해 권력남용을 방지하는 장점이 있지만, 의결기관과 집행기관 간의 대립 및 마찰 가능성이 있다는 단점이 있다.

해설

① (O) 기관통합형은 의결기관과 집행기관 모두 주민의 대표에 의해 구성되므로 행정에 있어 주민들의 의사를 반영하기 쉽다.
② (O) 기관통합형의 대표적인 예로는 영국의 의회형과 미국의 위원회형이 있다.
③ (×) 약시장-의회형은 시장이 지방의회의 의결에 대한 거부권을 갖지 못한다.
④ (O) 기관대립형은 의결기관(의회)과 집행기관(단체장)이 서로 분리되어 견제와 균형을 통해 권력 남용을 방지하는 장점이 있다. 하지만 각 기관의 독립적인 권한으로 인해 정책 결정 및 집행 과정에서 대립과 마찰이 발생하여 행정의 비효율성을 초래할 수 있다는 단점이 있다.

정답 | ③

기출처: 2022 국가직 7급
난이도: ★★
키워드: 약시장-의회형

관련기출 옳은지문
- 기관통합형은 견제와 균형의 상실로 권력남용의 우려가 있다. (16. 경찰간부)
- 기관통합형은 의결기관과 집행기관이 단일기관으로 되어 있어 행정의 안정성과 능률성을 기대할 수 있다. (16. 경찰간부)

---

938 필수

지방행정제도에 대한 설명으로 옳지 않은 것은?

① 일정 조건을 충족한 주민은 해당 지방의회에 조례를 제정하거나 개정 또는 폐지할 것을 청구할 수 있다.
② 지방자치단체 간 관할 구역의 경계변경 조정 시 일정 기간 이내에 경계변경자율협의체를 구성하지 못한 경우 행정안전부장관은 지방자치단체 중앙분쟁조정위원회의 심의·의결을 거쳐 조정할 수 있다.
③ 정책지원 전문인력인 정책지원관 제도는 지방자치단체장의 정책기능을 강화하기 위해 도입되었다.
④ 자치경찰사무는 합의제 행정기관인 시·도지사 소속 시·도자치경찰위원회가 관장하며 업무는 독립적으로 수행한다.

해설

① (O) 조례의 제정·개정 및 폐지는 18세 이상 해당 지방자치단체의 관할 구역에 주민등록이 되어 있는 사람이나 영주할 수 있는 체류자격 취득일 후 3년이 지난 외국인으로서 해당 지방자치단체의 외국인등록대장에 올라 있는 사람이 청구할 수 있다.
② **매력적 오답** (O) 관계 지방자치단체가 행정안전부장관의 요청을 받은 날부터 120일 이내에 경계변경자율협의체를 구성하지 못한 경우, 관계 지방자치단체가 협의 기간 이내에 경계변경 여부 및 대상 등에 대하여 합의를 하지 못한 경우에는 행정안전부장관이 지방자치단체 중앙분쟁조정위원회의 심의·의결을 거쳐 경계변경에 대하여 조정할 수 있다.
③ (×) 지방의회의원의 의정활동을 지원하기 위하여 지방의회의원 정수의 2분의 1 범위에서 해당 지방자치단체의 조례로 정하는 바에 따라 지방의회에 정책지원 전문인력을 둘 수 있다.
④ (O) 시·도자치경찰위원회는 시·도지사 소속이지만 직무는 독립적으로 수행한다.

정답 | ③

기출처: 2024 국가직 9급
난이도: ★
키워드: 정책지원 전문인력

939 〈필수〉

「지방자치법」상 지방의회에 대한 설명으로 옳지 않은 것은?

① 지방의회의원의 의정활동을 지원하기 위하여 정책지원 전문인력을 둘 수 있다.
② 지방의회의 의장은 지방의회의 사무직원을 지휘·감독한다.
③ 지방의회는 매년 4회 정례회를 개최한다.
④ 지방의회의원은 각급 선거관리위원회 위원을 겸직할 수 없다.

939	1 2 3
기출처	2023 국가직 7급
난이도	★
키워드	정례회

해설

① (O) 지방의회의원의 의정활동을 지원하기 위하여 지방의회의원 정수의 2분의 1 범위에서 해당 지방자치단체의 조례로 정하는 바에 따라 지방의회에 정책지원 전문인력을 둘 수 있다.
② (O) 지방의회의 의장은 지방의회 사무직원을 지휘·감독하고 법령과 조례·의회규칙으로 정하는 바에 따라 그 임면·교육·훈련·복무·징계 등에 관한 사항을 처리한다.
③ (×) 지방의회는 매년 2회 정례회를 개최한다.
④ (O) 지방의회의원은 국가기관인 각급 선거관리위원회 위원을 겸직할 수 없다. 이는 지방의원의 독립성과 공정성을 확보하기 위한 규정이다.

정답 | ③

관련기출 옳은지문

• 지방자치단체의 장은 지방의회 임시회의 소집을 요구할 수 있다.
  24. 경찰승진

• 지방의회의원의 의정활동 지원을 위하여 해당 지방자치단체의 조례로 정하는 바에 따라 지방의회에 지방의회의원 정수의 2분의 1 범위에서 정책지원 전문인력을 둘 수 있다.
  23. 경찰승진

940

「지방자치법」상 지방의회의 의결사항으로 옳은 것만을 모두 고른 것은?

ㄱ. 예산의 심의·확정
ㄴ. 법령에 규정된 수수료의 부과 및 징수
ㄷ. 외국 지방자치단체와의 교류협력에 관한 사항

① ㄱ, ㄴ
② ㄱ, ㄷ
③ ㄱ, ㄴ, ㄷ
④ ㄴ, ㄷ

940	1 2 3
기출처	2013 지방직 9급
난이도	★★
키워드	지방의회의 의결사항

해설

ㄱ, ㄷ. (O) 지방의회는 조례의 제정·개정 및 폐지, 예산의 심의·확정, 결산의 승인, 법령에 규정된 것은 제외한 사용료·수수료·부담금·지방세, 기금의 설치·운용, 중요 재산의 취득·처분, 공공시설의 설치·처분, 법령·조례에 규정된 것 외한 예산 외 의무부담·권리포기, 청원의 수리와 처리, 외국 지방자치단체와의 교류협력 등에 대해 의결할 수 있다.
ㄴ. (×) 법령에 규정된 것을 제외한 수수료의 부과와 징수 사항이 지방의회의 의결사항이다.

고득점 플러스+ 지방의회 의결사항

• 조례의 제정·개정 및 폐지, 예산의 심의·확정 및 결산의 승인
• 사용료·수수료·분담금·지방세 또는 가입금의 부과와 징수 → 법령에 규정된 것 제외
• 기금의 설치·운용, 대통령령으로 정하는 중요 재산의 취득·처분, 대통령령으로 정하는 공공시설의 설치·처분
• 예산 외 의무부담·권리포기 → 법령·조례에 규정된 것 제외
• 청원의 수리와 처리, 외국 지방자치단체와의 교류협력

정답 | ②

941
「지방자치법」상 지방의회에 대한 내용으로 옳지 않은 것은?

① 지방의회는 조례로 정하는 바에 따라 위원회를 둘 수 있으며, 위원회의 종류는 상임위원회와 특별위원회로 한다.
② 지방의회는 그 의결로 소속 의원의 사직을 허가할 수 있다. 다만, 폐회 중에는 의장이 허가할 수 있다.
③ 의장은 의결에서 표결권을 가지지 못하며, 찬성과 반대가 같으면 부결된 것으로 본다.
④ 지방의회에서 부결된 의안은 같은 회기 중에 다시 발의하거나 제출할 수 없다.

해설

① (O) 지방의회는 조례로 정하는 바에 의하여 위원회를 둘 수 있으며, 위원회의 종류는 소관 의안과 청원 등을 심사·처리하는 상임위원회와 특정한 안건을 일시적으로 심사·처리하기 위한 특별위원회 두 가지로 한다.
② (O) 지방의회는 그 의결로 소속 의원의 사직을 허가할 수 있다. 다만, 폐회 중에는 의장이 허가할 수 있다.
③ (×) 지방의회의 의결은 원칙적으로 재적의원 과반수의 출석과 출석의원 과반수의 찬성으로 의결한다. 의장은 의결에 있어서 표결권을 가지며, 찬성과 반대가 같으면 부결된 것으로 본다.
④ (O) 지방의회에서 부결된 의안은 같은 회기 중에 다시 발의하거나 제출할 수 없는데 이를 일사부재의 원칙이라 한다.

정답 | ③

관련기출 옳은지문
- 지방의회의원에게 매월 의정활동비와 월정수당을 지급한다. 23. 경찰승진
- 수사기관의 장은 체포되거나 구금된 지방의회의원이 있으면 지체 없이 해당 지방의회 의장에게 영장의 사본을 첨부하여 그 사실을 알려야 한다. 23. 경찰승진

942
「지방자치법」상 지방의회 의원이 받을 수 있는 징계의 사례가 아닌 것은?

① A 의원은 45일간 출석정지를 내용으로 하는 징계를 받았다.
② B 의원은 공개회의에서 사과를 하는 징계를 받았다.
③ C 의원은 재적의원 3분의 2 이상 찬성에 따라 제명되는 징계를 받았다.
④ D 의원은 공개회의에서 경고를 받는 징계를 받았다.

해설

① (×) 「지방자치법」은 지방의원 징계의 유형으로 30일간 출석정지를 규정하고 있다.
②, ③, ④ (O) 「지방자치법」에 규정된 지방의원의 징계유형은 경고, 공개회의에서의 사과, 30일간 출석정지, 제명 등으로 구성되어 있다.

정답 | ①

943 〈필수〉
우리나라 지방자치에 대한 설명으로 옳은 것은?

① 자치사법권은 인정되고 있다.
② 지방자치단체의 예산안 편성권은 지방자치단체장에 속한다.
③ 자치입법권은 지방의회만이 행사할 수 있는 전속적 권한이다.
④ '세종특별자치시'와 제주특별자치도의 '제주시'는 기초자치단체로서 자치권을 가지고 있다.

> **해설**

① (×) 우리나라의 경우 자치사법권은 인정되지 않는다. 이 밖에 독자적으로 세목을 설정할 수 있는 권한도 인정되지 않는다.
② (○) 예산안의 편성권은 자치단체장의 권한이다. 반면 예산안의 심의·의결권은 지방의회의 권한이다.
③ (×) 자치입법에는 조례와 규칙이 있다. 조례는 지방의회에서 의결하지만, 규칙은 자치단체장이 제정하므로 자치입법권이 지방의회만의 전속권한은 아니다.
④ (×) 세종특별자치시는 광역자치단체이고, 제주특별자치도의 제주시는 행정시로 이는 자치단체에 해당하지 않는다.

정답 | ②

> 🔍 **관련기출 옳은지문**
> • 지방의회는 조례제정에 관한 의결권을, 지방자치단체의 장은 법령 또는 조례의 범위에서 그 권한에 속하는 사무에 관한 규칙제정권한을 갖는다. 24. 경찰승진

944 〈필수〉
국가와 지방자치단체 간의 사무배분에 대한 설명으로 옳지 않은 것은?

① 기관위임사무는 주로 지방적 이해관계보다 국가적 차원의 이해관계가 크게 걸려 있는 사업이 대상이며, 지방자치단체 그 자체에 위임한 사무이다.
② 효율성의 원칙은 보충성의 원칙을 받아들인다 해도 사무에 따라서는 보다 넓은 지역을 담당하는 광역지방자치단체나 중앙정부가 일차적인 책임을 지고 처리하는 것이 훨씬 효율적일 수 있다는 것이다.
③ 포괄성의 원칙은 지방자치단체가 배분받은 사무에 대해 배타적인 권한을 행사할 수 있도록 해야 한다는 내용도 포함한다.
④ 자치사무는 지방자치단체의 고유사무이므로 스스로의 책임과 부담으로 처리하는 것이 원칙이며, 중앙정부는 사후 감독과 합법성 감독을 수행한다.

944	
기출처	2024 국가직 7급
난이도	★★
키워드	사무배분

> **해설**

① (×) 기관위임사무는 자치단체의 기관에게 위임된 사무이다. 반면, 자치단체 그 자체에 위임된 사무는 단체위임사무이다.
② (○) 효율성의 원칙은 보충성의 원칙(가능한 한 주민과 가까운 지방정부에서 사무를 처리해야 한다는 원칙)을 인정하더라도, 특정 사무의 경우 규모의 경제나 전문성 등을 고려할 때 광역지방자치단체나 중앙정부가 처리하는 것이 더 효율적일 수 있다는 것을 의미한다.
③ (○) 포괄성의 원칙은 지방자치단체에 사무를 배분할 때 개별적으로 열거하기보다는 포괄적으로 부여하여 지방자치단체의 자율성과 정책 재량을 확대해야 한다는 원칙이다. 이는 지방자치단체가 배분받은 사무에 대해 배타적인 권한을 행사할 수 있도록 해야 한다는 내용을 포함하여, 중앙정부의 불필요한 개입을 최소화하려는 취지이다.
④ (○) 자치사무는 지방자치단체의 고유한 사무로서, 지방자치단체가 스스로의 책임과 부담(재정 포함)으로 처리하는 것이 원칙이다. 중앙정부는 자치사무에 대해 사후적인 감독을 수행하며, 특히 그 감독은 법령 위반 여부(합법성 감독)에 한정되는 것이 일반적이다.

> **고득점 플러스+** 사무배분의 원칙
> • 비경합성의 원칙(→ 중복배분 금지의 원칙): 경합하면 시·군·자치구 사무로 간주
> • 보충성의 원칙: 기초단체 → 광역단체 → 국가 순으로 처리
> • 포괄성의 원칙
> • 효율성의 원칙

정답 | ①

> 🔍 **관련기출 옳은지문**
> • 포괄적 배분방식의 장점은 배분방식이 간단하고, 사무배분을 유연하게 운영할 수 있다는 것이다. 23. 경찰승진
>
> • 보충성의 원칙에 따르면 모든 공공사무의 처리권한을 원칙적으로 기초자치단체에 부여하고 법률에 특별한 규정이 있는 경우에 한하여 상위 지방자치단체 혹은 중앙정부에 부여하는 방식으로 사무배분이 이루어진다. 23. 경찰승진

945

우리나라 지방자치단체의 사무구분에 대한 설명으로 옳은 것은?

① 자치사무와 단체위임사무는 자치단체가 전액 경비를 부담하며, 기관위임사무는 원칙적으로 자치단체와 위임기관이 공동으로 부담한다.
② 단체위임사무는 법령에 의해 하급 자치단체장에게 위임된 사무이며, 기관위임사무는 법령에 의해 국가 또는 다른 자치단체로부터 위임된 사무이다.
③ 자치사무와 단체위임사무의 처리를 위해 자치단체는 조례를 제정하는 것이 가능한데, 기관위임사무는 원칙적으로 조례제정 대상이 아니다.
④ 자치사무는 지방의회의 관여(의결, 사무감사 및 사무조사) 대상이지만, 단체위임사무와 기관위임사무는 관여 대상이 아니다.

해설

① (×) 단체위임사무의 비용은 위임기관과 자치단체가 공동으로 부담하며, 기관위임사무의 비용은 전액 위임기관이 부담한다.
② (×) 단체위임사무는 법령에 의해 자치단체에 위임된 사무이며, 기관위임사무는 시·도 내지 시·군·자치구에서 시행하는 국가사무 내지 법령에 의하여 그 자치단체의 장에게 위임된 사무이다.
③ (○) 기관위임사무는 위임기관의 사무이므로 원칙적으로 조례의 제정이 불가능하다.
④ (×) 기관위임사무는 위임기관의 사무이므로 원칙적으로 지방의회의 관여는 불가하다.

정답 | ③

946

우리나라 지방자치제도에 대한 설명으로 옳지 않은 것은?

① 자치사무(고유사무)와 달리 법령에 의하여 지방자치단체에 속하는 사무(단체위임사무)에 관해서는 조례로 규정할 수 없다.
② 합의제 행정기관의 설치·운영에 관하여 필요한 사항은 대통령령 또는 조례로 정한다.
③ 지방자치단체는 공공시설을 부정 사용한 자에 대하여 과태료를 부과하는 규정을 조례로 정할 수 있다.
④ 지방자치단체는 공공시설을 관계 지방자치단체의 동의를 얻어 그 지방자치단체의 구역 밖에 설치할 수 있다.

해설

① (×) 단체위임사무란 법령에 의해 자치단체에 위임된 사무로, 지역적 이해관계와 국가적 이해관계가 공존하고 있는 사무를 말한다. 단체위임사무는 지역적 이해관계가 있는 자치단체의 사무이므로 지방의회의 관여가 가능하며 지방의회는 조례를 통해 이를 규정할 수 있다.
② (○) 지방자치단체는 그 소관 사무의 일부를 독립하여 수행할 필요가 있으면 법령이나 그 지방자치단체의 조례로 정하는 바에 따라 합의제 행정기관을 설치할 수 있으며, 합의제 행정기관의 설치·운영에 관하여 필요한 사항은 대통령령이나 그 지방자치단체의 조례로 정한다.
③ (○) 사기나 그 밖의 부정한 방법으로 사용료·수수료 또는 분담금의 징수를 면한 자에 대하여는 그 징수를 면한 금액의 5배 이내의 과태료를, 공공시설을 부정 사용한 자에 대하여는 50만 원 이하의 과태료를 부과하는 규정을 조례로 정할 수 있다.
④ (○) 공공시설은 원칙적으로 지방자치단체의 관할구역 내에 설치하여야 하지만 관계 지방자치단체의 동의를 받아 그 지방자치단체의 구역 밖에 설치할 수 있다.

> **고득점 플러스+** 단체위임사무

- 법령에 의해 자치단체에 위임된 사무 → 지역적 이해관계 + 국가적 이해관계
- 지방의회의 관여 가능, 국가(→ 위임기관)와 자치단체가 공동으로 비용부담, 국고보조금(→ 부담금)
- 합법성과 합목적성 감독, 사후적 감독은 가능 → 예방적 감독은 불가
- 유형: 조세 등 공과금 징수, 전염병 예방접종, 하천보수·유지, 국도유지·수선 등

정답 | ①

947 〈필수〉
정부 간 관계와 지방자치권에 대한 설명으로 옳지 않은 것은?

① 라이트(Wright)는 미국의 연방정부, 주정부, 지방정부 간 관계에 주목하면서 중앙·지방정부 간 관계를 3가지 형태로 구분하였다.
② 엘코크(Elcock)가 제시한 대리인 모형은 지방정부의 자율성이 제약되는 상황을 특징으로 한다.
③ 우리나라 지방자치단체의 자치조직권은 「지방자치법」의 위임에 따라 제정된 대통령령의 제약을 받는다.
④ 우리나라 지방자치단체의 단체위임사무는 의결기관인 지방의회가 그 사무의 처리에 관여할 수 없다.

947	① ② ③
기출처	2023 국가직 7급
난이도	★★
키워드	단체위임사무

> **해설**

① (O) 라이트(D. Wright)는 정부 간 관계를 포괄형, 분리형, 중첩형의 세 유형으로 나누고, 각 유형별로 지방정부의 사무내용, 중앙·정부 간 재정 및 인사 관계의 차이가 있음을 밝히고 있다.
② **매력적 오답** (O) 엘콕(H. Elcock)의 대리자 모형은 지방정부를 중앙의 단순한 대리자에 불과하다고 보는 입장이다.
③ (O) 「지방자치법」에는 지방자치단체의 행정기구 설치와 지방공무원의 정원은 인건비 등 대통령령으로 정하는 기준에 따라 그 지방자치단체의 조례로 정한다고 규정하고 있으므로 지방자치단체의 자치조직권은 대통령령의 제약을 받는다.
④ (×) 단체위임사무는 당해 자치단체와도 관련된 사무이므로 지방의회가 그 사무처리에 관여할 수 있다.

정답 | ④

948 필수

지방정부의 사무에 대한 설명으로 옳지 않은 것은?

① 기관위임사무의 처리에 드는 경비는 중앙정부와 지방정부가 공동으로 부담하는 것이 원칙이다.
② 단체위임사무는 집행기관장이 아닌 지방정부 그 자체에 위임된 사무이다.
③ 지방의회는 단체위임사무의 처리과정에 관한 조례를 제정할 수 있다.
④ 중앙정부는 자치사무에 대해 합법성 위주의 통제를 주로 한다.

해설

① (×) 기관위임사무의 처리에 드는 경비는 위임기관이 전액 부담하는 것이 원칙이다.
② (○) 기관위임사무는 자치단체의 기관에 위임된 사무이고, 단체위임사무는 지방자치단체에 위임된 사무이다.
③ (○) 단체위임사무는 위임기관과 자치단체에 동시에 관련된 사무이므로 지방의회의 관여가 가능하다.
④ (○) 자치사무는 원칙적으로 지방의 사무이므로 법령 위반에 대해서만 사후적으로 통제할 수 있다.

고득점 플러스+ 기관위임사무

- 시·도 내지 시·군·자치구에서 시행하는 국가사무, 법령에 의하여 그 자치단체의 장에게 위임된 사무
- 국가 또는 상급자치단체의 하급기관의 지위에서 사무 수행, 지방의회의 관여 불가
- 위임기관이 전액 비용부담, 국고보조금(→ 교부금 또는 위탁금)
- 합법성과 합목적성 감독, 사후적·예방적 감독 모두 가능
- 유형: 병역자원관리, 선거사무, 인구조사, 국세조사, 부랑인 선도 등

정답 | ①

949

우리나라 지방자치단체의 사무에 대한 설명으로 옳지 않은 것은?

① 위임사무와 자치사무로 구분되며, 위임사무는 다시 기관위임사무와 단체위임사무로 구분된다.
② 병역자원의 관리업무 등 주로 국가적 이해관계가 크게 걸려 있는 사무는 단체위임사무에 속한다.
③ 제주특별자치도에서는 국가경찰과 자치경찰이 함께 활동할 수 있다.
④ 「지방자치법」에서 지방자치단체의 사무를 예시하고 있지만, 법률에 이와 다른 규정이 있으면 그렇지 않다.

해설

① (○) 우리나라 지방자치단체의 사무는 크게 자치사무와 위임사무로 구분되며, 위임사무는 다시 기관위임사무와 단체위임사무로 나뉜다. 이는 「지방자치법」에서 규정하고 있는 사무 분류이다.
② (×) 병역자원의 관리업무 등 주로 국가적 이해관계가 크게 걸려 있는 사무는 기관위임사무에 속한다. 이밖에 선거, 경찰, 인구조사, 국세조사, 지적, 근로기준, 도량형, 가족관계등록 등이 기관위임사무에 속한다.
③ 매력적 오답 (○) 제주특별자치도는 전국에서 유일하게 자치경찰단이 설치되어 운영되고 있으며, 국가경찰과 자치경찰이 함께 치안 업무를 수행하는 이원적인 체제이다. 즉, 국가경찰은 광역적·전국적 사무를, 자치경찰은 주민 생활 안전과 관련된 사무를 분담하여 활동한다.
④ (○) 「지방자치법」은 포괄적 예시주의를 채택하고 있다. 그러므로 법률에 위임이 없어도 자치단체가 수행할 수 있지만 다른 법률에 특별한 규정이 존재하면 그 법률이 우선 적용된다.

정답 | ②

950
기관위임사무에 대한 설명으로 옳지 않은 것은?

① 법령에 의하여 국가 또는 상급 지방자치단체로부터 지방자치단체의 장에게 위임된 사무를 말한다.
② 국가와 지방자치단체 사이의 행정적 책임의 소재를 명확하게 해준다.
③ 지방자치단체를 국가의 하급기관으로 전락시키는 요인으로 작용할 수 있다.
④ 전국적으로 획일적인 행정을 강조함으로써 지방적 특수성이 희생되기도 한다.

950	
기출처	2015 국가직 9급
난이도	★★
키워드	기관위임사무

🔍 관련기출 옳은지문
- 지방의회는 국회와 상급 자치단체가 직접 감사하기로 한 기관위임사무 외에는 감사 가능하다. 24. 경찰간부

해설

① (○) 기관위임사무란 시·도 내지 시·군·자치구에서 시행하는 국가사무 내지 법령에 의하여 그 자치단체의 장에게 위임된 사무를 말한다.
② (×) 자치사무에 대한 포괄적 위임과 기관위임사무의 지방자치단체의 처리는 두 사무 간 구별을 모호하게 하여 행정의 책임소재를 두고 갈등이 발생할 우려가 크다.
③ (○) 기관위임사무는 국가의 하부기관의 입장에서 처리하는 사무이므로 지방자치단체를 국가의 하급기관으로 전락시키는 요인이 될 수 있다.
④ (○) 기관위임사무는 전국적 통일성을 강조하는 국가사무이므로 지방적 특수성이 간과될 우려가 크다.

정답 | ②

951 필수
단체위임사무와 기관위임사무에 대한 설명으로 옳지 않은 것은?

① 지방의회는 기관위임사무에 대해 조례제정권을 행사할 수 없다.
② 보건소의 운영업무와 병역자원의 관리업무는 대표적인 기관위임사무이다.
③ 중앙정부는 단체위임사무에 대해 사전적 통제보다 사후적 통제를 주로 한다.
④ 기관위임사무의 처리를 위한 비용은 국가가 부담한다.

951	
기출처	2020 국가직 9급
난이도	★
키워드	단체위임사무와 기관위임사무

해설

① (○) 기관위임사무는 국가사무 또는 상급자치단체의 사무이므로 원칙적으로 당해 지방의회의 관여는 불가하다. 그러므로 조례제정권 역시 원칙적으로 행사할 수 없다.
② (×) 병역자원의 관리업무는 기관위임사무이지만 보건소의 운영업무는 단체위임사무에 속한다.
③ (○) 단체위임사무는 합법성과 합목적성 감독 및 사후적 감독은 가능하나 예방적 감독은 불가하다.
④ (○) 기관위임사무를 처리하는 자치단체의 장은 국가 또는 상급자치단체의 하급기관의 지위에서 사무를 수행하며 그 비용은 전액 위임기관이 부담하여야 한다.

정답 | ②

952 〈필수〉

「지방자치법」상 지방자치단체 종류별 사무배분의 기준에 대한 설명으로 옳지 않은 것은?

① 인구 30만 이상의 시에 대해서는 도가 처리하는 사무의 일부를 직접 처리하게 할 수 있다.
② 시·군 및 자치구가 독자적으로 처리하기 어려운 사무는 시·도의 사무이다.
③ 지방자치단체의 구역, 조직, 행정관리 등은 시·도와 시·군 및 자치구에 공통된 사무이다.
④ 국가와 시·군 및 자치구 사이의 연락·조정 등의 사무는 시·도의 사무이다.

해설

① (×) 인구 50만 이상의 시에 대해서는 도가 처리하는 사무의 일부를 직접 처리하게 할 수 있다.
② (○) 보충성의 원칙에 따라 먼저 시·군 및 자치구가 사무를 처리하고 시·군 및 자치구가 처리하기 어려운 사무는 시·도가 처리한다.
③ (○) 「지방자치법」은 지방자치단체의 구역, 조직, 행정관리 등은 지방자치단체 공통의 사무로 예시하고 있다.
④ (○) 시·도의 사무 중 하나로 "국가와 시·군 및 자치구 사이의 연락·조정 및 지원"이 명시되어 있다. 시·도는 국가와 기초 지방자치단체 간의 중간 단계에서 연락 및 조정 역할을 수행한다.

정답 | ①

953

우리나라의 중앙정부와 지방자치단체 간의 관계에 대한 설명으로 옳지 않은 것은?

① 보충성의 원칙에 따라 중앙정부가 처리하기 곤란한 사무는 지방자치단체가 보충적으로 처리해야 한다.
② 자치권은 법적 실체 간의 권한배분관계에서 배태된 개념으로 중앙정부가 분권화시킨 결과이다.
③ 적절한 재원 조치 없는 사무의 지방이양은 자치권을 오히려 제약하는 문제를 야기한다.
④ 사무처리에 필요한 법규를 자율적으로 제정할 수 있는 자치입법권에 대해 제약적인 규정을 두고 있다.

해설

① (×) 보충성의 원칙이란 주민의 생활과 가까운 지방정부에 사무의 우선적 관할권을 인정하는 원칙으로, 사무 관할권의 입증책임을 중앙정부에 부담하게 한다는 점에서 의미가 크다.
② (○) 자치권은 국가주권에 종속되어 있으며(종속성), 관할구역의 인적·물적 요소에 포괄적으로 영향을 미치며(일반성), 일정한 범위 내에서 독자성이 인정된다(자주성).
③ (○) 중앙정부가 사무를 지방자치단체에 이양할 때, 그 사무 처리에 필요한 재원(예산)을 충분히 함께 이전하지 않으면 지방자치단체는 재정적 부담만 가중되어 실질적인 자치권 행사에 제약을 받게 된다. 이는 이른바 '사무는 이양하되 돈은 안 주는' 비판과 연결된다.
④ (○) 자치입법권에는 조례와 규칙이 있는데, 조례는 법령의 범위 안에서 제정할 수 있고, 규칙은 법령이나 조례의 범위 안에서 제정할 수 있게 함으로써 제약적인 규정을 두고 있다.

정답 | ①

954 〈필수〉
지방분권 추진 원칙 중 다음 설명에 해당하는 것은?

- 기능배분에 있어 가까운 정부에게 우선적 관할권을 부여한다.
- 민간이 처리할 수 있다면 정부가 관여해서는 안 된다.
- 가까운 지방정부가 처리할 수 있는 업무에 상급 지방정부나 중앙정부가 관여해서는 안 된다.

① 보충성의 원칙
② 포괄성의 원칙
③ 형평성의 원칙
④ 경제성의 원칙

954
기출처: 2020 지방직 9급
난이도: ★★
키워드: 보충성의 원칙

🔍 **관련기출 옳은지문**
- 보충성의 원칙은 모든 사무는 기본적으로 지방정부가 담당하고 중앙정부는 지방정부가 처리하기 곤란한 사무를 처리해야 한다는 것이다. 23. 경찰간부

- 포괄성의 원칙은 지방정부가 배분받은 사무는 되도록 지방정부가 자기 책임 아래 독자적으로 처리할 수 있게 해야 한다는 것이다. 23. 경찰간부

해설

① (○) 기능배분에 있어 가까운 정부에게 우선적 관할권을 부여하는 것은 보충성의 원칙이다.
② (×) 포괄성의 원칙이란 기능을 이양함에 있어 관련된 사무를 함께 이양하여야 한다는 원칙이다.
③ (×) 형평성의 원칙은 특정 지역이나 계층에 치우치지 않고 모든 주민에게 공정한 공공서비스 제공 및 재정 배분을 추구해야 한다는 원칙이다.
④ (×) 경제성의 원칙은 최소한의 비용으로 최대한의 효과를 얻으려 하거나, 주어진 비용으로 최대의 효과를 얻으려 하는 등 효율적인 자원 배분을 강조하는 원칙이다.

정답 | ①

955
중앙정부의 지방자치단체 사무배분 원칙에 대한 설명으로 옳은 것만을 모두 고르면?

ㄱ. 지역주민생활과 밀접한 관련이 있는 사무는 원칙적으로 시·군 및 자치구의 사무로 배분하여야 한다.
ㄴ. 서로 관련된 사무들을 배분할 때는 포괄적으로 배분하여야 한다.
ㄷ. 시·군 및 자치구가 처리하기 어려운 사무는 국가보다는 시·도에 우선적으로 배분하여야 한다.
ㄹ. 시·군 및 자치구가 해당 사무를 원활히 처리할 수 있도록 행정적·재정적 지원을 병행하여야 한다.
ㅁ. 주민의 편익증진과 집행의 효과 등을 고려하여 지방자치단체 상호 간 중복되지 않도록 해야 한다.

① ㄱ, ㄷ, ㅁ
② ㄴ, ㄷ, ㄹ
③ ㄱ, ㄴ, ㄹ, ㅁ
④ ㄱ, ㄴ, ㄷ, ㄹ, ㅁ

955
기출처: 2021 국가직 7급
난이도: ★★
키워드: 사무배분 원칙

🔍 **관련기출 옳은지문**
- 보충성의 원칙은 모든 사무는 기본적으로 지방정부가 담당하고 중앙정부는 지방정부가 처리하기 곤란한 사무를 처리해야 한다는 것이다. 23. 경찰간부

- 포괄성의 원칙은 지방정부가 배분받은 사무는 되도록 지방정부가 자기 책임 아래 독자적으로 처리할 수 있게 해야 한다는 것이다. 23. 경찰간부

- 국가는 지역주민생활과 밀접한 관련이 있는 사무는 원칙적으로 시·군 및 자치구의 사무로, 시·군 및 자치구가 처리하기 어려운 사무는 시·도의 사무로, 시·도가 처리하기 어려운 사무는 국가의 사무로 각각 배분하여야 한다. 22. 군무원 7급

해설

ㄱ. (○) 기초자치단체 우선의 원칙에 관한 설명이다.
ㄴ. (○) 포괄적 사무배분에 관한 설명이다.
ㄷ. (○) 보충성의 원칙에서 파생된 개념이다. 기초가 가장 먼저이고 그 다음이 광역, 그리고 중앙정부의 순이다.
ㄹ. (○) 사무를 배분함에 있어 관련 행정적·재정적 권한도 함께 지원하여야 한다.
ㅁ. (○) 중복배분금지의 원칙에 관한 설명이다.

정답 | ④

956	
기출처	2016 국가직 9급 변형
난이도	★★
키워드	지방사무의 배분방식

956
우리나라 지방자치제에 대한 설명으로 옳지 않은 것은?

① 지방자치단체의 의사를 결정하는 의결기관과 의사를 집행하는 집행기관을 이원적으로 구성하는 기관대립(분립)형이다.
② 지방분권화의 세계적 흐름에 따라 지방사무의 배분방식은 제한적 열거방식을 채택하고 있다.
③ 자치경찰단의 독자적 운영은 현재 제주특별자치도에서만 실시되고 있다.
④ 특별지방행정기관은 중앙행정기관이 소관 사무를 집행하기 위해 설치한 지방행정기관이며, 세무서와 출입국관리사무소는 특별지방행정기관에 해당한다.

해설

① (O) 우리나라는 지방의회와 자치단체장을 모두 직선하는 기관대립형의 구조를 취하고 있다.
② (×) 우리나라의 경우 기초자치단체의 사무배분방식은 포괄적 예시주의이다. 반면, 광역자치단체의 사무배분은 제한적 열거주의 방식이 가미되어 있다.
③ (O) 자치경찰제는 전국적으로 시행되고 있으나, 자치경찰단이라는 독립 조직은 제주특별자치도에만 설치되어 운영되고 있다.
④ (O) 세무서는 국세청 소속의 특별지방행정기관이고, 출입국관리사무소는 법무부 소속의 특별지방행정기관이다.
※ 출제 당시, "③ 자치경찰제는 현재 제주특별자치도에서만 실시되고 있다."이였으나, 2021년 7월 자치경찰제가 전국적으로 확대·시행되어 선택지를 수정하였습니다.

고득점 플러스+ 사무배분의 방식

- 개별적 수권주의
  - 의의: 법률에 의해서 각 자치단체의 권한을 개별적으로 명시하는 방법, 주로 주민자치 국가에서 채택
  - 장점: 책임한계의 명확성, 지역의 개별성과 특수성 고려 등
  - 단점: 신축성의 결여, 중앙정부의 업무량 폭주, 전국적 통일성의 저해 등
- 포괄적 수권주의
  - 의의: 금지된 사항을 제외하고는 모든 업무를 자치단체가 처리할 수 있게 하는 방식, 주로 단체자치 국가에서 채택
  - 장점: 권한부여 방법의 간편성, 신축성과 융통성의 확보 등
  - 단점: 사무구분의 모호성, 지역의 개별성과 특수성 간과 등

정답 | ②

957	
기출처	2011 국가직 9급
난이도	★★
키워드	주민참여제도의 법제화

957
우리나라 주민참여제도의 법제화 순서로 옳은 것은?

① 조례제정·개폐청구제도 → 주민투표제도 → 주민소송제도 → 주민소환제도
② 주민투표제도 → 주민감사청구제도 → 주민소송제도 → 주민소환제도
③ 주민소송제도 → 주민투표제도 → 주민감사청구제도 → 주민소환제도
④ 주민감사청구제도 → 주민소송제도 → 주민투표제도 → 조례제정·개폐청구제도

해설

① (O) 우리나라의 주민참여제도는 조례제정 및 개폐청구제도(1999), 주민감사청구제도(1999), 주민투표제도(2004), 주민소송제도(2006), 주민소환제도(2007) 순으로 법제화되었다.

정답 | ①

958

「지방자치법」에서 정한 주민참여의 방식으로 옳지 않은 것은?

① 주민의 조례제정청구
② 주민의 감사청구
③ 주민총회
④ 주민소송

958	
기출처	2013 지방직 7급
난이도	★★
키워드	주민참여의 방식

해설

①, ②, ④ (○) 주민의 조례제정청구, 주민의 감사청구, 주민소송 등은 「지방자치법」에 명시된 제도들이다.
③ (×) 주민총회제도는 「지방자치법」에 도입되어 있지 않다.

정답 | ③

관련기출 옳은지문
- 주민소송제도는 주민의 감사청구를 전심절차로 하되, 소송대상을 재무행정에 관한 사항으로 한정하고 있다.

17. 경찰승진

959 〈필수〉

2021년 1월 전부개정된 「지방자치법」에서 처음으로 도입된 주민참여제도는?

① 주민소환
② 주민의 감사청구
③ 조례의 제정과 개정·폐지 청구
④ 규칙의 제정과 개정·폐지 관련 의견 제출

959	
기출처	2023 국가직 9급
난이도	★★
키워드	주민참여제도

해설

① (×) 주민소환제도는 2007년에 도입되었다.
②, ③ (×) 주민의 감사청구와 조례의 제정과 개정·폐지 청구제도는 1999년 도입되었다.
④ (○) 2021년 1월 전부개정된 「지방자치법」에서 처음으로 도입된 주민참여제도는 규칙의 제정과 개정·폐지 관련 의견 제출제도이다.

고득점 플러스+ 규칙의 제정과 개정·폐지 의견 제출

- 청구권자: 주민이 지방자치단체의 장에게 제출
- 대상: 권리·의무와 직접 관련되는 사항
- 제외: 법령이나 조례를 위반하거나 법령이나 조례에서 위임한 범위를 벗어나는 사항
- 후속조치: 의견이 제출된 날부터 30일 이내에 검토 결과를 그 의견을 제출한 주민에게 통보

정답 | ④

960

「지방자치법」상 주민에 의한 조례의 제정 및 개폐의 청구대상에 포함되지 않는 것만을 모두 고른 것은?

> ㄱ. 지방세의 부과·징수에 관한 사항
> ㄴ. 행정기구를 설치하거나 변경하는 것에 관한 사항
> ㄷ. 공공시설의 설치를 반대하는 사항

① ㄱ
② ㄱ, ㄷ
③ ㄴ, ㄷ
④ ㄱ, ㄴ, ㄷ

해설

ㄱ, ㄴ, ㄷ. (○) 모두 조례의 제정 및 개폐의 청구대상에 포함되지 않는다.

정답 | ④

기출처: 2016 국가직 7급
난이도: ★★
키워드: 조례의 제정 및 개폐의 청구대상

961

「지방자치법」상 주민의 감사청구에 대한 설명으로 옳지 않은 것은?

① 주민의 감사청구는 사무처리가 있었던 날이나 끝난 날부터 3년이 지나면 제기할 수 없다.
② 주무부장관이나 시·도지사는 감사청구를 수리한 날부터 60일 이내에 감사청구된 사항에 대하여 감사를 끝내는 것을 원칙으로 한다.
③ 다른 기관에서 감사한 사항이라도 새로운 사항이 발견되거나 중요 사항이 감사에서 누락된 경우는 감사청구의 대상이 될 수 있다.
④ 지방자치단체의 18세 이상의 주민은 시·도는 500명, 인구 50만 명 이상 대도시는 200명, 그 밖의 시·군 및 자치구는 100명을 넘지 아니하는 범위에서 그 지방자치단체의 조례로 정하는 18세 이상의 주민 수 이상의 연서로 감사를 청구할 수 있다.

해설

① (○) 주민의 감사청구는 사무처리가 있었던 날이나 끝난 날부터 3년이 지나면 제기할 수 없다.
② (○) 주무부장관이나 시·도지사는 감사청구를 수리한 날부터 60일 이내에 감사청구 된 사항에 대하여 감사를 끝내는 것을 원칙으로 한다. 다만, 정당한 사유가 있으면 그 기간을 연장할 수 있다.
③ (○) 다른 기관에서 감사하였거나 감사 중인 사항은 원칙적으로 감사청구의 대상에서 제외되지만 새로운 사항의 발견, 중요 사항의 누락, 주민소송의 대상 등이 되면 감사청구할 수 있다.
④ (×) 주민감사의 청구자 수는 시·도에서는 300명, 50만 명 이상 대도시에서는 200명, 그 밖의 시·군 및 자치구에서는 150명을 넘지 아니하는 범위에서 그 지방자치단체의 조례로 정한다.
※ 출제 당시, "① ~끝난 날부터 2년이 지나면~, ④ ~19세 이상~'이었으나, 2022년 1월 「지방자치법」이 개정되어 선택지를 수정하였습니다.

기출처: 2018 지방직 9급 변형
난이도: ★★
키워드: 주민의 감사청구

관련기출 옳은지문

• 주민의 감사청구는 사무처리가 있었던 날이나 끝난 날부터 3년이 지나면 제기할 수 없다. 23. 경찰간부

> **고득점 플러스+** 주민감사청구제도

- 청구권자: 18세 이상의 주민
- 서명요건: 시·도(→ 300명 이내), 인구 50만 명 이상 대도시(→ 200명 이내) 그 밖의 시·군 및 자치구(→ 150명 이내)
- 청구대상: 지방자치단체와 그 장의 권한에 속하는 사무 → 위법 + 부당
- 청구기관: 시·도는 주무부장관, 시·군 및 자치구는 시·도지사
- 제외대상
  - 수사나 재판에 관여하게 되는 사항, 개인의 사생활을 침해할 우려가 있는 사항
  - 다른 기관에서 감사하였거나 감사 중인 사항 → 새로운 사항의 발견, 중요 사항의 누락, 주민소송의 대상인 경우는 가능
  - 동일한 사항에 대하여 소송이 진행 중이거나 그 판결이 확정된 사항
- 청구시효: 사무처리가 있었던 날이나 끝난 날부터 3년이 지나면 제기할 수 없음

정답 | ④

962 필수

우리나라의 주민소환제도에 대한 설명으로 옳지 않은 것은?

① 가장 유력한 직접민주주의 제도이다.
② 비례대표 지방의회의원은 주민소환 대상이 아니다.
③ 심리적 통제 효과가 크다.
④ 군수를 소환하려고 할 경우에는 해당 군의 주민소환투표청구권자 총수의 100분의 10 이상의 서명을 받아 청구해야 한다.

962
- 기출처: 2021 국가직 9급
- 난이도: ★★
- 키워드: 주민소환제도

해설

① (O) 주민소환은 직접 공직에서 해임할 수 있다는 점에서 가장 강력한 직접민주주의 방식이다.
② (O) 소환의 대상은 선출직 지방공무원이며, 비례대표 지방의회의원은 주민소환의 대상에서 제외된다.
③ (O) 임기만료 전에 주민에 의해 해임될 가능성이 있으므로 선출직 공직자에 대한 심리적 압박의 효과가 클 것이다.
④ (×) 기초자치단체장에 대한 소환을 청구하기 위해서는 주민소환투표청구권자 총수의 100분의 15 이상의 서명을 받아야 한다.

관련기출 옳은지문
- 선출직 지방공직자의 임기 만료일부터 1년 미만일 때에는 주민소환투표의 실시를 청구할 수 없다.
  14. 서울시 7급

정답 | ④

963		
기출처	2021 국가직 7급	
난이도	★★	
키워드	주민참여예산제도	

963

우리나라 주민참여예산제도에 대한 설명으로 옳지 않은 것은?

① 주민이 참여할 수 있는 예산의 범위는 「지방재정법」에 규정되어 있다.
② 지방자치단체의 장은 주민참여예산제도를 마련하여 시행해야 할 법적 의무가 있다.
③ 지방자치단체 중 최초로 주민참여예산조례를 제정한 곳은 광주광역시 북구이다.
④ 지방의회 예산심의권 침해 논란이 있다.

관련기출 옳은지문

- 주민참여예산은 재정민주주의를 강화하는 방안 중 하나이다.   23. 국회직 8급

- 예산의 심의, 결산의 승인 등 지방의회의 의결사항은 주민참여예산의 관여 범위가 아니다.   23. 국회직 8급

해설

① (×) 「지방재정법」에는 주민이 참여할 수 있는 예산의 범위는 규정되어 있지 않다. 다만, 지방의회의 의결사항은 주민참여예산에서 제외된다.
② (○) 지방자치단체장은 주민참여예산제도를 통해 수렴한 주민의 의견서를 예산안에 첨부하여 지방의회에 제출하여야 한다.
③ (○) 우리나라는 광주광역시 북구에서 2003년 주민참여예산제도를 최초로 도입하였고, 2004년 조례를 제정해 제도화하였다.
④ (○) 주민참여예산은 주민들에 의해 편성된 예산안으로 지방의회는 이를 폐지하거나 삭감하기 어려운 정치적 압력에 놓이게 되므로 지방의회의 자유로운 예산심의권을 침해할 가능성이 존재한다.

고득점 플러스+ 주민참여예산제도 → 「지방재정법」

- 시행: 단체장이 대통령령으로 정하는 바에 따라 예산편성 등 예산과정에 참여할 수 있는 제도의 시행(→ 필수)
- 제외: 지방의회의 의결사항
- 주민참여예산위원회: 지방자치단체의 장 소속, 주민참여와 관련된 사항의 심의
- 후속조치: 주민참여예산제도를 통하여 수렴한 주민의 의견서를 지방의회에 제출하는 예산안에 첨부
- 평가: 행정안전부장관이 대통령령으로 정하는 바에 따라 평가
- 조례규정 사항: 주민참여예산기구의 구성·운영과 그 밖에 필요한 사항

정답 | ①

964		
기출처	2019 지방직 7급	
난이도	★★	
키워드	주민참여예산제도	

964

주민참여예산제도에 대한 설명으로 옳지 않은 것은?

① 지방자치단체의 장은 주민참여예산제도를 통하여 수렴한 주민의 의견서를 지방의회에 제출하는 예산안에 첨부하여야 한다.
② 주민참여예산기구의 구성·운영과 그 밖에 필요한 사항은 해당 지방자치단체의 조례로 정한다.
③ 2011년 「지방자치법」의 개정으로 모든 지방자치단체가 의무적으로 이행해야 하는 제도가 되었다.
④ 행정안전부장관은 지방자치단체의 재정적 여건을 고려하여 지방자치단체별 주민참여예산제도의 운영을 평가할 수 있다.

- 해설 -

① (O) 지방자치단체의 장은 주민참여예산제도를 통하여 수렴한 주민의 의견서를 지방의회에 제출하는 예산안에 첨부하여야 한다.
② (O) 주민참여예산기구의 구성·운영과 그 밖에 필요한 사항은 해당 지방자치단체의 조례로 정한다. 이는 각 지방자치단체의 특성과 여건에 맞게 제도를 유연하게 운영할 수 있도록 자율성을 부여한 것이다.
③ (×) 주민참여예산제도는 「지방재정법」에 의무적으로 시행(2011)하도록 규정되어 있다.
④ (O) 행정안전부장관은 지방자치단체의 재정적·지역적 여건 등을 고려하여 대통령령으로 정하는 바에 따라 지방자치단체별 주민참여예산제도의 운영에 대하여 평가를 실시할 수 있다.

정답 | ③

관련기출 옳은지문

- 주민참여예산제도는 실질적 참여가 이루어지는 것을 전제로 하기 때문에 Arnstein의 주민권력단계에 속한다고 할 수 있다. 20. 경찰간부

- 주민참여예산제도는 결과적 측면보다는 과정적 측면의 이념을 지향한다. 20. 경찰간부

- 주민참여예산제도의 구체적인 내용은 각 지방자치단체의 조례로 정하도록 하고 있다. 23. 국회직 8급

- 주민소송은 주민감사청구의 결과에 불복하는 경우에 하는 것이다. 16. 국회직 8급

965
주민참여제도에 대한 설명으로 옳은 것만을 모두 고르면?

ㄱ. 주민감사청구는 사무처리가 있었던 날이나 끝난 날부터 3년이 지나면 제기할 수 없다.
ㄴ. 주민은 비례대표 지방의회의원을 포함한 모든 지방의회의원을 소환할 수 있다.
ㄷ. 지방자치단체의 사무 중 예산 편성·의결 및 집행에 관한 사항을 주민투표에 부칠 수 있다.
ㄹ. 주민참여예산기구의 구성·운영에 관한 사항은 해당 지방자치단체의 조례로 정한다.

① ㄱ, ㄴ
② ㄱ, ㄹ
③ ㄴ, ㄷ
④ ㄷ, ㄹ

965	
기출처	2025 국가직 9급
난이도	★★
키워드	주민참여예산제도

- 해설 -

ㄱ. (O) 주민감사청구는 공익을 현저히 해한다고 인정되는 사무처리가 있었던 날이나 끝난 날부터 3년이 지나면 제기할 수 없다.
ㄴ. (×) 비례대표 지방의회의원은 주민소환 대상에서 제외된다.
ㄷ. (×) 지방자치단체의 예산·회계·계약 및 재산 관리에 관한 사항 등은 주민투표에 부칠 수 없다.
ㄹ. (O) 주민참여예산제도의 운영에 필요한 주민참여의 범위, 절차 및 운영방법 등 구체적인 사항은 해당 지방자치단체의 조례로 정한다.

정답 | ②

966

기출처	2019 지방직 7급
난이도	★★
키워드	주민소환

966
다음 중 현행 법률상 허용되지 않는 것만을 모두 고르면?

> ㄱ. 비례대표 지방의회의원에 대한 주민소환
> ㄴ. 수사에 관여하게 되는 사항에 대한 주민감사청구
> ㄷ. 수수료 감면을 위한 주민의 조례개정청구
> ㄹ. 지방공무원의 정원에 관한 주민투표

① ㄱ, ㄷ
② ㄱ, ㄴ, ㄹ
③ ㄴ, ㄷ, ㄹ
④ ㄱ, ㄴ, ㄷ, ㄹ

해설

ㄱ. (×) 주민소환은 선출직 지방공무원을 대상으로 한다. 비례대표 지방의회의원은 주민소환의 대상이 아니다.
ㄴ. (×) 수사나 재판에 관여하게 되는 사항, 개인의 사생활을 침해할 우려가 있는 사항, 다른 기관에서 감사하였거나 감사 중인 사항, 동일한 사항에 대하여 소송이 진행 중이거나 그 판결이 확정된 사항 등은 주민감사청구의 대상에서 제외된다.
ㄷ. (×) 법령을 위반하는 사항, 지방세·사용료·수수료·부담금의 부과·징수 또는 감면에 관한 사항, 행정기구를 설치하거나 변경하는 것에 관한 사항이나 공공시설의 설치를 반대하는 사항 등은 조례개폐청구의 대상에서 제외된다.
ㄹ. (×) 법령에 위반되거나 재판 중인 사항, 국가 또는 다른 지방자치단체의 권한 또는 사무에 속하는 사항, 예산·회계·계약 및 재산관리에 관한 사항과 지방세·사용료·수수료·분담금 등 각종 공과금의 부과 또는 감면에 관한 사항, 행정기구의 설치·변경에 관한 사항과 공무원의 인사·정원 등 신분과 보수에 관한 사항 등은 주민투표의 청구대상에서 제외된다.

정답 | ④

967

기출처	2019 국가직 9급 변형
난이도	★★
키워드	주민참여 수단

967
「지방자치법」상 주민참여 수단에 대한 설명으로 옳지 않은 것은?

① 지방자치단체의 장은 주민에게 과도한 부담을 주거나 중대한 영향을 미치는 지방자치단체의 주요 결정사항 등에 대하여 주민투표에 부칠 수 있다.
② 18세 이상의 주민은 그 지방자치단체와 그 장의 권한에 속하는 사무의 처리가 법령에 위반되거나 공익을 현저히 해친다고 인정되면 감사를 청구할 수 있다.
③ 주민은 그 지방자치단체의 장을 소환할 권리는 갖지만, 비례대표 지방의회의원을 소환할 권리를 가지고 있지는 못하다.
④ 주민은 행정기구를 설치하거나 변경하는 것에 관한 사항이나 공공시설의 설치를 반대하는 사항의 조례를 제정하거나 개정하거나 폐지할 것을 청구할 수 있다.

> 해설

① (○) 지방자치단체의 장은 주민에게 과도한 부담을 주거나 중대한 영향을 미치는 지방자치단체의 주요 결정사항 등에 대하여 주민투표에 부칠 수 있다.
② (○) 지방자치단체의 18세 이상의 주민은 그 지방자치단체와 그 장의 권한에 속하는 사무의 처리가 법령에 위반되거나 공익을 현저히 해친다고 인정되면 감사를 청구할 수 있다.
③ (○) 주민은 지방자치단체의 장과 지역구 지방의회의원, 비례대표 지방의회의원을 제외한 지방의회의원에 대하여 소환투표를 청구할 수 있다. 즉, 비례대표 지방의회의원은 소환 대상에서 제외된다.
④ (×) 행정기구를 설치하거나 변경하는 것에 관한 사항이나 공공시설의 설치를 반대하는 사항의 조례를 제정하거나 개정하거나 폐지할 것을 청구할 수 없다.
※ 출제 당시, "② 19세 이상의~"이었으나, 「지방자치법」이 개정되어 선택지를 수정하였습니다.

정답 | ④

968
우리나라의 주민참여제도에 대한 설명으로 옳지 않은 것은?

① 지방자치단체의 장은 주민에게 과도한 부담을 주거나 중대한 영향을 미치는 지방자치단체의 주요 결정사항 등에 대하여 주민투표에 부칠 수 있다.
② 개인의 사생활을 침해할 우려가 있는 사항이라도, 사무의 처리가 법령에 위반되거나 공익을 현저히 해친다고 인정되면 주민감사청구를 할 수 있다.
③ 주무부장관이나 시·도지사는 주민감사청구를 처리(각하 포함)할 때 청구인의 대표자에게 반드시 증거제출 및 의견진술의 기회를 주어야 한다.
④ 지방자치단체의 장은 대통령령으로 정하는 바에 따라 지방예산편성 과정에 주민이 참여할 수 있는 절차를 마련하여 시행하여야 한다.

968	
기출처	2017 국가직 9급(하)
난이도	★★
키워드	주민감사청구

> 해설

① (○) 지방자치단체의 장은 주민에게 과도한 부담을 주거나 중대한 영향을 미치는 지방자치단체의 주요 결정사항 등에 대하여 주민투표에 부칠 수 있다.
② (×) 수사나 재판에 관여하게 되는 사항, 개인의 사생활을 침해할 우려가 있는 사항, 다른 기관에서 감사하였거나 감사 중인 사항, 동일한 사항에 대하여 소송이 진행 중이거나 그 판결이 확정된 사항 등은 주민감사청구 대상에서 제외된다.
③ (○) 주무부장관이나 시·도지사가 감사청구를 처리(각하 포함)할 때 청구인의 대표자에게 반드시 증거제출 및 의견진술의 기회를 주어야 한다. 이는 주민 참여권의 실질적인 보장과 절차적 정당성을 확보하기 위한 규정이다.
④ (○) 지방자치단체의 장은 대통령령으로 정하는 바에 따라 지방예산편성 과정에 주민이 참여할 수 있는 절차를 마련하여 시행하여야 한다. 이는 주민참여예산제도의 법적 근거이다.

정답 | ②

관련기출 옳은지문

- 주민은 지방자치단체의 조례를 개정하거나 폐지할 것을 청구할 수 있다. 23. 경찰간부
- 주민투표에 부쳐진 사항은 주민투표권자 총수의 4분의 1 이상의 투표와 유효투표수 과반수의 득표로 확정된다. 23. 경찰간부
- 주민투표를 실시할 수 있는 권한은 지방자치단체의 장에게만 부여되어 있다. 18. 소방간부
- 조례개폐청구제도는 지방선거의 유권자 중 일정 수 이상의 연서로 지방자치단체의 조례 제정 및 개폐에 대해 주민들이 직접 발안할 수 있도록 하는 것이다. 16. 국회직 8급
- 주민투표의 발의는 지방자치단체의 장만 할 수 있다. 18. 국회직 9급

969

주민참여제도에 대한 설명으로 옳지 않은 것은?

① 주민투표제도, 주민발안제도, 주민소환제도가 모두 시행되고 있다.
② 「지방자치법」은 주민감사청구 요건으로 시·군·자치구의 경우 19세 이상 주민 500명 이상의 연서를 받아 감사를 청구할 수 있도록 규정하고 있다.
③ 지방자치단체장에 대한 주민소환투표가 실시된 적이 있다.
④ 「지방재정법」은 지방자치단체의 장이 주민참여예산제도를 의무적으로 시행하도록 규정하고 있다.

해설

① (○) 주민발안제도는 조례제정 및 개폐청구권을 의미하지만 본래적 의미의 주민발안과는 차이가 있는 제도이다.
② (×) 시·군·자치구의 경우 18세 이상 주민 150명 이상의 연서를 받아 감사를 청구할 수 있도록 규정하고 있다.
③ (○) 하남시장과 제주도지사에 대한 주민소환투표가 실시된 적이 있다.
④ (○) 지방자치단체의 장은 대통령령으로 정하는 바에 따라 지방예산 편성 등 예산과정(지방의회의 의결사항은 제외)에 주민이 참여할 수 있는 제도를 마련하여 시행하여야 한다.

정답 | ②

---

970 〈필수〉

주민참여제도에 대한 설명으로 옳은 것은?

① 주민투표의 대상·발의자·발의요건, 그 밖에 투표절차 등에 관한 사항은 따로 「주민투표법」으로 정하고 있다.
② 주민은 지방자치단체의 권한에 속하는 사무의 처리가 법령에 위반되거나 공익을 현저히 해친다고 판단될 때 해당 지방자치단체장에게 감사를 청구할 수 있다.
③ 주민은 지방자치단체의 공금지출에 관한 위법한 행위에 대하여 해당 지방자치단체의 장을 상대방으로 주민소송이 가능하며, 이 제도는 2021년 「지방자치법」 전부개정을 통해 처음 도입되었다.
④ 주민은 지방의회의원과 지방자치단체장에 대해 소환할 권리를 가지며 비례대표 지방의회의원도 소환 대상에 포함된다.

관련기출 옳은지문

• 18세 이상의 주민 중 투표인명부 작성기준일 현재 그 지방자치단체의 관할 구역에 주민등록이 되어 있는 사람은 주민투표권이 있다.
21. 군무원 7급

• 주민투표권자의 연령은 투표일 현재를 기준으로 산정한다.
21. 군무원 7급

• 출입국관리 관계 법령에 따라 대한민국에 계속 거주할 수 있는 자격을 갖춘 외국인으로서 지방자치단체의 조례로 정한 사람은 투표권이 있다.
21. 군무원 7급

해설

① (○) 「지방자치법」은 주민투표의 대상·발의자·발의요건, 그 밖에 투표절차 등에 관한 사항은 따로 법률로 정하도록 하고 있는데 그 법률이 「주민투표법」이다.
② (×) 주민감사청구는 시·도의 경우 주무부장관, 시·군·자치구는 시·도지사에게 청구한다.
③ (×) 주민소송제도는 2006년에 도입되었다.
④ (×) 비례대표 지방의회의원은 주민소환의 대상에서 제외된다.

정답 | ①

971

우리나라의 주민참여제도에 대한 설명으로 옳은 것은?

① 지방자치제가 1995년 부활한 이후 주민투표제, 주민소환제, 주민소송제, 주민참여예산제의 순서로 도입되었다.
② 주민소환 청구요건이 엄격해 실제로 주민소환제를 통해 주민소환이 확정된 지방자치단체장이나 지방의회의원은 없다.
③ 기획재정부장관은 지방자치단체별 주민참여예산제도의 운영에 대한 평가를 실시할 수 있다.
④ 주민투표는 특정한 사항에 대하여 찬성 또는 반대의 의사표시를 하거나 두 가지 사항 중 하나를 선택하는 형식으로 실시하여야 한다.

해설

① (×) 주민참여제도는 주민감사청구(1999) → 주민투표제(2004) → 주민소환제(2006) → 주민소송제(2006) → 주민참여예산제(2011 의무화) 순으로 도입되었다.
② (×) 단체장에 대한 소환이 확정된 적은 없지만 시의원(하남시)에 대한 주민소환이 확정된 경우는 존재한다.
③ (×) 행정안전부장관은 대통령령으로 정하는 바에 따라 지방자치단체별 주민참여예산제도의 운영에 대한 평가를 실시할 수 있다.
④ (O) 주민투표는 특정한 사항에 대하여 찬성 또는 반대의 의사표시를 하거나 두 가지 사항 중 하나를 선택하는 형식으로 실시하여야 한다.

정답 | ④

971	
기출처	2017 지방직 7급
난이도	★
키워드	주민투표

972

주민참여제도에 대한 설명으로 옳지 않은 것은?

① 주민참여제도에는 주민투표, 주민소환, 주민소송 등이 있다.
② 「지방자치법」에서는 주민소송에 관한 사항을 명시하고 있다.
③ 지역구지방의회의원에 대한 주민소환투표는 당해 지방의회의원의 지역선거구를 대상으로 한다.
④ 지방자치단체가 조례를 제정하면 해당 지역에 거주하는 17세 이상의 외국인에게도 주민투표권이 부여된다.

해설

① (O) 주민참여제도에는 이밖에 주민감사청구, 조례제정 및 개폐청구, 주민참여예산제도, 규칙의 제정과 개폐 의견 제출제도 등이 도입되어 있다.
② **매력적 오답** (O) 우리나라는 「주민소송법」이 따로 없으며 「지방자치법」에 규정되지 않은 것은 「행정소송법」이 적용된다.
③ (O) 지방자치단체의 장에 대한 주민소환투표는 당해 지방자치단체 관할구역 전체를 대상으로 하지만 지역구 지방의회의원에 대한 주민소환투표는 당해 지방의회의원의 지역선거구를 대상으로 한다.
④ (×) 지방자치단체가 조례를 제정하면 해당 지역에 거주하는 18세 이상의 외국인에게도 주민 투표권이 부여된다.
※ 출제 당시, "④ ~지역에 거주하는 18세 이상의~'이었으나, 「주민투표법」의 개정으로 선택지를 '17세 이상의'로 수정하였습니다.

정답 | ④

972	
기출처	2019 지방직 9급 변형
난이도	★★
키워드	주민투표

973	
기출처	2016 지방직 9급
난이도	★★
키워드	주민소환

관련기출 옳은지문
- 주민소환투표권자의 연령은 19세 이상이어야 한다. 22. 경찰승진

973

「지방자치법」상 우리나라 지방자치단체에 대한 설명으로 옳지 않은 것은?

① 지방자치단체인 구는 특별시와 광역시의 관할 구역 안의 구만을 말한다.
② 자치구가 아닌 구의 명칭과 구역의 변경은 그 지방자치단체의 조례로 정한다.
③ 주민은 지방자치단체와 그 장의 권한에 속하는 사무의 처리가 법령에 위반되거나 공익을 현저히 해친다고 인정되면 감사를 청구할 수 있다.
④ 주민은 그 지방자치단체의 장뿐만 아니라 지방에 속한 모든 의회의원까지도 소환할 권리를 가진다.

해설

① (O) 인구 50만 명이 넘는 시에는 자치단체가 아닌 구를 둘 수 있다.
② (O) 자치구의 명칭과 구역의 변경은 법률로 정하지만 자치구가 아닌 구의 명칭과 구역의 변경은 그 지방자치단체의 조례로 정한다.
③ (O) 지방자치단체의 18세 이상의 주민은 시·도에서는 주무부장관에게, 시·군 및 자치구에서는 시·도지사에게 그 지방자치단체와 그 장의 권한에 속하는 사무의 처리가 법령에 위반되거나 공익을 현저히 해친다고 인정되면 감사를 청구할 수 있다.
④ (X) 비례대표 지방의회의원은 주민소환의 대상에서 제외된다.

정답 | ④

CHAPTER 05 지방재정

974 필수
「지방재정법」상 지방재정에 대한 설명으로 옳지 않은 것은?
① 특정한 재정수요에 충당하기 위한 특별조정교부금은 민간에 지원하는 보조사업의 재원으로 사용할 수 있다.
② 지방자치단체나 그 기관이 법령에 따라 처리하여야 할 사무로서 국가와 지방자치단체 간에 이해관계가 있는 경우에는 원활한 사무처리를 위하여 국가에서 부담하지 아니하면 아니 되는 경비는 국가가 그 전부 또는 일부를 부담한다.
③ 국가가 스스로 하여야 할 사무를 지방자치단체나 그 기관에 위임하여 수행하는 경우 그 경비는 국가가 전부를 그 지방자치단체에 교부하여야 한다.
④ 국가는 정책상 필요하다고 인정할 때 또는 지방자치단체의 재정 사정상 특히 필요하다고 인정할 때에는 예산의 범위에서 지방자치단체에 보조금을 교부할 수 있다.

974	1 2 3
기출처	2024 지방직 7급
난이도	★
키워드	특별조정교부금

관련기출 옳은지문
- 지방자치단체의 세입재원은 크게 자주재원과 의존재원으로 나눌 수 있는데, 자주재원에는 지방세와 세외수입이 있고, 의존재원에는 국고보조금과 지방교부세 등이 있다.

17. 서울시 9급

해설
① (×) 특정한 재정수요에 충당하기 위한 특별조정교부금은 민간에 지원하는 보조사업의 재원으로 사용할 수 없다.
② (○) 지방자치단체나 그 기관이 법령에 따라 처리하여야 할 사무로서 국가와 지방자치단체 간에 이해관계가 있는 경우에는 원활한 사무처리를 위하여 국가에서 부담하지 아니하면 아니 되는 경비는 국가가 그 전부 또는 일부를 부담한다.
③ (○) 국가가 스스로 하여야 할 사무를 지방자치단체나 그 기관에 위임하여 수행하는 경우 그 경비는 국가가 전부를 그 지방자치단체에 교부하여야 한다.
④ (○) 국가는 정책상 필요하다고 인정할 때 또는 지방자치단체의 재정 사정상 특히 필요하다고 인정할 때에는 예산의 범위에서 지방자치단체에 보조금을 교부할 수 있다.

정답 | ①

975		① ② ③
기출처	2020 지방직 9급	
난이도	★★	
키워드	자주재원	

🔍 관련기출 옳은지문

- 지방수입에 있어서 자주재원의 핵심은 지방세와 세외수입으로 지방세는 법률이 정하는 바에 따라 강제적으로 징수하고, 세외수입은 지방세 외의 모든 수입을 포함하는 개념이다. 　　　　　19. 서울시 7급(상)

- 지방교부세와 국고보조금은 의존재원이다. 　　　　　24. 국회직 9급

- 지방세 중 보통세와 지방교부세는 일반재원이다. 　　　　　24. 국회직 9급

975 〈필수〉

지방재정의 세입항목 중 자주재원에 해당하는 것은?

① 지방교부세
② 재산임대수입
③ 조정교부금
④ 국고보조금

해설

① (×) 지방교부세는 국가가 재정적 결함이 있는 자치단체에 교부하는 금액으로 의존재원에 해당한다.
② (○) 재산임대수입은 자치단체가 국·공유재산을 관리·운영하는 과정에서 발생하는 수입으로, 국·공유재산을 매각·처분하여 발생하는 수입은 제외된다.
③ (×) 조정교부금은 광역자치단체가 기초자치단체에 교부하는 재원으로 의존재원에 해당한다.
④ (×) 국고보조금은 정부시책 또는 재정상 필요하다고 인정할 때 비도를 지정하여 교부되는 자금으로 의존재원에 해당한다.

고득점 플러스+ 　지방재원의 구분

- 자율성 기준: 자주재원(→ 지방세, 세외수입), 의존재원(→ 지방교부세, 국고보조금 등)
- 용도기준: 일반재원(→ 보통세, 보통교부세 등), 특정재원(→ 목적세, 특별교부세, 국고보조금 등)
- 규칙성 기준: 경상재원, 임시재원

정답 | ②

976		① ② ③
기출처	2018 국가직 7급	
난이도	★★	
키워드	의존재원	

976

지방재정의 구성요소 중 의존재원의 기능으로 적절하지 않은 것은?

① 지방자치단체에 대한 유도·조정을 통한 국가 차원의 통합성 유지
② 지방재정의 안정성 확보
③ 지방재정의 지역 간 불균형 시정
④ 지방자치단체의 다양성과 지방분권화 촉진

해설

①, ③ (○) 의존재원은 자치단체 간 재정격차를 해소(보통교부세)하고 특정 사업의 전국적 추진(국고보조금)을 통한 국가 차원의 통합성 유지에 기여한다.
② (○) 의존재원은 지방자치단체의 재원확보의 안정성을 높이는 수단이 된다.
④ (×) 의존재원은 국가 혹은 상급자치단체로부터 지원받는 재원이므로 지방자치단체의 다양성이나 지방분권의 촉진에는 저해요인이 될 수 있다.

정답 | ④

977 필수

지방재정에 대한 설명으로 옳지 않은 것은?

① 재정자립도는 일반회계 예산규모에서 지방세와 세외수입 합계액의 비(比)를 의미하며 지방자치단체의 실제 재정력과 차이가 있다는 비판이 있다.
② 재정자주도는 일반회계 예산규모에서 자체수입과 자주재원 합계액의 비를 의미하며 보통교부세 교부 여부의 적용기준으로 활용된다.
③ 재정력지수는 기준재정수요액에서 기준재정수입액의 비를 의미하며 기본적 행정수행을 위한 재정수요의 실질적 확보 능력을 판단하는 기준이 된다.
④ 주민 1인당 지방세 부담액은 지방세액을 해당 지방자치단체 주민 수로 나눈 것으로 세입구조 안정성을 판단하는 기준이 된다.

977
- 기출처: 2023 지방직 7급
- 난이도: ★★
- 키워드: 재정자주도

해설

① (○) 재정자립도를 산정함에 있어 특별회계와 기금이 제외되어 지방자치단체의 실제 재정력과 차이를 가져온다는 비판을 받는다.
② (×) 보통교부세의 교부기준은 재정력지수이다. 재정자주도는 차등보조율의 기준으로 활용되고 있다.
③ (○) 재정력지수는 기준재정수입액을 기준재정수요액으로 나눈 값을 의미한다(기준재정수입액 ÷ 기준재정수요액). 이 지수가 1을 넘으면 보통교부세를 받지 못하고, 1 미만이면 보통교부세를 받게 된다. 즉, 기본적 행정수행을 위한 재정수요를 충족시킬 수 있는 실질적인 확보 능력을 판단하는 기준이 된다.
④ **매력적 오답** (○) 주민 1인당 지방세 부담액은 지방세액을 해당 지방자치단체 주민 수로 나눈 것으로, 주민 한 명당 얼마나 지방세를 부담하는지를 보여주는 지표이다.

고득점 플러스+ 지방재정력 평가지수

- 재정규모: 자주재원 + 의존재원 + 지방채
- 재정자립도: 총 재원 중 자주재원이 차지하는 비중 → 도농통합시의 설치 기준
  - 방식: (지방세 + 세외수입) / 일반회계, (지방세 + 세외수입 + 지방채) / 일반회계
  - 문제점
    ㄴ 세입 중심: 세출의 질 간과, 재정규모의 중요성 간과
    ㄴ 일반회계만 고려: 특별회계와 기금 등의 역할 간과 → 실제 재정력의 과소평가
    ㄴ 의존재원 성격의 다양성 간과 → 보통교부세의 의미 간과
- 재정력지수: 기준재정수입액 / 기준재정수요액 → 보통교부세 교부기준
- 재정자주도: 일반재원(→ 자주재원 + 지방교부세 + 조정교부금) / 총 재원 → 차등보조금의 기준

정답 | ②

관련기출 옳은지문

- 지방재정자립도를 높이기 위해 국세의 일부를 지방세로 전환할 경우 지역 간 재정불균형이 심화될 수 있다. 17. 서울시 9급

- 재정자립도는 지방자치단체 총 예산규모 중 자주재원이 차지하는 비율로 그 산식에 있어서 분모와 분자에 모두 자주재원이 존재함으로 인해 재정자립도를 결정하는 데에 중요한 요인은 의존재원이 된다. 19. 서울시 7급(상)

- 재정자립도는 지방자치단체 간 상대적 재정규모를 평가하지 못한다. 25. 경찰승진

- 지방재정력이란 지방자치단체가 관할 구역의 공공서비스를 공급하는 데 필요한 재정수요를 충족시키기 위해 소요되는 재원을 자기 관할 구역 내의 과세대상으로부터 조달할 수 있는 조세부담능력으로 정의된다. 25. 경찰승진

- 재정력지수는 보통교부세 배분기준으로 활용된다. 25. 경찰승진

978

지방세 세원 확보의 원칙과 우리나라 지방자치단체의 현실적인 문제점을 연결한 것으로 옳지 않은 것은?

① 충분성 – 지방세 수입이 지방사무의 양에 비교하여 충분하지 못하다.
② 안정성 – 소득과세 중심으로 세원 확보가 매우 불안정하다.
③ 보편성 – 수도권과 비수도권의 세원이 심각하게 불균형적이다.
④ 자율성 – 지방세의 세목설정 권한이 인정되지 않기 때문에 자율성이 상대적으로 떨어진다.

해설

①, ③, ④ (○) 우리나라는 세목은 많으나 세원은 빈약하며, 소득세·소비세보다 재산세 위주로 세수의 신장성이 미약하다고 평가받는다. 또한 조세법률주의로 독자적 과세권이 결여되어 있으며, 재원의 보편성이 부족하여 세원의 지역적 편차가 심하고, 지역적 특성의 고려 없이 획일적으로 과세가 이루어지고 있다고 비판받는다.
② (×) 우리나라는 소득세·소비세보다 재산세 위주로 세수의 신장성이 미약하다.

정답 | ②

979

「지방세기본법」상 특별시·광역시의 세원이 아닌 것은?

① 취득세
② 자동차세
③ 등록면허세
④ 레저세

해설

①, ②, ④ (○) 특별시·광역시의 세원으로는 취득세, 레저세, 담배소비세, 지방소비세, 주민세, 지방소득세, 자동차세, 지방교육세, 지역자원시설세 등이 있다.
③ (×) 등록면허세는 자치구의 세원이다.

정답 | ③

980

지방세제에 대한 설명으로 옳지 않은 것은?

① 지방소비세는 국세인 부가가치세의 일부를 일정한 기준에 따라 광역지방자치단체에 이전하는 일종의 세원공유 방식의 지방세이다.
② 지역자원시설세와 지방교육세는 목적세이다.
③ 레저세는 국세인 개별소비세와 지방세인 경주·마권세의 일부가 전환된 세목이다.
④ 지방세는 재산과세의 비중이 높으며 중앙정부의 부동산 정책과 지역경제 상황에 따라 영향을 받는다.

해설

① (○) 지방소비세는 부가가치세의 25.3%를 적용하여 계산된 금액이다.
② (○) 지역자원시설세는 특정 자원으로서 대통령령으로 정하는 것에 부과되는 과세이고, 지방교육세는 지방교육재정의 확충에 드는 재원을 확보하기 위하여 부과되는 과세로 목적세에 해당한다.
③ (×) 레저세는 「경륜·경정법」에 따른 경륜 및 경정과 「한국마사회법」에 따른 경마 등에 부과되는 지방세이다. 개별소비세는 특별소비세가 바뀐 것으로 현행 국세의 항목이다. 즉, 지방세로 전환된 세목이 아니다.
④ (○) 지방세는 재산세 중심의 세입 구조를 가지며, 부동산 보유나 거래에 기반한 세목이 많기 때문에 중앙정부의 부동산 정책이나 지역경제 상황 변화에 민감하게 반응한다. 따라서 지방세 수입은 정책 및 경기 요인에 따라 등락이 발생할 수 있다.

고득점 플러스+ 우리나라의 지방세

구분	특별시·광역시세	도세	자치구세	시·군세
보통세	① 취득세 ② 레저세 ③ 담배소비세 ④ 지방소비세 ⑤ 주민세 ⑥ 지방소득세 ⑦ 자동차세	① 취득세 ② 등록면허세 ③ 레저세 ④ 지방소비세	① 등록면허세 ② 재산세	① 주민세 ② 재산세 ③ 자동차세 ④ 담배소비세 ⑤ 지방소득세
목적세	① 지방교육세 ② 지역자원시설세	① 지방교육세 ② 지역자원시설세	–	–

정답 | ③

981
우리나라의 지방자치제도에 대한 설명으로 옳은 것은?

① 시·군의 지방세 세목에는 담배소비세, 주민세, 지방소득세, 재산세, 자동차세가 있다.
② 지방의회는 지방자치단체를 외부에 대표하는 기능, 국가위임사무 집행 기능 등을 가진다.
③ 지방자치단체는 2층제이며, 16개의 광역자치단체와 220개의 기초자치단체가 설치되어 있다.
④ 기관통합형 구조를 채택하고 있으며, 기초자치단체장 선거에서는 정당공천제를 실시하지 않고 있다.

981
기출처	2017 지방직 7급
난이도	★★
키워드	시·군의 지방세

해설

① (○) 시·군의 지방세 세목에는 주민세, 재산세, 자동차세, 담배소비세, 지방소득세가 있다.
② (×) 지방자치단체를 외부에 대표하는 기능, 국가위임사무 집행 기능 등을 가지는 것은 지방자치단체장이다.
③ (×) 우리나라 지방자치단체는 단층제(세종특별자치시와 제주특별자치도) 또는 중층제로 되어 있으며, 광역자치단체는 17개, 기초자치단체는 226개가 있다.
④ (×) 기관대립형 구조를 채택하고 있으며, 기초자치단체장 선거에서도 정당공천제가 채택되어 있다. 정당공천이 불가능한 것은 교육감 선거이다.

정답 | ①

982

우리나라의 지방재정에 대한 설명으로 옳지 않은 것은?

① 지방자치단체의 세입재원 중 자주재원에는 지방세와 세외수입이 있고, 의존재원에는 국고보조금과 지방교부세 등이 있다.
② 지방자치단체 간의 재정적 불균형을 조정하는 지방교부세의 종류로는 보통교부세, 특별교부세, 부동산교부세 등이 있다.
③ 지방세 중 목적세로는 지방교육세와 지방소비세가 있다.
④ 지방재정조정제도의 종류에는 조정교부금과 국고보조금 등이 있다.
⑤ 중앙정부와 지방정부 사이의 수직적 재정조정 기능이 있다.

해설

① (O) 지방자치단체의 세입재원은 크게 자체적으로 조달하는 자주재원(지방세, 세외수입)과 중앙정부 등 외부로부터 받는 의존재원(국고보조금, 지방교부세 등)으로 구분된다.
② (O) 지방교부세는 지방자치단체 간의 재정 불균형을 조정하고 재정력을 보강하기 위해 중앙정부가 교부하는 재원으로, 보통교부세, 특별교부세, 부동산교부세, 소방안전교부세가 있다.
③ (×) 지방세 중 목적세로는 지방교육세와 지역자원시설세가 있다.
④ (O) 지방재정조정제도는 중앙정부가 지방자치단체에 재원을 이전하여 지방재정의 불균형을 조정하고 재정력을 강화하는 제도이다. 주요 종류로는 지방교부세, 국고보조금, 조정교부금 등이 있다.
⑤ (O) 중앙정부와 지방정부 사이의 재정조정은 수직적 재정조정이라고 한다. 이는 중앙정부가 지방정부에 재원을 이전하거나 지원함으로써 발생하는 재정 관계를 의미한다. 반면 지방자치단체 상호 간의 조정은 수평적 재정조정이라고 한다.

정답 | ③

983 〈필수〉

특별시·광역시의 보통세와 도의 보통세에 공통적으로 속하는 세목만을 모두 고르면?

ㄱ. 지방소득세	ㄴ. 지방소비세
ㄷ. 주민세	ㄹ. 레저세
ㅁ. 재산세	ㅂ. 취득세

① ㄱ, ㄴ, ㄹ
② ㄱ, ㄷ, ㅁ
③ ㄴ, ㄹ, ㅂ
④ ㄷ, ㅁ, ㅂ

해설

ㄱ. (×) 지방소득세는 특별시·광역시와 시·군의 세금이다.
ㄴ, ㄹ, ㅂ. (O) 지방소비세와 레저세, 취득세가 특별시·광역시의 보통세와 도의 보통세에 공통적으로 속하는 세목이다.
ㄷ. (×) 주민세는 특별시·광역시와 시·군의 세금이다.
ㅁ. (×) 재산세는 자치구와 시·군의 세금이다.

정답 | ③

984
다음은 지방세 각 세목에 대한 설명이다. 목적세에 해당하는 것을 모두 고르면?

> ㄱ. 국세인 부가가치세의 일부를 지방세로 전환한 세금이다. 납세의무자는 부가가치세를 납부할 의무가 있는 자이며, 국가에 부가가치세를 납부하면 국가가 납세액의 일정 비율을 지방자치단체로 이전하는 형식을 취한다.
> ㄴ. 지하·해저자원, 관광자원, 수자원, 특수지형 등 지역자원의 보호 및 개발, 지역의 특수한 재난예방 등 안전관리사업 및 환경보호·개선사업, 그 밖에 지역 균형개발사업에 필요한 재원을 확보하거나 소방시설, 오물처리시설, 수리시설 및 그 밖의 공공시설에 필요한 비용을 충당하기 위하여 부과하는 세금이다.
> ㄷ. 소득분과 종업원분으로 구분한다. 소득분은 지방자치단체에서 소득세 및 법인세의 납세의무가 있는 자에게 부과하고, 종업원분은 종업원에게 급여를 지급하는 사업주에게 부과한다.
> ㄹ. 지방교육의 질적 향상에 필요한 지방교육재정의 확충에 소요되는 재원을 확보하기 위하여 부과한다. 레저세, 담배소비세, 주민세 균등분 등의 납세의무자에게 부과한다.

① ㄱ, ㄴ
② ㄱ, ㄹ
③ ㄴ, ㄷ
④ ㄴ, ㄹ

기출처 2013 국가직 7급
난이도 ★★
키워드 지방세

해설
ㄱ. (×) 국세인 부가가치세의 일부를 지방세로 전환한 세금은 지방소비세로 보통세에 해당한다.
ㄴ. (○) 지역자원시설세는 지하자원·해저자원·관광자원·수자원·특수지형 등 지역자원을 보호·개발하기 위하여 부과할 수 있다.
ㄷ. (×) 소득분과 종업원분으로 구분되는 것은 지방소득세로 보통세에 해당한다.
ㄹ. (○) 지방교육세는 지방교육의 질적 향상에 필요한 지방교육재정의 확충에 드는 재원을 확보하기 위하여 부과한다.

정답 | ④

985 〈필수〉
현행 지방세의 탄력세율 제도에 대한 설명으로 옳은 것만을 모두 고르면?

> ㄱ. 지방세 일부 세목의 세율에 대해 일정 범위 내에서 지방자치단체가 자율적으로 결정할 수 있다.
> ㄴ. 레저세, 지방소비세는 탄력세율이 적용되지 않는다.
> ㄷ. 조례로 담배소비세, 주행분 자동차세에 대해 표준세율의 50%를 가감하는 방식과 같이 일정 비율을 가감하는 방식이 주로 활용된다.

① ㄱ   ② ㄱ, ㄴ   ③ ㄴ, ㄷ   ④ ㄱ, ㄴ, ㄷ

해설

ㄱ, ㄴ. (○) 지방세 탄력세율 제도는 지방세법 및 개별 세법에서 정하는 바에 따라 지방세의 일부 세목에 대해 표준세율을 정해두고, 해당 지방자치단체가 조례로 그 표준세율의 일정 범위 내에서 자율적으로 세율을 가감하여 결정할 수 있도록 하는 제도이다. 이는 지방자치단체의 재정 자율성을 높이기 위한 목적이다. 다만 레저세와 지방소비세는 탄력세율의 대상에서 제외된다.

ㄷ. **매력적 오답** (×) 담배소비세와 자동차세의 주행분의 탄력세율은 대통령령으로 정한다.

고득점 플러스+ 탄력세율 제도
- 대통령령: 자동차세 주행세, 담배소비세
- 조례: 취득세와 등록면허세, 주민세, 지방소득세, 재산세, 자동차세 보유세, 지역자원시설세, 지방교육세
- 제외: 지방소비세, 레저세

정답 | ②

986
부담금에 대한 설명으로 옳지 않은 것은?

① 특정의 공공서비스를 창출하거나 바람직한 행위를 유도하기 위해 사용된다.
② 수익자 부담의 원칙이 적용된다.
③ 「지방세법」상 지방세 수입의 재원 중 하나이다.
④ 부담금에 관한 주요 정책과 그 운용방향 등을 심의하기 위하여 기획재정부장관 소속으로 부담금심의위원회를 둔다.

해설

① (○) 부담금은 특정 공익사업에 충당하거나 특정 행위의 방지(원인자부담금) 등에 활용되므로 공공서비스의 창출이나 바람직한 행위를 유도하기 위해 사용될 수 있다.
② (○) 부담금은 당해 사업에 특별한 이해관계를 가진 사람에게만 부과되는 점에서 수익자 부담의 원칙이 적용될 수 있다.
③ (×) 부담금이란 중앙행정기관의 장, 지방자치단체의 장, 행정권한을 위탁받은 공공단체 또는 법인의 장 등 법률에 따라 금전적 부담의 부과권한을 부여받은 자가 분담금, 부과금, 기여금, 그 밖의 명칭에도 불구하고 재화 또는 용역의 제공과 관계없이 특정 공익사업과 관련하여 법률에서 정하는 바에 따라 부과하는 조세 외의 금전지급의무(특정한 의무이행을 담보하기 위한 예치금 또는 보증금의 성격을 가진 것은 제외)를 말한다.
④ **매력적 오답** (○) 「부담금관리기본법」에 의하면 부담금에 관한 주요정책과 그 운용방향 등을 심의하기 위하여 기획재정부장관 소속으로 부담금운용심의위원회를 둔다.

정답 | ③

987

지방채에 대한 설명으로 옳은 것은?

① 지방자치단체조합의 장은 지방채를 발행할 수 없다.
② 이미 발행한 지방채의 차환을 위해서 지방자치단체의 장은 지방채를 발행할 수 없다.
③ 제주특별자치도지사는 제주특별자치도의 발전과 관계가 있는 사업을 위하여 필요하면 도의회 의결을 마친 후 외채 발행과 지방채 발행 한도액의 범위를 초과한 지방채 발행을 할 수 있다.
④ 외채를 발행할 경우에는 지방채 발행 한도액 범위더라도 지방의회의 의결을 거치기 전에 기획재정부장관의 승인을 받아야 한다.

987	
기출처	2018 국가직 7급
난이도	★★
키워드	지방채

관련기출 옳은지문
- 지방채 발행 한도액 범위더라도 외채를 발행하는 경우에는 지방의회의 의결을 거치기 전에 행정안전부장관의 승인을 받아야 한다.

23. 경찰승진

해설

① (×) 지방자치단체조합의 장은 그 조합의 투자사업과 긴급한 재난복구 등을 위한 경비를 조달할 필요가 있을 때 또는 투자사업이나 재난복구사업을 지원할 목적으로 지방자치단체에 대부할 필요가 있을 때에는 지방채를 발행할 수 있다.
② (×) 지방채는 공유재산의 조성 등 소관 재정투자사업과 그에 직접적으로 수반되는 경비의 충당, 재해예방 및 복구사업, 천재지변으로 발생한 예측할 수 없었던 세입결함의 보전, 지방채의 차환 등을 목적으로 지방채를 발행할 수 있다.
③ (○) 제주특별자치도지사는 제주특별자치도의 발전과 관계가 있는 사업을 위하여 필요하면 「지방재정법」에도 불구하고 도의회의 의결을 마친 후 외채 발행과 지방채 발행 한도액의 범위를 초과한 지방채 발행을 할 수 있다.
④ (×) 지방채 발행 한도액 범위더라도 외채를 발행하는 경우에는 지방의회의 의결을 거치기 전에 행정안전부장관의 승인을 받아야 한다.

고득점 플러스+ 우리나라의 지방채

- 발행주체: 자치단체의 장이나 자치단체조합장
- 원칙: 대통령령으로 정하는 한도액 범위 + 지방의회의 의결
- 예외
  - 외채: 지방의회의 의결을 거치기 전 행정안전부장관의 승인
  - 한도액 초과: 원칙(→ 행정안전부장관과 협의), 일정 범위 이상의 초과(→ 행정안전부장관의 승인)
  - 자치단체조합장의 발행: 행정안전부장관의 승인
- 발행사유
  - 공유재산의 조성 등 소관 재정투자사업과 그에 직접적으로 수반되는 경비의 충당
  - 재해예방 및 복구사업, 천재지변으로 발생한 예측할 수 없었던 세입결함의 보전
  - 지방채의 차환

정답 | ③

988 〈필수〉

지방채에 대한 설명으로 옳지 않은 것은?

① 「지방재정법 시행령」상 지방채의 종류는 지방채증권과 차입금으로 구분된다.
② 「지방재정법」상 외채를 발행하려면 지방의회의 의결을 거친 이후 행정안전부장관의 승인을 받아야 한다.
③ 「지방재정법」상 지방채의 차환을 위해 자금조달이 필요할 때 발행할 수 있다.
④ 「지방재정법」상 지방채의 발행, 원금의 상환, 이자의 지급, 증권에 관한 사무절차 및 사무 취급기관은 대통령령으로 정한다.

해설

① (○) 지방채증권은 지방자치단체가 증권발행의 방법에 의하여 차입하는 지방채(외국에서 발행하는 경우 포함)를 말하고, 차입금은 지방자치단체가 증서에 의하여 차입하는 지방채(외국정부·국제기구 등으로부터 차관을 도입하는 경우 포함)를 말한다.
② (×) 지방채 발행 한도액 범위더라도 외채를 발행하는 경우에는 지방의회의 의결을 거치기 전에 행정안전부장관의 승인을 받아야 한다.
③ (○) 지방채 차환이란 기존에 발행된 지방채의 만기가 도래하거나, 더 유리한 조건으로 자금을 조달하기 위해 새로운 지방채를 발행하여 기존 채무를 상환하는 것을 의미한다.
④ (○) 「지방재정법」 제12조 제1항의 규정내용이다.

정답 | ②

989

지방재정조정제도 중 「지방교부세법」에서 규정하고 있지 않은 것은?

① 소방안전교부세
② 보통교부세
③ 조정교부금
④ 부동산교부세

해설

① (○) 「지방교부세법」에서 규정하고 있는 지방교부세의 종류는 보통교부세·특별교부세·부동산교부세 및 소방안전교부세로 구분한다.
② (○) 보통교부세는 지방교부세의 가장 기본적인 형태로, 지방자치단체의 일반적인 재정 부족액을 보전하기 위해 교부된다.
③ (×) 시·군 조정교부금과 자치구 조정교부금은 「지방재정법」에 규정되어 있는 지방재정조정제도이다.
④ (○) 부동산교부세는 종합부동산세를 재원으로 하여 지방자치단체에 교부된다.

고득점 플러스+ 지방교부세의 종류 → 「지방교부세법」

- 보통교부세: 재정력지수(→ 기준재정수요액/기준재정수입액)가 1 미만일 때 교부, 자치구는 특별시·광역시에 일괄 교부
- 특별교부세
  - 지역 현안에 대한 특별한 재정수요가 있는 경우 → 40%
  - 재난을 복구하거나 재난 및 안전관리 → 50%
  - 기타 국가적 장려사업 → 10%
- 부동산교부세: 재정여건(50%), 사회복지(25%), 지역교육(20%), 부동산 보유(5%)
- 소방안전교부세: 소방 및 안전시설의 확충과 안전관리의 강화, 소방인력의 확충

정답 | ③

관련기출 옳은지문

- 지방교부세는 지방정부간 균형화와 최소한의 행정서비스를 보장하는 것이 목적이다. 21. 소방간부
- 지방교부세는 부동산교부세 및 소방안전교부세를 포함한다. 21. 소방간부
- 특별교부세는 재난이 발생한 경우 관할 지방정부에 교부할 수 있다. 21. 소방간부

990 〈필수〉

지방교부세에 대한 설명으로 옳지 않은 것은?

① 지역 간 재정격차를 완화시키는 재정 균등화 기능을 수행한다.
② 보통교부세, 특별교부세, 부동산교부세, 소방안전교부세로 구분한다.
③ 신청주의를 원칙으로 하며 각 중앙관서의 예산에 반영되어야 한다.
④ 부동산교부세는 종합부동산세를 재원으로 하며 전액을 지방자치단체에 교부한다.

해설

① (O) 보통교부세는 재정력 지수가 1 미만인 경우에만 지급되므로 지역 간 격차를 시정할 수 있다.
② (O) 「지방교부세법」에 따라 지방교부세는 보통교부세, 특별교부세, 부동산교부세, 소방안전교부세의 네 가지로 구분된다.
③ (×) 신청주의를 원칙으로 하며 각 중앙관서의 예산에 반영되어야 하는 것은 국고보조금이다.
④ (O) 부동산교부세는 종합부동산세의 전액을 재원으로 하고, 소방안전교부세는 담배의 개별소비세의 일부를 재원으로 한다.

정답 | ③

---

990 | 1 2 3
기출처 | 2022 국가직 9급
난이도 | ★★
키워드 | 지방교부세

🔍 **관련기출 옳은지문**
- 지방교부세는 본질적으로 지방자치단체의 공유적 독립재원에 속한다. 14. 행정사
- 보통교부세는 사용 용도가 정해져 있지 않은 일반재원이다. 14. 행정사
- 지방자치단체 간 재정불균형의 조정은 가능하나 중앙정부와 지방자치단체 간 수평적 재정균형 기능은 미흡하다. 14. 행정사

991

「지방교부세법」상 지방교부세에 대한 설명으로 옳지 않은 것은?

① 지방교부세의 재원에는 종합부동산세 총액, 담배에 부과하는 개별소비세 총액의 일부 등이 포함된다.
② 보통교부세의 산정기일 후에 발생한 재난을 복구하거나 재난 및 안전관리를 위한 특별한 재정수요가 생기거나 재정수입이 감소한 경우 특별교부세를 교부할 수 있다.
③ 지방교부세의 종류는 보통교부세, 특별교부세, 부동산교부세 및 교통안전교부세로 구분한다.
④ 지방행정 및 재정운용 실적이 우수한 지방자치단체에 재정지원 등 특별한 재정수요가 있을 경우 특별교부세를 교부할 수 있다.

해설

① (O) 지방교부세의 재원은 해당 연도의 내국세 총액의 1만분의 1,924에 해당하는 금액, 「종합부동산세법」에 따른 종합부동산세 총액, 담배에 부과하는 개별소비세 총액의 100분의 45에 해당하는 금액 등으로 구성된다.
② (O) 특별교부세는 지역 현안에 대한 특별한 재정수요가 있는 경우, 재난을 복구하거나 재난 및 안전관리, 국가적 장려사업 등을 위하여 교부된다.
③ (×) 지방교부세는 보통교부세, 특별교부세, 부동산교부세, 소방안전교부세로 구성된다.
④ (O) 지방행정 및 재정운용 실적이 우수한 지방자치단체에 재정지원 등 특별한 재정수요가 있을 경우에도 특별교부세를 교부할 수 있다.

정답 | ③

---

991 | 1 2 3
기출처 | 2017 지방직 9급
난이도 | ★★
키워드 | 지방교부세

992	① ② ③
기출처	2017 국가직 9급(하)
난이도	★★
키워드	보통교부세

관련기출 옳은지문
- 국고보조금은 행정서비스의 구역 외 확산에 대처할 수 있지만 지역 간 재정력 격차 및 불균형을 심화시키기도 한다. 14. 국회직 8급

- 지방교부세는 용도가 정해져 있지 않다는 점에서 국고보조금과 다르다. 14. 국회직 8급

992
우리나라 지방자치단체의 세입·세출에 대한 설명으로 옳지 않은 것은?

① 의존재원의 비중이 높아지면 재정분권이 취약해질 수 있다.
② 보통교부세는 중앙정부가 용도를 제한하여 지방자치단체의 재량권이 없는 재원이다.
③ 지방세와 세외수입은 자주재원에 속하고, 보조금은 의존재원에 속한다.
④ 현행법상 지방자치단체의 관할구역 자치사무에 필요한 경비는 그 지방자치단체가 전액을 부담한다.

해설

① (○) 의존재원의 비중이 높아지면 중앙정부의 재정적 통제가 강화되어 재정분권이 취약해질 수 있다.
② (×) 보통교부세는 자금의 용도가 정해져 있지 않아 지방자치단체의 재량범위가 넓은 일반재원이다.
③ (○) 지방세와 세외수입은 자주재원에 속하고, 지방교부세와 국고보조금은 의존재원에 속한다.
④ (○) 자치사무(고유사무)는 원칙적으로 지방자치단체가 전액 경비를 부담한다. 만약 자치사무에 보조금이 부여된다면 이는 장려적 보조금이다.

정답 | ②

993	① ② ③
기출처	2021 지방직 9급
난이도	★★
키워드	국고보조금

993 〈필수〉
지방재정에 대한 설명으로 옳지 않은 것은?

① 재정자립도는 일반회계 세입 중 지방세와 세외수입이 차지하는 비중을 말한다.
② 국고보조금은 지방재정운영의 자율성을 제고한다.
③ 지방교부세는 지역 간의 재정불균형을 시정하기 위한 제도이다.
④ 지방자치단체는 재해예방 및 복구사업에 경비를 조달하기 위해서 지방채를 발행할 수 있다.

해설

① (○) 재정자립도는 일반회계세입 중 자주재원의 비중으로 측정되며, 이러한 자주재원에는 지방세와 세외수입이 있다.
② (×) 정률보조를 기반으로 하는 국고보조금은 지방비 부담이 존재하고, 비도가 제약되므로 지방재정운영의 자율성을 떨어뜨릴 수 있다.
③ (○) 지방교부세 특히 보통교부세는 재정력지수가 1 미만인 지방자치단체에게만 지급되므로 지역 간 격차를 시정하는 데 도움이 된다.
④ (○) 지방자치단체는 재해예방 및 복구사업에 경비를 조달하기 위해서 지방채를 발행할 수 있다.

| 고득점 플러스+ | 국고보조금 |

- 의의: 국가가 국가사무를 위임하고 이에 소요되는 비용을 지방자치단체에게 보전하는 재원 → 특정재원, 의존재원
- 종류
  - 협의 보조금: 시책의 장려 + 재정상 필요
  - 부담금: 국가가 의무적으로 부담하여야 하는 경비 → 단체위임사무와 관련, 소요비용의 전부 또는 일부 부담
  - 교부금(→ 위탁금): 기관위임사무와 관련, 국가가 비용의 전액 부담
- 문제점
  - 비도지정(→ 자치단체의 자율성 침해), 정률보조(→ 지방비 부담으로 인한 지방재정의 압박)
  - 개별보조금(→ 보조금 규모의 영세성, 포괄보조금으로의 전환 요청), 교부절차의 복잡성과 교부시기의 부적절
- 지방재정부담심의위원회: 지방재정 부담에 관한 사항 심의 → 국무총리 소속

정답 | ②

> 관련기출 옳은지문

- 보통교부세는 재정적 결함이 있는 지방자치단체를 지원하는 데에 목적을 두며, 재원은 용도가 지정되어 있지 않은 일반재원의 성격을 갖는다.   23. 소방간부

- 국고보조금은 국가사업이나 지방사업을 수행하는 지방자치단체에 교부되며, 재원은 용도가 지정되어 있는 특정재원의 성격을 갖는다.   23. 소방간부

994
다음 사례에 대한 설명으로 옳은 것은?

> 2013년 환경부는 상수도 낙후지역에 사는 국민이 안심하고 마실 수 있는 수돗물을 공급하기 위해 총사업비 8,833억 원(국비 30%, 지방비 70%)을 들여 '상수관망 최적관리시스템 구축사업'을 추진한다고 발표하였다. 그러나 A시는 상수도 사업을 자체관리하기로 결정하고, 당초 요청하기로 계획했던 국고보조금 56억 원을 신청하지 않았다.

① 만약 A시가 이 사업에 참여하여 당초 요청하기로 계획했던 보조금이 그대로 배정된다면, A시가 부담해야 하는 비용은 총 56억 원이다.
② 상수관망을 통해 공급되는 수돗물과 민간재인 생수가 모두 정상재(normal goods)라고 가정하면, 환경부의 사업 보조금은 수돗물과 생수의 공급수준을 모두 증가시키는 소득효과만을 유발시킨다.
③ 이 사례에서와 같은 보조금은 지역 간에 발생하는 외부효과를 시정하거나 중앙정부의 특정 목적을 달성하기 위해 운영된다.
④ A시가 신청하지 않은 보조금은 일반정액보조금에 해당한다.

994	1 2 3
기출처	2020 지방직 7급
난이도	★
키워드	국고보조금

해설

① (×) 지방비 부담이 30%이고, 중앙의 부담이 70%이다. 중앙에게 56억 원(30%)을 신청하였다면 지방은 56억 원보다 많은 금액(70%)을 사업비로 부담하여야 할 것이다. 행정학은 수학문제가 아니므로 정확한 금액을 계산하는 문제는 출제되지 않으므로 계산의 정확성에 집착할 필요는 없다. 수학적으로는 3 : 7 = 56억 원 : X로 풀면 되지만 70%가 30%의 두 배에 10%를 더 더하면 되므로 (56억 원 x 2) + (56억 원 / 3)을 하면 130.666억 원이 계산된다.
② (×) 중앙정부의 보조금으로 인해 수돗물의 가격이 하락하면 생수의 소비량을 줄이고 수돗물의 소비를 늘리는 대체효과가 발생할 것이다. 그리고 수돗물 가격의 하락으로 인해 실질적 소득이 증가한 효과가 발생하므로 정상재인 수돗물과 생수의 소비가 늘어나는 소득효과도 발생할 것이다.
③ (○) 지역 간 외부효과가 발생하거나 전국적 통일성이나 형평성이 요구되는 사업의 시행을 위해 국고보조금이 지급된다.
④ (×) 국고보조금은 지방비의 부담비율이 있는 정률보조 형태로 지급된다.

정답 | ③

995

기출처	2017 국가직 7급
난이도	★
키워드	국고보조금

관련기출 옳은지문

- 국고보조금은 지방자치단체의 자율성을 약화시킨다. 15. 행정사

- 국고보조금은 중앙정부와 지방정부 간의 수직적 재정조정제도이다. 15. 행정사

- 국고보조금은 중앙정부가 재정여건, 정책목표 등을 고려하여 지원 여부를 결정한다. 15. 행정사

995

국고보조금에 대한 설명으로 옳은 것은?

① 내국세 총액의 일정비율과 「종합부동산세법」에 따른 종합부동산세 총액을 재원으로 한다.
② 사업별 보조율은 50%로 사업비의 절반은 지방자치단체가 부담해야 한다.
③ 국고보조사업의 수행에서 중앙정부의 감독을 받으므로 지방자치단체의 자율성이 약화될 우려가 있다.
④ 중앙관서의 장은 보조사업을 수행하려는 자로부터 신청받은 보조금의 명세 및 금액을 조정하여 행정안전부장관에게 보조금 예산을 요구하여야 한다.

해설

① (×) 내국세 총액의 일정비율과 종합부동산세 총액 등을 재원으로 하는 것은 지방교부세이다.
② **매력적 오답** (×) 국고보조금의 사업별 보조금은 사업의 종류에 따라 다르다. 또한 기획재정부장관은 매년 지방자치단체에 대한 보조금 예산을 편성할 때에 필요하다고 인정되는 보조사업에 대하여는 해당 지방자치단체의 재정 사정을 고려하여 차등보조율을 적용할 수 있다.
③ (○) 국고보조금은 용도를 지정해서 교부하기 때문에 중앙정부의 통제가 강하며, 지방자치단체의 자율성이 제약된다.
④ (×) 중앙관서의 장은 기획재정부장관에게 보조금 예산을 요구하여야 한다.

정답 | ③

996

기출처	2016 지방직 7급
난이도	★★
키워드	지방교부세

관련기출 옳은지문

- 세외수입은 지방세와 달리 수익자 부담원리가 적용되는 경우가 많다. 24. 국회직 9급

996

지방재정에 대한 설명으로 옳은 것은?

① 지방교부세의 기본 목적은 지방자치단체 간 재정격차를 줄임으로써 기초적인 행정서비스가 제공될 수 있도록 하는 데 있다.
② 세외수입은 연도별 신장률이 안정적이며 그 종류와 형태가 다양하다.
③ 보통교부세, 특별교부세, 분권교부세, 부동산교부세 등의 지방교부세가 운영되고 있다.
④ 대부분의 국고보조사업에는 차등보조율이 적용되고 있다.

해설

① (○) 지방교부세(보통교부세)는 원칙적으로 지역 간 재정격차를 시정하기 위해 중앙정부에서 지방자치단체에 교부되는 자금이다.
② (×) 세외수입은 연도별 신장률이 불안정하다는 평가를 받는다.
③ (×) 분권교부세는 폐지된 후 보통교부세로 흡수되었다. 지방교부세에는 보통교부세, 특별교부세, 부동산교부세 및 소방안전교부세가 있다.
④ **매력적 오답** (×) 국고보조금은 원칙적으로 기준보조율이 적용되고 예외적으로 차등보조율이 적용될 수 있다.

고득점 플러스+ 지방교부세와 국고보조금

- 지방교부세
  - 재원(→ 내국세 일부), 일반재원, 정액보조(→ 지방비 부담 없음)
  - 통제 약함, 재정의 형평성 추구, 수직적·수평적 조정재원
- 국고보조금
  - 재원[→ 예산의 범위 내(→ 일반회계 및 특별회계)], 특정재원, 정률보조(→ 지방부 부담의 존재)
  - 통제 강함, 자원배분의 효율성 추구, 수직적 조정재원 + 수평적 격차 심화

정답 | ①

997

우리나라 지방재정조정제도에 대한 설명으로 옳은 것은?

① 「지방교부세법」상 지방교부세는 보통교부세, 특별교부세, 부동산교부세 및 소방안전교부세로 구분된다.
② 지방교부세는 중앙정부가 국가사무를 지방정부에 위임하거나 지방정부가 추진하는 사업 경비의 전부 또는 일부를 보조하거나 지원하는 제도이다.
③ 조정교부금은 전국적 최소한 동일 행정서비스 수준 보장을 위해 중앙정부가 내국세의 일정 비율을 자치단체에 배분하는 것이다.
④ 지방교부세 대비 국고보조금의 비중 증가는 지방재정의 자율성을 강화한다.

해설

① (○) 「지방교부세법」상 지방교부세는 보통교부세, 특별교부세, 부동산교부세 및 소방안전교부세로 구분된다.
② (×) 중앙정부가 국가사무를 지방정부에 위임하거나 지방정부가 추진하는 사업경비의 전부 또는 일부를 보조하거나 지원하는 제도는 국고보조금이다.
③ (×) 조정교부금은 광역자치단체가 기초자치단체에게 이전하는 재원이다.
④ (×) 국고보조금은 중앙정부의 통제가 강하므로 국고보조금의 비중이 증가하였다면 지방재정의 자율성은 약화될 것이다.

정답 | ①

997

기출처	2021 지방직 7급
난이도	★★
키워드	지방재정조정제도

관련기출 옳은지문

- 조정교부금이란 광역자치단체가 관할 기초자치단체 간 재정격차를 해소함으로써 균형적인 행정서비스를 제공하기 위한 재정조정제도를 말한다. 21. 국회직 9급

- 국고보조금은 사용의 용도나 조건이 정해져 있으며 지방정부는 보조금을 주는 중앙부처가 지정한 용도와 조건에 맞게 지출해야 한다. 21. 국회직 9급

- 지방교부세는 지방자치단체의 의사결정에 따라 지출의 용도가 자유로운 일반보조금으로서 지방자치단체의 세출 재량권이 상당히 보장된다. 21. 국회직 9급

998 필수

지방재정에 대한 설명으로 옳지 않은 것은?

① 부동산교부세는 일반재원이다.
② 내국세 및 교육세의 일부는 지방교육재정교부금의 재원이다.
③ 지역균형발전특별회계는 노무현 정부의 국가균형발전특별회계의 신설에서 비롯되었다.
④ 지역상생발전기금은 지방소비세 도입 과정에서의 광역지자체와 기초지자체 간 세수입 배분의 불균형을 해소하기 위한 것이다.

해설

① (○) 보통교부세와 부동산교부세는 일반재원으로 분류된다.
② (○) 지방교육재정교부금의 재원은 해당 연도 내국세 총액의 1만분의 2,079와 교육세 세입의 일부 등으로 구성한다.
③ 매력적 오답 (○) 지역균형발전특별회계는 2005년 노무현 정부에서 국가균형발전특별회계라는 이름으로 처음 설치되었고 이후 이명박 정부에서 광역지역발전특별회계로, 이어 박근혜 정부에서 지역발전특별회계로 개칭된 후 현재까지 이어져 오고 있다.
④ (×) 지역상생발전기금은 수도권과 비수도권 간 세수입의 불균형을 해소하기 위한 것이다.

정답 | ④

998

기출처	2023 국가직 7급
난이도	★
키워드	지역상생발전기금

999

기출처	2013 국가직 9급
난이도	★★
키워드	지방공기업 대상사업

관련기출 옳은지문
• 지방공기업은 수도사업(마을상수도사업은 제외한다), 공업용수도사업, 주택사업, 토지개발사업, 하수도사업, 자동차운송사업, 궤도사업(도시철도사업을 포함한다)을 할 수 있다.
19. 서울시 7급(상)

999

다음은 각종 지역사업을 나열한 것이다. 이 중 현행 「지방공기업법」에 규정된 지방공기업 대상사업(당연적용사업)이 아닌 것만을 모두 고르면?

> ㄱ. 수도 사업(마을상수도사업은 제외)
> ㄴ. 주민복지 사업
> ㄷ. 공업용수도 사업
> ㄹ. 공원묘지 사업
> ㅁ. 주택 사업
> ㅂ. 토지개발 사업

① ㄱ, ㄷ
② ㄴ, ㄹ
③ ㄷ, ㅁ
④ ㄹ, ㅂ

해설

ㄱ, ㄷ, ㅁ, ㅂ. (○) 「지방공기업법」의 당연적용사업으로는 수도 사업, 공업용수도 사업, 궤도 사업(도시철도 사업 포함), 자동차운송 사업, 지방도로 사업(유료도로 사업), 하수도 사업, 주택 사업, 토지개발 사업 등이 있다.
ㄴ, ㄹ. (×) 주민복지 사업과 공원묘지 사업은 「지방공기업법」에 규정된 지방공기업 대상사업이 아니다.

정답 | ②

1000

기출처	2024 지방직 9급
난이도	★
키워드	지방공기업

관련기출 옳은지문
• 지방직영기업은 지방자치단체가 행정조직 형태로 직접 운영하는 사업을 말한다. 17. 서울시 9급

• 지방자치단체의 장이 지방직영기업의 관리자를 임명한다. 17. 서울시 9급

• 「지방공기업법 시행령」에 따라 경영평가가 매년 실시되어야 하나 행정안전부장관이 이에 대해 따라 정할 수 있다. 17. 서울시 9급

• 지방공기업에 대한 경영평가는 원칙적으로 행정안전부장관의 주관으로 한다. 19. 서울시 7급(상)

• 지방공기업에 대한 경영평가, 관련 정책의 연구, 임직원에 대한 교육 등을 전문적으로 지원하기 위하여 지방공기업평가원을 설립한다.
19. 서울시 7급(상)

1000 필수

「지방공기업법」상 지방공기업에 대한 설명으로 옳지 않은 것은?

① 지방직영기업의 관리자는 해당 지방자치단체의 공무원으로서 지방직영기업의 경영에 관하여 지식과 경험이 풍부한 사람 중에서 지방자치단체의 장이 임명한다.
② 지방공사를 설립하고자 하는 시장·군수·구청장은 설립 전에 행정안전부장관과 협의하여야 한다.
③ 지방자치단체는 상호 규약을 정하여 다른 지방자치단체와 공동으로 지방공사를 설립할 수 있다.
④ 지방자치단체는 지방직영기업을 설치·경영하려는 경우에는 그 설치·운영의 기본사항을 조례로 정하여야 한다.

해설

① (○) 지방직영기업의 관리자는 해당 지방자치단체의 공무원으로서 지방직영기업의 경영에 관하여 지식과 경험이 풍부한 사람 중에서 지방자치단체의 장이 임명한다.
② (×) 지방공사를 설립하기 전에 시·도지사는 행정안전부장관과, 시장·군수·구청장은 관할 특별시장·광역시장 및 도지사와 협의하여야 한다.
③ 매력적 오답 (○) 지방자치단체는 상호 규약을 정하여 다른 지방자치단체와 공동으로 지방공사를 설립할 수 있다. 이는 광역적인 사업 수행을 위한 공동 출자 및 설립을 허용하는 것이다.
④ (○) 지방자치단체는 지방직영기업을 설치·경영하려는 경우에는 그 설치·운영의 기본사항을 조례로 정하여야 한다. 이는 지방직영기업의 운영에 대한 지방의회의 통제와 자율성을 보장하기 위함이다.

정답 | ②

**에듀윌이
너를
지지할게**

ENERGY

삶의 순간순간이
아름다운 마무리이며
새로운 시작이어야 한다.

– 법정 스님

여러분의 작은 소리 에듀윌은 크게 듣겠습니다.

본 교재에 대한 여러분의 목소리를 들려주세요.
공부하시면서 어려웠던 점, 궁금한 점,
칭찬하고 싶은 점, 개선할 점, 어떤 것이라도 좋습니다.

에듀윌은 여러분께서 나누어 주신 의견을
통해 끊임없이 발전하고 있습니다.

에듀윌 도서몰 book.eduwill.net
- 부가학습자료 및 정오표: 에듀윌 도서몰 → 도서자료실
- 교재 문의: 에듀윌 도서몰 → 문의하기 → 교재(내용, 출간) / 주문 및 배송

2026 에듀윌 7·9급공무원 단원별 기출문제집 행정학

발 행 일	2025년 8월 12일 초판
편 저 자	이준모
펴 낸 이	양형남
펴 낸 곳	(주)에듀윌
I S B N	979-11-360-3852-4
등록번호	제25100-2002-000052호
주 소	08378 서울특별시 구로구 디지털로34길 55 코오롱싸이언스밸리 2차 3층

* 이 책의 무단 인용·전재·복제를 금합니다.

www.eduwill.net
대표전화 1600-6700

에듀윌에서 꿈을 이룬
합격생들의 진짜 합격스토리

에듀윌 강의·교재·학습시스템의 우수성을
합격으로 입증하였습니다!

에듀윌의 체계적인 학습 관리 시스템 덕분에 합격!

에듀윌은 시스템도 체계적이고 학원도 좋았습니다. 저에게는 학원에서 진행하는 아케르 시스템이 큰 도움이 되었습니다. 아케르 시스템은 학원에 계시는 매니저님이 직접 1:1로 상담도 해주시고 학습 관리를 해주시는 시스템입니다. 제 담당 매니저님은 늘 진심으로 저와 함께 고민해주시고 제 건강이나 학습 상태도 상담해주시고, 전에 합격하신 선배님들이 어떤 식으로 학습을 진행했는지 조언해주셔서 많은 도움이 되었습니다. 수험생활에서 가장 힘든 것은 외로움과의 싸움이라고 생각하는데, 에듀윌 덕분에 주변에 제 편이 참 많다는 것을 느꼈고 공부하는 기간이 덜 힘들었던 것 같습니다.

에듀윌만의 합리적인 가격과 시스템, 꼼꼼한 관리에 만족

에듀윌을 선택한 가장 큰 이유는 금액적인 부분입니다. 타사 패스보다 훨씬 저렴한 금액이라 금전적인 부분이 큰 부담인 수험생 입장에서는 가장 크게 다가오는 장점 중 하나라고 생각합니다. 또한 공통 교재를 사용한다는 점이 저에게는 큰 장점이었습니다. 각 커리큘럼별로 여러 교수님 수업을 들으며 공부할 수 있어서 저에게는 큰 장점이었습니다. 그리고 에듀윌 학원은 매니저님들께서 진심으로 수험생 한 명 한 명에게 관심을 가지고 꼼꼼히 관리해주신다는 점이 마음에 들어 등록하게 되었습니다. 실제로 제가 힘들거나 방향을 잃을 때마다 학원 학습 매니저님들과의 상담을 통해 잘 극복할 수 있었습니다.

에듀윌은 공무원 합격으로 향하는 최고의 내비게이션

학교 특강 중에 현직 관세사 분께서 말씀해주신 관세직에 대한 간략한 정보만 가지고 에듀윌 학원을 방문하였습니다. 거기서 상담실장님과의 상담을 통해 관세직 공무원에 대해 자세히 알게 되었고 여기서 하면 합격할 것 같다는 확신이 들어 에듀윌과 함께 관세직만을 바라보고 관세직을 준비하였습니다. 흔들릴 때마다 에듀윌에 올라온 선배 합격자들의 합격수기를 읽으며 제가 합격수기를 쓰는 날을 상상을 했고, 학원의 매니저님과의 상담도 큰 도움이 되었습니다.

다음 합격의 주인공은 당신입니다!

더 많은
합격스토리

합격자 수 2,100% 수직 상승!
매년 놀라운 성장

에듀윌 공무원은 '합격자 수'라는 확실한 결과로 증명하며
지금도 기록을 만들어 가고 있습니다.

합격자 수를 폭발적으로 증가시킨 **합격패스**

| 합격 시 수강료 100% 환급 | + | 합격할 때까지 평생 수강 |

※ 환급내용은 상품페이지 참고. 상품은 변경될 수 있음.

상품
페이지

* 2017/2022 에듀윌 공무원 과정 최종 환급자 수 기준

에듀윌 **직영학원**에서 합격을 수강하세요

언제나 전문 학습 매니저와 상담이 가능한 안내데스크

고품질 영상 및 음향 장비를 갖춘 최고의 강의실

재충전을 위한 카페 분위기의 아늑한 휴게실

에듀윌의 상징 노란색의 환한 학원 입구

에듀윌 직영학원 대표전화

공인중개사 학원 02)815-0600	공무원 학원 02)6328-0600	편입 학원 02)6419-0600
주택관리사 학원 02)815-3388	소방 학원 02)6337-0600	부동산아카데미 02)6736-0600
전기기사 학원 02)6268-1400		

공무원학원 바로가기

꿈을 현실로 만드는
에듀윌

DREAM

공무원 교육
- 선호도 1위, 신뢰도 1위! 브랜드만족도 1위!
- 합격자 수 2,100% 폭등시킨 독한 커리큘럼

자격증 교육
- 9년간 아무도 깨지 못한 기록 합격자 수 1위
- 가장 많은 합격자를 배출한 최고의 합격 시스템

직영학원
- 검증된 합격 프로그램과 강의
- 1:1 밀착 관리 및 컨설팅
- 호텔 수준의 학습 환경

종합출판
- 온라인서점 베스트셀러 1위!
- 출제위원급 전문 교수진이 직접 집필한 합격 교재

어학 교육
- 토익 베스트셀러 1위
- 토익 동영상 강의 무료 제공

콘텐츠 제휴 · B2B 교육
- 고객 맞춤형 위탁 교육 서비스 제공
- 기업, 기관, 대학 등 각 단체에 최적화된 고객 맞춤형 교육 및 제휴 서비스

부동산 아카데미
- 부동산 실무 교육 1위!
- 상위 1% 고소득 창업/취업 비법
- 부동산 실전 재테크 성공 비법

학점은행제
- 99%의 과목이수율
- 17년 연속 교육부 평가 인정 기관 선정

대학 편입
- 편입 교육 1위!
- 최대 200% 환급 상품 서비스

국비무료 교육
- '5년우수훈련기관' 선정
- K-디지털, 산대특 등 특화 훈련과정
- 원격국비교육원 오픈

에듀윌 교육서비스 **공무원 교육** 9급공무원/소방공무원/계리직공무원 **자격증 교육** 공인중개사/주택관리사/손해평가사/감정평가사/노무사/전기기사/경비지도사/검정고시/소방설비기사/소방시설관리사/사회복지사1급/대기환경기사/수질환경기사/건축기사/토목기사/직업상담사/전기기능사/산업안전기사/건설안전기사/위험물산업기사/위험물기능사/유통관리사/물류관리사/행정사/한국사능력검정/한경TESAT/매경TEST/KBS한국어능력시험/실용글쓰기/IT자격증/국제무역사/무역영어 **어학 교육** 토익 교재/토익 동영상 강의 **세무/회계** 전산세무회계/ERP정보관리사/재경관리사 **대학 편입** 편입 영어·수학/연고대/의약대/경찰대/논술/면접 **직영학원** 공무원학원/소방학원/공인중개사 학원/주택관리사 학원/전기기사 학원/편입학원 **종합출판** 공무원·자격증 수험교재 및 단행본 **학점은행제** 교육부 평가인정기관 원격평생교육원(사회복지사2급/경영학/CPA) **콘텐츠 제휴·B2B 교육** 교육 콘텐츠 제휴/기업 맞춤 자격증 교육/대학취업역량 강화 교육 **부동산 아카데미** 부동산 창업CEO/부동산 경매 마스터/부동산 컨설팅 **주택취업센터** 실무 특강/실무 아카데미 **국비무료 교육(국비교육원)** 전기기능사/전기(산업)기사/소방설비(산업)기사/IT(빅데이터/자바프로그램/파이썬)/게임그래픽/3D프린터/실내건축디자인/웹퍼블리셔/그래픽디자인/영상편집(유튜브) 디자인/온라인 쇼핑몰광고 및 제작(쿠팡, 스마트스토어)/전산세무회계/컴퓨터활용능력/ITQ/GTQ/직업상담사

교육문의 1600-6700 www.eduwill.net

·2022 소비자가 선택한 최고의 브랜드 공무원·자격증 교육 1위 (조선일보) ·2023 대한민국 브랜드만족도 공무원·자격증·취업·학원·편입·부동산 실무 교육 1위 (한경비즈니스) ·2017/2022 에듀윌 공무원 과정 최종 환급자 수 기준 ·2023년 성인 자격증, 공무원 직영학원 기준 ·YES24 공인중개사 부문, 2025 에듀윌 공인중개사 1차 기출응용 예상문제집 민법 및 민사특별법 (2025년 6월 월별 베스트) ·교보문고 취업/수험서 부문, 2020 에듀윌 농협은행 6급 NCS 직무능력평가+실전모의고사 4회 (2020년 1월 27일~2월 5일, 인터넷 주간 베스트) 그 외 다수 ·YES24 컴퓨터활용능력 부문, 2024 컴퓨터활용능력 1급 필기 초단기끝장(2023년 10월 3~4주 주별 베스트) 그 외 다수 ·YES24 신규 자격증 부문, 2024 에듀윌 데이터분석 준전문가 ADsP 2주끝장 (2024년 4월 2주, 9월 5주 주별 베스트) ·인터파크 자격서/수험서 부문, 에듀윌 한국사능력검정시험 2주끝장 심화 (1, 2, 3급) (2020년 6~8월 월간 베스트) 그 외 다수 ·YES24 국어 외국어사전 영어 토익/TOEIC 기출문제/모의고사 분야 베스트셀러 1위 (에듀윌 토익 READING RC 4주끝장 리딩 종합서, 2022년 9월 4주 주별 베스트) ·에듀윌 토익 교재 입문~실전 인강 무료 제공 (2022년 최신강좌 기준/109강) ·2024년 종강반 중 모든 평가항목 정상 참여자 기준, 99% (평생교육원 기준) ·2008년~2024년까지 234만 누적수강학점으로 과목 운영 (평생교육원 기준) ·에듀윌 국비교육원 구로센터 고용노동부 지정 '5년우수훈련기관' 선정 (2023~2027) ·KRI 한국기록원 2016, 2017, 2019년 공인중개사 최다 합격자 배출 공식 인증 (2025년 현재까지 업계 최고 기록)